2021

浙江財政年鉴

Finance Yearbook of Zhejiang

（总第21卷）

浙 江 省 财 政 厅 主 办

《浙江财政年鉴》编辑委员会编

中華書局

图书在版编目(CIP)数据

浙江财政年鉴. 2021/《浙江财政年鉴》编辑委员会编.
—北京:中华书局 2021.12
ISBN 978-7-101-15421-4

I.①浙 … II.①浙 … III.①地方财政—浙江省—2021—年鉴
IV.①F812.755-54

中国版本图书馆CIP数据核字(2021)第216320号

责任编辑:朱 慧
严 琦

浙江财政年鉴2021
《浙江财政年鉴》编辑委员会编
*
中 华 书 局 出 版
(北京市丰台区太平桥西里38号 100073)
http://www.zhbc.com.cn
E-mail:zhbc@zhbc.com.cn
浙江新华数码印务有限公司印刷

889×1194 1/16 24.625印张 90插页 930千字
2021年12月第1版 2021年12月第1次印刷
印数:1-1200 册 定价:260.00元

ISBN 978-7-101-15421-4

《浙江财政年鉴》编辑委员会

主　　任：尹学群

副 主 任：王广兵　陈焕昌　沈　磊　邢自霞　章启诚　章忠良
倪学军

委　　员（以姓氏笔画为序）：

马　勇　王申峰　王林尧　石琪琪　方世忠　叶光胜
叶茂乐　吕　丙　刘　臻　肖艳菱　张旭东　张远东
陈百平　陈志远　陈宣安　陈　曦　李　军　李　俊
杨慧芳　罗亭林　金洪根　周爱明　赵利明　赵雅玲
顾央军　钱洪文　徐小俊　徐来兴　黄焕利　康国梁
童黛铭　谢建华　虞劲松　管海燕　潘建青

《浙江财政年鉴》编辑部

总 编 辑：尹学群

副总编辑：王广兵　叶光胜　张远东　童黛铭　刘　臻　徐小俊

编委会办公室主任：徐小俊

编委会办公室副主任：冯　健

《浙江财政年鉴》2021卷联络员

黄通运　刘丞森　郑　瑞　张丽萍　赵春霞　周卫平
卢琛雯　何小康　徐佳梦　李慧辉　饶亚君　傅小普
戴逢辉　周晓斌　陈燕燕　钟昀陶　徐　峰　柳　颖
冯　华　毛明辉　朱知攀　高晓丽　盛滢婷　颜伟杰
王洪俊　孙　杰　凌振宇　潘敏华　陆昉宇　周　云
王镓利　余丽生　刘　淮　范　雯　李　侠　徐力超
宋钰辰　张　莹　曾东平　叶正宇　厉豪杰　梁　劲
应　佳

编辑说明

《浙江财政年鉴》是浙江省财政厅主办的省级财政专业年鉴，以文为主，辅以图表，图文并茂，全面系统真实反映浙江省财政工作各方面的基本情况，是资料性与史实性相结合的工具书，为财政工作者及专家、学者提供可靠信息资料。

《浙江财政年鉴》每年出版一卷，2021卷（总第21卷）以详实的资料和图表，记载了2020年浙江省财政改革与发展情况，综合反映全省各级财政部门在省委、省政府的领导下，以习近平新时代中国特色社会主义思想为指导，扎实推进财政改革发展的生动实践。一年来，全省财政工作聚焦"忠实践行'八八战略'，奋力打造'重要窗口'"主题主线，牢固树立"以当家思维担当管家责任"理念，以更加积极有为的责任担当落实更加积极有为的财政政策，服务"六稳""六保"工作大局，促进全省经济社会平稳健康发展。

本卷年鉴主体结构继续保持以往年鉴整体架构的稳定性和内容的连续性，全卷分九篇和附录共十部分，约计100万字，依次为：财经文献、全省财政工作、市县（市、区）财政工作、财政统计资料、财政法规选编、财政文选、财政工作大事记、"十三五"时期财政工作、财政机构人员以及附录。本卷年鉴的有关编辑情况作如下说明：

一、2020年为"十三五"收官之年，本卷特别增加"十三五"时期财政工作篇目，回顾"十三五"时期全省及各市财政工作。

二、本卷财政统计资料中涉及全省财政收支的增长率均为同口径增长率。

三、本卷中涉及国民经济和社会发展统计数据内容均摘自各地统计公报，数据解释权归统计部门所有。

四、"全省财政工作"篇，根据省财政厅职能配置和内设机构调整，本卷中涉及以下调整：在"直属单位概况"下，增加"国有金融资本与PPP项目管理"相关内容，原"浙江省财务开发公司"相关内容不再单独体现。

五、"财政统计资料"篇，"财政收支情况"表中，"人均财政支出"项不再体现。

六、本卷年鉴将继续采用手机客户端阅读方式实现线上公开阅读，读者可通过扫描封底二维码检索全文数据库及相关资料。

本卷年鉴在年鉴编辑委员会的领导下，由浙江省财政厅各处室局、单位和十一市及其所辖县（市、区）财政局提供文稿、图片及数据资料，经编审修改补充后成书。期间得到国家税务总局浙江省税务局的大力支持。在此谨向给予《浙江财政年鉴》编纂工作关心、支持和帮助的各级财税部门及所有单位和相关人员表示感谢。为进一步提高《浙江财政年鉴》的编纂水平，欢迎读者对本卷年鉴的不足之处给予批评指正。

《浙江财政年鉴》编委会

2021年11月

浙江省财政收支规模

单位：亿元

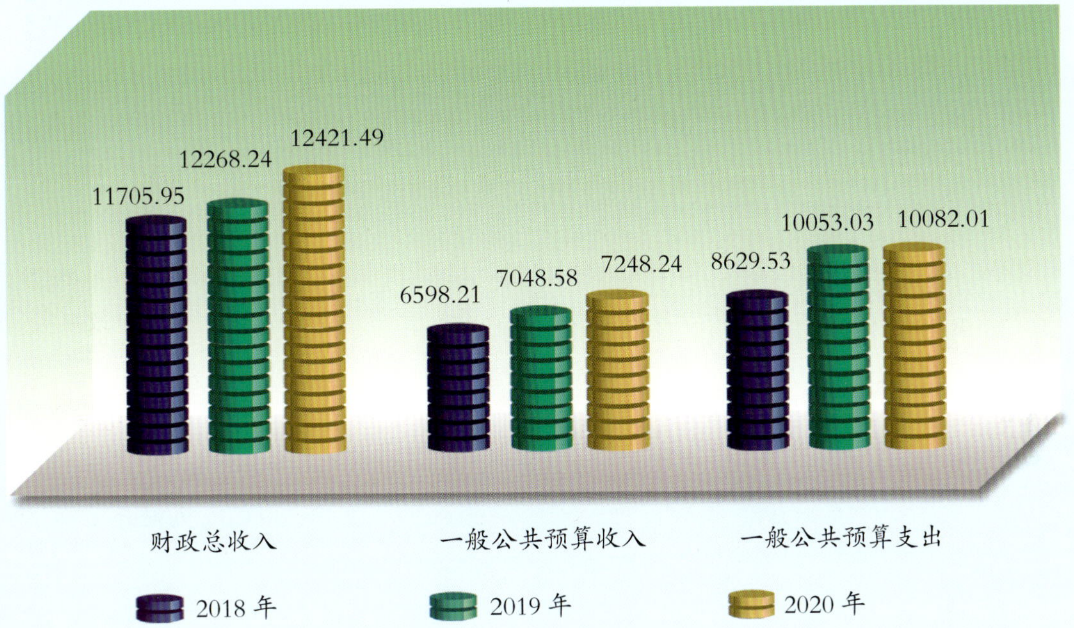

浙江省财政收支增长速度

单位：%

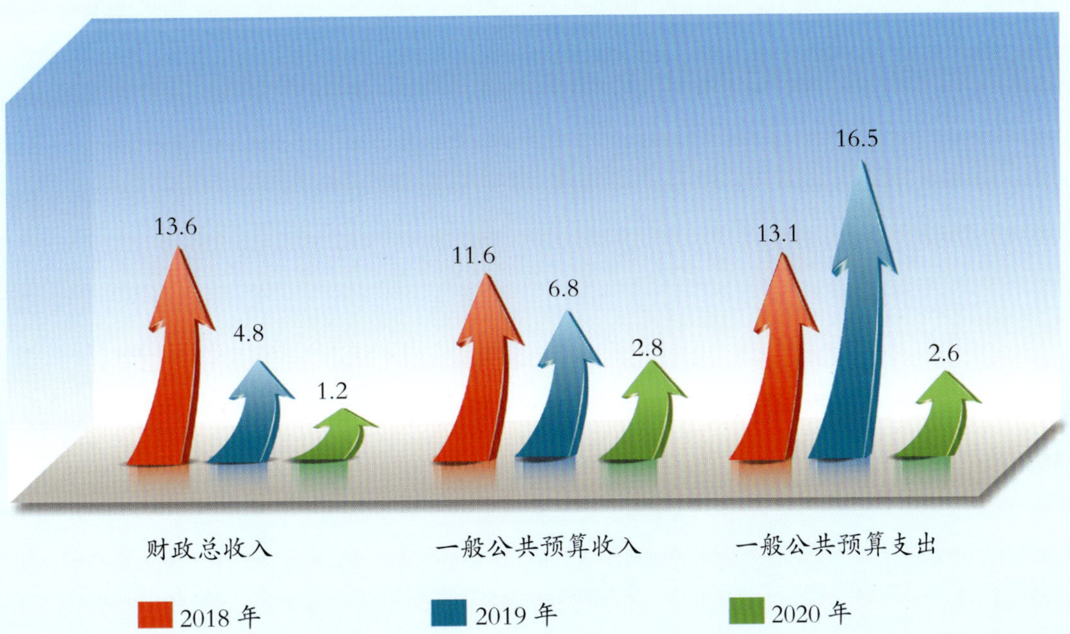

2020年浙江省一般公共预算收入组成

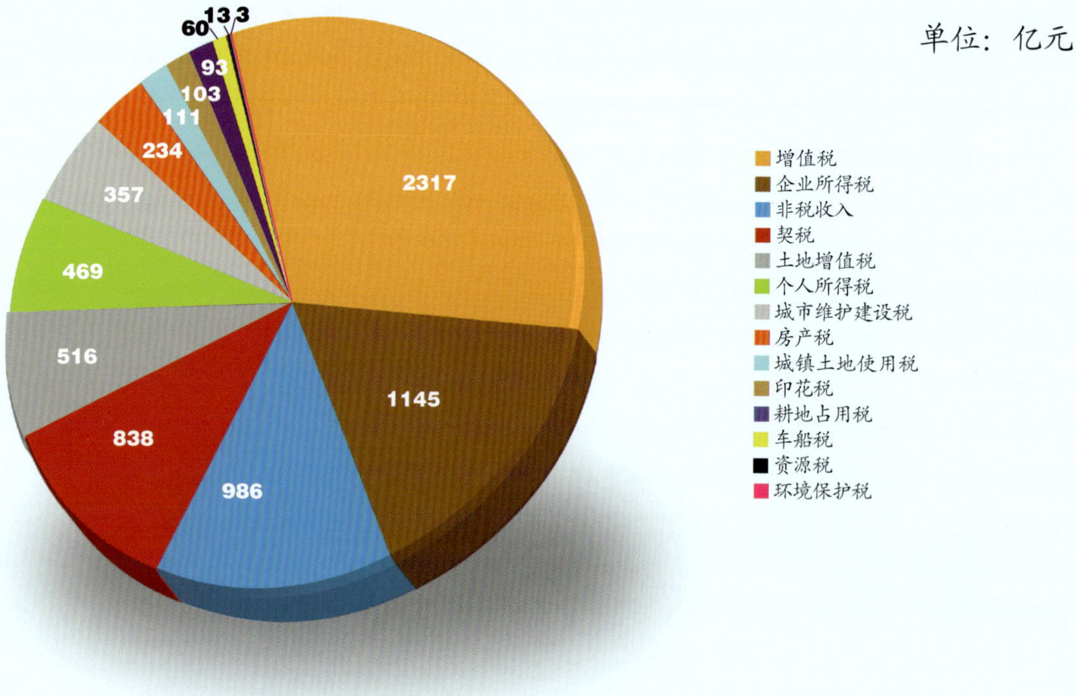

2020年浙江省一般公共预算支出组成

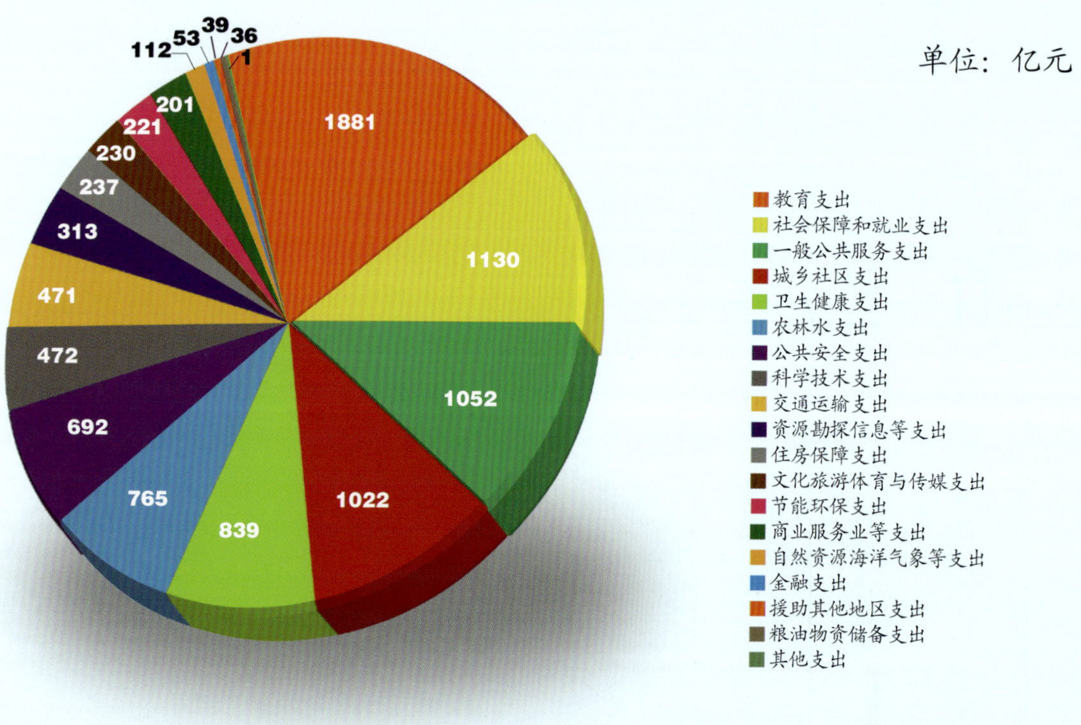

2021 年 1 月 20 日，全省财政工作会议以视频形式召开。浙江省委书记袁家军、省长郑栅洁作出重要批示，充分肯定 2020 年全省财政工作，并就做好 2021 年财政工作提出明确要求。省财政厅党组书记、厅长尹学群作工作报告。

省、部领导关心浙江财政

2020 年 8 月 27 日，浙江省委常委、组织部长黄建发一行到省财政厅走访调研，参观省财政厅陈列室，观看政采云平台、统一公共支付平台、财政电子票据改革等财政数字化转型成果演示，听取有关工作情况介绍

2020 年 8 月 13 日，浙江省副省长朱从玖出席浙江省“政府采购支持融资畅通工程”发布会暨“政采贷”合作签约仪式

2020 年 11 月 30 日，浙江省政协副主席陈铁雄来省财政厅走访调研，参观省财政厅陈列室，听取财政工作情况汇报，并就进一步做好财政工作提出要求

2020 年 11 月 29—30 日，中国注册会计师协会会长赵鸣骥在浙江省调研行业工作

2020 年省领导对浙江财政工作的重要批示

统筹能力强，工作效果好。
3/1

浙江财政专报

2020 年第 1 期

浙江省财政厅　　2020 年 1 月 2 日

专报：车俊书记、袁家军省长、郑栅洁副书记、冯飞常务副省长

2019 年全省财政收入圆满完成任务

根据省委、省政府的决策部署，全省各级财政、税务部门和人民银行密切配合、统筹协同，圆满完成了年度财政收入的组织工作。

一、全省情况

2019 年，全省一般公共预算收入 7048.00 亿元，增长 6.8%，其中税收收入 5898.17 亿元，增长 5.6%，非税收入 1149.83 亿元，增长 13.7%，税收收入占一般公共预算收入

家	第 006 号
军	20 年 1 月 3 日

— 1 —

2020 年 1 月 2 日，浙江省省长袁家军对财政收入圆满完成任务作批示

中国共产党浙江省委员会

2020 年，面对复杂严峻的财税经济形势，全省各级财政部门认真贯彻党中央、国务院和省委、省政府决策部署，勇于担当、主动作为、争先创优，坚持首位战略首位保障，以更加积极有为的工作落实更加积极有为的财政政策，有力服务中心工作，为夺取"两手硬、两战赢"重大阶段性胜利作出了积极贡献。新的一年，希望你们以习近平新时代中国特色社会主义思想为指导，认真贯彻中央、省委经济工作会议和全国财政工作会议精神，忠实践行"八八战略"、奋力打造"重要窗口"，主动对标"三个争先"，按照积极的财政政策要提质增效、更可持续的要求，全面精准落实"六稳""六保"任务，进一步强化系统观念，抓好短周期平衡、统筹长周期安排、注重跨周期谋划、善于逆周期调节，全面提升整体智治水平；进一步完善财税支持政策，调整优化支出结构，有力支撑省委省政府"十三项战略抓手"和重大项目、重大平台、重大产业、重大改革，有力支持科技创新和实体经济发展，有力保障基本民生；进一步落实过紧日子要求，集中财力办大事；进一步深化财税体制改革，更好统筹发展和安全，切实防范化解财政风险和地方债务风险，为实现"十四五"良好开局、争创社会主义现代化先行省作出新的贡献！

袁家军
2021 年 1 月 8 日

2021 年 1 月 8 日，浙江省委书记袁家军对财政工作作批示

浙江省人民政府

2020 年，全省各级财政部门认真落实更加积极有为的财政政策，统筹推进稳收入、保支出、促发展、惠民生、防风险，特别是创新实施财政资金直达机制，大力推动助企纾困政策精准落地，有力服务了"两手硬、两战赢"和"六稳""六保"大局。新的一年，希望你们认真贯彻中央和省委经济工作会议精神，坚持发展为要、利民为本、法治为基、绩效为重，坚持底线思维，坚持过"紧日子"、管好"钱袋子"，进一步深化财税体制改革，进一步做大做实做优财政"蛋糕"，进一步集中财力办大事，进一步防范化解财政风险，推动积极的财政政策提质增效、更可持续，在适应新发展阶段、贯彻新发展理念、构建新发展格局中展现更大作为、发挥更大作用！

郑栅洁
2021. 1. 18

2021 年 1 月 8 日，浙江省省长郑栅洁对财政工作作批示

2020年，浙江省财政支持加强基础研究和应用基础研究，省级财政安排3亿元支持良渚实验室（系统医学与精准诊治浙江省实验室）、西湖实验室（生命科学和生物医学浙江省实验室）、湖畔实验室（数据科学与应用浙江省实验室）等建设，助推浙江省基础研究和源头创新从“0”到“1”突破，打造“互联网+”、生命健康、新材料科技创新高地。

三相交流电远程实境实验平台

湖畔实验室

西湖实验室

良渚实验室

前沿科学技术研究中心

之江实验室

浙江省群星美术二十家展在丽水开展

2020 年，浙江省财政围绕省委、省政府决策部署，聚焦文化浙江建设重点，加大财政保障力度，推进各项重点工作。全年全省安排一般公共预算文化旅游体育与传媒支出 229.62 亿元，增长 13%。各级财政支持推进公共文化设施体系建设，基本完成“市有五馆、县有四馆、区有三馆”建设，实现乡镇（街道）综合文化站和村（社区）文化服务中心全覆盖，完善图书馆、文化馆总分馆制，形成以场地设施为主体，流动设施、互联网设施为补充的公共文化设施网络。

浙江省农村文化礼堂建设成果展演现场

浙江省文化和旅游厅在义乌举办浙江省群众文化建设综合成果展示系列活动

全国乡村村晚启动仪式在丽水市莲都区举行

浙江图书馆举办长三角阅读马拉松线下赛

浙江“十年援疆”文艺晚会在新疆阿克苏举行

浙江省文化馆联动全省文化系统开展 2020“圆梦青苗·以艺育美”浙江省百名文艺志愿者面向农村未成年人开设美育课堂项目

2020年，浙江省财政统筹安排省及省以上奖补资金13.44亿元，扩大一事一议财政奖补项目覆盖面，支持完成村级公益设施建设项目数量2766个。选择25个县（市、区）开展一事一议财政奖补助推美丽乡村建设，支持地方打造升级版美丽乡村。

东阳市虎鹿镇合力村璜璐自然村道路建设项目

柯城区七里乡上门村迎宾广场项目

松阳县枫坪乡斗潭村红色主题公园项目

萧山区管村村百姓舞台及周边改造提升工程

德清县下渚湖街道上杨村游客接待中心项目

建德市十里埠环村绿道和水上乐园工程项目

财政监督局开展“三服务”调研进校园

2020 年，浙江省财政厅先后出台《关于持续深化“服务企业服务群众服务基层”活动的实施方案》《“服务部门、服务项目、服务市县”工作方案》，坚持“奔着问题去、用实效说话”，通过主动赴企业服务、赴基层调研、赴预算部门沟通业务，把服务送到企业最需处、群众心坎上、基层第一线。全年累计开展服务 1896 次，其中服务预算部门 850 次、服务企业 398 次、服务基层 648 次，累计服务人次 13474 次、解决问题 924 个。

预算执行局为之江实验室送服务

经济建设处为消防总队战勤保障基地送服务

金融处为龙泉污水厂送服务

会计处赴企业进行电子发票报销入账归档试点工作指导

数字中心赴市县开展数字财政建设工作现场辅导

基层财政处赴绍兴柯桥区王坛真现场指导农村综合改革项目

2020 年，省会计事务服务中心围绕财政中心工作，做好疫情防控前提下的全省会计专业技术资格考试组织工作，为全省经济建设提供智力支持和人才保障。

科学设置考场防疫检测点

考前对考场进行全面消杀

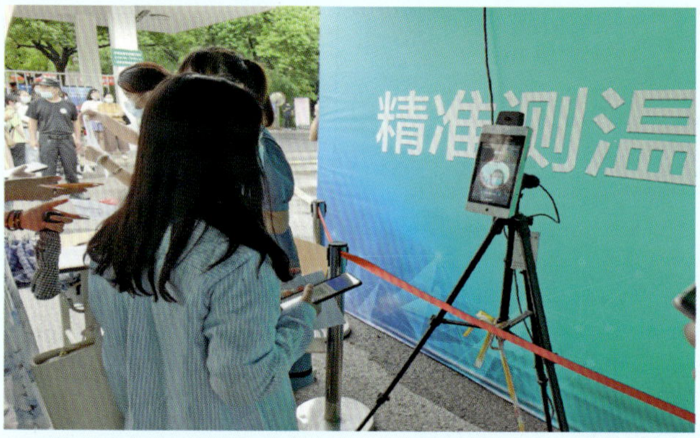

考场防疫检测点精准测温

2020 年，浙江省注册会计师协会、浙江省资产评估协会克服疫情影响，转变工作方式方法，推动行业健康有序发展。

与浙江证监局签署联合监管协议

召开证券服务执业机构座谈会

组织实施全省执业机构负责人专项培养

成立注册会计师行业政府购买服务业务专家委员会

目　录

财经文献

●省十三届人大五次会议重要文件

●省委省政府重要财经文件

●全省财政工作会议重要文件

全省财政工作

●全省财税工作

●财政分项工作

●宁波市财政工作

●温州市财政工作

●金华市财政工作

财政统计资料

财政法规选编

财政文选

●省领导论财政

●厅领导谈财政

●市县领导议财政

财政工作大事记

“十三五”时期财政工作

财政机构人员

附 录

●专题经验介绍

●调研报告精选

TABLE OF CONTENTS

财经文献

zhejiang caizheng nianjian

省十三届人大五次会议重要文件

浙江省政府工作报告(摘要)

——2021年1月26日在浙江省第十三届人民代表大会第五次会议上

浙江省人民政府省长　郑栅洁

一、2020年主要工作和"十三五"发展成就

2020年极不平凡。在统筹推进疫情防控和经济社会发展的关键时期,习近平总书记亲临浙江视察,赋予浙江建设"重要窗口"的新目标新定位,为浙江高质量发展指明了战略方向。一年来,面对国内外形势的深刻复杂变化特别是突如其来的新冠肺炎疫情,在以习近平同志为核心的党中央坚强领导下,在省委的直接领导下,省政府坚持以习近平新时代中国特色社会主义思想为指导,全面贯彻党的十九大和十九届二中、三中、四中、五中全会精神,深入贯彻习近平总书记视察浙江重要讲话精神,忠实践行"八八战略",奋力打造"重要窗口",坚持"两手硬、两战赢",扎实做好"六稳"工作,全面落实"六保"任务,为发展聚力、为企业赋能、为小康增色、为治理提效,推动经济社会发展取得新成绩。全省生产总值达到64613亿元,比上年增长3.6%,一般公共预算收入增长2.8%,城镇和农村居民收入分别增长4.2%和6.9%,三大攻坚战取得决定性成就,十方面民生实事圆满完成。

(一)疫情防控取得重大成果

"源头查控+硬核隔离+精密智控"精准有效,"一图一码一指数"创新实施,"人""物"同防形成工作闭环,社区、入境和海上防控抓紧抓实,率先有力有效控制疫情,全省累计报告确诊病例1306例,治愈率达99.9%。防疫物资保障有力,口罩日产量从疫情之初的15.5万只,到两周内迅速破千万,医用防护服日产量从零提升到12.8万件;应急科研攻关取得积极成效。复工复产率先推进,到2月24日规上工业企业基本实现全面复工,全年规上工业增加值增长5.4%;复市复课复游稳妥有序。支援武汉、湖北主战场坚决有力,先后调配17批次2018名医务人员支援湖北武汉和荆门,实现了"打胜仗、零感染",全面完成国家对口罩、防护服等应急物资的调拨指令;认真做好稳侨安侨暖侨工作和医疗队援助意大利工作。

(二)稳企业稳增长成效明显

"争先创优"行动助推经济强劲反弹,经济增速由一季度的-5.6%快速回升到二季度的5.8%,上半年增长0.5%,前三季度增长2.3%。以"减税减费减租减息减支"共克时艰,中央财政资金"直达市县基层、直接惠企利民"任务精准高效落实,全年为企业减负4800亿元,比年初预计的2700亿元多出2100亿元。金融支持实体经济发展力度空前,民营经济、小微企业贷款分别新增9960亿元和7887亿元,增量分别是上年的2倍和1.7倍,首贷、信用贷、无还本续贷规模居全国前列,非金融企业债券发行额9068亿元,增长59.4%。经济金融领域重大风险有效防控,企业债券违约风险、上市公司股权质押风险和企业"两链"风险稳步化解,年末不良贷款率0.98%,非法网贷机构全部出清。外贸外资稳中有升,出口25180亿元、增长9.1%,占全国份额由上年的13.4%提高到14%;实际使用外资158亿美元、增长16.4%。扩投资促消费有力有效,"六个千亿"产业投资工程深入实施,全社会固定资产投资增长5.4%;"放心消费在浙江"行动助力消费提振,数字生活服务成为新亮点,社会消费品零售总额26630亿元,比上年下降2.6%,比全国平均降幅少1.3个百分点。

(三)科技创新产业升级取得重要进展

"互联网+"、生命健康、新材料三大科创高地加快建设,杭州城西科创大走廊建设加力加速,之江实验室、西湖实验室纳入国家实验室建设序列,首批省实验室启动建设;实施"尖峰、尖兵、领雁、领航"计划,形成73项自主可控进口替代成果;实施"鲲鹏行动",新引进培育领军型创新创业团队35个。成功举办第二届世界青年科学家峰会。数字经济逆势成长,核心产业增加值增长13%,工业互联网平台体系初步建成,企业上云积极推进,累计建成5G基站6.26万个,实现县城以上及重点乡镇全覆盖。制造业发展动能增强,传统产业改造提升2.0版全面实施,产业基础再造和产业链提升工程积极推进,新培育认定首台(套)产品263项;雄鹰行动、凤凰行动、雏鹰行动深入实施,新增单项冠军企业33家、上市公司86家,入围世界500强企业5家,新增高新技术企业6449家、科技型中小企业16032家;实施新时代工匠培育工程,首届浙江技能大赛成功举办。

(四)长三角一体化发展和"四大建设"迈出新步伐

长三角一体化发展国家战略加快落地,250个重大项目建设顺利推进,长三角生态绿色一体化发展政策率先实施,浙沪洋山合作开发有序推进。大湾区平台能级提升,各类开发区和产业集聚区全面优化整合,万亩千亿新产业平台实现增点扩面,新设金义新区和台州湾新区。大花园建设扎实推进,浙东唐诗之路启动建设,十大名山公园、十大海岛公园加快打造,培育千万级大景区12家。大通道建设明显提速,铁路和轨道交通投资增长42.5%,商合杭、衢宁等铁路建成投运,杭绍台等一批铁路加快推进,通苏嘉甬、甬舟、沪苏湖、衢丽等铁路动工建设;杭州绕城西复线、千黄高速、龙丽温高速文泰段等建成通车。大都市区建设稳步推进,杭绍甬、嘉湖、衢丽花园城市群一体化积极推进,甬舟一体化发展方案全面实施;特色小镇建设、小城市培育、未来社区试点取得积极成效,城市有机更新进一步加强,棚改开工11.6万套,老旧小区改造开工622个。

（五）改革开放实现新突破

"最多跑一次"改革走向纵深，56件个人和企业全生命周期事项实现"一件事"全流程办理，机关事业单位人员职业生涯全周期管理"一件事"改革全面完成。营商环境不断优化，深化"证照分离"改革，企业开办时间压缩至1个工作日，实现一般企业投资项目审批"最多80天"，国际贸易进出口业务全部实行"单一窗口"办理；以信用为基础的新型监管机制加快建立，实现"信用差多检查、信用好不打扰"。重点领域改革多点突破，"亩均论英雄"改革、"多规合一"改革加快推进，事业单位改革全面完成，省属国有企业混改率达77%、资产证券化率达65%。"一带一路"重要枢纽建设取得阶段性成效，自贸试验区建设加快推进，新增宁波、杭州、金义三个片区；"义新欧"班列开行1399列、增长165%；新增湖州、嘉兴、衢州、台州、丽水跨境电商综试区和湖州、绍兴、台州市场采购贸易方式试点。

（六）乡村振兴势头良好

"米袋子""菜篮子"责任压紧压实，新建高标准农田64.9万亩，粮食总产121.1亿斤，创五年新高；新建万头以上规模化猪场157个，生猪存栏增加到628万头。"千万工程"名片持续擦亮，培育美丽乡村示范县11个、示范乡镇100个、特色精品村300个，农村人居环境测评全国第1；实施乡村全域土地综合整治工程572个，新建和改造"四好农村路"超8000公里，新增384万农村居民喝上达标饮用水；新时代美丽乡村集成改革试点启动实施。

（七）文化建设扎实推进

社会主义核心价值观深入人心，新时代文明实践中心试点扎实开展，农村文化礼堂实现"建管用育"一体化，覆盖率和惠民度进一步提升，11个设区市全部跻身全国文明城市、全部创成全国双拥模范城。优秀传统文化在传承中发展，大运河国家文化公园加快建设，良渚古城遗址等世界遗产得到有效保护和传承利用，宋韵文化品牌塑造成效初显。文化旅游加快融合，"百县千碗"品牌进一步打响，成功创建省级文旅产业融合试验区25个。

（八）生态文明示范创建持续深化

环境质量持续改善，县级以上城市空气质量六项指标首次全部达标，省控断面Ⅰ—Ⅲ类水质占比提高3.2个百分点，受污染耕地安全利用面积138.4万亩，新增年危险废物利用处置能力144万吨，城镇垃圾分类覆盖面达到91.5%。生态系统保护力度加大，山水林田湖海生态保护修复工程加快实施，完成造林57万亩，发布全国首个省级生态系统生产总值核算技术规范。

（九）富民惠民安民取得新成效

就业、社保和增收工作进一步加强，城镇新增就业111.8万人，城镇调查失业率4.3%；医保支付方式改革全面实施，实现了提升医疗服务质量和节约医保基金的双目标，企业职工基本养老保险省级统筹制度得到规范；低收入农户收入增长14%。教育发展改革持续推进，新建和改扩建农村普惠性幼儿园193所、新增学位50679个，一乡镇一公办中心园实现全覆盖，义务教育招生制度改革全面落实。健康浙江行动深入实施，高血压糖尿病"两慢病"纳入全生命周期健康管理，12种慢病纳入城乡居民门诊保障范围；建成乡镇（街道）居家养老服务中心385家，新增3岁以下婴幼儿照护服务机构342家、新增托位14627个，"一老一小"服务稳步提升；公共体育提质扩面，杭州亚运会、亚残运会筹备工作扎实推进。平安建设不断深化，坚持和发展新时代"枫桥经验"，县级社会矛盾纠纷调处化解中心实现县（市、区）全覆盖，全省信访量下降28.5%；扫黑除恶专项斗争深入推进，打掉黑恶团伙3474个；海塘安澜千亿工程全面启动，新开工建设海塘171公里，成功应对新安江水库建库以来最大洪水；完成安全生产综合治理三年行动，生产安全事故起数和死亡人数均下降22%，道路交通事故起数下降3.9%、死亡人数下降16.1%，火灾起数下降23.6%、死亡人数下降50%；食品、药品安全满意率分别从上年的83.8%、85.6%，提高到85.9%、87.8%。

（十）政府治理水平进一步提升

政府数字化转型走深走实，"浙里办""浙政钉""浙里督"迭代升级，推出了一批场景化的多业务协同应用，"互联网+监管"持续推进，初步建成"掌上办事之省""掌上办公之省"。法治政府加快建设，综合行政执法改革率先突破，行政复议改革模式在全国推广，完成"七五"普法。廉洁政府建设全面加强，认真落实中央八项规定精神，持续推进正风肃纪，基层减负收到了良好效果；压减政府一般性支出571亿元，将有限的财力用在惠企利民上。

各位代表！2020年主要目标任务的完成，标志着"十三五"发展胜利收官。五年来，我们深入学习贯彻习近平新时代中国特色社会主义思想，认真贯彻党中央决策部署，攻坚克难，砥砺奋进，高水平全面建成小康社会取得决定性成就。经济总量跃上6万亿元台阶，年均增长6.5%；一般公共预算收入从2015年的4810亿元增加到7248亿元，年均增长8.5%；城镇和农村居民收入分别跨上6万元、3万元台阶，年均分别增长7.5%、8.6%；人均预期寿命由78.3岁提高到79.2岁；群众安全感满意率稳定在96%以上。

这五年，我们全面践行创新发展理念，发展动能和质量显著提升。全省研发经费支出占生产总值比重从2.3%提高到2.8%，高新技术企业从6437家增加到22158家，高新技术产业增加值占规上工业比重从37.2%提高到59.6%，创新型省份建设走在全国前列。数字经济领跑全国，核心产业增加值占比达到10.9%，规上工业亩均增加值从93.9万元提高到136万元、亩均税收从18.7万元提高到27.5万元。"最多跑一次"改革和政府数字化转型取得重大突破，浙江成为审批事项最少、管理效率最高、服务质量最优的省份之一。

这五年，我们全面践行协调发展理念，城乡区域协调发展水平不断提升。城乡面貌日新月异，常住人口城镇化率从65.8%提高到71%，率先基本实现城乡同质饮水，低收入农户同步迈向高水平全面小康，城乡居民收入倍差从2.07倍缩小至1.96倍。新增高速公路1179公里、高铁325公里，实现陆域"县县通高速"，"四好农村路"建设成为全国示范。山区绿色发展、生态富民步伐加快，26县中有18个县经济增速高于全省平均，25个县城乡居民收入增速高于全省平均。

这五年，我们全面践行绿色发展理念，生态环境质量明显提升。美丽浙江建设持续推进，提前三年完成消除劣V类水质断面任务，设区城市空气质量优良天数比例提高9.5个百分点，万元生产总值能耗从0.45吨标煤降至0.37吨标煤，森林覆盖率上升至61.2%，浙江山更青、水更绿、天更蓝、地更净，成为首个通过国家生态省验收的省份。“千万工程”获联合国地球卫士奖。

这五年，我们全面践行开放发展理念，对外开放能级加快提升。出口占全国份额提高1.9个百分点，累计实际使用外资656亿美元、增长38%。自贸试验区获批建设并实现赋权扩区，油气全产业链加快形成；跨境电商综试区实现设区市全覆盖，交易额居全国第2。宁波舟山港货物和集装箱吞吐量稳居全球第1和第3，机场旅客吞吐量突破7000万人次。G20杭州峰会及多届世界互联网大会成功举办，极大提升了浙江的国际影响力。

这五年，我们全面践行共享发展理念，人民群众获得感稳步提升。实现“两不愁三保障”突出问题、家庭人均年收入8000元以下情况、集体经济薄弱村“三个清零”，最低生活保障标准平均从每月农村570元、城镇653元，提高到城乡同标886元。学前3年到高中段的15年教育普及率达99%以上，高等教育毛入学率由56%提高到62.4%。人民群众精神文化生活更加丰富。结对帮扶的省外80个贫困县如期实现脱贫“摘帽”。

各位代表，“十三五”时期取得的成绩来之不易。这是以习近平同志为核心的党中央坚强领导的结果，是习近平新时代中国特色社会主义思想科学指引的结果，是中共浙江省委带领全省人民团结奋斗的结果。在此，我代表省人民政府向全省人民、广大建设者，向人大代表、政协委员、各民主党派、工商联、人民团体和社会各界人士，表示衷心的感谢！向中央驻浙单位、驻浙人民解放军、武警部队官兵、公安干警、消防救援队伍，表示衷心的感谢！向关心支持浙江发展的港澳同胞、台湾同胞、广大侨胞和海内外朋友们，表示衷心的感谢！

同时，我们也清醒地看到，我省经济社会发展中还存在不少困难和问题，主要是：经济高质量发展的基础尚不稳固，战略性新兴产业还未形成有力支撑，传统产业改造提升不够快；科技创新能力还不够强，关键核心技术“卡脖子”比较突出；城乡、区域发展不平衡不充分问题仍然存在；资源环境承载力不足，产业结构、能源结构还不能适应低碳发展要求；教育、医疗、养老、住房、环境保护、食品药品安全、城市治堵等方面还存在不少短板；金融、网络、供应链、安全生产等领域还存在风险隐患，一些领域的监管还存在薄弱环节，疫情冲击导致的各类衍生风险需要高度警惕，防范化解风险任务依然艰巨。一些政府工作人员办事质量和效率不高、服务意识不强，工作不实、不细等形式主义、官僚主义现象仍不同程度存在。我们一定要直面困难和问题，敢于担当、善于作为，采取更有针对性的措施，持之以恒加以解决。

二、“十四五”时期的主要目标和任务

“十四五”时期，是我国开启全面建设社会主义现代化国家新征程的第一个五年。省政府认真学习贯彻党的十九届五中全会精神，根据中共浙江省委“十四五”规划《建议》，编制了《浙江省国民经济和社会发展第十四个五年规划和二〇三五年远景目标纲要（草案）》，提请大会审议。经本次大会批准后，省政府将认真组织实施。

“十四五”时期经济社会发展的指导思想是：坚持以习近平新时代中国特色社会主义思想为指导，深入贯彻党的十九大和十九届二中、三中、四中、五中全会精神，全面贯彻党的基本理论、基本路线、基本方略，统筹推进“五位一体”总体布局，协调推进“四个全面”战略布局，坚持党的全面领导，坚持以人民为中心，坚持立足新发展阶段，坚持贯彻新发展理念，坚持深化改革开放，坚持系统观念，坚持稳中求进工作总基调，以推动高质量发展为主题，以深化供给侧结构性改革为主线，以改革创新为根本动力，以满足人民日益增长的美好生活需要为根本目的，忠实践行“八八战略”，奋力打造“重要窗口”，统筹发展和安全，率先探索构建新发展格局的有效路径，率先建设现代化经济体系，率先推进省域治理现代化，率先推动全省人民走向共同富裕，实现更高质量、更有效率、更加公平、更可持续、更为安全的发展，更加彰显生态之美、人文之美、和谐之美、清廉之美，全面提升人民群众获得感、幸福感、安全感，争创社会主义现代化先行省。

“十四五”时期经济社会发展的主要目标是：在质量效益明显提升基础上实现经济社会持续健康高质量发展，到2025年，全省生产总值、人均生产总值分别突破8.5万亿元、13万元，数字经济增加值占生产总值比重达到60%左右，常住人口城镇化率达到75%左右，研发经费支出年均增长12%、占生产总值比重达到3.3%左右，人均预期寿命超过80岁，城乡居民收入倍差缩小到1.9倍，居民综合阅读率达到92.5%，以中等收入群体为主体的橄榄型社会结构基本形成，城乡区域发展差距和居民生活水平差距持续缩小，努力打造经济高质量发展高地、三大科创高地、改革开放新高地、新时代文化高地、美丽中国先行示范区、省域现代治理先行示范区、人民幸福美好家园。

实现上述目标，必须做到“五个坚定不移”：

坚定不移推动高质量发展。贯彻新发展理念，探索构建新发展格局有效路径，深化供给侧结构性改革，提供高质量产品和服务，加强需求侧管理，大力推进科技创新，加强“卡脖子”技术攻关，深化数字浙江建设，建设现代化经济体系，实现发展规模、速度、质量、结构、效益、安全相统一。

坚定不移促进高水平均衡。坚持城乡融合、陆海统筹、山海互济，推进新型城镇化和乡村振兴战略，在协调发展中拓宽发展空间，在加强薄弱领域中增强发展后劲，想方设法解决城乡差距、地区差距、收入差距等问题，率先突破发展不平衡不充分问题，率先走出促进全省人民共同富裕之路。

坚定不移创造高品质生活。从群众最关心的地方做起，把群众最需要的事情做实，努力在更高水平上实现幼有所育、学有所教、劳有所得、病有所医、老有所养、住有所居、弱有所扶，不断实现人民对美好生活的向往和更高品质精神文化需求，让人民

群众的获得感成色更足。

坚定不移强化高效能治理。坚持市场有效、政府有为，强化数字化改革引领，加快构建职责边界清晰、依法行政的政府治理体系，打造市场化法治化国际化的一流营商环境，增创体制机制新优势，不断提升治理效能，充分释放市场活力和社会创造力。

坚定不移守住安全发展底线。全面落实总体国家安全观，更好统筹发展和安全，把安全发展贯穿经济社会发展各领域和全过程，注重堵漏洞、强弱项，增强工作的科学性、主动性、预见性，加强安全制度体系和能力建设，有效防范化解各类风险挑战，建设更高水平的平安浙江。

推进"十四五"发展、实现"十四五"目标，要根据新发展阶段的新要求，完整、准确、全面贯彻新发展理念，采取更加精准务实的举措，走出构建新发展格局的浙江路径。

（一）强化创新驱动发展，全力打造发展新优势

坚持科技创新制度创新双轮驱动，强化创新链产业链深度融合，突破产业瓶颈，为国家科技自立自强贡献更多浙江力量，为打造自主可控、安全高效的产业链供应链贡献更多浙江元素。大力推进科技创新，实施人才强省、创新强省首位战略，加强科创平台优化整合，充分发挥企业创新主体作用，健全政府引导带动全社会的多元投入机制，制定实施基础研究十年行动方案，以应用研究倒逼基础研究，以基础研究引领应用研究，加快打造三大科创高地；加强高端人才引育，五年集聚领军人才5000名以上、新增高技能人才100万名以上。大力推进产业创新，加快发展数字经济和战略性新兴产业，超前布局发展未来产业，加大传统制造业转型升级力度，优化提升产业平台，加快建设"单项冠军之省"，实施产业集群培育升级行动，打造一批万亿级世界先进制造业集群，制造业增加值占生产总值比重稳定在1/3左右；提高农业质量效益和竞争力，加快服务业高质量发展；大力推进质量强省建设，推动一批企业获得国家级和省级质量奖，打响"浙江制造"品牌；大力弘扬劳模精神、工匠精神，培养高素质产业工人。大力推进体制机制创新，发挥数字化改革的撬动作用，强力推进"亩均论英雄"改革，完善要素市场化配置体制机制，进一步畅通土地、资本、劳动力、数据等要素循环，推动资源要素更多向优势地区、优势产业、优势项目集中，打造市场机制最活省。

（二）全面推动协调发展，加快提升均衡发展水平

注重发展的统筹和协调，重点促进城乡、区域、物质文明和精神文明协调发展。推动城乡协调发展，促进新型城镇化与乡村振兴全面对接，加快实现城乡交通、供水、电网、燃气同规同网，推动城乡要素平等交换和公共资源合理配置，促进城乡双向流动开放、融合均衡发展，促进农业高质高效、乡村宜居宜业、农民富裕富足。推动区域协调发展，念好新时代"山海经"，推动海洋强省建设取得实质性重大成果，全面提升山区内生发展动力；深度融入长三角一体化高质量发展和长江经济带发展，持续做好对口支援帮扶合作，加快形成陆海内外联动格局。实施新时代文化浙江工程，完善面向人民群众的公共文化服务体系，加快构建现代文化产业体系，促进满足人民文化需求和增强人民精神力量相统一，推动文化大发展大繁荣，为铸就中华文化新辉煌贡献浙江力量。

（三）推进生态文明先行示范，让绿色成为发展最动人的色彩

深入践行绿水青山就是金山银山理念，打好生态环境巩固提升持久战，加快建设美丽中国先行示范区。推动绿色循环低碳发展，坚决落实碳达峰、碳中和要求，实施碳达峰行动，大力倡导绿色低碳生产生活方式，推动形成全民自觉，非化石能源占一次能源比重提高到24%，煤电装机占比下降到42%。持续推进蓝天、碧水、净土、清废行动，设区城市空气质量优良天数比例达到93%以上，地表水Ⅲ类及以上水质比例达到95%以上，所有设区城市和60%的县（市）建成"无废城市"。深入推进生态系统保护与修复，高水平推进国土绿化，加强生态海岸带建设，确保森林覆盖率达到61.5%、大陆自然岸线保有率不低于35%、海岛自然岸线保有率不低于78%，坚决落实长江十年禁渔。完善环境治理体系，建立地上地下、陆海统筹的生态环境治理制度，优化生态环境分区管控模式，健全环境污染问题发现机制，完善生态环境突出问题全过程闭环管理长效机制。

（四）坚持扩大内需，推进高水平对外开放

把实施扩大内需战略同深化供给侧结构性改革有机结合起来，以有效供给穿透循环堵点、消除瓶颈制约，全方位融入全国统一大市场建设、全方位参与畅通全国大循环，努力打造国内大循环的战略支点、国内国际双循环的战略枢纽。深入实施消费新政，提升传统消费，培育新型消费，持续打响"浙里来消费"品牌，推进现代流通体系建设，加快培育国际消费中心城市，建设数字生活服务强省，到2025年，社会消费品零售总额达到3.5万

金义综合保税区

亿元,居民消费率达到42%。深入实施投资新政,发挥投资和技改对优化供给结构、提升供给质量的关键作用,推进"两新一重"建设,聚焦科技创新、现代产业、交通设施、生态环保、公共服务等领域实施一批重大项目。发展更高层次的开放型经济,坚持高水平要素流动型开放和制度型开放并举,加快外贸优化升级,建设全球投资避风港,打造"一带一路"重要枢纽,高标准建设自贸试验区,推动投资贸易自由化便利化,提升浙江在全球价值链的地位,到2025年,货物贸易和服务贸易进出口额分别达到4万亿元、6000亿元,实际使用外资达到170亿美元。

(五)大力保障和改善民生,让人民群众共享发展成果

实施富民惠民安民新举措,发挥先富帮后富的作用,开展低收入群体同步基本实现现代化行动,率先推动共同富裕取得实质性进展。促进居民持续普遍增收,推动更加充分更高质量就业,支持企业通过提质增效拓展从业人员增收空间,健全工资合理增长机制,完善创新要素参与分配机制,多渠道增加居民收入。健全多层次社会保障体系,优化可持续的社会保险制度,稳步提高城乡居民最低生活保障标准,完善社会救助制度;积极应对人口老龄化,健全养老服务体系,每万老年人拥有持证养老护理员数从16人提高到25人。加快提升教育现代化水平,全面落实立德树人根本任务,推进"现代化学校"创建,高质量发展基础教育,大力实施高教强省战略。推进高水平健康浙江建设,从以治病为中心转向以健康为中心,建设强大公共卫生体系,构建优质高效医疗卫生服务体系,聚力打造"医学高峰",推动中医药传承创新发展,每千人执业(助理)医师数从3.67人提高到4.3人,每千人医疗机构床位数从5.99张提高到7.5张;健全全民健身公共服务体系,建设体育强省。

(六)打牢安全发展基础,有效防范和化解各种风险

增强忧患意识,坚持底线思维,抓安全保发展。加强粮食和重要农产品保障,严格保护永久基本农田和810万亩粮食生产功能区,稳定杭嘉湖平原等优势产区粮食综合生产能力,大力推广应用优质高产良种和先进适用技术,实现"藏粮于地""藏粮于技",确保粮食播种面积稳步提升、产量在120亿斤以上,猪肉自给率提高并稳定在70%左右,端好浙江人的"饭碗"和"餐盘"。加强能源安全保障,深化能源领域体制改革,提高油气储备能力,推进清洁能源发展和煤炭清洁利用。防范化解经济安全风险,健全企业债务风险监测预警机制,稳步化解地方政府隐性债务风险,织密织牢"天罗地网"风险监测网,保障产业链供应链安全,完善应急储备体制机制。维护社会公共安全,落实安全生产责任制,形成有效遏制重特大安全事故工作机制,确保生产安全事故起数、死亡人数持续下降;加强社会矛盾纠纷化解,强化治安防控体系建设,创新网络综合治理,促进社会安定,守护百姓安宁。

三、全力以赴做好"十四五"开局工作

今年是建党100周年,是"十四五"开局之年,必须迈好第一步、展现新气象。做好今年工作,必须坚持以习近平新时代中国特色社会主义思想为指导,全面贯彻习近平总书记重要指示批示精神和党中央决策部署,认真落实省委工作要求,准确把握新发展阶段,深入贯彻新发展理念,加快构建新发展格局,全力打造发展新优势,健全完善"八八战略"落实机制,突出"改革突破争先、服务提质争先、风险防控争先",落实落细"十三项战略抓手",巩固拓展疫情防控和经济社会发展成果,扎实做好"六稳"工作、全面落实"六保"任务,努力建设"整体智治、唯实惟先"的现代政府,推动高质量发展实现新突破,确保争创社会主义现代化先行省开好局,以优异成绩庆祝建党100周年。

综合考虑各方面因素,今年全省经济社会发展主要预期目标为:生产总值增长6.5%以上;研发经费支出占生产总值比重达到2.9%,常住人口城镇化率达到72%左右;城乡居民收入稳步增长,财政收入增长与经济增长基本同步;居民消费价格涨幅控制在3%左右;城镇新增就业80万人,城镇调查失业率控制在5.5%左右;完成国家下达的能源和环境指标计划目标。

围绕以上要求和目标,今年要重点抓好十个方面工作:

(一)慎终如始做好常态化疫情防控

坚持外防输入、内防反弹,坚持依法防控、科学防控、精准防控,深化"源头查控+硬核隔离+精密智控"机制,强化"人""物"并防,从严从紧加强入境物品规范管理,严格控制聚集性活动规模,严格落实医疗机构防控措施,严格抓好养老院等特殊场所防控,严格落实闭环管控措施,确保冷链物防闭环管控,确保不出现聚集性疫情,确保不发生院内感染,确保不发生疫情风险点失管漏管,力争不发生本土新增病例。完善省市县三级重大疫情预防监测和医疗救治体系、医疗物资保障机制,深入开展爱国卫生运动,实施疾病防控机构标准化工程,创新医防融合机制。

(二)全力推进科技创新和产业提升双联动

加快提高科技创新能力。大力推进杭州城西科创大走廊建设,谋划打造综合性国家科学中心。深入推进国家自主创新示范区建设,联动推进G60(浙江段)、宁波甬江、温州环大罗山、浙中等科创大走廊建设。提升之江实验室、西湖实验室创新水平,组建甬江、瓯江等省实验室,支持浙江大学、西湖大学等打造国家重大战略科技力量,基础研究经费占全社会研发投入比例提高1个百分点。深入实施"尖峰、尖兵、领雁、领航"等计划,开展400项重大科研项目攻关。支持领军企业牵头组建创新联合体,带动中小企业创新,新增省级制造业创新中心3家、技术创新中心5家、重点企业研究院30家。实施新一轮科技企业"双倍增"计划,新增高新技术企业3000家、科技型中小企业8000家。推动科研成果转化,全年实现技术交易额1000亿元。千方百计培育引进高端人才,新增省领军型创新创业团队20个。构建绩效导向的科技资源配置机制,整合设立省科技创新基金并推动市场化运作,开展"科技创新鼎"评选。实施"技能浙江"行动。全面加强知识产权保护工作,加大行政执法力度,严格落实知识产权惩罚性赔偿制度,让侵权者付出沉重代价。

实施数字经济"一号工程"2.0版。深入实施数字经济五年倍增计划,大力推进数字产业化,加快建设国家数字经济创新发

展试验区，形成一批具有国际竞争力的数字产业集群，数字经济核心产业增加值增长10%以上。完善工业互联网平台体系，实施“5G+工业互联网”工程，形成量大面广的新技术融合应用场景。推动联合国全球地理信息中心高效运行并发挥作用。

全面提升制造业竞争力。大力实施制造业产业基础再造和产业链提升工程，推动标志性产业链做长做宽、做优做强，提升龙头企业引领力，实施产业链协同创新项目60个以上，构筑产业链上下游企业共同体50家以上，加快形成一批有竞争力的产业集群。推进装备首台（套）、材料首批次、软件首版次应用，新推广应用首台（套）产品200项以上。大力推进产业数字化，推广应用新智造模式，建设一批“未来工厂”和数字化车间，加快传统制造业数字化智能化绿色化改造。深入开展质量提升行动，实现中国质量奖零的突破。建立单项冠军企业培育库并实施定期发布机制，新增单项冠军企业20家、专精特新“小巨人”100家、“隐形冠军”50家。继续推进开发区优化提升，打造5个高能级战略平台，新增小微企业园200个。从破除体制机制和政策障碍入手，推进先进制造业与现代服务业深度融合，加快发展科技服务、软件与信息服务、创意设计、商务会展等高端服务业。推进建筑业转型升级，开展建设工程质量标准化行动，全面提升工程质量水平。

（三）激发市场主体活力、挖掘国内市场潜力

持续为市场主体赋能。全面落实国家各项惠企政策，深入推进企业降本减负，力争全年为企业减负2500亿元以上。全面实施小微企业信贷“增氧计划”和金融服务“滴灌工程”，推进政策性融资担保扩面增量，用好民企债券融资支持工具，发展创业投资，做好金融风险防范化解工作。实施凤凰行动升级版，推进区域性股权市场创新试点，加大企业上市和并购重组力度，新增上市公司50家以上。引导各类企业健全现代企业制度，深化企业破产制度改革。

促进消费提质扩容。大力发展消费新业态新模式，深入实施数字生活新服务行动，推动健康、养老、育幼、文化、旅游、体育、家政等业态向高品质、多样化升级，有序取消一些行政性限制消费购买的规定。推动地标商圈、步行街、历史风情街区等品质化改造，发展社区商业，加快打造“5分钟便利店+10分钟农贸市场+15分钟超市”的社区生活服务圈，持续打造放心消费和品质消费环境。

积极扩大有效投资。实施新一轮扩大有效投资行动，确保固定资产投资增速与经济增速基本同步。千方百计招引大项目好项目，发挥政府产业基金导向作用，引导资金投向重大科创平台、战略性新兴产业、现代化产业链等重点领域，全年“六个千亿”产业投资达到6000亿元以上，其中重点技改投资1500亿元。充分调动民间投资积极性，力争实现民间投资快于面上投资增速。坚持“要素跟着项目走”，加强重点项目特别是重大产业项目要素保障，盘活城镇存量建设用地10万亩以上。

增强循环畅通能力。深入实施“浙货行天下”工程，多渠道支持出口企业开拓国内市场。全面实施“同线同标同质”行动，支持企业提升产品品质、创建自有品牌，更好满足国内消费升级需求。深化国家物流降本增效综合改革试点，力争全省社会物流总费用占生产总值比重比上年下降0.5个百分点。大力推进“四港”联动，推动宁波舟山港与义乌陆港一体化，扩大江海联运规模，提升多式联运水平。实施快递进村、进厂、出海“两进一出”工程，做强城乡高效配送网络。

（四）全面深化改革开放

推进数字化改革。深化“掌上办事”“掌上办公”“掌上治理”，推进政务服务“一网通办”，推动“一件事”集成改革，推出100项“智能秒办”事项。加强政府数字化项目统筹，持续完善“浙里办”“浙政钉”“浙里督”，建设一批省域空间治理、风险防范、综合执法等多业务集成协同应用项目，依靠现代科技手段推进高效协同。加快建设“智慧城市”“数字乡村”，让城市和乡村更“聪明”。坚持传统服务与智能化服务并行，方便老年人等特殊群体办事。加强个人信息保护，确保数据安全。打造一流营商环境。坚持人人都是营商环境、事事关系营商环境的理念，深入推进“最多跑一次”改革，制定实施优化营商环境五年行动计划，深入推进营商环境便利化，在政策制定、机制建立、办事流程设计上要把方便留给群众和企业，把麻烦留给自己。深化“企业码”应用，提升涉企服务精准化水平。持续推进“证照分离”改革，开展商事登记确认制改革试点。深化全省数字口岸一体化，推进跨境贸易便利化，海港口岸收费保持全国主要海港最低水平。强化反垄断和防止资本无序扩张，优化全链条闭环监管机制，维护公平竞争市场秩序，构建良好的平台经济生态圈，促进平台经济规范健康创新发展。深化信用浙江建设，完善公共信用信息平台，健全信用评价、监管和惩戒体系。

推进重点领域各项改革。充分发挥“亩均论英雄”改革在高质量发展中的牵引性作用，深入开展亩均效益领跑者行动，加强低效用地盘活利用，加大低效企业改造提升力度，实现规上工业亩均增加值、亩均税收均增长6.0%，分别达到144万元、29万元。落实民营企业发展促进条例，积极构建亲清政商关系，支持民营经济进入电力、油气等领域，深化温州新时代“两个健康”先行区建设。深入实施国企改革三年行动，推动国有经济布局优化和结构调整，大力发展混合所有制。推进规划用地“多审合一、多证合一、多测合一”改革。完善以绩效为核心的集中财力办大事财政政策体系。深入推进各项区域金融改革。

加快构筑开放新优势。推进自贸试验区创新发展，高水平建设宁波、杭州、金义新片区，推动数字自贸区先行突破。实施贸易高质量发展三年行动计划，抢抓区域全面经济伙伴关系协定、中欧投资协定等签订机遇，提升优化产业质量和结构，稳定传统市场，开拓新兴市场，大力发展服务贸易，支持市场采购贸易与跨境电商融合发展，支持企业共建共享公共海外仓，确保出口占全国份额基本稳定，扩大优质产品进口。加强重点产业链招商，高质量建设国际产业合作园，促进实际使用外资稳步增长。扩大中国—中东欧“17+1”经贸合作示范区影响，深化境外经贸合作区和系列站建设，推动“义新欧”班列提质扩量。

(五)协同推进新型城镇化和乡村振兴

推进以人为核心的新型城镇化。加快中心城市能级提升，唱好杭州、宁波"双城记"，培育国家中心城市。推进以县城为重要载体的城镇化建设，加强小城市培育，促进中心城市、县城和小城镇协调发展。开展"城市体检"，建好"城市大脑"，实施城市内涝治理工程和地下管网减漏行动，加强地下空间开发利用，打造海绵城市、韧性城市，加强城市精细化管理。加快城市有机更新，以未来社区理念统筹旧改新建，未来社区增点扩面到100个左右，改造提升老旧小区800个。

全面推进乡村振兴。压实"米袋子""菜篮子"负责制，实施粮、油、猪、菜综合生产能力提升工程，推进粮食稳产提质、生猪增产保供，粮食播种面积稳定在1500万亩以上、年末生猪存栏达到722万头，足额落实粮食和食用油储备任务。建立多渠道稳固的省外粮源。加强种质资源保护和利用，做大做强现代种业企业。开展耕地"非农化""非粮化"整治，完善和落实耕地保护机制，建设100片集中连片的永久基本农田30万亩，新建高标准农田83万亩。严格制止耕地抛荒，促进抛荒耕地复耕。补强"冷链成网"、农产品精深加工等薄弱环节，建设省级特色农产品优势区30个、特色农业强镇20个。健全农业保险制度。加快培育新型职业农民，壮大农业新型经营主体。深化"千万工程"，加快乡村有机更新，更多采用"微改造"的"绣花"功夫，保留村庄原有纹理和浙派风貌，加强历史文化(传统)村落保护利用，打造一批新时代美丽乡村。加强农村房屋隐患排查整治，提升农村饮用水标准。实施新时代乡村集成改革，持续深化生产、供销、信用"三位一体"改革，做好第二轮土地承包到期后再延长30年试点工作，抓好新一轮国家农村宅基地制度改革试点，稳妥推进农村集体经营性建设用地入市改革，深化农村集体产权制度改革，巩固提升村集体经济。

深化城乡融合发展。推动农业转移人口市民化，推进城镇基本公共服务向常住人口全覆盖。保障进城落户农民土地承包权、宅基地使用权、集体收益分配权，鼓励依法自愿有偿转让。深入推进"两进两回"行动，积极推进国家城乡融合发展试验区建设。

(六)统筹推进区域协调发展

推进长三角一体化高质量发展。制定实施我省推进长三角一体化发展标志性工程，推进沪杭甬湾区经济创新区建设。加快长三角生态绿色一体化发展示范区建设，共建江南水乡客厅。共同打造长三角科技创新共同体。深化港口合作开发，推动构建长三角世界级港口群。加快建设浙江国际油气交易中心，合作共建长三角期现一体化油气交易市场。推动实现公共服务领域"民生一卡通"，共建长三角公共卫生等重大突发事件应急体系。合力推进杭黄自然生态和文化旅游廊道建设。加快长三角跨省市轨道交通项目建设，谋划推进长三角智慧公路建设。

全面推进"四大建设"。突出环杭州湾引领作用，高标准建设省级新区，推进生态海岸带示范段建设。提升大花园核心区建设水平，推进诗路文化带和海岛公园、名山公园建设，培育10个以上"耀眼明珠"。加快杭绍台、杭温、金甬、湖杭、衢丽等铁路和湖杭、瑞苍、苏台等公路项目建设，全面开工建设通苏嘉甬、甬舟等铁路项目，力争综合交通投资完成3300亿元，新增铁路和轨道交通600公里以上。积极推进沪甬跨海通道、甬台温福铁路前期工作。推动嘉湖、杭嘉、杭绍、甬绍、甬舟、甬台等一体化合作先行区建设，提升都市区集聚辐射能力。

大力建设海洋强省。强化全省域海洋意识、沿海意识，坚持全域谋海、陆海统筹，加快发展海洋经济，海洋经济增加值增速高于全省经济增速1个百分点以上。加快海洋经济发展示范区和舟山群岛新区建设，创建海洋中心城市。大力发展港航物流，海洋高端装备、生物医药，现代渔业，滨海旅游等产业，推进甬台温临港产业带建设，打造智慧海洋工程，构建现代海洋产业体系。支持宁波舟山港提升设施、技术、管理和服务水平，加快建设世界一流强港。推进围填海历史遗留问题处置。

推动山区跨越式发展。制定山区26县跨越式高质量发展实施方案。实施做大产业扩大税源行动计划，不断改善山区交通条件，招引一批重大项目，开展生态工业试点，做优做强做大绿色产业。实施提升居民收入富民行动计划，大力发展休闲旅游、生态农业等富民经济。深化山海协作，实施"飞地"建设政策，推进山海协作产业项目300个、投资400亿元以上。加快推进少数民族地区、革命老区等特殊类型地区发展。

舟山群岛新区

(七)扎实推进生态文明建设

启动实施碳达峰行动。编制碳达峰行动方案，开展低碳工业园区建设和“零碳”体系试点。大力调整能源结构、产业结构、运输结构，大力发展新能源，优化电力、天然气价格市场化机制，落实能源“双控”制度，非化石能源占一次能源比重提高到20.8%，煤电装机占比下降2个百分点；加快淘汰落后和过剩产能，腾出用能空间180万吨标煤。加快推进碳排放权交易试点。

深入推进治气治水治土治废。开展“清新空气示范区”建设，深入实施PM2.5和臭氧“双控双减”行动，确保设区城市PM2.5平均浓度低于每立方米29微克。深化碧水行动，确保Ⅲ类及以上水质断面比例在90%以上。启动“美丽海湾”建设，提升近岸海域、入海河流水质。加强土壤污染防治，确保受污染耕地、地块安全利用率均达到92%。加快全域“无废城市”建设，巩固提升垃圾分类成果，加强工业固体废物专项整治，新增年危险废物利用处置能力30万吨。加强快递包装物回收处理和循环利用，进一步加强塑料污染治理。

积极推进生态系统保护与修复。加强生物多样性保护，推进“八大水系”水生态健康评价和生态修复，开展长江口退捕禁捕，加快推进海洋生态环境和海岸线保护与整治修复。开展地质灾害综合防治与水土流失综合治理，完成100个废弃矿山生态修复，新增造林40万亩，禁止毁林开垦。实施节能、节水、节地、节材行动，强化水资源刚性约束。

拓宽绿水青山就是金山银山转化通道。紧扣产业生态化、生态产业化，加快发展全产业美丽生态经济。推进丽水生态产品价值实现机制试点、钱江源-百山祖国家公园创建、安吉县域践行绿水青山就是金山银山理念综试区建设和淳安特别生态功能区改革。

(八)积极推进文化浙江建设

提升公共文化服务水平。坚持文化强省、文化树人，推进现代文化生活示范区建设。实施文化惠民工程，提升农村文化礼堂整体功能。高水平建设之江文化中心，启动浙江社科中心、浙江音乐厅新馆等文化设施建设前期工作，打造新时代浙江文化地标。实施文艺精品提升工程，推出一批具有全国影响的浙产文艺作品。深入实施浙江文化研究工程，加强文明之源大遗址群研究保护，充分挖掘上山遗址、河姆渡遗址、良渚古城遗址等历史遗存的深厚内涵。振兴越剧、婺剧、昆剧等传统戏剧。加快媒体深度融合改革，建设新型主流传播矩阵。

加快发展文化旅游产业。实施文化产业提升计划，大力发展数字文化新业态，健全现代文化产业体系和市场体系。推进之江文化产业带建设，支持横店影视文化产业集聚区、象山影视城建设，打造具有国际影响力的影视文化创新中心。实施浙江文化出海工程，打造国际化人文交流基地，建设国际传播媒体集群。深化文旅融合，以挖掘文化内涵和提升游客微观感受为导向，开展旅游业“微改造、精提升”，深入推进大运河国家文化公园建设，创建国家全域旅游示范省。

提高社会文明程度。坚持以社会主义核心价值观为引领，大力弘扬红船精神、浙江精神，推进新时代公民道德建设工程，深入实施红色基因薪火行动、新时代文明生活行动、人文素养提升行动。坚持高标准、常态化，巩固提升全国文明城市创建成果。深化“最美”品牌培育，擦亮“最美浙江人”名片。大力倡导“礼让斑马线、聚餐用公筷、排队守秩序、垃圾要分类、餐饮不浪费”等文明好习惯。推进新时代文明实践中心三级阵地网络建设。健全现代志愿服务体系。广泛开展全民阅读活动，扎实推进书香浙江建设。

(九)加强民生保障和社会治理创新

持续增进民生福祉。建设公共就业服务平台，鼓励支持多渠道灵活就业，重点做好高校毕业生、退役军人、残疾人等群体就业工作，确保零就业家庭动态清零。完善企业职工基本养老保险省级统筹制度，稳妥推进城乡居民基本养老保险基金省级管理。推进基本医疗保险市级统筹，完善大病保险制度，大病保险合规费用支付比例提高到70%。分层分类实施社会救助。推动养老服务事业和产业协调发展，努力让养老服务触手可及，加强失能失智失独困难老人照护。推进无障碍环境建设。加快发展3岁以下婴幼儿照护服务，完善全面二孩配套措施。实施第四轮学前教育提升行动计划，启动初中教育补短提升和培优创建工程，加大普通高中建设力度。提升高等教育办学水平，建设一批“登峰学科”、优势特色学科、一流学科，积极扩大研究生培养规模。加快职业教育产教融合发展，深入实施高水平职业学校和专业建设。支持特殊教育发展。促进学生身心健康全面发展，采取有力措施降低学生近视率1个百分点以上，持续推进学生减负工作。全力推进8个国家医学中心和区域医疗中心建设，支持发展10个医学重点培育专科，启动建设国家中医药综合改革示范省。深化县域医共体和城市医联体建设，实施重点人群健康关爱工程、重点慢性病干预计划。广泛开展全民健身活动，加紧做好杭州亚运会、亚残运会筹备工作。制定实施各市、重点县(市)“一城一策”方案，强化保障性租赁房建设，规范发展长租房市场，促进房地产市场平稳健康发展。全面推行退役军人全生命周期管理保障新模式，支持国防和军队改革建设，推动军民融合深度发展。进一步做好外事、侨务、民族宗教、人民防空、地震、气象、档案、慈善和红十字等工作。

高水平打造平安浙江。迭代完善“一中心四平台一网格”，把矛盾纠纷调处化解在基层。推进第二轮安全生产综合治理三年行动，聚焦道路运输、涉海涉渔、消防、危化品、建设施工、工矿、旅游和城市运行等重点领域，深入开展遏制重大安全事故攻坚战，确保生产安全事故起数、死亡人数比前两年平均数下降20%。深入推进地质灾害等自然灾害防治。加强应急救援力量建设。提升食品药品质量安全保障水平。加强浙江水网建设，开展小型水库系统治理，新开工建设海塘安澜千亿工程200公里。实施网络安全整体能力提升行动。整合提升政务服务便民热线。推进“智安小区”“智安街道”建设。加强未成年人保护。加快构建现代警务模式，推进扫黑除恶常态化，依法严厉打击“黄赌毒”“盗抢骗”、涉枪涉爆、走私等违法犯罪活动，加强电信诈骗和跨境赌博的综合治理。

江山市大陈乡早田坂村

各位代表，今年我们要继续按照民生实事“群众提、大家定、政府办”的理念，突出群众有感、普遍受益，认真办好十方面民生实事。

1.努力解决群众车辆年检烦心事。完成车辆检测“一件事”集成改革，实现全省286家汽车检测站软硬件环境大提升，开展100%全覆盖“双随机”监督检查，建设全省统一的机动车检验服务平台，实现全流程“一窗办理”，推行非营运小微型汽车环保免检年限延长至10年改革，完善检测收费监管机制。

2.努力缓解交通拥堵和特殊群体出行难。实施10个群众反映强烈、大数据显示频繁的城市道路、高速公路拥堵段改扩建，城市交通高峰时段车速明显提升；建设城际铁路及轨道交通500公里，其中建成100公里，建设改造公交站点500个；建设全省统一出租汽车电话召车服务平台，组建11个老年人、残疾人出租车爱心服务车队，车队规模1500辆，便捷老年人、残疾人出行。

3.努力让群众吃得更放心。建成食品生产企业“阳光工厂”1000家、农村家宴“阳光厨房”1000家，实现学校食堂“阳光厨房”全覆盖；新增全程可追溯的食品生产经营主体5000家；建设民生药事服务站300家。

4.努力让养老服务更方便。新建340家乡镇（街道）居家养老服务中心，新增2万户困难老年人家庭适老化改造；组织开展100个康养联合体试点，新建300个乡镇（街道）社会工作站。

5.努力加强残疾人救助康复。提升建设300家用于智力残疾、精神残疾和其他重度残疾人日间照料和辅助性就业的“残疾人之家”，提升建设100家规范化残疾儿童康复机构。

6.努力提升水库、山塘、干堤安全水平。新（改）建水文测站2000个，完成病险水库加固160座，整治病险山塘400座；完成干堤加固80公里、中小河流综合治理500公里，完成1000个农村池塘整治；建设美丽河湖100条、水美乡镇100个。

7.努力增强基层医疗和公共卫生服务能力。新增村卫生室（社区卫生服务站）600个，实施传染病院（病）区改造项目100个、疾病预防控制中心标准化改造项目40个。

8.努力打造城市社区“10分钟健身圈”。新增体育公园（体育设施进公园）50个、足球场（含笼式足球场）50个、村级全民健身广场100个、社区多功能运动场200个、百姓健身房500个；新建绿道1000公里。

9.努力缓解“入园难”“入好学难”。新（改扩）建农村普惠性幼儿园100所、新增学位2万个，新（改扩）建中小学100所、新增学位4万个，新增城乡教育共同体结对学校（校区）1500家。

10.努力让农村出行更方便更安全。新（改）建农村公路2000公里，200人以上自然村公路通达率达到100%；实施农村公路养护5000公里，农村公路中等路以上比例达到85%；实施农村公路安防工程500公里，实现临水临崖及4米以上高落差路段安防设施全覆盖。

（十）全面提高政府治理现代化水平

加强政治建设。学懂弄通做实习近平新时代中国特色社会主义思想，增强“四个意识”、坚定“四个自信”、做到“两个维护”，旗帜鲜明讲政治，不断提高政治判断力、政治领悟力、政治执行力，不折不扣抓好习近平总书记重要指示批示精神和党中央决策部署贯彻落实，做到“总书记有号令、中央有部署，浙江见行动”，做到稳扎稳打、实干担当、善作善成。善于用政治眼光观察和分析经济社会问题，从讲政治的高度思考和推进经济社会发展工作。坚决落实以人民为中心的发展思想，始终牢记政府前面“人民”二字，做到发展为了人民、发展依靠人民、发展成果由人民共享。

加强法治建设。制定实施法治政府建设实施纲要，自觉运用法治思维和法治方式开展工作。依法接受人大监督，自觉接受政协民主监督，加强审计监督、司法监督、监察监督、统计监督、群众监督、舆论监督。扎实推进“大综合一体化”行政执法改革，创建一批法治政府建设示范市县。推动民法典在浙江全面有效实施。制定实施“八五”普法规划。全面提升公共法律服务质量和水平。

加强廉政建设。压实各级政府和部门党委（党组）主体责任，严格落实中央八项规定精神及其实施细则，坚决惩治腐败行为，推动廉洁政府建设取得新成效。坚持政府过“紧日子”，进一步压缩一般性支出，非刚性、非重点项目支出压减不低于10%，真正把群众“盼的事”变成政府“干的事”。强化资金绩效管理，严格执行经费开支标准，严控“三公”经费和会议费、培训费。

加强能力建设。狠下功夫加强学习，干什么学什么、缺什么补什么，不断提高综合素养和专业化能力。强化调查研究，做到目光所至看到问题、耳听范围想到问题、所思所想直面问题，不断提高解决问题、推动发展的能力。强化争先创优，营造比学赶超的氛围，奋力打造最佳实践、争做领跑者，以高质量的工作推进高质量的发展。

加强作风建设。坚持"好时不扰、难时出手"，深入开展"三服务"，真心实意对待企业、群众和基层反映的困难和问题，带着感情、带着责任，面对面、心贴心、实打实，想尽一切办法办实事、解难事，让企业发展得更快更强，让群众生活得更好更有尊严，让基层干部有更多时间更多精力抓工作落实。大兴真抓实干之风，强化表格化清单式闭环管理，加大监督检查、跟踪问效力度，坚决整治形式主义、官僚主义，决不能"把说的当做了，把做了当做成了"。

各位代表！实干托起梦想，奋斗成就未来。让我们更加紧密地团结在以习近平同志为核心的党中央周围，在中共浙江省委的坚强领导下，干在实处、走在前列、勇立潮头，忠实践行"八八战略"，奋力打造"重要窗口"，为争创社会主义现代化先行省而努力奋斗！

关于2020年全省和省级预算执行情况及2021年全省和省级预算草案的报告

2021年1月26日在浙江省第十三届人民代表大会第五次会议上

浙江省财政厅

一、2020年预算执行情况

2020年是极不平凡的一年。全省各地各部门坚持以习近平新时代中国特色社会主义思想为指导，全面贯彻党的十九大和十九届二中、三中、四中、五中全会精神，深入贯彻习近平总书记考察浙江重要讲话精神，聚焦"忠实践行'八八战略'、奋力打造'重要窗口'"主题主线，坚持"两手硬、两战赢"，切实找准建设"重要窗口"的财政定位，认真执行省委、省政府重大决策部署和省十三届人大三次会议决议，严格落实《预算法》《预算法实施条例》《浙江省预算审查监督条例》，以更加积极有为的责任担当落实更加积极有为的财政政策，服务"六稳""六保"工作大局，为高水平全面建成小康社会取得决定性成就贡献财政力量。全省和省级财政预算执行情况良好，促进了全省经济社会持续健康发展。

（一）2020年重点财政收支政策执行情况

1. 全力保障疫情防控工作。切实做好政策、资金保障，确保患者不因担心费用问题而不敢就诊，确保各地不因资金问题而影响医疗救治和疫情防控。对于确诊和疑似患者医疗费用个人负担部分由财政给予全额补助，实现患者费用个人"零负担"；先后出台临时性工作补助、出差补助、伙食补助等保障政策，关心关爱医务人员和防疫工作者；在全国率先开通政府采购"绿色通道"；第一时间研究启动资金拨付应急机制，迅速将经费拨付到相关单位及抗疫应急研发等重点领域。全省全年各级财政部门共拨付疫情防控资金120亿元。

2. 积极支持稳企业稳增长。加强政策前瞻性研究和储备，出台一揽子财政政策，深入实施"五减"专项行动，帮助企业渡过难关、促进经济企稳回升。2020年，全省财政部门累计兑现惠企财政政策补助支持资金2026亿元。实施增值税留抵退税、减免"房土"两税、残疾人就业保障金分档减缴、减免社会保险费等减税降费政策，全省累计实现减税降费4061亿元，其中：减税2733亿元、减免行政事业性收费和政府性基金89亿元、社保降费减免返还1239亿元。落实中央专项再贷款贴息，给予逾1100家企业财政贴息4.9亿元，占全国1/6，贴息后利率低于1.5%。新增地方政府债券2410亿元，增长56.7%，有力支持重点领域重大基础设施建设等。落实好融资担保风险补偿政策，增加省担保集团资本金10亿元。落实12亿元保障稳外贸稳外资促消费工作，支持外贸稳定发展，鼓励引入高端制造业外资，开展省级现代供应链创新发展试点等。

3. 抓好直达资金精准高效落地。按照"体现公平、统筹兼顾、高效直达"的原则，创新建立"一池一码三减三清单"工作机制，争取中央直达资金442亿元，第一时间分配下达基层，最大限度发挥资金效益。同时，省市县再添了把"旺火"，统筹落实各项惠企利民政策，惠及小微企业和个体工商户78.98万户，进一步激发市场主体活力，增添经济发展动力。强化监督管理，实时监控直达资金分配、拨付、使用全流程，建立对口督导机制，加快直达资金执行进度，确保资金用于最急需人群和市场主体。

4. 推进创新强省和制造业高质量发展。支持之江、良渚、西湖、湖畔4个省实验室建设，加快打造"互联网+"、生命健康、新材料三大科创高地。落实11.8亿元支持59个省级产业创新服务综合体建设，落实4.4亿元支持63个产业链协同创新项目。落实重大科技专项资金12.33亿元，支持数字经济、生命健康、人工智能等关键核心技术攻关和成果转化应用。推进"海外高层次人才引进计划""万人计划""绩效奖励计划"等重大人才工程的实施，落实首批"鲲鹏行动"计划专项资金2亿元。安排18亿元择优支持18个工业大县打造制造业高质量发展"县域窗口"。推动制造业数字化转型，落实10亿元实施第二批数字经济分区域(行业)财政专项激励。出台贯彻落实民营企业发展促进条例的若干意见，从优化政策供给、规范政策制定执行等方面提出十条贯彻意见，提振民营企业发展信心。下达5亿元支持中小企业竞争力提升工程。

5. 积极推进长三角一体化发展。强化政策研究和储备，建立长三角一体化发展财政政策体系。落实长三角一体化奖补资金1.8亿元,加大对长三角一体化的支持力度。制定长三角一体化示范区嘉善片区建设财政体制政策,2020—2022年,统筹安排预算资金50亿元支持示范区嘉善片区建设。开展浙皖两省新安江流域上下游横向生态补偿第三轮试点。与上海市、江苏省研究财政共同投入机制及跨区域税收利益分享机制,并推进沪浙政府采购一体化发展示范合作。推动长三角地区财政电子票据信息共享与运用,积极探索国有资产资源开放共享。

6.大力保障"四大建设"。推进海洋强省国际强港战略,下达省海洋(湾区)经济发展资金20亿元。支持加快打造十大海岛公园。落实中央和省级资金182.02亿元,加快构建省域、市域、城区"1小时交通圈"。落实省交通集团铁路建设资本金20亿元,支持大通道建设。支持"4+1"重大项目和基础设施建设,筹措落实中央基建投资资金68.80亿元、省级资金109.52亿元。落实设区市区域统筹发展财政专项激励政策资金8亿元,推进基本公共服务均等化。落实中央和省级资金8.54亿元,推进城镇老旧小区改造。

7.支持实施乡村振兴战略。落实乡村振兴绩效提升奖补资金16.26亿元,推进乡村智慧化发展、农业绿色发展和城乡融合发展等。助力完成低收入农户高水平全面小康计划,将低收入农户异地搬迁的省级补助标准从1.5万元/人提高到3万元/人,农村困难家庭危房改造省级补助标准从户均7500元提高到15000元。落实34亿元支持粮食、蔬菜、肉蛋奶等重要农产品稳产保供。推进基层政策性农业信贷担保服务创新试点。落实81.57亿元,重点支持百项千亿防洪排涝工程和农村饮用水提标达标行动。下达中央和省级资金13.44亿元,进一步扩大一事一议财政奖补项目覆盖面,助推美丽乡村建设。落实村级组织保障经费19.61亿元,支持村级组织建设。下达中央和省级资金1.96亿元扶持壮大村级集体经济。支持农村综合改革集成建设和农村综合性改革试点试验。推进省乡村振兴投资基金有效运作,省财政出资17.52亿元,已批复10个投资项目,完成基金投资18.72亿元,带动社会资本和金融资本投入37.04亿元。

8.支持推进生态文明示范创建。出台新一轮绿色发展财政奖补机制,安排资金138.55亿元,实施绿色转化财政专项激励政策和区域协调财政专项激励政策,建立淳安特别生态功能区财政体制政策。落实中央和省级资金25.65亿元,支持治水治气治土治废和蓝天、碧水、净土、清废"四大行动"。争取中央资金8.3亿元,推进钱塘江源头区域山水林田湖草生态保护修复工程国家试点。

9.持续增进民生福祉。安排中央和省级资金7.23亿元,支持现代公共文化服务体系建设。下达3亿元支持全省新建3000个农村文化礼堂。保障之江文化中心、省全民健身中心等文体设施建设。出台失业补助金和以工代训补贴等帮扶政策,下达中央和省级就业补助资金11.08亿元,统筹安排省级失业保险调剂金20.15亿元,支持推动就业创业工作。高标准做好结对帮扶工作,全省落实对口支援和东西部扶贫协作资金68.58亿元。全面落实义务教育教师平均工资不低于当地公务员平均工资政策;下达中央和省级资金36.7亿元,推动城乡义务教育高质量发展;下达学前教育补助6000万元,重点支持普惠性幼儿园发展。安排29.51亿元,支持国家"双一流"高校、国家"双高"院校、省重点高校和省一流学科建设等。提高城乡居民基本医疗保险财政补助标准至年人均570元,落实中央和省级补助68.68亿元;提高基本公共卫生服务财政补助标准至年人均87元,下达中央和省级补助15.79亿元。落实"医学高峰"建设资金8.56亿元。提高养老保险待遇水平,人均基本养老金增长5%,惠及全省855万退休人员。落实城乡居民基本养老保险基础养老金正常调整机制,将省定标准提高至165元/月。下达中央和省级困难群众救助补助资金30.31亿元,保障困难群众基本生活。下达困难残疾人生活补贴和重度残疾人护理补贴10.54亿元。落实中央和省级资金14.54亿元,支持公租房保障、城镇棚户区改造和杭州市住房租赁市场发展试点。

10.推进财政管理和体制创新。密切关注宏观形势变化,加强收入监测和分析,确保财政收入平稳可持续增长。提出"保、优、延、减、稳"五字原则,强化支出管理,确保财政收支平衡。坚持政府过"紧日子",实施三轮压减支出措施,全省累计压减571亿元,超额完成压减目标,其中非刚性、非重点项目支出压减13.0%,日常公用经费支出压减7.2%,"三公"经费压减16.2%。坚持节用裕民,将财政支出增量的三分之二以上用于民生。强化运用零基预算理念和方法,坚持量入为出,着力打破基数概念和支出固化格局。深化预算绩效管理改革,出台绩效运行监控、绩效评价、成果应用等办法,进一步完善全过程绩效管理制度体系。将部门整体绩效预算改革扩大至所有省政府考评部门和所有市、县(市、区)。进一步推进行政事业单位内部控制建设。

11.加快财政数字化转型。按照"整体智治、唯实惟先"的要求,统筹推进整体财政建设。加快推进政采云平台、统一公共支付平台、财政电子票据、地方政府性债务风险预警与处置系统、资产云平台迭代升级,提升财政管理的数字化智能化智慧化水平。政采云平台服务十一省四市860个市县区,累计交易额8453亿元。统一公共支付平台累计受理收缴业务2.43亿笔、收缴资金突破1.1万亿元。全省共有3万多家单位开通财政电子票据,累计开票6.31亿张、金额6946亿元,并率先上线区块链捐赠电子票据。推进预算管理一体化工作,全面推广实施"预算云"。

12.有效防范财政风险。深入实施防范化解地方政府隐性债务风险专项行动,稳妥有序化解存量隐性债务风险,完成化债目标任务,积极推进融资平台公司实体化、市场化转型。制定企业职工基本养老保险省级统筹制度实施意见,全面推开划转国有资本充实社保基金工作,完善多渠道筹措机制,确保社会保险基金安全可持续运行。组织开展首批24个县(市、区)"三保"预算编制审核工作,完善市县财政困难程度评价指标体系,建立特别关注清单和重点关注清单,从源头防范县级财政运行风险。

开展全省基层财政资金管理专项检查，督促各地边查边改、以查促改，出台全面强化和规范乡镇财政管理的实施意见，系统重构乡镇财政管理体系。与此同时，我们认真办理人大代表建议。在省十三届人大三次会议上及闭会期间，人大代表共提出与财政相关的建议221件（其中主办10件），根据会议决议精神，省财政厅严格落实办理责任，认真开展调查研究，主动、及时与代表沟通，按时办理完毕，满意率达100%。主办件中，所提问题及建议已经解决或列入计划逐步解决的达100%。如在办理丽10号建议《关于省财政对26个加快发展县（市、区）的生态公益林补偿实行同一标准的建议》时，出台新一轮绿色发展财政奖补机制，将省级以上公益林最低补偿标准提高至33元／亩，主要干流和重要支流源头县、淳安县等26个加快发展县、国家级和省级自然保护区的公益林补偿标准为40元／亩。本轮提标扩面政策，统一了26县补偿标准，实现丽水市全域、衢州市全域均享受较高档补偿标准，进一步加大省级投入力度。

（二）2020年预算收支执行情况

1.一般公共预算执行情况

（1）全省

2020年全省一般公共预算收入7248.00亿元，为调整后预算的97.6%，增长2.8%；全省税收收入6261.51亿元，为调整后预算的100.8%，增长6.1%，占一般公共预算收入的86.4%，收入质量位居全国前列。加上转移性收入5335.89亿元，收入合计12583.89亿元。全省一般公共预算支出10081.98亿元，完成调整后预算的101.1%，剔除新增地方政府一般债务安排的支出等因素，可比增长2.6%；加上转移性支出2501.91亿元，支出合计12583.89亿元。收支相抵，全省一般公共预算收支平衡。

（2）省级

2020年省级一般公共预算收入294.52亿元，为调整后预算的87.6%，可比下降8.2%；加上转移性收入4122.72亿元，收入合计4417.24亿元。省级一般公共预算支出676.34亿元，完成调整后预算的92.6%，剔除新增地方政府一般债务安排的支出，以及压减非急需非刚性支出等因素，可比下降1.4%；加上转移性支出3740.90亿元，支出合计4417.24亿元。收支相抵，省级一般公共预算收支平衡。

2.政府性基金预算执行情况

（1）全省

2020年全省政府性基金预算收入11353.35亿元，为调整后预算的141.2%，增长7.0%；加上转移性收入2754.80亿元，收入合计14108.15亿元。全省政府性基金预算支出11883.94亿元，完成调整后预算的121.6%，增长14.4%；加上转移性支出2224.21亿元，支出合计14108.15亿元。收支相抵，全省政府性基金预算收支平衡。

（2）省级

2020年省级政府性基金预算收入28.15亿元，为调整后预算的93.1%，可比下降15.1%；加上转移性收入2220.79亿元，收入合计2248.94亿元。省级政府性基金预算支出249.82亿元，完成调整后预算的98.0%，增长27.2%；加上转移性支出1999.12亿元，支出合计2248.94亿元。收支相抵，省级政府性基金预算收支平衡。

3.国有资本经营预算执行情况

（1）全省

2020年全省国有资本经营预算收入114.32亿元，增长24.0%；加上转移性收入6.02亿元，收入合计120.34亿元。全省国有资本经营预算支出61.41亿元，完成预算的88.1%，增长5.1%；加上转移性支出58.93亿元，支出合计120.34亿元。收支相抵，全省国有资本经营预算收支平衡。

（2）省级

2020年省级国有资本经营预算收入50.26亿元，增长11.8%；加上转移性收入1.16亿元，收入合计51.42亿元。省级国有资本经营预算支出30.25亿元，完成预算的84.2%，下降4.4%；加上转移性支出21.17亿元，支出合计51.42亿元。收支相抵，省级国有资本经营预算收支平衡。

4.社会保险基金预算执行情况

（1）全省

2020年全省社会保险基金预算收入4571.00亿元，下降8.7%；加上转移性收入456.79亿元，收入合计5027.79亿元。全省社会保险基金预算支出5178.92亿元，完成预算的98.1%，增长5.2%；加上转移性支出593.28亿元，支出合计5772.20亿元。收支相抵，全省社会保险基金预算本年收支赤字744.41亿元，赤字主要是企业职工基本养老保险基金赤字，一是企业社保费减免政策影响；二是2020年我省净上解中央调剂金136.49亿元；三是待遇享受人数较多，抚养比较低。

（2）省级

2020年省级社会保险基金预算收入221.60亿元，增长5.8%；加上转移性收入521.90亿元，收入合计743.50亿元。省级社会保险基金预算支出177.85亿元，完成预算的98.1%，增长7.0%；加上转移性支出715.29亿元，支出合计893.14亿元。收支相抵，省级社会保险基金预算本年收支赤字149.64亿元，赤字主要是企业职工基本养老保险基金赤字，一是企业社保费减免政策影响；二是上解中央调剂金支出增加；三是下拨给困难市县省级调剂金较多。

5.经批准举借债务的规模、结构、使用、偿还情况

（1）举借规模

①全省

2020年，全省地方政府债务限额15380.35亿元。在批准的限额内，全省发行地方政府债券3369.58亿元，其中：新增债券2410.00亿元，再融资债券959.58亿元。

②省级

2020年，省级债务限额为1057.84亿元，省级新增地方政府债务限额245.70亿元。

（2）结构

①全省

截至2020年末，全省地方政府债务余额为14641.65亿元，其中：一般债务6633.10亿元，占45.3%；专项债务8008.55亿元，占54.7%。

②省级

截至2020年末，省级地方政府债务余额为820.38亿元，其中：一般债务271.78亿元，占33.1%；专项债务548.60亿元，占66.9%。

（3）使用

①全省

2020年，全省新增地方政府债券2410.00亿元，其中：用于交通运输494.77亿元（其中：政府收费公路182.66亿元），占20.5%；市政建设756.97亿元，占31.4%；棚户区改造等保障性住房建设243.37亿元（其中：棚户区改造建设204.09亿元），占10.1%；生态建设和环境保护67.58亿元，占2.8%；农林水利建设183.57亿元，占7.6%；科学、教育、文化事业324.77亿元，占13.5%；医疗卫生等其他社会事业288.97亿元，占12.0%；中小银行风险化解50.00亿元，占2.1%。

②省级

2020年，省级新增地方政府债券245.70亿元，其中：交通基础设施建设244.30亿元，教育事业0.30亿元，医疗卫生事业1.10亿元。

（4）偿还

①全省

2020年，全省财政共安排还本支出1034.45亿元，其中：一般债务还本支出698.06亿元，专项债务还本支出336.39亿元，均用于偿还存量政府债务。

②省级

2020年，省级还本支出0.05亿元。

2020年是“十三五”规划收官之年。五年来，我们认真贯彻党中央、国务院和省委、省政府决策部署，干在实处、走在前列、勇立潮头，扎实做好生财、聚财、用财三篇文章，财政综合实力持续增强，财为政服务能力显著提升，基本确立具有浙江特色的现代财政制度框架，为经济社会发展提供了坚实的财政保障。2020年全省一般公共预算收入、一般公共预算支出分别为2015年的1.51倍、1.52倍，年均增幅分别为8.5%、8.7%，一般公共预算收入规模从全国第五跃升至全国第三。税收收入占一般公共预算收入的比重保持在83%以上，一直位居全国前列。连续17年财政支出增量的三分之二以上用于民生。我省财政管理工作连续四年获国务院办公厅督查激励。

这五年来取得的成绩，是习近平新时代中国特色社会主义思想科学指引的结果，是党中央、国务院和省委、省政府坚强领导的结果，是省人大、省政协及代表委员们监督指导的结果，是全省人民共同努力的结果。

同时，我们也清醒地看到，在财政管理过程中还面临一些困难和挑战，如财政“紧平衡”特征进一步凸显，个别市县财政收支矛盾加剧，“三保”支出压力进一步加大；支出进度偏慢问题尚未根本解决，政府投资项目执行进度仍需进一步加快；绩效管理体系还不够健全，绩效评价结果应用机制有待进一步强化等。对此，我们认真研究，积极采取有力措施切实加以解决。

二、2021年预算

（一）2021年财政经济形势

当前和今后一个时期，我国发展仍处于重要战略机遇期，经济长期向好的基本面没有改变，我省经济高质量发展的趋势没有变，财政收入平稳、可持续增长的基础没有变。同时，疫情变化和外部环境存在诸多不确定性，财政收入增长仍面临较大压力；财政支出刚性增长，实施减税降费政策也需要财力支撑，财政收支“紧平衡”将长期存在。各地各部门要持之以恒落实过“紧日子”要求，坚持艰苦奋斗、勤俭节约、精打细算，完善集中财力办大事财政政策体系，理清大事要事，分轻重缓急，长短结合，注重投入产出效益，建立跨年度预算平衡机制，实现财力的动态平衡，切实将宝贵的财政资金用在“刀刃上”。

（二）2021年财政预算编制的指导思想

2021年是建党100周年，是“十四五”规划的开局之年，也是我省开启高水平全面建设社会主义现代化新征程的起步之年。按照中央和省委对经济工作的总体部署以及财政改革总体要求，根据2021年度全省经济社会发展目标、国家宏观调控总体要求和跨年度预算平衡的需要，结合对2021年财政经济形势的分析和预测，并参考上年度执行情况，全省2021年财政预算编制的指导思想是：坚持以习近平新时代中国特色社会主义思想为指导，全面贯彻党的十九大和十九届二中、三中、四中、五中全会精神，全面落实省委、省政府决策部署，准确把握新发展阶段，深入贯彻新发展理念，加快构建新发展格局，全力打造发展新优势，坚持系统观念，坚持稳中求进工作总基调，以推动高质量发展为主题，以深化供给侧结构性改革为主线，以改革创新为根本动力，以满足人民日益增长的美好生活需要为根本目的，围绕“忠实践行‘八八战略’、奋力打造‘重要窗口’”主题主线，突出“三个争先”，落实落细“十三项战略抓手”，巩固拓展疫情防控和经济社会发展成果，扎实做好“六稳”工作、全面落实“六保”任务，推动高质量发展实现新突破，积极的财政政策要提质增效、更可持续，加强财政资源统筹，强化预算约束和绩效管理，加大支出结构优化力度，切实防范财政风险，加快建立现代地方财税体制，为争创社会主义现代化先行省提供坚实的财政保障。

（三）2021年重点财政收支政策

1.慎终如始保障疫情防控

支持做好疫情常态化防控工作，切实加强财政政策资金保障。研究完善公共卫生应急管理体系的财政政策举措，建立稳定的公共卫生事业投入机制，全力支持开展公共卫生防控救治能力建设，加强对应急管理体系基础设施建设、设施设备配置和应急物资储备的保障。安排公共卫生服务和公共卫生体系建设省级补助资金8.66亿元，支持提升公共卫生服务水平。

2.全力支持科技创新产业升级

一是保障创新强省建设。全省科技投入增长15%，深入实施创新强省战略，加快建设三大科创高地。支持提高自主创新能力，强化基础研究和源头创新，安排38亿元支持之江实验室等省实验室建设，筹措19.55亿元落实重点研发和基础公益研究补助政策。安排4.5亿元支持杭州城西科创大走廊重大载体平台建设、重大创新项目实施和高层次人才团队引进培育。安排省创新引领基金3亿元，发挥基金在引导社会力量加大科技创新投入、培育科技型中小企业等方面的积极作用。新增安排3亿元支持省技术创新中心建设。

二是保障人才强省建设。落实重点人才项目资金保障，安排5.2亿元持续推进"海外高层次人才引进计划""万人计划""绩效奖励计划"等重大人才工程实施，助力打造人才蓄水池。安排8亿元支持"鲲鹏行动"计划，比上年增加6亿元，力争引进一批具有全球影响力的核心人才。统筹2.71亿元支持西湖大学创建新型研究型大学，打造高端人才集聚平台。大力实施新时代浙江工匠培养工程和"金蓝领"职业技能提升等行动，安排1亿元支持加快培养符合产业发展需求的高技能人才。

三是推动数字产业化和产业数字化。聚焦我省国家数字经济创新发展试验区建设和数字经济"一号工程"2.0版等重点工作，安排10亿元支持数字产业化、产业数字化，助力打造数字赋能县域示范窗口。继续安排18亿元实施制造业高质量发展示范县（市、区）财政专项激励。研究制定新一轮省级制造业创新中心培育方案，持续推动完善制造业创新体系。

四是推进产业链供应链现代化。围绕十大标志性产业链，安排5.19亿元支持实施产业链协同创新项目计划。安排1.57亿元支持首台（套）产品奖励及保险补偿和首批次新材料保险补偿。筹措3.4亿元支持产业创新服务综合体建设，打造更具活力的产业创新生态系统。开展省级重点工业互联网平台创建，安排7000万元支持完善"1＋N"工业互联网平台体系，引领"浙江智造"。

3.大力推进扩大内需促进消费

一是着力稳企业防风险。落实落细各项减税降费政策，从服务中央和全省战略需要出发并结合政策实施效果，不断完善政策举措。引导激励金融机构减费让利，支持企业直接融资。安排省级政府产业基金出资15亿元，围绕省委、省政府重大战略部署，发挥基金引导和杠杆作用。落实"放水养鱼"行动计划，在全省遴选3000家左右细分市场有竞争优势、成长性好、具有关键核心技术的优质企业进行精准培育。继续安排5亿元，重点支持中小微企业高质量发展培育等。

二是着力促消费提质量。实施财政专项激励政策，安排1.08亿元支持20个县打造数字生活新服务样板县，推动数字生活新服务成为促进消费的重要引擎，推进省级夜间经济、小店经济试点和高品质步行街改造提升建设。安排2.6亿元推进新能源汽车推广应用和充电基础设施建设，持续优化我省新能源汽车应用环境，完善新能源汽车产业链。统筹1.6亿元支持8万辆汽车"以旧换新"。

4.奋力助推深化改革开放

持续深化"最多跑一次"改革，推进电子政务项目预算审批"一件事"。突出数字赋能，强化政府数字化转型保障，支持提高智能化服务水平。着力稳外贸稳外资，对标国际和国内先进自贸区（港），统筹省市县财税政策，合力支持中国（浙江）自由贸易试验区建设发展。安排支持外经贸发展资金7.33亿元，做好出口信用保险保费补助、关键领域产品和技术进口贴息等，支持企业开拓国际市场。

5.支持新型城镇化和乡村振兴

提升城市基础设施建设水平，安排7.95亿元支持城镇生活垃圾和污水基础设施、城市地下综合管廊和海绵城市建设。安排4.69亿元推进农房改造和美丽宜居示范村建设，持续改善城乡面貌。安排5亿元支持美丽城镇建设。安排乡村振兴绩效提升奖补政策资金19.62亿元，重点支持乡村振兴集成创新等；安排8.91亿元支持进一步巩固拓展脱贫攻坚成果。安排农村高质量发展资金27.87亿元，全面落实粮油、生猪等扶持政策措施。安排85.96亿元，比上年增加4.39亿元，加快推进实施海塘安澜和百项千亿重大工程建设。安排2.36亿元支持开展新品种展示示范、种质资源保护和开发利用、农业新品种选育协作攻关等，着力推动现代种业发展。安排8亿元支持高水平建设"四好农村路"。安排历史文化村落保护补助资金3.25亿元。安排19.24亿元支持村级组织建设。安排6.91亿元支持农村综合改革集成等综改项目建设。

6.统筹推进区域协调发展

一是支持长三角一体化高质量发展。落实我省支持共建长三角一体化示范区嘉善片区财政政策，优先支持先行启动区建设。安排2亿元继续实施长三角一体化发展激励政策，引导市县深入推进长三角一体化。会同沪苏两省市和示范区执委会共同推动组建一体化示范区投资基金，支持示范区绿色生态、互联互通、创新经济和公共服务领域。

二是支持加快推进"四大建设"。积极保障海洋强省国际强港战略，继续安排省海洋（湾区）经济发展资金20亿元。支持高水平建设交通强省，安排省级资金93.99亿元，比上年增加11.52亿元，推进公路、水运等综合交通发展。加快提升大花园核心区建设水平，安排诗路文化带建设资金5亿元。助推打造山海协作升级版，安排3.93亿元支持9个省级山海协作产业园提升工程和18个山海协作生态旅游文化产业园建设。进一步支持山海协作"飞地"高质量建设，推动山区跨越式发展。安排设区市区域统筹发展财政专项激励政策资金8亿元，全面提升中心城市能级。

7.支持生态文明建设

安排138.95亿元全面实施新一轮绿色发展财政奖补机制，推动与生态产品质量和价值相挂钩的财政奖补机制取得实效，继续实施森林生态效益补偿机制。安排省级环境保护专项政策资金11.4亿元，支持污染治理和生态环境保护。谋划第四轮新安江流域横向生态补偿试点，积极探索多元化补偿方式。安排国家绿色发展基金出资3亿元，争取基金更多投向长三角生态环境保护修复和绿色产业发展项目。

8. 支持文化强省建设

聚力打造新时代文化高地，支持文化浙江的标志性项目建设，安排6亿元高水平推进之江文化中心建设。安排浙江文化艺术发展基金2亿元，加快推进“重要窗口”重大题材文艺精品创作。安排文化产业专项资金2亿元，切实增强文化软实力和文化产业竞争力。安排省级资金4.06亿元推进基本公共文化服务均等化。大力推进传统文化保护传承，安排1.73亿元支持文化遗产保护，安排6900万元落实良渚遗址保护申遗等世界级文化遗产培育政策。安排3亿元继续支持农村文化礼堂建设，推进完善“建管用育”一体化的长效运行管理机制。保障亚运场馆等体育设施建设经费，支持办好2022年杭州亚运会、亚残运会。

9. 着力保障和改善民生

大力支持稳就业，安排省级支持高质量就业政策资金5.32亿元，推动更加充分更高质量就业。支持对口工作，助力受援地高质量发展。全面实施企业职工养老保险省级统收统支工作，稳步提高退休人员基本养老金水平，安排城乡居民基本养老保险补助资金28.55亿元。统筹安排38.86亿元支持义务教育优质均衡发展，落实5.08亿元推进提升基础教育办学条件，安排学前教育补助9000万元，比上年新增3000万元，支持全省普惠性幼儿园提升办园质量和水平。安排31.68亿元，比上年增加2.17亿元，集中力量推进“双一流”高校、省优势特色学科、省高水平高职院校和专业群建设。安排6.5亿元，支持高标准高质量实施委省共建国家区域医疗中心、中国科学院肿瘤与基础医学研究所等“医学高峰”建设项目。完善“双下沉、两提升”政策，推动县域医共体建设，安排省级奖补资金3.47亿元。安排16.84亿元用于加强困难群众生活救助。安排11.71亿元支持做好困境儿童、残疾人等特殊群体的保障。安排5亿元支持公租房保障和城镇棚户区、老旧小区改造。支持退役军人全生命周期管理保障新模式工作开展。

(四)2021年一般公共预算

1. 全省

(1)收入预算

2021年全省一般公共预算收入预期7680.00亿元，为上年调整后执行数的106.0%。主要科目收入情况：

2021年全省一般公共预算主要科目收入情况(单位:亿元)

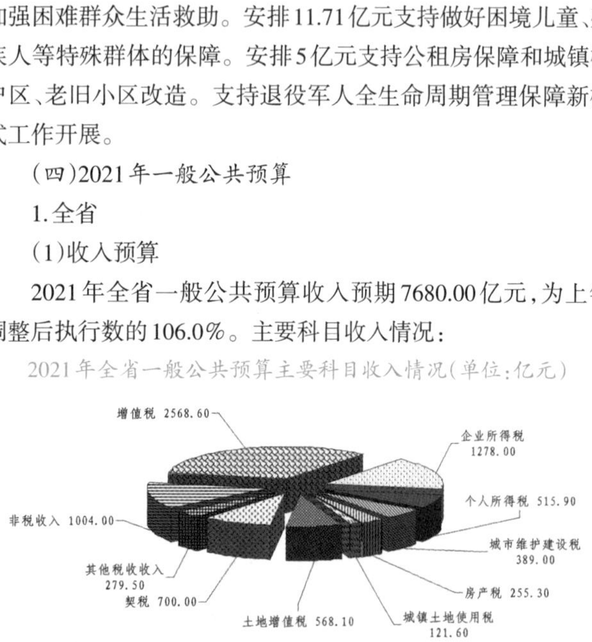

全省一般公共预算收入预期7680.00亿元，地方政府一般债务收入预期949.90亿元，加上转移性收入2571.98亿元，收入合计11201.88亿元。

(2)支出预算

拟安排2021年全省一般公共预算支出9574.00亿元，剔除新增地方政府一般债务安排的支出、中央专项转移支付未预估以及预备费单列等因素，为上年调整后执行数的105.5%。重点支出情况：

2021年全省一般公共预算重点支出情况(单位:亿元)

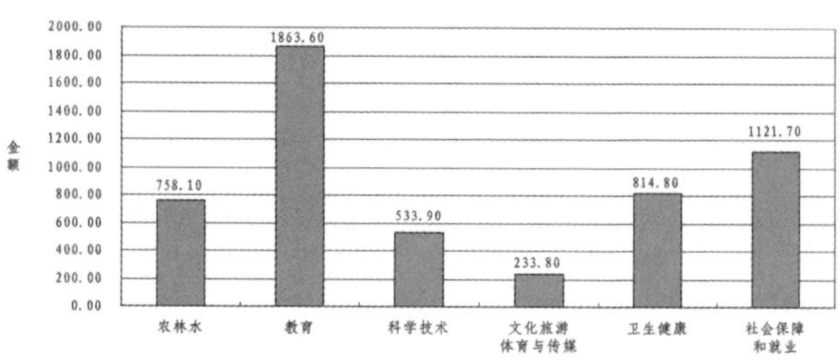

全省一般公共预算支出9574.00亿元，加上预备费108.00亿元、地方政府一般债务还本支出973.32亿元、转移性支出546.56亿元，支出合计11201.88亿元。

收支相抵，全省一般公共预算收支平衡。

2. 省级

(1)收入预算

2021年省级一般公共预算收入预期315.00亿元，剔除省与市县增值税留抵退税清算调库时间调整等因素，与上年持平。主要科目收入情况：

2021年省级一般公共预算主要科目收入情况(单位:亿元)

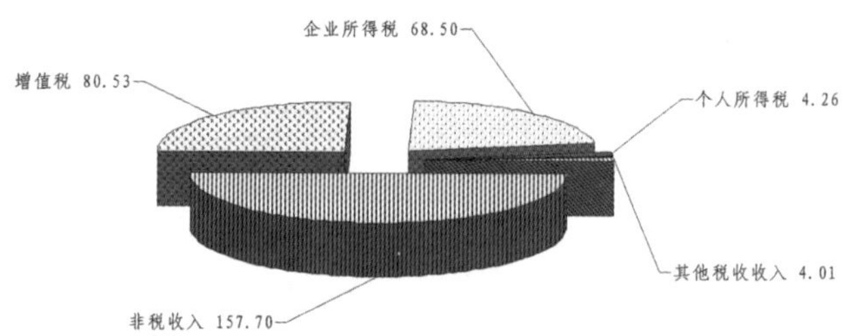

省级一般公共预算收入预期315.00亿元，地方政府一般债务收入预期745.50亿元，加上转移性收入2969.83亿元，收入合计4030.33亿元。

(2)支出预算

拟安排2021年省级一般公共预算支出676.60亿元，为上年调整后执行数的101.2%，剔除上年按进度延后安排的之江实验室建设经费以及预备费单列等因素，与上年持平。重点支出情况：

2021年省级一般公共预算重点支出情况(单位:亿元)

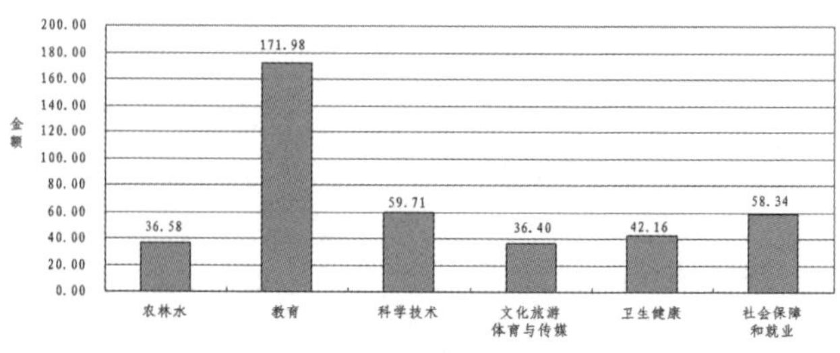

省级一般公共预算支出676.60亿元，加上预备费7.50亿元、转移性支出3346.23亿元，支出合计4030.33亿元。其中：一般性转移支付1449.15亿元，专项转移支付389.61亿元。

收支相抵，省级一般公共预算收支平衡。

（3）人代会前安排的省级支出情况

根据《预算法》第五十四条规定，预算年度开始后，省级预算草案在省人代会批准前，安排使用的支出，主要是参照上一年同期的预算支出数额安排必须支付的本年度基本支出和项目支出。

（五）2021年政府性基金预算

1.全省

2021年全省政府性基金预算收入预期9663.00亿元，为上年调整后执行数的85.1%；加上地方政府专项债务收入675.68亿元、转移性收入310.18亿元，收入合计10648.86亿元。全省政府性基金预算支出9018.44亿元，剔除2020年新增地方政府专项债务因素，为上年调整后执行数的90.7%；加上地方政府专项债务还本支出747.63亿元、转移性支出882.79亿元，支出合计10648.86亿元。收支相抵，全省政府性基金预算收支平衡。

2.省级

2021年省级政府性基金预算收入预期34.22亿元，为上年调整后执行数的121.6%；加上地方政府专项债务收入584.70亿元、转移性收入32.17亿元，收入合计651.09亿元。省级政府性基金预算支出39.54亿元，剔除新增地方政府专项债务安排的支出因素，为上年调整后执行数的115.9%；加上转移性支出611.55亿元，支出合计651.09亿元。收支相抵，省级政府性基金预算收支平衡。

（六）2021年国有资本经营预算

1.全省

2021年全省国有资本经营预算收入预期97.35亿元，为上年执行数的85.2%；加上转移性收入11.40亿元，收入合计108.75亿元。全省国有资本经营预算支出62.05亿元，为上年执行数的101.0%；加上转移性支出46.70亿元，支出合计108.75亿元。收支相抵，全省国有资本经营预算收支平衡。

2.省级

2021年省级国有资本经营预算收入预期42.46亿元，为上年执行数的84.5%；加上转移性收入2.60亿元，收入合计45.06亿元。省级国有资本经营预算支出28.65亿元，为上年执行数的94.7%；加上转移性支出16.41亿元，支出合计45.06亿元。收支相抵，省级国有资本经营预算收支平衡。

（七）2021年社会保险基金预算

1.全省

2021年全省社会保险基金预算收入预期5518.52亿元，为上年预计执行数的120.7%；加上转移性收入514.00亿元，收入合计6032.52亿元。全省社会保险基金预算支出5625.70亿元，为上年预计执行数的108.6%；加上转移性支出667.00亿元，支出合计6292.70亿元。全省社会保险基金本年预期赤字260.18亿元，赤字主要是企业职工基本养老保险基金待遇享受人数增加较多，抚养比较低，当年收不抵支。

2.省级

2021年省级社会保险基金预算收入预期2638.76亿元，为上年预计执行数的1190.8%；加上转移性收入518.75亿元，收入合计3157.51亿元。省级社会保险基金预算支出3168.82亿元，为上年预计执行数的1781.7%；加上转移性支出675.99亿元，支出合计3844.81亿元。省级社会保险基金本年预期赤字687.30亿元，赤字主要是企业职工基本养老保险基金赤字，2021年开始实行省级统收统支，待遇享受人数增加较多，抚养比较低，当年收不抵支。

（八）2021年地方政府债务

2021年新增地方政府债务限额待全国人代会通过并经国务院批准下达后，依法编制调整预算（草案）并提交省人大常委会审议批准。根据地方政府债券到期情况，在一般公共预算支出中安排一般债务还本支出973.32亿元，在政府性基金预算支出中安排专项债务还本支出747.63亿元。

三、认真抓好2021年财政预算执行和管理改革工作

（一）坚持唯实惟先，优化收支管理

密切关注宏观经济形势和重大税制改革，加强收入监控和执行分析，促进全省收入平稳、协调、可持续增长。优化支出结构，继续将财政支出增量的三分之二以上用于民生，进一步提高支出政策和资金的指向性、精准性、有效性。坚持艰苦奋斗、勤俭节约的思想，将政府过“紧日子”的要求落实落细，建立健全厉行节约长效机制。进一步压减一般性支出，非刚性、非重点项目支出压减不低于10%。严格执行经费开支标准，强化“三公”经费、会议费、培训费管理，加强资产配置使用管理。硬化预算执行约束，强化部门预算支出管理，健全省级重大政府投资项目预算执行进度监管机制。

（二）坚持高效协同，深化财政改革

加强财政资源统筹，加快构建以绩效为核心的集中财力办大事财政政策体系和资金管理机制，建立大事要事动态调整机制，推进跨年度预算平衡。推动预算绩效管理提质增效，加快构建具有浙江特色的预算绩效管理体系，持续推进部门整体绩效预算改革，完善全方位、全过程、全覆盖的绩效管理体系。深化零基预算改革，进一步提高预算编制的科学性和准确性。进一步完善财政支出标准体系，更好发挥标准在预算管理中的基础性作用。推进省以下分领域财政事权和支出责任划分改革。加快推进经营性国有资产统一监管，提高国有资产配置效率。深化政府购买服务改革，推动政府购买服务更加侧重基本公共服务领域。以向省人大常委会报告国有资产为抓手，完善全口径国有资产管理。

（三）坚持整体智治，推进财政数字化转型

以系统化思维和信息化手段推进预算管理一体化工作，加快预算管理一体化系统建设，实现对预算管理全流程的动态反

映和有效控制，为深化预算制度改革提供基础性支撑。完善政采云平台功能，优化政府采购营商环境。实施政府非税收入全生命周期管理，全面推进政府非税收入接入统一公共支付平台工作。迭代升级地方政府性债务风险预警与处置系统，提高监测功能。优化乡镇公共财政服务平台，实现省市县乡协同、部门间协作、政银人一体，巩固到人到户的涉农补助和民生补贴财政资金“一卡通”发放成果。

（四）坚持底线思维，防范化解财政风险

持续深入实施防范化解地方政府隐性债务风险专项行动，依法合规化解存量隐性债务。建立健全社会保险基金运行风险预警预测机制，加大多渠道资金筹措力度，持续做大社会保险风险准备金“蓄水池”。切实兜牢“三保”底线，扩大县级“三保”预算编制事前审核范围，密切监测市县财政收支运行和县级“三保”预算执行情况，加强对财政困难地区的转移支付倾斜和支持力度，强化困难市县财政保障能力。

2021年，我们将更加紧密地团结在以习近平同志为核心的党中央周围，在中共浙江省委的坚强领导下，严格按照省十三届人大五次会议的决议和要求，认真贯彻党中央、国务院和省委、省政府各项决策部署，齐心协力、开拓进取，忠实践行“八八战略”，奋力打造“重要窗口”，为争创社会主义现代化先行省作出新的更大的贡献！

浙江省第十三届人民代表大会财政经济委员会关于2020年全省和省级预算执行情况及2021年全省和省级预算草案的审查结果报告

（2021年1月29日浙江省第十三届人民代表大会第五次会议主席团第四次会议通过）

浙江省第十三届人民代表大会第五次会议审查了省人民政府提出的《关于2020年全省和省级预算执行情况及2021年全省和省级预算草案的报告》、2021年全省和省级预算草案。财政经济委员会在会前初步审查的基础上，根据代表们的审议意见，对预算报告和预算草案作了进一步审查。现将审查结果报告如下：

一、2020年是极不平凡的一年。面对国内外形势的深刻复杂变化特别是突如其来的新冠肺炎疫情，全省各级政府及其财政部门坚持以习近平新时代中国特色社会主义思想为指导，认真贯彻习近平总书记考察浙江重要讲话精神，全面落实中央和省委重大决策部署，忠实践行“八八战略”，奋力打造“重要窗口”。认真执行省十三届人大三次会议决议，严格遵循预算法律法规，有效落实积极的财政政策，及时调整优化支出结构，大力实施减税降费，扎实推动“六稳”“六保”，为统筹推进疫情防控和经济社会发展提供了坚实保障。同时，在财政管理过程中还存在一些困难和问题：财政收支平衡难度进一步加大，有的部门依然存在预算执行不严格、不规范问题，绩效管理体系还不够健全，个别市县“三保”支出压力较大，防范化解风险的任务仍然较重等。对此，必须高度重视，采取切实有效措施加以解决。

二、财政经济委员会认为，省人民政府提出的预算报告和预算草案，全面贯彻中央和省委经济工作会议精神，体现积极财政政策提质增效、更可持续的要求，加大优化支出结构力度，强化预算绩效管理，注重风险防控，预算草案总体可行。财政经济委员会建议，省十三届人大五次会议同意《关于2020年全省和省级预算执行情况及2021年全省和省级预算草案的报告》，批准2021年省级预算。

三、2021年是建党100周年，是“十四五”开局之年，做好全年的财政预算工作意义重大。财政经济委员会建议：

（一）更好统筹财政资源，切实保障中心工作落地见效。坚持财为政服务，聚焦聚力中央和省委重大决策部署，围绕统筹疫情防控和经济社会发展，充分发挥财政政策和资金的引导支撑保障作用，全力支持科技创新和产业升级，大力推进扩大内需促进消费，统筹推进城乡区域协调发展，支持生态文明建设，支持推动文化教育医疗卫生等社会事业发展，着力保障改善民生。进一步加大财政资源统筹力度，优化完善集中财力办大事财政政策体系，将有限的财政资金用在刀刃上，确保中央和省委重大决策部署落地见效。

（二）严格预算收支管理，强化预算执行刚性约束。进一步增强预算法治意识，切实维护预算的权威性和严肃性，严格做到先有预算后有支出，没有预算不得支出。巩固拓展减税降费成效，培育涵养优质税源，提高收入质量，促进财政收入平稳、协调、可持续增长。坚持政府过“紧日子”，进一步压减一般性支出，建立健全厉行节约长效机制。

（三）强化绩效导向，健全预算绩效管理体制机制。坚持“花钱必问效、无效必问责”，加快构建全方位、全过程、全覆盖的预算绩效管理体系。进一步完善财政支出标准体系，持续推进部门整体绩效预算改革，推动重大支出政策、重点专项资金、政府重大投资项目绩效管理提质增效。进一步巩固完善直达资金管理机制，最大限度发挥直达资金效益。加快推进财政数字化转型，提升整体智治水平。

（四）加强源头管控，有效防范财政风险。坚持底线思维，正确把握促发展和防风险的关系。深入实施防范化解地方政府隐性债务风险专项行动，着力构建健全有效的财政风险防控长效机制。建立健全社会保险基金运行风险预警预测机制，加大多渠道筹措资金力度，确保社会保险基金安全可持续运行。切实兜牢“三保”底线，有效提升基层财政保障能力。

省委省政府重要财经文件

关于加强海域使用金、无居民海岛使用金征收管理意见的通知

（浙政发〔2020〕33号）
浙江省人民政府办公厅
于2020年7月10日印发

关于加强海域使用金征收管理的意见

为贯彻落实海洋生态文明建设要求，坚持生态保护优先和资源节约集约利用，进一步完善海域有偿使用制度，建立海域使用金征收标准动态调整机制，根据《中华人民共和国海域使用管理法》《浙江省海域使用管理条例》《浙江省政府非税收入管理条例》和财政部、国家海洋局关于海域使用金征收管理有关规定，提出如下意见。

一、明确海域使用金征收范围

在本省管辖海域持续使用特定海域3个月以上的排他性用海活动，以及使用特定海域不足3个月的排他性临时用海活动，应当按本意见规定缴纳海域使用金。

海域使用权人通过审批或者招标、拍卖、挂牌方式取得海域使用权，或者在批准的海域使用年限内转让、出租其通过有偿方式取得的海域使用权（含海域设施一并转让）的，应当依法缴纳相关税费。

二、健全海域使用金征收管理机制

财政部门负责海域使用金的征收管理，海洋行政主管部门负责海域使用金的具体征收，人民银行负责海域使用金的收缴管理。海域使用金由批准用海的地方政府海洋行政主管部门负责征收。在本省管辖海域内，跨海域行政区域或者海域行政界线有争议的用海项目，其海域使用金由上一级海洋行政主管部门负责征收。

三、统一海域使用金征收标准及要求

各级海洋行政主管部门要严格按照用海类型、海域等别、海域级别、征收标准征收海域使用金。海域使用金征收标准实行动态调整。全省（除宁波市外）海域使用金征收标准，由省级财政部门会同省级海洋行政主管部门根据国家有关规定制定实施。宁波市海域使用金征收标准，由宁波市根据国家和省有关规定制定。

海域使用金自海域使用申请经依法批准之日起计征。对填海造地、非透水构筑物、跨海桥梁和海底隧道等项目用海，实行一次性计征海域使用金。对其他项目用海，按照使用年限逐年计征海域使用金。使用海域不超过6个月的，按年征收标准的50%一次性计征海域使用金；超过6个月不超过1年的，按年征收标准一次性计征海域使用金。经营性临时用海按年征收标准的25%一次性计征海域使用金。

逐年计征海域使用金的项目用海，每个年度的海域使用金应在当年缴清。对应当按年缴纳海域使用金，而未在规定期限内缴纳的，项目用海所在地海洋行政主管部门应当督促海域使用权人限期缴纳。经批准改变用海类型的，自批准之日起按变更后的海域使用金征收标准缴纳；批准前海域使用金已一次性缴纳的，不足部分应当按批准变更后的对应标准补缴差额。

四、加强海域使用权配置市场化

招标、拍卖或者挂牌出让海域使用权的，应当按成交价款确定海域使用金。在确定招标标底、拍卖或者挂牌出让底价时，出让底价中海域使用金部分应当单独列出，并且不得低于出让年限和海域使用权出让基准价格的计算总和。海域使用权出让基准价格，由省级海洋行政主管部门确定并发布。按年度缴纳海域使用金的用海项目，转让人转让海域使用权时，受让人应当缴纳剩余使用年限的海域使用金；抵押人抵押海域使用权时，应当一次性缴纳抵押期限内的海域使用金。

五、规范海域使用金减免程序

符合国家和省有关规定要求减缴或者免缴海域使用金的，海域使用申请人应当在收到《海域使用金缴款通知书》之日起30天内，提出减免海域使用金的书面申请，逾期一律不予受理。

本省（除宁波市外）海域使用金减免规定，由省级财政部门会同省级海洋行政主管部门根据国家有关规定执行。宁波市海域使用金减免规定，由宁波市根据国家和省有关规定执行。

六、加强不动产登记管理

海域使用申请人在不动产登记机构申请海域使用权登记前，应当先取得海域使用金减免批复文件或者海域使用金缴纳凭证。不动产登记机构在不动产登记簿中备注海域使用金缴纳方式。海域使用权人分期缴纳海域使用金的，在办理转移和变更登记时，应当足额缴纳海域使用金；逐年缴纳海域使用金的，应当足额缴纳当年海域使用金。

除经批准减缴或者免缴的养殖用海外，其他经批准减缴或者免缴海域使用金的项目用海，转让海域使用权的，转让双方应当按规定向原批准用海的海洋行政主管部门提供材料，经批准后，到不动产登记机构办理转让手续；出租、抵押海域使用权的，应当到不动产登记机构办理登记手续。

上述转让、出租、抵押海域使用权涉及减缴或者免缴海域使用金的，应当补缴海域使用金后方可办理不动产登记手续。

七、强化海域使用金缴库管理

海域使用金实行先缴后分、就地全额缴库方式缴纳。本省管辖海域以外以及跨省海域的项目用海海域使用金的缴纳，按国家规定执行。宁波市本级及所属县（市、区）之间的分成比例由宁波市自行确定。国务院、省级、县级政府审批的养殖用海项目海域使用金，全额缴入项目所在地的县级地方国库，中央和省级不参与分成；市级政府审批的养殖用海项目海域使用金，按市级10%、县级90%的比例就地缴入地方国库。

除上述以外的其他项目用海缴纳的海域使用金，按项目用海批准权限由同级地方政府海洋行政主管部门负责征收，并按照中央30%、省级10%、市级10%、县级50%的比例就地缴入国库。省级不参与宁波市海域使用金分成。

海域使用金纳入一般公共预算，实行“收支两条线”管理。通过市场化方式出让海域使用权的，其论证、评估、招标、拍卖、挂牌以及政策处理等所需相关费用纳入项目用海所在地政府或者有关部门年度预算。

本意见自2020年9月1日起施行。《浙江省人民政府关于印发浙江省海域使用金征收管理办法的通知》（浙政发〔2009〕8号）同时废止，此前有关规定与本意见不一致的，以本意见为准。

关于加强无居民海岛使用金征收管理的意见

为贯彻落实海洋生态文明建设要求，坚持生态保护优先和资源节约集约利用，进一步完善无居民海岛有偿使用制度，根据《中华人民共和国海岛保护法》《浙江省无居民海岛开发利用管理办法》《浙江省政府非税收入管理条例》和财政部、国家海洋局关于无居民海岛使用金征收管理有关规定，提出如下意见。

一、明确无居民海岛使用金征收范围

无居民海岛使用金是指国家在一定年限内出让无居民海岛使用权，由无居民海岛使用者依法向国家缴纳的无居民海岛使用权价款，不包括无居民海岛使用者取得无居民海岛使用权应当依法缴纳的其他相关税费。

单位和个人利用本省管辖范围内的无居民海岛，应当经国务院或者省政府依法批准，并按照本意见规定缴纳无居民海岛使用金。无居民海岛使用权申请人申请办理无居民海岛使用权登记的，应当足额缴纳无居民海岛使用金或者取得免缴批复文件。

二、健全无居民海岛使用金征收管理机制

无居民海岛使用金属于政府非税收入。省级以上财政部门是无居民海岛使用金的征收管理机关；省级以上海洋行政主管部门是无居民海岛使用金的征收机关；省级以上人民银行是无居民海岛使用金的收缴管理机关。

三、统一无居民海岛使用金征收标准

无居民海岛使用权可以通过申请审批方式出让，也可以通过招标、拍卖、挂牌的方式出让。其中，旅游、娱乐、工业等经营性用岛的无居民海岛使用权应当通过招标、拍卖、挂牌等方式出让。无居民海岛使用金征收标准实行动态调整机制。无居民海岛的等别划分、用岛类型和用岛方式界定以及无居民海岛使用权出让最低标准，按照国家有关规定执行。

无居民海岛使用权出让实行最低标准限制制度。无居民海岛使用权出让价款不得低于无居民海岛使用权出让最低价。

无居民海岛使用权出让最低价的计算公式：无居民海岛使用权出让最低价 = 无居民海岛使用权出让面积×出让年限×无居民海岛使用权出让最低标准。公式中无居民海岛使用权出让面积以无居民海岛使用批准文件确定的开发利用面积为准。

无居民海岛使用权出让前应当根据国家有关资产评估法律规定进行价格评估，评估结果作为政府决策的参考依据。其中通过申请审批方式出让的，由省级海洋行政主管部门组织进行价格评估；通过招标、拍卖、挂牌方式出让的，由海岛所在地县级海洋行政主管部门组织进行价格评估。

四、强化无居民海岛使用金缴库管理

无居民海岛使用金实行就地缴库办法，按照批准的使用年限实行一次性计征。根据国家有关规定可以分期缴纳的，按照国家相关规定执行。无居民海岛使用金实行中央地方分成，按照中央20%、省级20%、市级10%、县级50%比例分成后缴入国库。省级不参与宁波市无居民海岛使用金分成。

以申请审批方式出让无居民海岛使用权的，由省级海洋行政主管部门向无居民海岛使用者开具《无居民海岛使用金缴款通知书》和“一般缴款书”；以招标、拍卖、挂牌方式出让无居民海岛使用权的，由海岛所在地县级海洋行政主管部门向无居民海岛使用者开具《无居民海岛使用金缴款通知书》和“一般缴款书”。《无居民海岛使用金缴款通知书》和“一般缴款书”第二联复印件应当报送财政部浙江监管局备查。

《无居民海岛使用金缴款通知书》应当明确用岛面积、适用的征收等别、用岛类型、用岛方式、应当缴纳的无居民海岛使用金数额、缴纳无居民海岛使用金的期限、缴库方式、适用的政府收支分类科目等相关内容。无居民海岛使用者应当在收到《无居民海岛使用金缴款通知书》30天内缴纳无居民海岛使用金。

无居民海岛使用者未按规定及时足额缴纳无居民海岛使用金的，按日加收1‰的滞纳金。滞纳金随同无居民海岛使用金按规定分成比例和科目一并缴入相应级次国库。

五、明确无居民海岛使用金免缴范围

下列用岛免缴无居民海岛使用金：

（一）国防用岛；

（二）公务用岛，指各级国家行政机关或者其他承担公共事务管理任务的单位依法履行公共事务管理职责的用岛；

（三）教学用岛，指非经营性的教学和科研项目用岛；

（四）防灾减灾用岛；

（五）非经营性公用基础设施建设用岛，包括非经营性码头、桥梁、道路建设用岛，非经营性供水、供电设施建设用岛，不包括为上述非经营性基础设施提供配套服务的经营性用岛；

（六）基础测绘和气象观测用岛；

（七）国务院财政部门、海洋行政主管部门认定的其他公益事业用岛。

六、规范无居民海岛使用金免缴程序

免缴无居民海岛使用金的，应当依法申请并经核准。符合免缴规定情形的项目用岛，申请人应当在收到《无居民海岛使用金缴款通知书》之日起30天内，按照规定提出免缴无居民海岛使用金的书面申请，逾期不予受理。申请人申请免缴省政府审批项目用岛应缴的无居民海岛使用金，应当填写由省级部门统一制定的相关表格，经用岛项目所在地县级、市级财政和海洋行政主管部门逐级签署意见后，报省级财政、海洋行政主管部门审批。国务院审批的，由省级财政、海洋行政主管部门联合报国家财政部门、海洋行政主管部门审批。

申请人申请免缴无居民海岛使用金，应当提交下列相关资料：

一是免缴无居民海岛使用金的书面申请和免缴申请表，包括免缴理由、免缴金额、免缴期限等内容；二是省级以上财政、海洋行政主管部门认为应当提交的其他相关材料。

省级以上财政、海洋行政主管部门原则上在收到申请人的申请后60天内，由省级海洋行政主管部门对免缴无居民海岛使用金的合法性提出初审意见，经省级财政部门审核同意后，由省级财政部门会同省级海洋行政主管部门以书面形式批复申请人。经依法核准免缴无居民海岛使用金的用岛项目，申请转让无居民海岛使用权或者改变海岛用途和用岛性质的，应当由受让人按照有关规定重新履行无居民海岛使用金免缴申请和报批手续。

省级以上财政、海洋行政主管部门按照本意见规定权限核准免缴无居民海岛使用金。其他任何部门和单位均不得核准免缴无居民海岛使用金。

七、加强无居民海岛使用金收支管理

无居民海岛使用金纳入一般公共预算。通过招标、拍卖、挂牌方式出让无居民海岛使用权的，其论证、评估、招标、拍卖、挂牌以及政策处理等所需相关费用纳入无居民海岛所在地政府或者有关部门年度预算。各级财政、海洋行政主管部门应当加强对无居民海岛使用金征收情况的管理，定期或者不定期开展无居民海岛使用金征收情况检查。

本意见自2020年9月1日起施行。《浙江省人民政府办公厅关于印发浙江省无居民海岛使用金征收使用管理办法的通知》（浙政办发〔2011〕123号）同时废止，此前有关规定与本意见不一致的，以本意见为准。

关于规范企业职工基本养老保险省级统筹制度的实施意见

（浙政发〔2020〕31号）
浙江省人民政府
于2020年12月15日印发

为深入贯彻落实党中央、国务院关于改革和完善基本养老保险制度的决策部署，促进养老保险制度更加公平更可持续，根据《人力资源社会保障部财政部国家税务总局关于规范企业职工基本养老保险省级统筹制度的通知》（人社部发〔2019〕112号）等文件规定，现就规范我省企业职工基本养老保险省级统筹制度提出如下实施意见。

一、指导思想

以习近平新时代中国特色社会主义思想为指导，全面贯彻党的十九大和十九届二中、三中、四中、五中全会以及省委十四届历次全会精神，更好顺应人民群众拥有更可靠社会保障的新期待，坚持促进公平、规范统一、循序渐进、可持续发展的基本原则，进一步推进依法参保，强化政策统一执行，维护劳动者合法权益；进一步推进企业职工基本养老保险基金（以下简称基金）省级统收统支，规范基金运行和管理，提高保障和监管能力；进一步落实市县政府对本地基本养老保险工作的责任，建立分级责任分担机制，均衡各地养老保险负担；进一步强化基金征缴，多渠道筹措基本养老保险基金，不断增强基金统筹和抗风险能力，确保全省企业离退休人员基本养老金按时足额发放。

二、总体要求

按照国家规范企业职工基本养老保险省级统筹制度的要求，建立与我省经济社会发展相适应，以政策统一为基础、以基金省级统收统支为核心、以基金预算管理为约束、以信息系统和经办管理为依托、以基金监督为保障的企业职工基本养老保险省级统筹制度。

省主要负责制定全省统一的企业职工基本养老保险政策，包括参保范围对象、缴费基数、缴费比例、待遇计发及调整等政策；统一编制全省基金预算；实行基金省级集中统一管理，按“收支两条线”的要求，全额统一归集、统一下拨；建设全省集中统一的信息系统，制定全省统一的经办管理服务规程并组织实施；建立省与市县基金缺口责任分担机制，对各市县政府落实省级统筹目标情况、基金预算执行情况等工作进行考核。省政府承担全省企业离退休人员基本养老金按时足额发放主体责任。

各市县对本地养老保险工作负总责，将养老保险事业纳入本地国民经济与社会发展规划，并组织实施本地企业职工基本养老保险工作。实施全民参保登记计划，将符合条件的用人单位和人员纳入参保范围，基本实现法定人员全覆盖；夯实缴费基数，强化基金征缴，做到应收尽收；严格执行基金预算，及时归集各项基金收入；按照规定承担支出责任，确保本地企业离退休人员基本养老金按时足额发放；积极调整财政支出结构，多渠道筹措资金，有效防范风险；加强经办服务专业化、标准化、信息化建设，不断提高经办服务能力；做好本地退休人员社会化管理服务工作。

三、政策措施

（一）统一养老保险政策执行。

1.统一参保政策。本省行政区域内的企业、民办非企业单位等和与其形成劳动关系的职工，国家机关、事业单位、社会团体和与其形成劳动关系未纳入机关事业单位养老保险范围的职工，有雇工的城镇个体工商户和与其形成劳动关系的雇员应当依法参保；鼓励无雇工的城镇个体工商户、灵活就业人员依法参保，取消灵活就业人员参加企业职工基本养老保险的省内城乡户籍限制。完善被征地农民参加基本养老保险政策，区别不同情况分别按规定纳入企业职工或城乡居民基本养老保险制度。各地不得将超过法定退休年龄等不符合条件人员纳入企业职工基本养老保险参保范围。

2.统一缴费政策。从2022年1月1日起，统一按职工个人缴费工资之和核定单位缴费工资，单位缴费比例调整为16%，城镇个体劳动者缴费比例调整为20%。有雇工的个体工商户，雇主的养老保险费全部由其本人缴纳；雇工的养老保险费，由雇工缴纳8%、雇主缴纳12%。2021年12月31日前，单位缴费工资核定办法和缴费比例仍按现行规定执行。各地不得扩大一次性补缴适用人群范围，不得违反规定对参保人员进行一次性补缴。城镇个体工商户和灵活就业人员应按月缴费，不得以事后

追补缴费的方式增加缴费年限。

3.统一待遇政策。全省统一执行《国务院关于完善企业职工基本养老保险制度的决定》(国发〔2005〕38号)、《浙江省职工基本养老保险条例》和《浙江省人民政府关于完善企业职工基本养老保险制度的通知》(浙政发〔2006〕48号)等法规、政策规定的基本养老金计发办法、统筹项目和待遇调整标准。从2021年1月1日起,按照全省上年度全口径城镇单位就业人员平均工资确定计发基数。各市县一律不得自行增设待遇项目或提高待遇标准,统筹外项目一律不得在基金中列支。

4.开展政策执行情况清理。各市县要对本地养老保险政策执行情况进行全面清理,及时纠正不符合国家和省有关规定的政策和做法。存在特殊困难无法一步到位的,要明确具体工作计划和过渡方案,报省人力社保、财政部门批复同意后执行。各市县因未统一执行全省养老保险政策产生的问题,相关待遇支出由当地政府自行研究解决。

(二)统一基金收支管理。

1.统一基金收入管理。从2021年1月1日起,全省各项基金当期收入按期全额归集至省级社会保障基金财政专户(以下简称省级财政专户)。各级税务部门负责按月征收参保单位和参保人员的基本养老保险费并缴入省级国库,省财政部门负责定期划拨至省级财政专户,其中宁波市按月征收的基本养老保险费于当月20日前上解省级财政专户;转移收入、利息收入等其他项目收入,由各市县财政部门定期上解省级财政专户。

2.统一基金支出管理。从2021年1月1日起,各级社会保险经办机构应按照实际核定企业职工基本养老保险基金支出用款计划,逐级申报至省社会保险经办机构。省社会保险经办机构初核汇总全省支出用款计划并送省财政部门审核。省财政部门审核后拨付省社会保险经办机构支出户,省社会保险经办机构及时转拨各级社会保险经办机构,各级社会保险经办机构按规定发放。建立健全社会保险经办机构、财政部门、税务部门定期对账机制。

3.统一基金结余管理。从2021年1月1日起,各市县基金累计结余由省统一调拨管理,各市县不得擅自动用。2020年12月31日前,各市县将基金累计结余的一定比例上解省级财政专户;从2021年1月1日起,各市县基金累计结余根据全省基金运行等情况,分批上解省级财政专户。

(三)统一基金预算管理。

1.统一基金预算编制。根据《中华人民共和国预算法》《中华人民共和国社会保险法》和《国务院关于试行社会保险基金预算的意见》(国办发〔2010〕2号)等有关规定,按照基金省级统收统支的要求完善基金预算管理。从2021预算年度起,由省人力社保部门及其社会保险经办机构统一编制、省财政部门审核并汇总编制基金省级预算,其中,基金收入预算由省社会保险经办机构会同省税务部门共同编制。预算草案报省政府审定并经省人大批准后执行。基金收入预算应综合考虑各地经济发展状况、就业情况、参保人员征缴计划和职工平均工资增长等因素;基金支出预算应综合考虑各地领取待遇人数增长、待遇调整等因素。

2.强化预算监督考核。对预算编制、执行、调整实施全程监督,强化绩效管理,压实各级政府责任,确保省级统筹基金按时足额调度到位。建立参保缴费考核机制,根据各市县目前的参保情况,分类下达参保缴费指标并实施考核。在保持各市县参保人数自然增长基础上,对2019年末企业在岗职工参保水平未达到全省平均水平的市县,对照2019年末全省平均参保水平,设定参保人数定量指标,分解到各考核年度。

(四)统一责任分担机制。按照基金统一收支、责任分级负责、缺口合理分担的原则,建立事权与财权相匹配、激励与约束相结合的省和市县政府责任分担机制。从2021年1月1日起,根据基金责任形成原因等,确定各类责任省与市县分担比例。对负担确有困难的市县,在其应尽责任履行到位的基础上,省视情予以统筹支持。责任分担比例可视基金运行情况进行适时调整,报经省政府同意后实施。

(五)统一集中信息系统。利用互联网、云计算、大数据等技术,建立省级集中的企业职工基本养老保险信息系统,实现企业职工基本养老保险数据实时省级集中,支持实时进行联网经办、基金财务监管及经办业务监管,并加强与财政、税务、人民银行等信息共享,实行系统直联或定期交换数据。实现参保人员社会保障卡发行全覆盖,推进社会保障卡在养老保险经办业务环节应用,通过社会保障卡发放养老保险待遇。开展养老保险业务网上申办和查询,实现养老保险业务线上办理。实现全省数据省集中管理、统一业务经办、业务和财务一体化管理。

(六)统一经办管理服务。按照深化"最多跑一次"改革要求,开展社会保险核心业务梳理,推进业务流程再造。从2021年1月1日起,全省各项企业职工基本养老保险业务统一在省集中信息系统经办,具体经办工作由各级社会保险经办机构负责。参保登记、权益记录、转移接续、待遇领取等业务实现全省标准统一、流程规范、在线办理、异地通办,省内转移接续不需转移资金及业务信息。建立省级统筹运行情况实时监控体系和以信用为基础的新型经办管理服务模式,健全政策、经办、信息、监督"四位一体"的基金风险防控体系。省社会保险经办机构要强化管理,加强对各级社会保险经办机构的业务指导,统一基本养老保险业务规程。

(七)统一激励约束机制。对各市县政府在政策执行、参保缴费、基金征缴、待遇核发、经办服务、责任分担、基金监管等方面进行考核。建立与考核结果挂钩的奖惩机制,对工作完成好的市县予以奖励,对存在违法违规情况的市县政府及相关责任人按规定进行处理。采取委托第三方审计等形式,建立全省养老保险工作定期审计制度,加大监管力度,对各地养老保险工作中出现的违规违纪问题严肃问责。

四、工作要求

规范企业职工基本养老保险省级统筹是改革完善基本养老保险制度的一项重要内容。各级政府和有关部门要高度重视,加强领导、明确分工、落实责任、精心组织、密切配合,认真抓好各项政策措施的落实。省人力社保、财政、税务等部门要抓紧制定相关配套措施,加强工作指导检查,及时研究解决实施过程中遇到的问题,确保各项工作顺利推进。

本实施意见自印发之日起施行,已有规定与本实施意见不一致的,按本实施意见执行。今后将根据国家新的政策和我省实际适时调整完善。

全省财政工作会议重要文件

在全省财政工作视频会议上的讲话（摘要）

浙江省财政厅党组书记、厅长　尹学群

一、2020年全省财政工作稳中有进、亮点突出

2020年是极不平凡的一年。面对疫情性减收、经济性减收、政策性减收“三叠加”，防控性增支、逆周期调节性增支、基础保障性增支“三碰头”的挑战，全省各级财政部门认真学习贯彻习近平总书记考察浙江重要讲话精神，聚焦“忠实践行‘八八战略’、奋力打造‘重要窗口’”主题主线，切实找准建设“重要窗口”的财政定位，以更加积极有为的责任担当落实更加积极有为的财政政策，服务“六稳”“六保”工作大局。全省财政总收入12421.26亿元，增长1.2%，一般公共预算收入7248.00亿元，增长2.8%，税收占一般公共预算收入比重86.4%，位居全国第一，全省一般公共预算支出10081.87亿元，增长0.3%，一般公共预算收入规模上升到全国第三，为全国大局作出了浙江贡献。各方面工作齐头并进，取得明显成效，特别是以下十项工作亮点突出：

（一）学深悟透习近平总书记关于财政工作的重要论述。编印习近平总书记在浙江工作期间和党的十八大后对财政工作的重要论述，通过厅党组理论学习中心组学习、专题讲座、青年理论学习小组研学、举办局长培训班等方式，开展全方位、多层次的学习，并将其与学习贯彻习近平新时代中国特色社会主义思想和习近平总书记考察浙江重要讲话精神、学习贯彻党的十九届五中全会精神和省委十四届七次、八次全会精神、学习贯彻袁家军书记在省委党校上的两次讲话精神结合起来，做到思想上入心入脑、行动上紧跟紧随。成立政策研究专班，开展重大政策重大问题研究，全年共编发专报93篇，增长20.3%，省领导批示58篇次，增长52.6%。通过学习和研究，全省财政干部强化了“财政部门首先是政治机关，其次才是业务机关；首先是宏观管理部门，其次才是微观操作部门；首先是参谋部，其次才是保障部”的认识，增强了“以当家思维担当管家责任”的理念，政治站位、政治能力明显提升，参谋作用、把关作用更好发挥。

（二）积极助力“两手硬、两战赢”。支持疫情防控方面，坚持特事特办、急事急办，第一时间做好政策、资金保障，确保患者不因担心费用问题而不敢就诊，确保各地不因资金问题而影响医疗救治和疫情防控。全省各级财政共拨付疫情防控资金120亿元。支持复工复产和经济发展方面，加强政策前瞻性研究和储备，第一时间研究提出6类31条财政政策，推动出台并落实“暖心八条”“助企八条”等政策，帮助企业渡过难关，全省财政部门累计兑现惠企财政政策补助支持资金2026亿元。深入实施“五减”专项行动，落实减税降费和规模性纾困政策，全年累计减税降费4061亿元。落实中央专项再贷款贴息，给予1117家企业财政贴息4.9亿元，占全国的16.7%，贴息后利率低于1.5%。新增地方政府债券额度2410亿元，大幅增长56.7%，其中用于政府投资项目建设2360亿元，占全国的比重从4.99%提高到5.21%；再融资债券1249亿元，增长74.4%，有效减轻各地资金压力。加快债券发行和使用进度，累计发行债券3370亿元。用好政府产业基金，全省全年共投资项目3259个，项目股权投资金额1034亿元，撬动社会资本4083亿元。

（三）全力抓好财政直达资金精准高效落地。按照“体现公平、统筹兼顾、高效直达”的原则，创新建立“一池一码三减三清单”工作机制，建立厅领导督导市县制度和部门联动、联合监管机制，第一时间将直达资金落实到位。同时，省市县再添了把“旺火”，统筹落实各项惠企利民政策，惠及小微企业和个体工商户79万户，为基层保就业、保民生、保市场主体提供了有力支撑。中央下达浙江省（不含宁波）纳入直达资金监控系统管理的资金961亿元（其中直达资金372.8亿元、参照直达资金588.2亿元），已支出直达资金367.9亿元，进度为98.7%。浙江省直达资金的做法得到财政部领导批示肯定，并通过《财政简报》推介了浙江省的经验做法。

（四）主动服务保障重大战略实施。一是保障长三角一体化发展积极有为。构建长三角一体化发展财政政策体系，建立政策清单，安排省级资金423亿元，争取国家资金34亿元。研究制定长三角一体化示范区嘉善片区建设财政体制政策。二是保障脱贫攻坚决战决胜。助力完成低收入农户高水平全面小康计划，将低收入农户异地搬迁的省补助标准从1.5万元/人提高到3万元/人，省级农村困难家庭危房改造补助标准从户均7500元提高到15000元。启动新一轮消薄巩固提升行动。政策性补充医疗保险实现全覆盖，做到“三个清零”。落实对口支援资金27.7亿元、东西部帮扶资金40.9亿元。三是保障“四大”建设稳步推进。出台新一轮绿色发展财政奖补机制，实施绿色转化财政专项激励政策和区域协调财政专项激励政策，制定淳安特别生态功能区财政体制政策。落实中央和省级资金182亿元，支持加快构建“1小时”交通圈。争取中央基建投资资金68.8亿元、安排省级资金109.5亿元，支持“4+1”重大项目和基础设施建设。四是保障人才强省创新强省建设成效明显。集中财力支持杭州城西科创大走廊、之江实验室、西湖大学等重大平台建设。落实“鲲鹏行动”计划、海外高层次人才引进计划、“万人计划”“绩励计划”等重点人才

项目资金保障。五是保障乡村振兴战略加快实施。落实乡村振兴绩效提升奖补政策，开展乡村振兴产业发展示范建设。支持深化“千村示范、万村整治”工程。推进实施“百项千亿防洪排涝工程”和农村饮用水达标提标行动。支持国家级农村综合性改革试点和省农村综合改革集成项目建设，扩大“一事一议”财政奖补项目覆盖面。

（五）持续加大民生保障力度。一是保障劳有所得。加大就业扶持力度，出台失业补助金和以工代训补贴等帮扶政策，深入实施“金蓝领”职业技能提升行动，支持重点人群就业创业，多措并举稳岗返岗，支持打造新时代工匠。二是保障学有所教。推动全省实现“一乡镇一公办中心园”目标，保障全省城乡义务教育各项经费，落实义务教育教师平均工资不低于当地公务员平均工资政策，支持省重点高校、高职“国家双高”院校、省一流学科建设。三是保障病有所医。积极助力打造“医学高峰”，完善大病医疗保险制度，推进医保市级统筹，协同推进医保支付方式改革，研究与县域医共体相适应的财政投入政策，加大公共卫生、医疗保障省级转移支付力度。四是保障住有所居。统筹资金支持公租房、城镇棚户区和城镇老旧小区改造，支持杭州市住房租赁市场发展试点。五是保障老有所养。人均基本养老金增长5%，855万名退休人员受益，城乡居民省定基础养老金从155元/月提高至165元/月，完善养老服务补贴制度。六是保障以文化人。推进县级融媒体中心深度融合，支持新增建设3463家农村文化礼堂，保障之江文化中心、大运河国家文化公园（浙江）建设。

（六）切实加强财政收支管理。密切关注宏观形势变化，加强收入监测和分析，积极应对新冠肺炎疫情，全面清理待报解账户，抓实抓细组织收入工作，确保在平稳可持续增长的基础上，走在全国和东部省市前列，为全国大局多作贡献。建立财税联动工作机制，加强收入协调，推进信息共享。在这过程中，各地讲政治、顾大局，严格按照省里要求抓好落实，为圆满完成全年目标任务作出了贡献。牢固树立铁心过“紧日子”的思想，创新提出“保重点、优结构、延安排、减开支、稳运行”的原则，强化支出管理，实施三轮压减一般性支出措施，全省累计压减571亿元，力度超过以往年度。这项工作得到了各地各部门的理解和支持，形成了全省“一盘棋”、共过“紧日子”的合力。

（七）全面深化财政管理改革。一是推进预算编制管理改革。选择省委网信办、省委党校等8个部门和1个专项转移支付资金试点零基预算，改变以往年度预算编制方式，按照项目的轻重缓急以及绩效评估情况编制预算，做到能增能减、有保有压。二是合理划分财政事权和支出责任。制定生态环境、应急救援、教育、科技、交通运输、医疗卫生等领域财政事权和支出责任划分改革方案。三是全面实施预算绩效管理。完善分行业分领域多层次绩效指标体系，将44个省级财政转移支付的绩效指标建设工作列入省深改委全面深化改革重点项目，将整体绩效预算改革试点范围拓展至省政府绩效考评部门。四是深化政府采购改革。签订浙江—上海政府采购一体化发展框架合作协议，推进长三角区域政府采购一体化示范建设。完善政府采购预付款制度，创新“政采贷”服务，助力实施融资畅通工程。五是开展差旅费包干报销改革试点。将包干范围扩大到住宿费、城市间交通费。六是加强内控建设。发布省级行政事业单位内部控制指引，推进行政事业单位完善内控体系并有效实施。七是健全国有资产报告制度。完善全口径国有资产管理，推进国有资产资源优化整合重组，确保国有资产保值增值。

（八）扎实推进财政数字化转型。一是政采云平台逐步走出浙江、走向全国，已服务11省4市860个市县区，全年累计交易规模达3343亿元。二是统一公共支付平台功能迭代升级，全省高等学校招生考试收费、高中学业水平考试收费、注册会计师考试收费等接入平台，全年累计受理缴款业务7282万人次，收缴资金突破5215亿元。三是电子票据改革稳步推进，实现全省统一公共支付平台缴款单位和主要公立医院电子票据改革全覆盖，全年共有2.95万家单位开通财政电子票据，累计开票4.7亿张、金额6493亿元。四是开发债务风险预警与处置“鹰眼护航”系统，对全省7407家国有独资和控股企业的融资工具进行监测，筛选并处置38个疑似新增隐性债务风险点。五是深化资产云平台应用，将各市县孤立的资产信息系统整合为全省互联互通、业务协同、资源共享的云平台，提高监管效能。六是加快“乡镇公共服务平台+一卡通”建设，将涉农补助和民生补贴资金纳入乡镇公共服务平台管理，实现“一张卡”发放。

（九）积极防范化解财政风险。一是着力防范地方政府债务风险。持续深入实施化债专项行动，债务风险等级从橙色下降为黄色。开展建制县区债务风险化解试点。对109个政府投资项目开展财政承受能力及债务风险评估，从源头上遏制新增隐性债务产生。二是着力化解社保基金风险。将规范被征地农民参保工作作为重中之重，建立工作专班，摸清参保底数，分类开展资金测算，提出政策意见，成为省方案的基础。制定浙江省规范被征地农民参加养老保险意见、职工基本养老保险基金省级统收统支实施方案，建立责任分担机制，修订完善社保风险准备金和基金预算管理等办法。积极参与百日攻坚，加强督查指导，落实筹资责任，强化资金保障，建立风险防范处置预警机制，确保平稳有序。三是着力防范“三保”风险。首次对财政困难程度较高和财政保障能力相对较弱的24个县（市、区）实行“三保”预算编制审核，建立健全“定期报告+重点关注”的县级“三保”预算执行动态监控机制。完善市县财政困难程度评价指标体系，建立特别关注清单和重点关注清单，定期评价、动态监控。四是着力防范基层财政风险。落实监察建议和省领导批示要求，开展基层财政资金管理地毯式大检查，共发现各类问题6716个，督促各地边查边改、以查促改，在此基础上系统重构乡镇财政管理体系，研究制定《关于全面强化和规范乡镇财政管理的实施意见》。

（十）纵深推进全面从严治党。全省各级财政部门党委（党组）切实履行全面从严治党主体责任，以“建设清廉机关、创建模范机关”为总牵引，从严从紧、落细落小抓好党的建设各项工作，形成了一批有影响力的财政党建特色成果。制定并落实清廉财政建设十项重点任务，做到清单式管理、项目化实施、系统性推进，全省财政系统违纪违法案件数量下降38%。推进机关党建系统联动，实现“活动联抓、实事联办、难题联解、队伍联建”，推动党建与业务深度融合。构建行业党建新模式，行业党建规范化标准化水平进一步提高。强化政治监督，开展政治生态分析，认真抓好巡视回访反馈问题的整改，得到省委巡视回访组的充分肯定；组建巡察机构，出台实施办法，启动对厅属单位的巡察。加强作风建设，深入开展“三服务”活动，主动上门听取意见、对接需求、帮助解决实际问题。加强干部队伍建设，提出深化落实干部管理监督的具体举措。开展全国财政系统“双先”事迹宣传和全省财政系统“双先”评选，增强干部队伍的凝聚力、向心力和战斗力。

2020年是“十三五”收官之年。五年来，全省各级财政部门按照“保基本、守底线、促均衡、提质量”的理财要求，扎实做好生财、聚财、用财三篇文章，走过了一段很不平凡的奋斗历程，交出了一份很不平凡的高分报表，为高水平全面建成小康社会贡献了财政力量。

这五年，全省各级财政部门聚焦质量第一、效益优先，做大做实做优财政蛋糕，财政综合实力显著提升。2020年全省财政总收入、一般公共预算收入、一般公共预算支出分别为2015年的1.45倍、1.51倍、1.52倍，年均增幅分别为7.8%、8.5%和8.7%。一般公共预算收入占财政总收入的比重为58.4%，比2015年提高2.1个百分点，税收收入占一般公共预算收入的比重为86.4%，位居全国第一。一般公共预算收入从全国第五跃升至全国第三。财政收支规模进一步壮大、结构进一步优化、质量进一步提升，为经济社会发展提供了坚实的物质基础和财力保障。

这五年，全省各级财政部门聚焦围绕中心、服务大局，集中财力办大事，财为政服务能力显著提升。牢固树立政治机关意识，提高政治站位，系统构建集中财力办大事财政政策体系，聚焦长三角一体化发展、三大攻坚战、富民强省十大行动计划等党中央、国务院和省委、省政府重大决策部署，从更长周期、更广范围谋划政策和预算安排，使资金流与决策流、业务流、信息流更好融合，做到重大决策部署推进到哪里、财政服务保障就跟进到哪里。

这五年，全省各级财政部门聚焦协同高效、综合集成，精准实施积极的财政政策，财政调控能力显著提升。处理好政府和市场、宏观和微观的关系，综合运用财税政策工具，创新市场化、法治化手段，发挥逆周期调节作用，促进经济平稳健康发展。同时，注重财税政策与金融、投资、产业、区域发展等政策的协同，形成政策合力。积极财政政策的实施，稳定了市场预期，提振了市场信心，有力对冲了经济下行压力，为全省经济稳中有进、培育涵养更多优质税源创造了条件。

这五年，全省各级财政部门聚焦利民为本、民生优先，健全民生保障长效机制，民生保障水平显著提升。财政再困难，也坚决保障好民生支出。全省财政坚持加大投入与完善制度两条腿走路，建立健全与经济发展水平相匹配、可持续的民生保障机制，推动树立个人努力、各方合理承担责任的科学民生理念，全省财政支出增量用于民生的比例保持在三分之二以上，城乡居民的获得感、幸福感和安全感大大增强。教育、医疗、社保、三农、文化、住房等民生支出持续增长，基本养老、基本医疗、城乡低保等保障水平逐年提高，改革发展成果更多更公平惠及人民群众。

这五年，全省各级财政部门聚焦改革破题、创新制胜，持续深化财税体制改革，财政治理能力显著提升。以建立具有浙江特色的现代财政制度为目标，大力推进重点领域、关键环节改革，以改革先行带动发展先行。认真贯彻新预算法及其实施条例，预算管理更加科学规范，支出标准体系建设走在全国前列。实施预算绩效管理三年行动，开展整体绩效预算改革，全面提升资金使用绩效。建立健全绿色发展财政奖补机制，稳步推进省以下财政事权和支出责任划分改革，深入实施财政资金竞争性存放，建立国有资产管理情况报告制度。2016—2019年，浙江省财政管理工作连续4年获国务院办公厅督查激励。

在肯定成绩的同时，也要清醒地看到，财政工作还存在不少问题和短板，主要表现在以下几个方面：一是宏观思维需要进一步提升。就财政论财政，部门出题、财政被动买单等情况需要下大力气解决。二是预算绩效管理需要进一步突破。“花钱必问效、无效必问责”的机制尚未真正建立，预算绩效量化指标体系设置不够科学，一些绩效不高甚至无效的政策和资金仍在执行，全面绩效管理缺少强有力的抓手。三是财政基础管理需要进一步夯实。全省一盘棋以及财政全系统建设的意识不强、载体不多，在各项监督检查中发现不少问题，反映出财政基础管理不够扎实。四是党风廉政建设需要进一步加强。聚焦廉政风险点的内控制度体系还不够精准有效，有些党员干部法纪意识淡薄，在执行中央八项规定精神、个人事项报告、廉洁自律等方面还存在不少问题，违纪违法行为时有发生。这些问题迫切需要全省各级财政部门深入调研，系统研究，采取切实有效措施逐项予以破解。

二、认清形势、把握大势，在争创社会主义现代化先行省新征程中彰显财政新作为

党的十九届五中全会和省委十四届八次全会擘画了中国和浙江省未来五年的发展蓝图，中央经济工作会议和省委工作会议部署了今年重点工作任务，全国财政工作会议部署了今年财政重点工作。习近平总书记在省部级主要领导干部专题研讨班上深刻阐述了新发展阶段、新发展理念、新发展格局的丰富内涵和实践要求，具有很强的政治性、思想性、指导性，为做好当前和今后一个时期财政工作指明了方向、提供了遵循。要认真学习、深刻领会，切实将思想和行动统一到中央和省委对形势的研判

和对工作的部署上来，在应对困难复杂的局面中找准坐标系、明确新方位、彰显新作为。

一要牢牢把握“两个大局”的大背景大逻辑。从国际看，世界百年未有之大变局进入加速演变期，国际环境日趋错综复杂，面对东升西降大趋势、中美战略博弈大背景和全球治理体系大变革，要全面了解、深入分析对中国和浙江省经济社会发展以及财政工作的影响，在波涛汹涌的大潮中开好顶风船，在利益格局调整变量中寻求新增量。从国内看，中华民族伟大复兴进入加快实现期，继续发展具有多方面优势和条件，但同时发展不平衡不充分问题仍然突出。机遇和挑战并存，机遇更具战略性、可塑性，挑战更具复杂性、全局性，挑战前所未有，应对好了，机遇也就前所未有。要树立机遇意识、风险意识，在危机中育先机、于变局中开新局，更好发挥财政的支撑、保障、引导作用，全省域全方位服务全国一盘棋。

二要牢牢把握新发展阶段的新使命新任务。习近平总书记在省部级主要领导干部专题研讨班上指出，进入新发展阶段、贯彻新发展理念、构建新发展格局，是由中国经济社会发展的理论逻辑、历史逻辑、现实逻辑决定的，进入新发展阶段明确了中国发展的历史方位，贯彻新发展理念明确了中国现代化建设的指导原则，构建新发展格局明确了中国经济现代化的路径选择。省委十四届八次全会聚焦“忠实践行‘八八战略’、奋力打造‘重要窗口’”的主题主线，提出了争创社会主义现代化先行省和“四高地两区一园”的目标以及“五大历史使命”和“十三项战略抓手”。省委经济工作会议提出改革突破争先、服务提质争先、风险防控争先“三个争先”的要求。这些新使命新任务都与财政息息相关，需要财政政策和资金全方位、高水平地支撑和保障。要深刻领会新发展阶段、新发展理念、新发展格局的丰富内涵，立足重要战略机遇期的重大判断，找准财政定位，优化制度供给，强化政策保障，全面提升工作的战略性、前瞻性、科学性、协同性、能动性，努力打牢高质量之基、激活竞争力之源、走好现代化之路。

三要牢牢把握积极财政政策的新特点新内涵。中央经济工作会议要求，今年宏观政策要保持连续性、稳定性、可持续性，积极的财政政策要提质增效、更可持续，保持适度支出强度，增强国家重大战略任务财力保障。积极的财政政策“更可持续”主要从支出规模和政策力度着眼，兼顾稳增长和防风险需要，保持政府总体杠杆率基本稳定，为今后应对新的风险挑战留出政策空间。积极的财政政策“提质增效”主要从优化结构和加强管理着眼，建立实施常态化的财政资金直达机制，落实“党政机关要坚持过紧日子”的要求，更加突出绩效导向。要深刻领会积极财政政策的变化和从中释放的信号，深入研判其对全省可用财力的影响，及时优化完善收支盘子，同时积极研究推动财政政策回归正常状态，更好发挥积极财政政策效能。

四要牢牢把握财政面临的新机遇新挑战。总体来说，浙江省财政改革发展呈现“收入高质量、支出高绩效、管理高水平”的特点，经济长期向好的基本面没有变，财政收入平稳可持续增长的基础没有变，浙江省长期改革发展积累的优势没有变，这些都为财政工作营造了良好的环境。特别是经济恢复性增长叠加去年的低基数，今年经济增速可能高于前几年，财政也会水涨船高，出现恢复性增长。但要居安思危，透过现象看本质，更加清醒地认识财政工作面临的风险和挑战，以下问题值得关注：第一，疫情还在全球蔓延。经济企稳回升的态势还不稳固，财政收入增长的不确定性仍然很大。第二，政策延续仍需财力保障。全国财政工作会议提出，要保持一定的减税降费力度，保持政策的连续性，目前政策如何调整尚未明确，但已有政策的延续实施，将带来持续的政策性减收。第三，收入结构存在隐患。房地产行业税收是我省财政收入增长主力，在“房住不炒”的政策调控下，房地产市场具有较大不确定性，将给收入增长带来波动。第四，待报解账户取消增加了调控难度。去年收入较快增长一定程度上来源于上年的结转收入，当前税务部门待报解账户余额全部入库，加大了收入增长和调控难度。第五，继续保持收入领先难度不小。去年浙江省是高增长、高基数，相比而言，全国和东部省市是低增长、低基数，将对浙江省形成赶超压力，要继续保持增速高于全国、领先东部，难度很大。第六，可用财力不容乐观。随着积极财政政策回归常态化，新增财政赤字、动用历年结转结余资金等一次性措施增加的收入大幅减少，实际可用财力总量增幅较低。第七，增支叠加加剧紧平衡。开启新征程需要新保障，各地各部门要干的大事要事难事新事很多，建设发展任务很重，对政策和资金的需求很大，再加上收入高增长下容易带来的花钱冲动以及化债和规范被征地农民参保、涉林垦造耕地整改等带来的资金压力，财政紧平衡的状态进一步加剧。第八，日子过得不够紧。有的地方压减支出停留在纸面压减、数字压减，实际力度不大；有的地方和部门还存在大手大脚花钱的情况。第九，财政风险不容小觑。在复杂严峻的财税经济形势下，债务、社保、“三保”等风险有演变的可能，需要引起高度重视。对这些情况，要用全面、辩证、长远的眼光，深入分析、科学研判。一方面，要认清经济发展大势，看到财政运行中遇到的困难是发展中的问题、前进中的挑战，从而坚定发展信心，保持战略定力；另一方面，要保持清醒头脑，不为数字上的相对高增长迷住眼睛，做好长期应对困难的准备，为党委、政府当好参谋、把好关。

五要牢牢把握财政“十四五”的新目标新要求。对标对表省委八次全会作出的各项决策部署，按照“三个争先”和“跳一跳、够得着”的要求，合理确定财政“十四五”时期的目标，表现为“四个更”：第一，收支运行更稳。财政收入保持稳健增长，与经济增长基本同步，与城乡居民人均可支配收入增幅相协调，高于全国、领先东部。财政收入质量不断提升，税收占一般公共预算收入的比重继续位居全国前列；财政支出结构持续优化，铁心过紧日子思想深入人心，集中财力办大事体制机制不断完善。第二，财政政策更优。更具竞争力、常态化的逆周期调节财税政策体系加快构建，财税政策与其他政策的协同性进一步增强，财政宏观调控和服务大局能力不断提升；民生保障制度体系不断健全，财政支出增量的三分之二以上用于民生，民生政策更加有效、更可持续；全面预算绩效管理体系基本成型。第三，财政改革更先。具有浙江特色、符合高质量发展要求的现代财税体制加快构建，涌现更多在全国具有示范引领作用、彰显浙江辨识度的改革创新标志性成果；全面规范、公开透明的预算管理制度不断完善，零基预算编审机制不断深化，支出标准体系不断健全，省以下财政事权和支出责任划分改革加快推进，省对市县财政体制更加科学、合理、高效，地方政府债务管理制度进一步健全。第四，财政管理更智。财政数字化改革大力推进，预算管理一体化、统一公共支付平台、政采云、电子票据、政府债务"鹰眼护航"系统等重点项目不断迭代升级，"整体智治、协同高效"财政管理机制基本构建，数字赋能水平明显提升。

围绕这五个"牢牢把握"，必须做到"五个坚持"：

第一，坚持从讲政治的高度做好财政工作。习近平总书记指出，要善于运用政治眼光观察和分析经济社会问题，真抓实干，把党中央决策部署贯彻落实到经济工作各方面。财政工作有着鲜明的政治属性，必须旗帜鲜明讲政治。要提高政治判断力，以当家的思维担当管家的责任，增强科学把握形势变化、精准识别现象本质、有效抵御风险挑战的能力，善于洞察财政经济活动的政治后果，善于从业务工作中发现政治问题，善于从错综复杂的矛盾关系中把握政治逻辑。要提高政治领悟力，树立宏观思维和大局意识，对"国之大者"了然于胸，坚持用党中央精神分析财政经济形势、推动财政改革发展。要提高政治执行力，对标党中央、国务院和省委、省政府重大决策部署，创造性地开展工作、做好服务保障，以实际行动增强"四个意识"、坚定"四个自信"、做到"两个维护"。

第二，坚持打造整体智治财政。整体智治是省委提出的重要工作理念，目的就是通过数字化改革和数据共享、流程再造和业务协同，推动决策更加科学、治理更加精准、服务更加高效。全省财政是一个整体，省财政、市县财政、乡镇财政都是这个整体的一个部分，只有环环相扣、紧紧咬合，才能高效运转。省财政要牢固树立"省财政是全省的财政"的理念，既管好省本级，更要从全省层面抓统筹抓协调，做好制度、规划、改革、政策等的顶层设计，并加强对市县乡的指导和系统建设。市县财政要树立全局意识，多算大账少算小账，局部服从全局、市县服从全省，多从有利于促进全省经济社会发展、有利于增进全省人民福祉、有利于推进全省财政事业高质量发展的高度谋划财政工作，做到与省财政步调一致、同频共振。同时，要以数字化改革撬动财政改革，加快形成即时感知、科学决策、主动服务、高效运行、智能监管的新型治理形态、治理模式，全面提升财政管理的数字化智能化智慧化水平。

第三，坚持系统观念系统方法。系统观念是具有基础性的思想和工作方法，是辩证唯物主义和历史唯物主义的重要内容。财政是国家治理的基础和重要支柱，是社会巨系统的一个十分重要的子系统，与经济社会发展各方面发生着千丝万缕的联系，具有整体性、结构性、开放性、运动性四大系统特征。而且财政处于各方利益的交汇点，各种矛盾、冲突都会集中反映到财政身上，两难、多难问题多，政策、资金平衡的难度大。应对复杂局面、破解多难问题、推进财政改革，必须坚持系统观念和系统方法，提升全局性谋划、前瞻性思考、战略性布局、协同性推进的能力，在经济社会发展大局中统筹好收入与支出、当前与长远、局部与全局、政策与资金、发展与安全等重大关系，抓好短周期平衡、统筹长周期安排、注重跨周期谋划、善于逆周期调节，实施一批具有牵动性、创新性、突破性的财政战略抓手，抓纲带目、纲举目张，实现多维目标的统一。

第四，坚持夯实财政管理的"四梁八柱"。基础不牢，地动山摇。巡视、巡察、审计等各项督查检查中发现的问题，看似个案，实则相互之间有联系，说明财政决策、执行、监督、管理等方面还有薄弱环节，基础还不够扎实。要切实引以为戒，高度重视财政系统的基础建设问题，把漏洞补实，把短板补齐，构建起支撑财政高质量发展的"四梁八柱"。要夯实制度基础，从省市县乡各层级，预算、执行、监督全链条，资金筹集、分配、使用、管理全环节，开展制度大排查，看是否有缺位、不合时宜、不管用等情况，抓紧查漏补缺。要夯实数据基础，打通数据孤岛，强化数据归集、共享，深化大数据运用，充分发挥数据在决策、管理、监督、服务中的作用。要夯实信息化基础，将改革和制度成果标准化程序化，嵌入计算机系统，以机器管权、管钱、管事，压缩人为操作、人为干预空间，提高制度执行刚性。

第五，坚持底线思维风险意识。底线思维是习近平总书记一贯强调的重要思想方法和工作方法。财政是党委、政府履职的物质基础、体制保障、政策工具和监管手段，出不得风险，也出不起风险，尤其需要坚持底线思维、增强忧患意识。要跑在风险前面，出台政策、上马项目，不仅要算眼前账，看当前能否承受，更要算长远账，看未来支出、隐性支出，看长远财力能否承受。既要筑牢"防火墙"，防范各类风险连锁联动，避免经济社会风险向财政蔓延传递；又要当好"安全阀"，下好先手棋、打好主动仗，把各类风险消除在萌芽、处置在未发，为经济社会发展营造安全、稳定的财政环境。

三、全力以赴抓好2021年财政工作，为"十四五"开好局、为新征程起好步

今年是实施"十四五"规划的开局之年，是浙江省开启高水平全面建设社会主义现代化新征程的起步之年，也是中国共产党建党100周年，做好财政工作意义重大。全省财政工作的总体要求是：坚持以习近平新时代中国特色社会主义思想为指导，深入贯彻党的十九大和十九届二中、三中、四中、五中全会精神和中央经济工作会议精神，全面落实全国财政工作会议、省委十四届八次全会和省委经济工作会议部署，坚持稳中求进工作总基调，立足新发展阶段，贯彻新发展理念，构建

新发展格局，以推动高质量发展为主题，以深化供给侧结构性改革为主线，以改革创新为根本动力，聚焦“忠实践行‘八八战略’、奋力打造‘重要窗口’”主题主线，突出“三个争先”，按照积极的财政政策要提质增效、更可持续的要求，进一步加强财政资源统筹，保持适度支出强度，调整优化支出结构，增强重大战略任务财力保障，扎实做好“六稳”工作、全面落实“六保”任务；进一步强化党政机关过紧日子的措施，厉行勤俭节约，集中财力办大事；进一步深化财税体制改革，加快构建具有浙江特色的现代财税体制，确保“十四五”开好局、新征程起好步，以优异成绩庆祝建党100周年。

开局之年要迈好第一步、展现新气象。全省各级财政部门要牢固树立争先创优意识，围绕“三个争先”，把握好“四个住”：一是把住政策新窗口。坚持相机抉择、精准施策，密切关注国家政策动态，把握政策调整窗口期和时效度，妥善处理好政策“留、进、退”的关系，以政策的确定性应对经济的不确定性。深入开展“三服务”2.0版，聚焦堵点痛点，加强政策前瞻性研究和储备，强化政策集成和跨部门协同，构建更具竞争力的财政政策体系，更好发挥逆周期调节和跨周期调控作用，服务保障省委、省政府重大战略实施。二是稳住收支大盘子。按照“匹配性、均衡性、可持续性”的要求，合理把握组织收入力度和节奏，实现质量、速度“双领跑”，以财政的“稳”和“进”为经济的“稳”和“进”打下基础。强化绩效导向，大力优化支出结构，深入挖掘节支潜力，加大重点领域和刚性支出保障力度，集中财力办大事。三是扭住改革牛鼻子。增强创新意识，激发改革活力，以数字化改革为抓手，以预算管理一体化为支撑，撬动财政体制机制各方面改革，以数字赋能财政决策、执行、监督、管理、服务各环节，创造财政制度新优势，打造财政治理新胜势。四是守住风险硬底线。增强政治敏锐性，提高风险预见预判能力，以全过程风险闭环管理为目标，完善事前、事中、事后分类防控措施，健全“监测、预警、处置、反馈”闭环机制，着力防范化解债务、社保、“三保”等财政风险。

围绕以上要求，今年要着力抓好十方面重点工作：

（一）*突出精准施策，推动积极的财政政策落地见效。*加强政策对接和研究谋划，不折不扣抓好政策落实，最大限度释放政策红利。一要持续推进减税降费。综合考虑财政承受能力和实施助企纾困政策需要，保持一定的减税降费力度，保持政策的延续性。把握好阶段性救助措施调整的时机、节奏和力度，结合经济运行变化，分类调整、有退有留，推动非常规政策逐步回归常态，稳定市场预期，激发主体活力。今年将对阶段性减免、缓缴社保费政策适当调整，各地要做好与其他政策的衔接，有效对冲政策调整产生的影响。二要完善并抓好直达机制落实。今年财政部将把直达机制作为制度性的安排，扩大中央财政直达资金范围，基本实现中央财政民生补助资金全覆盖。从去年直达机制的落实情况看，全省存在“钱等项目”、违规调拨资金、资金使用不到位以及未准确填报资金支出情况等问题，要及时总结，有针对性地采取措施，进一步完善直达机制，确保直达资金精准高效安全落地。三要积极争取并用好地方政府专项债券。今年财政部将按照“资金跟着项目走”的原则，适当放宽专项债券发行时间限制，合理扩大使用范围，主要用于党中央、国务院确定的重点领域项目，优先支持在建工程后续融资。各地财政部门要主动加强同发改部门的协同，提早做好优质项目筛选和前期准备，并扎实做好项目前期征地拆迁、环评等准备工作，加快项目申报审批，确保债券资金下达后能及时使用，尽快形成实物工作量。

（二）*突出创新制胜，着力加强首位战略首位保障。*人才强省、创新强省是浙江省首位战略，要加快构建首位战略首位保障的财政政策体系。一要加大财政科技经费投入，今后5年财政科技投入要保持在年均15%以上，引导企业加大对科技研发的投入，进一步提升全省研发投入的强度。二要聚焦我省“互联网+”、生命健康和新材料等领域关键核心技术、“卡脖子”技术重点研发攻关和基础公益研究，进一步加大财政支持力度，加强科技资金整合，研究完善支持方式，提高资金使用绩效。三要研究新一轮杭州城西科创大走廊财政支持政策，推进创新策源地建设；研究实验室体系和技术创新中心体系的财政支持政策，实现基础研究和源头创新从“0”到“1”以及产业创新从“1”到“N”的突破。四要逐步扩大科研项目经费“包干制”试点范围，探索符合科研规律的经费管理路径；进一步深化科研经费“放管服”改革，研究高校绩效工资改革方案，指导高校院所建立健全内控制度，确保接得住、管得好。五要落实重点人才项目资金保障，持续推进“海外高层次人才引进计划”“万人计划”“绩励计划”等重大人才工程实施。特别要加大经费投入力度，合力支持扩大“鲲鹏行动”计划规模，力争引进一批在世界科技和产业发展前沿具有全球影响力的顶尖人才。

（三）*突出强链补链，助力实体经济高质量发展。*实体经济是经济发展的基础，也是税收的重要来源，要把助力实体经济特别是高端制造业发展作为培植优质财源、稳定财政收入的重要工作来抓。一要支持实施产业链提升工程，精准聚焦重点产业链断链断供风险、进口替代等清单，围绕打造十大标志性产业链，支持实施产业链协同创新项目计划。二要组织实施现代供应链创新发展专项激励，对关键领域的供应链体系给予支持，推动物流企业降本增效，打通堵点痛点，畅通国际国内双循环体系。三要支持实施产业集群培育升级行动，推进各类开发区（园区）整合，加强产业（技术）创新平台的分类归并，集聚各类资源协同为产业集群发展服务，打造世界级先进现代产业集群。四要支持实施传统制造业改造提升2.0版，统筹安排资金实施制造业高质量发展示范县（市、区）创建财政专项激励。五要完善政府产业基金运作机制，推动“投贷保担”协同创新，加快推进一批实体经济、科技创新和战略项目投资落地。六要推动政策性融资担保体系建设。落实融资担保风险补偿政策，研究省担保集团资本金补充和费用补贴政策；鼓励省再担保公司对市县政策性融资担保机构让利，省财政对减免费用给予适当补助。

（四）突出系统谋划，积极打好构建新发展格局的财政组合拳。聚焦建设国内大循环的战略支点、国内国际双循环的战略枢纽，精准发力，助力补齐短板。一要在促消费上下功夫。组织开展数字生活新服务样板县专项激励，支持打造数字生活新服务样板县；统筹安排资金进行考核性奖励，推进省级夜间经济、小店经济试点和高品质步行街改造提升建设；统筹资金支持汽车消费，及时兑现以旧换新补助资金。二要在扩投资上下功夫。进一步落实长三角一体化发展激励政策，积极探索示范区跨区域财税分享机制，推进示范区财税体制机制创新；集中财力保障“四大”建设，全面实施新一轮绿色发展财政奖补机制，研究碳达峰、碳中和财政支持政策，谋划开展第四轮新安江流域横向生态补偿试点，支持钱江源—百山祖国家公园体制试点建设，统筹安排资金支持交通强省建设，提升城市基础设施建设水平，落实未来社区建设财政资金政策。三要在稳外贸上下功夫。完善财政支持政策，统筹省市县力量，共同支持自贸试验区建设发展；根据国际经贸形势的发展变化，调整完善稳外贸财政政策措施；深入研究市场采购贸易、服务贸易创新发展、外贸综合服务、跨境电商等外贸新业态财政政策；指导市县落实“政府+信保+担保+银行”融资模式，进一步支持企业开拓国际市场。

（五）突出共同富裕，着力推进富民惠民安民。对照共同富裕目标，深入实施富民惠民安民行动计划，统筹财力支持民生事业发展和政府十方面实事实施。一要落实就业优先政策。加强就业政策整合，深入实施援企稳岗政策，鼓励支持多渠道灵活就业机制；支持实施新时代浙江工匠培养工程和“金蓝领”职业技能提升等行动，用好职业技能提升专项资金。二要促进教育高质量发展。研究探索新型公办园财政扶持政策和财务管理机制；深化教育信息化建设；全面实施省“双高”建设，进一步推进职业教育融合发展；规范支持引进高水平大学来浙办学，有序推进独立学院转设工作。三要支持医疗卫生发展。推进公共卫生防控救治能力建设，加强疫情防控保障；完善“双下沉、两提升”政策，推进县域医共体和城市医联体建设；高标准高质量实施“医学高峰”建设项目；提高基本公共卫生服务项目人均财政补助标准和城乡居民医保人均财政补助标准；推进基本医疗保险市级统筹，提高大病保险保障水平。四要稳步提高社保水平。继续上调退休人员基本养老金；全面实施职工养老保险省级统收统支，进一步加强基金收支余管理，落实政府间责任分担机制；推进城乡居民基本养老保险省级统筹；支持养老服务体系建设。五要加强住房保障。支持实施城市更新行动，推动城镇老旧小区改造和住房租赁市场发展；落实农村困难家庭危房改造即时救助政策，实现符合条件的农村困难家庭危房改造应保尽保。六要促进文化繁荣发展。支持现代公共文化服务体系建设；发挥浙江文化艺术发展基金作用，加快推进“重要窗口”重大题材文艺精品创作；支持之江文化中心、亚运场馆、国家版本馆杭州分馆、全民健身中心、中国（浙江）国家游泳队泳池改造等文体设施建设；落实文化产业发展支持政策，增强文化产业竞争力。七要全面实施乡村振兴。强化乡村振兴投入保障，稳步提高土地出让收入用于农业农村比例，拓宽实施乡村振兴战略资金来源；支持耕地质量保护和地力提升，大力推进高标准农田和农田水利建设；支持农业种质资源保护、新品种选育和开发利用，着力推动现代种业发展；继续大力推进涉农资金统筹整合，持续深化农村综合改革和“一事一议”助推美丽乡村建设提档升级；全面落实粮油、生猪等扶持政策措施；开展乡村振兴集成创新示范创建；加快推进海塘安澜和“百项千亿”等重大工程建设；加大政策性农业担保对加快发展县和低收入农户的支持力度。八要促进区域协调发展。谋划实施做大产业扩大税源行动计划，推进山海协作飞地高质量发展，培育支持山区发展新税源；实施区域协调和绿色转化财政专项激励政策，念好新时代“山海经”。

在制定和落实民生政策过程中，各地要认真落实近期财政部和国家发改委联合出台的《关于进一步增强民生政策措施有效性和可持续性的意见》，使民生支出建立在更有效、更可持续的基础上。一是加强财政可承受能力评估，对拟出台的民生政策和项目，全面分析对财政支出的短期和长远影响，对评估认定财政难以承受的，一律不得实施。二是推动建立民生支出清单管理制度，会同相关行业主管部门，对本地区出台的各领域民生政策进行梳理，逐步建立本地区民生支出清单，按程序报上级政府备案，提高民生支出管理的规范性和透明度。三是清理规范不合理的民生政策，对本地区自行出台不可持续的民生政策及时进行清理，能够取消的抓紧取消；难以取消的，不得再扩大实施范围或提高标准，逐步并入相关政策统筹考虑。

（六）突出唯实惟先，确保财政收支平稳可持续运行。要综合集成多年来省财政在收支管理方面形成的经验，建立财政收支平稳可持续运行机制，继续当好排头兵。收入方面，一要强化税源意识，培育涵养更多可持续发展的优质税源，并加大对政府性资源资产资金的统筹力度，壮大政府可用财力，增强财政的调控能力。二要把握好组织收入的力度和节奏，及时发现苗头性、倾向性问题，在确保完成全年预期目标的基础上，努力为全国大局多作贡献。三要遵循规律、实事求是，不脱离实际设置过高的增长目标，不得派指标、压任务、搞排名，要严肃财经纪律，加强监督检查，坚决制止数据造假行为，防止比拼财税收入总量和增幅，避免为冲收入而征收“过头税费”和盲目做大非税收入规模。支出方面，一要牢固树立铁心过紧日子思想，建立健全厉行节约长效机制，按照“应减尽减、应压必压、可延尽延、该禁必禁”的原则，进一步压减一般性支出，非刚性、非重点项目支出压减不低于10%。严格执行经费开支标准，严控“三公”经费和会议费、培训费，严禁建设形象工程、政绩工程。二要坚持尽力而为、量力而行，除落实党中央、国务院和省委、省政府决策部署外，原则上不再研究出台新的增支政策，必须出台的要充分考虑财政可承受能力，确保地方财政可持续。

（七）突出改革破题，持续深化财政体制机制改革。财政改革在全局改革中具有基础性、支撑性作用，落一子满盘活，要按照五中全会和省委八次全会的部署要求，积极稳妥推进财税体制改革。一要迭代升级集中财力办大事财政政策体系。聚焦“十三项战略抓手”等省委、省政府重大决策部署，建立政策体系动态调整机制，坚持“增量优方向”和“存量调结构”相结合，优化增量支持方向，调整存量支持结构。二要深化预算绩效管理改革。按照“系统构建、重点突破、精准施策、整体智治”的理念，加快构建具有浙江特色的预算绩效管理体系，深化绩效与预算一体化闭环管理；推进部门整体绩效预算改革，将部门整体绩效预算改革扩大至所有省政府绩效考评部门和所有县市区，完善试点改革配套制度。三要深化零基预算改革。坚持“以收定支”，建立“基本支出按标准编制、项目支出全面梳理整合重构”的零基预算编审机制，做到资金全覆盖、项目全梳理、结果全运用、来源全统筹。四要谋划打造“省管县”财政体制升级版。研究进一步提高设区市的统筹和资源配置能力，建立相应的激励约束机制；建立转移支付分类分档动态调整机制，提高转移支付资金分配的精准度。五要推进国资国企改革。扎实落实国企改革三年行动相关工作；继续推进省属经营性国有资产集中统一监管；进一步完善国有资产报告制度，强化成果运用。六要深化会计管理改革。健全完善会计制度、会计人员管理等基础工作，开展会计人员信用评价，推进行政事业单位内部控制建设，强化财会监督，更好发挥会计在经济社会高质量发展中的作用。七要深化政府采购制度改革。扎实推进政府采购改革各项任务，加强改革成效评估，着力营造最优政府采购营商环境。

（八）突出数字赋能，大力推进财政数字化改革。数字化改革是牵一发动全身的重大改革和集成创新，要以数字化改革为总抓手，撬动各领域各方面改革。一要推进预算管理一体化系统建设。建设全省大集中、基于云架构的预算管理一体化系统，实现全省各级财政对预算管理的动态反映和有效控制，贯通中央、省、市、县各级财政预算管理，实现“全省大集中、管理一体化、系统平台化”三大目标。各地要从全省一盘棋的高度，充分认识这项工作的重要性、紧迫性，一把手负总责，专班化运作，按照省财政厅部署，挂图作战，确保跑在时间节点前面。省财政厅将把这项工作作为省对市县绩效考核的重要内容，建立通报和督导制度，上下联动，真正将其打造成全省数字化改革的品牌。二要推进财政数字化场景应用。基于预算管理一体化系统，打造更多为各级财政部门、预算单位、企业和群众服务的场景应用。三要加强财政业务“掌上办”集成优化。深化“互联网+政务服务”建设，建设“浙里办”财政服务专区，实现财政政务服务事项掌上办事“一端通办”；拓展“浙政钉”公文办理和行政管理功能，优化财政综合办公平台，率先实现财政核心系统国产化替代。

（九）突出底线思维，积极稳妥防范化解财政风险。统筹发展和安全，增强忧患意识，做到居安思危，是我们党治国理政的一个重大原则。一要抓实化解地方政府性债务风险。严格专项债券项目合规性审核和风险把控，加强对拟发债项目的评估，严格落实收支平衡有关要求，切实保障项目质量，做到风险隐患预判在前、防范在前、化解在前。完善政府债券工作体系，构建全生命周期管理机制，实现政府债券资金“借、用、管、还”全生命周期闭环管理。合理确定政府投资规模，完善政府投资项目立项前财政承受能力和债务风险情况评估机制，坚决遏制新增隐性债务。严格落实政府举债终身问责制和债务问题倒查机制。二要防范化解社保基金风险。结合职工养老保险省级统筹和被征地农民参保规范工作，进一步提高土地出让收入中风险准备金提取比例，加大地方多渠道资金筹措力度，完善社保风险准备金管理，强化划转充实社保基金国有资本管理工作，持续做大“蓄水池”；建立困难市县帮扶机制；提升社保基金预决算管理水平，完善预算执行分析制度，加强基金运行风险预警预测。三要防范化解“三保”支出风险。逐步扩大“三保”预算编制审核范围，切实发挥预算备案审查机制的约束作用；全面掌握、分析、监测市县财政收支运行情况，探索建立全方位多角度的市县财政收支运行评价机制。四要防范化解乡镇财政风险。严格落实《关于强化和规范乡镇财政管理的实施意见》和《关于进一步加强基层财政资金监督管理的若干意见》，健全完善体制机制，持续加强督查督导和内控规范，确保基层财政资金安全。

（十）突出争先创优，奋力打造超强财政铁军。政治路线决定以后，干部就是决定的因素。要对照新使命新任务，着力打造一支“政治强、业务强、标准高”的财政铁军。一要全面加强党的建设。以党的政治建设为统领，坚持把政治要求作为第一标准，做到对党绝对忠诚；巩固全省财政系统机关党建“系统联动”和“双建”成果，全面提高党建工作水平，以优异成绩迎接建党100周年。二要不断加强干部队伍建设。按照信念过硬、政治过硬、责任过硬、能力过硬、作风过硬的要求，着力提升财政干部的政治素养、理论水平、专业能力、实践本领。拓展干部职业发展空间，统筹运用好职务提任和职级晋升，畅通干部晋升通道，大力发现选拔忠诚干净担当的优秀年轻干部。三要纵深推进清廉财政建设。坚持严管厚爱，严格执行“能上能下、容错免责、正向激励”三位一体干部管理制度；巩固各类专项整治成果，持续规范领导干部个人有关事项报告、干部兼职、出国（境）、干部人事档案等管理；实施“市县+省本级”年度清廉财政建设重点任务清单管理，建立市县观测点，推动问题联解；始终保持纠治“四风”高压态势，锲而不舍地贯彻落实中央八项规定及实施细则精神，重点关注“四风”隐形变异和干部八小时外纪律执行不严、不担当不作为等问题；着力构建“四责协同”机制，细化责任内容，一体推进不敢腐、不能腐、不想腐。

（2021年1月20日）

全省财政工作

Zhejiang caizheng nianjian

全省财税工作

全省财政

【概况】 2020年，浙江省实现生产总值64613亿元，比上年增长3.6%。第一产业增加值2169亿元，第二产业增加值26413亿元，第三产业增加值36031亿元，分别增长1.3%、3.1%和4.1%。三次产业结构比为3.3∶40.9∶55.8。全年固定资产投资增长5.4%；社会消费品零售总额26630亿元，下降2.6%。货物进出口总额33808亿元，增长9.6%。其中，出口25180亿元，增长9.1%，出口占全国的14.0%，份额比上年提高0.7个百分点；进口8628亿元，增长11.2%。商品零售价格指数为101.2，居民消费价格指数为102.3。全省居民人均可支配收入52397元，增长5.0%，其中城镇常住居民和农村常住居民人均可支配收入分别为62699和31930元，分别增长4.2%和6.9%；城乡居民收入差距为1.96∶1。

2020年，浙江省实现财政总收入12421.49亿元，增长1.2%；一般公共预算收入7248.24亿元，增长2.8%，占财政总收入的58.4%，其中税收收入6261.75亿元，增长6.2%，占一般公共预算收入的86.4%。全省一般公共预算支出10082.01亿元，可比增长2.6%。省级一般公共预算收入294.70亿元，可比下降8.2%；省级一般公共预算支出676.34亿元，可比下降1.4%。省级财政安排的转移支付2030.40亿元，其中：一般性转移支付1547.14亿元，专项转移支付483.26亿元。

全省政府性基金预算收入11353.35亿元，增长7.0%，加上转移性收入2794.35亿元，收入合计14147.70亿元；支出11885.52亿元，增长14.5%，加上转移性支出2262.18亿元，支出合计14147.70亿元。省级政府性基金预算收入28.15亿元，可比下降15.1%，加上转移性收入2220.79亿元，收入合计2248.94亿元；支出249.81亿元，增长27.2%，加上转移性支出1999.13亿元，支出合计2248.94亿元。全省和省级政府性基金预算收支平衡。

全省国有资本经营预算收入114.32亿元，增长24.0%，加上转移性收入9.52亿元，收入合计123.84亿元；支出61.41亿元，增长5.1%，加上转移性支出62.43亿元，支出合计123.84亿元。省级国有资本经营预算收入50.26亿元，增长11.8%，加上转移性收入4.60亿元，收入合计54.86亿元；支出30.25亿元，下降4.4%，加上转移性支出24.61亿元，支出合计54.86亿元。全省和省级国有资本经营预算收支平衡。

全省社会保险基金预算收入4964.39亿元，下降7.9%；支出5748.55亿元，增长6.1%。省级社会保险基金预算收入1107.64亿元，增长61.9%；支出1155.99亿元，增长60.0%。收支相抵，全省和省级社会保险基金收支分别赤字784.16亿元和48.35亿元，赤字已动用滚存结余弥补。

【平衡收支稳运行】 加强收支平衡管理。关注宏观形势变化，加强收入监测和分析，确保财政收入平稳可持续增长。建立财政收支平衡动态分析机制，确保财政收支平稳运行。印发《关于全力支持打赢疫情防控阻击战确保财政收支平稳运行的通知》，提出“保、优、延、减、稳”五字原则，做好疫情防控等重点工作的政策、资金保障。成立省政策专班财税政策专题小组，向中央争取政策支持。落实政府过“紧日子”要求，强化支出管理。实施三轮压减支出措施，全省累计压减571亿元，超额完成压减目标，其中非刚性、非重点项目支出压减13.0%，日常公用经费支出压减7.2%，“三公”经费压减16.2%。

加强政府非税收入征管。拓展统一公共支付平台应用，推进全省高等学校招生考试收费、高中学业水平考试收费、注册会计师考试收费等纳入统一公共支付平台，实现网上收缴。推进道路交通违法罚缴一体化改革，依托浙江政务服务网推进交通违法处理、罚款缴纳等跨部门、跨区域、跨系统互联互通，实现“一网通缴”、就近可缴。推行国有资本经营预算企业网上申报、省级监管部门网上审核，运用信息化手段，提升申报和审批效率。截至2020年年底，全省统一公共支付平台累计接入执收单位1.97万家。全年非税收入12619.05亿元，其中纳入一般公共预算管理的非税收入986.49亿元。

【全力保障抗疫情】 做好疫情防控政策、资金保障，确保患者不因担心费用问题而不敢就诊，确保各地不因资金问题而影响医疗救治和疫情防控。对于确诊和疑似患者医疗费用个人负担部分由财政给予全额补助，实现患者费用个人“零负担”；先后出台临时性工作补助、出差补助、伙食补助等保障政策，关心关爱医务人员和防疫工作者；在全国率先开通政府采购“绿色通道”；第一时间研究启动资金拨付应急机制，将经费拨付到相关单位及抗疫应急研发等重点领域。全省全年各级财政部门共拨付疫情防控资金121.09亿元。

【多措并举促发展】 支持稳企业稳增长。加强政策前瞻性研究和储备，出台一揽子财政政策，实施“五减”*专项行动，帮助企业渡过难关、促进经济企稳回升。2020年，全省财政部门兑现惠企财政政策补助支持资金2025.82亿元。实施增值税留抵退税、减免“房土”两税、残疾人就业保障金分档减缴、减免社会保险费等减税降费政策，全省实现减税降费4061.33亿元，其中：减税2733.22亿元、减免行政事业性收费和政府性基金89.02亿元、社保费减免返还1239.09亿元。落实中央专项再贷款贴息，给予逾1100家企业财政贴息4.89亿元，占全国的1/6，贴息后利率低于1.5%。新增地方政府债券2410.00亿元，增长56.7%，支持重点领域重大基础设施建设等。落实融资担保风险补偿政策，增加省担保集团资本金10.00亿元。落实资金12.00亿元，保障稳外贸稳外资促消费工作，鼓励引入高端制造业外资，开展省级现代供应链创新发展试点等。发挥政府产业基金作用，引导社会资本加大对重点领域和重大产业投资力度，促进经济转型升级。

保障直达资金落地。按照“体现公平、统筹兼顾、高效直达”的原则，创新建立“一池一码三减三清单”工作机制，争取中央直达资金441.83亿元，第一时间分配至基层，发挥资金效益。统筹落实各项惠企利民政策，惠及小微企业和个体工商户78.98万户，激发市场主体活力，增加经济发展动力。强化监督管理，实时监控直达资金分配、拨付、使用全流程，建立对口督导机制，加快直达资金执行进度，确保资金用于最急需人群和市场主体。

推进创新强省和制造业高质量发展。支持之江、良渚、西湖、湖畔4个省实验室建设，加快打造“互联网+”、生命健康、新材料三大科创高地。落实11.80亿元，支持59个省级产业创新服务综合体建设，落实4.40亿元，支持63个产业链协同创新项目。落实重大科技专项资金12.33亿元，支持数字经济、生命健康、人工智能等关键核心技术攻关和成果转化应用。推进“省海外引才计划”“省高层次人才特殊支持计划”“省高层次人才绩效奖励计划”等重大人才工程实施，落实首批“鲲鹏行动”计划专项资金2.04亿元。安排资金18.00亿元，择优支持18个工业大县打造制造业高质量发展“县域窗口”。推动制造业数字化转型，落实10.00亿元实施第二批数字经济分区域（行业）财政专项激励。出台贯彻落实民营企业发展促进条例的若干意见，从优化政策供给、规范政策制定执行等方面提出10条贯彻意见。安排5.00亿元支持中小企业竞争力提升工程。

【集中财力办大事】 推进长三角一体化发展。强化政策研究和储备，建立长三角一体化发展财政政策体系。落实长三角一体化奖补资金1.80亿元，加大对长三角一体化的支持力度。制定长三角一体化示范区嘉善片区建设财政体制政策，2020—2022年，统筹安排预算资金50.00亿元支持示范区嘉善片区建设。开展浙皖两省新安江流域上下游横向生态补偿第三轮试点。与上海市、江苏省研究财政共同投入机制及跨区域税收利益分享机制，推进沪浙政府采购一体化发展示范合作。推动长三角地区财政电子票据信息共享与运用，探索国有资产资源开放共享。

保障“四大建设”。推进海洋强省国际强港战略，安排省海洋（湾区）经济发展资金20.00亿元。支持打造十大海岛公园。落实中央和省级资金182.02亿元，构建省域、市域、城区“1小时交通圈”。落实省交通集团铁路建设资本金20.00亿元，支持大通道建设。支持“4+1”重大项目和基础设施建设，争取中央预算内投资资金68.80亿元、筹措落实省级资金109.52亿元。落实设区市区域统筹发展财政专项激励政策资金8.00亿元，推进基本公共服务均等化。落实中央和省级资金8.54亿元，推进城镇老旧小区改造。出台美丽城镇建设资金支持政策。

支持实施乡村振兴战略。落实乡村振兴绩效提升奖补资金16.26亿元，推进美丽乡村建设、乡村智慧化发展、农业绿色发展和城乡融合发展等。助力低收入农户高水平全面小康计划，将低收入农户异地搬迁省级补助标准从1.5万元/人提高至3万元/人，农村困难家庭危房改造省级补助标准从户均7500元提高至户均15000元。落实34.09亿元支持粮食、蔬菜、肉蛋奶等重要农产品稳产保供。推进基层政策性农业信贷担保服务创新试点。落实81.57亿元，重点支持百项千亿防洪排涝工程和农村饮用水提标达标行动。落实中央和省级资金13.44亿元，扩大一事一议财政奖补项目覆盖面，助推美丽乡村建设。落实村级组织保障经费19.61亿元，支持村级组织建设。落实中央和省级资金1.96亿元扶持壮大村级集体经济。支持农村综合改革集成建设和农村综合性改革试点试验。推进省乡村振兴投资基金运作，省财政出资17.52亿元，批复投资项目10个，完成基金投资18.72亿元，带动社会资本和金融资本投入37.04亿元。

支持生态文明示范创建。出台新一轮绿色发展财政奖补机制，兑现2020年奖补资金135.88亿元，实施绿色转化财政专项激励政策和区域协调财政专项激励政策，建立淳安特别生态功能区财政体制政策。落实中央和省级资金25.65亿元，支持治水治气治土治废和蓝天、碧水、净土、清废“四大行动”。争取中央资金8.30亿元，推进钱塘江源头区域山水林田湖草生态保护修复工程国家试点。落实中央和省级资金11.98亿元，支持国土绿化美化，推动全省自然保护地体系建设。参与组建国家绿色能源基金，完成首期出资1.20亿元。

【民生事业增福祉】 支持教育事业发展。全省安排教育支出1881.09亿元，增长6.6%。落实义务教育教师平均工资不低于当地公务员平均工资政策；落实中央和省级资金36.7亿元，推动城乡义务教育高质量发展；安排学前教育补助6000万元，支持普惠性幼儿园发展。安排29.45亿元，支持国家“双一流”高校、国家“双高”院校、省重点高校和省一流学科建设等。

支持卫生健康事业发展。全省安排卫生健康支出838.85亿元，增长14.0%。落实医疗卫生领域财政事权和支出责任划分改革，制定医疗卫生领域转移支付资金管理办法。加强基本公共卫生服务保障能力，基本公共卫生服务财政补助标准从69元/人·年提高至87元/人·年，落实中央和省级补助15.79亿元。支持“医学高峰”建设，制定医学高峰建设项目管理办法，2020年落实资金8.56亿元。城乡居民基本医疗保险财政补助省级标准由540元/人·年提高至不低于570元/人·年，落实中央和省级补助68.68亿元，等额提高个人缴费标准，优化筹资结构。会同有关部门指导绍兴市、舟山市开展基本医疗保险市级统筹试点，调整省财政对试点地区城乡居民基本医保转移支付资金补助办法。推进医保支付方式改革，出台省市医疗机构按疾病诊断相关分组付费（DRGs）改革实施办法。

支持社会保障事业发展。全省安排社会保障和就业支出1130.02亿元，增长5.2%。出台失业补助金和以工代训补贴等帮扶政策，落实中央和省级就业补助资金11.08亿元，统筹安排省级失业保险调剂金20.15亿元，支持推动就业创业。实现政策性补充医疗保险全覆盖，做到“三个清零”。提高养老保险待遇水平，人均基本养老金增长5%，惠及全省退休人员855万。落实城乡居民基本养老保险基础养老金正常调整机制，将省定标准提高至165元/人·月。落实中央和省级困难群众救助补助资金30.31亿元，保障困难群众基本生活。安排困难残疾人生活补贴和重度残疾人护理补贴10.54亿元。

支持文化事业发展。全省安排文化旅游体育与传媒支出229.62亿元，增长13.0%。安排中央和省级资金7.23亿元，支持现代公共文化服务体系建设。落实资金3亿元支持全省新建农村文化礼堂3000个。保障之江文化中心、省全民健身中心等文体设施建设。

守住民生基本底线。落实中央和省级资金14.54亿元，支持公租房保障、城镇棚户区改造和杭州市住房租赁市场发展试点。启动新一轮消薄巩固提升行动。做好结对帮扶工作，全省落实对口支援和东西部扶贫协作资金68.58亿元。

【财政改革提绩效】 推进财政管理和体制创新。强化零基预算理念和方法运用，坚持量入为出，打破基数概念和支出固化格局。深化预算绩效管理改革，出台绩效运行监控、绩效评价、成果应用等办法，完善全过程绩效管理制度体系。将部门整体绩效预算改革扩大至所有省政府考评部门和所有市、县（市、区）。推进行政事业单位内部控制建设。

加快财政数字化转型。按照“整体智治、唯实惟先”的要求，推进整体财政建设。推进政采云平台、统一公共支付平台、财政电子票据、地方政府性债务风险预警与处置系统、资产云平台迭代升级，提升财政管理的数字化智能化智慧化水平。政采云平台服务11省4市860个市县区，累计交易额8452.88亿元。统一公共支付平台实现全省高等学校招生考试收费、高中学业水平考试收费、注册会计师考试收费等功能接入，全年受理缴款业务7282万人次，收缴资金突破5215.18亿元。截至2020年年底，平台累计受理收缴业务2.43亿笔、收缴资金突破1.13万亿元；全省3万余家单位开通财政电子票据，累计开票6.31亿张、金额6946.05亿元，实现全省统一公共支付平台缴款单位和主要公立医院电子票据改革全覆盖，并上线区块链捐赠电子票据。推进预算管理一体化工作，全面推广实施“预算云”。加快“乡镇公共服务平台+一卡通”建设，将涉农补助和民生补贴资金纳入乡镇公共服务平台管理，实现“一张卡”发放。

防范财政风险。实施防范化解地方政府隐性债务风险专项行动，化解隐性债务风险。对109个政府投资项目开展财政承受能力及债务风险评估，从源头上遏制新增隐性债务产生。制定浙江省规范被征地农民参加养老保险意见、职工基本养老保险基金省级统收统支实施方案，建立责任分担机制，修订完善社保风险准备金和基金预算管理等办法。制定浙江省企业职工基本养老保险省级统筹制度实施意见，出台责任分担和基金预算管理办法，规范被征地农民参加养老保险政策，完善多渠道筹措机制，修订社保风险准备金办法，推进划转国有资本充实社保基金工作，确保社会保险基金安全可持续运行。组织开展首批24个县（市、区）“三保”预算编制审核工作，完善市县财政困难程度评价指标体系，建立特别关注清单和重点关注清单，防范县级财政运行风险。开展全省基层财政资金管理专项检查，督促各地边查边改、以查促改，出台全面强化和规范乡镇财政管理的实施意见，系统重构乡镇财政管理体系。

【科学管理强队伍】 推进全面从严治党。坚持以“建设清廉机关、创建模范机关”工作作为机关建设、机关党建的总牵引，制定并落实清廉财政建设十项重点任务，做到清单式管理、项目化实施、系统性推进，全省财政系统违纪违法案件数量大幅下降。发挥“七项机制”作用，特别是推进机关党建系统联动，实现“活动联抓、实事联办、难题联解、队伍联建”，推动党建与财政业务深度融合。构建注册会计师资产评估行业党建新模式，提高行业党建规范化标准化水平。强化政治监督，开展政治生态分析，落实巡视回访反馈问题的整改，得到省委巡视回访组肯定；组建巡察机构，出台实施办法，启动对厅属单位的巡察。加强作风建设，开展“三服务”活动，主动上门听取意见、对接需求、帮助解决实际问题。加强干部管理监督，完善《浙江省财政厅工作人员平时考核实施细则》。开展全国财政系统“双先”事迹宣传和全省财政系统“双先”评选。

深化事业单位改革。建立整合组建的事业单位运行机制。制定厅属事业单位改革后续工作方案，完成厅属非参公事业单位人员转隶、岗位设置方案变更、财政保障比例重新核定、绩效工资水平及总量核定等工作。根据省委组织部批复，5家厅属事业单位继续参照公务员法管理。推进省财务开发公司转企改制，浙江省财务开发有限责任公司挂牌成立。

加强干部培养锻炼。选派3名干部分别到新疆、嘉善县、淳安县工作，1名干部到绍兴上虞区任驻企服务员。选派财政系统干部赴财政部学习锻炼，安排10名干部参加中青年干部培训班、处级公务员任职培训班、女干部培训班。落实《浙江省财政厅2020年干部教育培训计划》，全年举办培训班31个共35期，培训5102人次。落实财政部统一部署的预算管理一体化培训任务，在厦门和上海国家会计学院组织培训班2期计465人次。制定《培训办班疫情常态化防控方案》，包括组织领导、防控措施、应急处置和工作要求四个方面，确保培训安全。

（省财政厅供稿　严　琦执笔）

注：

*“五减”：即减租、减息、减税、减费、减支。

全省税务

【概况】 2020年，国家税务总局浙江省税务局推进税收现代化建设育新机、开新局，为服务“六稳”“六保”大局、高水平全面建成小康社会、奋力打造“重要窗口”作贡献。全省（含宁波，下同）各级税务部门组织税费收入15826.78亿元，同口径*下降0.5%，其中：税收收入11753.93亿元，同口径增长3.2%，税收规模居全国第5,税收增速在31个省(自治区、直辖市)中居第1;社保费收入3443.57亿元,同口径下降10.7%;非税收入438.39亿元,同口径下降7.6%。2020年,浙江省税务局在国家税务总局绩效考评中位列全国第一。

【保障疫情防控】 落实"四力"*要求,助力"两手硬、两战赢"。建立"一领导小组、四专班、五机制"的联动落实体系,完善"政府领导、税务主导、部门配合、信息共享"的协同共治格局,创新运用"大数据+网格化"方式,实行政策宣传、政策辅导、政策落实和纪检监督四项直达机制,打造减税降费工作闭环,组织开展政策落实自查整改和"回头看"。2020年全省(含宁波)新增减税降费2071.33亿元。推进非接触式办税,优化电子税务局等线上办税缴费渠道,推广"非接触式"办税缴费服务模式,应对疫情冲击。完善浙江税务征纳沟通平台,提升平台用户激活率和活跃度,平台使用户数达241万。拓展税收大数据分析应用,建立"发票数据重构产业链"工作机制,为1074户企业匹配49780家替代商,促成交易6.67亿元;开展复工复产复销分析,全省税务系统共报送分析报告925篇,其中292篇获各级党政领导批示,相关税收数据指标被纳入省政府精密智控指数,作为筛选"两直"补助名单的主要依据。落实地方党委政府常态化疫情防控要求,加强内防内控,做好重点场所、重点环节、重点人员的疫情防控工作,确保人员平安,保障机关运转。加强联防联控,形成"百支队伍一线扛旗、千名专员一线驻企、万名党员一线联防"的防控队伍,全省税务系统参加疫情防控志愿服务88259人次,选派驻企服务员2578名,服务企业23776户。

【服务经济社会发展】 依法依规征税收费。科学统筹"减"与"收",加强税费收入质量监控分析,提升经济税收的匹配性、均衡性和可持续性。服务重大国家战略发展。落实支持和服务长三角一体化发展"16+10"税收征管措施,支持示范区嘉善片区建设。完善"互联网+便捷退税"系统,加快出口退税进度,2020年全省办理出口退税(含宁波)2225.89亿元;实施境外旅客购物离境退税,夯实对外开放基础,落实外商再投资递延纳税政策,支持稳外贸稳外资。推进"走出去"企业与非居民税收服务管理,助力打造"一带一路"重要枢纽。推动出台燃料油出口退税政策,促进油气全产业链开放发展、浙江自贸区赋权扩区。助力脱贫攻坚,建立"党建+扶贫"工作机制,全省税务系统与贫困地区结对共建党支部432个,选派扶贫干部70名,帮助2342户低收入农户脱贫增收,投入帮扶资金436万元,落实消费扶贫1467万元,引进各类帮扶资金1353万元,引进产业扶贫企业投资7319万元。深化与青海省税务局的对口帮扶工作,加强干部交流、"智力援西"等方面协作。浙江省税务局作为省级扶贫结对帮扶工作仙居团组组长单位,带领有关单位提前2年实现12个结对村"三个清零"*目标。

【优化营商环境】 深化税务系统"放管服"改革,优化税费服务,在2020年全国纳税人满意度调查中保持满意度最优省。动态更新14类199项"最多跑一次"事项清单和办税指南,保持税务事项"最多跑一次""网上办""掌上办"100%全覆盖。建成覆盖全渠道、全业务、全流程的税务系统政务服务"好差评"制度体系,完善"差评回访"整改监督机制。开展纳税宣传辅导优质作品和纳税宣传服务优秀品牌评选活动,提升社会宣传服务效果。推行优化营商环境三年实施方案45项办税便利化措施,完成实施方案终期目标。落实纳税缴费便利化改革,经省政府批准联合十二部门出台5大类16项71条具体措施。在全国营商环境评价中,浙江省3个参评城市纳税指标位列前十。推进税收遵从合作协议签订工作,提升大企业税法遵从度。推行重大项目税务服务专员制度,提供"一企一策"个性化政策服务。深化"银税互动",拓展纳税信用增值应用。完善纳税信用体系,实施纳税信用修复机制。与省银保监局开展战略合作,上线"银税互动"2.0平台,2020年小微企业"银税互动"贷款金额1057.62亿元,增长76.8%。

【强化税费征管】 推进税收数字化转型。推进发票电子化改革,推动增值税普通发票电子化,开展增值税专用发票电子化试点,促进电子发票应用社会化协同,2020年增值税普通发票电子化率达93%。推进数字管税,迭代升级电子税务局,优化金税三期系统建设,推进出口退税系统整合,试点应用浙江税务大数据平台,推行移动办公平台,建成委托代征和社会化平台,加强与工商、海关、商务、生态环境、自然资源等部门间数据共享和业务协同,提升税费共治水平。在全国率先探索构建征期"大运维"工作机制,保障征期连续运行。实施个人所得税首次汇算,调节收入分配、促进消费增长。加强征收管理。打造智慧征管、智捷服务、智能风控"三位一体"的企业所得税征管模式。推进土地增值税清算工作。加强房地产税收"全税种、全链条、多功能"管理。推进不动产登记"一件事"改革,实现"一窗办、一日办、一网办"。优化耕地占用税全流程信息化管理。规范企业职工基本养老保险省级统筹。开展电力类非税收入明细申报管理试点。完成4项非税收入征管职责划转。探索推行"五税合一"综合申报。

【推进依法治税】 推进依法治税,完善执法方式,健全监管体系,规范公正文明执法,优化税收法治环境。制定全省税务系统权责清单,出台进一步优化税务执法方式的实施意见。联合省高院在全省域建立民事执行与税费征缴"一件事"联动协作机制。联合上海、江苏、安徽、宁波等4省市税务局出台长三角申报发票类税务违法行为行政处罚裁量基础、税务轻微违法行为"首违不罚"清单。推行行政执法"三项制度"*,推进"阳光·智慧税务稽查"品牌全覆盖。发挥税务行政复议化解涉税争议主渠道作用,应对行政诉讼案件。发展新时代"枫桥经验",融入地方社会矛盾纠纷调处化解中心,推进基层税务部门涉税矛盾纠纷调处化解"最多跑一地"。参与扫黑除恶专项斗争,在摧毁黑恶势力的经济基础、破坏其关系网等方面发挥作用，打好扫黑除恶专项斗争收官战。完善风险导向下的“双随机、一公开”监管，加强与省公安厅、杭州海关、中国人民银行杭州中心支行协作，推进打击虚开骗税两年专项行动，打击各类涉税违法犯罪行为，2020年全省税务系统稽查查补收入31.53亿元。强化税务执法监督，建立网格化内控机制，构建全面覆盖、全链防控、全员有责的内部风险防控体系。推进层级督审全覆盖，落实税收执法责任制。推进政治巡察、综合督查、执法督察有机联动，提升监督质效。

【加强党的建设】 开展党的十九届四中、五中全会精神轮训，实现处级以上干部集中轮训全覆盖，举办县局党委书记培训班，实施青年理论学习提升计划。巩固主题教育成果，完成主题教育整改，取得制度性成果57项。开展政治机关意识教育，建立政治生态评价机制，探索开展政治家访，落实意识形态工作责任制。落实全面从严治党“两个责任”清单，推进党委主体责任、党委书记第一责任、班子成员“一岗双责”和纪检部门监督责任“四责协同”。落实完善新“纵合横通强党建”机制体系的意见，发挥条块共管优势，凝聚党建工作合力。出台党支部工作导则1.0版，深化支部标准化规范化建设，推进支部建在科（股）室。落实促进党建与业务深度融合的18项具体措施，连续第5年开展“万名党员进万企，领导干部下基层”专项活动并形成常态化制度，探索“党员工作室”等创新做法，丰富党建实践品牌。

深化巡视巡察，配合国家税务总局党委第二巡视组对浙江省税务局党委的巡视工作，完成巡视反馈问题的整改工作。推进巡察全覆盖，对30个市、县（市、区）局党委开展常规巡察，对2个市局党委开展巡察“回头看”。

推进“三不”机制，深化正风肃纪。落实常态化提醒和监督检查机制，细化税务纪检协作配合举措，推进“纪税”工作联动，保持正风反腐高压态势。开展廉政风险排查，完善制度措施，推进以案促改、以案促教。持之以恒纠治“四风”，推出解决困扰基层形式主义问题的28项75条工作措施，减轻基层负担。查处违反中央八项规定精神问题，筑牢税务干部拒腐防变的廉洁底线。

【加强队伍建设】 开展领导干部选拔任用、交流等工作，推进首轮职级晋升工作。打造税务文化“新高地”，推广“学习兴税”平台，采用线上与线下相结合方式开展干部教育培训。出版《税费政策业务手册（2020版）》。组织全省数字人事7级以下业务能力升级和副处级以下领导胜任力测试。联合省总工会、团省委、省妇联开展练兵比武，参加全国“岗位大练兵、业务大比武”活动。打造税务文化品牌，推进“党旗红 税务蓝”文化场景建设，截至2020年年底，全省税务系统新建或改造优化文化展厅、党员活动室、文化走廊等红色阵地720余个。联合省委宣传部开展首届“最美税务人”推选宣传活动。发挥群团组织力量，丰富工青团妇活动形式，增强干部队伍向心力凝聚力。开展精神文明创建活动，2020年全省税务系统新增全国文明单位等省部级以上荣誉28项。

（省税务局供稿　黄通运执笔）

注：

*自2021卷起，全省各项税费收入、出口退税、减免税等数据口径均包含宁波市，其他数据均不包含宁波市。

*“四力”：即优惠政策落实要给力、非接触式办税要添力、数据服务大局要加力、疫情防控工作要尽力。

*“三个清零”：即任务清零、问题清零、信访清零。

*“三项制度”：即行政执法公示制度、执法全过程记录制度、重大执法决定法制审核制度。

附表

2020年浙江省（含宁波）税费收入情况统计

单位：万元

项目	累计入库	上年同期	同比增长%
一、税务部门组织的税费合计	158267814	159047262	-0.5
（一）税务部门组织税收收入	117539262	113887926	3.2
1.国内增值税	44362410	47478082	-6.6
其中：直接收入	39329011	42978084	-8.5
免抵调库	5033399	4499998	11.9
2.国内消费税	6799521	6063773	12.1
3.企业所得税	28027445	27233043	2.9
4.个人所得税	11854392	10323507	14.8

（续表）　　单位：万元

项目	累计入库	上年同期	同比增长%
5.资源税	128358	121023	6.1
6.城镇土地使用税	1105451	924415	19.6
7.城市维护建设税	3635369	3697598	-1.7
8.印花税	1027381	934771	9.9
9.土地增值税	5155937	4676888	10.2
10.房产税	2341213	2072533	13.0
11.车船税	602193	593766	1.4
12.车辆购置税	3088054	2744960	12.5
13.烟叶税	89	103	-13.6
14.耕地占用税	933147	1218514	-23.4
15.契税	8381650	5713359	46.7
16.环境保护税	33489	35105	-4.6
17.其他税收	63163	56486	11.8
(二)社会保险费收入	34435682	38567014	-10.7
(三)非税收入合计	4383869	4746091	-7.6
1.教育费附加	1686421	1739825	-3.1
2.地方教育附加	1124070	1160650	-3.2
3.残疾人就业保障金	518557	606208	-14.5
4.文化事业建设费	10156	118697	-91.4
5.废弃电器电子产品处理基金	6689	12172	-45.1
6.大中型水库移民后期扶持基金	222571	217548	2.3
7.可再生能源发展基金	587425	577373	1.7
8.国家重大水利工程建设基金	154133	238701	-35.4
9.核电站乏燃料处理处置基金	57547	54847	4.9
10.核事故应急准备专项收入	501	489	2.5
11.跨省际大中型水库库区基金	1864	1925	-3.2
12.油价调控风险准备金	0	0	
13.免税商品特许经营费	32	33	-3.0
14.公共户外广告资源有偿使用收入	603	1136	-46.9
15.停车泊位经营权转让收入	1835	1598	14.8
(四)其他收入合计	1909001	1846231	3.4
二、海关代征进口税收	9358413	10695230	-12.5
三、出口退税	-22258894	-23462998	-5.1
其中：直接退税	-17225495	-18963000	-9.2

财政分项工作

财政预算管理

【概况】 2020年,浙江省财政预算工作对标建设“重要窗口”财政定位,树立“财为政服务”理念,落实《预算法》《预算法实施条例》和《浙江省预算审查监督条例》,坚持“以收定支”原则,落实政府过“紧日子”要求,深化财政预算管理改革,调整优化财政支出结构,确保财政收支平衡。2020年,全省一般公共预算收入7248.24亿元,增长2.8%,其中,省级一般公共预算收入294.70亿元,可比下降8.2%;一般公共预算支出10082.01亿元,完成预算的101.1%,可比增长2.6%,其中,省级一般公共预算支出676.34亿元,完成调整后预算92.6%,可比下降1.4%。

【保障财政收支平衡】 印发《关于全力支持打赢疫情防控阻击战确保财政收支平稳运行的通知》,提出“五条原则、六条具体举措”,做好疫情防控等重点工作的政策、资金保障。建立财政收支平衡动态分析机制,确保财政收支平稳运行。成立省政策专班财税政策专题小组,向中央争取政策支持。谋划“五减”工作,建立政策落实机制、协商联动机制和督查督办机制,通过清单化闭环管理,确保政策第一时间落实。落实政府过“紧日子”要求,提出“保、优、延、减、稳”五字原则,强化支出管理,确保财政收支平衡。实施三轮压减支出措施,全省累计压减571亿元,超额完成压减目标,其中非刚性、非重点项目支出压减13.0%,日常公用经费支出压减7.2%,“三公”经费压减16.2%。

【做好直达资金落实工作】 全年全省(不含宁波)争取中央直达资金372.78亿元(不含参照直达资金)。创新“一池一码三减三清单”*工作机制,在直达资金全部分配到县(市、区)的基础上,再统筹18.00亿元直达市县。通过内部监督、专业监督、社会监督,对直达资金分配、拨付、使用实行实时监控、全程督导。浙江省直达资金落实工作得到财政部主要领导批示肯定。

【守住县级“三保”底线】 制定加强县级“三保”工作方案,印发《关于有效应对新冠肺炎疫情影响切实加强县级“三保”工作的通知》。审核首批24个纳入2020年县级“三保”预算编制审核的县(市、区)。组织县级财政部门定期报送“三保”预算执行情况。建立健全“定期报告+重点关注”的县级“三保”预算执行动态监控机制。加强市县财政困难程度和财政保障能力综合评价,建立与评价结果挂钩的转移支付制度,建立与市县“三保”保障情况挂钩的激励约束机制。

【推进预算编制管理改革】 建立资金“全覆盖”、项目“全梳理”、结果“全运用”、来源“全统筹”的零基预算编审机制,坚持量入为出,打破基数概念和支出固化格局,完善预算分配机制。推进部门整体绩效预算改革,建立部门整体绩效评价结果应用机制。建立健全厉行节约长效机制。严格“三公”经费和会议、培训费预算管理。推进完善支出标准体系,强化法定标准对预算执行的约束改革,完善公益一类和公益二类事业单位财政保障方式,规范部门预算收支管理。

【编制财政“十四五”规划】 围绕新发展阶段“五大历史使命”“十三项战略抓手”,明确“十四五”时期财政发展指导思想、主要目标和财政发展的主要任务,提炼10项财政发展主要指标,提出6个方面27项具体政策举措,形成财政“十四五”规划纲要。

【深化财政体制改革】 印发《浙江省人民政府办公厅关于实施新一轮绿色发展财政奖补机制的若干意见》,推出湿地生态补偿试点等措施11项。修订森林质量财政奖惩办法和湿地生态保护绩效评价办法。制定省市县三级联动的淳安特别生态功能区财政体制政策,制定长三角一体化示范区嘉善片区建设财政体制政策。落实留抵退税省以下分担机制,做好市县留抵退税清算调库工作。

【夯实财政预算管理基础】 在全省(不含宁波)30多个地区推广“预算云”,实现与一体化软件协同,制定一体化预算业务规范,牵头成立一体化业务组专班,推进预算编制一体化软件建设和省级改造,做好系统建设需求完善和数据提供工作。通过印发学习手册、加强宣传、举办预算法实施条例培训等,将预算法实施条例要求落实到财政财务管理的各相关领域和各环节。保障经济责任审计,落实审计厅、审计署驻上海特派员办事处有关审计整改事项,提出建议措施。梳理市县财政存在的预算管理共性问题,省市县上下联动,完善制度建设,严格政策执行,提高财政预算管理的规范化、精准化、科学化。构建“上门服务至少一次”活动长效机制,打造“两张清单”3.0版,提升服务的精准性和实效性。

(省财政厅总预算局供稿 刘丞森执笔)

注:

*“一池一码三减三清单”:“一池”即资金池,各地统筹形成资金合力;“一码”即企业码,通过企业码实现在线“直通兑付”,方便企业申领惠企资金;“三减”即减租减息减社保;“三清单”即小微企业和个体工商户稳岗清单、外贸企业援助清单、困难群众救助清单。

地方政府债务管理

【概况】 2020年，浙江省地方政府债务管理工作坚持"防风险与促发展"并举的债务管理理念，争取新增债务限额，发挥政府债券逆周期调节作用，服务"六稳""六保"及高质量发展；打好防范化解地方政府性债务风险攻坚战，化解债务风险，确保政府债务总体安全、风险可控。

【争取地方政府债券】 做好地方政府专项债券项目储备工作。按照专项债券项目收益与融资自求平衡的要求，依法合规做好专项债券项目储备工作，加强拟发债项目的事前评估，为争取专项债券做好前期准备工作。争取地方政府债券。2020年争取地方政府债券3659.08亿元，其中，地方政府新增债券2410.00亿元（一般债券466.00亿元，专项债券1944.00亿元），总量居全国第4，增长56.7%；地方政府再融资债券1249.08亿元。地方政府新增债券主要用于支持交通基础设施、农林水利、生态环保、社会事业等领域的公益性项目建设。提高债券资金使用绩效。跟踪新增债券资金使用进度，建立新增债券资金使用情况定期通报机制，督促各地加快债券资金使用，形成实物工作量，提高资金使用效益，发挥专项债券资金对投资的拉动作用。

【防范化解地方政府性债务风险】 贯彻落实省委、省政府化解存量债务的工作要求，指导各地按年度计划依法依规做好存量债务化解工作。落实属地管理主体责任，督促各地通过筹措资金、盘活资产资源、变更协议核销支出事项、利用经营性现金流等途径，多渠道筹措资金，化解债务风险。

【遏制新增隐性债务】 把好政府投资项目风险评估关，强化源头管控，开展政府投资项目立项前财政承受能力和债务风险评估。确保政府投资项目落实资金来源，对省发展改革部门立项的109个政府投资项目出具风险评估意见，从源头上遏制新增隐性债务产生。

【加强债务风险监测】 利用数字赋能防控债务风险，自主研发地方政府性债务风险预警与处置系统（"鹰眼护航"系统），通过多部门业务协同、数据共享、"鹰眼护航"系统智能监测，对全省国有独资或控股企业的银行贷款、企业债券、公司债券等融资工具从不同的角度、对象、责任3个维度实施动态监测，发现新增隐性债务疑似风险点，筛查疑似风险，做到新增隐性债务风险早发现、早处置。"鹰眼护航"系统被列入浙江省数字化转型防范化解重大风险十大项目之一，同时入选为浙江省"观星台"省级优秀应用，入围2020年度浙江省改革创新项目。

【组织开展专项行动督导】 连续第三年牵头组织开展专项行动督导。组织各地开展专项行动实施情况以及政府债务管理情况的自查工作。对市县2019年度债务化解工作、化解存量债务真实性规范性等实行"清单式"督导，对发现问题要求限期整改。开展"三服务"活动，将专项行动督导与"三服务"结合，深入基层了解诉求，提升债务管理工作服务水平。

【开展政府债务风险评估和预警工作】 开展债务风险预警现状和趋势分析，总结全省政府债务风险评估和预警机制运行情况，研判债务风险趋势。按照财政部债务风险评估预警和风险等级评定办法，对市县开展法定债务风险测算，评定债务风险等级，并发文通报评定结果。

（省财政厅地方政府债务管理办公室供稿　郑　瑞执笔）

财政税政

【落实减税政策】 落实防控新冠肺炎进口物资免税政策。牵头建立工作机制，协调省卫健委、省经信厅、省商务厅、省民政厅等相关部门，确定全省防疫物资进口免税单位名单、物资清单和指定接受进口捐赠物资单位名单。分3期确定防疫物资进口免税单位110家、接受进口捐赠物资单位21家。协调海关、税务部门落实防疫物资进口免税政策。累计减免进口环节税收5200万元。研究浙江省应对疫情影响房土两税困难减免政策。经省政府同意，会同省税务局联合出台房产税、城镇土地使用税减免政策。对受疫情影响严重的住宿餐饮、文体娱乐、交通运输、旅游四大行业企业和小微企业自用的房产、土地免征2020年房产税、城镇土地使用税；对在疫情期间为受困企业和个体工商户减免租金的纳税人，按实际免租月份或折扣比例相应减免房产税、城镇土地使用税；对在疫情期间被政府征用的房产，按实际征用时间免征房产税和城镇土地使用税。2020年，为全省15.3万户纳税人减免房产税和城镇土地使用税89.06亿元。做好疫情防控重点保障物资生产企业增值税留抵退税工作。配合省发改委等部门做好疫情防控重点保障物资生产企业名单确认工作，分9批确定重点保障物资生产企业1425家。做好相关税收政策的宣传和贯彻落实工作。开展专项检查评估，确保减税降费落实落细。会同省税务局和财政部浙江监管局组织开展落实减税降费帮扶企业渡过难关专项检查评估工作，组成3个检查组，分别对绍兴、台州、湖州、金华等市和部分县进行减税降费专项检查。通过座谈交流、听取汇报、查阅资料、实地走访、问卷调查等形式，了解各地减税降费落实情况。2020年，浙江省累计实现减税降费4061.33亿元，其中减税2733.22亿元，行政事业性收费和基金减免89.02亿元，社保降费减免返还缓缴累计减负1239.09亿元。

【制定浙江省资源税适用税率】 会同省税务局、省自然资源厅成立工作专班，起草《浙江省资源税具体适用税率等事项的建议方案》。按法定程序经省政府同意后报浙江省第十三届人民代表大会常务委员会第二十二次会议审议通过《浙江省人民代表大会常务委员会关于资源税具体适用税率等事项的决定》。2020年9月1日起在浙江省实施资源税法。

【实施离境退税政策】 会同省商务厅、省文旅厅、浙江省税务局和杭州海关制定浙江省实施境外旅客购物离境退税政策工作方案，建立联合工作机制，明确职责分工、工作任务和时间要求。确定杭州萧山国际机场作为全省实施离境退税政策的首个离境口岸；明确退税手续费负担机制；完成第一批37家退税商店备案工作；选定中国农业银行浙江省分行为浙江省离境退税代理机构。经财政部、国家税务总局、海关总署备案核准，浙江省自2020年12月1日起正式实施境外旅客购物离境退税政策。

【争取税收优惠政策】 争取浙江自贸区燃料油加注出口退税政策，推动浙江自贸试验区建设东北亚燃料油加注中心。2020年，该项政策为舟山本地企业退税4386万元。增设温州、义乌综合保税区，开展保税加工、保税物流、保税服务等业务，享受有关税收支持政策。向财政部争取杭州亚运会和亚残运会专项税收支持政策。支持金义综合保税区和嘉兴综合保税区开展增值税一般纳税人资格试点，助力区内企业统筹“国际国内”两个市场、两种资源。推动企业集中核算管理，减少纳税成本。推动留抵税额充分抵扣，增加企业流动性，让更多税款留在浙江。推动义乌机场增设出境免税店，促进消费回流。

【做好税政认定工作】 牵头做好公益性捐赠税前扣除资格认定工作，发布《关于2020年度公益性捐赠税前扣除资格名单的公告》，明确全省768家社团组织获得2020年度公益性捐赠税前扣除资格。配合省科技厅、省税务局做好2020年全省高新技术企业资格认定工作，2020年认定高新技术企业8535户。会同省委宣传部、省税务局做好转制文化企业认定和名单发布。会同省经信委、省发改委、省税务局等做好软件和集成电路企业相关税收优惠政策落实工作，2020年，为软件和集成电路企业减免所得税53.90亿元。

（省财政厅税政处供稿　张丽萍执笔）

财政国库管理

【强化收支运行监测】 强化收入组织监测。分析研判新冠肺炎疫情对财政收入的影响，开展财政“压力测试”，供省委、省政府决策参考。按照“匹配性、均衡性、可持续性”要求，加强与税务部门的沟通协调，完善财税收入协调工作机制，把握组织收入的力度和节奏，交出“十三五”财政收入高分报表。2020年，全省一般公共预算收入7248.24亿元，增长2.8%，收入规模列全国第三，较“十二五”期末提升2位，税收收入占一般公共预算收入的86.4%，列全国第一。加强预算执行分析。按月分析财政收支运行及变动的深层次原因，强化财政收支分析的精细化、专业化、清单化。对经济社会发展热点难点、收支执行中的特殊情况开展分析，报省委、省政府决策参考。浙江省2019年度预算执行分析工作获财政部通报表扬。

【发行兑付地方政府债券】 加快债券发行使用。2020年，全省（不含宁波）发行浙江省政府债券9次共50期，发行总量2882.85亿元，平均发行利率3.5%，加权平均发行年限15.28年。按偿债资金来源分：一般债券为950.05亿元，专项债券为1932.80亿元。按是否增加债务余额分：新增债券为2152.00亿元，再融资债券为730.85亿元。作为全国5个率先完成地方政府债券发行任务的省份之一，首次发行多种项目类型债券积极支持“两新一重”建设，投向区域实现全省所有地市全覆盖。加强债券发行管理。根据《浙江省政府债券公开发行承销团组建及管理办法》，综合考评确定50家金融机构组成2020—2022年承销团；丰富债券信息披露内容，增加披露新增专项债券项目信息披露模板；经过公开招标，确认中债资信有限责任公司为2021—2023年浙江省政府债券信用评级机构并签订政府采购合同；做好债券本息兑付，足额拨付2020年还本付息资金1165.04亿元。浙江省财政厅获得上海证券交易所债券市场2020年度“地方政府债券优秀发行人”称号。

【保障“两直”资金支付】 做好支付协调与兑付。落实国务院新增财政资金“直达市县基层、直接惠企利民”（下称“两直”）要求，做好与各部门的沟通协调，保障“两直”资金支付。完成支付管理系统与小微通平台对接，指导全省财政部门完成小微企业和个体工商户的纾困兑付工作；明确基建项目、乡镇直达资金、医院直达资金等规定，配合省经信厅做好关于全省企业码惠企政策在线兑付，按照国库集中支付制度要求实施“两直”资金支付，全省共支付367.90亿元。扣除省级按规定留用的3.00亿元抗疫特别国债资金后，将“两直”资金363.71亿元全部调度市县，主要用于疫情防控、扶贫专项补助以及县级基本财力保障等项目。加强“两直”资金监控。开展专岗培训，组织全省1300余名各级财政部门相关业务人员参加财政部直达资金监控工作视频培训。指导各级财政部门建立“两直”资金台账，整理报送各项台账数据；督促清理“直达资金监控平台”不规范数据，核实支付方面存在的疑似不规范行为。

【优化公款竞争性存放管理】 增设指标引导银行加大疫情防控期间对企业贷款利息的减免力度，通过弱化利率在存款综合评分中的作用降低银行获取存款成本，推动企业融资成本下降，助力企业复工复产；疫情防控期间，实行零接触网上招标，投标银行参加竞争性存放招标全程电子化。修订《浙江省省级行政事业单位公款竞争性存放管理办法》，向省级单位和市县推广公款竞争性存放网上招标平台。按照“与审计形成联合检查机制，实现三年省级检查全覆盖”目标，选取26家省级单位完成专项核查收官工作；做好日常指导和服务，2020年，累计为116家招标单位（其中网上招标33家）提供共性指标数据。2020年，全省财政资金竞争性存放累计操作金额4637.00亿元，其中：国库现金管理累计操作1600.00亿元，到期可实现利息收益14.23亿元；财政专户资金定期存款竞争性存放累计操作3037.00亿元。

【深化国库管理改革】 推进国库管理数字化改革。履行预算管理一体化系统建设工作专班相应职责，牵头制定预算管理一体化规范实施细则。运用大数据思维和手段，通过集成多部门数据，构建财政收支数据中心，提升预算执行分析数字化、智能化、智慧化水平。完善核算云平台中2020年会计科目体系、报表表样和取数规则，确保400余家省级预算单位正常运行和18个市县核算云平台推广使用。根据“两直”资金拨付需求，完善与“两直”资金支付相关的系统基础信息。做好支付管理系统、电子凭证库等的日常运维保障。深化国库集中支付和公务卡改革。提高国库集中支付资金占财政总支出比重，优化支付流程，提高支付效率；加强公务卡管理，督导公务卡强制目录的实施，提高公务卡使用率，控制现金使用范围。2020年，全省累计改革资金量12203.65亿元，增长14.6%。全省公务卡累计办卡97.76万张，增长6.6%，刷卡支出17.74亿元，受疫情影响下降26.0%。推进全省政府综合财务报告改革。建立健全财务报告工作机制，明确工作目标、工作内容、职责分工、实施步骤、保障措施和工作要求。做好编报工作部署，梳理全省部门财务报告编报单位，确保所有应编单位均纳入编报范围。考虑疫情因素，录制培训视频教程，采用线上、线下相结合方式组织培训和汇审。2020年，全省9652个部门完成2019年度政府部门财务报告编制，省本级、113个市县区以及546个乡镇（街道）完成2019年度本级政府综合财务报告编制，在此基础上，合并完成2019年度全省政府综合财务报告编制。

【加强动态监控管理】 完成2019年度财政扶贫资金台账封账工作，报送2020年度中央和省级专项扶贫资金台账数据；督促清理扶贫资金监控平台不规范数据。修订《浙江省省级国库集中支付动态监控管理办法》，完善监控预警规则；启用“国库集中支付动态监控月报（浙江）”填报系统；推进国库支付监控业务与浙政钉“浙江省政务协同工作平台”衔接；充分利用“厅内控管理系统”，形成监管闭环。畅通特事特办渠道，开启疫情防控应急资金用款监控“绿色通道”，保障各项疫情防控资金及时到位。2020年，全省94个行政区划均已实施动态监控工作，999个乡镇（街道）完成动态监控机制建设，占比83.2%。全省（不含宁波）累计监控财政资金10577.46亿元，增长14.2%。确认违规支付资金70.49亿元，违规率0.7%，下降30.0%。纠正违规支付资金70.49亿元，纠正率10.0%。

【完善财政决算管理】 推动新预算法实施条例各项要求落实，深化编审机制改革，促进预算规范管理。结合预决算管理的新形势、新要求，在决算任务中增设浙江省审核公式；提前印发审核要点和编审问答，明确填报口径和审核要求；提前制发审核模板和核对数据，提高审核精准度；运用财政通、浙政钉等“云”力量，开展“云”汇审，做好疫情期间“云”决算。立足决算分析利用，编印统计资料，发挥决算数据的参谋作用。及时批复省级部门决算，纠正审核中发现的不符合法律法规的内容，并指导单位进行调账；统一于8月31日公开省级部门决算。浙江省2019年度财政总决算和部门决算工作均获财政部通报表扬。

【巩固国库管理基础】 加强库款管理。修订浙江省库款运行监测指标体系，督促各地将库款保障水平保持在合理区间。加强各地工资支付保障监测和风险评估，对存在风险地区及时进行预警和应急支持，保障“三保”支付。关注各地财力保障，2020年，安排省对市县日常资金调度25次，共计715.00亿元，守住“三保”底线。浙江省库款管理工作连续4年在国务院落实重大政策真抓实干督查激励中获通报表扬。规范账户管理。严格财政专户管理，组织各级财政部门开展全面自查自纠和持续整改，撤销财政专户9个，清理整改资金272.25亿元。严格预算单位银行账户管理，做好省级事业单位机构改革涉改单位银行账户撤并管理工作，分批推进市县上线账户管理系统。保障疫情资金拨付。第一时间制定疫情防控资金紧急拨付预案，确保支付顺畅、迅速，累计预拨省级单位1.75亿元，及时拨付基层财政疫情防控专项调度资金3.00亿元。强化总会计管理。制定《省级财政实拨资金支付业务流程》，规范财政实拨资金支付；完善财政专户对账管理，推进开发财政专户拨款电子化和财政定期存单管理系统。

（省财政厅预算执行局供稿　赵春霞执笔）

注：

*“两新一重”：即新型基础设施、新型城镇化、交通、水利等重大工程。

财政综合

【概况】 2020年，浙江省财政综合工作以政府非税收入为中心，深化统一公共支付平台实施应用，强化财政电子票据改革，落实清费减负各项部署，推进政府购买服务改革。

【拓展统一公共支付平台应用】 推进全省高等学校招生考试收费、高中学业水平考试收费、注册会计师考试收费等纳入统一公共支付平台，实现网上收缴。推进道路交通违法罚缴一体化改革，依托浙江政务服务网推进交通违法处理、罚款缴纳等跨部门、跨区域、跨系统互联互通，实现“一网通缴”、就近可缴。会同厅总预算局推行国有资本经营预算企业网上申报、省级监管部门网上审核，运用信息化手段，提升申报和审批效率。截至2020年12月底，全省统一公共支付平台累计接入执收单位1.97万家，受理缴款业务逾2.43亿人次，收缴资金1.13万亿元；其中，2020年受理缴款业务逾7282万人次，收缴资金5215.18亿元。

【深化财政电子票据改革】 推进各类财政电子票据改革。上线全省法院系统电子票据，实现全省纳入统一公共支付平台缴款单位财政电子票据全覆盖和全省主要公立医院电子票据全覆盖；开展医疗电子票据升级迭代试点工作，实现医疗电子票据商业保险报案理赔"掌上办"，提升群众理赔体验。在全国率先上线区块链捐赠电子票据。完成支付宝公益、腾讯公益与慈善机构的捐赠开票系统对接，实现捐赠后自动生成电子票据。在支付宝和微信平台上线"浙江财政票据"小程序，提供"电子票据快速查验""电子票据归集下载"等财政电子票据一站式服务功能。推进长三角区块链电子票据信息共享应用工作。召开长三角财政电子票据信息共享应用座谈会，就建立长三角电子票据改革跨省市长效合作机制、制定跨省医保零星报销指导政策和搭建长三角电子票据信息共享平台等工作达成共识。截至2020年12月底，全省共有3万余家单位(其中公立医疗机构976家)实施财政电子票据改革，累计开票6.31亿张、金额6946.05亿元，单位数量、开票份数和开票金额均居全国第一。

【发挥非税收入政策调控作用】 落实清费减负政策。落实财政降费政策，对部分涉及疫情防控药品免征药品注册费和医疗器械产品注册费；阶段性免征进出口货物的港口建设费、文化事业建设费和国家电影事业发展专项资金等；挖掘降费潜力，加大浙江省自主降费力度。2020年，为社会和企业减负逾89亿元。落实省政府"五减"共克时艰、助力复工复产复商复学工作要求。及时办理公办学校住宿费、行政事业单位房屋出租等非税收入减免退付，推动网上申请、邮政送达等不见面办理方式。2020年，全省完成政府非税收入12619.05亿元，其中：一般公共预算非税收入986.49亿元；政府性基金预算收入11353.35亿元，增长7.0%；国有资本经营预算收入114.32亿元，增长24.0%；财政专户管理资金(教育收费)151.48亿元，下降1.9%。

【推进政府购买服务改革】 落实《政府购买服务管理办法》，加大宣传指导力度。牵头召开厅推进政府购买服务工作领导小组成员会议，明确责任分工和时间表。出台《浙江省项目支出绩效评价管理办法》《浙江省政府向社会力量购买服务指导性目录(2021年度)》等文件，规范政府购买服务管理，提升财政资金使用绩效。向财政部报送浙江省2019年政府购买服务改革工作进展情况和2020年预算情况报告。2020年，全省(不含宁波)政府购买服务预算金额262.24亿元，增长19.4%。加强宣传工作。疫情时期推进购买服务改革，助力抗击疫情和复工复产，做好各地做法经验的总结和宣传，向国家级报纸杂志报送并被录用。梳理全省政府购买服务标志性成果，总结浙江做法、浙江经验，在全国会议上作为先进典型发言。

【强化住房土地海域和彩票等资金监管】 落实中央和省有关收入政策规定。2020年，全省征收土地出让收入10274.49亿元、地方矿业权出让收益20.33亿元、地方海域使用金5.48亿元。开展2017年、2018年上半年省级农业土地开发资金和农田水利建设资金分成收入(以下简称"两金")清算工作，相关市县补缴"两金"7.07亿元；退还相关市县多缴"两金"9078万元。加强制度建设。会同有关部门修订完善浙江省海域使用金和无居民海岛使用金征收使用管理办法，报省政府后发布。强化制度规定，建立矿山地质环境治理恢复与土地复垦长效机制。根据中央文件精神，配合省农业农村厅和省财政厅农业处开展全省土地出让收入数据分析和测算工作。筹集保障性住房资金。2020年，筹集政府住房资金141.46亿元，其中从土地出让收入(收益)中计提安排用于保障性安居工程建设资金121.58亿元，从住房公积金增值收益中计提公共租赁住房建设资金11.89亿元，其他政府住房基金收入7.72亿元。强化彩票监管。落实疫情期间国家一系列政策措施，帮扶全省彩票行业复工复产。落实财政部及"省122工作机制"有关彩票监管牵头工作，就地查处涉嫌互联网彩票网站，部署彩票行业自律检查。配合厅内业务处室做好省级彩票机构绩效工资调整及财政保障调整工作。

(省财政厅综合处供稿　周卫平执笔)

会计管理

【实行会计审批事项告知承诺改革】 指导、服务舟山自贸试验区实施"证照分离"改革，印发《进一步优化会计师事务所审批并对分所审批实行告知承诺改革的通知》《全省中介机构从事代理记账业务审批实行告知承诺改革的通知》，会计师事务所审批时限由法定30个工作日压缩到5个工作日，对会计师事务所分所、全省中介机构从事代理记账业务审批实行告知承诺改革。

【推进行政事业单位内部控制建设】 组织完成2019年度全省20131家行政事业单位内部控制报告的编报工作。开展省级行政事业单位内部控制指引建设。梳理省级行政事业单位适用的财经政策法规，包括66项国家层面法律法规政策制度和128项省级层面法规政策制度，形成《浙江省省级行政事业单位有关财经制度汇编(2020年)》和《政府会计准则制度汇编(2020年)》。通过单位试点、专家论证、意见征集，发布《浙江省省级行政事业单位内部控制指引(2020年)》，为省级单位提供内部控制建设方法论。举办省级行政事业单位内控建设和财务管理工作经验交流会，加强省级单位间的沟通交流。

【开展高级会计专业技术职务任职资格评审改革】 建立健全驻

厅纪检监察组和厅机关纪委全程监督高级会计专业技术职务任职资格评审的工作机制。更新高级和正高级会计师评审专家库，组建高级会计师评审专家库150人、正高级会计师评审专家库79人。做好2020年度高级会计专业技术资格申报、评审工作。2020年，全省申报评审高级会计师1271人、正高级会计师49人，评审最终通过率分别为73.8%、53.1%。做好外省调入高级会计技术任职资格季度确认工作，2020年，确认高级会计师9名、正高级会计师1名。

【推进管理会计应用】 根据《浙江省管理会计专家咨询委员会工作规程》，采用公开选聘和邀请聘任相结合的方式，组建浙江省管理会计第二届专家咨询委员会，含专家委员56名。出版《浙江省管理会计优秀案例集》第二辑，组织优秀管理会计案例在《浙江财税与会计》上进行宣传，为企事业单位提供管理会计应用案例参考。

【加强会计人才队伍建设】 做好浙江省第三期高端会计人才（行政事业类）培养的前期准备工作，报名620人，符合申报条件586人，正式录取60人。完成2020年度财政部安排的大中型企事业单位总会计师素质提升工程培训，举办乡镇班、省级行政事业单位班和企业班等培训班7期，培训707人次。利用省会计领军人才委员会平台，完成高端会计人才行政事业类、企业类等学术活动和后续教育，涉及会计领军（高端）人才280人次，提升“领军浙说”品牌影响力。组织管理会计高端研修班共培训110人，提升浙江省管理会计人才素质。开展省高端会计人才（民营企业类）集中学习3次。举办全省会计管理人员综合素质培训班，培训120人次。

【加强会计人员信用体系建设】 为加强全省会计信用体系建设，印发《关于加强会计人员信用建设指导意见》，对会计人员信用教育、信息采集、信用评价指标、信用结果应用、信用修复等提出指导性意见。启动浙江省会计人员管理信息系统改造，增加会计人员信用评价模块。

【开展会计“三服务”活动】 加强与浦江县相关部门的沟通协调，组织省会计学会和会计领军（高端）人才相关人员赴浦江实地了解服务需求，并开展现场服务。根据桐乡市财政局提出的服务需求，组建22位省级以上会计领军（高端）人才团队，赴桐乡开展助企融资“三服务”。通过介绍融资方式、编写发放企业融资手册、开展服务培训等形式，服务企业1000余家，解决企业财税问题26项，帮助桐乡3家企业获得融资3050万元。分组赴各地开展会计工作“上门服务至少一次”活动，全年累计服务部门16次，服务二级单位2次，服务市县24次，服务企业6次，累计服务763人次，收集并解决问题建议40个。

（省财政厅会计处供稿　卢琛雯执笔）

行政政法财政财务管理

【保障疫情防控】 明确疫情防控一线人员保障政策。联合省委组织部等出台“暖心八条”，制定援鄂医务人员出差补贴政策；及时安排疫情应急防控经费，落实公安防疫专项资金7550万元、省属监狱系统疫情防控经费5905万元；参与境外输入疫情防控工作。配合侨务工作组，建立物资援侨、关爱帮扶侨胞工作机制。强化省政府驻京办、驻沪办经费保障服务和指导，配合公安、海关、边检等部门做好口岸疫情防控相关工作。支持省人民政府外事办公室开展国外友城等抗疫援助工作。支持省市场监管局强化进口冷链食品“全受控、无遗漏”闭环管理、完善“浙冷链”系统建设。

举办浙江省省以上会计领军（高端）人才后续教育培训班

【创新资金分配方式】 围绕转移支付资金“因素法”分配产生的盘子固化、难以体现省级部门的导向意图等问题，2020年对政法奖励性资金实行竞争性分配改革，推出“财政支持政法工作现代化三年行动”，从原有资金盘子中分出一部分资金，用于政法部门重点项目实施和重大创新激励，提升政法工作现代化水平。设立“政法工作现代化创新引导”项目，奖励和引导全省政法委、公安、法院、检察院、司法、监狱、戒毒等系统各地机制创新、管理创新、政策创新；分条线实施“公检法司工作现代化创建”项目，引导和推动全省公安、法院、检察院、司法行政各条线年度重点工作、整体绩效考核、重大改革试点落实。2020年，开展“枫桥式公安派出所"创建试点，安排专项补助资金5500万元。

【规范公务支出】 按照"确定标准、节约有奖"原则，在全国率先开展差旅城市间交通费和住宿费包干试点，推动建立凭据和包干双轨报销机制，完善公务支出制度体系。实施2批17个单位的试点工作，召集试点单位进行专题培训，讲解政策出台目的、条款，建立试点单位日常工作沟通机制。以浙江省改革经验为财政部差旅费包干制改革在制度设计和具体内容上提供借鉴。

【支持人才战略实施】 坚持人才优先发展，推进"千人计划""万人计划""绩励计划"等重大人才工程的实施；针对浙江省人才队伍缺乏"灵魂人物"的短板，完善顶尖人才支持政策，以一事一议方式支持引进全球顶尖人才，落实全省首批"鲲鹏行动"计划专项资金2.04亿元，研究将"鲲鹏行动"计划人才项目纳入省产业基金支持范围，发挥财政资金的引导撬动作用。

【强化财物统管】 贯彻落实中央关于省以下法院检察院财物统一管理要求，印发《浙江省省以下法院检察院财务统一管理改革实施方案》，明确改革具体措施，建立"六个统一"管理制度体系，从制度层面规范省以下法院、检察院的财务、装备等管理。得到中央政法委司改办、财政部行政政法司领导的肯定。

【试行党员干部积分制管理】 围绕财政中心工作，坚持党建业务协同发展，试行党员和干部积分制管理，对干部的工作目标、要求和个人业绩表现进行量化，建立"激励类"和"约束类"两部分指标体系，以积分形式全面体现个人业绩和表现，明确结果运用。积分内容分解到个人，每季度将个人得分和排名情况向全处反馈，并将考核结果与机关个人年度考核挂钩，作为年度评优评先的依据。"党员干部积分制管理"项目，获全省机关党建工作"十佳创新成果"奖。

（省财政厅行政政法处供稿　何小康执笔）

科教财政财务管理

【概况】 2020年，浙江省财政科教工作推动关键核心技术攻关等重大科技任务，落实教育投入"只增不减"要求，健全预算管理，强化绩效理念，提高管理水平，推进全省科教事业发展。2020年，全省一般公共预算教育支出1881.09亿元，增长6.6%；科学技术支出472.13亿元，增长8.7%。

【应对疫情出台防控政策】 支持重大疫情防治应急研发攻关，拨付"新冠肺炎应急防控及诊治技术研究"等20个应急研发项目资金5218万元，支持浙江省开展新冠肺炎病毒溯源、病毒传播、综合救治体系、快速检测、对症药物、疫苗研制、中医药治疗等防治技术应急研发攻关；针对疫情带来的各类学校和幼儿园停课、改上网课等困难，会同教育主管部门，出台《切实做好学校疫情防控经费保障工作的通知》《疫情期间民办学校（幼儿园）帮扶工作的通知》《进一步做好疫情防控期间民办幼儿园扶持工作的通知》等文件，加强疫情防控指导，辅导各地统筹相关财力，保障学校疫情防控物资、设备采购等正常开支。聚焦民办幼儿园生存困难，督促各地对民办幼儿园尤其是普惠性民办园采取财政临时补助、减免社会保险费用、减免房租、提供防疫物资供应等政策，帮助渡过难关。

【制定科教领域财政事权和支出责任划分改革方案】 根据中央和省有关文件精神，在科技、教育领域中央与地方财政事权和支出责任划分改革的总体框架下，结合浙江省实际，制定浙江省科技和教育领域财政事权和支出责任划分改革实施方案，划分政府间科技、教育事权与支出责任。其中，科技领域省与市县事权整体划分为科技研发、科技创新基地建设、哲学社会科学研究、人才队伍建设、成果转移转化、区域创新体系建设、科学技术普及、科研机构改革与发展8类，教育领域省与市县事权整体划分为义务教育、学生资助、其他教育（含学前教育、普通高中、职业教育、高等教育等）3个方面。

杭州电子科技大学亚运会场馆建设（击剑馆）

【支持教育事业发展】 支持推进高教强省战略。制定《浙江省引进高水平大学省级引导资金管理办法》，明确省级引导资金管理的基本原则、职责分工、支持对象、申请条件，申拨流程、绩效管理和监督检查等，鼓励地方政府和省内高校引进高水平大学来浙江办学，助推浙江省优质高等教育跨越式发展。支持西湖大学以新机制建设高水平研究型大学，建成生命健康科创高地。出台职业教育国家“双高计划”省财政补助政策，实施省“双高计划”建设。参与独立学院转设顶层设计，支持南湖学院、求真学院、瓯江学院完成转设。落实义务教育教师待遇。出台进一步做好中小学教师待遇保障的通知，首次以文件形式规范教师与公务员工资收入的对比口径，将保障教师平均工资水平不低于当地公务员平均工资水平的政策落到实处。组织由厅领导带队的检查组，赴杭州、湖州、宁波等地开展义务教育教师工资收入落实情况核查，做好政策宣讲，督促各地落实保障。2020年全省县市全部达标。扩大高校毕业生到乡村学校任教学费补偿政策实施范围，督促各级财政支持教师到农村任职任教，落实农村教师任教津贴、乡镇工作津贴、农村教师特岗津贴，鼓励教师在条件艰苦或偏远地区任教。完善学生资助管理。构建覆盖各教育阶段、“政府主导、学校为主、社会参与”的全社会困难学生资助体系。落实学生资助资金直达管理，确保政策落实。牵头制定全教育阶段学生资助资金管理办法，配合省教育厅完善学生资助认定管理办法，着力解决现有资金管理中存在的问题，简化流程，规范管理。

【加强基础研究和应用基础研究】 对省实验室实行省市县三级联动、专题研究给予支持。省财政给予首年创建经费补助，第2年起根据实验室年度自评报告、中期评估等情况给予后续支持。省市区联动9亿元支持良渚实验室、西湖实验室、湖畔实验室，打造“互联网+”、生命健康、新材料科创高地；探索支持省自然科学基金与企业组建联合基金开展共同研发。支持哲学社会科学发展，2020年安排3062万元支持文化研究工程，挖掘浙江文化深厚底蕴；丰富中华文化宝库；安排2430万元支持13家新型重点专业智库、8家新型培育专业智库的建设；安排3175万元支持省社科规划年度课题（基础类研究课题、应用对策类研究课题、理论宣传专项课题、后期资助课题以及其他专项课题）研究。

【推进省创新引领基金项目落地】 发挥省创新引领基金在重大科技成果落地转化中的作用，完成创新引领基金第二期7个子基金项目的投决报批工作，出资7.65亿元；完成第三期18个子基金项目的尽职调查工作。推动子基金投资项目落地，引导社会资本共同培育数字经济、生命健康、人工智能等领域的种子期、初创期、成长期企业。

【完善科研机制提升科研绩效】 参与制定《浙江省省级产业创新服务综合体管理考核办法（试行）》，对列入省级创建名单的综合体，给予其所在市或县（市、区）最高2000万元省财政资金支持；建立考核奖励政策，设立省级综合体考核指标体系，建设期满后进行考核，对考核结果“优秀”的给予每家不超过500万元奖励，对“良好”的每家给予不超过300万元奖励，“不合格”的全额追回省财政创建支持资金。在省杰出青年科学基金项目中选择65个项目开展科研经费“包干制”试点，探索更加符合科研创新活动规律的科研经费管理机制。

【稳步推进事业单位改革】 参与省属事业改革分类改革工作，配合省编办在全面梳理省属事业单位分类和财政保障情况的基础上，完成352家事业单位分类和财政保障方式调整。会同省人力社保厅制定省属事业单位绩效工资额政策口径。开展高校绩效工资政策执行情况专项调研，起草《改革省属高校绩效工资制度体系 推动高水平发展的实施意见》并组织征求意见。提出事业单位绩效工资与履职和事业发展、国有资产管理和财务指标、廉政建设和安全管理相挂钩的联动考核机制并开展试点。

（省财政厅科教处供稿　徐佳梦执笔）

文化财政财务管理

【概况】 2020年，文化财政财务工作聚焦文化浙江建设重点，完善财政支持文化建设政策体系，推进各项重点工作，推动文化事业和文化产业协同发展。2020年，省级预算安排文化旅游体育与传媒支出27.84亿元，增长3.6%。

【打好行业复苏战】 增强主动服务意识，研究出台支持文旅体消费提振、促进行业复苏的政策举措。优化存量资金结构，调整电影、体育等专项资金用途，促进文旅体消费，助力企业复工复产。加大财政支持力度，筹措、落实资金2000万元，撬动各大平台、企业、景区等面向全国发放旅游消费券5亿元，吸引游客来浙旅游，实现成交额2.76亿元。优化扶持电影产业专项资金支出结构，调整1000万元用于发放电影消费券，助力影院（院线）复苏。保障疫情期间思想宣传工作，加大对网络安全保障能力和网信人才队伍建设的支持力度，保障网络安全工作，守好网络安全防线。

【完善公共文化领域财政财务管理】 贯彻落实中央有关公共文化领域中央与地方财政事权和支出责任划分改革要求，梳理省以下事权与支出责任划分，报请浙江省人民政府办公厅出台《浙江省公共文化领域财政事权和支出责任划分改革实施方案》。完善财政文化资金管理制度，修订出台《浙江省基层宣传文化专项资金管理办法》《浙江省文化和旅游专项资金管理办法》《浙江省广播电视事业发展专项资金管理办法》，规范专项资金使用管理。

【支持传承中华优秀传统文化】 启动运作浙江艺术发展基金，出台《浙江文化艺术发展基金项目资助和经费管理暂行办法》，完善文艺创作扶持政策体系，促进浙江特色的文艺精品创作。支持实施世界级文化遗产培育申报、非物质文化遗产展示体验、文化基因解码工程等。支持大运河国家文化公园(浙江)建设,促进大运河世界文化遗产保护、传承和利用。加大古籍保护力度,坚守文物安全底线。加强文物保护利用和非物质文化遗产保护传承,支持实施"千年古城"复兴计划。贯彻落实中央关于戏曲进乡村、戏曲进校园的精神,支持浙江省传统戏曲传承发展。

【支持构建现代公共文化服务体系】 安排专项资金3亿元,支持全省新建农村文化礼堂3000个。截至2020年年底,累计建成农村文化礼堂17804个。支持农村文化礼堂提升功能,推动建立"建管用育"长效机制。落实中央和省级基本公共文化服务专项资金6.55亿元,引导市县完善公共文化服务体系。强化基层公共文化服务人才队伍培养机制,支持乡镇文化员定向培养,提升乡镇公共文化管理水平。安排中央补助资金1.60亿元,落实博物馆纪念馆免费开放,美术馆、公共图书馆、文化馆(站)免费开放,中央公共体育场馆免费、低收费开放补助政策。推进县级融媒体中心深度融合,安排资金2.00亿元,重点支持省级技术平台建设和各县(市)融媒体中心建设。

【推进重大文化体育设施建设】 保障省级重大文化设施建设,筹措、落实国家版本馆杭州分馆、大运河国家文化公园(浙江)、之江文化中心、省全民健身中心等重大文化设施建设经费。根据亚运会省属场馆建设资金分担政策,落实省级亚运比赛场馆建设经费,加快省级亚运场馆建设进程。

【推动文化产业升级】 *支持文旅融合发展。*按照"诗画浙江"建设规划部署,安排旅游发展专项1.99亿元,推动文旅融合发展。支持实施海岛大花园建设,将海岛区、县纳入新一轮"两山"(二类)财政奖补政策,推进"十大海岛公园"建设工作,配合省财政厅经建处、省发展改革委研究诗路文化带建设财政支持政策,促进诗路文化和海岛旅游融合。*促进文化产业提质增效。*安排文化产业发展专项资金2亿元,鼓励各地结合资源禀赋和文化特色,加快发展文化产业。推进省文化产业投资基金运作,完成长三角数字文化产业基金、浙江广电"中国海影城"等项目立项审核。

【加强国有文化企业管理】 履行出资人职责,支持华数集团参与全国有线电视网络整合,完成广电集团下属易通公司收购唐德影视,文投集团收购鹿港文化、平治信息等重大资产并购事项审查,并出具审核意见。完善国有文化资产监管顶层设计,联合省委宣传部出台《改革省属文化集团工资决定机制实施办法》,修订省文资委工作规则,提高文化资产监督管理效率。

（省财政厅文化处供稿　李慧辉执笔）

行政事业性资产管理

【推进国有资产报告工作】 在2019年行政事业单位国有资产月报制度基础上,编制行政事业性国有资产报告,会同国资监管部门和自然资源部门汇总编制2019年度浙江省全口径、全覆盖的国有资产报告。2020年11月,报告通过人大常委会审议。

【落实疫情期间房租减免政策】 新冠肺炎疫情期间,落实省委、省政府稳企业稳经济稳发展30条、小微企业17条政策。对承租省级行政事业单位及下属企业经营性房产从事生产经营活动的企业,免收2月和3月租金。2020年7月,在对承租国有房屋的非国有市场主体减免2个月房租的基础上,对各级科技企业孵化器(众创空间)在孵企业和经营困难的服务业小微企业、个体工商户房租减免展期至3个月。全年全省行政事业单位及下属企业共减免房租6.93亿元。

【推进经营性国有资产集中统一监管】 落实省委、省政府《关于印发〈浙江省全面深化国有企业改革行动方案〉的通知》(即"1+6"攻坚行动方案)精神,印发《省级党政机关和事业单位所属企业分类处置实施办法》,牵头开展分类处置工作。成立分类处置工作专班,建立分工明确、协调配合的工作机制。明确时间表,按照时间节点要求,分类分步推进工作。结合"三服务",梳理前期摸底反映的涉改问题,加强分析研判,指导部门提前谋划。截至2020年12月31日,向省深化国有企业改革领导小组报送第一批部门所属企业分类处置方案,涉及部门16个、一级企业100家。划转3个部门(省贸促会、省驻沪办、省水利厅)下属8家企业以及浙勤集团至省国资委统一监管,涉及国有权益13.48亿元。*推进浙江省高校校办企业体制改革。*根据省委深化改革领导小组审议通过的改革实施方案,会同省教育厅推进高校校办企业规范设置、调整布局。联合省教育厅组建浙江省校办企业改革工作专班,坚持周例会和重点推进会相结合的推进制度,研究解决改革中遇到的难点和问题。开展集中审核工作,完成485家校办企业"一企一策"基础信息汇编,编制《浙江省高等学校所属企业体制改革实施方案汇编》。经专班审核,联合省教育厅批复60所高校下属485家企业改革方案,全省高校校办企业体制改革工作进入实施阶段。*加强生产经营类事业单位改革中的国有资产管理。*按照浙江省分类推进事业单位改革的总体进程和工作部署,参与各单位改革方案论证,配合省事业单位改革领导小组办公室做好改革中相关政策的宣传、解读和指导。做好省属生产经营类事业单位转企改制过程中的资产清查、资产处置、国有股权设置等审核审批工作,确保国有资产安全。

【加强日常监管】 转变行政事业单位国有资产管理方式,通过下放资产配置管理权限,深化事业单位科技成果"三权"改革,优化相关业务审批流程,简化办事材料。推进资产管理和预算管理相结合,完善预算资金形成资产的全链条管理机制。强化单位主体意识,按照"谁使用、谁负责"的监管原则,督促行政事业单位建立健全内控制度,提高资产使用效率;对资产有偿使用全面实行价格评估、公开交易；严格资产处置审批，优化报废资产集中统一回收机制，实现一般性资产处置“零审批”，重要资产处置“最多跑一次”。

【推进资产管理数字化转型】 搭建资产管理云服务平台，实现各级财政国有资产监管业务全部通过资产云办理，完成信息系统整合目标。在全国率先发布国有资产编码地方标准，结合移动端应用推进资产全生命周期管理。利用物联网技术探索全省大型科学仪器开放共享平台建设，实现科技资源高效利用和开放共享。利用资产云移动端工具，打通财政资产监管和单位内控，实现全链条跟踪管理，提升资产监管能力和单位内部管理水平。

（省财政厅资产管理处供稿 饶亚君执笔）

农业财政财务管理

【概况】 2020年，浙江省农业财政财务管理工作坚持支农工作和疫情防控“两手抓”，构建财政支持乡村振兴战略实施体制机制，健全投入保障，优化支出结构，创新管理机制，助推农业农村高质量发展。

【强化财政支农投入保障】 做大财政支农资金盘子。2020年，全省（不含宁波）一般公共预算农林水支出676.92亿元，增长4.1%，形成上下协同、多方联动、同向发力的“三农”投入格局，发挥财政资金的支撑保障和引导撬动作用，推进实施乡村振兴战略。做优财政支农资金结构。建立健全涉农资金统筹整合长效机制，整合设立省级农业农村高质量发展专项资金，持续优化财政支农资金结构和资金投向，集中支持保障乡村振兴重点工作。做实“三农”多元投入平台。省级财政安排省乡村振兴投资基金省财政出资17.52亿元，推动投资项目加快落地。省乡村振兴投资基金累计批复投资25个项目，出资49.31亿元，带动社会资本投入88.07亿元。强化省级政策性农业信贷担保机构平台作用，推进政策性担保服务创新试点，全年全省新增政策性农业信贷担保业务38.72亿元，在保余额55.37亿元。

【助力打赢脱贫攻坚战】 加强财政扶贫工作领导，整合设立厅对口支援和扶贫工作领导小组，加强财政扶贫工作的统筹协调。支持实施低收入农户高水平全面小康计划，推进精准扶贫。安排省以上财政专项扶贫资金14.67亿元，增长20.6%。完善扶贫异地搬迁政策，实行差异化补助，将低收入农户异地搬迁的省补助标准从1.5万元/人提高至3万元/人。组织开展综合扶贫示范试点，完善减缓相对贫困长效机制。组织开展低收入农户高水平全面小康财政落实保障成果的检查核实工作，巩固政策效果。出台区域协调财政专项激励政策，2020—2022年，省财政每年安排18.00亿元财政激励奖补资金，支持12个县（市、区）全面实施乡村振兴战略，强化产业支撑，促进低收入农户增收、集体经济巩固提升和区域协调发展。强化财政扶贫监管。会同省扶贫办出台《关于进一步健全扶贫领域问题发现机制和压实工作责任的方案》，健全扶贫领域问题发现机制，层层压实扶贫工作责任。强化扶贫资金日常监管，推进财政扶贫资金动态监控。

【支持重要农产品稳产保供】 支持粮食生产稳定发展。保障粮食生产稳定发展和粮食安全工作部署，安排粮食生产发展资金24.48亿元，兑现粮食生产政策性补贴、支持粮食生产功能区建设等，完善省级粮食生产扶持措施，支持高标准农田建设，提高农业综合生产能力。推进生猪产业高质量发展。落实生猪产业高质量发展扶持政策，安排财政扶持资金4.13亿元，采取生猪增产保供综合奖励、规模场引种补贴、贷款贴息，强化非洲猪瘟疫病防控等措施，推动生猪产业转型升级。支持“菜篮子”产品稳产保供。应对疫情影响，筹措落实资金，启动临时性补助政策，实施农产品稳产保供贷款政策性担保扶持政策、家禽和生鲜牛奶重点收购加工企业补助政策，支持粮食、蔬菜、肉蛋奶等重要农产品稳产保供。

【推动农业农村高质量发展】 落实乡村振兴绩效提升奖补政策。择优确定15个县开展乡村振兴产业发展示范建设，推进乡村智慧化发展、农业绿色发展和城乡融合发展。支持打造现代农业园区、特色农业强镇等产业发展平台，培育优势特色产业集群，推进一、二、三产融合发展。支持实施农民培训和“3030”新农人行动计划，加大新型农业经营主体和职业农民培育力度。推动“肥药两制”*改革落实。加强农产品质量安全追溯体系建

桐庐县大路粮食生产功能区

设，推广全程标准化绿色生产，增加优质农产品供给。完善农机购置补贴政策、农业社会化服务体系支持政策，促进农业科技成果转化。支持生态循环农业，加大农业面源污染治理力度，推进渔业绿色可持续发展。

【支持水利事业发展】 安排水利建设与发展专项资金81.55亿元，重点支持“百项千亿防洪排涝工程”和农村饮用水提标达标行动，提升水安全、水调控和水资源供给能力，提高农村饮用水安全水平。实施中央水系连通及农村水系综合整治试点，推进重要农产品保护区、粮食生产功能区农业水利设施提档升级。

【推进美丽乡村建设】 省财政安排资金10.07亿元，深化“千村示范、万村整治”工程，推动各地加强生活垃圾分类减量化资源化处理、历史文化村落保护等重点工作，推进农村人居环境提升。争取中央资金0.29亿元支持开展农村“厕所革命”，提高美丽乡村建设水平。

【深化财政支农改革】 完善财政支农政策体系。修订出台《浙江省农业农村高质量发展专项资金管理办法》《浙江省公共气象服务专项资金管理办法》《浙江省水利建设与发展专项资金管理办法》《浙江省中央财政水利发展资金管理办法实施细则》《浙江省扶贫异地搬迁项目管理办法》等财政支农资金和项目管理制度，突出支持重点，优化分配方式，规范资金管理。开展财政支农“十四五”规划、重要农产品有效供给、海塘安澜工程财政支持政策、扶贫与乡村振兴有效衔接等研究，做好政策储备。加强财政支农资金监管。建立农林水支出执行情况分析制度，跟踪财政支农预算执行情况，提高农口部门资金支出的及时性、有效性和安全性。组织开展“两山(一类)”建设财政专项激励政策、粮食生产功能区提标改造、财政专项扶贫等重点政策绩效评价，督促各地落实问题整改，强化绩效评价结果应用。加强省农担公司管理。出台《关于进一步推进全省农业信贷担保工作的实施意见》，建立健全对省农担公司的权责清单，修订管理规则、绩效评价、薪酬管理等制度，加强绩效考核引导，完善激励约束机制，推进覆盖全省、贴近主体、运行高效的政策性农业信贷担保体系建设。

（省财政厅农业处供稿　傅小普执笔）

注：

*“肥药两制”：即化肥、农药等农业投入品实名制购买和定额制施用。

基层财政管理

【概况】 2020年，基层财政管理处聚焦基层财政资金安全主线，组织开展基层财政资金管理专项检查，系统重构乡镇财政管理体系，强化和规范乡镇财政管理。推进“乡镇公共财政服务平台+一卡通”建设，扶持村级集体经济发展。深化农村综合改革工作，推进一事一议财政奖补工作，支持美丽乡村建设，扩大农村综合改革集成建设项目范围，强化农村综合改革项目资金管理，探索农村综合改革机制体制创新。完成对湖州市村级组织换届督导任务。

【组织开展基层财政资金管理专项检查】 牵头开展全省基层财政资金管理专项检查，督促各地对专项检查发现的问题实行清单化管理，逐项做好问题整改处理。做好专项检查后半篇文章，督促各级财政部门和基层单位分析问题原因，举一反三，查找制度和管理漏洞，健全财政资金管理制度，强化制度执行，确保财政资金安全。

温州市龙湾区瑶溪乡村振兴示范带项目

【强化乡镇财政管理】 坚持问题导向，在分析研判问题成因的基础上，出台《浙江省财政厅关于全面强化和规范乡镇财政管理的实施意见》，从明确乡镇财政管理职责、建立健全与乡镇履行职能相适应的财政保障体制、发挥乡镇财政职能的实质作用、乡镇财政机构队伍建设、规范乡镇财政管理行为和突出数字赋能、加强乡镇财政资金监管等方面，重构乡镇财政管理体系，增强乡镇发展内生动力，防范化解乡镇财政管理风险。实施全省乡镇财政干部全员培训5年轮训计划，加大基层财政干部业务培训力度。举办省级业务培训2期共400人，对全省乡镇财政管理处(科)长、乡镇财政所长和总会计进行重点轮训。各市、县财政部门通过周例会、季度例会、专项工作布置、集中培训等形式开展对乡镇财政人员的培训。

【推进"乡镇公共财政服务平台+一卡通"建设】 出台《浙江省财政厅关于全面推进和落实"乡镇公共财政服务平台+一卡通"建设的意见》。2020年,全省纳入平台管理实行"一卡通"发放的惠农惠民项目平均每县(市、区)66个,项目纳入率99.8%,"一卡通"发放率100%。

【开展乡镇财政就地就近资金监管工作核查】 采取"市县自行普查、省级重点抽查"的方式,在各地自查、交叉检查基础上,委托中介机构对15个县33个乡镇的就地就近资金监管工作进行重点核查,并就重点核查情况在全省进行通报,督促各地强化资金监管工作力量、提高资金监管工作效率、深化资金监管工作机制,做好整改落实。

【做好财政支持村级组织建设工作】 落实村干部报酬正常增长机制,做好村级组织运转补助、社区工作经费等财政资金保障,助力推进基层组织建设工作。落实村级组织活动场所(党群服务中心)建设补助政策。落实"26+3"加快发展县(市、区)扶持集体经济薄弱村转化省级专项补助资金。全年共落实中央及省级各类涉村补助资金21.57亿元。根据省换届办的统一部署,督导湖州市村社组织换届选举工作。围绕各阶段督导任务清单,对湖州市的村社组织换届选举工作进行全方位督导,确保湖州全市1184个村社高质量完成换届选举工作。

【支持村级公益事业和美丽乡村建设】 推进一事一议财政奖补工作。落实中央和省级财政2020年度一事一议财政奖补资金8.72亿元,扩大一事一议财政奖补项目覆盖面;指导地方完善一事一议财政奖补资金管理办法;按照绩效管理要求设置年度一事一议财政奖补绩效目标,明确2020年建成村级公益事业项目2766个。支持地方打造升级版美丽乡村。组织开展美丽乡村建设项目申报评审工作,2020年,通过竞争性立项择优确定两批共25个县(市、区)列入支持范围,落实省以上财政奖补资金4.72亿元。

【深化农村综合改革】 推进农村综合改革集成项目建设。组织开展新一批农村综合改革集成建设项目申报立项工作,扩大建设覆盖面。经过文本评审、实地考察、公开公示等流程,择优确定15个县(市、区)列入项目建设范围。建立农村综合改革集成建设项目联系服务制度,组建15个项目对口联络组,跟踪指导相关县(市、区)开展项目建设。完善项目建设考核制度,突出项目建设绩效结果导向,根据考核评估结果调整相应扶持政策。指导推进农村综合改革试点项目。支持德清、嘉善2个国家级农村综合性改革试点试验和临安、诸暨、东阳、缙云4个省农村综合改革集成区建设项目,安排财政补助资金1.52亿元。加强田园综合体试点项目工作指导,部署开展田园综合体试点自查自评工作。组织调研组赴相关地区实地考察调研项目建设情况,指导各地加快落实项目建设、创新田园综合体建设运行途径。强化农村综合改革项目资金管理。加强资金绩效管理,落实农村综合改革补助资金绩效管理实施细则,分解项目(任务)绩效目标。委托中介组织对2个国家级田园综合体试点和4个省级田园综合体项目实施重点绩效评价工作。推进"三服务""上门服务至少一次"活动,利用"三服务"小管家信息系统,服务部门和基层,对地方试点工作给予帮助指导。落实综改定期报告制度,深化农村综合改革工作管理信息系统应用,将数字化融入项目管理全过程,掌握项目动态信息。做好农村综合改革经验成果总结宣传。开展一事一议财政奖补助推美丽乡村建设经验成果汇编工作,辅导相关建设单位总结经验、撰写材料,择优选取典型经验成果汇编成册,供各地学习借鉴。总结浙江省农村综合集成改革经验成果,完成《浙江省农村综合集成改革实践探索和经验启示》课题。组织综改集成项目试点单位在《浙江财税与会计》集中宣传改革创新经验成果,加强学习交流。

(省财政厅基层财政管理处供稿 戴逢辉执笔)

企业财政财务管理

【概况】 2020年,浙江省企业财政财务管理工作,围绕疫情防控、复工复产等,做好"六稳"工作,落实"六保"任务,筹措落实省工业与信息化、商务促进等专项资金53.47亿元,争取中央财政资金23.74亿元,推动积极财政政策提质增效,促进全省经济结构调整优化。

【落实疫情防控财政政策】 牵头做好复工复产工作专班工作,配合省委、省政府出台"三稳30条""小微企业17条""18条""19条"等政策,细化政策实施细则,编制流程图,推动防疫物资保障、复工复产等政策落地。做好防疫应急物资采购资金保障,预拨省级防疫应急物资采购资金1.00亿元,并做好与省级定点医药储备流通企业的防疫应急物资配送结算;及时下达中央防疫应急物资资金9.86亿元,保障医疗防疫机构与市场平稳供应。支持疫情防控重点企业扩大生产,会同省经信厅等部门制定省级防疫应急物资保障财政资金支持政策操作细则,及时兑现省级应急物资重点生产企业技术改造补助9450万元。

【推动制造业高质量发展】 组织开展振兴实体经济(传统产业改造)财政专项激励政策三年综合绩效考核评价。统筹安排18.00亿元,实施制造业高质量发展财政专项激励,择优支持18个工业大县打造制造业高质量发展"县域窗口",并研究制定工作指导意见和考核办法。统筹安排省工业与信息化专项资金14.20亿元,聚焦数字经济"一号工程"、产业基础再造和产业链现代化,支持数字经济等重点产业链协同创新、制造业数字化改造、首台(套)产品奖励及保险补偿、工业互联网平台、制造业创新中心等,推动工业转型升级。完善首台(套)政策,会同省经信厅以省委办名义印发《关于深入实施制造业首台(套)提升工程的意见》。会同省经信厅出台"放水养鱼"行动计划*,建立"放水养鱼"优质企业培育库,出台支撑制造业高质量发展的优质企业培育库管理办法,培育支撑制造业高质量发展细分领域头部发展。安排新能源汽车推广应用和充电设施建设财政奖补资金3.00亿元,促进新能源、汽车推广应用和产业发展。

【推动民营经济与中小企业健康发展】 出台《浙江省财政厅关于贯彻落实民营企业发展促进条例的若干意见》,从优化政策供给、规范政策制定、构建公平竞争环境、强化服务保障等方面,提出"十条"贯彻意见。统筹安排省中小企业发展(竞争力提升工程)专项资金5.00亿元,重点支持小微企业园、中小企业公共服务体系、中小企业融资服务体系建设,以及中小微企业高质量发展培育等。其中,安排1.50亿元支持20个县(市、区)开展小微企业园建设提升工作,出台小微企业园建设提升财政专项激励政策综合考评细则,持续打造小微企业高质量发展平台。

【支持稳外贸保消费】 统筹安排7.64亿元专项资金,加大国际性展会、出口信用保险、关键产品和技术进口、应对贸易诉讼等领域支持力度,支持产业集群跨境电商,推动"义新欧"班列常态化运行等。会同省商务厅出台疫情期间外贸企业支持政策,对因疫情影响无法参加的国际性展会展位费视同参展给予补助,并出台线上展会补助政策;推广"政府+银行+信保+担保"融资模式,解决外贸企业融资困难。会同省商务厅、省贸促会等部门联合打造政采云"出口转内销"馆建设,帮助外贸企业渡过难关。支持市县开展"夜间经济""步行街改造""智慧商圈"等建设,统筹安排0.95亿元开展批发零售业改造提升,安排0.68亿元支持电子商务创新发展,安排0.40亿元支持省级现代供应链创新发展试点。

【加快政府产业基金投资运作】 会同省级相关部门加大项目收集力度,围绕十大产业链、国产替代等重点领域,对接重大产业项目,出资5.00亿元投资衢州金瑞泓项目,创新引领基金出资7.80亿元投资项目9个。截至2020年12月底,省转型升级产业基金投资项目14个,投资规模19.77亿元。对接集成电路、先进制造业等国家基金,争取国家基金投资18.80亿元。配合省金融控股有限公司做好政府产业基金运作模式调整工作,优化省产业基金运作管理机制。

【推进划转部分国有资本充实社保基金工作】 根据《财政部等五部门关于全面推开划转部分国有资本充实社保基金工作的通知》,在总结试点经验的基础上,推进浙江省划转部分国有资本补实社保基金工作。经省政府同意,会同省国资委、省人力社保厅等五部门印发《浙江省关于全面推开划转部分国有资本充实社保基金工作的通知》;审核省级相关部门和市县报送的划转国有股权建议方案,拟定《浙江省全面划转国有股权充实社保基金方案》,确定127家全面划转企业名单;督促有关部门和市县推进划转工作,按月跟踪掌握各地划转进展情况。截至2020年12月底,全省划转企业157家,划转国有资本及权益1651.79亿元,已完成工商变更登记147家,涉及国有资本及权益1430.43亿元。

【推动国有企业改革发展】 推动优化国有资本布局。安排国有资本收益22.64亿元,加大对机场、铁路等建设投入,支持机电集团航空制造合资公司项目、整合全省机场资源搭建航空大平台项目、牛头山矿区整体移交项目等,推进国有企业战略性重组,加快国有经济布局优化和结构调整,发挥国有经济战略支撑作用。推进剥离国有企业办社会职能。安排省属企业"三供一业"分离移交项目经费补助2507万元,完成全省国有企业职工家属区"三供一业"分离移交任务;安排6500万元补助资金推进国有企业退休人员社会化管理工作;争取中央资金2242万元解决国有企业改革遗留问题。

【保障粮食物资安全】 落实地方粮食储备保障经费,确保全省地方储备粮总量540万吨。按照"优储适需""储为所用"的要求,优化储备品种结构,适度增加成品粮储备规模,全省成品粮储备20万吨;提高晚稻储备比例,2020年年底前各地晚稻储备比例达到30%以上。完善粮食订单奖励政策,全省统一早稻订单奖励并实现早稻订单全覆盖,市、县(市、区)晚稻订单奖励标准原则上不低于上年水平。完善储备轮换立足本地粮源机制。推进浙江省"优质粮食工程"建设,会同省粮食物资局研究出台项目及资金管理办法,争取新一轮中央资金补助6156万元。做好重要商品物资和应急救灾物资保障工作,会同省粮食物资局出台《浙江省省级重要商品应急储备管理办法》,配合落实省级猪肉、食糖新一轮储备任务。

(省财政厅企业处供稿 周晓斌执笔)

注:

*"放水养鱼"行动计划:根据浙江省新型冠状病毒肺炎疫情防控工作领导小组《关于印发浙江省"放水养鱼"行动计划的通知》,2020—2023年,省财政厅会同省经信厅建立企业培育库,重点扶持一批细分市场有竞争优势、成长性好、具有关键核心技术的优质企业,巩固、提升浙江省制造业、民营经济在全国的领先地位。

金融财政财务管理

【加强国有金融资本管理】 完善国有金融资本管理制度。代拟并提请省委、省政府印发《浙江省国有金融资本出资人职责暂行规定》,明确财政部门作为国有金融资本出资人代表机构的职责和义务，以及受财政部门委托管理国有金融资本的受托人权利和义务。首次编制全口径专项报告。落实国有金融资本全口径报告制度，受省政府委托，代编《2019年度全省金融企业国有资产管理情况专项报告》，并向省人大常委会报告全省金融企业国有资产管理工作，报告内容包括全省国有金融企业改革、资产监管、风险控制、高级管理人员薪酬等情况。专项报告已经省十三届人大常委会第二十五次会议审议通过。

【抓好惠企利民政策落实】 落实专项再贷款贴息政策。根据中央有关政策，落实人民银行疫情防控专项再贷款财政贴息政策，按照财政部有关规定开展财政贴息审核，全省争取中央疫情防控重点保障企业贴息资金4.89亿元。相关贴息资金参照“两直”资金管理，第一时间拨付至相关企业，强化疫情期间企业资金保障。支持保障“三减”联动。加强财政政策与金融政策协同，对疫情期间减租贡献较大的企业精准实施阶段性减息、贴息和补助，推动其对小微企业和个体工商户减租减费，对冲疫情带来的不利影响，帮助企业克服时艰。

【引导金融资源服务实体经济】 实施促进企业融资奖励。省财政通过对银行业金融机构实施直接奖补，引导更多金融资源和服务投放，支持企业融资。2020年，省财政兑现奖励资金1.16亿元，引导金融机构增加资金供给5000.00亿元。推进多层次资本市场建设。2020年，省财政兑现省股权交易中心专项补助916万元，鼓励省股权交易中心为挂牌企业提供精准服务，培育高新企业，满足不同发展阶段创新型企业的融资需求。截至2020年年底，省股交中心挂牌企业超过9000家，累计融资超过400.00亿元。推动产业基金项目落地。优选金融稳定投资基金项目，已落地债转股项目2个；推进凤凰行动投资基金运作，已落地基金项目1个。

【助推融资畅通工程】 做好政府性融资担保机构认定工作。根据中央有关政府性融资担保机构监管工作要求，联合省地方金融监管局开展全省范围政府性融资担保机构认定工作，推动建立政府性融资担保机构名录机制，支持各级政府性融资担保机构发展。2020年，浙江省首批认定政府性融资担保机构61家。提升省级担保机构实力。2020年，省财政对省担保集团增资10.00亿元，专项用于补充省再担保公司注册资本金。建立健全风险补偿和费用补贴机制。2020年，省财政兑现省担保集团融资担保业务风险补偿618万元。出台省级层面费用补贴政策，引导各级政策性融资担保机构减费让利。安排省担保集团费用补贴2000万元。强化与国家融资担保基金协同配合，争取国家融担基金采取股权投资的形式支持浙江省融资担保机构发展，完善国家、省、市县三级长效合作机制。台州信保、温州信保、嘉兴信保3家政府性融资担保机构获得国家融资担保基金投资，投资金额2.20亿元，占国家融资担保基金首批对外投资额的28.6%。参与“双保”应急融资机制。积极推动省担保集团通过政银企协同联动，引导信贷资金精准支持吸纳就业多且融资有困难的企业。

【鼓励金融服务创新】 开展中央财政支持民营和小微企业金融服务综合改革试点。2019年和2020年，温州市、台州市入选试点城市名单，两市每年分别获得中央财政奖补资金3000万元，主要用于当地金融机构的民营和小微企业信贷风险补偿或代偿，以及政府性融资担保机构资本补充。探索开展自主试点工作。2020年起，省财政每年安排1.00亿元，择优支持10个区县开展试点工作，试点期限暂定3年，每个试点区县的年奖补标准为1000万元，奖补资金由试点区县统筹用于支持民营和小微企业融资服务体系及政策性融资担保体系建设。2020年，省财政安排金融业发展专项资金3500万元，择优选取部分市县开展金融服务创新和能力建设，引导地方增加普惠金融基础设施，扶持金融产业发展，深化区域金融改革，加强金融风险防控。

【增加农业保险保障力度】 开展农业保险工作和农村住房保险工作。鼓励农民参加农业保险，提高农业抗风险能力，2020年，省级财政投入2.47亿元，争取中央资金2.65亿元，补贴全省政策性农业保险，为全省农户提供保险保障387.53亿元。2020年，省财政安排农村住房保险保费资金3900万元，惠及全省农户1000万户。鼓励地方创新开展特色农业保险品种。2020年，省财政安排资金2100万元，对全省各特色农业保险品种给予保费补贴，支持市县发展特色农产品。疫情期间，为确保全省蔬菜生产供应，增设政策性叶菜价格指数保险，省、县两级财政对保费补贴比例达90%，保险机构以捐赠形式承担5%，农户自负为5%，减轻农户负担。

【做好政府外债项目管理工作】 规范外债项目实施管理。印发《浙江省财政厅关于进一步加强我省政府外债管理工作的通知》，夯实政府外债基础管理工作。推进新开发银行、世界银行、法国开发署等国际贷款的在建项目实施，做好提款报账，发挥贷款资金效益。加强协同配合，为新开发银行贷款浙江绿色城镇项目——嵊州市城乡供排水一体化二期工程做好服务，帮助项目双方就招投标等内容达成一致意见，促成新开发银行做出允许项目报账的决定。推动新开发银行贷款沪嘉城际铁路项目(浙江段)列入国际金融组织贷款备选项目规划等新项目落地，助推长三角一体化发展。做好法国开发署贷款开化钱江源头保护与美丽城镇互促发展示范项目的甄别工作。强化在建项目风险防范。配合省发改委、省林业局、省自然资源厅等有关部门处置省审计厅反映的法国开发署贷款仙居县域生物多样性保护和发展利用示范工程项目面临违约风险问题。开展项目风险防范工作，编制风险防范预案。指导仙居县政府推动《仙居国家级风景名胜区总体规划》审批改进工作。加强经验总结和宣传。总结浙江省外债工作经验和创新点，在全国财政国际财金合作工作会议上作题为《以“七大导向”为引领不断提升政府外债管理水平》的经验介绍发言，获财政部肯定。

【助力杭州营商环境改善】 主动对接财政部、世界银行等部门、机构，及时掌握世界银行营商环境改善样本城市有关信息，配合杭州市政府争取“对标国际先进优化营商环境改革经验交流会”在杭州召开，支持杭州市申请世行营商环境改善样本城市。

（省财政厅金融处供稿　陈燕燕执笔）

注：

*“双保”：即保就业和保市场主体。

社会保障财政财务管理

【概况】 2020年，浙江省社会保障财政财务管理工作聚焦省委、省政府重要决策部署，做好疫情防控财政政策和资金保障，推进复工复产，补齐社会保障财政政策短板，防范社会保障领域风险，保障民生和谐稳定。全省社会保障和就业支出、卫生健康支出分别为1130.02亿元和838.85亿元，比上年增长5.2%和14.0%，两项支出占财政支出比重为19.5%。社会保险基金总收入4964.39亿元，总支出5748.55亿元，滚存结余5373.65亿元。

【做好疫情防控】 制定多项新冠肺炎疫情防控财政保障政策，包括：确诊和疑似患者医疗费用免费救治政策，疫情防控一线医务人员临时性工作补助、出差补助、核增一次性绩效工资、卫生防疫津贴等待遇保障政策，疫情防控物资设备经费保障政策，以及集中硬隔离、重点人群核酸检测经费保障等。统筹资金做好疫情防控投入保障，全省各级财政投入疫情防控资金121.09亿元，用于医疗救治、防疫设备和防控物资、疫情防控人员补助等方面。完善公共卫生应急管理体系，会同省发展改革委等相关部门研究制定浙江省公共卫生防控救治能力建设实施方案、公共卫生应急物资保障体系实施方案等。协同省卫生健康委制定浙江省新冠疫苗紧急接种方案，指导各地落实紧急接种经费。

【支持复工复产】 2020年，按照中央和省委、省政府统筹推进疫情防控和经济社会发展的决策部署，印发《关于阶段性减免社会保险费有关问题的通知》《转发人力资源社会保障部　财政部　税务总局关于延长阶段性减免企业社会保险费政策实施期限等问题的通知》《关于做好2020年失业保险稳岗返还政策执行有关问题的通知》等文件，出台社保费减免缓缴等一系列财政政策助力企业复工复产。2020年，全省通过减免、返还、降率和缓缴为企业减负1239.09亿元。印发《关于进一步做好稳就业工作的实施意见》《关于开展企业以工代训补贴工作的通知》《关于实施新时代浙江工匠培育工程的意见》等文件，出台失业补助金和以工代训补贴等帮扶政策。统筹安排省级失业保险调剂补助资金20.15亿元，支持各地贯彻落实各项稳企业稳就业政策。安排中央和省级就业补助资金11.08亿元，支持各地推动就业创业工作。安排高技能人才专项资金1.00亿元，支持劳动者素质提升。

【守住基本民生底线】 制定2020年养老保险省级调剂金补助方案。针对疫情以来大力度社保减负政策后，部分基金困难市县出现保发放困难问题，统一调度职工基本养老保险基金，拨付养老保险调剂金109.81亿元，并会同省人力社保厅，确保全省退休人员基本养老金按时足额发放。做好资金调度归集，及时上缴中央调剂金136.49亿元。

落实城乡居民基本养老保险基础养老金正常调整机制。会同省人力社保厅印发《关于2020年调整退休人员基本养老金的通知》，提高养老保险待遇水平。2020年7月1日起，全省城乡居民省定基础养老金从155元/人·月提高至165元/人·月。落实省级现代养老服务体系建设补助资金8.25亿元，支持敬老院提升改造和居家养老服务中心建设，支持实施生活困难老年人家庭适老化改造6000户，提升养老服务保障能力和水平。提高部分优抚对象补助标准和企业退休军转干部生活补贴标准。安排转移支付2.40亿元，推进部分退役士兵社保接续工作，已落实资金1.90亿元。出台《关于加强困难退役军人帮扶援助的实施意见》。

保障困难群众基本生活。会同省级有关部门出台《关于进一步做好困难群众基本生活价格补贴发放工作的通知》《关于做好阶段性价格补贴工作的通知》《关于加强困难群众基本生活保障工作的通知》，落实省级以上困难群众救助补助等

杭州市安排专车从成都接回民工支持复工复产

保障性扶贫资金30.31亿元。安排残疾人两项补贴等省级转移支付资金14.65亿元,支持全省实施困难残疾人家庭无障碍改造10000户。安排儿童之家建设项目省级补助资金0.50亿元。完善浙江省听力残疾儿童人工耳蜗补贴政策,取消配发基本型人工耳蜗实物,在每台最高补贴7万元的标准内按实际支出实行货币补贴。会同有关部门出台《关于高质量做好医疗保障精准扶贫工作的通知》,落实省级以上城乡医疗救助补助资金7.67亿元。

【深化"健康浙江"建设】 参与制定浙江省深化医疗保障制度改革实施意见。城乡居民基本医疗保险财政补助省级标准由540元/人·年提高至不低于570元/人·年,等额提高个人缴费标准,优化筹资结构。会同有关部门指导绍兴市、舟山市开展基本医疗保险市级统筹试点,调整省财政对试点地区城乡居民基本医保转移支付资金补助办法。推进医保支付方式改革,出台省市医疗机构按疾病诊断相关分组付费(DRGs)改革实施办法。支持"医学高峰"建设,制定医学高峰建设项目管理办法,省财政建设期内安排资金36.95亿元,其中2020年安排8.56亿元。会同有关部门启动"551"高层次卫生人才培养项目。落实医疗卫生领域财政事权和支出责任划分改革,制定医疗卫生领域转移支付资金管理办法。提高基本公共卫生服务财政补助标准,从69元/人·年提高至87元/人·年。会同有关部门制定县域医疗卫生服务能力提升工程实施方案,补齐山区海岛县县级医院服务能力短板。落实《浙江省精神卫生条例》要求,会同有关部门制定严重精神障碍患者监护补助和看护补贴实施办法及精神卫生工作人员津贴政策。

【防范社会保障领域风险】 组织专班,开展全省职工基本养老基金运行现状、趋势及风险成因研究分析。完善浙江省职工基本养老保险省级统筹方案、被征地农民养老保险规范政策及省级统筹基金责任分担机制。印发《浙江省职工养老保险基金预算管理办法》《浙江省企业职工基本养老保险基金省级统筹责任分担办法》和《浙江省社会保障风险准备金管理办法》。启动地方职工基本养老保险累计结余收缴工作,确保按时足额发放各项待遇。

会同省级相关部门制定《浙江省民政社会事务及福利专项资金管理办法》《浙江省残疾人事业发展补助资金管理办法》《浙江省优抚安置服务管理能力建设专项资金管理办法》《浙江省人力社保专项资金管理办法》等,提高财政社保资金使用效益。

规范社保基金预算编制和绩效管理,获2019—2020年度全国社会保险基金预算绩效管理工作二等奖。开展基金保值增值,2019—2020年,完成浙江省城乡居民基本养老保险基金委托投资任务60.00亿元。会同有关部门开展职业年金委托运营管理工作,完成管理机构招标工作,启动投资运营。加强社保风险准备金筹措和使用管理,开展市县落实情况考核,推进部分国有资本划转充实社保基金,做大社保风险储备池。

(省财政厅社会保障处供稿 钟昀陶执笔)

经济建设财政财务管理

【落实长三角一体化发展国家战略】 建立推进长三角一体化发展工作机制,成立由厅主要负责人任组长、分管厅长任副组长的推进长三角一体化发展工作领导小组。建立支持长三角一体化发展财政政策体系和5张清单,并实施动态化管理。安排省推动长三角一体化发展奖补资金1.80亿元,出台《省推进长三角一体化发展奖补资金管理办法》,推动全省域、全方位融入长三角一体化。建立两省一市共同投入机制,按比例共同出资设立示范区先行启动区财政专项资金(2021—2023年累计不少于100.00亿元)和示范区投资开发基金。

【支持打好精准脱贫攻坚战和污染防治攻坚战】 支持打好精准脱贫攻坚战。拨付对口支援和东西部扶贫协作资金68.58亿元,助力对口地区夺取脱贫攻坚战。指导前方指挥部(工作组)、对口援助地区加强资金使用管理。由厅领导带队赴受援地区开展实地调研指导。支持打好污染防治攻坚战。争取中央污染防治资金13.77亿元,安排省级生态环保资金224亿元,支持美丽浙江建设。实施绿色转化财政专项激励政策,择优选择20个非海岛县和3个海岛县开展绿色转化试点。协商解决第三轮新安江流域生态补偿协议中两套指标体系带来的补偿标准不同问题。推进省内上下游流域横向生态补偿试点。

【落实"三项"民生举措】 支持住有所居。积极争取中央资金18.08亿元,安排省级资金5.00亿元,支持公租房保障和城镇棚户区改造、城镇老旧小区改造和杭州市的住房租赁市场发展试点。出台提标政策将农村困难家庭危房改造省级补助标准从户均7500元提高到户均15000元,基本实现农村困难群众危房改造应保尽保。改善人居环境。出台《浙江省美丽城镇建设资金管理办法》,安排省级资金3.21亿元,支持202个美丽宜居示范村建设。安排资金6.72亿元,用于城镇污水和污泥处理基础设施建设;安排奖励资金6160万元,推动农村生活污水治理设施运维长效机制;安排省级资金2亿元支持垃圾无害化处置。保障应急安全。出台《浙江省安全生产及应急管理专项资金管理办法》,安排省安全生产及应急管理专项资金6000万元,支持全省避灾场所建设、应急救援队伍建设、防灾减灾救灾能力建设以及灾害风险调查和重点隐患排查等。安排汛期及"黑格比"省级自然灾害救灾资金11988万元、灾后重建补助资金5964万元和中央自然灾害救灾资金3000万元。出台浙江省应急救援领域省与市县财政事权和支出责任划分方案。出台《国家综合性消防救援队伍工资政策实施办法》《浙江省消防救援资金管理办法》,完善消防指战员工资改革和转移支付资金分配。推进省消防总队全系统账户招标,化解公款存放领域廉政风险。安排省级消防项目经费6400万元,支持空勤、山岳、水域等专业救援队建设和特战装备建设。落实2020年省级地质灾害避让搬迁补助资金9030万元，争取中央自然灾害防治体系建设补助资金9230万元。

【保障“四大”建设】 支持保障“大湾区”建设。修订海洋（湾区）经济发展建设资金管理办法，2020年，安排20.00亿元资金，推动海岛和沿海地区海洋经济发展。申报温州市、舟山市城市蓝色海湾整治和海岸带保护修复项目等4个项目，争取中央资金2.12亿元。出台支持未来社区建设的财政金融政策，并配合开展未来社区第二轮试点工作。支持保障“大花园”建设。争取中央资金2280万元，落实省级专项资金，推进国家公园“一园两区”体制试点。争取中央资金10.00亿元，支持钱塘江源头区域山水林田湖草生态保护修复工程，做好丽水瓯江流域山水林田湖草生态保护修复工程项目上报财政部入库。争取中央林业改革发展资金和林业草原生态保护恢复资金5.33亿元，落实省级林业专项资金6.65亿元和省级以上生态公益林补偿资金14.60亿元，推进国土绿化美化。参与组建国家绿色发展基金公司的设立和出资工作，做好项目储备和推荐，向国家绿色发展基金公司推荐第一批项目17个。支持保障“大通道”建设。2020年，争取中央交通运输类专项资金102.59亿元、一般债券30.00亿元、收费公路专项债券130.10亿元，安排省交通运输发展专项资金82.47亿元，用于公路、水运、民航等交通基础设施建设和养护。安排省交通集团资本金20.00亿元和铁路建设专项债券84.20亿元，支持“八八计划”外铁路建设，协同省级有关部门出台深化铁路高速公路投融资改革方案。出台浙江省交通运输领域省与市县财政事权和支出责任划分实施方案。支持保障“大都市区”建设。2020年，筹措省级财政资金104.90亿元，争取中央基建投资资金65.41亿元，支持浙江省政府投资基础设施项目建设。兑现第三轮小城市培育试点镇和试点重点生态功能区考核奖励资金5.25亿元。安排省级山海协作产业园建设资金3.77亿元，打造山海协作升级版。向财政部争取杭州市地下综合管廊试点激励资金6000万元。安排省级资金1.5亿元，推动海绵城市示范区域建设和地下综合管廊建设。安排建筑工业化考核奖励资金1.00亿元，对年度建筑工业化考核优秀地区给予奖补。

（省财政厅经济建设处供稿　徐　峰执笔）

财政监督

【概况】 2020年，财政监督局以强化财会监督、全面实施绩效管理、加强项目审核等为重点，发挥财政监督职能作用。获财政部2020年财政监督评价综合表现突出集体表彰，位列全国首位；预算绩效管理获财政部优秀表彰；会计评估监督检查工作荣获财政部通报表扬；在全国财政监督评价工作会议、亚洲评价周等多个场合介绍浙江绩效管理经验，3名财政监督干部获得全国财政监督评价先进个人荣誉称号。

【全面实施预算绩效管理】 深化预算绩效管理，推进“三全”绩效体系建设。建设预算绩效一体化信息平台，在全国率先将绩效业务纳入预算一体化规范；健全制度体系、指标体系和评价体系，制定《浙江省预算绩效运行监控管理办法》《浙江省项目支出绩效评价管理办法》《浙江省预算绩效管理成果应用办法》《浙江省财政支出政策绩效评价管理办法》《规范第三方机构参与预算绩效管理工作办法》，编印《浙江省省级预算绩效指标库（共性指标专项转移支付指标）》，印发《关于加强省对市县转移支付绩效管理的指导意见》，形成涵盖项目、政策、部门整体和下级政府财政运行在内的全方位评价体系，促进财政资金提质增效。

钱江源国家森林公园

【开展多层次绩效评价】 组织开展省级项目绩效自评4405个、随机抽评442个，部门绩效自评抽评实现全覆盖。组织开展重点绩效评价项目11个，涉及财政资金895亿元，其中17个绩效自评结果为“差”、27个绩效抽评结果为“一般”、1个绩效抽评结果为“差”的项目2021年不再安排预算，涉及资金0.98亿元；2个“两山”建设财政专项绩效评价结果均应用于下一轮政策调整。组织6部门开展部门整体绩效目标自评。组织绍兴市、上虞区对照下级政府财政综合运行评价指标体系开展评价试点。建立绩效评价结果反馈整改和考核应用机制，2020年省财政厅完成的评价结果均反馈部门，相关整改情况纳入年度省级部门财政管理绩效综合考评。推进绩效信息公开，省本级自评总体情况、抽评具体结果及7个重点绩效评价报告在厅门户网站公开，指导相关部门和市县做好绩效评价结果公开。开发绩效在线评价平台，解决绩效评价全程跟踪、质量管控问题。

【强化财会监督】 全省(不含宁波)县级以上财政部门对8436户(含受理举报件65户)行政事业单位和企业等开展监督检查，检查发现违法违规问题户数4044户，涉及问题资金额64.43亿元。截至2020年年底，整改处理问题单位3909户，纠正财政违法违规金额合计50.99亿元，其中追缴收回(扣拨)财政资金9.61亿元；查补财政收入1.07亿元，罚没款84万元。经有关部门问责处理，给予党纪政纪处分27人，移送纪检监察、司法等机关2人。联合财政部浙江监管局、省审计厅等开展疫情防控财税政策、直达资金和脱贫攻坚政策3项重大政策专项监督。对湖州、嘉兴及所属4个县(市、区)开展财政支持水污染防治政策落实情况专项检查，实地检查水污染防治资金10.24亿元、项目22个、专项资金分配管理部门14个、专项资金使用单位37个。建立财会监督工作体制机制，印发《关于发挥财会监督职能作用切实做好年度监督检查重点工作的通知》，要求各地落实重大财税政策和财政资金监管，推动财政政策落地。强化年度会计师事务所执业质量检查工作，对2019年度发现严重执业质量问题的6家会计师事务所进行执法程序补正，对违法情节较严重的5家会计师事务所和14名注册会计师予以行政处罚，对存在执业问题的4家会计师事务所下达监管关注函。做好资产评估机构行政监管，组织各设区市抽取29家评估机构实施年度检查。做好中介机构日常投诉举报受理工作，受理投诉举报事项18个，处理办结13件。

【深化财政内控建设】 印发全省财政内控工作要点，完善财政内控操作规程，建立审计等问题内控分析机制。建立内控业务风险提示机制，审计期间建立审计工作周报机制，向厅内处室局动态反映审计工作情况并提出相关工作建议，防范业务风险。强化厅属事业单位内部审计工作，完成财务公司改制清产核资专项审计工作，组织完成6家涉改事业单位法定代表人任期经济责任审计工作。开展财政内控检查和督导工作，组织厅机关各处室局开展内控自查和对6个处室实施内控检查，对10个设区市和部分县(市、区)开展内控督查。

【规范综合审计联络服务】 完成省党政主要领导经济责任审计配合工作，整改取得成效。规范审计公文分办，做好其他综合审计联络服务，组织完成审计署上海办政策跟踪审计(“两直”专项)、生态环保资金审计、省审计厅同级审计、疫情防控专项审计、社保基金专项审计及整改等相关工作。配合做好国务院第七次大督查及中央巡视审计整改专项工作。

【财政项目资金审核】 开展部门预算项目审核工作，完成省全民健身中心、第19届亚运会训练场馆提升改造工程等重点项目审核，审核各类项目资金130.58亿元，核减资金7.72亿元，平均核减率5.9%。推动项目支出预算标准建设，修订《省级机关事业单位办公用房大型修缮项目支出标准》，参编《浙江省工程建设其他费用定额(2018版)》。

【加强监督队伍建设】 强化支部党建，全面落实从严治党主体责任，以建设清廉财政为目标，营造良好政治生态。落实党内政治生活基本制度，加强支部学习教育，健全党建引领、业务协同学习模式，丰富主题党日活动。开展“三服务”和“上门服务至少一次”活动，建立“五级联动”财会监督辅导机制。2020年，开展各类上门服务活动78次，服务2228人次。组织完成2019年度全省财政系统财政监督工作考核和省级部门财政管理绩效综合评价工作，指导市县财政部门和省级部门做好2020年度财政监督各项工作。加强财政监督人才库培养，更新人才库成员21名，开展人员培训和财政监督检查专项培训，提升监督队伍业务能力。

(省财政厅监督局供稿　柳　颖执笔)

政府采购监督管理

【概况】 2020年，浙江省深化政府采购制度改革，支持疫情防控和经济发展，优化政府采购营商环境，落实政府采购政策功能。全省政府采购金额1638.10亿元，采购规模占全省一般公共预算支出和GDP的比重分别为16.2%和2.5%。

【深化政府采购制度改革】 印发《浙江省深化政府采购制度改革工作方案》，成立浙江省财政厅深化改革工作领导小组，推进落实不涉及修法的改革任务。按照“试点先行，分步实施”原则，在浙江省教育厅、浙江省人力社保厅和杭州市、义乌市、温岭市推进采购意向公开试点。2020年6月，浙江省与上海市人民政府签订《推进沪浙政府采购一体化发展框架合作协议》，推动两地制度规则、信息系统、基础资源等方面的共建共享和互联互通，推进长三角区域政府采购一体化示范建设。出台《浙江省财政厅关于印发政府集中采购“一件事”办事指南的通知》，规范浙江省政府采购相关办事流程。

【支持疫情防控和经济社会发展】 在全国率先开通政府采购“绿色通道”，构建紧急采购机制。推行不见面、少接触项目电子交易系统。全国约3万家采购单位通过政采云平台电子卖场采购疫情防控用品约12亿件。印发《浙江省财政厅关于坚决打赢疫情防控阻击战进一步做好政府采购资金支持企业发展工作的通知》,通过融资畅通工程、预付款制度、加快资金支付、减免保证金、支持创新等措施,支持"两手硬、两战赢"。

【落实政策功能】 在台州市、绍兴市开展政府采购支持创新发展试点,总结试点经验,建立政府采购支持创新发展政策机制。杭州、绍兴、湖州3市列入国家支持绿色建材促进建筑品质提升试点城市。政采云制造(精品)馆2020年交易金额1.18亿元,其中:首台(套)成交额0.112亿元。农业(扶贫)馆2020年交易金额2.70亿元,促进创新发展、支持脱贫攻坚。

【优化营商环境】 在全国率先事先公开采购文件。深化网上超市"全省一张网",供应商签署一份电子承诺书即可入网,实现在线申请、实时办理,一地注册、全网通用。项目电子交易系统市县全省域覆盖、全部在线办理。全面取消投标保证金,降低政府采购交易成本。建立政府采购资金预付最低比例制度,加快政府采购资金支付进度。推行"政采贷",实现全程线上办理,融资转化率由3%提升至20%,贷款成本降低至4%~6%。举办浙江省"政府采购支持融资畅通工程"发布会暨"政采贷"合作签约仪式,获中国政府网、中国新闻网、《浙江日报》等近20家主流媒体报道。

【加强监管】 全面实现法定审核审批事项网上办理,推进采购单位内控制度建设。完成公务用车管理体制调整,强化执法执勤、特种专业技术等用车管理,优先审批配备国产自主品牌汽车。对省市县三级集中采购机构实施统一的业务考核。加强网上超市、网上服务市场价格监测和履约监管。依法处理供应商投诉举报,健全法律顾问制度,专业律师全程参与举报投诉处理和行政处罚,防范法律风险。

【政府采购联合会工作】 加强与高校、政府采购媒体合作,组织开展多层次多形式的政府采购业务培训。联合相关行业协会、研究机构制订《政府采购家具项目需求标准》《政府采购家具项目验收规范》,探索浙江省政府采购需求标准化和履约验收规范化,得到财政部国库司的肯定。

(省财政厅政府采购监管处供稿　冯　华执笔)

财政政策法规

【概况】 2020年,浙江省财政政策法规工作围绕财政中心工作,推进财政法治建设,加大财政普法力度,规范财政执法行为,化解财政执法风险,提高财政法治化水平,推进法治财政建设,服务财政改革发展。

【强化党对法治工作的领导】 建立依法行政责任清单制度,制定《2020年度浙江省财政厅法治政府建设工作要点》,推进财政法治重点工作。坚持重大决策前学法,党政主要负责人履行推进法治政府建设第一责任人职责。

【法治能力建设】 落实领导干部学法制度,厅领导班子2020年开展法治专题学习5次,重点学习习近平法治思想、党内法规、抗击疫情有关的法律制度、民法典、预算法实施条例等。组织全体省管领导干部、公务员学习专题课件和文字材料,完成2020年度以宪法为主题的法律知识考试。举办"全省财政法制骨干暨财政行政执法人员培训班",确保财政系统内法制人员及行政执法人员获得与业务相对应的法规知识培训,提高依法行政水平。组织编印《浙江省财政厅学法手册》4期计12000册。

【管理行政规范性文件】 组织对省财政厅25件行政规范性文件合法性审查,并按规定报省司法厅统一登记、备案。对代拟稿或其他单位起草的行政规范性文件出具合法性审核意见20件。完成涉及本单位的地方性法规、政府规章以及省政府及省政府办公厅规范性文件和本部门行政规范性文件专项清理工作,做好省政府及省政府办公厅行政规范性文件和政策性文件全面清理工作。完善合同合法性审查工作机制,依法履行合同合法性审查职责。2020年,签署合同47件,均经合法性审核,未发生纠纷诉讼。

【规范财政重大行政决策】 推进财政重大行政决策科学化、民主化、法治化。2020年,经公众参与、专家论证、合法性审核、集体讨论等法定程序完成重大行政决策事项8项。指导全省各级财政部门开展重大行政决策工作,赴舟山、丽水等7市、县(市)财政部门指导开展重大行政决策目录化管理和合法性审核工作。

【推进"互联网+监管"工作】 组织完成监管事项目录清单编制。部署推进全省财政系统执法监管工作。推动各级财政部门开展"双随机、一公开"检查、监管事项检查覆盖、"掌上执法APP"应用等工作。组织专项培训3次,提高财政部门监管工作能力。开展"互联网+监管"系统的省市县三级监管事项目录清单认领和清单编制录入工作,制定专项检查表,在全省财政系统部署推广"浙江省行政执法监管平台"。

【加强行政执法监督】 2020年,出具法律意见建议350余件次,防范财政法律风险。依法办理行政复议应诉案件2件,未发生行政诉讼案件。推进"三项制度"。开展行政执法监督,组织全省财政系统行政执法案卷评查,对执法公示和全过程记录工作进行专项监督。

【开展财政法制宣传】 深化普法责任制,推动财政大普法格局进程。按照"谁主管谁负责""谁执法谁普法"要求制定学习清单，提升财政干部法治能力。组织开展普法宣传活动。印发《浙江省财政厅“防控疫情 法治同行”专项法治宣传实施方案》，强化财政政策的引导作用。举办民法典、公平竞争审查、预算法实施条例等专题讲座。组织开展全省财政部门“七五”普法总结验收，收集各地“七五”普法经验，查找存在的问题和不足，研究解决问题的办法和措施。制作《你好宪法——弘扬宪法的浙江财政人》动漫微视频。

（省财政厅政策法规处供稿　毛明辉执笔）

党建工作

【做好巡视回访反馈问题整改和巡视配合工作】 坚持政治统领，做好巡视巡察工作，践行“两个维护”。分解细化巡视回访反馈的2个问题，提出整改措施14条，明确责任领导3名，确定责任单位6个，建立“三张清单”，做到一个问题一张佐证材料清单一套佐证材料；落实巡视整改跟踪督查机制，督促责任处室高质量完成整改工作，得到省委巡视回访组肯定。配合做好中央第四巡视组在浙江省的巡视工作，按要求提供省委巡视反馈意见整改落实情况、主题教育检视问题整改落实情况和日常教育警示教育开展情况等材料。

【启动对厅属单位首轮巡察】 落实省直单位巡察工作座谈会部署要求，成立巡察领导小组和巡察办，组建巡察人才库，出台《中共浙江省财政厅党组巡察工作实施办法（试行）》，成为省委巡视办首批授权单位之一。按照巡察“三聚焦一加强”的监督重点，编印“一图一册一清单”，为开展巡察工作做好准备。根据厅党组部署安排，在厅巡察领导小组直接领导下，2020年10月15日—11月14日，厅巡察组对浙江省农业融资担保有限公司开展驻点巡察。通过听取汇报、民主测评、问卷调查、查阅资料、个别谈话、走访等方式，共发现四方面10个问题。在做好巡察整改落实的同时，扩大巡察成果，组织厅属其他单位对照巡察发现的共性问题开展自查自纠，实现“未巡先改”。

【推进“建设清廉机关、创建模范机关”】 坚持以“建设清廉机关、创建模范机关”（以下简称“双建”）工作为总牵引，印发《关于分解落实“双建”2020年重点任务的通知》，分解部署并落实20项重点任务、61条具体举措、162个工作点，推进“双建”工作。创建模范机关。印发《中共浙江省财政厅党组关于在新型冠状病毒感染的肺炎疫情防控中发挥党员干部先锋模范作用的通知》，引导和动员全厅党员干部完成疫情防控和复工复产政治任务。引导党员干部将服务部门、服务项目、服务市县作为落实省委“三服务”活动的重要内容，提升服务效能。聚焦“文山会海”等突出问题，就财政部门提升基层减负实效提出5方面18条实施细则。把节约粮食、制止餐饮浪费作为纠“四风”的重要内容纳入日常监督范围，全年共组织各类监督检查16次，受到省正风肃纪检查组肯定，浙江卫视、《浙江日报》作了报道。做好2019年度省直机关作风建设民主评议反馈12条意见建议的整改落实，整改结果向省委直属机关工委汇报后再通过厅门户网站向社会公示。建设清廉机关。围绕推进清廉财政“五大体系”建设目标，建立2020年清廉财政建设十项重点任务清单，通过政治生态自评、主体责任专题汇报等方式跟踪落实，并对7个市县“清廉财政浙一年”做法进行宣传展示。分层分类开展廉政教育，把廉课列入支部书记培训、财政业务培训、新进人员入门教育等内容，由分管厅领导带队首次对受处分党员开展回访教育。发挥机关纪委委员和支部纪检委员“两支队伍”就近就地监督优势，相关做法收录进《全省党建工作范式百例》。强化日常监督，组织对公款竞争性存放、乡村振兴产业发展示范项目、职级晋升民主测评、各类政府采购招投标等事项进行现场监督，开展各类自查和专项检查16次，参与人数45人次；会同驻厅纪检监察组参与高级会计师职称评审全过程的监督；针对近年来出现的基层财政所、基层单位财务人员“小官大贪”典型案件，落实省委和省纪委主要领导批示以及省监委下发的监察建议书，会同驻厅纪检监察组走访调研文成、庆元、安吉等案发地，剖析案发原因和背后深层次的体制机制问题，提出建设性意见建议。

【聚焦部门政治生态开展评估研判】 对照政治生态自查自评七个方面和政治监督的八项重点任务，组织开展每季度的自评自查，建立三大机制。建立集体会商机制。由分管厅领导召集相关处室进行集体会商，从审计巡视、内控内审、作风评议、选人用人、综合督查等方面反馈的问题入手，进行自我“政治体检”。建立专题研判机制。在半年度和年度党组党风廉政建设专题例会上，对政治生态自查自评情况进行集体审议，对发现的问题研究提出具体整改举措。建立跟踪反馈机制。按见人、见事、见整改落实的要求，建立问题清单、责任清单和整改清单，定期跟踪整改进展，形成工作闭环。2020年，自查发现问题11个，列入重点问题关注的2个，提出整改举措21项。协助驻厅纪检监察组完善部门政治生态评估体系，对2017年以来部门政治生态情况进行建档管理。

【推进党建与业务相融合】 梳理习近平总书记在浙江工作期间和党的十八大后对财政工作的重要论述，厅党组理论学习中心组带头学习习近平总书记关于财政工作的重要论述，并通过专题讲座、青年理论学习小组研学、举办局长培训班等方式深入学习。学习贯彻党的十九届五中全会精神和省委十四届八次全会精神，在全覆盖、全达标的基础上，跨部门、跨支部组建8个“专题研学小组”，围绕科创投入、数字赋能等专题，联系财政工作和重点问题开展有针对性的研学活动，受到省委直属机关工委批示肯定，并在全国范围总结推广。推进党支部建设提升工程，总结“构建七项机制推动党建与业务深度融合”的经验做法，在长三角机关党建研讨会上作交流发言。推广支部抓党员教育管理监督的细化量化经验,政法处党支部“党员干部积分制管理”项目,获全省机关党建工作“十佳创新成果”奖。

【推进全省财政系统机关党建“系统联动”】 将“系统联动”列入厅党组全面从严治党年度工作要点,在全省财政系统全面从严治党视频工作会议上进行动员部署。截至2020年年底,省财政厅有20个党支部与27个市、县(市、区)财政局党支部结对共建。结对共建支部针对基层财政管理等难点问题,通过“活动联抓、实事联办、难题联解、队伍联建”,以“省市县乡四级联动,条抓块统共破难题”的方式,探寻有效路径,打通和拓展“联”的通道。在杭州、温州等地召开成果展示会、现场观摩交流会,深化全省财政系统机关党建“系统联动”。《时代先锋》杂志封面介绍省财政厅“坚持落实机关党建系统联动工作机制”的相关做法;“浙江财政机关党建‘系统联动’的实践与思考”课题,获2020年度全省机关党建优秀课题研究成果一等奖。

【推进党建带群建工作】 厅团委成立“财政青年理论学习小组”,组织“我在之江学新语”“谈‘重要窗口’建设 论青年责任担当”等主题研讨会,相关活动获《中国财经报》报道。开展红色电影节、与驻地官兵“学习全会精神、共话忠诚担当”系列教育活动。组织五四青年节“学讲话、强担当、促‘双建’”主题团日活动,通过战疫故事宣讲会、财政“青廉说”短视频等形式,引导团员青年助推“双建”工作。

(省财政厅机关党委供稿　朱知攀执笔)

人事工作

【服务保障疫情防控】 落实突发疫情应急处置机制,及时调整防控方案,保障疫情防控期间各项财政工作顺利开展。响应最新疫情防控要求,开展国内中高风险地区来浙返浙及密切接触情况等专项摸排,严防疫情输入。在厅内开展防控新冠肺炎疫情专项考核,评选表彰先进个人30名。

【深化事业单位改革】 建立整合组建的事业单位运行机制,从党的建设、人员及综合事务管理、业务管理等方面予以规范。制定厅属事业单位改革后续工作方案,完成厅属非参公事业单位人员转隶、岗位设置方案变更、财政保障比例重新核定、绩效工资水平及总量核定等工作。根据省委组织部批复,5家厅属事业单位继续参照公务员法管理。推进省财务开发公司转企改制,浙江省财务开发有限责任公司完成挂牌。

【优化干部队伍建设】 开展全员谈心谈话。开展全员谈心谈话活动,听取各处室(单位)主要负责人及其他干部的意见和建议。根据谈心谈话情况,分析评价每个处室(单位)运行情况及班子成员,办理、反馈收集到的共性问题。树立正确用人导向。常态化开展干部职级和岗位等级晋升工作,全年职级晋升35人次,岗位等级晋升12人次。落实《干部岗位交流工作办法》,对5名正处长进行岗位交流。拓宽进人渠道,首次面向“双一流”A类高校选调应届毕业生2名,省级部门预算编制中心公开招录公务员5名,4家非参公事业单位公开招聘工作人员7名。加强干部培养锻炼。遵循“缺什么补什么”的原则,选派3名干部分别到新疆、嘉善县、淳安县工作,1名干部到绍兴上虞区任驻企服务员。选派财政系统干部赴财政部学习锻炼,安排10名干部参加中青年干部培训班、处级公务员任职培训班、女干部培训班。

【强化干部管理监督】 查找近年来干部管理监督中存在的突出问题,制定《关于进一步加强干部管理监督工作的意见》,提出深化落实干部管理监督的具体举措。出台《省财政厅工作人员平时考核实施细则》,强调考核干部的一贯表现,发挥考核的“指挥棒”作用。开展领导干部个人有关事项报告专项整治,健全“1+1+4”政策宣传工作机制,对查核发现的问题进行认定处理,2020年度查核一致率提高18.7个百分点,并在省委组织部召开的领导干部个人有关事项报告专项整治工作座谈会上做交流发言。

【加强财政文化建设】 做好全国财政系统“双先”事迹宣传,开展全省财政系统“双先”评选,组织全省财政系统“协力共抗疫情 践行财政使命”征文比赛。举办全省财政局长培训班,设置名师授课、先进讲堂、局长论坛、分组讨论、财政核心业务讲解等,提升培训实效。动态调整预算编制、财税政策研究、财政监督等3个人才库,退出58人,新增68人。

【做好老干部服务工作】 坚持把政治建设摆在首位,克服疫情影响,采取“云学习”“云交流”等形式,组织老同志学习全国两会、党的十九届五中全会和省委十四届八次全会精神等,分享老同志们的学习感悟,发挥离退休党支部在组织凝聚老同志方面的红色引擎作用。组织老同志通过捐款、参加志愿者、创作文艺作品等方式,为坚决打赢新冠肺炎疫情防控阻击战贡献力量。落实生活待遇,把服务重点放在重病、高龄、失能、独居、空巢等有特殊困难的老干部,节前、病中走访慰问,加强精神慰藉和人文关怀。

(省财政厅人事处供稿　高晓丽执笔)

办公室工作

【服务保障疫情防控】 健全内部防控,及时建立厅自身防控工作机制,加强厅机关疫情防控和教育工作,根据疫情形势变化调整应对举措和方案、改进工作方式,确保机关安全运行,做到疫情防控和日常工作“两手抓”“两不误”。疫情期间安排值班值守，确保省委、省政府及财政部和各类专班发送的有关疫情文件、信息的收文转办；定期报送工作动态信息，对接主流媒体加大政策解读和宣传力度。做好服务保障，加强大楼进出管理，对所有来厅人员测量体温和登记，每日定时对办公场所进行消毒，设置专用场所接待来访人员，确保机关大楼安全；保证机关食堂食材需求，安排食堂人员轮流值班，调整就餐方式，确保干部职工就餐安全。

【提升办文办会质效】 加强公文管理，修订厅公文处理办法，提高公文运转效率和质量。全年登记收文5790件，发文3482件，办理交办件1589件；主送省政府办公厅的公文23件，结合省委办公厅“办文指数”评价要求，保持“零退文”。起草各类重要会议、汇报、巡视整改等综合性材料。组建政策研究专班，加强前瞻性研究和政策储备，为领导提供决策参考。制定会议文件压减计划，统筹压缩会议文件数量，实行全厅“三类文件”和发文总数双管控，会议数控制在核定配额内。

【完善督查考评体系】 加强政务督查督办，实行“三稳”政策、“两直”资金落实情况等通报制度，推进政策加快落地见效。建立省财政厅“马上做”“做成了”督查督办工作机制，建立清单，明确职责，保障完成省主要领导、厅领导批示督办工作。全年督办省领导批示955件、厅领导批示333件，推动省委、省政府决策部署以及厅党组中心工作落地。牵头完成省政府对厅各项考评任务，连续18年获得考评优秀单位。修订厅机关、厅属单位和全省财政管理绩效考评办法并完成年度绩效考评工作。

【推进财政数字化改革】 深化财政“最多跑一次”改革，推进财政28个办事事项与“内跑”平台对接，实现100%网上办理；牵头做好机关内部“一件事”集成改革，发布办事指南和流程图信息，提高机关办事效率。优化“互联网+政务服务”，推进政务服务2.0工作，牵头做好厅内30项依申请事项接入政务服务平台。聚焦“掌上办公之省”目标，完善“浙政钉”掌上政务功能开发，优化财政综合办公平台（FOA平台），开发新功能新模块，推进公文无纸化办理，加强流程可追溯。

【加强财政宣传调研】 推进新媒体与传统媒体融合发展，围绕财政重点工作，在中央及省级媒体刊发各类新闻稿件80余篇，推送微信247期共988条，关注量近20万。参加省级疫情防控等新闻发布会4场，参与浙江卫视、浙江经视、浙江之声等媒体新闻节目录制，宣传、解读财政政策。组织开展年度工作思路调研和系统调研课题评审，推进调研成果转化运用。2020年全省财政系统共完成调研课题93篇，评出优秀课题47篇。会同政研室创设《财政动态参阅》信息刊物，每周一期为厅领导和处室提供“有背景、有分析、有深度”的信息参考。全年编发《浙江财政信息》《浙江财政专报》等各类信息802期，向省委、省政府和财政部报送信息1270篇，被国务院、省委、省政府和财政部录用144篇，其中省领导批示58篇次，增长52.6%。

【做好保密、档案工作】 完善厅保密工作机制，修订厅保密工作规定、定密管理办法，开展“我和《保密法》”保密宣传月活动，强化保密管理和宣传教育。加强档案管理，完善档案制度，全年归档整理各类档案4132件，提供纸质查档服务302人次，调取文件1245件，电子查档8011次，重点做好疫情防控专题档案管理工作。2020年，省财政厅档案室被授予“全省档案系统先进集体”称号。

【深化政务公开、信访工作】 落实厅政府信息公开实施办法，优化工作流程，压实主体责任。做好主动公开，在浙江政务服务网和厅门户网站及时公开全省及省级财政预决算报告、财政扶贫资金等重点事项。回应依申请公开，全年受理申请52件，全部按时办结，答复率100%。全年无因信息公开引发的行政诉讼案件，政务公开指数排名居省直单位前列。修订厅信访工作管理办法，完善信访工作机制，提高信访工作水平，全年处理各类信访件144件，连续4年获得省直有关单位信访考核优秀。

【做好建议提案办理工作】 结合省委、省政府年度考核目标任务和厅党组中心工作，加强组织领导，落实分级负责、分工办理、专人经办的工作机制。通过电话访问、上门服务、邀请座谈等方式与人大代表、政协委员开展对接，深入了解、理解人大代表、政协委员提出建议提案的初衷，实现主办件面商率100%。全年承办省“两会”建议提案446件，其中：人大建议主办10件，会办211件；政协提案主办7件，会办218件。主会办件全部按期办结。

【加强财务资产管理】 加强厅机关、厅属单位财务管理，做好预算编制、执行、调整及协调工作。规范厅机关账户库存现金、银行存款、票据及财务印鉴等管理，制定厅机关货币资金管理办法。完成厅机关及厅属单位公款竞争性存放招投标等管理工作。加强资产管理，编报2019年行政事业单位国有资产报告，规范厅自管住房分类处置管理，完成巡视整改遗留住房历史问题。做好厅票据中心用房工程超批复概算调概相关工作。出台厅办公用房使用管理办法，推进办公用房资源合理合规配置。

【提升服务保障能力】 加强内控制度建设，修订《办公室内部控制操作规程》，防范廉政风险。推进作风建设，出台基层减负“十八条”、厅行节约反对浪费实施意见等文件，整治形式主义，降低机关运行成本。牵头做好厅“三服务”工作，制定持续深化“三服务”活动实施方案和“服务部门、服务项目、服务市县”工作方案，分解责任、落实分工，统计汇总活动情况。开展“一月一品”系列工会活动12期，提高干部职工凝聚力；关爱特定群体，通过开设哺乳妈妈爱心小屋、组织单身青年联谊活动等形式，服务工会会员，提升干部职工的获得感和幸福感。

（省财政厅办公室供稿　盛滢婷执笔）

直属单位概况

财税政策研究

【政策研究】 聚焦主线完成政策研究。围绕习近平总书记在浙江工作期间和党的十八大后对财政工作的重要论述，会同办公室完成《习近平关于财政重要论述精神研究》。围绕袁家军书记布置的10大新课题和厅党组布置的重点课题，结合新形势新任务开展深度分析和研究，编发《浙江财税参阅》44期，得到厅以上领导批示21篇次，其中数字经济核心产业税收分析、税收负担分析、制造业税收和创新投入分析等得到省领导批示；《"十四五"时期浙江财政面临的机遇和挑战》《"双循环"新发展格局下我省财政政策的抉择》两篇调研报告按厅领导要求，转发全省财政系统参阅。建立专班开展财政动态研究。会同办公室创建政策研究专班，建立"一对一"联系机制，加强对财政部、东部沿海省市财政工作动态的收集整理和对比分析，并结合浙江省实际开展前瞻性研究，做好政策储备，提高决策参谋水平。创设《财政动态参阅》，一周一期，设置本期聚焦、高层要闻、省外动态、专家观点、数据速递、领导批示等栏目，供厅领导和各处室、单位参阅，全年刊发27期，得到厅以上领导批示15篇次。协同业务处室开展前瞻性研究。配合总预算局完成《"十四五"规划》编制，为"十四五"时期财政部门更好发挥职能、服务重要窗口建设奠定基础；联合社保处完成《完善公共卫生应急管理体系的财政保障政策研究》，为提高全省重大公共卫生事件的防控能力强化保障；联合监督局完成《基于国家治理体系下建立健全财会监督体系的思考》，探索改进财会监督的工作路径；联合政法处完成省委主要领导2020年重点调研课题"建设高素质人才队伍、打造高水平创新型省份研究"之财政专题报告《更好发挥财政作用支持高水平推进创新强省、人才强省研究》，其中完成的《建设高素质人才队伍的目标任务和重大举措研究》，作为省委人才办分报告的相关内容；联合文化处完成《财政支持文化产业高质量发展的政策研究》，为"十四五"时期财政部门推动文化产业高质量发展提供了探索路径；联合综合处完成《浙江推进政府购买服务改革的实践与思考》，提炼总结浙江省改革经验，并就新时期如何深化政府购买服务提出政策参考；联合办公室完成《"双循环"新发展格局下我省财政政策的抉择》，为领导决策提供参考。做好科研成果转化。紧跟社会经济热点，第一时间分析研究财税政策，形成《应对新冠肺炎的财税政策研究》《推进省属科研院所改革的财政思考》《我省上市公司发展及税收贡献分析》等一批科研成果、观点摘要，送厅领导、业务处室以及财政部、省委省政府等领导参阅，加大科研成果共享力度和深度。加强政研人才队伍建设。完善政研联络员机制，扩容财税政策研究人才库，重新审定并公布浙江省财税政策研究人才库名单，人才库人员从40人扩容至50人，市县成员比例提高至68%，为地方财税政策研究人才培养提供支撑。

【财政宣传】 办好《浙江财税与会计》。做好重要会议精神的宣传。第一时间将厅党组重要工作理念传达给全省财政工作者。做好主题宣传。围绕疫情防控、复工复产、脱贫攻坚、长三角一体化发展、预算法实施条例、落实全会精神等主题，开展有深度、有力度、有温度的宣传，做到"一期一主题"，宣传跟着中心工作走。做好舆情引导。关注有关财政的最新社会舆情，组织专业文章，进行权威回应，引领正确的舆论导向。展示窗口形象。结合浙江省财政工作实践，积极挖掘、宣传浙江省财政改革创新举措和重大标志性成果，展示"走在省直部门前列、走在全国财政系统前列"的浙江财政形象。推进文化建设。通过"党建""不忘初心、牢记使命""清廉财政""财税文化"等栏目，记载身边人身边事，营造积极向上、担当作为的良好氛围。办好"浙财政研资讯"微信公众号。及时发布政策研究成果、科研活动资讯，加强与"浙江财政"微信公众号的联动，强化新媒体互动，扩大宣传覆盖面，改进版面，提升信息分享的实效性和影响力。全年累计编发微信134期，点击量逾7万人次。

【历史记载】 完成年鉴编纂工作。《浙江财政年鉴(2020卷)》(总第20卷)分8篇和附录共9部分，全卷约100万字，印刷1000册，向全省财政系统、乡镇财政机构、省内外高校图书馆、省人大、省政协及部分省市财政部门赠阅(交换)。提升移动端阅读体验，优化"浙江财政""浙财政研资讯"微信公众号"财政年鉴"栏目呈现。《浙江财政年鉴(2019卷)》被中国财政年鉴编辑委员会表彰为地方财政工作优秀撰稿单位(以浙江省财政厅名义)二等奖。做好陈列室日常管护工作。及时更新陈列室有关全省财政数据等资料，记录财政历史，传承财政文化。

(省财税政策研究室供稿　颜伟杰执笔)

财政信息化建设

【概况】 2020年，浙江省财政信息化建设工作贯彻省委、省政府数字化转型和财政部推进预算管理一体化决策部署，围绕整体智治、数据共享、业务协同要求，开展预算管理一体化系统等重点项目建设，强化疫情期间信息系统安全保障工作。2020年开展的区块链财政电子票据平台和地方政府性债务风险预警与处置系统入选省"观星台"优秀应用案例。

【预算管理一体化建设和"两直资金"发放系统改造】 按照财政

部推进预算管理一体化工作的部署,完成预算编制模块试点、应用中台对接、基础信息模块测试等工作。2020年年初成立工作专班,由厅长领导,厅党组共同参与,分管副厅长负责落实;年中组织召开全省预算管理一体化系统建设动员大会,部署全省预算管理一体化系统建设工作;6月完成数据上报软硬件环境准备;9月完成项目进展专报;11月首批省本级数据上传财政部;12月预算执行模块完成开发,进入试运行阶段。财政部下达"两直"(即直达市县基层、直接惠企利民)资金后,研究技术方案,提前对国库集中支付系统进行升级改造,通过部门间数据共享和业务协同,对接省市场监管局"小微通"平台,实现企业在线申请补助、在线发放。升级改造直达资金监控系统,保证"两直"资金高效发放,助力企业复工复产。

【助力"最多跑一次"改革】 实现省财政厅30个依申请政务服务事项全部接入政务服务2.0平台。开展会计代理记账机构管理证照分离2.0升级,完成企业登记注册信息接收工作,实现企业办事主动提醒。28个部门间办事事项与省内跑平台实现对接,并做到100%网上办理,实现机关效能实时在线监督。对接"浙里办"App,实现会计人员信息登记变更、会计考试报名等事项"掌上办"。升级改造高级会计师资格申报评审管理系统,实现评审专家库成员申报和论文查找重复功能。启动会计专业技术资格考试视频监控平台建设。做好"互联网+监管"平台和"浙政钉掌上执法系统"的应用推广,完善监管平台行政检查事项,实现财政系统事项认领率100%,事项覆盖率92.3%,掌上执法应用率99.4%,省财政厅11个应用事项迁移到"浙政钉"。

【财税大数据平台和数据共享】 升级改造财税大数据平台,上线目录驱动交换、数据共享、数据治理等模块,完成212个数据目录的编目以及161张表的数据上云工作。采用全动态加密技术,对云端58张表中264个涉及敏感数据的字段进行加密。对接省公共数据平台,将省公共数据平台中1813个外部数据接口封装接入财税大数据平台的数据共享模块,支撑收支分析系统、财政决策支持系统、农信担保信用评价系统的数据应用和计算需求。配合省大数据局做好数据编目、归集、更新、质量改进和共享开放工作,全年编制、更新目录953条、数据项18528个,问题数据比例控制在0.01%以内。推进数据共享使用,共享数据被调用2459余万次,开放数据被下载使用2321余万次。接入省政府"数据高铁",实现数据实时达。

【数字财政平台建设】 深化政采云平台建设,完善电子卖场交易系统,推广政府采购项目无纸化交易。疫情期间开展全流程电子化招投标,实现所有招投标流程网上办理和财政部门在线监管。政采云平台面向11省4市860个市县区提供服务,全年累计交易规模3342.88亿元。深化统一公共支付平台应用,开展资金结算清算业务创新试点工作,在绍兴市试点资金解缴、资金分成和返还等业务,在杭州市试点资金直缴入库和汇缴入库等业务,全年累计受理缴款业务7282万人次、收缴资金5215.18亿元。完善指标管理、用款计划、资金申拨等软件,支撑指标压减等财政业务需求。升级国库支付系统,完成与9个省级部门和2个市县内控系统的对接工作。升级财政综合办公平台,上线事务性文件和政府投资项目立项财政审核等功能模块。

【创新应用】 深化医疗收费电子票据改革,升级财政票据管理平台,推进统一公共支付平台和非税电子票据的融合应用,实现全省所有市县区统一公共支付平台缴款单位电子票据全覆盖。深化区块链捐赠电子票据、医保异地和零星报销、商业保险理赔、工伤保险大病救助、企业捐赠票据税收抵扣等应用,全年3万余家单位开通财政电子票据开票,累计开票6.31亿张、金额6946.05亿元。维护债务风险预警与处置"鹰眼护航"系统运行,监测全省7407家国有独资或控股企业的融资工具,筛选并处置疑似新增隐性债务风险点38个。加快"乡镇公共服务平台+一卡通"建设,将涉农补助和民生补贴资金纳入乡镇公共服务平台管理,实现"一张卡"发放,全年完成民生补贴资金发放607.26万人、金额156.36亿元。

【信息安全和运行维护】 上线"浙江省财政网络与信息安全信息通报系统",动态掌握全省财政系统网络信息安全态势,考核各地网络信息安全工作。开展勒索病毒专项清理和加强涉新冠肺炎疫情防控数据安全保护等工作,对信息系统进行扫描和排查。做好财政信息系统等级保护测评、风险评估,加强对全省财政网络信息系统安全的指导和检查。升级财政运维服务平台,实现与财政基础资料库中的用户同步,提升全省软件运维的效率和水平。财政电子票据安全加固项目先后入选中央网信办"2020年数据安全典型实践案例"和省网信办"2020年浙江省网络安全优秀案例"。

(省财政厅数字中心供稿　王洪俊执笔)

会计事务服务

【概况】 2020年,省会计事务服务中心围绕财政中心工作,组织实施全省会计专业技术资格考试、落实会计人员继续教育工作、开展省级行政事业单位服务工作,为全省经济建设提供智力支持和人才保障。

【组织会计专业技术资格考试】 组织浙江省会计专业技术初级、中级、高级资格考试考务工作,其中:2020年会计初级报名人数190771人,增加1751人,实考人数111303人,实考率58.3%,合格率46.3%;会计中级报名人数101078人,增加12008人,实考人数54525人,实考率53.9%,合格率33.1%;会计高级报名人数3506人，减少35人，实考人数2227人，实考率63.5%，合格率74.1%。委托深圳市海云天科技股份有限公司、全美在线（北京）教育科技股份有限公司、杭州沃迩夫科技有限公司、浙江天顿信息科技有限公司为浙江会计职称考试考务服务供应商；结合疫情防控工作要求，制定会计专业资格考试疫情防控方案及考场防疫措施；开发考试服务管理软件，首次实现会计考试报名“掌上办”；加强与教育部门沟通协调，保障疫情期间考场落实、学校疫情防控工作，落实41个考点、31646个考试机位；采用购买服务形式，选定阅评全省会计专业技术高级资格考试试卷的单位；选定、组织103名专家和老师阅评全省会计专业技术中级资格考试试卷。

【开展会计继续教育】 与国家会计学院等网校对接争取，向广大考生免费提供2020年会计专业技术资格考试考前辅导线上培训课；组织专家对北京东奥时代教育科技有限公司、北京东大正保科技公司、北京国家会计学院、东北财经大学、上海国家会计学院、上海高顿教育培训有限公司等6家课件供应商进行绩效评价考核。截至2020年12月31日，会计人员网络继续报名缴费389348人，完成培训282117人，其中高级缴费3281人，已完成2163人。与北京国家会计学院共同举办高级会计人员继续教育在线直播课，培训高级会计人员2279人。

【服务省级行政事业单位】 2020年11月，与上海国家会计学院合作举办省级行政事业单位财务人员网络直播课，培训财务处（科）长以及部分财务会计2080人。

（省会计事务服务中心供稿　孙　杰执笔）

国有金融资本与PPP项目管理

【概况】 2020年，浙江省国有金融资本运营评价中心围绕财政中心工作，秉承“以当家的思维履行好管家的责任”理念，开展地方金融企业国有产权登记，做好地方金融企业年度财务决算和季度快报编报，组织开展全省地方金融企业绩效评价，做好公共服务领域政府和社会资本合作PPP项目（下称“PPP项目”）评审入库，指导市、县财政局开展PPP项目规范管理，为推动全省经济社会高质量发展提供支撑。

【做好财务决算报告编制】 对纳入浙江省2019年度地方金融企业财务决算汇总报表统计范围的银行类、信用社类、证券类、保险类、担保类、金融控股类等6类共752户金融企业，汇总审核报表数据，撰写分析材料，形成浙江省2019年度地方金融企业财务决算报告，上报财政部。

【组织季度快报编报】 按照财政部对地方金融企业财务快报编报要求，对照政策，开展指导，审核汇总各地报送数据，反馈、修改问题，按时向财政部报送2020年全省地方金融企业季度财务快报。

【开展绩效评价】 按照“统一政策、分级管理”原则，组织开展全省地方金融企业效评价工作。其中：11家地方商业银行中有5家在全国银行类金融企业中处于优秀水平，占比45.5%；73家农村合作金融机构中有64家在全国银行类金融企业中处于优秀水平，占比87.7%；3家地方证券公司中有2家经营业绩在全国证券类金融企业中处于优秀水平；179家融资担保机构中有19家企业在全国同类金融企业中处于优秀以上水平，108家为中低水平，占比60.3%。

【实施国有金融资本产权登记】 按照“全面覆盖，应登尽登”原则，实施国有金融资本产权登记，梳理各类金融企业名单，将占有和使用国有金融资本的金融机构纳入新版国有金融资本产权登记系统，明晰国有金融资本产权关系，摸清国有金融资本家底，夯实国有金融资本管理基础。

【推进政府和社会资本合作（PPP）发展】 推广实施政府和社会资本合作（PPP）项目，助力推进关键领域、薄弱环节基础设施补短板、稳投资、防风险、促发展。开展项目入库评审。2020年金融评价中心组织评审入库项目5个，分别为杭州至宁波国家高速公路（杭绍甬高速）杭州至绍兴段工程PPP项目、诸暨市陈蔡水库加固改造及水源地综合治理工程PPP项目、浙江省东阳市餐厨垃圾生态处理中心PPP项目、萧山城市文化公

杭绍台高速绍兴市区段全程高架敷设

园PPP项目、景宁县外舍污水处理系统提标扩容工程PPP项目，涉及总投资361.54亿元。做好财承台账管理。在财政部全国PPP综合信息平台做好省本级一般公共预算支出数据更新，在规定的时间内完成全省各市、县一般公共预算支出数据更新审核工作，提交财政部PPP中心。防范财政支出责任风险，按照《浙江省财政厅关于建立政府和社会资本合作(PPP)项目财政支出责任台账制度的通知》要求，每季度按时做好全省各市、县(市、区)财承台账收集及监测工作。做好PPP政策咨询服务。针对各地在项目执行过程中碰到项目调整变更、投资增加、财承支出责任变化、社会资本方变更等问题，做好政策咨询解释，为市、县财政局做好服务工作。

（省国有金融资本运营评价中心供稿　凌振宇执笔）

财政干部教育

【概况】　2020年，省财政干部教育立足“疫情防控”背景，做好“深化培训服务、细化培训管理”两篇文章，助推全省财政改革与发展。

【财政干部培训】　落实《浙江省财政厅2020年干部教育培训计划》，全年举办培训班31个共35期，培训5102人次，其中：厅机关培训班25个共28期，培训4426人次；事业单位培训班6个共7期，培训676人次。落实财政部统一部署的预算管理一体化培训任务，在厦门和上海国家会计学院组织培训组织2期计465人次；利用每期培训班时间组织学员学习习近平总书记关于财政工作的重要论述；注重全过程管理，提高服务水平。升级培训管理系统，实现手机二维码扫码报名和电脑报名并行，增加前台调查问卷模块，提高培训管理数字化水平；利用培训班资源，全年12个处室在培训班上通过“开展实际工作问题调研二维码”就45个工作问题参与调查，参与学员927位，征集意见1750条、问题392个；制定《培训办班疫情常态化防控方案》，包括组织领导、防控措施、应急处置和工作要求四个方面，确保培训安全；完成《干部教育培训办班经费管理的思考》课题并获得全省财政调研成果三等奖。

【财政支农政策培训】　全省财政支农政策培训工作依托“一本教材、一份手册、一张光盘、一支队伍”的“四个一”的培训体系，组织开展全省财政支农政策培训，全年完成培训19383人次，其中：培训代理会计及报账员9163人次，村干部3019人次，服务全省乡村振兴战略。针对政策变化，组织厅相关处室对财政支农政策培训教材进行修订，《浙江省财政支农惠农政策解答》(2020年修订版)涉及政策49个，解答条目255个。向各级财政、农村基层学员免费发放培训教材3万册。选取与农户、农民利益最密切相关的部分财政支农惠农政策，制成财政支农政策宣传手册，通过各级财政面向乡镇便民服务中心、行政村书记、村长和农户发放20万份。

【党建工作】　坚持“三会一课”制度，组织理论学习和财政业务学习，推动学习常态化，并将对象扩大到中心全体干部。全年上党课4次。开展多元化主题党日活动，开展党员到社区抗疫、党员集体生日、党员干部绿色出行等活动。组织全员谈心谈话；通过开展廉政谈话、专题教育等形式做好廉政建设。

（省财政厅干教后勤中心供稿　潘敏华执笔）

道路交通事故社会救助基金管理

【概况】　2020年，浙江省社保基金和交通事故救助基金管理中心(下称“省基金中心”)秉承“财为政服务”理念，落实“最多跑一次”改革的各项要求，按照政府“数字化转型”要求，依托管理系统，谋划机制创新，调整组织架构，优化工作流程，推进道路交通事故社会救助基金(以下简称“救助基金”)业务量提升。2020年，省基金中心筹集救助基金1.32亿元，增长4.8%，其中按交强险固定比例提取资金1.20亿元；拨付至各符合条件市、县(市、区)1.10亿元。全省救助基金垫付、支出1.79亿元，其中：救助基金抢救费垫付金额1.76亿元，增长124.8%。其他支出(困难救助)金额319万元，下降36.7%。追偿金额5690万元，增长57.8%。

【加强制度建设】　落实“上门服务至少一次”，健全与相关部门沟通协调机制，上门走访浙江银保监局、省卫生健康委、省民政厅、省法院、省公安厅交管局、省高速交警总队等单位及部分省级医院。组织《浙江省道路交通事故社会救助基金操作规程》专题研讨，整理、研究省级相关部门及各地反馈意见建议，推进救助基金工作。

【抢救费用“一件事”办理】　加快数字化转型，依托救助基金管理系统，按照业务协同和数据共享的要求，推进一个服务应用、一张网数据归集、一个流程办理，以数据跑代替人工跑，实现抢救费用垫付“一件事”一次也不用跑。将“跨部门”“多流程”“多材料”整合为“一件事”“一次办”“一表办”，构建统一受理、联动办理、限时办结的“一站式”服务，并在人民网、《浙江日报》等主流媒体进行宣传。加强部门信息共享，减少办理环节、优化办事流程，建立“信息共享、分工负责、部门协作、运转高效”的工作机制。全程参与温岭“6·13”油罐车爆炸事故伤员处置工作，对接相关医院和部门，配合伤员救助工作，及时垫付抢救费用228笔(人次)，垫付金额5756万元。

【加快“数字化转型”】　督促各地登录“政务云”浙江省道路交通

事故社会救助基金管理系统(下称"管理系统")进行操作,提高资料提交、文书流转、业务审批的工作效率。2020年,在管理系统中,公安交管部门发出《垫付通知书》2623张,医疗机构发起抢救垫付费用申请2528起,完成垫付1648起,平均每起案件抢救垫付费用金额为9.65万元。

【加强财务管理】 省救助基金特设专户定期存款到期后,续存原中标银行,合计存放1年期定期存款4.38亿元,且续存利率不低于省级行政事业单位在"浙江政府采购网"上公布的最近同期限中标利率,实现资金保值增值,降低廉政风险。通过上门调研,针对各市县专户日常管理存在的风险点提出整改意见并追踪落实情况,保障救助基金安全。鼓励各市、县(市)通过政府购买服务委托第三方专业机构开展救助基金日常管理工作。已实行政府购买服务方式管理的8个市县合计垫付救助基金8209万元,占全省垫付金额的46.6%。

(省社保基金和交通事故救助基金管理中心供稿　陆昉宇执笔)

农业融资担保

【概况】 2020年,浙江省农业融资担保有限公司围绕"乡村振兴先行,数字赋能先行"要求,全年在保项目2.04万个,担保余额55.37亿元,放大倍数4.61倍。公司获评省政府在浙金融机构支持浙江社会发展改革创新优秀单位,工作专报得到省委、省政府领导批示6人次,"浙里担"数字担保模式被列入省财政厅财政领域改革创新举措。

【履行政策性职责】 履行政策性农担职责,制定生猪养殖和抗疫稳产保供免费担保政策,为724个主体提供免费担保3.64亿元,担保费率由1.5%降至0.8%以下。为疫情期间的融资担保服务开辟"绿色通道",帮扶农业经营主体恢复生产经营,浙江卫视对公司疫情期间助力稳产保供和复工复产作采访报道。

【数字化转型】 推进"一库一码一平台一应用"*数字化建设,运用大数据风控工具,累计排查项目31475个,累计担保金额91.51亿元,建设"浙里担"信用码和数字化服务平台,开发"数字中台""业务中台""合作平台"3个应用端,"浙里担"数字担保模式获2020中国物流与供应链产业区块链应用"双链奖"优秀案例奖。

【协同支农】 形成"省市县协同、政银担联动"协同支农新格局,实施基层政策性农业信贷担保服务创新试点,全省首批11个试点县市全部实现业务落地。截至2020年年末,政银担试点的担保业务总量达5.16亿元,相对省地共建的风险资金池放大9.4倍;将担保功能与财政补助、贴息、农业综合开发政策结合,担保政策与产业、财政政策协同,降低农业经营主体融资门槛和成本。

【农担联盟】 联合省农民合作经济组织联合会成立全省首家农业担保联盟,吸纳首批联盟会员单位80家,建立联盟培训交流、业务协同、总结宣传的"三个机制"。

【风险防控】 以制度"硬约束"、手段"数字化",建立风险管理常态化机制,健全"监测—预警—处置—反馈"风险闭环防控体系,利用反欺诈模型进行保前风险排查,利用大数据风控模型开展保后管理,建立"自主+合作+银行+律所"的联合追偿机制,截至2020年年末,当年代偿率1.2%,累计代偿率0.9%,低于全国平均水平。

【业务发展】 2020年,全省72家农商行全部实现业务落地,简化反担保要求,推进全省合作模式标准化,改善业务流程,提升审批效率,公司内审批时间缩短至5个工作日内,"新农贷""惠农贷""E农贷"3个产品占总新增规模的90%以上,其中"新农贷"占比37.3%。"浙里担"助农融资团队获省财贸工会"工人先锋号"称号。

(省农业融资担保有限公司供稿　周　云执笔)

注:

*"一库一码一平台一应用":即新型农业经营主体库、"浙里担"信用码、"浙里担"数字化服务平台以及供应链金融创新业务应用。

绍兴市越城区"五星3A"美丽乡村——坝山头村

学会协会活动

浙江省财政学会

【开展自主研究】 针对经济社会发展热点问题，开展《东部六省市新基建建设情况的对比分析》《赤字货币化背后的风险逻辑》《东部四省省级财政体制比较分析》《东部六省经济发展情况比较及财政启示》《东部六省财政收入情况比较分析》《全省房地产相关财政收入分析及建议》等研究，并整理《经济发展新形态》《金融业新业态》等多篇热点名词解释。结合新冠肺炎疫情，完成《东部六省市抗击新冠肺炎疫情财政政策比较》。结合新发展格局，完成《双循环的逻辑深意及政策抉择》。聚焦生态功能区的可持续发展问题，整理上下协作课题成果，形成综述《生态功能区可持续发展的财政实践》。

【协助开展联动研究】 配合财政部政研室完成相关课题和研究任务，提交《贯彻落实中央减税降费政策的浙江探索与实践》《全面实施预算绩效管理的浙江实践》《浙江深化财税体制改革的有关情况》等多篇报告。协助中国财政科学研究院完成多项书面调研，提交《浙江开展积极财政政策运行情况》《2020年上半年全省一般公共预算收支情况》等报告。协助中国财政科学研究院开展问卷调研，下发《关于协助做好"企业成本"线上问卷调查的函》到各市、县(市、区)，并组织填报。

【组织开展协同研究】 组织市县围绕"财力薄弱市县可持续发展的财政政策"开展上下协作课题，形成成果14篇，评出一等奖2篇，二等奖3篇，三等奖4篇。组织市县开展课题研究，完成课题90篇，评出一等奖4篇，二等奖16篇，三等奖20篇。

【推进科研成果转化】 将优秀课题汇编成册，公开出版发行《财政改革热点问题探索——2019年浙江省财政课题研究成果汇编》。办好省财政学会会刊《浙江财政研究》，全年出刊6期，宣传科研成果。

【加强学会组织建设】 根据人事变化情况，对学会会长、副会长、理事等领导职务进行届中调整。指导市、县(市、区)财税(会)学会按学会章程有序开展换届工作。

(省财政学会供稿　王镓利执笔)

浙江省会计学会

【概况】 2020年，浙江省会计学会围绕中心、服务大局，组织开展财会理论业务研究、组织"三服务"活动、传承珠心算文化，服务财政中心工作，推动财会事业发展，发挥学会"智库"作用，为经济社会发展提供智力支持和人才保障。

【开展学术研究】 组织财会热点问题课题研究。2020年年初，将财会改革和发展的热点问题通过自行申报立项，落实到有关市县财政部门、财经院校、会计师事务所等单位，完成课题成果63项，内容涵盖智能财务会计、数字化转型下的财务会计、行政事业单位内控制度建设、会计人才和队伍建设、会计诚信体系建设、管理会计等方面。组织专家对2019年完成的课题报告进行评审，将研究成果汇编成《会计实践与探索——浙江省会计科研课题成果》。创办《财会信息》。主要刊登财会改革的热点、难点、疑点问题，以及各地财会改革的经验做法，供厅领导和有关单位参阅，服务财政中心工作，扩大学会影响力。

【举办学术及经验交流会】 举办"财会服务民营企业高质量发展"学术沙龙。围绕"财会服务民营企业高质量发展"主题，在杭州举办学术沙龙活动。学术沙龙共收到来自浙江大学、浙江财经大学、浙江工商大学、浙江工业大学、杭州电子科技大学、嘉兴学院42位专家学者的32篇学术论文。举办省级行政事业单位内部控制建设和财务管理工作经验交流会。来自省级各有关行政事业单位的近200名相关人员参加。邀请省委办公厅、省水利厅、省司法厅、省交通运输厅和省戒毒管理局5家单位分享本单位的先进经验和典型做法，并就省财政厅发布的《浙江省省级行政事业单位内部控制指引》做专业讲解。

【强化"三服务"活动】 组织"三服务"活动走进浦江。2020年8

2020年浙江国际珠心算大奖赛现场

月24—28日，联合浦江县金融办和县财政局在当地举办“2020年浦江县会计人员技术培训班”，600余名当地会计人员参与培训。组织“三服务”活动走进桐乡。组建省会计领军人才服务组和桐乡市配套工作组，2020年7月2—3日，赴桐乡市开展助企融资“三服务”活动，为各方搭建信息平台，为企业解决融资问题提供信息服务。帮助企业解决融资3050万元，解决企业财务问题12项，提供培训服务3次。

【举办珠心算比赛】 举办“2020年浙江国际珠心算大奖赛”。大赛分设杭州、舟山、慈溪、义乌等赛区，由各市会计学会、珠心算协会协同组织，省内外共有85支参赛队、1939名幼儿园大、中班的选手参加比赛。大赛进行现场网络直播，观看点击量超22万人次，浙江少儿频道、钱江频道、中国网、新蓝网等多家媒体对赛事进行宣传报道。举办“2020年浙江省‘心算王’大奖赛”。来自全省的24支代表队82名选手于12月27日在杭州举行总决赛，经听心算、闪电算淘汰赛决出各等级别的心算王。大赛全程由网易新闻进行现场直播，观众观看量达12万人次。浙江少儿频道及浙江新蓝网、中国网等新闻媒体对本届“心算王”总决赛进行宣传报道。

（省会计学会供稿　余丽生执笔）

注册会计师、资产评估行业管理

【助力复工复产】 向全行业发布紧急通知，加强人员追踪管理，实行疫情防控一日一报制度，排查行业从业人员行程及健康状况。印发《关于做好全省执业机构复工与疫情防控相关工作的通知》，推出“抗击疫情三服务”专栏，对中央和地方政府发布的75个疫情防控财税惠企相关政策和文件进行汇编，推出专家视频辅导课程15个，为全省中小企业、纳税人做好涉税服务保障。推行“不见面”服务，做好日常的会员管理，助力行业复工复产。为减轻疫情对行业的负面影响、扶持行业发展，免收2020年全省会计师事务所、资产评估机构省本级单位和个人会员会费共计2968万元，为全国首个出台会费免费政策的省份。

【强化技术支撑】 组建政府购买服务业务专家委员会，制定三年行动计划，率先发布全国首个《财政资金绩效评价业务基本指引（试行）》，规范行业开展财政资金绩效评价业务，强化第三方机构参与绩效评价业务操作规范，助力全面预算绩效管理。发布《高新技术企业认定专项审计“十问十答”》，解决行业执业中的热难点问题，指导行业从事高新企业的认定实务。发布《高新技术企业认定专项审计的风险提示》，提醒从业人员防范审计风险，提升高新专项审计质量。发布《函证相关问题的关注》，列举实施函证程序中的常见问题，提出应对措施，指导会计师事务所更好开展年报审计工作，提升专项审计质量。

【注重人才培养】 以“考生友好型”为导向，做好疫情防控下注册会计师、资产评估师两大类考试。结合2020年新冠肺炎疫情防控实际，考前与省大数据局对接，获取考生健康码数据，向无浙江省健康码的相关考生群发短信，提醒获取健康码以参加考试。开展注册会计师考试报名考务费电子化票据接口开发和考务平台建设，报名交费考生实现在线获取电子票据，全省注册会计师考试报名工作实现全程电子化。2020年，全省注册会计师考试报考专业阶段考试95512人、266190科次，分别增长5.0%和6.7%；报考综合阶段考试3403人，增长21.1%。全省资产评估师考试报名人数3535人，报考科次9272科次。开展首期全省注册会计师行业后备管理人才培养项目，选拔行业内50名优秀中青年骨干合伙人进行为期2年的跟踪培养。搭建平台，组织全省主任会计师和资产评估机构负责人专项培养，培训内容涵盖五中全会精神、新《证券法》下的资本市场注册制、中介机构备案制改革及其法律责任等。

【严格执业监管】 与省财政厅监督局、会计处联合组织开展会计师事务所执业质量检查。全年对71家会计师事务所进行年度执业质量检查，对5家会计师事务所和15名注册会计师予以行业惩戒；开展全省33家资产评估机构自律检查，对其中6家存在质量问题的机构予以行业惩戒或约谈。加强日常监管和专项检查，处理各类投诉举报，全年处理注册会计师行业投诉举报9起、资产评估行业投诉举报3起。首次与浙江证监局签署合作监管协议，建立“信息共享、沟通协调、专业合作”三大机制，增强监管合力，查处辖区会计师事务所的违法违规行为，推动辖区注册会计师审计质量提升。联合召开全省证券服务执业机构座谈会，提升资本市场审计质量。组织召开《会计师事务所质量评估和分级分类办法（征求意见稿）》专题研讨会，收集会计师事务所相关意见建议。对接省国资委相关处室，就省属企业评估机构备选库问题提出意见建议并进行沟通协调。

【推进增值服务】 搭建行业人才供需平台，在浙江财经大学举办行业2020年专场校园招聘会，72家执业机构为高校毕业生提供2800个岗位。组织会员开展疗休养活动2期，结合“红色引擎促发展”专题活动，组织会员就近参观红色教育基地，接受爱国主义教育。举办茶文化品鉴课堂，丰富会员文化生活。为行业因病困难人员发放关爱基金，解决行业会员实际困难。慰问33名“抗疫”一线会员家属。

【加强行业宣传】 加强会刊编印工作，完善网站、微信公众号建设，加强《浙江注册会计师》期刊编印工作，提升期刊质量。利用网站和公众号等“窗口”，提升行业影响力。公布2019年度业务收入前50家会计师事务所、年度业务收入前30家资产评估专业类别机构、业务收入前10家其他评估专业类别机构的信息，提升全省会计师事务所和资产评估机构影响力。

（省注册会计师协会供稿　孙　杰执笔）

市县（市、区）财政工作

zhejiang caizheng nianjian

杭州市财政工作

杭州市

【概况】 2020年,杭州市实现地区生产总值16105.83亿元,按可比价计算,增长3.9%。其中:第一产业增加值326.22亿元,下降1.1%;第二产业增加值4820.54亿元,增长2.3%;第三产业增加值10959.07亿元,增长5.0%。三次产业结构比为2.0∶29.9∶68.1。按常住人口计算,全市人均GDP 136617元。实现货物进出口5934.16亿元,增长5.9%,其中出口3693.23亿元,增长2.1%。数字经济核心产业增加值4290.03亿元,增长13.3%。全市常住居民人均可支配收入61879元,增长4.4%,扣除价格因素实际增长2.3%。按常住地分,城镇居民人均可支配收入68666元,增长3.9%,农村居民人均可支配收入38700元,增长6.7%,扣除价格因素实际分别增长1.8%和4.5%。全市财政总收入3854.19亿元,增长5.6%。全市一般公共预算收入2093.39亿元,增长6.5%。其中市区一般公共预算收入2002.17亿元,增长6.5%;市本级一般公共预算收入295.31亿元,增长12.4%。全市一般公共预算支出2069.66亿元,增长6.0%。其中市区一般公共预算支出1877.24亿元,增长5.5%;市本级一般公共预算支出370.17亿元,下降3.9%。全市各级财政收支平衡。

【组织财政收入】 做好收入预测分析。建立健全收支月报制度,与税务部门建立沟通协调机制,做好收入监控和研判。提升收入质量。全市一般公共预算收入占GDP的13.0%;一般公共预算收入占财政总收入的54.3%;税收收入1978.60亿元,增长10.5%,收入占一般公共预算收入的94.5%,居全国副省级城市首位。加强非税收入征管。做好非税收入预测,按规定加强非税收入缴库、拨付、清算及退付等工作。全市完成非税收入3830.50亿元,其中纳入一般公共预算管理的非税收入114.79亿元。

【保障疫情防控】 按照中央、省、市防控工作部署,做好经费安排、政策支持、财政服务。成立疫情防控工作领导小组,建立市区县联动、部门协同、条块结合的工作机制,全市筹集调度拨付防疫资金20.64亿元,保障疫情防控经费需求。落实中央、省、市各项政策措施,加强与防疫一线部门的协同联动,优先保障医疗救治、卫生防疫、医疗物资、一线医护人员补贴等重点支出。疫情期间开辟物资采购、资金支付、捐赠票据开具3条数字化"绿色通道",推广"不见面、少接触、网上办"服务模式。

【助力复工复产】 落实国家减税降费政策,通过阶段性减免社保费、增值税留抵退税、稳岗补贴、减租减息等政策,减轻中小微企业、个体工商户和困难行业企业负担。组建工作专班,对接相关部门,加强政策解读,指导督促基层落实中央省市各项惠企政策。推动"亲清在线"平台建设运行,"1+12"惠企政策"一键直达"。落实省级分配的中央直达资金61亿元,第一时间下达各区县(市)、批复至各预算单位,确保直达基层。搭建纾困惠企直达专线,实现小微企业和个体工商户补助资金"瞬间秒兑"。争取新增政府债券324.10亿元,加快使用进度,拉动有效投资。发放消费券和困难群众消费补贴5.00亿元,推动餐饮、文化、旅游等行业复苏。市本级财政投入38.88亿元,保障"鲲鹏计划""凤凰行动""雄鹰行动""雏鹰计划"实施,推动新零售、直播电商、快递行业等加快发展,支持外贸企业拓市场、避风险。落实人才新政,支持稳就业,助力打造优质营商环境。

【推进数字化转型】 深化"移动办、云上办、随时办"模式,构建"智慧财政"平台。对接杭州城市大脑,推进"财政驾驶舱"建设,强化数据分析利用,提升数据实时性、有效性。上线电子票据应用场景,全年开通电子票据单位家数、电子票据开具数量、开票总金额等指标均居全省第一。推进资产条码化管理,实现固定资产全生命周期动态管理。在省内率先推行政府采购全流程电子化招投标,降低企业制度性成本。深化公共支付平台应用,推进缴费"一次也不跑"。开展"助万企、帮万户"活动,组建"惠企政策服务、预算单位服务、党员志愿服务"直通车,打造财政"云直通"品牌,整合财政、税务、银行专家团队,推动"服务上云、云上问诊",线上解读惠企政策和预算政策,帮助企业纾困解难,实现区(县、市)服务全覆盖。

【市域统筹发展】 推进全市域融入长三角一体化发展和大湾区大都市区建设,打造全国"数字治理第一城",提升城乡功能品质。推进重大基础设施建设。市本级财政投入154.53亿元,支持城市快速路、铁路、公路、水运、地铁、国际航线等城市综合交通运输体系建设,加强钱塘江流域上下游和跨界水体水环境治理,推进八堡排涝、闲林水库、梅城古镇水系综合治理等重大水利工程建设。推进城市环境面貌改善。市本级财政投入29.03亿元,推进城市公交场站、市政设施、截污纳管、园林绿化、拥江绿道、四好农村路等建设,助力国家住房租赁市场发展试点示范建设,支持老旧小区改造,推进城乡居住品质提升,助力治气治水治废,推进生态文明建设。推进农业农村现代化。市本级财政投入23.26亿元,通过"大专项+任务清单+绩效目标"模式,支持各地优势特色农业产业发展和"米袋子""菜篮子"工程,促进低收入农户增收,助力完成消薄增收计划。推进东西部扶贫协作、对口支援、山海协作,帮扶湖北恩施州、贵州黔东南州如期脱贫。

【增进民生福祉】 全市一般公共预算民生支出1583.61亿元,增长3.1%,占比76.5%,连续14年获得"中国最具幸福感城市"。

保障十件民生实事。全市统筹财政资金78.50亿元,保障农民饮用水提标、老旧小区综合改造提升、残疾人家庭无障碍设施改造、居家养老等十件民生实事。推动教育文化事业发展。市本级财政投入59.98亿元,强化教育基础设施建设,保障教师工资待遇,推动基础教育全域优质均衡发展。市本级财政投入16.36亿元,保障杭州书房、农村文化大礼堂、公共图书馆"一键借阅"和"你点我演"等文化惠民工程,加强历史文化遗产保护,推进全民体育设施建设。完善社保救助体系。市本级财政投入73.62亿元,加强低保救助、儿童关爱、扶贫帮困等基本保障,加快福利院、老年活动中心、特殊康复中心等社保资源布局。推进居家养老服务中心、养老机构床位建设、家庭适老化改造等项目,助力"幸福养老"。支持卫生健康事业。市本级财政投入37.70亿元,健全重大疫情响应机制,完善院前急救体系,提高基层医疗服务能力,增强整体医疗服务救治能力。优化医疗资源布局,加强疾控中心、卫生服务站和新医院建设。

【深化财政改革】 推进阳光财政建设。贯彻落实预算法及其实施条例,推进财政治理体系治理能力现代化。出台政府采购正负面清单,完善代理机构诚信体系建设。连续9年获政府采购"年度创新奖"。强化预决算公开。完善财政体制机制。推动建立淳安特别生态功能区省市县三级共担机制,完善水资源费分成机制,推进千岛湖流域生态保护。调整西溪湿地管理体制,促进西湖西溪一体化保护提升。建立重大项目建设专项资金筹措机制,保障轨道交通等重大项目建设。防范化解政府隐性债务风险,遏制新增隐性债务。严格财政支出管理。按照"以收定支、量入为出"原则,建立财政资金"统筹使用、总量控制、申请评估、过程检查、结果评价"全生命周期管理制度。落实过"紧日子"要求,"三公"经费压减5%以上、部门预算压减整合10%、专项资金压减整合20%,压减资金集中用于抗击疫情、促进发展等。优化预算绩效管理。建立涵盖预算全过程各环节的绩效闭环管理体系。探索人才新政、乡村振兴、老旧小区整治等重大扶持政策的全生命周期绩效管理。开展重大政策事前绩效评估,落实分类管理和绩效执行"双监控"机制,加强对重点领域和关键环节预算绩效管理评价,提升绩效管理水平。服务人大审查监督。深化人大预算联网监督实时共享机制,推进部门预算草案"三审"制向专项资金和重点政策拓展。承办人大代表建议63件、政协委员提案89件,全部按时办理完毕,办结率、见面率、满意率保持100%。推进事业单位机构改革。制定涉改市属事业单位经费保障、财务及资产管理相关办法,理顺单位分类经费保障机制,规范事业单位收支预算管理,推进事业单位规范整合。

【加强队伍建设】 建立"镇街吹哨、财政报到"工作机制,对接镇街村社,开展"党员到一线"固定主题党日活动,组织党员支援社区一线,党员干部参与社区一线疫情防控累计539批共1092人次,被西湖先锋、学习强国平台报道。采用"线上学习+线下考试+展示评比"方式开展新技能比武,全局240名干部参加。举办"业务小课堂"展评,22位干部制作主题课程。市财政局下属事业单位从原来的8家整合为5家,完成事业单位人员转隶75名,按规定调整事业单位职能与岗位设置,做好领导班子配备、人员聘任等工作。深化全市财政系统全面从严治党工作,加强党风廉政建设和反腐败工作组织领导,明确责任分工,落实主体责任。全年组织党组党风廉政建设专题研究学习8次。班子成员到所在支部为党员干部上廉政党课,落实廉政谈话制度。召开警示教育总结分析会,班子成员对分管领域廉政风险排查、内控机制建设进行分析。开展"以案示警、以案为戒、以案促改"专题警示教育,撰写体会文章221篇,人人签订《党风廉政承诺书》。制定和完善廉政风险清单,形成《廉政风险防控措施制度目录清单》28张共230条,修订防控措施559项、防控制度455个。

(杭州市财政局供稿　刘　淮执笔)

注:

*"1+12"惠企政策:"1"是指贯彻落实党中央、国务院和省委、省政府出台的一系列政策举措,"12"是指杭州市推出的12项新举措。

上城区

【概况】 2020年,杭州市上城区实现地区生产总值1192.06亿元,按可比价计算,增长1.8%。其中:第二产业增加值411.54亿元,增长3.4%;第三产业增加值780.52亿元,增长0.8%。一、二、三产业结构比为0:34.5:65.5。按常住人口计算,人均生产总值为332976元,增长1.7%。全区财政总收入160.57亿元,下降3.2%,其中一般公共预算收入79.46亿元,下降6.7%。全区一般公共预算支出52.43亿元,下降0.2%,其中区本级一般公共预算支出43.00亿元,增长3.2%。全年财政收支平衡。

【组织财政收入】 强化财政收入分析。按月开展分税种、分行业、分区块收入分析,把握收入节奏。加强统筹协调,落实财政税务部门联席会议制度,建立信息相互沟通、数据相互交流、情况相互通报的工作机制。巩固财政收入质量。一般公共预算收入占GDP的6.7%,占财政总收入的49.5%。一般公共预算收入中,税收收入75.87亿元,下降6.9%,占一般公共预算收入的95.5%。完善非税收入征管。推进统一公共支付平台应用,加强三方资金清算管理,提高资金结算效率。规范行政事业性收费管理,动态更新并公开上城区行政事业性收费目录清单。全年组织非税收入4.79亿元,其中纳入一般公共预算管理的非税收入3.59亿元。

【保障疫情防控】 健全防疫经费管理机制,出台区应急专项资金管理办法，规范疫情防控资金的使用管理。坚持“急事急办、特事特办”原则，畅通资金拨付和政府采购“绿色通道”，落实疫情防控资金3202万元，保障防控物资、隔离点、核酸检测、一线人员等相关经费需求。

【支持经济发展】 释放惠企政策红利。落实推进企业复工“双十条”政策*，牵头制定上城区稳企业稳经济稳发展35条政策*，推进“亲清在线”数字平台应用，兑付惠企利民资金8.10亿元，减免经营性房产租金1.07亿元，减税降费26.43亿元。优化区域营商环境。推动政府采购全流程电子化，节省企业采购文件获取、投标文件制作、交通住宿等费用930万元。落实取消投标保证金及降低履约保证金缴纳比例政策，减少占用企业资金1.24亿元。支持人才引进和培育。投入财政资金1.36亿元，落实高层次人才安家补助、大学生创业资助、来杭工作全球本科及以上学历应届毕业生一次性生活补贴等人才引育政策。

【增进民生福祉】 全年全区民生保障和社会事业支出38.82亿元，增长6.7%，占一般公共预算支出的74.7%。支持教育事业发展。投入11.75亿元，支持教育基础设施建设和提升改造，保障教师工资待遇不低于公务员水平，推进教育优质均衡发展。支持卫生事业发展。投入2.61亿元，健全疫情响应保障机制，推进社区卫生服务用房标准化提升改造，保障爱国卫生运动开展，支持上城区通过国家慢性病综合防控示范区及全国基层中医药先进区复评。支持社会保障事业发展。投入8.11亿元，加大重点人群帮扶力度，最低生活保障标准由每人每月1041元/人·月调整提高至1102元/人·月、特困人员基本生活标准由每人每月1734元调整为每人每月1837元。支持文化事业发展。投入6649万元，支持举办“御见清河坊·宋韵最杭州”2020南宋文化节、吴山庙会等活动，推进南宋书房、刘江艺术馆、上城区非遗展示馆等文化阵地建设。支持脱贫攻坚。投入1.52亿元，保障打赢脱贫攻坚战，推进东西部扶贫协作和对口支援，贵州雷山、湖北鹤峰实现脱贫摘帽。

【深化财政改革】 推进全面预算绩效管理改革。强化预算绩效管理，落实预算资金跟踪问效机制，首次采用“单位交叉互评”形式开展2019年部门项目绩效自评及抽评工作，组织7家单位对本单位之外的项目开展复评。健全绩效目标实现程度和预算执行进度“双监控”机制，督促进度滞后或目标完成不佳的项目单位及时改进。开展2020年度部门项目绩效监控工作，实现部门及项目全覆盖。探索财政运行综合绩效评价机制，选取望江街道作为试点开展街道整体绩效评价，强化预算约束。推进财政数字化转型。推动财政票据电子化改革，全区191家用票单位全部开通财政电子票据，实现群众和企业办事缴款取票全流程线上办理，累计服务252万人次。优化群众就医流程，推动财政、卫健、社区卫生服务中心三方数据交互共享，全区7家医疗机构38个站点全部接入财政医疗电子票据管理平台。推进“最多跑一次”改革。推进机关内部“最多跑一次”改革，梳理部门间财政办事事项46项，完善线上办理权限与流程，压缩业务办理时限，全年线上办理事项517件。

【强化财政监管】 强化财政支出管理。制定《关于贯彻落实“过紧日子”严守“三保”底线的通知》《关于进一步加强和规范会议、培训、活动和视频制作管理的通知》，严控行政经费和一般性支出，“三公”经费下降26.3%。压减盘活非刚性、非急需支出1.36亿元，统筹用于保障疫情防控和惠企利民等重点工作。强化财政监督检查。落实监管责任，开展预决算公开情况、疫情防控期间国有企业落实房租减免措施情况、2019年度财政扶贫资金和基层财政资金管理情况、违规实施单一来源采购(直接发包)问题情况等多项检查。强化政府投资建设项目管理。牵头制定《上城区政府投资建设项目概(预)算管理办法(试行)》，规范政府投资建设项目管理，全年完成投资项目控制价审核19项，净核减7000万元，净核减率9.2%。建立超常规项目预决算第三方审核结果复核机制，节约成本600万元。强化政府债务管理。推进隐性债务化解工作，落实全过程债务监控管理机制，将隐性债务化解考核纳入综合考评，年度化债任务完成率289.5%。全年新增地方政府债务限额2.00亿元，其中新增一般债务限额1.00亿元，新增专项债务限额1.00亿元，保障杭州市钱学森学校建设、飞云江路道路整治工程、复兴路道路提升改造工程、城镇老旧小区改造等重点项目建设。

【加强队伍建设】 推动党员学习教育常态化制度化，全年组织党委理论中心组学习12次，围绕十九届五中全会、中国共产党成立99周年、民法典等主题开展宣教活动。制定《杭州市上城区财政局公务员平时考核办法(试行)》，组织财政干部下沉疫情防控、复工达产一线，累计开展社区志愿服务492小时，走访企业356家，收集并解决企业问题17项。全年开展一般性提醒谈话14人次，日常谈心谈话56人次。专题研究部署党建和党风廉政建设工作12次，制定年度廉政风险排查防控工作实施方案，梳理排查议事决策类、权力运行类、制度机制类、工作流程类、岗位履职类、纪律作风类等风险点17项，出台风险防控制度10项。

(杭州市上城区财政局供稿　黄怡雯执笔)

注：

*企业复工“双十条”政策：上城区出台《上城区有序推进企业复工10条政策》及《上城支持小微企业渡过难关10条意见》，支持企业有序复工复产，强化疫情防控。

*稳企业稳经济稳发展35条政策：上城区出台《全力稳企业稳经济稳发展若干政策意见》，围绕加快企业复工复产、帮助企业降本减负、鼓励企业做大做强等八个方面制定35条举措。

下城区

【概况】 2020年,杭州市下城区实现地区生产总值1134.38亿元,按可比价计算,增长8.0%。其中:第二产业增加值46.85亿元,增长8.3%;第三产业增加值1087.53亿元,增长8.0%。三次产业结构比例为:0:4.1:95.9。按常住人口计算,人均生产总值23.2万元,增长9.2%。全年实现财政总收入145.68亿元,下降16.8%。全区一般公共预算收入81.23亿元,下降15.9%,占财政总收入的55.8%,占地区生产总值的7.2%;其中税收收入76.01亿元,占一般公共预算收入的93.6%。全区一般公共预算支出54.30亿元,增长22.2%。全年财政收支平衡。

【组织财政收入】 加强组织收入。牵头成立税务专班,全年完成调整财政总收入预算的102.0%;完成调整一般公共预算收入的102.5%。支持涵养税源。健全安商稳商问题督办机制,强化区领导、部门、街道走访联系和分级分类协调。全年转入企业1825家,2020年实现入库税收收入6205万元。"找新挖潜"入库一次性收入4.92亿元。强化非税收入征管。坚持依法征管和应收尽收,全年征收非税收入6.05亿元,减少43.5%(受上年度地铁集团退税3.9亿元纳入公安罚没收入,以及因新冠疫情影响导致教育费附加、国有企业经营利润、彩票收入等因素影响),其中纳入一般公共预算管理的非税收入5.22亿元。

【推动经济发展】 助力"两战两赢"。出台《下城区关于支持小微企业共渡难关的十条意见》《下城区助力企业复工复产劳动用工十项举措》,牵头做好"亲清在线"平台政策兑现工作,全年兑现各项惠企政策资金7.20亿元,惠及企业和个人逾83000家(人)次,其中"亲清在线"平台线上兑现资金3.38亿元。全年拨付"两直"资金2.48亿元,加大对经营困难企业和困难群众的帮扶力度。强化政策支撑。深化数字经济"一号工程",落实《杭州市下城区人民政府关于促进数字经济产业发展的实施意见》。完善有关推动企业上市、跨贸小镇以及特色园区建设等政策办法,推动新兴产业发展。完善人才生态"黄金30条"配套文件,安排人才专项资金3.47亿元,增长80.0%。优化企业服务。结合"走亲连心三服务""驻企服务员"等载体实时响应企业需求,全年累计走(电)访企业950余家次,解决问题150余个。

【强化民生保障】 2020年,全区民生支出43.89亿元,增长17.1%,占一般公共预算支出的80.8%。推动城区环境改善。安排城建综合管理支出5.88亿元,推进老旧小区改造以及美丽小巷、加装电梯、公厕改造、二次供水、雨污分流等基础设施提升,加大河道、道路、教育配套及安置房项目建设力度。完善社会保障体系。安排社会保障和就业支出10.86亿元,加大困难群体生活帮扶和重点人群就业扶持力度,提高城市居民最低生活保障和重度、困难残疾人保障水平,加强街道级综合为老服务中心建设。推动教育事业发展。全年教育发展支出11.89亿元。开工建设校园3所,竣工校园4所,改造校园2所。加大教育信息化建设,提高教师待遇,完善小学学后托管服务。夯实社会治安基础。安排公共安全支出6.18亿元,推进"雪亮工程""智安小区"建设,加强公共场所无线上网管控系统和刑侦部门各项硬件设施建设。推进公共文化建设。安排公共文化支出0.98亿元,推进社区文化家园和城市书房建设,推动10分钟文化圈、健身圈全覆盖。推进新天地、武林之星等文旅融合活力区以及武林文化长廊、武林艺术商圈建设。提升公共卫生服务水平。安排卫生健康发展支出3.17亿元,提升大健康治理能力,优化医疗资源布局,改造社区卫生服务中心3家、社区卫生服务站4家。强化3岁以下婴幼儿照护服务试点建设。

【深化财政管理】 深化预算管理改革。坚持集中财力办大事,优先确保基本运转支出、民生支出和全区重点工作。开展招标控制价审核项目30个,送审金额18.28亿元,核减金额5616万元。推行财政电子票据改革,全区173家行政事业单位均已开通电子票据。加强预算执行监管。深化预算执行动态监控管理,将部门间转款、单位内部转款、提现超额、"三公"经费、会议培训费等支出列入重点监控范围。调整财政专户、集中户和基金专户的核算方式,规范各账户资金管理和存放。完成财政总决算、部门决算和政府财务报告汇审工作。落实政府过"紧日子"。推进"六稳六保"、疫情防控和经济社会发展等资金保障工作,实现各部门"三公"经费压减5%以上、部门一般性支出压减整合20%,盘活财政存量资金6.07亿元。加强财政监督检查。开展基层财政资金安全及财政扶贫资金的专项检查,涉及金额1.01亿元。抽取5个项目开展整体绩效评价,涉及资金总额2.56亿元。下城区"2018年度社会组织发展专项资金项目"在杭州市财政局组织的"2019年度财政绩效评价项目质量评优工作"中获评"优秀"。优化政府采购管理。推广政府采购电子化交易,建立采购资金预付制度,试点开展采购意向公开。落实政府采购扶持政策,鼓励各部门预留本年度政府采购项目预算总额的30%以上面向中小企业采购。配合区纪委完成全区单一来源采购专项检查,抽查单位12家,涉及采购项目51个,涉及资金7000余万元。防范政府债务风险。建立新增地方政府债务限额及债务收支情况定期公开的常态机制,下城区2020年债务率为44.5%,属绿色低风险地区。完成年度化债任务和三年化债目标,下城区成为浙江省首个政府隐性债务实现清零区(县市)。牵头成立政府专项债券申报工作专班,2020年度发行专项债券项目18个,募集资金18.00亿元。

【加强队伍建设】 强化党的政治建设。全面落实从严治党主体责任和"一岗双责"。贯彻习近平总书记考察浙江、杭州时的重要讲话精神,落实党的十九大和十九届四中、五中全会精神以及省委、市委全会精神。强化党建品牌建设。推动"党建+"模式探索与创新，以项目化管理为主线，将党建引领注入到服务基层、服务社区、服务企业和带动行业党建发展中，激发党建和业务的“同频共振”。局党总支连续3年被评为下城区“五星级”党组织，连续2年被评为下城区先进基层党组织。强化党内作风建设。开展巡视巡查问题“回头看”，做好局内日常巡检、干部政治体检以及内控制度建设。树立正确用人导向，规范干部提拔任用，开展“干事创业好团队”“担当作为好干部”评选工作，局机关二支部书记获评市委组织部“最强领头雁”季度之星称号。

（杭州市下城区财政局供稿　裘文彬执笔）

注：

*“两战两赢”：指同时打赢“疫情防控”和“复工复产”两场战役，实现疫情有效防控和经济社会平稳健康发展的目标。

江干区

【概况】　2020年，杭州江干区实现地区生产总值1026.53亿元，按可比价格计算，增长5.0%，其中：第二产业增加值140.14亿元，增长3.7%，第三产业增加值886.39亿元，增长5.3%。三次产业结构比0∶13.7∶86.3。按常住人口计算，人均地区生产总值107942元，按可比价计算，增长2.4%。全年财政总收入196.69亿元，增长3.0%；其中一般公共预算收入107.66亿元，增长3.8%。全区一般公共预算支出65.88亿元，下降0.9%。全年财政收支平衡。

【组织财政收入】　加强收入组织。分析疫情对财政收入的影响，根据防疫抗疫、复工复产新增支出等情况，制定财政收支平衡预案。落实收支月报制度，完善收支月报内容和结构，联动税务部门加强收入监控和分析研判。巩固收入质量。一般公共预算收入占GDP的10.5%，下降0.4%；一般公共预算收入占财政总收入的54.7%，增长0.4%；一般公共预算收入中税收收入104.30亿元，增长3.2%，占比96.9%。强化非税征管。梳理非税收入项目，核定新增单位执收项目和新增收费项目，公开行政事业性收费目录。督促相关单位落实取消、停征或减免的收费项目和上级清费减负政策，完成疫情期间教育收费退付工作，累计退还保教费和住宿费1334万元。全年征收非税收入7.10亿元，增长4.4%，其中纳入一般公共预算管理的非税收入5.36亿元。

【支持抗疫助企】　保障防疫抗疫。建立疫情防控工作机制，落实相关防疫政策，支出6406万元用于保障医疗救治、卫生防疫、医疗物资采购等工作。开通政府采购“绿色通道”，建立防疫物资准备金100万元，调度基层防疫资金4500万元，疫情期间提供全天候财政业务支撑。获批“两直”资金3.50亿元，用于疫情防控和稳定市场主体。落实惠企政策。设立江干区政策兑现办公室，实现省、市、区三级暖企政策企业“跑零次”、资金“一日达”；保障惠企政策上线“亲清在线”平台，实现国家高新技术企业、蓝领公寓、中小企业融资担保等16个财政补助项目资金线上兑现。全年落实“五减”共克时艰行动等税费优惠69.69亿元，兑现各级扶持资金12.20亿元。推进房租减免。出台区属国有经营性房产房租减免政策，调动业主型企业承担社会责任积极性，扩大惠企范围，以30倍杠杆撬动社会力量，共计减免、缓交房租6.50亿元。提升为企服务。谋划江干区四套班子领导“走亲连心三服务”复工复产企业走访方案，解决企业复工复产实际困难。开展“云直通”服务活动，联动税务部门、金融机构与辖区196家企业云上对话，线上线下解答问题42个，实现惠企政策线上解读、线下跟进。

【保障民生事业】　全年民生支出69.62亿元，增长9.2%，占一般公共预算支出的84.5%。推进教育事业发展。全区教育支出17.13亿元。推进教育资源均衡发展，提升教师待遇，创新办学模式；扶持民办幼儿园提升改造，新增公办初级中学1所、小学2所、幼儿园6所。支持公共文化事业发展。全区文化体育与传媒支出9883万元。打造文旅品牌，支持海塘博物馆建设、亚运场馆提升改造；支持钱塘江文化节、文化惠民巡演等活动；创新文化促消费，支持直播带货新模式，开展“文体旅消费月”“十年综合体消费在江干”等活动。支持公共卫生服务能力建设。卫生健康支出3.61亿元，用于疫情防控、医疗设备购置、妇幼保健和计生服务等，新增婴幼儿照护服务机构6家、托位178个。深化社会保障和就业。社会保障和就业支出7.32亿元。保障基层治理和服务创新，支持社会公益创投；保障养老服务业发展，支持居家养老服务、智慧养老、社区养老照料中心建设等重点项目，惠及老人2.4万人；落实人才生活补贴，灵活就业、公益性岗位补助等民生政策；维护残疾人权益，支持残疾人之家建设。支持生态环境改善。节能环保支出8357万元。保障区属市政设施养护、垃圾处置、清水排涝建设等重点项目，推进生态文明建设。支持平安建设。区财政统筹安排5.60亿元用于“在线警务”等社会治理工作。

【支持城市建设】　保障区块开发。加快经营性土地征迁、收储、招商和出让，加快土地出让金返还，全年返还出让金60.29亿元，保障区块开发建设。争取政府债券。建立政府专项债券项目储备库，争取各类债券额度和资金补助，获批2020年新增地方政府专项债券7.50亿元，用于老旧小区综合改造提升等公益项目。提升城市环境。推进“五水共治”“垃圾分类”等行动，投入4.33亿元保障垃圾清运、“污水零直排”建设等项目实施。

【深化财政监管】　深化绩效管理。开展“医养护一体化有效签约”监督检查项目和“社区配套用房奖励经费”重点绩效项目“回头看”，实施江干区卫健局、凯旋街道预算整体绩效评价项目，指导部门绩效自评，完成财政专项资金检查和部门预决算公开检查工作。落实考核激励。支持江干区月度经济运行评价指数（MEI）考核奖励机制，兑现1200万元，调动街道和部门发展经济积极性。推进数字化管理。推进预算管理一体化,实现预算管理、国库集中支付、采购云、非税收入管理等多平台贯通,提高财政工作效率;推进财政电子票据改革,311家行政事业单位和社会团体开通电子票据,覆盖率100%,其中8家社区卫生服务中心上线医疗电子票据。加强支出监管。制定《关于落实"过紧日子"确保财政收支平稳运行的通知》《关于落实政府"过紧日子"进一步压减预算支出的通知》,压减政府非刚性、非重点支出3.11亿元,统筹结余结转资金5812万元,用于"六稳""六保"重点事项。强化资金监控。完善部门政府采购动态监控规则,深化政府采购行为规范,提高财政资金使用效益。新增"两直"资金动态监控规则,保障"两直"资金支出合规性和安全性。深化债务管理。建立健全新增债券使用情况通报机制,定期向区政府报送债券资金使用情况,将建设主体责任考核纳入综合考评,提高债券资金使用绩效。调度财政间隙资金15.60亿元,用于杭州钱塘智慧城投资开发有限公司和中宸建设发展有限公司化解隐性债务,降低融资成本,推动融资平台完成市场化转型。实行全过程债务监控管理,完成年度化债目标112.7%。

【加强队伍建设】 建立党风廉政建设目标任务和清单,明确党风廉政建设责任内容83项,层层签订党风廉政建设责任书。开展党风廉政风险点排查,查找风险点22处,制定防范措施52条。开展"迎七一参观市党群服务中心""湘湖竞技党建团建"等红色活动,组织全局干部赴杭州东站、德胜高速道口等重要点位参与疫情防控志愿服务。完善年轻干部"选育管用"四个链条培育体系,制定"财青论坛"实施方案,组织主题论坛比武,开展经济热点、公文写作等专题讲座。

(杭州市江干区财政局供稿 鲍健宇执笔)

拱墅区

【概况】 2020年,杭州市拱墅区实现地区生产总值668.60亿元,按可比价格计算,增长0.1%。其中:第二产业增加值125.40亿元,下降4.5%;第三产业增加值543.20亿元,增长1.6%。三次产业结构比为0:18.8:81.2。按常住人口计算,人均生产总值为110148元,增长4.1%。全区财政总收入154.39亿元,下降4.7%,其中地方一般公共预算收入86.73亿元,下降4.9%。一般公共预算支出47.43亿元,增长12.7%。全年财政收支平衡。

【组织财政收入】 加强收入监测分析。强化财税联动对接,健全街道收入考核机制,开展房地产、制造业、批发零售业、信息传输业等重点行业、重点企业调研,推动税源维护和回归工作,促进财政收入向好回暖。巩固收入质量。一般公共预算收入占GDP的13.0%,占财政总收入的56.2%。一般公共预算收入中,税收收入81.32亿元,下降5.4%,占比93.8%。规范非税征收管理。开展非税收入征收测算,加强非税收入目录清单管理。全年实现政府非税收入6.73亿元,其中纳入一般公共预算管理的非税收入5.41亿元。

【支持疫情防控】 加强资金物资保障。全年落实资金1.01亿元,保障卫生防疫、医疗物资采购等工作,出台拱墅区防控经费管理办法。牵头拱墅区疫情防控工作领导小组后勤保障组工作,开通疫情防控物资采购"绿色通道",制定疫情防控物资管理办法,规范防疫物资领用、审批和发放程序。助力企业复工复产。制定拱墅区企业复工复产政策兑现申报指南,出台拱墅区国有经营性房产房租减免操作细则,为1118家企业减免房租6951万元。加大对汽车消费、文旅企业、外贸企业等特定行业企业的扶持力度,全年落实惠企资金10.74亿元。依托"亲清在线"平台加快政策兑现,落实中央"两直"资金。

【推动经济发展】 推进产业基金运作。拱墅产业基金2.0版,推出规模30.00亿元,下设"直投子基金""主题子基金""非定向子基金"三个模块,促进科学分类管理。优化融资担保服务。拱墅区中小企业融资担保有限公司担保费率下降20.0%,担保发生额增长58.0%。加大街道风险池基金信贷支持力度,为187家企业提供授信3.55亿元。深化政府采购信用融资,签订贷款融资合同14个,授信金额2200万元,节约企业融资成本50万元。促进直播经济发展。根据拱墅区"六大产业中心"*建设战略目标,区财政部门牵头打造"直播电商产业中心",推进"一核两街多点"*的产业空间布局。通过扶持直播产业集群、加大财税金融支持等举措,促进区域"直播经济"新业态发展。

【保障民生事业】 全区民生支出40.02亿元,增长13.4%,占一般公共预算支出的84.4%。支持教育事业发展。投入教育支出16.04亿元,提升各学段教师待遇,优化教师梯度培养体系,推进名校培育提升工程,推动教育数字化转型,支持中小学教育教学改革。推进公共文化服务均等化。投入文化旅游体育与传媒支出5942万元,助力运河文旅品牌建设,提升区域内人均藏书量,推动公共场馆免费开放,支持非遗传承活动开展、非遗成果编撰和传统工艺工作站建设,助推传统文化传承保护。完善社会保障体系。投入社会保障和就业支出6.90亿元,保障应届高学历毕业生生活补贴、杭州人才码、安置就业、拥军优抚等政策落地,支持"互联网+养老"服务全覆盖,落实困难群体民生兜底,推进"新时代枫桥式退役军人服务站"创建。提升公共卫生服务水平。投入卫生健康支出3.21亿元,构建重大疫情防控救治体系,保障公共卫生、疾病防控、卫生监督、精神卫生等事业开展,助力打造"阳光小伢儿"婴幼儿照护品牌,深化基层医疗机构补偿机制改革。推动环境改善和城市建设。投入城乡社区支出4.56亿元,保障垃圾分类、道路保洁、公厕管理、绿道建设、污水零直排等工作,支持老旧小区加装电梯工程、老旧小区物管改善、旧住宅区改造,加强交通治理和盲区暗点整治。

【深化财政改革】 推进预算管理改革。健全预算标准体系。推行国库集中支付电子化管理。推进预算招标控制价审核工作，完成施工图预算审核项目4个，送审总投资7908万元。落实全面预算绩效管理。出台事前绩效评估、项目支出绩效管理、绩效运行监控管理等制度文件，完成重点绩效评价项目12个，开展部门整体绩效评价试点，推行街道财政运行综合绩效评价机制。推进财政数字化转型。率先在全国实现财政电子票据改革实际应用率100%，全年开具电子票据219万张，开票金额122.50亿元。实施项目采购电子化改革，取消线下开标评标和投标保证金，降低履约保证金比例，减少占用企业资金1.44亿元。

【加强财政监管】 加强支出管控。落实拱墅区《关于坚持“过紧日子”进一步厉行节约的十条意见》，压减预算单位日常公用经费、非刚性和非重点支出、会议费、培训和活动经费，对受疫情影响的92个项目延后安排资金，核减、取消受疫情影响的项目201个，全年压减资金8700万元。加强财政监督检查。聚焦重大财政政策和重点资金，开展基本户往来款、“两直”资金、财政扶贫资金和项目管理、基层财政安全等4个专项督查检查。加强内控管理情况监督检查，指导预算单位健全内部控制管理机制和自我评价机制，开展内控风险评估。深化重点领域监管。争取债券资金18.45亿元，落实隐性债务化解工作，防范债务风险。推进融资平台公司市场化转型，搭建杭州拱墅投资发展有限公司、拱墅区经济发展投资有限公司两大市场化运作主体。加强国有资产管理，修订拱墅区行政事业单位通用办公设备家具配置标准。

【加强队伍建设】 深化学习型机关建设。完善“岗位练兵”机制，聚焦年轻干部成长，举办“财政初心小考场”“学思践悟大擂台”2场主题活动。开展课题调研征文活动，形成调研成果10篇。围绕“数字经济”主题，组织干部参观杭州智慧网谷小镇，举办读书沙龙活动。推进清廉机关建设。开展家书诵读、廉政微党课、清廉建设成果展演等廉政文化活动，完善廉政风险排查清单和防控措施，编制风险防控流程图并制作上墙。加强作风建设。聚焦服务“两战”*，组织42名干部支援社区防疫一线，协助落实16个卡口的封闭式管理，委派39名干部担任拱墅区68家企业的服务专员。深化“走亲连心三服务”，举办“助万企、帮万户、政银合作促发展”主题活动。组织党员参与小区微治理，35名党员到7个结对小区报到，参与小区议事，协同化解矛盾，其中7名党员担任小区党组织兼职委员。

（杭州市拱墅区财政局供稿　龙扬洋执笔）

注：

*“六大产业中心”：即大数据产业中心、集成电路设计产业中心、汽车互联网产业中心、创意设计产业中心、直播电商产业中心、智慧物流产业中心。

*“一核两街多点”：“一核”即将上塘街道现有建成的村留用地项目打造成为“直播电商”特色产业集聚地；“两街”即胜利河美食街和舟山东路步行街，将传统商贸消费与直播有机结合，创新线上线下融合消费模式，打造“夜经济”核心区；“多点”即以瓜山未来社区、美丽乡村助农直博园、全区各街道相关企业等多个项目为依托多点布局“直播电商”产业。

*“两战”：即“疫情防控”和“复工复产”。

西湖区

【概况】 2020年，杭州市西湖区实现地区生产总值1587.58亿元，按可比价计算，增长7.2%。其中：第一产业增加值2.99亿元，增长15.5%；第二产业增加值116.85亿元，增长0.7%；第三产业增加值1467.74亿元，增长7.9%。三次产业结构比为0.2∶7.4∶92.4。按户籍人口计算，人均生产总值205116元。全区财政总收入317.77亿元，增长7.9%；一般公共预算收入161.98亿元，增长7.5%，占财政总收入的51.2%；税收收入152.13亿元，增长7.5%，占一般公共预算收入的93.9%；一般公共预算支出109.55亿元，增长17.8%。全区财政收支平衡。

【组织财政收入】 强化税源管理。全区前300家纳税企业入库税款232.23亿元，增长45.5%，占全区财政总收入的73.1%；房地产业税收占比约15%；数字产业税收增幅142.9%，增收额28.39亿元。全年非税收入12.24亿元，增长17.2%，其中纳入一般公共预算收入管理的非税收入9.85亿元，增长8.7%。优化收入结构。三次产业税收占一般公共预算收入的比重分别为0.03∶14.64∶85.33，以现代服务业为主的第三产业完成税收收入138.21亿元。争取债券资金。向上级财政部门申报各类政府债券，新增地方政府专项债券13.60亿元，争取中央抗疫特别国债3.62亿元。

【支持经济发展】 助力复工复产。开通政府采购、资金拨付“绿色通道”；出台助企“暖心30条”政策并配套二维码申报指南；“亲清在线”平台兑现各级扶持资金22.75亿元；落实“五减”“降本减负”等税收优惠23.71亿元、房租减免0.49亿元；联合市财政局，以“浙政钉”平台为载体，开通“云直通”服务，实现惠企政策“线上解读、线下执行”；开展“双千结对”“走亲连心三服务、凝心聚力促发展”专项行动，走访企业433人次。优化产业基金。投入22.75亿元，形成科创直投基金、创业引导基金、产业基金和上市公司稳健发展基金，扶持企业全生命周期发展。通过西湖区科创直投基金立项30余家，审批项目13个，投资0.88亿元，撬动银行贷款2.03亿元；投入9.51亿元，支持区初创期中小企业发展，新增投资总额2.74亿元；产业基金设立子基金2支，总规模7.14亿元，新增投资额3.63亿元。实施招才引智。兑现资金4.80亿元，引进海内外高层次人才4980名、应届高校毕业生2万名。完善西湖区高层次人才引进培养支持政策，落实“325人才计划”“西湖英才”“鲲鹏行动”等人才项目资金保障。

杭州云栖小镇

础架构的智慧财政体系。实现公共资产交易处置"零次跑",成交金额6.36亿元,平均溢价率23.4%,提高17.8个百分点;民生直达平台发放惠民资金3.24亿元,惠及群众逾78万人次;实现票据电子化,平台收缴金额61.72亿元。

【加强财政监管】 规范政府债务管理。落实政府隐性债务化解五年行动计划。完成年度化债任务,累计化债率47.7%。推动区科创股权投资公司实体化运作,新增信用评级2A+国企2家;通过发行公司债、类永续债、PPN等配置方式募集债券资金76.50亿元,年节约资金成本1.60亿元。规范投资项目监管。施行政府投资项目全面备案制,引进12家社会中介机构参与审核监督,出台"西湖区政府投资项目委托社会中介机构审核业务管理考核办法",复核、监督重大项目23个,涉及投资额19.45亿元,纠正差错金额1.57亿元。强化预算绩效管理。推进预算绩效管理改革,制定《西湖区项目支出预算绩效管理办法》《西湖区财政支出绩效评价实施办法》等"X"系列配套制度。开展疫情防控资金落实情况专项督查,涉及防疫资金6.39亿元;实施7个预算项目的事前绩效评价,涉及资金0.12亿元,预算核减率42.0%;被评为全省绩效管理2020年度优秀单位。

【保障民生事业】 全年民生支出90.19亿元,占一般公共预算支出的82.3%,新增财政支出三分之二以上用于民生。支出32.70亿元,统筹安排区级十大民生实事项目。支持文化事业发展。全年文化惠民支出1.40亿元,增长1.5%,打造新时代文明实践中心,新建西湖书房3家。支持教育事业发展。全年教育支出29.38亿元,增长13.2%。建立动态生均公用经费调整机制,义务阶段小学、初中生均公用经费标准提高至880元/人·年、1140元/人·年。保障教师待遇提标,加强教师梯队建设。调整优化学前非营利性和普惠性民办教育扶持政策,建立学前教育生均经费标准体系。支持社会保障事业发展。全年社会保障和就业支出15.66亿元,增长22.1%,重点保障城乡低保、残疾人、退役军人等特殊群体生活保障待遇。加大老年人群体社会福利力度,足额落实高龄津贴、居家养老电子津贴等制度,推进公办养老服务机构全覆盖,打造十五分钟为老服务圈。支持平安创建发展。全年"平安西湖"支出8.37亿元,增长18.1%,支持雪亮工程、城市大脑警务操作、矛盾调解中心等社会治理项目建设。支持城乡一体化发展。全年城市环境治理支出19.92亿元,增长23.4%,加大道路保洁、垃圾分类、城市绿化等建设力度,统筹城乡发展一体化建设。

【支持城市建设】 推进项目建设。投入34.93亿元,用于西湖大学云谷校区、紫金港科技城、之江未来城、西溪谷金融科技生态圈等重大基础设施建设;投入29.48亿元,用于安置房、老旧小区改造、道路提升改造等重点民生领域项目建设。提高投资绩效。审查各类投资估、预、结算政府投资项目共计1621份,涉及金额309.78亿元,提出意见3000余条,核减不合理费用17.58亿元,核减率5.7%。全年1732个项目监管审批事项实现"最多跑一次",其中59.0%实现"一次不用跑"。

【推进财政数字化转型】 构建"资产云""政采云""网拍云""西湖政策码"、政府投资项目审核监管系统、乡镇公共财政服务平台、预算管理一体化系统、"亲清在线"平台等8个业务系统为基

【加强队伍建设】 落实班子成员"一岗双责",把廉政教育渗透到支部组织生活、干部大会、警示教育宣传月中;创建"局党委+机关党总支+支部"三级党内监督一体化格局,建立健全党员干部"八小时以外"常态化监管和作风建设长效机制。全年召开理论中心组学习13次,书记讲党课2次,组建财政政策研究专班和数字赋能工作专班,提交各类政策研究和建议专报20余篇,获区委区政府主要领导批示16件。拓展西湖财政"财+红"彩虹党建品牌内涵,部署"三聚三联促三力"大行动;开展"西财云课堂""财红七月"系列活动、红色读书角等党员教育新模式;获全省财政系统党建创新创优展示银奖。

(杭州市西湖区财政局供稿 张 妍执笔)

高新技术产业开发区(滨江)

【概况】 2020年,杭州高新技术产业开发区(滨江)实现生产总值1745.75亿元,按可比价计算,增长7.2%,其中:第一产业增加值0.64亿元,下降8.7%;第二产业增加值809.00亿元,增长9.6%;第三产业增加值936.11亿元,增长5.0%。三次产业结构比为0.1:46.3:53.6。按常住人口计算,人均生产总值352311元。全区财政总收入358.43亿元,增长4.8%,一般公共预算收

入182.75亿元，增长4.1%，一般公共预算支出126.34亿元，增长2.1%。全年财政收支平衡。

【组织财政收入】 加强税源管理。开展全区纳税百强企业的税收数据分析，分析企业业务剥离转移、股权变更转让等异动信息，掌握企业经营动态和税源流动情况，争取企业一次性税源入库。优化收入结构。全年一般公共预算收入占财政总收入的51.0%，占GDP的10.5%。一般公共预算收入中税收收入172.60亿元，占比94.4%。强化非税管理。跟踪出让地块挂牌进程，争取土地出让金及时入库。梳理各执收单位非税收入项目，更新全区收费目录清单，督促各执收单位上缴非税收入。全年非税收入118.71亿元，其中纳入一般公共预算管理的非税收入10.16亿元，土地出让金收入97.72亿元。争取债券资金。2020年新增地方政府专项债券20.00亿元，争取中央抗疫特别国债2.39亿元。

【助力打赢"两战"】 保障防疫经费。拨付疫情防控经费1.01亿元，保障疫情防护设备、物资采购、关心关爱等资金需求。落实惠企政策。安排产业扶持资金61.04亿元，其中区本级41.00亿元、上级转移支付20.04亿元；落实区级疫情防控专项政策资金2.60亿元；组织40家疫情防控重点企业申请专项再贷款贴息资金3174万元，资金规模居全省第1。拨付以抗疫特别国债为主的中央"两直"资金5206万元，为7682户小微企业、出口企业和个体工商户降本减负。减免国有物业租金8920万元。深化为企服务。开展"走亲连心三服务""亲清三访"活动，走访服务企业615户(次)，帮助解决困难和问题42个；协同市财政局开展服务万企"云直通"高新区(滨江)专场活动，实现在线宣讲惠企政策并为企答疑解惑。

【改善民生事业】 全年民生支出99.61亿元，下降0.4%，占一般公共预算支出的78.8%。保障教育资源优质均衡发展。全年教育支出23.44亿元，主要用于新建、扩建、续建学校13所，提升义务教育段教师工资待遇标准。保障医疗服务提质升级。全年卫生健康支出3.46亿元，主要用于落实社区卫生服务中心改造经费，支持推进"健康滨江"建设。支持文体事业发展。全年文化旅游体育与传媒支出3.25亿元，支持"第十六届中国国际动漫节""第十四届杭州文博会"等活动举办，保障奥体场馆、体育馆提升改造、"百姓健身房""口袋运动场"等项目建设。支持社会保障事业发展。全年社会保障和就业支出14.43亿元，提升社会保障功能，落实农转非拆迁人员大病医疗补助、退休人员节日慰问、就业补助等政策。支持打赢精准扶贫攻坚战。全年投入2.02亿元加大对口帮扶力度，保障对口支援、对口合作、山海协作、区县协作等经费。保障城市建设。投入33.36亿元推进征迁清零；投入11.25亿元推进地铁5、6、7号线滨江段建设；投入14.79亿元保障实施时代大道、江南大道、冠山路、浦沿路、滨盛路等改造提升工程；投入47.68亿元支持安置房建设，推进城中村改造；投入4.48亿元深入推进"五水共治"，支持"一区一鼎"* 行动。

【深化财政改革】 实施社区财务改革。发挥数字化赋能基层财务监管作用，试点推进社区财务集中支付改革，开发"社区资金集中监管平台"，首先在长河街道各个社区实现全覆盖，并在其他两个街道开展试点，实现对社区日常财务处理数据实时监控，全年社区资金集中监管平台审批资金2.60亿元，集中支付系统支付社区运行经费3477万元。推进电子票据改革。实现电子票据管理系统上线运行，全面推广电子票据开具工作，审核电子票据赋码单位37个，赋码各类财政票据12万余个。

【加强财政监管】 规范政府债务管理。遏制新增隐性债务，做好债务风险防控。按照5年化债计划开展隐性债务化解工作，完成2020年隐性债务化解任务，累计化债率40.7%。强化预算绩效管理。出台系列绩效管理制度，加快预算绩效管理体系构建。建设区级绩效指标库，建立核心指标306条。实施财政重点监控的部门重点绩效项目23个，核减预算228万元。实施绩效重点评价政策项目8个，涉及资金5337万元，发现问题72个，全部落实整改。试点开展部门整体支出绩效评价。强化政府投资项目管理。健全项目审核制度，优化审核程序，提升预算、结算、竣工财务决算审核质量，控制项目成本。全年审核拨付政府投资项目资金99.30亿元；审核预算项目273个，审核金额56.19亿元，净核减1.97亿元；审核结算项目243个，审结金额4.54亿元，净核减0.14亿元；批复竣工财务决算项目100个，批复金额108.33亿元。压减一般性支出。落实过"紧日子"要求，制定《关于坚持过紧日子确保财政收支平稳运行的通知》，压减、延缓非刚性、非重点项目支出4.02亿元。全区全年"三公"经费支出858万元，下降17.1%。

【加强队伍建设】 制定年度法治财政建设工作计划，组织财政干部参加综合法律知识培训、公务员学法用法考试和普法征文比赛，开展权力事项认领、行政规范性文件清理、财政信息公开等工作。层层签订党风廉政责任书，落实全面从严治党"四责协同"机制。设计清廉财政宣传角。会同区纪委完成清廉国企专项检查和社区"三小"* 专项督查。开设"财政大讲堂"，帮助财政干部补齐知识短板，提高业务能力。晋升区管干部职级2人，试用期科级干部按期转正5人，晋升事业编制人员岗位等级4人。加大后备干部建设力度，选派年轻干部到基层挂职锻炼2人。

(杭州高新技术产业开发区(滨江)财政局供稿　周贵勇执笔)

注：

*"一区一鼎"：即全面建成全省首批"污水零直排区"，奋力夺取"大禹鼎"。

*社区"三小"：即社区小微权力、社区小型工程项目、社区小额资金拨付。

萧山区

【概况】 2020年,杭州市萧山区实现地区生产总值1828.47亿元,按可比价格计算,增长1.0%。其中:第一产业增加值57.87亿元,第二产业增加值693.38亿元,第三产业增加值1077.22亿元,分别增长-5.5%、-2.6%和4.8%。三次产业结构比为3.2:37.9:58.9。按户籍人口计算,人均地区生产总值152284元。全区财政总收入461.03亿元,增长7.1%,一般公共预算收入300.02亿元,增长12.1%,一般公共预算支出275.65亿元,增长0.1%。全年财政收支平衡。

【组织财政收入】 加强收入研判。加强对减税降费政策的分析测算,按月做好收入预测,跟踪分析重点企业、重点行业税源,增强组织收入的预见性和收入把控的主动性。强化收入调控。全区一般公共预算收入中税收收入277.05亿元,占比92.3%。一般公共预算收入占财政总收入的65.1%,占GDP的16.4%。组织非税收入。全年累计征收非税收入887.74亿元,增长52.9%,其中纳入一般公共预算管理的非税收入22.98亿元。

【支持经济发展】 落实减税降费。落实国家减税降费政策,释放政策红利,全年税费减免36.7亿元,社保费减免及返还38.6亿元,行政事业性收费减征1.1亿元。助力复工复产。梳理惠企政策,政策资金拨付到位,全年共计兑现各项抗疫惠企资金5.09亿元,用好“亲清在线”等平台,兑付小微企业和个体工商户“两直”补助资金1.57亿元。加大扶持力度。制定新一轮产业扶持政策,启动预拨方式,优化政策兑现流程,加快资金兑现频次,全年累计兑现扶持资金39.91亿元,增长31.1%,其中:兑现区本级扶持资金28.44亿元,增长39.5%。优化产业基金。出资1500万元参股设立凯风子基金,重点引进和培育生物医药领域项目,启动维思资本和星路资本两个子基金项目的尽调程序,加强基金投后管理。优化营商环境。深化政府采购云应用,全区通过政采云完成采购22.13亿元。推广电子化政府采购,降低供应商投标成本3300万元。开展政府采购意向公开,提升政府采购透明度。完成财政票据电子化改革,全年开具电子票据101万份,降低企业成本,提升办事便捷度。

【保障民生支出】 全年民生支出202.01亿元,占总支出的73.3%。支持教育事业发展。全年教育支出56.85亿元,提高教师待遇水平,完成省市“义务教育教师平均工资收入不低于公务员平均工资收入”工作要求,完成22家民办幼儿园民转公,统筹配置城乡教育资源,推进教育特别是义务教育均衡化战略。推动“健康萧山”战略。全年卫生健康支出22.82亿元。用于基层医疗卫生机构补偿机制改革、公立医院补助、家庭医生运转等,保障市区两级为民办实事项目落实,安排结直肠癌筛查经费176万元。加大社会保障事业投入。全年民政、社保、就业、助残扶残专项支出17.29亿元。落实5.03亿元帮扶困难群体、重点优抚对象等,筹集风险准备金资金6.74亿元,提高社保基金抗风险能力,支出再就业专项资金1.62亿元,为区重点人群提供就业帮扶。助力文化兴盛。全年文化支出3.83亿元。安排3000万元文物保护修缮资金,推进老岳庙修缮工作以及江寺运河文化展示馆陈列改造,安排2175万元扶持农村文化礼堂和社区文化家园建设,打造文明素质提升载体。强化基本设施建设保障。全年区本级完成基本建设支出115.24亿元,棚户区改造购买服务支出18.95亿元,保障亚运场馆及基础配套设施、地铁、“22688”交通大会战、棚户区改造等政府重大项目建设。深化乡村振兴。全年农林水事务支出16.45亿元,环保支出9.03亿元,推进“美丽萧山”十大攻坚战,促进农业农村健康发展。

【加强财政管理】 完善预算绩效管理。出台全面预算绩效管理相关制度,全面开展项目绩效自评,对民生、扶贫等16个项目开展重点绩效评价。依托“预算云”管理系统,嵌入绩效管理模块,实现预算管理与绩效管理信息化协同。推动人大“三审”制试点,借助人大监督力量,提高预算绩效目标编制质量。实施区级预算单位财政支付分类评价,精准管理财政资金使用情况。健全公款存放管理。完成区级财政资金竞争性存放210.00亿元,参加省财政库款现金管理累计60.00亿元。探索财政资金监管新方式,开发运行行政事业单位银行账户监管系统,健全三方动态比对机制。优化财政办事服务。启用政府投资项目管理系统,深化乡镇财政公共服务平台应用,上线财政政策文件电子库,开展财政支农、政府会计准则制度、政府采购、预算编制等培训。强化过“紧日子”。控制、压减部门行政支出,压减执行率低的项目支出,规范预算追加审批制度,加大存量资金盘活力度,

萧山区三江南岸花城幼儿园

挤出财力用于重点支出。压减一般性支出11.69亿元，压缩10.1%；压减日常公用经费支出4392万元，压缩6.1%；压减“三公”经费246万元，压缩5.2%。

【防范运行风险】 防控债务风险。落实隐性债务年度化解计划，完成化债任务。处置到期债务，缓释短期偿债压力。严控支出风险。开展隐性债务风险自查和债务数据比对，防范新增隐性债务风险。深化公款支出预警机制建设，完善动态监控预警规则，全年处理动态预警7349笔，纠正违规资金2049万元。推动公款支出预警机制扩面，全区镇街平台日常公款支出纳入监控范围。加强监督检查。全年开展各类监督检查16项，实地检查单位46户，涉及疫情防控、“两直”资金、扶贫资金、基层财政资金管理、单一来源采购等重点领域，出具财政检查处理决定书12份，移交纪委办案线索2条，保障重点领域资金安全。

【加强队伍建设】 坚持党对财政工作的全面领导，加强班子队伍建设，配合区委第四巡查组做好巡察工作，开展“三力财政”*党建品牌创建活动，推进区管国企党建交流协作与行业党建工作。召开全局性廉政会议10次，落实四责协同机制，加强干部教育监督，强化干部个人重大事项管理，开展廉政谈心谈话，支持派驻纪检监察组履行监督责任，落实全面从严治党各项工作。组织全局党员干部500余人次，支援镇街社区一线疫情防控。开展“民情双访”工作。落实区委“三个年”活动部署要求，完成区政府“三个十大”工作任务，深入财政业务调研，推行掌上移动办公，提升干部干事效能。组织开展趣味运动会、美丽乡村毅行、“讲好财政故事，打造模范机关”主题演讲比赛等活动。

（杭州市萧山区财政局供稿　徐丹萍执笔）

注：

*“22688”交通大会战：即“12588”升级版，指一个机场航空枢纽(杭州萧山国际机场三期扩建工程)、一个高铁枢纽(杭州南站枢纽)，两条城市环线(杭州都市经济圈高速公路环线、杭州城市组团环线)，六条轨道线路(地铁5号线一期工程、地铁6号线一期工程、地铁7号线、地铁1号线三期、杭绍城际轨道工程、机场轨道快线)，八条城市快速路(时代大道改建工程、风情大道–临浦快速路、通城大道、03省道东复线改建工程、红十五线改建工程、萧山机场东路、彩虹快速路、杭甬高速抬升工程)和八条框架性主干路(博奥路、新城路、新街大道、滨江一路、滨江二路、南三路、03省道改扩建工程、义大路东伸)。

*“三力财政”：即以干部个体之活力，集队伍整体之合力，筑就财政党建堡垒之实力。

余杭区

【概况】 2020年，杭州市余杭区实现生产总值(GDP)3051.61亿元，按可比价格计算，增长5.3%。其中：第一产业增加值52.62亿元，下降0.2%；第二产业增加值676.93亿元，增长6.5%；第三产业增加值2322.06亿元，增长5.0%。三次产业结构比为1.7∶22.2∶76.1。按户籍人口计算，人均生产总值256349元，增长1.3%。2020年财政总收入825.91亿元，增长13.7%。其中，一般公共预算收入441.06亿元，增长12.7%。一般公共预算支出413.64亿元，增长9.8%。区本级一般公共预算支出401.59亿元，增长9.7%。全年财政收支平衡。

【组织财政收入】 强化收入分析预测。研判新冠疫情、经济走势、政策调整等因素对收入的影响，关注重点企业、重点行业，加强与税务部门的沟通协作，提高收入预测的准确性。提升收入质量。全区一般公共预算收入占GDP的14.5%；一般公共预算收入占财政总收入的53.4%；税收收入433.13亿元，占一般公共预算收入的98.2%。加强非税收入征管。全年累计完成非税收入675.48亿元，增长64.9%。其中，纳入一般公共预算管理的非税收入7.94亿元，下降55.1%。

【支持复工复产】 加大扶持力度。牵头制定“防疫惠企28条”*，全省首创成立惠企财政政策集中兑现办公室，设立“亲清在线”实体化服务中心，上线“亲清余杭”政商服务平台。全年兑现惠企资金112.86亿元。其中：依托杭州“亲清在线”数字平台，兑现资金13.45亿元。落实减税降费。2020年累计减免企业社会保险费47.52亿元，惠及企业618985户次；办理缓缴资金1.78亿元，惠及企业3245户次；返还1个月社保收入3.28亿元，惠及企业24225户。降低融资成本。落实4.00亿元应急转贷周转资金政策，降低企业融资成本，惠及企业2847户、个人1157户，转贷4019笔、金额175.02亿元，节约融资成本4800余万元。

【保障民生事业发展】 全区民生支出294.98亿元，增长0.4%，占一般公共预算支出的71.3%。支持教育事业发展。教育支出76.01亿元。支持32家公办学校加装空调和新风系统，推进中法航空大学建设，保障10所“智慧校园”示范学校建设。促进医疗卫生发展。卫生健康支出24.53亿元。支持新型冠状病毒感染的肺炎疫情防控，保障浙江大学医学院附属第一医院余杭院区建设，支持公共场所AED机(自动体外除颤器)配备，新、改、扩建社区卫生服务站36家。提升基础设施建设。“靓城行动”建设支出41.74亿元。推进道路改扩建工程、老旧小区综合改造提升，支持标准化城市管理示范区块、数字城管项目建设，保障临平老城区亮灯工程、“污水零直排”雨污废水改造，支持美丽城镇、美丽乡村建设。完善社会保障体系。社会保障支出39.33亿元。新增镇街级居家养老服务中心6家，示范型居家养老服务照料中心26家，老年人集中配(送)餐中心21家，改造临平、余杭、塘栖就业服务中心，建成瓶窑、良渚、仁和就业服务中心。

【财政数字改革】 实施“互联网+政府采购”。拓展政采云平台功能，搭建全省首个区县“政采云精品馆”，拓宽企业销售渠道，累计入驻企业17家,上架商品253件。推进政府非税收入电子化改革。全区132家收缴单位纳入统一公共支付平台,推广财政电子票据在医疗、捐赠、公安、教育、社团等领域的应用,实现全领域全覆盖,全年开具电子票据1584万份。实现财政补助资金"一卡通"发放。将发放至个人的涉农补助和民生补贴全部纳入乡镇公共财政服务平台管理,实行市民卡"一卡通"发放。全年通过"一卡通"平台发放资金项目49个,发放资金5.37亿元,惠及民众16.59万人。

【强化财政监管】 落实政府过"紧日子"。制定余杭区2020年政府支出负面清单,从严控制"三公"经费,压减低效无效、标准过高、非必需项目支出,全年分3次压减资金16.10亿元。构建"全生命周期"预算绩效管理机制。出台《余杭区重大政策和项目预算事前绩效评估实施办法(试行)》《余杭区预算绩效运行监控实施办法(试行)》等7个预算绩效管理文件。健全以事前绩效评估和绩效目标申报、事中运行监控、事后绩效评价和绩效结果应用为主的全生命周期预算绩效管理机制。全年政府重大投资项目事前绩效评估审核累计核减投资估算2.58亿元,绩效评价建议收回财政资金516万元。推进政府投资项目结算审核。规范结算评审流程,制定《余杭区财政局工程结算评审工作操作规程(试行)》《余杭区财政局结算评审流程报告》等。强化中介机构管理,根据评审工作时效性、评审程序规范性、评审成果质量等对第三方中介机构进行考核。开展结算项目"积案清理"专项行动,全年完成结算评审项目364个,涉及资金47.97亿元。防范化解债务风险。按照五年政府隐性债务化解计划,化解政府隐性债务,2020年完成政府隐性债务化解计划的113.0%。

【加强队伍建设】 结合"不忘初心、牢记使命"主题教育常态化,党委理论学习中心组带头学习,开展周三夜学、党员春训冬训、干部专业素质提升培训等,推进学习教育常态化制度化。贯彻落实上级党委政府对疫情防控的决策部署,组织105名党员干部深入一线参与疫情防控工作,充实基层防疫力量。加强党建与财政业务工作融合,余杭区财政局党员专业化服务队全年走访服务农户(居民)946户,帮助结对村社及群众解决难题60个,上门服务预算单位34次,累计走访镇街平台48次,帮助推进全区重点项目16次。

(杭州市余杭区财政局供稿　章立洲执笔)

注:

*"防疫惠企28条":即余杭区委、区政府发布的《关于严格做好疫情防控帮助企业复工复产的若干政策》中涉及的28条政策措施。

富阳区

【概况】 2020年,杭州市富阳区实现地区生产总值812.10亿元,按可比价格计算,增长1.1%。其中:第一产业增加值49.50亿元,增长0.1%;第二产业增加值345.00亿元,下降2.7%;第三产业增加值417.50亿元,增长5.3%。三次产业结构比为6.1:42.5:51.4。按户籍人口计算,人均生产总值117760元。全区实现财政总收入138.72亿元,增长5.7%;一般公共预算收入90.14亿元,增长12.7%。一般公共预算支出102.52亿元,下降2.8%。全年财政收支平衡。

【组织财政收入】 强化收入分析。研判财政经济形势,加强收入结构分析、规模预测。与税务部门建立工作互动机制,制定组织收入预案,实施动态调整,把握组织收入主动权。优化收入结构。全年一般公共预算收入占财政总收入的65.0%,占GDP的11.1%。税收收入85.49亿元,占一般公共预算收入的94.8%。加强非税征管。盘活土地资源,加大土地出让和处置力度。全年征收非税收入420.60亿元,增长39.8%,其中:土地出让收入409.30亿元,增长42.4%;纳入一般公共预算管理的非税收入4.65亿元,下降41.1%。

【支持经济发展】 实施助企行动。出台《关于应对新型冠状病毒肺炎疫情支持企业共渡难关的实施意见》《关于做好提高财政资金拨付效率有关工作的通知》等政策,投入1.86亿元,支持企业抗击疫情。实施"减税减费减租减息减支"专项行动,减免企业税费18.01亿元、房租0.90亿元。开展共抗疫情服务企业专项行动,走访企业113家。促进产业发展。加快产业政策兑现,对符合条件的企业,简化流程、及时兑现,全年兑现产业政策资金23.38亿元。投入4.91亿元,支持先进装备制造、服务贸易、现代服务业等产业提升。推进富阳区科技投资引导基金、富阳区制造业转型升级产业基金、富阳经济技术开发区产业引导基金、富春湾新城发展基金、富阳区美丽乡村发展基金等5个政府产业引导基金实质性运作,基金池总规模15.00亿元。加强招才引智。投入7.73亿元,支持高层次人才引育、科技创新,引进高层次人才1322名、科技创新顾问102名、高校院所技术转移中心11家,落地产业化项目9个,建成区级以上科技企业孵化器及众创空间12家,创建国家级科技企业孵化器1家、众创空间1家。

【保障民生支出】 全年民生支出81.02亿元,下降5.0%,占一般公共预算支出的79.0%。支持疫情防控。开通政府采购、资金支付两条"绿色通道",保障医疗物资、医疗救治、卫生防疫、一线医护人员补贴等支出,全年疫情防控支出3.83亿元。支持教育事业发展。全年教育支出23.74亿元,增长8.5%。投入2.45亿元,建成中小学、幼儿园18所。安排资金3745万元,支持中小学、公办幼儿园教室空调安装。安排"新劳动教育"实践专项资金400万元,支持中小学生开展实践体验活动。支持卫生健康事业发展。全年卫生健康支出12.46亿元,增长118.6%。安排2.41亿元,加强疾控中心、卫生服务站、医院建设。安排2.09亿元,支持实施健康服务专项行动,建成家庭医生移动医疗平台,引进名医工作室18个。支持社会保障事业发展。全年社会保障和就业支出7.82亿元,增长112.5%。新增城镇就业15331人，完成困难老人家庭适老化改造220户，实现示范型居家养老服务中心乡镇（街道）全覆盖。支持乡村振兴。投入4.49亿元，支持美丽乡村建设，创建新时代美丽乡村62个。投入1.32亿元，撬动商业银行为经营性收入10万元以下的经济薄弱村办理免息转贷47.57亿元，全区288个村（社）集体经营性收入达到30万元以上，低收入农户人均可支配收入增长10.0%。

【深化财政改革】 实施全面预算绩效改革。提请区委、区政府印发《关于全面落实预算绩效管理的实施意见》，明确富阳区全面实施预算绩效管理的总体要求和具体举措。出台《杭州市富阳区区级政府专项资金管理办法》《杭州市富阳区财政存量资金管理办法》《杭州市富阳区预算执行风险内部控制办法》等管理办法，规范财政资金管理。完成预算绩效管理系统开发，资金、项目的绩效目标、绩效监管、绩效评价实现闭环管理。加强政府投资预算管理。建立经济建设科、预算审核中心、PPP项目中心合署办公模式，健全重大建设项目决策机制，做好政府投资预算管理的关口前移和源头把控。推进“数字财政”建设。优化政府采购电子化交易系统，完成交易项目646个，涉及金额9.82亿元。加快“乡镇公共服务平台+一卡通”建设，将涉农补助和民生补贴资金纳入乡镇公共服务平台管理，发放财政补助资金4.02亿元，受益88万人次。推进财政电子票据改革，全区352家用票单位完成改革，共计开票126万张，开票金额78.72亿元。

【强化财政监管】 强化财政监督检查。开展乡镇（街道）存量资金、文创专项资金、扶贫专项资金、垃圾分类专项资金、民宿产业发展项目等检查，收回违规财政补助资金12万元。加强政府采购监管。推行政府采购意向公开，全区采购预算金额30万元以上的政府采购项目纳入采购意向公开范围。扩大异地评审专家评标范围，明确公开招标限额以上项目异地专家抽取比例需在50.0%以上。建立政府采购评审专家考核评价机制，完善供应商诚信体系和失信惩戒制度，开展政府采购代理机构综合信用评价，加强违法违规案件查处，全年清退评审专家5人，清退网上超市供应商3家、责令整改57家，行政处罚代理机构4家。加强支出监管力度。出台《关于进一步落实政府过紧日子的通知》，全区非刚性政府专项资金压减20.0%，一般性支出压减10.0%，“三公”经费压减6.4%，日常公用经费压减5.0%，共计压减支出8.39亿元。推进部门支出标准化、规范化建设，印发部门预算财政财务管理操作手册556份。防范化解债务风险。深化“一化责任、二消债务”*化债举措，全年隐性债务累计化解率59.6%，在杭州13个区县市中位列第2名。

【加强队伍建设】 落实全面从严治党。创建模范机关，推进党建与业务融合，被评为富阳区区级模范机关，“党建三化三强*，助力财政新征程”党建品牌获得杭州市财政系统党建创新成果展金奖。建设清廉财政，建立“控权四级联动”防控机制*，开展内部廉政风险点排查，梳理风险点73个，逐项制定防控措施。完成事业单位改革。事业单位从原来的6家整合为5家，完成9名事业单位人员转隶工作。制定“三定”方案，明确岗位设置、职责、人员等事项。发挥先锋模范作用。开展社区文明共建、抗击疫情志愿服务、支持企业复工复产等活动，离退休干部党总支入选浙江省标准化离退休干部党支部，支部书记获得浙江省“最美助力之星”称号，1名干部获得富阳区“最美战疫志愿者”称号。开展财政精神大讨论、干部师徒结对、财政夜学、党建知识竞赛等活动，提升干部能力素质。

（杭州市富阳区财政局供稿　邬婉燕执笔）

注：

*“一化责任、二消债务”：一化责任，即通过国企改革和财政扶持政策，实现政府平台性质和职能的转变，通过将资金、资产、资源注入到国有企业，实现政府隐性债务向企业经营性债务的转化，并化解政府原本承担的连带责任。二消债务，即以强化国企市场化运营为主要内容，逐年消化企业经营性债务，降低资产负债率。

*“党建三化三强”：即推进党建标准规范化，强化党组织基础；推进党建考核制度化，强化督查落实；推进“最强党支部”创建常态化，强化支部建设质效。

*“控权四级联动”防控机制：建立“制度控权、流程控权、技术控权、监督控权”机制，防范廉政风险，推进清廉财政建设。

临安区

【概况】 2020年，杭州市临安区实现地区生产总值600.41亿元，按可比价格计算，增长3.0%。其中：第一产业增加值46.01亿元，第二产业增加值280.05亿元，第三产业增加值274.35亿元，分别增长0.1%、5.3%和1.8%。三次产业结构比为7.7∶46.6∶45.7。按户籍人口计算，人均GDP为111210元，增长4.5%。全年财政总收入109.60亿元，增长7.5%，其中一般公共预算收入68.56亿元，增长12.1%。一般公共预算支出90.47亿元，增长5.7%。全年财政收支平衡。

【组织财政收入】 加强财税联动。与税务部门开展多方位合作，联合走访服务企业23次，开展重点行业、重点项目、重点企业的税源调查；联合加强征，建立财税按月沟通协调机制；联合开展全区产业结构数据分析14次。优化收入结构。全年一般公共预算收入占财政总收入的62.5%，占GDP的11.4%。税收收入67.91亿元，占一般公共预算收入的99.1%。组织非税收入。扩大非税收入电子票据应用范围，全年为372家执收单位开通电子票据业务，其中统一公共支付平台单位141家，开通比例100%。全年累计征收非税收入201.73亿元，增长36.3%。其中纳入一般公共预算管理的非税收入6414万元，下降90.8%。向上争取资金，除上级转移支付外,发行新增债券19.50亿元,争取中央"两直"资金2.85亿元,获得绿色转化财政专项奖励资金3.00亿元。

【保障疫情防控】 筹措资金加大对疫情防控工作的倾斜支持,全年落实各类疫情防控经费7152万元,完成全区防疫应急物资储备939万元。开辟政府采购"绿色通道",打通财政合作基金公司物资渠道,做好防疫物资及相关设备的采购。牵头区长热线抗疫助企政策专班,组织31个工作组,走村入企做好抗疫助企政策兑现。依托"亲清在线",加快各级政策兑付,全年累计上线兑付政策26条,兑现财政政策资金5.67亿元。

【服务经济发展】 支持产业发展。落实减税降费政策,全年降本减负23.12亿元。加快落实财政奖补政策,加强政策性金融担保服务,为企业应急周转资金1.38亿元,为中小企业融资担保1.73亿元。加大实体产业基金投入,新增投资项目18个,总投资金额12.11亿元。助力"双招双引"*。深化"基金+招商"模式,牵头区属公司招引外资7800万美元,合作设立5.00亿元规模的先进制造产业股权投资基金,新建20.00亿元智造产业基金,引进优质基金。招引目乐医疗、硅通化工、诚耀新材料等多个产业项目。落实各类人才奖补政策,围绕"812"人才培养*、高层次人才和技能人才、省千(万)专家奖励等工作,落实各类人才资金1.72亿元。促进消费回暖。聚焦市场主体,出台文旅、汽车专项以及精准施策等政策,撬动消费潜能。发放文旅消费券10万张,半价民宿券、家电消费券、住餐通用券各1万张,汽车消费券2000张,落实专项扶持资金4960万元。

【优化支出结构】 厉行勤俭节约,压减部门非刚性、非重点、非急需支出3.38亿元,用于民生支出。全年民生支出70.12亿元,增长2.9%,占一般公共预算支出的77.5%。支持教育事业发展。全年教育支出17.56亿元,增长4.1%,支持太湖源镇中心幼儿园、城北小学等建设项目12个,推进"四个一千万"*教育人才政策,加强优秀教育人才引进。安排资金2300万元,落实杭州市"公办幼儿园中小学教室安装空调"民生实事项目。支持文化事业发展。全年文化体育与传媒支出1.64亿元,增长3.8%。推进杭州2022年亚运会跆拳道和摔跤项目场馆建设,推进吴越国王陵考古遗址公园建设。加强文物保护,落实2000万元专项资金,支持文物保护、修缮工作。支持社会保障事业发展。全年社会保障和就业支出14.80亿元,增长9.7%。按照"民生融杭"三年计划,落实50项民生政策,实现与杭州主城区接轨。阶段性减免社会保险费7.70亿元,惠及企业11974家。拨付工业奖补资金642万元,惠及企业203家。完成失业保险稳岗返还4057万元,惠及企业3444户。新增城镇就业22270人,实现失业人员再就业1360人,累计入驻大学生创业园区企业147家,带动大学生就业1000余人。支持卫生健康事业发展。全年卫生健康支出7.76亿元,增长10.6%。实施基层基础人才提升、名医名科培育和招才引智三大工程,落实专项资金3000万元。推动公共卫生体系建设和重大疫情防控救治体系建设,启动区疾控中心病原微生物实验室改造工程,完成区第三人民医院整体搬迁工作。推动重点项目建设。依托国有企业转型、债券发行、PPP模式运用等方式,保障中医院迁建、农村饮用水提标达标、农村综合改革集成建设、城际铁路广场站等重大民生项目实施。推进"利奇马"灾后重建,累计直拨项目资金5.66亿元。

【深化财政改革】 推进财政数字化建设。实施"数字财政建设年",以"临安数字财政E平台""财政综合办公平台"和财政管理"驾驶舱"*为载体,整合财政业务系统26个,办事事项24项,提升办事、办文、办会效率,推动管理革新。推进"最多跑一次"改革。以"浙江省政务服务网"为载体,推进财政事项网办率100%、即办率100%、承诺时限压缩比100%。推进部门间办事"最多跑一次"改革,深化"上门服务至少一次"。深化预算管理改革。完善新一轮镇街财政体制和绩效考核管理办法。修订镇街财政管理绩效考核细则,印发《关于开展2020年镇街财政管理绩效考核与奖励的通知》。

【加强财政监管】 强化预算监督管理。配合人大常委会开展预算草案"三审制"*试点,提升预算编制精准度。实施财政大督查,开展"双创平台"管理、基层财政管理、扶贫资金等项目检查。加强财政库款管理,严格执行财政专户清理和公款竞争性存放。实施国库集中支付动态监控,阻止不合规支出3118笔,涉及金额1.08亿元。规范政府投资项目管理。强化政府投资项目的监管和服务,严把政府投资项目变更关,会议审批较大变更75个,送审重大变更14个,完成竣工财务决算编制批复63个。加强项目概预算审核,完成概预算审核316个,核减金额7.71亿元,核减率6.6%。强化债务风险防控。实施五年化债计划,完成年度化债任务的167.3%,累计化债52.6%。加强政府采购管理。全年依法完成政府采购8.88亿元,节约率8.8%,规范小额采购,强化对采购代理机构管理。

【加强队伍建设】 选举成立中共杭州市临安区财政局机关委员会和纪律检查委员会,整建制接收中共杭州钱王会计师事务所支部委员会。定期开展"三会一课""固定主题党日"、谈心谈话、支部书记上党课等活动。发挥"先锋电台"和"四有学堂"的党建品牌效应,举办学习培训54场。做好疫情防控工作,调配人员参与高速路口、省道卡点、社区道路及居家观察点执勤值守,全局参与1200余人次。组建助力复工复产工作组31个,参与干部职工73名,服务企业3000余家。

(杭州市临安区财政局供稿　朱乐意执笔)

注:

*"双招双引":即招商引资和招才引智工作。

*"812"人才培养:临安区区级专业技术人才培养计划,即"十四五"期间,每年安排400万元资金,用于人才业务学习、项

目实践、体检、疗休养等开支,重点培养第一层次人才(相当于市D类及以上人才)80名,第二层次人才(相当于市E类及以上人才)100名,第三层次人才(相当于区F类及以上人才)200名。

*"四个一千万":指优秀教育人才引进、教育质量提升、名师名班主任名校长工程、中小学校班主任工作专项奖励四个人才政策,每项政策各安排资金1000万元。

*财政管理"驾驶舱":即提供财政收支,非税,社保,土地出让等驾驶舱查询场景的数据分析平台,以图表的方式展示各类指标,并支持数据钻取。

*"三审制":即在原有"财经委员会初审和人民代表大会审查"基础上,引入人大代表有序参与预算监督、提前介入预算编制的工作探索,具体指在人大预算审查工作中采取人大代表预审、财经委员会初审、人民代表大会审查的工作制度。

建德市

【概况】 2020年,建德市实现地区生产总值391.87亿元,按可比价格计算,增长5.3%。其中:第一产业增加值37.15亿元,增长1.5%;第二产业增加值181.96亿元,增长5.1%;第三产业增加值172.76亿元,增长6.4%。三次产业结构比为9.5∶46.4∶44.1。按户籍人口计算,人均生产总值76793元。全市财政总收入55.64亿元,增长2.8%,其中一般公共预算收入34.23亿元,增长10.1%;全市一般公共预算支出59.32亿元,增长9.6%。全年财政收支平衡。

【组织财政收入】 强化收入分析预测。研判新冠疫情、经济走势、政策调整等因素对收入的影响,加强与税务部门的沟通协作,把握年度财政收入规模和进度。推进开源增收工作,发挥部门、乡镇职能优势,形成组织收入合力。巩固收入质量。全市一般公共预算收入占GDP的8.7%,占财政总收入的61.5%;税收收入30.25亿元,占一般公共预算收入的88.4%。规范非税征管。加强土地出让金、土地指标款等非税收入征管,推进财政电子票据和非税收缴一体化改革。全年征收非税收入37.08亿元,其中纳入一般公共预算管理的非税收入3.97亿元。

【支持经济发展】 落实减税降费。实施"五减"专项行动,落实减税降费和规模性纾困政策,全年减免税费20.27亿元。加大政策扶持。支持企业复工复产,联合主管部门出台农业、工业、商贸、交通、物流等行业复工复产扶持政策,落实"新制造业计划"*,实施"凤凰行动",整合财政扶持政策,助力新增上市企业4家,全年兑现各项扶持政策资金6.19亿元。助力融资畅通。加大政银合作,组建"金融帮帮团",开展企业融资帮扶服务月活动。发挥中小企业转贷专项资金作用,为企业办理转贷7.60亿元,其中疫情期间办理转贷4.22亿元,全额减免资金使用费。推进基金运作。发挥产业基金引导作用,累计出资1.39亿元,在投企业项目7个。

【保障民生支出】 全市民生支出45.19亿元,增长8.8%,占一般公共预算支出76.2%。保障民生实事。安排十大民生实事财政资金3.72亿元,推进老旧小区综合改造、"四好农村路"建设、美好教育硬件提升等民生实事工程。保障疫情防控。开通政府采购、资金支付"绿色通道",加强医疗救治、卫生防疫、医疗物资等防疫资金保障,全年拨付疫情防控资金5521万元。支持教育发展。全年教育支出10.54亿元,支持学前教育、义务教育、素质教育均衡发展,保障全市中小学、幼儿园教室灯光改造和空调安装,支持维修改造学校7所。完善社会保障体系。全年社会保障和就业支出6.89亿元,完善扶残助残政策,推进"残疾人之家"星级创建,健全为老服务体系,开展适老化改造工程,支持困难老人助餐服务,提高优抚对象保障水平,发放补助资金3338万元。支持医疗卫生事业发展。全年卫生健康支出5.95亿元,推进医共体建设,实施医药服务价格改革,建立医保控费激励考核评价办法。支持文化体育事业发展。全年文化旅游体育与传媒支出1.12亿元,支持开展新安江旅游节、"夏日冬泳"百城挑战赛、"建德17℃新安江"马拉松等活动。加强城市管理。全年城乡社区支出4.08亿元,支持改造老旧小区5个,既有住宅加装电梯54台,新建、提升绿道121.1公里,入围2020—2022年省级绿色转化财政专项激励政策名单。助推乡村振兴。全年农林水支出7.57亿元,推进粮食增产提质、生猪稳产保供,助力村社消薄增收,全市行政村和涉农社区实现"3020"*全覆盖,入围省级农村综合改革集成建设试点。

【深化财政改革】 控制压减支出。坚持政府过"紧日子",提请市政府出台《建德市人民政府关于进一步严格财政支出管理的通知》,压减一般性支出和非刚性、非重点、非急需项目资金1.82亿元。推进"两直"资金落地。制定直达资金分配方案,加强资金使用情况的跟踪监控,全年拨付"两直"资金6.77亿元,支付进度100%。健全管理机制。构建以绩效为核心的集中财力办大事财政政策体系,完善预算编制约束机制、预算执行通报约谈扣分机制。开展财政专户深度清理,完善财政资金存放管理办法,推进公款竞争性存放。加强乡镇财政管理,推进乡镇公共财政服务平台项目上线。深化政府采购改革。推进"互联网+"政府采购建设,精简采购审批事项,建立政府采购预付款制度,创新"政采贷"服务,全年完成政府采购总额2.83亿元,增长35.4%。

【加强财政监管】 加强绩效管理。以教育局、农业农村局、卫生健康局3家单位为试点开展部门整体绩效预算改革,推进全面实施预算绩效管理。开展多层次绩效评价,完成单位自评项目78个,重点绩效评价项目9个。强化财政监督。健全巡财联动、财审联动工作机制,开展新冠肺炎疫情防控财税政策和资金落实情况专项检查、基层财政资金管理专项检查等。加强行政事业单位内控建设，开展行政事业单位内控评价。加强国有资产管理。推进国有单位资产权证办理，完成补办300处。推进直管公房清理整顿，出售257套公私共有产权房中的公房部分，实现处置收入6325万元。加强政府投资项目管理。加强政府投资预算管理，出台政府投资预算管理办法，试行委托实施模式，强化政府投资项目监管。

【防范化解风险】 严控“三保”支出风险。成立“三保”工作专班，坚持“三保”支出在财政支出中的优先顺序，加强重点领域支出需求保障，增强“三保”保障能力，守住“三保”底线。化解社保基金运行风险。完善社保风险预警机制，通过提高土地出让金计提比例、加强其他政府性基金补助等渠道加大财政对社保投入，全年市本级预算资金对社保基金补助13.78亿元，向上争取省市补助资金和社保调剂金13.38亿元。防范化解债务风险。严格执行各项债务管理制度，落实五年化债计划，化解隐性债务，在合理管控政府债务的基础上争取政府专项债券9.30亿元。

【加强队伍建设】 开展“党建双强双优”*赛场赛绩活动，推进省市县乡四级机关党建系统联动，“五心聚力争先锋　集中财力办大事”党建品牌获杭州市财政系统铜奖和建德市党建十大创新案例。完成所属财政结算支付中心、财政项目预算审核中心、产业基金服务中心、预算编制服务中心4家事业单位及建德市国有资产管理服务中心“三定”方案，调整单位间人员编制数、中层职数。开展“上门服务至少一次”活动，实现全市120家市级预算单位走访全覆盖。开展复工复产驻企服务、组团包干五大比拼、村社换届助选等“三服务”活动。实施廉政风险除险加固工程，建立干部双线作战专班化工作机制，组织开展疫情防控、九孔泄洪防汛、文明城市创建等志愿服务6000余人次。完善“师带徒”机制，推进财政支付结算窗口标准化建设，获评建德市巾帼文明示范岗。

（建德市财政局供稿　李　蕾执笔）

注：

*“新制造业计划”：指通过加快培育、引进战略性新兴产业，改造提升优势传统产业，全面整治“低散乱”企业、淘汰落后产能，以实现到2025年规上工业企业、十百千亿企业、国家级高新技术企业数量和工业投资、工业技改总量、新引进项目投资额“六个倍增”。

*“3020”：即村集体经济总收入达到30万元，经营性收入达到20万元。

*“党建双强双优”：即深化“最强党支部”创建、加强“最强领头雁”培育、选树“最优排头兵”典型、推广“最优工作法”经验。

桐庐县

【概况】 2020年，桐庐县实现地区生产总值（GDP）376.27亿元，按可比价格计算，增长2.1%。其中：第一产业增加值25.36亿元，增长0.4%；第二产业增加值160.78亿元，增长2.4%；第三产业增加值190.13亿元，增长2.0%。三次产业结构比为6.7∶42.8∶50.5。按户籍人口计算，人均生产总值89800元，增长1.9%。全县财政总收入58.30亿元，增长0.4%。一般公共预算收入34.22亿元，增长1.4%。一般公共预算支出56.41亿元，增长12.4%。全年财政收支平衡。

【组织财政收入】 强化收入预测分析。加强财政经济形势分析研判，健全财政税务联动工作机制，研究疫情影响应对举措，确保组织收入平稳增长。优化收入结构。全县一般公共预算收入占GDP的9.1%，占财政总收入的58.7%。税收收入31.38亿元，占一般公共预算收入的91.7%，占比提高1.4个百分点。完善非税收入管理。实施财政电子票据改革，实现公共支付单位开通率100%，各类财政票据电子化全覆盖。全年组织非税收入80.03亿元，其中纳入一般公共预算管理的非税收入2.85亿元，土地出让收入74.49亿元。

【保障疫情防控】 助力防控一线。成立新冠肺炎疫情防控工作领导小组和物资采集小组，建立防控工作财政服务保障机制，开通政府采购和资金支付“绿色通道”，保障防疫物资采购和储备工作。抽调党员干部40余名，参与社区疫情防控志愿值守。保障防疫资金。安排疫情防控专项资金6081万元，保障医疗救治、防控物资采购和重大疫情防控救治体系建设。安排资金3600万元，弥补县公立医院疫情期间经营亏损。落实“两直”政策。全年争取中央“两直”资金4.07亿元，保障企业职工养老财政补助、核酸检测实验室建设等刚性民生支出项目，直接惠企利民。

桐庐县举办乡村田园音乐节

【支持经济发展】 强化减税降费。加大减税降费政策力度，保障"六稳""六保"工作任务，全年减税降费21.00亿元，增长42.3%。取消政府采购工本费和投标保证金，节约投标费用2.71亿元。落实杭州市2020年失业保险稳岗返还政策，全年返还社会保险费5007万元。支持复工复产。落实省市县各项复工复产政策，推出新一轮"3+2+X"*产业政策体系，兑现商贸服务企业补贴、企业员工租房补贴等各类财政政策资金4.59亿元。组织杭州财政"云直通"桐庐专场解读惠企政策，服务企业400余家。降低融资成本。加大中小企业转贷基金优惠力度，为1099户次企业办理"零费用"转贷35.24亿元，增长50.4%。出资3000万元设立"T+0"农村公益性转贷基金，为2147户次村级经济组织和农户办理"零费用"转贷7.79亿元。

【改善民生事业】 全县民生支出47.21亿元，增长14.6%，占一般公共预算支出的83.7%，占比提高1.7个百分点，获"2020中国最具幸福感百佳县市"榜首。支持教育发展。投入教育支出15.10亿元，保障教师待遇水平提高和优质教育资源引进，推进富春江小学、开发区幼儿园等基础设施建设。保障医疗卫生。投入卫生健康支出7.96亿元，支持"三医联动六医统筹"*改革试点，推进医共体建设和县第一人民医院、县妇幼保健院迁建工程。完善社会保障体系。投入社会保障和就业支出5.85亿元，提高困难群众补助标准，其中：最低生活保障标准由每人每月833元调增为882元；福利机构养育的孤儿基本生活养育标准由每人每月1606元调整为每人每月1732元；社会散居孤儿和事实无人抚养儿童基本生活养育标准由每人每月1285元调整为1386元。支持"残疾人之家"和示范型居家养老服务中心建设。促进文化繁荣。投入文化旅游体育与传媒支出1.57亿元，支持全民运动节、全民旅游节、全民艺术节等活动，推进亚运会马术项目场馆和无疫区建设。提升城市管理水平。投入城乡社区支出1.99亿元，支持垃圾分类文明示范县建设，推进城市环境整治、公厕改造提升、既有住宅加装电梯等工程。助力乡村振兴。投入农林水支出5.98亿元，支持国家级乡村振兴发展规划试点建设，完成农村人居环境提升三年行动，启动数字乡村、法治乡村、艺术乡村、创业乡村、文明乡村建设。争取到2020—2022年省级绿色转化财政专项激励资金3.00亿元，助力县域绿色经济发展。落实对口支援。全年筹措资金5905万元，用于东西部扶贫协作、援疆援藏，支持对口帮扶黔东南州榕江县实现脱贫。

【深化财政改革】 推进"数字财政"建设。试点上线杭州市首个乡镇内控管理信息平台，明确不相容岗位分离、财务印章管理等要求，设置100余条系统规则、700余项提醒，提高乡镇财政规范化管理水平。深化预算绩效管理。建立绩效运行监控长效机制，出台事前绩效评估办法，修订《桐庐县部门(单位)财政管理绩效考核办法》。优化政府采购环境。在全省率先开展政府采购跨区域远程异地评标模式，提高评审效率，降低采购成本。推行政府采购意向公开，提升政府采购透明度。推广政府采购项目电子交易，实现政府采购"跑零次"。

【强化财政监管】 强化预算支出管理。实施三轮压减支出措施，全年累计压减各类非刚性、非重点项目资金2.70亿元。坚持勤俭办一切事业，从严从紧编制部门预算，全年"三公"经费下降10.3%。规范政府投资管理。出台《桐庐县政府性(国有企业)投资项目建设控制标准》《桐庐县政府投资预算管理办法》，实现政府性投资项目全生命周期闭环管理。加强国有资产管理。制定国有企业资产租赁管理办法，规范国有资产交易行为。建立报废资产统一上缴、统一评估、统一拍卖制度，集中组织拍卖4次，溢价率62.6%。推进"数字国资国企平台"建设，上线国有企业综合信息监管平台系统，实现全方位、全时段、全流程监督管控。化解政府债务风险。实施防范化解地方政府隐性债务风险三年行动方案，完成年度化债任务，降低政府债务风险等级。全年争取地方政府债券15.60亿元，其中新增债券11.00亿元，用于保障重点项目建设；再融资债券4.60亿元，用于置换2020年到期债券。防范社保基金风险。制定社保专项风险化解预案，全年从土地出让收入中提取16.18亿元弥补社保基金缺口，安排抗疫特别国债1.88亿元充实社保基金，争取养老保险省级预拨调剂金5.01亿元，增强社保支付能力。

【加强队伍建设】 学习贯彻习近平新时代中国特色社会主义思想和党的十九届五中全会精神，组织党委理论中心组学习12次。实施"三破三促三提升"*党建项目，开展"我们的分享会"5期，推动"三会一课""主题党日"等活动标准化。落实"三重一大"事项集体决策制度，全年召开县财政审核审批会议8次、国有企业收购联席会议3次、局党委会议19次。强化党风廉政建设工作"责任共同体"意识，梳理党风廉政建设工作责任制任务清单57项。排查财政资金存放、国有资产管理等重点岗位廉政风险点16处，建立健全制度措施19项。打造"以政领财、以洁促廉"清廉桐庐财政文化品牌，廉政微电影《遗忘之地》获第二届"玉琮杯"清廉微电影微视频大赛优秀影片奖。

(桐庐县财政局供稿　王　琪执笔)

注：

*"3+2+X"："3"指制造业、现代服务业、农村产业高质量发展政策；"2"指科技政策、人才政策；"X"指建筑业扶持、稳外贸稳外资、快递业采购基金奖励等政策。

*"三医联动六医统筹"：即深化"医疗、医保、医药"联动改革，推动"医保、医疗、医院、医药、医生和中医"统筹发展。

*"三破三促三提升"：即破干部能力之困，促党员作用提升；破"党建+业务"之困，促财政保障能力提升；破压实责任之困，促支部建设质量提升。

淳安县

【概况】 2020年，淳安县实现生产总值240.62亿元，按可比价格计算，下降4.8%。其中：第一产业增加值38.42亿元，增长0.6%；第二产业增加值62.43亿元，下降13.1%；第三产业增加值139.77亿元，下降0.7%。三大产业结构比为16.0∶25.9∶58.1。按户籍人口计算，全县人均生产总值52604元，增长4.3%。全县财政总收入40.13亿元，增长7.8%。一般公共预算收入22.77亿元，增长8.0%，其中税收收入20.83亿元，增长6.9%。全县一般公共预算支出76.68亿元，增长11.4%。全年财政收支平衡。

【组织财政收入】 挖掘增收潜力。强化数据分析，做好重点企业和行业运行监测分析，优化乡镇财政收入考核机制，研判新冠肺炎疫情对财政收入的影响，制定弥补措施，做大实体经济税源落地规模，完成收入目标。巩固收入结构。一般公共预算收入占GDP的9.5%，占财政总收入的56.7%，税收收入占一般公共预算收入91.5%。规范非税收入监管。全年完成非税收入19.30亿元，其中纳入一般公共预算管理的非税收入1.96亿元。

【服务经济发展】 助力实体经济。推动联企服务常态化，落实政策兑现，全年兑现产业资金1.45亿元，惠及企业1000家。办理转贷业务27笔、资金1.88亿元，缓解企业周转困难。落实疫情防控惠企政策和梅汛期灾后救助政策，全年补助资金0.57亿元、惠及企业4656户。落实行政事业单位减免房租政策，减免房租797万元，惠及企业342户。落实企业减负。全程跟踪重点税源企业运行，规范行政事业性收费，全年新增减税降费10.68亿元、惠及经营主体8500户。优化营商环境。实施政府采购电子化交易，基本实现供应商采购“零跑腿”，取消采购投标保证金、招标文件工本费，节约企业投标费用780万元。

【保障民生民计】 全年民生支出51.65亿元，增长14.6%，占一般公共预算支出的67.4%，全年一般公共预算新增财力用于民生支出占比为84.3%。支持教育事业发展。教育支出9.47亿元，保障教师工资待遇，推进县城学前教育和义务教育学位建设，新增幼儿园学位990个、中小学学位2820个。推进“健康校园”建设，建成校园“阳光厨房”11家。促进医疗卫生事业发展。医疗卫生支出6.91亿元，提高城乡居民医保门诊报销比例从25%提高至35%，实现困难人群基本医疗保险、大病保险和医疗救助全覆盖。加快社会保障体系建设。社会保障和就业支出8.52亿元，落实企业技能提升培训、以工代训等稳就业扶持政策。首次将低收边缘户纳入困难对象物价补贴范围，将最低生活保障标准由833元/人·月提高至955元/人·月，特困人员基本生活补助标准由1085元/人·月提高至1373元/人·月，福利机构养育的孤儿基本生活费标准由1559元/人·月提高至2005元/人·月，社会散居孤儿基本生活费标准由1247元/人·月提高至1604元/人·月。助推乡村振兴。农林水支出9.05亿元，深化“千岛农品”品牌培育，通过全国首个国家特色农产品生态气候适宜地认证，创建省级林下经济产业示范县，建成下姜省级现代农业园区，实现绿色有机食品生产主体追溯管理全覆盖。推进民生实事。完成老旧小区改造14个、既有住宅加装电梯64部，完成8个乡镇和51个城镇生活小区“污水零直排区”创建，新建示范型居家养老服务中心13家，实现乡镇示范居家养老服务中心全覆盖。

【推进财政改革】 推进数字财政建设。县内金融机构全部接入统一公共支付平台，完成交易24.83万笔、2.57亿元，其中移动支付占比95.1%。推行电子票据改革，在杭州市率先完成电子医疗票据全覆盖。深化投融资改革。搭建银企交流平台，健全县内国企资金调度机制，盘活存量资金，节约成本7000万元，PPP项目落地2个，新增AA级信用等级主体1个。推进部门整体绩效预算改革。部门整体绩效预算编制试点部门增加至40家，完成第一轮试点部门整体绩效自评工作。推进财政体制改革。为全县特别生态功能区建设提供财力保障，建成省市县特别生态功能区专项财政扶持体制。

【强化财政监管】 严控财政支出。树立过“紧日子”思想，全年压减非重点非刚性支出10%、日常公用经费支出5%、“三公”经费9.6%，累计压减9250万元，统筹用于疫情防控和惠企利民政策落实。清理、盘活财政存量资金，收回部门实有资金0.21亿元、预算执行结余资金1.93亿元。严控债务风险。坚守限额内地方政府债务不超警戒线和隐性债务不新增两个底线，动态监控全县25家国有企业和252家行政事业单位的负债和融资情况，全年核查8个风险点并督促完成整改，完成年度化债任务。严防资金运行风险。加强库款运行监测，控制库款规模，严防库款断链风险。严格公款竞争性存放，修订完善公款竞争性存放评分标准，全年完成单位公款存放招标14次，涉及资金5.08亿元，其中财政性资金竞争存放4.00亿元。加强重点项目监管。深化政府投资项目绩效管理，创新项目分配机制，建立预算审核追溯制度，完成政府投资项目预算审核764个，净核减1.65亿元，净核减率3.5%。强化政府采购绩效管理，全年开展政采云上架商品价格监测1480项，发布价格预警204项、责令暂停上架18项；开展政府购买服务项目预算绩效审核，核减采购预算760万元，核减率26.5%。

【锻造财政铁军】 聚焦财政职能，巩固“不忘初心、牢记使命”主题教育成果，打造机关党建“为民理财红管家”示范品牌，鼓励党员干部在疫情防控、培育财源、优化支出上下功夫，引导党员干部主动服务企业。协同推进成立淳安、歙县新安江流域生态环境保护党建联盟，成立中共淳安县注册会计师资产评估行业总支部委员会。推进事业单位改革，下属事业单位从7家整合为5家，完成职能优化、岗位设置等工作。修订《工作纪律和作风效能建设办法》，加强干部作风和效能建设。

（淳安县财政局供稿　江　欢执笔）

宁波市财政工作

宁波市

【概况】 2020年，宁波市实现地区生产总值12408.70亿元，增长3.3%。其中：第一产业实现增加值338.40亿元，增长2.1%；第二产业实现增加值5693.90亿元，增长3.0%；第三产业实现增加值6376.40亿元，增长3.6%。三次产业结构比为2.7∶45.9∶51.4。全市固定资产投资增长5.5%。全年实现社会消费品零售总额4238.30亿元，下降0.7%。外贸进出口总额9786.90亿元，增长6.7%，其中出口6407.00亿元，增长7.3%；进口3379.90亿元，增长5.6%。居民人均可支配收入59952元，名义增长5.2%，扣除价格因素实际增长3.2%。其中：城镇居民人均可支配收入68008元，名义增长4.8%，实际增长2.8%；农村居民人均可支配收入39132元，名义增长6.8%，实际增长4.8%。2020年，宁波市实现财政总收入2835.60亿元，增长1.8%，占GDP的22.8%。一般公共预算收入1510.84亿元，增长2.9%，其中税收收入1257.02亿元，增长3.2%。全市一般公共预算支出1742.09亿元，下降1.5%。2020年，市本级实现财政总收入475.43亿元，增长3.8%；市本级一般公共预算收入144.73亿元，增长13.6%；市本级一般公共预算支出365.23亿元，下降1.9%。全市及市本级财政收支平衡。

【组织财政收入】 面对疫情性减收、经济性减收、政策性减收“三叠加”，加强收入组织形势研判。按照市委、市政府确定的收入目标任务，加强与税务、国土等部门的信息共享和工作协同，对收入预算执行和各类税费征缴实施跟踪监测。统筹采取收入缓缴、留抵退税等措施手段，把握组织收入力度和节奏，加强收入调控。注重优化收入结构，一般公共预算收入占GDP的12.2%、占财政总收入的53.3%；税收收入占一般公共预算收入的83.2%。加强非税收入征管，全市非税收入2134.19亿元，下降4.6%，其中纳入一般公共预算管理的非税收入253.82亿元，增长1.2%。

【保障疫情防控】 支持疫情防控工作。坚持特事特办、急事急办，做好政策落实和经费保障工作，全市累计安排疫情防控经费17.12亿元。支持企业复工复产。协同相关部门出台“一揽子”政策措施，促进稳企业稳经济稳发展，全年兑现惠企惠民政策资金380.91亿元。争取并用好中央政策资金，在全国率先推出“申请办理零次跑，资金到位零时差”的先拨后结财政贴息政策，被财政部作为“宁波模式”在全国范围内推广，得到人民日报等中央媒体宣传好评。

【聚焦六稳六保】 稳投资稳大局。做好轨道交通第三轮、栎社机场四期、通苏嘉甬铁路、甬舟铁路等重大项目的资金筹措和保障。保基层保运转。保障财政直达资金精准高效落地，宁波市的“两直”资金全年支出进度99.3%，下达进度全国第一、使用进度全国第四。加强“三保”运行监测，建立基层预算编制事前审核机制，从源头防范财政运行风险。稳主体促消费。2020年，累计减税降费677.45亿元。安排发放消费券1.29亿元，参与的商户逾10万家，带动居民消费超30倍。稳预期保供应。出台蔬菜调度储备等财政措施，支持粮食安全和供应链稳定，确保“菜篮子”、粮油等重要商品稳定供应。

【促进经济发展】 优化国库库款分配激励机制，推动银行金融机构支持地方经济发展。利用财政资金前端引导、后端支撑，在全国创新推出“财政+银行+担保”三方联动的“微担通”业务模式，鼓励银行和担保公司为小微企业提供贷款优惠，破解小微企业“融资难”“融资贵”问题。截至2020年年底，全市政策性融资担保在保9414户、141.24亿元，分别增长408.2%、392.1%，其中“微担通”业务114.18亿元，占全年增量的90.6%。支持“246”现代产业集群建设，制定推进工业达产扩能稳增长财政扶持政策，兑现“中国制造2025”资金25.00亿元，制定新一轮制造业高质量发展扶持政策。支持“225”外贸双万亿计划，完善外贸新十条政策实施细则，加大“甬贸贷”融资业务开展。支持“3433”服务业倍增发展行动，推进服务业新业态新模式创新发展，落实创新强市战略，安排6.5亿元支持引进产业技术研究院(所)发展。加快重大创新平台建设，加大基础研究和应用投入，安排资金1.00亿元用于甬江实验室筹建。支持核心技术研发，安排5.68亿元用于关键领域研发攻关和化解产业链断链断供风险，支出16.10亿元支持实施“科技创新2025”重大专项。安排人才发展专项资金6.76亿元，优化人才政策。

【增进民生福祉】 全年民生支出1241.14亿元，占一般公共预算支出的71.2%。加强社会保障。全年社会保障和就业支出181.91亿元，增长1.0%。完善支持就业、创业政策，扩大创业担保贷款及贴息对象范围。实施职业技能提升三年行动。完善基本医疗保障体系，落实城乡居民医保筹资机制、企业职工基本养老保险省级统筹。支持卫生健康事业。全年卫生健康支出124.04亿元，增长8.55%。完善卫生基础设施建设，支持公立医院可持续运行，补足公共卫生领域短板。创新推出全国首个突发公共卫生事件指数保险，建立触发即赔模式，资金放大14倍，平滑财政支出。促进教育文化发展。全年教育支出269.58亿元，增长7.21%。落实“两个确保”要求，完善教育经费投入机制，补齐学前教育短板，落实义务教育教师工资资金保障，普通高中高质量发展行动保障实施，推进高水平大学建设。全年文化旅游体育与传媒支出36.61亿元，增长5.17%。推动文化和旅游消费投融资体系建设，完善公共文体服务体系。打好三大攻坚战。支持打好脱贫攻坚战，2020年，拨付东西部扶贫协作资金7.41亿元,筹措援疆援藏资金4.92亿元。推进山海协作,累计出资1.00亿元支持丽水(宁波)生态旅游文化产业园项目建设。全市节能环保支出34.22亿元,用于打好蓝天保卫、治水提升和治土清废攻坚战。开展生态补偿制度改革试点,探索建立流域上下游区县(市)生态补偿机制。支持城乡一体化发展。入选第二批住房租赁市场发展试点城市,获中央专项资金24.00亿元。整合资金16.69亿元用于老旧小区改造,着力提升城市品质。整合农业农村发展专项资金,推进农村综合改革,支持美丽乡村建设。

【集中财力办大事】 调整市对区县(市)财政体制,取消特殊区块的财政体制返还政策,实行宁波市统一的财政体制。完善土地储备出让收入征缴机制,推动组建土地开发公司,制定市级土地储备专项调度资金管理办法。明确市级固定收入范围,建立市级财政收入稳定增长机制。制定重大招商引资项目管理实施办法,规范财政秩序。推进财政事权和支出责任划分,梳理部门事权,明确支出责任,推进基本公共服务、城市建设维护、重大科技平台、跨区域项目、重大产业项目等五大类七方面重点领域的划分改革。实行专项资金清单式管理,梳理市级财政政策和专项资金,提出保留、强化、整合、新增专项资金计划,取消无效低效资金,规范专项资金全过程管理。建立跨年度预算平衡机制,实施中(长)期财政规划管理,强化预算年度收支平衡和中期平衡相衔接,促进财政可持续发展。制定市对区县(市)均衡性转移支付办法,提高一般性转移支付比重,提高基本公共服务均等化水平,推进区域统筹发展。

【推动财政改革】 推进"智慧财政"项目建设。按照财政部预算管理一体化规则与系统技术标准,完成业务需求编写。完善以项目库为源头的预算管理机制,通过全生命周期预算管理信息,增强预算执行精准度,提高预算编审质量。推进财政电子票据管理改革。坚持"便民化"理念,改变传统的"以票管费、以票控费"模式,建立"以票管费、电子控收"的新型财政票据管理体系,构建"电子+纸质"财政票据全生命周期管理,实现从"群众跑腿"到"数据跑腿"的新模式。推进政府采购改革。制定深化政府采购制度改革工作方案,构建切合宁波市实际的政府采购制度体系。取消政府采购领域投标保证金,建立预付款制度,降低政府采购交易成本。

【强化财政监管】 落实政府过"紧日子"要求。压减一般性支出,严控新增政府行政成本支出,2020年,宁波市"三公"经费下降25.8%。强化财政结转结余资金管理,建立定期清理机制。实施预算绩效管理。推进预算绩效管理制度体系建设,建立事前绩效评估机制,实现项目支出绩效目标管理全覆盖。健全单位自评、部门评价和财政评价相结合的绩效评价体系,加快形成全方位、全过程、全覆盖的预算绩效管理体系。加强财政监督管理。围绕国家决策部署和重大财税政策,加强疫情防控资金和直达资金监管,促进财政政策提质增效。开展基层财政资金安全和扶贫资金管理专项检查,实施市级预算单位财务管理专项监督。推进内控体系建设,修订内控基本制度和十个专项内控办法。防范债务风险。完善债务管理制度体系,制定严控镇乡债务规模指导意见、债务管理风险内部控制办法。落实专项行动化债措施,化解存量隐性债务,依法合规将经营性资产注入融资平台公司,加快融资平台公司实体化、市场化转型,推进国有企业高质量发展。

【干部队伍建设】 提升干部能力。拓宽干部培育渠道,加强干部互挂锻炼,增强岗位历练,组织干部参加上级调训、"四明学堂"及"科普大讲堂"综合素质讲座等培训,推行"财政学堂",鼓励干部上讲台,强化干部履职能力。搭建知识结构完善、类别梯次优化、专业技能突出、引领辐射作用明显的局机关专业人才库。优化干部结构。开展干部选拔任用工作,加快干部培养储备,优化中层干部配置,调动不同年龄段干部的积极性。落实职级晋升工作规范和程序,做好局机关调研员的职级晋升工作。加大年轻干部储备力度,通过选调生、专项遴选、基层选调、公务员招录等渠道吸纳年轻干部28名。展示干部风采。以"凝心聚力优服务、争当财政模范生"为主题,开展"财政服务月"专项行动。深入预算单位、服务对象开展走访调研、座谈交流、政策宣传和业务辅导。响应机关干部下沉一线参加疫情防控号召,组织63名财政干部参与社区防疫,选派4名干部深入基层帮扶"三复"工作。开展"三服务"活动,选派干部作为驻企联企服务员,一对一帮扶企业复产复工。

(宁波市财政局供稿　范　雯执笔)

海曙区

【概况】 2020年,宁波市海曙区实现地区生产总值(GDP)1201.18亿元,按可比价计算,增长2.0%。其中:第一产业增加值16.18亿元,增长2.0%;第二产业增加值361.08亿元,增长2.8%;第三产业增加值823.92亿元,增长1.6%。三次产业结构比为1.3∶30.1∶68.6。GDP地均集约度为2.02亿元/平方公里,按户籍人口计算,人均GDP 189049元(按年平均汇率折算为27400美元),增长1.3%。全年财政总收入187.97亿元,增长2.0%,其中一般公共预算收入115.83亿元,增长3.0%,占GDP的9.6%、占全区财政总收入的61.6%。全年税收收入100.01亿元,增长6.6%,占一般公共预算收入的86.3%。全年完成非税收入30.35亿元,其中纳入一般公共预算管理的非税收入15.81亿元。全年一般公共预算支出101.92亿元,增长7.7%。全年财政收支平衡。

【强化财政收支管理】 坚持依法依规组织收入,强化收入联动与分析机制,防范因收入波动带来的财政运行风险;统筹非税收入、国有资源有偿使用收入等,确保收入稳定可持续增长;全年压减非重点、非刚性等一般性支出1.62亿元，统筹用于疫情防控、经济扶持等；加强存量资金盘活，全年盘活区级资金4.50亿元，用于急需资金保障的重点项目；争取中央“两直”资金8.69亿元，按照直接惠企利民要求，结合全区疫情防控、困难群众补助、纾企解困、基础设施建设等资金实际需求，分配至保居民就业、保基本民生、保市场主体等方面。

【支持经济发展】 推进临空经济示范区建设，做好市级机场四期项目垫付资金保障工作；对接经济转型“头号工程”村级工业园区升级改造项目攻坚，出台扶持政策，综合运用财政奖补、金融互动、产业基金引导等方式，带动村级低效用地再开发，打造海曙未来工业园区新格局；保障重点区块开发，加快五江口、丁家地块、鄞奉、姚丰等区块建设，推进中医药特色街区以及城中村改造；打造国内一流创新型城区，实施“科技创新2025”重大专项行动；实施“千人计划”“百创汇海”和“精英汇海”计划，实施数字经济，推动纺织服装、汽车零部件、建筑业提升，加快楼宇经济和总部经济发展；聚焦招大引强选优，制定财政扶持政策方案，促进宁波阿里公司、阿里云创新中心、寰彩星等项目落地；聚焦乡村振兴战略，着力构建支持乡村振兴战略的财政政策体系和体制机制，打造现代都市农业示范区，推进新时代美丽乡村建设。

【增进民生福祉】 全年民生领域支出74.38亿元，增长11.1%，占一般公共预算支出的73.0%，其中教育支出20.62亿元，卫生健康支出9.27亿元，社保和就业支出10.70亿元。主要用于城乡居民养老、城乡居民医保财政补助等，规范被征地农民参保企业职工养老保险；健全社会救助体系，推进居家养老服务中心建设，推进保障性安居工程；支持姚丰学校、中医医院迁建等教育、卫生基础设施建设，推进教育均衡发展和城乡教育共同体建设，完善重大疫情防控救治体系和公共卫生体系；推进文旅融合，完善公共文化服务体系，支持开展“百川工程”“天然舞台”等文化惠民活动，开展全民健身运动；推进老旧小区环境整治、城乡污水零直排、垃圾分类处理等项目，加快城乡道路和水利基础设施建设。

【深化财政管理改革】 制定新一轮区对镇乡财政管理体制调整方案，完善基层财政治理的体制机制；加快构建便民利民的财政票据服务体系，启动全市首个区（县）行政事业单位财政电子票据改革；实现国库支付电子化改革全覆盖，预算单位转账支付实现“跑零次”；成立国资国企工作专班，推进集团公司实体化、市场化转型；做好区属国有资产清理整合、国有不动产权证补办等工作，盘活存量经营性国有资产，提升集团公司投融资能力；加强政府债务管理，依托债务检测平台，动态监管海曙区债务属性和规模。

【加强队伍建设】 落实“周二夜学”制度，党内会议、学习“第一议题”制度；落实全面从严治党主体责任和“一岗双责”；通过参观廉政教育基地、“敬法畏纪”宣讲团讲课、作风建设口袋书、警示教育片、“以案说纪”每周一课等形式，强化警示教育；树立党员先锋模范作用，依托“海财有爱”志愿服务团，组织干部投身一线抗击疫情；利用“微型党课”“才正讲堂”等平台安排具有特色的学习内容，鼓励各科室负责人、业务骨干上讲台，做到政治建设和业务“双促进、双提升”；发挥领导干部、党支部、志愿服务先锋队、巾帼文明号等先进示范作用，宁波市海曙区财政局国库收付中心今年获评全省财政系统先进集体。

（宁波市海曙区财政局供稿　高　瑜执笔）

江北区

【概况】 2020年，宁波市江北区实现地区生产总值666.70亿元，按可比价计算，增长3.4%。其中：第一产业增加值8.57亿元，增长4.1%；第二产业增加值204.62亿元，增长2.6%；第三产业增加值453.51亿元，增长3.7%。三次产业结构比为1.3∶30.7∶68.0。按常住人口计算，人均生产总值137748元。全区财政总收入141.80亿元，增长5.8%。全区一般公共预算收入84.29亿元，增长7.8%，占财政总收入的59.4%、占地区生产总值的12.6%；其中税收收入79.71亿元，占一般公共预算收入的94.6%。全区一般公共预算支出73.78亿元。全年财政收支平衡。

【组织财政收入】 完善财政收入增长政策措施，恢复正常生产生活秩序，促进财政收入平稳增长。强化分析研判，完善财税部门和街道（镇）等各部门的协作沟通机制，关注重点行业重点企业受疫情冲击情况，加强分析应对，提高收入监测精确性。强化税源管理，优化招商环境，保障招商引资，立足文创港、慈城古县城等平台，支持招商机制市场化调整，培育财政收入新增长点，加强非税收入征管，全年非税收入51.87亿元。其中，纳入一般公共预算管理的非税收入4.58亿元，下降42.5%。

【促进产业发展】 落实国家减税降费和各项财政扶持政策，全年新增减税降费20.80亿元，拨付涉企扶持资金19.91亿元，惠及企业1.2万余家。助力复工复产，落实各级党委政府关于企业复工复产、帮扶企业共渡难关等政策，开展“五减”共克时艰行动，构建全区政策兑现工作运行机制，组建专班，实施“零手续”预兑现，落实复工复产政策补助9600万元。落实稳外贸政策措施，支持工业企业跨境电商渗透率提升，支持打造外贸外资平台。支持创新驱动，加大财政科技投入，一般公共预算科学技术投入3.62亿元，增长1.3%，高新技术企业突破150家。支持人才强区战略实施，保障聚才引智工程。2020年，人才总量逾17万人，新引育国家级以上创业创新团队46个，其中院士团队4个。

【增进民生福祉】 全年民生支出51.24亿元，下降8.94%，占一般公共预算支出的75.7%。强化疫情防控保障,安排区级疫情防控专项资金3235万元,保障江北疫情防线。加大对教育、医疗卫生、社会保障、农村环境整治、生态环保、城乡社会管理等社会民生事业的财政投入。优先教育资源配置,全年教育支出10.63亿元,增长6.3%,支持姚江书院建成投用,推动江北中心学校、应家配套学校开工建设,支持提升教师队伍水平。促进健康江北建设,全年卫生健康支出4.25亿元,深化区域医共体建设,保障提高公共卫生防疫和重大传染病防控基础能力,支持全科医生队伍培养。支持社会保障事业,全年社会保障和就业支出4.39亿元,增长6.9%,促进就业创业,支持大学生、退役军人、困难家庭等重点群体就业工作,全年新增就业1万余人。推动社会保险扩面提质,户籍人口养老保险、医疗保险参保率分列市统筹区第二和第三。支持实施乡村振兴战略,全年农林水支出6.22亿元,增长0.3%。推进部省共建乡村振兴示范区建设,推进农文旅融合区块建设,加快美丽乡村建设,改善农村人居环境,实现农村公厕改造、垃圾分类全覆盖,新建成美丽乡村达标村20个、精品村7个,全区获全省实施乡村振兴战略优秀单位。支持国家生态文明建设示范区创建,全年空气质量优良率90%,水环境功能区达标率100%。支持对口支援和山海协作工作,全年落实对口援助资金6900万元。支持文体事业发展,全年文体支出8318万元,支持中华慈孝节、海丝音乐节、山地马拉松等活动,人均体育场地面积达到3.1平方米。支持江北青少年宫、江北档案馆等场馆完工。

【深化财政改革】 优化区内财政分配关系,出台街道、镇财政管理体制调整方案,划分区与街道(镇)财政事权与支出责任,推进城乡一体化统筹发展。推进财政绩效管理,出台区财政性项目资金绩效评估考核办法,对12家单位33.98亿元区级资金进行执行率考核。开展事前绩效目标工作,组织全区56家预算公开单位填报项目绩效目标。促进国有企业市场化转型,出台改革方案,完善制度建设。出台债券发行管理办法,拟定投资管理办法、人员管理办法等,引导公司参与全区重点建设,并开展党建引领国企转型系列活动。强化国资管理,开展政府资产调查监督,厘清资产底数,整改资产问题,优化综合管理平台,盘活闲置资产,推进优质资产注入国企,全年清理资产1367处,问题资产整改率92.5%。

【提升队伍建设】 完善学习机制,学习习近平总书记在浙江、宁波考察时的重要讲话精神。开展江北争创"重要窗口"模范生实践样板等各类大讨论活动。创新"周二夜学"载体作用,组织各科室科长集中授课,开展政治业务交流学习。健全培养机制,建立导师、老师、青年干部帮扶机制,开展主题读书会以及党课、擂台赛等活动。落实全面从严治党主体责任,建立分析研判机制,每季度开展廉政建设和政治生态情况分析,履行"一岗双责",建立三色履责记录本体系、"五必谈"机制和"两交底"制度(科室职责和廉政风险点)。落实"三服务"活动,服务基层企业和预算单位,全年走访服务1500余人次。规范内部管理,修订财务管理、零星维修、个人重大事项报告、请销假、严肃工作纪律等各项制度。丰富党建活动,开展以庆祝中国共产党成立99周年和中华人民共和国成立71周年为主题的党建系列活动,组织党员干部参加"重走红色之路,争当时代先锋"主题党日活动。

(宁波市江北区财政局供稿　包　鑫执笔)

镇海区

【概况】 2020年,宁波市镇海区实现地区生产总值(GDP)1030.06亿元,按可比价格计算,增长2.9%。其中:第一产业增加值6.52亿元,第二产业增加值657.62亿元,第三产业增加值365.92亿元,分别增长2.4%,1.8%和5.4%。三次产业结构比为0.6:63.9:35.5。城镇居民人均可支配收入、农村居民人均可支配收入分别为71163元和40469元,分别增长5.7%和7.2%。全社会固定资产投资增长16.8%。全年全区财政总收入135.31亿元,增长3.4%。一般公共预算收入84.50亿元,增长0.3%,占财政总收入的62.4%、占生产总值(GDP)的8.2%。税收收入68.70亿元,增长11.8%,占一般公共预算收入的81.3%。全年非税收入20.33亿元,其中纳入一般公共预算管理的非税收入15.80亿元,下降30.6%。全年一般公共预算支出87.74亿元,下降9.8%。全年财政收支平衡。

【加强财政收支管理】 组织财政收入。协调税务部门,落实税收分解任务,梳理非税收入及政府资产资源,盘活财政存量资金,提高国有资本经营预算上缴比例,实现全区资产资源的统筹调配。优化年初部门预算。围绕过"紧日子"原则,按总体不低于5%的指标要求,协调各部门大力压减非急需非刚性支出,严控"三公"经费、会议培训类等支出。年初预算压减资金9100万元。盘活财政存量资金。加强单位结转结余指标清理,全区收回预算指标3.03亿元。加强历年结余资金清理,全年上缴结存资金1.80亿元。统筹预算编制和执行。严控预算追加,实现自求平衡。优化预算安排挂钩管理机制,截至2020年10月底,总体项目执行进度低于70.0%的,按一定比例压减部门下年预算控制数。加强预算支出管理,对2020年8月底前尚未实施的项目,冻结未分配指标的50.0%,累计冻结指标0.62亿元。保障重点领域支出。启用年度预备费,全年统筹安排疫情防控各级财政资金1.49亿元。制定"两直"资金分配方案,全年落实"两直"资金2.98亿元。疫情期间保障财政资金优先用于"三保"支出。

【推进疫情防控和经济社会发展】 推进疫情防控工作。全体干部职工分批下沉村、社区和企业一线,做好联防联控和复工复产工作,累计下沉500余人次。开通资金拨付"应急通道"、指标下达“快速通道”和政府采购“绿色通道”，保障全区行政运行和疫情防控资金需求。保障抗疫惠企工作。调剂安排政策资金5400万元、向上争取1900万元设立抗疫惠企专项资金，用于企业员工返镇交通补贴、非公企业双职工子女看护费补助和促消费政策实施等。全区兑现市区两级抗疫惠企政策资金5665万元，涉及企业0.65万余家次、个人2.46万余人次；安排促消费资金1355万元，带动消费近4000万元。为全区企业争取专项再贷款15.22亿元，节约利息近5000万元。推进“微担通”政策落地，满足小微企业融资需求，累计放款5.00亿元。稳经济促发展。落实一系列减税降费政策，发挥政策“放水养鱼”作用。2020年，新增减税降费18.15亿元，其中减免税收5.96亿元，减免各类社保资金12.19亿元。实施“预拨制”扩面、“容缺承诺机制”，全年完成项目申报受理441个，兑现政策资金11.83亿元。加快产业基金投资运作，全年参股2支子基金6000万元、直投1家企业300万元，汇智天使人才基金完成对外投资项目12个、涉及资金2350万元。加强黑名单管理，新增黑名单企业109家，取消违法轻微企业黑名单限制3家。入选全国2020年度深化民营和小微企业金融服务综合改革试点城市，获中央财政补助3000万元。

【保障民生支出】 全年民生支出69.23亿元，下降15.6%，占一般公共预算支出的75.0%。完善社会保障体系。全年安排社会保障和就业支出8.92亿元，主要用于城乡居民社会养老保险基金6500万元、残疾人保障专项经费3886万元、社区事业保障补助经费3050万元、城市最低生活保障986万元。安排卫生健康支出5.82亿元，主要用于公立医院综合改革和政策性补助1.09亿元、区人民医院三乙创建1.00亿元、提升公共卫生服务和基层卫生保障水平7550万元、新型冠状病毒防控及相关支出5000万元、推进镇海区智慧健康保障工程建设1315万元、医疗设备购置1000万元。全年安排教育支出13.98亿元，主要用于保障全区教育资源配套建设等工程基建资金2.28亿元、用于保障各镇(街道)中心幼儿园建设和运行的学前教育专项经费5878万元。2020年，投入3000万元支持骆驼新城首家区属幼儿园——镇海区星辰幼儿园建成使用，首批招生人数430人；会同区教育局修订《镇海区民办外来务工人员子女学校专项资金使用管理办法》，明确“生均经费补助”标准，并设5条评估红线。

【提升公共服务品质】 推进美丽乡村创建。全年安排农林水支出4.57亿元，主要用于水利设施建设、一事一议项目建设、美丽乡村建设和农村生活污水运行管护。推进美丽乡村分类创建工作，打造永旺村、迎周村、长宏村区级精品村。投入5000万元保障姚江二通道(慈江)镇海段堤防整治、新泓口闸外移等工程建设。投入4000万元促进乡村民营和小微企业金融服务综合改革。提升公共文化服务。全年安排文化旅游体育与传媒支出1.99亿元，主要用于完善公共文化服务体系、丰富人民群众业余文化生活、促进全民体育健康发展。其中投入文化艺术中心等重点政府投资项目贴息补助1000万元，安排1287万元支持旅游事业发展和景区免费开放。统筹社会事业发展。安排住房保障支出3.44亿元，主要用于安排保障房、危旧房、老旧小区改造。安排科学技术支出3.49亿元，主要用于加快大院大所落地，促进科技创新和服务平台建设，推动“中国制造2025”。安排节能环保支出2.68亿元，用于加强环保综合治理、企业节能减排、淘汰落后产能改造、气土污染监控防治、雨污分流改造等。安排城乡社区支出19.45亿元，用于加强城乡公共设施建设、路灯电费、轨道交通建设、招宝山大桥养护管理、土储整理和耕地占补平衡。安排交通运输支出1.91亿元，用于交通治堵建设，强化道路维修和养护，支持公共交通事业发展。

【推进财政改革】 推进集中财力办大事改革。拟定区集中财力办大事实施方案，规范区与镇(街道、园区)财政分配关系，起草新一轮财政管理体制及土地分配体制。强化公款竞争性存放管理。开展2019年度自查工作，涉及银行账户535个，资金规模63.25亿元，督促2家单位完成整改。完成财政专户资金存放招投标工作，涉及资金23.00亿元。完成预决算编报和公开工作。完成2019年度部门决算、总决算和政府综合财务报告编制等工作。完成资规局等4部门决算和司法局等4部门预算的提交、审查、整改工作。出台《人大街道预算监督办法》，将4个街道的预算纳入区级财政，规范街道预决算管理。强化基本建设财务管理。加强项目合同管理，加快政府投资项目决(结)算审计工作，清理竣工项目32个，清理结余资金4400万元。推进基建项目信息化监管，实时查看资金进度，全年支付金额3.78亿元。拨付抗疫特别国债基建项目资金1.58亿元，100%完成拨付计划。加强财政监督和绩效管理。开展预算执行进度和绩效目标实现程度“双监控”工作，组织82个项目开展绩效自评，反馈、应用10个重点项目绩效评价结果。提请区政府出台涉农资金整合的改革实施意见，提升财政涉农、扶贫资金使用绩效。强化政府采购监管，完成采购项目239个，预算金额5.16亿元，成交金额4.28亿元，节约资金0.88亿元，节约率20.5%。

【加强政府性债务管理】 强化隐性债务风险化解。推动地块加速出让，做大财力，降低债务率和风险等级。核实化债资金真实性、有效性。指导融资平台按“两个覆盖”要求加快转型，完成包括雄镇公司在内的11家融资平台转型。支持债务主体与金融机构协商，利用企业周转便利类金融工具置换到期隐性债务。保障重大项目建设实施。把握专项债扩容窗口机遇，全年争取和发行政府债券66.59亿元。其中再融资债券15.69亿元，新增专项债50.90亿元，保障绿色石化综合开发等重大项目建设。创新发行其他自平衡专项债37.00亿元用于综合开发项目。完善专项债项目遴选机制，申报2021年专项债需求49.70亿元。提升债务管理水平。对镇(街道)债务实施动态监控，确保镇(街道)债务风险可控。履行相关报告责任，配合财政部监管局、审计署等对镇海区债务管理情况的检查和审计。

【提升干部队伍素质】 建立日常工作协调制度,促进党建"工作规范化、活动制度化、政治标准化、服务常态化、特色品牌化"。组织开展"牢记初心使命、勇于奉献担当"专题教育实践活动、宁波当好浙江建设"重要窗口"模范生大讨论、"不负韶华,攻坚担当"机关党员干部责任大讨论和"厉行节约、反对浪费大家谈"大讨论。打造"周二夜学"学习主阵地,制定"学习强国"学习方案。组织廉政基地参观、知识竞答、直播学习、廉政讲座、观看警示教育片和主旋律影片等活动,提高财政干部廉洁自律意识。开展志愿服务活动。组织党员干部上门慰问结对党员、困难群众。配合总浦桥社区和区文广局开展文明城市迎检志愿者活动。深化"三服务""上门服务至少一次"等活动,深化"最多跑一次"等改革。执行"首问负责即事即办"制度。

(宁波市镇海区财政局　徐幼蕾执笔)

北仑区

【概况】 2020年,宁波市北仑区(包括宁波保税区和大榭开发区,下同)实现地区生产总值(GDP)2020.49亿元,按可比价计算,增长3.3%。其中:第一产业增加值8.45亿元,增长1.7%;第二产业增加值989.86亿元,增长4.5%,其中工业增加值928.22亿元,增长5.0%;第三产业增加值1022.18亿元,增长2.0%,三次产业结构比为0.4:49.0:50.6。按户籍人口计算,人均地区生产总值467119元(按年平均汇率折算为67722美元)。2020年全区(含保税区、大榭开发区,下同)财政总收入612.08亿元,下降1.6%。其中北仑区本级和开发区财政总收入393.97亿元,增长5.1%,完成调整预算的101.2%;保税区财政总收入73.34亿元,增长7.5%;大榭开发区财政总收入144.76亿元,下降19.0%。全区一般公共预算收入309.06亿元,下降2.1%,占财政总收入的50.5%、占GDP的15.3%。其中北仑区本级和开发区一般公共预算收入204.55亿元,增长4.6%,完成调整预算的102.6%;保税区一般公共预算收入35.56亿元,增长7.2%;大榭开发区一般公共预算收入68.95亿元,下降20.6%。全区一般公共预算支出281.02亿元,下降8.1%。其中北仑区本级和开发区一般公共预算支出191.35亿元,下降8.3%,为调整预算的101.9%,剔除市补资金22.58亿元,实际支出168.77亿元,下降2.9%。全年财政收支平衡。(以下数据仅指北仑区本级和开发区)

【组织财政收入】 出台2020年度各街道、招商部门、税务部门税源管理考核细则,升级税源管理系统,利用税源管理平台,做好税收统计分析,按月开展税源分析、预测,出具税源专报、简报,促进税源工作扎实推进,剖析企业税源动态。2020年,各街道、招商部门新增三产税收4.04亿元,完成比例209.0%。注重统筹协调,测算好经济税源和减免税"总账",掌握各行业税收潜力和风险控制"明细账",向上级部门争取增值税免抵调库收入24.53亿元,增长114.4%,占财政总收入的6.2%,增加地方可用财力。加强非税资金管理,区本级和开发区全年完成非税收入25.06亿元,下降84.4%,其中纳入一般公共预算管理的非税收入17.12亿元,下降14.7%。

【支持经济发展】 落实减税降费政策,释放政策红利,助力复工复产,加快各项惠企惠民政策落实,兑现各项惠企政策资金15.85亿元,落实防控新冠肺炎疫情专项再贷款资金10.32亿元,20家企业获中央财政贴息1048万元。北仑区及开发区共收到"两直"资金(含参照直达资金)5.20亿元,在宁波市率先完成支付进度100.0%,其中小微企业及个体工商户兑现资金1.25亿元,惠及小微企业4656户、个体户5283户。健全专项资金扶持体系,整合北仑区所有扶持政策,出台《北仑区(开发区)促进产业结构调整专项资金扶持政策》。通过财政资金投入,降低企业成本、增加企业效益,推进企业转型升级。淘汰落后产能,关停并转高污染、高能耗、低产出的企业。出台新一轮工业企业"龙腾"工程实施意见,引导发展新业态、集聚新产业。

【保障民生支出】 全年民生支出108.17亿元,下降35.2%,占一般公共预算支出的56.5%。教育支出完成21.57亿元,增长0.8%,加强教育基础设施建设,推进国家教育考试综合管理平台和科学实验室建设,创建全国义务教育优质均衡发展区;科学技术支出10.12亿元,增长12.0%,加大科技企业扶持力度,支持高新技术企业科研技术创新,推动产业结构调整升级,推进"中

北仑港

国制造2025"试点示范城市建设;文化体育与传媒支出2.53亿元,增长7.6%,推进文化产业创新发展和转型升级;社会保障和就业支出13.07亿元,增长5.8%,落实企业退休人员和城乡居民基本养老保险基础养老金提标政策,完善社会养老服务体系;卫生健康支出10.17亿元,增长13.6%,提升城乡居民医疗保障财政补助标准,优化基本医疗保障体系。

【加强财政管理】 完善预算编制体系,细化四本预算编制,加强政府性基金预算、国有资本经营预算与一般公共预算统筹力度,推进预算编制、执行与监督等各环节的协同管理。推进中期财政规划、人大预算绩效监督等工作,指导区级部门纳入人大部门预算绩效管理监督,实现街道预算绩效管理监督全覆盖。推进政府预决算、部门预决算、"三公"经费预决算、财政专项资金、政府采购等信息公开,落实部门主体责任,增强主动公开意识,公开范围扩大至69家。拓展市场化创新融资,新增融资107.00亿元。推进区属国有企业整合评级,新增AA+主体评级公司2家。推进财政系统"最多跑一次"改革,提高办件效率和群众满意率。深化机关内部"最多跑一次"改革。明确资金所有权、使用权、管理权单位主体责任不变,通过代理记账发挥财务风险提示和财政监督作用。梳理外出考察、会议培训、公务接待等方面的12类多发易发高频事项,编印《财务"漫"说指南》,纠正、规范预算单位政策执行理解有偏差的问题。

【加强队伍建设】 坚持以党的政治建设为统领,强化政治理论学习,依托"周二夜学"平台,学习习近平总书记考察浙江重要讲话精神、十九届五中全会精神和《习近平谈治国理政》第三卷,开展宁波当好浙江建设"重要窗口"模范生大讨论。建设"模范机关",服务中心、建设队伍、夯实党建基础、加强党建业务融合。通过开展"红色周末""光盘督导"、清洁家园等志愿活动,深入基层,融合党内活动落实意识形态教育引导。响应组织部相关政策,配备专职副书记1名。开展年轻干部座谈会,对28名35周岁以下年轻干部进行座谈,了解年轻干部的思想和需求,为后续人才提拔做好准备。贯彻执行财政部《关于落实"谁执法谁普法"普法责任制的实施意见》,落实"谁主管谁普法"的普法责任,开展《预算法》《会计法》等财政法治宣传活动。开展严肃财经纪律专项检查、预决算公开检查、公款竞争性存放检查等各项检查,提升财政监督管理水平。

(宁波市北仑区财政局(宁波经济技术开发区财政局)供稿 田苗苗执笔)

鄞州区

【概况】 2020年,宁波市鄞州区全区(含高新区、东钱湖)实现地区生产总值(GDP)2266.14亿元,增长2.4%。其中:第一产业增加值27.15亿元,增长2.1%;第二产业增加值608.94亿元,增长1.1%;第三产业增加值1630.05亿元,增长2.9%。三次产业结构比为1.2:26.9:71.9。按常住人口计算,人均生产总值142167元。全区(含高新区、东钱湖,下同)财政总收入456.56亿元,增长0.7%。其中一般公共预算收入273.48亿元,增长1.5%(含税收收入238.13亿元,增长3.3%)。全区一般公共预算收入占财政总收入的59.9%、占地区生产总值的12.1%,税收收入占一般公共预算收入的87.1%。全区一般公共预算支出230.20亿元,下降1.4%。鄞州区(不含高新区、东钱湖,下同)财政总收入365.38亿元,增长0.6%。其中一般公共预算收入216.20亿元,增长1.8%(含税收收入193.78亿元,增长2.6%)。鄞州区税收收入占一般公共预算收入的89.6%,一般公共预算收入占财政总收入的59.2%。鄞州区一般公共预算支出166.42亿元,下降4.8%。全区及鄞州区财政收支平衡。

【组织财政收入】 关注经济形势及宏观政策变化对财政收入的影响,靠前研究财政运行新情况新问题,突出重点区域、重点行业和重点企业收入运行动态监控分析,全区一般公共预算收入、财政总收入指标增势稳健。开展税源排摸,跟踪、分析重点税源变动情况,优化服务企业水平,提高税收征管质量,做到依法征收、应收尽收,确保财政收入平稳运行。清理、盘活各类闲置资产资源,确保非税收入应缴尽缴。加强非税收入征管,鄞州区非税收入44.71亿元,其中纳入一般公共预算管理的非税收入22.42亿元,占一般公共预算收入的10.4%。

【保障疫情防控】 新冠肺炎疫情发生后,启动应急响应机制,开通防疫物资采购、应急资金支付"绿色通道",加强应对疫情的财税政策保障,加大政策宣传力度。全年安排防疫专项资金1.14亿元,保障医疗救治、卫生防疫、医疗物资等疫情防控支出。

【支持经济发展】 贯彻落实上级减税降费等政策,全年减免税收15.00亿元,减免社保费36.96亿元,国企及行政事业单位减免房租6609万元。落实"两直"资金8.23亿元。发放消费券3500万元。出台惠企惠民政策59条,助力31家企业获得优惠再贷款16.50亿元,为企业节约融资成本超1700万元。支持优势产业做大做强,全年安排产业扶持资金15.90亿元,助推软件与新兴服务、汽车、高端装备、新材料等千百亿级产业集群发展、保障外贸攻坚倍增提质行动等重要战略实施,助力鄞州区获评高质量发展水平全国百强城区第十位。培育创新驱动蓄力,全年安排双创资金1.20亿元,建设浙江省唯一的国家双创示范基地行政区域,国家级高新技术企业、国家技术创新示范企业、全国制造业单项冠军示范企业等数量均居全市首位。支持招才引才,全年安排区级人才专项经费4.60亿元,助力创新人才集聚,人才净流入量居全市第一。

【保障民生支出】 全年民生支出122.52亿元,增长11.54%,占一般公共预算支出的73.6%。其中安排教育支出29.92亿元,新(迁、扩)建中小学17所,新建幼儿园32所,增加学位3.9万个,优化教育资源配置。安排社会保障和就业支出19.98亿元,实现区域性居家养老服务中心全覆盖,获评"国家智慧健康养老示范基地"。打造"最美就鄞"就业服务品牌,发放稳岗补贴2.73亿元,新增城镇就业3.1万人,城镇登记失业率控制在2.45%以内。安排卫生健康支出16.72亿元,保障医疗资源总量增加,每千人床位数增加至7.39张。安排城乡社区支出16.42亿元、住房保障支出5.92亿元,建成区未成年人救助保护中心,实现"残疾人之家"镇、街道全覆盖。2020年,鄞州区获评"中国最具幸福感城市"。

【加强财政监管】 树立政府过"紧日子"理念,建立跨年度预算平衡机制,运用零基预算理念核定预算,强化项目联审,压减一般性支出,全年减支5.29亿元,压减"三公"经费29.0%,收回部门结余资金4.76亿元,统筹用于疫情防控、复工复产、民生支出等领域。严控债务风险,争取政府专项债券资金17.60亿元、再融资债券资金24.90亿元,降低融资成本。对镇街收支平衡情况进行调研分析,加大均衡性转移支付及临时性解困力度,确保困难镇"三保"不出现问题。优化镇街财政体制管理,拟定新一轮区镇、园区财政管理体制,厘清政府财政事权与支出责任,实现基层财政可持续发展。

【深化财政改革】 注重资金绩效,全年纳入预算绩效管理的项目共133个27.70亿元,其中6个部门开展部门整体预算绩效管理。梳理涉农专项资金管理办法,优化财政奖补政策,整合涉农资金6.93亿元。调整鄞州区政府购买服务目录,编制个性化目录清单、规范化预算清单、诚信化负面清单等,优化政府购买服务。推进社区资金清理整合,理清社区资金收入和社工人员构成、资金奖补等实际情况。探索财政金融制度创新,推动5家融资平台市场化公司转型,全年新获评信用评级2A+国企3家,全区2A+评级国企达到4家,提升市场化融资能力。

【加强队伍建设】 深化党风廉政建设,明确主体责任,做到"一岗双责"。开展"不负韶华,攻坚担当"机关干部责任大讨论、宁波当好浙江建设"重要窗口"模范生大讨论,局领导上专题党课4人次,全年召开中心组专题学习研讨会12次、理论学习44次。新冠肺炎疫情期间,组织446人次党员干部参与抗疫救援,前往村口、高速口、火车站、隔离点等重点领域值勤,指导小微企业开展复工复产。响应"三服务"号召,局领导带队走访重点单位开展2021年预算编制情况调研、新一轮区对镇财政管理体制情况调研,深入基层乡村帮助破解难题,走访会计师事务所了解发展现状、提供政策服务,走访疫情相关企业宣传优惠贴息再贷款政策、协助办理申报手续,形成中心组调研报告9篇。

(宁波市鄞州区财政局供稿　王邵逸执笔)

奉化区

【概况】 2020年,宁波市奉化区实现地区生产总值685.77亿元,按可比价格计算,增长3.4%,其中区属地区生产总值增长4.4%。第一产业增加值32.73亿元,增长1.9%;第二产业增加值412.28亿元,增长2.4%;第三产业增加值240.76亿元,增长5.4%。三次产业结构比为4.8∶60.1∶35.1。按常住人口计算,人均生产总值118645元。全区城镇居民人均可支配收入58983元,增长4.3%;全区农村居民人均可支配收入34945元,增长5.3%。实现社会消费品零售总额152.56亿元,下降0.2%。全年完成固定资产投资额比上年增长15.1%。全区实现财政总收入100.06亿元,增长11.0%。其中,一般公共预算收入64.51亿元,增长7.5%。一般公共预算支出85.33亿元,增长3.7%。全年财政收支平衡。

【组织财政收入】 做好收入监测分析,建立财税工作联席会议制度,实现财税信息共享,提高收入预测的准确性和及时性,建立收入增长管控机制,把握全年收入力度和节奏。通过配置有效税源、加强非税管理、合理出让土地等,确保财政收入增长。一般公共预算收入占GDP的9.4%、占财政总收入的64.5%,税收收入55.45亿元,增长13.2%,占一般公共预算收入的86.0%。推广应用统一公共支付平台,实现非税收入项目全数接入平台,全年累计发生业务152598笔,累计金额5.49亿元。全年非税收入总额9.18亿元,下降17.4%,其中纳入一般公共预算管理的非税收入9.05亿元,下降18.0%。

【服务经济社会发展】 落实减税降费、降本减负、"五减行动"等政策,全年累计减税降费16.7亿元。保障疫情防控、复工复产等各项政策落实,以"应补尽补""能快尽快"为原则,全年拨付疫情防控经费和复工复产资金1.94亿元。落实"两直"资金,体现疫情防控、保障基本民生和助企纾困导向,确保5.07亿元中央"两直"资金实现惠企利民。支持实体经济转型发展,做好"强龙工程""一企一策"等政策项目审核和资金兑付工作,全年兑付各级各类惠企政策资金3.81亿元、"一企一策"政策奖励3.11亿元。

【保障民生需求】 全年民生支出61.86亿元,下降0.3%,占一般公共预算支出的72.5%。支持精准脱贫,全年安排对口支援和东西部扶贫协作资金5501万元,增长5.0%,助力打赢脱贫攻坚战。推进农业农村现代化,支持乡村振兴战略,全年区级财政"三农"投入16.95亿元,增长7.3%。加大财政教育投入力度。全年教育支出15.48亿元,增长9.8%。提高教师薪酬水平,教育现代化发展水平上升至全省第22位,推动5所幼儿园投入使用,支持锦屏中学迁建、锦溪小学扩建项目开工。提升社会保障服务水平。全年社保和就业支出12.11亿元，增长1.6%。推进民生同城化，新增城镇就业岗位16816个，城镇登记失业率保持2.1%低位；推动区域性居家养老服务中心建成投用，支持“爱心车轮”老年送餐车实现镇街全覆盖。推进“健康奉化”建设。全年卫生健康支出7.18亿元，增长4.8%。推进市第一医院迁建一期、区中医医院迁建项目主体结顶，支持区域胸痛中心获评全国首批、全省首家基层胸痛中心示范基地。

【推进财政改革】 创新政府投资项目评审管理，完善制度建设多维度规范中介公司评审行为，上线应用政府投资项目财政评审系统，实现项目评审一体化管理和投资项目大数据管理。全年共实施跟踪评审项目17个，自审及委托第三方审核项目327个，完成评审项目270个，核减投资8.70亿元，核减率5.6%。推进“最多跑一次”改革，依托政采云平台，对政府采购项目招投标实行全过程无纸化电子招标、投标、开标、评标，实现“跑零次”，全年通过电子招投标系统完成采购项目270个，采购金额4.66亿元，为企业减少采购文件获取、投标文件制作、交通住宿等费用累计逾699万元。推进奉化区惠企、人才政策兑现“最多点一次”改革，上线“一键通”平台，加快各类政策措施落实，全年通过“一键通”平台受理奖补事项2185件，兑现资金1.63亿元。

【加强政府性债务管理】 争取新增债券和债券置换额度，全年争取新增专项债券10.80亿元，发行再融资到期政府债券10.68亿元，其中：一般债券8.88亿元、专项债券1.80亿元。做好政府债务限额管理，截至2020年12月月底，全区政府债务余额116.85亿元，其中：一般债务60.14亿元、专项债务56.71亿元，均控制在限额内。

【强化财政监督】 通过会计监督、专项检查、日常检查、配合纪委巡查等手段，对高风险、问题多发、资金量较大、内部控制薄弱等领域进行检查。将区公路与运输管理中心、区交警大队两个检查与纪委监委基层巡察相结合，形成监督合力。开展全区基层财政资金安全和扶贫资金管理检查，发现问题53条，完成整改34条，其余问题均明确整改期限。配合人大对16家行政事业单位国有资产特定问题开展调查，发现问题86条；配合区综合行政执法局和区水务公司对污水处理厂BOT项目的大修重置费用开展专项检查，追缴大修重置费用446万元；配合民政部门开展低保资金专项调研，核查2个街道调减低保户约20%。推进预算绩效管理，全年对60个项目开展事前绩效评估、事中绩效跟踪、事后绩效评价，核减预算资金2.20亿元，收缴违规使用资金143万元、重复补助资金4万元。开展全区范围专项资金整合工作，共计核减预算资金8199万元，冻结预算资金7500万元，规范财政专项资金使用。

【加强队伍建设】 学习习近平新时代中国特色社会主义思想和十九届五中全会精神，全年开展党委中心组理论学习14次、全局“周二夜学”23次、支部学习10次、科室学习6次。督促各支部、群团组织把从严治党的要求贯穿于主题党日活动、团委活动、工会活动当中，组织全局干部参与文明城市创建、社区治理等服务，全年组织64名干部参加垃圾分类桶边督导志愿服务活动、54名干部开展街巷环境集中整治行动。开展作风整治活动，制定《宁波市奉化区财政局干部作风整治活动实施方案》，组织开展“破除中梗阻、提升软环境”“人人争当窗口、处处呈现风景”等主题活动，围绕“三去三增”，梳理检视问题204条，制定整改举措227项。落实干部重要事项报告制度，全年上报领导干部个人重要事项10项，中层干部个人重要事项27项，一般干部个人重要事项20项。

（宁波市奉化区财政局供稿　周露璐执笔）

余姚市

【概况】 2020年，余姚市实现地区生产总值1220.72亿元，按可比价格计算，增长5.1%。其中：第一产业增加值50.19亿元，增长0.7%；第二产业增加值701.46亿元，增长5.3%；第三产业增加值469.07亿元，增长5.2%。三次产业结构比为4.1∶57.5∶38.4。按户籍人口计算，人均生产总值146309元。全市财政总收入185.23亿元，增长4.0%，其中一般公共预算收入114.20亿元，增长6.5%；全市一般公共预算支出128.89亿元，增长5.1%。全市财政收支平衡。

【组织财政收入】 加强与各征收部门的沟通协调，强化对经济、收入形势的分析、研究和预测，挖掘收入潜力，实现财政收入增长。注重收入质量，全市一般公共预算收入占GDP的9.4%、占财政总收入的61.7%；税收收入98.19亿元，占一般公共预算收入的86.0%。加强非税收入管理，2020年全市非税收入120.62亿元，其中纳入一般公共预算管理的非税收入16.01亿元，增长4.4%。

【助力“两手硬两战赢”】 加强疫情防控资金保障，实施紧急防疫资金支付“即来即办”，建立疫情防控政府采购“绿色通道”，2020年落实防疫资金1.34亿元。会同相关部门制定支持疫情防控和促进企业复工复产政策，落实财政扶持经济政策，2020年拨付各级财政扶持企业政策资金10.08亿元。落实各项减税降费政策，2020年，减免各项税费28.60亿元。推动“两直”资金落实，拨付“两直”资金9.17亿元。

【加大财政支农力度】 支持新农村建设，安排1300万元资金用于村级公益事业建设、幸福美丽乡村建设和村庄整体整治提升工程。支持生态文明建设，安排7887万元资金用于生态公益林建设、森林城镇及村庄建设、“一村万树”示范村建设和四明山区域生态发展。支持现代农业发展,安排2500万元资金用于农业科技创新平台建设、设施智慧农业(林业)补助、农作物秸秆和蔬菜加工副产物回收再利用、农业资源循环利用奖励、品质(品牌)农业建设补助、农业标准化建设、传统产业品质提升项目,农产品宣传推介补助,农民专业合作社和家庭农场扶持、乡土专家评选及奖励等。安排1450万元资金用于四明山片区供水保障能力提升工程项目;安排1570万元资金用于水环境整治、河道清污(淤)、山塘治理、小流域治理、泵站改造、农村小水电站清理整改、小型农田水利项目等;安排815万元资金用于农村生活垃圾分类和农药废弃包装物回收和集中处置工作。

【支持民生事业发展】 全年民生支出100.27亿元,增长3.8%,占一般公共预算支出的77.8%。全市教育支出24.54亿元,增长3.0%,主要用于幼儿基础教育、城乡义务教育、生均公用经费等。全市社会保障和就业支出21.63亿元,下降7.1%,主要用于城乡居民基本养老保险基金补助、最低生活保障金补助、困难残疾人生活补贴等。全市卫生健康支出13.51亿元,增长1.5%,主要用于城乡居民医疗保险基金财政补贴、新冠肺炎疫情防控、基本公共卫生服务补助等。全市农林水支出13.46亿元,增长3.6%,主要用于高标准农田建设、美丽乡村分类建设、四明山区域生态发展等。全市节能环保支出2.80亿元,增长39.4%,主要用于城镇污水处理设施、生活垃圾分类有害垃圾收运及处置、环保执法监控等。全市文化旅游体育与传媒支出2.01亿元,增长12.6%,主要用于旅游业扶持、城乡群众文化活动、群众体育等。

【推进财政改革】 推进医疗机构财政电子票据改革,25家乡镇街道卫生院全部应用电子票据。深化国库集中支付改革,完善国库集中支付运行机制。规范预算信息公开,启用部门预算公开编报系统。

【强化财政监管】 优化支出结构,控制、压减一般性支出,清理结转结余资金,盘活财政存量资金,把节约、盘活的资金统筹用于疫情防控、基层"三保"及相关重点领域投入。2020年,"三公"经费下降16.5%,会议费、培训费下降43.2%。在全市范围内开展行政事业单位资产清查工作。加强财政监督,开展财政资金安全和扶贫资金管理专项检查。强化预算绩效管理,采用中介评价、单位自评的方式,对82个项目开展绩效评价。强化债务风险预警,推进控债化险专项行动和平台公司市场化转型,落实全年化债责任目标。向上争取政府债券,2020年,新增政府债券6.90亿元。

【加强队伍建设】 2020年,开展"周二夜学"36次。规范党内政治生活,落实"三会一课"、主题党日、组织生活会、民主评议党员、谈心谈话等制度。落实中央八项规定精神及上级关于作风建设要求,加强日常作风自查,利用钉钉打卡软件进行上下班纪律、请销假制度执行等机关效能建设情况检查。强化督促检查,开展谈心谈话、经常性提醒、重大节日预警。加强廉政教育,组织收看警示教育片、参观警示教育基地。响应《宁波市全民阅读促进条例》实施,成立"职工书屋",组织开展"读好书、好读书""我来推荐一本书"、读书心得征文等活动。开展"不负韶华,攻坚担当"机关干部责任大讨论活动。参与全市疫情防控,组织560余人次参加道口执勤、高铁站疫情防控及"下沉一线"活动。组织开展文明城市创建道口文明劝导执勤、"迎国庆"城市清洁、"一户一策一干部"贫困帮扶结对等志愿服务活动,共160余人次参加。开展"慈善一日捐""爱心十元捐""微心愿"扶贫捐款和疫情党员捐款等活动。

(余姚市财政局供稿 陈立军执笔)

慈溪市

【概况】 2020年,慈溪市实现GDP 2008.30亿元,按可比价计算,增长4.8%。第一、二、三产业增加值分别为58.39亿元、1168.37亿元、781.54亿元,分别增长1.7%、3.4%、7.4%。三次产业结构比为2.9∶58.2∶38.9。按常住人口计算,人均GDP为109923元。全市固定资产投资增长12.9%,社会消费品零售总额642.75亿元,增长7.0%。外贸自营进出口总额885.11亿元,下降2.4%。全市居民人均可支配收入59770元,增长5.5%;其中城镇居民人均可支配收入67089元,增长4.9%;农村居民人均可支配收入40950元,增长7.5%。全市实现财政总收入355.51亿元,增长0.8%,其中一般公共预算收入200.53亿元,下降0.6%;市级实现财政总收入187.79亿元,增长2.9%,其中一般公共预算收入118.58亿元,增长5.0%。全市完成一般公共预算支出217.33亿元,增长0.4%;市级完成一般公共预算支出142.57亿元,增长4.0%。全市及市级财政收支平衡。(全文中财政统计数据口径中的全市指慈溪市,包括杭州湾新区和庵东镇;市级指慈溪本级,不包括杭州湾新区和庵东镇)

【组织财政收入】 加大经济形势分析和财源分析,建立财税联席会议制度,确定涉税信息共享机制,分析研究疫情对全市财政经济的影响,统筹运用缓缴、减免、免抵调库、非税收入等财政税收政策工具,加大财政收入组织力度。全市一般公共预算收入占GDP的10.0%,占财政总收入的56.4%;税收收入171.76亿元,增长1.6%,占一般公共预算收入的85.7%。全年市级一般公共预算收入占财政总收入的63.1%;税收收入98.22亿元,增长6.2%,占一般公共预算收入的82.8%。全市组织非税收入总额183.28亿元(含政府性基金),下降69.2%,其中纳入一般公共预算管理的非税收入28.77亿元,下降12.0%。市级组织非税收入134.88亿元,增长2.5%,其中纳入一般公共预算管理的非税收入20.37亿元,下降0.3%。

【助力复工复产】 发挥财政职能作用，支持抗击新冠疫情，做好经费安排、政策支持、财政服务，为打赢疫情防控阻击战提供财力支撑。落实“两个确保”，筹集、调度、拨付防疫资金，优先保障医疗救治、卫生防疫、医疗物资、一线医护人员补贴等支出，全年兑现疫情防控专项经费2.54亿元。贯彻落实疫情防控和经济社会发展各项减税降费优惠政策，全年减免税金53.06亿元、减免非税收入1.18亿元、减免社保费20.11亿元。落实落细市委、市政府“惠企18条”“用工保障6条”“稳外贸8条”“提信心促消费11项行动”等政策，全年兑现政策资金2.18亿元。优化财政扶持政策体系，提升财政资金支持产业发展的精准度和有效性，全年兑现产业扶持资金3.83亿元。做好“六稳”“六保”工作，释放“两直”资金政策红利，全年完成中央“两直”资金支出8.13亿元，支出进度99.9%。助力稳投资稳消费稳外贸，发挥政府债券效益，争取新增政府债券9.90亿元，支持补短板、扩内需、增后劲；发放总价值2000万元的文旅消费券，兑现补助554万元，拉动相关消费1500余万元；安排4500万元助力外贸企业稳订单、拓市场。

【保障民生支出】 全年市级民生支出111.41亿元，增长0.5%，占一般公共预算支出的78.1%。其中教育、公共安全、社会保障和就业、卫生健康市级支出分别为37.41亿元、12.67亿元、19.20亿元、14.41亿元，分别增长16.9%、3.3%、2.2%、-12.2%。支持办好十项民生实事，保障浙师大附属慈溪实验学校建成开学；支持市公共卫生临床中心建成投用；新增规范化村卫生室68家，建成城区福利院二期和城南老年公馆项目；本市户籍人口养老、医疗保障参保率分别达到99.2%和99.9%；新增城镇就业3.6万人，创业带动就业7.7万人；推动农贸市场完成改造提升。支持打赢精准脱贫和污染防治攻坚战，全年投入9109万元用于专项扶贫、对口支援和东西部扶贫协作。投入1813万元用于全市低收入农户精准扶持。保障污染防治资金需求，推进全市生态环境明显改善。

【防范财政风险】 推进债务风险防控和化解，开展防范化解地方政府隐性债务风险专项行动，落实隐性债务偿还化解目标主体责任，健全地方政府债务常态化监测机制，实现全市债务动态监管。实行政府债务限额管理，个性化制订债务化解计划，分类处置到期债务，加强化债真实性审核，全年完成隐性债务化解任务的108.1%，完成15家融资平台市场化转型工作。防范社保基金运行风险，加强社保基金特别是地方社保基金风险评估，及时发现、处置管理漏洞和问题，确保基金运行安全。加大社保基金统筹力度，提升社保基金支付能力，确保基金收支平衡。提升社保资金保值增值能力，全年竞争性选择投放社保基金合计77.20亿元，增长114.4%。

【推进财政改革】 完善财政体制机制，推进财税体制改革，完成新一轮镇级财政体制框架方案，落实部分镇阶段性财政困难缓解措施，理顺市镇两级财政分配关系，推进财政事权与支出责任划分改革。加强预算管理约束，按照零基预算要求深化预算管理制度改革，完善基本支出预算标准体系，完善部分明细项目开支范围、预算标准和财务管理，出台差旅费、培训费等管理办法。深化预算执行动态管理，增强预算执行刚性，控制预算追加、项目调剂和预算级次调整。推进全面预算绩效提质扩面，健全绩效管理体系，形成事前绩效目标评审评估、事中执行监控分析、事后绩效评价和结果应用相结合的全过程管理。全年开展绩效评价项目123个，覆盖财政资金18.50亿元，增长43.4%。加大国有资产监管和盘活力度，完成政府资产特定问题调查相关问题整改扫尾和国有资产管理情况报告工作，完成12处行政事业单位资产注入工作，做大国有企业资产规模。跟踪市级行政事业单位成套住宅及商业店铺公开处置，82处资产进入公开处置流程，累计处置资产收入7800万元。强化财政资金统筹整合，落实过“紧日子”要求，压减非急需、非刚性支出，完成3.61亿元压减目标任务，全年市级一般公共预算拨款“三公”经费下降10.2%。完成市级部门政策性预算支出清理工作，压减资金2.68亿元。全年盘活财政存量资金20.15亿元，安排用于支持重大战略实施、重大改革推进和重点领域建设。

（慈溪市财政局供稿　徐维杰执笔）

宁海县

【概况】 2020年，宁海县实现地区生产总值722.55亿元，按可比价格计算，增长3.4%。其中：第一产业增加值48.20亿元，增长2.5%；第二产业增加值354.75亿元，增长2.4%；第三产业增加值319.60亿元，增长4.6%。三次产业结构比为6.7∶49.1∶44.2。按户籍人口计算，人均生产总值114041元。固定资产投资下降11.0%。城镇居民人均可支配收入64188元，增长5.2%；农村居民人均可支配收入36166元，增长6.8%，城乡居民收入比为1.77∶1。全县财政总收入103.98亿元，下降0.7%，其中一般公共预算收入67.91亿元，增长2.9%，占财政总收入的65.3%、占地区生产总值的9.4%。一般公共预算收入中税收收入49.21亿元，占比72.5%。一般公共预算支出86.70亿元，下降4.5%。非税收入73.50亿元，其中纳入一般公共预算管理的非税收入18.70亿元，（较2019年纳入一般公共预算管理的非税收入17.68亿元）增长5.8%。全年财政收支平衡。

【财政收支管理】 争取债券资金、抗疫特别国债、再融资债券等资金75.21亿元；加大存量资金清收力度，收回部门预算结余结转资金9300万元；盘活矿产、海域使用权等国有资产资源，统筹用于“三保”、抗疫、复工复产等领域。全年一般性支出压减10.0%，“三公”经费压减625万元。收到中央直达资金6.53亿元，第一时间制定分配方案，实施全过程管理、全流程自查、全周期排摸,保障资金落地。

【服务经济发展】 支持企业复工复产,实施"五减"专项行动,贯彻落实减税降费政策,全年实现新增减税降费11.09亿元,其中减税3.38亿元、降费7.50亿元、减免非税0.21亿元。落实规模性助企纾困政策,全年兑现惠企政策资金18.66亿元,惠及企业4.2万户次,其中落实产业政策资金4.64亿元。

【保障民生支出】 全年民生支出64.20亿元,下降4.6%,占一般公共预算支出的74.0%。统筹财政资金保障10件民生实事,推进公共服务补短板。教育支出19.47亿元,缩小教育资源配置的城乡、校际差距,促进学前教育、普通教育、职业教育的均衡发展;卫生健康支出9.08亿元,推进公立医院"双下沉、两提升"及医共体建设,保障疫情防控各项支出;社会保障和就业支出12.48亿元,落实最低生活保障、孤儿和困境儿童、困难残疾人生活补贴和重度残疾人护理补贴等社会救助政策,完善居家养老服务体系建设;节能环保支出1.01亿元,保障五水共治、河道清淤、污水处理等工作,推进"生态文明示范区""两山实践创新基地"创建。推进晴隆(即贵州省黔西南布依族苗族自治州晴隆县)对口支援和东西部扶贫协作,筹措相关扶贫资金2121万元。

【推进财政改革】 实施新一轮乡镇街道财政体制,强化对乡镇的财力保障。出台《关于全面落实预算绩效管理的实施意见》《关于加强预算绩效监督办法》等制度,对42个专项绩效项目3.05亿元实施全过程绩效预算管理;69个预算单位249个项目开展自评,实现绩效自评预算单位全覆盖。自评项目抽评范围由往年的3个增加至10个项目。落实投融资改革,入选全市财政支持深化民营和小微企业金融服务综合改革唯一试点城市,"宁海经验"获财政部通报表扬,成为全国7个试点成效突出城市之一;城镇住房综合保险加房屋安全动态监测服务项目入选财政部政府购买服务典型案例。落实数字化管理改革,实施财政国库支付电子化改革,推进财政电子票据管理改革,选取卫生系统作为试点,建立"以票管费、电子控收"的财政票据管理体系;推广运用政采云电子交易系统,投标、开标、评标等环节实现采购全流程电子化,覆盖率100%;实现财信系统与政采云系统互通,全县预算安排单位实现从采购预算、计划、支付全流程网上办理。

【强化财政监管】 建立健全专项资金清退机制,梳理专项资金管理办法,取消各类政策到期或绩效不高的专项资金31项,督促修订项目资金管理办法13个,提高财政资金使用效益。完善行政事业单位资产管理办法,出台实施国有资产使用、处置、资产管理员等制度办法,明确资产管理权责,优化国有资产全流程管理。强化中介机构优汰竞争管理,设置服务综合质量ABC等级制度,对全县44家造价咨询服务机构开展综合考评,将考核结果作为委托业务量的依据,强化政府投资工程竣工结算委派或采购工作的公平、公开。强化财务管理规范,对省、市、县各级巡察中发现的财经管理问题进行分类分析,提出针对性举措,做好督促和整改落实。配合县纪委、县审计局等部门定期开展各项财经纪律专项检查工作,巩固执行成效。推进降本化险措施,争取财政部建制县区债务试点,利用再融资债券偿还存量债务、财政资金竞争性存放等措施,推动债务降本。推进化债计划,年度化债率100%,22家平台公司完成转型。

【加强队伍建设】 抗疫行动期间,组织多个批次30名脱产党员干部、50余名志愿者驰援一线,累计服务700余次、时长约3300小时。组织"寒窗计划"助学活动,发动全体党员干部为宁海中学3名贫困学子捐赠助学金4800元。组织开展"情系晴隆、课桌圆梦"结对扶贫行动。2020年,宁海县财政局获全省财政系统先进集体、市级财政综合考评先进单位、"两直"资金管理工作先进单位,全县招商引资工作先进单位、国务院第七次大督查工作先进单位、重大项目建设先进集体、县五星级基层党组织和县优秀党委理论学习中心组等荣誉。

(宁海县财政局供稿　李朝露执笔)

象山县

【概况】 2020年,象山县实现地区生产总值563.00亿元,按可比价格计算,增长1.6%。其中:第一产业增加值81.69亿元,增长2.7%;第二产业增加值234.65亿元,增长0.4%;第三产业增加值246.67亿元,增长2.4%。三次产业结构比为14.5:41.7:43.8。按户籍人口计算,人均生产总值103226元,增长1.8%。全县完成固定资产投资227.90亿元,增长3.5%;社会消费品零售总额208.88亿元,增长0.7%;完成货物进出口总额168.60亿元,下降16.5%。城镇居民人均可支配收入60773元,农村居民人均可支配收入35557元,分别增长3.4%和6.3%。全县实现财政总收入81.68亿元,增长6.3%,其中一般公共预算收入51.81亿元,增长12.0%,占财政总收入的63.4%、占GDP的9.2%。全县一般公共预算支出83.96亿元,增长8.4%。全县财政收支平衡。

【强化收支管理】 完成收入任务。加强对经济运行、财政收入的动态分析,挖掘税收、非税收入潜力,全年税收收入36.34亿元,占一般公共预算收入的70.1%。全年非税收入72.02亿元,增长20.5%,其中纳入一般公共预算管理的非税收入15.47亿元,增长61.1%。争取上级资金。加强部门协作,排摸梳理项目,向上申报政府专项债券。全年上报4批次20个债券项目,争取债券资金14.00亿元,其中政府专项债券6.80亿元、棚改专项债3.00亿元、抗疫特别国债3.40亿元、政府一般债0.80亿元。严控行政支出。树立过"紧日子"思想,加强预算支出的统筹规划和总量控制，严控新增预算审批，督促各单位压缩"三公"经费、会议费、培训费等支出。2020年，"三公"经费下降28.3%；会议费下降51.3%；培训费下降15.9%。

【服务发展大局】 保障防疫需求。做好疫情防控的政策、资金保障工作。第一时间启动资金拨付应急机制，将经费拨付至相关单位及重点领域。全年拨付疫情防控经费4394万元。落实惠企政策。支持企业复工复产，加强政策前瞻性研究，梳理中央省市惠企政策，出台一系列帮扶政策，全年兑现疫情防控惠企政策资金26.88亿元，惠及企业31455户次；拨付直达资金4.87亿元。加强产业扶持。围绕"双突破双驱动"战略，安排科技扶持资金3.00亿元，发挥政策和资金双重引导作用，支持企业培育、先进装备改造、科技创新和人才引培。做好科技型小巨人培育工作，2020年，培育企业19家，兑付小巨人专项奖励337万元。保障重点工作开展。多渠道筹集资金，落实中医院搬迁、行政村规模优化调整、109项目三村环境整治等专项行动的资金需求，保障相关工作推进。

【坚持聚财为民】 全县民生支出63.04亿元，增长7.3%，占一般公共预算支出的75.1%。完善社会保障体系。全年社会保障支出12.44亿元，打好精准脱贫攻坚战、落实"两不愁三保障"工作，保障各项社会养老、医疗保险基金正常运行。结合自然增长机制调整民政各项社会救助对象补助标准，发放社会救助资金1.31亿元。其中：最低生活保障标准由每人每月799元调增为842元；福利机构养育的孤儿基本生活养育标准由每人每月1746元调整为每人每月1952元；社会散居孤儿和事实无人抚养儿童基本生活养育标准由每人每月1397元调整为1562元；特困人员基本生活标准由每人每月1247元调整为1394元。深化卫生体制改革。医疗卫生支出8.02亿元，推进"健康象山"建设，支持全国健康促进县创建，落实基本药物制度改革。安排710万元推进县级公立医院改革，助力医共体建设。促进教育文化发展。教育发展投入15.01亿元，支持象山影视学院一期建成投用，改扩建学校10所，中小学教师平均工资达到公务员水平。深化海洋文化强县建设，文化支出2.03亿元，保障第二十三届中国开渔节举办，推动中国海洋渔文化馆试运营，支持爵溪街道创建省级文化强镇（街道），推进亚运赛事筹办。支持乡村振兴战略。完善财政扶持农业政策，整合涉农资金，支持乡村产业振兴、精准脱贫。美丽乡村和农村公益事业建设项目开工率和完工率均实现100%。争取2020年度农村综合改革项目资金3333万元，惠及全县行政村45个。

【提升服务效能】 推动财政数字化转型。推进医疗票据电子化改革，实现国库集中支付电子化全覆盖，推出政采云"合同贷"业务，提高财政服务效能。搭建"资金池"，助推"甬易办"平台兑付资金即时到账，完成兑付政策补贴1.07亿元。深化"最多跑一次"改革。借助"浙政钉"移动办公平台，推进"互联网+"机关服务，梳理5个类目事项上架网上审批，全程实现无纸化操作。结合"三服务"和"一户一策一干部"活动，全年走访企业480户次，解决问题120余个；累计走访困难群众96户次。

【深化投融资改革】 盘活资产资源。盘查全域资产资源状况，制定《2020年盘活利用工作方案》和《全县资产资源实施统筹开发利用意见》，通过资产资源拍卖交易、国有资产评估增值等方式将资产资源注入融资平台，2020年，盘活利用土地、海域等资产资源279.20亿元。拓展国企经营。建立财政与国有企业市场化结算机制，做活国有企业现金流，支持国有企业通过结算支付工会疗休养、机关物业等经费参与政府购买服务领域，实现2020年新增政府性付费板块收入9184万元。落实化债举措。推进融资平台公司市场化转型，统筹市县两级财政资源，开展隐性债务市场化降本化险市级试点工作和存量债务化解工作，推动国企实施"降本增效"行动，融资综合成本率下降1.2个百分点。开展尽职调查工作。分批开展镇乡（街道）资产资源尽职调查，通过重新评估、封闭运作镇乡（街道）区块开发项目等形式，化解存量债务，完成3个镇乡（街道）的资产资源尽职调查工作。

【增强财政监管】 规范国有资产管理。完善国有资产管理办法，对全县245家行政事业单位开展固定资产核算和管理问题排查，排摸县域闲置资产，2020年，盘活利用行政事业单位资产6宗。实行预算绩效管理。实施预算绩效管理，健全预算绩效管理体制机制，发动项目支出开展预算绩效目标补报、自评和审核，梳理财政政策和项目库，对2019年的建筑强县政策补助、"中国制造2025"等8个项目开展重点项目绩效评价。加强政府投资项目管理。加强基建财务管理，强化项目概算审核和结算审计，完成工程结算审查177个，核减投资1.27亿元，核减率10.3%。完善政府采购监管。规范政府采购行为，推广政采云应用，启动"电子招投标"系统，推进政府采购交易全流程电子化交易，节约财政资金1.31亿元，节约率13.2%。

【加强队伍建设】 落实全面从严治党主体责任，建立"一把手"负总责、分管领导按线对中层负责、中层对科室干部职工负责的三级连带责任体系，各科室负责人签订党风廉政建设责任状14份。贯彻领导干部及中层干部个人重大事项报告、干部因私出国（境）和婚丧事宜操办"双报告一公示"等制度，2020年上报重大事项报告10人次，婚丧事宜9人次。强化日常监督检查，对干部职工工作纪律、作风效能等情况开展抽查10次，批评教育19人次，开展各类廉政谈话127人次。根据"干部能力提升年活动"要求，完善干部培养机制，开展"学业务、比技能、强素质"岗位练兵和"师徒结对"活动，编制财政应知应会手册，以考促学，提高干部业务能力。动员全体干部职工积极参与一线防控、文明交通劝导志愿执勤、低收入农户帮扶等活动，深入爵溪街道企业开展复工走访及网格排查执勤，帮助企业复工复产，全年组织参与各类志愿服务活动900余人次。

（象山县财政局供稿　洪笑然执笔）

温州市财政工作

温州市

【概况】 2020年,温州市实现生产总值6870.86亿元,按可比价格计算,增长3.4%。其中:第一产业增加值159.77亿元,增长2.3%;第二产业增加值2834.53亿元,增长3.1%;第三产业增加值3876.56亿元,增长3.7%。三次产业结构比为2.3:41.3:56.4。城镇居民人均可支配收入63481元,农村居民人均纯收入32428元,分别增长4.1%和7.3%。全社会固定资产投资增长4.9%。社会消费品零售总额3497.79亿元,下降2.7%。全年货物进出口总额2189.74亿元,增长15.1%,其中进口总额311.65亿元,增长43.8%;出口1878.09亿元,增长11.4%。全市财政总收入961.61亿元,增长2.8%,其中一般公共预算收入601.98亿元,增长4.0%,占GDP的8.8%、占财政总收入的62.5%。市本级财政总收入211.37亿元,增长9.9%,其中一般公共预算收入131.76亿元,增长11.6%。全市一般公共预算支出1027.17亿元,下降5.3%。市本级一般公共预算支出135.47亿元,增长9.2%。全市及市本级财政收支平衡。

【组织财政收入】 加强财税收入分析。加强各级财政与各收入部门沟通联系,共同预判收入形势。细化、创新考核指标,做好财税收入运行分析。全市税收收入510.10亿元,增长7.5%,占一般公共预算收入的84.7%。向上争取政府债券。全省首创轨道交通“债贷组合”投融资新模式,打通轨道交通投融资新路径。争取政策红利落地,获批支持中小银行发展专项债50.00亿元。全市已获批地方政府债券额度485.80亿元。加强非税收入征管。对接市执法局、市公安局、市交管局等单位,推进代收罚没款传统收缴模式转变。全市非税收入1443.99亿元,下降15.8%,其中纳入一般公共预算管理的非税收入91.88亿元,下降12.0%。

【支持经济发展】 助推金融帮扶。连续2年获批财政支持深化民营和小微企业金融服务综合改革国家级试点,引导财政金融资源支小助微。全市普惠型小微企业贷款余额增加710.57亿元,平均利率下降至5.4%,较上年同期下降0.6个百分点。实施科创融合。谋划瓯江实验室建设资金保障方案,整合市区财政资金支持科思技术研究院、国科大研究院等项目建设。设立世界青年科学家创业基金20.00亿元,保障世界青年科学家峰会举办。投入科技专项资金2.70亿元,助力“一区一廊一会一室”建设,打造温州战略性新兴产业培育示范基地。兑现惠企政策。创新联通全市“国库支付”和惠企政策“直通车”平台,推动全市全域奖补资金批量快速支付、在线闭环监管。全市刚性兑现惠企奖补资金63.50亿元,惠及企业22万户次。

【保障民生支出】 全市民生支出763.67亿元,下降11.3%,占一般公共预算支出的74.3%。助推教育发展。全市教育支出220.65亿元,增长6.7%。健全中小学教师工资长效联动机制,提高教师待遇水平。投入8.54亿元,新(扩)建幼儿园83所,其中,投入2.47亿元,建成公办幼儿园45所。累计投入35.20亿元,助力温州肯恩大学成为“中外合作办学创新示范区”,推动温州大学创建博士学位授予单位、助推温州职业技术学院创成全国“双高”前十。累计投入1.81亿元,保障“明眸皓齿”工程实施。支持医疗事业。全年卫生健康支出105.46亿元,增长15.8%。统筹3.50亿元,支持医疗防疫补短板项目。落实疫情防控专项资金23.44亿元,出台患者救治保障政策,加大疫情防控科研技改补助,建设公共及重大疫情防控救治体系,建设应急物资保障体系等。支持社会保障。全年社会保障支出109.20亿元,下降3.8%。拨付7621万元,推动养老服务体系建设。完善文体事业。全年文化旅游体育与传媒支出20.55亿元,增长12.9%。市本级投入537万元,推动城市书房建设。市本级投入780万元,新建百姓健身房165家。投入140万元,建设温州防疫馆布展。投入245万元,推动抗疫题材情景报告剧创作编排演出。助力乡村振兴。投入9000万元,新建乡村振兴示范带37条。投入6500万元,保障市级田园综合体项目建设。投入1.20亿元,用于市级饮用水水源地生态补偿。创新涉农资金投入与分配机制,整合资金4.80亿元设立乡村振兴大专项,投入5.96亿元,累计实施折股量化项目286个。保障重点项目建设。投入27.00亿元,支持市区道路节点绿化彩化、道路整治、老旧小区改造项目,保障“瓯江夜游”“塘河夜画”等月光经济项目。拨付高速公路建设资本金5.70亿元,助推全国性综合交通枢纽城市建设。

【保障“两直”资金下达】 温州市于2020年11月27日落实中央直达资金65.24亿元,支出进度100%,提前实现资金落地。建立推进机制。成立“两直”资金落实工作专班,强化政策业务培训,建立资金兑现月度任务销号机制,推进“两直”工作落实。统筹财力保障。通过压减一般性支出、盘活存量资金等方式,落实地方惠企利民资金77.18亿元,全市惠企利民资金池总额达203.12亿元。按照小微企业补助20000元/每户、个体工商户补助6000元/每户的标准进行纾困补助,惠及市级主体3.72万户,涉及纾困资金5.73亿元。

【深化财政改革】 深化“最多跑一次”改革。推进28项财政运行核心业务事项全部接入网上办理平台,全年办件量36510件,办件率98.3%。推进财政电子票据改革。实现全市5056家单位电子票据全覆盖,全年开具电子票据562万份,合计金额112.00亿元。创新道交救助新模式。推动抢救费用垫付改革,全年抢救费用垫付131笔,金额764万元。创新线上平台应用。创新预算编制云、预算单位数据宝等应用，迭代升级线上服务平台。创新政府采购信用融资新模式。利用财政资金支付信誉为中小企业供应商拓宽信用融资授信渠道，加大银行间竞争，促进利率下浮10.0%，2020年涉及项目采购金额82.00亿元。

【强化财政监管】 强化监督检查。加强财政监督制度体系建设，出台《关于进一步加强财政监督工作的实施意见》及8个配套办法。融合财政监督与巡察审计监督，提出整改意见并督促整改落实。创新内控机制。创新“三位一体”内控指引实施方法，实现市级行政事业单位内控合规性建设全覆盖，完成2939家行政事业单位内控报告。加强采购监管。开展招投标领域专项治理，维护政府采购市场秩序。推进公款存放管理，完成市级财政专户资金竞争性招标292.00亿元。加强专项资金管理。出台专项资金管理风险内控办法和预算编制全流程内控规程。加强资产监管。制订市级政府公物仓管理办法，完善资产共享共用机制，办理资产调剂（无偿调拨）92笔，账面原值20.00亿元。深化预算绩效管理。建成市级预算绩效指标库，包含共性指标13类88条、个性指标13256条。

【加强队伍建设】 深化“五好服务”，开展上门服务2678次，解决困难问题4065个。建立学习机制，搭建道德讲堂、夜学讲坛等学习平台，累计开展学习培训261次，培训干部7285人次。加强财政干部梯队建设，完成3批次25人次的中层干部选拔。加强党风廉政建设，严明工作纪律，实施廉政风险防控工作，开展正风肃纪专项检查19次，谈心谈话536人次。加强作风建设，按照巡察整改要求，制定整改措施79条。加强党建引领，实施“一轴三强五创”党建工作机制和“红色领航·双强争创”行动，打造“财暖瓯越”党建品牌。

（温州市财政局供稿　李　侠执笔）

鹿城区

【概况】 2020年，温州市鹿城区实现地区生产总值1172.32亿元，按可比价计算，增长3.1%。其中：第一产业增加值2.04亿元，增长1.6%；第二产业增加值279.89亿元，增长0.3%；第三产业增加值890.39亿元，增长4.3%。三次产业结构比为0.2∶23.9∶75.9。城镇常住居民人均可支配收入71082元，增长4.4%；农村常住居民人均可支配收入38787元，增长7.0%。全年固定资产投资增长4.1%。全年外贸进出口总额475.57亿元，增长1.7%，其中：出口总额462.25亿元，增长2.1%；进口总额13.32亿元，下降10.0%。全年财政总收入56.66亿元，增长2.5%，其中一般公共预算收入35.29亿元，增长2.6%，占财政总收入的62.3%、占GDP的3.0%。一般公共预算支出74.57亿元，增长9.4%。全年财政收支平衡。

【组织财政收入】 推动税收收入稳定增长。依托区财税研判工作会议制度，建立财税收入联动和专班运行机制、专管员服务指导制度，推进街镇税收社会化征管，挖掘财源税源，盘活国有资源，全年完成税收收入29.72亿元，增长10.1%，占一般公共预算收入的84.2%。加强非税收入征管。在全市率先推广财政电子票据，对资金往来、社会团体会费、公益事业捐赠等票据实行电子化改革，实现全区行政事业单位财政电子票据开通率100.0%、企业群众缴费“指尖取票”“零次跑”。制定非税收入细则，全年完成非税收入211.07亿元，增长9.5%，其中纳入一般公共预算管理的非税收入5.57亿元，下降24.6%。

【支持经济发展】 在疫情期间，推出惠企资金“提前按比例安排、拨付”“即时足额兑现”等多项配套机制，提高惠企资金兑现效率。在复工复产阶段，建立工作专班，强化财税政策的逆周期调节作用，实行产业政策体系“一年一清”，落实“惠企35条”“稳经济33条”等企业扶持政策，实施“减租减息减税减费减支”共克时艰行动，全年累计减税降费22.33亿元，房租减免2100万元、惠及租户3214户。引入惠企政策“直通车”在线兑现监管系统3.0版，奖补兑现效率提速60.0%以上，全年累计兑现资金7.37亿元、惠企市场主体逾16000户次。

【保障民生支出】 全年民生支出57.98亿元，增长8.2%，占一般公共预算支出77.8%，支持办好“十大民生实事”和各项民生事业。其中：安排2.63亿元支持农业农村各项事业发展，助力农村基础设施建设、乡村振兴示范带建设等；安排16.50亿元支持教育优先发展，8月底全部兑现2019年度义务教育教师待遇；安排5.92亿元推进公共卫生健康事业发展，强化医疗救治、卫生防疫等经费保障；安排4.67亿元用于社会保障事业，落实各项民生保障政策。设立疫情防控专项资金账户，开通拨付“绿色通道”，安排疫情防控经费1.80亿元支持打赢疫情防控阻击战。压减全区各预算部门一般性支出2.54亿元，将节约的资金用于疫情防控等支出。探索城市开发新模式，推出鹿城轻工特色产业园区有机更新项目、鹿城工业区片区改造方式，保障城市快速建设发展。拨付建设资金205.64亿元，助推城区道路综合整治、“污水零直排区”创建、老旧小区改造提升、历史文化“重要窗口”打造、安置性商品房项目等政府投资项目。

【推进财政改革】 深化国企改革。整合组建四家区属国有企业集团公司。成立区国有控股集团有限公司，指导鹿城城市发展公司将主体信用评级升至AA+，并公开发行公司债券20.00亿元。推进“智慧财政”改革。打造全市首个“财政智慧办事平台”、政府投资项目资金“1+3”管理系统，被市委全面深化改革委员会办公室主编的《温州改革（探路者）》专题介绍。实施财政“放管服”改革。推广应用智慧房款收缴系统，全年房款上缴收入10.00亿元，增长29.0%；打造银行账户（管理）系统，全年办理（行政事业单位在线审批开户）215个、在线年检账户1018个，实现银行账户开户即办制;对241个行政事业单位实现采购预算编制和执行全过程线上贯通。

【加强财政监管】 强化财政监督。完成全区294家决算单位内部控制报告编制,成立财政监督人才库和监督检查案件审理委员会,出台监督检查事项移送办法。开展预算单位往来款项核查,收回单位存量资金5637万元。盘活存量资金资产,累计消化存量资金2.69亿元,清理压缩区级财政暂付性款项10.35亿元,压减率88.7%。构建"互联网+"公款存放管理新模式,获批全省第一批公款竞争性存放网上招标试点地区,全年实施财政性资金竞争性存放11.50亿元,获得利息收入约2430万元,促进公款存放规范增值。加强预算绩效管理。建立新增重大项目(政策)事前绩效评估机制,成立预算绩效管理专家库,对国有资本经营预算支出首次实施绩效管理,首次实现一级预算单位和街镇绩效自评复核全覆盖,首次开展单位整体绩效自评,绩效自评复核结果首次应用于当年预算安排。全年组织预算单位开展绩效自评项目1185个、跟踪监控项目1232个、完成财政评价项目124个。优化监管模式。建立预算执行进度通报制度,将年度预算编制与上年预算执行情况相挂钩。出台专项管理办法,将区级部门转拨街镇的资金纳入"用款计划"系统管理,专款专用。创新行政事业单位报废资产政府购买服务方式,实行国有企业定点回收。出台基本建设项目竣工财务决算管理办法,推动在建工程转固定资产管理的工作进程。强化政府债务管理。提出"管债务就是管项目"的管理理念,化解隐性债务137.75亿元,完成年度化债任务的103.2%。

【加强队伍建设】 实施"改造思想、改变习惯、改进作风"专项行动,搭建鹿城财政学院、青年干部论坛、财政大讲堂等平台,开展学习交流、实地践行、课题调研等。建立"能上能下、容错免责、正向激励"三位一体的干部管理制度,实施"1+1后备干部养成计划""绩效赋能"项目,推出专管员管理新模式和街镇联络员"点对点"服务,当好预算单位的"指导员、宣传员和服务员"。推行"一单位一品牌"创建,把财政工作融入到支部建设中,建立"党员破难攻坚助力团""鹿财CFO服务团""党建+"工作室,提升党员服务力。

(温州市鹿城区财政局供稿 项珊姗执笔)

瓯海区

【概况】 2020年,温州市瓯海区实现生产总值701.24亿元,增长4.3%。其中,第一、二、三产业增加值分别为6.66亿元、286.26亿元、408.32亿元,分别增长2.3%、2.8%、4.5%。三次产业结构比为0.9:40.8:58.2。按户籍人口计算,人均生产总值150566元,增长4.6%。城镇居民人均可支配收入65586元,农村居民人均可支配收入39265元,分别增长4.1%、7.2%。全区完成社会消费品零售总额319.38亿元。全年实现外贸进出口总额249.94亿元,增长34.9%,其中进口总额59.90亿元,增长478.9%;出口总额190.04亿元,增长8.6%。全年实现财政总收入69.96亿元,下降2.3%。一般公共预算收入43.10亿元,增长2.6%,占GDP的6.1%,占财政总收入的61.6%。其中税收收入35.88亿元,占一般公共预算收入的83.2%。一般公共预算支出68.90亿元,下降1.8%。全年财政收支平衡。

【组织财政收入】 强化部门沟通协作。加强与上级部门和区税务局对接,做好收入定期通报、动态预测、专题分析工作,把握收入进度,实现税收收入增长3.2%。拓展可用财力渠道。启动国有土地划拨成本第一期补缴工作,完成国有划拨成本补缴1550亩,增加地方政府性基金预算收入27.33亿元。清理收回结余结转资金,首次将镇街列入清理范畴,盘活财政存量资金1.95亿元,压减部门预算资金1.56亿元。做好非税收入征管。落实减税降费政策,梳理收费项目清单,包括行政事业性收费33项、政府性基金收费1项。全年完成非税收入9.83亿元,增长15.9%,其中纳入一般公共预算管理的非税收入7.60亿元。

【支持经济发展】 兑现产业政策。完善"1+5+16"产业政策体系*,推出惠企兑现三色图*,全年兑现产业政策资金6.88亿元,增长67.0%,惠及企业14875户。落实"两直"资金。落实"两直"资金3.33亿元,满额配比资金池4.74亿元,提前两个月完成政策资金兑现任务。支持复工复产。疫情期间成立惠企政策兑现办公室,兑现"温32条""温28条""瓯16条"*等抗疫惠企稳经济政策。落实国有资产类生产经营用房免租政策,减免租金2177万元,惠及民营企业及个体工商户452户。筹措建设资金。支持环境综合整治、综合交通、保障性安居工程等建设,全年安排政府投资建设项目资金53.95亿元,拨付城中村改造资金44.71亿元。争取新增地方政府债券资金22.00亿元,发行经投公司债券10.00亿元,发行非公开定向债务融资工具2支、金额13.50亿元,用于环大罗山科创走廊高教新区、道路交通、保障安置房等公益性项目和社会事业建设。

【保障民生支出】 全年民生支出53.92亿元,与去年同期持平,占一般公共预算支出的78.3%。支持教育事业发展。全年教育支出13.80亿元,增长9.7%。安排义务教育学生公用经费6079万元,小学、初中生均公用经费标准分别提高至1000元/人·年、1200元/人·年。增强教学质量,将教育质量奖额度提高至2700万元,其中义务教育质量奖提高至1737万元。加强社会保障支出。全年社会保障和就业支出4.33亿元,增长19.6%。安排残疾人两项补贴经费1362万元,安排农村独生子女家庭养老保险经费3323万元,养老服务体系建设经费1985万元。强化医疗保障支出。全年卫生健康支出8.12亿元,增长35.6%。落实城乡居民医疗保险经费2.48亿元。安排城乡基本公共卫生服务专项资金4649万元,人均标准提高至65元/年。安排医疗救助经费

1186万元。加大财政支农投入。垫付1个街道2个村二、三产返回安置用地土地出让金2.08亿元，结算返还2个街道3个村级三产留地指标出让收益6.76亿元。修订完善瓯海区"一事一议"资金和项目管理办法，提高补助资金比例至90%，争取省级水利建设发展专项资金和"一事一议"财政奖补项目资金2.33亿元。

【深化财政改革】 推进电子票据改革。完成与浙江政务服务网的财政票据管理平台对接设置，开展社会团体会费票据电子化改革试点，实现新增社会团体的浙江省社会团体会费票据电子化。推动"一卡通"发放管理。落实"乡镇公共财政服务平台+一卡通"管理，将最低资金生活保障、临时救助金等74项涉农民生类补助资金业务整合至市民卡发放。落实资产管理"一件事"。实现全区资产配置审批、资产报废审批、资产调拨审批、资产核销审批和资产出租审批事项全流程"最多跑一次"。优化机关内部办事流程。通过流程再造和时限压缩，推进机关内部"最多跑一次"改革，纳入机关内部"最多跑一次"事项42个，全年新增10个。

【强化财政监管】 强化日常监管。公开全区所有部门镇街预算信息和"三公"经费情况，完成2.20亿元区级财政资金招投标工作，对201家区级预算单位、13个镇街和开发区开展账户年检及公款竞争性存放大检查。对会计信息质量、减税降费政策措施实施效果、脱贫攻坚政策落实、票据双随机、八项规定精神有关经费支出、新冠肺炎疫情防控财税政策和资金落实情况等开展专项监督检查。加强结算评审。全年审核工程结算项目94个，送审造价9064万元，审定造价8418万元，净核减额646万元，净核减率7.1%。完善政府采购。加强政府采购行为监管，全年公开招标172项，实际采购金额3.75亿元。受理政府采购信访件2件、投诉件9件，处理行政处罚1件。推进绩效管理。打造预算绩效管理全过程信息化平台，建立个性绩效指标库，强化绩效评价结果应用。化解债务风险。出台防范化解地方政府性债务风险三年行动计划，通过盘活区内存量资产、推进国有企业改革、增加地方可用财力等措施超额完成年度化债任务。推进隐性债务降本减息，减少利息支出3.56亿元。

【加强队伍建设】 加强党风廉政建设。召开党组理论中心组学习12次、党风廉政专题例会4次、解放思想大讨论2次，运用监督执纪"第一形态"开展批评教育10人次，组织廉政教育谈心谈话269人次。优化人员结构。加强岗位练兵，全年局内流动调整40人次，晋升9人，比选引进中层青年正股和海外高层次人才共2人。推进事业单位机构改革，将7家事业单位机构整合为5家，规范整合划转人员17人。提升干部素质。举办"财政大讲堂"8期，每月开展机关学习会2次，促成师生结对20组，建立"学习强国"每周通报制，开展综合知识测验，从"教""学""督""考"四方面提升干部综合素质。丰富基层活动。创新开展主题党日活动12次，投身财政系统"财暖瓯越"党建联动，与仙岩街道结对村以及瓯海区鞋革协会建立党建联盟，加强共建共创、共联共享。组建兴趣小组5个，成立"品瓯读书会"。推进"三服务""两万两千"行动，开展志愿者服务达60余次，化解问题444个。

（温州市瓯海区财政局供稿　陈海碧执笔）

注：

*"1+5+16"产业政策体系：即以1个总纲为指导，支持五大类别产业加快发展，由十六个重点产业扶持办法构成的产业政策体系。

*惠企兑现三色图：设置红、黄、绿惠企兑现三色图，各政策主管部门惠企资金兑现率在0～20%的标红色、20%～40%的标黄色，40%以上的标绿色，定期进行通报。

*"温32条""温28条""瓯16条"：疫情期间，温州市出台惠企28条政策、稳经济32条综合政策，温州市瓯海区出台打赢新冠肺炎疫情防控阻击战、打好发展主动仗16条措施。

龙湾区

【概况】 2020年，温州市龙湾区（不含温州市经济技术开发区）实现地区生产总值467.67亿元，增长2.8%。其中：第一产业增加值2.55亿元，增长3.4%；第二产业增加值202.29亿元，增长2.4%；第三产业增加值262.84亿元，增长3.3%。三次产业结构比为0.5∶43.3∶56.2，按户籍人口计算，人均生产总值197216元，增长2.2%。城镇常住居民人均可支配收入63938元，增长4.4%；农村常住居民人均可支配收入40281元，增长7.0%。全年财政总收入55.02亿元，增长1.9%。一般公共预算收入33.00亿元，增长2.6%，一般公共预算支出46.75亿元，增长16.9%，剔除不可比因素（新增债券3.00亿元、抗疫支出0.88亿元和省补东片排涝工程1.48亿元等）后，同口径增长3.5%。全年财政收支平衡。

【组织财政收入】 优化收入结构。研判经济形势，谋划发展思路，组建"1+5"工作推进专班机制，紧盯目标、分解任务，形成压力传导。全年一般公共预算收入占地区生产总值的7.1%占财政总收入的60.0%，其中税收收入29.23亿元，增长8.0%，占一般公共预算收入88.6%。政府性基金收入93.54亿元，增长72.5%。做好非税收入征管。全年非税收入97.31亿元，增长64.0%；其中纳入一般公共预算管理的非税收入3.77亿元，下降26.0%，与市财政结算区级土地出让金分成收入85.37亿元，增长93.9%。

【支持经济发展】 扶持实体经济。重新梳理出台企业"5+X"扶持优惠政策，推动惠企政策"优胜劣汰"，确保政策与发展形势相适应。以惠企直通车为平台落实疫情防控期间"用工保障15条""金融惠企金6条"等政策刚性兑现，以优质服务帮助企业纾困解难、复工复产。全年兑现补助资金8.67亿元，惠及中小企业3000余家；减免租金1762万元，惠及民营企业和个体工商户503

户。帮促企业融资。推进新型"政银"担保合作,出资注册资金1.00亿元,成立区政策性融资担保公司,缓解小微企业融资困难。新参投产业基金2支,涉及资金1.30亿元,助力本地产业转型升级。保障直达资金落地。争取中央直达资金1.88亿元,支付率100.0%,确保直达资金惠企利民。

【保障民生支出】 全年全区民生支出35.15亿元,增长14.9%,占一般公共预算支出的77.7%。支持重点项目建设。对土地收储、D级危房征收、三重"清零"、老旧社区改造、未来社区等项目,通过上级补助资金、发行政府债券、推进与社会资本合作等方式落实财政资金保障,共拨付建设资金73.02亿元。支持乡村振兴发展。加大农业产业化资金扶持力度,培育农业品牌,创建永兴街道省级"稻蔬"特色农业强镇。建立涉农资金统筹整合长效机制,形成"大专项+任务清单"管理模式。支持新冠肺炎疫情防控。启动突发事件应急处理财政保障机制,开启疫情防控采购"绿色通道",出台患者救治保障政策,落实防控人员补助机制,集中财力保障应急救援设备和物资供应,全年兑现疫情防控资金2.15亿元。支持科教文卫投入。全年安排教育支出10.22亿元,增长13.5%,落实空港中学二次装修等25个项目建设资金,为加强学校建设、改善办学条件、推动均衡发展等提供财政资金保障,助力"品质教育·学在龙湾"品牌建设。全年卫生健康支出4.98亿元,增长26.8%,推进"健康龙湾"建设,巩固全国健康促进区试点成果,深化卫生健康事业改革,推进卫生健康数字化转型。全年社会保障就业支出2.71亿元,增长1.9%,支持实施全民参保计划,加大基本养老保险精准扩面力度。

【推进财政改革】 加强预算管理。加强预算源头管控,从严编制预算,将政府投资计划和区级专项资金全部纳入部门预算编制范围,实现综合预算。加强政府债务管理。利用"风险缓释"政策窗口期,在全省率先探索债务"降本减负"路径,全年引导国企运作市场化融资降成本,取得金融机构债务置换授信金额72.70亿元,预计可节约利息支出3.10亿元以上,获评浙江省争先创优"最佳实践"案例,并在全省推广。推进国有企业改革。发行温州高新国控集团公司债券10.00亿元,实现注册制下浙南地区首单获批并发行的企业债券。推进平台建设。落实"乡镇公共财政服务平台+一卡通"平台建设,加强涉农补助和民生补助财政资金监督管理,全年通过该平台发放涉农补助和民生补贴财政资金补助款2854万元。

【强化财政监管】 强化绩效管理。开展"财政大督查",梳理全区绩效指标库,开展偏离绩效目标指标核减及整改工作,全年开展财政绩效评价项目114个,评价总资金1.63亿元。落实绩效评价结果应用,核减财评价结果差的项目资金5804万元,提高财政资源配置效率和使用效益。强化财政监督。开展全区津补贴发放专项检查,完善发放制度及监督制约机制。开展基层财政资金安全与财政扶贫资金专项检查,涉及全区财政专项扶贫项目18个、资金1534万元。强化政府投资项目管理。借助"项目评审信息管理系统",掌握工程结算进度,提高工程结算评审效率。全年审结项目502个,送审金额22.01亿元,审定金额20.92亿元,核减率5.0%。强化政府采购监管。实现政府采购审批100%电子化,提高审批效率及服务质量。全年审批政府采购建议书1704件,采购预算金额3.65亿元。

【加强队伍建设】 强化领导干部"一岗双责"责任意识,落实"三重一大"决策程序,分解党风廉政建设责任分工,层层落实责任。组织党员赴洞头海霞女子民兵连开展"主题党日"活动,强化党员干部革命传统教育。制定2020年局机关全员绩效考核办法,解决干部队伍中存在的"不作为、慢作为、乱作为"和庸、懒、散现象。2020年获得温州市治理现代化先进集体、区委及时奖励先进集体、区委担当作为先进集体、区级疫情防控事迹突出贡献党组织、区级平安建设突出贡献集体、区级"精建精美"工作突出贡献集体等荣誉。

(温州市龙湾区财政局供稿 项丽丽执笔)

洞头区

【概况】 2020年,温州市洞头区实现国内生产总值94.09亿元,增长6.5%。其中:第一产业增加值5.77亿元,增长5.3%;第二产业增加值38.45亿元,增长6.5%;第三产业增加值49.87亿元,增长6.7%。三次产业结构比为6.1:40.9:53.0。按户籍人口计算,人均生产总值71591元,增长6.7%。社会消费品零售总额29.09亿元,下降2.2%。城镇居民人均可支配收入52279元,增长5.5%;农村居民人均可支配收入32295元,增长7.8%。全区财政总收入15.43亿元,增长2.2%。一般公共预算收入10.02亿元,增长3.2%。一般公共预算支出31.64亿元,下降3.4%。全年财政收支平衡。

【组织财政收入】 加强税收收入征管。加强对重点税源、重点企业的调查分析,开展一次性税源清理补缴,推进招商引税工作,强化总部经济,新增招引企业157家,新增入库税收9526万元。全年一般公共预算收入占GDP的10.6%、占财政总收入的64.9%,其中税收收入6.12亿元,增长14.5%,占一般公共预算收入的61.1%。强化非税收入征管。全年组织非税收入13.13亿元,增长13.3%,其中纳入一般公共预算管理的非税收入3.90亿元。重点做好LNG矿山资源公开处置、土地出让以及协调走私罚没款缴库等征收调控工作。向上争取资金。全年获中央、省、市各类资金16.66亿元,增长15.9%,其中:特别抗疫国债等"两直"资金3.64亿元;新增政府性债券9.00亿元。

【支持经济发展】 扶持实体经济。落实惠企政策"直通车",优化营商环境,全年兑现涉企优惠政策资金1.64亿元。助力企业复工复产。落实新冠疫情财政政策资金1.06亿元,兑现率100.0%。开展"春暖瓯越·温享生活"消费券和工业消费券投放工作。开展小微企业和个体工商户纾困帮扶工作,兑现纾困资金1140万元,惠及小微企业269家、个体工商户1004家。落实国有企业减免房租政策,减免房租357万元,惠及企业及个体工商户676户。

【保障重点支出】 全年民生支出22.46亿元,下降14.1%,占一般公共预算支出的71.0%。支持教育事业发展。全年教育支出4.45亿元。建成海霞中学迁建二期、霓屿幼儿园等项目,完成元觉义校、元觉幼儿园主体工程建设,推动职教中心二期工程开工建设。保障教育信息化建设,实施28项教育信息化项目应用,建成智慧校园2个、创客基地(空间)17个,实现教育资源共建共享。支持卫生事业发展。全年卫生健康支出3.07亿元,保障医共体改革和疫情防控能力提升建设,补齐疫情防控物资设施短板,拨付疫情防控补助资金3716万元。启动区人民医院改扩建暨公共卫生服务中心建设项目。支持社会保障事业发展。全年社会保障和就业支出3.18亿元,其中对城乡居民基本养老保险基金补助6048万元,参保人数38300人;对机关事业单位基本养老保险基金补助3000万元。低保特困等补助支出1420万元,低保金标准由804元/人·月调整至886元/人·月。全区3326名残疾人享受"两项补贴"826万元,覆盖率100.0%。发放创业担保贷款1630万元、就业创业补贴171万元,失业人员再就业405人。启动区级中心敬老院项目建设。助力乡村振兴。统筹资金1.60亿元用于蓝色海湾整治、美丽乡村经济、美丽花园、破堤通海系列工程等建设。完成新城二期、状元南片市政提升工程,保障半屏韭菜岙、鹿西沙滩修复,创成省级美丽乡村示范乡镇1个、美丽乡村风景线1条、美丽乡村特色精品村3个、高标准农村生活垃圾分类示范村1个。

【深化财政改革】 推进预算管理改革。推行预算管理一体化改革,实施定额公用经费分类分档管理,健全预算项目库全生命周期管理,补齐预算编制管理短板。加强财政结转结余资金管理,全年盘活存量资金4.92亿元,收回区本级2019年结转结余资金5408万元。推进非税收入收缴电子化管理和统一公共支付平台建设。推进政府采购改革。实行政府采购项目电子化,推进"政采云扶贫馆"和网上电子卖场建设,建立网上超市价格巡检机制,规范国有企业资产管理和采购活动,实现国有企业采购入驻政采云平台。拓展投融资渠道。全年完成筹融资33.62亿元,发行企业债券5.00亿元,政府投资项目支出29.43亿元,保障重大项目建设资金需求。推进区属国有企业改革。出台《改革区属国有企业工资决定机制实施办法》《洞头区区属国有企业负责人业绩考核办法》等文件,完善国有企业监管制度体系,发挥考核机制导向作用。完成国有企业退休人员社会化管理工作。开展国有资产(房产)清理工作,梳理资产(房产)538处。开展"上门服务至少一次"活动。上门服务预算部门265次、二级单位329次、企业145次,服务1323人次,收集并解决问题162个。

【强化财政监管】 强化债务风险防范。实施防范化解地方政府隐性风险专项行动,落实融资平台"三年转型"计划,完善全口径债务监管,按计划化解隐性债务,完成年度任务的132.4%,5家平台企业实现市场化转型。强化绩效评价。推进全过程预算绩效管理,开展事前绩效目标评审、事中跟踪监控及事后绩效评价,全年完成自评复核项目100个,重点评价项目12个,整体评价单位1家,涉及资金2.06亿元。强化财政建设项目审价。完成"三算"(预算、结算、决算)审核项目511个,审定金额26.08亿元,节约资金1.22亿元,净核减率4.6%。强化财政监督职能。开展10项财政专项检查,发现问题单位18家,出具行政处理决定书10份、财政检查责令改正通知书5份,落实即知即改单位3家。建立健全专项内控办法9项、内控操作规程20项,实现财政业务内控全覆盖。强化支出监管。落实政府过"紧日子"要求,优化预算瘦身,严控一般性支出,全年压减各类资金2.10亿元。出台《洞头区蓝色海湾整治修复项目专项资金管理办法》,规范资金拨付流程。完善国库集中支付动态监控,累计核实违规单位60家,纠正违规资金147笔351万元,纠正率100.0%。

【加强队伍建设】 组织开展"激扬新时代温州人精神大讨论大实践""谈初心·做先锋"讲故事比赛、廉政作品比赛、"传承海霞精神·争当时代先锋""党性教育瑞安红色行"等学习教育活动。修订《全员动态积分考核管理办法》,建立"定期积分公示+领导督导检查+考核跟踪督办"长效管理机制,激发干部活力。开展"庸、懒、散、慢"专项整治,发布正风肃纪督查通报18期。2020年洞头区财政局连续第8年获区级绩效考核优秀单位,连续第12年获省级文明单位称号。

(温州市洞头区财政局供稿　陈倩倩执笔)

瑞安市

【概况】 2020年,瑞安市实现地区生产总值1037.09亿元,增长3.3%。其中:第一、二、三产业增加值分别为25.82亿元、464.59亿元、546.69亿元,分别增长2.2%、3.1%、3.6%。三次产业结构比为2.5:44.8:52.7。社会消费品零售总额519.82亿元,下降1.1%。外贸进出口总额329.95亿元,增长8.1%。城镇常住居民人均可支配收入67301元,农村常住居民人均可支配收入35872元,分别增长4.0%和7.1%。全市财政总收入127.56亿元,增长1.9%,其中一般公共预算收入81.91亿元,增长2.8%。全市一般公共预算支出103.70亿元,下降25.9%。全年财政收支平衡。

【组织财政收入】 建立财税工作专班。面对疫情性、经济性、政策性减收的不利影响,牵头成立财税和专项债工作专班,统筹财政、税务等收入相关部门快速协调,定期会商,实现一般公共预算收入增速由负转正。一般公共预算收入占财政总收入的

64.2%、占地区生产总值的7.9%，其中税收收入65.60亿元，下降5.1%，占一般公共预算收入的80.1%。向上争取资金。提前谋划债券项目，抽调人员攻坚项目申报，争取新增地方政府专项债券49.25亿元；出台争取上级补助资金专项工作专班考绩奖实施细则，鼓励各部门争取各类上级转移支付资金23.98亿元；获得抗疫特别国债4.80亿元。强化非税征管。加强非税收入管理制度执行，做到应缴尽缴，均衡入库，抽取6个镇街道开展非税收入、清费减负及票据检查并督促问题整改，推进财政电子票据改革，全市非税收入213.51亿元，下降6.3%，其中纳入一般公共预算管理的非税收入16.31亿元，增长54.6%。

【支持实体经济】 支持市场主体发展。出台稳企业稳经济稳发展30条、支持企业健康发展12条等政策；全年落实税收减免26.48亿元，社保费减免13.07亿元；落实中央直达资金6.08亿元；发放防疫重点保障企业贴息贷款12.62亿元。强化产业政策刚性兑现。优化惠企政策"直通车"，梳理全领域政策清单，形成涉及九大领域408条的惠企财政奖补政策清单，深化涉企财政奖补资金"预拨付"机制，线上兑现"1＋9"产业奖补资金9.68亿元。实施财政金融互动政策。加大存贷联动定向支持实体经济力度，通过"专项竞存"为16家企业获得优惠贷款19.64亿元；通过"普惠性竞存"利用6.10亿元财政存款撬动银行新增民营和小微企业贷款44.03亿元；组建瑞安市兴企融资担保公司，全年为55家企业低费率担保融资1.51亿元。推进政府产业基金运作。设立高质量发展政府产业基金，新设招商引资主题基金2支，组建"万亩千亿"新产业平台主题基金，推动产业基金参股子基金实现本地投资项目"零"突破。

【保障民生支出】 全年民生支出76.12亿元，下降35.8%，占一般公共预算支出的73.4%。促进教育优质均衡发展。全年教育支出29.01亿元，支持瑞安五中、瑞安十中、马屿实验小学等学校的迁建和改扩建；支持智慧教育综合建设，新建省级新型教学空间15个、创新实验室20个；支持完善学前教育公共服务体系，补助普惠幼儿园70所、公益幼儿园15所；兑现市长教育教学质量奖2.21亿元，促进教学质量和办学水平提升。加大医疗卫生投入力度。全年卫生健康支出8.61亿元，落实新冠肺炎疫情防控资金1.44亿元，支持打赢疫情防控阻击战；全年补助5.66亿元，提升城乡居民基本医疗保险待遇，城乡居民基本医疗保险财政补助标准由670元/人·年提高至760元/人·年。落实基层医疗卫生机构补偿经费1.79亿元、公立医院社保经费6537万元，提升医疗卫生综合服务能力。推进社会保障事业发展。全年社会保障和就业支出10.15亿元，计提社会保障风险准备金1.09亿元，补助城乡养老保险基金2.57亿元，防范社保基金运行风险；落实城乡居民最低生活保障资金8079万元、重度残疾人护理补贴和困难残疾人生活补贴5093万元、困难群众物价补贴2138万元，保障困难群众基本生活；落实托养康复中心建设、养老服务体系建设资金1.16亿元，提升残疾人和老年人护理服务水平。支持公共文化体育事业。全年文化旅游体育与传媒支出1.87亿元，保障文化礼堂建设运行管理、名人故居保护修缮等项目，保障文体活动、宣传以及文化馆运行，提升省级体育小康村15个，建成登山步道12条、多功能运动场15个，送戏下乡1580场，文化走亲22场；支持文化和旅游产业发展，定向补助文化产业园区4个、电影院11家，助力缓解疫情冲击，创成省级A级景区村庄26个、3A级景区镇3个、4A级景区镇1个。

【深化财政改革】 财政管理工作获得国务院督查激励和省政府督查激励，获评全省财政管理绩效考评优秀单位。完善集中财力办大事政策体系。编制瑞安市2021—2023年集中财力办大事财政规划，统筹资金、资产、资源财力，集中财力用于振兴实体经济、大交通建设、乡村振兴等十方面重点支出。获批金融综合服务改革试点。牵头争取到省财政支持深化民营和小微企业金融服务综合改革试点，出台试点实施方案，推出"金改十条"政策，引导金融资源"支小助微"。深化预算管理方式改革。加大资金统筹力度，完善预算资金清理回收机制，首次在年中收回未使用完毕的上级结转资金2.24亿元；出台部门单位财政财务管理绩效考评办法，将考评结果与单位公用经费相挂钩。推进全面预算绩效管理。出台预算绩效运行监控管理办法、预算绩效管理工作规程等7个绩效管理文件，构建全过程预算绩效闭环管理体系；搭建预算项目绩效目标指标库；建立事前绩效评估机制，开展事前绩效评估试点。深化"最多跑一次"改革。财政、国资65项部门间跑改事项和6项"一件事"全部实现网上办理，道路交通事故社会救助基金抢救费用垫付"一件事"入选省试点。推进财政电子票据改革。全年开票金额232.06亿元，开票笔数138.6万笔。推进市级国有企业改革。构建"1+6+6"新国有企业体系，组建并运营市招商服务有限公司、市科创投资有限公司等国有企业。

【强化财政监管】 防范财政运行风险。加强全口径债务监控，妥善解决在建项目后续资金来源等问题，超额完成年度隐性债务化解任务，推动5家国有融资平台转型，债务风险保持绿色评级；分析被征地农民转保、阶段性减免社会保险费政策对基金支付能力造成的影响并做好资金测算，关注基本养老保险省级统筹制度改革并就分级负担机制提出针对性意见建议。加强财政监督检查。对全部23个镇街开展资金安全专项检查；完成17个镇街13.19亿元财政资金监管核查；对10家单位开展竞争性存放抽查并延伸检查下属单位5家；开展财政扶贫资金和项目管理专项检查，抽查覆盖面达到上年度清单管理扶贫资金总额的50%，并对7个单位进行重点检查。加强政府采购监管。出台政府采购负面清单，组建首批政府采购履约验收专家库，开展政府采购代理机构工作质量赋分量化评价。加强政府投资项目审核。全年完成各类审核462个，送审金额211.99亿元，核减金额19.63亿元。加强国资国企监管。出台瑞安市行政事业国有资产管理办法；落实省委巡视组反馈问题整改，完成12处被非法侵占国有房产、15处未公开招投标国有房产的整改工作；建立月报和年报相结合的国有企业资产统计机制；开展市管国有企业工资总额外补贴发放情况专项审计等4项财务专项检查。

【加强队伍建设】 加强机关党建工作。搭建“1+1+1”机关党建架构，即由1名班子成员指导1个支部打造1个党建亮点；创建“财红桥”党建品牌，开通“财红桥”党课直播间开展“四联五结对”活动；组建“瑞安财政助力两战临时党支部”，助力结对的陶山镇开展疫情防控和复工复产工作。推进“清廉财政”建设。严肃监督执纪问责，全年开展各类谈心谈话273人次，正风肃纪检查6次，协助市纪委立案1起、党纪处分1人；推动“清廉国企”建设落地，推广“清廉国投”试点经验。完善内部管理机制。制定涵盖53项重点指标、重大改革、重要任务的“三重”捆绑责任清单，实行“一月一通报、一季一督查、半年一亮相、一年一考评”；出台重点任务比拼、重大任务专班、问题协调不过夜等内部管理“八项机制”。激发干事创业活力。选拔任用中层干部6名，其中90后年轻干部3名；修订公务员职级晋升和事业人员岗位级别晋升考评办法，建立竞争性职级晋升机制。

（瑞安市财政局供稿 黄其庆执笔）

乐清市

【概况】 2020年，乐清市实现地区生产总值1263.01亿元，增长4.5%。其中：第一产业增加值21.23亿元，增长2.2%；第二产业增加值591.85亿元，增长4.3%；第三产业增加值649.93亿元，增长4.9%。三次产业结构比为1.7:46.9:51.5。按常住人口计算，人均地区生产总值95934元，增长4.3%。社会消费品零售总额520.13亿元，下降1.0%。实现货物进出口总额199.80亿元，增长7.6%，其中：出口总额195.95亿元，增长8.6%。城镇常住居民人均可支配收入67069元，增长4.1%；农村居民人均可支配收入38070元，增长7.3%。全市实现财政总收入156.82亿元、下降6.1%，同口径增长0.1%（剔除2019年海洋罚没收入及海域使用金5.48亿元、利废企业税收4.80亿元等一次性因素，下同）。一般公共预算收入94.38亿元，下降5.3%，同口径增长2.9%。一般公共预算支出126.38亿元，下降18.7%，同口径增长0.8%。全年财政收支平衡。

【组织财政收入】 加强收入预测分析。加强与税务部门合作，做好税收预测分析，实行月度、季度收入动态分析，把控收入节奏。全年一般公共预算收入占地区生产总值的7.5%、占财政总收入的60.2%，其中税收收入75.54亿元，下降7.5%，占一般公共预算收入的80.0%。规范非税收入管理。优化土地出让金收支管理，加强与执收单位沟通对接，规范政府性收费执收行为，全年非税收入110.23亿元，增长23.6%，其中纳入一般公共预算管理的非税收入18.85亿元，增长4.5%。争取上级资金。引导部门单位争取上级资金，并将争取情况列入绩效考核激励，全年向上争取“两直”资金、转移支付、债券资金等共计62.10亿元。

【服务经济发展】 打好统筹“两战”组合拳。拨付专项资金1.99亿元，用于医疗救治、一线医务人员临时性补助及设备物资采购等。疫情期间牵头制定支持企业复工复产32条政策，分别落实财政补助资金4.93亿元、社保费阶段性降费11.95亿元、国有资产房租减免3207万元、返还社会保险1.95亿元。制定“两直”资金细化分配方案，确保惠企利民资金落地。疫情期间组织全局1300余人次投入疫情防控一线，近百名助企服务员深入企业帮扶复工复产。推进产业奖补政策落地。落实制造业高质量发展专项资金3.43亿元、企业上市激励1.83亿元，发放各类消费券1.82亿元。完成温州浙民投乐泰物联网产业基金第三期出资6000万元，落实国家制造业发展基金出资4000万元。提升金融扶持实体经济发展能力。落实“人才科技贷”政策，累计向256家科技企业发放贷款10.02亿元。加大对政策性融资担保行业的扶持，累计办理担保金额5.53亿元，其中为小微企业担保金额2.53亿元。

【支持统筹城乡发展】 加大城市改造。投入绿化建设资金1.80亿元，推进中央绿轴、东运河湿地公园、西塔山水文化公园、城市绿道等公园项目和一环二纵三横绿化格局建设。拨付精细化管理资金6100万元，完善城市环卫保洁、市政设施、园林绿化等项目。出资3000万元改造老旧小区4个。完善交通基础设施。新增出资9.30亿元，累计投入资本金55.53亿元，用于S2线轨道交通、瓯江北口大桥等温州北翼综合交通项目建设。投入重点交通项目资金15.86亿元，支持104国道乐成至虹桥段、疏港公路乐成至南塘段、盐盆山隧道及接线工程等道路网工程，缓解市内交通拥堵问题。投资3700万元支持“四好农村公路”建设。助推全域美建设。筹措3.00亿元资金，推进溪路踏歌·状元寻履、千年古镇·港上田歌等4条乡村振兴示范带和7个乡镇美丽城镇建设。投入3.66亿元支持东干河流域治水攻坚、污水零直排区项目建设和污水处理设施建设。安排环卫基础设施建设资金1.20亿元，推进飞灰填埋场、垃圾填埋场扩容工程建设和生活垃圾分类处置工作。筹资3.90亿元推进农村饮用水达标提标行动，该项工作获评省成绩突出县市。

【保障和改善民生】 全市民生支出95.48亿元，下降23.5%，占一般公共预算支出的75.5%。支持教育优先发展。全年教育支出30.83亿元，增长8.3%。投入4.61亿元支持校舍建设，建成中小学、公办幼儿园项目17个，新办公立幼儿园6家。安排资金3.00亿元，支持义务教育教师平均工资收入提高至公务员水平；小学、初中生均公用经费分别提高至1450元/人·年、1850元/人·年。支持文化及科技事业发展。预算安排建设运营等经费2300万元与温州大学合作成立温州大学乐清工业研究院。落实高新技术企业研发后补助资金4195万元。支持出台人才蓄水池38条、工程师创新中心12条等政策。安排资金2712万元加强文化大市建设和扶持文化产业发展。全年预算统筹安排各级资金2765万元促进文化礼堂建设和运行维护。推进社会保障事业发展。全年社会保障支出15.67亿元,增长18.1%。支持社会大救助体系建设,分别调整全市城乡居民最低生活保障、特困人员基本生活标准至886元/人·月、1796元/人·月。支持脱贫攻坚,加大产业扶贫。健全公共医疗卫生体系。全年卫生健康支出14.72亿元,增长12.3%。基本公共卫生服务经费补助标准由60元/人·月提高到65元/人·月,拨付基本公共卫生服务项目专项资金8187万元。投入基建及设备设施提升项目资金3.21亿元,建设项目13个,包括城南街道、城东街道、磐石镇等卫生院改扩建工程。

【深化财政改革】 加快数字财政建设。推动非税系统电子缴款模块与市政府电子政务网联网,实现社会公众"零上门"线上缴费。加强政采云平台推广运用,全年平台交易额12.36亿元。统一公共支付平台完成支付20.71亿元,资金收缴率100.0%。深化国企改革。牵头组织对40家国有企业2019年度经营业绩实施考核,落实企业国有资产保值增值责任。搭建"1+3"管理模式,确保国企改革有序平稳过渡。牵头推进国有企业退休人员社会化管理工作,共移交社会管理人员4010人,完全社会化完成率为100.0%。盘活闲置国有资产3.87亿元,推进闲置资产公开出让进程。健全融资机制。通过存贷挂钩提效益、公开市场、直接融资、中长期错配降成本等方式降低政府融资成本,全年节约利息支出约5758万元。防范化解地方政府性债务风险。超额完成年度计划化债任务,全年化解债务37.29亿元,化解率265.8%。

【干部队伍建设】 强化机关党建。完善党员干部集体学习制度,以"学习强国"APP为平台,促进党员干部个人学习,提升党员干部政治素养。参与重大突发公共事件网络舆论引导。推进"清廉财政"建设。配合市委第四巡察组为期两个月的巡察,开展巡察反馈意见整改。巡察反馈问题三个方面18个问题(53小项),已完成整改50项。制定、完善《局党组工作规则》等7项制度。开展提醒谈话26人次。提升队伍素质。安排会计领军人才及单位业务骨干赴上海、厦门国家会计学院培训,组织职工参加干部菜单式选学培训。

(乐清市财政局供稿　王子平执笔)

永嘉县

【概况】 2020年,永嘉县实现国内生产总值461.89亿元,按可比价格计算,增长3.7%。其中:第一产业增加值17.23亿元,增长2.3%;第二产业增加值195.58亿元,增长3.1%;第三产业增加值249.08亿元,增长4.4%。三次产业结构比为3.7:42.4:53.9。按户籍人口计算,全县人均生产总值47262元,增长4.8%。城镇居民人均可支配收入51810元,增长4.7%;农村居民人均纯收入26388元,增长7.5%。社会消费品零售总额247.82亿元,增长0.5%。外贸出口总额58.50亿元,增长7.1%。全县财政总收入60.69亿元,下降2.4%,其中一般公共预算收入40.80亿元,增长3.2%;政府性基金收入86.00亿元,增长42.2%。全县一般公共预算支出111.07亿元,增长1.7%。全县财政收支平衡。

【组织财政收入】 一般公共预算收入占GDP的8.8%、占财政总收入的67.2%。其中税收收入32.75亿元,增长6.8%,占一般公共预算收入的80.3%。全年非税收入94.12亿元,增长35.5%,其中纳入一般公共预算管理的非税收入8.04亿元,下降9.3%。推进财源培育。新引进总部回归项目21个,实现总部回归税收5.30亿元。争取上级资金。争取上级资金42.85亿元,并新增地方政府专项债券18.88亿元、一般债券0.50亿元、再融资债券2.70亿元。统筹沉淀资金。摸底全县各部门资金使用及预算资金沉淀情况,清理、盘活资金5168万元。促进融资转型。完成融资平台转型两年计划,实现平台转型4家,通过平台引导社会资本参与政府项目建设,共募集资金73.27亿元,其中城中村项目18.00亿元。

【支持经济发展】 落实减税降费。联合经信、税务等部门,落实减税降费政策,全年减税16.99亿元、降费5.55亿元。保障疫情防控。拨付防疫专项资金1.22亿元,保障医疗机构防疫物资及医疗设备采购、新冠肺炎确诊病例救治、核酸检测、防疫一线医务人员补助等费用。落实县本级用于疫情期间企业奖补资金保障1.30亿元,争取中央、省财政补助资金4597万元,发放各类消费券补助4504万元,拨付企业员工返还路费、招工专班等补助1200万元,返还社保费9990万元,减轻企业负担,支持中小企业渡过难关。统筹国有企业落实疫情期间国有资产减租政策,全县国有企业和行政事业单位向企业、个体工商户减免租金1059万元。兑付惠企纾困资金5729万元,惠及小微企业2459家、个体工商户1351家。

【保障重点支出】 全年民生投入83.78亿元,下降5.8%,占一般公共预算支出的75.4%。保障基本民生。全年社会保障支出11.71亿元,下降12.5%,城乡居民基本养老保险基础养老金从185元/人·月提高至225元/人·月。城乡居民基本医疗保险从700元/人·年提高至800元/人·年。全年卫生健康投入13.07亿元,增长2.8%,深化医药卫生体制改革,推进医共体建设,推动县人民医院迁建工程、县二医迁建工程及沙头卫生院拆扩建项目建设。全年教育投入24.25亿元,增长4.4%。全年教育投入24.25亿元,增长4.4%,落实财政补助困难学生4万人次共计2453万元,完善基础设施建设,新改、扩建中小学26所。保障重

省级农家乐示范村岭上人家

点工程。通过本级预算、上级补助、一般债券、专项债券以及抗疫特别国债等途径，投入29.89亿元，保障104国道温州西过境永嘉段工程、永嘉县第二人民医院迁建工程等全县重点工程的资金需求。推进乡村振兴。助力美丽乡村建设，通过一事一议省级试点谋划农村小型公益项目28个，安排财政资金2493万元，带动社会资本625万元；助力村级经济壮大，投入资金3163万元，打造项目42个，惠及行政村58个；助力脱贫攻坚，投入3.70亿元，覆盖教育、医疗、就业等方面，帮扶6963人退出城乡最低保障对象，打造"永嘉县教玩具生产研发中心"扶贫项目，获省级综合试点奖励3000万元。

【深化财政改革】 打造数字财政。推进预算管理一体化改革，获全省唯一县级试点单位。完成财政票据电子化改革，实现全县308家开票单位和14种票据种类全覆盖，全年开出票据251万份。完成政府采购电子化改革，实现政府采购系统从预算端到支付端整体贯通，完成电子化政府采购金额5.90亿元，节约企业采购成本800余万元。推出取消保证金、降低履约保证金等惠企措施，少占用企业资金1.18亿元。完成公共支付平台化改革，完善政务网统一公共支付平台和乡镇公共财政服务平台建设，实现非税收入和民生补助项目全纳入、执收单位对象全覆盖和银行柜面支付全接通，通过"一卡通"发放惠农补助5.39亿元，受益对象16.45万人。打造绿色财政。争取绿色转化财政专项激励资金3.00亿元。争取市级田园综合体、优势特色产业等新型绿色经济试点，获得上级奖补3.62亿元。打造平安财政。推进"清廉永嘉·平安财政"专项行动常态化，实现乡镇（街道）财务检查全覆盖，涉及整改资金327万元。推进基层财政资金安全专项检查，抽查单位215家，问题整改率100.0%。打造效能财政。推进全面绩效管理，实现绩效自评全覆盖，完成自评项目数2051个。压减经费支出，全年"三公"经费支出3261万元，下降9.8%，累计压减一般性经费8219万元，压减率9.4%。打造阳光财政。完善内控体系，建立"1+9+X"内控制度，实行常态化管理。规范公款存放，全年组织财政资金竞争性投放4期，累计竞争性存放48.00亿元，利息收入9995万元，较基准利率平均上浮38.8%。整合专项资金，由2015年的16项整合至2020年度的11项。强化部门预算编报、决算编报等重要报告编制，并向社会公开；加强财务人员队伍建设，开展线上培训班4期，培训400余人。

【加强财政监管】 强化国库管理。加强库款管理，月均库款流出18.08亿元，库款保障率53.0%；加强支付管理，对各单位国库集中支付进行动态监控，核实资金违规率0.1%，整改率100.0%；加强财政专户管理，要求各单位必须通过公开招投标或集体决策程序进行开户，清理闲置专户。强化社会保障基金、非税收入、事业收入等20个财政专户管理，其中社保基金3个专户17个基金分户活期存款合计13.56亿元，累计定期存款56.96亿元，全部纳入竞争性存放范围，到期可实现利息收入1.30亿元，提高资金存放透明度及收益。强化项目审价管理。全年审核基本建设资金拨款1649笔，金额55.12亿元，核减率9.0%。备案工程预算315笔，造价16.46亿元，核减率5.5%。备案工程结算505笔，造价6.02亿元，核减率9.3%。强化扶贫资金管理。开展扶贫项目和资金管理专项检查，自查梳理2019年3.12亿元各项扶贫资金使用情况，重点抽查项目7个、涉及金额1.11亿元，抽查覆盖面35.5%。强化国有资产管理。推进国有资产盘活，梳理全县312家单位计1942处资产，拍卖3处，增加财政收入288万元；租赁247处，年收入2611万元。推进固定资产更新，完成全县资产配置，报废资产3783万元。

【加强队伍建设】 规范支部建设。出台《关于"坚持'十到'支部,促进融合发展”的实施意见(试行)》,推进党建和业务工作共促共进。对原4个支部进行优化调整,增设支部2个,更名支部1个。发展入党积极分子6名、预备党员4名,转正式党员2名。开展“四化”支部创建,验收通过1个,待验收1个。落实全面从严治党。压实主体责任,坚持一岗双责,推进全面从严治党工作清单化。局长室与中层干部谈话79人次,科室负责人与科室工作人员谈话94人次,开展各类督查8次,通报整改问题3个。开展财政“五服务”活动。常态化推进财政“五服务”活动。累计组织全局走访企业34家、基层预算单位53家、困难群众8人次,协调解决各类问题265个。累计组织52名干部参与“三返”、交通卡口管控、隔离点疫情防控工作及跨省招工专班,服务卡口值守、复工复产等一线防控工作。规范干部提任交流。全年提任交流2次,提任中层正职9位,中层副职16位,科室交流10位,中层干部的平均年龄由44岁降至40岁。

(永嘉县财政局供稿　葛明阳执笔)

平阳县

【概况】 2020年,平阳县实现生产总值534.51亿元,按可比价计算,增长2.1%。其中:第一产业增加值20.59亿元,增长2.7%;第二产业增加值247.74亿元,增长3.4%;第三产业增加值266.18亿元,增长1.0%。按常住人口计算,人均生产总值为64130元,下降1.6%。三次产业结构比为3.9:46.3:49.8。固定资产投资增长4.0%。社会消费品零售总额233.23亿元,下降2.4%。外贸进出口总额96.79亿元,增长22.0%。城镇常住居民人均可支配收入52739元,增长3.9%,农村常住居民人均可支配收入26736元,增长7.1%。全年全县财政总收入57.54亿元,增长0.1%,其中一般公共预算收入36.49亿元,下降4.0%。一般公共预算支出91.75亿元,增长1.0%。全年财政收支平衡。

【组织财政收入】 全县一般公共预算收入占财政总收入的63.4%、占GDP的6.8%,其中税收收入29.45亿元,占一般公共预算收入的80.7%。向上争取各类财政资金和债券资金68.07亿元,增加17.03亿元,扩大财力。争取各类转移支付46.49亿元,其中抗疫特殊转移支付2.60亿元。争取债券金额21.58亿元,增加8.68亿元。深化生态优势绿色转化,争取省财政厅绿色转化财政专项激励3年3亿元。加强非税收入征管,全年实现政府非税收入57.27亿元,增长27.9%,其中纳入一般公共预算管理的非税收入7.04亿元,下降6.3%。

【支持经济发展】 扶持市场主体。参与制定、落实复工复产各项政策措施,兑现各类政策奖补5.52亿元,为10572家企业减免、缓缴、返还社保费6.30亿元,发放纾困补贴2358万元,对疫情防控重点企业贷款给予财政贴息572万元。保障项目建设。运用财政、融资、债券等手段,统筹各类资金86.16亿元支持重点项目建设。落实降费减负。取消一批行政事业性收费,减免、缓缴不动产登记费、市政配套费、场地租金等项目资金,全年累计降费约2400万元。落实引进人才资金。落实“百名英才引育计划”、引进海内外高层次人才、企业引进人才发展基金、高校毕业生招引“510计划”等资金1474万元。

【保障重点支出】 全年民生支出68.95亿元,下降3.4%,占一般公共预算支出的75.2%。推进“两直”资金落地。落实“两直”资金8.70亿元,保障经济社会正常运转和医疗、教育、文化、社保等重点支出。支持脱贫攻坚。加强扶贫项目谋划,在生猪增产保供上推出折股量化模式,筹措资金4.32亿元用于脱贫攻坚。支持疫情防控。做好疫情防控期间相关政策、资金落实,第一时间启动资金拨付应急机制,支持疫情防控专项经费1.84亿元。全年卫生健康支出10.79亿元,增长35.7%。支持教育发展。完善教育基础设施,落实学生资助工作,投入教育资金18.30亿元,增长1.7%,实现“一乡镇一公办幼儿园”目标,满足群众“上好学”“入好园”的需求。支持社会保障。全年社会保障与就业支出15.16亿元,增长19.5%,落实最低生活保障、残疾人福利、基本养老保险补助等。助力打造社会救助“码上救”平台,整合民政、社保、残联等部门社会救助事项,实现社会救助“应救尽救、无盲区、全覆盖”。

【深化财政改革】 推进财政数字化转型。打造基建系统升级版,打通政府投资项目财政业务全链条。非税收入缴款电子化率100.0%。县内4家公立医院均可开具电子票据。通过乡镇财政公共服务平台+“一卡通”发放财政补助项目124个,受益人数16.6万人,发放各类财政补助资金5.78亿元。深化政府采购改革。全县280多家采购单位全部使用政采云平台实施政府采购活动,通过政采云平台各模块累计交易额11.83亿元,订单数23753笔。推进国企改革。县财政局牵头成立业务服务指导组3个,梳理资产划转事项15个,通过资产注入降低国企资产负债率。

【强化财政监督管理】 严格财政监督。推进完成昆阳镇内控信息化建设试点,破解乡镇内控问题;完成77个项目绩效复核、4个项目重点绩效评价、2家单位整体绩效评价,涉及资金5.66亿元;对78个部门(单位)的768个项目支出开展绩效自评,涉及财政资金36.50亿元,实现绩效自评全覆盖。严控债务风险。对未经财政部门评估债务风险的、项目总投无法落实或资金来源不清的、高风险未完成化债计划或隐性债务未消化完的新增政府投资项目,全部不予立项。全年出具债务风险评估报告288份,完成合规融资备案84笔。严控政府支出。全年全县压减非重点非刚性支出4565万元、公用经费650万元、“三公”经费135万元。严审工程造价。参与政府投资项目的投资估算、进度款拨付、工程结算等审核,全年累计审定金额155.16

亿元,核减造价4.07亿元。

【加强干部队伍建设】 打造"财润红都"党建品牌,通过组织理论学习中心组、周一夜学、领导干部上党课、支部专题学习、主题党日活动、邀请专家开展讲座等形式,学习习近平新时代中国特色社会主义思想和习近平总书记考察浙江重要讲话以及对温州的重要指示批示精神,全年开展专题学习115次。组织领导干部到乡镇、企业一线调研32次,完成各类调研课题14篇;现场服务预算部门89个、单位覆盖率90%;开展"五好服务"1270次,服务人次1586次,解决问题24个。疫情期间,参与一线抗疫工作的党员、干部人数48人,到社区参加疫情防控和志愿服务人数16人,参与复工复产各项事宜12人。

(平阳县财政局供稿 林 川执笔)

苍南县

【概况】 2020年,苍南县实现地区生产总值363.09亿元,增长2.9%。其中:第一产业增加值28.01亿元,增长2.3%;第二产业增加值127.92亿元,增长2.1%;第三产业增加值207.15亿元,增长3.5%。三次产业结构比为7.7:35.2:57.1。按常住人口计算,人均地区生产总值43022元。社会消费品零售总额244.21亿元,下降0.2%。进出口总额24.34亿元,增长25.2%。城镇居民人均可支配收入49725元,农村居民人均可支配收入25630元,分别增长3.9%、8.5%。全县财政总收入40.40亿元,与上年持平,其中一般公共预算收入26.35亿元,同口径增长5.0%。全县一般公共预算支出78.33亿元,同口径增长13.0%。全年财政收支平衡。

【组织财政收入】 加强税收收入征管。应对新冠肺炎疫情及龙港分设带来的变化,完善组织收入分析、预测和协调机制,加大招商引资力度,吸引企业落户苍南,扩大税源。全县一般公共预算收入占地区生产总值的7.3%、占财政总收入的65.2%;一般公共预算中税收收入21.91亿元,增长7.3%,占一般公共预算收入的83.1%。拓宽财力筹措渠道。综合运用各级财政资金、省政府债券、国有资产盘活等方式,保障全县重大战略实施。全年争取中央直达资金6.89亿元,新增地方政府债券16.09亿元、再融资债券1.10亿元;盘活闲置国有资产项目38个,入库资金6.19亿元;指导国企通过发行企业债、银行融资等方式,筹措资金68.42亿元。完善非税收入管理。出台全县首个重大资金保障方案,将税收征收、非税收入、土地出让等列入考核重点,增强财政资金保障能力,实现政府非税收入47.96亿元,其中纳入一般公共预算管理的非税收入4.44亿元。

*2020年起,原苍南县龙港镇撤镇设市,2019年苍南县同口径财政总收入为40.38亿元,一般公共预算收入为25.09亿元(其中税收收入为20.41亿元),一般公共预算支出为69.32亿元。

【支持经济发展】 助力企业复工复产。牵头成立全县复工复产政策服务专班,落实县"共渡难关20条""复工复产新10条"等系列政策,助力企业发展。全年兑现受疫情影响企业补助资金4.22亿元,助力企业办理新增贷款41.06亿元、无还本续贷6.55亿元、贷款延期4.31亿元。优化投资营商环境。通过财政资金杠杆,促进全县工业投资持续回升、新旧动能加速换挡,全年兑现技术创新、小升规、两化融合等非疫情政策扶持资金7042万元;落实惠企采购政策,取消采购文件工本费,免收投标保证金,推广"政采贷",畅通政府采购融资渠道,全年为中标供应商达成授信3750万元,实现放款2088万元。助力实体经济发展。重点支持新动能培育、传统产业改造升级和"两个健康"创建等工作,助力企业发展提升,全年受理"惠企直通车"线上申请件6548个,兑现补助金额1.25亿元,惠及企业及商户662家。兑现线下出口及国有企业政策性补助1.20亿元、非疫情服务和开放型经济补助2458万元。

【保障改善民生】 全年民生支出62.82亿元,同口径下降7.4%,占一般公共预算支出的80.2%。保障疫情防控。做好疫情防控应急救援设备、物资采购和患者救治费用等经费保障,全年拨付23批疫情防控经费1.01亿元、财政资金4100万元;落实全县4.7万吨储备粮保障任务,保障粮食供应。助力教育发展。加大教育投入,助力教育均衡发展,全年安排教育支出18.76亿元,增长4.7%,占一般公共预算支出的24.0%;落实教师待遇专项资金1.67亿元,实现教师平均工资待遇与公务员持平。完善公共卫生体系建设。全年卫生健康支出6.78亿元,增长39.9%。支持推进"健康苍南"和"医共体"建设,基本公共卫生补助提标至87元/人·年;全年投入县中医院、县第三医院、马站医院等基建资金1.50亿元。健全社会保障体系。全年社会保障支出10.84亿元,增长22.1%。落实城乡居民基本医疗资金6.52亿元、城乡居民社会养老保险财政补助资金3.85亿元、困难群众最低生活保障资金1.70亿元,提升社会救助水平。

【深化财政改革】 推进国有企业转型升级。落实《县级国企和政府投融资体制改革》项目清单,县旅投集团注资改组为县文农旅集团,拓宽业务领域,打造县级大型国有平台;牵头制定温州矾矿成建制划转工作实施方案,助力温州矾矿成建制划转接收,推动产业转型。首推PPP项目履约咨询服务。引入第三方委托咨询公司,完善PPP项目部门权责、项目管理、履约监管等"全生命周期"体系,全年PPP项目政府投入3.87亿元,引入社会资本20.14亿元。推进"最多跑一次"改革。以浙江政务服务网统一公共支付平台为载体,"零上门"办理行政事业性收费12万多笔、涉及资金1.32亿元。协同苍南龙港两地高质量发展。做实龙港撤镇设市改革"后半篇"文章,落实重大改革后续完善工作,助力推动龙港市、苍南县两地深化改革协同高质量发展。

【强化财政监管】 提高财政资金使用效益。建立国库动态监控分析报告制度，全年对231家县级预算单位进行动态监控，核实不合理支付3172万元。完成财政资金竞争性存放6.10亿元，预期实现增值收益2000余万元。推进预算绩效管理。强化工程投资审核，受理结算审核项目222个，核减金额5517万元，核减率6.5%。强化债务管理。加强乡镇债务清理，建立乡镇债务约束机制，重申严禁乡镇举债各项规定。制定全县地方政府隐性债务化债计划表，实时跟踪各单位化债工作落实情况，全年超额完成政府债务化解任务。2020年，获"全省2019年落实有关重大政策措施真抓实干成效明显地方"督查激励通报，并获财政管理工作奖励1000万元；苍南县财政局被评为全省财政管理绩效考评优秀单位、全省财政专项扶贫资金管理绩效评价优秀单位。

【加强队伍建设】 召开全面从严治党工作大会1次、党组专题会议2次、党风廉政建设专题例会4次，与科室签订全面从严治党主体责任书，强化主体责任落实。深化"两学一做"学习教育，全年开展专题研究党建工作党组会2次、理论中心组学习6次，组织中心发言13人次，加强理论学习。做好疫情防控、复工复产财政支持，组织61名党员干部奔赴一线防控疫情，帮扶防控55户、157人，巡逻845人次。助企服务联络员入企26家次，捐赠口罩3000余个，现场解决企业实际困难53个。开展"党性党纪教育一刻钟"、清廉机关示范点创建等活动，深化党风廉政建设，连续2年获全县优秀基层党组织称号。

（苍南县财政局供稿　游福友执笔）

注：

"两个健康"：即非公有制经济健康发展和非公有制经济人士健康发展。

文成县

【概况】 2020年，文成县实现地区生产总值112.01亿元，增长3.5%。其中：第一产业增加值9.71亿元，增长1.6%；第二产业增加值28.34亿元，增长3.1%；第三产业增加值73.97亿元，增长3.9%。三次产业结构比为8.7∶25.3∶66.0。全社会固定资产投资54.86亿元，增长12.2%。全社会消费品零售总额48.67亿元，下降3.9%。全县城镇居民人均可支配收入43705元，农村居民人均可支配收入20528元，分别增长3.8%和7.3%。2020年，全县完成财政总收入15.71亿元，增长13.5%。其中，一般公共预算收入10.22亿元，增长6.1%，占财政总收入的65.1%，占地区生产总值的9.1%；一般公共预算支出51.03亿元，下降9.1%。全县财政收支平衡。

【组织财政收入】 强化部门联动。完善财税联席会议制度，健全涉税信息共享机制，准确掌握收入形势，做好收入预判，确保应收尽收。全年税收收入6.65亿元，增长14.6%，占一般公共预算收入的65.1%。争取上级资金。全年争取中央、省、市各类资金24.60亿元、中央直达资金5.60亿元、浙江省地方政府债券8.80亿元。规范非税征管。全年完成非税收入3.57亿元，其中纳入一般公共预算管理的非税收入3.50亿元，国有资源（资产）有偿使用收入1.86亿元。推进财政电子票据改革，加强统一公共支付平台应用，全年完成电子支付8万笔，总金额2.48亿元。

【服务经济发展】 扶持产业发展。依托"惠企直通车"，加大复工复产财税政策扶持力度，支持生态工业、现代服务业、全域旅游等产业发展，全年兑现扶持企业优惠政策1.93亿元。强化财源招引。加大招引优惠力度，优化营商环境，全年引入总部经济企业68家。全县总部经济企业合计193家，入库税收5.08亿元，增长44.7%。助推乡村振兴。全年投入涉农资金6.10亿元，支持各项农业农村经济和社会发展事项；开展省级乡村振兴产业发展项目申报工作，并争取省财政补助资金8000万元；推进农村综合改革工作，全年立项一事一议财政奖补项目59个，总投资5336万元。

【保障民生支出】 全年民生支出40.78亿元，下降8.9%，占一般公共预算支出的79.9%。支持卫生健康事业发展。全年卫生健康支出5.26亿元。全年拨付新冠疫情防控资金8942万元，用于物资采购、公共卫生体系建设以及重大疫情防控救治体系建设等支出。支持教育事业发展。全年教育支出8.58亿元，增长5.6%，其中学前教育支出2922万元、义务教育支出3.20亿元，高中教育支出4064万元。提高教师待遇，完成义务教育教师工资与公务员工资差额补助政策，制定高中阶段教师考绩和高考质量奖励政策。支持社会保障事业发展。全年社会保障和就业支出7.49亿元。完善基本医疗保障制度，提高城乡居民基本医疗保障筹资水平和财政补助标准，全年参保人数312435人，财政人均补助标准840元，合计补助资金2.63亿元；提高各类困难群众补助标准，低保补助标准由原来的664元/人·月提高至804元/人·月，困境儿童补助标准由原来的963元/人·月提高至1046元/人·月。

【深化财政改革】 完善财政内控体系建设。围绕预算编制、预算绩效管理等财政核心业务及关键岗位，制定专项内部控制办法9个，修订完善内部操作规程18个。强化乡镇财政财务管理。在全县17个乡镇上线集预算、执行、审核、审批、监督为一体的乡镇内控信息化管理平台，利用"制度+科技"管人、管事、管钱、管风险；将乡镇财政性资金全部纳入国库集中支付，全年各乡镇通过国库集中支付款项2万笔；抽调双桂乡、公阳乡、平和乡、周山乡及桂山乡等5个乡的财务人员进行集中核算，优化配置乡镇财政人员，规范乡镇财政财务支付管理。推进国资国企改革。针对县属国有企业小而散、国有资产基础薄弱、资本运作能力不强、主营业务创收贡献小等问题，搭建“财政局（国资办）-县国控公司-国有营运公司-下属企业”的国有企业发展新体系，对全县61家企业主体或产权股权进行科学优化，同步推进企业信用评级和公司债发行。会同县委编办编制国投、城投、公投、旅投等4家国有营运公司“三定方案”，加快员工档案核查，推进国企退休人员社会化管理，优化人员队伍建设。

【强化财政监管】 *盘活沉淀资金。*全年清理、盘活财政存量资金1730项合计1.93亿元，整合涉农资金7笔合计1288万元，统筹用于经济社会发展急需资金支持的领域及各项脱贫攻坚政策。*加大财政检查力度。*组织开展基层财政资金管理专项检查工作，对2017年以来全县乡镇、基层站所、中职中技等基层单位的财政资金管理情况开展专项检查，发现问题并督促整改，确保财政资金安全。*开展动态监控管理。*开展国库集中支付动态监控，全年筛查违规资金760笔合计4280万元，累计纠正率100.0%；加强财政扶贫资金动态监控平台跟踪，覆盖平台项目340个，涉及资金1.78亿元。*强化政府采购监管。*全年政采云平台交易总额3.34亿元；评标专家库共接受各类评标专家申请76人次，其中55人成为正式专家并进入省政府采购评标专家库。*加强政府性投资项目监管。*开展政府投资项目审价，把握政府投资成本和规模，全年完成项目审核450个，核减金额1.10亿元。*加强政府债务管理。*全年全县新增政府债券8.80亿元，其中一般债券资金5.50亿元、专项债券资金3.30亿元；全年化债4.19亿元，化债率100.0%。

【优化队伍建设】 *巩固主题教育成果。*推进“两学一做”常态化，依托“学习强国”APP、微信党建群等平台，开展线上线下学习；开展特色主题党日活动、组织红色观影、参与市县微党课比赛等活动。*深化党风廉政建设。*落实党委党风廉政建设主体责任，会同纪检组开展机关效能督查，推行纪实手册，开展廉洁谈话，加强行政效能和作风建设。全年开展谈心提醒115人次，实现全覆盖。*注重干部技能提升。*鼓励干部提升学历、职称，取得高级职称2人；开办财政干部培训2期，参训人员268人次。

（文成县财政局供稿　沈倩倩执笔）

泰顺县

【概况】 2020年，泰顺县实现地区生产总值121.99亿元，按可比价格计算，增长4.7%。其中：第一产业增加值10.10亿元，增长3.3%；第二产业增加值41.60亿元，增长3.6%；第三产业增加值70.29亿元，增长5.4%。三次产业结构比为8.3∶34.1∶57.6。按户籍人口计算，人均生产总值32757元，增长5.0%。城镇常住居民人均可支配收入42479元，增长4.6%；农村常住居民人均可支配收入20347元，增长8.2%。全县财政总收入23.95亿元，完成预算100.9%，增长39.1%。其中，一般公共预算收入13.80亿元，完成预算102.0%，增长36.6%。全县一般公共预算支出48.86亿元，下降12.0%。全县财政收支平衡。

【组织财政收入】 完善收入征管协调机制，推进政府主导、部门配合、社会参与的财政收入保障体系建设，围绕年度收入任务，研判经济形势，应对新冠肺炎疫情对财政收入的影响，掌握收入主动权。注重收入质量提升，一般公共预算收入占财政总收入的57.6%、占GDP的11.3%，税收收入12.01亿元，增长47.8%，占一般公共预算收入的87.0%。强化政府非税收入管理制度执行，加强行政事业性收费和政府性基金等政府非税收入项目管理，全年组织政府非税收入19.12亿元，增长75.9%，其中纳入一般公共预算管理的非税收入1.80亿元，下降9.2%。

【支持经济发展】 深化“财为政服务”理念，统筹安排资金16.35亿元，支持新城区市政基础配套项目、小城镇环境综合整治工程、生态搬迁工程等重点项目建设。围绕推进“两个健康”先行区建设，兑现各类扶工兴贸奖励资金3.21亿元，扶持中小企业、新兴企业发展。发挥政策性融资担保公司作用，为小微企业、“三农”发展提供担保，政策性融资担保公司在保笔数2050户，担保金额2.72亿元，防范地方金融风险，改善小微企业融资困境。落实助力企业复工复产政策，兑现财政补助类、减免类、缓缴类、返还类资金9509万元，兑现率100.0%。做好“两直”纾困资金发放平台建设，发放中央直达资金4.71亿元，确保各项纾困措施直达基层、直接惠及市场主体。

【保障民生事业】 全年民生支出36.79亿元，下降26.4%，占一般公共预算支出的75.3%。落实教育经费7.79亿元，完善义务教育经费保障机制，提高生均公用经费和在职教师福利水平。落实医疗卫生经费5.48亿元，支持县内医疗卫生服务共同体建设，促进公立医院综合改革，推动基层医疗卫生机构补偿新机制实施，农村合作医疗保险筹资政府补贴标准从650元/人·年提高至714元/人·年。围绕疫情防控工作，开通资金拨付“绿色通道”，拨付疫情防控、防疫物资采购经费9400万元。落实社会保障和就业资金6.89亿元，推进养老服务综合改革，加快乡镇敬老院向区域性养老机构转型，完善社会救助体系。落实农林水资金7.51亿元，发挥支农资金导向作用，深入实施乡村振兴战略，推进“一事一议”财政奖补项目、扶持村集体经济发展项目建设，促进农民增收致富。通过竞争性申报，成温州市唯一一个获得省财政保障区域协调专项激励政策支持的县，2020—2022年每年获得省财政专项激励资金1.50亿元。

【推进财政改革】 强化预算法落实，完善全口径政府预算体系，细化预算编制，向人大反映预算编制情况，提升预算精细化、科

泰顺县凤垟乡美丽梯田

学化水平。深化国库支付电子化改革,建立并完善预算执行动态监控体系。加强财政库款管理,开展财政资金竞争性存放两期共8.10亿元,提高财政资金保值增值能力。深化乡镇财政预算编制,细化财政预算收支项目,推进乡镇公共财政服务平台建设,全部服务项目实现线上平台支付,实现涉农惠民资金"一卡通"发放3.13亿元。

【强化财政监管】 全面实施预算绩效管理意见,推进全方位、全过程、全覆盖的预算绩效管理体系建立,对507个项目实施绩效运行跟踪、464个项目实施项目单位自评、50个项目实施自评复评、10个项目实施重点评价,绩效运行监控、绩效自评覆盖率达100.0%,项目支出绩效目标管理实现"全覆盖"。落实政府过"紧日子"理念,控制、压减一般性支出,实现非刚性、非重点项目支出压减幅度不低于10.0%、日常公用经费支出压减幅度不低于5.0%、"三公"经费压减不低于5.0%,全年共压缩支出4150万元。规范政府采购行为,执行政府采购预算8.08亿元,实际完成采购7.57亿元,节约率6.3%;加强政府投资项目工程价款结算审核,送审金额3.62亿元,核减财政资金4050万元,核减率11.2%。

【加强队伍建设】 制定年度干部学习计划,学习习近平新时代中国特色社会主义思想,巩固主题教育成果,加强财政业务领军人才、专业人才培养,提升干部综合素质。围绕"清廉财政"建设,落实从严治党主体责任制,开展警示约谈提醒活动,累计开展一对一谈心谈话125人次,督促干部坚守廉洁从政底线。围绕县委巡察反馈问题、专题民主生活会,对标对表抓好33个问题整改工作,巩固巡察整改成果。开展财政"上门服务至少一次"活动,主动上部门、进企业服务600人次。

(泰顺县财政局供稿 吴明双执笔)

龙港市

【概况】 2020年,龙港市国内生产总值316.40亿元。其中:第一产业增加值9.02亿元,下降0.2%;第二产业增加值144.61亿元,增长4.5%;第三产业增加值162.78亿元,增长4.5%。三次产业结构比为2.9 : 45.7 : 51.4。社会消费品零售总额138.26亿元,下降2.1%。社会消费品零售总额138.26亿元,增长9.0%。城镇居民人均可支配收入55298元,增长4.5%;农村居民人均可支配收入29656元,增长7.4%。全市财政总收入25.33亿元。一般公共预算收入17.05亿元,占财政总收入的67.3%;其中税收收入15.34亿元,完成年初预算的98.7%,占一般公共预算收入的90.0%。全市非税收入30.38亿元,其中纳入一般公共预算管理的非税收入10.71亿元,政府性基金收入28.67亿元。一般公共预算支出25.77亿元,完成调整后预算的89.5%。全年财政收支平衡。

【启动龙港财政工作】 向上争取财政支持。省市调度资金6.20亿元、开办费1.00亿元,争取政府债券资金10.50亿元和"两直"资金3.45亿元。申报全国首支县城新型城镇化建设专项企业债30.00亿元,经国家发改委审核通过,核准发行额度20.00亿元。制订规章制度。制定《龙港市市级财政国库集中支付管理办法》《龙港市市级预算单位公务卡管理暂行办法》《龙港市国有企业工资总额预算管理办法》《龙港市财政票据管理实施细则(试行)》《龙港市财政和专项债工作专班方案》等工作办法。

【支持经济发展】 出台优惠政策。支持相关部门出台一系列扶持企业优惠政策,建立产业政策奖补资金拨付系统,兑现产业政策奖补资金1.09亿元,助推招引项目落地和传统产业转型升级。按照急事急办、特事特办的原则,在经费审批、指标下达、支付资金等环节开设"绿色通道",配合做好疫情防控应急救援设备、物资采购和患者救助费用补助落实。减轻企业负担。组建财税服务专家团,组团式开展"三服务",服务企业复工复产,兑现复工复产政策经费929万元,减免社保费1.66亿元、缓缴税费3.80亿元、减免水费及污水处理费283万元、减免国有房产租金260万元,向上级申报疫情防控重点保障企业贷款贴息资金86万元。拨付"小微企业和个体工商户"纾困资金1639万元,投入财政资金2227万元发放消费券。

【保障重点支出】 集中财力办实事。综合运用财政资金、地方政府债券、银行贷款等方式,筹措建设资金53.00亿元,调度资金10.80亿元，保障旧城区改造、乡村振兴精准扶贫示范工程、市政道路网建设等重大基础设施和民生工程建设。加大民生事业投入。全市民生支出21.38亿元，占一般公共预算的83.0%。安排公交补贴4000万元，降低市民出行成本。全市教育支出7.20亿元，投入财政资金2.60亿元，实施各类教育项目22个，启动15所校园改造提升工程；全市卫生健康支出2.87亿元，安排3.40亿元，支持“健康龙港”和“医共体”建设。全市社会保障支出2.36亿元，提高养老金、医保、卫生等基本民生待遇水平。助推乡村振兴。支持脱贫攻坚，统筹安排消薄资金3838万元，引导7个村投入折股量化扶贫资金160余万元，撬动各类资本投入700万元，带动低收入农户64户，人均增收2000元。安排2.50亿元，推进乡村示范带工程建设，推动美丽乡村精品村建设、村集体经济壮大和薄弱村转化。与省市国有企业合作共建龙湖片区综合开发、循环经济产业园、职业技术学院、温州高新区龙港分园等项目，完善教育、医疗、城市管理等短板。

【推进财政改革】 提升现代财政治理能力。完成全国首家“撤镇设市”国库机构的设置工作，保障龙港市财政预算及税收征缴体制平稳过渡。与苍南县财政局对接沟通，完成财权事权划分，确保财权事权责任主体落实。构建财政数字化管理新模式。推动国库集中支付平台、国库资金申拨平台、非税征管系统、公共支付平台建设，形成用“数据服务、数据管理、数据决策”的财政管理服务新格局。制定龙港市行政事业国有资产管理暂行办法，探索资产管理数字化新模式，分阶段推进“资产云”平台上线。推广“财务核算云”平台，全市79家预算单位已全部启用“财务核算云”平台。加快市场化进程。按照“扁平化、专业化、市场化”的总体要求，推进国有企业整合重组，组建“1+5”国有企业，即设立龙港市国有资本运营有限公司，并下设交通发展、水务发展、城市建设、产业科技、新城建设等5家子公司。增强化债和融资能力，通过资产注入，助推市国有资本运营有限公司和市新城建设发展有限公司等2家企业获AA主体信用评级。

龙港市政务客厅

【强化财政监管】 强化财政资金监管。制定龙港市机关工作人员差旅费、机关培训费等财务管理规定，分批次开展部门、片区财务人员培训，严肃财经纪律。规范政府采购行为，推广政采云平台应用，促进政府采购交易、服务和监管电子化、一体化、透明化，全年完成政府采购项目186笔，涉及资金4.93亿元，节省资金1802万元，节约率3.4%。建立政府投资项目监督管理系统，出台政府性投资项目预算监督管理制度，重点做好项目预算、结算监督。强化建设工程预结算审核，核减工程造价3.80亿元，核减率12.0%。加强企业国有资产监管。明确市财政局授权市国有资本营运有限公司履行部分出资人职责，制定监管清单和责任清单，推进“阳光国资·清廉国企”建设。控制政府债务风险。落实地方政府债务限额管理、预算管理规定，规范地方政府举债融资行为。制定龙港市投融资体制改革实施方案，通过核减政府购买服务协议、转化为市场化融资方式、逐年列入财政预算等举措，推进地方政府债务风险防范化解工作，完成隐性债务化解任务。压减一般性支出。控制和压减一般性支出，全年非刚性、非重点的项目支出压减10.0%，一般公用经费支出压减5.0%。

【加强队伍建设】 制定、落实《龙港财政局2020年度党组理论学习中心组学习计划》，全年组织开展中心理论组学习12次、局机关常态化学习24次、局党组成员送党课13场次。组织机关作风建设的监督检查，组织干部职工开展廉政风险防控排查，收到《岗位廉政风险防控登记表》39份，排查廉政风险69个。通过召开专题党课、主题党课、举办财政大讲堂、观看教育影片、参观教育基地、用好“学习强国”平台等形式，增强学习教育的针对性、灵活性、实效性。加强国企党的建设和企业生产经营深度融合，发挥基层党组织、党员在疫情防控、重大工程、重点项目中的先锋模范作用。推进“大科室”机制。推进大科室改革，理清科室职能，形成“收入一个笼子、预算一个盘子、支出一个口子”的现代财政管理模式。树立“一人多能、一人多职、全面发展”的用人导向，促进科室人员业务学习。

（龙港市财政局供稿　金春蕾执笔）

嘉兴市财政工作

嘉兴市

【概况】 2020年,嘉兴市实现地区生产总值5509.52亿元,按可比价格计算,增长3.5%。其中:第一产业增加值124.18亿元,增长1.8%;第二产业增加值2861.09亿元,增长2.8%;第三产业增加值2524.25亿元,增长4.3%。三次产业结构比为2.3:51.9:45.8。按常住人口计算,人均生产总值102541元。社会消费品零售总额2141.11亿元,下降2.3%。外贸进出口总额3052.32亿元,增长7.8%。全市城镇居民人均可支配收入64124元,增长3.5%。农村居民人均可支配收入39801元,增长6.4%。全市财政总收入1003.07亿元,增长6.1%;一般公共预算收入598.80亿元,增长5.9%,其中税收收入555.20亿元,增长8.9%。全市一般公共预算支出712.18亿元,下降7.1%。市本级财政总收入312.87亿元,增长2.2%,其中一般公共预算收入183.91亿元,增长1.9%。市本级一般公共预算支出224.17亿元,下降12.7%。全年全市及市本级财政收支平衡。

【组织财政收入】 2020年,财政总收入占全市生产总值的18.2%。全市一般公共预算收入占财政总收入的59.7%,税收收入占一般公共预算收入的92.7%。强化收入分析预测。针对减负政策和新冠肺炎疫情对财政收入的影响,依托嘉兴财税协同机制,加强财政、税务、市场监督等多部门合作,夯实收入征管基础,提高收入预测准确性。规范非税收入征收管理。健全非税收入征管机制,将土地出让收入纳入统一公共支付平台收缴,实现非税收缴统一公共支付平台应用全覆盖。创新财政电子票据管理模式,完成非税收入电子票据应用全覆盖。全市非税收入859.63亿元,增长5.8%,其中纳入一般公共预算管理的非税收入43.61亿元,下降22.3%。

【服务经济发展】 落实减税降费政策。落实中央和省各项减税政策,加大鼓励社会捐赠的税收优惠力度,增值税留抵应退尽退,全市新增减税249.91亿元。阶段性降低工伤、失业保险费率,减免企业社会保险费,出台失业保险稳岗返还等减费政策,全市减轻企业社保缴费负担89.65亿元。实施非税收入"减、免、缓"等优惠政策,全市财政执收非税收入减负12.60亿元。对承租国有资产类经营性房产从事生产经营活动的企业,免收二至四月份租金,减免房租5.84亿元。落实扶企惠企政策。落实嘉兴稳企业稳经济发展31条、支持企业稳定发展20条等措施,全市新增惠企财政补助资金58.91亿元。加快直达资金落地,全市获得中央、省直达补助资金19.24亿元,建立总规模48.47亿元的惠企利民资金池,用于保居民就业、保市场主体、保基本民生等支出。加强财政金融联动,给予贷款主体最高40.0%的贴息,全市贷款增速25.2%,居全省第一。实施创新驱动发展战略。全市科学技术支出34.01亿元,支持打造南湖实验室、南湖研究院等高端创新载体,实施硕博倍增计划、大学生引才计划,引进国家级高端人才145人,加快G60科创走廊建设。撬动社会有效投资。成立注册资本100.00亿元的嘉兴长三角创新投资集团有限公司,组建定向基金支持引进"芯大陆"半导体产业链、蓝箭航天中心产业基地、芯鑫租赁等重大产业项目。全市各级政府产业基金规模124.81亿元,撬动社会资本投资1502.11亿元。全市统筹安排财政资金240.16亿元,引导社会资本投向具有乘数效应的民生建设、基础设施短板等领域。全市新增地方政府债务限额189.00亿元,增长103.2%,支持嘉兴大运河文化公园、嘉兴市中医医院提升工程等项目推进。

【支持一体化发展】 支持长三角生态绿色一体化发展示范区建设。市级财政落实长三角一体化专项资金5.00亿元,推进融入长三角一体化发展重点领域合作和重大项目落地,推动嘉善片区发展。推进枢纽嘉兴建设。市级财政统筹安排51.10亿元,支持嘉兴市综合立体交通网规划等规划编制工作,保障嘉兴市市区快速路环线工程、嘉兴机场军民合用改扩建工程、湖嘉申线嘉兴段航道二期工程、浙北高等级航道网集装箱运输通道建设工程等交通基础设施建设,加大公交运营和农村公路管养等补助力度。提升中心城市品质。市级财政投入资金26.00亿元,制定中心城市品质提升资金统筹机制,形成财政、国资合力,支持老旧小区整治、嘉兴火车站改造等工程,优化城区空间布局,完善配套功能。支持城乡融合发展。全市统筹安排资金30.73亿元用于农村人居环境全域秀美,新增美丽乡村精品线7条,实现农村生活污水治理、无害化卫生厕所、农村生活垃圾分类处理全覆盖。全市投入强村富民工程资金4.01亿元,实现年经常性收入100万元以上、年经营性收入20万元以上村全覆盖,农村居民收入连续17年居全省首位。

【保障民生事业发展】 全市民生支出556.78亿元,下降10.2%,占一般公共预算支出的78.2%。保障疫情防控。在全省率先建立疫情防控物资保障统一管理服务平台,统筹全市防疫用品采购、社会捐赠和调售物资回收资金,统管采购、征收、捐赠、省调拨物资。全市安排疫情防控资金11.61亿元,支持打赢疫情防控阻击战。支持医疗卫生事业发展。全市卫生健康支出45.42亿元,增长11.2%。巩固疫情防控成果,支持基层医疗卫生机构发挥常态防控网底作用。推动基本医疗保险制度市级统筹,居民医保人均财政补助标准由1010元/人·年提高至1070元/人·年。支持教育事业发展。全市教育支出140.29亿元,增长7.1%。深化学前教育改革,全市落实财政补助资金10.87亿元,等级幼儿园覆盖率99.1%,公益性普惠性幼儿园覆盖率90.7%。支持义务教育质量提升,全市落实财政资金69.85亿元,培育义务教育"新优质学校”55所，其中农村学校25所，促进义务教育优质均衡发展。市级财政安排资金3.00亿元，支持嘉兴学院“申硕创大”，南湖学院转设为本科高校。*支持文体事业发展。*全市文化支出15.40亿元，增长13.8%。支持实施新时代“重走一大路”工程，推进红色旅游标杆城市建设，支持南湖景区免费开放，推出精品歌剧舞剧电视剧。支持全市新建基层专项体育场地224个，组织承办2020年全国艺术体操锦标赛等赛事。*完善社会保障体系。*全市社会保障与就业支出60.97亿元，下降1.8%。实施高水平全面小康“补短板”行动，全市最低生活保障金标准从810元/人·月提高至860元/人·月，低收入农户人均收入增长12.3%，完成低收入人群扶持规划。企业职工月人均养老保险金从2642元/人·月提高至2744元/人·月，实现16年连涨。梳理就业、民生保障项目管理模式，统筹运用就业补助资金、职业技能提升行动资金和失业保险基金，全市从失业保险基金结余中提取7.81亿元用于支持职业技能提升，全市新增就业16.09万人，零就业家庭动态清零。*支持生态环境改善。*全市统筹安排资金28.71亿元，落实绿色发展财政奖补机制和生态保护补偿政策，嘉兴国控断面Ⅲ类水及以上水质比例、县级以上城市集中式饮用水水源地水质达标率均实现100.0%，获得美丽浙江考核优秀市和治水“大禹鼎”。

【深化财政改革】 *实施专项资金管理改革。*推动嘉兴市政府出台《嘉兴市级政府专项资金管理办法》，将123项市级政府专项资金清理、调整、归并到19项，加大转移支付力度，构建以绩效为核心的专项资金管理机制。*推进预算管理改革。*实施预算一体化改革，开展“预算云”试点工作，全流程整合预算管理制度，构建现代信息技术条件下“制度+技术”管理机制。改革市级预算项目库管理框架，建立储备项目库、滚动项目库，归并专户直拨户，将1800多个项目整合为335个一级项目，提高项目与预算单位事权、职责的匹配度，提升预算的科学性、完整性和前瞻性。*深化预算绩效管理改革。*运用智能绩效指标库开展绩效目标编制审核，优化绩效监控预警机制，拓展绩效评价范围，建立评价结果的反馈整改、通报与报告、预算应用、信息公开等机制，提升绩效管理有效性。优化预算绩效管理在市级部门目标责任制考核中的应用，首次将预算编制、预算执行、资产管理、专项资金改革纳入预算绩效管理考核范围。*加快财政数字化转型。*推进信息化资源整合，实施财政资金、国有资产、建设项目、土地资源一张图、一体化管理。深化政采云平台运用，全市政府采购预算143.20亿元，运用率100.0%。依托政采云平台，发挥政府采购政策功能，推广应用嘉兴农业(扶贫)馆，上线“嘉兴精品馆”，实施政府采购支持融资畅通工程。

【强化财政监督管理】 *加强支出管理。*落实政府过“紧日子”要求，全市实施三轮行政支出压减，压减资金32.21亿元。建立健全财政账户清理工作机制，市级财政清理回收财政往来款11.05亿元。加大市级部门实有账户结余结转资金清理回收力度，盘活资金21.05亿元。*加强资产管理。*构建财政部门、主管部门、行政事业单位三级管理体系和全生命周期管理制度框架，依托“资产云”服务平台对全市行政事业单位国有资产实行动态管理。落实国有资产报告制度，首次向市人大常委会专项报告行政事业性国有资产管理情况。开展市级行政事业单位房产出租专项检查，检查发现未审批、未评估、未公开招租等问题243个，防止国有资产流失。*加强风险防控。*防范化解政府隐性债务风险，建立政府隐性债务风险防控考核机制和债务管理交流机制，依托全口径债务统计平台加强新增债务监测，全市完成5年化债任务的67.4%。规范地方政府专项债券申报、使用、监督绩效、信息披露等工作，实施全生命周期管理。启动社保基金风险预警机制，加强社保基金调控，开展历年社保基金清欠工作。*推进清廉财政建设。*围绕专项资金、重点项目、疫情防控和扶贫资金管理等4大类26项重点项目开展监督检查，涉及财政资金108.50亿元。建立外部联合监督机制，与市纪委、市监委联合开展扶贫资金检查，与市审计局协作开展审计整改回头看工作。建立重大政府投资项目督察机制。完善公款竞争性存放制度，修订评分指标和评标规则，开展社会保险基金账户招投标工作。

【加强干部队伍建设】 *推进全面从严治党。*搭建新时代论坛、主题党日、书记党课、道德讲堂等平台，组织全员学习贯彻习近平新时代中国特色社会主义思想、习近平总书记考察浙江重要讲话精神，开展学习大讨论。完成巡察整改任务，针对10方面80个具体问题，制定整改措施121条，建立健全管理制度22项，形成巡查整改长效机制。围绕“四风”问题，采取明察暗访、交叉检查、信访核查等措施，常态化开展正风肃纪。*提升干部队伍素质。*创建“处长论坛”学习品牌，建设红船财政讲师团，首次开展目标责任制考核年度述职，通过走出去学、请进来学、处长交流讲学，培养干部的专业能力和专业精神。组建财政政策落实专班、企业复工复产专班、行政事业单位房产集中统一管理工作专班、土地储备出让预算管理领导小组办公室，选派干部参与市疫情防控专班、政策争取专班、小微企业个体工商户纾困专班工作，组织人员参与疫情防控志愿活动，为干部成长提供平台。*加强选人用人。*根据深化财政改革的需要，调整处室职能和人员配置，调入正科长级领导干部2人，轮岗交流干部43人次。向上推荐1名正县处级领导干部人选、3名副县处级领导干部；选拔任用5名正科长级领导干部、7名副科长级领导干部，5名同志晋升为四级调研员。2020年，市财政局连续18年被市委、市政府评为目标责任制考核一等奖。

（嘉兴市财政局供稿　徐力超执笔）

南湖区

【概况】 2020年，嘉兴市南湖区实现生产总值637.80亿元，按可比价计算，增长5.2%。其中，第一产业增加值13.31亿元，增长0.4%；第二产业增加值278.19亿元，增长5.1%；第三产业增加值346.30亿元，增长5.4%。三次产业结构比为2.1∶43.6∶54.3。按户籍人口计算，人均生产总值为137816元。全区财政总收入84.64亿元，增长8.4%，一般公共预算收入34.73亿元，增长5.9%，其中税收收入30.52亿元，增长2.7%。全区一般公共预算支出44.62亿元，增长21.5%。全年财政收支平衡。

【组织财政收入】 加强收入分析预测。强化政策研究和数据分析，实行月度、季度收入动态分析，提高收入预测准确性。全区财政总收入占地区生产总值的13.3%，一般公共预算收入占财政总收入的41.0%，占地区生产总值的5.4%，税收收入占一般公共预算收入的87.9%。强化非税收入管理。依法依规组织非税收入，实行收费和基金目录清单常态化公开，实现收入均衡入库，全年实现政府非税收入57.79亿元，其中纳入一般公共预算管理的非税收入4.21亿元。

【支持经济转型发展】 强化政策资金引导。落实市场化引才激励办法等系列文件，安排产业发展资金1.20亿元，加大企业扶持力度，推动工业经济、开放型经济、数字经济发展。获得省级制造业高质量发展财政专项激励资金1.10亿元。推进政府产业基金2.0版运作。全区政府产业基金规模当年新增1.24亿元，总规模8.49亿元，红船母基金下设子基金10支，子基金投资金额44.48亿元，撬动社会资本投资99.50亿元。强化科技支撑。全年科学技术支出2.78亿元，增长48.0%。推进南湖研究院、南湖实验室建设，支持举办长三角生物医药产业协同创新大会南湖专场活动，助力浙江中科院应用技术研究院获评省双创示范基地、南湖区微电子产业平台入选省“万亩千亿”平台。落实扶企惠企政策。设立文化企业、小微企业和个体工商户等专项纾困资金9043万元，安排政府消费券资金2150万元，扶持实体经济。安排“两直”资金1.43亿元，减免国有企业、行政事业单位租金3070万元。支持疫情防控重点保障企业贷款贴息政策，给予财政贴息资金500万元，惠及企业30家。

【保障民生事业发展】 全区民生支出34.54亿元，增长9.7%，占一般公共预算支出的77.4%。保障疫情防控工作。开通政府采购绿色通道，出台临时性工作补助、出差补助、伙食补助等保障政策，关心关爱医务人员和防疫工作者，拨付疫情防控资金4707万元。加快教育事业发展。全区教育支出8.34亿元，增长15.2%，支持嘉兴市省身学校、亚欧学校建设，实施公办初中强校工程，推进秀州中学复兴工程、区老年大学改造工程。优化医疗卫生投入。全区卫生健康支出1.27亿元，下降16.0%，安排基本药物制度医疗机构补助经费4135万元，深化国家慢性病综合防控示范区建设，完成社区卫生服务中心标准化建设30家，推广分级诊疗模式，推进紧密型医联体建设，支持建设区人民医院，建成区中心医院东部院区、东栅街道社区卫生服务中心核酸检测实验室。完善社会保障体系。全区社会保障和就业支出3.73亿元，增长14.8%，安排城乡居民社会养老保险补贴4600万元，提高各类困境儿童基本生活费标准，阶段性提高每月价格临时补贴标准，提高城乡最低生活保障标准至860元/人·月，提升养老服务水平，获评全国智慧健康养老示范基地。支持“三农”事业。全年农林水支出3.54亿元，增长12.3%。推动区政府出台《关于建立健全涉农资金统筹整合长效机制的实施意见》，获得省级乡村振兴绩效提升奖补资金1000万元，支持美丽乡村示范创建、农村环境全域秀美工作，建成“新时尚研学之窗”美丽乡村精品线，助力七星街道创成首批美丽城镇建设省级样板。助力生态文明建设。全区节能环保支出0.62亿元，增长26.2%。推进建筑垃圾处置中心、废旧农膜归集中心等3家固废处置中心运行，支持区工业污水处理厂建设。助力全域生活垃圾分类和源头减量，建成省级高标准分类示范小区19个、示范村2个。

【深化财政改革】 深化国有企业改革。推进资本市场建设，全区国有企业全年发行企业债券18.00亿元、公司债券12.00亿元、项目收益债11.80亿元、中期票据6.00亿元、定向债务融资工具20.30亿元，4家镇级国有公司在公开债券融资市场获得AA评级。推进国有企业退休人员社会化管理工作，实现社会化管理退休人员13270人。深化政府采购改革。加大消费扶贫力度，全年31家预算单位完成农副产品采购37万元，政采云平台完成实际采购数4961笔，执行金额5.38亿元。提升会计信息质量。公开招标会计代理记账机构，推进全区30家预算单位开展政府购买会计代理记账服务，发挥会计代理记账机构专业优势。深化财政电子票据改革。非税收入、罚没财物、资金往来等12类财政电子开展票据试点应用，全年开具电子票据18.77万份，金额88.64亿元。

【完善财政监督机制】 深化绩效评价工作。开发南湖区预算绩效管理信息化平台，建成预算绩效管理指标体系，收录会议、培训等22类共性指标154条，教育培训、文化活动等40类个性指标21812条。委托中介机构全程参与重点绩效评价项目6个，完成绩效自评项目563个，涉及资金16.50亿元。强化专项监督检查。开展疫情防控政策落实情况、基层财政资金管理、津补贴发放情况、财政扶贫资金管理等8个专项监督检查。加强行政执法监督。推进“互联网+监管”，动态调整检查对象库、执法人员库，下达行政处罚决定1份，罚没款5万元，下达整改通知书9份。加强财政支出管理。健全动态监控机制，全年监控资金78.70亿元，纠正违规资金7356万元。加强政府债务管理。规范举债融资行为，获得新增债券资金8.80亿元，再融资债券资金26.90亿元，对地方政府债务化解实施动态管理和月报制度，完成年度化解任务，累计化债率70.6%。把关竣工财务决算审批。全年批复竣工财务决算30项，上报决算数2.64亿元，审定决算数2.65亿元，核增41万元。完善国有资产管理。出台行政事业单位国有资产管理、处置暂行办法，配合区人大对全区行政事业单位国有资产特定问题开展调查，核查具体问题340个，摸清房产存量、房产管理和房产收益。强化预算管理。树立过“紧日子”思想，全年开展两轮支出压减工作，压减非重点、非刚性等一般性支出1.92亿元。

【加强队伍建设】 出台局党组理论学习中心组学习制度，开展党组中心组理论学习、财政干部大讲堂、各类财政干部培训班。“阳光财政”获评南湖区第二批机关服务品牌。面向全市选调公务员1人，选派财政骨干参加反诈、疫情防控和复工复产、境外来浙人员转接和隔离等工作专班以及区委巡察等工作组，组织134人次参与疫情防控活动。开展警示教育，组织廉政党课，赴省级廉政文化教育基地参观学习，打造清廉财政。开展“走绿道健康行”“烘焙时光美好生活”等主题活动，丰富干部业余生活。2020年，南湖区财政局被评为区级机关部门、单位工作目标责任制考核先进单位。

（嘉兴市南湖区财政局供稿　谢云蕾执笔）

秀洲区

【概况】 2020年，嘉兴市秀洲区实现地区生产总值503.21亿元，按可比价格计算，增长2.3%。其中：第一产业增加值14.17亿元，增长2.5%；第二产业增加值251.43亿元，增长0.1%；第三产业增加值237.61亿元，增长4.6%。三次产业结构比为2.8:50.0:47.2。按常住人口计算，人均生产总值为90348元。全区财政总收入60.09亿元，增长0.1%，一般公共预算收入27.53亿元，增长1.0%；全区一般公共预算支出39.51亿元，下降4.4%。全区一般公共预算收入占地区生产总值的5.5%、占财政总收入的45.9%，其中税收收入23.76亿元，占一般公共预算收入的86.3%。全年财政收支平衡。

【加强收支管理】 加强收入形势研判。推动区政府出台《秀洲区关于进一步规范财政收支管理工作的意见（试行）》，召开财政形势分析、护税协税、部门乡镇座谈等会议，加强收入形势研判，落实收入目标管理。加强非税收入管理。完善非税收入政策体系，规范政府非税收入征收行为。全区非税收入44.26亿元，增长6.8%，其中纳入一般公共预算管理的非税收入3.77亿元，增长1.0%，政府性基金收入40.00亿元。加强支出管理。推动区委出台《厉行节约坚持过“紧日子”全力支持疫情防控和经济社会发展的通知》，落实党政机关带头过“紧日子”，压减非刚性、非急需支出1.50亿元，统筹盘活存量资金2.30亿元。

【助力“两手硬、两战赢”】 支持疫情防控。开通财政资金紧急支付通道，成立财政政策落实专班，安排区级防疫资金1.03亿元。成立驰援油车港财政支援小组，安排人员参与申嘉湖高速公路油车港卡口和新塍卡口执勤。支持复工复产。建立企业复工复产组团帮扶机制，制定《秀洲区加快企业复工复产激励政策》及实施细则，梳理涉企专项资金补助政策22项，统筹新增各类涉企疫情专项资金1.00亿元。落实减税降费和规模性纾困政策，全年减税降费22.48亿元。落实中央专项再贷款贴息，给予12家企业财政贴息634万元，涉及贷款金额4.92亿元。推进“两直”资金落地。落实“两直”资金1.38亿元，其中抗疫特别国债1.11亿元，全部落实到位。开展“两直”小微企业和个体工商户纾困政策兑现工作试点。

【服务高质量发展】 强化资金保障。落实积极财政政策，保障全区中心工作、重大战略实施，为重大投资项目建设提供资金保障。推动经济转型升级。投入产业扶持财政资金1.40亿元，战略新兴产业、装备制造业增加值分别增长7.6%、12.0%。发放政府消费券2869万元，撬动全社会消费2.00亿元。发挥政府产业基金作用。支持和服务重大项目落地，秀湖基金实际到位注册资金1.37亿元，合作设立子基金5支，子基金规模9.60亿元，投资项目25个，总投资额4.70亿元，撬动社会资本投资1.89亿元。

【保障民生事业发展】 全区民生支出30.26亿元，下降7.2%，占一般公共预算支出的76.6%。促进教育事业发展。全年教育支出8.33亿元，增长7.0%，支持嘉兴秀湖实验学校等两校三园建设，重点保障校园安防和信息化建设、提高义务教育阶段教师收

嘉兴市秀洲区政务服务大厅等候区

入待遇和学前教育经费补助,推动"美好教育"品牌建设。加大卫生健康投入。全年卫生健康支出2.26亿元,增长20.9%,助力"美好医疗"品牌建设,支持建设油车港卫生院二期工程,完善基层公共卫生经费保障机制,基本公共卫生人均补助标准从82元/年提高至87元/年。完善社会保障体系。全年社会保障和就业支出2.46亿元,增长17.0%,城乡最低生活保障标准从810元/人·月提高至860元/人·月,调整困境儿童基本生活费标准至1598元/人·月,提高残疾人保障标准至258元/人·月,发放各类社会救助资金3795万元。推进生态文明建设。全年节能环保支出8017万元,增长47.9%,支持打好污染防治攻坚战,助力"蓝天、碧水、清废、净土"专项行动。安排美丽城镇创建、美丽乡村建设、农村人居环境整治资金2.30亿元。助力乡村振兴。全年农林水支出6.66亿元,增长16.8%。投入3420万元用于全区农村公路大中修,推动创建省级"四好农村公路"示范县(区);获批省级乡村振兴产业发展示范建设县(区),争取省补专项资金8000万元。助推精准扶贫。落实省内外帮扶资金7926万元,支持东西部扶贫、对口支援和山海协作。

【深化财政改革】 构建集中财力办大事财政政策体系。落实集中财力办大事财政政策体系,梳理现行财政政策,建立动态评价调整机制,采取取消、保留、强化、整合等措施,健全绩效"全方位全过程全覆盖"的财政政策体系。全面实施预算绩效管理。出台《秀洲区预算绩效运行监控管理办法(试行)》,强化绩效评价结果应用,对40个区级部门726个2019年度支出项目进行绩效自评管理,涉及资金10.40亿元。推进国资国企改革。推动嘉秀集团实体化运作,推动高新集团获得AA+信用高等级评定,推进秀拓土地整治公司重组支持全区城乡融合建设。

【推进数字化转型】 优化"互联网+政府采购"。上线政采云项目采购线上交易模块,实现全流程电子化,全年政采云平台采购计划数2750笔,执行金额4.30亿元。深化电子票据改革。全年开通财政电子票据单位233家,开票49万张,金额117.00亿元。在公办基层医疗机构电子票据全覆盖基础上,推进非税票据、捐赠票据等其他种类财政票据电子化改革。加快"乡镇公共服务平台+一卡通"建设。将涉农补助和民生补贴资金纳入乡镇公共服务平台管理,实现"一张卡"发放,纳入平台发放项目52项,受益人数3万人,涉及金额2.06亿元。

【强化财政监管】 防范化解政府债务风险。强化债务日常管理,规范全区国有企业融资行为,严禁违规举债,严控隐性债务增量。健全政府债务风险评估和预警机制,对全口径债务实施动态监控。推进财政资金竞争性存放。修订《秀洲区区级财政部门和行政事业单位资金竞争性存放评分指标与评分规则》,对15.00亿元财政性资金进行公开招标。完善政府采购监管。创新监管方式,对代理机构在政采云平台发布的列入区财政预算的政府采购项目公告内容实行在线监管,累计监控项目35个,涉及项目资金1.29亿元。加强国资监管。完善国企考核制度,制定《区属国有企业投资监督管理办法》等监管文件,推动国资监管由"管企业为主"向"管资本为主"转变。

【推进全面从严治党】 加强责任落实。制定全面从严治党工作要点、工作责任清单及检查计划。组织开展党总支换届选举,建立党总支工作例会制度,完善党建工作流程。完成巡察整改任务。区委巡察组反馈的9个方面29个具体问题整改到位,建立完善制度5个。开展巡察"回头看",巡察整改工作得到检查组认可。开展学习教育。巩固主题教育成果,组织参加"秀水大讲堂",建立"第一议题"制度,开展常态化午学,深化"学习强国"平台应用。开展"书海扬帆 文化兴财"读书沙龙活动和"以教促学 以学促用"活动,组织"如何用智慧做好财政工作"系列讨论,提升干部综合素质。加强选人用人。全年新招录参公人员4名,编外用工2名,新调入人员1名,中层干部跨部门竞岗交流调入1名;提拔中层干部6名,其中90后干部2名;交流轮岗干部4名;确定入党积极分子7名。开展"三服务"活动。结合"上门服务至少一次",深化"网格连心、组团服务",推进"一编三定"工作。"秀出精财"获得秀洲区第三批机关服务品牌命名。2020年秀洲区财政局连续第8年获秀洲区工作目标责任制考核一等奖。

(嘉兴市秀洲区财政局供稿 章娟宏执笔)

海宁市

【概况】 2020年,海宁市实现地区生产总值1030.78亿元,按可比价计算,增长2.0%。其中:第一产业增加值18.61亿元,增长1.9%;第二产业增加值574.81亿元,增长1.8%;第三产业增加值437.36亿元,增长2.3%。三次产业结构比为1.8∶55.8∶42.4。按户籍人口计算,全市人均生产总值146148元,增长1.3%。全市财政总收入168.91亿元,增长7.3%,其中一般公共预算收入100.93亿元,增长4.0%。一般公共预算支出105.22亿元,下降5.6%。全年财政收支平衡。

【组织财政收入】 加强收入分析预测。加强与税务、自然资源与规划、人民银行等部门沟通协调,实时监测收入入库情况,分析宏观经济走势、财税改革动向、地区产业发展以及新冠肺炎疫情对财政收支的影响,确保财政收支在合理区间运行。财政总收入占全市生产总值的16.4%,全市一般公共预算收入占财政总收入的59.8%;税收收入94.54亿元,占一般公共预算收入的93.7%。规范非税收入管理。动态调整政府非税收入项目目录清单,推广统一公共支付平台运用,全年通过统一公共支付平台收缴非税收入96万笔、金额66.53亿元。实现非税收入电子票据用票单位、票据种类、执收项目全覆盖,开具电子票据478万笔，开具金额111.93亿元。优化土地出让金收支管理，加强征收管理。全市实现非税收入180.53亿元，下降3.8%，其中纳入一般公共预算管理的非税收入6.38亿元，增长13.3%。

海宁市图书馆

【服务经济发展】 落实清费减负政策。停征政府性基金1项，降低收费标准6项，全年减免行政事业性收费1.09亿元、政府性基金3.14亿元。提升企业帮扶精准度。汇编《抗击疫情帮扶企业共渡难关24条》，落实各项纾困惠企政策；构建惠企利民资金池，安排"两直"资金5.51亿元，对全市8431家小微企业和个体工商户发放纾困资金9657万元；全市国有单位为11331家商户减免房租1.89亿元，减轻企业负担。加快政策兑现速度。启用"亲清潮乡"涉企专项资金管理云平台，全市9个部门122个财政奖补项目入驻平台，实现政策兑现"一口受理、一窗通办"，提升企业奖补效率，全年拨付产业、科技、人才等各类涉企奖补资金11.30亿元。打造政府产业基金2.0版。出资8.00亿元分别参股国家大基金牵头成立的半导体装备基金和半导体租赁平台，母基金新增出资3.52亿元投入泛半导体基金，推进组建医疗产业基金、创投医疗基金，推动招引项目落地，促进产业转型升级。

【保障改善民生】 全年民生支出77.48亿元，下降13.5%，占一般公共预算支出的73.6%。优先保障防疫支出。补齐公共卫生应急管理体系短板，拨付资金9911万元专项用于疫情防控及相关物资储备，新增、更新救护车10辆。支持教育高质量发展。全年教育支出25.90亿元。提高各学段生均公用经费标准，兑现民办教育奖补经费4961万元，由国有企业收归新居民子女学校4所，改善办学条件，促进教育优质均衡发展。深化医疗卫生改革。全年卫生健康支出5.83亿元。推进"健康海宁"建设，拨付医疗卫生补助资金3.18亿元，支持深化医改和促进医疗卫生服务均衡化；落实医保惠民红利政策，提高整体医疗保障水平。提升社会保障水平。安排社会保障和就业支出9.35亿元，增长3.0%。推进退役军人服务保障体系和现代养老服务体系建设。拨付最低生活保障、困境儿童补贴、残疾人护理补贴等各类资金8267万元，加大困难群众帮扶救助力度。支持文化事业发展。完善财政公共文化投入机制，拨付专项资金3022万元，支持基层综合性文化服务中心提档升级和礼堂书屋建设。落实精准帮扶政策。筹措对口帮扶资金6175万元，支持东西部扶贫、对口支援合作和山海协作。推进基础设施建设。安排政府投资预算资金42.90亿元，保障杭海城际铁路、沪杭高速许村段抬升、京杭运河二通道、G524和G525海宁段改造提升等战略项目和基础设施建设，助推"四大"建设和长三角一体化发展首位战略落实。支持乡村振兴战略。完善支持农业农村发展财政政策，建立涉农资金统筹整合长效机制，统筹全域土地综合整治19.81亿元、美丽乡村建设补助资金7970万元、村级公益事业一事一议等补助资金2750万元。改善生态环境。完善多元投入保障机制，拨付"污水零直排区"建设、农村生活污水治理、垃圾分类、城乡"四位一体"保洁等环境保护及治理资金6.10亿元，支持生态文明示范创建。

【防控财政风险】 防范养老保险基金支付风险。完善社保基金征缴政策，实现企业职工养老保险及时足额发放；健全多渠道筹措社保风险准备金制度，全年筹集社保风险准备金26.83亿元。完成被征地农民参保政策资金仿真测试，落实被征地农民整改对象5758人的整改、确认签约及整改对象资金回退工作。强化地方政府债务管理。争取新增地方政府债券18.00亿元，开展防范化解地方政府性债务风险专项行动，消化存量隐性债务，完成2018—2020年化债任务的119.3%。建立国有企业债务动态监测机制，加强负债用途和资产负债率双重管控，筹集国有企业偿债风险应急资金21.89亿元，防范国有企业债务风险。防范内部控制风险。推进行政事业单位内部控制建设和镇(街道)内控信息化试点工作，开展基层财政资金管理等专项检查，强化行政事业单位和基层财政资金监管。

【深化财政改革】 深化预算管理改革。推动海宁市政府出台《海宁市市级财政专项资金管理办法(2020年修订)》，构建集中财力办大事财政政策体系，修订市级专项资金管理办法34个，优化财政资金分配方式。建立公众参与的预算审核新机制,健全支出标准体系,提高预算编制水平。推进预决算信息公开,强化预算刚性约束。加大一般性转移支付力度,保障基层财政运转。深化国库集中支付改革。加快财政数字化转型,推广统一公共支付平台应用,加强国库集中支付动态监控,防范和控制支付风险。推进"最多跑一次"改革。76个涉农惠民补助项目纳入"一卡通"监管发放,涉及财政资金2.64亿元,惠及群众36万余人次。深化政采云平台应用,全年采购金额10.55亿元,节约率6.8%。道路交通事故社会救助基金抢救费用垫付"一件事"纳入全省试点,在全省率先开通"线上申请通道",全年垫付医疗机构抢救费用21笔计195万元。推进中介机构从事代理记账业务行政审批告知承诺改革,即时即办全省代理记账机构网上报备工作。推进投融资体制改革。制定《海宁市国有企业投融资改革三年行动方案》,整合资产资源,提升融资能力,新增AA级资信等级国有企业3家,国有企业发行公司债券、银行间协会产品等直接融资95.50亿元,优化国有企业债务结构。开展国有资产清产核资工作,落实国有资产管理情况向市人大常委会报告制度。

【强化财政监管】 强化预算绩效管理。完善预算绩效目标申报制度,建立预算编制、执行、监督全过程绩效管理机制,组织开展"扶持金融业发展专项资金"等5个政策决策绩效评价工作,通过收缴资金、调整预算等方式督促整改问题47个,指导4个镇(街道)开展下级政府财政运行综合绩效评价。完善公款竞争性存放机制。在全省率先试点开展线上财政资金存放招投标,借助"互联网+"技术提高评分算法精准度,实现招投标工作全程留痕,建立财政资金竞争性存放质押、担保机制,全年实现公款竞争性存放招投标149.86亿元,其中二类银行的社保资金质押担保覆盖率86.3%。加强"三公"经费管理。全年一般公共预算支出中"三公"经费支出2605万元,下降5.0%,其中公务接待费支出617万元,下降24.6%。加大资金监督检查力度。精细化管理政府投资项目,完成政府投资项目竣工财务决算批复71个。梳理行政事业单位资产管理制度,完善资产出租管理办法。推动人防工程产权制度综合改革,探索人防资产金融化运用。制定报废信息化设备处置方案,建立废旧资产回收企业备案库,规范处置流程,强化处置收入管理。

【加强队伍建设】 推进"两学一做"学习教育、"不忘初心、牢记使命"主题教育常态化制度化。推进清廉财政建设,落实全面从严治党主体责任,抓好党风廉政"三清单一报表"*,落实"清廉财政"五大专项行动,分层级签订廉政责任书。开展作风效能督查,对发现的问题落实整改。修订青年干部积分制管理办法,建立分类人才库,制定"师徒结对、教育培训、选派挂职"等培养措施,建立年轻干部成长档案。组织财政干部论坛活动3期,安排7名年轻干部参加挂职锻炼及参与中心工作。建立科学选人用人机制,提拔、调整中层干部12名,对在同一岗位工作时间较长的10名一般工作人员按内控要求进行轮岗。开展"构建亲清潮乡 助力稳企复产"党员志愿服务大巴士活动、"学习新时代,共筑新精彩"学习强国知识擂台赛等活动,扩大"阳光财政"党建品牌影响力。组织"当好美窗口,展现'海宁精彩、海宁作为'"大学习大宣讲活动。2020年,海宁市财政局获海宁市目标责任制考核优秀部门。

(海宁市财政局供稿　黄能能执笔)

注:

*"三清单一报表":"三清单"即党风廉政建设问题清单、党风廉政建设任务清单、党风廉政建设任务计划表;"一报表"即党风廉政主体责任情况落实报表。

平湖市

【概况】 2020年,平湖市实现生产总值779.00亿元,按可比价格计算,增长3.0%。其中:第一产业增加值14.16亿元,增长4.7%;第二产业增加值452.98亿元,增长0.7%,其中工业增加值422.20亿元,增长1.4%;第三产业增加值311.86亿元,增长6.8%。三次产业结构比为1.8:58.2:40.0。按常住人口计算,人均生产总值115983元,增长2.8%。全市财政总收入150.81亿元,增长4.6%;一般公共预算收入90.01亿元,增长1.8%,其中税收收入82.80亿元,增长4.2%。全市一般公共预算支出99.54亿元,下降12.1%。全市财政收支平衡。

【组织财政收入】 强化收入分析预测。建立财税协同机制,完善财税数据联动交互平台,加强国内外经济形势和新冠肺炎疫情对财政收入影响分析,提高收入监控、分析与预测的准确性。一般公共预算收入占GDP的11.6%、占财政总收入的59.7%;税收收入占一般公共预算收入的92.0%。规范非税收入征收管理。完善非税收入征管体系,优化征收流程,推进财政票据电子化改革。推广统一公共支付平台运用,全年电子缴款52.32万笔,收缴资金8.17亿元。全市非税收入80.62亿元,增长8.2%,其中纳入一般公共预算管理的非税收入7.21亿元,下降19.8%。

【助力"两手硬、两战赢"】 保障疫情防控。设立疫情防控应急专项资金,开通疫情防控物资政府采购绿色通道。全年疫情防控直接支出1.17亿元。推动经济复苏。出台疫情防控期间财政涉企政策53条,实施"五减"专项行动,全年减税降费70.55亿元,兑付各类财政专项补助资金8.30亿元。优化政策兑付流程。推进财政专项资金即时兑付、分批兑付,全年即时兑付资金4.58亿元。落实"两直"政策。做好"两直"资金预算分解下达、资金支付、惠企利民补贴补助发放情况监控,全年落实"两直"资金3.32亿元。

【服务经济发展】 支持转型升级。支持实施长三角一体化发展战略,推动产业链协同发展,全年投入资金7.18亿元用于科技创新和制造业、服务业、数字经济发展。提升平台能级。推进张江长三角科技城、浙沪新材料产业园等跨区域合作平台建设,支持新材料、新能源汽车等先进制造业集群发展,全年投入资金2.71亿元用于产业发展多要素集聚。推动政府产业基金2.0版实质性运作。组建首支定向投资基金,强化省市县政府产业基金联动。全年子基金共完成项目投资5个、投资金额5006万元,带动社会资本投资1.48亿元。

【保障改善民生】 全年民生支出79.66亿元,下降17.9%,占一般公共预算支出的80.0%。全年投入4.39亿元保障十大民生实事项目建设。推进教育优质均衡发展。全年教育支出19.96亿元,增长2.1%。提高中小学教师待遇,推进教育集团化办学,支持镇街道中心幼儿园建设。完善社会保障体系。全年社会保障和就业支出8.61亿元,下降1.8%。调整就业创业资金管理办法等政策。提升助老服务,实现镇街道养老服务中心和村社区3A级以上照料中心全覆盖。支持医疗卫生事业发展。全年卫生健康支出7.22亿元,增长19.0%。调整优化市级公立医院财政补助政策。完善公共文化服务体系。全年文化旅游体育与传媒支出1.72亿元,增长7.7%。推进系列文化惠民政策,加大文化产业扶持力度,支持公共文化设施、爱国主义教育示范基地免费开放。支持乡村振兴战略。全年农林水支出8.17亿元,增长0.4%。推动市政府出台《平湖市高质量推进新型农业产业化发展的政策意见(2020—2022)年》;出台涉农资金统筹整合方案,开展涉农资金项目联审;推进省乡村振兴示范发展县项目。助力打赢脱贫攻坚战。实施"飞地抱团"低收入家庭持股增收计划,全年实现分红1731万元,户均增收5400元。

【深化财政改革】 完善预算管理改革。实现市级部门预算单位项目支出管理制度全覆盖;建立支出预算标准222项。落实过"紧日子"要求。全年开展4次压减一般性支出专项行动,压减支出8.20亿元,日常公用支出节约10.4%。全面实施预算绩效管理。强化绩效评价结果应用,将项目绩效评价结果与年度预算安排直接挂钩。完成政府购买服务改革三年联系点工作。完成所有符合条件公益二类事业单位(不含学校和医院)的政府购买服务改革,开展全省深化政府购买服务第三方绩效评价试点市工作。推进部门间"最多跑一次"改革。14个大项办事事项平均提速50.3%,其中6个项目实现即时办理。开展"三服务""上门服务至少一次"等活动,服务预算单位32户次,基层财政部门55户次,企业42户次,服务人次496人次,收集问题255个。推进财政数字化转型。完成4家市属公立医院和8家乡镇卫生院医疗收费电子票据改革。415家单位和社会团体开通财政电子票据业务,开具电子票据38万张。优化国有资产监管。完善市人民政府向市人大常委会报告国有资产管理情况制度。完成市属国有公司377名退休人员社会化移交;启动"清廉国企"创建5年行动,制定"清廉国企25条",全年培育"清廉国企"示范点5家。

【强化财政监督】 加强专项监督检查。对7个部门和乡镇的9个财政扶贫资金项目的政策和资金使用管理情况开展专项检查。开展行政事业单位公务支出和内控建设专项检查。加强预算绩效管理。全市54个部门、546个项目完成绩效自评,涉及财政资金31.57亿元。完成重点绩效评价项目9个,涉及财政资金1.77亿元。加强风险防范。规范政府债务管理,全年发行地方政府新增债券13.05亿元、再融资债券14.25亿元,争取抗疫特别国债2.65亿元;叫停高风险融资项目,指导国有公司推进市场化改革转型。防范基层财政风险,推进镇、街道内控体系建设,完成独山港镇内部控制信息化建设试点。加强政府投资项目监管。全年结算审核项目73个,审定金额22.88亿元,净核减2.84亿元,核减率11.1%。

【加强队伍建设】 出台《平湖市财政局工作规则》,完善干部请休假、工作人员因私出国(境)管理审批和机关财务管理等内部管理制度。完善"1+9+18"*三级内控制度体系。对5名科室负责人、3名工作人员进行岗位调整交流,外派12名工作人员到市级有关部门工作。梳理、落实全面从严治党主体责任工作"三张清单"30项。开展"我们都是追梦人"系列活动,组织《习近平谈治国理政》第三卷和十九届五中全会精神专题学习,举办"学习强国"学习达人挑战赛。举办"金平湖财政学堂"主题学习活动5期,参加人员484人次。成立"生才有道"青年干部成长沙龙,举办"读书会""大讲堂"等学习交流活动4期。2020年,平湖市财政局被市委、市政府评为工作目标绩效考核优秀部门。

(平湖市财政局供稿　马思源执笔)

注:

*"1+9+18":"1"即1个基本制度(平湖财政局内部控制基本制度(试行));"9"即9个专项风险内部控制办法;"18"即18个科室内控操作规程。

桐乡市

【概况】 2020年,桐乡市实现地区生产总值1002.98亿元,按可比价格计算,增长1.0%。其中:第一产业增加值24.17亿元,增长0.3%;第二产业增加值481.42亿元,下降0.3%;第三产业增加值497.39亿元,增长2.5%。三次产业结构比为2.4∶48.0∶49.6。按户籍人口计算,人均生产总值142031元,增长3.1%。全市财政总收入153.37亿元,增长13.4%;一般公共预算收入93.98亿元,增长18.0%,其中税收收入91.51亿元,增长27.2%。一般公共预算支出103.90亿元,增长3.2%。全年财政收支平衡。

【组织财政收入】 强化收入调控。深化财税协同机制，定期召开联席会议，完成收入分析和收入预测的旬报、月报、季报等基础工作，掌握收入进度和增长态势，确保全年财政收入按月均衡入库。全市一般公共预算收入占地区生产总值的9.4%、占财政总收入的61.3%，税收收入占一般公共预算收入的97.4%。加强非税管理。强化监管，确保非税收入管理规范，全面实施电子票据改革，实现财政结算账户收缴政府非税收入(不含土地出让金)全面纳入统一公共支付平台。全市组织非税收入154.99亿元，其中纳入一般公共预算管理的非税收入2.47亿元。

【服务经济发展】 助力实现"两战赢"。开通政府采购"绿色通道"，启动资金拨付应急机制，全年安排疫情防控资金2.12亿元；支持企业复工复产，在技术改造、股份制改造、外贸出口、旅游、小微企业等方面提前拨付财政奖励资金4.99亿元。扶持企业发展。落实减税降费政策，全年完成"五减"金额33.95亿元，兑现其他降本减负政策38.67亿元；强化企业金融支持，落实各项普惠性贷款政策，发放贷款资金38.83亿元；加大财政补贴力度，全年兑现财政奖励资金11.56亿元，惠及企业7838户次。落实"两直"政策。建立工作专班，制定资金分配方案，加快资金拨付，强化资金监管使用，"两直"资金实际支付3.54亿元，统筹用于疫情防控和经济社会发展。创新资金投入模式。推进政府产业基金2.0版运作，引导社会资本加大对桐乡重大产业项目及创业创新领域优质项目的投资力度，2020年，组建完成创业创新类政府产业基金5支，总规模7.20亿元。

【保障改善民生】 全年民生支出85.97亿元，下降2.1%，占一般公共预算支出的82.7%。助力乡村振兴。全市"三农"支出54.07亿元，增长16.7%，其中农林水支出7.56亿元，增长10.8%。创建浙江省首批乡村振兴产业发展示范建设县，促进数字经济新技术、新设施、新业态在乡村产业发展领域的应用和转化；支持发展村级集体经济，2020年桐乡市财政局受浙江省委、省政府通报表扬，获"浙江省消除集体经济薄弱村工作成绩突出集体"称号。支持教育事业发展。全市教育支出21.87亿元，推进教育现代化、均衡化发展，落实义务教育教师基本工资增资政策，加大学前教育事业投入，支持打造"学在桐乡"教育品牌。支持社会保障和就业。安排社会保障和就业支出8.30亿元，发展智慧养老，提升养老服务质量；连续16年提高企业职工养老金，惠及全市企业退休人员近12万名；支持人才工作开展，落实人才引进及培养支出3.04亿元。推动卫生健康事业发展。全市卫生健康支出7.95亿元，实施全民医保提升行动，支持城市优质医疗资源下沉和县域医共体建设，推广"诊间屏""刷脸付"等智慧化应用，市级医院智慧结算率达100.0%。办好民生实事工程。投入财政资金30.68亿元，重点保障子恺小学、全民健身中心等政府性投资项目116项；全年申请地方政府专项债券项目23个，新增债券资金18.90亿元，用于乌镇互联网、部分幼儿园、历史文化街区修复改造等建设。

【深化财政改革】 持续推进财政管理改革。推进乡镇公共财政服务平台和"一卡通"建设，通过乡镇公共财政服务平台发放项目77个，补助金额2.68亿元，实现涉农补助和民生补贴财政资金发放一体化；修订《桐乡市公款竞争性存放招投标评分指标与评分规则》，优化指标结构，竞争性存放金额65.80亿元，增值6400万元。推进集中财力办大事。推动桐乡市委办、市府办出台《关于推进集中财力办大事的若干意见》，通过优化专项资金管理等措施，筹措资金重点保障疫情防控、复工复产，做好"六稳""六保"工作。落实全面预算绩效管理。制定事前绩效评估、绩效运行监控、项目绩效评价、政策绩效评价等管理办法，在市级预算单位层面全面实施部门整体绩效预算改革，建立绩效评价结果与增收节支激励、预算总额核定挂钩的"双挂钩"机制。数字赋能助转型。上线人大财经联网监督系统，实现"政府预算监督"数据采集传送电子化；全市549个单位实施财政电子票据改革，实现全市电子票据全覆盖，其中统一公共支付平台开通129家，开通率100.0%。

【强化财政监管】 加强财政监督管理。组织开展防疫防控财政专项资金、扶贫资金、基层财政规范化等14个项目、92户单位的专项检查。对全市56个部门的432个项目开展绩效评价，涉及资金37.79亿元。其中，财政重点绩效评价项目8个，涉及金额3757万元。加强政府采购监督管理。实行政采云线上监控，运行全区划电子交易系统，全年完成项目采购490个，电子交易率100.0%；政采云平台实现交易15.42亿元，其中网上超市运用"全省一张网"，入驻本地供应商455家，完成交易7711笔，交易额1.29亿。实行国库集中支付动态监控。健全预算执行动态监控机制，提高资金支付安全性，当年新增动态监控指标2个，将所有市级预算部门及下属单位纳入监控范围，全年监控财政资金总量179.90亿元。加强内控制度建设。指导全市275家行政事业单位完成内控报告编报，推进乡镇内控信息化建设，继乌镇镇之后，在石门、大麻等乡镇实施内控信息化建设。加强风险防控。加强社保基金风险防控，多渠道筹措社保风险金13.97亿元，累计筹措43.49亿元，保障社保基金可持续运行；强化政府性债务管理，开展存量隐性债务化债全过程清单式管理，实施新增隐性债务的常态化监管，完成全年债务化解目标任务。

【加强队伍建设】 深化党风廉政建设。提升基层党建基础，开展季度党建考评工作、"一支部一特色"党建创新项目，推进"桐财同行"品牌创建；履行"一岗双责"，每季度召开一岗双责工作推进会，排摸廉政建设风险点22个。推进机构改革。完成新一轮人事调整，整合融入原国企办人员，并入市国资国企改革发展服务中心下，做好人事、档案、资产等移交工作。加强干部队伍建设。采取理论培训与业务实践同落实，对内培训与对外培训相结合的方式，分层分级开展教育培训，落实青年干部培养考核各项指标，执行考核与奖金挂钩实施方案，形成差别化奖金发放和奖惩机制，激励干部主动作为担当。深化走访服务。推进“三服务”工作，走访服务企业125户，加强政策宣传、解读和辅导，了解企业面临的困难和问题，帮扶企业加快复工复产；开展“上门服务至少一次”活动，服务部门325次、服务二级单位258次、服务企业181次，服务2184人次，收集、解决问题216个。2020年，桐乡市财政局获评桐乡市目标责任制考核先进部门。

（桐乡市财政局供稿　宋菊英执笔）

嘉善县

【概况】 2020年，嘉善县实现地区生产总值655.77亿元，增长8.0%。其中：第一产业增加值22.10亿元，增长1.9%，第二产业增加值347.98亿元，增长12.1%；第三产业增加值285.69亿元，增长3.4%。三次产业结构比为3.4:53.1:43.6。按户籍人口计算，人均生产总值160907元，增长6.6%。全县财政总收入117.06亿元，增长5.5%。一般公共预算收入71.79亿元，增长5.9%，其中税收收入66.93亿元，增长12.5%。全县一般公共预算支出101.15亿元，增长3.8%。全年财政收支平衡。

【提升收入质量】 加强收入管理。加强收入监控，开展收入分析，定期走访县级部门，上门服务企业。财政总收入占全县生产总值的17.9%；一般公共预算收入占全县生产总值的10.9%，占财政总收入的61.3%；税收占一般公共预算收入的93.2%。强化非税收入管理。完善政府非税收入配套制度，健全政府非税收入法规制度体系，提高科学化、精细化、规范化管理水平。全年实现非税收入134.29亿元，增长3.4%，其中纳入一般公共预算管理的非税收入4.86亿元，下降41.4%。

【服务经济发展】 保障疫情防控。发挥积极财政政策作用应对疫情影响，促进企业发展和经济复苏，减免税费33.30亿元。落实嘉善县出台的“暖企十六条”，拨付企业做大做强、全域旅游建设、制造业高质量发展等各类扶持资金8.80亿元。落实疫情期间国有企业房租减免1164万元。支持示范区建设。争取到省、市两级一般公共预算统筹安排21.92亿元，新增债券资金50.00亿元、再融资债券额度10.30亿元，支持示范区民生事业发展、拉动经济增长。撬动国资国企和社会资本，推动县政府出台《嘉善县做强做大做优国资国企加大“双示范”*建设财力保障力度实施方案（2020—2022年）》。支持创新发展。激发经济创新活力，全年科技支出5.50亿元，增长4.7%。安排行业公共平台建设资金3900万元，用于打造祥符荡科创绿谷、高新区建设、“科创飞地”嘉善国际创新中心（上海）三个科技创新平台。推动科技创新券在示范区通用通兑机制，安排科技创新券1000万元。支持科技企业“微成长、小升高、高壮大”梯次培育机制，安排科技三项经费1350万元。支持嘉善县入围省财政支持深化民营和小微企业金融服务综合改革试点县（市、区），获得1000万元省级财政奖补。

嘉善新城

【保障民生事业】 全年全县民生支出80.16亿元，下降2.6%，占一般公共预算支出的79.3%。保障全国文明城市创建。累计投入资金10.36亿元，支持老旧小区改造、人行道改造提升、城中村环境整治、餐饮油污整治等项目348个。支持教育现代化建设。全年教育支出19.05亿元，增长4.5%。开展义务教育信息化建设，投入“互联网+义务教育”帮扶结对资金226万元。推进教育高质量发展，安排合作交流和品牌学校建设资金1000万元。引入沪浙优质教育资源和教育高层次人才，安排教育高层次人才培育经费400万元。支持文化旅游事业稳定发展。全年文化旅游体育与传媒支出2.32亿元，增长10.4%。与县文化和广电旅游体育局联合出台《嘉善县应对突发疫情支持文化旅游企业稳定发展的若干政策意见》，推出旅游消费券提振文旅消费，拨付支持文旅企业资金150万元。提升基本公共文化服务体系建设，拨付农村文化礼堂建设资金386万元。保障卫生健康支出。全年卫生健康支出6.90亿元，增长22.8%，安排13家养老服务照料中心改造提升资金2390万元，投资高标准建设院前医疗急救体系建设资金9000万元，支持嘉善县第二人民医院迁建工程，保障嘉善县第一人民医院与浙大二院医疗联合体协作。支持农业农村发展。全年农林水支出8.77亿元，增长4.7%。安排疫情期间保障农业生产经营稳定和农产品有效供给政策资金2000万元。优化工作流程，采取立项预拨制度,预拨一里谷公司现代农业发展项目140万元、嘉善华腾10万头生猪养殖项目基础设施建设资金1000万元。保障国家级农村综合性改革试点试验。争取省以上财政资金1.10亿元,完成市县配套投入9940万元。累计投入资金8.20亿元,完成计划投资额的93.0%。推动全市首家试点集体经营性建设用地入市,挂牌出让24亩。

【推进财政改革】 推动集中财力办大事财政政策落地。优化政策体系,整合形成行业政策及实施办法21个,建立长期动态更新机制。深化政府采购改革。推进政府采购项目全流程电子化,运用金财工程政府采购管理系统实行无纸化审批,对接政采云平台开展线上采购。全年完成交易9699笔、金额27.40亿元,全年政府采购节约资金4558万元,节约率1.6%。推广网上超市,指导供应商加入"全省一张网"协议,全年招标和联动网上超市商品200万件。深化非税收入收缴电子化改革。完成嘉善县第二人民医院、嘉善县第三人民医院、嘉善县妇幼保健医院、嘉善县中医医院医疗电子票据改革。

【强化财政监管】 防范债务风险。健全政府债务预警体系,完成全口径债务监测统计,加大考核力度,完善量化标准,推动乡镇融资平台市场化实体化转型,加快隐性债务化解。加强社保基金运行风险监控和收支预测,制定基金运行风险预警机制和应对预案,使用社会保障风险准备金弥补被征地农民基本生活保障资金缺口,完成支付1.33亿元。提高资金使用绩效。贯彻过"紧日子"具体措施,全年压减资金4.43亿元,调整执行进度较慢的项目资金2.12亿元。消化存量资金规模,盘活存量资金13.12亿元。加强国资国企监管。县属国企资产总额750.00亿元,全年营业收入35.00亿元。打造第二大县属国企平台,8家镇(街道)国资平台并入县善成实业公司。推进国有企业全民所有制企业改制与集中统一监管。落实国有企业退休人员社会化管理,完成人事档案与社区管理服务移交协议的签订。

【加强队伍建设】 开展"双示范"建设大学习大讨论大调研活动,形成一把手调研1篇,领导干部微调研6篇。建立周五学习日制度,组织学习23次。深化"嘉财善政"党建服务品牌建设,完成"一支部一品牌"创建全覆盖,推动党建与业务融合,打造机关党建客厅。成立青年志愿者、党员志愿者、党员楼道长等志愿者队伍,参与全国文明城市创建、生态环境整治攻坚战。全员投入防疫战线,成立疫情防控突击小分队临时党支部3个、居住社区临时党支部8个。2020年,嘉善县财政局被县委、县政府评为工作目标责任制考核优秀单位。

(嘉善县财政局供稿 徐 晓执笔)

注:

*"双示范":嘉善县被列入县域科学发展示范点、长三角生态绿色一体化发展示范区。

海盐县

【概况】 2020年,海盐县实现地区生产总值544.52亿元,按可比价格计算,增长3.1%。其中:第一产业增加值17.83亿元,增长2.5%;第二产业增加值313.74亿元,增长0.4%;第三产业增加值212.95亿元,增长7.3%。三次产业结构比为3.3:57.6:39.1。按户籍人口计算,人均生产总值为142178元,按可比价格计算,增长3.0%。社会消费品零售总额162.30亿元,下降2.4%;城镇居民人均可支配收入66006元,增长3.6%;农村居民人均可支配收入40336元,增长6.7%。全县财政总收入100.05亿元,增长9.3%;一般公共预算收入58.18亿元,增长11.3%,其中税收收入56.08亿元,增长18.3%。全县一般公共预算支出78.21亿元,下降10.3%。全年全县财政收支平衡。

【组织财政收入】 强化分析预测。应对新冠肺炎疫情、经济下行等复杂情况,强化研判分析,完善财税协调机制,保障财政收入增长。财政总收入占地区生产总值的18.4%。一般公共预算收入占财政总收入的58.2%,占地区生产总值的10.7%。税收收入占一般公共预算收入的96.4%。涵养优质财源。帮扶重点财源税源企业,组合、搭配财政政策工具,发挥财政资金撬动作用,促进经济回升,增强财源增长后劲。加强非税征管。优化非税收入收缴电子化管理,开展财政票据专项检查。全县组织非税收入77.83亿元,下降17.8%。其中,纳入一般公共预算管理的非税收入2.10亿元,下降56.9%。

【助力"两手硬、两战赢"】 保障疫情防控资金。开通资金拨付和物资采购快速通道,落实疫情防控资金1.54亿元。落实扶企助企政策。落实疫情期间各项暖心扶企惠民政策,全年新增税费减免15.09亿元,返还困难企业社保费1.24亿元,减免国有房租2408万元,给予财政贴息568万元,引导银行为2213家企业减免利息1.38亿元。落实"两直"资金。落实"两直"资金2.14亿元,安排惠企利民政策配套资金3.21亿元。完成小微企业和个体工商户"两直"补助发放,涉及资金3364万元,惠及2911户。支持扩大消费。安排消费促进专项资金2650万元,用于嘉兴云购物节及县内文旅、扶贫、汽车等各类消费券。

【服务经济发展】 促进转型升级。完善产业扶持政策,助力工业技改(转型)升级行动,全年保障工业、科技、人才和服务业专项资金2.91亿元。支持科技创新。实施创新驱动发展战略,支持促进各类主体创新发展,全年科学技术支出3.26亿元,增长4.3%。落地政府产业基金2.0版。县级财政出资1.00亿元,组建产业子基金3支,与浙江省乡村振兴投资基金联合组建基金1支。政府产业基金全年出资8.47亿元,投资项目7个,招引项目1个。助力企业融资畅通工程。搭建银政企对接平台,县内贷款余额年内新增159.33亿元，县内政策性融资担保机构在保余额9.37亿元。推进“凤凰行动”。强化企业股改上市全过程政策扶持，新增上市企业1家、辅导报会企业2家、新三板在审企业1家、省股交中心挂牌企业2家。

【改善社会民生事业】 全县民生支出62.31亿元，下降9.0%，占一般公共预算支出的79.7%。支持教育事业发展。保障教育优质均衡发展，支持教育基础建设，加大公办幼儿园投入力度，全年教育支出16.75亿元，增长17.1%。支持文化事业发展。深化公共文化设施、体育场馆免费开放，推进智慧书房、礼堂书屋、村级文化礼堂提档建设，全年文化旅游体育与传媒支出1.42亿元，增长6.8%。提高医疗保障水平。支持“双下沉、两提升”和“接沪融杭”战略，保障公立医院综合改革，全年卫生健康支出5.26亿元，下降11.7%。加强社会保障工作。将城乡居民基本养老保险基础养老金由205元/人·月提高至225元/人·月，困难残疾人生活补贴由243元/人·月提高至258元/人·月，城乡最低生活保障标准由810元/人·月提高至860元/人·月，特困供养人员基本生活标准由16187元/人·年提高至17718元/人·年。支持退役安置保障工作，全年社会保障和就业支出6.02亿元，增长12.6%。

【推进集中财力办大事】 用好地方政府专项债券。争取地方政府专项债17.00亿元，用于支持县内13个重大项目。支持交通建设。坚持重大交通建设先行，保障G525国道海盐段整治工程、G524国道秀洲王店至海宁海昌段工程、升界桥重建工程等交通建设资金5.73亿元。支持美丽县城建设。推进城市有机更新和品质提升，助力全国文明城市创建，投入资金8.72亿元，保障城区道路有机更新、城镇棚户区和老旧小区改造等。支持环境治理及生态建设。打好污染防治攻坚战，落实“蓝天、碧水、清废、净土”专项行动，保障生态建设资金2.56亿元，助力国家生态文明建设示范县创建。支持乡村振兴战略。兑现农业扶持资金1.77亿元，投入资金4.16亿元，保障农业基础设施建设。支持“三宜”农村未来社区*集成改革建设项目入围省级农综改革试点，获5291万元省级财政补助。

【推进财政数字化转型】 深化财政票据电子化改革。全县公立医疗机构全部完成电子票据改革，全年开具电子票据198万份，金额3.80亿元。全年开具非税收入财政电子票据29万份，开票金额79.88亿元。推进政采云运用。实现项目采购全流程电子化，对采购项目公告内容在线监管。全年实现交易额7.54亿元，245家本地供应商入驻网上超市，入库专家188人、供应商889家。完善“一卡通”建设。84项涉农补助和民生补贴项目纳入镇(街道)公共服务平台“一卡通”发放，涉及资金1.86亿元。深化“互联网+监管”平台应用。推动“双随机、一公开”检查在“浙政钉·掌上执法系统”平台的应用，双随机抽查覆盖率100.0%。

【深化财政改革】 深化预算管理改革。落实《中华人民共和国预算法实施条例》，推动预算管理一体化建设。完善预算支出标准体系，优化项目支出管理。强化党政机关厉行节约措施，从严控制“三公”经费和日常公用经费等支出，压减一般性支出2.10亿元。推进预算绩效管理。出台《海盐县预算绩效运行监控管理办法》《海盐县预算绩效管理成果应用办法》《海盐县项目支出绩效评价管理办法》，开展镇(街道)财政运行综合绩效评价试点。推进国库集中支付电子化改革。深化县级、镇(街道)国库集中支付制度改革，开展社保资金国库集中支付试点工作。规范公款竞争性存放。明确公款竞争性存放招投标评分指标与规则，全年公款竞争性存放25.79亿元，其中财政资金20.07亿元，预算单位资金5.72亿元。

【强化财政监管】 规范债务管理。严管新建续建项目资金来源，严控新增融资。实时监管隐性债务动态，推进隐性债务化解，规范化债资金来源。强化财政监督检查。多部门联合开展公务用车、政府购买服务项目、废旧资产管理等专项监督检查，开展疫情防控财税政策和资金落实情况等自查。加强政府投资项目管理。完善政府投资项目概算限额标准，工程概算结算审核118.56亿元，核减3.52亿元。推进竣工财务决算，完成竣工财务决算批复267项。防范基层财政管理风险。开展基层财政资金安全检查，强化培训指导，完善内控管理制度，规范镇村往来资金，提升基层财政管理水平。防范社保基金风险。落实土地出让收入提取社保风险准备金和国有资本充实社保基金工作，统筹安排各类社保基金补助5.70亿元，确保社保待遇按时足额发放。推进国资集中统一监管。完成对县级部门单位经营性资产剥离，清理、整合县级部门所属企业50户。

【加强队伍建设】 加强党风廉政建设。推进全面从严治党，明确年度工作重点和目标任务，健全领导干部“点题分责”*工作机制。推进公务员职级晋升。建立赋分制办法，经局党组集体研究确定晋升对象，25名干部晋升职级。培育选拔年轻干部。实施年轻干部项目担当制，19名年轻干部领办7个项目。3名年轻干部提拔为中层副职。开展“上门服务至少一次”活动。全年服务各预算单位、企业1932次，处理问题及意见352条。干部职工在高速出口、县级集中隔离点、村(社区)等卡点配合开展疫情防控，指导百步镇企业开复工，参与干部1863人次。2020年，海盐县财政局连续15年被县委、县政府评为工作目标责任制考核优秀单位。

(海盐县财政局供稿　陆梦婷执笔)

注：

*“三宜”农村未来社区：即“宜居、宜业、宜游”的农村未来社区模式。

*“点题分责”：县委、县政府领导自行点题确定重点廉政项目，全县部门(单位)和镇(街道)领办廉政项目。

湖州市财政工作

湖州市

【概况】 2020年,湖州市实现地区生产总值3201.41亿元,按可比价计算,增长3.3%。其中:第一产业增加值140.54亿元,增长2.5%;第二产业增加值1587.58亿元,增长2.0%;第三产业增加值1473.29亿元,增长4.8%。三次产业结构比为4.4:49.6:46.0。按户籍人口计算,人均GDP 104621元,增长2.0%。全年外贸进出口总额1132.17亿元,增长20.4%,其中出口额1025.79亿元,增长22.3%。城镇居民人均可支配收入61743元,农村居民人均可支配收入37244元,未扣除价格因素,分别增长4.6%和7.0%。全市财政总收入582.09亿元,增长7.7%;一般公共预算收入336.56亿元,增长6.5%。全市一般公共预算支出484.42亿元,增长3.8%。市本级财政总收入244.04亿元,增长9.4%;一般公共预算收入142.16亿元,增长8.5%。市本级一般公共预算支出229.78亿元,增长7.1%。全市各级财政收支平衡。

【组织财政收入】 完善市财税收入协调领导小组各项制度机制,实施市、区县、基层三级联动,加强收入组织全市"一盘棋",在收入目标多元化的大背景下,统筹各区县收入组织协调发展。突出收入的质量和可持续性,一般公共预算收入占生产总值的10.5%,占财政总收入的57.8%;税收收入312.93亿元,增长15.6%,占一般公共预算收入的93.0%。加强政府非税收入管理,健全完善征收和监管机制。全市非税收入完成563.26亿元,其中纳入一般公共预算管理的非税收入23.63亿元。

【助推经济发展】 按照"四个一"工作要求,确保减税降费工作落实。落实"五减"政策,全年为企业减负245.00亿元。落实"湖九条"新政,推进政府产业基金实质化运作,建立天使基金,围绕绿色发展、金融创新、科技创新等领域发挥财政资金杠杆撬动作用,全市产业基金规模460.00亿元,投资项目177个,培育华熙生物、长兴科迪光电、浙江鑫祥新能源等众多上市或拟上市企业。创成全国首批政府采购支持绿色建材促进建筑品质提升试点城市,支持绿色建筑、绿色建材运用推广。

【助力疫情防控工作】 关注疫情发展态势,主动对接部门需求,做好经费和物资保障。开辟防控资金拨付"紧急通道"、政府采购"绿色通道",健全监管制度,确保防控资金及时拨付、规范使用。通过地方安排、向上争取、社会捐赠等方式筹措疫情防控资金4.68亿元,用于医疗救治、核酸检测、防控设备及物资采购、疫情防控人员补助。落实疫情防控期间粮食、生猪等农产品稳产和春茶生产政策,支持生活必需品保供稳价。开展"深化'三服务'、助企开复工"专项行动,推动"湖八条"出台,运用减租减息、延期缴税、技改投资、补助返工等措施,加大政策对冲,帮助企业渡过难关,全年兑现扶持资金198.10亿元,在全省率先实施"亿元招工令",帮助15.7万名外地员工返岗。

【提升民生保障水平】 2020年,全市民生支出353.40亿元,增长2.1%,占一般公共预算支出的73.0%。强化社会保障。全年社会保障与就业支出45.02亿元,降低2.7%。发挥财政政策对稳就业的拉动作用,统筹资金3.57亿元,保障就业补助、职业技能提升、失业保险等资金需求,保障大学生、农民工和退役军人等重点群体就业,新增就业17.3万人,开展技能培训6.51万人次。投入3.02亿元,用于低保救助、儿童关爱、扶贫助残等基本保障。应对减负降费产生的企业职工基本养老保险基金收支缺口,多渠道筹集社保风险准备金19.15亿元,争取省级调剂补助22.20亿元,确保基金收支中长期平衡。投入13.27亿元改造中心城区棚户区、老旧小区,交付各类保障性住房5524套。支持教育发展。全年教育支出84.19亿元,增长9.6%。落实"两个只增不减"要求,保障学前教育、义务教育、职业教育和高等教育发展。支持改善办学条件,投入15.20亿元,新建、改扩建幼儿园、义务教育学校分别达43所、31所,分别投入2.20亿元、1亿元支持湖州师范学院创建大学及求真学院转设、爱山小学奥体校区改扩建和仁北初中新建。加强卫生健康保障。全年卫生健康支出41.69亿元,增长0.6%。规范城乡居民基本医疗保障制度实施,财政补助标准提高至年人均1108元,基本公共卫生服务补助标准提高至年人均92元。

湖州市中心医院

【践行"两山"理念】 践行"绿水青山就

是金山银山”理念，安排资金28.46亿元，聚焦打赢蓝天、碧水、净土保卫战等重大战役，推进污水零直排区、美丽河湖创建、绿化造林、污水处理厂扩建和提标改造等工作。发挥财政保障优势，助力新一轮村级集体经济三年强村计划实施，消除年经营性收入50万元以下的欠发达村173个。推进低收入农户高水平全面小康计划实施，年人均可支配收入增长12.5%。

【集中财力办大事】 支持复工复产、民生发展、转型升级、招商引才、外贸出口等“六保”“六稳”工作。聚焦绿色发展、高质量发展和创新发展，确保重点领域、关键环节资金只增不减。首次实现市级部门绩效目标编报标准化、预算绩效管理与预算编制融合。绩效再评价项目实现市级部门全覆盖，累计抽评项目280个，涉及资金18.80亿元，占预算资金总额的40.0%。争取地方政府债券，全年争取105.20亿元，重点用于补齐民生事业短板、加强基础设施建设等方面。加大本级财力、上级补助等资金统筹力度，累计争取上级转移支付资金逾50亿元。

【推进财政数字化转型】 加快“最多跑一次”改革，对外办事事项实现100%网上办、掌上办、零次跑。发挥政府采购扶持小微企业发展的政策功能，打通“绿贷通”“政采贷”平台，入驻企业贷款办理时间平均缩短1/2以上，融资成本减少10.0%左右，目前入驻企业39387家，授信5.37亿元、放款4.75亿元。推进电子票据改革，实现统一公共支付平台缴款单位和主要公立医院电子票据改革全覆盖，全年1824家单位累计开票1336.43万张、金额158.48亿元。

【加强财政管理与监督】 开展市级行政事业单位往来款及对外投资专项清理工作，累计清理321家行政事业单位往来款及对外投资项目共17350笔，涉及金额104.13亿元；清理完成16517笔，合计金额94.82亿元。建立财政监督结果与预算挂钩机制，将监督结果作为部门预算、转移支付和专项资金分配的重要因素，以及制定和完善政策制度、安排和调整预算资金的重要依据。2020年，针对疫情防控政策、脱贫攻坚政策、积极财政政策等资金落实情况，开展督查检查，财政监督项目较上年增加65.0%。加强预算编制、预算执行、重点财政信息公开，建立自上而下、规范有效的信息公开制度体系，全市财政信息公开实现制度化、规范化、程序化。

【强化风险防控】 落实“三个不得立项”的要求，对区县500万元以上的政府投资项目年度立项计划进行联审，2020年核减项目521个，核减总投资462.30亿元，核减2020年计划投资88.60亿元。按照年度化债计划安排资金偿债，通过政府性基金预算安排、盘活存量资金、资产等方式，完成三年隐性债务化债目标任务，确保各区县政府债务率均保持在95.0%以下的绿色安全区内。

【加强队伍建设】 建立健全主题教育常态化机制，每周组织一次财政干部自主研学、每月组织一次财政讲堂、每季组织一次专题党课、每年完成一篇调研报告。2020年召开局党组理论学习中心组专题研讨会4次。全年完成5名干部职级晋升工作，选派干部参与市委巡察、市驻企服务、南太湖工作专班小组等重点工作。

（湖州市财政局供稿　宋钰辰执笔）

吴兴区

【概况】 2020年，湖州市吴兴区完成地区生产总值752.75亿元，增长3.3%。其中：第一产业增加值22.81亿元，增长1.6%；第二产业增加值341.60亿元，增长0.9%；第三产业增加值388.34亿元，增长5.6%。按常住人口计算，人均生产总值12万元。三产结构比为3.0∶45.4∶51.6。实现财政总收入82.81亿元，增长8.2%，一般公共预算收入51.20亿元，增长12.4%，其中税收收入48.38亿元，增长20.0%。一般公共预算支出46.35亿元，（较上年剔除棚改政府购买服务一次性支出4.73亿元后的一般公共预算支出）增长8.5%。全年财政收支平衡。

【组织财政收入】 加强部门联动。发挥“1+2+X”财税协调机制作用，加强分析研判，凝聚工作合力，注重收入动态分析，形成征管两级联动、部门协税护税的工作局面，实现财政收入可持续均衡增长。优化收入结构。强化“三个比重”考核应用，淡化总量型、速度型指标，突出可持续发展导向。一般公共预算收入占财政总收入的61.8%、占GDP的6.8%，税收收入占一般公共预算收入的94.5%。规范非税收入。全年实现非税收入5.02亿元，下降9.5%，其中纳入一般公共预算管理的非税收入2.83亿元，下降46.1%。

【助推复工复产】 强化政策供给。支持企业复工复产，强化财税政策的逆周期调节作用，与相关部门研究制定疫情影响下支持制造业、服务业、农业、小微企业、个体工商户健康发展政策意见，实施“减租减息减税减费减支”行动，全年减轻企业负担28.30亿元。落实惠企政策。落实“湖九条”“湖八条”“吴九条”等政策，用好惠企政策“直通车”，助力企业复工复产。全年兑现各类惠企政策资金3.76亿元，惠及个体工商户和企业2.41万户。提升服务效能。按照“问题导向、精准施策”要求，以“合法合规不遗漏”为目标，结合企业发展实际，梳理适用于企业的相关区级惠企补助政策。自疫情发生以来，各助企专员实地走访调研70余次，收集问题164条，问题解决率与服务满意率均达100%。

【保障民生事业发展】 2020年全区民生支出34.98亿元，增长9.9%，占一般公共预算支出的75.5%。推进乡村振兴。拨付资金1.40亿元用于支持美丽乡村建设、现代农业产业发展等，加速“溇港渔丰、山水妙境、丝绸之潞、寻梦菰城”项目建设，创成A级景区村庄82个。支持教育事业发展。全年教育支出9.89亿元，增长13.6%。投入1.10亿元，保障义务教育阶段教科书费减免、学生接送车运行，支持民办教育、学前教育扶持和校园综合改造等，开展“空调进教室”工程，实现所有学校(含幼儿园)普通、专用两类教室全覆盖。提升社会保障水平。投入2.80亿元用于社会保障和就业支出。全区法定户籍人员基本养老保险参保率达97.9%。拓展社银联办服务覆盖，形成“群众出门可办，一体便捷高效”的基础服务网络。改善生态环境。投入1.20亿元用于城乡生活垃圾分类、农村环境长效管理、空气监测和污水零直排等，推进生态文明建设。保障卫生健康事业。全年卫生健康支出5.28亿元，增长15.2%。支持新建社区卫生服务站1家，改建卫生院1家。为6万余名60周岁以上老人接种流感疫苗。

【深化财政改革】 构建集中财力办大事财政政策体系。印发《吴兴区全面构建集中财力办大事财政政策体系实施方案》，提高财政资金使用效益，为助推吴兴区实现高质量赶超发展提供财力保障。强化财政资金监督绩效管理。组织开展疫情防控财税政策和资金保障专项检查、财政扶贫资金和项目管理专项检查；强化项目绩效目标审核管理，调整预算项目绩效目标35个，对586个项目开展绩效自评，涉及预算资金6.15亿元，选取3个项目以人大问政会方式进行重点评价，促进财政资金规范高效使用。深化“最多跑一次”改革。推进项目采购全流程电子化，实现“一次都不用跑”。取消政府采购投标保证金、降低履约保证金缴费比例，减少占用企业资金4.20亿元，累计减免采购文件工本费1806万元。推进电子票据应用，推广“线上支付+电子票据”网上业务通办，完成283家区级部门信息采集，累计开具票据30万份，服务30万人次，涉及金额11.60亿元。

【防范化解风险隐患】 加强政府债务管理。遏制政府债务增量，通过财政、发改和审计部门协同联审，核减政府投资项目59个、资金10.85亿元。把握政策窗口期，争取各类政府债券30.80亿元，防范隐性债务风险，优化债务结构，每年可节约融资成本1.46亿元。对照年度目标完成2020年隐性债务化解任务的144.3%。加强乡镇财政资金管理。开展乡镇基层财政资金专项检查，通过乡镇自查、省市区重点抽查的方式对乡镇基层单位进行“体检”，发现问题并督促整改，保障乡镇资金安全运行。支持国有企业发展。对原有国有企业企进行重组，新成立集团5个，规范监管基础，防范风险，加大资产注入，优化存量债务结构、降低成本，强化监督管理，推进国企自主发展。

【加强队伍建设】 深化从严治党。把党风廉政建设目标任务融入业务工作中，统一研究、统一部署、统一落实、统一检查。开展党务公开工作，推进党务公开信息化。强化机关党建工作。打造吴兴财政特色党建品牌——“五彩聚心”，推进党建与财政工作互促共进，强化党建引领作用，提高政治站位，发挥党员干部在工作中的先锋模范作用。注重干部培养锻炼。依托“学习强国”APP协调干部集中学习与个人自学的关系，引导干部增强“四个意识”，坚定“四个自信”，做到“两个维护”。疫情期间，组织全体干部职工参与到高速路口、高铁站和联系社区的联防联控工作中，强化思想淬炼、政治历练、实践锻炼，增强全局凝聚力和战斗力。

(湖州市吴兴区财政局供稿　高创建执笔)

注：

*“1+2+X”财税协调机制：即以区政府为中心，财政与税务相联动，乡镇和各主管部门协同配合组织收入的工作机制。

南浔区

【概况】 2020年，湖州市南浔区地区生产总值(GDP)为467.83亿元，增长3.3%。其中：第一产业增加值26.74亿元，增长4.1%；第二产业增加值270.72亿元，增长1.7%；第三产业增加值170.37亿元，增长5.9%。按户籍人口计算，人均GDP 95536元，三次产业结构比为5.7∶57.9∶36.4。全区财政总收入67.22亿元，增长5.5%，其中：一般公共预算收入40.46亿元，增长6.7%。全区一般公共预算支出55.22亿元，增长12.7%。全区财政收支平衡。

【组织财政收入】 加强重点税源、重大项目税收监控，协同税务部门做好收入组织工作。优化收入结构，提高财政收入质量。全年税收收入37.39亿元，增长8.1%，占一般公共预算收入的92.4%。一般公共预算收入占财政总收入的60.2%，占地区生产总值的8.7%。强化非税收入征管，全年实现非税收入74.97亿元，增长118.6%，其中纳入一般公共预算管理的非税收入3.07亿元，下降7.6%。

【支持社会经济发展】 落实“湖九条”“湖八条”“浔九条”等政策，助力企业复工复产。全年安排疫情防控资金6528万元，兑现财政政策资金1.69亿元，减免经营性用房租金减免租金1943万元、惠及租户1964户。争取中央“两直”资金1.12亿元。助力复工复产。全年为2.39万户符合补助条件的小微企业和个体工商户发放补助4519万元。落实减税降费政策。执行中央、省各项减税降费政策要求，会同相关部门深入企业，宣讲减税降费政策，发放“减税降费”宣传手册，加大政策宣传力度，推动减税降费政策落地，减轻企业负担。争取上级支持。争取转移支付、债券、乡村振兴、美丽乡村建设等各类上级资金，按要求投向相关领域，助力南浔经济高质量发展。把握国家政策窗口期，全年获批各类债券12.50亿元，资金额度居全市第二。发放电子消费券，挖掘消费潜力，缓解商户现金压力。全区财政投入资金566万元，撬动市场消费2887万元。发挥产业基金杠杆作用。推动政府产业基金运作，引入弗兰德5G基站项目落户南浔区。全年设立子基金3支，规模7.50亿元，到位资金1.41亿元。设立南浔区国有资本产业投资基金，出台管理办法，助推南浔战略性新兴产业项目引进。

【保障重点支出】 全年民生支出42.98亿元，增长9.0%，占一般公共预算支出的77.8%。加大生态环境治理投入。落实资金4.17亿元，支持治水治气治土治废和蓝天、碧水、净土、清废"四大行动"。强化支农惠民政策落实。建设村级公益事业一事一议财政奖补项目36个，计划总投资2876万元。采取"一卡通"方式兑现各项农业补贴2649万元，惠及农户50674户次。扶持农民创新创业，解决农民创业贷款难、贷款贵问题，全年发放贷款487笔，计2.16亿元。支持乡村振兴。争取省级乡村振兴产业发展示范建设资金8000万元和一事一议财政奖补助推美丽乡村建设项目2000万元，助力南浔区数字渔业发展和美丽乡村样板村创建。通过资金投入和设立帮扶基金等方式，支持欠发达村振兴发展。全年落实资金4140万元，设立帮扶基金1个，惠及行政村51个；落实物业"造血"项目13个，惠及行政村32个，村均增收15万元以上。支持教育事业发展。全年教育支出10.09亿元，增长11.8%。加大学前教育投入力度，补齐学前教育短板。加大义务教育基建、教育装备投入，促进全区教育事业高质量发展。支持文化事业发展。文化事业支出1.52亿元，增长93.2%。加大对文化事业的投入力度，构建文化事业发展财政保障长效机制。推动文旅产业发展、乡村休闲旅游与规划建设。加强湖笔文化宣传。保障卫生健康事业。卫生健康支出6.70亿元，增长13.5%。落实医共体建设、综合医疗改革、卫生院扩建、卫生信息化建设、中医药提升、省人民医院协作、医疗保险、对退休人员的补助等资金保障。加强社会保障力度。社会保障和就业支出7.45亿元，增长3.3%。城乡居民医保人均财政补助标准提高至1108元/年，城乡医疗救助专项投入2010万元。

【推进财政改革】 深化预算绩效管理。全年制定预算绩效管理相关文件7个，组织开展乡镇、区级部门和局内部三个层面专题培训，指导部门做好绩效目标申报、绩效运行监控、绩效评价、结果应用等工作，实现乡镇政府财政运行综合绩效评价全覆盖。全年对区级部门458个项目23.29亿元预算资金实行绩效运行监控，完成评价项目443个，涉及资金15.79亿元。深化数字财政建设。推进政府采购数字化建设，全年实现采购计划9954个，采购交易金额3.82亿元。拓展统一公共支付平台应用，推进非税收入线上线下一体化收缴。全年共发生电子支付业务54.45万笔，涉及资金4.07亿元。推行财政电子票据改革，实现票据数字化转型，全区217家单位实施电子票据改革，累计开票36.34万张，金额25.00亿元。依托公共资产网络竞价平台，实现全区行政事业单位和国有企业的资产线上处置全覆盖，促进国有资产保值增值。推进"乡镇公共财政服务平台+一卡通"建设，实现到人到户的涉农补助和民生补贴资金平台化管理；实施平台与社保卡信息对接项目，避免补助补贴资金"多头管理""一人多卡"等问题，受益人数105863人次。深化国资国企改革。指导国有企业探索发展混合所有制经济，鼓励集团与民营企业组建合作公司，拓展集团业务范围，提高国有资本的配置和运营效率。建立健全国有资产管理制度，制定、完善南浔区企业国有资产监督管理等6项制度文件。牵头制定《南浔区做大做强国有企业三年（2021—2023年）行动方案》，推进国有资本发展。

【加强财政监管】 加强债务管理。落实化债责任，推进融资平台转型，全年完成政府隐性债务化解任务的115.7%，2020年政府债务率控制在绿色安全区内。加强政府投资项目审核。加强源头管控，执行500万元以上政府投资项目联审制度，全年完成财政审核项目161个，送审投资额219.59亿元，审定投资额186.57亿元，节约财政资金33.02亿元，核减率18.1%。加强国库支付动态监管。对财政国库资金支付活动进行全过程动态监控，全年直接支付审核4874笔，减少1.4%；直接支付审核退回业务83笔，减少3.5%。加强财政监督工作。开展以差旅费为主的区级部门会计信息质量自查及财政重点抽查，完成2019年度财政扶贫资金等4个项目专项资金检查，涉及检查资金2.17亿元；对疫情防控和复工复产各项政策落实情况开展常态化监督；加强财政内控制度建设，完善、深化"1+9+X"内控制度体系，增强风险防控能力。加强PPP项目规范化管理。在全省率先出台《南浔区PPP项目财政支出管理操作细则（试行）》，并由省国有金融资本运营评价中心转发各市县财政局，为全省规范推进PPP项目提供示范作用。落实政府过"紧日子"。要求各部门压减非刚性、非重点项目支出、日常公用经费支出及"三公"经费，完成年度压减任务，全年压减2.53亿元，超过年度压减计划的5.4%。

【加强队伍建设】 优化干部队伍。出台人事管理办法，加强年轻干部培养、使用、管理，选派干部赴外挂职锻炼。深化系统职业导师、"红色导师"制度，发展党员3名，确定入党积极分子3名。设置机关干部"英雄榜"，营造"比学赶超"氛围。提升作风建设。规范内部管理，结合区委巡察整改，制定党员干部职工谈心谈话等工作制度8项。设立作风效能建设"曝光台"，曝光"松懒散"现象。运用"蓝黄红"三色亮牌机制，督促各项工作落实。加强党建品牌建设。围绕"财惠浔溪"党建品牌，组织开展五四青年节、庆祝建党99周年、"我最喜爱的习近平总书记的一句话"青年宣讲等主题活动，提升党员干部政治理论水平。

（湖州市南浔区财政局供稿　许高峰执笔）

德清县

【概况】 2020年，德清县实现地区生产总值544.15亿元，按可比价计算,增长2.6%。其中:第一产业增加值24.95亿元,增长1.7%;第二产业增加值305.38亿元,增长1.6%;第三产业增加值213.82亿元,增长4.5%。三次产业结构比为4.6∶56.1∶39.3。按户籍人口计算,人均生产总值122787元。外贸进出口总额215.38亿元,增长13.1%。城镇居民人均可支配收入62225元,增长4.7%;农村居民人均可支配收入38357元,增长6.5%。全县完成财政总收入116.18亿元,增长2.8%,其中地方一般公共预算收入67.08亿元,增长2.2%。全县一般公共预算支出78.22亿元,下降6.5%。全年财政收支平衡。

【组织财政收入】 深化财税协作配合,健全完善组织收入工作机制,调动相关部门和镇(街道)组织收入的主动性和积极性。加强与税务部门沟通协调,掌握税收动态,对重点行业、重大项目和重点税种进行分析和预测,把握组织收入主动权。一般公共预算收入占财政总收入的57.7%,占地区生产总值的12.3%;税收收入59.17亿元,增长6.9%,占一般公共预算收入的88.2%。加强与各部门沟通协作,争取各类扶持资金。全年争取上级转移支付补助资金21.96亿元,争取地方政府债券资金17.60亿元。规范非税收入收缴,推进统一公共支付平台应用,全年实现非税收入98.18亿元,增长2.6%,其中纳入一般公共预算管理的非税收入7.91亿元,下降23.2%。

【保障疫情防控】 建立疫情防控协调联动和应急处置机制,实现防疫经费拨付即时响应,全年累计安排应急防控经费6664万元。畅通政府采购"绿色通道",减少审批程序和采购流程,保障防疫应急物资采购。强化对疫情防控重点保障企业资金支持,拨付贷款贴息及扩大生产补助资金2302万元,保障重点医用物资供应。帮扶企业复工复产,落实企业稳岗补助4143万元和员工返岗包车补助666万元,帮助企业稳定用工、尽快恢复生产。综合运用减税降费、财政奖补、减免租金等政策工具,全年兑现"湖八条"和复工复产政策资金6.34亿元。

【支持经济发展】 落实降本减负政策,全年新增减税降费19.69亿元,其中减免社会保险费9.45亿元;取消投标保证金、降低履约保证金缴纳比例和取消政府采购工本费等合计2.18亿元。保障重大项目和基础设施建设,安排公共交通和城乡道路建设资金3.86亿元,提升交通基础设施水平和综合运输服务能力;拨付全域土地整治建设资金3.79亿元,构建生态宜居、集约高效的土地保护和利用新格局。扶持重点产业发展,全年拨付支持发展政策资金5.17亿元,其中直接兑现涉企政策资金3.39亿元,激发经济增长内生动力;拨付数字经济发展专项资金1.04亿元,打造数字经济新高地;争取省级财政资金9500万元,推动传统制造业提档升级;落实3594万元支持引进各类人才创新创业,为重点产业发展提供智力支持。修订《政府产业基金管理办法》,组建绿色产业基金,截至2020年年底,成立合作基金6个,基金规模60.00亿元。

【保障改善民生】 全年民生支出52.47亿元,下降1.0%,占全县一般公共预算支出的67.1%。优先保障教育投入,全年教育支出13.76亿元,增长1.1%,新建成小学1所、幼儿园3所,改扩建农村幼儿园教学点9个,在全省率先实现美丽村教学点县域全覆盖;推进"视力健康进校园"民生实事项目,完成全县1300间教室照明标准化改造。助推"健康德清"建设,全年卫生健康支出6.31亿元,落实基层医疗机构改造提升和德清医院建设资金2.97亿元,落实财政对基层医疗机构补助8228万元。完善社会保障体系,全年社会保障和就业支出6.84亿元,下降21.2%。审核、拨付各类保障和救助对象的政策待遇1.65亿元,落实城乡养老、城乡医疗和低保救助资金各级财政补助4.03亿元。实施农村饮用水达标提质专项行动,拨付工程建设资金1.26亿元,提升农村饮用水安全保障水平。支持城镇保障性安居工程建设,落实私营城整治资金7000万元,安排老旧小区改造资金7950万元,提升城市功能品质。支持乡村振兴战略实施,统筹整合涉农资金5.54亿元,全年农林水支出7.49亿元,为乡村振兴发展提供资金支持。推进新时代美丽乡村建设,对全县基础设施相对薄弱村开展"强弱村、补短板"行动,项目涉及19个村的道路及亮化工程、桥梁建设、文化礼堂建设等,总投资3434万元。

【深化财政改革】 落实"零基预算"理念,打破预算安排中的基数依赖,完善能增能减、有保有压的资金分配机制。开展以医疗电子票据为重点的财政电子票据改革,全县公立医院全部实现医疗票据电子化,累计开票253万份,涉及金额5.62亿元。推广政府采购项目电子交易系统应用,实现全过程无纸化操作、数字化留痕和事后可溯可查,提升政府采购效率和风险防控水平,全年完成政府采购交易量7332件,累计采购金额8.02亿元。上线政采云"特色馆",在全省率先开通"绿色产品馆",入驻绿色产品商家6家。推进"乡镇公共财政服务平台+一卡通"落实,将分配到人到户的涉农补助和民生补贴资金纳入公共财政服务平台管理,全年发放30万余人次,涉及金额2.30亿元。

【强化财政监督】 实施预算绩效管理,出台《德清县事前绩效评估管理暂行办法》《德清县财政局预算绩效管理工作规程(试行)》等8个制度办法,建立事前绩效评估机制和绩效运行与预算执行双监控机制。加大财政监督检查和支出绩效评价力度,全年完成财政监督检查和重点绩效评价项目59项,提高财政资金使用绩效。拓展绩效评价广度和深度,完善分行业分领域多层次绩效指标体系,实现镇(街道)和部门整体绩效评价全覆盖。防范地方政府债务风险,落实镇(街道)"债务关闸门"实施方案和五年化债计划,遏制新增隐性债务,化解存量债务。树立过"紧日子"思想,全年压减非刚性、非重点等一般性支出1.65亿元,行政事业单位"三公"经费下降21.1%。加强政府投资项目监管,全年审核政府投资项目356项,审核项目总投资74.95亿元,净核减金额4.08亿元,核减率5.4%。开展公款存放电子招标试点，运用电子招标系统进行财政资金竞争性存放公开招标，共开展2期，累计存放资金7.34亿元，其中：财政专户资金5.40亿元，行政事业单位公款1.94亿元。

【加强队伍建设】 落实"三会一课"、党员过政治生日等制度，开展党性体检、民主评议党员等活动。出台《基层党支部工作考核评价实施方案》，完善考核支部党建评价工作机制。深化"财润民生"机关党建品牌创建，打造"一支部一品牌"，增强财政机关党建品牌影响力。组织开展援鄂医护人员宣讲会和赴安吉余村学习"两山"理论特色主题党日活动，提升党员先进性。开展"三进三服务"，建立"6名驻企专员+6个党员服务专班"服务机制，共走访、联系企业320余次，解决实际困难20余个。

（德清县财政局供稿　蔡　虹执笔）

长兴县

【概况】 2020年，长兴县实现地区生产总值702.39亿元，增长2.6%。其中：第一产业增加值36.86亿元，同比增长3.7%；第二产业增加值347.46亿元，同比增长1.5%；第三产业增加值318.07亿元，同比增长3.8%。三次产业结构比为5.2∶49.5∶45.3。按户籍人口计算，人均生产总值为110178元。规模以上工业增加值236.60亿元，增长4.5%。城镇和农村居民人均可支配收入分别达到62428元、37813元，分别增长4.3%、7.2%。全县财政总收入121.76亿元，增长6.5%；一般公共预算收入67.55亿元，增长2.6%。全县一般公共预算支出90.20亿元，增长11.2%。全年财政收支平衡。

【组织财政收入】 2020年，应对国内外风险挑战和区域赶超竞争，上下联动，加强合作，培植财源，支持复工复产，落实减税降费，科学组织财政收入，提高财政收入质量。全县一般公共预算占GDP的9.6%，占财政总收入的55.5%。税收收入117.65亿元，增长12.67%，占一般公共预算收入的93.9%。全县非税收入105.37亿元，增长19.3%，其中纳入一般公共预算管理的非税收入4.11亿元，下降58.75%。政府性基金收入100.51亿元。

【保障疫情防控】 加快政策兑现，第一时间落实资金拨付专人战备值班制度，开通防疫物资政府采购"绿色通道"，筹措财政资金，保障疫情防控支出。落实房租减免政策，助推企业纾困和复工复产，累计走访企业152家，惠及商户1139户，减免租金2184万元。组织党员干部职工到结对社区、高速卡口参与社区"洗楼"、宣传普及、测量体温等工作，累计志愿活动1200人次，总志愿时长9600小时。

【助推经济发展】 2020年，保障防疫情、促发展和保平衡等各项经济工作，推动"两直"资金和各类惠企政策落地。坚持"亩均论英雄"，集中政策资金重点招引和支持产业优势强、投入产出高、资源消耗低的优质项目和企业，培植财源。围绕"六稳"等重点工作，加快政策资金拨付，全县兑现专项扶持资金5.70亿元。转变财政支持经济发展方式，强化政产业基金运用，累计完成项目投资30个，金额6.46亿元。落实减税降费，建立跨部门、跨区域的联合落实机制，保障各项政策措施执行到位。规范行政事业单位收费和政府性基金，开展取消、停征、降低标准等减负工作，全县累计减免税费34.67亿元。

【保障民生投入】 2020年，全县民生支出65.48亿元，增长4.1%，占一般公共预算支出的72.6%。坚持教育优先发展，安排教育支出16.98亿元，增长9.1%，支持义务教育阶段和职业类学校改扩建工程推进，提高教师待遇，推动教育设施建设和教育质量提升；助力打造"健康长兴"，落实卫生健康支出6.61亿元，增长21.7%，优化公立医疗机构建设，提高城镇居民医疗保险财政补助标准和基本公共卫生服务水平，针对居民医保中优抚、残疾、计生减免、低保低边个人缴费部分全额由财政承担，其中针对低边人群从2020年开始对个人缴费财政承担部分由50%提高至100%，减轻人民群众看病负担。提升社会保障能力，安排社会保障和就业支出7.76亿元，下降0.4%，提高居民养老财政补助标准，促进基本公共服务均等化，统筹协调各项社会保障事业共同发展；促进乡村振兴，安排农林水支出9.27亿元，增长0.02%，

长兴县发布全国首个县级《财政预算绩效全周期监督管理工作规范》

保障乡村振兴政策落实,支持农业产业化、美丽乡村、美丽田园建设,助力打赢脱贫攻坚战。

【深化财政改革】 推进数字化管理改革。打造“票据云”,借助区块链、云计算等技术初步建立覆盖全域的“医后付+电子票据”系统,深化统一公共支付平台应用,拓展线上支付渠道,开通电子票据单位250家,其中公共支付平台开具单位88家。打造“采购云”,完善“不见面”电子化交易系统功能,保证政采云平台覆盖应用,注册供应商1012家,减免供应商保证金,推进“政府采购+互联网”工作落实。全年完成政府采购货物、服务、工程交易金额9.44亿元,增幅17.3%,其中政采云平台交易金额8.65亿元。打造“支付云”,通过“电子凭证+电子签章”身份识别,建立动态校验、电子验章、全程动态跟踪的业务管理方式,实现电子化支付率100%。深化国有企业改革。根据年度各项任务,强化考核,推动国有企业降本增效。利用政策窗口期,优化企业融资结构,降低融资成本。2020年,实现主体信用评级AA以上的公司11家,其中评级AA+有3家,评级AA有8家;城投集团和交投集团获评中诚信亚太国际BBB-。加大混合所有制改革,按照分类分层、稳步推进原则,引入战略投资者参与国有资本投资项目,完成11家企业的混合所有制改革。围绕“将全县经营性资产资源向县属重点国有企业归集”的目标,梳理县域经营性资产资源股权,注入资产189.17亿元,净资产139.17亿元,水库资产18.97亿元,苗圃绿化资产4.20亿元。

【强化财政监管】 加强资金绩效管理。出台全国首个县级《财政预算绩效全周期监督管理工作规范》,建立多部门协调配合的预算绩效监督工作机制,构建预算绩效全方位、全过程、全覆盖管理体系。强化源头约束,细化量化预算绩效目标管理,前置填报绩效目标,实现绩效目标100%申报。开展绩效自评工作,覆盖全县各预算单位1427家,合计金额17.05亿元。选取14个重点民生项目,进行财政重点支出项目绩效评价,涉及财政资金3.16亿元。开展乡镇部门整体支出绩效评价试点,对洪桥镇、林城镇进行乡镇整体绩效评价,建立乡镇整体评价指标体系。防范化解债务风险。树立“底线思维”,按照“控总量、降成本、拉年限、调结构、降债务”的“五步法”加强债务管理,保障各项化债举措落实。通过“三专”*管理,提高融资债券资金使用绩效。经省政府批准,长兴县2020年年末地方政府债务限额164.86亿元,其中:一般债136.77亿元,专项债28.09亿元。截至2020年年底,全县政府债务余额为164.44亿元。

【加强队伍建设】 加强中层队伍建设,组织中层干部任期“回头看”,加强年轻干部培养,开展非竞争性选拔,提拔中层正职6名、中层副职8名,优化中层干部队伍年龄结构。坚持以党建引领财政工作。重视党建带群建工作,充分发挥妇联、工会、共青团等群团组织作用,组织全局干部职工开展各类体育竞技、文化比拼等文体活动,打造财政特色的机关韵味和机关文化。推进党风廉政建设,层层签订党风廉政建设责任书,开展谈心谈话,提升干部队伍廉政素养。

(长兴县财政局供稿 沈 颖执笔)

注:

*“三专”:即“专班”“专户”“专业”,“专班”指成立专项债券专班,引入专业服务团队,建立定期会商、项目联审等高效协作机制;“专户”指每项资金建立专户,分类管理;“专业”指形成财政部门、对口部门、专业银行三个层级进行专业管理。

安吉县

【概况】 2020年,安吉县实现地区生产总值487.06亿元,按可比价格计算,增长4.3%。其中:第一产业增加值28.04亿元,增长1.2%,第二产业增加值216.35亿元,增长2.1%,第三产业增加值242.67亿元,增长5.5%。三次产业结构比为5.8:44.4:49.8,按户籍人口算,人均生产总值102920元,城镇和农村居民人均可支配收入分别达到59518元、35699元。2020年完成财政总收入100.11亿元,增长11.1%,其中一般公共预算收入59.76亿元,增长11.6%。一般公共预算支出86.22亿元,下降1.5%。全年财政收支平衡。

【组织财政收入】 加强与税务部门协作,掌握税收动态,对重点行业、重大项目和重点税种进行分析和预测,加强非税收入收缴,确保非税收入依法征收、入库,加强土地出让金管理,强化土地出让收支情况监督检查制度执行。2020年,安吉县一般公共预算收入占GDP的12.3%,占财政总收入的59.7%,其中税收收入53.60亿元,占一般公共预算收入的89.7%。全县完成非税收入81.59亿元,下降3.3%,其中纳入一般公共预算管理的非税收入6.16亿元。

【服务经济发展】 做好疫情防控工作。开通资金拨付“绿色通道”,对疫情防控相关资金采取特事特办原则,调整2020年财政支出结构,筹措安排疫情防控资金5000万元,保障防控经费支出,落实复工复产政策,强化“两直”资金执行管理,争取“两直”资金4.30亿元,制定特别国债和特殊转移支付资金使用方案,督促加快资金执行管理。向上争取专项债,申报2020年第4批地方政府专项债券项目9个,涉及项目总投资44.91亿元,申请债券资金33.60亿元,2020年落实专项债券资金4.00亿元,争取防疫特别国债项目1个,落实资金2.42亿元。做好小微企业和个体工商户纾困补助工作,发放补助资金4417万元。落实房租减免事项,减免租金1873万元,惠及中小微企业(个体工商户)518户,房租减免政策执行率100%。兑付各项防疫及复工复产资金11.58亿元。加大服务企业力度。加快资金兑现速度,2020年兑现涉企财政奖励资金7.28亿元。设立政府产业基金,2020年基

安吉县递铺街道举行第七届乡村体育节

金出资设立子基金6支，设立规模16.50亿元；直接投资0.40亿元，总规模16.90亿元。2020年10月，启动全省首个省级乡村振兴类非定向子基金——浙江“两山”乡村振兴绿色发展投资基金，探索与多支省级、国家级基金合作新方向，满足乡村振兴多样化需求。

【保障民生事业】 2020年，全县民生支出71.02亿元，下降1.2%，占一般公共预算支出的82.3%，确保财政支出增量的三分之二以上用于民生。促进教育公平均衡发展，推进学校扩容工程，安排教育支出14.44亿元。卫生健康支出8.68亿元，深化公立医院综合改革和“双下沉、两提升”工作，强化考核结果运用与财政补助挂钩机制。全年社会保障和就业支出5.99亿元，增长8.3%。健全社会救助和社会福利体系，安排城乡医疗救助资金2345万元，增长27.0%；安排困难群众最低生活保障资金6026万元；加快推进残疾人事业发展，安排残疾人补贴资金2415万元。加大乡村振兴、农村人居环境改善、垃圾分类等重点领域的支持，安排城乡社区及农林水支出7.38亿元。2020年，“三农”总投入39.61亿元，增长5.2%。推进ppp项目实施，统筹做好项目安排，规划财政承受能力空间，加大精准扶贫、环境治理以及乡村振兴等重点领域、重点项目的推进力度，加快公共服务补短板项目建设，促进公共服务提质增效。

【深化财政改革】 坚持政府过“紧日子”。完善预算定额标准，项目资金实行零基预算，打破原有固化基数，压减非刚性、非重点项目资金15.0%，全年累计压减支出4.42亿元。开展老账户清理工作，全年盘活存量资金1.52亿元。推进财政专户资金竞争性存放工作。经县政府同意出台《安吉县财政专户资金存放管理实施办法》，截至2020年年底，安吉县财政专户资金竞争性存放16.00亿元，占财政专户资金总额的43.0%。加快财政票据电子化改革。为安吉县所有执收单位办理电子票据开通手续。2020年，开具电子票据250537笔，累计金额13.42亿元。截至2020年年底，安吉县275家单位已开通电子票据，其中依托统一公共支付平台向交款人提供缴款渠道的执收单位（不含使用非税收入缴款书的执收单位）166家。4家公立医院均实现医疗电子票据全覆盖。

【严控财政风险】 严控地方债务风险。完成2020年年度隐性债务化解任务，年度化债率108.0%。优化债务结构。利用当前金融降息窗口期，支持平台通过合规的市场化方式，将存量高息债务置换为成本低、期限长的金融产品，调整存量债务结构，缓释未来年度偿债压力。推进预算绩效管理。根据全面实施预算绩效管理三年行动计划，出台预算绩效管理工作规程、事前绩效评估管理办法等文件，推进全面落实预算绩效管理措施落地。完成2020年部门整体绩效目标申报工作，首次组织5个部门项目绩效预期上人代会重点审查。

【推进基层财政工作】 做好农村综合改革试点工作。农村综合改革项目涉及全县188个行政村，上级资金1.96亿元。争取集成示范项目，完成“一事一议”助推美丽乡村试点项目立项，争取上级资金2000万元。推进乡镇公共服务平台+“一卡通”工作。打通服务机制，利用信息平台、大数据等优势，以“一卡通”为抓手，推动建立“高效、快捷、便民”的新型乡镇公共服务模式。2020年，通过平台发放项目70项，做到应纳尽纳，清除一人多卡现象。

【加快队伍建设】 落实机构改革。完成下属事业单位的机构合并、更名工作，明确机构职能。全年职级晋升干部12名、事业干部岗位调整23名、规范招录干部9名。深化党建引领。以“553”工程为统领，开展党建各项工作。实施“党建+考核”模式，深化机关党建工作“责任、任务、问题”清单推进机制。推进“一支部一阵地、一支部一品牌”建设，全年开展主题党日活动12次。坚持正风肃纪。推进清廉机关建设，组织领导干部和全体中层参加旁听腐败典型案件审理。推进风险防控机制建设，开展党员干部物业费缴纳、征地拆迁情况等问题的专项检查，全年开展机关作风效能建设专项检查9期。

（安吉县财政局供稿　姚嘉怡执笔）

绍兴市财政工作

绍兴市

【概况】 2020年,绍兴市实现地区生产总值6000.66亿元,按可比价格计算,同比增长3.3%。其中:第一产业增加值219.26亿元,增长2.2%;第二产业增加值2711.76亿元,增长1.8%;第三产业增加值3069.64亿元,增长5.0%。三次产业结构比为3.6:45.2:51.2。按常住人口计算,人均生产总值113746元,增长2.6%。全市外贸进出口总额2578.28亿元,增长4.9%。全市居民人均可支配收入56600元,增长5.1%。其中,城镇常住居民人均可支配收入66694元,增长4.3%;农村常住居民人均可支配收入38696元,增长7.1%。全市财政总收入853.02亿元,增长3.4%。全市一般公共预算收入543.52亿元,增长2.9%,占财政总收入的63.7%;其中税收收入443.87亿元,增长6.1%,占一般公共预算收入的81.6%。全市一般公共预算支出667.16亿元,增长4.1%。市区财政总收入565.79亿元,增长4.0%;市区一般公共预算收入363.66亿元,增长4.2%;市区一般公共预算支出412.77亿元,增长5.8%。市本级财政总收入85.17亿元,增长0.1%;市本级一般公共预算收入60.04亿元,增长2.7%;市本级一般公共预算支出83.38亿元,下降5.8%。全市及市本级财政收支平衡。

【组织财政收入】 促进税收收入提质增效。建立健全涉税数据信息共享、税收收入预测、执行情况分析、重点税源监控等财税收入管控机制,加强财税部门工作协同和收入执行情况动态管控,形成"政府牵头、财税主导、部门联动"的基层"财税共治"新模式。构建非税收入预算管理体系。优化非税征管系统,实现非税收入从征缴到结算的闭环式、全链条管理。统一管理市本级各行政事业单位使用财政票据收取的收入,征缴市级部门单位各类非税收入1.27亿元。做好非税征缴的计划编制、预测及执行分析工作。全市非税收入933.88亿元,增长10.1%;其中纳入一般公共预算管理的非税收入99.64亿元,下降9.4%。推行非税收入"全票种"电子化改造。出台《绍兴市全市推广应用财政电子票据实施意见》,财政电子票据改革覆盖全市所有用票单位和全部票据种类,全市统一公共支付平台、公立医院等各类开通使用财政电子票据的单位4026家,开具各类财政电子票据6537万张。

【促进经济发展】 保障疫情防控资金需求。落实疫情防控资金228.80亿元。全市累计发放消费券3.60亿元,撬动餐饮、购物、旅游等行业直接消费和间接消费计41.70亿元。加大减税降费力度。全市落实减税降费政策资金275.02亿元,占GDP的4.6%,惠及纳税人95.96万户次,其中:减税186.20亿元,社保费降费及返还81.07亿元,行政事业性降费4.36亿元。加速财政政策兑现。在全省率先启动财政政策兑现工作,全市加速兑现49.40亿元政策资金,助力2.3万余家企业复工复产。释放再贷款政策红利。率先出台再贷款地方财政贴息政策,全市安排财政贴息5.70亿元。撬动央行复工复产、支农支小再贷款491.00亿元,惠及小微企业3.9万余家。发挥产业基金杠杆优势。全市设立总规模194.00亿元的产业基金,合作子基金55支,投资项目294个,项目总投资1085.20亿元,引导1223.80亿元社会资本投向数字经济、医药健康、高端装备制造等重点产业发展领域,助推中芯国际、长电科技等重大项目投资。保障绍兴古城项目群建设。编制绍兴古城五年总投资341.00亿元项目建设保障方案,实现资产、资金、资源覆盖50个古城建设项目需求。加快制造业转型升级。全年安排30.70亿元科技研发支出,聚焦高端生物医药、集成电路、先进高分子材料等领域关键核心技术、"卡脖子"技术重点研发攻关和基础公益研究。

【增进民生福祉】 全年民生支出497.69亿元,下降1.0%,占一般公共预算的74.6%。加大稳就业支持力度,免征、减征企业基本养老保险、失业保险、工伤保险73.00亿元。全年用于支持稳就业资金93.00亿元,增长150%。强化社会保障。全年社会保障和就业支出93.30亿元,增长13.6%。用于城乡居民基本养老保险补助、生活困难补助、就业补助等,提高保障水平。保障民生实事工程。投入财政资金21.90亿元,支持老旧小区提升改造、15分钟应急消防救援圈、道路畅通等十大民生实事项目,十大民生实事绩效评价满意率91.1%,较上年提升2.8个百分点。加强"健康绍兴"建设。全年卫生健康支出77.53亿元,增长25.6%,用于数字化智能化医共体建设、城市优质医疗资源下沉等项目。安排27.40亿元用于市人民医院临江院区、新妇保院、新中医院、越城区人民医院等项目建设。支持教育发展。全年教育支出136.66亿元,增长3.9%,支持中小学教育、高等教育、职业教育和学前教育发展,推进绍兴大学创建、新绍兴技师学院、新绍兴艺校等建设。助推乡村振兴。全市安排64.00亿元资金,重点保障"五星3A"、农村四好公路、重大水利工程、农业产业化发展等项目。

【深化财政改革】 构建"集中财力办大事"体系。完善市对区财政管理体制工作,实行三区增收分成,完善国有土地出让金和社保基金收支管理。落实重大项目"共建共享"机制,推动智慧快速路、杭绍台高速公路、轨道交通1号线、2号线等项目落地。完善大预算管控机制。将一般公共预算、政府性基金预算、国有资本经营预算、社保基金预算、上级转移支付、政府投资和债务预算、封闭资源平衡情况等纳入大预算收支管理,建立大预算"一本账"机制。深化综合预算管控,全面清查市级行政事业单位收入和存量资金,实行分类管控。

【防范债务风险】 做好债券申报。把握国家加快政府债券发行机遇，全市获得政府债券213.00亿元，其中累计获批地方政府专项债券189.50亿元，占全省额度的11.4%。防范化解隐性债务。按计划完成隐性债务化解任务，政府债务率保持在低于风险警戒线的安全区间。推进平台公司转型。对承接隐性债务的平台公司实行实体化、市场化转型。对全市平台公司依法注入经营性资产约360.00亿元。

【强化财政监督】 加强重点领域专项检查。履行对重大财税政策落实、公共财政支出等重要领域的监督职责，全市完成各类检查53项，发现问题资金5735万元，全部整改到位。强化内部监督职能。关注审计、巡视巡察、财政监督发现的问题，2020年，制发审计监督问题整改任务书1份，管理建议书4份，推送典型风险案例6次；开展公款竞争性存放专项内部审计，提出资金存放审计建议。开展市县联动检查。组织开展政府购买服务政策实施情况全市联动专项检查，围绕重大宣传、重大节会、重点课题等事项，涉及全市政府购买服务项目22个、财政性资金6176万元。压减政府开支。严格落实政府过"紧日子"要求，压减非急需非刚性支出，全市累计压减一般公共预算支出39.10亿元。

【加强队伍建设】 健全考核评价体系。制订《干部全员绩效考核办法》，开展干部全员个性化考核，完善中层干部贡献度考核办法，发挥正向激励作用。加强干部梯队建设。树立干事创业导向，拓宽干部储备渠道，注重在团队项目中发现干部。推进干部年轻化，局内35周岁左右中层干部比例提高至23.5%。规范干部管理。制定《直属事业单位人员管理办法》，规范事业单位工作人员岗位聘用、奖励性绩效工资、市政府考核奖分配管理。建设财政干部管理综合系统，构建财政干部大数据分析平台。提升干部业务能力。突出干部教育培训的精准化和实效性，组织开展年轻干部公文写作系列培训，推进财政干部综合素质和综合能力建设。

（绍兴市财政局供稿　张　莹执笔）

越城区

【概况】 2020年，绍兴市越城区实现生产总值1008.52亿元，按可比价计算，比上年增长4.2%。其中：第一产业增加值13.09亿元，增长2.0%；第二产业增加值360.91亿元，增长2.9%；第三产业增加值634.53亿元，增长5.1%。按户籍人口计算，人均生产总值130913元，增长3.7%。三次产业结构比为1.3∶35.8∶62.9。全区城镇常住居民人均可支配收入61861元，农村常住居民人均可支配收入38633元，分别增长4.1%和7.2%。全年实现财政总收入121.87亿元，增长7.2%，其中：一般公共预算收入72.69亿元，同口径（收入口径由体制收入调整为金库收入）增长4.1%，占财政总收入的59.7%，占GDP的7.2%。一般公共预算支出78.65亿元，同口径（含2020年划入的原滨海新城上年支出）增长12.3%。全年财政收支平衡。

【组织财政收入】 加强统筹协调。紧盯全年目标任务，建立财税信息互通机制，加强数据交流与共享。把工作任务和责任细化落实到每一周、每一月、每一季，抓大不放小，深挖潜能，确保税收应收尽收。非税收入倒排时间节点，确保定时足额征收入库。抓好税源回归。压实乡镇街道主体责任，既管牢存量，更培育增量。全年税收收入65.45亿元，同口径（收入口径由体制收入调整为金库收入）增长6.8%，占一般公共预算收入的90.0%。全年非税收入64.71万元，其中纳入一般公共预算管理的非税收入7.24亿元，下降15.4%。进一步加快土地出让金清算、缴库和分配速度，提高资金周转效率，保障重大项目资金需求。

【做好疫情防控】 落实疫情防控政策。开通政府采购"绿色通道"，保障疫情防控资金需求，累计拨付疫情防控经费1.42亿元。落实惠企扶持政策，累计执行"两直"资金2.26亿元，执行率100.0%。建立"1+9"政策工作专班，提速兑现惠企政策资金7.65亿元。发放企业纾困补助资金1.31亿元，惠及小微企业和个体工商户7900户。为1158家承租户减免房租2311万元。实施财政贴息落实央行再贷款政策。争取央行再贷款9.95亿元。落实减税降费政策。为企业减税30.00亿元，降费1.85亿元。

【助推经济发展】 全年兑现财政扶持企业政策资金7.65亿元，帮助企业纾困。培育医疗器械产业，安排资金4000万元用于医疗器械综合体建设。鼓励发展跨境电商、出口信保等外贸行业，拨付外贸扶持资金1.05亿元，支持扩大内需消费，发放消费券8466万元。人才投入1.14亿元，增长3.0%，占区本级一般公共预算收入的1.6%。其中拨付高层次科技创业创新人才资助资金5146万元，省千人才、高层次人才、普通人才房票资金3155万元，其他人才资金3112万元。

【保障民生支出】 全年民生支出56.23亿元，增长2.4%，占一般公共预算支出的71.5%。助推民生实事工程。争取债券额度30亿元用于滨海新区基础设施改造提升、越城区人民医院、老旧小区改造提升、运河文化园、学校基础设施等重点项目建设。支持文教事业发展。全年教育支出16.87亿元，增长13.3%，支持健康教室灯光标准化改造、可调节课桌采购、小学校内托管服务覆盖、教育信息化基础设施建设等项目；文化体育支出6109万元，增长5.3%。助力"诗画浙江""百县千碗"、城市书房等建设。强化社会保障。全年社会保障和就业支出12.08亿元。城乡居民基本医疗保险筹资标准由890元/人·年提高至965元/人·年，城乡居民基本养老保险基础养老金由180元/人·年提高至215元/人·年。支持卫生健康事业。卫生健康支出9.56亿元。用于疫情防控、基层医疗卫生机构补偿机制改革、家庭医生签约服务等项目。

【强化监管举措】 坚持政府过"紧日子"。全年一般性支出压减18.6%,日常公用经费压减5.0%,压减支出8890万元。加强结余资金管理,盘活存量资金8517万元。加强预算绩效管理。做到事前项目预期绩效目标申报全覆盖,全年审核项目1227个、涉及财政资金33.12亿元,组织开展部门绩效自评项目825个、涉及财政资金30.23亿元。盘活存量资金、资产和资源。多渠道筹措安排化债资金,推进债务化解工作。按照五年化债计划,完成当年度化解目标。

【推进财政改革】 推进"最多跑一次"。越城区部门间"最多跑一次"系统上线事项22个,完成办件数量61317件。推动乡镇平台"一卡通"建设。规范涉农补贴资金发放,全区83个项目实现乡镇公共服务平台"一卡通"发放,发放资金2.78亿元。深化国库电子化改革。实现电子凭证在预算单位、财政部门、代理银行之间的跨部门、跨系统联网操作和无纸化运行,缩减全流程支付时间。

【加强队伍建设】 强化干部理论学习。深化"不忘初心、牢记使命"主题教育成效,通过中心学习组、周一夜学集中学习加强对习近平谈治国理政及系列重要讲话精神的理解。提供学习平台,结合"学习强国"、红色廉政资源,学习讨论会、青年干部学习论坛、主题党日活动提升干部专业知识能力。加强干部作风建设。把完成疫情防控、企业复工复产与深化"三服务"活动结合起来,选派5名优秀干部担任驻企(村)指导员开展帮扶工作,全年累计服务600余人次,协调解决实际问题困难事项145件,增强党员干部为人民服务的宗旨意识和使命担当。

(绍兴市越城区财政局供稿　吴超群执笔)

柯桥区

【概况】 2020年,绍兴市柯桥区实现地区生产总值1516.73亿元,按可比价计算,增长1.9%。其中:第一产业增加值38.69亿元,增长2.3%;第二产业增加值733.94亿元,增长1.2%,其中工业增加值620.46亿元,增长2.1%;第三产业增加值744.10亿元,增长2.6%。三次产业结构比为2.6∶48.4∶49.0。社会消费品零售总额354.35亿元,下降2.1%。自营出口864.60亿元,下降0.3%。城镇常住居民人均可支配收入72071元,农村常住居民人均可支配收入43459元,分别增长4.5%和6.9%。按户籍人口计算,人均生产总值219722元,增长1.1%。全区完成财政总收入202.04亿元,增长2.3%,其中一般公共预算收入137.23亿元,增长4.5%,占GDP的9.0%,占财政总收入的67.9%。税收收入111.73亿元,增长2.8%,占一般公共预算收入的81.4%。全区一般公共预算支出129.69亿元,增长2.1%。当年财政收支平衡。

【组织财政收入】 按照"匹配性、均衡性、可持续性"要求,加强收入形势研判和分析,深化财税经济分析共商机制,把握组织收入的力度和节奏。开展服务企业"提质增效、共促发展"专项行动,调研摸排行业百强企业和国有企业生产经营及纳税情况,挖掘增收潜力。强化土地出让收入管控,以大数据、云计算等信息技术为依托,运用国有土地出让一体化信息平台,实时掌握土地出让规模与时序。加大政府非税收入征收力度,明确主体责任,调动执收单位依法征收积极性。全区实现非税收入149.32亿元,增长15.9%,其中纳入一般公共预算收入管理的非税收入25.50亿元,增长12.8%。

【保障"两直"资金落地】 争取抗疫特别国债、惠企利民资金等"两直"资金4.61亿元,多渠道筹措配套资金,做大惠企利民资金池。通过"两直"工作专班化运作方式,强化储备项目筛选和补助对象甄别,确定补助项目和扶持对象。围绕"及时、直达、精准、安全、绩效"的目标,构建"两直"资金全周期管理模式,动态跟踪资金分配、拨付、使用等情况,确保"两直"政策落地。截至2020年年底,"两直"资金兑付率100%,惠及小微企业和个体工商户13456户。

【服务地方经济发展】 促进经济企稳回升。落实稳企业稳经济稳发展、支持企业复工复产等财政扶持政策,创新财政资金拨付办法,由镇街转拨调整为部门直拨,提前7个月完成6.49亿元惠企资金的兑现。实现"降本减负"44.21亿元,社保费减征18.51亿元,以1.01亿元的财政贴息撬动央行再贷款72.61亿元,减轻企业负担,促进经济企稳回升。落实产业扶持政策。筹措财政资金5.50亿元支持制造业发展"步鱼计划",加快传统产业改造提升和新兴产业培育壮大,推动产业链强链补链。安排财政资金3.65亿元支持人才强区、创新强区两大发展战略,撬动全社会加大研发投入,合力建设人才生态与科技创新最优区。发挥"基金招商"作用。设立规模21.66亿元的龙磐生物医药基金,并通过该基金引进高端生物医药项目4个。采用基金直投方式投资驭光科技项目,支持迅实科技、科盛生态等项目。2020年,新组建政府产业基金规模37.30亿元,投资项目9个。

【支持民生事业发展】 全年民生支出102.04亿元,增长0.6%,占一般公共预算支出的78.7%。守住社会民生底线。全区社会保障和就业支出15.25亿元,增长1.2%。加大扶困助残力度,发放城乡低保补助、困难群众物价补贴等救助补助资金,提高生活保障补助标准,城乡居民基本养老保险基础养老金由180元/人·月提高至215元/人·月。保障教育事业发展。全区教育支出30.17亿元,增长4.0%。完善教育经费保障稳定增长机制,推进教育现代化建设,保障"互联网+"教育战略、"明眸亮睛"工程、中小学教室安装空调等项目资金需求,健全中小学教师待遇保障机制,打造"学在柯桥"教育品牌。推动医疗卫生改革。全区卫生健康支出12.49亿元,增长11.9%。支持基本医疗服务均等化，推进医共体建设，落实公立医院综合改革和基层医疗卫生机构补偿机制改革，基本公共卫生服务补助标准从69元/人·年提高至87元/人·年。支持乡村振兴战略实施。全区农林水支出8.47亿元，增长0.8%。支持“三农”高质量发展，推进“五星达标、3A争创”、王坛镇省级农村综合改革集成建设项目、美丽乡村等项目建设，安排“五水共治”专项资金4.42亿元投向污水零直排、农村饮用水达标提升、美丽河湖和农田水利等民生实事。

【防范化解债务风险】 构建政府债务评估、预警、问责“闭环”管理体系，推进5家融资平台公司完成实体化和市场化转型，强化债务限额管理，通过夯实融资平台转型基础，盘活财政资金、国有企业资产等方式化解政府隐性债务，打好防范化解政府债务风险攻坚战。把握政府债券发行政策窗口期，创新地方债券申报“政金联盟”模式，全年新增债券资金27.00亿元，再融资债券额度30.10亿元。

【加快数字赋能改革】 加快“数字财政”建设，在全省率先将预算指标管理嵌入“钉钉”应用平台，实现预算指标申请、审核、审批业务的全贯通。推进政采云“柯桥精品馆”建设，首次举办“政府采购日走进柯桥”活动，现场达成意向合同980万元。构建非税收入电子化、一体化收缴体系，扩大收缴项目和缴费渠道，在4家公立医院推行医疗电子票据，实现行政事业单位电子票据全覆盖。以市民卡作为“一卡通”发放载体，将88项补贴全部纳入公共服务平台发放，涉及金额2.28亿元，惠及群众34.23万人次。

【加强财政监督检查】 提升资金绩效。推进全面预算绩效管理改革，制定工作计划、事前绩效评估管理暂行办法等制度办法，确保预算绩效管理有规可循、有章可依。强化绩效目标管理，全年审核项目719个、绩效指标4373条，涉及资金69.48亿元。压减政府开支。严控财政支出，清理部门沉淀资金，盘活财政存量资金，对非刚性、非重点、非急需项目做到应减尽减、应压必压、可延尽延、该禁必禁。全年累计压减政府开支9.48亿元，将压减的资金统筹用于填补减税降费带来的支出缺口以及疫情防控和扶持企业复工复产等领域。严控“三公”经费等一般性支出，全年“三公”经费下降10.2%。加大检查力度。在全区范围对财政扶贫资金、基层财政资金和财政专项资金等开展监督检查行动，确保资金安全运行。严控政府项目标底预算和变更审核，全年审核项目112个，核减资金1.55亿元。加强资金支付审查，发现并拒付违规资金1.03亿元。

【提升国资监管效能】 创新国有企业人才引育机制，对高端紧缺人才改变原有的人才招聘方法、聘用形式和薪酬待遇等，突破企业员额制管理限制，实行市场化薪酬管理模式，调动国有企业职工积极性。利用金融降息窗口期，开展“减息降本”专项行动，全区国有企业原高利率的存量贷款成本平均下降50BP以上，总体融资成本从2019年的5.47%下降至2020年的4.69%。对全区机关部门所属经营性资产进行调查摸底，通过资产划转、企业划转、股权清理等方式，优化国有资产布局，提升国有企业经营效益。截至2020年年底，已完成10处资产、12家公司股权划转和5家全民所有制企业改制。

【强化干部队伍建设】 突出党建引领。制定全面从严治党主体责任清单，组织《习近平谈治国理政》第三卷主题征文比赛，参加绍兴市财政系统党建项目晒比拼活动，打造“五心”党建特色品牌。推进“清廉国企”建设，全区13家国有企业创建绍兴市“五星双强”两新组织，首批5家国有企业通过“清廉国企”创建验收。落实巡察整改。围绕巡察反馈的六大方面33个问题，剖析原因、对症下药，研究制定整改措施96条，实行逐笔销号管理，在规定时间内全部完成整改。激发干部活力。举办趣味运动会，组织参观“美丽乡村”活动，建设“财政书房”，丰富干部业余生活。组织开展“爱心妈妈”、青年干部进社区、“文明城市”复检志愿服务等活动，鼓励干部职工参与社会公益事业。优化财政服务。组织开展“三驻三服务”活动，抽调53名业务骨干组建驻企服务团队和“财政管家”团队，深入企业一线，帮助解决各类问题120个，助力企业复工复产。

（绍兴市柯桥区财政局供稿　王森剑执笔）

上虞区

【概况】 2020年，绍兴市上虞区实现地区生产总值1043.82亿元，按可比价计算，增长4.6%。其中：第一产业实现增加值52.14亿元，增长2.2%；第二产业实现增加值514.58亿元，增长3.3%；第三产业实现增加值477.10亿元，增长6.7%。三次产业结构比为5.0∶49.3∶45.7，对GDP的贡献率分别为2.3%、38.7%和59.0%。按户籍人口计算，人均生产总值134082元，增长4.8%，按年平均汇率（6.8976）计算，人均生产总值19439美元。全年实现财政总收入156.72亿元，同比增长6.2%。一般公共预算收入93.69亿元，增长4.7%。一般公共预算支出121.05亿元（含上级专项补助），增长15.9%。一般公共预算收入占财政总收入的59.8%、占地区生产总值的9.0%，一般公共预算收入中税收收入比重为85.1%。当年财政收支平衡。

【组织财政收入】 加强经济形势研判，科学编制收入计划，完善跨部门联络机制和议事规则，掌握组织收入主动权，加强财政收支管理，把控收支进度，依法组织收入。全年财政总收入增幅排名全市第二，一般公共预算收入增幅排名全市第一。强化非税收入征收管理，全年征收非税收入96.96亿元，其中纳入一般公共预算管理的非税收入14.01亿元，增长1.1%。

【促进经济发展】 加强新冠肺炎疫情应对，支持企业纾困发展，

上虞区开展一江两岸建设

推动复工复产。加快涉企惠农政策资金兑现。建立政策快速兑现机制,兑现各类政策资金18.44亿元,惠及企业7900余家,在全市率先完成政策兑现任务。加速中央"两直"资金拨付,为7200余户小微企业和个体工商户发放纾困补助9899万元。兑现粮油生猪生产保供等补助资金1.84亿元。兑现小微企业、外贸企业再贷款财政贴息资金2875万元。助力制造业高质量发展。争取省级制造业高质量发展资金9500万元,每年统筹安排5亿元以上资金,聚焦"群+链"双育。重点培育新材料、高端染料日化等八大制造业优势产业集群,扶持新材料、现代医药等八条制造业现代化产业链。支持科技创新和人才集聚。安排1.16亿元支持高校毕业生就业创业,做好各类人才政策资金保障工作。拨付科技创新政策奖励资金7345万元支持企业科技创新,拨付资金6080万元支持科创大走廊、大学研究院等项目建设,安排资金6500万元支持国家级、省级"引才计划""万人计划"等重点人才工程政策。注重财政金融协同推进。深化产业基金运作,已设立的子基金总规模8.60亿元,其中产业基金认缴金额2.55亿元,带动社会资本投入6.05亿元。投资项目28只,其中上虞落地项目6只,投资金额3.54亿元,带动社会资本投资3.88亿元。入选全省支持民营和小微企业金融服务综合改革试点,争取资金1000万元。

【支持城乡建设】 支持实施全域美丽"八大行动",推进重大城市功能项目、重大交通互联项目、群众身边民生项目的建设。支持乡村振兴。兑现资金1.24亿元,推进"五星3A"村升级版创建。安排1.87亿元支持村级"一事一议"项目、集体经济增收、闲置农房激活等项目。安排3.39亿元保障"四好农村路"、重大水利工程、农田水利基础设施及农业产业化发展项目。入选省级农村综合改革集成示范区建设县,争取省级补助资金6000万元。支持文化旅游业。安排6780万元专项资金,支持文化产业转型、文化强区、民办博物馆扶持及城市书房建设等。安排7100万元旅游发展专项资金,支持省级旅游风情小镇和国家4A级旅游景区等项目创建和运行,推进全域旅游示范区建设。支持打好污染防治攻坚战。兑现政策资金7.11亿元,推进化工产业改造提升。兑现印染行业提档升级奖补资金4223万元,推进水污染防治工作。安排3.44亿元支持城乡生活垃圾焚烧发电集中处置、农村生活污水设施运行等工作。安排生态、减排等专项资金2351万元,改善全区生态环境质量。支持城乡生活品质提升。争取政府债券资金5.30亿元,保障城区老旧小区改造、水厂迁建等项目。安排5.84亿元支持美丽城镇、美丽公路等美丽行动。安排7.60亿元用于公共安全、社会综合治理支出。安排1.07亿元,支持"十五分钟消防应急救援圈"建设、购置消防车辆和装备、安全生产、智慧交通、食品安全等工作。

【保障民生事业】 全年民生支出92.71亿元,增长11.8%,占一般公共预算支出的76.6%。支持教育优质均衡发展。全年教育支出21.54亿元,增长0.2%,保障教师待遇提升,扶持民办教育发展,补足学前教育短板,促进高中教育优质发展,推动职业教育产教融合,推进教育优质均衡发展等。提升社会保障水平。全年社会保障支出15.62亿元,增长32.5%。推进各项待遇标准提标提质,企业职工养老保险待遇标准从2250元/人·月提高至2534元/人·月,全年累计支付35.33亿元;城乡居民基础养老金最低标准从180元/人·月提高至215元/人·月,全年补助3.65亿元;城乡居民医疗缴费标准从1310元/人·年提高至1450元/人·年,全年补助4.58亿元。支持社会救助养老体系建设,全年落实资金1.13亿元,支持救助特困、低保、孤儿、残疾等困难群众;投入资金6798万元,支持养老服务提升工程。补助被征地农民参保资金1.10亿元,落实就业补助政策资金8146万元。推进基本医疗服务均等化。全年卫生健康支出14.00亿元,增长70.5%。争取债券资金12.20亿元,用于新建邵逸夫医院绍兴院区、城南医用综合中心建设和扩建人民医院科技综合楼。安排专项经费2.52亿元,完善公共卫生服务体系,支持公立医院综合改革,增加公立医院和基层医疗机构运行经费补助,推动城市优质医疗资源下沉和医务人员下基层。支持打好精准脱贫攻坚战。安排6033万元用于支持援疆、援藏、对口支援等。

【深化财政改革】 系统构建集中财力办大事财政政策体系,突出工作重点,统筹财力配置,防控财政风险,为经济建设和社会发展提供财力保障。打好防范化解重大风险攻坚战。深化政府性债务风险"化管防"体制机制创新试点工作,推进政府隐性债务化解,确保债务风险安全可控,完善乡镇街道财政体制,强化资金保障能力。建立现代财政制度。严格执行区本级人大批准预算，强化预算执行动态监控，加强预算执行和财政资金安全管理。加强全口径政府财力统筹，盘活财政存量资金，及时收回长期沉淀资金，滚动编制中期财政规划和“十四五”财政规划。落实预算绩效管理。开展部门预算整体绩效试点，推进项目支出标准化体系建设，对146个部门预算和政府投资项目组织绩效评估，评估资金80.12亿元，核减资金10.88亿元，核减率13.6%。深化财政服务。发挥“政策服务专车”平台作用，深化涉企服务工作。推进“乡镇财政公共服务平台+一卡通”建设，落实各项财政涉农惠民政策。上线财政政务服务平台，简化财政管理流程。优化政府采购监管服务，开通疫情期间采购审批“绿色通道”。

【推进国企改革】 推进国资国企改革，制定国资国企“十四五”发展规划，开展“红领项目”创建活动，促进党建工作与生产建设融合。拓展国企经营渠道、创新经营模式，区属国有企业经营收入增长19.88%。开展新一轮资产注入工作，完成乡镇街道、国有企业、曹娥老区及杭州湾海涂农用地等四类闲置资产盘活利用。新增“BBB-”国际评级国企1家，2家国企首获上海新世纪“AA”评级。创新乡镇街道资产运行及财力保障机制，摸排乡镇存量资源，完成20个乡镇级国企设立及股权划转，建立健全资金反哺下沉机制，拨付3.63亿元反哺资金。

【提升队伍素质】 健全层级分明、权责明晰、全面覆盖的党风廉政建设责任网络体系，强化意识形态领域工作，营造崇廉尚廉文化。落实党建引领工作，机关党建项目《稳企战场上那一抹飘扬的财政红》在全市财政系统和全区部门单位的评比活动中分别获得第一、二名。完善选拔任用机制，注重干部培养，2020年，推荐提任区管副局级领导干部1人，通过跨部门、乡镇竞争选拔交流提任中层干部1人，系统内提任中层正职2人、提任中层副职4人、平职交流8人。加大干部教育培训力度，邀请企业家、部门领导作专题讲座，开展青年干部座谈会、退休干部欢送会等活动，并组建兴趣小组，组织文体活动。加大工作宣传、挖掘亮点成效，推广上虞财政品牌，多项工作举措被省市多家主流媒体宣传报道。汇编2020年系统防疫纪念册，增强集体凝聚力，弘扬财政文化和精神。配合省委第十一轮巡视工作，第一时间成立专班，做好交办事项的沟通、解释、整改工作。上虞区财政局在2020年度全区部门单位行风评议中排名第一。

（绍兴市上虞区财政局供稿　吕　娅执笔）

注：

*“群+链”双育：即八条制造业产业链、八大产业集群培育。

诸暨市

【概况】 2020年，诸暨市实现生产总值1362.36亿元，按可比价计算，增长3.6%。其中：第一产业增加值50.91亿元，增长2.3%；第二产业增加值617.62亿元，增长2.4%；第三产业增加值693.83亿元，增长5.3%。三次产业结构比为3.8∶45.3∶50.9。按户籍人口计算，人均GDP 125718元，增长3.9%。全市实现社会消费品零售总额462.46亿元，下降2.7%。完成进出口总额527.49亿元，增长8.1%。城镇和农村常住居民人均可支配收入分别为70740元和42296元，分别增长4.2%和7.4%。全市实现财政总收入145.47亿元，增长2.4%，其中：一般公共财政预算收入90.32亿元，增长0.6%，占生产总值的6.6%，占财政总收入的62.1%；税收收入73.63亿元，下降1.4%，占一般公共预算收入的50.6%。全年一般公共财政预算支出117.65亿元，增长6.5%。全年财政收支平衡。

【组织财政收入】 强化收入分析。深化财税协作及部门联动，健全涉税信息共享机制，加强收入分析和财源管理，对财政收入中苗头性、趋势性问题做好预研预判，完善重点税源监控，合理安排组织收入的力度和节奏。规范非税收入征管。完成公共支付平台非税收入线上线下一体化收缴应用，结合财政电子票据实现非税收入收缴“最多跑一次”。全年开通统一公共支付平台的执收单位198家，开通家数居绍兴地区第一位。全年开具电子票据90.49万份，开票金额16.28亿元。全年收缴非税收入114.71亿元，增长18.7%，其中纳入一般公共预算管理的非税收入16.69亿元，增长10.3%。

【服务经济发展】 支持数字经济五年倍增计划和科技人才新政，统筹打好财政政策组合拳，助推传统企业提质升级，全年累计兑现各类财政奖补资金12.45亿元，人才专项资金1.45亿元，科技专项资金9645万元。加快应急转贷资金运作，助力企业纾困解难，全年服务企业307家，提供应急转贷资金80.68亿元。深化全国首个县级创投改革试验区建设，加快产业基金运作，全市产业基金参股设立子基金18只，直投项目4个。子基金总规模132.00亿元，投向数字经济、环保、高端装备制造、大健康等八大万亿产业项目169个。举办2020（第四届）中国（诸暨）科技金融暨创投产业集聚发展高峰论坛，签约落地项目资金总规模80.00亿元。

【保障重点支出】 全年民生支出88.65亿元，增长2.8%，占一般公共预算支出的75.4%。完善社会保障。全年社会保障和就业支出21.29亿元，增长15.8%；卫生健康支出19.35亿元，增长42.8%。对因突发意外、重大疾病、新冠疫情影响的低保、低边、特困以及基本生活陷入困境的困难群众给予临时救助，启动物价联动机制，发放基本生活价格补贴。累计发放最低生活保障金9219万元，惠及低保对象9291户10685人。新冠肺炎疫情期间，发放困难群众物价补贴1976万元，惠及159207人次。助跑文教发展。全年教育支出24.68亿元，增长6.3%；文化支出1.36亿元，增长0.4%。加大公办学校建设，全年投入资金1.24亿元。

推动教育民生实事工程实施，全年投入860万元用于安装幼儿园新风系统702台，投入413万元用于改造中小学教室照明系统614间，投入424万元用于更换中小学可调节式课桌椅15135套。全年拨付4854万元用于发放义务教育免费教科书。完善学生资助政策，提高资助保障水平，累计发放学生资助727万元。助推乡村振兴。做好乡村振兴资金保障，落实强农惠农政策，争取陈蔡水库除险加固改造项目省级补助资金5000万元、农村饮用水工程省级奖补资金3000万元、乡村振兴产业发展示范建设项目补助资金8000万元、村级一事一议财政奖补2000万元。

【深化财政改革】 全面实施预算绩效管理。落实《诸暨市全面落实预算绩效管理三年行动计划(2019—2021年)》，开展政府采购绩效管理、政府投资基金等特定领域的绩效管理。全年实施财政组织绩效评价项目139只，涉及财政资金6.72亿元。深化投融资体制改革。按照"规范科学、多元创新"的原则，组织协调各国有企业做好融资计划，形成长短匹配、品种丰富的新型融资结构。截至2020年年底，综合融资成本5.06%，较年初下降0.83个百分点。支持国有企业发展。支持国有企业开展市场化运作，促进企业经营收入增长，截至2020年年底，全市国有企业资产总量2085.28亿元，增长26.3%。

【强化财政监管】 防范化解债务风险。实施防范化解地方政府性债务风险专项行动，确保风险控制在合理区间，完成全年债务化解目标。抓好监督审查。落实政府性投资项目概算审核、结算造价审核和标底审核工作，全年完成结算造价项目2626只，核减金额4.90亿元，核减率11.3%；完成标底审核项目140只，综合调整率为2.2%。规范财政资金竞争性存放。完善财政资金竞争性存放公开招投标评分方案，提升竞争性存放方案的公平性、透明性，全年完成财政资金竞争性存放招投标73.55亿元。

【加强队伍建设】 选拔干部。通过竞争性选拔任用激励干部创先争优，优化队伍结构。全年开展中层干部选拔任用2次，新提任中层干部5名，平职交流3名，跨部门交流中层干部2名，一般干部交流4名。培养干部。坚持需求导向开展干部专题培训，累计举办局机关和国有企业年轻干部公文写作专题培训班10期。强化组织纪律。坚持逢会必讲党风廉政建设，绷紧党风廉政建设这根弦。加大正风肃纪检查力度，实行"一月一督查"，全年开展专项检查12次。

(诸暨市财政局供稿　骆泠霏执笔)

嵊州市

【概况】 2020年，嵊州市实现生产总值601.27亿元，增长2.1%。其中：第一产业增加值42.02亿元，增长7.2%；第二产业增加值259.37亿元，下降8.6%；第三产业增加值299.88亿元，增长12.6%。三次产业结构比为7.0∶43.1∶49.9。按户籍人口计算，全市人均生产总值83304元，增长3.2%。全市完成财政总收入71.46亿元，增长2.6%。其中，一般公共预算收入45.82亿元，增长0.1%，占GDP的7.6%，占财政总收入的64.1%；税收收入34.34亿元，占一般公共预算收入的74.9%。全市一般公共预算支出72.18亿元，下降5.0%。全年财政收支平衡。

【组织财政收入】 加强分析研判。分析经济税源形势，研判收入趋势，强化组织收入预案。围绕重要时间节点，逐月做好收入综合研究分析和预测，挖掘收入潜力。加强部门合作。发挥地方财税收入协调领导小组作用，加强与税务部门合作，做好收入组织工作。加强与乡镇、街道、开发区对接，掌握税源引育进展。联合经信、自然资源与规划、市场监管等部门和乡镇街道，做好房产税、土地使用税税款缴纳情况摸排应对工作，减少税源遗漏，确保税收政策执行到位。加强非税管理。依法依规组织非税收入，推进财政电子票据改革，提高非税征管效率。应用"国有土地出让一体化信息管理系统"，加强土地出让金结算、规范土地出让资金收支管理，规范做好非税收入征缴工作。全年完成非税收入124.62亿元，增长6.8%，其中纳入一般公共预算管理的非税收入11.48亿元，增长7.1%。

【支持经济发展】 加速资金兑现。做好财政政策和资金落实工作，助推企业复工复产，落实疫情防控重点保障企业贷款贴息、应急物资保障体系建设中央财政补助资金、普惠性再贷款财政贴息等财政政策。启用"财政专项资金综合管理云平台"，简化政策申报手续，及时兑现涉及疫情防控的相关政策资金，提前释放奖补资金4.4亿元。推进政府产业基金运行。加强政府产业基金的运作和监督管理，截至2020年年底，已设立子基金8只、直投项目1个，基金管理总规模近100.58亿元，投资项目14个。发挥产业发展转贷基金作用，着力破解企业"融资难、融资贵"问题，全年转贷资金71.04亿元，帮助2080户纳税人降低融资成本。推进减税降费政策落地。落实减税政策，全年为企业减负17.46亿元，其中"五减"政策减免3.00亿元，降本减负14.13亿元；残疾人保障金减免3179万元，文化事业建设费减免110万元。阶段性降低社会保险缴费，减轻五项社保费7.01亿元，惠及企业8554家。推进"三服务"工作。开展"三服务"活动，派遣驻企指导员深入企业助力复工复产。开展"管家式服务落实财政政策"活动，打通财政政策落实"最后一百米"。

【保障民生事业】 全年民生领域支出52.43亿元，下降13.6%，占一般公共预算支出的72.6%。支持社会事业发展。社会保障和就业支出9.82亿元，城乡居民基本医疗保险筹资标准由1310/人·年提高至1450元/人·年、财政补助标准由890元/人·年提高至965元/人·年，城乡居民最低生活保障由810元/人·月提高至850元/人·月；卫生健康支出8.70亿元，其中拨付基层医疗卫生机构补偿机制改革资金1.30亿元；教育支出13.49亿元，助推教育现代化进程；科技支出5.53亿元，支持各类科技事业；安排公共安全资金4.24亿元，保障“平安嵊州”建设；安排人才发展专项资金5500万元，推进“人才强市”建设。支持“三农”建设。农林水支出5.86亿元，其中安排一事一议及扶持村级集体经济发展资金2500万元，兑现农业政策资金2347万元，农业政策性保险经费515万元，农村环境卫生与河道保洁资金3000万元，精品村建设项目、美丽乡村风景线建设项目和历史文化村落保护利用、五星达标、3A创建、标准农田建设等资金2.29亿元。支持重点项目建设。落实民生教育、公共安全项目建设政府投资项目资金1.88亿元，购买公共交通服务7860万元；安排购置环保设施设备、加强水源保护和水质监测、实施城乡垃圾分类等3.23亿元。

【深化财政改革】 深化预算管理改革。落实《预算法》要求，提高预算公开质量，加大一般公共预算统筹使用力度。全面实施预算绩效管理，加强对重大项目的绩效评审工作。推进“预算编制云”建设，实现预算编制、执行、监督系统整合。深化国库集中支付电子化改革。深化市级部门国库集中支付改革，规范公务卡管理。推行乡镇财政国库集中支付，强化财政资金管理。深化政府非税收入电子化改革。推进政府非税收入电子化收缴改革，全市240家单位开展电子化收缴业务，办理收缴业务735504笔，收缴资金30.67亿元；应用财政电子票据管理系统，推广财政票据电子化改革。

【强化财政监管】 强化财政监督检查。加强财政内部控制和对外监督管理，把好财政支出“关口”。发挥“互联网+监督”平台作用，开展乡镇就地就近资金监管工作落实情况抽查巡查。组织实施新冠肺炎疫情防控财税政策落实和资金使用情况督查，确保疫情防控和复工复产各项政策落实。强化政府采购监管。规范政府采购管理，推广政采云全流程电子化，强化政府采购基础建设，完善政府采购运行机制。全年政府采购预算金额5.18亿元，实际采购金额4.87亿元，节支率5.8%。强化财政风险管控。做好财政性资金竞争性存放工作，加强财政运行状况动态监测，提高资金效益，全年开展财政性资金竞争性存放46.36亿元。强化政府债务管控。开展政府性债务管理工作，切实防范债务风险。全年争取地方政府新增债券35.11亿元，主要用于保障22个公益性项目支出。强化行政成本控制。出台《关于做好压减一般性支出工作的通知》，做好非刚性、非重点项目支出的压减工作，一般性支出下降10%以上，“三公”经费支出下降5%左右，盘活财政资金5.30亿元。

【加强队伍建设】 坚持“每天学习一小时、一周一次固定学习、一月一次集中学习、一季一次专题讲座、一年一次业务考试”常态化学习制度。通过学习强国平台、钉钉群、全市服务企业线上专题培训班等向全体干部推送时事政治信息和理论知识，推进“两学一做”学习教育常态化制度化。选派4名业务骨干担任驻企指导员，支持帮助企业开展工作；组织党员干部开展“三服务”“双挂联”“返乡走亲”“双优促双强、消费提信心”等活动，深入乡镇（街道）、企业、乡村走访调查，了解企情、民情，提高解决实际问题的能力。推行党员发展“全链条”管理，落实监管责任，组织履责约谈。按季开展廉情分析，62名领导干部和中层干部作出作风建设和廉洁从政公开承诺，接受干部群众监督。严防“四风”问题。厉行节约反对浪费，制订“节约粮食，制止餐饮浪费”方案。

（嵊州市财政局供稿　陈　津执笔）

新昌县

【概况】 2020年，新昌县实现地区生产总值461.46亿元，增长2.7%。其中：第一产业增加值22.41亿元，增长2.2%，第二产业增加值221.20亿元，增长1.3%，第三产业增加值217.85亿元，增长4.6%。按户籍人口计算，人均生产总值106589元。三次产业结构比为4.9∶47.9∶47.2。全社会固定资产投资134.17亿元，下降1.4%；社会消费品零售总额166.01亿元，下降2.5%；出口总值147.44亿元，下降4.6%。全县财政总收入70.29亿元，增长0.8%；其中一般公共预算收入43.72亿元，增长0.14%。一般公共预算支出64.57亿元，增长0.34%，全年财政收支平衡。

【组织财政收入】 研判减税降费政策、国际贸易及新冠疫情等国际国内环境影响，突出组织收入工作中心，制定组织收入计划，多途径挖掘增收潜力，做好收入组织工作。2020年，全县一般公共预算收入，占GDP的9.5%，占财政总收入的62.2%；税收收入32.58亿元，占一般公共预算收入的74.51%。全年实现非税收入69.52亿元，增长143.7%；其中纳入一般公共预算管理的非税收入11.15亿元，下降0.1%。

【助推经济发展】 发挥财政杠杆作用，鼓励传统产业改造提升、加大创业创新力度、振兴实体经济，助推高新技术企业、中小微企业等民营经济发展。2020年，兑现政策性财政资金5.74亿元，惠及企业13241户次。聚焦企业融资难点，加大财政金融支持力度，落实普惠性再贷款财政贴息政策，累计拨付普惠性再贷款财政贴息资金541万元，政策兑现率100%，惠及企业和个人745户，在优惠贷款的基础上为小微企业和个人再减负1.34%。确保“两直”政策落地，2020年，争取“两直”资金12.03亿元，已支付11.42亿元，支付率94.9%，其中兑付小微企业和个体工商户纾困资金4650万元，兑付进度100%，惠及户数3876家。助推复工复产，加快涉企和疫情防控财政政策兑现，聚焦企业难点，落实“免、减、缓、返”阶段性社会保险政策，2020年，减免各项社会保险费5.78亿元，惠及企业7565家；缓缴各项社会保险费0.13亿元；返还失业保险稳岗1.08亿元，惠及企业4457家。

【强化民生保障】 2020年,全县民生支出47.44亿元,下降8.99%,占一般公共预算支出的73.5%。全年教育支出12.51亿元,增长0.69%,改善办学条件,资助贫困学生,优化教育资源。卫生健康支出6.27亿元,增长15.3%,重点保障新型冠状病毒感染疫情防控、巩固基层医疗卫生机构补偿机制改革和医共体建设成果。社会保障和就业支出8.03亿元,同比增长30.9%,完善城乡居民基本养老保险、养老服务、生活困难补助等多层次社保体系。文化旅游体育与传媒支出1.31亿元,增长20.4%,打造和宣传唐诗之路精华地、公益性文化服务,推动各项社会文化事业发展。

【深化财政改革】 构建集中财力办大事财政政策体系,统筹涉农资金,落实2020年省一事一议财政奖补试点项目建设,助推美丽乡村建设、文化礼堂建设,加大茶业强县、美丽果园、现代农业园区、香榧特色园等现代农业发展,助推全域旅游发展,2020年统筹整合涉村资金1.40亿元,拨付资金1.19亿元。加快财政数字化转型升级,落实采购项目电子化,2020年交易项目233个,交易金额3.45亿。转网商家408户,实现100%"网上超市"向"全省一张网"转网,网上超市交易10642笔,交易金额1940万元。实施非税收入收缴电子化改革,全年累计接入执收单位169家,开通线上线下支付渠道17个,收缴资金18.99亿元。全面实施预算绩效管理改革,上线预算绩效管理平台,创设红黄蓝灯预警规则12条,将年度预算安排500万元(含)以上的80个资金项目纳入重点绩效监控。2020年完成财政重点评价项目23个,涉及财政资金8.93亿元。推动国有企业实体化转型,2020年注入资产90.42亿元(包括注入资金负债率64.39%)。加强国有企业信用评级,完成投发集团AA+主体信用评级。开拓融资渠道,获批PPN 20.00亿元及境外债发行。

【规范债务管理】 实施防范化解地方政府隐性债务风险专项行动,通过安排财政资金偿还、盘活存量资产资源资金、项目经营收益偿还等措施,有序化解存量隐性债务,强化项目源头管控,遏制隐性债务增量,防范债务风险,完成全年隐性债务化解任务。加快平台公司转型,通过盘活企业自身经营性资产、注入经营性资产等方式完成经营性资产与隐性债务的匹配平衡方案,3家承接隐性债务的集团公司已编制隐性债务化解资产配置工作方案。理顺国资监管机制,规范国企融资运作,出台《关于建立新昌县国有企业债务风险防范机制的通知》《在推进县属经营性国有资产统一监管中实施分类处置的指导意见》等文件,做好债务风险管控,实现经营性国有资产统一监管。

【夯实财政监管】 健全内控管理制度,加大监督检查力度,强化检查结果应用。构建以预算管理、预算执行、财政监督、绩效管理和行政管理五个模块控制制度为主体,以综合性管理制度为补充,以各业务科室控制制度子模块为基础的财政内部控制制度体系,完善财政各项工作业务流程,并将内控流程和风险防控措施等嵌入集中支付系统、"最多跑一次"系统等信息系统,实现内控跟踪管理。加大监督检查力度,开展"双随机"跨部门检查,落实"1+X"专项清风督查、扶贫资金使用监督和会计信息质量检查。强化政府(国有企业)投资项目管理,出台《新昌县政府(国有企业)投资项目工程总承包(EPC)管理办法(试行)》,强化项目预算审核和变更审核,提高财政资金使用效益。2020年,全县完成政府(国有企业)投资项目预算、变更审核52个,净核减1.38亿元,核减率10.3%;结算送审141个。

【加强队伍建设】 建设学习型财政,将集中学习和个人自学相结合,自学与辅导相结合,每月开展集中学,定期组织"财政大讲堂",落实"三会一课"、民主生活会、组织生活会、党员民主评议、主题党日等制度,落实党风廉政建设责任制,落实党建工作责任制,逐级签订党风廉政建设责任状。疫情期间开展"管家式服务",建立"问题汇总+分解落实+反馈闭环"机制,派驻驻企指导员11名,上门服务规上工业企业11家,服务企业职工2116人次。推进"三服务",组建问需问计问效"1+N"服务小组,每月"至少上门一次"深入企业一线,聚焦企业发展诉求,走访服务基层乡镇,摸排乡镇资金需求。2020年,走访企业、社区、乡镇、联系村等单位110余次,解决问题94个,其中现场解决84个。

(新昌县财政局供稿 梁丹丹执笔)

新昌举办大佛龙井茶文化节

金华市财政工作

金华市

【概况】 2020年，金华市实现生产总值4703.95亿元，按可比价计算，增长2.8%。其中：第一产业增加值157.16亿元，增长1.9%；第二产业增加值1814.00亿元，增长0.4%；第三产业增加值2732.79亿元，增长4.7%。三次产业结构比为3.3:38.6:58.1。按户籍人口计算，人均生产总值95431元。全社会固定资产投资增长4.2%。全社会消费品零售总额2611.93亿元，下降4.1%。外贸进出口总额4866.59亿元，增长15.3%。全市城镇常住居民人均可支配收入61545元，增长3.7%；农村常住居民人均可支配收入30365元，增长6.5%。全市财政总收入680.88亿元，增长2.9%，其中一般公共预算收入423.25亿元，增长2.9%；市区财政总收入159.16亿元，增长1.1%，其中一般公共预算收入95.77亿元，增长0.8%。全市税收收入380.40亿元，增长6.2%，其中市区税收收入86.21亿元，增长7.0%。全市一般公共预算支出703.41亿元，增长5.9%；市区一般公共预算支出176.06亿元，增长9.6%。全年财政收支平衡。

【组织财政收入】 加强部门联动与预测分析。构建财税银联动收入组织长效机制，实现财税收入核心数据信息共享，协同开展收入调控工作。针对新冠肺炎疫情影响和复杂经济形势，开展财政收支压力测试，加强分析研判，把握收入节奏。巩固收入结构。全市一般公共预算收入占GDP的8.9%、占财政总收入的62.2%，税收收入占一般公共预算的89.9%。市区一般公共预算收入占GDP的10.5%、占财政总收入的60.2%，税收收入占一般公共预算收入的90.0%。加强非税收入管理。强化非税收入收缴情况分析，清理单位滞留资金，加大对非税收入征缴力度，全市全年实现非税收入896.87亿元，其中纳入一般公共预算管理的非税收入42.69亿元。

【支持经济发展】 保障疫情防控。成立新型冠状病毒感染的肺炎疫情防控工作专班，调整支出结构，保障疫情防控需求，常态化实施防控资金拨付机制，畅通资金拨付“快速通道”和政府采购“绿色通道”。全市全年安排疫情防控资金7.96亿元。向上争取资金。全市全年争取上级补助资金127.58亿元，增长6.7%。争取新增政府债券资金196.00亿元，增长72.7%，保障重大政策、重大项目实施。落实减税降费政策。根据《金华市大力实施减税减费减租减息减支共克时艰行动方案》，落实各项减税降费政策，全市全年落实“五减”237.27亿元及降本减负181.79亿元。落实“两直”资金。全市全年争取中央“两直”资金52.50亿元、省级资金3.81亿元，安排惠企利民资金64.38亿元。加强财政扶持。联合市建设局、市文广旅游局、市经信局等部门出台国际服务贸易、建筑、影视文化等行业扶持政策，帮助企业、市场主体纾困解难，全市全年兑现各类补贴30.90亿元。

【保障民生事业】 全市民生支出509.88亿元，下降1.0%，占一般公共预算支出72.5%。市区民生支出116.33亿元，下降4.1%，占市区一般公共预算支出的66.1%。完善公共卫生服务体系。全市卫生健康支出66.41亿元，增长13.8%。全年增补政府投资的公共卫生建设项目4个，投资规模1.52亿元。根据《金华市人民政府　浙江大学合作协议》，由市财政局为引进高层次研究人才提供地方财力支持，促进金华市中心医院医教研整体实力提升。分别以市中心医院、市中医医院、市人民医院为核心组建医联体3个。提升社会救助水平。全市社会保障和就业支出90.02亿元，增长12.2%。市区城乡低保标准提高至850元/人·月，城镇特困人员基本生活标准提高至1320元/人·月，农村特困人员基本生活标准提高至1060元/人·月。市区机构孤儿基本生活费标准提高至1850元/人·月，社会散居孤儿、困境儿童生活费提高至1480元/人·月。推动文教事业发展。全市教育支出137.93亿元，增长8.9%，落实生均公用经费制度、困难学生资助政策和中小学教师待遇，推进普通高中重点项目建设和中职学校“三名工程”建设。保障文化、体育事业发展需要，全市科技支出20.44亿元，文化体育支出14.49亿元。助力脱贫攻坚。健全全市扶贫资金动态监控机制，开展扶贫资金管理工作通报与跟踪督导，加大财政扶贫资金投入，全市安排扶贫资金13.19亿元。

【深化财政改革】 加强财政资金管理。出台《金华市级财政资金管理办法(试行)》《金华市级财政预算指标管理审批流程》和《推进市区财政事权和支出责任划分改革的实施意见》，厘清财政管理职责，明确市区财政事权和支出责任。推进预算管理一体化。梳理预算管理一体化系统建设业务需求，确定技术标准，规范数据编码与信息采集，构建市本级预算管理业务架构，推动市直“预算云”系统上线。推进奖补信息系统推广应用。推进“金华市财政补助资金管理平台”开发应用，集成“政策超市”，发布全市50个部门109项政策，减少七大类证明，加快审核审批，8项政策实现“无感支付”。累计申报金额21.16亿元，兑现资金15.79亿元。开展涉农政策资金整合。推动支农资金跨部门、跨层级实质性整合，将40余项政策整合为7类21项新政策，统筹政策、资金用于脱贫攻坚及乡村振兴。深化事中监管。规范事中监管，扩大覆盖面，将“新冠病毒肺炎疫情防控经费”等社会关注度高的13个项目纳入监管，涉及预算资金1.52亿元。深化纪委、审计、财政三部门动态监管机制，实施分级预警302次，涉及预算资金5970万元。推进绩效管理扩面。依托自行开发的绩效抽评系统开展自评抽查，随机抽查自评项目300个。出台重点绩效评价内部操作指南及预算绩效运行监控管理办法，全年选取24个部门33个项目开展重点绩效评价，涉及资金5.64亿元，项目数量增长17.9%。

【防范财政风险】 防范“三保”风险。开展财政收支压力测试，落实“三保”预算编制审核制度、部门预算执行定期报告和定期收回制度，盘活资金统筹用于“三保”支出。全市全年落实“三保”经费316.55亿元，增长7.2%。防范政府债务风险。加强债券资金使用监管，按月统计债券资金使用进度，对项目进行实地督查。开发政府投资项目与土地地块对应系统，将专项债券项目和重大政府投资项目对应地块纳入系统配对管理。防范社保基金风险。优化社保基金分析会机制，全市全年开展社保基金预算执行分析会6次，解决问题18个。推进企业职工基本养老保险省级统筹和被征地农民政策调整衔接，开展2021年基金平衡情况分析及支出测算，防范支付风险。

【加强队伍建设】 开展调研工作。开展市区财政体制、内部管理、教育科学卫生等重点民生领域和重大投资项目专题调研90项，形成成果转化83项。完善局内运行协调机制。实施预算周会制度，由总预算局牵头搭建预算口处室及相关处室业务交流平台，全年召开周会43期。建立对外协调情况报告制度，全年报送对外协调事项177项。提升干部业务素质。举办业务培训班17期，开展干部“练兵比武”活动，组建含36名业务骨干的政研小组，每周定期编发《科研小课堂》和《新政速递》，定期开展科研沙龙活动。优化干部工作作风。推进“党建+”工作，开展作风、业绩、进度和服务“四大比拼”活动，加强理论、法规学习，全年组织学习26次、法纪教育18次。开展干部职务职级并行工作。

(金华市财政局供稿　曾东平执笔)

婺城区

【概况】 2020年，金华市婺城区实现生产总值320.22亿元，增长4.0%。其中：第一产业增加值14.23亿元，下降0.2%；第二产业增加值71.33亿元，增长0.3%；第三产业增加值234.66亿元，增长5.5%。三次产业结构比为4.4∶22.3∶73.3。按户籍人口计算，全区人均生产总值82326元，增长3.9%。城镇居民人均可支配收入58746元，增长3%；农村居民人均可支配收入26560元，增长5.7%。全区财政总收入44.25亿元，下降6.1%，地方一般公共预算收入21.04亿元，增长2.1%，其中区级一般公共预算收入11.10亿元，增长0.2%，占财政总收入的25.1%。一般公共预算支出33.36亿元，(较2019年一般公共预算支出25.87亿元)增长29.0%，其中区级一般公共预算支出21.87亿元，(较2019年区级一般公共预算支出15.90亿元)增长37.6%。当年财政收支平衡。

【组织财政收入】 依法依规组织收入。落实减税降费政策，促进实体经济发展，加强重点税源、重大项目税收监控。全年地方一般公共预算收入占GDP的6.6%，占财政总收入的47.5%；全区税收收入18.41亿元，占一般公共预算收入的87.5%，其中区级一般公共预算收入中税收收入9.21亿元，占比83.0%。强化收入分析。加强与税务部门沟通，分析研判收入形势，掌握收入进度，采取针对性措施优化收入结构。加强非税收入管理。梳理执法单位罚没收入征收情况，督促罚没收入及时缴纳入库。推进非税收入电子化征缴改革。全年实现非税收入39.82亿元，增长12.3%，其中纳入一般公共预算管理的非税收入2.10亿元，下降4.3%。

【推进疫情防控】 统筹保障防控经费。建立资金支付“绿色通道”，成立疫情防控经费支付保障小组，加强与人民银行、国库代理银行协同配合，对中央、省、市疫情防控资金实行即到即办制，全区拨付疫情防控物资储备专项经费4644万元。建立采购“绿色通道”。落实疫情防控物资采购“绿色通道”相关要求，全区通过“绿色通道”采购防护口罩、消毒液、救护车等疫情防控物资2103万元。提升资金拨付效率。加快资金审批，推行资金申请网上传递，实行统一归口审批压缩办结时间，凡涉及疫情防控的所有支付申请压缩至2个工作日内完成。

【推进复工复产】 落实减税降费政策。落实省委、省政府30条等“五减五免”和促消费工作，联合主管部门出台保障企业节后用工复工、支持建筑行业健康发展、防控期间减免企业房租等意见，落实、兑现(减免返还)资金22.27亿元。兑付产业扶持资金。全年共兑付各类补助资金1.80亿元。拨付“两直”资金1.32亿元。兑付外贸扶持资金1853万元，支持市场采购外贸政策，拉动本区出口额21.20亿元，外贸出口额增速居全市第2位。降低企业融资成本。争取贴息资金，全区申报疫情防控重点保障资金贴息企业6家，贷款金额2.50亿元，申请贴息资金286万元。累计办理应急周转金16笔，周转资金7114万元，取消政府采购投标保证金，降低履约保证金缴纳比例，减少占用企业资金1.03亿元，支持小微企业采购1.73亿元。

【保障民生支出】 全年民生支出26.21亿元，增长31.6%，占支出的78.6%。加强财政资金统筹使用，支持全国文明城市建设，加快城市有机更新，推动老旧小区改造，加强基础设施建设，推进污水零直排工程和生活垃圾分类管理。推进教育文化事业发展。全年教育支出7.82亿元，增长28.8%，新建公办幼儿园5所，投入2919万元用于校园整体改造提升。文化旅游和传媒支出4269万元，增长6.9%，投入1723万元用于诗路文化带建设。保障医疗卫生支出。全年卫生健康支出2.99亿元，增长90.2%，优化医疗卫生资源配置，支持社区卫生服务中心改造，建立疫情防控区乡村三级指挥体系，新增疫情防控相关补助资金7431万元。实施中医院、妇幼保健院签建工程。加大社保投入。全年社会保障和就业支出5.36亿元，增长25.3%，投入3.70亿元用于城乡居民和机关事业养老保险，低保补贴提高至850元/人·月，城镇特困人员标准提高至1320元/人·月，农村特困人员标准提高至1060元/人·月。统筹安排就业创业专项资金1000万元。支持乡村振兴。全年农林水事务支出3.41亿元，增长22.8%，开展“十乡百村、乡创婺城”行动，投资1.03亿元支持现代农业提质发展。推动南山漫道美丽乡村风景线农村综合改革试点、全国绿色小水电示范区创建与低收入农户增收扶贫开发试点项目建设。支持白沙三十六堰申遗。

【支持三大攻坚战】 加大财政脱贫攻坚投入。全年使用财政扶贫资金1.21亿元，整合涉农资金7.54亿元。加大消费扶贫力度，扶持本地农产品入驻政采云“扶贫馆”，全年49家行政事业单位完成农副产品采购107万元。推进生态文明建设。规范生态补偿资金使用，安排上下游流域水质生态补偿资金357万元。完善市区和乡镇空气质量自动监测体系，投入资金869万元建成空气质量自动检测站点16个。加强债务风险防控。对地方政府债务化解实施动态管理和月报制度。按照化债方案逐年化解隐性债务，完成年度政府债务化债计划。全年获批专项债券7.50亿元、抗疫特别国债1.97亿元、再融资政府一般债券1.60亿元、专项债券6000万元。

【加强财政监管】 推进预算绩效管理。全年实施预算单位财政投资绩效目标管理项目1028个，涉及资金34.34亿元，重点评价16个部门(单位)20个项目，涉及资金3.64亿元。组织全区预算单位开展绩效运行监控，实现预算监控、绩效全覆盖。全年完成项目预结算审核项目278个。规范政府采购。推进政采云应用，全年计划采购金额2.79亿元，实际采购金额2.45亿元，节约资金3381万元，节约率12.1%。深化国企改革。出台《婺城区经营性国有资产集中统一监管工作方案》，盘活闲置房产，择机注入国有实体公司。推进国有企业退休人员社会化管理工作，助力国有企业轻装上阵，实现社会化管理退休人员5870人，移交率100%，移交人数居全市第一。

【强化干部队伍建设】 加强党的政治建设。成立中共金华市婺城区财政局(国资办)直属机关委员会、直属机关纪律检查委员会，选举产生新一届党委委员和纪委委员。开展志愿服务。组建党员志愿者队伍，选派800余人次支援社区协助开展疫情防控工作。加大干部教育培养。面向全区财务工作人员开展财政业务综合素养提升培训，培训人员200余人次。全年提拔中层正职6名，中层副职4名。开展廉政建设。签订《党风廉政建设责任书》，建立党员干部廉政档案，推动清廉财政建设。强化内控管理。出台《婺城区财政局内部控制操作规程(试行)》，将业务风险防控与廉政风险防控结合，推动财政内控建设。2020年，金华市婺城区财政局被省人民政府授予浙江生态省建设集体三等功，获市政府第六届全国文明城市创建集体嘉奖，连续第9年获得区级岗位目标责任制考核先进单位称号。

（金华市婺城区财政局供稿　杨秀清执笔）

金东区

【概况】 2020年，金华市金东区实现地区生产总值259.27亿元，按可比价格计算，增长2.9%。其中：第一产业增加值14.91亿元，增长3.0%；第二产业增加值112.61亿元，增长1.6%；第三产业增加值131.75亿元，增长4.1%。三次产业结构比为5.7∶43.5∶50.8。按户籍人口计算，区人均生产总值75658元，增长1.8%。城镇常住居民人均可支配收入51155元，增长3.6%；农村常住居民人均可支配收入29285元，增长6.0%。财政总收入37.68亿元，增长2.7%，一般公共预算收入23.76亿元，增长3.6%，占GDP的9.2%，占财政总收入的63.1%；一般公共预算收入中税收收入22.18亿元，增长3.2%，占一般公共预算收入的93.4%。财政总支出61.33亿元，增长7.6%，其中一般公共预算支出32.74亿元，增长2.5%。财政收支平衡。

【组织财政收入】 定期召开财政税务联席会议，加强对疫情下财政收入运行的监控和研判，把握收入入库力度和节奏，保障财政收入组织工作。优化财政收入结构，巩固“三个比重”。落实非税收入征管工作，全年实现非税收入31.56亿元，其中一般公共预算管理的非税收入1.59亿元。

婺城区返岗复工专列

【服务经济发展】 落实中央、省级减税降费政策,全年为企业减负11.70亿元。优化民营和小微企业融资环境。推进省财政支持深化民营和小微企业金融服务综合改革试点工作,出台相关扶持政策,成立首个金融顾问团,上线"金东e融"网上金融超市,发放贷款3.22亿元,惠及企业96家。对接金融机构,缓解民营和小微企业"融资难"问题,2020年区内各银行金融机构新增贷款202.88亿元,对46家名单内重点企业新增授信和续贷6.53亿元。做好应急周转金服务工作,办理应急周转金37笔、周转资金2.28亿元,受惠企业13家。

【保障民生事业】 2020年,全区民生支出23.38亿元,下降1.5%,占一般公共预算支出的71.4%。全年卫生健康支出3.78亿元,增长43.18%,支持村级卫生室改造、"基层医疗卫生机构医养结合服务能力提升"工程、公立医院综合改革等。安排卫生项目资金3136万元,实施多湖街道社区卫生服务中心迁建工程、低田卫生院门诊楼改建和赤松镇中心卫生院修缮工程等民生项目。安排财政资金5202万元,助力垃圾分类先行区、垃圾分类创新区和垃圾分类示范区创建。安排财政资金410万元,新建实验中学北侧、康济桥南侧、康济桥北侧、牛皮塘等停车场6个,提档改造停车场11处,提升生态型停车场10处,新增停车位747个,提档改造停车位938个。安排财政资金1.25亿元,助力污水零直排工作。安排5000万元美丽城镇和美丽庭院建设资金,助力美丽城镇建设。全年教育支出5.74亿元,增长22.7%,支持打造"学在金东"品牌。安排教育基建项目建设资金1.17亿元,增长16.5%,实施实验二小迁建工程、曹宅初中扩建工程、岭下小学扩建工程等项目。向上争取补助资金,获得上级各类资金38.40亿元,保障区委区政府重点工程、重点项目推进。全年社会保障和就业支出3.61亿元,下降9.9%,支持居家养老服务照料中心运行、退役安置、残疾人事业发展等。

【保障疫情防控】 落实疫情防控决策部署,第一时间组建疫情防控工作专班,开通资金拨付"应急通道"、物资采购"绿色通道",服务保障疫情防控。做好资金保障及各项政策兑现,共兑现疫情防控及政策兑现资金1.41亿元,累计减息让利8185万元。筹措、安排专项资金3500多万元,用于疫情防控物资设备采购和乡镇、村(社区)疫情防控。开展压减支出工作两轮,压减非刚性、非急需、非重点项目支出2.54亿元,统筹用于疫情防控和推动复工复产。加大企业复工复产帮扶力度,出台企业用工、建筑业、外贸发展等政策措施,全年兑现各类涉企扶持资金2.30亿元。组织开展"党建+精准服务""助企服务团"等活动,累计为企业协调解决各类复工复产问题200余个。安排汽车消费补贴资金2096万元,为8家重点企业兑现专项再贷款贴息资金374万元,兑现企业"三减"政策联动资金142万元。落实"两直"资金执行及监管,全年收到"两直"资金3.35亿元,均已下达至部门单位,并督促部门单位支出3.35亿元,执行率100%。

【深化财政改革】 推进部门整体绩效预算改革,出台部门整体绩效预算改革实施方案,构建整体绩效指标体系框架,选择8家部门单位进行试点,率先在全市开展部门整体绩效试评工作,根据评价结果核定试点部门预算包干总额。推进国有企业改革,制定区属国有企业投资管理试行办法,完善国有企业规章制度,开展国有企业财务核算和监管系统平台建设。推进财政电子票据改革,在全区16家医疗机构、117家行政事业单位、20家社会组织推广使用电子票据。全面实施涉农民生类补助"一卡通"管理,全区97个项目纳入乡镇公共财政服务平台,共发放补助资金1.47亿元,惠及6.05万人。

【加大监管力度】 对14个预算单位的23个项目开展重点绩效评价,涉及财政资金4.36亿元,资金规模增长37.5%。开展财政资金使用管理专项检查,保障资金安全。强化扶贫资金监管,对扶贫政策、扶贫对象、住房保障、医疗保障、教育保障、产业扶贫和扶贫资金等开展督查,并督促相关部门做好整改。加强财政项目预算审核,全年审核政府投资项目83个,送审预算7.52亿元,核减造价4415万元。优化动态监控管理,实行专人专岗监控资金,增设预警规则,确保资金安全,2020年系统预警监控支付总数4215笔,总金额9.11亿元。依法落实预算公开,推进预算公开标准化、规范化建设,落实主体责任和法定公开时限,除涉密部门外,46家部门全部按时按要求公开部门预算,公开率100%。

【强化干部培养】 健全学习机制,完善"财政讲堂",将财政讲堂分为"青苗学堂""财政业务讲堂""党员学习园地""财政业务沙龙"等模式,开展干部培训,2020年共开展"财政讲堂"18期。搭建年轻干部培养平台,面向年轻干部开展中层竞争上岗,选拔35周岁以内的中层副职5名。加大年轻干部培养力度,以"科长讲台""业务学习日"等形式,组织局班子成员、业务骨干定期为年轻干部传授理论知识、业务知识,提升年轻干部的业务水平。

(金华市金东区财政局供稿　曹姗姗执笔)

兰溪市

【概况】 2020年,兰溪市实现生产总值400.16亿元,按可比价格计算,增长3.4%。其中:第一产业增加值28.30亿元,增长0.5%;第二产业增加值198.23亿元,增长0.1%;第三产业增加值173.63亿元,增长8.0%。三次产业结构比为7.1∶49.5∶43.4。按户籍人口计算,人均生产总值60961元,增长3.8%。财政总收入49.06亿元,增长2.8%。一般公共预算收入29.61亿元,增长4.7%;其中税收收入25.00亿元,增长4.5%。一般公共预算支出76.10亿元,增长31.0%。全年财政收支平衡。

【组织财政收入】 强化税源管理。应对疫情性减收、经济性减收、政策性减收"三叠加"影响,涵养税源、强化管理,倒排收支计划、把握收支节奏、完成收入目标。全年一般公共预算收入占GDP的7.4%、占财政总收入的60.4%，税收收入占一般公共预算收入的84.4%。深化财政电子票据改革，惠及478万人次便捷开票。优化统一公共支付平台，收缴非税收入48万笔，计25.99亿元。全年组织非税收入57.93亿元，增长74.3%；其中一般公共预算中的非税收入4.61亿元，增长5.7%。保障增收节支。开展收入形势研判，盘活土地、矿产、改田造地指标等国有资源，开展招商引资，加大建筑业税收管理服务力度，压减非急需非刚性支出5.56亿元，弥补收支缺口，实现财政收支平稳运行。争取上级资金。争取"两直"资金、政府债券、养老保险调剂金及各类专项补助53.09亿元，增长81.8%。

【助推"四大战略"】 集中财力保障兰溪"强工兴市、拥江兴城、文旅兴兰、环境兴人"四大战略。支持实体经济健康发展。兑现涉企奖励政策7.57亿元，增长105.7%，占一般公共预算收入的25.6%。发放1058万元消费券对冲疫情影响，激发实体经济活力。减轻企业负担。组建政策专班，兑现"五减"政策13.76亿元，完成任务数的220.2%。帮助16家企业争取再贷款2.04亿元，安排财政贴息243万元。建立惠企利民资金池，提供必要政策储备。助推重大工程建设。安排债券资金10.00亿元支持金建高铁、临金高速、上华至琅琊公路、诸葛小城镇综合整治等项目，优化351国道等重大项目资金拼盘方案，加快金兰同城化。支持文旅综合品质提升。出台全域旅游发展政策，加大文化事业费投入力度，安排230万元上线智慧文旅平台，拨付2121万元支持文物保护，补助2164万元推进农村文化礼堂建设。助力营商环境优化。开启疫情物资采购"绿色通道"，推进政府采购项目招投标电子化，提升政府采购金融服务质效。实施"聚兰工程"，兑现科研补助、教师培训补贴、人才购房补贴等人才经费8595万元，增长4.2%。

【保障民生事业】 全年安排民生支出55.07亿元，增长19.1%，占一般公共预算支出的72.4%。保障疫情防控。拨付疫情防控经费8827万元，安排包车返工等复工复产专项补助450万元，投入4900万元。支持企业职工技能提升4900万元。助力精准脱贫。支持扶贫产业发展，推进薄弱村集体经济建设，提高困难群众救助标准至800元/人·年，实施残疾人两项补贴、困难学生资助、医疗救助等政策。支持教育发展。落实兰溪教育大会精神，全年安排教育资金12.77亿元，占民生支出的23.2%。助推民办教育和行知学院迁建项目，支持明眸摘镜、品牌合作办学、农村学前教育提质工程等。助推乡村振兴。整合村级公益事业一事一议奖补资金，争取8000万元省乡村振兴产业发展示范项目资金，支持兰溪市入围省政策性农业信贷担保服务创新试点县。加大社保投入。全年社会保障支出17.35亿元，增长71.6%。完善企业职工基本养老保险、机关事业单位、基本养老保险、工伤保险等财政保障机制。完善社保投入机制，城乡居民基本养老保险基础养老金标准由165元/人·年提高至190元/人·年，城乡居民基本医疗保险补助标准由700元/人·年提高至900元/人·年，健全社会福利、公益慈善事业等财政保障机制。支持公共卫生事业。全年卫生健康支出9.52亿元，增长22.4%。安排医共体补助资金2.64亿元，支持基本公共卫生服务、大肠癌筛查、中医药发展、浙二医院合作、健康养老提升工程等。保障应急工程。安排3800万元支持城防应急工程，核拨5189万元助推防汛物资储备基地建设。

【提升管理效能】 提高资金执行率。建立健全资金使用进度通报制度，扶贫资金、直达资金及债券资金等执行进度均达到100%，推动全面脱贫攻坚等各项任务落地。加强资金监管。分批开展扶贫资金和基层财政资金安全检查，深化非税收入、财政票据"双随机"检查，抽取重点单位开展会计信息质量检查，多渠道举办防范电信网络诈骗宣传活动。强化绩效管理。以绩效目标管理为依托，建成分行业、分领域核心绩效指标体系，推进预算绩效一体化管理。对410个预算项目开展绩效自评，抽取52个项目予以复核与重点评价，探索评价结果运用与预算编制挂钩新机制。实施公款竞争性存放。开展新一轮公款竞争性存放工作，累计招投标金额21.85亿元，确保财政资金保值增值。加强基层财政管理。实施新一轮乡镇财政体制改革，安排3.04亿元全面清理乡镇街道、开发区历史欠款，减轻基层财政负担。打造整体智治财政。上线"预算云"、涉企奖励资金等信息管理系统。实行政府采购项目招投标电子化，推进政采云扶贫馆建设。

【防范财政风险】 防范化解政府债务风险。偿还政府债务3.54亿元，其中发行再融资债券3.40亿元，年底债务余额执行数60.12亿元，保持在被批准的债务限额之内。防范化解社保基金风险。夯实社保基金地方筹资责任，全年安排29.33亿元充实基金，其中争取省调剂金等各类补助11.12亿元，确保待遇及时足额发放。应对"三保"风险。落实"六稳""六保"工作要求，优先保障保工资、保运转、保基本民生支出，建立健全库款管理制度，争取省调度款13.95亿元，确保行政运行稳定。对标化解廉政风险点。围绕省财政厅提出的"9+2"廉政风险点，开展常态化风险排查和预警，健全内控制度建设。

【提升作风建设】 坚持"财为政服务"理念，强化系统观念和系统方法，将党的理论教育作为党组会第一议题，学习贯彻习近平总书记关于财政工作的重要论述。举办全市财政业务培训班3期，覆盖预算制度、债务管理、财务管理等全业务，延伸党风廉政、宏观经济、国学文化等拓展内容，涉及乡镇街道、部门单位等财政人员300余人次。班子成员带头，组织全员参与"三服务""百千万""上门服务至少一次"等活动，帮助预算单位、企业、基层和群众解决具体问题90余个。同省财政厅综合处党支部开展联动党建活动，前往兄弟县市开展财政工作专题调研，促进交流互动。

（兰溪市财政局供稿　胡　凯执笔）

东阳市

【概况】 2020年,东阳市实现生产总值638.16亿元,按可比价格计算,增长0.1%。其中:第一产业增加值18.76亿元,增长0.9%;第二产业增加值272.85亿元,下降2.1%;第三产业增加值346.55亿元,增长2.0%。三次产业结构比为2.9:42.8:54.3。按户籍人口计算,人均生产总值74983元。全市财政总收入123.73亿元,增长4.5%,其中一般公共预算收入72.65亿元,增长3.9%。一般公共预算支出99.67亿元,增长0.7%。全年财政收支平衡。

【组织财政收入】 优化财政收入结构。2020年一般公共预算收入占GDP的11.4%、占财政总收入的58.7%,其中税收收入66.10亿元,占一般公共预算收入的91.0%,收入结构保持良好。加强非税收入管理。全年非税收入总额42.18亿元,其中土地使用权出让收入30.91亿元,纳入一般公共预算管理的非税收入6.55亿元。争取地方债券资金。全年争取新增地方政府性债券30.60亿元,其中一般债券9.00亿元,专项债券21.60亿元。

【保障疫情防控】 全年安排疫情防控专项资金1.22亿元,用于落实防疫政策、提高防疫人员待遇、保障防疫物资供应。助力企业复工复产。组织“机关干部先锋队”“助企服务团”,累计为企业协调解决各类复工复产问题300余个。采取发放交通补贴、生活补贴、包车接送、建立劳务协作站等助企措施,累计接回企业员工13000余人,落实包车经费600余万元,为440家企业的4800余名员工发放交通补贴和生活补贴2749万元。

【服务经济发展】 落实减税降费政策。推进企业降本减负,全年减税降费42.88亿元,其中减税34.07亿元,降费8.80亿元。推进“财政+金融”服务体系建设。成立东阳市金融控股集团、启用企业金融服务中心,发挥金融服务实体经济功能。加大政策性融资担保力度,全年为企业提供政策性融资担保贷款17.01亿元,在保余额10.02亿元。组建聚文影视文化投资有限公司,入股唐德影视,开创影视企业纾困新模式。强化财政资金引导。落实财政扶持企业奖补政策,全年兑现各类企业奖补资金19.80亿元。激发市场消费潜力,全年发放汽车、影视消费券补助资金5440万元。成立“两直”政策落实工作专班,分配“两直”资金6.65亿元,资金使用率100%。做大政府产业基金。打造以产业项目为核心的发展基金模式,推动总规模9.20亿元的长林电子超级电容项目、总规模3.50亿元的佰奥医药项目运作;出资3.00亿元认缴深创投旗下广东红土和裕S基金项目;推动总规模3亿元的西洲医药项目运作。

【保障民生支出】 全市民生支出75.14亿元,下降3.4%,占一般公共预算支出的75.4%。保障基础设施建设。安排财政资金27.70亿元,支持“三铁一机一高”*、39省道、重要县道“白改黑”等交通项目建设。稳定和扩大就业。落实失业保险稳岗返还政策,全年返还失业保险费1.55亿元,惠及企业3300余家。实施职业技能提升行动,设立专项资金1.24亿元,全年开展稳岗技能培训3万余人次。落实社会保险费阶段性减免政策,减免社保费7.10亿元。保障医疗卫生事业。全年卫生健康支出10.34亿元,增长15.0%。开展重点人群直肠癌免费筛查工作,全年完成重点人群结直肠癌筛查20000余例、实施肠镜及辅助检查1000余例。支持教育事业发展。全年教育支出23.00亿元,增长2.9%。促进基础教育现代化均衡发展,全年投入教育基本建设资金4.66亿元,建成中小学、幼儿园10所,全部投入使用,新增小学学位2000个、幼儿园学位3000个以上。提高社会保障水平。全年社会保障和就业支出15.06亿元,增长26.6%。保障困难群众基本生活,拨付城乡低保、特困供养、困境儿童、残疾人“两项补贴”等各类救助资金8452万元。支持退役军人保障体系建设,安排9733万元用于保障义务兵优待、在乡复员退伍军人生活补助、伤残抚恤、退伍军人安置和退役士兵社保接续等工作。提高社保补助标准,城乡居民医疗保险财政补助标准从900元/人·年提高至930元/人·年,城乡居民养老保险基础养老金从200元/人·年提高至230元/人·年。

【实施乡村振兴战略】 安排财政资金9.85亿元,推进“两江两镇”*乡村振兴示范区、共享田园、美丽乡村风景线等项目建设。安排财政补助资金3614万元,完成2020年度一事一议财政奖补项目52个。做好小城镇环境综合整治,全年拨付资金1.41亿元。推进农村危旧房治理改造,全年拨付资金8600万元。开展省基层政策性农业信贷担保服务试点工作,截至2020年年底,担保余额4164万元。

【深化财政改革】 加强预算支出管理。坚持政府带头过“紧日子”,全年压减一般性支出1.91亿元,压减率12.5%,盘活存量资金9.60亿元。优化财政资金竞争性存放管理办法,全年安排财政竞争性存放资金16.50亿元。强化政府采购监管,审批政府采购业务6729笔,实现政府采购资金8.29亿元,节约资金8179万元,资金节约率9.0%。推进数字财政建设。推进“财政一网通”平台建设,实现财政系统平台一体化建设。上线预算绩效管理系统,数智化分析绩效管理存在的问题,破解绩效管理难点工作。推进政府投资项目审核信息化建设,提升项目审核质效。全年审核各类项目820个,审核金额293.96亿元,核减造价17.81亿元,核减率6.1%。实施预算绩效管理。印发《东阳市财政局关于开展2020年财政支出绩效评价工作的通知》,开展重点评价“456”工程,即对4个镇乡街道、5个专项资金、6个部门开展重点评价,拓展绩效目标管理范围,实现绩效自评全覆盖。

【防范财政风险】 加强财政内控建设。加强财政系统内部控制建设工作,实现内控制度操作规程全覆盖。加强债务风险管理。

从"借、用、管、还"各个环节完善债务全生命周期管理，发现潜在风险149处，按计划化解地方政府隐性债务。防范养老保险基金风险。做好社保基金保值增值工作，开展社保资金竞争性存放，涉及资金25.00亿元，增加收益1.53亿元。完成划转部分国有资本充实社保基金工作，划转资本金额2500万元。

【加强队伍建设】 推进机构改革。新设立财政金融服务中心，核定事业编制10名；将信息中心、预算编制中心、道路交通事故社会救助基金管理中心整合为财政预算编制中心；将行政事业单位会计核算中心更名为财政国库支付中心；新增财政预算项目审核中心编制5名。加强党风廉政建设。开展"守规矩、转作风、提精神"整治立规创优行动，引导干部职工勤学、善思、践行。召开廉政建设专题工作会议，制定《2020年"清廉财政"建设的实施意见》。强化党员干部意识形态教育，严格党内政治生活，全年党组理论中心组集中学习14次，召开"三会一课"32次。加强财政文化品牌建设。创建"七色廉环"廉政文化品牌，围绕红色引廉、橙色促廉、黄色知廉、绿色助廉、青色醒廉、蓝色思廉、紫色养廉7个板块，打造"阳光财政"。创新党建工作机制，打造红色财政文化品牌，成立"红管家、红小二、红纽带、红讲师、红算盘、红卫士"6家财政工作室，实施"驿站化"管理，全年走访服务单位310户次。

（东阳市财政局供稿　王　彬执笔）

注：

*"三铁一机一高"："三铁"即杭温高铁、金甬铁路、金义东城际轨道，"一机"即横店通用机场，"一高"即东义高速。

*"两江两镇"："两江"即白溪江、南江，"两镇"即六石街道、湖溪镇。

义乌市

【概况】 2020年，义乌市实现地区生产总值1485.60亿元，按可比价格计算，增长4.0%。其中：第一产业增加值23.76亿元，增长5.3%；第二产业增加值422.03亿元，增长2.5%；第三产业增加值1039.81亿元，增长4.6%。三次产业结构比为1.6∶28.4∶70.0。按户籍人口计算，人均生产总值175865元，增长1.8%。城镇常住居民人均可支配收入80137元，增长3.9%；农村常住居民人均可支配收入42158元，增长6.7%。全年实现社会消费品零售额946.25亿元，下降2.8%；实现进出口总额3129.53亿元，增长5.4%。全市财政总收入162.27亿元，增长6.4%，其中一般公共预算收入106.01亿元，增长4.7%。一般公共预算支出137.27亿元，增长4.6%。全年财政收支平衡。

【组织财政收入】 加强收入统筹。发挥财税收入协调议事机制、土地出让协调机制作用，跟踪宏观经济形势和财税政策变化，提前开展收入分析研判，把握组织收入的力度和节奏。优化财政收入结构。全年一般公共预算收入占GDP的7.1%、占财政总收入的65.3%，其中税收收入102.45亿元，占一般公共预算收入的96.6%。强化非税收入征管。全年征收非税收入484.08亿元，增长24.2%，其中纳入一般公共预算管理的非税收入3.56亿元，下降55.8%。

【助力疫情防控】 保障疫情防控资金。启动疫情防控资金应急支付机制，按照特事特办、急事急办原则，保障疫情防控和医疗救治相关资金到位，拨付疫情防控资金1.27亿元。开通政府采购"绿色通道"。对需实行紧急采购的疫情防控物资，授权各采购单位自行采购，事后补办相关手续，保证疫情防控相关采购快速实施。增援疫情防控一线。组建疫情防控党群突击队，奔赴疫情防控一线开展卡口筛查、网格排摸、人员隔离工作，并协助镇街整改防控漏洞。

【支持复工复产】 全年减税降费64.39亿元，增长17.8%，兑现"两直"资金11.17亿元，为17家企业争取中央再贷款9.37亿元，拨付贴息资金1125万元。保障复工复产、帮助企业渡过难关等资金，安排各类扶持企业政策资金31.12亿元，惠及义乌市企业4万家，协助输入外来建设者13万人，帮助义乌企业复工复产较同行业平均提早15天。开通政府性投资项目稽核"绿色通道"，提前介入项目审核工作，实现重点开复工项目"当日报、当日审、当日批"。

【支持经济发展】 助力自贸试验区建设。通过向上争取，在义乌机场开设口岸出境免税店，提升自贸试验区开放水平；实现中介机构从事代理记账业务审批，全年审批代理记账行政许可证书65份，完成391家代理记账机构年度备案。助力贸易双循环。促进外贸流通行业发展；落实网红直播、线上办展、夜市经济等补贴506万元，支付消费券和购车补贴2.14亿元，撬动社会消费45.46亿元。助力工业转型提速。拨付各类企业研发补助费用1.17亿元，落实各类技改补贴2.82亿元。助力城市有机更新。拨付棚改购买服务资金28.40亿元，拨付回迁房建设资金54.47亿元、土地开发资金30.69亿元。

【保障民生支出】 全年民生支出96.47亿元，增长0.1%，占一般公共预算支出70.3%。坚持教育优先。全年一般公共预算教育支出32.47亿元，增长4.7%，全市义务教育生均公用经费每人每年提高140元，高中阶段生均公用经费每人每年提高200元。保障医疗救助。全年卫生健康支出8.20亿元，增长13.1%。全年拨付医共体补助5100万元，为全市43万城乡居民提供3.96亿元医保财政补助，为16万特殊人群代缴城乡居民医保保费9934万元。强化社会保障。全年支出社会保障和就业资金12.98亿元，下降5.2%，其中发放最低生活保障金3452万元，拨付失能人员长护险补助资金5170万元。推动乡村振兴。落实粮食猪肉蔬菜各类补助2.02亿元，落实幸福河湖项目资金4790万元，拨付美丽乡村建设补助1.02亿元，统筹安排浙中生态廊道各类资金2.95亿元。

【深化财政改革】 助力“无费城市”改革。暂停征收户籍管理证件工本费等10项行政事业性收费,着力改善营商环境。推进政府采购资金“一键”支付改革。对接政府采购平台及财政国库支付系统,实现政府采购合同签约“0”跑腿、发票传递“0”跑腿、采购资金“一键”支付,采购单位内部支付审核时间由10天缩短至3天,并减轻企业垫资成本。实施政府投资项目全过程监管改革。将项目申报、预算安排、资金支付、资产管理等全过程纳入监管,实现政府投资项目资金全流程痕迹化管理。开展电子票据改革。推广财政电子票据,实现部门、群众办事“一次不用跑”,累计开具电子票据1450万笔,开票金额207.16亿元。开展“三服务”和“上门服务至少一次”。建立走访服务、问题清单、办理解决闭环机制,全年累计服务预算单位及企业496次,服务个人1684人次,收集问题136个,解决130个。

【强化预算绩效管理】 政府过“紧日子”。全年压减各类非刚性、非重点、非急需的一般性支出12.18亿元。提升财政绩效。全年绩效评价106个项目,涉及资金13.37亿元,对3个部门3个镇街(平台)实施整体绩效评价,涉及资金45.18亿元。加强财政监督。累计监督检查项目26个,发现违规金额3742万元,追缴资金99万元,罚没3万元。加强项目稽核。审结各类政府性投资项目566个,核减造价10.00亿元。管控各类风险。提前完成2020年及部分2021年隐性债务化解任务,拨付扶持国资各类资金195.86亿元,平稳完成职工基本养老保险省级统筹。

【加强队伍建设】 完善支部组织架构。按分管领导联系科室组建党支部,做到管党建与管业务、管人与管事有机融合,形成党委把方向、分管抓统筹、科室专攻坚的工作新格局。打造“义财先锋”干部品牌。以项目攻坚、揭榜挂帅的形式,完成任务部署与分配,提高干部干事创业积极性。全面从严治党。通过责任铸廉、文化育廉、制度束廉、监督促廉四个方面,打造“善财正和”廉政品牌,完善清正廉洁的财政政治生态。

(义乌市财政局供稿 陈堂堂执笔)

永康市

【概况】 2020年,永康市实现生产总值639.78亿元,增长1.6%。其中:第一产业增加值8.99亿元,增长2.2%;第二产业增加值335.31亿元,增长0.1%;第三产业增加值295.49亿元,增长3.9%。三次产业结构比为1.4:52.4:46.2。按户籍人口计算,全市人均国内生产总值103163元,增长1.1%。全社会固定资产投资额123.3亿元,社会消费品零售总额308.3亿元。外贸进出口总额425.1亿元,增长31.6%。城镇常住居民人均可支配收入61281元,增长4.1%;农村常住居民人均可支配收入32820元,增长6.5%。全年实现财政总收入94.07亿元,下降0.5%。一般公共预算收入60.67亿元,增长1.2%,占GDP的9.5%、占财政总收入的64.5%。税收收入52.31亿元,增长2.4%,占一般公共预算收入的86.2%。全年实现非税收入58.08亿元,其中纳入一般公共预算管理的非税收入8.36亿元,下降5.4%。一般公共预算支出78.22亿元,剔除一次性因素后增长2.7%。全年财政收支平衡。

【服务经济发展】 保障疫情防控。启动资金拨付应急机制,疫情防控支出1.08亿元,设立5300万元稳产稳岗贴息专项资金,落实“五减”资金、“两直”补助资金29.40亿元。助力复工复产。拨付助力企业复工复产资金3.96亿元,减轻企业负担17.03亿元。助力“黑格比”台风灾后重建、设施恢复、应急建设等,投入救灾资金3.60亿元。扶持产业发展。拨付财政贴息2637万元减缓疫情防控重点企业资金压力,加大融资及担保财政补助力度,安排消费券补助资金5625万元。支持项目建设。落实19.64亿元助推金台铁路迁建、人民医院公共卫生临床中心建设、粮食储备中心建设、龙山卫生院迁建、千金山陵园建设等民生工程。投入财政资金4.84亿元,迁建大司巷小学,建设教师进修学校附属初中、花川学校等教育基础设施项目18个。落实4.83亿元,建设五金技师学院(一期)工程。投入财政资金5000万元,打造一事一议助推美丽乡村建设全省财政标志性成果,建设一事一议项目42个。投入12.68亿元保障污水管网建设、农村供水一体化、老旧小区改造等基础设施补短板项目,投入4901万元推进农村饮用水达标提标工程。

【保障民生事业】 全年民生支出60.81亿元,下降17.22%,剔除政府性投资项目转列政府性基金支出等一次性因素后增长3.3%,占一般公共预算支出的77.75%。保障教育事业。全年教育投入16.15亿元。加大引才育才资金支持力度,全年投入教育专项资金8463万元引进教育人才、培训教师能力、提升教学质量,推动数字教育等方面。拨付4122万元支持推动就业创业工作,职业技能培训59718人次。保障新时代美丽乡村创建。投入7800万元用于美丽乡村建设,完善农村基础设施,提升村级环境。全年预算安排支农资金4.50亿元,做好危房治理改造、建设美丽经济走廊、垃圾分类、厕所革命等关键事。落实社会保障政策。全年社会保障和就业支出7.72亿元,增长10.4%。全年安排4.86亿元补助社保基金,投入4185万元用于困难群众救助,投入4302万元用于残疾人康复、就业和扶贫等保障,投入4401万元用于退役军人生活补助、伤残抚恤等项目。全年卫生健康支出8.30亿元,增长11.3%。投入4.17亿元,将城乡居民基本医疗保险财政补助标准由800元/人·年提高至900元/人·年,提高基本公共卫生服务财政补助标准至年人均87元,保障全市61.9万户籍人口及流动人口的家庭医生签约、预防接种、慢性病及传染病及突发公共卫生事件处置等12项国家基本公共卫生服务规范管理。针对70岁以上老年人进行流感疫苗免费接种,累计接种约20000针次。落实困难群众救助金、医疗救助等保障性扶贫资金4529万元,落实妇女儿童优生优育各项免费筛查、奖补经费2386万元。

【助力脱贫攻坚】 规范扶贫保障工作，支持产业合作、消费帮扶、电商扶贫等。健全扶贫领域监管，推动东西部扶贫协作资金管理办法出台，协同纪委、财政、审计、扶贫办等部门开展重点专项检查评价。拨付3658万元扶持村级集体经济，消除集体经济薄弱村。助力帮扶地区脱贫攻坚，落实对口支援和东西部扶贫协作(援川)资金2565万元，落实援疆、援藏和省内有关扶持资金3442万元。

【深化财政治理】 推进数字财政管理。提高财政公共服务质量和效率，政采云累计交易1395笔共计3.99亿元；规范"资产云"登记，处置资产2.9万件；实现镇级财政资金100%网上全程监管；全年开具电子票据77万张，资金总额81.50亿元，承办现场会开出全省首张往来电子票，促进票据电子化改革、镇级财政规范化工作在全省交流。深化"一件事"改革。聚焦实体经济和民生领域"一件事"改革，深化道路交通事故救助改革，开通掌上申请渠道，加强线上线下联动，实现一张表单申请、一个平台联办、一次不跑办成，道交基金"一件事"改革列入省级试点。上线"财政奖补资金系统"，应用于企业和涉企部门，实现涉企政策兑现全程网上办。加强制度建设。推动永康市委、市政府出台全国县级首个财政监督工作意见。开通"绩效说事"专栏、"绩效微课堂"，构建"政府话绩效、人大评绩效、政协议绩效、媒体说绩效"工作格局。制度引领合力监督获省财政厅发文推广，并在全省作经验交流。防范债务风险。全年新增地方政府债券25.55亿元，新增"两直"资金3.26亿元，政府债务风险为省级绿色。收回借款、结余资金9.40亿元，开展公款竞争性存放52.73亿元。

【加强队伍建设】 开展"财政悦读"活动素养提升活动。开展"财政悦读"之"你推荐·我买单"、读书分享、"学习之星"评选、微党课视频制作展播等系列活动，组织全员综合业务培训、全员综合能力测试。推进党风廉政和作风建设。开展"清廉财政"建设，推动"四责协同"强化党风廉政、作风纪律、规矩落实。重要会议纪检监察全程参与。配合纪检巡察完成巡察整改。打造党建品牌。立足"一单位一品牌，一支部一特色"，打造"党员先锋工作室""心印红迹""新预算·心服务""退休不褪色"等党建品牌。组建"党员先锋攻坚团队"，依托组织部"青蓝工程"开展导师结对。永康财政年轻党员干部师徒作为金华组织部门"青蓝工程"活动唯一代表，参与录制浙江电视台《党建好声音》栏目。

（永康市财政局供稿　陈明敏执笔）

浦江县

【概况】 2020年，浦江县实现地区生产总值234.46亿元，按可比价增长1.2%，其中第一产业增加值11.4亿元，增长1.6%；第二产业增加值97.04亿元，增长1.2%；第三产业增加值126.00亿元，增长1.1%。三次产业比重为4.9:41.4:53.7。全县实现财政总收入29.61亿元，增长2.1%；一般公共预算收入20.03亿元，增长3.8%，占地区生产总值的8.5%，占财政总收入的67.7%；一般公共预算收入中税收收入16.03亿元，增长2.4%，占比80.0%。全县一般公共预算支出39.76亿元，下降0.5%。全年财政收支平衡。

【组织财政收入】 加强税收收入管理。深化财税联动工作机制，推进数据交流共享，实现财税共治共管。依托"上门服务至少一次"活动，深入企业解决实际困难，培育优质财源。加强非税管理。全年非税收入40.52亿元，增长24.8%。其中纳入一般公共预算管理的非税收入4.00亿元，增长10.2%。全年通过统一公共支付平台缴费63万人次，缴费金额23.53亿元。

【支持实体经济发展】 落实减税降费政策。促进疫情期间减税降费政策常态化，全年减免税费8.84亿元，社会保险费2.28亿元。快速兑现惠企政策礼包。提请县委、县政府出台《浦江县应对新冠肺炎疫情促进企业复工复产有关财政扶持政策》，较2019年提前5个月兑现工业科技扶持政策资金2.41亿元，全年拨付4.43亿元，惠及企业684家。做好"财政+金融"服务。对疫情防控重点企业贷款给予财政贴息717万元。发挥通济转贷基金作用，全年办理业务1019笔，金额48.46亿元，为831家企业减负3811万元。深化政府采购制度改革。取消政府采购投标保证金和采购文件工本费，推进招投标电子化。全年批复全县行政事业单位政府采购计划4123项，交易金额4.82亿元。提升企业会计人员素质。邀请省会计领军人才及职能部门业务骨干对全县会计人员进行培训，全年组织集中培训4次，参加人数1000余人次。举办浦江县首届会计人员技能培训和业务大比武活动，参加人数180余人。

【助力脱贫攻坚】 保障"三农"领域投入。把农业农村农民作为财政支出优先保障领域，全年"三农"领域支出19.98亿元，占一般公共预算支出的67.2%。加大财政扶持力度。围绕推进产业扶贫和壮大村集体经济，安排扶贫资金1.19亿元。统筹设立4.00亿元乡村振兴示范县创建专项资金，助力浦江县获评省级乡村振兴产业发展示范建设县。拨付2328万元，助力东西部扶贫协作地区和对口支援地区脱贫攻坚。安排资金130万元，确保全县4049户建档立卡贫困户如期脱贫。降低农户转贷成本。推动"惠农转"资金运转，全年完成转贷业务3700笔，金额12.52亿元。

【强化民生保障】 全年民生支出30.90亿元，下降1.6%，占一般公共预算支出的77.7%。加大社会保障投入。全年社会保障支出6.63亿元，增长19.7%。城乡居民最低生活保障标准提高至800元/人·月，城乡居民养老保险基础养老金标准提高至190元/

人·月。全年安排被征地农民生活保障金补助1350万元、转保补助1.30亿元，发放消费券及困难群众临时价格补贴1200万元。拨付资金3526万元，实现浦江县居家养老中心一日三餐服务覆盖率96.4%，居全省第一。全年落实残疾人“两项补贴”政策2926万元、“残疾人之家”运营建设补助495万元。拨付职业技能提升行动专项资金1800万元，推动“稳就业”系列工作举措落实。健全退役军人服务保障体系，退役士兵安置补助提高至20000元/人·年，义务兵优待提高至20915元/人·年。助力“健康浦江”建设。全年卫生健康支出4.95亿元、下降5.4%。安排疫情防控资金4987万元，开通物资采购“绿色通道”。全年拨付城乡居民医疗保险基金财政补助2.90亿元、医共体专项经费1.10亿元。坚持教育事业均衡发展。全年教育支出9.52亿元，增长13.5%。拨付2132万元，建立“三个全覆盖”资助政策体系。实现义务教育阶段教师平均工资收入水平略高于公务员平均工资收入水平目标。拨付1228万元创建资金，助推浦江县通过“全国学前教育普及普惠县”省级评估。推进“科教兴县”。全年兑现企业科技研发投入奖励2789万元，增长120.0%，奖励企业90家。推动文化浦江建设。全年文化旅游体育与传媒支出8619万元，增长20.4%。保障蓝天、碧水、净土保卫战。安排1.60亿元，支持城区排水工程、污水处理等项目。

【深化财政改革】 落实政府过“紧日子”。落实控流节支，全年压减财政支出2.86亿元。推进不动产确权登记。全年完成不动产确权登记403宗，实现行政事业单位城市道路、公园等公共基础设施资产和不动产登记入账45.00亿元。全面实施财政绩效管理。出台《浦江县预算绩效指标库管理办法》《浦江县预算绩效运行监控管理办法》等，首次通过绩效管理系统实现2021年度绩效目标项目线上申报“全覆盖”。选取10个重点项目开展绩效评价工作，涉及资金1.99亿元。完善乡镇财政管理。提请县委、县政府出台《浦江县完善乡镇财政管理体制实施方案》。推进全县“乡镇公共财政服务平台+一卡通”建设工作，全年47个项目通过平台发放，补助资金7770余万元。开展乡镇长和财务人员业务培训，实行每月乡镇财务人员交流制度。推进财政数字化转型。开发上线财政项目审核管理系统，实现财政投资评审业务全部通过网上报送。

【加强财政监管】 防范化解地方债务风险。对全县行政事业单位、国有企业等债务实行全口径监测，完成2020年度地方政府隐性债务化解任务。助推浦江县入选国家化解隐性债务风险试点县，获得再融资债券额度30.00亿元，其中一般债券6.00亿元、专项债券24.00亿元。推进财政监督全覆盖。开展全县基层财政资金安全专项检查及扶贫资金专项检查工作，实现县域内财政扶贫专项资金项目自查及检查覆盖面100%。实地走访调查“两直”资金预算单位13家，核查项目22个，涉及中央“两直”资金5.78亿元，规范资金3332万元。加强投资审核管理工作。按照《浦江县政府（国有资本）投资项目委托社会中介机构审核管理办法》，加强对中介单位的量化考核和全过程监督。全年审核政府投资项目751个，净核减资金1.27亿元。

【加强队伍建设】 加强学习教育。开设党员骨干带头学、青年素质提升大讲堂等学习平台，发展“党建引领、业务协同”研学机制，全年开展理论学习中心组集中学习13次。丰富主题党日活动。制定《浦江县财政局2020年度主题党日活动实施方案》，将每月10日定为各党支部机关主题党日，全年开展党员集体政治生日活动2次、组织参观廉政教育基地5次、班子成员上党课7次。加强群团组织建设。组织毅行、气排球等文体活动，在局11楼、12楼打造学习、文体、亲子、生活之家。加大纪律监督力度。制定《浦江县财政局2020年全面从严治党工作方案》，全年开展作风建设检查活动15次，检查情况全局通报。组织全局党员干部开展“9+2”廉政风险和业务风险排查，排查廉政风险点154个。

（浦江县财政局供稿　周　萌执笔）

武义县

【概况】 2020年，武义县实现生产总值271.33亿元，增长3.7%，其中：第一产业增加值16.56亿元，增长3.5%；第二产业增加值130.35亿元，增长2.4%；第三产业增加值124.42亿元，增长5.3%。三次产业结构比为6.1∶48.0∶45.9。按户籍人口计算，全县人均地区生产总值78568元，增长3.6%。城镇常住居民人均可支配收入44759元，增长4.5%；农村常住居民人均可支配收入21076元，增长7.2%。全县财政总收入44.71亿元，增长1.5%，其中一般公共预算收入27.45亿元，增长1.6%。一般公共预算支出56.47亿元，增长15.3%。全年财政收支平衡。

【组织财政收入】 优化收入结构。2020年，一般公共预算收入占GDP的10.1%、占财政总收入的61.4%，一般公共预算收入中税收收入23.37亿元，增长2.3%，占一般公共预算收入的85.1%，收入结构保持良好。加强非税管理。规范非税收入管理。全年非税收入6.45亿元，其中纳入一般公共预算管理的非税收入4.08亿元。加强土地出让管理。加强土地出让形势分析研判，2020年出让土地87宗，出让面积997亩，成交金额21.46亿元。

【服务经济发展】 加大扶持企业力度。2020年审核兑付涉企补助资金7.89亿元，增长38.9%，其中拨付疫情防控涉企补助资金2.51亿元，支持企业复工复产。畅通融资渠道。加大政策性融资担保对中小微企业和“三农”的支持力度，对受疫情影响较大的行业和企业提供优惠的融资担保服务，2020年为“三农”、中小微企业担保131户，担保余额3.64亿元，其中为受疫情影响的130户“三农”、小微企业提供担保额3.43亿元，减免担保费

133万元。推进转贷资金运转。全年累计办理业务277笔，转贷金额33.33亿元，惠及企业153家。

【强化民生保障】 全年民生支出44.86亿元，增长14.7%，占一般公共预算支出的79.4%。支持打赢疫情防控阻击战。拨付疫情防控资金4200万元，开通资金支付快速通道，畅通政府采购“绿色通道”，保障疫情防控、复工复产物资供应。做好中央直达5.73亿元抗疫特别国债及特殊转移支付“两直”资金的分配使用，资金使用率100%。加强基础设施建设。拨付政府投资项目建设资金12.80亿元，保障小城镇环境综合整治项目、G235国道金华婺城至武义公路武义段、武义县北岭小学（智培学校）新建工程等续建、新建项目。支持“三农”发展。整合2020年度财政支农资金5.20亿元，通过农业补贴、贷款贴息、项目补助等形式，扶持农业生产体系、农业产业体系、农业经营主体体系、农村环境和生态建设、扶贫开发等项目建设。促进教育文化事业发展。投入教育事业经费8.91亿元，增长14.3%。生均公用经费补助标准每人每年提高300元，落实各项教育资助政策，拨付助学金2681万元，资助学前教育贫困幼儿1386人、低收入家庭子女入学教育1338人，享受营养餐学生人数4230人，发放国家高中助学金466人。推进医疗卫生体制改革。全年卫生健康支出4.94亿元，城乡居民医疗保险筹资标准提高至1460元/人·年，其中财政补助提高至900元/人·年，城乡居民基本公共卫生服务财政补助标准提高至87元/人·年。加强社会保障力度。社会保障和就业支出6.38亿元，增长4.6%。提高社会保障标准，城乡居民基本养老保险基础养老金标准提高至195元/人·月，福利机构孤儿基本生活标准提高至1759元/人·月、社会散居孤儿提高至1408元/人·月。

【深化财政改革】 完善乡镇财政保障体制。采用基础性保障与激励性奖补相结合的方式，加大全域土地综合整治成果的奖励力度，实施各类资源如土地矿产等出让处置后地方收益金额返还制度，出台《武义县乡镇（街道）财政保障体制（试行）》。推进全面预算绩效管理。出台《武义县财政局预算绩效管理工作规程》《武义县事前绩效评估管理暂行办法》等，完善制度建设，实现部门预算项目绩效目标申报和预算项目绩效自评全覆盖；完善评价结果反馈机制，将评价结果与预算安排和政策调整相挂钩，根据绩效复评及重点评价结果，调整、取消项目预算25个，调减资金3809万元，统筹用于重大项目政策支出，提高财政资金使用效益。推动涉企资金分配方式改革。制定、完善《关于实施工业强县战略推动工业高质量发展的二十条措施》等7项涉企政策，制定建筑、影视、超市、私募基金4类总部经济政策，删减低效、不适时政策33条，加大涉企奖励力度政策12条。探索投融资改革。组建武义县金投控股集团，整合国有金融类公司资源，以“政府财政资金+金融资本”的方式，推动招商引资工作，完成武义县金投控股有限公司、武义县合创企业服务有限公司、武义融新股权投资有限公司的工商注册和浙江武义创升产业投资有限公司的划转。加快财政数字化转型。深化国库集中支付改革，将经常性小额支付在授权范围内交由预算单位管理，开通财政授权支付单位82家，通过授权支付方式支付21677笔；实现财政电子票据全覆盖，构建票据开具、资金收缴、解缴入库全生命周期管理，累计开具电子票据360余万份，涉及金额23.30亿元，惠及群众320万余次；推动涉农补助和民生补贴财政资金发放“一卡通”，惠及全县市民15万余人，涉及补助金额1.60亿元；推行“不见面”开评标制度，政府采购项目基本实现全流程电子化，全年审核完成政府采购计划1332份，实际采购金额3.73亿元，节约率36.0%。

【加强财政监管】 化解地方政府债务风险。筹措资金化解地方政府隐性债务风险，2020年，支付地方政府债务利息2.60亿元、隐性债务利息2700万元，通过直接归还银行贷款化解隐性债务2.08亿元。加强政府性投资项目审查。控制建设成本，提高政府投资效益，累计完成项目审核备案480余个，送审金额9.83亿元，审定金额9.47亿元，核减3619万元，核减率3.7%。强化公款存放管理。修订《武义县本级财政资金竞争性存放综合评分办法（试行）》，规范财政资金竞争性存放；组织全县160家单位开展单位账户管理和公款竞争性存放管理自查，实地核查行政事业单位14家，发现问题15个。规范财政专户管理。完善财政专户管理长效机制，收回与财政专户资金核算内容不匹配的资金3.80亿元，提升财政管理效能和资金绩效。

【加强队伍建设】 创新学习方式。开展业务“每月一讲”“小班化”业务学习交流等活动，运用座谈交流、实地观摩、授课等方式进行业务交流研讨，全年开展周一夜学45次，其中“集中学习”12次、“每月一讲”5次、“小班化”业务学习活动28次。推动学思结合。采用拟个人新春计划、写研究成果、记学习手记等形式呈现学习研究成果，全局撰写学习体会130余篇、个人新春计划99篇，完成课题研究报告19篇。深化清廉建设。查找权力运行中可能存在廉政风险、工作风险的环节和时间点，提出改进和防范的具体措施，查找小微权力60项、风险点78个，制订防范措施83条。开展“三服务”活动。走访基层、企业、群众1000余次；组织开展集中培训15次、680余人次；线上服务5600余次；发放宣传资料400余份；收集问题185个，现场解决问题393个。

（武义县财政局供稿　李　锐执笔）

磐安县

【概况】 2020年，磐安县实现生产总值120.70亿元，按可比价计算，增长3.4%。其中：第一产业实现增加值12.85亿元，增长2.3%；第二产业增加值46.03亿元，增长2.3%；第三产业增加值61.82亿元，增长4.6%。三次产业结构比为10.6∶38.2∶51.2。按户籍人口计算，全县人均生产总值56976元。全县常住居民人均可支配收入31367元，增长7.0%。城镇常住居民人均可支配收入43589元，增长4.4%；农村常住居民人均可支配收入20950元，增长7.7%。全县实现社会消费品零售总额36.62亿元，增长0.2%。全县完成财政总收入18.28亿元，增长2.5%。其中，一般公共预算收入11.07亿元，增长4.0%。一般公共预算支出39.87亿元，增长1.2%。全年财政收支平衡。

【组织财政收入】 每月至少3次会同税务部门集中研判收入形势，加强收入分析和趋势预判，按照收入计划落实组织收入相关工作，确保全年财政收入均衡入库。2020年，全县一般公共预算收入占GDP的9.2%、占财政总收入的60.6%，一般公共预算收入中税收收入8.93亿元，占比80.8%。全县政府性基金收入完成11.50亿元，下降32.2%。全年实现政府非税收入13.70亿元，其中纳入一般公共预算管理的非税收入2.10亿元。向上争取资金。累计向上争取各类补助资金21.70亿元，增长9.6%，其中竞争性奖补资金1.25亿元。全县全年争取新增地方债券资金18.18亿元，其中一般债券5.15亿元，专项债券12.00亿元，抗疫特别国债1.03亿元。拓宽增收渠道。会同磐安县自然资源与规划部门、磐安县砂石管理办公室和交通水利建设集团有限公司提出细化举措，提请磐安县人民政府研究出台管理办法，规范全县砂石资源管理，全年累计实现制砂经营权拍卖收入1.93亿元，砂石资源处置收入1.96亿元。

【助推经济发展】 扶持实体经济发展。落实中央及省确定的各项减税降费政策，全年新增减税降费3.51亿元。兑现企业奖补资金3.67亿元。拨付小微企业和个体工商户上级补助纾困资金2595万元。减免中小微企业和个体工商户国有企业经营用房租金237万元。帮助金磐开发区企业争取社保费补助50万元。开展政策性担保业务。通过"简程序、降成本、免抵押、强服务"等方式，为企业降低融资成本。一般企业政策性担保费率降低至1%，龙头骨干企业、纳税百强企业、科技成长型企业政策性担保费率降低至0.8%，降费44万元，累计为46家(次)企业(新增+续保)提供担保1.51亿元，在保余额1.43亿元，增长33.5%。帮助名仕科技股份有限公司、万影达文化产业发展有限公司等10余家企业解决融资难题。

【强化民生保障】 全县民生支出30.30亿元，增长4.1%，占一般公共预算支出的76.0%。支持教育事业发展。安排教育支出7.60亿元，其中基本建设支出1.64亿元，支持磐安县职业教育中心、昌文幼儿园和新渥幼儿园完成建设，推进安文小学、安文初中迁建工程。做好义务教育教师福利待遇工作，安排648万元资金用于补发义务教育教师福利待遇。支持社会保障事业发展。全年社会保障支出14.91亿元，增长12.0%。建立被征地农民基本生活保障机制。全县最低生活保障金标准从665元/人·月提高至800元/人·月，城乡居民养老保险基础养老金从每月165元/人·月提高至190元/人·月。推动医疗数字化改革。全年卫生健康支出3.54亿元，增长46.3%。县域医共体建设深入实施，完成两卡(即电子健康卡和电子社保卡)融合、脱卡就医等信息化工作，推动基层医疗卫生机构资源整合和医保支付方式创新改革。推进城乡公交一体化建设。建成"村村通"公交网络，实现行政村公交网络全覆盖；施行低票价制。推进农村饮用水达标提标工程。全县农村自来水普及率99.9%，农村供水工程供水保证率95.6%，农村供水工程水质达标率92.1%。

【优化体制机制】 强化基层财政资金安全监管。在全省首创"余额变动提醒制"，全县200个单位的879个账户开通余额变动提醒业务，实现监管全覆盖。该做法被《中国财经报》《金华日报》等多家主流媒体报道，登上"学习强国"App，入围全县优秀改革创新项目。在全省财政监督工作会议上就基层财政资金安全作交流发言。强化预算执行。将预算执行情况作为财政工作管理内容纳入对各部门、乡镇(街道)的年度考核，定期通报预算执行情况，加快全县预算执行进度。坚持过"紧日子"。在年初预算一般性支出压减10%的基础上，进一步压减非刚性、非重点项目支出1.20亿元，延后实施项目收回资金1.34亿元，统筹收回部门结余结转资金3336万元。加大存量资金统筹力度。开展全县行政事业单位结余结转资金清理统筹工作，全年统筹结余资金6.18亿元。

【强化财政监督】 加强财政存量资金监管。在评分标准中加强政府对金融机构考核结果的运用，对在疫情防控期间减免企业贷款利息的予以加分。开展财政资金招投标4期，资金量25.03亿元，预计收益2484万元。加强预结算审核。完成政府投资项目预算审核242个，送审金额16.42亿元，审定金额15.51亿元，核减0.91亿元，核减率5.5%；完成政府投资项目结算审核269个，送审4.52亿元，审定4.22亿元，核减0.30亿元，核减率6.6%。完成信息化项目预算审核16个，送审3223万元，审定2631万元，核减592万元，核减率18.4%。加强固定资产管理。全年拍租闲置房产收入174万元、拍卖废旧物资收入86万元、闲置房产收入741万元。

【深化队伍建设】 全年组织召开党组会议16次，共同商议决定的事项80项。班子成员、科室负责人常态化走进基层，帮助单位、企业、乡镇(街道)50家次，解决问题98项。其中，"财政资金专项补助助推大学毕业生回乡发展现代农业"获得县三服务十佳典型案例。帮助26家单位落实委托代理记账。到高速路口、社区进行疫情防控，累计安排干部职工超过300人次。开展第八轮中层竞聘活动，新提拔年轻干部8名，中层队伍平均年龄从43岁降至37岁。调整支部结构，选优配强支部书记、委员。2020年，开展业务学习、志愿服务，扶贫帮困等活动100余次。

(磐安县财政局供稿　马　超执笔)

衢州市财政工作

衢州市

【概况】 2020年，衢州市实现地区生产总值1639.12亿元，按可比价格计算，增长3.5%。其中：第一产业增加值92.27亿元，增长0.0%；第二产业增加值659.48亿元，增长3.0%；第三产业增加值887.37亿元，增长4.2%。三次产业结构比为5.6:40.3:54.1。按户籍人口计算，人均生产总值63813元，增长4.5%。全社会固定资产投资总额增长7.7%。社会消费品零售总额757.00亿元，增长0.0%；货物进出口总额358.40亿元，增长3.4%。全市城镇常住居民人均可支配收入49300元，增长5.0%；农村常住居民人均可支配收入26290元，增长7.6%。全市财政总收入228.74亿元，增长2.4%。全市一般公共预算收入140.91亿元，增长2.8%，其中税收收入117.96亿元，增长6.3%；一般公共预算支出459.65亿元，增长2.4%。市本级（含两区，下同）财政总收入126.03亿元，下降0.9%。市本级一般公共预算收入77.57亿元，增长2.2%，其中税收收入62.45亿元，增长1.2%；一般公共预算支出210.60亿元，增长10.0%。全市及市本级财政收支平衡。

【强化收支管理】 加强收入分析。建立财税统筹协调机制，做好收入日监测、周通报、月分析。全市一般公共预算收入分别占地区生产总值和财政总收入的8.6%、61.6%，税收收入占一般公共预算收入的83.7%。强化非税征管。严格执行缴库制度，推进均衡入库。全市实现非税收入401.83亿元，其中纳入一般公共预算管理的非税收入22.95亿元。向上争取资金。全市争取政府债券资金153.00亿元、中央预算内投资资金3.91亿元、直达资金29.82亿元。坚决过"紧日子"。遵循"保、优、延、减、稳"原则，实施三轮压减支出措施，全年全市累计压减支出52.39亿元。

【支持疫情防控】 强化资金保障。全市安排疫情防控资金5.07亿元，争取国家开发银行浙江省分行疫情防控专项应急贷款11.00亿元，用于减轻患者救治费用、提高疫情防治人员待遇、保障疫情防控物资。畅通资金渠道。建立疫情防控资金保障快速反应机制，提前下达防控资金预算指标，开通防控资金拨付和物资采购"绿色通道"，全流程监管疫情防控资金使用。加强防控管理。构建"单位+网格"防控作战体系，摸排涉疫重点地区情况，执行人员轮班、24小时应急值守等防控要求，为预算部门单位提供全天候业务办理辅导。

【服务经济发展】 支持复工复产。修编2020—2023年市级集中财力办大事财政政策体系。按照应急帮扶、配套保障、创新发展三类调整"四大专项"政策。出台"衢十条"政策*，实施"五减"行动，建立直达资金"一池一码三减三清单"工作机制，全市减税降费77.54亿元，兑现各类政策资金117.86亿元。支持创新驱动。建设东南数字经济发展研究院、电子科技大学长三角研究院等平台。提高人才专项扶持资金至5000万元，支持引进多层次人才。强化产业基金市域协同，全市到位资金16.00亿元，完成投资10.14亿元，撬动社会资本27.64亿元。助力国企发展。支持组建大花园建设投资发展集团有限公司。注资4.09亿元助力市金融控股集团有限公司开展融资保理业务。深化市区土地储备管理改革。全年市本级国企完成对外融资182.20亿元。

【补齐民生短板】 全市民生支出331.96亿元，下降2.3%，占一般公共预算支出的72.2%。推动教育提升。全市安排教育支出60.03亿元。安排市级（不含两区）教育稳增长资金2.00亿元，分别提高中学生均公用经费、小学生均公用经费至1150元/人·年、950元/人·年，落实义务教育教师平均工资不低于当地公务员平均工资政策，保障青少年近视防控等民生项目。完善社保体系。全市安排社会保障和就业支出60.76亿元。全市城乡居民最低生活保障标准、孤残儿童基本生活费分别提高至850元/人·月、1400元/人·月。增加困难群众基本生活物价补贴系数至2倍。发展卫生事业。全市安排卫生健康支出40.07亿元。分别提高基本公共卫生服务经费、市区城乡居民医保筹资财政补助标准至89元/人·年、1000元/人·年，分别提高城乡居民和城镇职工大病保险报销比例至65.0%、90.0%。推进四省边际中心医院建设，支持与温州医科大学合作。支持文旅发展。全市安排文化旅游与传媒支出11.63亿元。落实公共场所免费开放，支持城市品牌打造，保障浙皖闽赣国家生态旅游协作区建设、四省四市民间艺术节等活动。推进乡村振兴。全市安排农林水支出53.94亿元。安排29.85亿元推进"五千工程"*。整合财政涉农资金34.46亿元，构建"1+4+10"财政支农资金管理机制*，推进农业产业发展。统筹6800万元深化"消薄"攻坚行动。

【深化财政改革】 完善体制机制。推进市区财政事权与支出责任划分改革，出台衢州市与柯城区、衢江区、智造新城、智慧新城新一轮财政体制。深化绩效管理。开展"四大专项"政策资金绩效评价，督促整改问题54个，追回资金192万元。将部门整体预算绩效情况纳入市级机关年度综合考核指标体系，在4家部门开展整体预算绩效改革试点。加快数字建设。完善集中财力办大事数字平台功能应用。全市政采云平台采购金额52.70亿元；统一公共支付平台交易金额399.73亿元，服务240万人次，电子化缴款率99.6%；公共支付平台单位财政电子票据业务开通率100.0%。开展组团服务。建立"联企业、联村（社）、联项目、联部门"四大组团，深化"上门服务至少一次"，形成"问需、解难、反馈、跟踪"工作闭环，解决问题179个。

【加强财政监管】 聚力脱贫攻坚。落实东西部扶贫援川资金

6800万元。动态监控财政扶贫资金,组织专项监督检查,整改、追缴及重新分配资金1.17亿元。防范财政风险。实施防范化解地方政府隐性债务风险专项行动,助力融资平台公司实体化、市场化转型。预判社会保险基金运行及支付能力,做好被征地农民参加基本养老保险工作,筹集划转市级社会保障风险准备金18.18亿元。开展全市乡镇基层财政资金安全检查,查摆、整改问题872个。推进预决算公开。实现全市政府预算、部门预算法定时间内100.0%公开。强化项目评审。全市完成政府投资项目评审4968个,送审资金449.01亿元,增长9.0%,审减、节约资金44.59亿元。

【强化队伍建设】 强化机关党建。做好机关党委和机关纪委换届选举,打造"礼财之窗""1+8"党建品牌体系,市评审中心、市国库支付中心入选市级机关党建阵地示范点。落实巡察整改。对标巡察反馈问题,制定整改方案、任务清单、责任清单,明确整改举措和完成时限,完成问题整改64个。提升干部素质。招引项目管理、投融资等高层次专业人才8名,招考公务员4名。实施"青年'财'俊'政'担当""8090"青年干部素质提升工程,选派18名干部柔性挂职市属国有企业,8名干部入选省财政厅各类人才库,4名干部入选全市"8090"新时代理论宣讲骨干名单。重视文化建设。出台教育培训考核办法,健全"一月一课"活动制度,全年培训1200余人次。组织800余人次开展各项志愿服务活动,助力全国文明城市创建。市财政局获2020年度全省财政管理绩效考评优秀单位。

(衢州市财政局供稿　叶正宇执笔)

注:

*"衢十条"政策:即加强金融支持、减轻企业负担、支持企业用工、加强运输保障、加强外贸支持、扶持"双创"载体、建立科技项目绿色立项机制、加大投资补助、加快资金兑现等十个方面的政策。

*"五千工程":即计划培育1000个以上省级以上农业产业化龙头企业、支持建设1000个优质农产品标准化示范基地、建成1000个农产品产地初加工中心、新增1000个"三品一标"农产品、培育1000个"一村一品"特色农业产业示范村。

*"1+4+10"财政支农资金管理机制:即1个"体系开放+管理闭环"的市"大三农"专项资金管理架构,预算法定、绩效管理、资金统筹、动态平衡等4个原则,职责分工、正负面清单、专项编制、年结年清、项目库、项目管理责任、绩效管理、监督检查、奖惩制度和信息公开等10个管理制度。

柯城区

【概况】 2020年,衢州市柯城区实现地区生产总值236.48亿元,按可比价格计算,增长3.0%。其中:第一产业增加值8.30亿元,增长1.8%;第二产业增加值45.17亿元,增长2.4%,其中工业增加值23.84亿元,增长5.0%;第三产业增加值183.01亿元,增长3.2%。三次产业结构比为3.5:19.1:77.4。按户籍人口计算,人均生产总值126520元,增长4.3%。城镇居民人均可支配收入52862元,增长4.8%;农村居民人均可支配收入28138元,增长9.0%。全年固定资产投资增长4.1%。全区财政总收入20.21亿元,增长1.6%;一般公共预算收入13.32亿元,增长3.7%,其中税收收入10.64亿元,下降1.2%;一般公共预算支出56.87亿元,增长7.7%。全区财政收支平衡。

【组织财政收入】 加强收入征管,培植税源产业,保障财政收入平稳可持续增长。全区一般公共预算收入占GDP的5.6%、占财政总收入的65.9%,税收收入占一般公共预算收入的79.9%。规范非税收入管理,加大非税收入征管政策宣传力度,坚持依法征收,执行"单位开票、财政统管"的管理制度,确保非税收入及时上缴国库。全区非税收入32.43亿元,增长94.3%,其中纳入一般公共预算管理的非税收入2.67亿元,增长29.2%。全年向上争取各类资金29.58亿元,增长25.7%,其中争取区域协调财政专项激励政策4.50亿元。

【保障疫情防控】 落实抗疫保障资金3194万元,其中疫情防控经费860万元,疫情补助经费2066万元,粮食生猪稳产保供268万元。争取上级防疫资金1.40亿元,其中协助衢州市柯城区国有资产经营有限责任公司申请国家开发银行疫情专项应急贷款5000万元,协助22家重点疫情防控企业申报中央财政低息再贷款资金9007万元。落实"五减"政策资金2.52亿元,其中减税4750万元,减费6473万元,减租405万元,减息580万元,减支1.30亿元。返还企业社保费4276万元,稳岗补贴25万元。在新型冠状病毒肺炎疫情防控一级应急响应期间,组织52名志愿者累计下基层773人次,服务3个小区1个村共计3680户居民,并派驻柯城区疫情防控指挥部干部2名。

【服务民生事业】 2020年,全区民生支出42.16亿元,下降3.4%,占一般公共预算支出的74.1%。全区安排教育支出7.68亿元,增长13.8%。建立义务教育教师工资与当地公务员工资联动机制,提高义务教育生均公用经费和班主任待遇,投入学前教育补短提升资金3.06亿元。全区安排卫生健康支出4.25亿元,增长19.8%。投入公共卫生领域补短板项目建设资金6.37亿元,保障柯城区公共卫生服务中心、人民医院门急诊大楼、第二人民医院(传染病医院)、中医医院等项目建设。全区安排社会保障和就业支出5.26亿元,增长7.3%。加强社会保险基金收支管理,全区社会保险基金支出8.48亿元,增长2.5%。提高各项保障标准,最低生活保障月人均提升80元;特困人员供养月人均提升101元;城乡养老基础养老金月人均提升30元,65周岁以上人群最低标准上增加5元/人·月。投入专项扶贫资金1.41亿元,保障脱贫攻坚。投入余杭—柯城山海协作"消薄飞地"项目建设资金3284万元,确保每年收益不少于投资额的10.0%,扶持86个集体经济薄弱村，增强村集体造血功能。安排500万元，建立特殊困难群体救助救济机制。

【深化财政改革】 完善集中财力办大事机制，理清“三张清单”，设立“五大专项”*，加大资金统筹整合力度。加强预算绩效管理，制定《柯城区预算绩效运行监控实施办法（试行）》等6项管理办法，全流程监控预算管理。开展“三个一”*重点绩效评价试点，涉及财政资金9.87亿元。改变项目评审模式，对送审预算50万～400万元的政府投资项目采用备案抽查制度，简化程序，提高评审效率；探索概算评审和决算评审，延长项目评审链条。全年完成项目评审765个，送审金额46.09亿元，核减投资额5.26亿元，节资率11.4%。配合市区财政体制调整，双西港和万田等7个乡划归柯城区固定收入区块。起草《柯城区高水平推进航埠镇经济强镇建设若干意见》《关于印发完善石梁镇等8个乡镇财政体制的通知》《关于印发建立府山等9个街道财政体制的意见（送审稿）》《关于印发完善专业市场建设管理委员会财政体制的通知（送审稿）》，明确各乡镇财政收入、支出责任及基数等内容。

【聚焦风险防控】 落实防范化解政府隐性债务五年行动计划，完成年度任务的119.7%。提升政府债务管理水平，2020年未出现新增地方政府隐性债务。防范社保基金风险，筹集划转社会风险准备金5.00亿元，调整被征地农民参加养老保险政策。加强基金运行分析预判，增强区级各项社保基金支付能力。防范化解基层财政管理风险，联合审计等部门完成全区基层财政资金安全管理专项检查，发现并督促整改问题22个，确保资金安全。开展协审单位公开招投标，入围正式协审单位12家，备用协审单位6家，防范廉政风险。

【强化财政监管】 完善预算绩效管理链条，同步部门绩效目标申报（审核）与部门预算编制环节，组织部门（单位）对年度部门预算项目进行“双监控”。开展扶贫资金项目管理专项检查，组织全区21个乡镇街道和相关部门进行财政扶贫资金和项目管理专项检查，涉及脱贫攻坚项目14个，扶贫资金1.00亿元。做好基层财政资金管理专项检查、专项巡察工作，对11家单位发放行政处理决定书，追回违规发放资金3万元。对2019年度全区693笔、计2.94亿元贷款农合联会员贷款贴息及柑橘转型贷款贴息进行核查，核减贷款贴息48万元，核准应付贷款贴息588万元。

【加强队伍建设】 举办“财政大讲堂”，学习习近平新时代中国特色社会主义思想，加强业务培训和法律法规学习，提升业务能力和法律意识。推进全面从严治党，做好警示教育，开展正反面典型案例的宣传，对全局干部进行廉政提醒谈话。开展巡察反馈意见整改工作，落实整改问题25个，完成率100.0%。开展扶贫结对帮扶工作，42名干部结对低收入农户共117户，整体参与率100.0%。开展组团联社活动，助推全国文明城市创建。2020年，调整和提拔中层干部23人，修缮管理制度32项，其中内控制度24项。

（衢州市柯城区财政局供稿　郭　映执笔）

注：

*“五大专项”：即大三农专项、大城市管理专项、大科创专项、大文旅专项、大商贸专项。

*“三个一”：即一项重点政策——柯城区产业转型升级奖补大专项、一个重点项目——柯城区老旧小区配套基础设施改造提升工程、一家重点部门——柯城区教育局整体绩效评价。

衢江区

【概况】 2020年，衢州市衢江区实现地区生产总值209.35亿元，按可比价计算，增长3.6%。其中：第一产业增加值21.78亿元，第二产业增加值75.84亿元，第三产业增加值111.73亿元，分别增长1.9%、2.7%和4.7%。三次产业结构比为10.4∶36.2∶53.4。按户籍人口计算，全区人均生产总值50823元，增长3.7%。城镇居民人均可支配收入41733元，增长4.3%；农村居民人均可支配收入23532元，增长7.5%。全年财政总收入30.14亿元，增长4.1%，其中一般公共预算收入18.12亿元，增长3.4%。全区一般公共预算支出61.60亿元，增长18.9%。全区财政收支平衡。

【组织财政收入】 健全地方财税收入联动协调工作机制，完善协税护税体系。深化统一公共支付平台应用，依法依规组织非税收入。全区一般公共预算收入18.12亿元，分别占GDP和财政总收入的8.7%、60.1%。税收收入15.43亿元，占一般公共预算收入的85.2%。全年收缴政府非税收入61.84亿元，增长20.3%，其中纳入一般公共预算管理的非税收入2.70亿元，下降8.9%。加强项目谋划，参与上级资金竞争分配，争取新增债券资金16.50亿元（获省区域协调财政专项激励政策3年计4.50亿元、乡村振兴产业发展示范建设县2年计8000万元、支持民营和小微企业金融服务综合改革试点1000万元、一事一议财政奖补政策1959万元等资金支持）。

【支持经济发展】 优化营商环境。落实减税降费政策，全年新增减税降费3.61亿元。通过“政企通”平台，兑现惠企政策资金2.16亿元。加大重大项目前期资金保障，投入城东片区一期征收补偿资金1.68亿元，推动华东（衢州）数字经济示范区项目落地建设，项目总投资180.00亿元。服务复工复产。用好中央直达资金，拨付纾困资金3951万元，惠及小微企业1061户、个体工商户3048户。按照“急事急办、特事特办”原则，实行疫情防控专项再贷款财政贴息“先拨后结”，累计预拨资金296万元。财政全额补助2020年度参保企业安全生产和环境污染综合责任保险。破解融资难题。设立企业疫情转贷周转基金3000万元，对符合条件的企业贷款展期、延期给予2个月贴息支持,由衢江政策性担保公司为企业提供免费融资担保业务。

【保障改善民生】 全年民生支出41.22亿元,增长17.8%,占一般公共预算支出的66.9%。提升教育教学水平。全年教育支出10.64亿元。推进教育均衡发展,完成乡镇公办幼儿园全覆盖,实现省基础教育重点县摘帽,通过省基本教育现代化评估。支持医疗卫生事业。全年卫生健康支出6.75亿元,深化公立医院综合改革,加大基层社区卫生服务中心改造提升力度,加强卫生健康人才队伍激励培养,推进区域医联体、医共体建设,在全国推广衢江"编组共建、分级联动"医共体模式。完善社会保障。全年社会保障和就业支出7.75亿元。拨付最低生活保障、城乡医疗救助、困难残疾人生活补贴和重度残疾人护理补贴等资金1.66亿元。发放以工代训补贴1244万元,投入农村困难家庭危房改造资金1856万元、改造901户,城乡最低生活保障标准提高至850元/人·月。推进乡村振兴。投入莲花乡村国际未来社区建设资金2625万元,国庆期间开园接待游客10万余人次。安排乡村振兴产业发展示范县建设资金4000万元、一事一议财政奖补助推美丽乡村建设资金2000万元。评选最具投资价值村庄10个,给予每个村奖励资金100万元,加快乡村特色产业培育,获评省新时代美丽乡村示范县。

【深化财政改革】 加强预算绩效管理。深化《中共衢江区委衢江区人民政府关于全面推进预算绩效管理的实施意见》,开展预算绩效管理三年行动,搭建预算、执行、绩效全流程、全融合的框架体系。重构乡镇财政管理体系。强化乡镇财政经济职能定位,全区21个乡镇财政所实现统一单设、统一名称、统一身份。实施新一轮乡镇财政体制,健全与乡镇履行职能相适应的财政保障机制。通过配齐人员、区乡互联、信息上云、立体监管等举措,重构乡镇财政管理体系。深化国资国企改革。通过注资赋能累计为国有企业增资54.95亿元,衢州市衢江控股集团有限公司、衢州市衢江区建设投资集团有限公司、衢州市衢江区交通投资集团有限公司获得AA主体信用评级,建投集团获批公司债券10.00亿元。推进开发区体制改革。落实衢州市委打造高能级战略平台部署,推进衢江经济开发区整合至衢州智造新城,厘清衢江经济开发区收入、支出、资产、债务等情况,确定纳税人清单,核定基数,完成清产核资。

【加大风险防控】 防范地方政府债务风险。完成年度债务化解任务,地方政府债务率处于绿色安全区。加强政府投资项目资金来源审核,在财力承受范围内合理编制预算,没有资金来源的一律不立项审批。新增政府投资项目严格控制在财力承受范围内。加强社保基金运行管理。完善低保动态管理机制,推动应保尽保、应退尽退。关注社保基金收支状况,防范企业养老省级统筹后被征地农民养老支出风险,全年弥补社保基金赤字3600万元。守住"三保"底线。严格"三保"预算编制,加强预算执行动态监控,确保不发生安全风险。

【强化财政监管】 创新立体监管模式。加强与纪委、财政、审计等部门监督检查结果共享,提高监管效能。与区纪委联合开展基层财政资金管理风险专项检查,推进问题整改。落实巡视、巡察整改。整改省委巡视反馈问题6项、区委巡察反馈问题27项,制定和修订完善相关制度11项。加强政府投资项目管理。全年审核项目1531个,送审金额103.22亿元,核减金额5.63亿元,核减率5.5%。坚持政府过"紧日子"。全年压减支出6.08亿元,非刚性、非急需支出压减率33.0%。

【干部队伍建设】 加强学习教育。学习贯彻习近平新时代中国特色社会主义思想和重要讲话精神,落实"第一议题"学习制度。加强干部素质能力提升培训,累计组织培训8次,轮训160余人,编印《学习资料汇编》3册。打造党建品牌。完成局机关党总支、党支部换届选举,打造"有你财精彩"机关党建品牌,建成品牌展示厅,以品牌标准提升党建工作质量。深化财政服务。开展"上门服务至少一次"活动,强化部门联动、整体协同。建立中层干部一对一服务企业机制,帮助22家联系企业解决融资难、物资难、用工难等问题。开展低收入农户脱贫帮扶,帮助75户结对农户解决基本生活保障、危旧房改造、劳动就业等问题。在2020年度区级机关满意不满意单位评选中排名第一。加大干部培养。推行干部轮岗交流、竞争性选拔、试用期满述职评议、专班历练等选人用人制度,新提拔副科级领导干部2名,竞争上岗股级干部11名,组织39名干部参加全区重点工作专班。

(衢州市衢江区财政局供稿 柴慧玲执笔)

江山市

【概况】 2020年,江山市实现地区生产总值312.64亿元,按可比价格计算,增长1.6%。其中:第一、二、三产业增加值分别为23.98亿元、136.43亿元、152.23亿元,分别增长0.4%、0.7%、2.6%。三次产业结构比为7.7:43.6:48.7。按户籍人口计算,人均生产总值50885元,增长1.8%。城镇居民人均可支配收入51987元,增长5.1%;农村居民人均可支配收入28415元,增长7.7%。全年固定资产投资111.28亿元,增长2.6%。全市财政总收入34.96亿元,增长8.6%。一般公共预算收入21.31亿元,增长3.7%,占GDP的6.8%,占财政总收入的61.0%,其中税收收入19.21亿元,增长13.5%,占一般公共预算收入的90.1%。一般公共预算支出72.18亿元,增长6.7%。全市财政收支平衡。

【组织财政收入】 加强与税务部门沟通协作,做好测算,把握收入总量、结构和进度。深化政府非税收入收缴电子化改革,通过统一公共支付平台办理收缴业务57万余笔,金额59.91亿元。推广财政票据电子化改革应用,医疗、教育等收费项目已完成信息系统对接改造。规范非税收入管理，实现非税收入50.24亿元，增长82.2%，其中纳入一般公共预算管理的非税收入2.09亿元，下降42.1%。

【服务经济发展】 支持复工复产。拨付新冠肺炎防控专项资金8160万元，出台疫情防控隔离补助等企业用工扶助政策。推动企业以工代训补贴政策落地，发放补贴资金1974万元，惠及企业4478家。参与制定助企惠企政策，为企业复工复产赋能。保障重大项目建设。争取新增地方政府债券16.50亿元，再融资债券2.40亿元。深化政府和社会资本合作，推进虎山运动公园、文化艺术中心二期、姜家公路等项目建设。完善政府产业基金2.0版运作，引进岩木草泽澜、立元天投壹号等基金，促使坚膜科技公司碳化硅总部项目落地。推动产业发展升级。加大对门业、装备制造产业、健康生活产业、消防应急产业和新兴产业的发展扶持力度。招引数字消防企业100家，实施智能制造提质扩面消防企业项目6个，推动数字消防云服务平台建设。支持数字经济建设，促进电商发展。推进全域旅游建设，兑现全域旅游政策资金4223万元。出台民宿发展专项支持政策，安排1000万元实施民宿提质富民三年行动计划。助力企业纾困解困。落实疫情防控阶段性减免政策，通过下调增值税税率、免征土地使用税和房产税等减免税收1.20亿元；累计减免、返还、缓缴社保费3.86亿元。实行疫情期间承租国有资产类经营性房产免收房租政策，免收房租2043户、金额1320万元。降低政府采购项目供应商交易成本，取消保证金1.28亿元、工本费957万元。支持振兴实体经济政策，兑现涉企财政补助奖励资金3.31亿元。创新企业搭桥资金跨行转贷机制，办理搭桥资金258笔，使用搭桥资金19.02亿元，帮助企业转贷19.46亿元，为企业节省成本585万元。

【保障改善民生】 全市民生领域投入资金55.88亿元，增长1.1%，占一般公共预算支出的77.4%。助力乡村振兴发展。整合资金8.36亿元投入乡村振兴项目建设。争取乡村振兴食用菌产业发展示范建设资金8000万元，撬动社会资本1.18亿元。拨付5.95亿元支持江山港流域综合治理、农民饮用水等水利项目建设。安排网格员报酬1883万元支持基层社会治理。安排1000万元支持村级组织活动场所（党群服务中心）建设提升行动。安排1400万元支持农村文化礼堂和新时代文明实践中心建设运维。安排一事一议财政奖补资金3000万元，支持农村综合改革和“三治融合”的乡村治理体系建设。支持社会事业发展。全年卫生健康支出7.70亿元，增长26.8%。投入专项资金1.84亿元，推进县域医共体、医联体建设和人民医院“三乙”创建等重点医改项目。全年社会保障支出10.87亿元，增长5.0%。拨付专项资金1.92亿元用于城乡低保等困难群众救助扶贫，拨付8.98亿元支持保障性安居工程建设。全年教育支出10.25亿元，增长8.1%。安排专项资金5800万元用于公办学校及义务教育保障项目。提高教师教育教学质量奖，提高教师待遇。安排资金3300万元促进民办教育。支持“平安江山”建设，投入655万元用于食品药品检验检测和市场监督管理。推进生态环保建设。推进“治水、治土、治气”三大攻坚战。分别安排4633万元、3185万元、650万元用于城市保洁及垃圾处理、鹿溪污水处理厂及第二污水处理厂运营、农村生活污水处理运维；争取债券资金1.10亿元用于城区雨污水管网及配套设施改造提升工程，5000万元用于生活垃圾焚烧发电项目基础设施配套工程。开展锅炉综合整治，补助9家企业401万元，淘汰锅炉12台。

【推进财政改革】 推动预算管理一体化系统建设，在2020年度全省财政管理绩效考评结果中，被省财政厅评为财政管理绩效优秀单位，获激励资金500万元。推进“一卡通”建设，全年发放补助89万人次，补助金额3.84亿元。深化“最多跑一次”改革，实现非涉密事项100%网上办理。通过“双告知”实现线上审批代理记账许可，实现“零上门”办理行政许可审批。推动财政数字化转型，加快内部工作事项数字化转型应用。开展“上门服务至少一次”活动，深化会计信用体系建设试点、会计中介机构设立审批及备案管理等改革。

【强化财政监管】 推进公款竞争性存放，完成财政资金竞争性存放9.90亿元，单位公款竞争性存放13.90亿元。压减“三公”经费，全年一般公共预算中“三公”经费执行数0.26亿元，下降0.6%。强化政府投资项目评审，全年评审项目187个，送审金额13.84亿元，审减投资额9005万元，审减率6.5%。加强政府采购预算管理，实现“预算、执行、采购、支付”全流程信息化管理。加强内控建设，对7家行政事业单位内控建设情况进行现场督导评价。加强国库集中支付管理，强化行政事业单位资产管理，推进全省统一行政执法监管系统应用。

【深化国资管理】 做好国有资产报告，深化国资国企管理体制改革，制定《江山市国资改革及市属国有公司重组方案》。优化市属国有公司资产结构，推进资产资源清查，梳理第一批拟注入4家市属国有公司的资产清单，涉及资产186宗。指导市属国有公司开展板块经营，进行财务核算调整，完善组织架构。江山经济开发区建设投资有限公司、江山市城市建设投资有限公司获公司主体信用AA评级。

【加强队伍建设】 建立党委理论学习中心组领学、支部“三会一课”深学、“8090”干部宣讲促学、“学习强国”平台比学、专题讨论研学的“五学”模式。开展年轻干部竞争性选拔。开展干部学习教育培训，全年安排各类培训班20个。健全反腐败领导体制和工作机制，签订党风廉政建设责任书，组织实施“正风肃纪”监督检查。提高党员干部担当意识，新冠肺炎疫情期间，组织90余人参加社区联防联控工作。深入扶贫攻坚，组织69名干部与136名低收入农户结对帮扶。

（江山市财政局供稿　陈琲如执笔）

龙游县

【概况】 2020年,龙游县实现地区生产总值247.61亿元,按可比价格计算,增长4.4%。其中:第一、二、三产业增加值分别为15.23亿元、104.17亿元、128.21亿元,分别增长-5.4%、4.5%、5.6%。三次产业结构比为6.1∶42.1∶51.8。按户籍人口计算,人均生产总值61765元,增长5.0%。城镇常住居民人均可支配收入51024元,增长5.8%;农村常住居民人均可支配收入26721元,增长7.5%。全县财政总收入31.69亿元,增长7.2%;一般公共预算收入19.63亿元,增长3.7%,其中税收收入17.30亿元,增长12.6%。全县一般公共预算支出65.96亿元,下降3.3%。全年财政收支平衡。

【组织财政收入】 落实收入管理要求,强化与税务部门协作,加强税收分析预测,实现财政总收入增长。巩固收入结构,全县一般公共预算收入占财政总收入的62.0%,占GDP的7.9%;税收收入占一般公共预算收入的88.1%。规范非税收入征缴,强化财政票据管理,推进非税收入电子化收缴和电子票据应用,提高土地出让金管理绩效,充实非税收入资金盘。全年非税收入44.78亿元,下降6.4%,其中纳入一般公共预算管理的非税收入2.34亿元,下降34.5%。全年争取抗疫特别国债3.87亿元,地方政府债券16.50亿元,债券总量居全市第一。

【服务经济发展】 落实减税降费政策,全年落实"降本减负"8.08亿元、"五减"税收减免1.89亿元,落实"阶段性减免""降率减免"社保费3.19亿元,兑现2060家企业社保费返还4632万元。协助龙游县经信局等部门拟定新一轮"政策工具包",提高政策兑现效力,全年兑现涉企资金5.61亿元,助力工业经济动能转换、服务业企业转型升级。强化直达资金分配使用,执行"两直"资金5.72亿元,兑付"两直"补助4602万元,惠及小微企业和个体工商户5026户。创新政策兑现方式,简化资金审批流程,即时兑现符合条件项目,全年审核、兑现县级涉企资金2.46亿元。优化"政企通"平台,梳理涉企政策,落实线上审批事项,加快预算执行进度,全年通过"政企通"平台兑现资金1.52亿元,惠及企业2727家。

龙游县詹家红专农场稻谷加工

【助力"两手硬、两战赢"】 统筹经费渠道,加强疫情防控经费保障,全年安排防控物资储备及采购、医疗救助等经费1.15亿元。出台《关于疫情防控专项再贷款财政贴息资金实行"先拨后结"的通知》,首创"企业一次申报、按月预拨贴息、政银有效协作"模式,实现"支持企业复工复产+防控财政资金风险"双重目标。制定防疫应急物资生产技改补助政策,提高补助标准,扩大补助范围,走访相关企业,鼓励企业生产防疫应急物资。推出"复工贷"担保产品,开展担保业务23笔,担保总额3500万元。助力33家疫情防控重点保障企业获得人民银行专项再贷款6.44亿元。出台龙游县支持企业应对疫情相关政策,兑现、减免、返还资金12.98亿元。

【保障改善民生】 全年民生支出48.47亿元,下降7.8%,占一般公共预算支出的73.5%。全年安排社会保障与就业9.31亿元,卫生健康6.71亿元,推进基本公共卫生服务均等化,龙游县基本公共卫生服务人均财政补助标准提高至87元/人·年。安排教育支出8.26亿元,落实义务教育教师平均工资不低于当地公务员平均工资政策。整合交通、文化、农林水等资金3.61亿元,撬动金融资本39.80亿元、工商资本7.09亿元,形成2020年"千亿资金到农村"任务、政策、资金清单,健全乡村振兴多元投入保障制度。安排一事一议财政奖补项目35个,总投资4074万元。整合扶贫资金2.25亿元,加大脱贫攻坚力度。安排城东公共文化服务中心、休闲公园、景观云桥等项目建设资金6.06亿元,助推文明县城创建,提升居民文化生活水平。

【深化财政改革】 推进预算管理一体化,提升防范风险能力。优化预算编审机制,提高预算编报和审核效率。深化政采云、"资产云"平台应用,规范采购和资产登记、处置流程,全年入驻政采云平台采购单位262家,交易额8.47亿元,"资产云"平台登记资产127.66亿元。推进"一卡通"服务平台建设。将资金竞争性存放工作全程纳入县公共资源交易中心平台监控,全年开展竞争性存放3次,总额19.10

亿元，大额存单操作4.20亿元，资金规模增长86.4%。扩大财政授权支付范围，减少审核环节，提高财政支付效率。创新收购方式，完成民营企业股权收购，推进龙游县昊诚融资性担保有限公司、龙游县产业基金有限公司、龙游县财信非融资性担保有限公司改制。

【强化财政监管】 强化过“紧日子”措施，厉行勤俭节约，集中财力办大事；压减一般性支出，非刚性、非重点项目支出压减幅度不低于10.0%，日常公用经费压减幅度不低于5.0%，全年压减支出3.24亿元。清理出借资金，加大清收力度，收回财政出借资金2.41亿元。督促单位上缴部门预算结余资金以及结转两年以上资金，收回结余结转资金6814万元。举办全县行政事业单位内控建设与财务风险管理培训班，开展行政事业单位内控制度执行和资金安全管理专项检查工作。严肃财经纪律，严把支付审核关，全年拒付不规范支出9204万元。加强政府性投资项目审核把关，全年完成“三算”（概预结）投资项目880个，送审金额97.53亿元，净核减率6.1%。实行政府债券“借、用、还”全过程监管，开展新增地方政府债券资金使用情况专项检查，加快债券资金支出进度，提高资金绩效。严控隐性债务风险，遏制隐性债务增量。关注社保基金运行动态，防范基金风险发生。强化扶贫资金监督管理，提高扶贫绩效，开展全县基层财政资金和财政扶贫资金专项检查，涉及金额1.73亿元。

【加强队伍建设】 落实全面从严治党要求，规范廉政账户管理，开展党员干部、公职人员违规借贷自查工作，做好党员干部、公职人员教育引导工作。组织开展廉政风险排查，防范廉政风险。巩固经济责任审计整改和“不忘初心、牢记使命”主题教育成果，推进清廉财政建设。实施薪火相传计划，常态化举行干部荣誉退休仪式，深化“财政讲堂”等品牌建设，开展“6070”“8090”导师结对帮扶活动，落实导师26名、学员29名，形成“导师多层次、学员跨科室自由选择导师”模式。开展联合对外检查等跨科室协作性工作。开展三联工程、组团联村、“8090”新时代理论宣讲等活动，提升财政干部业务水平和工作能力。

（龙游县财政局供稿　翁露萌执笔）

常山县

【概况】 2020年，常山县实现地区生产总值160.15亿元，增长3.5%。其中：第一产业增加值8.33亿元，增长1.6%；第二产业增加值67.69亿元，增长4.2%；第三产业增加值84.13亿元，增长3.2%。三次产业结构比为5.2∶42.3∶52.5。按常住人口计算，全县人均生产总值61786元，增长2.6%；城镇居民人均可支配收入41890元，增长5.6%；农村居民人均可支配收入24033元，增长8.5%。全县财政总收入19.90亿元，增长5.1%；一般公共预算收入12.19亿元，增长3.4%；一般公共预算支出54.78亿元，下降1.6%。全年财政收支平衡。

【组织财政收入】 加强分析研判。强化政策研究和数据分析，掌握各项财政收入走势，提高收入预测准确性。全县一般公共预算收入占财政总收入的61.3%、占GDP的7.6%；其中税收收入10.60亿元，增长17.2%，占一般公共预算收入的87.0%。规范非税收入管理。推进收费清理改革，完善收费清单制度，规范非税收入执收行为，确保应收尽收、应减尽减。全年非税收入37.71亿元，增长30.1%，其中纳入一般公共预算管理的非税收入1.59亿元，下降41.9%。加大资金争取力度。完善向上争取考核机制，掌握政策走向和资金投向，全年争取上级转移支付资金26.80亿元，增长25.8%，其中中央“两直”资金（含参照“两直”资金）6.50亿元。争取2020年地方政府专项债券资金13.00亿元，居全市六县（市、区）第一。入围2020—2022年绿色转化财政专项激励政策名单，获省级财政补助资金3.00亿元。

【服务经济发展】 落实减负政策。落实大规模减税降费政策，全年降本减负税收减免4.41亿元、社保费减免1.65亿元、社保费返还2004万元，减免733户承租主体租金456万元。推广“政采贷”、履约保函等金融服务，深化政府采购电子化评标，降低供应商融资门槛和成本。优化政策供给。全市首创“春风贷”*，为企业提供1.40亿元贷款担保，免除担保费用236万元。创新推出“财信贷”*，支持银行为企业发放信用贷款5160万元。争取全省基层政策性农业信贷担保服务创新试点，配套出资600万元，设立风险池，撬动金融资本2.40亿元，为农业产业提供免抵押、低费率、简手续的信贷担保服务。拨付消费券资金1100万元，刺激消费，拉动经济增长。提升服务效能。支持“最多跑一次”改革扩面增效，通过“政企通”平台，兑现扶持资金1.35亿元，惠及企业428家，实现惠企政策上线率100%，线上兑现率100%。

【保障民生支出】 全县财政民生支出38.64亿元，下降7.5%，占一般公共预算支出的70.5%。保障疫情防控。投入7392万元用于疫情防控，推动重大疫情防控救治体系和应急物资保障体系建设，补齐公共卫生领域短板。发展教育事业。全年教育支出6.68亿元，占GDP的4.2%。投入1.78亿元支持文昌小学、职业中专、五里小学等学校建设，完善教育基础设施。提高教师待遇，教育教学质量奖提高至人均5万元。投入1312万元用于弥补学前教育短板，完成“一乡镇一公办园”目标。助力乡村振兴提质升级。投入农林水资金7.39亿元，推进农村饮用水达标提标行动。拨付扶贫资金2.37亿元，深化“消薄”攻坚行动，加大产业扶贫“造血”力度，促进低收入农户人均收入增长14.9%，实现180个行政村集体经济经营性收入10万元以上全覆盖。支持社会事业发展。全年社会保障和就业支出9.10亿元，增长19.6%。投入2100万元保障城乡社区居家养老服务照料中心建设。全年卫生健康支出6.24亿元，增长14.5%。投入2.93亿元支持人民医院二期、中医院异地搬迁改造及新建住院楼、公共卫生及传染病防治中心等项目建设,健全公共卫生基层医疗机构标准化及防疫体系,提升医疗服务水平。

【规范财政管理】 规范公款竞争性存放。开展财政资金招标13.93亿元,综合收益2277万元,增加财政存量资金收益649万元。强化政府投资管理。构建政府投资项目评审管理系统,提升评审效率,全年评审项目295个,送审金额33.70亿元,核减金额3.50亿元,核减率10.4%。推进涉农资金统筹。完善集中财力办大事财政政策体系,整合乡村振兴专项资金2.54亿元,获省级财政奖励1000万元。加强财政监督检查。开展扶贫资金、涉农惠民补助资金"一卡通"发放管理、债务资金使用、工程招标、水库移民资金等专项监督检查,规范预算单位财务管理。深化"互联网+监管""双随机一公开"工作,完成"互联网+监管"六项任务100%全覆盖。防范化解债务风险。开展防范化解地方政府性债务风险专项行动,加强债务风险源头管控,加强债务监测系统管理,推进融资平台公司市场化转型,防控地方政府债务风险。落实政府过"紧日子"要求。压减非刚性非急需支出3.30亿元,将压减的资金优先用于民生领域。

【深化国资改革】 支持国有企业发展。结合战略引领、深化改革、要素创新,服务国资改革,为国有企业注入各类资金、资产,增强国有企业实力。拓展融资渠道。协助2家国有企业获"AA"评级,完成既定目标,实现常山县国有企业市场化转型。常山县城市投资集团有限公司发行首期公司债券10.00亿元,实现自主直接融资零的突破。常山县国有资产投资运营有限责任公司获得14.00亿元综合授信支持。提高国资管理水平。打破单位和部门利益界限,建立"公物仓"*制度,形成行政事业单位国有资产共享共用和资产调剂机制,促进国有资产合理配置。

【加强队伍建设】 推进党风廉政建设。配合县委巡察整改工作,制定巡察反馈意见整改方案,整改落实3个方面38个问题。推进"双建"工作,把临时党支部建在中心工作一线,创建"金算子"党建品牌,构建"12355"*党建工作体系,在全县机关党建擂台赛中获第2名。加强教育培养。开展业务大比拼、作风整顿月、"思想大解放、服务大提升、行动大担当"等活动,推进干部业务素质提升和作风转变。全年提拔股级干部8人,其中正股3人、副股5人,优化干部队伍结构。参与一线工作。选派党员干部100余人次参加旧城改造房屋征收、村级换届选举、"八八组团"*等县委县政府中心工作,组织70余人参与"一户一策一干部"结对帮扶,开展"8090新时代理论宣讲"12次。常山县财政局在2020年度全县机关部门综合考核中蝉联一等奖,受到县委县政府"十条军规"正面典型通报8次,获政治生态流动红旗3次。

(常山县财政局供稿 潘金金执笔)

注:

*"春风贷":金融机构与中小企业融资担保有限公司共同开展合作,为企业复工复产提供信贷资金、降低利率和免除担保费用等多项金融扶持政策。

*"财信贷":企业将自身所获得的财政奖补资金,交给中小企业担保公司用于支付贷款未来的利息,由中小企业担保公司提供银行贷款担保,企业获得无需提供资产等反担保的信用贷款。

*"公物仓":县级单位公物仓的简称,对县级单位的国有资产实施共享共用,进行统一管理、统一调剂、统一处置等的运作平台。

*"12355":"1个目标"即党建引领财政高质量发展;"2个能力"即党组织领导能力、财为政服务能力;"3大工程"即先锋建设工程、党群连心工程、清廉财政工程;"5大重点"即大预算、大执行、大监督、大国资、大服务;"5项机制"即教育培训、考核评价、责任落实、改革创新、督查推进机制。

*"八八组团":组建8个驻企服务组,分别服务一个重点产业,每个服务组形成"1432"组团服务模式,每个产业由1名县领导领衔,4名常青藤干部专职服务,3名涉企部门干部专业指导,2名金融和法律服务单位人员担任顾问。

开化县

【概况】 2020年,开化县实现地区生产总值150.50亿元,增长1.5%,其中:一产、二产、三产增加值分别为14.15亿元、52.85亿元、83.50亿元,分别增长0.7%、-1.0%、3.4%。三次产业结构为9.4∶35.1∶55.5。按常住人口计算,人均生产总值57512元,增长5.7%。社会消费品零售总额89.19亿元,下降1.1%。城镇常住居民人均可支配收入39475元,增长4.5%;农村常住居民人均可支配收入20647元,增长8.7%。城镇新增就业人数6087人,城镇登记失业率1.8%。全县财政总收入16.16亿元,增长4.6%,其中一般公共预算收入10.20亿元,增长2.6%。全县一般公共预算支出56.13亿元,下降14.9%。全县财政收支平衡。

【组织财政收入】 完善财税库银联席会议机制,加强企业动态监管,挖掘潜在税收增长点,把握组织收入节奏和力度。全年一般公共预算收入占财政总收入的63.1%、占GDP的6.8%;其中税收收入8.39亿元,增长5.3%,占一般公共预算收入的82.3%。强化非税收入征管,推进土地出让及指标调剂,实现非税收入24.41亿元,(较2019年非税收入22.38亿元)增长9.1%,其中纳入一般公共预算管理的非税收入1.81亿元,下降8.5%;全年完成土地出让27宗502亩,土地出让收入16.63亿元,比上年增加9.51亿元。

【支持经济发展】 注重财税政策与金融、投资、产业、区域发展政策协同,开展"三服务"活动。"顶格"实施"五减"专项行动,全年累计减税降费6.37亿元。加快政策兑现,落实"两直"机制,全年兑现工业等各类政策补助2.91亿元。聚焦产业链关键环节和企业发展核心要素，修订完善工业扶持政策20条*。投入5.74亿元推动土地复垦整理，支持土地要素供给。支持国资国企发展，县属四大集团新增融资授信31.35亿元，提取贷款14.94亿元，帮助148家企业续贷提供应急专项资金10.95亿元。创新"国资助村"模式*，促进村集体经济收入增长30.2%，开化经验被《竞跑者》报道，并向全省推广。

【保障民生重点】 全年民生支出43.06亿元，下降18.3%，占一般公共预算支出的76.7%。落实国家开发银行1.00亿元疫情防控应急专项贷款资金。全年安排教育支出6.49亿元，完善教育投融资保障体系，助推省教育基本现代化县建设。全年安排健康卫生支出4.71亿元，建立健全医共体财务体系，推进基层医疗机构运行。全年安排社会保障和就业支出8.59亿元，保障行政事业单位人员、参加城乡居民养老保险人群工资待遇、保障残疾人、困难人群、就业等基本民生。统筹财政资金12.66亿元，推进205国道、351国道、第二水源茅岗水库饮水工程等重点项目建设。全年安排农林水支出7.78亿元，用于高标准农田建设、农村环境整治、水利设施建设、脱贫攻坚等项目，其中安排7882万元，推进实施农村饮用水达标工程。争取开化水库项目资金承诺函，为开化水库通过国家发改委可研批复奠定基础。投入4.02亿元，推进钱塘江源头区域（开化）山水林田湖草生态保护修复工程试点建设。

【助力脱贫攻坚】 统筹资金3963万元，支持一事一议美丽乡村建设及奖补项目58个，实施扶持壮大村级集体经济项目21个。制定"一事一议"财政奖补资金管理办法，规范项目申报、资金拨付，推进项目建设。采用"政府采购+山海协作+农旅结合+乡村振兴"的政府采购模式，帮扶开化农产品入驻政采云农业（扶贫）馆。争取省区域协调财政专项政策支持，推进14个试点项目落地。组团联村为结对村解忧排难，落实"一户一册"低收入农户结对帮扶，助力全面消薄。开展扶贫资金专项检查，涉及财政资金7536万元，发现并整改问题24个。

【深化财政改革】 集中财力办大事，构建"1+6"全面预算绩效管理体系*，探索涉农资金统筹整合长效机制。推进零基预算改革。在全省率先进行采购项目电子化开评标和全面取消投标及履约保证金7683万元，采购项目节支率15.0%以上。推进财政电子票据改革，公共支付平台单位全部开通财政电子票据。推进非税收入线上线下一体化收缴改革，全县非税收入电子缴款率98.7%。创新公款竞争性存放网上招标模式，推行预算单位银行账户网上审批。深化国资国企改革，县属四大集团重组挂牌，县国资公司获AA主体信用评级。执行国有资产管理情况报告制度，向人大汇报国有资产综合报告和行政事业单位国有资产报告。构建行政事业单位国有资产监督管理体系，建立工资与效益联动机制。

【强化监督管理】 研判债务、社保基金、"三保"和乡镇财政运行情况，防范化解财政风险。上会审查57个部门预算，审查覆盖率100%。出台《开化县老旧小区改造专项资金管理办法》等专项资金管理办法，加强财政资金安全管理。组织开展基层站所财政资金安全检查，对16个乡镇会计信息质量开展专项检查。完善国库集中支付动态监控规则设置，对财政资金支付实行全过程监控，拦截有误或违规笔数243笔，涉及金额1215万元。开展财政资金使用绩效、行业协会财政补助资金、个人借用公款行为三大专项治理，实现财政资金监督管理常态化。召开财政资金使用绩效专题咨询会，与人大、审计合力推动绩效管理，促进绩效整改加速。全覆盖实施绩效目标、绩效自评和绩效运行监控，分行业对10个重点民生支出、重大项目政策实施重点绩效评价。执行政府过"紧日子"思想，非重点非刚性支出压减15%以上。做好审计、巡视、巡察发现问题整改工作，建立项目和资金管理长效机制。

【加强队伍建设】 坚持"周一夜学"等学习制度，举办党内法规知识竞赛等教育活动，抓好"三会一课"等基本制度。推进党建与业务融合，创建"初心向党·源来有财"党建主品牌，发展一批支部品牌。完善财政内部控制"1+9+X"体系*，梳理权力清单48项、廉政风险点68条和防范措施109条。组织财会人员开展多类型学习培训、业务辅导，推荐衢州市会计人才库26人。开展"基层调研年、大抓落实年、绩效提升年"活动。开展纪律教育、警示教育，推进清廉财政建设。2020年，开化县财政局获全省财政系统先进集体荣誉称号，记县政府集体三等功一次。开化连续2年获得全国政府采购百强县荣誉称号。

（开化县财政局供稿　胡汪琴执笔）

注：

*工业扶持政策20条：即根据《关于加快创新驱动推进生态工业高质量发展的实施意见》，涉及投资、小微企业园建设、两化融合、企业培育、品牌化智能化战略、科技创新、兼并重组、营造良好营商环境等方面的扶持政策。

*"国资助村"模式：即以国资国企为村集体经济培育的发力点，围绕消薄后进村、基础产业村、典范明星村等村集体，以"国资平台兜底消薄、国企资智助力增收、国村联手共谋共营"三种模式，实现村集体经济增收。

*"1+6"全面预算绩效管理体系：即以《关于全面推进预算绩效管理的实施意见》为主线，涵盖事前评估、绩效目标、绩效监控、绩效评价、结果应用及内部工作规程的预算绩效管理制度体系。

*内部控制"1+9+X"体系：即以《开化县财政局内部控制基本制度》为主文件，包含《开化县财政局政策制定风险内部控制办法》《开化县财政局专项资金管理风险内部控制办法》等9个内部控制办法、《开化县财政局办公室内部控制操作规程》等X个财政局各业务科室内部控制操作规程形成的内部控制体系。

舟山市财政工作

舟山市

【概况】 2020年，舟山市实现生产总值1512.11亿元，按可比价格计算，增长12.0%。第一、二、三产业增加值分别为152.94亿元、590.15亿元、769.02亿元，第一、二、三产业分别增长2.2%、29.6%、1.7%，三次产业比重为10.1∶39.0∶50.9。按常住人口计算，人均生产总值130130元，全社会固定资产投资增长1.5%，其中房地产开发投资增长6.0%，基础设施投资增长3.4%。全年规模以上工业实现总产值1572.41亿元，增长64.0%。全市社会消费品零售总额下降7.5%。港口货物吞吐量5.71亿吨，增长6.6%。外贸进出口总额1667.31亿元，增长21.6%。城镇、渔农村居民人均可支配收入分别为63702元、39096元，增长3.6%、6.3%。全市实现财政总收入254.50亿元，增长10.4%；一般公共预算收入159.20亿元，增长2.8%，其中税收收入112.84亿元，增长5.4%。一般公共预算支出312.69亿元，下降3.3%，完成年度预算的103.7%。市本级财政总收入117.66亿元，同口径*增长19.1%；一般公共预算收入70.28亿元，同口径增长3.8%。市本级一般公共预算支出123.17亿元，下降3.4%。全市和市本级财政收支平衡。

【组织财政收入】 财税联动组织收入。落实疫情防控和减税降费背景下年度财政收入目标，协调全市各区域组织收入进度。联动税务等部门、县区财政部门做好收入预测和执行情况的统计分析，保障税收落地，确保财政收入平稳增长态势。加强非税收入征管。构建统一公共支付平台线上线下一体化收缴模式，全市实现政府非税收入156.35亿元，其中纳入一般公共预算管理的非税收入46.36亿元。加快土地出让金清算，完成市级(含两区)土地清算项目127个，涉及土地出让金104.02亿元。巩固收入结构。一般公共预算收入占财政总收入的62.6%、占GDP的10.5%，税收收入占一般公共预算收入的比重为70.9%。

【保障疫情防控和复工复产】 支持疫情防控。建立健全疫情防控政策研究、协调联动、精准测算、信息反馈闭环管理机制，全市投入2.96亿元用于医疗救治、人员补助、物资采购等。支持复工复产。出台支持小微企业渡过难关财政10条政策，落实各类惠企纾困资金17.80亿元。实施“五减”专项行动，全市减税19.59亿元，落实社保费减免、缓缴、返还14.46亿元，减少政府采购供应商资金占用6.68亿元，减免房租1.13亿元，贴息433万元。保障直达资金落地，全市争取中央及省级直达资金30.81亿元，分配率100%；落实“添把火”要求，统筹15.00亿元建立配套惠企利民资金池。

【支持舟山建设】 争取政策资金。争取新增债券额度60.00亿元、中央及省海洋资金13.29亿元，争取低硫船用燃料油出口退税政策、绿色转化财政专项激励政策等。保障重点项目建设。全市实现投资225.21亿元，筹措各类建设资金317.02亿元，保障政府重点项目推进。加强政府投资项目全过程造价管理，完成项目审核505个，审定金额200.75亿元，金额调整率15.3%。推进甬舟一体化建设，完成甬舟铁路PPP项目向财政部报送入库工作。推动产业发展。出台科技新政，建立财政对科技投入持续稳定增长机制。市本级安排政府数字化转型专项资金1.31亿元，落实数字经济五年行动计划；安排工业发展专项资金6500万元，推进制造业高质量发展；安排江海联运专项资金3500万元，培育航运业稳健发展。发挥中小企业专项信用贷款作用，为全市1412家企业发放专项信用贷款10.20亿元。支持人才战略落地。全市安排人才专项资金1.59亿元，用于人才培育、人才飞地等领域。发挥产业基金招才引智作用，建立完善科创基金相关办法，与相关主体共同组建总规模1.00亿元的元禾原点杭州贰号基金，完成首轮出资1160万元。

【保障民生福祉】 全市民生支出213.71亿元，下降5.9%，占一般公共预算支出的68.3%。保障乡村振兴战略。全市农林水事务支出50.36亿元，构建乡村振兴战略财政政策体系，健全涉农资金统筹整合长效机制，统筹整合9个涉农专项资金共计2.26亿元。推动公共服务发展。投入32.56亿元支持海岛教育均衡发展，舟山市成为全省首批全域实现教育基本现代化的设区市。围绕文化惠民工程，投入8.34亿元构建高质量文旅体融合的现代公共服务体系，满足群众基本公共服务需求。投入城乡社区资金34.70亿元用于基础设施建设、环境治理等，投入3.45亿元支持老旧小区改造，助力全国文明城市成功创建。完善社会保障体系。投入社会保障和就业资金31.28亿元，兜牢基础保障底线，将城乡居民低保标准由每人每月720元提高至810元，并提高重点困难群体补贴标准，其中市级特困人员供养标准提高至每人每年18167元。修订就业补助资金管理办法，保障就业创业项目。投入卫生健康资金19.65亿元，深化公立医院综合改革，完善基层医疗卫生机构补偿机制，启动“银龄助康”*计划。支持脱贫攻坚战。投入财政扶贫资金1.26亿元，探索“政府+慈善+保险”扶贫新模式。筹措援疆援藏等资金2451万元、东西部扶贫协作资金5010万元，助力结对帮扶的四川省达州市宣汉县和万源市提前实现脱贫摘帽。

*根据新一轮市区财政管理体制要求，2020年起，舟山市与定海区、普陀区收入统计按金库数反映，与总决算口径一致，因此对2019年市本级财政总收入和一般公共预算收入做同口径调整。调整后2019年舟山市本级财政总收入98.82亿元，一般公共预算收入67.67亿元。

【深化财政改革】 完善区域财政体制。制定重点企业迁移财政利益分配、市区金融业增值税收入分配、增值税留抵退税市级分担、海洋科学城财政收支管理办法等政策，推动区域均衡发展。深化预算管理改革。推进全面实施预算绩效管理，形成以1个实施意见为主体、1个行动方案为指引、X个管理办法有机融合的“1+1+X”全过程预算绩效管理制度体系。推进部门整体绩效预算改革和部门预算公用经费改革，启动部门预算公用经费改革。推进“数字财政”建设。深化“最多跑一次”改革，机关内部协同平台办理事项占市本级办理总量的80%。优化部门预算编审机制，实现2021年市本级部门预算编审“一上一下”。推进财政电子票据改革，全市所有公立医院实现门诊和住院医疗收费电子票据业务开通应用。启用政府投资项目审价系统，实现审价流程网络化。

【防范化解风险】 强化节俭政府建设。开展三轮支出压减工作，全市累计压减资金8.24亿元；守住“三保”底线，全市各县(区)均未出现“三保”运行风险。加强政府债务管理。加大化解政府隐性债务风险力度，完成年度目标任务。建立政府债务风险管控机制，全市政府债务率整体保持在低风险水平。守住社保基金防线。做好社保费收支预测，争取省级调剂金补助12.15亿元，统筹市级财政资金补充社保基金5.84亿元，动用风险准备金4.04亿元，确保基金运行安全。

【全面从严治党】 坚持党的全面领导。召开年度全面从严治党工作会议，制定2020年全面从严治党工作要点和主体责任清单，开展局党委理论中心组学习6次、支部学习120余次，基层支部书记集中轮训率100%。强化基层党建工作。推进党建与业务深度融合项目62个，指导市属国企规范“三重一大”事项，完善部省属在舟企业党建协同机制。推进党风廉政建设。建立常态化廉情分析机制，制定政治监督“四清单”“两档案”，开展重点岗位廉政风险排摸，推进“清廉国企”建设。加强干部队伍建设。落实干部选拔任用规程和干部监督机制；开展“护航窗口建设、激扬财政风采”宣传月活动，开展趣味运动会、健步走、征文等活动；组织常态化志愿服务，全年募集志愿者1500余人次，服务时长2800余小时。

(舟山市财政局供稿　厉豪杰执笔)

注：

*“银龄助康计划”：根据《关于印发舟山市银龄助康计划实施方案的通知》，在全国范围内招聘符合条件的退休医师来舟山市基层医疗卫生机构担任业务骨干，指导提升基层医务人员医疗水平，市和县(区)财政给予每名专家每年一定的补助。

定海区

【概况】 2020年，舟山市定海区实现地区生产总值569.56亿元，按可比价计算，增长2.5%。按户籍人口计算，人均地区生产总值142328元，增长2.0%。第一、二、三产业增加值分别为12.77亿元、202.85亿元、353.94亿元，分别增长14.8%、0.9%、3.1%。三次产业结构比为2.2∶35.6∶62.2。社会消费品零售总额增速下降6.8%。全区居民人均可支配收入为60668元，增长4.3%，其中城镇常住居民和渔农村常住居民人均可支配收入分别为69857元和39227元，分别增长3.7%和6.5%。全区财政总收入52.60亿元，(较2019年调整后财政总收入52.38亿元)同口径增长0.4%，一般公共预算收入32.02亿元，(较2019年调整后一般公共预算收入32.51亿元)同口径下降1.5%，一般公共预算支出43.51亿元，下降10.2%。通过争取上级补助等方式，实现全年财政收支平衡。

【组织财政收入】 落实财税部门收入协调工作机制，完成收入分解目标。2020年，一般公共预算收入占财政总收入的60.9%、一般公共预算收入占GDP的5.6%，地方税收收入24.44亿元，下降3.9%，占一般公共预算收入的比重为76.3%。规范非税收入征管，提升收缴效率。全年完成非税收入14.24亿元，其中纳入一般公共预算管理的非税收入7.58亿元，增长7.1%。加快建设地方财源。出台新一轮镇街(园区)财政体制，完善区与镇街(园区)财力分配关系，落实超收财力向基层倾斜。向上争取资金。紧跟专项债券资金投向领域，争取地方政府新增专项债券8.25亿元、当年到期需还本的再融资债券8.90亿元，补充全区财力。

【统筹疫情防控和经济发展】 做好新冠疫情防控。建立疫情防控工作机制，累计投入4029万元用于医疗救治、人员补助、物资采购等。开通政府采购“绿色通道”，简化流程、提高效率，保障涉疫物资采购。落实专人参加出台政策支持、工业、消费、出口等工作专班。加大小微企业帮扶。贯彻《关于应对疫情支持小微企业渡过难关的意见》等政策，加快政策兑现，疫情期间累计兑现惠企财政政策补助资金7408万元，惠及企业和个体户6155家。实施“五减”专项行动，累计减税降费12.00亿元。抓好“两直”资金落地。争取中央、省直达资金3.48亿元，制定分配方案，加快资金下达速度，2020年直达资金支付率100.0%，为保就业、保民生、保市场主体提供支撑。发挥抗疫特别国债补短板作用，支持基层卫生服务提升建设、城乡医疗救助等。培育经济发展动能。发挥财政资金引导作用，安排各类产业政策扶持资金2.12亿元，加快传统工业、建筑业、内外贸产业转型升级。坚持创新驱动，全年科技支出1.16亿元。

【保障民生需求】 全年民生支出30.28亿元，下降5.6%，占一般公共预算支出的69.6%。全年社会保障支出3.39亿元，支持居家养老服务中心建设，提升孤儿基本生活费、城乡低保和低边等民生支出标准，其中，福利机构和社会散居孤儿基本生活费由2030元/人·月、1624元/人·月提高至2184元/人·月、1747元/人·月，城市“三无”人员和农村五保供养标准由17400元/人·年提高至18713元/人·年。全年卫生医疗支出2.69亿元，实施困难群体医疗救助，支持基层卫生医疗机构建设，推进补偿机制改革。全年教育支出6.33亿元，支持学前教育、民办教育发展，提升基础教育办学条件。农林水支出8.76亿元，完成一事一议财政奖补项目立项26个，支持美丽乡村建设，马岙综合改革集成示范区项目入选省级试点。全年公共安全支出3.04亿元，文化旅游体育与传媒支出7579万元，支持“平安定海”建设，推动文旅融合发展，提升全区文化软实力。

【做强国资国企】 深化国企市场化改革。出台企业负责人薪酬改革、企业职工薪酬总额预算管理等制度，建立与市场化进度相适应的管理制度体系，规范国有企业运营。加强国有资产监管。梳理、盘活账外闲置资产、市级划拨置换资产、行政事业性资产等，做大做强国有资产。完成对全区61家国企资产管理情况专项检查。完善国有资产管理情况向人大报告制度，加强人大国资监督职能。推进国企退休人员社会化管理。接收国企退休人员4843名。加强国企融资和债务管理。将国有企业融资规模纳入预算管理，规范地方政府债务的举措和国企融资行为。创新资本市场融资方式，加强直接融资工作。全区国企累计发行各类债券等62.00亿元，保障重点项目建设。

【强化财政监管】 强化预算绩效评价。出台事前绩效评估、绩效监控、项目支出评价、成果应用等4个管理办法，构建全过程预算绩效管理制度体系。推进部门整体绩效预算改革试点，提高全区整体绩效水平。履行财政监管职责。实施“双随机”财政票据检查。加强内部控制建设，引导全区142家行政事业单位完善内控体系。加强资金和项目监督检查力度，做好水利、扶贫等资金和基层财政管理专项检查。针对检查中发现的各类问题，查找制度漏洞，完善管理机制。推进财政专项资金分配政策、执行过程和实施结果的全过程信息公开。加快数字财政建设。推进机关内“最多跑一次”改革，全年完成线上办件3554件。依托政采云平台推进政府采购数字化，全年交易规模3.38亿元。推进财政电子票据改革，全区163家用票单位均开通电子票据。政府投资项目网上申报系统全线贯通，完成审定项目1126个，审定金额70.86亿元，核减率6.3%。

【聚焦风险化解】 防范财政收支风险。树立过“紧日子”理念，强化财政支出管理，坚持“以收定支”，保障党委、政府重点工作和民生支出需要。优化支出结构，累计压减一般性支出4800万元，盘活财政存量资金6.52亿元，对结余、沉淀资金做到应收尽收、应统尽统。防范政府债务风险。落实隐性债务化解专项行动，压缩政府债务率。强化政府投资项目管理，评估财政承受能力及债务风险，落实“三个不得立项”要求，合理安排政府投资预算。防范社保基金风险。做好被征地农民等群体养老保险提额、补缴、接续等工作。预测社保基金收支缺口，做好国有资本充实社保基金工作。

【推进从严治党】 加强党风廉政建设。制订党风廉政建设工作要点及责任清单，落实“一岗双责”。排摸廉政风险点27个，并落实整改。加强基层党组织建设。筹备成立定海国资公司、定海旅游集团公司二级党委，建立健全党建责任体系及工作机构，提升国企党建水平。打造“五型财政党旗红”品牌，建设“红色驿站”党建活动室。加强政治素养和干部队伍建设。开展党委理论中心组集中学习5次，学习党的主要会议和习近平总书记考察浙江重要讲话精神，推动理论学习与财政工作融合。组织开展2020年度财政干部能力素质提升班和党员教育轮训，搭建党、工、青、妇等组织平台，提升财政干部综合素质和履职能力。

(舟山市定海区财政局供稿　王哲烨执笔)

普陀区

【概况】 2020年，舟山市普陀区实现地区生产总值439.86亿元，按可比价格计算，增长1.3%。按户籍人口计算，全区人均生产总值139744元，增长1.8%。第一产业实现增加值68.93亿元，增长8.4%；第二产业实现增加值110.28亿元，增长4.1%；第三产业实现增加值260.65亿元，下降2.0%；三次产业结构比为15.7∶25.0∶59.3。全区财政总收入44.89亿元，(较2019年调整后全区财政总收入41.77亿元)同口径增长7.5%。全区一般公共预算收入30.46亿元(较2019年调整后全区一般公共预算收入29.27亿元)同口径增长4.1%。全区税收收入24.15亿元，(较2019年调整后全区税收收入23.68亿元)同口径增长2.0%。全区一般公共预算支出(含上级转移支付支出)61.06亿元，下降7.8%。全区财政收支平衡。

【组织财政收入】 加强财政、税务、自然资源和规划、招商等部门配合，调动镇、街道、管委会及八大产业平台的创收积极性，形成合力。动态关注重点企业、重点税源、重点资源变化，加强分析预测和税源挖掘。2020年，全年一般公共预算收入占GDP的7.5 %，占财政总收入的60.4 %；税收收入占一般公共预算收入的80.6%。加强非税收入征管，全年实现非税收入6.73亿元，增长4.7%，其中纳入一般公共预算收入的非税收入6.43亿元，增长17.3%。

【服务经济发展】 落实产业扶持资金1.44亿元，其中工业发展扶持资金5076万元，推进工业向数字化、智能化转型；落实航运业扶持资金1995万元，惠及航运企业59家、单船及分公司187家；投入“红色七月”促消费回暖财政资金1000万元，带动社会消费1.54亿元；安排外贸扶持资金888万元，搭建“外贸快车”推广平台，帮助重点水产外贸企业开展境外网站推广。发挥产业基金引导作用，大健康项目新增投资500万元，带动社会资本金1300万元。聚焦打好新型冠状病毒肺炎疫情防控与企业复工复产攻坚战，做好疫情防控资金、政策、物资保障。落实财政范围内“五减”政策1.99亿元，拨付疫情防控经费6750万元。

【保障改善民生】 坚持过“紧日子”方针，全年压减支出7849万元，其中：专项资金压减7010万元，日常公用经费压减5%以上，“三公”经费压减15.2%，将更多财力用于疫情防控、“六稳”“六保”等重点领域。全年一般公共预算民生支出49.00亿元，下降6.2%，占一般公共预算支出的80.2%。其中，教育支出7.13亿元，优化城区教育布局，提升义务教育质量，完善学生资助政策；科学技术支出1.24亿元，实现规上工业企业研发机构全覆盖；卫生健康支出4.49亿元，完善财政补偿机制，实施基层医疗卫生机构品质提升工程；文化旅游体育与传媒支出1.26亿元，支持省级文化和旅游消费试点、省文旅产业融合试验区建设；社会保障和就业支出6.16亿元，促进省级城乡社区治理和服务创新实验区创建，加强弱势群体基本生活保障；农林水支出14.68亿元，推动美丽乡村、现代农业园区和省级乡村振兴产业发展示范项目、农业绿色发展先行县（区）建设；拨付建设资金13.50亿元，保障老旧小区改造、防洪排涝工程、农村公路提升、东港新建初中、残疾人托养中心等重点项目。

【推进财政改革】 完善预算体系，全面推开主管部门汇总预算编制工作，实现“一个部门一本预算”的汇总预算编制模式。推进三年滚动财政规划编制和部门整体绩效预算，实施区商务局部门整体绩效预算试点。深化财政专项资金管理改革，2.68亿元资金纳入年度专项资金管理清单。加强乡镇管理，开展新一轮区、镇街财政体制方案研究。强化乡镇财务管理，出台镇街工作补贴发放办法。推进“乡镇公共财政服务平台+一卡通”建设，将分配到人（户）的涉农和民生财政补贴资金通过平台发放，完成系统发放备案项目41个。加强政府购买服务管理，完成购买服务项目118个，购买金额6333万元。优化政府采购营商环境，实现政府采购预付款、意向公开，实施正面、负面清单制度。启用价格巡查功能，开通涉疫防控物资政府采购“绿色通道”，全年政采云平台交易金额4.71亿元，增长134.3%。推动“数字财政”建设，深化部门间“最多跑一次”改革，实现网上办理事项33个，会计核算职责累计放权单位89家。推广医疗收费电子票据应用，开展预算单位账户管理系统应用试点，政府投资项目造价审核系统在全市财政系统推广应用。

【加强财政监管】 推动全面预算绩效管理，出台全面预算绩效管理办法和相关细则，将58个项目5.99亿元资金纳入预算绩效管理，开展区级重点绩效评价项目5个。修订文化产业、科技、水产综合体精深加工3个专项资金管理办法，提高资金绩效。规范政府投资项目管理，加强政府投资项目前期策划，强化建设项目预算刚性，推进政府投资项目竣工财务决算，完成全民健身中心等18个项目的财务决算批复，形成固定资产9.74亿元。全年完成造价审核624个，净核减3.45亿元，净核减率6.9%。加强公款竞争性存放工作，开展公款竞争性存放4期，涉及资金10.65亿元。加强地方政府债务管理，规范各类举债行为，完成年度地方隐性债务化解任务，严禁新增隐性债务。强化国企资产负债约束，压缩国企资产负债率。2020年，向省财政厅争取新增地方政府债券资金9.35亿元，其中一般债券1.50亿元、专项债券7.85亿元。规范国有资产管理，健全行政事业单位国有资产管理体系，率先舟山四县区建立行政事业单位报废资产定点上门回收制度。

【强化队伍建设】 推进全面从严治党，结合财政改革、建设幸福普陀、防疫等工作，开展党委理论中心组、“一把手”党课、支部“三会一课”、主题党日和领导干部参加双重组织生活、学习强国app等线下线上学习教育活动，提高党员干部政治素养。落实一岗双责制，融合警示教育与廉政风险防范化解，开展违规投资入股等专项治理、内控和政策性制度执行自查、警示教育等行动。查找重点工作廉政风险点106个，制定廉防措施109条。排查权力岗位清单事项防控风险点151个，制定措施208条。提升服务能力，开展“三服务”86次，解决问题89个，组织27人参与螺门社区志愿者防疫、7人参与机场及双桥防疫执勤、21人配合镇街一线驻企1111家。

（舟山市普陀区财政局供稿　唐　伟执笔）

岱山县

【概况】 2020年，岱山县实现生产总值384.80亿元，增长58.1%。其中：第一产业增加值36.27亿元，下降10.6%；第二产业增加值256.05亿元，增长113.9%；第三产业增加值92.48亿元，增长8.3%。三次产业结构比为9.4:66.5:24.1。按户籍人口计算，人均生产总值219781元，增长60.4%。全县财政总收入27.26亿元，增长3.9%，其中一般公共预算收入18.13亿元，增长3.0%。一般公共预算支出54.34亿元，增长6.8%。当年财政收支平衡。

【组织财政收入】 夯实收入基本盘。加强收入源头管控，落实各乡镇和相关部门责任。关注重点项目税收落地、县内企业外迁等重要动态，加强重点行业及规上工业企业税源变化分析、研判。利用专项债窗口期，争取上级部门支持。优化收入结构。一般公共预算收入占GDP的4.7%，一般公共预算收入占财政总收入的66.5%，税收收入占一般公共预算收入的75.8%。地方税收收入完成13.74亿元，下降0.8%。其中：主体税种完成7.79亿元，增长4.1%，对地方税收和地方财政贡献率为56.7%和43.0%；资源税等其他税种完成5.95亿元，下降6.6%，对地方税收和地方财政贡献率为43.3%和32.8%。组织非税收入。加强非税收入和土地出让金收入管理，掌握土地出让情况，强化非税收缴监管,完成非税收支、土地出让金收支、社保基金收支预决算编制工作。落实全省企业职工基本养老保险专项自查,做好社保基金全省统收统支各项工作,取得省级调剂金补助4.53亿元。全县非税收入25.15亿元,增长15.4%,其中纳入一般公共预算管理的非税收入4.39亿元,增长17.0%。

【促进经济发展】 保障国家战略及交通发展。聚焦绿色石化基地建设,投入1.97亿元保障各项社会管理事务。助力交通建设大会战,投入5.50亿元支持大桥码头、岛内公路基础设施提升。稳企业增动能。落实支持小微企业渡过难关等财税政策,减税降费4.71亿元。加快惠企资金兑现速度,全年拨付各类各级资金1.66亿元。健全科创人才激励保障机制,每年至少安排1500万元的科技创新专项资金,引导、促进企业及其他社会资金投入科技创新活动。落实《岱山县中小企业专项信用贷款财政支持办法》,利用财政杠杆压减贷款利率。落实防疫惠民举措。建立特殊时期防控资金应急支付机制,拨付防控专项资金3018万元。分配兑付"两直"资金6.00亿元,发挥"两直"资金惠企利民效益。

【增进民生福祉】 全年民生支出40.91亿元,增长10.4%,占一般公共预算支出的75.3%。支持公共服务持续发展。优化教育资源,投入2201万元完成县中心幼儿园城西幼儿园建设、实施中小学食堂提升改造。全年教育支出5.25亿元,增长3.5%。助力"健康岱山"建设,投入7000万元支持第一人民医院迁建工程。全年卫生健康支出3.69亿元,增长3.6%。完善养老服务体系建设,投入959万元保障养老服务机构补助及居家养老、智能化养老等项目。发放低保、低保边缘、特困人员救助金3163万元,补助残疾人两项补贴资金1411万元。落实渔民养老保障制度,发放传统海洋捕捞渔民和遗孀待遇565万元。全年社会保障支出6.40亿元,增长7.3%。助力打赢精准脱贫攻坚战,全年分配扶贫资金3079万元,扶贫项目绩效填报比例100%。支持"菜篮子"稳产保供,投入799万元加快推进蔬菜基地及农贸市场建设。助力城乡面貌改善。投入1.25亿元打好城乡环境综合整治大会战,提升城乡综合环境和公共服务设施。投入治水治污、蓝天保卫战资金1.20亿元,打好污染防治攻坚战。投入5863万元助力森林岱山、美丽乡村建设,入围2020—2022年绿色转化财政专项激励政策名单。

【深化财政改革】 推进财政数字化转型。改革会计核算中心运作模式,落实用款单位主体责任,开放相关端口让人大、审计参与跟踪监督,促进透明规范。推进财政电子票据改革工作,327家用票单位完成电子票据开通申请。截至2020年年底,所有分配到人(户)的涉农补助和民生补贴实现"一卡通"发放,涉及资金6350万元,惠及2.91万人。全面实施预算绩效管理改革。建立预算绩效全过程管理机制,实现专项资金绩效目标申报、自评项目、监控部门三个全覆盖。完善全过程预算绩效管理链条,强化绩效评价结果应用。依托"预算云"系统,规范预算管理业务流程。

【强化监督管理】 推进"四个公开"。推动公款竞争性存放、政府投资项目审价、政府采购、预决算"四个公开"。推进公款存放公开、公平,并运用存放杠杆促进金融业加大对地方经济的支持力度,全年开展公款竞争性存放招投标工作6期。强化政府采购全流程监管,全年政采云平台交易额2.47亿元。规范预算信息公开体系,细化部门预算,政府预算、部门预算及时向社会公布。加强政府投资项目审价管理,全年出具工程造价咨询报告156份,审定金额29.13亿元,调整金额4.07亿元,调整率13.1%。守好底线防范风险。强化地方政府债务管理,落实化债举措,完成年度隐性债务化解计划;加强抗疫特别国债与其他财政资金的统筹衔接,确保用于公共卫生等基础设施建设和抗疫相关支出。做好全省企业职工基本养老保险的专项自查,加强养老保险参保率、基金征缴收入完成情况等各项指标动态跟踪。

【强化党建引领】 强化政治机关属性。加强政治理论学习,落实意识形态工作责任制,用好党组理论学习中心组学习、专题党课、专题培训班等学习交流方式。落实巡察整改工作,巩固主题教育成果。推动党支部标准化、规范化建设,用好"堡垒指数"考评,评选出五星支部1个、金牌"红财管家"5名。选优配强党务干部。创新党建活动形式。打造"红财学苑",获评"学习强国"学习达人线上挑战赛优胜单位。开展"走亲结亲",看望结对村老党员老干部、走访慰问结对帮扶低收入渔农户。提升队伍能力建设。提倡工学结合,打造讲政治专业化财政队伍。不定期组织部分股级职位资格选拔工作,创新笔试面试形式。截至2020年年底,85后股级干部占比25.9%。

(岱山县财政局供稿 徐 华执笔)

嵊泗县

【概况】 2020年,嵊泗县实现地区生产总值116.50亿元,按可比价计算,增长2.1%。其中,第一产业增加值35.20亿元,增长3.5%;第二产业增加值19.60亿元,增长4.3%;第三产业增加值61.70亿元,增长0.7%。三次产业结构比为30.2:16.8:53.0。按户籍人口计算,全县人均生产总值157384元。全年实现财政总收入12.09亿元,增长6.2%。全县一般公共预算收入8.31亿元,增长6.5%,其中税收收入4.87亿元,增长0.4%。全县一般公共预算支出30.60亿元,增长1.0%。全年财政收支平衡,略有结余。

【组织财政收入】 加强财政和税务部门的沟通协作,加大招商引资力度,推进挖潜增收。全年一般公共预算收入占财政总收入的68.7%,占GDP的7.1%,税收收入占一般公共预算收入的

58.6%。实现政府非税收入5.81亿元，其中纳入一般公共预算管理的非税收入3.44亿元。

【支持经济发展】 统筹推进疫情防控和经济社会发展工作，实施“五减”政策，推进经济平稳复苏。出台扶持小微企业18条措施和“疫后八条”，减免税收4730万元，减免社保费5643万元，减免房租580万元；为企业提供融资担保1910万元，转贷金额9772万元；兑付“两直”补助资金1283万元，惠及企业及个体工商户2020家。优化政府采购营商环境，降低政府采购供应商制度性交易成本，全年减少供应商资金占用3608万元。争取地方政府一般债券2.50亿元、专项债券8000万元、置换债券5000万元，重点保障生态环境提升、交通等基础设施建设；争取中央抗疫特别国债、特殊转移支付资金共2.40亿元，落实支出压减要求，开展两轮支出压减，累计压减1407万元，盘活存量资金1.20亿元，统筹用于“六稳”“六保”工作。

【支持美丽海岛建设】 全年安排美丽海岛建设专项资金3000万元、垃圾处理专项2585万元、“污水零直排”专项1878万元，打造宜居宜旅的特色美丽海岛。安排创城专项资金4500万元，推进全国县级文明城市创建。投入1144万元用于海洋岸线修复等项目，推进省级“山水林田湖草”生态保护修复试点。推动省级乡村振兴产业发展示范建设项目落地，获得项目资金4000万元，推进“渔光互补”和“智能深海养殖”项目建设。落实创新强省农业科技示范试点建设工作，完成投资额1.96亿元，完成总投资的93.5%。安排1206万元用于一事一议财政奖补项目，增强村集体自我发展能力。

【保障民生需求】 全县民生支出23.03亿元，增长0.7%，占一般公共预算支出的75.3%。全年卫生健康支出2.56亿元，做好疫情防控工作，推进县域医共体建设，深化“与沪同城”医疗健康合作模式。全年社会保障和就业支出2.18亿元，推进精准扶贫精准脱贫，支持社会就业创业，完善城乡居民社会保障体系，加强对低收入渔农户、残疾人群、孤儿和困难儿童等困难群众的保障力度。全年公共安全支出1.65亿元，获得全省首批“一星平安金鼎”，打造“全域夜不闭户”“全域无毒”“文明交通”三大治安品牌。全年教育支出2.99亿元，加强中小学教育基础设施建设，推进数字化校园建设。

【深化财政改革】 加速财政数字化转型，开展预算云上线试点工作。推进电子票据管理改革，基本实现财政电子票据全覆盖。深化国库集中支付改革，开展部分预算单位授权支付试点工作。推进全流程电子化采购，依托政采云平台实现采购、咨询、投诉“零出门”。制定新一轮县乡镇财政管理体制（2021—2023年），实行收支挂钩与鼓励发展等措施，发挥乡镇发展经济、培植财源、科学理财能力。加强投资项目管理，出台政府投资项目委托审核和中介机构考核办法。深化国资国企改革，完成5家全民所有制企业的公司化改制；推动国有企业资源整合，组建嵊泗县文化体育发展公司，完成8家公司的股权划转工作。完善国有企业监管体制，建立县属国有企业“三重一大”决策制度，实施国有企业投资建设项目管理，推进国有资产综合监管平台建设。推动国有企业退休人员社会化管理工作，各乡镇接收央企、省市县属国有企业退休人员531人。

【强化财政监管】 建立政府债务风险管控机制，严控债务率超警戒线，统筹债务资金使用。强化政府投资项目管理，落实“三个不得立项”等要求，科学安排政府投资预算，推动政府投资项目审核管理平台建设。推进预算绩效管理，扩大绩效目标覆盖面，2020年预算绩效申报涉及单位63个、申报项目339个，涉及财政资金1.66亿元，分别增长38.1%、64.0%、24.6%。落实县级重大项目绩效评价工作，试点部门整体绩效。开展财政扶贫资金等财政资金专项检查、行政事业单位财务专项检查以及基层财政专项检查，确保财政资金安全运行和规范使用，防范基层财政资金管理风险。

【加强队伍建设】 落实从严治党主体责任。通过理论中心组、“三会一课”和个人自学等方式，学习十九届五中全会精神、习近平新时代中国特色社会主义思想和习近平总书记在浙江考察重要讲话精神。落实巡察反馈问题整改，推进清廉财政建设。发挥党建引领作用，调整基层组织架构，培养党务后备力量。发挥机关党支部战斗堡垒作用和党员先锋模范作用，组织开展疫情防控、“文明创建，党员先行”“共建美丽乡村、助力全民创城”等志愿活动。实施局干部综合素质提升行动。开展“财说”课堂12次。借助“青蓝帮带”平台，拓宽青年干部发展方向。

（嵊泗县财政局供稿　施伟伦　朱宸漫执笔）

美丽乡村枸杞龙泉村概貌

台州市财政工作

台州市

【概况】 2020年,台州市实现生产总值5262.72亿元,按可比价格计算,增长3.4%。其中:第一产业增加值294.78亿元,增长2.3%;第二产业增加值2298.21亿元,增长2.8%;第三产业增加值2669.73亿元,增长4.1%。三次产业结构比为5.6:43.7:50.7。按常住人口计算,全市人均生产总值为79889元,增长2.1%。全年固定资产投资总额增长4.2%。社会消费品零售总额2396.07亿元,下降5.8%。全年外贸进出口总额1898.48亿元,增长11.7%,其中出口总额1760.86亿元,增长12.5%;进口总额137.62亿元,增长1.9%。城镇常住居民人均可支配收入62598元,增长3.7%;农村常住居民人均可支配收入32188元,增长6.5%。全市财政总收入682.83亿元,下降6.4%。全市一般公共预算收入401.24亿元,下降8.5%,一般公共预算收入占财政总收入的58.8%、占GDP的7.6%。全市税收收入336.15亿元,下降8.5%,占一般公共预算收入的83.8%。全市一般公共预算支出700.12亿元,下降9.1%。市本级财政总收入74.55亿元,同口径增长2.2%。市本级一般公共预算收入41.58亿元,同口径增长2.9%。市本级一般公共预算支出103.51亿元,下降14.7%。全市及市本级财政收支平衡。

【依法组织收入】 加强收入研判,把握收入增减点,关注宏观形势变化特别是新冠肺炎疫情对2020年财政政策和收支形势的影响,加强对税收延期入库、非税收入入库和一次性入库等因素的预测、估算和预警。实施收入动态管理,根据收入指标任务,每月做好测算,加强收入进度管理。克服减税降费翘尾因素、缓交税款、结转下年非税收入和税收调库指标等因素的影响,实现市级一般公共预算收入增幅与经济增长基本同步。盘活闲置房产,第一批资产7281万元已划入实体公司。争取新增债券额度213.00亿元,比上年增加72.50亿元。通过专班化运转,提升全市非营利性服务业增加值增速。全年实现非税收入653.41亿元,下降28.8%,其中纳入一般公共预算管理的非税收入65.09亿元。

【对冲疫情影响】 助力复工复产。实施“五减”专项行动,全市累计减免税费(不含社保)281.26亿元,增长16.4%;落实社保费阶段性减免等优惠政策,减轻缴费单位社保费负担82.55亿元;办理增值税留抵退税33.72亿元。减免政府采购投标保证金和履约保证金,为全市供应商减少资金占用18.61亿元;取消采购文本工本费,为企业减负1.38亿元;减免承租行事单位房产的中小企业租金0.63亿元,惠及企业(含个体工商户)4418家;与全市各农商行、三家城商行合作,发放小微企业抵息券1.00亿元。出台“财十条”,支持复工复产,全市兑付资金101.20亿元,完成考核指标的128.4%。加快“两直”资金落地。全市争取中央“两直”资金34.22亿元、省级惠企利民补助资金1.62亿元,用于落实各项惠企利民政策,惠及小微企业(含个体工商户)13万家。统筹防疫资金。全市落实疫情防控经费6.91亿元,保障患者就诊费用,保障各地医疗救治和疫情防控资金需求。

【支持经济发展】 加快产业基金2.0版运作。牵头草拟《市政府产业基金管理机制调整方案》,调整全市产业基金的管理模式、募投机制、基金整合、考核优化等。截至2020年年底,全市已设母基金10支,总规模136.30亿元;子基金17支,总规模154.10亿元。加大财政科研经费投入。建立财政科研经费投入机制,市本级安排科技专项资金8213万元,增长7.5%。全市新增国家重点扶持高新技术企业284家、省级科技型中小企业1125家。为企业纾困解难。全市安排财政资金3.23亿元,支持民营企业参与国际性展会。支持健全政府性融资担保体系,重点为小微企业和“三农”企业提供增信服务,全年累计担保448.82亿元。支持上市公司稳健发展基金运作,纾解上市公司股权质押风险。创新推出“政采贷”(政府采购合同融资),帮助办理免抵押融资授信超2.20亿元。支持“专利+商标”混合质押融资创新,拓宽企业融资渠道。强化专项激励。全市安排振兴实体经济专项激励资金、数字经济产业专项资金7.23亿元。统筹现代服务业发展引导资金1.44亿元。安排人才专项资金5.86亿元。保障重点建设。全市争取一般债券46.00亿元、专项债券167.00亿元,保障台金高速东延市区连接线、台州机场改扩建、朱溪水库、台州第一人民医院、台州技师学院等基础设施项目建设。加强PPP项目全生命周期管理,推进现代大道、杭绍台高速、台州市轨道交通S1线等项目建设。

【保障民生支出】 全年民生支出522.36亿元,下降10.5%,占一般公共预算支出的74.6%。保障精准脱贫。全市安排财政专项扶贫资金3.68亿元,支持实施低收入农户高水平全面小康计划。专项安排“两个2000万元”*,用于全市扶贫救助基金奖补和“周转房”建设奖补。支持东西部扶贫协作和对口支援,全市安排援建专项资金3.47亿元,帮助援助地区补齐基础设施、产业和公共服务短板。推动污染防治。全市安排生态环保专项资金、五水共治及污染防治专项资金22.10亿元,支持治水治气治土治废工作。安排资金1.01亿元,推动椒灵江流域沿岸发展,提升长潭水库库区生态环境质量。加大社会保障投入。全年社会保障和就

*2020年1月1日起,台州市椒江区三甲街道上划台州市市本级,其收入归于台州市市本级财政,调整后,2019年市本级财政总收入72.94亿元,市本级一般公共预算收入40.39亿元;2019年椒江区财政总收入78.08亿元,一般公共预算收入48.19亿元。

业支出76.02亿元，下降19.9%。完善居家和社区养老服务政策体系，优化社区养老服务设施有效供给，获批第五批中央财政支持开展居家和社区养老服务改革试点。全市城乡低保标准提高至810元/人·月。发挥以工代训政策作用，全市安排以工代训补贴3.79亿元，支持稳岗就业。落实残疾人两项补贴政策，安排资金2.81亿元，提升残疾人社会保障水平。全年卫生健康支出67.77亿元，增长11.9%。推进医共体、医联体建设，引导优质医疗卫生资源流向基层，方便群众看病就医。推动公共事业发展。全年教育支出149.15亿元，增长1.2%。全市安排教育发展专项资金4.26亿元，支持教育事业发展，推动全域实现教育基本现代化。优化市本级教育系统财政管理模式。健全基本公共文化服务体系经费保障机制，全市安排文化旅游发展专项资金3.54亿元，支持国家公共文化服务体系示范区创新发展、打响“追着阳光去台州”文旅品牌。支持城乡统筹发展。落实农业农村优先发展要求，全市安排乡村振兴发展专项资金11.01亿元，深化农村综合改革，推动农村经济社会发展和农民生活改善，其中2.13亿元用于落实粮食、生猪生产扶持政策，保障重点农产品供给。全市安排公交发展专项资金6.36亿元，支持公共交通事业发展。争取中央蓝色海湾整治行动项目资金1.54亿元，推进全市海洋综合整治和岛礁建设。全市筹集资金47.36亿元，支持市区十大重点区块开发建设、老旧小区改造和未来社区建设等。

【深化财政改革】 加快数字化转型。全市安排政府数字化转型专项资金1.17亿元，提升政府治理能力和治理体系现代化。推进财政资金(公款)竞争性存放网上招投标改革，加强财政资金存放管理。加快“数字财政”建设，推进国库集中支付、资产云、政采云等系统整合，提高财政业务办理便捷性。创建“政企通”平台，利用信息技术提高政策兑现效率。依托政采云平台，推进“台州精品馆”建设，助力台州优质制造企业把握政府采购市场先机，交易额突破7600万元。深化电子票据改革。聚焦老百姓看病报销“一件事”，在全省率先开展医疗电子票据改革，实现医疗收费票据全流程电子化。在交通罚没、不动产登记和教育等领域开展电子票据扩面工作，全市纳入统一公共支付平台的执收单位935家，均已实现缴费、领票“全覆盖、零次跑”，开通率100%。

【加强财政监管】 全面实施预算绩效管理。按照中央、省、市全面实施预算绩效管理要求，出台事前绩效评估、绩效运行监控、绩效评价、绩效成果应用等配套制度，完善预算绩效管理制度体系，推动预算绩效管理常态化、制度化、规范化。前移管理关口，建立重大政策和项目事前绩效评估机制，实现部门绩效目标管理、绩效运行监控、项目支出绩效自评全覆盖。落实集中财力办大事政策体系，推进部门整体绩效预算试点改革。防范化解债务风险。落实中央、省有关精神要求，执行省委省政府“三个不得立项”政策，按照“四条标准”，推进国企融资平台公司市场化转型，实施防范化解地方政府债务风险专项行动，确保全市债务风险总体可控。防范社保基金运行风险。实施企业职工基本养老保险统收统支制度，强化测算，拓宽筹资渠道，加大筹资力度，守住社保基金风险底线。落实政府过“紧日子”思想。2020年面对疫情性减收、经济性减收、政策性减收等收入压力，全市压减一般性支出26.26亿元，一般公共预算“三公”经费执行数1.92亿元，下降14.4%。

【加强队伍建设】 推进全面从严治党。全市财政系统各级党组按照管党治党要求，将政治建设摆在首位，开展意识形态、清廉财政、党的基层组织建设等各项工作，强化财政干部的红线意识和底线思维。夯实党建基础。结合巡察整改要求，坚持党建引领，加强政治机关建设，全年创成有影响力的财政党建特色成果5个，建成市级党建示范基地3个、县市区级1个，建成市级清廉文化进机关示范点2个。加强干部培养。推进职务职级并行，全市职级晋升129人，晋升比例为全市财政干部的9.9%。加大年轻干部培养力度，优化“菁才计划”等年轻干部培养品牌。举办专项素质培训班，提升财政干部能力。

（台州市财政局供稿　梁　劲　沈孔平执笔）

注：

*“两个2000万元”：即扶贫救助基金奖补2000万元，周转房建设奖补2000万元。

椒江区

【概况】 2020年，台州市椒江区实现生产总值691.91亿元，增长2.6%。其中：第一产业增加值22.87亿元，增长2.4%；第二产业增加值276.58亿元，下降0.8%；第三产业增加值392.46亿元，增长5.1%。三次产业结构比为3.3∶40.0∶56.7。按户籍人口计算，人均生产总值123147元，增长1.5%。城镇常住居民人均可支配收入69053元，农村常住居民人均可支配收入33872元，分别增长3.2%和5.8%。全年实现财政总收入75.17亿元，同口径下降3.7%。一般公共预算收入45.64亿元，同口径下降5.3%，一般公共预算支出55.49亿元，增长9.9%。全年财政收支平衡。

【依法组织收入】 联合税务部门开展“四百”重点财(税)源建设专项行动，到重点企业、小微企业“上门服务至少一次”，帮助企业应对疫情带来的减收影响。全面排摸税源，建立任务清单销号机制，实现税收“颗粒归仓”。全年一般公共预算收入占GDP的6.6%，占财政总收入的60.7%；税收收入41.93亿元，下降4.1%，占一般公共预算收入的91.9%。加强土地出让收入征缴，依法依规组织非税收入；深化财政电子票据改革，提高非税征管效率。全年实现非税收入78.45亿元，其中纳入一般公共预算管理的非税收入3.71亿元。加强资金争取，申请各类债券资金和补助，全年争取债券资金32.82亿元，其中：新增债券28.5亿元、再融资债券2.80亿元、抗疫特别国债1.52亿元；争取上级补助资金10.14亿元。

【支持经济发展】 落实中央和省市区各项疫情防控、企业复工复产财税政策，全年减税降费36亿元左右，集中财力支持疫情防控和经济社会发展，做好“六稳”工作，落实“六保”任务。落实“两直”资金惠企利民，建立拨付“实名制”，实现资金日常监控全覆盖、动态化，确保3.35亿元中央“两直”资金落地。提高财政产业奖补资金使用效率和兑现率，拨付“三强一制造”、技术改造、信息化管理、电子商务、外贸等各类专项资金3.57亿元，支持经济高质量发展。出台加快生产性服务业发展的实施意见及相关13个服务业子政策，推动生产性服务业提质升级。安排人才发展专项资金2890万元。统筹安排资金35.95亿元用于城市建设、交通、农林水、教育、卫生等基础设施建设。安排专项债券2.99亿元、海洋经济专项资金5000万元，支持“两个大陈”开发建设。

【优化支出结构】 全年民生支出41.06亿元，增长5.8%，占一般公共预算收入的74.0%。全年安排教育支出12.02亿元，增长19.7%，完善教育经费保障机制，支持各阶段教育发展。全年卫生健康支出5.64亿元，增长35.4%，支持“健康椒江”建设，做好常态化疫情防控资金保障，提高城乡居民基本医疗保险和基本公共卫生服务保障水平。全年社会保障和就业支出7.22亿元，增长1.4%。落实就业优先政策，安排就业资金3128万元，支持重点群体就业。健全多层次社会保障体系，提高城乡居民基本养老保险、城乡居民基本医疗保险等补助标准。提高特困人员、困境儿童、优抚对象补贴标准，健全与居民人均消费支出挂钩的最低生活保障标准动态调整机制。落实经费加快社会养老服务体系建设，推进3岁以下婴幼儿照护服务，支持做好“一老一小”工作。加大公共文化投入，促进基本公共文化服务标准化、均等化。建设“乡镇公共财政服务平台+一卡通”，55个项目纳入平台，实现到人到户补贴一卡通发放。落实党政机关过“紧日子”要求，在年初预算安排的基础上，对不急于支出的项目暂缓支付，对可以调减的项目及时予以调整，累计压减资金1.38亿元。

【深化财政改革】 出台《椒江区政府债券项目全生命周期管理办法》，规范地方政府债券资金使用管理，提高政府债券资金使用绩效。加强区级固定资产投资和债务监测，坚守不发生系统性债务风险的底线。遵照“突出主业，强化功能，撤小并同”原则，整合重组区属国企“1+5”模式布局，形成台州市椒江区国有资本运营集团有限公司、台州市椒江城市发展投资集团有限公司、台州市椒江区社会事业发展集团有限公司等3家总资产规模超百亿级、净资产超30亿元的龙头企业。指导国有企业做好投融资工作，区属国有企业全年完成融资163.65亿元。启动“国资唤醒”行动，开展清产核资，掌握全区国有资产底数。推进预算绩效管理工作，全年开展事前、事中、事后绩效评价项目4151个，核减预算资金4.62亿元；财政组织重点绩效评价项目8个，提出问题建议30条并督促整改到位。深化部门整体绩效预算改革，区委区政府序列的34家单位试编部门整体绩效预算，将绩效理念融入预算编制、预算执行、预算监督全过程。开展财政监督检查，整改违规使用资金860万元。深化财政核心业务一体化系统建设，依托“政采云”“资产云”“核算云”改革，提升预算管理信息化水平。

【干部队伍建设】 根据实际财情，加强一线调研，运用财政视野解读新政、分析现状、提出建议，当好党委政府的智囊助手。依托“五心妈妈式服务”“上门服务至少一次”等活动，优化财政机关工作作风，实现优质财政服务；全面落实“一岗双责”，打造“五心抓党建、五财促发展”特色党建品牌，建设清廉财政。椒江区财政局获评2020年度市级先锋党支部和2020年度区级党建考核优秀。配合市委巡察组对区财政局党委开展巡察，针对反馈的3方面14个问题，起草反馈意见整改方案。

（台州市椒江区财政局供稿　章佳琦执笔）

黄岩区

【概况】 2020年，台州市黄岩区实现生产总值557.38亿元，按可比价计算，增长3.7%。全年实现财政总收入67.35亿元，下降3.5%；一般公共预算收入39.80亿元，下降7.6%，占生产总值的7.1%；一般公共预算支出58.93亿元，下降10.8%。当年财政收支平衡。2020年一般公共预算收入占财政总收入的59.1%，占生产总值的10.6%；其中税收收入35.57亿元，下降5.7%，占一般公共预算收入的89.4%。全年实现非税收入52.67亿元，其中纳入一般公共预算管理的非税收入4.23亿元。

【培育优质财源】 *落实减税降费。*围绕减税降费和财源培植，增强经济内生动力，应用政策激励和财政资金，支持实体经济发展，及时兑付涉企补助资金2.60亿元。落实国家和省市出台的各项减税降费政策，帮助企业减负增效，全年减免各类税费17.20亿元。开展“四百”重点财(税)源建设专项行动。排摸黄岩区重点企业的生产经营现状和税收情况，建立“一户一档”机制，服务企业需求。组建“永宁企管家”服务团队。深入工业企业一线检查指导企业开展防疫工作，宣传疫情期间各级出台的帮扶政策，指导企业了解政策、用足用好政策。*支持复工复产。*出台优企惠企“13条”、税收惠企“20条”等政策，牵头成立黄岩区惠企政策落实工作专班，指导企业申请财政补助，加快惠企政策兑现。*创新产业转型扶持方式。*保障技术改造、信息化、节能、工业设计、亩均税收、科技等项目资金均兑现到位，累计兑现区级转型升级资金1.29亿元。*落实“两直”资金。*出台《黄岩区“两直”资金监督管理办法》，加快资金落地，筹集区级配套资金4.00亿元，惠企利民资金池规模8.83亿元，惠及市场主体18669户。*发挥政采云引导作用。*引导当地企业入驻“精品馆”，截至

2020年年底，15家企业入驻政采云"精品馆"。通过"政采贷"助力中小企业发展，打造中小微企业融资平台，推动企业运用平台上的政府采购合同进行线上融资。截至2020年年底，19家金融机构提供"政采贷"服务，全年完成"政采贷"业务金额200万元。成立黄岩区政府产业基金。设立总规模7.50亿元的产业基金，预计撬动社会资本30余亿元。加大企业上市培育支持力度。对申请境内上市的企业，每家企业最高给予1000万元奖励。开展省级小微企业信用贷款评级试点。安排财政资金3000万元率先在全国开展省级小微企业信用贷款评级试点，新增小微信用贷款需求户3230户、小微企业融资31.43亿元。

【优化支出结构】 2020年，一般公共预算民生支出47.01亿元，下降11.8%，占比79.8%。保障教育优先发展。教育支出13.82亿元，建成东城小学朱砂街校区、樊川书院幼儿园等8所学校和幼儿园，推进东浦中学、头陀中学、南城中心幼儿园等12所学校和幼儿园建设。落实义务教育教师基本工资增资政策。学前教育、小学、初中生均公用经费标准分别提高至600元/人·年、750元/人·年、1000元/人·年。创成省教育基本现代化区。提高社会保障水平。社会保障和就业支出9.58亿元，主要用于城乡居民最低生活保障、城乡居民社会养老保险、孤儿基本生活保障、促进残疾人事业发展、促进就业创业等。促进"健康黄岩"建设。卫生健康支出5.82亿元，主要用于疫情防控、基本公共卫生服务、推进县级公立医院改革、提高基层医疗卫生机构服务等。促进文化体育旅游事业发展。文化旅游体育与传媒支出1.8亿元，保障区图书馆、文化馆新馆建设经费，完成"四提升四覆盖"全民健身工程创建，新增体育场地面积4万平方米。人均公共文化财政支出272元，高于250元/人的小康社会指标任务。

【深化财政改革】 推进"最多跑一次"改革。推进部门间"最多跑一次"改革及财政票据电子化改革。推进政务服务网统一公共支付平台实施应用，全年通过统一公共支付平台实现电子缴款8.4万笔，金额11.12亿元。推进国资国企改革。出台《黄岩区区属国有企业机构设置与编制管理办法(试行)》《黄岩区区属国有企业员工招聘与流动管理办法(试行)》《黄岩区区属国有企业工资总额预算管理暂行办法》《黄岩区区属国有企业监事会工作指引(试行)》《黄岩区区管国有企业负责人经营业绩考核与薪酬核定暂行办法》等文件，对区属国有企业投资设立公司、设置内设机构、确定人员编制数量、招聘员工等方面进行明确，强化对区属国有企业的管理。完善街道财政管理体制。对全区8个街道全部实行部门预算管理体制，街道行事人员基本支出与运行经费由区级财政按部门定员定额标准进行保障，拟定《黄岩区街道预算审查监督办法(试行)》，加强对街道办事处预算的审查监督，规范财政预算行为。深化财政资金竞争性存放改革。出台《台州市黄岩区区属国有企业资金存放管理暂行办法》，全年组织财政资金竞争性存放招投标3期，存放金额30.36亿元，增加收益4252万元。健全融资机制。做好专项债券申报工作，全年发行专项债券25.00亿元。其中，棚改专项债券7.55亿元，其他项目收益专项债券17.45亿元。

【加强财政监管】 全面开展绩效考核。以单位自评为主、财政抽评为辅，对66个主管部门进行绩效考核评分。全年报送绩效目标1662个，涉及财政资金38.59亿元。制订《黄岩区财政局预算绩效管理工作规程》《黄岩区区级重大政策和项目事前绩效评估管理暂行办法》《黄岩区区级项目支出绩效评价管理办法》《黄岩区区级财政支出政策绩效评价管理办法》《黄岩区区级预算绩效运行监控管理办法》《黄岩区区级预算绩效管理成果应用办法》等文件。防范化解政府性债务风险。根据"强化责任、统筹谋划、分年消化、严控增量"要求，压实化债职责，落实专项行动方案，严控隐性债务增量，整改违法违规举债行为，推动国有企业融资平台市场化转型。加强政府采购监管。全年完成政府采购有效项目230个，采购预算金额6.34亿元，实际采购金额5.81亿元，节约资金5300万元，节约率8.4%。取消采购文件工本费、取消投标保证金、降低履约保证金，减少占用企业资金1.92亿元。加强"四算"监督、严控重点项目。全年审结项目1187个，送审投资额213.34亿元，审定投资额204.00亿元，净核减资金9.34亿元。出台《黄岩区政府投资项目预结算管理暂行办法》，优化审核工作程序。

【干部队伍建设】 履行全面从严治党主体责任，做好党的建设各项工作，强化财政干部的红线意识和底线思维。2020年11月成立区财政局(区国资办)党委，调整局机关党委委员，成立局机关纪委，优化支部委员配置，合理设置党小组，深化星级评定工作，健全职责分工、议事规则等日常运转机制，增强履职意识，提升党建工作合力。围绕"清廉财政、为政服务"主题建设清廉机关，提炼"五廉五财"工作品牌。在每层楼道中间呈现廉政文化、警示案例、习近平金句等内容。区财政局获评黄岩区清廉文化进机关示范点，区国企党建联盟被评为黄岩区机关党建示范点。结合黄岩区一号工程"官河古道"项目，拍摄微电影《官河人家》，宣传集中财力办大事的财政政策体系。加强规范性文件管理，完善财政管理责任制度体系建设，推广浙政钉掌上执法系统应用，圆满实现"七五"普法工作收官。黄岩区财政局获2019年度全省财政管理绩效考评优秀单位、2019年度全市财政系统绩效考核优秀单位。

(台州市黄岩区财政局供稿　杨　卫　刘慧珺执笔)

路桥区

【概况】 2020年，台州市路桥区实现生产总值(GDP)669.39亿元，按可比价计算，增长3.4%。其中：第一产业增加值14.20亿元，增长1.8%；第二产业增加值266.92亿元，增长3.6%；第三产业增加值388.27亿元,增长3.2%。三次产业结构比为2.1:39.9:58.0,第三产业比重比上年提高0.5个百分点。全区实现财政总收入70.75亿元,同比下降14.5%。其中,一般公共预算收入38.39亿元,同比下降18.4%。一般公共预算支出40.39亿元,下降6.9%,剔除历年结转、上级专项当年支出数后为34.39亿元,下降5.9%。全年财政收支平衡。

【强化收支管理】 应对经济下行大规模减税降费政策实施以及新冠肺炎疫情冲击等因素带来的收入压力,加强财政、税务、国土等部门协作,挖掘增收潜力,加强非税收入管理,做好组织收入工作,完成收入目标。全年一般公共预算收入占GDP的5.7%、占财政总收入的54.3%,其中税收收入33.52亿元,下降19.5%,占一般公共预算收入的87.3%。全年非税收入66.67亿元,增长44.6%,其中纳入一般公共预算管理的非税收入4.87亿元,下降10.7%。树立"铁心过紧日子"思想,控制和压减一般性支出,出台《关于进一步加强财政收支管理的通知》,盘活财政存量资金,收回根据建设进度可以延后安排或确实无法支出的项目经费和部门预算结转资金,全年压减支出1.30亿元,其中一般性支出1337万元,用于疫情防控、政策兑现及其他"三保"支出。

【支持经济发展】 落实减税降费政策。落实中央和省市区疫情期间出台的防控保供、减税降费、减租降息、降本增效等决策部署,全年落实"五减"政策15.75亿元。其中,减税2.52亿元、减费9.97亿元、减租0.99亿元、减息0.97亿元、减支1.30亿元。保障"两直"政策资金落地。争取中央"两直"资金2.19亿元、省补惠企利民资金1989万元,在前期安排惠企利民政策资金1.78亿元的基础上,按照1:1.5的比例配套安排资金。加强同市场监管等部门的沟通联系,加快资金拨付进度,通过"小微通"兑付资金1.16亿元,惠及小微企业和个体工商户17011户。培育优质可持续财源。协同区政府部门出台《路桥区电子商务产业发展扶持政策》《路桥区商贸业发展若干扶持政策》等多项政策。联合区税务局,出台《"四百税源"专项行动三年计划》,围绕"一大一小、一增一存"*,支持台州制造业高质量发展,推进小微企业园区提质增效,推动重大招商选资项目落地。推进重点项目建设。多部门联动配合,筹措政府性投资项目资金34.97亿元,重点用于棚户区改造、杭绍台高铁、路桥机场改扩建、污水零直排等基础设施工程建设。规范PPP项目实施,推进滨海污水处理厂、飞龙湖生态区、市域铁路S1线一期工程等PPP项目。

【保障民生重点】 全年民生支出31.18亿元,下降9.36%,占一般公共预算支出的77.2%。突出"六稳""六保"工作。重视"六稳""六保"工作,保障支出资金需求。全年"三保"支出占一般公共预算支出的73.8%,优先保障新冠疫情防控经费、社会保障经费、机关事业单位运转支出、民生实事项目经费等。做好疫情防控保障工作。落实中央和省市区出台的防控保供、减税降费、减租降息、降本增效各项决策部署,拨付城乡居民基本医疗保险基金1.10亿元、医疗救助资金500万元。按照"急事急办,特事特办"原则,启动疫情防控资金快捷拨付程序,确保各项防疫资金第一时间拨付到位。健全医疗卫生和社会保障体系。全年卫生健康支出3.87亿元,下降16.9%。投入资金4009万元,推进区中医院二期、路南社区卫生服务中心整体迁建工程等项目建设,建成示范型居家养老服务中心5家,提高全区医疗卫生服务水平。全年社会保障和就业支出4.72亿元,下降11.2%。全区最低生活保障平均标准提高至810元/人·月,居全市第1、全省第2,低收入农户子女资助标准比省定标准提高20%以上,低收入农户自费医疗占比为12.2%,为全市最低。推进乡村振兴战略实施。实现"集体经济薄弱村"清零任务。建立健全多元化投入保障机制,实施"一事一议"项目,整合涉农资金9926万元,用于完善农业基础设施、推进优质粮食工程、扶持壮大村级集体经济、田园综合体试点、美丽乡村建设等。支持教育基础设施建设。全年教育支出9.67亿元,同比增长2.6%,重大项目取得长足进展。北大附中台州飞龙湖学校项目完工,教育产业园完成主体建设,职业教育中心完成政策处理,东方理想新校区完成土地农转用手续报批,区级重点工程金清实验中学运动场工程、路桥实验小学改扩建工程开工建设。10所新建公办幼儿园完工6所,完成主体建设4所。

【强化管理改革】 开展公款竞争性存放。全年组织竞争性招标3期,资金量22.34亿元,其中财政专户资金14.05亿元,行政事业单位资金8.29亿元,实现资金的保值增值和规范存放。提高专项资金使用绩效。抽取区内8家单位的12个专项资金开展检查,涉及资金2227万元。对10个镇(街道)的基层财政专项资金和6个区级部门的扶贫专项资金开展检查,加强对财政专项资金的动态监管,提升财务管理能力。强化国企管理。开展国有企业提质增量行动,实现国企主体信用评级AA+级1家、AA级2家。开展国有资源资产整合行动,完成全区行政事业单位房产(土地)摸底工作,将148处约2.43万平方米的公房划入国企。开展国有企业市场化转型行动,加快经营性项目落地,实施矿山生态修复、游泳健身中心、国家级市场贸易采购方式试点等项目。

【防范运行风险】 化解债务风险。开展千亩净地行动,出让地块28宗1425亩,合同金额63.56亿元。开展存量债务降本降息行动,全年减少利息支出1.50亿元。落实化债专项行动方案,强化源头管控,化解存量债务,开展专项债券项目储备行动,处置隐性债务存量,防范化解地方隐性债务风险,获得23.00亿元债券额度。防范社保基金风险。跟踪中央、省养老金统筹调剂政策走向,跟进被征地农民新政,做好相关测算。多渠道筹措社保风险金,预估社保基金每月支付量,留足备付额度,守住民生底线。

【优化服务工作】 建设"一网"通兑平台。梳理财政资金奖补各类专项政策26项,确定纳入"一网"通兑平台政策条目,制定标准化、格式化的政策条目申报书，联系相关主管部门制定申报指南，实现财政奖补政策“零次跑”，全年申请惠企政策企业40余家，涉及资金3120万元。推行“政采贷”。连接银企沟通平台，推行“政采贷”。政府采购中标的供应商可凭中标通知书和政府采购合同，向银行申请无抵押无担保的信用贷款。截至2020年年底，15家金融机构开通融资服务，全年贷款总额1082万元。完成内跑平台与财政系统对接。推进部门间“最多跑一次”改革、数据归集共享等工作，将财政系统中的用款计划、授权支付、直接支付等事项办件量传递到“最多跑一次”平台上，实现内跑平台与自有系统的对接，全年向内跑平台办件量达86799条。

【加强队伍建设】 强化党建引领。强化党建带队伍、优服务、促发展的作用，规范机关党建各项工作，实现“市级机关党建示范点”优化升级并完成申报验收工作。加强党员队伍建设，新发展正式党员1名，预备党员5名，入党积极分子1名。落实全面从严治党主体责任。印发《区财政局财务管理制度》《区财政局2020年党风廉政建设和反腐败工作组织领导与责任分工》等制度，修订内部控制管理办法等。出台《进一步规范差旅费管理有关事项》《重申行政机关事业单位福利费使用和管理》等规定。配合区委巡察组开展巡察工作，做好巡视整改，对巡察发现的问题，建立整改清单，确保巡察整改到位。强化理论学习。制订《2020年理论中心组学习计划》，开设以医保政策、民法典、债务管理等为主题的财政讲堂。做实意识形态工作。申报意识形态“十条百例”项目，建强财政网军队伍，做好网络舆情管理，网评队伍由15位网络评论员扩建至24位。

（台州市路桥区财政局供稿　程陈婷执笔）

注：

*“一大一小，一增一存”：“大”即推动全市制造业纳税前100强企业更大更强；“小”即推动全市100家小微企业园区提质增效；“增”即推动全市新增100个招商选资项目落地投产；“存”即推动全市100个传统产业项目转型升级创新发展。

临海市

【概况】 2020年，临海市实现地区生产总值(GDP)738.48亿元，按可比价格计算，增长3.4%。其中：第一产业增加值49.70亿元，增长2.1%；第二产业增加值323.38亿元，增长3.0%；第三产业增加值365.40亿元，增长4.0%。三次产业结构比为6.7:43.8:49.5。按户籍人口计算，人均生产总值61332元，增长3.5%。全市城镇常住居民人均可支配收入58319元，增长4.3%；农村常住居民人均可支配收入为32150元，增长6.7%。2020年，完成财政总收入101.86亿元，下降8.4%；一般公共预算收入59.49亿元，下降9.9%，占GDP的8.1%，占财政总收入的58.4%；税收收入49.81亿元，下降8.8%，占一般公共预算收入的83.7%。实现政府非税收入82.02亿元，其中纳入一般公共预算管理的非税收入9.68亿元。一般公共预算支出105.34亿元，下降2.7%。

【助推经济发展】 落实减税降费政策。开展“四百”重点财源建设专项行动，全年减免各类税费40.62亿元，兑现各类奖补资金22.90亿元。加强疫情防控保障。做好防疫资金保障，全年安排防疫经费1.19亿元，出台《疫情防控应急指挥部应急专项资金使用管理办法》；开通政府采购“绿色通道”，简化防疫物资采购流程，确保防疫资金、物资第一时间到位。落实“五减”政策。对承租国有资产类经营用房的各类企业、个体工商户减免房租1775万元，惠及各类企业及个体工商户1000余户；减免采购文件工本费和政府采购投标保证金、降低政府采购履约保证金比例，少占用企业资金3.39亿元。落实“两直”资金。印发新冠疫情防控扶持政策汇编，完成小微企业、个体工商户线上补助20305户，数量居台州市首位；完成1.16亿资金的兑付工作，兑付率100%。

【保障民生支出】 全年民生支出81.70亿元，下降8.7%，占一般公共预算支出的77.6%。其中公共安全支出6.37亿元，教育支出22.42亿元，科学技术支出2.96亿元，文化旅游体育与传媒支出2.64亿元，社会保障和就业支出10.10亿元，卫生健康支出11.39亿元，节能环保支出4.72亿元，城乡社区支出7.15亿元，农林水支出12.24亿元，住房保障支出1.71亿元。深化教育现代化建设。加大教育基础设施投入，强化义务教育基础办学条件改造，保障基础教育办学条件改造投入。保障卫生健康事业。提高基本公共财政补助标准，做好重点人群免费接种流感疫苗和开展直肠癌筛查项目经费保障工作，支持实时出生缺陷预防项目，建立覆盖城乡居民、涵盖孕前孕中和新生儿各阶段的三级防治体系。强化社会保障。城乡居民基础养老标准人均提高10元/月，城乡居民医疗保障财政补助标准人均提高140元/年，完善《临海市最低生活保障实施办法》《临海市困难群众临时救助办法》等，提高最低生活保障标准，拨付最低生活保障金6210万元。拨付困难群众物价补贴资金2064万元，特困人员集中供养经费631万元，应对疫情导致的物价上涨问题，保障困难人员的基本生活和医疗需要。加强残疾人困难帮扶和权益保障。向上争取资金支持。争取抗疫特别国债、特殊转移支付等直达资金8.29亿元，用于保居民就业、保市场主体、保基本民生。

【深化财政改革】 推进财政电子票据改革。印发《关于全面推进临海市财政电子票据改革工作的通知》，全市217家执收单位全部开通财政电子票据，全年开具财政电子票据49.65万份，合计金额28.94亿元；23家医院、卫生院开通医疗电子票据，全年开具医疗电子票据158.09万份，合计金额1.90亿元。创新投融资改革。分2期发行定向债务融资工具(PPN)10亿元，第2期5亿元债券为全国区县级首单疫情防控债。推广政采云平台。简化采购审批流程，推广项目采购全流程电子化，保证防控相关采

路桥区开展河道改造工程

购的快速组织实施,审批采购计划19757条,采购总额11.39亿元,资金节约率10.5%。

【强化财政监管】 完善资金管理机制。组织开展基层财政资金管理、"利奇马"台风救灾资金落实情况、"两直"资金管理、国有企业资产及费用支出管理情况等专项检查,建立常态监督机制,确保财政资金使用安全、有效。完善以绩效为核心的"1+7"集中财力办大事财政政策体系和资金管理机制,完善工作制度,构建现代财政管理模式的经验在全省财政局长培训班上作典型发言。2020年5月,临海市被评为浙江省落实有关重大政策措施真抓实干成效明显市,获省级专项奖励1000万元。强化风险意识。防范地方政府隐性债务风险,明确任务,锁定方案,加强保障,采取"2套举措、8方面措施、20条办法",消存量,控增量。加强政府投资项目源头管控,坚持"五不立项",落实"三必保障",按照省委、省政府相关要求,完成"5年化债任务3年完成"的目标。相关工作经验列入"不忘初心,牢记使命"主题教育案例,作为典型案例由省财政厅在中央党校中青班上作经验介绍。

【干部队伍建设】 落实党风廉政建设"两个责任",履行"一岗双责",以"上门服务至少一次"活动为载体深化"三服务"活动,创新服务方式,在疫情防控、复工复产、多城联创、5A创建等中心工作中提升干部党性修养。组织党员干部赴桃渚镇洞港知青农场、党建阵地等开展"重温红色岁月　追忆革命精神"系列党建活动。邀请浙江财经大学教授作"财政形势与财政改革"专题培训,提升全体干部能力。宣传局干部在疫情防控、复工复产中的感人事迹,激励广大干部职工增强"重要窗口"的政治自觉,其中《蒲公英花开党旗下》在浙江省财政厅"协力共抗疫情　践行财政使命"主题征文活动中,获得一等奖。

(临海市财政局供稿　邱婷蔚执笔)

温岭市

【概况】 2020年,温岭市实现地区生产总值1136.87亿元,按可比价格计算,增长3.8%。其中:第一产业增加值81.39亿元,增长2.0%;第二产业增加值502.45亿元,增长3.7%;第三产业增加值553.03亿元,增长4.1%。三次产业结构比为7.2:44.2:48.6。按户籍人口计算,人均地区生产总值93080元,增长3.8%。全市财政总收入118.98亿元,(较2019年财政总收入126.69亿元)下降6.1%。一般公共预算收入72.12亿元,下降7.9%;一般公共预算支出107.44亿元,下降16.4%。全年财政收支平衡。

【组织财政收入】 财税联动组织收入。深化财税协作,加强税收征管,牵头推进协护税网络建设,加强涉税数据共享,挖掘税收增长潜力。加强组织收入统筹协调,实时监测收入入库情况,把握组织收入节奏。全市一般公共预算收入占GDP的6.3%,占财政总收入的60.6%;其中税收收入60.44亿元,占一般公共预算收入的83.8%。加强非税收入征管。深化政府统一公共支付平台应用,推进收缴电子化改革扩面,全年实现非税收入125.80亿元,下降16.6%,其中纳入一般公共预算管理的非税收入11.68亿元。

【助推经济发展】 助力企业复工复产。落实减税降费减租政策,全年新增减免税费7.20亿元、社保费12.30亿元。疫情期间,返还社保费2.03亿元,减免国有经营性房产租金1200万元,开展"千辆包车接员工""驻点招工"和"自行返(来)温人员交通补贴"等行动,承担返温岭企业员工包车交通费用4715万元。保障"两直"资金落地。在台州各县市中率先完成6.27亿元中央"两直"预算资金分配,在全省率先实现"两直"执行率100%,打响"小微通"兑付的"全省第一枪"。创新助企服务。全年举办百名财务经理研修班、"智慧财税大讲堂"等会计服务活动18次,发挥财务人员促进民营经济高质量发展强市建设的作用。推进"三服务"活动和"四百"重点财(税)源建设专项行动,帮助企业解决实际困难。上线财政专项资金管理云平台,打通平台与"政企通""浙里办"间的数据壁垒,提高涉企奖补资金兑现效率,全年兑现涉企奖补资金5.80亿元。

【服务重大战略】 补齐基础设施短板。全年投入"两高"联络线、路泽太高架快速路等交通路网建设资金19.13亿元,投入横峰全域整治等城中村改造资金10.04亿元,投入中医院新院址改扩建等公立医院建设资金3.13亿元。打好三大攻坚战。落实隐性债务五年化解计划，将风险系数控制在绿色安全低风险区域。支持脱贫攻坚，拨付东西部扶贫协作和其他对口支援资金8005万元。拨付5.32亿元用于城乡环境卫生、水体污染防治等项目。支持乡村振兴。完成村庄环境整治三年行动计划，共计拨付项目资金2.35亿元。加强涉农资金整合，整合项目资金总额5.28亿元。

【保障民生支出】 全市财政民生支出80.03亿元，下降14.7%，占一般公共预算支出的74.5%。支持疫情防控战役。按照“急事急办、特事特办”原则，开通资金支付“绿色通道”，全年支出疫情防控资金7263万元，保障医疗救治、防疫物资设备采购、核酸检测能力强化等资金需求。支持教育事业发展。全年教育支出30.68亿元，用于保障和提高教师待遇，推进教育校网建设和改善教学条件等。完善社会保障机制。全年社会保障支出11.90亿元。退休人员基本养老金实现16连涨，城乡居民最低生活保障标准提高到每人每月810元。完善社会救助和社会福利体系。拨付低保对象补助资金7428万元、残疾人“两项补贴”5192万元。支持医疗惠民事业。全年医疗卫生健康支出8.80亿元，下降3.7%，修订《温岭市医疗救助实施细则》，全年拨付医疗救助资金2892万元。推进县域医共体建设、公立医院综合改革、医保支付方式改革。

【深化财政改革】 调整镇(街道)财政体制。从2020年起，对11个镇实行以“划分收支、分类管理、超收分成、短收赔补”为主要内容的财政管理体制，对5个街道实行机制相对灵活的部门预算管理体制。实施数字财政建设。按照省财政厅《预算管理一体化系统技术标准》，开启预算管理一体化建设，做好预算一体化全过程数据归集上传、软件升级工作。建立公款存放网上招标机制，实现公款存放招投标全流程电子化。实现电子票据应用全覆盖。深化“放管服”改革。创新财政投资审核制度，实现项目预结算审核提速50%以上。入选全省第一批政府采购意向公开试点县市，打造阳光采购新模式，在浙江省政府采购改革工作会议上作典型发言。推进国企市场化转型。助推国企对接资本市场，推动工量刃具交易中心成功上市，市基投集团取得AA级主体信用等级。加强国企监管，完成国有企业退休人员社会化管理工作，完善市国企目标责任制考核办法，健全国企规范管理长效制度体系。

【强化财政监管】 加强财政绩效管理。搭建事前管源头、事中控运行、事后推应用的全流程绩效管理链条，建立温岭市预算绩效目标指标库。将事前绩效评估作为1000万元(含)以上新增项目入库申请预算的必备要件，实现绩效评价结果和预算安排挂钩，削减和取消低效无效资金1.92亿元。加大预结算审核力度。完成预算审核项目238个，核减项目资金7642万元，核减率2.7%；完成结算审核项目399个，核减项目资金2.78亿元，核减率11.5%。深化公款竞争性存放。实施社保资金及其他财政性资金存放的招投标工作4期，完成19.40亿元资金的保值增值。开展财政检查。开展全市财政专项资金大检查、扶贫资金和项目管理检查、会计信息质量检查、基层财政资金管理专项检查，以销号制形式落实问题整改。

【加强队伍建设】 强化党建引领。构建局机关、国企、“两新”组织*三方联动的党建新格局，提炼局机关“红帆引航　财绘民生”党建品牌，获评台州市机关党建示范点；创建国企品牌15个，组织对话国企活动3期，举办庆祝建党99周年系列活动。强化队伍建设。开展“解放思想超创干、打赢‘两战’勇担当”大讨论大调研大攻坚活动，征集金点子26个、立项创新性工作26项。加强人才梯队培养，提拔中层干部9名，启动“红帆引航·菁才致远”年轻干部培养计划，提升年轻干部整体素质。强化党风廉政建设。落实主体责任和“一岗双责”，组织开展党风廉政警示教育动员会和中层干部集体廉政谈话会，以案为例强化廉政教育，增强机关干部拒腐防变能力。深化“三评三改三处理”干部作风提升专项行动，跟进后进干部的约谈整转。

（温岭市财政局供稿　金娴希执笔）

注：

*“两新”组织：即新经济组织和新社会组织。

玉环市

【概况】 2020年，玉环市实现生产总值632.56亿元，增长3.1%。其中：第一产业增加值38.59亿元，增长3.4%；第二产业增加值334.84亿元，增长1.7%；第三产业增加值259.13亿元，增长5.2%。三次产业对生产总值的增长贡献率分别为5.7%、32.2%和62.1%。三次产业结构比为6.1∶52.9∶41.0。按户籍人口计算，人均生产总值144799元，增长2.8%。社会消费品零售总额211.86亿元，下降2.0%。城镇常住居民人均可支配收入62598元，下降12.3%；农村常住居民人均可支配收入32188元，下降8.9%。玉环市实现财政总收入80.34亿元，下降8.1%。一般公共预算收入47.85亿元，下降11.3%。一般公共预算支出68.48亿元，下降14.6%。全年财政收支平衡。

【组织财政收入】 2020年，一般公共预算收入占GDP的7.6%，占财政总收入的59.6%，其中税收收入40.09亿元，下降7.6%，占一般公共预算收入的83.8%。加强财力整合，盘活财政存量资金2.44亿元，统筹用于重点工程资金支付、政府债务化解；全年统筹政府性基金17.12亿元纳入一般公共预算。规范非税收入征管，通过“统一公共支付平台”，推进统一支付电子缴款、非税收入收缴全程跟踪，实现执收单位、代理银行、财政部门信息共享机制，全年完成非税收入42.07亿元，下降30.1%，其中纳入一般公共预算管理的非税收入7.76亿元。争取上级资金支持，全年省对市一般性转移支付8.69亿元、专项转移支付5.61亿元,全部编入年度预算;争取新增债券15.15亿元、再融资债券3.00亿元。

【助力疫情防控】 优先保障疫情防控资金,累计安排疫情防控资金8632万元,其中:中央及省级资金1600万元、地方资金7032万元。从防控经费中安排资金帮助企业纾困解忧,拨付平抑市场物价资金1200万元,落实复工复产包车接员工及自行返玉交通补助2262万元、"驻点招工"劳务协作经费70万元、"务工无忧"保险80万元。

【服务经济建设】 助推产业优化升级,借助"浙里亲清"平台,对接台州"政企通",上线惠企政策申报指南326条,全年兑现各类财政扶持资金3.37亿元。落实"五减"政策支持复工复产,会同税务部门减免税费(不含社保费)33.44亿元、减免社会保险费7.73亿元;取消投标保证金、降低履约保证金1.35亿元,取消采购文件工本费1010万元;为全市1331户承租国有资产类经营用房、行政事业单位所属经营用房的中小企业、个体工商户减免3个月租金2855万元;为6家企业拨付疫情防控专项再贷款贴息资金99万元。激发集中财力办大事制度优势,提速拨付中央"两直"资金和省补惠企利民资金2.65亿元,其中落实小微企业和个体工商户纾困补助1.31亿元。拨付中央财政补助资金支持应急物资保障体系建设,向3家企业拨付口罩生产动员能力建设资金77万元,拨付资金846万元用于重点救治药品、医疗防护物资、医疗救治设备储备。

【支持社会发展】 全年落实民生支出47.96亿元,下降13.7%,占一般公共预算支出总量的77.8%。安排教育支出13.34亿元,增长2.3%,加大学前教育、职业教育、成人教育等专项投入,支持教育基础设施建设。落实社会保障和就业支出8.11亿元,用于低保、低边、特困、孤儿及特困儿童等困难群众救助,落实残疾人两项补贴及城乡居民养老保险基金、机关事业单位养老基金补助,支持养老服务体系建设。落实卫生健康支出5.83亿元,保障疫情防控经费支出,落实城乡居民基本医疗保险参保补助,支持大型设备补助、人才政策兑现、重点学科发展等健康共同体专项发展。安排文化支出1.61亿元,用于博物馆、图书馆新馆工程建设,支持历史文化遗产保护及农村文化礼堂、广播传媒网络等建设,完成市对县高水平全面建成小康社会指标考核中年人均公共文化支出250元的考核目标。修订一事一议财政奖补资金管理办法、农村综合改革集成项目与资金管理办法,争取中央和省级一事一议项目及各类试点资金4722万元,支持干江镇农村综合改革集成建设项目入选浙江省15个省级农村综合改革集成建设项目之一,获补省级资金3081万元。

【深化财政改革】 完成产业政策梳理整合,实行专项资金总额控制,压缩整合政策资金规模1.00亿元,出台美丽经济政策88条,会同各归口部门完善市级各类专项资金管理办法。运作产业主题基金,建立投资项目储备库,市财政出资3000万元设立规模为1.00亿元的人才创投基金。实现财政电子票据改革全市学校全覆盖,并拓延至325家行政事业单位及社会团体。深化乡镇财政管理,将67个项目纳入"乡镇公共财政服务平台+一卡通"系统发放,直接支付项目46个,涉及金额7248万元。完成13家国企初步审计检查,推动国企退休人员社会化管理,启动国资监管平台。发行市国投集团非公开发行公司债券2期共计22亿元。

【强化财政监督】 推动市级部门绩效评价全覆盖,完成14个单位5254万元资金整体支出评价,完成36个单位521个项目64.46亿元资金自评。强化政府性债务监管,申报2020年债券项目28个、资金20.76亿元,申报2021年债券项目36个、资金21.40亿元。加强政府采购监管,推动11家企业入驻"政采云"精品馆,通过消费扶贫政策助力农业(扶贫)馆交易30笔,金额135万元。健全完善财政内控"1+9+X"体系,出台财政专项资金内部控制管理办法,增强制度防控质效。

【加强队伍建设】 推出"红财大学堂"线上线下学习近80期,参训人数3000余人次,获评玉环市"十佳机关学堂";编整《财政工作手把手》,涵盖全局18个科室单位139项主要业务;打造第一党支部"红财三原色"品牌,获评玉环市"十佳先锋党支部"称号;编制"建设清廉机关、创建模范机关"活动清单,获评台州市清廉文化进机关示范点。发挥行风监督员作用,创新建立纪检联络员制度,开展"刹四风、治陋习"专项整治,实施"酒局""牌局"廉政约谈,实施正风肃纪行动12次、发放作风效能检查情况函告书13份、廉政约谈847人次、报备"三重一大"项目216个。建立重点工作"挂图作战"机制,清单式分解全局工作,营造赛拼争先氛围。推行行政执法公示、行政执法全过程记录和重大执法决定法制审核"三项制度",推进"互联网+"监管工作。完成局属事业单位改革,推进菁才培育三年计划,完善年轻干部"成长档案";举办"追梦路上、青春有我"短视频PK赛、"清廉财政 健康运动"第三届职工运动会等活动;实施老干部关爱暖心工程,关心服务老干部老同志工作生活,获得台州市离退休干部规范化党支部示范点称号。

(玉环市财政局供稿 陈雅淑执笔)

天台县

【概况】 2020年,天台县实现生产总值301.70亿元,增长3.6%。其中:第一产业增加值16.63亿元,增长3.9%;第二产业增加值120.18亿元,增长4.5%;第三产业增加值164.88亿元,增长2.9%。三次产业结构比为5.5:39.8:54.7。按户籍人口计算,人均生产总值50099元,增长3.7%。全县财政总收入34.27亿元,下降7.4%，其中一般公共预算收入20.40亿元，下降8.7%。全县一般公共预算支出53.26亿元，下降12.8%。全年财政收支平衡。

寒山湖度假村

【组织财政收入】 加强收入形势研判。分析疫情等因素对财政收入的影响，从重点税源、重点产业、重点地区三个方面，提高财政收入分析预判能力。挖掘增收潜力。深化财税部门协作，完善收入协调机制，做好组织收入和涵养税源的结合。一般公共预算收入占GDP的6.8%，占财政总收入的59.5%；税收收入17.51亿元，占一般公共预算收入的85.8%。加强非税收入征管。结合税收入库进度，加强非税收入调控，全年实现政府非税收入18.54亿元，其中纳入一般公共预算管理的非税收入2.51亿元。加强土地出让金统筹管理。建立相关部门联动机制，定期检查、清理土地出让金收支情况，全县土地出让金收入13.98亿元，增加地方可用财力。

【助推经济发展】 向上争取资金。累计争取各类专项资金38.92亿元，其中债券资金11.30亿元，增长25.6%，用于水利、交通运输、乡村振兴等支出。争取2020年绿色转化财政专项激励资金3.00亿元，预计撬动全县总投资36.00亿元。拓展融资渠道。探索发行企业债、公司债和PPN等直接融资渠道，发行公司债券17.10亿元，企业债券8.00亿元，优化银行贷款结构14.00亿元。做好疫情防控资金保障。坚持特事特办，急事急办，开通疫情防控期间政府采购"绿色通道"，全年拨付疫情防控资金0.48亿元。落实惠企利民政策，安排小微纾困资金0.56亿元，惠及小微企业4638家、个体工商户4342户。支持企业复工复产。梳理各类奖励扶持政策，简化审批流程，加强服务指导，加快政策兑现，累计兑现涉企扶持资金1.72亿元。优化服务水平。编印《天台县财政扶持政策汇编》，做好企业直通服务，实施"五减"专项行动，全年减免税费14.36亿元。开展"三合联七惠民企"党建联盟活动，联盟联合天台农商银行组建"金融帮扶团"，与联盟内7家行业协会签订21.00亿元的授信合作协议。

【保障民生事业】 坚持过"紧日子"，全年一般性支出压减9000万元，"三公"经费压减5.6%；盘活财政存量资金，全年共收回部门预算结余资金1.74亿元，全部用于保障民生。全年民生支出41.43亿元，下降14.7%，占一般公共预算支出的77.8%。保障乡村振兴战略实施。安排农村饮用水达标提标专项资金1.08亿元，解决22.5万人的饮水安全问题；拨付美丽乡村建设资金0.42亿元、农村保洁经费0.12亿元，支持"三农"发展。保障学有所教。全年教育支出13.12亿元，下降5.0%。提高义务教育学生营养餐补助范围和补助标准，受助学生12242人次；投入1800万元支持幼儿园"改薄扩容"工程，新增园区7个，新增学员名额1050个；提升教师工资福利保障水平，提高正式在编教师考核奖和学前教育劳动合同制教师工资水平。保障老有所养。全年社会保障和就业支出4.72亿元，下降26.7%。提高退休人员基本养老金，人均基本养老金增长5%；城乡居民基础养老金标准提高至180元/人·月，高出省级标准15元/人·月。保障病有所医。全年卫生健康支出5.88亿元，下降11.5%，城乡居民医疗保险财政补助提高至480元/人/年。深化基层医疗卫生机构补偿机制改革，补助基层卫生院基本支出1.00亿元。保障群众文化需求。全年文化支出1.29亿元，下降16.6%，支持文旅融合发展，支持县档案馆建成投用，新增农村文化礼堂45家，支持创成"中华诗词之乡"。

【深化财政改革】 创新支农项目管理。在一事一议财政奖补项目管理中引入竞争性立项机制，实施全过程绩效管理。推进财政电子票据改革。强化"乡镇公共服务平台+一卡通"建设，将涉农补助和民生补贴资金纳入乡镇公共服务平台管理，实现"一张卡"发放，在全省考核中获满分。推进公款竞争性存放改革。实现财政间隙性资金"竞争性存款"管理的常态化、制度化，全年竞争性存放财政资金7.31亿元，提高财政资金综合收益率。推进政采云平台应用改革。打通政府采购内网平台和政采云平台数据连接，实现政采云平台应用全覆盖，509家本地企业成为政府采购正式供应商，310家企业成为政采云网超一张网供应商。推进机关内部"最多跑一次改革"。在全市财政系统开发"预算单位开立银行账户管理'一件事'"，实现预算单位开立银行账户全流程"最多跑一次"。

【防范财政风险】 化解政府债务风险。实施化债专项行动，动态监管全县债务变动,严控政府债务风险,政府债务率保持在合理可控范围。防范社保基金风险。规范被征地农民参保工作,妥善处理养老保险衔接并轨问题;规范企业职工基本养老保险基金省级统筹工作。防范"三保"风险。开展乡镇财政资金管理大检查,推进乡镇财政长期挂账往来款项及专项资金清理,解决长期遗留问题,清理账目,降低乡镇财务风险。

【强化队伍建设】 利用每周学习会,组织全体干部职工专题学习习近平总书记在浙江考察期间重要讲话精神、违反中央八项规定精神的典型案件等。组织开展"答好四问、勇当标兵"大讨论活动,通过专题学习、主题大讨论、大调研大走访活动和"三服务"专项活动,激发干部干事创业热情。召开清廉财政建设专题会议,推动全面从严治党向纵深发展。开展全员廉政约谈工作,确保"一岗双责"落实,全年约谈51人次。履行基层党建"七个一"责任清单,成立机关党委和机关纪委,融合开展党的建设与中心工作,下属6个机关党支部均高分通过党支部标准化认证。

(天台县财政局供稿　张玲珍执笔)

仙居县

【概况】 2020年仙居县实现地区生产总值260.50亿元,增长3.5%。其中:第一产业增加值16.72亿元,增长2.3%;第二产业增加值108.83亿元,增长1.7%;第三产业增加值134.95亿元,增长5.3%。三次产业结构比为6.4∶41.8∶51.8。按户籍人口计算,人均生产总值50055元,增长3.1%。全年实现财政总收入32.96亿元,下降5.3%,其中一般公共预算收入19.82亿元,下降6.0%。一般公共预算收入中税收收入16.38亿元,下降10.9%。一般公共预算支出53.50亿元,下降6.7%。全年财政收支平衡。

【组织财政收入】 强化组织收入,做到应收尽收。将收入组织工作列为局重点项目,分解落实收入指标。建立月度收入分析机制,实时跟进督查指标进度。全县一般公共预算收入占地区生产总值的7.6%,占财政总收入的60.2%,税收收入占一般公共预算收入的82.6%。全年实现非税收入(含政府性基金、国有资本经营预算收入)27.87亿元,其中纳入一般公共预算管理的非税收入3.44亿元,增长27.4%。

【保障重大决策部署落实】 坚持"两手硬、两战赢",支持企业复工复产,全年拨付各类防疫资金5908万元。落实减税降费和规模性纾困政策,全年累计减税降费12.90亿元;落实企业贷款财政贴息等各项惠企政策,兑现各类涉企补助资金2.00亿元。推动"两直"资金落地,筹集地方财政资金5.68亿元,全县惠企利民资金池总额14.00亿元,惠及小微企业和个体工商户6672户。研究政府债券申报发行政策,做好项目包装、策划等基础性工作。2020年新增地方政府债券17.34亿元,增长116.8%。统筹财力保障重点项目建设,安排政府性投资项目资金6.15亿元,推进126个重点项目建设。城区"污水零直排"完成建设;盂溪水库工程投入试运行;永安溪综合治理与生态修复工程一期基本完工,二期开工建设;金台铁路仙居段基本建成;河埠大桥及连接线改造工程具备通车条件;创成省级"四好农村路"示范县。

【增进民生福祉】 全年民生支出39.59亿元,下降13.1%,占一般公共预算支出的74%。做好"六稳""六保"工作,保障群众"菜篮子",生猪增产保供工作获省政府发文表彰。教育经费支出10.11亿元,重点支持普惠性幼儿园发展,补齐学前教育短板。社会保障和就业支出8.05亿元,推进企业职工养老保险省级统筹;精准救助困难群众,最低生活保障标准提高至810元/人·月。卫生健康支出6.80亿元,支持公共卫生服务补短板,保障新冠疫情防控支出;推进福应街道社区服务中心、下各中心医院、第五人民医院迁建。交通运输支出3.43亿元,推进"四好农村路"、东岭下至黄梁陈、41省道仙居桐桥至步路段改建等重大交通项目建设;实施微公交运营、城区公交免费乘坐、城乡公交一体化运营等交通惠民工程。文化旅游体育与传媒支出9060万元,增长16.9%,年人均公共文化财政支出254元。

【提升财政管理水平】 健全绩效制度机制,出台《关于全面贯彻落实预算绩效管理的实施意见》《全面落实预算绩效管理三年行动计划》,将部门预算绩效管理情况纳入县对部门考核,并与下年度预算编制相挂钩。强化部门预算绩效管理,对14.4亿元项目支出开展绩效监控。开展美丽乡村美丽庭院、城市交通、扶持民办教育等7项绩效重点评价。将164个扶贫项目计1.86亿元资金纳入扶贫资金动态监控系统。加强资金监督检查,对67户单位开展监督检查,纠正违法违规违纪金额3960万元。完成财政项目预算审查备案277个,审定工程造价11.38亿元,节约资金7500万元。提升投融资保障能力,在全省首创"统一备案核准、统一发布信息、统一组织融资采购"制度,降低融资成本,得到省领导批示肯定。创成仙居县国有资产投资集团有限公司、仙居县城市建设发展集团有限公司2家信用AA评级企业。国投集团成功发行2020年第一期中期票据5.00亿元;县城发集团首期发行公司债券5.00亿元,票面利率4.6%。

【整体智治强化效能】 "政企通"平台实现38个财政奖补项目兑付全流程"零次跑",累计兑现资金2996万元。聚焦企业融资难,推广"政采贷",与8家银行合作帮助中小企业免抵押融资1760万元。推进"乡镇公共财政服务平台+一卡通"建设,累计发放补助资金2.90亿元,受益人数23.8万人。电子票据改革从医疗领域扩面至其他领域,覆盖单位218家,开票金额10.90亿元。

【干部队伍建设】 创办财政讲堂,通过"点菜下单、科室轮讲"模式,每2周开展1次活动;邀请名校讲师开展全员培训。团委、妇联、关工委、老干部等群团组织牵头开展青年论坛、清明祭英、爱心赠书等活动。打造“1+3+n”展厅(即党建展厅1个、电子化党员活动室3个、文化长廊n条),搭建互动式、沉浸式的“双建”工作经验做法展示窗口。出台《清廉财政建设实施方案》,列出《2020年清廉财政建设重点工作清单》,结合科室重点工作和关键环节严密查摆廉政风险点,精准构建五大体系。开展清风财韵系列活动、“廉政文化”作品征集、青年财俊“话廉洁”、廉政趣味运动会等活动。构建党建与业务“双融互促”工作机制,把支部考核结果列入科室考核,从机制上统一“党建引领,工作提质”的目标。对财政中心工作实行项目化管理、团队制作战、清单式推进,列出局重点项目8个、科室重点项目13个。组建8人督查团队,对项目实行全程跟踪、分级督查、定期通报,落实各项重点工作任务。

(仙居县财政局供稿　朱梦娇执笔)

三门县

【概况】 2020年,三门县实现生产总值273.39亿元,增长4.4%。其中:第一、第二、第三产业增加值分别为34.91亿元、114.23亿元和124.25亿元,分别增长2.2%、4.5%和4.8%。三次产业结构比为12.8∶41.8∶45.4,按户籍人口计算,人均生产总值61184元。全县居民人均可支配收入38586元,增长5.4%。全县财政总收入26.61亿元,下降9.0%。其中:一般公共预算收入16.16亿元,下降11.1%;税收收入13.31亿元,下降8.6%。一般公共预算支出53.79亿元,增长0.3%。全县财政收支平衡。

【组织财政收入】 发挥县地方财税收入协调领导小组办公室的作用,加强与税务部门合作,围绕年度收入预期目标,加强收入分析与研判,把握收入节奏,确保收入的计划性、均衡性和稳定性。一般公共预算收入占GDP的5.9%、占财政总收入的60.7%,税收收入占一般公共预算收入的82.4%。推进非税收入线上线下一体化收缴,全年实现政府非税收入16.88亿元,其中纳入一般公共预算管理的非税收入2.85亿元。

【支持经济发展】 落实各项减税降费政策,累计减免税费12.39亿元(不含社保费)。落实企业稳岗补助政策,阶段性减免降低社保费3.19亿元,返还困难企业社保费1364万元,惠及困难企业1863家。加强金融保障,为企业申请上级财政贴息54万元。落实国有资产减租政策,减免租金646万元,惠及企业522家。支持经济转型发展,落实鼓励工业经济转型发展、发展外向型经济、扩大外贸出口等政策兑现资金8031万元。

【优化支出结构】 全县财政民生支出39.74亿元,增长2.6%,占一般公共预算支出的73.9%。做好防疫资金保障。对预算安排、资金拨付、政府采购等事项启动“绿色通道”,支持疫情防控,安排疫情防控经费3907万元。支持教育振兴战略。启动教育发展新三年行动,加强与上海、杭州等长三角地区名校合作,加快优质教育资源集聚,创成浙江省教育基本现代化县,全年教育支出10.08亿元,增长4.8%。完善社会保障体系。健全医疗保险和社会救助体系,保障困难群众基本生活,全年社会保障和就业支出7.30亿元,增长44.0%。支持“健康三门”建设。深化医疗卫生体制改革,支持卫生基础设施建设,补齐医疗卫生短板,支持三门医院新院区二期工程、县中医院院区整体搬迁、县传染病治疗中心等项目,全年卫生健康支出5.01亿元,增长20.4%。支持文化体育事业发展。完善公共文化体育服务体系,完成人均公共文化财政支出考核,文化体育支出0.95亿元,增长4.3%。

【打好三大攻坚战】 支持打好防范重大风险攻坚战。完成年度化债任务,防范和化解财政金融风险,隐性债务化债率117.1%。支持打好精准脱贫攻坚战。保障扶贫专项资金1.50亿元,助推农业农村高质量发展,推进农村综合改革,培育农业新业态,打造升级版美丽乡村,为乡村振兴和脱贫攻坚提供支撑。支持打好污染防治攻坚战。支持水污染治理提速,推进城镇污水处理设施、农村生活垃圾三化处理、小城镇综合整治等项目建设。

【深化财政改革】 完善预算管理制度。按照过“紧日子”要求,推动中期财政规划管理,完善全口径预算编制,加强预算编制精细管理。强化“三公”经费预算管理,全年“三公”经费下降25.2%。提升绩效管理水平。出台《全面落实预算绩效管理实施意见》,优化绩效目标审核流程,提升预算绩效管理工作效率。深化国资国企改革。形成“1+6+N”*模式的国有企业发展架构,推进企业公司制改制工作,完成国有企业退休人员社会化管理,推动三门县国有资产投资控股有限公司发行非公开公司债券。

【干部队伍建设】 坚持以党建统筹全局,贯彻习近平新时代中国特色社会主义思想、十九届三中、四中、五中全会等重要精神,坚持全面从严治党,强化党风廉政建设,做好意识形态重点工作,落实中央八项规定和实施细则精神。发挥党员干部先锋模范作用,做好疫情防控、扶贫帮扶、文明创建、平安建设等工作。巩固深化“不忘初心、牢记使命”主题教育成果,学习习近平总书记关于财政工作的重要论述和《预算法》《会计法》《政府采购法》等法律,提升财政干部服务大局的能力和水平。落实党风廉政建设主体责任和班子成员“一岗双责”,深化“三个以案警示”教育,开展廉政党课。

(三门县财政局供稿　罗仕强执笔)

注:

*“1+6+N”:1是指三门县国有资产投资控股有限公司,6是指六大县属企业,即三门县科技创新投资有限公司、台州市北部湾区经济开发集团有限公司、三门县环境有限公司、三门县旅游开发投资有限公司、三门县交通发展集团有限公司、三门县水利基础设施投资有限公司;N是指六大县属企业下属子公司。

丽水市财政工作

丽水市

【概况】 2020年，丽水市实现地区生产总值（GDP）1540.02亿元，增长3.4%。其中：第一产业增加值104.61亿元，第二产业增加值555.19亿元，第三产业增加值880.22亿元，分别增长2.5%、1.0%、5.4%。三次产业结构比为6.8∶36.0∶57.2。固定资产投资增速6.7%。社会消费品零售总额735.11亿元，下降0.4%。全市进出口总额343.65亿元，增长16.5%。其中：出口300.71亿元，增长12.4%；进口42.94亿元，增长41.9%。城镇常住居民和农村常住居民人均可支配收入分别为48532元、23637元，分别增长4.5%、7.8%。全市财政总收入240.15亿元，增长5.3%；一般公共预算收入143.86亿元，增长2.9%；一般公共预算税收收入117.67亿元，增长7.2%；一般公共预算支出527.10亿元，增长0.1%。其中，市本级财政总收入63.50亿元，同口径增长7.6%；一般公共预算收入38.47亿元，同口径增长2.9%；一般公共预算税收收入32.24亿元，同口径增长15.0%；一般公共预算支出82.46亿元，同口径增长7.8%。全市和市本级财政收支实现平衡。

【组织财政收入】 加强财政、税务、自然资源、人民银行等部门沟通联系，做好组织财政收入工作。全市一般公共预算收入占GDP的9.3%；全年税收收入占一般公共预算收入的81.8%，其中市本级为83.8%；一般公共预算收入占财政总收入的59.9%，其中市本级为60.6%。加大非税收入征管、土地出让金收缴力度。2020年，全市非税收入399.07亿元（含国有土地使用权出让收入334.68亿元），增长22.7%，其中纳入一般公共预算管理的非税收入26.19亿元；市本级非税收入190.64亿元（含国有土地使用权出让收入178.49亿元），增长24.8%，其中纳入一般公共预算管理的非税收入6.89亿元。

【支持经济发展】 助力“两手硬、两战赢”，落实“六稳”工作和“六保”任务要求，建立“一策一图一清单”机制，梳理疫情防控政策34条，全市财政部门拨付疫情防控资金5.1亿元。全年全市兑付企业扶持资金39.25亿元，其中市级9.88亿元。推进“两直”资金支付工作，全市获得直达资金37.96亿元，实现支付37.96亿元，支付进度100%。做好新冠肺炎疫情防控期间企业房租的减免工作，全市行政事业单位共为1346户企业、个体户免租2153万元，100%完成应减租金额。实施数字经济“一号工程”，支持绿谷信息产业园、数字经济双创园、数字经济天宁基地、杭州丽水数字大厦及有关“飞地”园区等平台集聚、融合，完善丽水市数字经济平台运用和招商政策。做好减税降费政策解读、宣传，促进减税降费政策落实。成立60.00亿元规模的高质量绿色发展产业基金，与嘉兴、湖州等地合作组建山海协作基金；推进市县政府性融资担保体系一体化建设，市融担公司龙泉分公司和缙云分公司挂牌成立，完成首批市县一体化试点工作。

【保障民生重点】 全市民生支出398亿元，下降4.5%，占一般公共预算支出的75.6%。全年教育支出83.97亿元，增长9.5%。实施教育提质行动，保障教师待遇，落实义务教育教师平均工资水平不低于当地公务员政策，建立民生支出清单管理制度，支持丽水技师学院、南明旅游学校建设。全年社会保障和就业支出62.98亿元，增长5.8%。城乡居民基础养老金提高至180元/人·月，65周岁以上人员每人每月再增加5元。全市完成7家国有企业10%股权划转充实社保基金，划转国有资本1.76亿元。全年卫生健康支出52.76亿元，增长11.3%。保障疫情防控工作，全市各级财政拨付疫情防控资金5.05亿元；市本级安排卫健惠民专项1.85亿元，其中1.00亿元专项用于市本级疫情防控支出，8545万元用于市本级公共卫生支出。集中财力保障大花园大通道大都市区建设，2020年市直政府投资项目支出43.90亿元，城中村改造资本金支出67.20亿元，保障丽水机场、衢丽铁路和城中村改造等重点项目建设。保障脱贫攻坚决战决胜，实施“大搬快聚富民安居”工程，助力完成“两不愁、三保障”工作任务。全年全市财政扶贫支出10.50亿元，援助东西部扶贫资金9560万元。

【助力生态建设】 助推生态产品价值实现机制国家试点建设。在省政府新一轮绿色发展财政奖补机制中，建立对丽水试行与生态产品质量和价值挂钩的财政奖补机制，新增空气质量财政奖惩制度、湿地生态补偿机制，扩大丽水生态产品价值受益面。支持国家公园创建，争取国家公园省级财政资金保障机制，市财政安排3000万元专项资金支持龙泉、庆元、景宁3县（市）创建国家公园。

【深化管理创新】 落实上级关于全面实施预算绩效管理的决策部署，实施预算绩效管理三年行动计划，按照全方位、全过程、全覆盖的要求，加强制度建设，完善工作机制，推进预算和绩效管理一体化。制定《丽水市市直事前绩效评估管理暂行办法》等配套制度，开展新增政府重大投资项目事前绩效评估试点。加大财政电子票据改革力度，推进财政数字化转型，全市23家公立医院实现医疗电子票据全覆盖，完成交警交通罚没收入收缴管

---

*2020年，丽水市区体制从按企业划分调整为市与区按照58∶42的比例划分，调整后2019年市本级财政总收入59.03亿元，莲都区28.11亿元；市本级一般公共预算收入37.40亿元，莲都区17.22亿元；市本级一般公共预算税收收入28.04亿元，莲都区14.62亿元；市本级一般公共预算支出76.53亿元，莲都区51.60亿元。

理系统转换，推动非税收入及其他财政电子票据上线。开展机关内部“最多跑一次”改革，内部办事事项59项精减至57项，实现事项应网办尽网办。梳理“财务报销一件事”“道路交通事故抢救费用垫付一件事”“预算单位账户开立事项一件事”等“一件事”事项。做好国资委企业资产配置工作，推进经营性资产划国资委注入国有企业，市直各国资营运公司已配置到位资产545项，累计评估价值29.41亿元。加强会计队伍建设，开展会计领军人才培养工作。

【加强财政监管】 加强行政事业单位内控建设，组织财政扶贫资金和项目管理、行政事业单位财政监督、反对餐饮浪费违规吃喝问题等专项检查，对全市595家单位进行重点监督检查，查处违规资金2.87亿元。深化财政内部控制建设，完善财政内部控制制度体系，开展内控专项检查和考核。完善差旅费管理制度，规范劳务费支出，压缩一般性支出，市本级“三公”经费下降43.1%。加强国库集中支付审核和政府投资项目预决算审核，全年完成国库集中支付审核18.14万笔，支付资金81.82亿元；审核工程项目169项，节约财政性资金6.95亿元。树立过“紧日子”思想，严控一般性支出和非刚性支出，全市压减财政支出20.90亿元，其中市本级7.05亿元，压减资金统筹用于保障重点支出。

【加强队伍建设】 开展“三敢三比”*争当“丽水之干”大比拼活动，梳理项目清单31项，落实举措90项。建设清廉机关、创建模范机关，推进“三精三实三优”*党建品牌创建。巩固文明单位创建成果，通过“全国文明单位”复评，获“丽水之干”模范集体。打造“一支部一品牌”。推进下属事业单位机构改革，完成7家下属事业单位“三定”方案编制。按照“综合处室业务化”“业务处室专业化”“一线岗位年轻化”的干部队伍建设思路，组织职级晋升24人，轮岗交流22人（其中一般干部17人，中层干部5人），提任正科级干部5人、副科级干部5人。组织开展“财政讲坛”6期、培训班7个。组织全国财政系统人才库人员推荐，1名干部入选财政部法律人才库。定期开展专题研究，强化意识形态工作，制定年度意识形态工作要点，落实意识形态工作责任。

（丽水市财政局供稿　应　佳执笔）

注：

*“三敢三比”：敢于负责，比忠诚担当；敢于碰硬、比攻坚克难；敢于创新、比工作业绩。

*“三精三实三优”：精准定位、精细管理、精湛技能；对党忠实、干事务实、做人诚实；服务优质、作风优良、业绩优秀。

莲都区

【概况】 2020年，丽水市莲都区实现地区生产总值406.97亿元，增长3.3%。其中：第一产业实现增加值21.23亿元，增长2.7%；第二产业实现增加值119.28亿元，下降0.1%；第三产业实现增加值266.45亿元，增长5.2%。三次产业结构比为5.2∶29.3∶65.5。按常住人口计算，人均生产总值77851元。全区实现财政总收入30.35亿元，增长8.0%。其中：一般公共预算收入17.96亿元，增长4.3%；一般公共预算收入中，税收收入14.62亿元，增长11.0%。实现一般公共预算支出54.70亿元，增长6.0%。全区地方财政收支平衡。

【组织财政收入】 把握组织收入工作主动权，完成财政收入目标，确保应收尽收。联合税务部门加强对重点税源、重点企业和重点税种的征管，掌握税收底数。一般公共预算收入占财政总收入的59.2%，占GDP的4.4%；税收收入占一般公共预算收入的81.4%。加强非税收入征管，全年组织非税收入14.96亿元，增长27.9%，其中纳入一般公共预算管理的非税收入3.34亿元，下降17.6%。加大结余结转资金清理及存量资金盘活力度，全年盘活存量资金2.71亿元。加大“开前门”的力度，争取新增债券资金10.1亿元。

【保障民生重点支出】 全年民生支出44.16亿元，增长4.3%，占一般公共预算支出的80.7%。安排教育支出7.72亿元，增长6.0%，用于支持教育质量考核、购买教育教学装备、普惠性民办幼儿园扶持资金、扶困助学等，其中投入教育质量考核奖790万元、教育教学装备经费1119万元、民办学校和幼儿园扶持资金1600万元。安排医疗卫生与计划生育支出7.22亿元，增长10.1%，城乡居民基本医保财政补助标准提高至1130元/人·年，城乡居民基本公共卫生服务财政补助标准提高至65元/人·年。安排社会保障和就业支出8.93亿元，增长10.5%，全区城乡居民基本养老保险基础养老金标准提高至165元/人·月。保障医疗防控物资供应、医疗设备采购、公立医院基础设施建设等防疫支出，安排疫情防控预算7000万元。加大疫情防控资金保障力度，安排疫情防控资金18101万元，并为疫情防控资金支付和物资采购开通“绿色通道”。

【深化财政改革】 围绕财务内控制度建设、预算编制指导、财经政策解读等方面，深化“最多跑一次”改革，开展“上门服务至少一次”活动。2020年，累计服务部门次数90次，服务二级单位次数20次，服务企业次数20次，服务626人次。全年收集问题建议数55件，全部落实解决。开展会计代理记账，全区88家单位与代理记账公司签订协议。在丽水市率先试行“公物仓”制度，探索资产共享共用机制。单位有闲置资产的，要求划转至公物仓；单位需配置资产的，优先从公物仓调剂，剩余部分再予采购，促进国有资产共享共用。运用“资产云”管理平台，对公物仓出入库情况进行实时监控。全年调入公物仓资产152件，调出公物仓资产48件。持续推进减税降费政策，优化惠企利民政策落实工作机制，实现减税降费3.87亿元。落实集中财力办大事政策，保障农村饮用水达标提标工程、碧湖全域综合整治等重点支出需求。

【强化财政监管】 压减一般性支出,严控"三公"经费支出,全年"三公"经费支出下降6.3%。加大"停、缓、调、撤"力度,从源头上控制新增债务发生。构建债务预警机制,运用综合债务率、一般债务率、偿债率等指标动态监测债务风险,健全债务风险应急处置机制。强化财政投资评审管理手段,全年累计办理政府投资项目预结算相关业务532件,累计造价1.93亿元。其中直接评审203件,累计送审造价1.71亿元,审定造价1.55亿元,净审减1.62亿元,净审减率9.44%;备案业务329件,累计备案金额2.14亿元。全年办理项目数量减少15.15%,办理项目累计金额下降2.78%,通过评审净核减金额增长8.38%。

【加强队伍建设】 通过定期轮岗、业务培训、研学交流,提升干部业务能力。组织全区行政事业单位会计专业技术人员共250余人参加会计业务培训。开展廉政党课和党员廉政知识测试,印发《警钟》,举办"走前列,当标兵,为建设重要窗口添'财'助力"业务知识竞赛,以赛促学,以学促用。组织全体干部赴三岩寺重走红军路,弘扬浙西南革命精神。赴丽水市法纪教育基地市委党校、丽水市爱国主义教育基地开展学习教育活动,增强全体干部的廉洁意识、规矩意识。组织签订家庭助廉承诺书等文化创建活动。

(莲都区财政局供稿 吕 串执笔)

龙泉市

【概况】 2020年,龙泉市实现生产总值147.16亿元,增长3.0%。其中:第一产业增加值16.18亿元,增长2.2%;第二产业增加值51.13亿元,增长0.1%;第三产业增加值79.84亿元,增长5.7%。三次产业结构比11.0:34.7:54.3。按常住人口计算,人均生产总值59132元,下降0.6%。2020年龙泉市财政总收入14.64亿元,下降2.9%,其中一般公共预算收入9.17亿元,下降6.3%;税收收入7.47亿元,下降5.3%。一般公共预算支出50.60亿元,下降11.7%。全年财政收支平衡。

【组织财政收入】 研判疫情影响,把握上级政策导向,加强与税务、自然资源等部门沟通协作,强化预测分析与财源管理,挖掘增收潜力,提高财政收入质量。2020年,一般公共预算收入占GDP的6.2%、占财政总收入的62.6%,税收收入占一般公共预算收入的81.5%。深化统一公共支付平台应用,全年通过平台网上缴款25.86万笔,收缴金额39.81亿元。2020年,全市完成非税收入32.13亿元,增长29.4%,其中纳入一般公共预算管理的非税收入1.71亿元,下降10.0%。

【支持经济发展】 助推疫情防控和复工复产,开通防控设备采购"绿色通道",出台抗疫助企·暖春行动21条,兑现财政补助、减免、缓缴、返还等各类资金2.68亿元。出台小微企业和个体工商户纾困政策,"直通"兑付纾困资金2397万元,受惠市场主体2708户。推动传统制造业改造提升、工业空间拓展、小微企业园建设、数字经济发展、国际国内市场开拓、精准服务企业等重点工作,全年兑现各类惠企助企资金1.49亿元,推进企业复工复产。融合产学研科技创新体系,集聚创新资源,补齐科技产业短板,培育高质量绿色发展新引擎,落实科技开发与应用专项资金支出4104万元。加快产业基金运作,支持重点招商引资项目和科技企业转型升级,出资4900万元联合社会资本设立科创基金,对龙泉市3家科技企业投资3300万元。实施人才强市战略,促进创新创业人才集聚,安排人才发展专项资金1200万元,支撑人才科技发展。

【推进乡村振兴】 制定龙泉市人民政府关于建立健全涉农资金统筹整合长效机制的实施方案,建立涉农资金统筹整合长效机制,助力乡村振兴战略实施。2020年,落实一般公共预算农林水支出8.20亿元,重点保障"大搬快聚、富民安居"、生活垃圾治理、安全饮水、古村落保护等。完善财政支农政策体系建设,筹措资金6000万元,支持实施食用菌产业振兴、茶叶全产业链培育、高山蔬菜双增双拓、水果产业梯次集聚区等项目,推动农业产业转型升级。统筹下达财政专项扶贫资金8200万元,落实产业扶贫、就业扶贫、资产收益扶贫等政策,助力"幸福菜单""万人万元"绿色扶贫车间等特色项目开展。

【保障民生事业】 2020年,全市民生支出39.00亿元,下降20.4%,占一般公共预算支出的77.1%。其中,教育投入8.21亿元,保障"蛋奶营养餐""空调进教室""周末接送车"等教育民生实事,支持引进启文、翔宇教育集团和杭州建兰中学开展合作办学,推进第二中学扩建、第五中学新建等教育基础设施建设;卫生健康投入5.54亿元,支持创新实施医疗融合体和医共体建设;文化传媒与体育投入1.44亿元,支持开展文化旅游宣传、世界青瓷大会、群众体育赛事、普惠性文化场馆免费开放、小城文化艺术周等文旅事业;社会保障投入6.34亿元,用于落实城乡居民最低生活保障、临时救助、优抚抚恤补助、城乡居民医疗保险等民生政策。

【深化财政改革】 深化预算管理改革。完善全口径政府预算体系,制定《龙泉市预算绩效评价(执行)结果运用办法(试行)》,对2020年执行率低的项目,根据结余比例分类分档核减,将预算单位整体执行率与公用经费核减额度相挂钩。推进专项资金管理改革。坚持"投入+贡献"的绩效观和"扶强扶优"原则,加大资金统筹整合力度,整合盘活财政资金5.75亿元。深化财政专项资金项目库运用。遵循"未制定管理办法、未纳入项目库,一律不得分配"的原则,管理模式从"资金等项目"转变为"项目等资金",提升财政专项资金分配使用绩效。推进政府采购数字化转型。深化政府采购云平台运用，全年经平台实施电子化政府采购交易额4.57亿元，增长38.9%，节省企业费用660万元。推进财政电子票据改革，现有142家单位开通财政电子票据业务，累计开票72万余张，开票金额4.59亿元。保障"两直"资金落实。实行专班运作，细化分配方案，建立惠企利民资金池，100%兑现直达资金3.96亿元，保障"三保"支出、基础设施建设、抗疫支出、市场主体纾困等重点工作。

【强化监督管理】 全面推行绩效管理。量化绩效目标，设为预算安排前置条件，随部门预算同步下达、同步批复，全年对552个项目计26.37亿元实行绩效目标管理；首次开展部门整体绩效评价工作，完成自评项目777个，抽评项目78个，重点评价项目7个；加大预算绩效执行和评价结果运用力度，削减或取消低执行、低绩效项目48个。强化政府债务管理。实施防范化解地方政府隐性债务风险专项行动，对照浙江省债务化解"四条标准"要求，按照"五年任务三年完成"的目标，完成地方隐性债务化解任务，通过省财政厅核查专班审核。积极申请限额内新增债券发行额度，发行新增债券15亿元。

【加强队伍建设】 开展"聚焦'重要窗口'聚力龙泉复兴"学习实践活动，推进学习研讨、"金点子"征集、短板问题查摆、整改落实工作。深化"夜学"制度，开展"财政讲堂"，邀请专家作专题讲座。与省地方政府债务管理办公室党支部实现结对共建，并联合丽水市财政局第二党支部、住龙镇机关党支部开展四级联动主题党日活动，推进点面结合、上下联动、立体推进的党建工作格局。

（龙泉市财政局供稿　毛智东　金梦雅执笔）

缙云县

【概况】 2020年，缙云县实现地区生产总值243.44亿元，按可比价计算，增长5.5%，其中：第一产业增加值为12.05亿元，增长2.8%；第二产业增加值为106.70亿元，增长5.5%；第三产业增加值为124.69亿元，增长5.7%。三次产业结构比为5.0∶43.8∶51.2。按常住人口计算，人均生产总值60437元，增长4.1%。城镇居民人均可支配收入47774元，增长4.8%，农村居民人均可支配收入为23466元，增长9.2%。2020年缙云县财政总收入27.59亿元，增长6.2%。一般公共预算收入17.25亿元，增长3.6%，其中税收收入14.06亿元，增长6.0%。一般公共预算支出65.67亿元，增长4.3%。全年财政收支平衡。

【组织财政收入】 研判新冠肺炎疫情对财政收入的影响，加强与税务部门沟通联系，强化政策协同，加强预测分析，完善收入协调机制，推动信息共享。掌握上级收入政策导向，把握收入节奏，提高财政收入质量。2020年，一般公共预算收入占GDP的7.1%、占财政总收入的62.5%，税收收入占一般公共预算收入的81.5%。提升非税收入管理水平，将执收单位的非税收入管理工作纳入全县综合考核，同步编制土地出让收支基金预算与土地供应计划。2020年，全县完成非税收入51.88亿元，增收13.14亿元，增长33.9%；纳入一般公共预算管理的非税收入3.19亿元，下降5.7%。

【扶持企业发展】 落实社会保险费降费工作，全年减免各项税费3.09亿元，其中减免社保费2.04亿元，减税9872万元；落实缓缴税费、社保费5.91亿元；返还社会保险费2164万元，惠及企业1515家。完善工业、金融、科技、招商等扶持政策，加快涉企资金兑现，加大政策宣传，印发《涉企政策流程指引》，形成"财政预拨—归口部门兑现—企业多退少补结算"资金兑付流程，减轻企业生产经营压力。2020年，累计兑现各项惠企扶企政策资金7.40亿元。开展金融支持六稳工作，组建政策性融资担保公司并开展业务，在保余额1530万元。启动"政银企"综合服务平台建设，推出"抗疫贷""复工贷""两山贷"等金融服务产品。开展新冠肺炎疫情防控期间国有房产房租减免工作，全县累计减免租金617万元，惠及承租户361户。兑现科技政策资金，安排支持工业、农业、社会发展三类科技计划项目资金360万元，兑现2019年科技政策资金1586万元，发放科技创新券1007万元。

【推进乡村振兴】 完善乡村振兴奖补资金和涉农资金管理办法，出台《缙云县乡村振兴绩效提升奖补资金和项目管理办法(试行)》《缙云县涉农资金统筹整合长效机制实施方案》，保障农村农业现代化建设，加快全县农业农村高质量绿色发展。2020年，一般公共预算农林水支出7.89亿元，其中落实土地生态开发项目资金1.00亿元、好溪水利枢纽引水工程6600万元、农民异地搬迁2230万元、农村生活污水治理1487万元。扶持乡愁富民产业，出台《缙云县乡愁产业富民增收工作实施细则》，富民增收专项资金增至1.20亿元，重点扶持特色小吃、黄茶等15类产业发展。完善低收入农户增收政策。调整2020年缙云县低收入农户"菜单式"产业扶持项目补助标准，明确对茶类、养殖类等10大种类近70个产业项目的补助标准和内容，扩大受益面。

【保障重点民生】 2020年，民生支出50.81亿元，下降2.5%，占一般公共预算支出的77.4%。支持教育事业发展，全年教育支出12.69亿元。安排"空调进教室"工程资金3078万元、义务教育阶段实施营养改善提升资金627万元、瑞杰实验学校校舍建设资金1350万元、薄弱学校公用经费补助专项资金966万元等。保障教师待遇，补发2019年度义务教育教师与公务员工资收入差额1476万元。全年卫生健康支出7.05亿元。完善医疗保险基金制度，城乡居民基本医疗保险筹资标准从1140元/人·年提高至1390元/人·年，其中政府筹资从760元/人·年提高至

940元/人·年。做好疫情防控资金保障,安排4000万疫情防控专项资金,对直接支付及其他支付业务采取线上审核,确保资金通道畅通。落实“两直”资金,做好“六保”“六稳”工作,细化直达资金全过程,推进复工复产。开通政府采购“绿色通道”,确保防控物资采购不延误。全年社会保障支出10.52亿元,健全社会保障体系,完善困难群众救助体系,将城乡最低生活保障标准调整与城镇居民人均生活消费支出挂钩,安排城乡最低生活保障经费6331万元,城乡最低生活保障标准从人均每月770元提高至人均每月850元;规范临时救助工作,将临时救助分为支出型、急难型和过渡型,落实临时救助资金1823万元;城乡医疗救助实行按费用即时救助,落实城乡医疗救助2709万元;统筹安排养老机构建设、养老服务补贴及运行服务补助资金3335万元,推进养老服务体系建设;做好2020年优抚对象抚恤补助提标工作,人均增加49元/月,发放优抚对象抚恤补助及医疗补助3293万元。

【规范财政管理】 强化“以收定支”原则和零基预算理念,严控和压减一般性支出,2020年缙云县压减非刚性、非重点等一般性支出及压减项目延后或无法实施支出共计4.70亿元。规范“三公”经费支出管理,精简会议、差旅、培训等公务活动,全年“三公”经费实际支出下降7.5%。盘活存量资金,全年收回存量资金6.98亿元(其中上年结转4124万元),实际支出4.13亿元,主要用于缙云县重点急需领域。强化资金审核管理,全年通过精准审价净核减政府性投资项目资金7245万元;通过政采云平台节约资金3200万元,预算节约率8.2%;通过国库集中支付审核退回资金2.15亿元,涉及业务1621笔。加大涉农资金统筹整合力度,全年整合涉农资金7.59亿元,集中财力用于乡村振兴。推进乡镇公共财政服务平台建设,实现社会保障卡“一卡通”发放。2020年,纳入平台管理的涉农个人补助项目81个,发放总金额2.82亿元,受益人数65.47万人。加强地方政府债务管理。将债务项目纳入预算项目库全过程管理,政府隐性债务实现零增长。强化公款存放管理,指导全县单位全面实行公款公开竞争性存放。2020年,通过公开招投标存放公款19.50亿元。完善国资监管体系,完善国有企业工资决定机制,建立国企年金制度,推动国企“资金池”系统建设,整合县属国有企业存量资金,防范资金管理风险和廉政风险。

【深化财政改革】 优化、细化四本预算,完善全口径政府预算编制,推动绩效与预算编制、执行、监督全过程融合。推进财政业务一体化系统建设,依托“预算云”系统编制2021年预算,运用信息化手段全面深化预算制度改革。推动预算项目库规范化建设,首次将预算项目作为预算管理的基本单元,全部纳入项目库管理,实现预算项目库管理贯穿预算管理全过程。加快国企改革,成立工业投资有限公司,引导国企开展项目投资,推进市场化项目建设,如安置房及商品房开发、消薄飞地(杭州缙云大厦)等项目,提升国有企业服务全县经济社会发展功能。推进融资平台转型升级,拓展“大集团”融资模式,利用疫情防控金融窗口期,推动县国有资产投资经营有限公司发行2020年私募公司债券(第一期)7.20亿元。提升财政服务水平,主动上门服务做好部门预算编制和批复工作业务指导。推进审批便民化,对全县从事代理记账中介机构审批实行告知承诺改革,放宽市场准入。2020年,有17家机构取得代理记账许可有证书。深化政采云平台运用,小额采购“一键下单,一网通采”,大额采购通过全流程电子化招标,实现“一次不用跑”。2020年,完成政采云平台采购金额4.78亿元。

【加强队伍建设】 加强对《预算法实施条例》《浙江省民营企业促进条例》等法律条例的学习,做到学法、懂法、用法,用法治思维贯穿工作,提高全体干部的法治能力。开展“思想解放年”活动和“比学赶超年”活动,以“两年”活动为载体,坚持以业务能力建设推动工作落实、以工作成效落实体现业务能力提升,提高财政工作的整体效能。推进党风廉政建设,紧盯廉政风险防控,强化内部控制和督查落实,层层开展谈心谈话,利用党风廉政专题会议、“夜学”、组织生活会、廉政培训等形式开展廉政教育。推进财政文化建设,组织开展抗疫值守、扶贫结对、包村走村、趣味运动会、机关党建论文征集等系列活动,营造良好的文化氛围。

(缙云县财政局供稿 朱 航执笔)

青田县

【概况】 2020年,青田县实现生产总值249.13亿元,增长2.5%。其中:第一产业增加值10.01亿元,增长2.8%;第二产业增加值97.80亿元,下降0.4%;第三产业增加值141.32亿元,增长5.1%。三次产业结构比为4.0:39.3:56.7。全县财政总收入30.12亿元,下降12.4%,其中一般公共预算收入19.03亿元,下降9.5%。一般公共预算税收收入13.91亿元,下降14.1%,占比73.1%,下降3.9个百分点。一般公共预算支出67.90亿元,增长2.4%。全年财政收支平衡。

【组织财政收入】 加强收入运行分析和研判,掌握重点税源企业和行业板块的税收入库动态跟踪管理情况,跟进组织收入举措。凝聚组织收入工作合力,强化县级层面财政收支运行情况季度碰头会制度,加强重大财政收支事项专项研究,提升财政收入调控能力,确保组织收入工作稳健运行。2020年,一般公共预算占全县GDP的7.6%,下降1个百分点;占财政总收入的63.2%,提升2个百分点。加强非税收入征缴管理,加快非税收入信息化、电子化征缴改革进程,推动统一公共支付平台线上线下一体化收缴扩围,开展非税收入执收工作专项检查,督促非税收入执收单位“应收尽收、应缴尽缴”。全年组织非税收入28.70

亿元,其中纳入一般公共预算管理的非税收入5.12亿元。

【支持经济发展】 强化扶工助企发展,助力复工复产,累计为全县2110户企业减免社保费1.54亿元;落实"稳企业、稳经济"各项举措,合计拨付就业稳岗补助资金1164万元;推进"五减"政策落地,为全县企业和个体工商户减免国有房产租金1406万元;加快"两直"涉企扶持资金拨付,完成支出2310万元;加大常规性涉企扶持资金兑付,累计审核拨付建筑企业奖励、生态工业奖、总部企业奖励、"两化融合"补助等资金5.01亿元。减轻企业融资成本,通过政策性融资担保机制累计为全县34家企业实施政策性融资担保总额1.03亿元。

【保障民生重点支出】 全年安排民生支出53.37亿元,增长2.9%,占一般公共预算支出的78.6%,其中,教育支出12.04亿元,增长18.8%,包括校建资金3.00亿元,义务教育学校学生公用经费4175万元;科学技术支出2.29亿元,增长2.4%;社会保障和就业支出7.84亿元,增长16.1%,包括最低生活保障支出1.27亿元,机关事业单位养老保险支出3.52亿元,社会救助支出1.60亿元;医疗卫生支出8.03亿元,包含城乡医疗保险基金补助支出3.93亿元,其中深化基层医疗卫生机构补偿机制改革资金投入1.12亿元;农林水支出8.20亿元,增长16.1%;住房保障支出1.97亿元,增长30.0%,包括单位住房公积金支出1.57亿元。落实农村公益事业一事一议财政资金奖补政策,全年拨付1559万元用于全县54个农村公益性项目的建设。

【深化财政改革】 深化国有企业市场化改革,出台《青田县县属改革企业工资决定机制实施办法》,完成国控集团公司组建工作,获批国企公司债券发行额度20.00亿元。推进授权支付改革,全县所有纳入国库集中支付管理的行政事业单位实现授权支付全覆盖。深化"最多跑一次"改革,道路交通事故社会救助基金垫付工作被浙江省财政厅列为救助基金垫付"一件事"试点。强化财政数字化改革,实现政采云平台全面应用,所有政府采购项目实现电子化采购;保障统一公共支付平台运行,全年通过平台收缴资金32.19亿元;推动非税电子票据改革,全县所有非税收入执收单位均已开通电子票据功能,全年开具电子票据22.3万份,涉及金额7.02亿元。

【强化财政监管】 推进公款竞争性存放工作,11家银行竞得总额4.30亿元的公款资金,整体存放利率较基准利率平均上浮40.0%。加大财政存量资金清理盘活力度,累计收回并统筹安排使用各类结转结余财政沉淀资金1.65亿元。加强地方政府债务管理,完成地方隐性债务化解任务。全年获批新增债券资金15.00亿元,将地方政府债务严格控制在省财政厅规定限额内。强化财政资金管理风险防控,联合审计等单位对全县49个单位开展为期2周的基层财政资金安全大检查专项行动,整改财政财务管理制度执行方面以及扶贫资金分配、拨付、管理方面等6类34个问题。落实政府过"紧日子"各项举措,优化基本支出和项目支出结构,压减一般性、非必要性项目支出,全年多轮压减一般性支出2.84亿元。

【加强队伍建设】 强化日常监督管理,落实主要领导、分管领导、科室负责人、普通干部职工四个层级之间的谈心谈话制度,执行干部职工上班纪律周通报制度和作风效能检查领导带队执周制度。举办财政系统第二届职工趣味运动会,开展"健身走""气排球""摄影"等工会兴趣小组活动,定期举办"青财有阅"系列读书会、技能培训会等。深化清廉财政导向,开展廉政文化主题座谈和廉政文化"读书会"系列活动,推进违法违纪典型案例警示教育,举办"廉主题"系列传统佳节活动,推动财政清廉长廊建设工作。打造现代财政铁军,提升工作效能,青田县财政局连续20年获评青田县县直部门年度综合考核优秀单位,获2020年度全省财政系统先进集体和2020年度财政管理绩效考评优秀单位。

(青田县财政局供稿　王　瑞执笔)

云和县

【概况】 2020年,云和县实现地区生产总值86.99亿元,增长5.8%。其中:第一产业增加值4.91亿元,增长2.0%;第二产业增加值43.99亿元,增长3.7%;第三产业增加值38.09亿元,增长9.6%。三次产业结构比为5.6∶50.6∶43.8。按常住人口计算,人均生产总值为71215元。全县财政总收入13.31亿元,增长27.9%,其中一般公共预算收入8.14亿元,增长26.5%;税收收入7.45亿元,增长40.5%。一般公共预算支出32.99亿元,增长8.5%。全年财政收支平衡。

【组织财政收入】 加强形势分析研判,强化与税务等征收部门的联动,做好收入预测和执行情况分析,加强财政收入质量,优化收入结构。2020年,一般公共预算收入占GDP的9.4%、占财政总收入的61.1%,税收收入占一般公共预算收入的91.5%。政府性基金收入10.54亿元,社保基金收入7.45亿元,国有资本经营预算收入163万元。全年实现非税收入11.23亿元,其中纳入一般公共预算管理的非税收入0.69亿元。

【支持经济发展】 落实降费减税,减轻企业负担。坚持把放水养鱼、为企业减负摆在突出位置,落实结构性减税和普遍性降费政策,开展"五减"专项行动,累计减免税收5683万元。为企业阶段性减免社会保险费7765万元,返还950户企业的失业保险1208万元。强化财政政策支持,助力县域经济发展。通过财政奖励政策引导,保障企业复工复产,深化"亩均论英雄"改革,推进"机器换人"、木玩百亿产业、数字经济等重点工作,累计拨付扶持企业财政资金1.60亿元,激发企业转型升级,优化产业结构。运用“两直”资金压舱石作用,累计下达“两直”资金3.98亿元,利用特殊转移支付机制,确保资金直达基层、直接惠企利民。优化金融政策扶持,为企业融资保驾护航。利用政策性担保公司平台,为60户小微企业和“三农”提供担保业务,担保金额7160万元;为12家受疫情影响的企业提供续保服务,担保金额2976万元。利用兴云中小企业发展促进中心,累计为12户企业提供转贷业务,转贷金额5470万元。发挥财政科技资金引导作用,兑现科技项目专项奖励经费535万元。

【保障改善民生】 2020年,云和县民生投入25.17亿元,增长7.7%,占一般公共预算支出的76.3%。落细落实农业农村工作。运用一事一议助推美丽乡村建设试点政策,投入试点资金2000万元打造美丽景区村、乡村振兴示范村;深化村级公益事业一事一议财政奖补政策运用,投入一事一议财政奖补资金1300万元用于34个村级公益事业项目建设,支持乡村振兴;整合财政资金发展村级集体经济,助力消除集体经济薄弱村,累计投入财政专项资金1.24亿元,实施消薄项目15个;完成大搬快聚富民安居工程年度项目计划,兑现大搬快聚富民安居工程财政资金1308万元,完成872人搬迁工作。支持教育事业发展。全年教育支出4.57亿元,增长13.5%。确保教育系统疫情防控资金及时到位,按照每个班级1500元的标准拨付学校复学防疫经费,助推学校复学;加大民办教育投入力度,安排1777万元支持九年一贯制民办文元育英学校发展。建立健全社会保障机制。全年社会保障和就业支出3.67亿元,增长11.5%。建立民生保障动态调整机制,城乡居民基本养老保险基础养老金最低标准从155元/人·月提高至180元/人·月,城乡合作医疗财政补助标准从2019年的1050元/人·年提高至1100元/人·年;加大困难人员生活补助,月人均低保标准从770元提高至850元,累计救助3865人,支出2323万元,增长19.9%;全年卫生健康支出3.35亿元,增长25.6%。加大医疗救助投入,全年支出城乡医疗救助资金740万元,救助12723人次。保障防疫资金需求,累计安排疫情防控经费3296万元。

【深化财政改革】 贯彻落实新预算法,坚持法治化导向,加快现代财政制度建设。精细财政管理水平。强化存量资金统筹,清理、整合部门结余结转资金,累计盘活结余结转资金1.91亿元。强化财政绩效管理,推进绩效管理“全覆盖”,组织绩效目标自评、抽评和重点评价工作,开展财政存量资金检查、财政扶贫领域作风问题专项治理等专项检查,督促资金主管部门规范财政资金使用,提高资金使用效益。保障重点项目。聚焦新型城镇化样板县域建设、交通基础设施建设、全域旅游等重点工作,多渠道筹集基本建设资金17.48亿元,其中向上争取新增债券9.00亿元,保障重点基建项目的资金需求。安排3000万元用于城市基础设施配套建设,完成木玩乐园一期、最美浮云绿道等改造提升工程,建成城西广场等城市微公园。投入2557万元推进崇头镇和赤石乡美丽城镇建设,支持崇头镇创成省级美丽城镇样板镇。统筹安排2.68亿元,推进木玩童话小镇、环云和湖、梯田创5A、三江口旅游综合体等项目建设。

【深化国资管理】 启动平台母公司的市场化改革工作。对接浙商证券、国融证券、新时代证券等证券公司,谋划国有企业评级及债券发行工作。助力县域经济发展。鼓励县属国有企业拓宽融资渠道,保障大搬快聚、童话小镇客厅、棚户区改造等重点项目开展。推进退休人员社会化管理。解决国有企业退休人员统筹外费用问题,接收7家央企移交退休人员229名。完善国有资产管理机制。开展行政事业单位国有资产、公共基础设施报告工作,定期向县人大常委会报告国有资产管理情况,夯实管理基础。出台《云和县行政事业单位房产出租管理暂行办法》,规范行政事业单位房产出租。

【防控财政风险】 规范地方政府债务管理。严守“三个不得立项”的底线,控制债务增量、消化债务存量,开展隐性债务五年化解专项行动。落实政府投资项目立项前财政承受能力和债务风险情况评估机制,遏制隐性债务增量。防范社保基金风险。定期测算企业养老保险基金收支情况和滚存结余,做好支付风险提醒。落实社保风险准备金多渠道筹资责任,多渠道累计筹措社会保障风险金2368万元。守住“三保”支出风险。坚持政府过“紧日子”,压缩一般性支出,强化存量资金统筹,优先保障“三保”等急需领域支出。控制库款规模,关注库款运行情况,优化支出结构,加大库款保障力度,守住“三保”底线。严控基层财政支出风险。对全县10个乡镇街道、县工业园区和县中等职业技术学校等单位开展基层财政资金管理专项检查,防范化解基层财务风险。

【加强队伍建设】 巩固“不忘初心、牢记使命”主题教育成果,开展“一户一策一干部”结对村困难群众慰问活动,增强财政干部的宗旨意识和使命担当。围绕“描绘好现代化新蓝图再创‘中国之治’新奇迹”主题主线,开展党组书记、班子成员上党课以及宣讲团理论宣讲活动,传达党的十九届五中全会精神,增强理论学习实效。选派优秀干部投身企业复工复产,组织全体党员干部投身疫情防控第一线,确保“两战赢”“双胜利”。通过组织线上线下旁听庭审、财政系统典型案例警示教育等活动,筑牢财政干部廉政防线。

(云和县财政局供稿 蔡文婧执笔)

遂昌县

【概况】 2020年,遂昌县实现生产总值130.81亿元,增长3.4%。其中:第一产业增加值12.18亿元,增长2.5%;第二产业增加值46.84亿元,增长0.4%;第三产业增加值71.78亿元,增长6.1%。

三次产业结构比为9.3∶35.8∶54.9。按常住人口计算，人均生产总值67655元，增长2.6%。全年财政总收入18.59亿元，下降2.3%；一般公共预算收入11.43亿元，增长4.3%，其中一般公共预算税收收入9.27亿元，增长2.3%；一般公共预算支出42.66亿元，下降15.2%。全年财政收支平衡。

【组织财政收入】 全年一般公共预算收入占GDP的8.7%、占财政总收入的61.5%，税收收入占一般公共预算收入的81.1%。加强与税务、自然资源规划等部门的协作，做好收入分析预测和收入征管工作，科学研判疫情对收入的影响。通过争取矿地综合利用项目，实现矿业权出让收益、罚没收入、其他国有资源（资产）有偿使用收入等非税收入较大幅度增长，并为今后几年收入可持续增长奠定基础。全年组织非税收入26.05亿元，其中纳入一般公共预算管理的非税收入2.16亿元。强化土地出让计划管理，确保土地出让收入稳定入库，全年政府性基金收入23.89亿元，增长16.8%。

【助力疫情防控】 做好政策、资金保障，全年支出疫情防控相关资金1.73亿元，缓解医疗部门资金压力。打好惠企政策组合拳，推进企业降本减负，支持企业复工复产。加快涉企奖补资金兑现进度，缓解疫情期间企业资金压力，全年累计兑现各类政策扶持资金2.74亿元，增长64.8%。落实"五减"专项行动，全年减免企业社保费1.23亿元，减税降费2.16亿元，减免房租471万元。落实中央专项再贷款贴息，支持5家公司获批贴息资金148万元。开展小微企业和个体工商户"两直"补助资金兑付工作，落实直补资金1517万元。

【支持生态经济发展】 支持农业龙头企业发展，推进特色产业发展，支持农旅融合，全年安排农业产业类扶持资金1000万元，涉农保险补贴268万元。配合落实工业"三十九条""一企一策"等工业扶持政策资金，发挥财政杠杆作用。加快生态工业转型，设立"双招双引"基金，实施工业复兴提速战、智能制造攻坚战，支出1075万元专项资金支持建成金属制品产业创新服务综合体。落实各项减税降费政策，推动普惠性减税与结构性减税共同发力，全年新增减税降费2.16亿元，其中"五减"行动税费减免6654万元，减轻市场主体负担。

【保障民生重点支出】 全年民生支出33.47亿元，下降20.1%，占一般公共预算收入的76.1%。支持稳定就业和社会保障，社会保障和就业支出7.83亿元，保障城乡居民基本养老保险、企业基本养老保险、被征地农民参保等基本保险的足额发放。支持医疗卫生事业发展，医疗卫生与计划生育支出4.59亿元，保障城乡居民基本医疗及困难群众医疗救助支出，建立健全全民医疗保险制度，推进"双下沉、两提升"，提升公共卫生服务水平。支持教育事业高质量发展，教育支出7.87亿元，加快教育基本现代化创建，支持教育教学质量提升五年行动计划，保障遂昌三中、实验小学迁建、梅溪幼儿园、职业中专实训基地等项目建设。关注财政投资的质量和效益，围绕以仙侠湖为核心、以未来科创岛为引领的"天工之城"项目建设，全年投入财政资金1.19亿元。

【支持乡村振兴战略】 加大涉农重点项目投入，整合各类资金保障项目推进，安排专项债8000万元用于农饮水工程、安排政府性基金1.00亿元用于农村土地综合整治项目、安排预算资金3000万元用于一户多宅专项整治项目。全年安排扶贫资金（含消薄资金）8019万元，筹措对口支援资金910万元，完成203个村消薄工作任务。全年落实村集体经济发展补助资金3248万元，为南湖飞地、余新飞地、石头记、金竹农贸市场、柘溪下村屋顶光伏等项目提供资金保障。加强惠民惠农补贴发放数字化监管，推进"一卡通"惠民惠农补助性款发放工作，全年发放93个项目合计资金3.67亿元，惠及34万人次。

【深化财政改革】 深化国企市场化改革，推进融资方式转型升级，利用疫情防控金融窗口期，首次发行非公开发行公司债券10.00亿元，全年县属国有企业新增融资放款40.90亿元，助力全县重点项目落地。深化"最多跑一次"改革，落实驻企服务员机制，上门解决企业发展的难点和堵点，优化产业扶持奖补政策兑付流程，实现惠企政策"一站式、无障碍"直通企业。推进国库集中支付电子化改革，实现集中支付单位全面上线。推进财政票据电子化改革，实现财政电子票据"一体化"流程全覆盖。推进政府采购数字化管理，实现项目招标全流程电子化，全年政采云平台交易总金额2.92亿元，项目预算节资率5.9%。

【强化财政监管】 创新建立浮动预算管理制度，设置7∶3浮动预算系数。做好部门年度预算与三年项目滚动规划衔接工作，将预下达的转移支付资金全部编入年初预算。加快"全方位、全过程、全覆盖"的预算绩效管理工作体系构建，将预算绩效目标嵌入预算编制系统，加强结果运用，实现项目全生命周期管理，完成财政绩效评价项目112个。树立政府过"紧日子"思想，对非刚性、非重点项目支出压减10.0%，日常公用经费支出压减5.0%，全年压减一般性支出1.67亿元。优化项目预结算审核管理，控制建设成本，全年完成预结算项目审核127个，核减2.62亿元，核减率7.6%。防范化解隐性债务风险，按照五年化债计划落实政府隐性存量债务化解工作。

【加强队伍建设】 巩固主题教育成果，推动"不忘初心、牢记使命"主题教育常态化、制度化、长效化，完善理论学习中心组带头示范学、基层党组织集中定期学、"学习强国"自主常态学的理论武装格局。保障疫情防控，安排80余位党员干部职工分别参与负责点位值勤、隔离人员监控、挨家挨户排查等任务，服务400余人次。加强廉政宣传教育和警示教育，落实廉政谈话制度，健全廉政风险防控机制，紧盯重点部门和关键岗位，做好廉政风险岗位排查。落实县委巡察反馈意见整改工作，分解问题责任具体到科室、到人，严格按照整改方案的时间表和路线图，落实各项整改任务。

（遂昌县财政局供稿　戴心怡执笔）

松阳县

【概况】 2020年，松阳县实现国内生产总值119.49亿元，增长2.8%。其中：第一产业、第二产业、第三产业增加值分别为13.40亿元、45.17亿元、60.92亿元，分别增长2.3%、-0.3%、5.7%。三次产业结构比为11.2∶37.8∶51.0。城镇居民可支配收入42494元，增长5.1%；农村居民可支配收入20804元，增长7.4%。全县财政总收入13.69亿元，增长6.7%。其中：一般公共预算收入8.19亿元，增长3.8%。全县一般公共预算支出47.22亿元，增长2.0%。全县地方财政收支平衡。

【组织财政收入】 优化收入结构。全县一般公共预算收入占财政总收入的59.8%、占GDP的6.9%；税收收入6.66亿元，增长3.1%，占一般公共预算收入的81.4%。加强收入科学研判。根据收入目标，强化收入预测分析，保障财政收入序时进度，财税联动落实全县优势税收产业税收工作，做到依法征管、应收尽收。加大非税收入征缴力度。做好土地出让金的结算和缴库工作，全年完成各项政府非税收入20.65亿元，下降4.5%；其中纳入一般公共预算管理的非税收入1.52亿元，增长6.7%。全年完成政府性基金预算收入18.83亿元，下降5.1%。国有土地使用权出让收入12.82亿元。向上争取新增债券。全年新增政府债券12.00亿，其中一般债券3.95亿元，专项债券8.05亿元。争取省级转移支付24.30亿元。

【支持地方经济发展】 加大政府投资项目建设，提升各类资金使用效率，全年政府投资项目实际支出20.73亿元，执行率70.1%。推动衢宁铁路、黄南水库、松古平原供水一体化等一批重点民生项目建成。支持招商招才。支持全县招商引资工作，全年给予财政惠企资金补助8744万元；支持人才强县创建，全年县本级人才专项投入2596万元，增长6.7%。应对疫情防控。做好“两直”资金统筹、分配、拨付及使用工作，实现3.38亿元“两直”资金100%直达支付；全年全县减免租金474万元，惠及小微企业和个体工商户224户。

【保障民生需求】 全县民生支出38.79亿元，增长0.05%，占一般公共预算支出的80.9%。教育支出6.51亿元，支持中小学校“教室照明标准化提升工程”、空调进教室建设项目，改善基础教育办学条件经费等。卫生健康支出4.86亿元，支持疫情防控补助、松阳县中医院迁建工程、城乡居民基本医疗基金财政补助等。社会保障支出6.89亿元，支持抗疫特别国债支出、社保基金补贴等。全年财政支农专项资金支出6.99亿元，整合涉农资金8530万元；以一事一议方式助推美丽乡村建设项目、中医药康养产业示范项目等省级改革试点项目。争取省级农村综合改革集成建设、省级2020年区域协调财政专项激励政策（原两山一类）等试点。

【深化财政改革】 深化国有企业改革。入选省财政厅“资产云”2.0试点县；起草《松阳县公益性项目建设集中管理试行办法》；完成全民所有制企业制改制7家、集体企业改制1家（城建测绘队），完成38家子公司股权划转工作；召开全县国有企业管理人员素质提升专题研讨培训班；完成原国有营运机构财务审核功能划转；开展国有企业退休人员社会化管理工作。加快投融资体制改革。加强优质企业筛选，夯实区域基金投资基础。参与全民健身中心方案优化、污水处理厂项目提标扩建等工作，协助县建设局完成火车站站前广场通货场道路支路工程和污水处理厂项目提标扩建采购工作。开展会计人员培训。委托丽水职业技术学院开展全县行政事业单位财务人员业务培训，三期培训累计参培150人。召开全县规模以上财务人员反诈骗和业务素质培训会。做好国有资产动态管理。依托“资产云”平台，从严控制通用设备、办公家具等国有资产购置、处置行为。全年完成国有资产购置审批660批次，总金额1.37亿元。累计完成资产处置审批216批次，报废资产原值计2136万元。强化基层财政管理。清理全县涉农补助和民生补贴资金项目，实行清单化管理方式，补助项目全部纳入乡镇公共服务平台管理，实行“一卡通”发放。19个乡镇（街道）完成财政所规范化建设，其中12个乡镇单独设立财政所，7个乡镇实行财政所与绿色发展中心合署设立。

【强化财政监管】 完善资金管理机制。召开2020年预算项目绩效目标县级集中评审布置会，核减当年预算资金2.41亿元，核减率45.1%；开展2020年度单位公款竞争性存放、招投标工作，招标存款11.56亿元，中标利率较银行基准利率平均上浮40.7%。2020年6月1日起，全市范围内启用国库集中支付系统短信通知功能。提升资金统筹能力。加强政府投资项目造价预算结算审核工作。全年完成政府性投资项目预算审核39个、备案报送项目162个，核减额7788万元。全年完成结算工程复核项目15个、结算备案报送项目263个，核减额859万元。全年政采云平台交易额2.01亿元，平台运用率100%。强化预算绩效改革。起草《松阳县深化财政预算绩效管理改革实施方案》，以项目支出和部门整体支出为抓手开展事前审核、事中规范工程变更程序、事后结果应用管理，对所有政府财政资金使用全过程实施绩效管理，该方案还写入《松阳县高质量跨越式发展综合改革试点方案》。向县政府提请出台《松阳县政府投资项目工程变更管理办法》，加强政府投资项目管理，提高资金使用效益。加强监督检查。组织开展基层财政资金、扶贫资金及项目、PPP项目、下乡伙食补贴等专项检查。印发《关于建立政府投资项目造价监督管理问题通报制度的通知》,加强政府投资项目造价监督管理,防范政府投资项目资金安全风险。落实政府过"紧日子"要求。加强资金整合,收回部门结转结余资金,全年累计压减和收回资金1.63亿元,累计清理回收资金1.21亿元。

【推进法治建设】 建立健全决策机制。推进依法科学民主决策,制定《松阳县财政局(国资办)重大行政决策事项标准的通知》《松阳县财政局重大行政决策程序暂行办法》《松阳县财政局重大决策社会风险评估制度》等。强化规范性文件制定程序管理。全年出具合法性审查意见14份,其中局发文合法性审查2份。按照"两年一清"的要求对规范性文件进行自查和清理,清理规范性文件21件,其中保留16件,废止5件。应用"互联网+监管"。全年掌上执法率、任务检查完成率、抽查事项覆盖率、应用信用规则率均为100%,跨部门监管率50%。加强法治宣传教育。组织学习《中华人民共和国民法典》《中华人民共和国保密法》《中华人民共和国档案法》等12部法律法规,完成2020年度"七五"普法收尾工作,并做好"八五"普法各项计划。

【加强队伍建设】 配合县委对松阳县财政局开展政治巡察,确保问题及时解决,净化政治生态环境,强化局党组落实管党治党主体责任,推动全面从严治党纵深发展。创建"清廉财政"。创建"金绿红"三色品牌,参与"清廉机关"擂台赛、开展"解放思想,加快发展"大讨论等活动。加强机关党建。完成支部换届选举;执行"三会一课"、主题党日、民主评议、组织生活会等工作机制;组织开展"践行七个一"、结对村四联主题党日、追寻安岱村红色足迹等主题党日活动。发挥财政党员干部先锋模范作用。组织近2000人次参加社区(单位)卡口执勤、居家隔离服务等疫情防控;组织全体班子成员和中层干部开展"三服务"、逐户走访贫困户。提升干部素质。组织全局干部赴杭州工商大学开展干部综合能力提升研修培训;提升青年干部素质,开展青年干部宣讲工作。

(松阳县财政局供稿 应少泽执笔)

衢宁铁路庆元段建成通车

庆元县

【概况】 2020年,庆元县实现地区生产总值(GDP)78.93亿元,按可比价计算,增长2.1%。其中:第一产业增加值7.56亿元,第二产业增加值28.26亿元,第三产业增加值43.11亿元,分别增长2.9%、-0.8%和4.4%。三次产业结构比为9.6∶35.8∶54.6。按常住人口计算,人均生产总值56018元,增长1.0%,全县财政总收入8.15亿元,下降2.3%,其中,一般公共预算收入5.25亿元,下降4.2%。全县一般公共预算支出39.08亿元,增长4.9%。

【组织财政收入】 把握组织收入工作主动权,剖析影响地方收入关键因素,做到应收尽收,一般公共预算收入占GDP的6.7%,占财政总收入的64.4%。深化与税务部门的合作,加强收入分析、预测和管控,全年税收收入4.20亿元,下降8.3%,占一般公共预算收入的80.0%。加强非税收入征管,全年完成政府非税收入11.38亿元,增长14.3%,其中国有土地使用权出让收入7.45亿元,占非税收入总额的65.4%。纳入一般公共预算管理的非税收入1.05亿元,增长16.5%。

【保障疫情防控和复工复产】 落实庆元县委、县政府关于疫情防控、稳企业稳经济稳发展的各项决策部署,强化医疗救治、卫生防疫、医疗物资等各项经费保障及政策供给,支持企业复工复产和提振经济发展,推动稳企业稳经济稳发展惠企政策落地见效。2020年,安排疫情防控资金3303万元,支出3303万元。发挥财政政策稳企业作用,全年兑现上级涉企补助资金4427万元(其中"两直"资金3521万元)、本级涉企补助资金1.19亿元,合计1.63亿元。

【保障民生支出】 2020年,庆元县民生支出28.13亿元,下降3.1%,占一般公共预算支出的71.9%。全年社保支出11.29亿元,增长14.8%,加大社会保险基金的财政保障力度,落实城乡居民基本养老保险财政补助资金6533万元、机关事业单位基本养老保险财政补助资金1.16亿元、城乡居民基本医疗保险财政补助资金1.84亿元。安排低保资金财政补助资金3615万元、特困救助供养资金财政补助资金373万元,保障低收入群体的基本生活。全年卫生健康支出3.26亿元,用于健全基层医疗卫生服务体系,促进基本公共卫生服务均等化,推进公立医院改革和疫情防控工作。全年教育支出6.39亿元,巩固完善义务教育经费保障机制相关政策,实施免费教科书制度、免学费制度,全年免教科书资金投入758万元。落实对义务教育阶段寄宿"五类生"补助,实施城乡义务教育学校家庭经济困难非寄宿生生活补助政策,全年安排补助资金50万元。兑现疫情期间民办幼儿园扶持政策,给予民办幼儿园2—5月份25%的保育费补助,提前预拨85%的生均公用经费,按政策落实民办园防疫物资及社保费补助资金。2020年,安排资金170万元落实农村任教津贴,安排190万元落实农村教师特岗津贴,对全县农村中小学校在编在岗教师,实行五类标准进行发放,鼓励教师安心从事农村教育事业,发挥财政科技资金引导作用加大科技投入,促进科技创新发展。落实一系列科技发展扶持政策,助力全县企业科技创新,其中科技计划经费支出293万元,兑现科技中小型企业创新资金299万元、企业研发经费补助326万元、科技创新券150万元。助力乡村振兴,全年安排一事一议财政奖补项目36个,总金额2080万元,受益17个乡镇36个村落,受益人口4万余人。全年基本建设支出20.65亿元,为庆元县人民医院迁建工程、后田幼儿园新建工程、庆元县生活垃圾综合处理处置项目、庆元县屏都综合新区生物科技(食用菌)产业园工程等项目提供资金保障。

【深化财政改革】 *加快国有企业改革。*构建以国投集团为主体的国企体系,推动庆元县文旅投资发展有限公司、庆元县水务投资发展有限公司完成注册挂牌。基本完成全民所有制企业改制工作。*推动财政票据电子化改革。*按照省、市关于财政票据电子化改革的统一部署,强化应用培训,并将该项工作列入庆元县委、县政府目标管理责任制考核内容。截至2020年年底,全县129家单位开通电子票据业务,累计产生电子票据71801份,金额2.17亿元。

【强化财政监管】 组织开展财政监督检查,对重点资金单位、乡镇(街道)及基层单位的财政票据管理、政府采购、内控制度建设、津补贴发放情况、农村公厕运维经费使用情况、"三公经费"使用情况和会计信息质量等进行检查。联合庆元县农业农村局开展财政扶贫资金和项目专项检查,参与县委第五轮巡察开展的扶贫领域专项巡察和县纪委第二季度扶贫领域专项督查工作,对2019年纳入省级扶贫资金总台账管理资金清单里的资金以及农村困难家庭住房救助资金进行检查。对庆元县教育局等29个行政事业单位的食堂、公务活动中是否存在超标准接待、超范围接待、无公函接待、违规消费酒水等问题开展检查。通过监督检查及时发现问题并督促整改,确保相关制度、规定落实。落实过"紧日子",控制一般性支出,执行反对浪费、厉行节约各项规定。根据"五减"政策工作要求,结合实际情况,庆元县压减非刚性、非重点项目支出307万元,压减日常公用经费支出321万元,压减"三公"经费支出105万元,取消不必要项目支出577万元,合计压减1311万元。根据省、市下达的压减任务,进一步压减非急需、非刚性支出2822万元,保障"六稳""六保"等重点支出。优化项目预算审核管理,控制建设成本,全年完成预估算项目审核(备案)785个,核减89433元,核减率3.8%。

【加强队伍建设】 依托学习强国、理论中心组夜学、党员夜学等平台,组织干部职工学习总书记统筹疫情防控和经济社会发展等一系列主要讲话精神。组织全体干部开展"作风教育月"活动和正风肃纪专项行动,加强干部作风建设教育。调动局内部各兴趣小组积极性,开展党员知识竞赛、趣味运动会等各类文体活动,活跃干部职工的业余文化生活。

(庆元县财政局供稿 吴诗靖执笔)

景宁畲族自治县

【概况】 2020年,景宁畲族自治县(以下简称景宁县)实现地区生产总值74.76亿元,按可比价格计算,增长3.5%。其中:第一产业增加值6.80亿元,增长2.7%;第二产业增加值16.86亿元,增长0.1%;第三产业增加值51.1亿元,增长4.8%,三次产业结构为9.1∶22.6∶68.3。按常住人口计算,全县人均地区生产总值67023元,增长2.7%。全社会固定资产投资49.67亿元,增长8.1%。社会消费品零售总额38.33亿元,增长3.9%。进出口总额41.36亿元,增长22.3%,其中:出口总额16.26亿元,下降9.5%,进口总额25.1亿元,增长58.3%。全体居民人均可支配收入31130元,增长6.5%,其中:城镇常住居民人均可支配收入41735元,增幅4.3%;农村常住居民人均可支配收入21625元,增幅8.1%。全县财政总收入20.21亿元,增长35.2%;其中一般公共预算收入8.96亿元,增长28.4%,占地区生产总值的12.0%、占财政总收入的44.3%。一般公共预算收入中税收收入7.78亿元,增长32.9%,占比86.9%。全年非税收入11.23亿元,增长1.6%;其中纳入一般公共预算管理的非税收入1.18亿元,增长5.0%。一般公共预算支出43.81亿元,下降7.8%。全县财政收支平衡。

【助力"两手硬、两战赢"】 落实新冠肺炎疫情防控资金1854万元。兑现惠企财政政策补助支持资金4.79亿元,为2368户企业减社保费1.21亿元,返还697家企业社保费1589万元,助力市场主体纾困和高质量发展。落实财政直达资金。在4.60亿元"两直"资金的基础上,按1∶1.5就高配套资金设立资金池,用于支持抗疫、帮扶企业、保障民生、兜底"三保"等重点支出。安排1.26亿元抗疫国债项目资金支持民族医院智能化系统等相关项目建设,安排837万元用于疫情防控物资采购等费用。安排小微企业和个体工商户补助资金1011万元,惠及小微企业和个体工商户1048家;安排企业政策扶持资金2750万元,用于疫情期间企业的复工复产等政策兑现。安排1.70亿元统筹使用于群众生活保障、医疗救助、保险补助、就业补助、职业技能提升行动、落实就业优先政策,惠及困难群众30059人。安排转移支付、财力保障等资金1.36亿元,提升基层财政保障能力。新增地方政府债券额度9.00亿元,增长8.4%,其中:一般债券3.75亿元,安排1.50亿元用于农民创业园基础设施建设和民族医院一期等项目建设;专项债券5.25亿元,保障

15个重大项目建设，支持经济发展。安排抗疫特别国债1.62亿元用于民族医院专家楼、民族医院迁建设备采购安装及智慧医院等项目建设。

【保障民生重点支出】 全县民生支出29.42亿元，下降21.7%，占一般公共预算支出的67.1%。加强社会保障力度。全年社会保障和就业支出4.97亿元，增长6.3%。实施职业技能提升行动计划，从失业保险基金中提取职业技能提升专项资金1500万元，重点支持企业在岗职工、高校毕业生、退役军人、农民工等就业群体职业技能提升。落实22家企业高校毕业生就业社保补贴19.19万元，发放灵活就业社保补贴277人，计129万元。落实培训资金260余万元，举办各类培训班62期，受训3065人次。规范被征地农民参加养老保险政策，到位资金7500万元，确保被征地农民参加基本养老保险政策平稳落地执行、被征地农民待遇按时足额发放到位。提升社会救助和福利保障水平，调整最低生活保障标准，落实各类救助资金3931万元，其中低保补助2860万元、孤困儿童救助150万元、临时救助300万元、农村特困人员救助600万元。推进困难残疾人生活补贴和重度残疾人护理补助制度实施，落实残疾人两项补贴1735万元。出台《困难群众高额医疗费补助实施意见》，贫困人员起付线1万元以上按50%补助；因病致贫人员起付5万元以上按40%补助，最高补助10万元。推进特困人员供养服务设施（敬老院）改造提升，安排资金1026万元，加强示范型养老服务中心建设。加强退役军人事务保障，落实203名退役士兵社保接续资金162万元。与教育、发改、人事等部门联合制定《幼儿园放学后园内托管服务实施方案》，组织实施"全面实施幼儿园放学后托管"项目。保障城乡医疗卫生事业。全年卫生健康支出4.17亿元，增长21.0%。支持民族医院建设和新冠肺炎疫情防控等重大项目建设和重要工作推进。支持教育事业发展。全年教育支出4.83亿元，下降7.8%。落实义务教育教师平均工资收入水平不低于或高于当地公务员平均工资收入水平的法定要求，确保公办园劳动合同制教师平均水平不低于当地在编幼儿教师平均工资，支持全国县域学前教育普及普惠县创建工作。保障重大战略实施。拨付10.43亿元支持"三大攻坚战"。拨付20.68亿元支持富民强省十大行动计划实施。加强财政调控引导能力，落实农林水事务支出6.41亿元，推动城乡协同发展。编制《2020年政府投资基本建设收支预算方案》，安排政府投资项目资金20.50亿元。

【推进财政数字化】 全年通过政采云平台完成采购项目97个，预算金额7535万元，中标金额6889万元，节约资金646万元，资金节省率9.4%。统一公共支付平台线上线下第三方支付接入执收单位75家，执收项目191项，受理缴款业务29.23万笔，收缴资金20.85亿元（不含土地出让金和土地指标调剂收入）。推动100个单位实现电子票据开票，开具电子票据5.09万份，累计金额3.89亿元，票据管理改革覆盖学校、医院、交通等行业。通过"资产云"信息平台对独立核算的67家行政单位、112家事业单位的所有国有资产全流程动态监管。88项涉农补助和民生补贴资金纳入"乡镇公共财政服务平台＋一卡通"系统实现"一卡通"发放，发放补助金额计2.37亿元，受益人数4.95万人。

【强化财政监管】 防范债务风险，完成政府隐性债务化债任务。加强政府性债务管理，经县人大常委会批准，2020年地方政府债务限额45.82亿元，其中：一般债务限额37.60亿元，专项债务限额8.13亿元。加强对各行政事业单位公款竞争性存放业务指导，景宁县公积金中心等5家（次）单位的1.94亿元资金实现竞争性存放。严控各种一般性支出，在年初压减一般性支出10%的基础上再次压减，压减总额6071万元；压减"三公"经费和会议差旅等经费，全县"三公"经费支出1194万元，下降15.8%，会议费351万元，下降8.3%，培训费889万元，下降37.7%，节约资金优先保障"六稳""六保"支出。

【建设清廉财政】 梳理民族发展资金管理流程，排查出5个流程和6个关键环节可能出现的廉政风险点22个，制定32条防控措施，编制《民族发展资金管理廉政风险防控手册》，被县纪委评为廉政风险防控优秀典型样本。财政创建清廉机关，在机关大楼建成清廉书吧、清廉走廊和3个支部活动室，推进清廉畲乡建设与中心工作同部署、同落实，景宁县财政局被景宁县委、县政府评为2020年度规范型清廉机关。

（景宁畲族自治县财政局供稿　吴向东执笔）

景宁县沿河廊桥景观带

市县（市、区）图片集锦

zhejiang caizheng nianjian

杭州市财政安排信息化专项资金，助力城市大脑赋能城市治理的探索创新。截至2020年年底，城市大脑已在11大领域建成48个应用场景，完成“五级机长制”的数字驾驶舱建设，实现惠企直达、便民直达、民生直达、基层治理直达的“四个直达”，促进跨部门、跨层级、跨系统的多业务协同场景应用，覆盖百姓服务和城市治理各个方面。

酒店安装自助入住系统

建成智能停车系统

景点实现自助出入收费

城市大脑中枢

城市大脑协助治理交通拥堵

城市大脑成果发布会现场

杭州市上城区财政支持实施文化强区战略，投入财政资金 5974 万元支持文化事业发展，支持举办“御见清河坊·宋韵最杭州”2020 南宋文化节、吴山庙会等活动，推进建成南宋书房、刘江艺术馆、上城区非物质文化遗产展示中心等，全年累计接待游客逾 4600 万人次，打造“南宋古都·经典上城”品牌。

南宋文化节之好声音精彩表演

刘江艺术馆内景

上城区非物质文化展示中心

杭州书房湖滨商圈分馆

非物质文化遗产精品展现场体验

南宋文化节之南宋瓦肆

2020 年，杭州市江干区财政支持产业引领经济高质量发展，出台江干区“1+5”产业政策体系文件，加大平台对经常性税源培育扶持力度，兑现奖励资金 4020 万元，提升“湾区之芯”总部集聚效应，聚焦数字时尚产业，破题光电传感产业，发展质量和效益持续提高，“6+1”特色产业实现增加值 616.55 亿元。

杭州瑞士科技创新中心启动仪式

蒙特雷科技大学中国创新中心启动仪式

万象城综合体鸟瞰图

长三角人才杭州枢纽暨杭州（东站）枢纽数字小镇

浙江省国家大学科技园

浙江清华长三角研究院杭州分院

中芬科技产业园开园仪式

2020年，杭州市拱墅区财政加大财力保障，助力提升城市环境面貌和综合治理水平。推进“美丽拱墅”建设，支持垃圾分类、道路保洁、公厕管理、绿道建设、污水零直排等工作。高品质推进民生工程建设，助力提升城市管理成效，支持城市序化管理，保障交通治理、盲区暗点整治等工作。

拱墅区丽水路获评浙江省“绿化美化示范路”

改造后的叶青苑小区

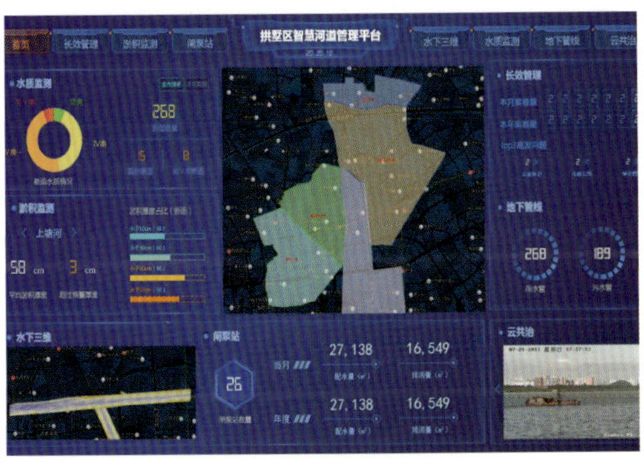

拱墅区智慧河道管理平台投入运用

胜利河美食街提升工程完工

拱墅区桥西历史文化街区获评浙江省“街容示范街”

2020 年，杭州市西湖区财政累计支持建成“一事一议”财政奖补项目 80 个，推进西湖区茶特色产业项目改造、社区垃圾房改造和道路绿化整治工程等民生项目改善；申报财政奖补项目 8 个，涉及镇街 3 个，总投资额 924 万元，其中财政安排资金 556 万元。

一事一议财政奖补项目——灵山村炒茶中心改建工程

改造后的双浦镇灵山村炒茶中心

留下街道屏峰社区垃圾房改造

双浦镇湖埠村

西湖区首个彩色花田

2020 年，杭州高新技术产业开发区（滨江）财政支持直播产业发展，在办公场所补贴、研发创新资助、企业上市奖励等方面给予财政扶持，厚植直播产业集聚优势。

杭城首家户外 5G 直播间

西虹公社打造直播产业的一站式服务社区

西虹公社“滨江 5G 直播综合体”

杭州高新区（滨江）直播产业联盟成立仪式

杭州高新区（滨江）直播电商产业基地、数字创意产业基地揭牌

举办直播电商产业云狐论坛

举办“打造直播产业第一区”圆桌会议

2020年，杭州市余杭区财政投入“靓城行动”建设资金41.74亿元，支持推进道路改扩建工程、老旧小区综合改造提升、亚运场馆建设、“污水零直排”雨污废水改造等项目，拓展发展空间，提升城市整体风貌。

南大街下穿铁路工程

余杭亚运场馆改建

居民楼间“见缝插绿”的口袋公园

迎宾路隧道建成通车

河畔新村小区整体加装电梯

杭州市富阳区财政贯彻“绿水青山就是金山银山”的理念，加大美丽乡村、四好农村路、山水林田湖草治理等重点领域财政投入，培育“味道山乡”品牌，打造龙鳞坝、黑山顶、东梓关村等乡村旅游网红打卡地，赋能乡村振兴。

山水林田湖草治理样板——阳陂湖湿地公园

网红旅游地——龙鳞坝

历史文化村——东梓关村

网红旅游地——黑山顶

美丽乡村风景——渔山乡稻田

网红旅游地——新桐油菜花田

四好农村路建设成果——渔山乡绕城高速西复线中埠枢纽

石门村乡愁纪念馆

龙上村——攀岩小镇

2020年，杭州市临安区财政聚焦山乡特点特色，以“绿水青山就是金山银山”为引领，做好“护山·活山·富山·乐山”文章。区财政局以省财政厅试点项目为切入点，先行先试，聚焦“景美”“村强”“民富”创新举措机制，为乡村振兴提供可复制推广的临安经验。

石门村沿溪景观带

大山梯田

龙上村全景

垄上行民宿

2020 年，建德市财政统筹各级资金支持美丽城镇建设，以全省美丽城镇——梅城镇为示范引领，启动 15 个镇街美丽城镇工作，通过实施美丽整治，优化美丽产业，完善配套设施，探索“城镇群组团”共享发展新模式、美丽城镇建设新路径。

美丽乡村戴家村

大同镇稻香小镇水稻育秧中心

寿昌镇”十里寿昌江“项目

“梦幻 17 号”新安江夜游船

寿昌“909”夜市

梅城夜经济

2020年，桐庐县财政加大全域旅游支持力度，安排文化旅游体育与传媒支出1.57亿元，增长8.9%，全年接待游客2050万人次，全社会旅游业总收入235.79亿元。完成瑶琳仙境等六大景区资产收购，入选“第二批国家全域旅游示范区名单”，被美国《国家地理》杂志推介为全球最佳旅行目的地之一。

樱花公园

秀美桐君山

白云源瀑布

夕阳下的富春江畔

百岁峡抢滩漂流

桐庐富春江两岸风光

考察宁波首创厨余垃圾处理厂

宁波市申报的宁波城镇生活垃圾智慧分类、收集、循环利用示范项目（简称世行贷款宁波垃圾分类二期项目）被列入国家2020—2022年世界银行贷款备选项目规划。2020年10月26日—30日世界银行项目管理团队赴宁波市进行世行贷款宁波垃圾分类二期项目鉴别，世界银行中国局局长马丁·芮泽（Martin Raiser）先生、财政部国际财金合作司和国家发改委环资司参加项目鉴别总结会并考察宁波与世界银行合作的垃圾分类一期项目。

考察宁波市鄞州区定桥垃圾分类中转站

世界银行贷款宁波垃圾分类二期项目鉴别交流会

2020年，余姚市财政聚焦民生福祉，优化支出结构，加大对教育、文化体育、城乡建设等领域的民生投入，改善人民群众生活质量，提升人民群众获得感、幸福感。

民间太极拳运动

余姚市农村新居

余姚民间民俗舞蹈——木偶摔跤

古城新貌

2020年，慈溪市财政将更多财力向民生领域倾斜，优化公共服务、强化社会保障、提升社会治理水平。集中财力加快城市形象改善，优化交通体系，推进乡村振兴，助力慈溪市创成全国文明城市，连续5年获评中国最具幸福感县级城市。

慈溪城市夜景

推进慈溪新城河建设

慈溪胜陆高架通车

慈溪白沙路街道换装“融”城

2020年氧气森林音乐会在慈溪森林公园开唱

浙师大附属慈溪实验学校建成投用

慈溪·安龙万洋众创城一期全貌

温州市财政2020年安排疫情防治专项资金23.44亿元，主要用于医疗救治、疫情防控人员补助、购置设备和防控物资以及其他抗疫支出，确保各项抗疫相关工作有序开展。

1月25日，浙江省首例新冠肺炎患者从温州市中心区院治愈出院

2月20日，温州市新一批医务人员集结出发，投身抗击疫情和医疗救治一线

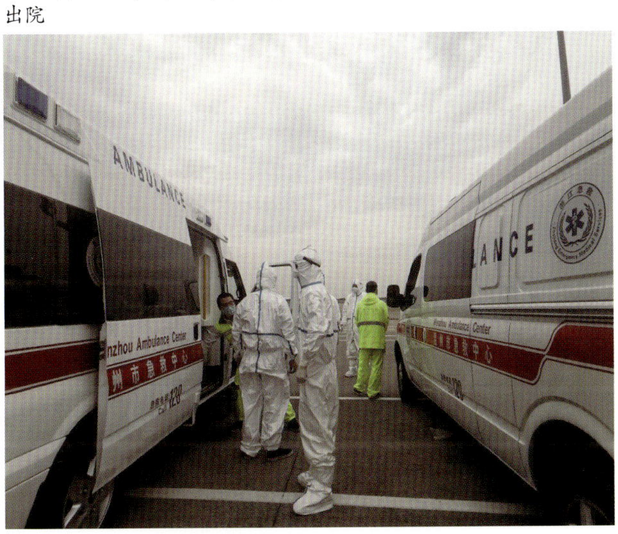

3月2日，温州市急救中心安排13辆救护车负责承担“外防输入”回国专机人员转运工作

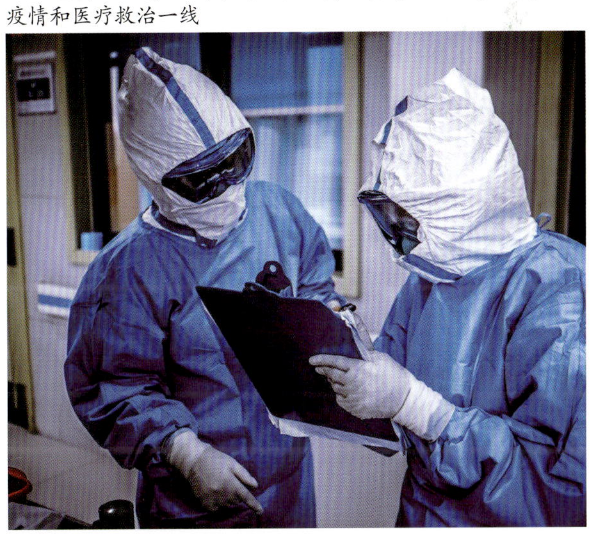

温州市中心医院南白象院区（温州市第六人民医院）感染科医生对患者的情况进行沟通会诊

温州市第六人民医院二期工程开工仪式

2020年，温州市鹿城区财政安排乡村振兴示范带建设项目预算资金2.6亿元，安排美丽田园创建资金864万元，安排金融科技文化中心建设资金1.4亿元，同时安排乡村环境综合整治、农村道路建设、农村污水处理等财政资金5732万元，打造美丽乡村“鹿城样板”，改善全区农村生活环境。

藤桥田园综合体

藤桥田坎彩虹道

山福乡村振兴示范带一角

远眺上沙村

金融科技文化中心庭院全景

吟州美丽田园

瓯海大道西路

2020 年，温州市瓯海区财政支持打造温州中心城区西南主门户，全年安排城市建设资金 98.66 亿元，保障环境综合整治、综合交通、保障性安居工程、城中村改造、温州龙舟运动基地等工程项目建设，提升城市环境和品位，推动瓯海区从“大建大美”向“精建精美”转变。

高铁新城鸟瞰图

塘西安置房

建设中的亚运龙舟基地

轻轨 S1 线新桥站

绕城高速西南线瓯海三溪段

修剪花田

完善后的河水净化设施

温州市龙湾区财政将永兴“稻蔬”特色强镇纳入龙湾空港都市休闲农业示范带建设，累计投入财政资金 7547 万元，规划建设面积 10 平方公里，涉及行政村 13 个。以项目推进的方式，每年安排专项资金用于项目建设，鼓励街道引导新型农业经营主体自筹资金投入建设，形成以横河滨水休闲带、龙湾雅林现代农业园、日盛现代农业观光园、万亩良田粮食生产功能区、千亩绿色蔬菜生产基地、都市精品水果采摘园、农业综合服务区为一体的“一带两园四区”产业区块布局。2020 年 11 月，温州市龙湾区永兴“稻蔬”特色农业强镇被评为省级特色农业强镇。

改造后的水泵房及水渠

乡阳下的西瓜大棚

修建一新机耕路

观景平台前莲花盛开

农事服务中心

2020年，温州市洞头区财政助力弘扬“海霞精神”，投入资金1200万元保障洞头先锋女子连建连60周年系列活动，支持开展全国媒体海霞采风行活动，获央媒刊发信息220余条，亮相央视《新闻联播》2分钟，展现海霞巾帼风采和海上花园魅力。海霞小镇入选省首批文旅金名片重点培育对象，女子民兵连纪念馆完成改扩建工程，海霞学院完成主体工程，承办全市首期女干部等各类培训班65期、培训4000余人。

海霞女民兵训练现场

女子民兵连纪念馆

海霞女民兵巡逻队

建设中的海霞学院主体工程

女子民兵连建连60周年汇报演出之射击表演

女子民兵连建连60周年汇报演出之花枪表演

2020年，瑞安市财政全年安排振兴实体经济支出15.52亿元，支持企业纾困发展，推动产业转型升级和制造业高质量发展。

瑞安智能成套装备高新技术产业园区

第22届浙江（瑞安）机械装备展

瑞安首批包机复工返岗人员抵达

环球鞋业电商直播

华峰铝业生产车间

瑞安侨贸小镇

桥下镇村村抱团消薄项目德盛家园

2020年，永嘉县财政创新扶贫开发模式，打造乡村振兴示范带、田园综合体，挖掘山区乡镇旅游资源，“红军小镇”乡村振兴示范带带动周边1100多名低收入农户人均增收5000元。盘活、扩大村集体资产，投入资金3000余万元打造桥下教玩具研发中心，为65个受益村及2850名低收入农户年均增收355万。

豫章公园花田

界坑乡茭白示范基地

桥下镇来料加工作坊帮助农民增收

红十三军纪念馆

2020年，平阳县财政投入资金5.96亿元助力水利建设。保障水患治理、河湖管理、供水保障等工作。推动水头段防洪工程建成投用，支持瑞平塘河、青街溪获得“美丽河湖”称号，完成饮用水达标提标三年计划，打造水净、河美、民安的优良环境。

“美丽河湖”瑞平塘河

山门镇大屯村供水站

海西镇北山跳头村供水站

“美丽河湖”青街溪

水头段防洪工程1标进洞口

顺溪水库

建设中的南湖分洪工程

岱岭景区

2020年，苍南县加大投入，推进文旅大数据中心、旅游重大项目建设、配套设施提升、“百千万工程”等创建工作。支持旅游产品业态多元化，打造多个文旅、农旅品牌，创成省级全域旅游示范县。全年完成旅游重大项目投资约25.15亿元，增长33.5%。

棕榈湾景区

欧乐湾景区

玉苍山

五凤景区

渔寮景区

百丈漈鸟瞰图

夕阳下的天顶湖

2020年，文成县财政按照“宜游宜居生态县”发展定位，发挥财政职能作用，统筹可用财力，优化支出结构，安排各级资金9039万元，支持国家全域旅游示范区创建。成功创成刘伯温故里国家5A级景区，支持天湖悦动小镇入选省级特色小镇培育名单，扶持“侨家乐”品牌民宿被列为浙江三大民宿区域品牌之一。

文成县侨家乐民宿

太公祭祭祀大典

刘基庙游客中心

泰顺县财政围绕“建设美丽村庄、营造美丽田园、发展美丽经济”目标，推进一事一议财政奖补、扶持村集体经济发展等项目建设，拓宽农业产业增值渠道，加快产业融合发展，促进农民增收致富。2020年，泰顺县财政安排财政资金5220万元，组织实施一事一议项目83个，惠及群众32万人。

包垟抗震安置小区

浙江省美丽乡村特色精品村——飞云湖村

柳峰乡云岚牧场

美丽乡村——村尾村

美丽乡村——大溪源村

坳头村“筱村公社”

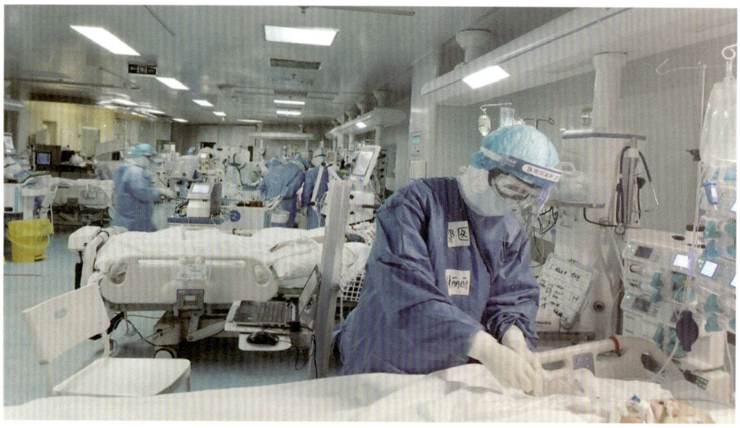

嘉兴援鄂医疗队在 ICU 中工作

嘉兴市财政支持疫情防控和医疗卫生事业发展，保障人民生命安全和身体健康。2020 年，全市安排疫情防控资金 11.61 亿元，满足医疗救治、社会防疫等各方紧缺物资需求，支持打赢疫情防控阻击战。巩固疫情防控成果，加大基层医疗卫生投入，健全基层医疗卫生服务体系，提高基本公共卫生服务均等化水平。

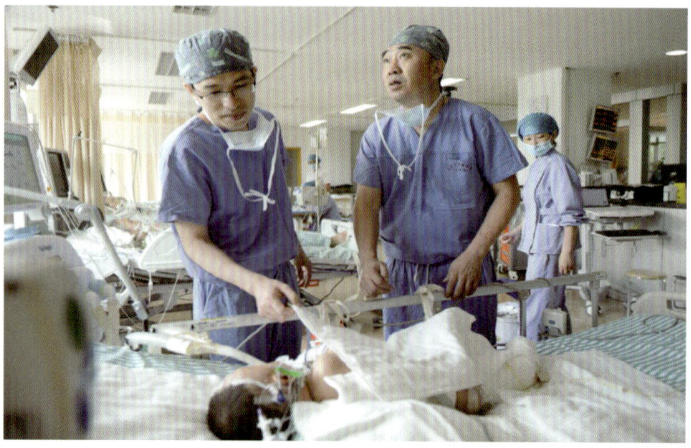

上海长海医院与嘉兴中医院开展长三角一体化医疗合作

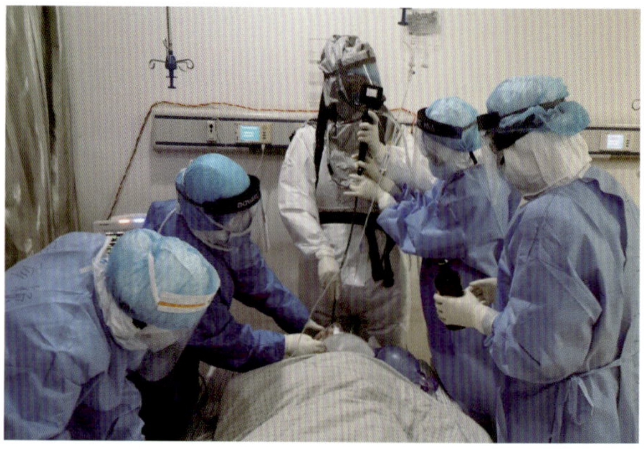

疫情期间抢救病人

援疆医疗队凯旋

基本公共卫生服务项目现场咨询

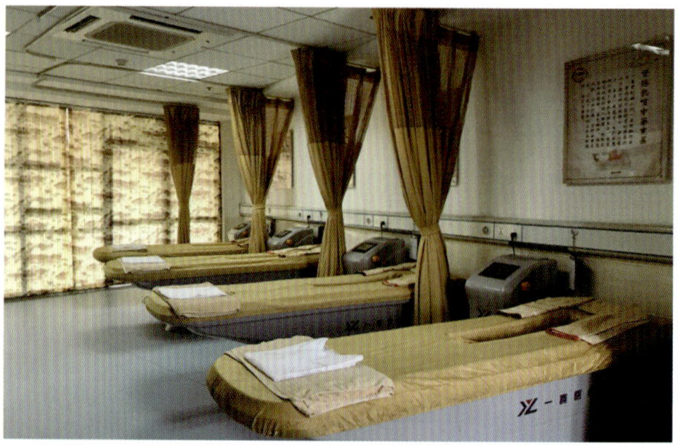

嘉兴市中医医院康复中心病房

2020 年，嘉兴市南湖区财政落实财力保障，助力打造红船旁的新时代文明实践样板，打通宣传教育群众和关心服务群众“最后一公里”，上线“南湖桨声”宣讲品牌，建设新时代文明阵地，已建成新时代文明实践中心 1 个、实践所 11 个、实践站 108 个、实践点 554 个。

“南湖浆声”宣讲员在南湖游船上开展“水上宣讲”

余新普光村新时代文明实践站

新时代文明实践四级阵地“四员队伍”模式

新时代文明实践志愿服务精品项目资助仪式

嘉兴科技城新时代文明实践所

解放街道社区孔子学堂实践点

嘉兴市秀洲区财政为推进政府数字化转型提供财力保障，助力打造线上与线下深度融合的政务服务“未来大厅”，办事群众在大厅平均停留时间压缩 55%，群众满意率 98% 以上。

“肩并肩”办事服务

智能文件交接柜

导办服务台

掌上办事体验区

互联网 + 政务服务体验区

审批服务区

政务 24 小时自助服务区

2020年，海宁市财政安排基本公共文化服务专项资金3022万元，支持基层综合性文化服务中心提档升级和礼堂书屋建设，支持农村文化礼堂精品改造提升工程，推进非遗旅游景区（非遗主题小镇、民俗文化村）、非遗体验点等文化重点项目建设，提升基本公共文化服务标准化、均等化水平，保障人民群众日益增长的公共文化需求。

浙江省首届百里钱塘自行车骑行大赛现场

海宁市“体育进文化礼堂”启动仪式

夜幕中的海宁体育中心

端午龙舟赛

“迎国庆 庆丰收”趣味运动会

2020年全国乒乓球业余锦标赛浙江站

金庸武侠作品民族交响音乐会

2020百场越剧文化下乡演出

平湖市发挥财政政策引导作用，推进全国、全省数字乡村建设试点。统筹整合涉农资金，聚焦特色优势产业，推进“1+1+N”数字乡村“大脑”等重点项目建设，助力数字农业转型。2020 年，平湖市获评全国县域数字农业农村发展先进县。

绿迹数字农业生态工厂

灌溉技术试验示范和物联网智慧灌溉系统

蓝城·三菱蔬菜工厂育苗箱

5G 智慧农业 VR 巡园

“肥药两制”示范店

全省首个面向农业的北斗高精度差分地面站

数字乡村“大脑”

2020年，桐乡市财政落实《桐乡市高标准打造制造业强市若干政策意见》，支持实施“先进制造业提升”行动，助力打造“3+1+X”高质量制造业体系，建成数字化车间和无人工厂12个。推进政府产业基金2.0版运作，2020年组建完成创业创新类政府产业基金5支，总规模7.20亿元，引导先进制造业向桐乡集聚。

巨石集团智能控制高熔化率窑炉

合众新能源汽车工厂

桐昆集团股份有限公司车间

桐昆集团股份有限公司智能巡检机器人

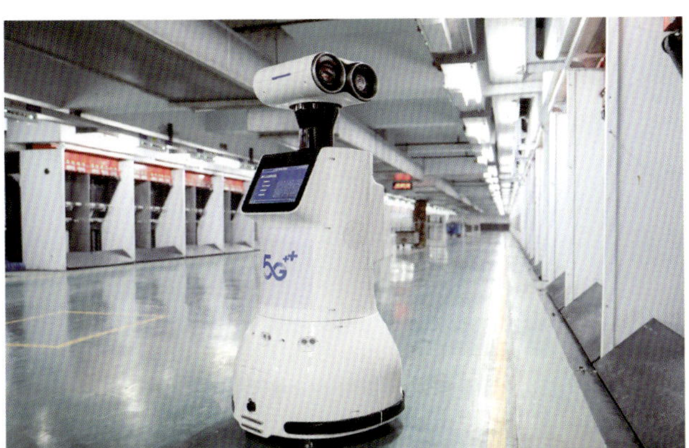

新凤鸣集团股份有限公司纺丝车间

新凤鸣集团股份有限公司包装车间

国家级经济技术开发区全景

2020年，嘉善县财政推进长三角生态绿色一体化发展示范区建设，为高能级平台打造、重大项目引育、科技创新引领、公共服务供给、体制机制创新等关键领域提供保障。

嘉善新城夜景

国内最大工业无人机研发企业科比特曼落户中国硅谷嘉善科技园

祥符荡绿谷

中国硅谷嘉善科技园

中荷产业园

海盐县商贸学校会计专业学生进行点钞技能练习

海盐县理工学校组织“方正之间显素养”百人叠被子大赛

海盐县财政加大职业教育投入，推动校企合作和产教融合，提升职业教育办学质量，扩大办学规模，培养技能型人才。2020年，启动建设总投资18.50亿元的职业教育中心，创建“国家级农村职业教育和成人教育示范县”。

“海盐电大和谐杯”学生部际排球赛

直播助农

海盐县理工学校学生练习数控操作

海盐县商贸学校学生开展教学实践

湖州市财政2020年推进国家和省市各项重大战略部署落实，编制政府投资项目和城建交通水利医疗项目资金计划，推动重大功能性基础设施和产业型项目建设，提升枢纽门户地位、区域合作成效和产业发展质量。

湖州市城市规划馆建成开放

第二届长三角一体化发展高层论坛在湖州召开

浙北医学中心建成投入使用

全国旅游业态最齐全的综合性度假区湖州龙之梦乐园

沪苏湖铁路正式开工

妙西镇石山村

2020年，湖州市吴兴区财政投入1.2亿元用于支持美丽乡村建设、现代农业产业发展等，助推乡村振兴。

省美丽乡村特色精品村东林镇泉益村

西塞山旅游度假区

省“千年古村落”织里镇义皋村

人居环境提升显著的织里镇伍浦村

高新区杨溇村打造“一村万树”示范村

南浔古镇百间楼河段建筑景观照明设计工程

南浔大道夜景

2020 年，湖州市南浔区财政统筹资金保障民生事业，支持南浔古镇旅游、浙江水利水电学院南浔区、沪苏湖铁路、南浔大道等建设，助推区委区政府“12233”重点工程实施，促进全区经济社会高质量赶超发展。

金象湖鸟瞰图

筹措资金支持成立浙江水利水电学院

湖山大道南浔段即将通车

沪苏湖高铁南浔站交通枢纽开工

2020 年，德清县财政整合资源，支持探索以数字赋能撬动乡村振兴的发展新路，推动县域农村生产、生态和生活转型，入选全国数字乡村建设典型案例地区。

“水精灵”青虾 大丰收

德清智能节水灌溉示范园

“数字乡村一张图”平台实现智慧治理

水木莫干山都市农业综合体

水木蔬菜工厂内工作场景

无土栽培技术运用

2020 年，长兴县财政围绕“三服务”，开展“沉一线 优服务 求实效”专项行动，深入企业、基层开展各类政策辅导、业务培训、疫情防控等服务，为基层群众解难题、办实事，累计服务、走访各基层企事业单位 1000 余户次，发放各类政策汇编 3000 余册，收集并落实解决各类困难 79 项。

联合税务局开展代理记账业务培训“三服务”活动

财政干部坚守社区防疫工作

干部走访吉利项目一线开展“三服务”

财政干部走访乐浩纺织开展“三服务”活动

在张王塘港开展河长制巡河防汛工作

组织开展乡镇公共财政服务平台使用培训

会计文化展览

绍兴市财政局主办的“计”古开今——会计文化起源传承与创新研讨活动于2020年11月28日在绍兴举行。来自国内外的会计专家学者、精英人士、领军人物齐聚绍兴，溯源会计文化、弘扬会计精神、引领会计创新。本次研讨活动树立绍兴作为中华会计文化起源地的城市品牌，打响绍兴“会计文化”这张特色名片。

“中华会计文化起源地”揭碑仪式

圆桌对话——会计文化与行业发展

“计”古开今——会计文化起源传承与创新研讨活动开幕式

鲁迅小学的学生使用新配置的可调节桌椅

2020年，绍兴市越城区财政加大民生领域投入，保障教育、文化等重点领域资金需求。全年安排教育资金16.87亿元，增长13.3%，支持“明眸亮睛”工程，优化教育资源布局，推进中小学学校扩建和挖潜提质。安排文化体育资金6109万元，用于“诗画浙江”“百县千碗”等经费需求，满足人民群众日益增长的公共文化需求。

建设中的新梅山小学

“最忆越乡醉在越味——越宴十八味”菜品评选活动

诗路文化月系列活动开幕式

诗路文化月游园会

2020 年，绍兴市柯桥区财政统筹财力，加大全域旅游创建投入，打响“老绍兴·金柯桥”城市品牌，获得浙江省首批全域旅游示范区、世界休闲城市、首批 5A 级景区城等荣誉。

东方山水乐园

王坛镇丹家村

浙江省首批 5A 级景区镇——安昌古镇

鉴湖鲁镇夜景

瓜渚湖公园

在建杭绍台高铁嵊州段

杭绍台高铁嵊州市区段桥梁合龙

2020年，嵊州市财政投入资金23.64亿元，加快交通强市建设，保障高铁、高速、农村公路工程运行，建成海、陆、空、信息“四港联动”枢纽城市。

杭绍台高速嵊州段

村村通公路

美丽的农村四好公路

新昌县发挥财政杠杆撬动作用，加大资金投入，助力打造创新生态最佳县，促进创业创新，坚持科技创新，推进“百村成景、百业增效、百姓致富”的“三百工程”，实现生态兴县、旅游富民，推动县域高质量发展。

新昌县新建旅游集散中心

杭绍台高速公路新昌回山段

新昌县城中鼓山公园天姥阁

新昌县沙溪镇董村彩虹骑行道

新昌县沃洲镇大坪头村红色记忆馆

新昌县科技创新型企业区

金华市财政立足“大扶贫”格局，发挥财政职责，培育农业产业发展，推动美丽乡村建设，凝聚社会合力，打赢脱贫攻坚战。

金义新区非洲猪瘟区域性防控洗消中心

“百场万猪助小康”活动捐赠现场

金华婺城区异地搬迁扶贫安置房选房大会

金华婺城梅溪流域村落治理

金华金东多湖畈稻田进入收割期

2020 年，金华市婺城区财政加大投入，支持农村饮用水达标提质改造、美丽河湖创建等，助力做好水安全、水环境、水生态、水经济四篇文章，让婺城生态焕发新生机，支持绿水青山转化为金山银山。

周敦颐后裔聚居地蒋堂开化村莲花基地

2020 第四届中国金华山水四项公开赛在婺城举行

“白沙溪三十六堰”入选世界灌溉工程遗产

金华库钓公开赛在婺城燕语湖举办

婺城水远销全国

金华饮用水源地——金兰水库

2020年，金华市金东区财政入选浙江省财政首批支持深化民营和小微企业金融服务综合改革试点，优化民营和小微企业融资环境，成立首个金融顾问团，上线“金东e融”网上金融超市，全年发放贷款3.22亿元，惠及企业96家。

财政支持小微企业改革试点推进会

走访企业开展服务和政策宣传

组建政策宣传小分队，开展惠企政策宣传

金融顾问团就支持民营和小微企业金融服务综合改革试点开展座谈研讨

组建实体经济服务小分队

2020 年，兰溪市财政按照长三角一体化发展要求，实施“拥江兴城”战略，全年安排政府债券及各类专项资金 11.59 亿元，统筹支持重大交通要道建设，推进国省道和农村公路大中修与养护等，推动城市能级提升。

杭金衢金华江大桥完成左幅钢桁架梁架设

兰溪横山大桥老桥拆除工程

建金高速建成通车

建设中的 S313（45 省道）婺城至兰溪段改建工程（金兰快速路）

东阳市财政坚持把教育放在优先发展的战略位置，围绕市委、市政府提出的“打造县(市)级高等教育高地，实现基础教育现代化均衡发展的关键时期”目标，加大投入，提升教育现代化水平。

虎鹿镇中心小学建成投入使用

白云实验小学施工现场

江北实验幼儿园山口园区建成投入使用

浙江广厦建设职业技术大学建成揭牌

东阳举办 2020 年教师节庆祝大会

东阳市品悦公益基金会何品苏奖教基金颁奖典礼

六石教育基金成立仪式

2020年，义乌市财政助力自贸试验区建设，落实积极的财政政策，做好扩大开放、贸易双循环、市场复苏等项目的财政保障工作，为高水平高质量建设世界“小商品之都”作出财政贡献。

义乌市与阿里巴巴成立eWPT合资公司

义乌市国际商贸城率先复市，成为全国商贸复苏的窗口

第26届中国义乌国际小商品（标准）博览会开幕

电商博览会农村电商展区内的康养汶川展馆

义乌市加快综合保税区建设

中欧班列“义新欧”第1000列发车

永康市财政加大对民生实事的支持力度，做实、做精、做靓一事一议项目，截至2020年年底，累计投入财政奖补资金2.78亿元，建设一事一议项目400个，村级覆盖率达80%，惠及318个村30余万村民，撬动社会资本逾60亿元。

浙江省美丽乡村特色精品村秀岩村

园周村游客中心及生态停车场

浙江省美丽乡村特色精品村雅庄村

永康江两岸

登高村一景

2020年，浦江县财政围绕《全面实施乡村振兴战略高水平建设现代化和美乡村示范区行动方案（2018—2022年）》，加大财政投入力度，促进全县农业生产、农民增收和农村社会事业全面发展。

潘宅葡萄田

绿色公交开进“美丽乡村”

民生村油菜花梯田

浦江寺坪高山蔬菜产业基地

武义县财政坚持教育优先，近3年投入14亿元，支持武义一中、壶山小学、白阳幼儿园等7所学校建成使用，推进武川小学、北岭小学、开发区小学、柳城幼儿园等13所学校新建、迁扩建工程，改善办学条件，优化教学硬件。2020年，武义县创成省示范学习型城市、省教育基本现代化县。

武义县北岭幼儿园

武义县武阳幼儿园

武义县泉溪镇中心幼儿园

武义县壶山小学

2020年，磐安县财政支持争取全省农村综合改革集成建设项目试点，在全省率先将专项债券用于重大项目建设资本金，争取到土地整治项目专项债券，全年新增地方债券资金18.18亿元，改善全县乡村面貌和公益设施。

开展全域土地整治项目

两山体验馆内景

尖山老街新业态

农村综合改革集成建设项目青简石屋

产业创新综合体

衢州市财政2020年安排交通运输支出30.63亿元，加快公、铁、空、水“四位一体”现代综合交通网络体系构建。截至2020年年底，杭衢铁路全线开工，衢宁铁路、美丽沿江公路等建成通车。与华夏航空签订航空产业全链条合作协议，衢州港龙游港区、衢江港区开港运营。

九景衢铺架基地长轨

红船豆航电枢纽

美丽沿江公路衢江段·铜山源大桥

衢江航运龙游港区桥头江作业区

衢宁铁路施工现场

衢州市四好农村路开化西莲线

衢州市柯城区财政按照教育经费投入只增不减的目标，2020 年安排教育支出 7.68 亿元，增长 13.8%。推进义务教育均衡发展，优先保障教师待遇，提高学校运转经费标准，支持发展特色教育；加大补短板力度，推进学校扩容改造，改善学校教学环境，保障每个孩子受教育的权利。

练习中的白云学校射箭队队员

浙江省青少年阳光体育小学生篮球比赛在大成小学举行

幼儿园开展足球兴趣活动

衢州市城南小学全景

新华中学张双老师信息学工作室

鹿鸣小学全景

2020年，衢州市衢江区发布全国首个乡村国际未来社区指标框架，投入资金2625万元，围绕“未来社区是让老百姓幸福的新平台”，推进莲花乡村国际未来社区建设，2020年国庆期间，未来社区开园接待游客10万余人次。

乡村农趣园

精品民宿

铺里乡村会客厅

社区优美环境

智能化未来社区之家

莲花乡村国际未来社区开园仪式

无人机巡察稻米品质

2020年，江山市加大财政资金投入，推动传统产业提升，支持新兴产业发展，促进产业平台建设，推进产业链招商。围绕“1+3+2”产业（门业、健康生活、装备制造、应急消防、新材料、新能源产业）和传统优势产业，聚焦现代服务业、美丽经济幸福产业等新兴产业，出台服务产业高质量发展政策，推动产业延链、补链、强链，促进产业集群化。

恒亮公司蜂蜜饮料生产线

健盛产业园机械化车间

星菜植物工厂

智能制造试点项目——德霖智能化生产线

门产业现代化生产线

黄茶丰收场景

龙游龙和国际垂钓中心

龙游县财政围绕部省共建乡村振兴示范县建设，按照“产业兴旺、生态宜居、乡风文明、治理有效、生活富裕”的总体要求，加大资金投入，集中统筹，为乡村振兴提供财政服务支撑保障，打造乡村振兴新样板。

塔石镇油菜花田

精准扶贫项目——“龙游飞鸡”产业

湖镇镇地圩村党建公园主题雕塑

溪口乡村版未来社区

2020年，常山县财政围绕城市赋能，加快重大基础设施项目建设，实施道路畅通工程，完善交通网络，促进全县经济发展步入快车道。

48省道延伸线和320国道新站特大桥交叉点

351国道（常山段）米屯坝隧道

S211省道（常山段）

杭金衢高速公路拓宽工程（常山段）

2020年，开化县财政安排农林水支出7.78亿元。支持美丽乡村建设，推进生态宜居城乡建设呈现新面貌。重点支持清水鱼、茶叶等农业产业发展，助力乡村振兴。投入资金4.02亿元，推进钱塘江源头区域（开化）山水林田湖草生态保护修复工程建设。

钱江源头水库

城区段龙潭大坝

清水鱼产业基地

金溪岸边的美丽景观

长虹乡桃源村中山堂茶园

音沿溪坑发展花卉观赏游等多种旅游业态助力乡村振兴

上安村红高粱产业助力乡村振兴

舟山市财政2020年聚焦海上花园城市建设攻坚行动，搭建高水平交通强市体系，累计争取各类交通建设等资金近19亿元，推动甬舟铁路开工，加快甬舟高速复线前期工作推进，支持舟岱大桥主线贯通、新江南大桥通车，全年新建、提升改造城市道路51条、城市公园37座，建成东西快速路、海天大道、滨海大道等城市道路。

建成一批高品质城市道路

329国道立交桥

东西快速路白泉立交

东西快速路临城段

舟山跨海大桥

新城大桥

舟山西枢纽

2020 年，舟山市定海区财政加大对文明城市创建的资金保障力度，投入 6.75 亿元用于老旧小区改造，投入 1000 万元用于保障文明城市创建，助力舟山市成功创建“全国文明城市”，定海城市面貌焕然一新。

推进定海区城市基础设施和城乡环境整治

城东街道港北社区老旧小区改造工程

南洞艺谷景区风景如画

支持优化盐仓大河水系生态

“一把扫帚大家扫”基层治理新模式

绘画文明墙 传递新风尚

创建全国文明城市志愿服务决战誓师大会

2020年，舟山市普陀区财政围绕打造海岛乡村大花园，贯彻落实“两山”理念，发挥财政奖补资金引导作用，推进“环境优美、卫生整洁、设施齐全、管理规范、服务一流、安全文明”的A级景区村庄建设。全年新创建A级景区村26个，全区61个渔农村行政村实现A级景区村全覆盖。

白沙港村获评国家级生态乡

大石头村射雕城景区中心湖

夕阳下的东晓凉湖对岸村

干施岙村获“中国乡村旅游模范村”称号

连治山村实施海水围塘养殖发展村集体经济

茅洋村获评“浙江省A级景区村庄”

塔湾村薰衣草园

奋进中的舟岱大桥

2020年，岱山县财政加大投入，支持实施大花园建设行动计划，聚焦岛城主城区、渔农村建设、人居环境质量提升、全域美丽建设、深化污染防治等工作，推进“岛岛是花园、村村见美景”的大花园建设。

美丽海岛风景线

新型渔农村

美丽的官山大桥

蓝天白云下的新区一隅

2020 年，嵊泗县财政围绕提高产业质效、优化生态体系，发挥财政职能，推进蓝色海洋经济发展和特色美丽海岛建设。

枸杞岛夜景

余晖下的贻贝湾

海岛渔民晒红虾

黄龙岛峙岙村备汛场景

枸杞岛干斜村贻贝养殖基地

台州市财政按照“不落一村、不落一户、不落一人”要求，围绕“三个清零”目标，强化财政托底保障，2018—2020 年，台州市累计安排财政专项扶贫资金 1.45 亿元、扶持村级集体经济发展（消薄）资金 4.04 亿元，全市向上争取财政专项扶贫资金 4.41 亿元，助力全面打赢脱贫攻坚战。

路桥区开展省级田园综合体建设

三门县成立联合帮扶中心开展低保、特困、受灾等“8+X”救助事项申请

台州市财政局开展扶贫攻坚督查

仙居杨梅喜获丰收

2020年，台州市椒江区财政响应区委、区政府号召，通过推动区属国有企业市场化转型、多方筹措统筹运作建设资金等措施，助力“一江两岸”开发建设。围绕“港产城湾一体”理念，推动城市有机更新、产业转型升级、居住环境改善等，通过统筹规划、征迁、招商、建设、资金五个方面工作打造美丽台州新府城。

建设中的“一江两岸”葭沚片区

心海城文化公园

椒江老城新貌

白云山路道

华东师范大学台州附属学院航拍图

葭沚桥东区块棚户区改造工程

梓建线公路

2020年，临海市财政划拨200万元助推成立全国首个在民政部门注册的新时代文明实践基金会，以留本取息模式确保基金会长期高效运行，主要用以资助实践活动创新、时代新人及模范集体奖励、志愿者积分兑换及创新项目补助，以示范效应激励广大市民参与新时代文明实践，培育社会文明新风尚。

新时代文明实践大数据中心云图

大田刘村文化礼堂板龙演出

大田刘村文化公园

上江三村文化礼堂

新时代文明实践中心

黄石坦村文化礼堂石头画体验活动

温岭市统筹财政资金，依托山海地域资源，建设高质量美丽乡村，提升农村居民生活获得感、幸福感，为乡村振兴打下美丽基底。截至2020年年底，完成村庄环境整治三年行动计划，累计拨付项目资金2.35亿元，被评为2020年度全省深化“千万工程”建设新时代美丽乡村（农村人居环境提升）工作考核优秀县（市、区）。

村民粉刷外墙打造七彩小箬村

石塘镇发展“渔业＋旅游”

松门镇松建村开展美丽乡村精品村建设

松门镇五韵新村的彩色草滑项目

美丽乡村建设试点——坞根街头村

大溪镇西村开展美丽乡村特色村建设

2020 年，玉环市财政争取资金、谋划项目，支持城市有机更新，推进治水拆违，推动交通格局升级，提升城乡面貌，连续 3 年获评美丽浙江建设优秀县（市）。

玉环市大麦屿港对台海上直航码头

玉环市鸡山乡渔港码头

“中国诗歌之岛”大鹿岛

“2020 年度新时代美丽城镇建设省级样板”玉环市楚门镇

海山国际旅游岛

玉环市乐清湾大桥

730县道撩车段

杨丰山公路

2020年，仙居县财政统筹资金3.43亿元，推进四好农村路、东岭下至黄粱陈、41省道仙居桐桥至步路段改建等交通项目建设；实施微公交运营、城区公交免费乘坐、城乡公交一体化运营等交通惠民工程。支持道路基础设施建设，创成省级“四好农村路”示范县。

35省道仙居桐桥至官路段改建工程

35省道西段白塔段

景星岩公路

40省道东仙线

丽水市财政贯彻落实“绿水青山就是金山银山”理念，加大财政投入，激发绿色发展新动能，助推生态产品价值实现机制国家试点建设。

松阳茶园自行车赛

古堰画乡

缙云县舒洪镇仁岸村融入山水中的乡村民宿

遂昌大柘万亩茶园采茶季

缙云县“光伏小康工程”实现并网发电

2020 年，龙泉市财政助力乡村振兴战略，全年农林水支出 8.20 亿元，保障“大搬快聚富民安居”工程、农村安全饮水工程、消除集体经济薄弱村、厕所革命等工作；支持食用菌产业振兴、茶叶全产业链培育、高山蔬菜双增双拓等项目。统筹财政专项扶贫资金 8200 万元，落实产业扶贫、就业扶贫、资产收益扶贫等政策。

下樟村“双龙飞瀑”玻璃栈道

江南之巅·天空越野赛

屏南高山四季豆丰收

周村火龙果基地

周铺洋村秋收小景

住龙镇红色文化礼堂

云和县财政探索生态产品价值转化路径，出台生态产品政府采购办法，强化生态产品价值实现机制资金保障。2020 年，投入生态产品价值实现机制相关资金 5036 万元，用于生态产品政府采购、森林生态效益补偿、河道保洁等，助力打造生态产品价值实现机制的云和样板。

苏坑梨园千亩梨花竞相开放

全域全空间生态产品价值转化的“崇头实践”

雾溪水库水源地上榜全省优级饮用水水源地

云和湖畔桃李争春

雾溪乡以村企合作模式促进生态产品价值实现

2020 年，遂昌县财政践行“绿水青山就是金山银山”绿色生态发展理念，按照“产业兴旺、生态宜居、乡风文明、治理有效、生活富裕”的总要求，完善农村基础设施建设，落实惠农、消薄等政策，支持 3 个未来乡村、4 个精品示范村、5 个山海协作乡村振兴示范村、17 个特色精品村建设，打好乡村振兴特色战。

湖山乡仙侠湖开展水面整治

湖山乡加快“天工之城”建设

蕉川村村民种植杂交水稻

龙珠岗柑橘场蜜桔丰收

云峰街道光伏小康工程项目

通过国家公园体制试点评估验收的百山祖国家公园

庆元县财政支持发展规模化精品现代农业，落实米袋子、菜篮子负责人制，保护永久基本农田和粮食生产功能区。依托食用菌、甜桔柚、高山蔬菜等农产品，走特色化、精品化的新型农业业态发展之路。

庆元县竹口镇新窑村黑木耳采收

黄田李村粮食种植基地

岭头乡花菜基地

生猪养殖场

张村乡湖山村中药材基地

竹口黄坛村甜桔柚丰收

财政统计资料

Zhejiang caizheng nianjian

1978—2020年浙江省财政收支表

年份	财政总收入（亿元）	一般公共预算收入（亿元）	其中税收收入（亿元）	占比%	一般公共预算支出（亿元）	增长率(%) 总收入	增长率(%) 一般公共预算收入	增长率(%) 一般公共预算支出	全省GDP值（亿元）	总收入占GDP比重(%)
1978	27.45				17.43				124	21.8
1979	25.87				17.74	-5.8		1.8	158	16.4
1980	31.13				17.34	20.3		-2.3	180	17.3
1981	34.34				17.12	10.3		-1.3	205	16.8
1982	36.64				18.88	6.7		10.3	234	15.7
1983	41.79				21.94	14.1		16.2	257	16.3
1984	46.67				28.80	11.7		31.3	323	14.5
1985	58.25				37.40	24.8		29.9	429	13.6
1986	68.61				50.96	17.8		36.3	502	13.7
1987	76.36				51.24	11.3		0.5	607	12.7
1988	85.55				63.14	12		23.2	770	11.1
1989	98.21				74.77	14.8		18.4	849	11.6
1990	101.59				80.23	3.4		7.3	905	11.1
1991	108.94				88.43	7.2		10.2	1089	10.2
1992	118.36				95.31	8.6		7.8	1376	8.7
1993	166.64				125.04	40.8		31.2	1926	8.7
1994	209.39	94.63			153.03	25.7		22.4	2689	7.9
1995	248.50	116.82			180.29	18.7	23.4	17.8	3558	7
1996	291.75	139.63			213.71	17.4	19.5	18.5	4189	7
1997	340.52	157.33			240.16	16.7	12.7	12.4	4686	7.3
1998	401.80	198.10			286.81	18	25.9	19.4	5053	8.1
1999	477.40	245.47			344.04	18.8	23.9	20.0	5444	8.8
2000	658.42	342.77			431.30	37.4	39.6	25.4	6141	10.7
2001	856.00	500.69			597.30	30.5	46.1	38.5	6898	12.4
2002	1166.58	566.85			749.90	36.3	13.2	25.5	8004	14.6
2003	1468.89	706.56			896.77	25.9	24.6	19.6	9705	15.1
2004	1805.16	901.05			1062.94	22.9	27.5	18.5	11649	15.5
2005	2115.36	1066.60			1265.53	17.2	18.4	19.1	13418	15.7
2006	2567.66	1298.20	1184.24	91.60	1471.86	21.4	21.7	16.3	15718	16.3
2007	3239.89	1649.50	1535.35	93.00	1806.79	26.2	27.1	22.8	18754	17.3
2008	3730.06	1933.39	1792.09	92.70	2208.58	15.1	17.2	22.2	21463	17.4
2009	4122.04	2142.51	1983.81	92.60	2653.35	10.5	10.8	20.1	22990	17.9
2010	4895.41	2608.47	2464.96	94.50	3207.88	18.8	21.7	20.9	27722	17.7
2011	5925.00	3150.80	2952.01	93.70	3842.59	21	20.8	19.8	32000	18.5
2012	6408.49	3441.23	3227.77	93.80	4161.88	8.2	9.2	8.3	34606	18.5
2013	6908.41	3796.92	3545.66	93.40	4730.47	7.8	10.3	13.7	37568	18.0
2014	7522.55	4122.02	3853.96	93.50	5159.57	8.9	8.6	9.1	40154	18.7
2015	8549.47	4809.94	4168.22	86.70	6645.98	8.8	7.8	21.1	42886	19.9
2016	9225.07	5301.98	4540.08	85.60	6974.25	7.7	9.8	10.0	46485	19.8
2017	10301.16	5804.38	4940.74	85.10	7530.31	10.6	10.3	8.6	51768	19.9
2018	11705.95	6598.21	5586.63	84.70	8629.53	13.6	11.1	13.1	56197	20.8
2019	12268.24	7048.58	5898.75	83.70	10053.03	4.8	6.8	16.5	62352	19.7
2020	12421.49	7248.24	6261.75	86.39	10082.01	1.2	2.8	2.6	64613	19.2

2018—2020年浙江省一般公共预算收支决算表

单位:万元

收入				支出			
预算科目	2018年	2019年	2020年	预算科目	2018年	2019年	2020年
一、税收收入	55866304	58987479	62617457	一、一般公共服务支出	8753336	10099552	10515456
增值税	24088426	23745797	23171476	二、外交支出	0	0	0
企业所得税	9724594	11160931	11450170	三、国防支出	93873	93700	93238
个人所得税	4658649	4129403	4687899	四、公共安全支出	6142404	6627043	6919638
资源税	128326	121024	128362	五、教育支出	15724730	17646898	18810941
城市维护建设税	3705508	3632621	3567422	六、科学技术支出	3796567	5160608	4721292
房产税	2332943	2072531	2341213	七、文化旅游体育与传媒支出	1745892	2032599	2296218
印花税	901903	934768	1027381	八、社会保障和就业支出	9149336	10739411	11300170
城镇土地使用税	1276452	924419	1105442	九、卫生健康支出	6261980	7356114	8388459
土地增值税	3421975	4676891	5155934	十、节能环保支出	1947519	2695485	2205855
车船税	550188	593766	602197	十一、城乡社区支出	11588836	16276811	10216671
耕地占用税	456262	1218508	933158	十二、农林水支出	7244617	7442421	7648948
契税	4594547	5713368	8381648	十三、交通运输支出	3912266	4445895	4705033
烟叶税	155	102	89	十四、资源勘探信息等支出	2157060	1963152	3129063
环境保护税	26376	35102	33487	十五、商业服务业等支出	1546154	1043696	2007568
其他税收收入	0	28248	31579	十六、金融支出	642550	407013	525495
二、非税收入	10115816	11498292	9864932	十七、援助其他地区支出	394953	415852	394646
专项收入	5297846	5288693	4809366	十八、自然资源海洋气象等支出	925782	1058738	1118187
行政事业性收费收入	967532	1448345	1414380	十九、住房保障支出	1853128	2003959	2373306
罚没收入	1724502	1994446	1529750	二十、粮油物资储备支出	226172	228492	364896
国有资本经营收入	-474680	-466945	-1003663	二十一、灾害防治及应急管理支出		540410	650587
国有资源(资产)有偿使用收入	2260017	2773513	2756372	二十二、债务付息支出	1762123	2057354	2190472
其他收入	340599	460240	358727	二十三、债务发行费用支出	9949	8575	12398
				二十四、其他支出	416029	186557	231543
本年收入合计	65982120	70485771	72482389	本年支出合计	86295256	100530335	100820080

2016—2020年浙江省11市及市本级一般公共预算收入及排序表

地区	2016年		2017年		2018年		2019年		2020年	
	一般公共预算收入	排序	一般公共预算收入	排序	一般公共预算收入	排序	一般公共预算收入	排序	一般公共预算收入	排序
杭州市	14023826	1	15674169	1	18250616	1	19659731	1	20933893	1
杭州市本级	1655861	1	2172126	1	3602608	2	3769353	2	4025690	1
宁波市	11145409	2	12452880	2	13796865	2	14685072	2	15108432	2
宁波市本级	1182009	2	1428952	2	3852992	1	3931521	1	3884621	2
温州市	4398744	3	4653504	3	5475765	3	5789706	3	6019813	3
温州市本级	1000805	3	1020701	3	1287740	3	5789706	3	1595849	3
嘉兴市	3879341	5	4437941	4	5185536	4	5656945	4	5988000	4
嘉兴市本级	848498	4	975699	4	1117750	4	1204332	4	1216508	4
湖州市	2111792	8	2374308	8	2870960	8	3160702	8	3365565	8
湖州市本级	397418	7	396308	8	455403	8	475484	8	504965	8
绍兴市	3903010	4	4313596	5	5013379	5	5283698	5	5435174	5
绍兴市本级	595949	6	628090	6	518347	6	589534	7	600429	7
金华市	3381394	7	3577073	7	3926214	7	4113010	7	4232520	6
金华市本级	820517	5	866168	5	935846	5	950131	5	957716	5
衢州市	1025553	11	1112838	11	1280960	11	1371245	11	1409050	11
衢州市本级	338258	9	382776	9	425822	9	455600	9	461334	9
舟山市	1203248	9	1257644	9	1460243	9	1548600	9	1591996	9
舟山市本级	372222	8	414251	7	513787	7	670017	6	702757	6
台州市	3432835	6	3822482	6	4311768	6	4384983	6	4012385	7
台州市本级	299513	10	308136	10	331506	11	389700	10	428911	10
丽水市	1035667	10	1129055	10	1300106	10	1398293	10	1438556	10
丽水市本级	255172	11	299086	11	345820	10	373338	11	384707	11

2016—2020年浙江省县(市、区)一般公共预算收入及排序表

单位:万元

地区		2016年		2017年		2018年		2019年		2020年	
		一般公共预算收入	排序	一般公共预算收入	排序	一般公共预算收入	排序	一般公共预算收入	排序	一般公共预算收入	排序
杭州市	富阳区	576102	25	637020	26	727000	24	800008	22	901379	18
	桐庐县	261681	60	278292	60	306679	55	337654	53	342245	54
	临安区	373378	43	433009	39	531682	37	611600	34	685550	30
	建德市	227059	62	244007	63	282707	58	311008	57	342266	53
	淳安县	173613	69	172688	71	194962	65	210871	64	227682	62
	上城区	723906	14	731869	18	806481	20	851296	20	794640	25
	下城区	794139	12	820368	13	893996	14	965861	15	812344	24
	江干区	874915	7	880088	11	950901	12	1036818	11	1076575	11
	拱墅区	796566	12	781355	15	843980	17	911928	16	867308	20
	西湖区	1231126	5	1259835	5	1394075	6	1506362	6	1619799	6
	滨江区	1253661	4	1428138	4	1648585	5	1755863	5	1827504	5
	萧山区	1951629	2	2274820	2	2703161	2	2676630	2	3000273	2
	余杭区	2442888	1	2800053	1	3363799	1	3914479	1	4410638	1
	开发区	635098	20	703084	20						
	西湖风景名胜区	52204	95	57417	94						
宁波市	慈溪市	838982	8	941199	8	1045673	9	1129316	8	1185836	8
	余姚市	811633	11	906480	10	1006321	10	1072259	10	1141976	10
	奉化区	370515	45	429354	40	494700	38	600046	35	645065	34
	象山县	380730	42	392698	47	409984	46	462599	42	518061	39
	宁海县	487899	32	554779	31	616311	30	660175	30	679138	31
	鄞州区	1644434	3	1917837	3	1984294	3	2123958	3	2161967	3
	镇海区	647147	19	704777	19	785824	21	842299	21	845042	21
	北仑区	519487	30	552210	32	1825612	4	1956401	4	2045540	4
	江东区	676630	18								

续表(一)

单位:万元

地区	2016年		2017年		2018年		2019年		2020年	
	一般公共预算收入	排序	一般公共预算收入	排序	一般公共预算收入	排序	一般公共预算收入	排序	一般公共预算收入	排序
江北区	600080	22	650166	25	728878	23	781709	26	842906	22
海曙区	516477	31	930238	9	1046276	8	1124789	9	1158280	9
开发区	812180	10	1026975	7						
大榭开发区	537185	29	651936	24						
宁波保税区	204721	67	234775	66						
东钱湖区	80305	86	101725	81						
高新开发区	353014	47	396898	45						
杭州湾新区	481981	34	631881	28						
温州市 平阳县	277720	58	297951	56	395628	48	380260	50	364900	50
苍南县	318176	53	337222	51	568631	34	424574	47	263490	61
瑞安市	590481	23	634679	27	710898	26	796399	24	819053	23
永嘉县	295880	56	315959	54	350711	51	395265	49	407969	46
乐清市	722325	15	794030	14	943017	13	996893	13	943849	14
文成县	79189	87	82539	88	82620	81	96302	82	102164	80
泰顺县	78121	89	79105	89	87605	80	101018	78	138031	75
洞头区	65182	92	71022	90	81758	82	97043	81	100163	82
鹿城区	285333	57	293808	58	314625	54	343935	52	352878	51
瓯海区	321901	50	335695	52	368449	49	420053	48	430976	45
龙湾区	250665	61	258293	61	284083	57	321631	56	329996	55
开发区	112966	81	132500	79						
龙港市									170495	73
嘉兴市 海宁市	720018	16	777242	16	889957	15	970200	14	1009270	13
桐乡市	580002	24	616900	29	724000	25	796500	23	939806	15
平湖市	567891	27	688688	21	818818	19	884488	19	900088	19
嘉善县	418002	39	517178	35	615975	31	677939	29	717883	29
海盐县	351779	48	406520	44	475231	40	522800	39	581837	38
南湖区	212321	66	244500	62	294330	56	327968	55	347298	52

续表(二)

单位:万元

地区		2016年		2017年		2018年		2019年		2020年	
		一般公共预算收入	排序	一般公共预算收入	排序	一般公共预算收入	排序	一般公共预算收入	排序	一般公共预算收入	排序
	秀洲区	180830	68	211214	67	249475	61	272718	60	275310	59
湖州市	长兴县	454618	35	494980	36	593675	32	658269	32	675539	32
	德清县	420333	38	486632	37	591450	33	656609	33	670820	33
	安吉县	358511	46	395208	46	469217	43	535632	38	597599	36
	吴兴区	263656	59	311462	55	409586	47	455456	44	512045	40
	南浔区	217256	65	289718	59	351629	50	379252	51	404597	47
绍兴市	柯桥区	1060220	6	1140629	6	1263560	7	1314074	7	1372348	7
	上虞区	569966	26	666369	23	826461	18	895152	18	936898	16
	嵊州市	320096	52	380222	48	454858	44	457590	43	458205	42
	新昌县	309400	54	363600	50	418800	45	436635	45	437210	44
	诸暨市	717938	17	770087	17	873729	16	898144	17	903182	17
	越城区	329441	49	364599	49	657624	27	692569	28	726902	26
金华市	兰溪市	226467	63	241800	65	266000	59	282838	59	296095	58
	永康市	485289	33	523569	34	563580	35	599255	36	606739	35
	武义县	220386	64	242808	64	259807	60	270277	61	274484	60
	东阳市	562569	28	585778	30	657548	28	699007	27	726456	27
	磐安县	82169	84	89072	84	100068	77	106402	77	110690	79
	义乌市	817904	9	849995	12	952005	11	1012240	12	1060054	12
	浦江县	166093	71	177883	70	191360	67	192860	67	200286	65
	金东区										
	婺城区										
	开发区										
衢州市	龙游县	140351	77	148161	76	176315	70	189283	68	196327	67
	常山县	94016	82	98780	82	109781	75	117850	75	121905	77
	江山市	158592	74	166709	74	192060	66	205409	66	213083	63
	开化县	81610	85	84353	86	93887	78	99475	79	102030	81

续表(三)

单位:万元

地区		2016年		2017年		2018年		2019年		2020年	
		一般公共预算收入	排序	一般公共预算收入	排序	一般公共预算收入	排序	一般公共预算收入	排序	一般公共预算收入	排序
	柯城区	88762	83	95285	83	119256	74	128394	74	133159	76
	衢江区	123964	79	136774	77	163839	71	175234	71	181212	70
舟山市	岱山县	140863	77	155195	75	241540	62	176002	70	181290	69
	嵊泗县	67301	91	66659	92	72008	85	78000	84	83094	85
	定海区	321886	51	326546	53	317751	52	330793	54	320252	56
	普陀区	300976	55	294993	57	315157	53	293788	58	304603	57
台州市	临海市	449188	36	542928	33	640650	29	659900	31	594890	37
	温岭市	616886	21	680900	22	772850	22	782700	25	721157	28
	玉环市	426217	37	484919	38	533376	36	539248	37	478468	41
	三门县	155766	75	167830	73	186290	69	181700	69	161600	74
	仙居县	162468	72	185250	69	208400	64	210900	63	198237	66
	天台县	170371	70	192068	68	218960	63	223312	62	203992	64
	椒江区	385494	41	416047	43	472176	41	496123	40	443280	43
	黄岩区	371145	44	416795	42	477200	39	430800	46	397974	48
	路桥区	395787	40	427609	41	470360	42	470600	41	383876	49
丽水市	缙云县	121503	80	130521	80	153412	73	166468	73	172529	72
	景宁县	62265	93	70087	91	77418	83	69756	85	89586	84
	龙泉市	78607	88	85032	85	91018	79	97922	80	91747	83
	青田县	159981	73	168400	72	191071	68	210229	65	190290	68
	庆元县	39101	97	42048	96	50500	87	54810	87	52531	88
	松阳县	58617	94	63070	93	72697	84	78910	83	81895	86
	遂昌县	77978	90	83707	87	100968	76	109590	76	114325	78
	云和县	46640	96	51800	95	58890	86	64330	86	81363	87
	莲都区	135803	78	135304	78	158312	72	172940	72	179583	71

备注:2018年总预算报表单位体系经过规范调整取消包括杭州市开发区、杭州市西湖风景名胜区、湖州市开发区、金华市开发区、温州市开发区、宁波市开发区、宁波市大榭开发区、宁波市保税区、宁波市东钱湖区、宁波市高新开发区、宁波市杭州湾新区在内的11个非一级政府开发区节点。其中宁波市开发区数据并入宁波市北仑区,其余开发区数据均并入对应市本级。以上调整仅调整当年数据未对以前年度数据进行追溯调整。

2020年度浙江省一般公共预算收支决算分级表

单位:万元

预算科目	决算数合计	省级	地级	其中:地级直属乡镇	县级	乡级
一、税收收入	62617457	1390143	12460606	69946	31141111	17625597
增值税	23171476	647657	4088279	53691	9866985	8568555
企业所得税	11450170	660044	2134029	6126	5744393	2911704
个人所得税	4687899	42091	708206	1851	2806556	1131046
资源税	128362	0	3554	0	34176	90632
城市维护建设税	3567422	14120	928065	2233	1531405	1093832
房产税	2341213	10684	406041	1484	1075113	849375
印花税	1027381	9024	232226	407	461751	324380
城镇土地使用税	1105442	851	161962	1483	360220	582409
土地增值税	5155934	2	666128	294	3307134	1182670
车船税	602197	0	98626	0	447509	56062
耕地占用税	933158	0	98337	0	743175	91646
契税	8381648	0	2928147	2377	4719634	733867
烟叶税	89	0	0	0	89	0
环境保护税	33487	5622	4145	0	15095	8625
其他税收收入	31579	48	2861	0	27876	794
二、非税收入	9864932	1556862	2302881	2613	5635054	370135
专项收入	4809366	474258	1427879	2613	2563895	343334
行政事业性收费收入	1414380	484218	212340	0	715295	2527
罚没收入	1529750	38179	381244	0	1109306	1021
国有资本经营收入	-1003663	-22083	-516138	0	-465442	0
国有资源(资产)有偿使用收入	2756372	497269	659170	0	1576744	23189
其他收入	358727	85021	138386	0	135256	64
本年收入合计	72482389	2947005	14763487	72559	36776165	17995732
一、一般公共服务支出	10515456	473355	2199073	14615	5835026	2008002
二、外交支出	0	0	0	0	0	0
三、国防支出	93238	11615	20296	63	55338	5989
四、公共安全支出	6919638	877072	1613742	3395	4277759	151065
五、教育支出	18810941	1618268	2989834	27327	12736428	1466411
六、科学技术支出	4721292	316774	1337774	792	2876298	190446
七、文化体育与传媒支出	2296218	278387	581141	1504	1229541	207149
八、社会保障和就业支出	11300170	654017	2258525	16342	7644543	743085
九、医疗卫生与计划生育支出	8388459	490488	1334964	8977	6169015	393992
十、节能环保支出	2205855	40086	487350	1128	1426811	251608
十一、城乡社区支出	10216671	11557	3057720	8519	5675129	1472265
十二、农林水支出	7648948	514425	718216	24860	4458358	1957949
十三、交通运输支出	4705033	590880	1565795	136	2469447	78911
十四、资源勘探信息等支出	3129063	89071	827610	1171	1789503	422879
十五、商业服务业等支出	2007568	27362	649717	0	1080742	249747
十六、金融支出	525495	160959	166183	0	182928	15425
十七、援助其他地区支出	394646	92111	96915	0	204923	697
十八、国土海洋气象等支出	1118187	64733	208325	0	674807	170322
十九、住房保障支出	2373306	220796	477727	7866	1509188	165595
二十、粮油物资储备支出	364896	101876	80474	0	180696	1850
二十一、灾害防治及应急管理支出	650587	35842	129498	1094	398216	87031
二十二、其他支出	231543	4775	70631	43	125162	30975
二十三、债务付息支出	2190472	88613	464462	0	1615424	21973
二十四、债务发行费用支出	12398	328	4846	0	7224	0
本年支出合计	100820080	6763390	21340818	117832	62622506	10093366

2020年度浙江省政府性基金收支决算分级表

单位:万元

收入项目	决算数合计	省级	地级	其中:地级直属乡镇	县级	乡级
国有土地使用权出让相关收入	102744868	0	39100886	10185	61189491	2454491
国有土地收益基金相关收入	2955739	0	1591645	0	1364094	0
农业土地开发资金收入	89244	12789	40146	0	35362	947
城市基础设施配套费收入	781048	0	179432	0	580874	20742
污水处理费收入	647511	0	170704	0	476807	0
车辆通行费相关收入	330170	41360	256428	0	32382	0
彩票公益金收入	378017	157494	141062	0	78556	905
其他各项政府性基金相关收入	5606939	69853	589593	0	4887257	60236
本年收入合计	113533536	281496	42069896	10185	68644823	2537321
国有土地使用权出让相关支出	90238403	2150	25426872	27352	58600113	6209268
国有土地收益基金相关支出	2037098	0	1133880	0	770563	132655
农业土地开发资金相关支出	24660	0	3000	0	16780	4880
城市基础设施配套费相关支出	476404	0	38675	0	314776	122953
污水处理费相关支出	1253700	0	317054	0	903870	32776
车辆通行费相关支出	2349252	1524585	606100	0	218567	0
彩票公益金相关支出	322825	16175	115012	45	159933	31705
抗疫特别国债安排的支出	2509134	0	60618	3000	2398256	50260
其他各项政府性基金相关支出	19643674	955239	4355598	1167	13182356	1150481
本年支出合计	118855150	2498149	32056809	31564	76565214	7734978

2020年度浙江省国有资本经营收支决算总表

单位:万元

预算科目	决算数	预算科目	决算数
利润收入	877274	解决历史遗留问题及改革成本支出	40328
股利、股息收入	158391	国有企业资本金注入	289674
产权转让收入	4033	国有企业政策性补贴	140491
清算收入	25622	金融国有资本经营预算支出	70023
其他国有资本经营预算收入	77830	其他国有资本经营预算支出	73607
本年收入合计	1143150	本年支出合计	614123
上级补助收入	946		
上年结余	94351	调出资金	476167
省补助计划单列市收入		年终结余	148157
收入总计	1238447	支出总计	1238447

2016—2020年浙江省政府非税收入表

单位:亿元

项　　目	2016年	2017年	2018年	2019年	2020年
行政事业性收费	455.43	380.26	387.92	408.94	414.90
政府性基金	442.84	400.68	462.51	486.74	426.09
国有资源有偿使用收入	3566.29	6336.54	8473.71	8916.81	11017.08
国有资产有偿使用收入	86.30	87.19	90.67	114.3	94.04
按规定上缴财政的国有资本经营收入	13.06	27.55	33.94	42.48	14.06
行政(刑事)处罚的罚没收入	129.81	123.74	172.50	1402.28	159.44
彩票公益金	36.40	41.78	48.64	45.63	37.80
以政府名义接受捐赠的收入	1.49	1.90	0.57	0.74	0.77
应当纳入政府非税收入管理的其他资金	192.92	269.60	324.96	600.74	454.86
合计	4924.54	7669.24	9995.42	12018.66	12619.05

备注:1.本表所列政府非税收入项目分类标准依照《浙江省政府非税收入管理条例》相关规定,不同于预算科目分类标准;
2.按规定上缴财政的国有资本经营收入含国有企业计划亏损补贴。
3.因四舍五入原因,合计数与分项加总数或存在尾差。

2020年浙江省市县级一般公共预算收支情况表

单位:万元

地区 项目	杭州市	市本级	富阳区	桐庐县	临安区	建德市	淳安县	上城区
一、收入合计	20933893	4025690	901379	342245	685550	342266	227682	794640
(一)税收收入小计	19785952	3703142	854920	313768	679136	302521	208326	758725
增值税	6283057	1110772	265140	117464	188479	100223	63662	248355
企业所得税	3997302	475980	106178	48972	110513	61870	51907	211013
个人所得税	1999483	131648	39873	33207	36012	11848	19738	160891
资源税	18557	0	6719	1132	2313	5500	411	0
城市维护建设税	1138295	306368	39834	13788	35632	13747	7067	36085
房产税	672537	99008	33825	7715	20017	7872	4494	45704
城镇土地使用税	143926	16378	26661	4505	12922	7378	1928	3663
土地增值税	1609298	94764	71353	20608	99276	12194	12439	35978
耕地占用税	417613	37572	17571	17793	26405	13661	2526	0
契税	3031748	1361699	227097	38073	133217	52740	38184	0
其他各项税收收入	474136	68953	20669	10511	14350	15488	5970	17036
(二)非税收入小计	1147941	322548	46459	28477	6414	39745	19356	35915
专项收入	934996	279011	30517	15543	34175	18681	7740	29123
行政事业性收费收入	167184	42790	24323	1301	4264	2456	5205	0
罚没收入	214645	66417	11696	8200	9547	6791	3834	6650
国有资本经营收入	-469821	-217546	-40447	0	-83127	-4700	0	0
国有资源(资产)有偿使用收入	242891	107928	18557	3405		16162	1846	142
其他收入	58046	43948	1813	28	5132	355	731	0
二、支出合计	20696554	5093861	1025150	564082	904676	593242	766825	524299
一般公共服务支出	1903776	459206	106226	40346	84342	62196	67147	58143
外交支出	0	0	0	0	0	0	0	0
国防支出	11396	2285	47	577	405	586	276	26
公共安全支出	1257777	411100	56390	34629	46032	33839	30082	48110
教育支出	4042682	818821	237423	150977	175602	105367	94685	117471
科学技术支出	1443254	378480	56365	30285	36185	26676	11163	20029
文化旅游体育与传媒支出	400728	133350	19352	15654	16351	11157	11952	6649
社会保障和就业支出	2531543	853595	78199	58548	148130	68930	85229	81053
卫生健康支出	1490008	342513	124567	79565	77562	59474	69108	26100
节能环保支出	533234	174781	26055	10231	30514	10170	59550	1045
城乡社区支出	2705431	559278	38208	19942	53576	40786	42778	68890
农林水支出	1029656	220649	88699	59815	89727	75685	90485	2371
交通运输支出	583462	161535	78689	16897	40642	21264	112465	17479
资源勘探信息等支出	828444	233613	6429	1008	17126	3241	11935	8788
商业服务业等支出	530055	29593	13239	6195	6032	3978	7737	13060
金融支出	80600	36025	1448	1011	1065	433	530	17084
援助其他地区支出	158750	43836	7597	5905	6518	1206	0	15185
自然资源海洋气象等支出	177203	37063	10759	4411	10013	25804	15589	1087
住房保障支出	401739	26319	37209	12409	27536	17064	21542	16440
粮油物资储备支出	46543	30779	1401	2323	1058	1332	2328	0
灾害防治及应急管理支出	89436	15099	4879	4459	18390	2773	6582	1862
其他支出	64913	19621	0	0	0	722	0	422
债务付息支出	382879	105431	31816	8823	17817	20540	25633	2990
债务发行费用支出	3045	889	153	72	53	19	29	15

续表(一)　　单位:万元

项目＼地区	下城区	江干区	拱墅区	西湖区	滨江区	萧山区	余杭区	宁波市
一、收入合计	812344	1076575	867308	1619799	1827504	3000273	4410638	15108432
(一)税收收入小计	760115	1043010	813248	1521330	1725954	2770494	4331263	12570216
增值税	279073	385493	346243	588023	647687	737268	1205175	5202706
企业所得税	153530	255388	163621	278648	421296	443631	1214755	2372149
个人所得税	85914	76567	51398	366280	317594	128114	540399	951573
资源税	0	0	0	0	0	2389	93	9083
城市维护建设税	48654	56469	54935	81973	140568	133456	169719	814457
房产税	42218	73142	38659	70467	69988	64370	95058	503935
城镇土地使用税	1458	3837	1926	8447	4614	25760	24449	254200
土地增值税	60146	171738	136383	94731	90806	420010	288872	827386
耕地占用税	0	0	0	0	0	84799	217286	128722
契税	0	0	0	0	0	663285	517453	1210128
其他各项税收收入	89122	20376	20083	32761	33401	67412	58004	295877
(二)非税收入小计	52229	33565	54060	98469	101550	229779	79375	2538216
专项收入	40871	42039	40539	72275	95854	105288	123340	1232202
行政事业性收费收入	4530	0	2784	7068	0	72171	292	229207
罚没收入	6415	11094	10459	9001	5212	44501	14828	184707
国有资本经营收入	0	-20000	0	0	0	-34001	-70000	-133820
国有资源(资产)有偿使用收入	413	403	278	10125	484	35881	10844	952692
其他收入	0	29	0	0	0	5939	71	73228
二、支出合计	542954	823687	606054	1095492	1263429	2756453	4136350	17420878
一般公共服务支出	62607	76249	69186	84916	45771	278393	409048	1696064
外交支出	0	0	0	0	0	0	0	0
国防支出	348	32	27	1520	0	2957	2310	14705
公共安全支出	61784	59623	64861	83727	45720	139695	142185	1004326
教育支出	118899	207580	161017	276583	249654	568534	760069	2695754
科学技术支出	19236	68846	42098	62660	298345	145631	247255	1125943
文化旅游体育与传媒支出	9841	12968	6136	14045	32713	38256	72304	366107
社会保障和就业支出	108579	104519	76495	156630	145446	172876	393314	1819136
卫生健康支出	31670	45733	36018	88124	36037	228232	245305	1240401
节能环保支出	675	8623	4668	1153	6414	90285	109070	342232
城乡社区支出	58820	139233	100965	199229	221680	404908	757138	2409954
农林水支出	1318	7748	996	19810	10800	164548	197005	879784
交通运输支出	4580	135	0	0	0	76704	53072	675610
资源勘探信息等支出	3118	1404	710	45530	73216	153939	268387	843079
商业服务业等支出	22174	7733	6222	3662	14474	91396	304560	883487
金融支出	2706	136	3250	2152	3799	2411	8550	99551
援助其他地区支出	0	0	1670	9360	20154	23243	24076	56024
自然资源海洋气象等支出	1579	2350	2097	6418	2673	35473	21887	157274
住房保障支出	28144	41336	27631	29888	27034	67177	22010	531918
粮油物资储备支出	0	100	0	120	0	2979	4123	34756
灾害防治及应急管理支出	1016	1111	1280	5607	2845	8738	14795	92838
其他支出	0	24669		192	6510	1498	11279	37656
债务付息支出	5841	13344	710	4049	19920	57872	68093	412201
债务发行费用支出	19	215	17	117	224	708	515	2078

续表(二)

单位:万元

项目＼地区	市本级	慈溪市	余姚市	奉化区	象山县	宁海县	鄞州区	镇海区
一、收入合计	3884621	1185836	1141976	645065	518061	679138	2161967	845042
(一)税收收入小计	2899781	982169	981906	554520	363354	492136	1937756	687014
增值税	1260799	451502	462068	216077	174428	235180	693991	288905
企业所得税	747507	97993	108567	71631	54895	63892	383039	130436
个人所得税	195662	67428	51365	21362	25209	22001	118594	32346
资源税	78	1207	1767	600	1076	1413	1216	2
城市维护建设税	280237	52268	65166	30645	16519	24013	95800	41644
房产税	88423	52091	42913	18848	17206	22231	96337	28462
城镇土地使用税	54772	39220	43009	12954	8773	9702	21259	16786
土地增值税	111321	70761	68463	62076	18248	38818	176533	40232
耕地占用税	1256	18838	22679	19521	2097	17280	11746	14039
契税	101605	105406	91332	88726	34981	46152	295118	74310
其他各项税收收入	58121	25455	24577	12080	9922	11454	44123	19852
(二)非税收入小计	984840	203667	160070	90545	154707	187002	224211	158028
专项收入	640114	91762	101766	46326	20833	29456	77871	51131
行政事业性收费收入	46703	16690	19517	23869	5481	12351	41461	21356
罚没收入	62255	16797	17950	9617	15859	10812	11843	10742
国有资本经营收入	-69570	-10185	-34200	0	0	135	0	0
国有资源(资产)有偿使用收入	271374	82458	52372	9704	112534	123057	90629	70184
其他收入	33964	6145	2665	1029		11191	2407	4615
二、支出合计	5934270	1425695	1288901	853282	839605	867039	1664212	877351
一般公共服务支出	373023	133330	123014	148786	91732	93189	204738	93600
外交支出	0	0	0	0	0	0	0	0
国防支出	4510	1165	2286	138	1026	940	1707	991
公共安全支出	306426	126690	80429	51303	49010	55187	94040	48730
教育支出	609510	374076	245430	154789	150052	194690	299172	139797
科学技术支出	577874	76920	62573	40884	42251	22914	108334	34926
文化旅游体育与传媒支出	149786	31478	20133	23637	20339	17892	34298	19894
社会保障和就业支出	469304	192032	216273	121083	124419	124835	199841	89229
卫生健康支出	255905	144120	135106	71845	80178	90781	167238	58249
节能环保支出	94621	27352	28027	11065	8580	10108	20806	26825
城乡社区支出	1361831	78656	70567	29071	27910	37733	164207	194492
农林水支出	110242	62737	134610	85531	127672	87855	78067	45685
交通运输支出	380476	26495	58090	30359	27939	25592	37206	19133
资源勘探信息等支出	248227	21423	34688	7425	10462	17439	64779	19487
商业服务业等支出	476747	6170	13517	6463	2743	4885	32326	8093
金融支出	33409	6309	2474	1316	1171	1634	25985	3637
援助其他地区支出	23994	4621	4234	1718	1693	2116	6221	2149
自然资源海洋气象等支出	54493	11825	10424	8773	13820	14192	13354	6640
住房保障支出	187070	61503	5806	21498	26660	24616	59218	34425
粮油物资储备支出	2387	2621	2145	7873	1832	4986	5555	1113
灾害防治及应急管理支出	35517	6918	7027	6532	6076	3902	9426	5265
其他支出	22239	3382	0	2350	1298	1597	2836	1954
债务付息支出	154601	25872	32048	20843	22742	29956	34858	23037
债务发行费用支出	2078	0	0	0	0	0	0	0

续表(三) 单位:万元

项目＼地区	北仑区	江北区	海曙区	温州市	市本级	平阳县	苍南县	瑞安市
一、收入合计	2045540	842906	1158280	6019813	1595849	364900	263490	819053
(一)税收收入小计	1874371	797055	1000154	5101017	1499113	294519	219082	656023
增值税	752414	278167	389175	1922630	364088	145247	84181	255944
企业所得税	437561	134069	142559	705651	193367	27488	26970	85685
个人所得税	284641	62028	70937	263593	73209	16027	10411	47890
资源税	169	46	1509	6817	22	1103	37	1032
城市维护建设税	108793	44861	54511	291633	70697	14801	9468	37876
房产税	51177	29221	57026	192103	77587	8213	5573	16669
城镇土地使用税	23265	11310	13150	57132	15708	6803	3336	5331
土地增值税	96553	49389	94992	406934	81538	14178	12486	65934
耕地占用税	2184	14302	4780	114237	24938	5189	5192	6313
契税	82168	150676	139654	963116	554738	45311	53657	109839
其他各项税收收入	35446	22986	31861	177171	43221	10159	7771	23510
(二)非税收入小计	171169	45851	158126	918796	96736	70381	44408	163030
专项收入	91458	36507	44978	356917	71569	15333	10926	29952
行政事业性收费收入	25915	1834	14030	100365	19776	11690	6698	9406
罚没收入	19047	4085	5700	278418	39446	20031	15661	95081
国有资本经营收入	-10000	-10000	0	-75577	-63000	574	-1200	-5988
国有资源(资产)有偿使用收入	35327	13118	91935	240375	25352	20193	9908	30958
其他收入	9422	307	1483	18298	3593	2560	2415	3621
二、支出合计	1913537	737789	1019197	10271684	1684207	917537	783286	1036980
一般公共服务支出	141863	98712	194077	1271871	199751	145873	87386	134414
外交支出	0	0	0	0	0	0	0	0
国防支出	1152	629	161	11353	2677	918	998	1452
公共安全支出	68813	45304	78394	769235	160274	41163	50483	87551
教育支出	215761	106315	206162	2206497	308945	163517	187590	290134
科学技术支出	101173	36184	21910	277741	85155	13239	9207	35363
文化旅游体育与传媒支出	25340	8318	14992	205450	49418	11850	15233	18674
社会保障和就业支出	130654	43909	107557	1091970	136197	151556	108384	101500
卫生健康支出	101735	42507	92737	1054550	151785	107930	67758	86127
节能环保支出	101275	7655	5918	133574	34191	11160	7245	10422
城乡社区支出	253403	88635	103449	832462	65896	29176	68644	39190
农林水支出	36213	62240	48932	837920	45580	145159	110485	71862
交通运输支出	40738	9384	20198	568289	232723	30353	30314	32354
资源勘探信息等支出	346970	48019	24160	200243	55441	1551	1934	37207
商业服务业等支出	238189	83036	11318	75688	16025	3886	1143	19038
金融支出	1877	16376	5363	16582	7557	971	1538	1948
援助其他地区支出	4316	1973	2989	18659	7045	0	0	3099
自然资源海洋气象等支出	9999	3944	9810	145091	21835	9026	13987	11167
住房保障支出	47327	20279	43516	227321	63386	14743	3151	20372
粮油物资储备支出	759	252	5233	30341	7384	5308	2265	3430
灾害防治及应急管理支出	6318	3453	2404	109180	13151	5830	6628	10509
其他支出	1981	0	19	19746	120	8874	2053	17
债务付息支出	37681	10665	19898	166976	19480	15404	6795	21072
债务发行费用支出	0	0	0	945	191	50	65	78

续表(四)

单位:万元

项目 \ 地区	永嘉县	乐清市	文成县	泰顺县	洞头区	鹿城区	瓯海区	龙湾区
一、收入合计	407969	943849	102164	138031	100163	352878	430976	329996
(一)税收收入小计	327543	755383	66463	120050	61196	297165	358825	292275
增值税	131984	384927	35081	55499	29419	111809	154263	116736
企业所得税	33855	113023	5933	25528	6144	51928	63677	56850
个人所得税	10651	46449	7252	4899	4281	14714	11349	12083
资源税	912	835	18	565	2236	6	0	43
城市维护建设税	14658	47576	3165	6711	3411	28689	26377	21302
房产税	12350	14342	646	1073	1383	15439	18893	16058
城镇土地使用税	2988	6713	177	526	1467	2207	3399	3979
土地增值税	45399	33269	4258	1018	3315	47540	42544	41702
耕地占用税	1923	16040	1845	1993	316	4056	26393	13315
契税	61245	69358	4737	19278	6967	0	0	0
其他各项税收收入	11578	22851	3351	2960	2257	20777	11930	10207
(二)非税收入小计	80426	188466	35701	17981	38967	55713	72151	37721
专项收入	48354	107680	4901	9480	8411	12616	15505	13738
行政事业性收费收入	5079	14611	8527	4604	909	9021	2744	5187
罚没收入	14552	58808	2364	1985	7939	9852	6635	4377
国有资本经营收入	-1350	-3500	0	-210	197	0	-500	0
国有资源(资产)有偿使用收入	11847	10312	19285	2098	20170	22603	47767	14419
其他收入	1944	555	624	24	1341	1621	0	0
二、支出合计	1110660	1263823	510299	488595	316436	745716	688953	467527
一般公共服务支出	117940	109387	52032	47519	42823	118957	117688	70535
外交支出	0	0	0	0	0	0	0	0
国防支出	546	1567	324	257	793	719	839	53
公共安全支出	56745	97498	24591	19485	18600	91304	57087	44381
教育支出	242473	308338	85810	77894	44546	185024	138024	102176
科学技术支出	25681	20975	5548	3540	8365	23345	14642	29016
文化旅游体育与传媒支出	25587	20811	14073	9639	6838	11511	11497	7064
社会保障和就业支出	117056	156677	74945	68939	31767	50959	43292	27060
卫生健康支出	130668	146964	52559	54787	30750	65458	81153	49844
节能环保支出	12281	11320	21660	2593	5037	5066	5977	4782
城乡社区支出	132275	102552	41446	41879	48397	96045	88909	52293
农林水支出	90620	84015	72247	75114	26024	31823	46258	25848
交通运输支出	42015	65159	20763	48696	14808	8777	7126	21033
资源勘探信息等支出	29456	43185	2854	825	6976	12287	419	5023
商业服务业等支出	3243	5442	3096	616	474	11369	9233	2105
金融支出	246	891	24	525	109	1448	473	716
援助其他地区支出	283	3791	0	0	0	1819	1437	1185
自然资源海洋气象等支出	32538	22268	6417	7693	12646	268	750	1718
住房保障支出	4367	5626	14890	13870	4271	19271	52382	8992
粮油物资储备支出	1589	5287	1723	868	1409	44	166	0
灾害防治及应急管理支出	23827	22960	3097	1989	2868	5433	4512	5071
其他支出	18	5878	351		55		17	2363
债务付息支出	21172	23150	11790	11789	8819	4716	7020	6186
债务发行费用支出	34	82	59	78	61	73	52	83

续表(五)

单位:万元

项目 \ 地区	龙港市	湖州市	市本级	长兴县	德清县	安吉县	吴兴区	南浔区
一、收入合计	170495	3365565	504965	675539	670820	597599	512045	404597
(一)税收收入小计	153380	3129267	509451	634442	591674	535968	483794	373938
增值税	53452	1197275	146609	266799	237253	236575	155907	154132
企业所得税	15203	446046	96513	93870	82546	52801	72484	47832
个人所得税	4378	307077	44311	63489	85486	58065	33461	22265
资源税	8	28539	2034	8242	7363	5052	5848	0
城市维护建设税	6902	165416	38543	35049	28811	23168	22197	17648
房产税	3877	131905	18045	26755	27459	24825	23573	11248
城镇土地使用税	4498	122951	16913	33697	25800	19726	14062	12753
土地增值税	13753	218630	30000	27642	22261	43032	57096	38599
耕地占用税	6724	554	150	-108	527	-13574	2404	11155
契税	37986	424522	102343	58104	59656	75798	81470	47151
其他各项税收收入	6599	86352	13990	20903	14512	10500	15292	11155
(二)非税收入小计	17115	236298	-4486	41097	79146	61631	28251	30659
专项收入	8452	131896	30401	8997	30129	26994	19575	15800
行政事业性收费收入	2113	58236	9400	5586	18904	17752	2324	4270
罚没收入	1687	84861	21540	16648	15347	16994	4898	9434
国有资本经营收入	-600	-90063	-87752	5	0	-2316	0	0
国有资源(资产)有偿使用收入	5463	40375	16575	9034	10777	1688	1454	847
其他收入	0	10993	5350	827	3989	519		308
二、支出合计	257665	4844230	1282049	902017	782193	862222	463533	552216
一般公共服务支出	27566	487079	127197	86489	95253	64377	53027	60736
外交支出	0	0	0	0	0	0	0	0
国防支出	210	2964	336	1527	253	42	229	577
公共安全支出	20073	335905	90967	56768	51729	54304	41482	40655
教育支出	72026	841881	184534	169827	137570	150195	98870	100885
科学技术支出	3665	195052	40360	38461	38744	44167	17940	15380
文化旅游体育与传媒支出	3255	115687	29268	19939	20621	17691	12961	15207
社会保障和就业支出	23638	450206	116383	77555	68386	59863	53507	74512
卫生健康支出	28767	416898	81114	66149	63072	86756	52766	67041
节能环保支出	1840	213232	26351	32955	14081	119818	10037	9990
城乡社区支出	25760	467318	166508	80319	55638	92708	30239	41906
农林水支出	12885	414173	78919	92725	74879	77478	32011	58161
交通运输支出	14168	260432	95527	46477	80694	15138	6215	16381
资源勘探信息等支出	3085	179895	84169	35779	21632	6529	17967	13819
商业服务业等支出	18	77546	46807	10604	2725	1248	9152	7010
金融支出	136	30025	16783	861	2972	547	5573	3289
援助其他地区支出	0	8633	4351	1846	2436	0	0	0
自然资源海洋气象等支出	4778	47911	9401	15383	8576	12249	1381	921
住房保障支出	2000	48081	9205	14364	9857	7150	1452	6053
粮油物资储备支出	868	18131	8305	4125	4556	847	100	198
灾害防治及应急管理支出	3305	35598	9529	5778	5069	5612	4827	4783
其他支出	0	23089	22764	0	100	0	25	200
债务付息支出	9583	173728	32880	43851	23251	45470	13766	14510
债务发行费用支出	39	766	391	235	99	33	6	2

续表(六)

单位:万元

项目 \ 地区	嘉兴市	市本级	海宁市	桐乡市	平湖市	嘉善县	海盐县	南湖区
一、收入合计	5988000	1216508	1009270	939806	900088	717883	581837	347298
(一)税收收入小计	5551950	1090519	945427	915058	827992	669328	560831	305165
增值税	1975180	378172	309955	235345	383322	232929	234276	117887
企业所得税	1050099	189726	191688	182943	167293	118640	105319	56265
个人所得税	277641	100037	53887	55743	28039	24377	15092	295
资源税	28	23	0	0	0	5	0	0
城市维护建设税	293056	59390	49990	43246	45381	31681	30174	19439
房产税	273035	42837	53321	50500	34788	37834	25600	15660
城镇土地使用税	127262	6013	18688	18625	26171	20377	15228	13534
土地增值税	572897	101232	86003	126663	42849	60111	27716	66014
耕地占用税	100081	2748	7953	7142	3121	40072	21682	4280
契税	746246	181129	151096	170458	79840	89961	73762	0
其他各项税收收入	136425	29212	22846	24393	17188	13341	11982	11791
(二)非税收入小计	436050	125989	63843	24748	72096	48555	21006	42133
专项收入	277315	55231	45093	37345	39362	30884	27794	24752
行政事业性收费收入	59158	17567	9254	0	15855	6374	0	4309
罚没收入	66185	16457	10048	0	10074	11509	0	8612
国有资本经营收入	-85351	-19500	-10505	-13000	-15000	-18760	-8586	0
国有资源(资产)有偿使用收入	100551	42099	7953	403	19748	18548	1798	4460
其他收入	18192	14135	2000	0	2057	0	0	0
二、支出合计	7121830	1400417	1052155	1038966	995387	1011471	782119	446219
一般公共服务支出	691700	137551	111515	84012	95040	103755	79052	35757
外交支出	0	0	0	0	0	0	0	0
国防支出	6110	1623	1993	983	675	31	730	44
公共安全支出	504406	92556	66927	77629	71435	81236	50859	30189
教育支出	1402850	200885	258993	218706	199585	190482	167478	83425
科学技术支出	340099	47655	49577	44611	59965	55022	32641	27764
文化旅游体育与传媒支出	153955	33388	23310	20906	17169	23232	14230	17359
社会保障和就业支出	609680	139622	109029	82972	86119	69843	60235	37262
卫生健康支出	454195	87201	58326	79474	72229	68993	52645	12687
节能环保支出	198814	18382	33649	48547	22403	43475	18179	6162
城乡社区支出	1271459	389232	76894	204967	161563	175253	134985	92669
农林水支出	536786	27766	83397	75605	81695	87696	78569	35425
交通运输支出	278217	87931	42680	35691	40990	18460	18972	10317
资源勘探信息等支出	180475	32931	54683	9328	12332	19703	19233	27048
商业服务业等支出	76407	19232	11693	4481	6761	15766	6546	6058
金融支出	8528	2649	1608	1119	1058	179	781	500
援助其他地区支出	13160	2678	2600	2498	2996	0	1119	1269
自然资源海洋气象等支出	69989	3843	13506	9688	6544	12835	10396	6818
住房保障支出	95556	27386	14746	6259	24396	6376	13271	2417
粮油物资储备支出	15433	7449	1521	1804	1093	1014	2470	31
灾害防治及应急管理支出	31450	8700	4146	2073	4777	5108	3833	1974
其他支出	16599	2046	0	0	0	13438	0	1053
债务付息支出	164990	29525	31247	27457	26384	19387	15811	9932
债务发行费用支出	972	186	115	156	178	187	84	59

续表(七)　　　　　　　　　　　　　　　　　　　　　单位:万元

项目 \ 地区	秀洲区	绍兴市	市本级	柯桥区	上虞区	嵊州市	新昌县	诸暨市
一、收入合计	275310	5435174	600429	1372348	936898	458205	437210	903182
(一)税收收入小计	237630	4438743	464669	1117322	796840	343380	325750	736308
增值税	83294	1644949	63016	377063	317380	154612	149371	318463
企业所得税	38225	662676	41815	140705	159691	45959	49813	103989
个人所得税	171	231978	19364	37378	46402	21725	27591	50480
资源税	0	4024	123	70	439	1322	398	1678
城市维护建设税	13755	221142	19003	40528	44331	21604	15548	38241
房产税	12495	189978	18623	72718	38270	10410	6677	20406
城镇土地使用税	8626	116845	3619	45041	22974	10610	7534	20006
土地增值税	62309	593262	621	260545	58309	31572	20542	68569
耕地占用税	13083	38334	9401	4110	10490	3423	4822	6088
契税	0	608498	264097	110593	79229	32616	35891	86072
其他各项税收收入	5672	127057	24987	28571	19325	9527	7563	22316
(二)非税收入小计	37680	996431	135760	255026	140058	114825	111460	166874
专项收入	16854	545574	70983	190286	100389	63627	18917	72883
行政事业性收费收入	5799	81131	19610	5511	13915	9136	11092	11549
罚没收入	9485	151404	21436	43827	13239	28976	9037	17776
国有资本经营收入	0	-22752	-22000	1248	-2000	0	0	0
国有资源(资产)有偿使用收入	5542	213375	33675	10580	12563	10010	70653	60581
其他收入	0	27699	12056	3574	1952	3076	1761	4085
二、支出合计	395096	6671630	833839	1296878	1210462	721798	645682	1176450
一般公共服务支出	45018	757568	108518	134713	132799	73098	68410	131448
外交支出	0	0	0	0	0	0	0	0
国防支出	31	6766	2158	829	454	410	947	1469
公共安全支出	33575	442215	117458	82676	69504	42418	40887	68134
教育支出	83296	1366574	174058	301668	215381	134886	125109	246806
科学技术支出	22864	307165	22740	70545	63134	55265	53232	10146
文化旅游体育与传媒支出	4361	132742	42471	26560	20764	10137	13053	13648
社会保障和就业支出	24598	932980	112056	152516	156198	98153	80319	212921
卫生健康支出	22640	775337	71791	124926	140039	86996	62552	193432
节能环保支出	8017	178130	15338	55397	68758	3902	7615	20730
城乡社区支出	35896	376332	21173	121380	71812	35939	17513	51846
农林水支出	66633	465430	19988	84697	121493	56586	58995	68841
交通运输支出	23176	201396	38590	26518	16740	54868	44887	17243
资源勘探信息等支出	5217	158793	2054	24309	54271	12400	19422	20531
商业服务业等支出	5870	64817	1278	10810	10140	1700	4170	11760
金融支出	634	20260	1325	566	7238	892	1159	7609
援助其他地区支出	0	15918	6021	4671	3821	1150	0	0
自然资源海洋气象等支出	6359	63988	10318	5061	18129	4209	11098	9404
住房保障支出	705	165693	36066	22440	8873	21425	15152	22624
粮油物资储备支出	51	35538	5798	6283	11922	3548	998	5133
灾害防治及应急管理支出	839	36662	9567	6382	6429	3611	5335	2395
其他支出	62	20862	758	524	0	0	0	19580
债务付息支出	5247	145570	14155	33084	12441	20098	14763	40730
债务发行费用支出	7	894	160	323	122	107	66	20

续表(八)

单位:万元

项目 \ 地区	越城区	金华市	市本级	兰溪市	永康市	武义县	东阳市	磐安县
一、收入合计	726902	4232520	957716	296095	606739	274484	726456	110690
(一)税收收入小计	654474	3804033	862089	250039	523135	233669	660993	89336
增值税	265044	1404896	291777	118202	247590	124554	226548	46060
企业所得税	120704	484610	116613	33161	43148	25609	103345	12789
个人所得税	29038	229801	49864	14234	14163	6412	85886	4553
资源税	-6	8393	391	2542	0	1974	2499	381
城市维护建设税	41887	209078	56051	17116	32530	12173	34351	6096
房产税	22874	156304	20927	3841	23013	10334	26921	1919
城镇土地使用税	7061	86516	7978	3923	12927	8592	18287	1783
土地增值税	153104	458539	131335	14331	71030	13949	60780	4358
耕地占用税	0	48557	11588	2384	4104	897	15730	906
契税	0	578563	145461	32557	56986	23321	64876	8107
其他各项税收收入	14768	138776	30104	7748	17644	5854	21770	2384
(二)非税收入小计	72428	428487	95627	46056	83604	40815	65463	21354
专项收入	28489	196505	45858	14596	30157	14223	33261	11335
行政事业性收费收入	10318	68380	25068	2709	16486	6599	9592	2573
罚没收入	17113	107257	36443	3402	17261	1961	21339	5412
国有资本经营收入	0	-62150	-30770	-5080	0	0	-2000	0
国有资源(资产)有偿使用收入	15313	103602	14280	29223	13943	16677	3171	1303
其他收入	1195	14893	4748	1206	5757	1355	100	731
二、支出合计	786521	7034142	1099488	760950	782172	564679	996709	398722
一般公共服务支出	108582	776394	127808	65971	83202	48105	83065	50126
外交支出	0	0	0	0	0	0	0	0
国防支出	499	3924	1359	316	494	66	391	31
公共安全支出	21138	524996	104586	38605	69264	30903	61948	20524
教育支出	168666	1379283	153938	127712	161462	89090	215717	75928
科学技术支出	32103	204448	34405	4665	25603	24035	25855	4157
文化旅游体育与传媒支出	6109	144863	25723	9206	16461	10107	24543	8085
社会保障和就业支出	120817	900200	110325	173542	77184	63798	150612	40606
卫生健康支出	95601	664078	98427	95207	82971	49434	103414	35387
节能环保支出	6390	139680	25463	6937	25864	23488	21017	6041
城乡社区支出	56669	410276	39104	30542	89504	55944	34270	37831
农林水支出	54830	542854	40611	61010	54697	53826	81205	73278
交通运输支出	2550	383963	168491	30464	16662	19528	39323	13258
资源勘探信息等支出	25806	244285	56921	65391	12363	19215	58136	1869
商业服务业等支出	24959	137008	21168	6256	9566	964	11493	1714
金融支出	1471	31449	5499	243	5956	211	6192	78
援助其他地区支出	255	11141	2090	0	1928	0	1789	0
自然资源海洋气象等支出	5769	94275	9059	4398	10575	10158	10024	9376
住房保障支出	39113	188128	34858	3280	5127	47950	32772	1137
粮油物资储备支出	1856	18098	7273	1496	2289	957	1560	642
灾害防治及应急管理支出	2943	60340	11462	3294	10649	4104	4970	6404
其他支出	0	30220	2513	26409	0	14	30	960
债务付息支出	10299	143358	18117	5970	20264	12707	28217	11226
债务发行费用支出	96	881	288	36	87	75	166	64

续表(九)　　单位:万元

项目 \ 地区	义乌市	浦江县	金东区	婺城区	衢州市	市本级	龙游县	常山县
一、收入合计	1060054	200286	0	0	1409050	461334	196327	121905
(一)税收收入小计	1024497	160275	0	0	1179559	363832	172955	105997
增值税	289203	60962	0	0	471957	134970	77915	44890
企业所得税	131679	18266	0	0	190648	60403	22413	18853
个人所得税	49747	4942	0	0	50059	15918	5906	2634
资源税	92	514	0	0	4297	0	878	1364
城市维护建设税	43903	6858	0	0	63888	21075	8275	5468
房产税	63706	5643	0	0	35926	10407	5414	3419
城镇土地使用税	29938	3088	0	0	40778	11429	7752	4140
土地增值税	141321	21435	0	0	77451	22227	14113	8024
耕地占用税	13836	-888	0	0	31504	2629	9512	14
契税	213509	33746	0	0	177724	73190	16508	14313
其他各项税收收入	47563	5709	0	0	35327	11584	4269	2878
(二)非税收入小计	35557	40011	0	0	229491	97502	23372	15908
专项收入	36789	10286	0	0	108036	50336	8879	5777
行政事业性收费收入	285	5068	0	0	32082	10256	1798	2180
罚没收入	14501	6938	0	0	51476	25490	4580	4645
国有资本经营收入	-21300	-3000	0	0	-4083	-4000	0	0
国有资源(资产)有偿使用收入	4688	20317	0	0	35690	11525	7367	2465
其他收入	594	402	0	0	6290	3895	748	841
二、支出合计	1372730	397609	327434	333649	4596505	921300	659601	547839
一般公共服务支出	172142	49367	53491	43117	552521	127530	77172	57235
外交支出	0	0	0	0	0	0	0	0
国防支出	699	330	238		5713	2100	565	228
公共安全支出	120041	28090	24982	26053	243149	94794	30215	27927
教育支出	324695	95192	57381	78168	600370	100329	82597	66827
科学技术支出	62363	9430	9588	4347	148396	59154	17197	10883
文化旅游体育与传媒支出	33033	8619	4848	4238	116254	27382	12487	12173
社会保障和就业支出	129838	66340	36112	51843	607632	98780	93082	90994
卫生健康支出	81996	49454	37810	29978	400677	37017	67138	62441
节能环保支出	22694	2330	2493	3353	125694	43262	17295	12375
城乡社区支出	90286	7785	16264	8746	381945	93763	80532	19712
农林水支出	81469	27606	35114	34038	539442	45657	74811	73931
交通运输支出	58866	7859	11777	17735	306267	63341	43071	47154
资源勘探信息等支出	19801	6930	3259	400	127263	45154	12891	6632
商业服务业等支出	74213	880	10340	414	62956	16035	15152	3642
金融支出	11924	277	783	286	7827	3928	1361	651
援助其他地区支出	4553	781	0	0	471	121	100	0
自然资源海洋气象等支出	29997	4756	2850	3082	75002	11027	3996	27558
住房保障支出	18281	14175	9197	21351	156005	25173	9296	9156
粮油物资储备支出	2730	827	193	131	14625	3358	2458	3077
灾害防治及应急管理支出	13022	2718	2834	883	34027	9039	3400	3025
其他支出	0	0	294	0	60	10	0	0
债务付息支出	20028	13842	7518	5469	89743	14289	14718	12172
债务发行费用支出	59	21	68	17	466	57	67	46

续表(十)

单位:万元

项目 \ 地区	江山市	开化县	柯城区	衢江区	舟山市	市本级	岱山县	嵊泗县
一、收入合计	213083	102030	133159	181212	1591996	702757	181290	83094
(一)税收收入小计	192137	83939	106441	154258	1128438	456503	137350	48669
增值税	67947	34470	39958	71807	400836	136136	50969	27096
企业所得税	36045	12060	15592	25282	199998	110303	21783	5445
个人所得税	8978	4655	5002	6966	70221	42661	5130	1714
资源税	733	101	0	1221	31478	299	17659	186
城市维护建设税	10435	4035	7336	7264	68175	29969	4921	2429
房产税	5407	3057	4122	4100	37213	12719	5449	1277
城镇土地使用税	4163	3276	4485	5533	86434	20785	4250	2193
土地增值税	10914	7678	8992	5503	66242	21240	4913	3199
耕地占用税	12367	441	1259	5282	10709	5409	3855	101
契税	29320	11842	16229	16322	100834	42255	14265	2274
其他各项税收收入	5828	2324	3466	4978	56298	34727	4156	2755
(二)非税收入小计	20946	18091	26718	26954	463558	246254	43940	34425
专项收入	9493	8739	13118	11694	175744	139420	5939	2740
行政事业性收费收入	2355	363	9374	5756	22697	5081	2951	2860
罚没收入	4566	7483	2447	2265	79198	13693	16546	2091
国有资本经营收入	-83	0	0	0	0	0	0	0
国有资源(资产)有偿使用收入	3821	1494	1779	7239	167411	76477	17842	26371
其他收入	794	12			18508	11583	662	363
二、支出合计	721817	561256	568716	615976	3126851	1231670	543385	306052
一般公共服务支出	69580	65262	62883	92859	496243	310758	47422	37977
外交支出	0	0	0	0	0	0	0	0
国防支出	1239	798	147	636	3613	1571	454	651
公共安全支出	36341	24181	14846	14845	162166	60910	23240	16519
教育支出	102477	64884	76820	106436	325608	108603	52452	29944
科学技术支出	26765	12052	9771	12574	72132	32253	11455	4410
文化旅游体育与传媒支出	24437	17859	12973	8943	83395	44877	9982	8342
社会保障和就业支出	108747	85918	52576	77535	312845	131625	63966	21765
卫生健康支出	76959	47094	42499	67529	196513	62205	36939	25560
节能环保支出	5808	32865	8419	5670	43023	8908	5088	6949
城乡社区支出	46471	46593	79040	15834	347001	139149	68410	30424
农林水支出	104215	77788	83611	79429	503580	51879	137616	79716
交通运输支出	47314	22564	18770	64053	253686	165808	39638	10219
资源勘探信息等支出	8228	956	38845	14557	59111	21489	12221	7488
商业服务业等支出	7233	6256	3800	10838	16924	6008	1054	3172
金融支出	1038	389	164	296	1222	487	147	120
援助其他地区支出	0	0	150	100	2397	1330	0	0
自然资源海洋气象等支出	4715	8439	11539	7728	33880	14305	3785	3532
住房保障支出	26594	21401	41002	23383	90806	29356	9222	6696
粮油物资储备支出	1934	1267	138	2393	6534	3726	1719	1042
灾害防治及应急管理支出	5259	5613	3882	3809	14184	4886	2561	1780
其他支出	50	0	0	0	8695	555	1048	201
债务付息支出	16323	18992	6770	6479	92819	30788	14861	9512
债务发行费用支出	90	85	71	50	474	194	105	33

续表(十一) 单位:万元

项目＼地区	定海区	普陀区	台州市	市本级	临海市	温岭市	玉环市	三门县
一、收入合计	320252	304603	4012385	428911	594890	721157	478468	161600
(一)税收收入小计	244405	241511	3361487	289098	498090	604371	400865	133108
增值税	103205	83430	1524829	93183	241750	261715	228697	71146
企业所得税	31147	31320	503249	43629	66972	90660	49479	15799
个人所得税	11554	9162	192838	20601	33723	37221	14653	6393
资源税	8914	4420	8940	0	1826	669	1066	455
城市维护建设税	18223	12633	222754	28044	31242	34802	31213	8326
房产税	6444	11324	119570	12915	12755	27210	13979	3205
城镇土地使用税	20807	38399	56083	3186	7369	16182	8007	2372
土地增值税	18413	18477	201651	21397	31023	42817	10477	5427
耕地占用税	1233	111	28911	1746	7096	6215	589	2568
契税	16783	25257	381930	50079	50683	63788	31760	12268
其他各项税收收入	7682	6978	120732	14318	13651	23092	10945	5149
(二)非税收入小计	75847	63092	650898	139813	96800	116786	77603	28492
专项收入	17235	10410	289729	20850	37740	70708	65483	9536
行政事业性收费收入	7696	4109	79095	10641	9085	7055	3517	3712
罚没收入	35452	11416	203714	60942	32675	31104	5778	9851
国有资本经营收入	0	0	-37056	-2000	0	-6000	-4000	-220
国有资源(资产)有偿使用收入	12667	34054	98601	47539	15928	9337	6825	4885
其他收入	2797	3103	16815	1841	1372	4582	0	728
二、支出合计	435109	610635	7001415	1035073	1053372	1074370	685049	537850
一般公共服务支出	43324	56762	835412	139350	103246	113048	101811	66932
外交支出	0	0	0	0	0	0	0	0
国防支出	329	608	9449	1677	961	111	873	423
公共安全支出	30418	31079	514759	114547	63660	84871	45862	30010
教育支出	63268	71341	1491485	194655	224256	250952	133429	100784
科学技术支出	11601	12413	175336	29861	29586	20701	32634	4957
文化旅游体育与传媒支出	7579	12615	173899	25485	26419	35273	16119	9524
社会保障和就业支出	33939	61550	760182	43195	101032	118954	81064	73040
卫生健康支出	26948	44861	677722	99277	113919	87972	58305	50059
节能环保支出	9128	12950	158394	18484	47190	14414	8060	12289
城乡社区支出	32343	76675	393326	58605	71520	52747	52358	32390
农林水支出	87572	146797	744922	50710	122354	183318	51810	75510
交通运输支出	20583	17438	266493	52371	30309	18864	46471	25103
资源勘探信息等支出	9736	8177	111662	33590	19984	12965	5809	5141
商业服务业等支出	3204	3486	38485	13708	3241	7245	4460	870
金融支出	137	331	61102	55971	444	442	461	245
援助其他地区支出	350	717	17268	5449	1812	3025	2104	80
自然资源海洋气象等支出	3929	8329	120166	27946	14934	16171	8368	12961
住房保障支出	25787	19745	133678	30579	17066	1584	11289	8862
粮油物资储备支出	0	47	25668	885	12514	2435	1247	3698
灾害防治及应急管理支出	2986	1971	76384	9285	19607	12224	3910	5747
其他支出	1107	5784	2074	5	281	437	561	476
债务付息支出	20746	16912	212612	29172	28937	36481	17967	18679
债务发行费用支出	95	47	937	266	100	136	77	70

续表(十二)

单位:万元

项目 \ 地区	仙居县	天台县	椒江区	黄岩区	路桥区	丽水市	市本级	缙云县
一、收入合计	198237	203992	443280	397974	383876	1438556	384707	172529
(一)税收收入小计	163837	175086	406178	355677	335177	1176652	322409	140625
增值税	82750	77608	159738	172961	135281	495504	108757	69943
企业所得税	23638	28313	64690	50561	69508	177698	58173	13557
个人所得税	8610	10071	25612	17614	18340	71544	14931	7370
资源税	836	1327	7	1080	1674	8206	584	329
城市维护建设税	8472	8140	24220	26236	22059	65408	18688	8425
房产税	3662	5606	12389	11127	16722	18023	4550	2573
城镇土地使用税	1343	1660	4516	4430	7018	12464	5181	1533
土地增值税	11539	14175	36812	18199	9785	123642	50453	15798
耕地占用税	1020	3042	58	2638	3939	13936	900	1190
契税	16910	19420	61048	41052	34922	158339	51551	15782
其他各项税收收入	5057	5724	17088	9779	15929	31888	8641	4125
(二)非税收入小计	34400	28906	37102	42297	48699	261904	62298	31904
专项收入	10297	11652	17411	18802	27250	86194	24106	9664
行政事业性收费收入	6950	6291	14627	11378	5839	32627	5448	2608
罚没收入	17410	6675	13368	8572	17339	69706	17125	12367
国有资本经营收入	-3000	-1103	-11300	-4633	-4800	-907	0	-550
国有资源(资产)有偿使用收入	1488	4071	1129	6254	1145	63540	12346	6611
其他收入	1255	1320	1867	1924	1926	10744	3273	1204
二、支出合计	534993	532610	554913	589274	403911	5270971	824644	656728
一般公共服务支出	54394	65294	78748	60457	52132	573473	88381	55615
外交支出	0	0	0	0	0	0	0	0
国防支出	2751	595	845	1020	193	5630		234
公共安全支出	25197	31239	46096	36610	36667	283632	60124	34087
教育支出	101073	131248	120177	138171	96740	839689	135556	126895
科学技术支出	4095	8567	15530	23189	6216	114952	29837	14200
文化旅游体育与传媒支出	9060	12924	9389	18049	11657	124751	19993	15749
社会保障和就业支出	80533	47188	72196	95794	47186	629779	47443	105172
卫生健康支出	56002	58828	56386	58234	38740	527592	47729	70532
节能环保支出	15326	7044	7525	8982	19080	99762	27569	4978
城乡社区支出	18951	39220	14858	29932	22745	609610	163181	36972
农林水支出	65606	66288	41091	57029	31206	639976	26215	78914
交通运输支出	34284	22581	7754	19788	8968	336338	119002	30425
资源勘探信息等支出	6341	1845	12169	7352	6466	106742	14021	20488
商业服务业等支出	992	1030	4592	1523	824	16833	3116	3487
金融支出	911	352	1883	298	95	7390	2550	151
援助其他地区支出	0	0	1795	1515	1488	114	0	0
自然资源海洋气象等支出	11193	8524	9886	6149	4034	68675	9035	9253
住房保障支出	20046	11794	27357	3558	1543	113585	8329	20559
粮油物资储备支出	805	1081	1220	836	947	17353	3130	6798
灾害防治及应急管理支出	8092	3945	5537	5676	2361	34646	3263	7822
其他支出	17	0	88	128	81	2854	0	609
债务付息支出	19268	12958	19773	14914	14463	116983	16024	13753
债务发行费用支出	56	65	18	70	79	612	146	35

续表(十三)　　单位:万元

项目 \ 地区	景宁县	莲都区	龙泉市	青田县	庆元县	松阳县	遂昌县	云和县
一、收入合计	89586	179583	91747	190290	52531	81895	114325	81363
(一)税收收入小计	77809	146179	74670	139059	42032	66648	92741	74480
增值税	44312	41226	33081	67034	16883	30635	42598	41035
企业所得税	7449	32618	10115	21861	5871	10956	12315	4783
个人所得税	13811	7116	4230	7381	2168	5253	6924	2360
资源税	166	422	839	3569	84	794	1339	80
城市维护建设税	4210	8216	4462	7047	2075	2904	4575	4806
房产税	524	1280	1582	2402	779	808	1803	1722
城镇土地使用税	251	501	-88	682	692	492	1637	1583
土地增值税	967	23067	5926	10264	7105	4187	2158	3717
耕地占用税	589	652	780	1082	755	1382	1471	5135
契税	3558	26185	11191	14789	4320	7376	15792	7795
其他各项税收收入	1972	4896	2552	2948	1300	1861	2129	1464
(二)非税收入小计	11777	33404	17077	51231	10499	15247	21584	6883
专项收入	4824	10596	4446	12166	3241	5330	6822	4999
行政事业性收费收入	2555	4226	1133	11137	1324	2863	1283	50
罚没收入	1019	13132	4000	7666	5064	2216	5843	1274
国有资本经营收入	0	0	-225	0	0	0	-132	0
国有资源(资产)有偿使用收入	2052	5450	6883	18610	330	3901	6891	466
其他收入	1327		840	1652	540	937	877	94
二、支出合计	438107	547009	505996	679018	390815	472153	426611	329890
一般公共服务支出	53993	57108	50731	81897	48787	47415	48934	40612
外交支出	0	0	0	0	0	0	0	0
国防支出	697	890	795	596	235	750	677	756
公共安全支出	17925	31927	24503	33112	24189	20160	20929	16676
教育支出	48315	77180	82052	120397	63890	65117	74539	45748
科学技术支出	5297	10997	10542	22911	4588	5848	6399	4333
文化旅游体育与传媒支出	13590	11045	14363	14865	8824	8953	8910	8459
社会保障和就业支出	49667	89283	63416	78395	32156	68926	58642	36679
卫生健康支出	41693	72196	55394	80298	32661	48580	45045	33464
节能环保支出	6819	11667	7602	6985	5387	4646	11166	12943
城乡社区支出	37400	60636	47148	75085	25730	77234	41320	44904
农林水支出	64056	61587	81955	81965	74863	80801	49677	39943
交通运输支出	27637	21667	27973	29078	34440	15116	16811	14189
资源勘探信息等支出	40943	6401	5282	8313	638	1474	3625	5557
商业服务业等支出	686	1424	1805	1594	1066	1462	1458	735
金融支出	0	80	473	748	2800	67	371	150
援助其他地区支出	0	0	0	20	0	94	0	0
自然资源海洋气象等支出	4093	3378	10075	8341	6519	4567	9223	4191
住房保障支出	9411	15060	3054	19729	9035	7631	12181	8596
粮油物资储备支出	518	763	1052	1372	1227	816	863	814
灾害防治及应急管理支出	2497	4386	1865	2550	3277	1830	4270	2886
其他支出	586	208	0	267	160	0	932	92
债务付息支出	12243	9081	15852	10437	10283	10618	10586	8106
债务发行费用支出	41	45	64	63	60	48	53	57

2020年浙江省各市县财政总收入

单位:万元

地区名称	财政总收入	地区名称	财政总收入	地区名称	财政总收入
杭州小计	**38541929**	桐乡市	1533678	常山县	199038
杭州市	37001224	嘉善县	1170580	龙游县	316860
桐庐县	583038	海盐县	1000545	开化县	161624
建德市	556360	**湖州小计**	**5820871**	**舟山小计**	**2544983**
淳安县	401307	湖州市	2440392	舟山市	2151408
宁波小计	**28355977**	德清县	1161800	岱山县	272640
宁波市	22769147	安吉县	1001081	嵊泗县	120935
慈溪市	1877932	长兴县	1217598	**台州小计**	**6828276**
余姚市	1852308	**绍兴小计**	8530166	台州市	2878168
宁海县	1039774	绍兴市	5657918	温岭市	1189771
象山县	816816	诸暨市	1454666	临海市	1018556
温州小计	**9625158**	嵊州市	714644	玉环市	803435
温州市	4545167	新昌县	702938	三门县	266081
乐清市	1568189	**金华小计**	**6808806**	天台县	342709
瑞安市	1275561	金华市	1591618	仙居县	329556
永嘉县	606903	兰溪市	490555	**丽水小计**	**2401478**
平阳县	575434	东阳市	1237260	丽水市	938520
苍南县	404004	义乌市	1622696	龙泉市	146359
文成县	157085	永康市	940693	青田县	301200
泰顺县	239468	浦江县	296080	云和县	133124
龙港市	253347	武义县	447117	庆元县	81482
嘉兴小计	10030746	磐安县	182787	缙云县	275938
嘉兴市	3128730	**衢州小计**	**2287402**	遂昌县	185850
海宁市	1689106	衢州市	1260270	松阳县	136942
平湖市	1508107	江山市	349610	景宁县	202063

2020年浙江省乡镇(含比照乡镇财政体制管理的街道)一般公共预算收入排序表

单位:万元

排序	所属地区	县(市、区)	乡镇(街道)	一般公共预算收入	排序	所属地区	县(市、区)	乡镇(街道)	一般公共预算收入
1	绍兴市	柯桥区	马鞍街道	213266.00	32	嘉兴市	海宁市	长安镇	87053.00
2	杭州市	余杭区	良渚街道	207820.00	33	温州市	永嘉县	三江街道	85251.00
3	湖州市	安吉县	递铺街道	200666.00	34	台州市	临海市	杜桥镇	84596.00
4	温州市	乐清市	柳市镇	191718.00	35	温州市	乐清市	北白象镇	79744.00
5	嘉兴市	平湖市	乍浦镇	176193.00	36	嘉兴市	南湖区	大桥镇	76963.00
6	金华市	义乌市	稠江街道	160882.00	37	绍兴市	诸暨市	店口镇	74705.00
7	宁波市	江北区	慈城镇	159991.00	38	湖州市	南浔区	南浔镇	74471.00
8	金华市	东阳市	横店镇	159114.00	39	宁波市	海曙区	高桥镇	72593.00
9	杭州市	余杭区	仓前街道	152470.00	40	绍兴市	嵊州市	浦口街道	72267.00
10	湖州市	吴兴区	八里店镇	149834.00	41	嘉兴市	海盐县	西塘桥街道	72188.00
11	嘉兴市	平湖市	钟埭街道	147964.00	42	绍兴市	诸暨市	陶朱街道	71508.00
12	湖州市	吴兴区	织里镇	144912.00	43	嘉兴市	海宁市	海昌街道	71345.00
13	温州市	永嘉县	瓯北街道	139660.00	44	杭州市	萧山区	瓜沥镇	71160.00
14	杭州市	余杭区	五常街道	138259.00	45	湖州市	吴兴区	埭溪镇	70740.00
15	绍兴市	上虞区	曹娥街道	134877.00	46	温州市	瑞安市	塘下镇	67724.00
16	绍兴市	上虞区	百官街道	133646.00	47	舟山市	普陀区	东港街道	67016.00
17	台州市	玉环市	玉城街道	133224.00	48	宁波市	海曙区	集士港镇	65707.00
18	绍兴市	诸暨市	暨阳街道	127250.00	49	金华市	武义县	白洋街道	65596.00
19	嘉兴市	嘉善县	惠民街道	123727.00	50	嘉兴市	平湖市	当湖街道	65167.00
20	宁波市	鄞州区	姜山镇	117540.00	51	绍兴市	柯桥区	齐贤街道	64812.00
21	宁波市	慈溪市	观海卫镇	117072.00	52	杭州市	余杭区	崇贤街道	64593.00
22	金华市	义乌市	北苑街道	116264.00	53	湖州市	长兴县	李家巷镇	63311.00
23	湖州市	长兴县	太湖街道	111351.00	54	温州市	平阳县	鳌江镇	62918.00
24	金华市	义乌市	稠城街道	102724.00	55	湖州市	长兴县	煤山镇	62412.00
25	宁波市	慈溪市	周巷镇	99093.00	56	温州市	乐清市	城东街道	62246.00
26	嘉兴市	海盐县	武原街道	98602.00	57	嘉兴市	桐乡市	梧桐街道	62175.00
27	杭州市	余杭区	闲林街道	94695.00	58	温州市	乐清市	城南街道	62051.00
28	嘉兴市	桐乡市	高桥街道	94094.00	59	台州市	临海市	古城街道	61264.00
29	杭州市	余杭区	余杭街道	93459.00	60	宁波市	慈溪市	龙山镇	60795.00
30	温州市	苍南县	灵溪镇	91299.00	61	台州市	玉环市	大麦屿街道	60444.00
31	台州市	临海市	大洋街道	87179.00	62	宁波市	慈溪市	横河镇	59121.00

续表(一)

单位:万元

排序	所属地区	县(市、区)	乡镇(街道)	一般公共预算收入	排序	所属地区	县(市、区)	乡镇(街道)	一般公共预算收入
63	绍兴市	柯桥区	钱清街道	58867.00	94	湖州市	安吉县	省际承接产业转移示范区安吉分区	46975.00
64	舟山市	普陀区	六横镇	58785.00	95	湖州市	安吉县	昌硕街道	46959.00
65	宁波市	余姚市	泗门镇	58706.00	96	温州市	泰顺县	罗阳镇	46732.00
66	绍兴市	柯桥区	杨汛桥街道	58260.00	97	温州市	平阳县	万全镇	45095.00
67	杭州市	西湖区	三墩镇	58057.00	98	宁波市	鄞州区	邱隘镇	44927.00
68	金华市	永康市	东城街道	55250.00	99	绍兴市	诸暨市	大唐街道	44814.00
69	金华市	义乌市	廿三里街道	54988.00	100	湖州市	长兴县	画溪街道	44786.00
70	台州市	温岭市	大溪镇	54749.00	101	嘉兴市	南湖区	七星街道	43690.00
71	嘉兴市	海宁市	黄湾镇	53670.00	102	杭州市	富阳区	银湖街道	43239.00
72	杭州市	富阳区	富春街道	53546.00	103	嘉兴市	海宁市	马桥街道	42901.00
73	宁波市	宁海县	西店镇	53533.00	104	台州市	温岭市	泽国镇	42855.00
74	绍兴市	柯桥区	安昌街道	53279.00	105	嘉兴市	平湖市	独山港镇	42824.00
75	金华市	义乌市	江东街道	52613.00	106	台州市	仙居县	福应街道	42416.00
76	绍兴市	诸暨市	浣东街道	52569.00	107	杭州市	余杭区	塘栖镇	42385.00
77	绍兴市	柯桥区	福全街道	52389.00	108	嘉兴市	桐乡市	濮院镇	42017.00
78	丽水市	青田县	鹤城街道	52369.00	109	宁波市	象山县	西周镇	42008.00
79	台州市	天台县	赤城街道	51251.00	110	杭州市	余杭区	乔司街道	41541.00
80	金华市	义乌市	福田街道	50954.00	111	嘉兴市	桐乡市	洲泉镇	41487.00
81	嘉兴市	嘉善县	姚庄镇	50491.00	112	台州市	玉环市	坎门街道	40888.00
82	金华市	义乌市	佛堂镇	50110.00	113	丽水市	缙云县	五云街道	40845.00
83	金华市	义乌市	苏溪镇	49862.00	114	舟山市	岱山县	衢山镇	40732.00
84	宁波市	海曙区	古林镇	49809.00	115	温州市	乐清市	乐成街道	40618.00
85	金华市	武义县	壶山街道	49361.00	116	台州市	路桥区	金清镇	40517.00
86	金华市	永康市	西城街道	49215.00	117	杭州市	余杭区	瓶窑镇	40173.00
87	金华市	武义县	熟溪街道	49075.00	118	绍兴市	上虞区	崧厦街道	39971.00
88	宁波市	鄞州区	五乡镇	48178.00	119	杭州市	萧山区	义桥镇	39916.00
89	宁波市	鄞州区	云龙镇	48041.00	120	杭州市	西湖区	双浦镇	39502.00
90	温州市	平阳县	昆阳镇	47464.00	121	绍兴市	上虞区	道墟街道	39048.00
91	宁波市	慈溪市	庵东镇	47424.00	122	台州市	玉环市	楚门镇	38834.00
92	宁波市	奉化市	溪口镇	47335.00	123	嘉兴市	桐乡市	乌镇镇	38721.00
93	湖州市	德清县	新市镇	47223.00	124	杭州市	富阳区	东洲街道	38416.00

续表(二)

单位:万元

排序	所属地区	县(市、区)	乡镇(街道)	一般公共预算收入	排序	所属地区	县(市、区)	乡镇(街道)	一般公共预算收入
125	湖州市	德清县	雷甸镇	38387.00	156	台州市	仙居县	安洲街道	29973.00
126	湖州市	德清县	钟管镇	37233.00	157	宁波市	宁海县	黄坛镇	29776.00
127	宁波市	慈溪市	掌起镇	37044.00	158	嘉兴市	海宁市	袁花镇	29750.00
128	湖州市	安吉县	灵峰街道	36540.00	159	杭州市	余杭区	中泰街道	29259.00
129	金华市	义乌市	后宅街道	36035.00	160	台州市	仙居县	南峰街道	29186.00
130	嘉兴市	桐乡市	崇福镇	35954.00	161	宁波市	慈溪市	长河镇	28860.00
131	宁波市	慈溪市	逍林镇	35377.00	162	杭州市	萧山区	衙前镇	28818.00
132	丽水市	青田县	温溪镇	35222.00	163	嘉兴市	平湖市	曹桥街道	28489.00
133	金华市	义乌市	城西街道	35183.00	164	宁波市	鄞州区	东吴镇	28085.00
134	宁波市	余姚市	马渚镇	34656.00	165	金华市	永康市	古山镇	27937.00
135	温州市	乐清市	虹桥镇	34564.00	166	嘉兴市	平湖市	新埭镇	27911.00
136	湖州市	德清县	乾元镇	34251.00	167	湖州市	安吉县	梅溪镇	27790.00
137	绍兴市	嵊州市	剡湖街道	33990.00	168	杭州市	余杭区	仁和街道	27442.00
138	金华市	永康市	城西新区	33985.00	169	嘉兴市	平湖市	新仓镇	27170.00
139	绍兴市	嵊州市	三江街道	33956.00	170	宁波市	象山县	石浦镇	27156.00
140	杭州市	萧山区	临浦镇	33680.00	171	温州市	平阳县	水头镇	27056.00
141	杭州市	富阳区	新登镇	33459.00	172	宁波市	镇海区	九龙湖镇	26703.60
142	湖州市	南浔区	双林镇	33330.00	173	台州市	玉环市	清港镇	26682.00
143	嘉兴市	嘉善县	魏塘街道	32899.00	174	宁波市	余姚市	丈亭镇	26353.00
144	湖州市	南浔区	练市镇	32583.00	175	台州市	临海市	江南街道	26138.00
145	丽水市	缙云县	壶镇镇	32547.00	176	嘉兴市	嘉善县	罗星街道	25952.00
146	金华市	兰溪市	灵洞乡	32399.00	177	湖州市	长兴县	泗安镇	25815.00
147	绍兴市	柯桥区	平水镇	32336.00	178	金华市	武义县	桐琴镇	25671.00
148	嘉兴市	嘉善县	西塘镇	32275.00	179	金华市	永康市	江南街道	25284.00
149	湖州市	吴兴区	妙西镇	32005.00	180	湖州市	吴兴区	环渚街道	25202.00
150	湖州市	长兴县	和平镇	31612.00	181	宁波市	鄞州区	东钱湖镇	25134.00
151	绍兴市	上虞区	小越街道	31468.00	182	宁波市	海曙区	横街镇	25074.00
152	嘉兴市	海宁市	许村镇	30858.00	183	宁波市	余姚市	陆埠镇	24919.00
153	台州市	玉环市	沙门镇	30427.00	184	嘉兴市	秀洲区	王江泾镇	24913.00
154	台州市	天台县	始丰街道	30276.00	185	嘉兴市	海盐县	百步镇	24788.00
155	湖州市	德清县	武康街道	30242.00	186	湖州市	吴兴区	湖东街道	24521.00

续表(三)

单位:万元

排序	所属地区	县(市、区)	乡镇(街道)	一般公共预算收入	排序	所属地区	县(市、区)	乡镇(街道)	一般公共预算收入
187	湖州市	南浔区	和孚镇	24379.00	218	杭州市	萧山区	所前镇	20320.00
188	嘉兴市	嘉善县	天凝镇	24212.00	219	嘉兴市	海宁市	盐官镇	20308.00
189	金华市	东阳市	巍山镇	24146.00	220	温州市	平阳县	萧江镇	20290.00
190	湖州市	安吉县	孝丰镇	24038.00	221	宁波市	奉化市	松岙镇	20197.00
191	宁波市	余姚市	临山镇	23992.00	222	杭州市	萧山区	浦阳镇	20051.00
192	嘉兴市	南湖区	余新镇	23755.00	223	湖州市	长兴县	雉城街道	19925.00
193	宁波市	慈溪市	崇寿镇	23456.00	224	台州市	临海市	上盘镇	19717.00
194	金华市	东阳市	歌山镇	23450.00	225	宁波市	鄞州区	横溪镇	19525.00
195	绍兴市	诸暨市	次坞镇	23407.00	226	温州市	瓯海区	梧田街道	19237.00
196	嘉兴市	嘉善县	大云镇	23381.00	227	宁波市	余姚市	黄家埠镇	19154.00
197	嘉兴市	海盐县	秦山街道	23359.00	228	嘉兴市	嘉善县	陶庄镇	18890.00
198	嘉兴市	海盐县	望海街道	23159.00	229	台州市	路桥区	新桥镇	18815.00
199	温州市	永嘉县	南城街道	22891.00	230	绍兴市	上虞区	东关街道	18776.00
200	台州市	玉环市	芦浦镇	22839.00	231	金华市	磐安县	安文街道	18670.00
201	宁波市	余姚市	小曹娥镇	22755.00	232	丽水市	龙泉市	龙渊街道	18555.00
202	宁波市	镇海区	澥浦镇	22651.10	233	台州市	临海市	汛桥镇	18528.00
203	绍兴市	柯桥区	兰亭街道	22640.00	234	宁波市	慈溪市	新浦镇	18235.00
204	台州市	温岭市	松门镇	22585.00	235	台州市	路桥区	横街镇	18219.00
205	台州市	临海市	大田街道	22467.00	236	丽水市	莲都区	碧湖镇	18108.00
206	金华市	兰溪市	兰江街道	22435.00	237	宁波市	余姚市	河姆渡镇	18048.00
207	湖州市	南浔区	菱湖镇	21807.00	238	金华市	武义县	泉溪镇	17980.00
208	宁波市	海曙区	洞桥镇	21799.00	239	金华市	义乌市	上溪镇	17822.00
209	杭州市	富阳区	春江街道	21649.00	240	杭州市	富阳区	鹿山街道	17806.00
210	湖州市	德清县	洛舍镇	21167.00	241	嘉兴市	海宁市	斜桥镇	17742.00
211	金华市	东阳市	南马镇	21086.00	242	嘉兴市	南湖区	凤桥镇	17717.00
212	湖州市	长兴县	龙山街道	21032.00	243	舟山市	普陀区	沈家门街道	17654.00
213	金华市	永康市	芝英镇	20976.00	244	绍兴市	上虞区	梁湖街道	17649.00
214	杭州市	建德市	新安江街道	20878.00	245	宁波市	慈溪市	胜山镇	17525.00
215	舟山市	定海区	金塘镇	20774.00	246	绍兴市	嵊州市	甘霖镇	17388.00
216	金华市	义乌市	义亭镇	20586.00	247	湖州市	长兴县	洪桥镇	17304.00
217	台州市	温岭市	箬横镇	20385.00	248	舟山市	岱山县	高亭镇	17268.00

续表(四)　　单位:万元

排序	所属地区	县(市、区)	乡镇(街道)	一般公共预算收入	排序	所属地区	县(市、区)	乡镇(街道)	一般公共预算收入
249	温州市	瓯海区	娄桥街道	17262.00	280	衢州市	常山县	辉埠镇	14632.00
250	湖州市	长兴县	夹浦镇	16737.00	281	衢州市	柯城区	航埠镇	14596.00
251	湖州市	南浔区	旧馆镇	16582.00	282	宁波市	余姚市	三七市镇	14560.00
252	台州市	三门县	海游街道	16268.00	283	衢州市	开化县	华埠镇	14474.00
253	嘉兴市	嘉善县	干窑镇	16204.00	284	金华市	永康市	象珠镇	14438.00
254	台州市	天台县	平桥镇	16183.00	285	丽水市	松阳县	西屏街道	14324.00
255	嘉兴市	海宁市	丁桥镇	16091.00	286	杭州市	余杭区	运河街道	14232.00
256	嘉兴市	南湖区	新丰镇	15964.00	287	嘉兴市	海宁市	海洲街道	14205.00
257	宁波市	鄞州区	瞻岐镇	15946.00	288	丽水市	青田县	瓯南街道	14204.00
258	温州市	永嘉县	桥下镇	15914.00	289	杭州市	富阳区	场口镇	14144.00
259	台州市	温岭市	滨海镇	15740.00	290	台州市	温岭市	温峤镇	13949.00
260	嘉兴市	桐乡市	石门镇	15728.00	291	台州市	温岭市	石塘镇	13932.00
261	宁波市	余姚市	牟山镇	15722.00	292	台州市	临海市	沿江镇	13916.00
262	湖州市	德清县	新安镇	15612.00	293	湖州市	吴兴区	东林镇	13886.00
263	杭州市	萧山区	河上镇	15595.00	294	温州市	瓯海区	新桥街道	13862.00
264	台州市	黄岩区	院桥镇	15558.00	295	宁波市	鄞州区	咸祥镇	13801.00
265	丽水市	云和县	浮云街道	15550.00	296	丽水市	青田县	油竹街道	13800.00
266	嘉兴市	海盐县	通元镇	15528.00	297	杭州市	萧山区	戴村镇	13779.00
267	金华市	义乌市	大陈镇	15526.00	298	温州市	永嘉县	乌牛街道	13739.00
268	温州市	洞头区	东屏街道	15347.00	299	杭州市	桐庐县	桐君街道	13688.00
269	台州市	温岭市	新河镇	15320.00	300	绍兴市	诸暨市	枫桥镇	13627.00
270	湖州市	德清县	禹越镇	15307.00	301	嘉兴市	桐乡市	凤鸣街道	13600.00
271	台州市	临海市	东塍镇	15226.00	302	嘉兴市	海盐县	沈荡镇	13584.00
272	嘉兴市	秀洲区	王店镇	15188.00	303	温州市	瓯海区	潘桥街道	13545.00
273	宁波市	慈溪市	匡堰镇	15127.00	304	舟山市	岱山县	秀山乡	13470.00
274	绍兴市	诸暨市	牌头镇	15068.00	305	温州市	乐清市	南岳镇	13330.00
275	台州市	路桥区	蓬街镇	15048.00	306	丽水市	缙云县	新碧街道	13323.00
276	温州市	永嘉县	北城街道	14991.00	307	温州市	泰顺县	司前畲族镇	13287.00
277	温州市	瓯海区	郭溪街道	14925.00	308	杭州市	萧山区	党湾镇	12961.00
278	台州市	天台县	福溪街道	14797.00	309	杭州市	富阳区	大源镇	12562.00
279	金华市	永康市	龙山镇	14669.00	310	宁波市	慈溪市	附海镇	12480.00

续表(五)　　单位:万元

排序	所属地区	县(市、区)	乡镇(街道)	一般公共预算收入	排序	所属地区	县(市、区)	乡镇(街道)	一般公共预算收入
311	嘉兴市	海宁市	周王庙镇	12440.00	342	宁波市	鄞州区	塘溪镇	10809.00
312	杭州市	桐庐县	分水镇	12393.00	343	金华市	浦江县	浦阳街道	10800.00
313	湖州市	长兴县	小浦镇	12313.00	344	温州市	洞头区	北岙街道	10767.00
314	杭州市	富阳区	渌渚镇	12264.00	345	湖州市	德清县	下渚湖街道	10750.00
315	杭州市	富阳区	新桐乡	12208.00	346	嘉兴市	海盐县	澉浦镇	10731.00
316	金华市	东阳市	湖溪镇	12107.00	347	湖州市	安吉县	天子湖镇	10730.00
317	嘉兴市	桐乡市	屠甸镇	12062.00	348	湖州市	安吉县	杭垓镇	10621.00
318	杭州市	萧山区	益农镇	12057.00	349	宁波市	余姚市	梁弄镇	10581.00
319	温州市	乐清市	翁垟街道	12032.00	350	嘉兴市	秀洲区	油车港镇	10569.00
320	金华市	义乌市	赤岸镇	12032.00	351	杭州市	桐庐县	富春江镇	10565.00
321	温州市	鹿城区	藤桥镇	11923.00	352	杭州市	临安区	板桥镇	10560.00
322	衢州市	江山市	贺村镇	11727.00	353	嘉兴市	平湖市	广陈镇	10495.00
323	衢州市	龙游县	湖镇镇	11716.00	354	杭州市	桐庐县	城南街道	10413.00
324	绍兴市	诸暨市	山下湖镇	11654.00	355	舟山市	定海区	岑港街道	10401.00
325	金华市	浦江县	黄宅镇	11620.00	356	温州市	永嘉县	桥头镇	10387.00
326	宁波市	象山县	东陈乡	11612.00	357	温州市	瓯海区	仙岩街道	10386.00
327	绍兴市	上虞区	章镇镇	11611.00	358	绍兴市	嵊州市	三界镇	10369.00
328	湖州市	长兴县	林城镇	11560.00	359	衢州市	江山市	虎山街道	10343.00
329	绍兴市	上虞区	丰惠镇	11498.00	360	嘉兴市	秀洲区	洪合镇	10309.00
330	金华市	永康市	花街镇	11386.00	361	湖州市	德清县	舞阳街道	10173.00
331	金华市	磐安县	尖山镇	11379.00	362	绍兴市	诸暨市	安华镇	10138.00
332	杭州市	富阳区	环山乡	11366.00	363	杭州市	临安区	太湖源镇	10054.00
333	宁波市	慈溪市	桥头镇	11319.00	364	绍兴市	嵊州市	黄泽镇	10048.00
334	台州市	玉环市	龙溪镇	11284.00	365	金华市	永康市	石柱镇	10008.00
335	嘉兴市	海盐县	于城镇	11154.00	366	金华市	兰溪市	永昌街道	9991.00
336	绍兴市	嵊州市	鹿山街道	11114.00	367	衢州市	江山市	双塔街道	9962.00
337	杭州市	余杭区	径山镇	11097.00	368	丽水市	遂昌县	妙高街道	9930.00
338	宁波市	海曙区	鄞江镇	11091.00	369	绍兴市	诸暨市	姚江镇	9809.00
339	嘉兴市	平湖市	林埭镇	11051.00	370	宁波市	象山县	黄避岙乡	9795.00
340	杭州市	萧山区	进化镇	11043.00	371	绍兴市	诸暨市	璜山镇	9777.00
341	杭州市	富阳区	灵桥镇	10844.00	372	宁波市	奉化市	裘村镇	9685.00

续表(六) 单位:万元

排序	所属地区	县(市、区)	乡镇(街道)	一般公共预算收入	排序	所属地区	县(市、区)	乡镇(街道)	一般公共预算收入
373	湖州市	长兴县	水口乡	9586.00	404	杭州市	建德市	寿昌镇	7892.00
374	台州市	临海市	涌泉镇	9558.00	405	绍兴市	上虞区	盖北镇	7842.00
375	金华市	磐安县	新渥街道	9557.00	406	温州市	苍南县	矾山镇	7792.00
376	温州市	瓯海区	瞿溪街道	9423.00	407	杭州市	建德市	梅城镇	7666.00
377	温州市	瓯海区	南白象街道	9398.00	408	杭州市	建德市	乾潭镇	7604.00
378	台州市	玉环市	干江镇	9392.00	409	温州市	乐清市	盐盆街道	7579.00
379	嘉兴市	桐乡市	河山镇	9313.00	410	杭州市	建德市	下涯镇	7574.00
380	温州市	平阳县	海西镇	9050.00	411	舟山市	定海区	白泉镇	7555.00
381	金华市	兰溪市	诸葛镇	8937.00	412	舟山市	定海区	盐仓街道	7517.00
382	杭州市	淳安县	千岛湖镇	8805.00	413	温州市	瓯海区	景山街道	7474.00
383	嘉兴市	秀洲区	新塍镇	8737.00	414	湖州市	安吉县	报福镇	7458.00
384	舟山市	定海区	小沙街道	8690.00	415	舟山市	岱山县	东沙镇	7437.00
385	温州市	苍南县	钱库镇	8611.00	416	金华市	兰溪市	女埠街道	7422.00
386	台州市	温岭市	城南镇	8595.00	417	绍兴市	新昌县	儒岙镇	7353.00
387	湖州市	南浔区	善琏镇	8593.00	418	杭州市	临安区	於潜镇	7306.00
388	绍兴市	诸暨市	应店街镇	8558.00	419	绍兴市	上虞区	上浦镇	7296.00
389	湖州市	安吉县	天荒坪镇	8536.00	420	绍兴市	嵊州市	崇仁镇	7235.00
390	绍兴市	柯桥区	漓渚镇	8535.00	421	杭州市	桐庐县	江南镇	7212.00
391	舟山市	定海区	环南街道	8489.00	422	金华市	兰溪市	云山街道	7211.00
392	舟山市	岱山县	岱西镇	8470.00	423	宁波市	象山县	贤痒镇	7187.00
393	湖州市	安吉县	溪龙乡	8442.00	424	宁波市	象山县	大徐镇	7170.00
394	湖州市	吴兴区	道场乡	8401.00	425	嘉兴市	桐乡市	大麻镇	7115.00
395	绍兴市	上虞区	谢塘镇	8367.00	426	温州市	乐清市	天成街道	7104.00
396	温州市	永嘉县	黄田街道	8165.00	427	金华市	东阳市	千祥镇	7066.00
397	衢州市	衢江区	廿里镇	8160.00	428	温州市	永嘉县	东城街道	6985.00
398	舟山市	普陀区	展茅街道	8137.00	429	舟山市	普陀区	虾峙镇	6958.00
399	丽水市	云和县	凤凰山街道	8042.00	430	杭州市	建德市	李家镇	6885.00
400	衢州市	开化县	芹阳办事处	7991.00	431	杭州市	建德市	洋溪街道	6849.00
401	温州市	乐清市	淡溪镇	7985.00	432	金华市	武义县	茭道镇	6718.00
402	金华市	东阳市	画水镇	7917.00	433	湖州市	德清县	莫干山镇	6704.00
403	湖州市	长兴县	虹星桥镇	7896.00	434	宁波市	宁海县	深甽镇	6656.00

续表(七)

单位:万元

排序	所属地区	县(市、区)	乡镇(街道)	一般公共预算收入	排序	所属地区	县(市、区)	乡镇(街道)	一般公共预算收入
435	丽水市	青田县	船寮镇	6625.00	466	温州市	乐清市	清江镇	5693.00
436	温州市	苍南县	金乡镇	6570.00	467	绍兴市	嵊州市	仙岩镇	5630.00
437	金华市	浦江县	仙华街道	6529.00	468	衢州市	龙游县	小南海镇	5548.00
438	金华市	东阳市	佐村镇	6523.00	469	丽水市	莲都区	紫金街道	5543.00
439	杭州市	桐庐县	横村镇	6504.00	470	丽水市	遂昌县	云峰街道	5520.00
440	杭州市	建德市	更楼街道	6476.00	471	绍兴市	新昌县	沃洲镇	5457.00
441	绍兴市	嵊州市	长乐镇	6403.00	472	台州市	三门县	健跳镇	5422.00
442	温州市	瑞安市	马屿镇	6309.00	473	嘉兴市	海宁市	硖石街道	5378.00
443	温州市	乐清市	蒲岐镇	6290.00	474	台州市	仙居县	白塔镇	5327.00
444	温州市	乐清市	石帆街道	6281.00	475	台州市	临海市	白水洋镇	5219.00
445	宁波市	余姚市	大隐镇	6265.00	476	宁波市	宁海县	力洋镇	5152.00
446	温州市	瑞安市	陶山镇	6242.00	477	杭州市	临安区	高虹镇	5149.00
447	衢州市	龙游县	龙洲街道	6238.00	478	绍兴市	诸暨市	同山镇	5133.00
448	湖州市	长兴县	吕山乡	6195.00	479	绍兴市	上虞区	驿亭镇	5130.00
449	杭州市	建德市	大同镇	6171.00	480	宁波市	宁海县	长街镇	5107.00
450	金华市	东阳市	马宅镇	6163.00	481	绍兴市	柯桥区	稽东镇	5086.00
451	温州市	乐清市	磐石镇	6068.00	482	台州市	三门县	珠岙镇	5080.00
452	绍兴市	上虞区	汤浦镇	6049.00	483	舟山市	嵊泗县	菜园镇	5042.00
453	台州市	三门县	浦坝港镇	6028.00	484	金华市	东阳市	虎鹿镇	5001.00
454	绍兴市	柯桥区	王坛镇	5935.00	485	温州市	苍南县	南宋镇	4986.00
455	丽水市	云和县	白龙山街道	5918.00	486	舟山市	嵊泗县	洋山镇	4983.00
456	丽水市	庆元县	濛洲街道	5901.00	487	台州市	临海市	邵家渡街道	4844.00
457	温州市	泰顺县	西旸镇	5891.00	488	金华市	永康市	唐先镇	4804.00
458	绍兴市	柯桥区	夏履镇	5797.00	489	金华市	兰溪市	游埠镇	4792.00
459	金华市	武义县	履坦镇	5775.00	490	丽水市	莲都区	岩泉街道	4792.00
460	温州市	瓯海区	泽雅镇	5753.00	491	衢州市	柯城区	石梁镇	4787.00
461	宁波市	宁海县	强蛟镇	5742.00	492	舟山市	岱山县	长涂镇	4749.00
462	台州市	天台县	坦头镇	5729.00	493	绍兴市	诸暨市	暨南街道	4661.00
463	台州市	天台县	白鹤镇	5721.00	494	湖州市	南浔区	石淙镇	4643.00
464	金华市	兰溪市	上华街道	5715.00	495	金华市	浦江县	浦南街道	4601.00
465	温州市	洞头区	大门镇	5701.00	496	金华市	兰溪市	马涧镇	4581.00

续表(八)　　单位:万元

排序	所属地区	县(市、区)	乡镇(街道)	一般公共预算收入	排序	所属地区	县(市、区)	乡镇(街道)	一般公共预算收入
497	金华市	永康市	前仓镇	4545.00	528	台州市	黄岩区	头陀镇	3706.00
498	宁波市	宁海县	岔路镇	4488.00	529	温州市	永嘉县	沙头镇	3652.00
499	台州市	黄岩区	北洋镇	4486.00	530	湖州市	安吉县	上墅乡	3620.00
500	金华市	武义县	王宅镇	4352.00	531	丽水市	莲都区	仙渡乡	3602.00
501	杭州市	萧山区	楼塔镇	4322.00	532	绍兴市	上虞区	永和镇	3597.00
502	湖州市	安吉县	章村镇	4294.00	533	衢州市	江山市	四都镇	3596.00
503	金华市	浦江县	白马镇	4286.00	534	杭州市	余杭区	百丈镇	3589.00
504	舟山市	定海区	干览镇	4247.00	535	温州市	苍南县	桥墩镇	3561.00
505	杭州市	余杭区	黄湖镇	4144.00	536	丽水市	青田县	高湖镇	3509.00
506	舟山市	嵊泗县	嵊山镇	4076.00	537	温州市	瓯海区	茶山街道	3499.00
507	金华市	磐安县	玉山镇	4074.00	538	舟山市	定海区	城东街道	3474.00
508	台州市	天台县	洪畴镇	4066.00	539	温州市	永嘉县	岩头镇	3467.00
509	宁波市	象山县	涂茨镇	4066.00	540	温州市	苍南县	宜山镇	3420.00
510	舟山市	定海区	马岙街道	4058.00	541	金华市	兰溪市	梅江镇	3394.00
511	衢州市	常山县	天马街道	4039.00	542	湖州市	安吉县	鄣吴镇	3371.00
512	台州市	仙居县	下各镇	4007.00	543	金华市	兰溪市	横溪镇	3370.00
513	杭州市	临安区	昌化镇	4004.00	544	杭州市	临安区	龙岗镇	3369.00
514	台州市	黄岩区	沙埠镇	3997.00	545	湖州市	南浔区	千金镇	3303.00
515	温州市	平阳县	腾蛟镇	3969.00	546	金华市	浦江县	郑宅镇	3278.00
516	金华市	永康市	方岩镇	3955.00	547	金华市	永康市	西溪镇	3272.00
517	台州市	临海市	永丰镇	3947.00	548	杭州市	富阳区	春建乡	3225.00
518	宁波市	象山县	茅洋乡	3938.00	549	金华市	磐安县	盘峰乡	3216.00
519	宁波市	象山县	墙头镇	3929.00	550	金华市	兰溪市	赤溪街道	3204.00
520	温州市	泰顺县	雅阳镇	3923.00	551	杭州市	富阳区	洞桥镇	3186.00
521	舟山市	定海区	双桥街道	3918.00	552	杭州市	建德市	杨村桥镇	3169.00
522	温州市	瓯海区	丽岙街道	3910.00	553	温州市	乐清市	芙蓉镇	3168.00
523	丽水市	青田县	东源镇	3905.00	554	杭州市	临安区	天目山镇	3158.00
524	宁波市	象山县	定塘镇	3892.00	555	宁波市	象山县	鹤浦镇	3137.00
525	杭州市	建德市	钦堂乡	3889.00	556	杭州市	富阳区	胥口镇	3131.00
526	金华市	磐安县	尚湖镇	3871.00	557	宁波市	宁海县	大佳何镇	3130.00
527	台州市	临海市	尤溪镇	3796.00	558	宁波市	海曙区	章水镇	3123.00

续表(九)

单位:万元

排序	所属地区	县(市、区)	乡镇(街道)	一般公共预算收入	排序	所属地区	县(市、区)	乡镇(街道)	一般公共预算收入
559	绍兴市	新昌县	城南乡	3093.00	590	宁波市	象山县	晓塘乡	2506.00
560	丽水市	莲都区	雅溪镇	3041.00	591	丽水市	龙泉市	石达石街道	2488.00
561	绍兴市	诸暨市	浬浦镇	3034.00	592	杭州市	建德市	航头镇	2477.00
562	丽水市	莲都区	白云街道	2954.00	593	丽水市	庆元县	松源街道	2465.00
563	杭州市	临安区	太阳镇	2942.00	594	台州市	临海市	桃渚镇	2434.00
564	温州市	鹿城区	山福镇	2937.00	595	衢州市	龙游县	横山镇	2429.00
565	丽水市	缙云县	东渡镇	2935.00	596	杭州市	桐庐县	瑶琳镇	2412.00
566	金华市	浦江县	郑家坞镇	2880.00	597	衢州市	江山市	峡口镇	2397.00
567	宁波市	海曙区	龙观镇	2858.00	598	宁波市	宁海县	越溪	2336.00
568	金华市	磐安县	冷水镇	2857.00	599	丽水市	龙泉市	八都镇	2299.00
569	温州市	瓯海区	三垟街道	2834.00	600	杭州市	富阳区	渔山乡	2290.00
570	温州市	泰顺县	彭溪镇	2831.00	601	温州市	瑞安市	湖岭镇	2289.00
571	台州市	临海市	括苍镇	2830.00	602	温州市	乐清市	南塘镇	2283.00
572	丽水市	缙云县	东方镇	2785.00	603	温州市	平阳县	麻步镇	2265.00
573	舟山市	岱山县	岱东镇	2745.00	604	杭州市	富阳区	永昌镇	2261.00
574	衢州市	衢江区	上方镇	2732.00	605	温州市	平阳县	南麂镇	2255.00
575	衢州市	龙游县	东华街道	2728.00	606	丽水市	庆元县	屏都街道	2225.00
576	绍兴市	诸暨市	赵家镇	2713.00	607	杭州市	富阳区	常安镇	2218.00
577	舟山市	普陀区	桃花镇	2711.00	608	衢州市	衢江区	樟潭街道	2212.00
578	湖州市	安吉县	山川乡	2686.00	609	宁波市	象山县	新桥镇	2205.00
579	杭州市	临安区	潜川镇	2685.00	610	台州市	椒江区	大陈镇	2196.00
580	宁波市	宁海县	前童镇	2675.00	611	丽水市	缙云县	新建镇	2194.00
581	台州市	天台县	三合镇	2662.00	612	台州市	仙居县	横溪镇	2150.00
582	宁波市	宁海县	胡陈	2657.00	613	丽水市	龙泉市	西街街道	2116.00
583	台州市	三门县	海润街道	2633.00	614	丽水市	莲都区	联城街道	2109.00
584	台州市	仙居县	大战乡	2633.00	615	绍兴市	诸暨市	岭北镇	2073.00
585	金华市	兰溪市	香溪镇	2626.00	616	杭州市	富阳区	万市镇	2056.00
586	金华市	东阳市	东江镇	2596.00	617	丽水市	龙泉市	剑池街道	2047.00
587	丽水市	庆元县	竹口镇	2577.00	618	杭州市	建德市	大洋镇	2026.00
588	绍兴市	诸暨市	五泄镇	2553.00	619	台州市	仙居县	官路镇	2008.00
589	金华市	磐安县	方前镇	2509.00	620	绍兴市	越城区	富盛镇	1961.00

续表(十)

单位:万元

排序	所属地区	县(市、区)	乡镇(街道)	一般公共预算收入	排序	所属地区	县(市、区)	乡镇(街道)	一般公共预算收入
621	绍兴市	新昌县	小将镇	1954.00	652	衢州市	衢江区	莲花镇	1533.00
622	丽水市	莲都区	大港头镇	1954.00	653	衢州市	常山县	青石镇	1501.00
623	绍兴市	新昌县	沙溪镇	1940.00	654	丽水市	莲都区	太平乡	1501.00
624	温州市	乐清市	大荆镇	1934.00	655	杭州市	富阳区	上官乡	1486.00
625	丽水市	云和县	元和街道	1920.00	656	舟山市	嵊泗县	枸杞乡	1446.00
626	衢州市	柯城区	姜家山乡	1892.00	657	丽水市	松阳县	叶村乡	1440.00
627	杭州市	淳安县	威坪镇	1872.00	658	宁波市	奉化市	大堰镇	1429.00
628	杭州市	建德市	大慈岩镇	1867.00	659	宁波市	余姚市	四明山镇	1422.00
629	丽水市	龙泉市	安仁镇	1810.00	660	丽水市	青田县	腊口镇	1413.00
630	宁波市	宁海县	一市镇	1802.00	661	杭州市	淳安县	姜家镇	1411.00
631	温州市	泰顺县	泗溪镇	1784.00	662	台州市	临海市	汇溪镇	1385.00
632	杭州市	淳安县	文昌镇	1761.00	663	宁波市	余姚市	大岚镇	1383.00
633	温州市	瑞安市	桐浦镇	1750.00	664	杭州市	富阳区	里山镇	1378.00
634	台州市	黄岩区	宁溪镇	1746.00	665	宁波市	余姚市	鹿亭乡	1369.00
635	宁波市	宁海县	茶院乡	1746.00	666	绍兴市	嵊州市	金庭镇	1368.00
636	金华市	兰溪市	水亭畲族乡	1724.00	667	丽水市	莲都区	万象街道	1352.00
637	台州市	温岭市	坞根镇	1712.00	668	温州市	泰顺县	柳峰乡	1328.00
638	台州市	三门县	亭旁镇	1710.00	669	温州市	乐清市	雁荡镇	1314.00
639	衢州市	衢江区	浮石街道	1708.00	670	温州市	苍南县	望里镇	1298.00
640	绍兴市	上虞区	长塘镇	1698.00	671	金华市	东阳市	三单乡	1287.00
641	金华市	兰溪市	黄店镇	1698.00	672	杭州市	淳安县	汾口镇	1275.00
642	杭州市	临安区	清凉峰镇	1695.00	673	衢州市	衢江区	后溪镇	1274.00
643	杭州市	淳安县	临歧镇	1655.00	674	丽水市	松阳县	望松街道	1259.00
644	丽水市	龙泉市	兰巨乡	1645.00	675	衢州市	龙游县	溪口镇	1258.00
645	丽水市	莲都区	丽新乡	1631.00	676	衢州市	江山市	上余镇	1258.00
646	绍兴市	嵊州市	石璜镇	1623.00	677	绍兴市	诸暨市	陈宅镇	1257.00
647	金华市	磐安县	仁川镇	1612.00	678	温州市	泰顺县	仕阳镇	1252.00
648	丽水市	缙云县	舒洪镇	1597.00	679	衢州市	江山市	清湖街道	1243.00
649	宁波市	象山县	泗洲头镇	1587.00	680	丽水市	庆元县	黄田镇	1232.00
650	温州市	平阳县	顺溪镇	1579.00	681	台州市	临海市	河头镇	1214.00
651	温州市	苍南县	马站镇	1534.00	682	台州市	仙居县	田市镇	1197.00

续表(十一)

单位:万元

排序	所属地区	县(市、区)	乡镇(街道)	一般公共预算收入	排序	所属地区	县(市、区)	乡镇(街道)	一般公共预算收入
683	台州市	临海市	小芝镇	1193.00	714	温州市	平阳县	青街乡	902.00
684	衢州市	柯城区	万田乡	1186.00	715	衢州市	江山市	新塘边镇	902.00
685	杭州市	临安区	河桥镇	1169.00	716	丽水市	青田县	海口镇	899.00
686	舟山市	嵊泗县	黄龙乡	1161.00	717	杭州市	桐庐县	旧县街道	886.00
687	金华市	磐安县	大盘镇	1146.00	718	衢州市	衢江区	高家镇	880.00
688	绍兴市	上虞区	岭南乡	1139.00	719	杭州市	富阳区	龙门镇	853.00
689	衢州市	常山县	球川镇	1134.00	720	温州市	永嘉县	碧莲镇	836.00
690	温州市	泰顺县	凤垟乡	1127.00	721	衢州市	江山市	石门镇	836.00
691	丽水市	青田县	黄垟乡	1125.00	722	杭州市	建德市	三都镇	832.00
692	衢州市	衢江区	横路街道	1124.00	723	丽水市	遂昌县	湖山乡	830.00
693	丽水市	青田县	山口镇	1122.00	724	衢州市	衢江区	杜泽镇	812.00
694	宁波市	宁海县	桑洲镇	1114.00	725	绍兴市	新昌县	回山镇	811.00
695	台州市	温岭市	石桥头镇	1104.00	726	金华市	武义县	柳城镇	810.00
696	衢州市	开化县	池淮镇	1102.00	727	台州市	天台县	石梁镇	809.00
697	金华市	兰溪市	柏社乡	1088.00	728	宁波市	象山县	高塘岛乡	806.00
698	绍兴市	新昌县	镜岭镇	1082.00	729	温州市	平阳县	闹村乡	803.00
699	台州市	天台县	街头镇	1046.00	730	温州市	泰顺县	龟湖镇	776.00
700	温州市	洞头区	元觉街道	1043.00	731	衢州市	开化县	马金镇	776.00
701	衢州市	常山县	金川街道	1040.00	732	衢州市	衢江区	岭洋乡	769.00
702	衢州市	衢江区	大洲镇	1035.00	733	丽水市	松阳县	水南街道	766.00
703	衢州市	江山市	大陈乡	1034.00	734	舟山市	嵊泗县	花鸟乡	765.00
704	温州市	泰顺县	三魁镇	1021.00	735	绍兴市	诸暨市	马剑镇	760.00
705	衢州市	龙游县	詹家镇	1018.00	736	丽水市	莲都区	老竹镇	738.00
706	杭州市	桐庐县	钟山乡	1013.00	737	衢州市	江山市	凤林镇	731.00
707	舟山市	定海区	昌国街道	1008.00	738	绍兴市	上虞区	丁宅乡	716.00
708	绍兴市	诸暨市	东白湖镇	1004.00	739	丽水市	龙泉市	小梅镇	700.00
709	衢州市	常山县	芳村镇	970.00	740	杭州市	临安区	岛石镇	698.00
710	衢州市	衢江区	峡川镇	959.00	741	温州市	平阳县	南雁镇	677.00
711	丽水市	遂昌县	柘岱口乡	944.00	742	衢州市	常山县	招贤镇	675.00
712	丽水市	莲都区	黄村乡	919.00	743	温州市	永嘉县	大若岩镇	672.00
713	杭州市	余杭区	鸬鸟镇	907.00	744	衢州市	常山县	紫港街道	671.00

续表(十二)　　单位:万元

排序	所属地区	县(市、区)	乡镇(街道)	一般公共预算收入	排序	所属地区	县(市、区)	乡镇(街道)	一般公共预算收入
745	绍兴市	嵊州市	谷来镇	663.00	776	衢州市	衢江区	黄坛口乡	496.00
746	温州市	泰顺县	筱村镇	661.00	777	衢州市	开化县	杨林镇	495.00
747	杭州市	建德市	莲花镇	653.00	778	衢州市	龙游县	模环乡	489.00
748	丽水市	龙泉市	查田镇	647.00	779	丽水市	云和县	紧水滩镇	489.00
749	舟山市	嵊泗县	五龙乡	629.00	780	台州市	仙居县	溪港乡	487.00
750	温州市	文成县	大峃镇	627.00	781	台州市	黄岩区	上郑乡	484.00
751	杭州市	淳安县	里商乡	623.00	782	衢州市	常山县	新昌乡	483.00
752	温州市	平阳县	凤卧镇	618.00	783	温州市	永嘉县	鹤盛镇	480.00
753	温州市	永嘉县	金溪镇	614.00	784	台州市	玉环市	海山乡	478.00
754	衢州市	衢江区	云溪乡	608.00	785	杭州市	淳安县	大墅镇	465.00
755	杭州市	桐庐县	凤川街道	607.00	786	金华市	磐安县	双溪乡	461.00
756	丽水市	松阳县	赤寿乡	600.00	787	杭州市	淳安县	金峰乡	456.00
757	杭州市	富阳区	湖源乡	599.00	788	丽水市	龙泉市	屏南镇	452.00
758	绍兴市	诸暨市	东和乡	599.00	789	温州市	平阳县	山门镇	451.00
759	杭州市	桐庐县	莪山畲族乡	597.00	790	衢州市	江山市	坛石镇	447.00
760	绍兴市	新昌县	东茗乡	592.00	791	温州市	瑞安市	林川镇	444.00
761	丽水市	松阳县	古市镇	589.00	792	丽水市	龙泉市	上垟镇	444.00
762	衢州市	龙游县	塔石镇	587.00	793	丽水市	青田县	祯旺乡	443.00
763	金华市	磐安县	窈川乡	584.00	794	温州市	永嘉县	岩坦镇	440.00
764	衢州市	柯城区	石室乡	584.00	795	衢州市	开化县	桐村镇	433.00
765	杭州市	淳安县	枫树岭镇	576.00	796	杭州市	富阳区	常绿镇	431.00
766	金华市	浦江县	岩头镇	574.00	797	舟山市	普陀区	东极镇	414.00
767	杭州市	淳安县	梓桐镇	558.00	798	衢州市	衢江区	全旺镇	406.00
768	温州市	泰顺县	南浦溪镇	558.00	799	台州市	黄岩区	上垟乡	402.00
769	台州市	三门县	沙柳街道	550.00	800	丽水市	景宁畲族自治县	鹤溪街道	398.00
770	丽水市	青田县	三溪口街道	539.00	801	杭州市	临安区	湍口镇	396.00
771	衢州市	龙游县	石佛乡	535.00	802	杭州市	桐庐县	新合乡	396.00
772	衢州市	江山市	碗窑乡	531.00	803	温州市	洞头区	霓屿街道	393.00
773	台州市	仙居县	埠头镇	524.00	804	绍兴市	上虞区	下管镇	389.00
774	丽水市	松阳县	大东坝镇	519.00	805	温州市	乐清市	湖雾镇	383.00
775	杭州市	桐庐县	百江镇	508.00	806	杭州市	淳安县	屏门乡	374.00

续表(十三)　　单位:万元

排序	所属地区	县(市、区)	乡镇(街道)	一般公共预算收入	排序	所属地区	县(市、区)	乡镇(街道)	一般公共预算收入
807	台州市	仙居县	朱溪镇	374.00	838	温州市	永嘉县	枫林镇	228.00
808	丽水市	松阳县	象溪镇	368.00	839	温州市	苍南县	霞关镇	227.00
809	丽水市	缙云县	七里乡	364.00	840	金华市	浦江县	虞宅乡	226.00
810	温州市	瑞安市	高楼镇	360.00	841	杭州市	淳安县	浪川乡	225.00
811	金华市	磐安县	双峰乡	355.00	842	台州市	黄岩区	富山乡	220.00
812	丽水市	遂昌县	北界镇	353.00	843	丽水市	景宁畲族自治县	东坑镇	220.00
813	金华市	永康市	舟山镇	342.00	844	台州市	仙居县	湫山乡	217.00
814	衢州市	衢江区	太真乡	342.00	845	衢州市	柯城区	华墅乡	211.00
815	台州市	黄岩区	茅畲乡	338.00	846	衢州市	衢江区	湖南镇	196.00
816	丽水市	松阳县	新兴镇	337.00	847	丽水市	青田县	万山乡	195.00
817	杭州市	淳安县	安阳乡	336.00	848	温州市	永嘉县	云岭乡	194.00
818	温州市	苍南县	沿浦镇	333.00	849	绍兴市	上虞区	陈溪乡	193.00
819	丽水市	景宁畲族自治县	红星街道	329.00	850	绍兴市	嵊州市	下王镇	193.00
820	金华市	武义县	俞源乡	326.00	851	温州市	苍南县	藻溪镇	190.00
821	衢州市	江山市	大桥镇	322.00	852	台州市	仙居县	步路乡	188.00
822	杭州市	淳安县	左口乡	321.00	853	丽水市	云和县	石塘镇	188.00
823	衢州市	开化县	村头镇	313.00	854	温州市	泰顺县	东溪乡	178.00
824	温州市	泰顺县	百丈镇	312.00	855	衢州市	常山县	大桥头乡	175.00
825	衢州市	江山市	长台镇	312.00	856	温州市	永嘉县	巽宅镇	174.00
826	衢州市	常山县	白石镇	306.00	857	温州市	乐清市	岭底乡	173.00
827	温州市	瑞安市	曹村镇	303.00	858	台州市	仙居县	双庙乡	171.00
828	丽水市	青田县	高市乡	293.00	859	杭州市	淳安县	富文乡	169.00
829	杭州市	淳安县	瑶山乡	288.00	860	衢州市	柯城区	九华乡	169.00
830	丽水市	青田县	祯埠镇	288.00	861	衢州市	常山县	同弓乡	167.00
831	温州市	瑞安市	平阳坑镇	285.00	862	温州市	苍南县	大渔镇	164.00
832	金华市	磐安县	九和乡	274.00	863	温州市	文成县	南田镇	164.00
833	杭州市	桐庐县	合村乡	255.00	864	衢州市	衢江区	周家乡	164.00
834	温州市	洞头区	鹿西乡	248.00	865	金华市	浦江县	中余乡	161.00
835	温州市	苍南县	赤溪镇	239.00	866	杭州市	淳安县	界首乡	158.00
836	衢州市	开化县	音坑乡	236.00	867	丽水市	缙云县	大洋镇	154.00
837	杭州市	淳安县	宋村乡	232.00	868	杭州市	淳安县	王阜乡	153.00

续表(十四)　　单位:万元

排序	所属地区	县(市、区)	乡镇(街道)	一般公共预算收入	排序	所属地区	县(市、区)	乡镇(街道)	一般公共预算收入
869	温州市	文成县	西坑畲族镇	153.00	900	金华市	武义县	桃溪镇	98.00
870	台州市	黄岩区	屿头乡	149.00	901	温州市	苍南县	炎亭镇	97.00
871	温州市	文成县	巨屿镇	148.00	902	丽水市	遂昌县	濂竹乡	94.00
872	金华市	武义县	白姆乡	147.00	903	衢州市	开化县	林山乡	92.00
873	温州市	乐清市	白石街道	143.00	904	丽水市	莲都区	峰源乡	92.00
874	金华市	浦江县	檀溪镇	140.00	905	温州市	泰顺县	大安乡	90.00
875	衢州市	龙游县	沐尘乡	140.00	906	衢州市	常山县	东案乡	90.00
876	丽水市	龙泉市	岩樟乡	136.00	907	丽水市	缙云县	仙都街道	88.00
877	衢州市	龙游县	庙下乡	135.00	908	杭州市	淳安县	中洲镇	87.00
878	丽水市	遂昌县	金竹镇	135.00	909	杭州市	淳安县	鸠坑乡	85.00
879	丽水市	景宁畲族自治县	英川镇	133.00	910	温州市	永嘉县	溪下乡	84.00
880	衢州市	衢江区	举村乡	132.00	911	台州市	三门县	蛇蟠乡	82.00
881	丽水市	青田县	季宅乡	126.00	912	丽水市	松阳县	裕溪乡	82.00
882	丽水市	景宁畲族自治县	沙湾镇	126.00	913	衢州市	常山县	何家乡	81.00
883	丽水市	庆元县	安南乡	125.00	914	丽水市	缙云县	方溪乡	81.00
884	温州市	泰顺县	雪溪乡	120.00	915	丽水市	松阳县	板桥乡	81.00
885	台州市	三门县	花桥镇	119.00	916	温州市	平阳县	怀溪镇	78.00
886	金华市	武义县	大田乡	118.00	917	温州市	文成县	玉壶镇	78.00
887	丽水市	遂昌县	三仁乡	117.00	918	衢州市	柯城区	沟溪乡	76.00
888	丽水市	青田县	北山镇	116.00	919	丽水市	龙泉市	道太乡	75.00
889	丽水市	青田县	舒桥乡	115.00	920	温州市	泰顺县	包垟乡	74.00
890	丽水市	庆元县	淤上乡	115.00	921	丽水市	景宁畲族自治县	梧桐乡	74.00
891	台州市	仙居县	皤滩乡	114.00	922	温州市	永嘉县	界坑乡	70.00
892	温州市	文成县	百丈漈镇	111.00	923	金华市	武义县	新宅镇	68.00
893	温州市	乐清市	智仁乡	110.00	924	温州市	乐清市	仙溪镇	62.00
894	衢州市	衢江区	双桥乡	109.00	925	台州市	玉环市	鸡山乡	62.00
895	温州市	文成县	黄坦镇	106.00	926	丽水市	龙泉市	住龙镇	62.00
896	台州市	仙居县	上张乡	103.00	927	温州市	瑞安市	芳庄乡	60.00
897	温州市	文成县	珊溪镇	101.00	928	金华市	浦江县	前吴乡	60.00
898	杭州市	淳安县	石林镇	100.00	929	丽水市	缙云县	大源镇	59.00
899	丽水市	遂昌县	石练镇	100.00	930	丽水市	缙云县	溶江乡	59.00

续表(十五)　　单位:万元

排序	所属地区	县(市、区)	乡镇(街道)	一般公共预算收入	排序	所属地区	县(市、区)	乡镇(街道)	一般公共预算收入
931	丽水市	景宁畲族自治县	澄照乡	59.00	962	丽水市	青田县	仁庄镇	31.00
932	金华市	浦江县	杭坪镇	57.00	963	丽水市	青田县	贵岙乡	31.00
933	绍兴市	嵊州市	贵门乡	56.00	964	丽水市	景宁畲族自治县	大均乡	30.00
934	丽水市	松阳县	斋坛乡	54.00	965	丽水市	景宁畲族自治县	毛洋乡	30.00
935	温州市	文成县	铜铃山镇	53.00	966	丽水市	景宁畲族自治县	秋炉乡	30.00
936	台州市	天台县	南屏乡	53.00	967	丽水市	龙泉市	锦溪镇	30.00
937	衢州市	柯城区	七里乡	52.00	968	衢州市	江山市	张村乡	29.00
938	丽水市	青田县	万阜乡	52.00	969	温州市	文成县	峃口镇	27.00
939	丽水市	遂昌县	焦滩乡	52.00	970	衢州市	龙游县	社阳乡	26.00
940	金华市	武义县	西联乡	50.00	971	台州市	天台县	龙溪乡	25.00
941	衢州市	开化县	长虹乡	49.00	972	丽水市	景宁畲族自治县	标溪乡	25.00
942	台州市	天台县	泳溪乡	46.00	973	温州市	文成县	二源镇	24.00
943	温州市	苍南县	莒溪镇	45.00	974	丽水市	青田县	巨浦乡	24.00
944	衢州市	开化县	苏庄镇	42.00	975	丽水市	云和县	赤石乡	24.00
945	丽水市	青田县	阜山乡	42.00	976	丽水市	龙泉市	龙南乡	24.00
946	金华市	浦江县	大畈乡	40.00	977	衢州市	江山市	保安乡	22.00
947	丽水市	青田县	吴坑乡	40.00	978	丽水市	青田县	章村乡	22.00
948	丽水市	景宁畲族自治县	景南乡	40.00	979	丽水市	遂昌县	新路湾镇	21.00
949	丽水市	遂昌县	大柘镇	39.00	980	丽水市	景宁畲族自治县	渤海镇	20.00
950	台州市	天台县	雷峰乡	38.00	981	丽水市	景宁畲族自治县	梅歧乡	20.00
951	台州市	仙居县	淡竹乡	38.00	982	丽水市	景宁畲族自治县	郑坑乡	20.00
952	丽水市	景宁畲族自治县	雁溪乡	38.00	983	丽水市	景宁畲族自治县	大际乡	20.00
953	丽水市	景宁畲族自治县	九龙乡	38.00	984	丽水市	景宁畲族自治县	家地乡	20.00
954	温州市	泰顺县	竹里畲族乡	36.00	985	丽水市	景宁畲族自治县	大地乡	20.00
955	温州市	文成县	周壤镇	35.00	986	丽水市	景宁畲族自治县	鸬鹚乡	20.00
956	温州市	永嘉县	茗岙乡	33.00	987	衢州市	龙游县	罗家乡	19.00
957	温州市	乐清市	龙西乡	33.00	988	衢州市	龙游县	大街乡	19.00
958	丽水市	松阳县	玉岩镇	33.00	989	衢州市	江山市	塘源口乡	19.00
959	衢州市	衢江区	灰坪乡	32.00	990	丽水市	遂昌县	黄沙腰镇	19.00
960	衢州市	开化县	大溪边乡	32.00	991	台州市	仙居县	安岭乡	18.00
961	台州市	黄岩区	平田乡	32.00	992	温州市	苍南县	凤阳乡	17.00

续表(十六)　　单位:万元

排序	所属地区	县(市、区)	乡镇(街道)	一般公共预算收入	排序	所属地区	县(市、区)	乡镇(街道)	一般公共预算收入
993	温州市	文成县	公阳乡	16.00	1024	金华市	武义县	坦洪乡	6.00
994	衢州市	开化县	齐溪镇	16.00	1025	丽水市	青田县	小舟山乡	6.00
995	衢州市	开化县	何田乡	16.00	1026	丽水市	缙云县	三溪乡	6.00
996	丽水市	青田县	海溪乡	15.00	1027	丽水市	遂昌县	龙洋乡	6.00
997	丽水市	缙云县	胡源乡	15.00	1028	丽水市	青田县	章旦乡	5.00
998	衢州市	江山市	廿八都镇	14.00	1029	丽水市	遂昌县	应村乡	5.00
999	台州市	三门县	横渡镇	14.00	1030	温州市	文成县	桂山乡	4.00
1000	丽水市	云和县	雾溪乡	14.00	1031	温州市	瑞安市	北麂乡	4.00
1001	衢州市	开化县	中村乡	13.00	1032	丽水市	松阳县	安民乡	4.00
1002	台州市	天台县	三州乡	13.00	1033	丽水市	云和县	安溪乡	4.00
1003	丽水市	龙泉市	宝溪乡	13.00	1034	金华市	浦江县	花桥乡	3.00
1004	丽水市	缙云县	前路乡	12.00	1035	丽水市	遂昌县	蔡源乡	3.00
1005	丽水市	松阳县	四都乡	12.00	1036	丽水市	缙云县	石笕乡	2.00
1006	丽水市	龙泉市	竹垟畲族乡	12.00	1037	丽水市	松阳县	竹源乡	2.00
1007	温州市	文成县	周山畲族乡	11.00	1038	丽水市	青田县	汤垟乡	1.00
1008	台州市	仙居县	广度乡	11.00	1039	丽水市	遂昌县	高坪乡	1.00
1009	丽水市	青田县	方山乡	11.00	1040	温州市	瑞安市	莘塍街道	0.00
1010	丽水市	遂昌县	王村口镇	11.00	1041	温州市	瑞安市	汀田街道	0.00
1011	丽水市	遂昌县	安口乡	11.00	1042	温州市	瑞安市	飞云街道	0.00
1012	丽水市	龙泉市	城北乡	11.00	1043	温州市	瑞安市	仙降街道	0.00
1013	丽水市	遂昌县	西畈乡	10.00	1044	温州市	瑞安市	南滨街道	0.00
1014	丽水市	松阳县	樟溪乡	10.00	1045	温州市	瑞安市	云周街道	0.00
1015	丽水市	庆元县	隆宫乡	10.00	1046	金华市	婺城区	安地镇	0.00
1016	金华市	武义县	大溪口乡	9.00	1047	金华市	婺城区	白龙桥镇	0.00
1017	丽水市	缙云县	双溪口乡	9.00	1048	金华市	婺城区	蒋堂镇	0.00
1018	温州市	苍南县	岱岭乡	8.00	1049	金华市	婺城区	琅琊镇	0.00
1019	温州市	文成县	平和乡	7.00	1050	金华市	婺城区	罗埠镇	0.00
1020	丽水市	松阳县	三都乡	7.00	1051	金华市	婺城区	罗店镇	0.00
1021	丽水市	松阳县	枫坪乡	7.00	1052	金华市	婺城区	汤溪镇	0.00
1022	温州市	文成县	双桂乡	6.00	1053	金华市	婺城区	雅畈镇	0.00
1023	金华市	武义县	三港乡	6.00	1054	金华市	婺城区	洋埠镇	0.00

续表(十七)　　单位:万元

排序	所属地区	县(市、区)	乡镇(街道)	一般公共预算收入	排序	所属地区	县(市、区)	乡镇(街道)	一般公共预算收入
1055	金华市	婺城区	岭上乡	0.00	1072	金华市	金东区	孝顺镇	0.00
1056	金华市	婺城区	乾西乡	0.00	1073	金华市	金东区	源东乡	0.00
1057	金华市	婺城区	箬阳乡	0.00	1074	金华市	金东区	东孝街道	0.00
1058	金华市	婺城区	沙畈乡	0.00	1075	金华市	金东区	多湖街道	0.00
1059	金华市	婺城区	塔石乡	0.00	1076	丽水市	庆元县	左溪镇	0.00
1060	金华市	婺城区	莘畈乡	0.00	1077	丽水市	庆元县	荷地镇	0.00
1061	金华市	婺城区	竹马乡	0.00	1078	丽水市	庆元县	贤良镇	0.00
1062	金华市	婺城区	长山乡	0.00	1079	丽水市	庆元县	百山祖镇	0.00
1063	金华市	婺城区	苏孟乡	0.00	1080	丽水市	庆元县	官塘乡	0.00
1064	金华市	婺城区	新狮街道	0.00	1081	丽水市	庆元县	江根乡	0.00
1065	金华市	金东区	曹宅镇	0.00	1082	丽水市	庆元县	举水乡	0.00
1066	金华市	金东区	赤松镇	0.00	1083	丽水市	庆元县	岭头乡	0.00
1067	金华市	金东区	傅村镇	0.00	1084	丽水市	庆元县	龙溪乡	0.00
1068	金华市	金东区	江东镇	0.00	1085	丽水市	庆元县	五大堡乡	0.00
1069	金华市	金东区	澧浦镇	0.00	1086	丽水市	庆元县	张村乡	0.00
1070	金华市	金东区	岭下镇	0.00	1087	丽水市	青田县	仁宫乡	-7.00
1071	金华市	金东区	塘雅镇	0.00	1088	丽水市	云和县	崇头镇	-77.00

2020年浙江省社会保险基金收支表

单位:万元

险　　种	本年收入	中央调剂资金收入	本年支出	中央调剂资金支出	本年收支结余	滚存结余
一、企业职工基本养老保险	22413253	4567900	33763037	5932800	-11349784	23238923
二、城乡居民基本养老保险	3006430	0	2006174	0	1000256	2545014
三、机关事业单位基本养老保险	6199493	0	6147164	0	52329	943753
四、职工基本医疗保险	12210720	0	9384549	0	2826171	22237042
五、城乡居民基本医疗保险	4696333	0	4016661	0	679672	2331635
六、工伤保险	389419	0	624458	0	-235039	771325
七、失业保险	728210	0	1543438	0	-815228	1668787
合计	49643858	4567900	57485481	5932800	-7841623	53736479

注:1.本年收入和本年支出中均不含省内上下级调剂收支。

2.2020年起,生育保险并入职工基本医疗保险。

2020年浙江省一般公共服务支出

单位:万元

科 目	决算数	科 目	决算数
人大事务	229295	港澳台事务	21528
政协事务	165194	档案事务	77231
政府办公厅(室)及相关机构事务	4022681	民主党派及工商联事务	63847
发展与改革事务	417384	群众团体事务	190819
统计信息事务	181921	党委办公厅(室)及相关机构事务	356693
财政事务	474095	组织事务	299824
税收事务	550816	宣传事务	227581
审计事务	122964	统战事务	108256
海关事务	54176	对外联络事务	1057
人力资源事务	335008	其他共产党事务支出	181649
纪检监察事务	393073	网信事务	21459
商贸事务	509725	市场监督管理事务	1084275
知识产权事务	14531	其他一般公共服务支出	400083
民族事务	10291		
一般公共服务支出合计		10515456	

2020年浙江省卫生健康支出

单位:万元

科 目	决算数	科 目	决算数
卫生健康管理事务	284756	财政对基本医疗保险基金的补助	2267361
公立医院	1310076	医疗救助	208957
基层医疗卫生机构	871380	优抚对象医疗	15126
公共卫生	1625733	医疗保障管理事务	124867
中医药	44402	老龄卫生健康事务	14169
计划生育事务	291554	其他卫生健康支出	497892
行政事业单位医疗	832186		
卫生健康支出合计		8388459	

2020年浙江省教育支出

单位:万元

科　目	决算数	科　目	决算数
教育管理事务	319298	留学教育	0
普通教育	14615263	特殊教育	98805
职业教育	1763180	进修及培训	256581
成人教育	91940	教育费附加安排的支出	864741
广播电视教育	53352	其他教育支出	747781
教育支出合计		18810941	

2020年浙江省科学技术支出

单位:万元

科　目	决算数	科　目	决算数
科学技术管理事务	154958	社会科学	24954
基础研究	97848	科学技术普及	86295
应用研究	113076	科技交流与合作	30955
技术研究与开发	2327228	科技重大项目	103810
科技条件与服务	241819	其他科学技术支出	1540349
科学技术支出合计		4721292	

2020年浙江省农林水支出

单位:万元

科　目	决算数	科　目	决算数
农业农村	3301742	农村综合改革	765307
林业和草原	531695	普惠金融发展支出	102933
水利	2031665	目标价格补贴	40
扶贫	241791	其他农林水支出	673775
农林水支出合计		7648948	

2020年浙江省社会保障和就业支出

单位:万元

科　目	决算数	科　目	决算数
人力资源和社会保障管理事务	604644	最低生活保障	509044
民政管理事务	367697	临时救助	87583
行政事业单位养老支出	3443662	特困人员救助供养	41889
企业改革补助	5318	补充道路交通事故社会救助基金	83
就业补助	266294	其他生活救助	78034
抚恤	383465	财政对基本养老保险基金的补助	1853780
退役安置	282284	财政对其他社会保险基金的补助	465127
社会福利	416962	退役军人管理事务	105590
残疾人事业	535628	财政代缴社会保险费支出	5994
红十字事业	24412	其他社会保障和就业支出	1822680
社会保障和就业支出合计		11300170	

2020年浙江省节能环保支出

单位:万元

科　目	决算数	科　目	决算数
环境保护管理事务	202863	已垦草原退耕还草	0
环境监测与监察	39934	能源节约利用	283540
污染防治	355183	污染减排	242175
自然生态保护	245198	可再生能源	7992
天然林保护	7506	循环经济	51426
退耕还林还草	0	能源管理事务	12424
风沙荒漠治理	0	其他节能环保支出	757614
退牧还草	0		
节能环保支出合计		2205855	

2020年浙江省文化旅游体育与传媒支出

单位：万元

科　目	决算数	科　目	决算数
文化和旅游	1239404	新闻出版电影	41293
文物	189315	广播电视	190881
体育	200082	其他文化旅游体育与传媒支出	435243
文化旅游体育与传媒支出		2296218	

2020年浙江省城乡社区支出

单位：万元

科　目	决算数	科　目	决算数
城乡社区管理事务	2402978	城乡社区环境卫生	1115596
城乡社区规划与管理	180978	建设市场管理与监督	44522
城乡社区公共设施	3264290	其他城乡社区支出	3208307
城乡社区支出合计		10216671	

2020年浙江省交通运输支出

单位：万元

科　目	决算数	科　目	决算数
公路水路运输	3098904	邮政业支出	8661
铁路运输	239483	车辆购置税支出	758003
民用航空运输	81454	其他交通运输支出	389518
成品油价格改革对交通运输的补贴	129010		
交通运输支出合计		4705033	

2020年浙江省资源勘探信息等支出

单位:万元

科　目	决算数	科　目	决算数
资源勘探开发	50374	国有资产监管	36261
制造业	237510	支持中小企业发展和管理支出	1345809
建筑业	44755	其他资源勘探工业信息等支出	856250
工业和信息产业监管	558104		
资源勘探信息等支出合计		3129063	

2020年浙江省金融支出

单位:万元

科　目	决算数	科　目	决算数
金融部门行政支出	21733	金融调控支出	0
金融部门监管支出	5656	其他金融支出	311599
金融发展支出	186507		
金融支出合计		525495	

2020年浙江省商业服务业等支出

单位:万元

科　目	决算数	科　目	决算数
商业流通事务	342962	其他商业服务业等支出	1300608
涉外发展服务支出	363998		
商业服务业等支出合计		2007568	

2020年浙江省自然资源海洋气象等支出

单位:万元

科　目	决算数	科　目	决算数
自然资源事务	999344	其他自然资源海洋气象等支出	56370
气象事务	62473		
自然资源海洋气象等支出合计		1118187	

2020年浙江省住房保障支出

单位:万元

科　目	决算数	科　目	决算数
保障性安居工程支出	811430	城乡社区住宅	65229
住房改革支出	1496647		
住房保障支出合计		2373306	

2020年浙江省粮油物资储备支出

单位:万元

科　目	决算数	科　目	决算数
粮油事务	155474	粮油储备	85717
物资事务	12688	重要商品储备	110796
能源储备	221		
粮油物资储备支出合计		364896	

2020年浙江省灾害防治及应急管理支出

单位:万元

科　目	决算数	科　目	决算数
应急管理事务	250346	地震事务	2272
消防事务	244657	自然灾害防治	13847
森林消防事务	4377	自然灾害救灾及恢复重建支出	124045
煤矿安全	0	其他灾害防治及应急管理支出	11043
灾害防治及应急管理支出合计		650587	

2020年度浙江省乡镇财政基本情况表

单位:万元

项　　目	决算数	项　　目	决算数
一、一般公共预算收支决算		上级补助收入	5859512
收入总计	25018874	待偿债置换专项债券上年结余	
一般公共预算收入	18068291	上年结余	308864
上级补助收入	6028206	调入资金	19529
待偿债置换一般债券上年结余		债务(转贷)收入	
上年结余	360496	支出总计	8735411
调入资金	224959	政府性基金预算支出	7766542
债务(转贷)收入		上解上级支出	356191
动用预算稳定调节基金	336922	调出资金	210503
接受其他地区援助收入		债务还本支出	
支出总计	25018874	待偿债置换专项债券结余	
一般公共预算支出	10211198	年终结余	402175
上解上级支出	14035680	三、国有资本经营预算收支决算	
调出资金		收入总计	
债务还本支出		国有资本经营预算收入	
补充预算周转金		上级补助收入	
安排预算稳定调节基金	457187	上年结余	
援助其他地区支出		支出总计	
待偿债置换一般债券结余		国有资本经营预算支出	
年终结余	314809	上解上级支出	
二、政府性基金预算收支决算		调出资金	
收入总计	8735411	年终结余	
政府性基金预算收入	2547506		

2020年全国各省、市、自治区财政收支占全国财政收支 税收收入占一般公共预算收入比重及排序

地　区	一般公共预算收入（亿元）	约占地方一般公共预算收入的比重(%)	占比排序	税收收入（亿元）	约占一般公共预算收入的比重(%)	占比排序	一般公共预算支出（亿元）	约占地方一般公共预算支出的比重(%)	占比排序
北京市	5484	5.5	6	4644	84.7	2	7116	3.4	12
天津市	1923	1.9	21	1500	78.0	5	3151	1.5	27
河北省	3826	3.8	9	2527	66.0	25	9023	4.3	7
山西省	2297	2.3	16	1626	70.8	14	5111	2.4	23
内蒙古自治区	2051	2.0	20	1458	71.1	12	5270	2.5	21
辽宁省	2656	2.7	13	1879	70.8	15	6014	2.9	16
吉林省	1085	1.1	26	772	71.1	11	4127	2.0	26
黑龙江省	1153	1.2	25	812	70.4	16	5449	2.6	20
上海市	7046	7.0	4	5842	82.9	3	8102	3.8	10
江苏省	9059	9.0	2	7414	81.8	4	13682	6.5	2
浙江省	**7248**	**7.2**	**3**	**6262**	**86.4**	**1**	**10082**	**4.8**	**6**
安徽省	3216	3.2	10	2200	68.4	21	7474	3.5	11
福建省	3079	3.1	11	2185	71.0	13	5216	2.5	22
江西省	2508	2.5	15	1702	67.9	23	6674	3.2	14
山东省	6560	6.6	5	4758	72.5	9	11234	5.3	3
河南省	4169	4.2	8	2765	66.3	24	10373	4.9	5
湖北省	2512	2.5	14	1923	76.6	7	8443	4.0	8
湖南省	3009	3.0	12	2058	68.4	20	8403	4.0	9
广东省	12924	12.9	1	9882	76.5	8	17431	8.3	1
广西壮族自治区	1717	1.7	23	1113	64.8	27	6179	2.9	15
海南省	816	0.8	28	560	68.6	19	1972	0.9	29
重庆市	2095	2.1	19	1431	68.3	22	4894	2.3	24
四川省	4261	4.3	7	2967	69.6	17	11199	5.3	4
贵州省	1787	1.8	22	1086	60.8	31	5739	2.7	18
云南省	2117	2.1	18	1453	68.6	18	6974	3.3	13
西藏自治区	221	0.2	31	143	64.8	28	2211	1.0	28
陕西省	2257	2.3	17	1752	77.6	6	5924	2.8	17
甘肃省	875	0.9	27	568	64.9	26	4163	2.0	25
青海省	298	0.3	30	213	71.6	10	1933	0.9	30
宁夏回族自治区	419	0.4	29	264	62.9	29	1480	0.7	31
新疆维吾尔自治区	1477	1.5	24	910	61.6	30	5525	2.6	19
地方合计	100143			74668			210569		

注：因四舍五入因素，合计数与分项加总数或存有尾差。

财政法规选编

Zhejiang caizheng nianjian

浙江省生态环境保护专项资金管理办法

浙财建〔2020〕4号　2020年1月17日

第一条　为加强和规范浙江省生态环境保护专项资金(以下简称专项资金)管理,提高专项资金使用效益,促进污染防治和减排,改善环境质量,根据《中华人民共和国预算法》《中华人民共和国环境保护法》《中共浙江省委　浙江省人民政府关于全面落实预算绩效管理的实施意见》《中共浙江省委　浙江省人民政府关于高标准打好污染防治攻坚战　高质量建设美丽浙江的意见》和《浙江省人民政府办公厅关于进一步加强省级财政专项资金管理工作的通知》(浙政办函〔2014〕66号)等有关规定,制定本办法。

第二条　专项资金是指由省级财政预算安排的,用于支持全省污染防治和生态保护修复等的专项转移支付资金。

第三条　专项资金的使用管理,遵循"突出重点、强化引导,奖补结合、精准施策,公开透明、注重绩效"原则。

第四条　专项资金由财政部门和生态环境主管部门共同管理。

省财政厅负责审核专项资金分配建议方案,编制专项资金预算并下达,指导地方加强资金管理等工作。

省生态环境厅负责根据生态环境保护规划和年度重点工作任务,研究提出资金分配建议方案。开展日常监管、监督检查、绩效管理,指导地方做好项目管理工作等。

各市县财政、生态环境部门根据专项资金支持范围,具体负责专项资金的使用安排、监督检查、绩效管理、项目储备、信息公开等工作。

第五条　专项资金实施期限原则上为三年,到期后,省生态环境厅负责对专项资金三年实施总体情况开展绩效自评,省财政厅可视情开展重点绩效评价,根据评价结果,适时调整专项资金实施期限和分配政策。

第六条　专项资金重点支持范围包括:自然生态保护、生态示范创建、水污染防治、海洋污染防治、大气污染防治、土壤污染防治、应对气候变化、监测能力建设以及根据省委、省政府决策部署需要统筹安排的环境保护其他支出等。

对不再符合法律、行政法规等有关规定,政策到期或调整,相关目标已经实现或实施成效差、绩效低下的支持事项,应当及时退出。

第七条　专项资金不得用于人员福利、公用经费、楼堂馆所建设等支出和平衡本级预算。

第八条　专项资金采用因素法分配,包括生态保护、污染防治、监测能力建设等因素,并考虑绩效考核情况和地方财力情况。每年可根据省委、省政府确定的重点工作任务以及生态环境保护和治理需要合理确定相关因素权重。具体因素如下:

(一)生态保护因素。主要根据生态文明建设示范创建和典型地区、生物多样性保护、生态保护红线和自然保护地生态保护和监管等综合确定。

(二)污染防治因素。主要包含水污染防治、海洋污染防治、大气污染防治、土壤污染防治、山水林田湖草生态保护修复等。

1.水污染防治因素。根据考核断面水质改善保持、饮用水水源保护、工业污染防治、水生态保护和修复工程等综合确定。

2.海洋污染防治因素。根据海洋生态环境监管任务量和入海排污口治理、海湾综合治理、入海河流(溪闸)氮磷减排任务量等综合确定。

3.大气污染防治因素。根据各市县大气污染防治重点工作、大气污染物治理任务量等综合确定。

4.土壤污染防治因素。根据土壤和固体废物污染防治年度重点工作任务等确定。

5.山水林田湖草生态保护修复因素。根据省级山水林田湖草生态保护修复试点情况确定。

(三)监管能力建设因素。根据环境保护监管能力建设情况综合测算,包括重点排污单位自动监控系统运行维护数量、环境质量自动监测系统运行维护数量、核与辐射环境监管任务量、生态环境监测能力建设任务量等。

(四)绩效因素。根据省委、省政府确定的重点工作完成情况、上年度绩效评价结果等子因素综合考核确定。

(五)地区财力因素。地区财力按省财政专项转移支付分类分档有关规定确定。

(六)其他因素。根据省委、省政府确定的其他临时性重点工作任务量测算。

第九条　省财政厅、省生态环境厅在每年10月31日前,按不低于当年专项资金规模的70%提前预告市县,作为下一年度转移支付资金。在省人代会批准预算后60日内,将专项资金预算下达到市县。

第十条　各市县财政、生态环境部门要按照"谁用款、谁负责"的原则,建立健全专项资金管理制度,提前做好项目储备和前期工作,将资金及时落实到具体项目和实施单位,并按照规定时间要求及时做好专项转移支付项目库项目储备和报备。

第十一条　各市县财政、生态环境部门应及时将补助资金拨付给项目单位,项目单位应严格按照国家和省有关财务制度规定使用专项资金,并加强财务管理和会计核算,严格控制开支范围和标准,提高资金使用效益。

第十二条　专项资金分配应当按照信息公开有关规定向社会公布。省生态环境厅在专项资金下达后20天内将资金分配结果向社会公开。地方各级生态环境部门应按照规定程序将专项资金安排具体情况在部门网站或政务服务网上予以公布,接受社会监督。

第十三条　专项资金的使用应接受审计、纪检监察、财政等部门的监督和检查。

第十四条 省生态环境厅负责组织对专项资金实施全过程预算绩效管理，包括加强绩效目标编报和分解、对照绩效目标做好绩效监控、每年组织实施专项资金绩效自评。省财政厅在下达资金文件中体现分解后的绩效目标，视情开展抽评。绩效评价结果作为完善政策、改进管理及以后年度预算安排的重要依据。

第十五条 地方各级财政、生态环境部门以及专项资金具体使用单位，具体实施专项资金全过程预算绩效管理，按照下达的绩效目标组织开展绩效运行监控，做好绩效评价。

第十六条 任何单位和个人不得截留、挤占和挪用防治资金。

专项资金报备（申报）单位对提出的报备（申报）材料负责；专项资金项目承担单位对资金使用负责。对专项资金报备（申报）单位和专项资金承担单位存在提供虚假材料、恶意串通等骗取专项资金违法行为的，依照《财政违法行为处罚处分条例》等国家有关规定进行处理。

各级财政、生态环境部门及其工作人员存在违反本办法行为，以及其他滥用职权、玩忽职守、徇私舞弊等违法违纪行为的，按照《中华人民共和国预算法》《中华人民共和国公务员法》《中华人民共和国监察法》《财政违法行为处罚处分条例》等有关规定追究相应责任；涉嫌犯罪的，移送司法机关处理。

第十七条 本办法未明确的其他事宜，包括预算下达、资金拨付、使用、结转结余资金处理等，按照《财政部关于印发中央对地方专项转移支付管理办法的通知》（财预〔2015〕230号）、《浙江省人民政府办公厅关于进一步加强省级财政专项资金管理工作的通知》（浙政办函〔2014〕66号）等预算管理有关规定执行。

第十八条 本办法自发布之日起执行。原《浙江省环境保护专项资金管理办法》（浙财建〔2015〕129号）同时废止。

第十九条 本办法由省财政厅会同省生态环境厅负责解释。

浙江省财政电子票据管理办法

浙财综〔2020〕6号　2020年1月22日

第一章　总　则

第一条 为规范财政电子票据管理，根据《中华人民共和国电子签名法》《财政票据管理办法》（财政部令第70号）、《会计档案管理办法》（财政部　国家档案局令第79号）等有关法律法规规章规定，结合我省实际，制定本办法。

第二条 本办法适用于本省行政区域内财政电子票据的使用和管理，法律法规另有规定的除外。

第三条 本办法所称的财政电子票据是指由财政部门监管，国家机关、事业单位、具有公共管理或者公共服务职能的社会团体及其他组织（以下简称行政事业单位）依法收取政府非税收入或者从事非营利性活动收取财物时，运用计算机和信息网络技术开具、存储、传输和接收的数字电文形式的电子凭证。

第四条 财政电子票据的基本特征是以数字信息代替纸质文件、以电子签名代替手工签章，通过网络手段进行传输流转，通过计算机等电子载体进行存储保管。

第五条 符合相关法规制度要求，生成开具的财政电子票据是单位财务收支和会计核算的电子原始凭证，是财政、审计等部门进行监督检查的重要依据，具有与纸质财政票据同等的法律效力。

第六条 单位利用财政电子票据进行会计核算的，应当保证财政电子票据的生成、传输和存储安全可靠，对财政电子票据的任何篡改都能够被发现，且在相关信息系统中设置必要的程序，防止财政电子票据重复入账。

第七条 财政电子票据须符合财政部门统一的业务和技术标准，主要依托财政电子票据管理系统进行管理。财政电子票据基本管理流程包括制样、赋码、监制签章、存储、查验、核销、入账和归档。

第八条 各级财政部门是财政电子票据的主管部门，按照职责分工和管理权限负责本行政区域内的财政电子票据管理工作。

第二章　财政电子票据的种类和要素

第九条 财政电子票据的种类和适用范围如下：

（一）非税收入类电子票据

非税收入类电子票据，是指行政事业单位依法收取政府非税收入时开具的电子凭证。

（二）结算类电子票据

资金往来结算电子票据，是指行政事业单位在发生暂收、代收和单位内部资金往来结算时开具的电子凭证。

（三）其他财政电子票据

1.公益事业捐赠电子票据，是指国家机关、公益性事业单位、公益性社会团体和其他公益性组织依法接受公益性捐赠时开具的电子凭证。

2.医疗收费电子票据，是指非营利性医疗卫生机构从事医疗服务取得医疗收入时开具的电子凭证。

3.社会团体会费电子票据，是指依法成立的社会团体向会员收取会费时开具的电子凭证。

4.其他应当由财政部门管理的电子票据。

第十条 财政电子票据的基本要素包括：票据名称、票据代码、票据号码、收款类别、交款人（交款单位）、收款项目、收款金额、收款单位（开票单位）、收款人（开票人）、开票日期、收款（开票）单位电子签名、财政部门电子签名等。

第三章　财政电子票据管理流程

第十一条　财政电子票据基于财政电子票据管理系统并融合各行政事业单位收费管理系统进行管理。财政部门通过财政电子票据管理系统财政端制作电子票据可视化模板文件；开票单位通过财政电子票据管理系统单位端开具生成电子票据；开票单位、交款人（交款单位）使用真实有效的财政电子票据进行入账处理。

第十二条　制样。省级财政电子票据管理系统财政端按照电子票据的可视化样式，制作形成电子票据模板文件。

第十三条　编码规则和号段分配。全省财政电子票据编码由票据代码和票据号码两部分组成。票据代码由财政票据监管机构行政区划编码、财政票据种类编码、票据使用年度编码3部分组成。票据号码采用顺序号，用于反映财政电子票据赋码顺序。

第十四条　赋码。由财政部门向用票单位发放财政电子票据号码，确保唯一性。财政部门可以向用票单位预发财政电子票据号码；或者用票单位生成财政电子票据时按照财政部门设定规则自动分配电子票据号码。

第十五条　生成。开票单位收取款项后，同步制作包含开票单位电子签名的财政电子票据信息，上传到财政端。财政端验证电子票据号码唯一性、开票单位电子签名有效性后，追加财政监制电子签名，生成完整的财政电子票据。

第十六条　传输。开票单位将财政电子票据信息通过短信、微信、电子邮件等多种方式发送给交款人（交款单位），交款人（交款单位）可以通过财政电子票据管理系统获取电子票据版式文件。

第十七条　查验。交款人（交款单位）可通过财政电子票据管理系统查验票据真伪。

第十八条　入账。开票单位和交款人（交款单位）可凭财政电子票据入账处理。财政部门可提供支持财政电子票据的入账接口，方便相关单位获取、查验电子票据，以及生成记账凭证。用票单位、交款单位及有记账需要的其他受票单位不得利用财政电子票据重复记账。

第十九条　冲红。收款单位（开票单位）发生填写错误或有作废需要的，可开具等额的红字票据冲抵，操作后红字票据对应的原财政电子票据可视化样式票面应标记“已冲红”字样标识。

第二十条　核销。收款单位（开票单位）应按照票据管理规定按月对已使用的财政电子票据开票金额和实际收费金额进行核对，确认一致后进行核销申请，上传财政管理端审核。

第二十一条　归档。核销后的财政电子票据，由财政部门和收款单位（开票单位）各自按照要求归档备查。

第四章　监督检查与法律责任

第二十二条　用票单位（执收单位）财务部门是单位内部财政电子票据管理的职能部门，统一负责本单位财政电子票据各项工作。用票单位应加强财政电子票据管理，制定财政电子票据风险控制措施，加强财政电子票据签名设备的安全保管，确保财政电子票据信息真实、完整、可用和安全，保证开票信息与收费信息内容一致。

第二十三条　各级财政及开票单位监管部门可根据实际情况和工作需要，对财政电子票据领用及管理情况，进行实时动态监控和检查。

第二十四条　开票单位应当自觉接受财政、审计等部门对财政电子票据使用管理的监督检查，如实反映情况、提供资料，不得隐瞒情况、弄虚作假或者拒绝、阻碍监督检查。

第二十五条　单位和个人违反规定管理使用财政电子票据的，依据国家有关财政票据管理的规定追究相应责任。

第五章　附　则

第二十六条　各市、县（市、区）财政部门可根据本办法，结合本地区实际情况，制定具体实施办法。

第二十七条　本办法自2020年3月1日起施行。

浙江省基层宣传文化专项资金管理办法

浙财文〔2020〕4号　2020年2月6日

第一章　总　则

第一条　为更好地承担起举旗帜、聚民心、育新人、兴文化、展形象的使命任务，进一步夯实基层宣传思想文化工作基础，规范财政专项资金使用管理，提高资金使用效益，根据《中华人民共和国预算法》、财政部《关于印发〈财政部专项转移支付资金管理办法要素框架〉的通知》（财办法〔2019〕54号）、省政府办公厅《关于进一步加强省级财政专项资金管理工作的通知》（浙政办函〔2014〕66号）等精神，结合我省基层宣传思想文化工作实际，特制定本办法。

第二条　浙江省基层宣传文化专项资金（以下简称专项资金）由省财政预算安排，用于支持农村文化礼堂、基层宣传文化活动和阵地建设，推进基层宣传思想文化工作开展。

第三条　专项资金围绕基层思想宣传文化工作，按照“统筹兼顾、突出重点、公平公正、讲求绩效”的原则，采用因素法分配。

第四条　专项资金的实施期限原则上为三年。到期后，省委宣传部应对专项资金总体使用情况进行周期综合评价；省财政厅可视情开展重点绩效评价，根据评价结果和监督检查情况，适时调整专项资金实施期限和分配政策。

第五条　专项资金由党委宣传、财政部门共同管理。

省委宣传部负责分配因素采集和测评，提出资金分配方案，明确分配因素权重及绩效目标，对资金使用情况组织监督检查，做好专项资金绩效管理，并指导地方做好相关工作；省财政厅负责专项资金预算安排、审核资金分配方案，视情开展重点绩效评价，指导地方预算管理。

市、县(市、区)(以下简称市县)党委宣传、财政部门根据专项资金使用方向和支持重点，负责项目储备和管理、资金分配和监管工作，按要求实施绩效管理，并按规定在"省级转移支付项目库系统信息采集软件"中完善相关信息。

第二章　支持范围和分配方法

第六条　专项资金支持范围具体包括：

(一)农村文化礼堂建设。主要用于推进农村文化礼堂建设。

(二)基层宣传文化活动。

1.党的创新理论宣传宣讲活动。主要用于理论宣传产品生产、宣讲品牌打造、宣讲名师培育和宣讲平台整合等工作的探索创新和开展实施，增强理论宣传宣讲的针对性、有效性和感召力、说服力。

2.群众性精神文明建设活动。主要用于新时代文明实践中心建设、各类文明习惯养成实践活动、志愿服务活动开展、诚信意识培育践行和乡风文明建设等，落实《新时代公民道德建设实施纲要》，开展各类群众性精神文明创建活动，引导人们讲文明话、办文明事、做文明人，不断提高公民文明素质和社会文明程度。

3.影视出版公共文化服务。主要用于农村电影放映、农家书屋建设、全民阅读活动开展、"扫黄打非"基层站点建设等，提升基层影视出版等公共文化服务水平，推进均衡发展。

4.其他需要支持的项目活动。主要用于落实《新时代爱国主义教育实施纲要》、开展爱国主义教育基地建设、基层宣传思想文化工作创新探索、对加快发展地区宣传思想文化工作的帮扶支持，以及其他列入省委、省政府确定的重点工作和省委宣传部、省财政厅确定的需要支持的重点项目和特殊事项。

第七条　专项资金采用因素法分配，分为农村文化礼堂建设和基层宣传文化活动两大类，包括：工作因素、地方财力状况因素、绩效管理及其他因素。

(一)农村文化礼堂建设。

1.工作因素。根据农村文化礼堂建设覆盖率、年度建设任务完成率，获评农村文化礼堂建设示范县(市、区)、农村文化礼堂建设示范乡镇(街道)、五星级农村文化礼堂等情况开展测评，按照测评结果计算得分。

2.地方财力状况因素。根据各地财力状况，向加快发展地区倾斜，按转移支付二类六档财政补助系数确定。

3.绩效管理及其他因素。根据各地专项资金绩效管理情况，绩效目标表和转移支付项目库报备等工作开展情况确定。

(二)基层宣传文化活动。

1.工作因素。根据党的创新理论宣传宣讲活动、群众性精神文明建设活动、影视出版公共文化服务及其他需要支持的基层宣传文化活动和阵地建设等工作的开展情况、工作成效进行测评，按照测评结果计算得分。

2.地方财力状况因素。根据各地财力状况，向加快发展地区倾斜，按转移支付二类六档财政补助系数确定。

3.绩效管理及其他因素。根据各地专项资金绩效管理情况，绩效目标表和转移支付项目库报备情况，以及特殊性、突发性、临时性的重大工作任务等其他因素确定。

专项资金按因素分项计算。计算方法：市县分配资金＝市县因素综合得分÷全省市县因素综合得分总计×专项资金总额。

第八条　各因素的权重由省委宣传部、省财政厅根据年度全省宣传文化工作的重点和实际情况确定。省委宣传部、省财政厅根据省委、省政府有关工作部署，结合我省宣传思想文化工作实际，可适时对分配因素进行调整。

第九条　市县党委宣传部门应于每年6月30日前，将专项资金分配因素采集所需的相关材料，以书面形式报省委宣传部。

第三章　资金分配、下达和使用管理

第十条　每年9月底前，省委宣传部根据部门预算编报和审核要求，确定下一年度专项资金分配方案报省财政厅。

省财政厅对专项资金分配方案进行审核后，会同省委宣传部在10月31日前，按不低于当年专项资金规模的70%提前下达下一年度专项资金；剩余资金待省人代会批准预算后60日内下达。总体绩效目标随同专项资金文件一并下达。

第十一条　市县党委宣传、财政部门在收到专项资金下达文件后，应及时将专项资金分解到具体项目和任务。市县党委宣传部门应于专项资金下达60日内，将经同级财政部门审核的专项资金年度分配方案(详见附件1)和区域绩效目标表(详见附件2)报省委宣传部备案(一式2份，含电子版)。

第十二条　专项资金中的农村文化礼堂建设类资金应专项用于农村文化礼堂建设等相关经费；基层宣传文化活动类资金可在本办法规定的支持范围内统筹安排和使用。

第十三条　市县财政部门应当会同同级党委宣传部门按照预算管理和国库管理的有关规定，加强对专项资金的使用管理，规范预算执行。资金支付按照国库集中支付制度有关规定执行。资金使用过程中涉及政府采购的，按照政府采购法律法规和有关制度规定执行。对年度未支出的专项资金，按照结转结余资金管理有关规定执行。

第十四条　专项资金按照规定用途专款专用，任何单位和个人不得以任何理由截留、挤占和挪用。

第四章　监督检查和绩效管理

第十五条　省委宣传部建立健全专项资金预算绩效管理制度，完善绩效目标管理，每年组织实施专项资金绩效自评。省财政厅可视情开展重点抽评，评价结果作为以后年度专项资金预算安排的重要依据和调整因素。

市县党委宣传、财政部门要根据项目管理和实施情况组织实施绩效目标申报、绩效监控和绩效评价等工作，对发现的问题及时做好整改落实，确保绩效目标按期完成，切实提高财政资金使用效益。

各市党委宣传、财政部门汇总所辖县（市、区）的专项资金年度绩效自评情况，于下一年度3月底前上报省委宣传部、省财政厅。

第十六条 专项资金使用管理接受审计、纪检监察、财政等部门的监督检查。各级党委宣传、财政部门和有关单位、个人在专项资金的使用管理中，存在截留、挤占、挪用或者报送虚假信息骗取资金，以及其他违法违纪行为的，依照《中华人民共和国预算法》《中华人民共和国公务员法》《中华人民共和国监察法》《财政违法行为处罚处分条例》等国家有关法律法规处理，并对发生上述行为的市县收回或相应扣减下年度专项资金。涉嫌犯罪的，依法移送司法机关处理。

第五章 附 则

第十七条 市县可根据当地实际情况，制定实施细则，报省委宣传部和省财政厅备案。

第十八条 本办法自印发之日起施行。《浙江省财政厅 中共浙江省委宣传部关于印发浙江省基层宣传文化专项资金管理办法的通知》（浙财教〔2015〕51号）同时废止。

（注：附件略）

浙江省自然资源专项资金管理办法

浙财建〔2020〕20号 2020年3月20日

第一章 总 则

第一条 为规范省自然资源专项资金(以下简称专项资金)管理，提高财政资金使用绩效，根据《中华人民共和国预算法》《中共浙江省委 浙江省人民政府关于全面落实预算绩效管理的实施意见》《浙江省人民政府办公厅关于清理整合和规范财政专项资金管理的意见》（浙政办发〔2009〕82号）、《浙江省人民政府办公厅关于进一步加强省级财政专项资金管理工作的通知》（浙政办函〔2014〕66号）等规定，制定本办法。

第二条 专项资金通过整合原国土地矿专项、海洋综合管理专项、测量标志保护资金、国土资源管理基础建设补助经费和造地改田专项设立，由省级财政预算安排，用于支持我省保护耕地和乡村全域土地综合整治与生态修复、矿山生态环境保护和治理、海洋综合管理、地质环境保护、测量标志管理以及自然资源基础建设等工作。

第三条 专项资金实施期限原则上为三年。到期后，省自然资源厅应对专项资金三年实施总体情况开展绩效自评，省财政厅可视情开展重点绩效评价，根据评价结果，适时调整专项资金实施期限和分配政策。

第四条 专项资金按照“公开透明、突出重点、因素分配、讲求绩效”原则进行分配、使用和管理。专项资金分配和使用情况向社会公开，接受有关部门和社会的监督。

第五条 专项资金由财政部门和自然资源主管部门共同管理。省财政厅牵头制定资金管理办法，负责专项资金预算安排，审核资金分配建议方案，视情开展重点绩效评价，指导地方预算管理等。省自然资源厅负责研究制定省自然资源发展规划，研究提出资金分配建议方案和绩效目标，下达年度计划任务，对资金使用情况组织监督检查，做好专项资金绩效管理，并指导地方做好相关工作，提高财政资金使用效益。

市、县（市、区）（以下简称市县）自然资源主管部门和财政部门根据专项资金支持方向和重点，负责项目储备、任务申报、资金分配、项目管理、资金监管、监督检查、绩效管理和竣工验收等具体工作。

第二章 支持重点和分配方式

第六条 专项资金的支持范围和对象包括：

（一）保护耕地和乡村全域土地综合整治与生态修复工程：省统筹补充耕地补助、农村宅基地复垦新增耕地补助、灾毁耕地复垦补助、耕地保护补偿、乡村全域土地综合整治与生态修复示范工程补助、保护耕地和生态修复管理等。

（二）海洋综合管理：海洋经济运行监测、海洋防灾减灾体系建设、海洋生态监测与评估、海域海岛动态监管及数据维护、海域海岛海岸带（含领海基点）调查监视监测及能力建设；海底电缆管道路由调查与评估、海域海岛分等定级调查、涉海涉岛规划及标准规范编制、数字海洋建设与维护、海洋资源承载力调查；海洋及海岸带资源保护与利用、海域海岛海岸带整治和生态修复等。

（三）矿产资源管理及地质生态环境保护：矿产调查评价、水工环地质调查（城市地质调查、生态地质调查、海岸带地质调查）、地质遗迹保护、地质资料信息服务集群化、地质灾害防治重点县（市、区）的重大地质灾害治理（指保护人数50人以上或施工招标金额超过100万元）及监测预警和列入《浙江省国土空间生态修复规划》的废弃矿山生态修复工作等。

（四）自然资源基础建设：国土空间规划体系建设、自然资源调查监测评价、自然资源开发利用、全民所有自然资源资产清查，永农保护征地管理、补充耕地项目管理、耕地质量管理评定、自然资源专项管理、设备购置和自然资源所建设、测量标志建设和保护等。

（五）国家和省委、省政府有关政策规定需要支持的工作以及省财政厅和省自然资源厅认为需要支持的其他事项。

第七条 专项资金原则上采用因素法进行分配，因素主要包括两部分：一是补助标准因素；二是工作任务、财力状况和绩效评价等因素。省财政厅和省自然资源厅一般不再直接审批和分配具体项目，由市县财政、自然资源主管部门按规定统筹安排使用，并纳入当年财政预算。

(一)补助标准因素。主要包括：

省统筹补充耕地补助。省统筹补充耕地指标按规定收缴后，对纳入省统筹补充耕地指标储备库的数量指标每亩补助5万元，水田指标每亩补助5万元，粮食产能指标每亩每百公斤补助1万元。

宅基地复垦新增耕地奖励补助。按照省自然资源厅从备案系统中提取已经复核认定的农村土地综合整治项目中的宅基地复垦新增耕地面积，每亩奖励1万元。

灾毁耕地复垦补助。按照省自然资源厅根据各地受灾情况核定的拟复垦面积在20亩以上的，水田每亩补助3000元，旱地每亩补助1400元。

耕地保护补偿。按照省自然资源厅核定的承担耕地保护任务的县(市、区)永久基本农田保护面积，每亩补助30元。

乡村全域土地综合整治与生态修复示范工程奖励补助。根据省保护耕地和全域土地综合整治与生态修复领导小组对乡村全域土地综合整治与生态修复工程的年度评定结果，按一定比例予以奖励。

国家和省委、省政府明确的造地改田领域其他按规定补助的事项。

(二)工作任务、财力状况和绩效评价因素。具体因素和权重如下：

1.工作任务(90%)。

(1)海洋综合管理工作任务。主要指根据各地海岸生态修复及生态岛礁建设任务、海洋生态建设示范区任务、海域海岛海岸带资源和海洋灾害隐患区数量和面积、海域海岛海岸带调查评估监视监测及能力建设任务等确定的工作任务量。

(2)地矿工作任务。主要指根据各地有效矿业权总数、年度地质灾害发生数、年度矿山生态修复面积、年度地质调查面积等确定的工作任务量。

(3)测绘工作任务。主要指根据一、二等测量标志数量等确定的工作任务量。

(4)其他任务。根据年度自然资源工作任务，需要予以支持的事项。

2.财力状况(5%)。根据省财政专项转移支付分类分档有关规定确定。

3.绩效因素(5%)。按照省政府对设区市政府耕地保护责任目标考核情况，以及海洋综合管理和地矿考核等结果，给予优秀市及所属县(市、区)奖励。

省财政厅和省自然资源厅根据专项资金管理需要和自然资源发展规划，适时调整优化补助标准、分配因素和权重等。

第八条 省自然资源厅会同省财政厅按照省委、省政府的决策部署和自然资源发展规划，坚持集中财力办大事的原则，确定年度支持工作任务，并组织市县提供分配因素内容。

市县自然资源主管部门会同财政部门根据当地实际，于每年6月30日前将次年的分配因素具体内容、上年度自然资源专项资金项目绩效自评结果和上年度报备项目预算执行进度等情况上报省自然资源厅和省财政厅，并对上报材料的真实性、合规性负责。

第三章　资金分配、下达和使用管理

第九条 每年9月底前，省自然资源厅结合部门预算编报和审核情况，确定下一年度专项资金预分配方案报省财政厅。

省财政厅对资金分配建议方案进行审核后，会同省自然资源厅在10月31日前，按不低于当年专项资金规模的70%提前下达下一年度专项资金；剩余资金待省人代会批准预算后60日内下达。绩效目标随同资金文件一并分解下达，其中，对灾毁复垦的补助资金根据实际受灾情况适时分配、下达。省自然资源厅根据资金规模下达年度工作任务。

第十条 市县财政部门可将专项资金统筹安排用于本办法规定的支持范围，但不得用于楼堂馆所建设、管理机构人员经费和日常办公经费等不符合规定的支出。

第十一条 市县财政部门、自然资源主管部门应当根据本办法建立健全管理机制，按照“谁用款、谁负责”的原则，切实加强专项资金使用管理，做好绩效监控，提高资金使用效益。专项资金拨付按照财政国库管理制度有关规定执行。资金使用中属于政府采购管理范围的，按照政府采购有关规定执行。专项结余结转资金按照中央和省有关规定安排使用，对结余结转资金规模较大的地方，控制安排新增资金。

第四章　监督检查和绩效管理

第十二条 省自然资源厅应建立健全专项资金预算绩效管理制度，完善绩效目标管理和绩效指标体系，每年开展专项资金绩效自评。省财政厅视情开展抽评，评价结果作为完善专项资金政策及预算资金分配的重要依据。绩效评价结果为良好以上的，根据本办法予以奖励；绩效评价结果为差的，酌情扣减直至取消下一年度专项资金。

市县自然资源主管部门及财政部门要根据项目管理和实施情况组织实施绩效目标申报、绩效监控和绩效评价等工作，对发现的问题及时做好整改落实，确保绩效目标如期完成，切实提高财政资金使用效益。

第十三条 专项资金的使用管理接受审计、纪检监察、财政等部门的监督检查，一旦发现截留、挤占、挪用或骗取专项资金等违法违纪行为，依照有关法律法规追究相应责任。各级财政部门和自然资源主管部门、单位及其工作人员在专项资金使用管理工作中，存在违反规定审批、分配、使用和管理资金，以及其他滥用职权、玩忽职守、徇私舞弊等违法违纪行为的，按照《中华人民共和国预算法》《中华人民共和国公务员法》《中华人民共和国监察法》《财政违法行为处罚处分条例》等国家有关规定追究相应责任；涉嫌犯罪的，移送司法机关处理。

第五章 附 则

第十四条 本办法由省财政厅会同省自然资源厅负责解释。市县可根据当地实际情况，制定实施细则，报省财政厅和省自然资源厅备案。

第十五条 本办法自发布之日起施行。《浙江省国土地矿专项资金使用管理暂行办法》（浙财建〔2015〕33号）、《浙江省测量标志保护专项资金管理办法》（浙财建〔2015〕14号）、《浙江省财政厅 浙江省自然资源厅关于〈浙江省国土地矿专项资金使用管理暂行办法〉和〈浙江省测量标志保护专项资金管理办法〉的补充通知》（浙财建〔2018〕138号）、《浙江省海洋与渔业综合管理和产业发展专项资金管理暂行办法（试行）》（浙农财〔2015〕47号）涉及海洋综合管理的内容、《浙江省省级造地改田专项资金管理办法（试行）》（浙财农〔2015〕52号）涉及省统筹补充耕地、灾毁耕地复垦、农村宅基地复垦、基本农田保护补偿、农村土地综合整治示范项目等自然资源领域的内容，同时废止。

浙江省农业农村高质量发展专项资金管理办法

浙财农〔2020〕20号 2020年4月28日

第一章 总 则

第一条 为加强和规范浙江省农业农村高质量发展专项资金（以下简称专项资金）管理，推进资金统筹整合和集中财力办大事，提高资金使用绩效，促进乡村振兴战略实施和农业农村高质量发展，根据《中华人民共和国预算法》和《中共浙江省委 浙江省人民政府关于全面落实预算绩效管理的实施意见》《浙江省人民政府关于建立健全涉农资金统筹整合长效机制的实施意见》（浙政发〔2019〕7号）、《浙江省人民政府办公厅关于进一步加强省级财政专项资金管理工作的通知》（浙政办函〔2014〕66号）等有关规定，制定本办法。

第二条 专项资金是指围绕乡村振兴战略实施和农业农村高质量发展，用于支持保障粮食生产发展和重要农产品有效供给，推进农业绿色发展和产业融合发展，提升发展质量、效益和综合竞争力，促进农（渔）民持续稳定增收的专项转移支付资金。资金由省财政预算统筹安排，其中用于配套中央资金的，按照中央有关管理规定执行。

第三条 专项资金实施期限原则上为三年。到期后，省农业农村厅对三年实施总体情况开展绩效评价，省财政厅视情开展重点绩效评价，并根据评价结果确定专项资金及相关支持政策保留、调整或取消。在新的管理办法出台前，专项资金管理仍按本办法执行。

第四条 专项资金由省财政厅会同省农业农村厅共同管理，按照“目标清晰、重点突出，绩效导向、公开透明”的原则分配、使用和管理。

省财政厅负责专项资金预算安排，审核资金分配建议方案，加强资金使用监管和绩效管理，视情开展重点绩效评价，指导地方加强资金管理等。省农业农村厅负责研究制定农业农村高质量发展相关规划计划、政策措施，研究提出资金分配建议方案、绩效目标和工作任务（任务清单），做好专项资金的全过程预算绩效管理，指导督促、监督检查资金任务落地落实等。

各市、县（市、区）（以下简称市县）财政部门、农业农村（渔业）主管部门结合当地实际，根据本办法规定全面负责目标任务落实、资金项目管理和绩效管理，明确资金项目管理具体职责分工和程序流程，建立健全相应的工作运行机制和管理制度体系，确保项目资金管理有章可循。

第二章 资金支持对象、扶持重点和分配方式

第五条 专项资金支持对象主要是符合条件的农（渔）民、农创客（新农人）、国有农场、家庭农场、规范化农民专业合作组织、农业企业、村集体经济组织，以及承担项目任务的行政事业单位或其他经济组织。

第六条 专项资金扶持重点：

（一）粮食生产发展。主要用于规模种粮补贴（含社会化服务）、水稻订单良种补贴、规模种粮大户贷款贴息、粮食绿色高产创建等。

（二）畜牧业生产发展。主要用于支持生猪增产保供、畜牧业绿色发展、养殖（屠宰）环节病死猪无害化处理、区域性动物疫病防控和监测、省际公（铁）路动物卫生监督检查站建设与运行等。

（三）渔业生产发展。主要用于支持渔业安全生产、渔场修复振兴专项执法、远洋渔业发展、渔业资源养护、水产健康养殖和绿色发展等。

（四）农业科技创新推广。主要用于支持新品种示范与推广、农机购置补贴和高耗能农机报废补偿、农民素质培训、农业产业技术创新与服务团队建设等。

（五）农产品质量安全。主要用于支持耕地质量提升与保护、商品有机肥推广应用、重大植物疫情与外来有害生物监测防控、农产品质量安全标准及可追溯体系建设等。

（六）产业融合绿色发展。主要用于支持现代农业园区创建、农村一二三产业融合发展、农业绿色生态发展、地方优势特色乡村产业提升发展等。

（七）农业基础设施建设。主要用于支持高标准农田、粮食生产功能区、渔港等公共基础设施建设提升和运维管护。

（八）省委、省政府关于乡村振兴战略实施和农业农村高质量发展要求支持开展的工作，以及省财政厅和省农业农村厅研究确定需要支持的农业农村改革示范试点等其他事项。

第七条 专项资金不得用于兴建楼堂馆所、弥补预算支出

缺口等与农业农村高质量发展无关的支出。

第八条 专项资金分配主要按政策性补贴(含补助、补偿、奖励、贴息,以下简称补贴)标准和因素法进行分配。其中:按因素法分配的专项资金,实行"大专项+绩效目标+任务清单"的管理方式。

第九条 按政策性补贴标准分配是指根据既定的政策性补贴标准和实际发生的面积、数量、规模等进行测算分配。具体政策包括:规模种粮补贴、订单良种补贴、种粮大户贷款贴息、生猪"增产保供"综合奖励、种猪场及规模猪场贷款贴息、生猪引种补贴、养殖(屠宰)环节病死猪无害化处理、重大动物疫病强制免疫"先打后补"、农机购置补贴和高耗能农机报废补偿,以及高标准农田建设、标准渔港建设等。补贴标准按照政策规定、现有财力及省财政专项转移支付系数等情况分类确定,资金拨付实行先预拨再据实结算。其中:

(一)规模种粮补贴、水稻订单良种补贴和种粮大户贷款贴息按照年度粮食产销政策等文件执行;

(二)生猪"增产保供"综合奖励、种猪场及规模猪场贷款贴息、生猪引种补贴按《浙江省农业农村厅 浙江省财政厅关于贯彻落实〈浙江省人民政府办公厅关于推进生猪产业高质量发展的意见〉的实施意见》(浙农计发〔2020〕9号)执行;

(三)养殖(屠宰)环节病死猪无害化处理补助按《浙江省财政厅 浙江省农业厅关于印发〈浙江省动物防疫等补助经费管理实施细则〉的通知》(浙财农〔2018〕43号)执行;

(四)重大动物疫病强制免疫"先打后补"按照《浙江省农业农村厅 浙江省财政厅关于印发浙江省重大动物疫病强制免疫"先打后补"实施方案(试行)的通知》(浙农专发〔2019〕31号)执行;

(五)农机(含农机新产品)购置补贴按照阶段性农机购置补贴实施意见执行;

(六)高耗能农机报废补偿按照《浙江省农业农村厅 浙江省财政厅关于印发〈浙江省拖拉机和联合收割机报废更新管理办法〉、〈浙江省高耗能拖拉机和联合收割机报废补偿实施细则〉的通知》(浙农机发〔2019〕6号)执行;

(七)高标准农田建设按照《财政部 农业农村部关于印发〈农田建设补助资金管理办法〉的通知》(财农〔2019〕46号)和省批复下达的实施计划执行,其中高标准农田建设省补助200元/亩、高效节水灌溉设施建设省补助120元/亩;

(八)标准渔港建设补助按照《浙江省财政厅 浙江省海洋与渔业局关于印发〈浙江省标准渔港建设专项资金管理办法〉的通知》(浙财农〔2010〕535号)执行。

以后年度政策性补贴所依据文件有调整变化的,补贴标准、对象、范围等相应调整。

第十条 按因素法分配是指根据任务要求、政策目标、以往年度实施成效等情况,结合地方财力状况,选择相应的具体因素和权重进行测算分配,农业农村改革试点、探索示范等可根据需要采取定额分配方式。其中主要任务因素有:

(一)粮食生产发展任务因素主要是市县承担的粮食绿色高产创建任务、"河姆渡杯"粮食生产考核结果等;

(二)畜牧业生产发展任务因素主要是畜禽养殖存栏量和出栏量、区域性动物疫病防控任务、动物疫病监测采样和强制免疫数量、省际公(铁)路卫生监督检查站建设和运维任务等;

(三)渔业生产发展任务因素主要是渔船、渔民、渔港数量及其等级(类型)、参与联合执法的执法船吨位和巡航天数、渔业健康养殖面积、远洋渔业发展和渔业绿色发展任务、增殖放流任务量等;

(四)农业科技创新推广任务因素主要是农作物新品种展示示范和品种区试任务、农民素质提升培训人数、农业产业技术创新与推广服务团队年度试验示范任务等;

(五)农产品质量安全任务因素主要是重大农业植物疫情与外来有害生物监测防控任务、农产品质量安全标准化示范及可追溯体系建设任务、耕地质量监测任务、受污染耕地安全利用和治理试点示范任务、商品有机肥推广应用和冬绿肥种植示范面积等;

(六)产业融合绿色发展任务因素主要是省级现代农业园区创建数量、省级示范性现代国有农场创建数量、农业绿色生态发展任务、地方特色优势乡村产业(含现代种业育繁推)发展和新型农业经营主体培育任务等;

(七)农业基础设施建设任务因素主要是已建农业基础设施数量、规模及提升管护任务等。

第十一条 根据工作需要,农业农村重点领域改革示范试点可视情采取创建制、竞争性分配等方式,集中财力支持重点工作和重点领域,并发挥示范引领作用,为全省乡村振兴战略实施和农业农村高质量发展提供经验和借鉴。具体实施方案另行制定,报经省政府批准后实施。

第三章 资金分配、下达和使用管理

第十二条 每年9月底前,省农业农村厅结合部门预算编报要求,确定下一年度专项资金分配建议方案和绩效目标报省财政厅。省财政厅对专项资金分配建议方案和绩效目标进行审核后,会同省农业农村厅在10月底前,按不低于当年专项资金规模的70%提前下达下一年度专项资金;剩余资金待省人代会批准预算后60日内下达。绩效目标随同资金文件一并下达;工作任务(任务清单)由省农业农村厅会同省财政厅研究确定,并在资金拨付后30日内下达市县,力争实行同步下达。

第十三条 市县按照省下达的资金额度、绩效目标、任务清单、实施要求和相关扶持政策意见等规定和公开、公平、公正、透明的原则,及时分解安排、细化、实化资金任务,及时将资金拨付到支持对象,并将绩效目标落实到具体项目,切实抓好政策执行落实、资金使用管理、项目组织实施。其中:属于政策性补贴和约束性任务的补助资金不得统筹使用;属于指导性任务的补助资金在落实相关政策、完成有关任务的前提下,鼓励各地结合实际,按照集中财力办大事的原则,在专项资金扶持范围内自主立项和分配使用资金，推进涉农资金统筹整合。

第十四条 市县原则上应在省级资金和工作任务（任务清单）文件下达后4个月内，完成具体资金使用、项目细化报备工作。资金项目任务方案（实施计划）报备后不得随意调整。因重大政策调整、项目实施条件等不可预见因素影响，确需调整的，及时按照当地规定程序办理，并报省农业农村厅、省财政厅备案。

第十五条 按照"谁用款、谁负责"的原则，市县要切实加强项目库建设和资金使用管理，做好绩效监控，提高资金使用效益。在分配资金时，对应纳入项目库管理的项目，一般情况下要在项目储备库中择优选取。项目实施完成后，除有特殊规定需由省级部门验收考核外，其他项目由市县按照有关规定，做好验收考核和绩效评价等工作。

第十六条 专项资金拨付按照财政国库管理制度有关规定执行。各地要因地制宜采取按进度拨款等方式，切实加快资金拨付使用进度，资金使用中属于"一卡（折）通"发放、政府采购管理和政府购买服务范围的，按照相应规定执行。专项结余结转资金按照中央和省有关规定安排使用，对结余结转资金规模较大的地方，控制安排下一年度资金；对有具体任务的结转资金，相应扣减或暂停安排该项任务的资金。

第十七条 专项资金按照不同的扶持政策，可以采取直接补助、贷款贴息、先建后补、以奖代补、担保补助、风险补偿、设立基金等支持方式，鼓励与政府购买服务、政策性融资担保、资产折股量化等工作相结合，建立健全多方协同支农新机制。各地可探索创新、综合运用多种有效形式，加快资金执行进度，充分发挥财政资金的引领导向作用，撬动金融信贷、社会资本等投向农业农村。

第四章 监督检查和绩效管理

第十八条 专项资金的使用管理接受审计、纪检监察、财政等部门的监督检查。市县财政、农业农村（渔业）主管部门应当建立健全工作机制，采取日常监管、随机抽查、重点检查、专项督查等方式，加强对资金申报、使用、管理情况的监督检查，发现问题及时纠正，对违法违规问题依法依规进行处理处罚。

第十九条 省农业农村厅应建立健全专项资金预算绩效管理制度和绩效指标体系，完善绩效目标管理，每年组织开展专项资金绩效自评。省财政厅视情开展抽评，评价结果作为完善专项资金政策及预算资金分配的重要依据。市县要根据项目管理和实施情况组织开展绩效目标申报、绩效监控和绩效评价等，全面做好绩效管理工作，对发现的问题及时做好整改落实，确保绩效目标完成，提高财政资金使用效益。市县资金绩效管理情况列入浙江省实施乡村振兴战略实绩考核内容，并作为下一年度专项资金分配的重要依据。

第二十条 按照"数字化、公开化、规范化、高效化"要求，依托省级转移支付项目库系统、浙江省农业农村财政资金信息化管理系统等，加快推进数字化动态监管，推行"线上平台监管＋线下实地检查"和绩效目标、资金执行、项目实施等进度监控，加强资金项目的行业监管和属地监管。市县应按照规定时限和要求，及时通过数字化系统统计报送资金项目绩效等情况。

第二十一条 各级财政、农业农村（渔业）主管部门及其工作人员在资金使用管理等工作中，存在违反规定审批、分配、使用和管理资金，以及其他滥用职权、玩忽职守、徇私舞弊等违法违纪行为的，按照《中华人民共和国预算法》《中华人民共和国公务员法》《中华人民共和国监察法》《财政违法行为处罚处分条例》等国家有关规定追究相关责任；涉嫌犯罪的，依法移送司法机关处理。

资金使用单位和个人虚报冒领、骗取套取、挤占挪用专项资金，以及存在其他违法违纪行为的，按照《中华人民共和国预算法》《财政违法行为处罚处分条例》等有关规定追究相应责任。

第二十二条 各级农业农村（渔业）、财政部门要加强对项目储备、申报、立项审核、资金安排和使用等情况的公开公示，自觉接受人大、审计以及社会公众的监督。省财政厅、省农业农村厅在浙江省政务服务网等平台上公开专项资金分配政策、分配结果等情况；市县农业农村（渔业）、财政部门要及时在农民信箱、当地政务服务网和门户网站、乡镇公共服务平台等相关平台上，主动向社会公开专项资金具体分配方案、项目实施完成和绩效情况等。

第五章 附 则

第二十三条 各地应根据本办法，结合当地实际制定具体的实施细则，并抄送省财政厅、省农业农村厅。

第二十四条 本办法自2020年1月1日起施行。《浙江省财政厅 浙江省农业厅关于印发浙江省后备母牛补贴资金管理办法的通知》（浙财农〔2011〕391号）、《浙江省财政厅 浙江省海洋与渔业局关于印发〈浙江省高耗能国内海洋捕捞渔船淘汰更新补偿办法（试行）〉的通知》（浙财农〔2012〕89号）、《浙江省财政厅 浙江省农业厅关于印发〈浙江省农村能源开发利用项目资金管理办法〉的通知》（浙财农〔2013〕111号）、《浙江省财政厅 浙江省农业厅关于印发〈浙江省农作物病虫害防治补助资金管理办法〉的通知》（浙财农〔2014〕1号）、《浙江省财政厅 浙江省农业厅关于修订浙江省后备母牛补贴资金管理办法的通知》（浙财农〔2014〕23号）、《浙江省财政厅 浙江省农业厅关于印发浙江省现代农业发展专项资金管理办法（试行）的通知》（浙财农〔2015〕50号）、《浙江省财政厅 中共浙江省委浙江省人民政府农业和农村工作领导小组办公室关于印发浙江省美丽乡村建设专项资金管理办法（试行）的通知》（浙财农〔2015〕45号）、《浙江省财政厅 中共浙江省委浙江省人民政府农业和农村工作领导小组办公室关于修订〈浙江省美丽乡村建设专项资金管理办法（试行）〉若干条款的通知》（浙财农〔2016〕21号）、《浙江省财政厅关于印发〈浙江省农业综合开发财务管理实施办法〉的通知》(浙财农发字〔2006〕44号)、《浙江省财政厅关于印发浙江省农业综合开发项目资金报账管理实施办法的通知》(浙财农发〔2012〕3号)、《浙江省财政厅关于印发浙江省农业综合开发资金和项目管理实施办法的通知》(浙财农发〔2017〕3号)等文件,以及《浙江省财政厅　浙江省海洋与渔业局关于印发浙江省海洋与渔业综合管理和产业发展专项资金管理办法(试行)的通知》(浙财农〔2015〕47号)中涉及浙江渔场修复振兴、现代渔业生产发展、渔港建设维护、海洋与渔业公共服务能力建设等农业农村领域的内容,《浙江省财政厅　浙江省国土资源厅　浙江省水利厅　浙江省农业厅关于印发浙江省省级造地改田专项资金管理办法(试行)的通知》(浙财农〔2015〕52号)中涉及标准农田质量提升、商品有机肥推广应用、沃土工程、粮食生产功能区建设等农业农村领域的内容同时废止。尚在实施过程中的原农业综合开发项目可继续按原管理制度执行,其他相关资金和项目管理规定与本办法有冲突的,按本办法规定执行。

浙江省发展与改革专项资金管理办法

浙财建〔2020〕31号　2020年4月30日

第一章　总　则

第一条　为加强和规范浙江省发展与改革专项资金(以下简称专项资金)管理,提高专项资金使用效益,根据《中华人民共和国预算法》《中共浙江省委　浙江省人民政府关于全面落实预算绩效管理的实施意见》《浙江省人民政府办公厅关于进一步加强省级财政专项资金管理工作的通知》(浙政办函〔2014〕66号)等规定,制定本办法。

第二条　专项资金是指由省级财政预算安排,用于支持全省公共建设投资,促进产业转型升级、区域协调发展的专项转移支付资金。

第三条　专项资金实施期限原则上为3年。到期后,省发展改革委对专项资金3年实施总体情况开展绩效自评,省财政厅可视情开展重点绩效评价,根据评价结果,适时调整专项资金实施期限和分配政策。

第四条　专项资金按照"规划引领、绩效导向、突出重点、公开透明"的原则进行分配、使用和管理。专项资金分配和使用情况向社会公开,接受有关部门和社会的监督。

第五条　专项资金由财政部门和发展改革部门共同管理。省财政厅牵头制定资金管理办法,负责专项资金预算安排,审核资金分配建议方案,视情开展重点绩效评价,指导地方预算管理等。省发展改革委根据年度发展改革重点任务,负责研究提出资金分配建议方案和整体绩效目标,下达分市县绩效目标,对资金使用情况组织监督检查,做好专项资金绩效管理,并指导地方做好相关工作,提高财政资金使用效益。

市、县(市、区)(以下简称市县)财政、发展改革、区域合作部门根据专项资金支持领域,负责项目储备、资金分配、项目管理、资金监管、监督检查、绩效管理等具体工作。

第二章　支持领域

第六条　专项资金主要支持公益性与公共基础设施建设、绿色循环发展、服务业、能源发展、山海协作、价格监管等6大领域。年度重点支持领域可根据年度重点工作任务进行调整。

(一)公益性与公共基础设施建设领域:

1.市县基础设施项目,包括农林水渔、市政道路、科教文卫、公检法司以及跨区域、跨流域的市县重大项目等;

2.落实投资新政、实施省市县长项目工程、优化投资结构等工作成效较好地区行政区域内符合条件的公益性基础设施建设项目;

3.防灾减灾项目以及省委、省政府确定的其他项目。

(二)绿色循环发展领域:

1.省级循环化改造示范试点园区建设、省级园区(开发区)绿色循环升级,包括循环化改造关键补链以及能源、环境、绿色技术等公共设施、服务平台建设;

2.省级资源循环利用示范城市(基地)、省级餐厨垃圾资源化综合利用和无害化处置示范试点城市建设;

3.年度绿色循环发展工作先进县(市、区)激励;

4.其他促进绿色循环发展的重大事项。

(三)服务业领域:

1.服务业发展重点领域和关键环节,包括现代服务业创新高端发展、生产性服务业发展、生活性服务业提升、服务业新业态模式培育、服务业集聚发展、服务业与其他产业融合发展等;

2.服务业发展重点区域;

3.省级服务业集聚示范区;

4.其他促进服务业发展事项。

(四)能源发展领域:

1.可再生能源资源勘查、技术研究、开发利用和服务体系建设项目;

2.餐厨废弃物生产的生物液体或天然气(沼气)燃料利用;

3.储能等促进可再生能源开发应用的新技术、新模式、新产业等其他事项;

4.电力电网设施补短板项目。

(五)山海协作领域:

1.山海协作"飞地"园区基础设施建设项目,包括26县在发达地区建设的"消薄飞地""科创飞地""产业飞地"等基础设施项目贷款贴息;

2.山海协作乡村振兴示范点和社会事业等领域合作项目补助。

（六）价格监管领域：

1.承担农产品成本调查和价格监测任务的调查户、定点监测点采集人员工作补贴；

2.成本调查、价格监测中信息咨询、信息发布和宣传等费用；

3.成本调查、价格监测中数据处理、传输、资料编发等费用；

4.完成国家和省级应急调查、监测任务补贴；

5.其他与成本调查、价格监测工作有关费用。

第七条 对不再符合法律、行政法规等有关规定，政策到期或调整，相关目标已经实现或实施成效差、绩效低下的支持领域，应当及时取消或调整使用方向。

第三章 分配、下达和使用管理

第八条 专项资金采取项目法、因素法进行分配。

第九条 用于支持公益性与公共基础设施建设领域的资金，实行项目法分配。省发展改革委负责建立项目库，组织相关市县于前一年进行项目申报。补助项目应符合《浙江省政府投资项目管理办法》的相关规定。按照公益性和准公益性的项目类型、项目投资额等因素确定补助资金。对投资大、跨年度建设的项目可按建设年限分年度安排补助资金。

第十条 用于支持绿色循环发展、服务业、可再生能源发展、山海协作、价格监管等领域的资金实行因素法分配，具体因素：

（一）绿色循环发展因素根据省级园区（开发区）循环化改造示范试点、绿色循环升级建设，省级餐厨垃圾资源化利用和无害化处置、资源循环利用等示范试点建设，绿色循环发展工作先进县（市、区）激励等综合确定；

（二）服务业因素根据年度确定并推进的服务业重点支持领域示范试点情况和各市县服务业发展水平等综合确定；

（三）能源发展因素根据新增非水可再生能源装机量，可再生能源发电量，促进可再生能源开发利用的新技术、新模式、新产业的示范试点、电力电网设施补短板建设需求等综合确定；

（四）山海协作因素根据山海协作“飞地”园区基础设施建设项目及山海协作项目数量、地区财力系数等综合确定；

（五）价格监管因素根据工作量、工作质量等综合确定。

省财政厅和省发展改革委不再直接审批和分配具体项目，由市县财政、发展改革、区域合作部门按规定统筹安排使用。

第十一条 每年9月底前，省发展改革委结合部门预算编报和审核情况，确定下一年度专项资金绩效目标、资金分配方案报省财政厅。

省财政厅对绩效目标、资金分配方案进行审核后，会同省发展改革委在10月31日前，按不低于专项资金当年规模的70%提前下达下一年度专项资金；剩余资金待省人代会批准预算后60日内下达。整体绩效目标随同资金文件一并下达。省发展改革委根据资金文件下达分市县绩效目标。

第十二条 市县财政、发展改革、区域合作部门应当按照“谁用款、谁负责”的原则，建立健全专项资金管理制度，提前做好项目储备和前期工作，在收到资金文件后，将专项资金落实到具体项目和实施单位，并按照规定时间要求及时做好专项转移支付项目库项目储备和报备工作。

第十三条 专项资金不得用于人员福利、日常公用经费、楼堂馆所建设等支出和平衡本级预算。专项资金拨付按照财政国库管理制度有关规定执行。资金使用中属于政府采购管理范围的，按照政府采购有关规定执行。专项结余结转资金按照中央和省有关规定安排使用，对结余结转资金规模较大的地方，控制安排新增资金。

第四章 监督检查和绩效管理

第十四条 省发展改革委应建立健全专项资金预算绩效管理制度，完善绩效目标管理，建立健全绩效指标体系，每年开展专项资金绩效自评，省财政厅视情开展抽评，评价结果作为完善专项资金政策及预算资金分配的重要依据。

市县发展改革、区域合作及财政部门具体实施专项资金全过程预算绩效管理，按照下达的绩效目标组织开展绩效运行监控，年度结束后开展绩效自评。

第十五条 专项资金使用管理接受审计、纪检监察、财政等部门的监督检查，一旦发现截留、挤占、挪用或骗取专项资金等违法违纪行为，依照有关法律法规的规定追究相应责任。各级财政、发展改革、区域合作部门及其工作人员存在违反规定审批、分配、拨付、使用和管理资金，以及其他滥用职权、玩忽职守、徇私舞弊等违法违纪行为的，按照《中华人民共和国预算法》《中华人民共和国公务员法》《中华人民共和国监察法》《财政违法行为处罚处分条例》等国家有关规定追究相应责任；涉嫌犯罪的，移送司法机关处理。

第五章 附 则

第十六条 市县财政、发展改革、区域合作部门可根据本办法，结合当地实际，制定资金管理细则，报省财政厅、省发展改革委备案。

第十七条 本办法自2020年6月15日起施行。《浙江省财政厅 浙江省发展和改革委员会关于印发浙江省发展与改革专项资金管理办法的通知》（浙财建〔2015〕58号）、《浙江省财政厅 浙江省能源局关于印发浙江省可再生能源发展专项资金管理办法的通知》（浙财建〔2015〕53号）、《浙江省财政厅 浙江省人民政府经济合作交流办公室关于印发浙江省对口协作开发专项资金管理办法的通知》（浙财建〔2014〕175号）、《浙江省财政厅 浙江省物价局关于印发浙江省价格监管专项性一般转移支付资金使用管理暂行办法的通知》（浙财综〔2013〕94号）、《浙江省财政厅 浙江省发展和改革委员会关于印发浙江省欠发达地区农村电网建设与改造专项资金管理暂行办法的通知》（浙财建字〔2004〕71号）同时废止。

浙江省预算绩效运行监控管理办法

浙财监督〔2020〕6号　2020年5月6日

第一章　总　则

第一条　为加强预算绩效运行监控，着力提高预算执行效率和资金使用效益，加快构建全方位、全过程、全覆盖的预算绩效管理体系，根据《中华人民共和国预算法》《中共中央　国务院关于全面实施预算绩效管理的意见》及《中共浙江省委　浙江省人民政府关于全面落实预算绩效管理的实施意见》等有关法律、法规和规定，制定本办法。

第二条　本办法所称的预算绩效运行监控（以下简称绩效监控）是指在预算执行过程中，对预算项目实施进度、预算执行进度和绩效目标实现程度等开展跟踪监控和纠偏处理的管理活动。

第三条　基本原则

（一）目标导向。以绩效目标为核心，对项目支出进行监控，对偏离绩效目标的支出及时采取纠偏措施，保证绩效目标如期实现。

（二）突出重点。将涉及扶贫、民生保障、公共服务和生态保护等社会关注度高、持续时间长的重点领域项目或重大支出项目作为监控重点，提高绩效监控的针对性和有效性。

（三）权责对等。按照“谁支出，谁负责”的原则，各部门、单位是绩效监控的实施主体，财政部门是绩效监控的监督主体，形成共同实施、协调统一的工作合力。

（四）信息共享。构建绩效监控系统，逐步实现与预算编制、国库集中支付、政府采购、资产、财务、业务等系统信息共享，提高预警能力和分析水平。

第二章　绩效监控范围、内容和方式

第四条　绩效监控范围。各部门、单位应将一般公共预算、政府性基金预算和国有资本经营预算所有项目纳入监控范围，并对重点项目以及巡视、审计、监督检查、重点绩效评价和日常管理中发现问题较多、绩效水平不高、管理薄弱的项目予以重点关注。专项转移支付资金项目按照相关专项资金管理办法的规定实施监控。

第五条　绩效监控内容主要包括：

（一）项目实施进度。项目是否按照计划实施、能否按期保质完成，项目实施进度是否与预算执行进度相匹配。

（二）预算执行进度。包括预算资金拨付进度、实际支出进度以及预计结转结余情况。

（三）目标实现程度。绩效目标是否发生偏离，绩效目标完成情况是否与预期相符、是否与项目实施进度相匹配。

（四）其他需绩效监控的事项。

第六条　绩效监控方式。通过日常跟踪和定期总结分析等方式，采用数据核查、实地查验、系统监测、解释说明等方法，跟踪项目实施进度、预算执行进度和绩效目标实现程度，通过警示、调整、限制和完善等措施进行纠偏纠错，促进预算绩效目标实现。

第三章　绩效监控职责分工

第七条　财政部门主要履行以下职责：

（一）研究制定绩效监控管理制度办法；

（二）组织、指导、监督绩效监控工作；

（三）根据工作需要开展重点绩效监控；

（四）应当履行的其他绩效监控职责。

第八条　各部门、单位主要履行以下职责：

（一）建立健全本部门、单位绩效监控管理制度，细化明确内部绩效监控职责分工；

（二）具体组织实施本部门、单位绩效监控；

（三）配合财政部门开展重点绩效监控，做好数据采集、填报和核查等相关工作；

（四）及时纠正本部门、单位绩效监控发现的问题，落实绩效监控相关整改意见；

（五）按规定向财政部门报送绩效监控结果，并对其真实性和完整性负责；

（六）应当承担的其他绩效监控工作。

第四章　绩效监控组织实施

第九条　绩效监控分为部门自行监控和财政部门重点监控。

部门自行监控是指部门、单位按照绩效监控制度对本部门、单位预算绩效运行情况开展的监控。财政部门重点监控是指财政部门在部门自行监控的基础上，根据工作需要选取重点项目，实施针对性的重点监控。

第十条　绩效监控实行红黄蓝灯预警。

（一）对全年绩效目标预计无法实现、项目进度或资金执行率严重偏低，或者存在严重问题的，如预算执行与绩效目标偏离较大、已经或预计造成重大损失浪费或风险等情况，予以红灯警示。

（二）对项目进度或预算执行进度缓慢、管理上存在较大漏洞、部分绩效指标可能无法完成、全年绩效目标的完成存在不确定性等情况，予以黄灯警示。

（三）对部分指标设置不合理、主要绩效目标设置过低或与资金不匹配，导致目标超额完成或预期资金结余较大等情况，予以蓝灯警示。

第十一条　部门自行监控。各部门、单位可结合实际和项目特点，依托内控等相关信息管理系统按照监控内容设置预警规则，决定监控时间节点和监控方式，对预算项目实施监控。对科研类项目可暂不开展年度中的绩效监控，但应在实施期内结合项目检查等方式强化绩效监控，更加注重项目绩效目标实现程度和可持续性。

第十二条 各部门最迟于第三季度终了10个工作日内向财政部门汇总报送绩效自行监控结果。

（一）填报绩效监控情况表。各部门、单位对出现预警的项目及纳入财政部门重点监控的项目，要认真分析研究，并对存在问题、原因及采取的改进措施作出说明，填报《绩效运行监控情况表（参考表式）》（见附件）。

（二）形成绩效监控报告。各部门在收集本级及下属单位绩效监控信息及绩效监控情况表的基础上，对本部门绩效监控工作进行总结，对预警项目的纠偏处理情况和财政部门重点监控项目的运行情况作出说明，提出下一步改进措施，形成本部门绩效监控报告，并将预警项目和财政部门重点监控项目的绩效运行监控情况表一并报送财政部门。

第十三条 财政部门重点监控

财政部门确定年度重点监控项目，并于第二季度终了前告知各部门。重点对项目实施进度、预算执行进度、绩效目标实现程度等情况实施监控，并将异常情况反馈给部门，督促部门限期整改。

第五章 绩效监控结果应用

第十四条 绩效监控结果作为完善项目管理、资金拨付和以后年度预算安排和政策制定的依据，绩效监控工作情况列入绩效评价和部门预算绩效管理工作考核内容。

第十五条 对绩效监控发现的问题和预警事项，各部门、单位要深入分析具体原因，及时采取纠偏措施。

（一）红灯预警事项。各部门、单位应本着实事求是的原则，暂停项目实施并停止拨付资金，按程序调整预算。已开始执行的政府采购项目应当按照相关程序办理。

（二）黄灯预警事项。各部门、单位应分析原因，及时采取针对性措施予以纠正，加快项目实施进度，避免资金沉淀。对项目管理中存在的问题，提出改进意见，完善资金管理办法，及时进行纠偏。

（三）蓝灯预警事项。各部门、单位相应调整预算并于下一年度完善绩效目标和预算编报。

第十六条 财政部门对绩效监控发现的问题研究提出整改措施。

（一）因政策变化、突发事件等客观因素导致绩效目标难以实现的，财政部门按程序调整预算。

（二）因主观过失导致预算执行偏离绩效目标的，财政部门暂缓预算拨款或按程序调整预算，督促部门限期完成绩效目标调整等工作。

（三）存在严重问题或因故意、消极不作为致使绩效目标无法实现并造成重大影响的，财政部门暂缓或停止预算拨款，并启动相关监督检查程序，按规定查处。

第六章 附 则

第十七条 各市、县（市、区）财政部门和各部门、单位可依据本办法，结合工作实际，制定具体的管理办法或实施细则。

第十八条 本办法自2020年6月1日起施行。

（注：附件略）

关于进一步深化医疗收费电子票据管理改革的通知

浙财综〔2020〕20号 2020年6月17日

各市、县（市、区）财政局、卫生健康委（局）、医疗保障局：

为贯彻落实省委、省政府“最多跑一次”改革决策部署，提高医疗收费票据使用便捷度，防范虚假医疗收费票据，提升医疗票据监管水平和效率，强化医疗收入监督检查，根据《财政部 国家卫生健康委 国家医疗保障局关于全面推行医疗收费电子票据管理改革的通知》（财综〔2019〕29号）要求，现将进一步深化全省医疗收费电子票据管理改革有关事宜通知如下。

一、总体目标

着力建设科学完善的医疗收费电子票据管理体系，建立医疗收费信息共享和运用机制，打破信息壁垒，实现医疗电子票据开具、管理、传输、查询、存储、报销入账和社会化应用等全流程无纸化电子控制，全面提高医疗票据社会需求便捷度，切实达到便民利民的服务目标。2020年底前，全省公立医院完成信息系统改造和对接，建立定期对账机制，确保医疗收费与票据信息一致，实现医疗收费电子票据全覆盖，方便交款人及时获取、查验和使用医疗收费电子票据。

二、改革措施

（一）启用全国统一的医疗收费票据式样

按照《财政部 国家卫生健康委 国家医疗保障局关于全面推行医疗收费电子票据管理改革的通知》（财综〔2019〕29号）要求，启用全国统一的医疗收费电子票据式样（以下简称横版医疗收费电子票据）和医疗收费机打票据式样，票据编码按全国统一的编码规则编制。同时，启用全国统一的医疗收费明细（电子）式样（详见附件），配合电子票据使用。

各单位按照《财政部 国家档案局关于规范电子会计凭证报销入账归档的通知》（财会〔2020〕6号）等文件要求，使用医疗收费电子票据进行报销入账归档。

自2020年8月1日起，《浙江省财政厅 浙江省卫生健康委员会关于印发浙江省医疗收费电子票据管理办法的通知》（浙财综〔2018〕27号）文件规定的浙江省医疗收费票据式样

(以下简称竖版医疗收费电子票据)和横版医疗收费电子票据并行使用。各医疗机构在结算医药费时,默认提供竖版医疗收费电子票据,按需提供对应的竖版纸质财政票据换开服务。患者有特殊需求的,可申请提供横版医疗收费电子票据,横版医疗收费电子票据不提供换开纸质财政票据服务。2022年1月1日起,全省县及县以上医疗机构一般不再提供对应的纸质财政票据换开服务。

(二)做好信息系统改造和对接

各地财政部门要做好医疗收费电子票据管理改革保障工作,实现财政系统与各部门系统对接、各地财政票据管理系统与全省财政票据管理平台对接,做好票据信息传输对账工作,实时将本地区医疗票据相关数据上传至全省平台,做到医疗收费电子票据一站式查询和真伪查验。要强化与卫生健康、医保等部门的信息互通和数据共享,建立多部门医疗电子票据采集数据共享共治共用长效机制。

各地卫生健康部门要督促医疗卫生机构做好医疗收费电子票据管理改革,落实信息系统改造、业务流程调整工作。配合财政部门对各医疗卫生机构的电子票据改革进展、数据质量进行评价和公示,加快推进改革落地见效。

各地医保部门要按照全省统一的医疗保障信息系统建设要求,实现与财政、卫生健康等部门的系统对接和信息互联互通,通过全省财政电子票据平台的数据交互,实现报销前对医疗收费票据自动查验真伪,报销后实时自动将入账报销相关信息反馈财政部门管理平台,防止虚假票据和重复报销。

各医疗卫生机构须按要求改造信息系统,调整业务流程,实现与财政、卫生健康、医保部门的系统对接,积极推进医疗收费电子票据管理改革工作,确保患者在就医后能够及时获取医疗收费电子票据。

(三)规范医疗收费票据信息填列

医疗卫生机构在开具医疗收费票据时,应规范填列医疗收费项目、其他信息等内容,确保信息真实、完整,与医疗收费系统保持一致。其中,交款人统一社会信用代码应填列患者身份证号码(特殊情况无法取得患者身份证的除外),并隐去涉及患者隐私的部分字段,医疗费用涉及道路交通社会救助基金(以下简称道交救助基金)垫付的,应在票据显著位置标注相关信息。

1.规范医疗门诊收费票据填列。

医疗门诊收费票据应按照交款人付款时间填列电子票据开票时间字段,填列的收费项目包括诊察费、检查费、化验费、治疗费、手术费、卫生材料费、西药费、中药饮片(包括颗粒)费、中成药费、一般诊疗费、挂号费,以及《政府会计制度》和《医院执行〈政府会计制度——行政事业单位会计科目和报表〉的补充规定》(财会〔2018〕24号)、《基层医疗卫生机构执行〈政府会计制度——行政事业单位会计科目和报表〉的补充规定》(财会〔2018〕25号)所列其他门急诊收费项目;“其他信息”栏填列的项目信息包括业务流水号、医疗机构类型、性别、门诊号、就诊日期、医保类型、医保编号、医保统筹基金支付、其他支付、个人当年账户支付、个人历年账户支付、个人现金支付、个人自付、个人自费等。

医疗卫生机构在开具医疗门诊收费票据时,应按照上述收费项目中有发生的项目及其明细顺序填列,先填列本次有发生的全部收费项目,再按照有发生的项目顺序填列每项项目所包含的具体明细。明细项目较多,填写不下时,应将全部明细项目列入医疗收费明细。

2.规范医疗住院收费票据填列。

医疗住院收费票据填列的收费项目包括床位费、诊察费、检查费、化验费、治疗费、手术费、护理费、卫生材料费、西药费、中药饮片、中成药费、一般诊疗费,以及《政府会计制度》和《医院执行〈政府会计制度——行政事业单位会计科目和报表〉的补充规定》(财会〔2018〕24号)、《基层医疗卫生机构执行〈政府会计制度——行政事业单位会计科目和报表〉的补充规定》(财会〔2018〕25号)所列其他住院收费项目;“其他信息”栏填列的项目信息包括业务流水号、医疗机构类型、性别、病历号、住院号、住院科别、住院时间、预缴金额、补缴金额、退费金额、医保类型、医保编号、医保统筹基金支付、其他支付、个人当年账户支付、个人历年账户支付、个人现金支付、个人自付、个人自费、道交救助基金垫付等。

医疗卫生机构在开具医疗住院收费票据时,应按照上述收费项目中有发生的项目顺序填列,并将每项项目所包含的具体明细列入医疗收费明细。

3.明确“其他信息”栏项目信息。

业务流水号:医疗卫生机构收费系统自动生成的流水号码。

医疗机构类型:按照《医疗机构管理条例实施细则》和《卫生部关于修订〈医疗机构管理条例实施细则〉第三条有关内容的通知》确定的医疗卫生机构类别。

医保类型:取值范围包括职工基本医疗保险、城乡居民基本医疗保险和其他医疗保险等。

医保编号:参保人在医保系统中的唯一标识。

医保统筹基金支付:患者本次就医所发生的医疗费用中按规定由基本医疗保险统筹基金支付的金额。

道交救助基金垫付:涉及道路交通事故社会救助基金的案件,医疗机构应当在结算信息中标注道路交通事故社会救助基金管理机构垫付的抢救费用金额,并在备注栏填写本次垫付的机构名称、时间和金额。

其他支付:患者本次就医所发生的医疗费用中按规定由大病保险、医疗救助、公务员医疗补助、大额补充、企业补充等基金或资金支付的金额。

个人账户支付:按政策规定用个人账户支付参保人的医疗费用(含基本医疗保险目录范围内和目录范围外的费用)。

个人现金支付:个人通过现金、银行卡、微信、支付宝等渠道支付的金额。

个人自付:患者本次就医所发生的医疗费用中由个人负担的属于基本医疗保险目录范围内自付部分的金额;开展按病种、

病组、床日等打包付费方式且由患者定额付费的费用。该项为个人所得税大病医疗专项附加扣除信息项。

个人自费:患者本次就医所发生的医疗费用中按照有关规定不属于基本医疗保险目录范围而全部由个人支付的费用。

上述部分项目勾稽关系:金额合计=医保统筹基金支付+其他支付+个人账户支付+个人现金支付。

(四)加强收费资金和财政票据管理

各医疗卫生机构财务部门应建立资金票据对账管理制度,每日通过信息技术手段自动核对医疗收费系统、开票系统和财政票据管理平台三方数据,核对准确一致后由省财政票据管理平台自动生成医疗收费票据汇总记账单,作为财务入账依据(根据财政电子票据管理改革实施及系统升级情况,于2021年1月1日起正式启用)。同时,按月汇总医疗收费票据使用情况,向财政部门申请核销。

三、工作要求

(一)抓好落实工作。各地财政、卫生健康、医保部门应通力配合,结合本地区实际,制定切实可行的工作方案,做好相关系统升级改造与对接工作,深化医疗收费电子票据管理改革。

(二)加强沟通交流。各地财政、卫生健康、医保部门要做好沟通协调工作,并加强与医疗卫生机构、交款人以及入账报销单位沟通交流,全面客观了解医疗收费电子票据管理改革情况,及时发现问题,认真研究解决办法,并及时报送上级部门。

(三)做好宣传工作。各地财政、卫生健康、医保部门要充分运用媒体、网络等宣传渠道,做好医疗收费电子票据宣传工作,提高医疗收费电子票据公众认知度,切实提高医疗收费票据流转运用效率,实现便民利民服务目标。

本通知自2020年8月1日起实施。

(注:附件略)

浙江省财政支持深化民营和小微企业金融服务综合改革试点奖补办法

浙财金〔2020〕31号　2020年7月1日

第一章　总　则

第一条　为贯彻落实好党中央、国务院和省委、省政府支持民营和小微企业发展决策部署,深入推进实施“融资畅通工程”,更好发挥财政资金引导作用,助推我省经济高质量发展,特制定本办法。

第二条　本办法所称浙江省财政支持深化民营和小微企业金融服务综合改革试点奖补资金(以下简称试点奖补资金),由省级财政预算统筹安排,重点用于引导支持地方因地制宜开展各具特色的金融服务综合改革试点,改善民营和小微企业融资;防范民营和小微企业信贷风险,健全融资担保体系和风险补偿机制,提高金融服务实体经济能力。

第三条　试点奖补资金采用竞争性分配方式,由省财政厅会同省经信厅、省科技厅、省地方金融监管局、人行杭州中心支行、浙江银保监局联合组织实施。试点奖补政策原则上以三年为一个周期,到期后,进行周期综合评价,并根据综合评价结果,适时完善试点奖补资金分配政策。

第四条　省财政厅牵头负责试点奖补资金预算安排、试点申报方案确认、资金下达、监督检查和指导地方开展绩效管理工作。各设区市财政局联合经信、科技、金融办、人民银行、银保监等部门,负责组织开展本辖区内试点申报工作,制定评审方案,推动各项工作落实,促进绩效目标的实现。

第二章　资金申报与评审

第五条　省财政厅根据经济金融发展情况确定试点奖补资金规模、支持重点,并联合省经信厅、省科技厅、省地方金融监管局、人行杭州中心支行、浙江银保监局等部门确定申报要求,下发试点申报通知文件。

第六条　试点工作以县(市、区)为单位,有意向的县(市、区)财政部门会同相关部门做好试点方案编制工作,确定绩效目标,细化工作任务,按规定以书面形式向各设区市财政局提交申报方案。

第七条　各设区市财政局联合经信、科技、金融办、人民银行、银保监等部门,采用竞争性方式进行遴选,组织专家对各县(市、区)报送的试点方案进行评审,每年择优推荐本辖区内试点县(市、区)1个。年度间试点县(市、区)可重复申报。

第三章　资金分配、下达和使用

第八条　根据确定的遴选结果,省财政对纳入扶持范围的每个试点县(市、区)安排适当资金予以奖补。

第九条　按照预算管理规定,省财政厅及时提前下达资金预算指标,纳入扶持范围的试点县(市、区)财政部门应根据要求,将提前下达的资金列入下一年度本级财政预算。

省财政厅在年度预算经省人代会批准后60日内将资金下达到获得扶持的试点县(市、区)财政部门。

第十条　试点奖补资金由试点县(市、区)实施全过程预算绩效管理,统筹安排用于支持民营和小微企业融资服务体系及政策性融资担保体系建设,创新金融服务,助推实施“融资畅通工程”。试点县(市、区)应注重加强部门间统筹协调和政策联动,通过政府引导和改革创新,激发市场活力,着力缓解民营和小微企业融资难、融资贵问题。

第四章　绩效评价和监督检查

第十一条　对试点县(市、区)工作绩效情况,重点评价四个方面内容:一是金融服务民营和小微企业总体情况;二是完善融资担保和风险补偿机制情况；三是金融综合服务和创新情况；四是金融带动地方发展情况。

第十二条 各设区市财政局联合经信、科技、金融办、人民银行、银保监等部门对试点县(市、区)工作开展情况和资金使用情况进行日常监督管理，按规定对上年工作开展绩效评价，并将绩效评价结果等材料提交省财政厅。省财政厅根据工作需要对绩效评价结果进行不定期抽评。绩效评价和抽评结果作为省级试点县(市、区)所在设区市申报中央有关试点项目的重要参考因素。

第十三条 参与申报的各县(市、区)应对申报材料中的指标、数据的真实性负责，对申报过程中有弄虚作假行为的，一经查实，取消申报资格，且下一轮周期不得再申报。

第十四条 试点县(市、区)财政部门、有关单位及其工作人员在资金使用管理中，存在违反规定审批、分配、拨付、使用和管理资金，以及骗取、挤占、挪用和截留资金等违法违纪行为的，按照《中华人民共和国监察法》《中华人民共和国公务员法》《中华人民共和国预算法》《财政违法行为处罚处分条例》等国家有关规定追究相应责任；涉嫌犯罪的，依法移送司法机关处理。

第五章 附 则

第十五条 本办法自公布之日起施行。

浙江省省级国库集中支付动态监控管理办法

浙财预执〔2020〕28号 2020年8月14日

第一章 总 则

第一条 为进一步加强省级财政国库集中支付管理与监督，提高财政资金管理使用的安全性、规范性和有效性，根据《党政机关厉行节约反对浪费条例》《中华人民共和国预算法》等法律法规，《财政部关于印发〈中央财政预算执行动态监控管理办法〉的通知》(财库〔2020〕3号)以及财政国库管理制度有关规定，制定本办法。

第二条 本办法适用于实行国库集中支付管理的省级预算单位(以下简称预算单位)，以及代理省级财政国库集中支付业务的商业银行(以下简称代理银行)。

第三条 本办法所称国库集中支付动态监控(以下简称动态监控)，是指省财政厅根据财政国库管理制度和相关财政财务管理规定，通过国库集中支付动态监控系统，监控财政资金支付清算信息，对发现的违规问题及时纠正处理，以规范预算执行、防范财政资金支付使用风险的管理活动。

第四条 动态监控不改变省级预算单位主管部门和其所属预算单位的预算执行主体地位和责任，不改变预算单位的资金使用权、财务管理权和会计核算权，不改变省级预算单位主管部门对所属预算单位的财务监管权。省级预算单位主管部门和其所属预算单位对本部门本单位预算执行的合规性负责。

第五条 省财政厅是国库集中支付动态监控管理的主管部门。省财政厅与省级预算单位主管部门、预算单位、代理银行各司其职，密切配合，共同加强国库集中支付动态监控管理。

第二章 管理职责

第六条 省财政厅的主要职责包括：

(一)研究制定国库集中支付动态监控管理制度；

(二)组织开展日常监控、监控疑点信息核实和违规问题处理等工作；

(三)加强与省级预算单位主管部门、代理银行联系互动，推动动态监控结果运用；

(四)依照权限受理国库集中支付投诉事宜，并及时调查和处理；

(五)管理和维护国库集中支付动态监控系统。

第七条 省级预算单位主管部门的主要职责包括：

(一)加强对所属预算单位国库集中支付工作的监督管理，督促指导所属预算单位配合做好动态监控相关工作；

(二)协助调查核实监控疑点信息、处理违规问题，并向省财政厅及时、真实、完整提供有关资料；

(三)加强与省财政厅联系互动，积极运用动态监控结果，不断改进和加强本系统预算和财务管理等工作。

第八条 预算单位的主要职责包括：

(一)按照预算和财政国库管理制度规定支付使用财政资金，并做好相应的财务管理和会计核算工作；

(二)按规定真实、完整、准确填写国库集中支付相关票据要素信息；

(三)配合省财政厅核实监控疑点信息，完整、准确地提供有关资料，按要求及时对违规问题进行整改，并将整改结果及时反馈省财政厅。

第九条 代理银行的主要职责包括：

(一)履行与省财政厅签订的代理服务协议；

(二)按照财政国库管理制度规定的业务流程和规范支付清算资金；

(三)加强与省财政厅联系互动，配合省财政厅核实监控疑点信息，及时报告发现的预算单位违规支付事项，并向省财政厅完整提供有关资料；

(四)加强对所属分支机构国库集中支付业务的监督管理和业务指导；

(五)配合预算单位做好整改工作。

第三章 监控内容

第十条 国库集中支付动态监控的资金范围是纳入国库集

中支付的所有财政性资金。

第十一条 省财政厅对财政资金支付清算过程进行动态监控，监控的基本要素包括付款人名称、付款人账号、付款金额、支付时间、结算方式、用途、预算功能科目、预算项目、预算经济科目、支出类别、支付方式、收款人名称、收款人账号以及预算单位其他银行账户等相关信息。

第十二条 动态监控的主要事项包括：

（一）预算单位财政资金支付情况。

1.是否按照省财政厅批准的年度预算指标、支出范围和标准支付资金；

2.是否按照国库集中支付规定的方式、程序和账户等支付资金；

3.是否按照政府采购管理规定支付采购资金；

4.是否按照财政财务管理规定的范围和标准报销费用、发放津补贴和计提基金等；

5.是否按照现金管理规定提取使用现金；

6.是否按照公务卡制度规定使用公务卡和报销公务支出；

7.是否按照厉行节约反对浪费相关规定使用财政资金。

（二）代理银行代理国库集中支付业务情况。

1.是否按照省财政厅或预算单位的支付指令及时、准确支付资金；

2.是否按照国库管理制度相关规定清算资金；

3.是否及时、准确报送资金退回情况；

4.是否按照动态监控工作要求，向省财政厅及时、准确、完整报告预算单位的违规支付行为；

5.是否配合预算单位做好违规整改工作。

（三）按照有关规定和管理要求，其他需要动态监控的事项。

第十三条 省财政厅将根据财政管理需要，逐步拓展动态监控内容。

第四章　监控疑点信息核实

第十四条 省财政厅根据有关法律法规和制度规定，在国库集中支付动态监控系统中设置预警规则，采取系统预警和人工判断相结合的方式，动态监控财政资金支付清算信息，核实疑点信息。

第十五条 省财政厅对国库集中支付动态监控发现的疑点或线索，主要采取以下方式进行核实：

（一）电话核实。通过电话方式向预算单位、预算单位主管部门、代理银行、收款单位等了解核实情况。

（二）调阅材料。电话方式不能完全核实情况的，将通知预算单位、代理银行或其他相关单位提供有关文件、合同、支付单据、原始凭证、会计账册及财务报表等资料，作进一步核实。

（三）约谈走访。根据需要，省财政厅可采取约谈或走访的方式，与预算单位或其主管部门相关人员进行面对面沟通，核实相关情况。

（四）实地核查。省财政厅对国库集中支付动态监控发现的重大违规疑点或普遍性、趋势性疑点问题，进行实地核查。根据情况，省财政厅可委托社会中介机构开展实地核查。省财政厅委托核查前后，应分别制发核查工作通知和核查情况通报。

第十六条 省财政厅核实疑点信息应做好文字记录、电子记录和资料归档工作。

第十七条 省财政厅接到预算单位、代理银行、收款人等关于国库集中支付动态监控事项的投诉举报后，应按照相关程序及时处理。

第五章　违规问题处理

第十八条 省财政厅对核实确认的违规问题，在职责范围内的，依据有关法律法规和制度规定，及时作出处理；不属于职责范围的，按照规定移交有关部门处理。

第十九条 预算单位存在违规问题的，根据情节按下列方式处理：

（一）对因理解偏差、操作失误等发生的错误支付行为，省财政厅通过电话等方式告知预算单位按照规范方式进行整改。预算单位应及时整改，并向省财政厅提交电子整改结果和相关佐证材料。

（二）对违反财政预算和执行管理有关规定的，省财政厅通过电话等方式通知预算单位采取退回违规资金、调整账目、补办手续等方式进行整改，并在国库集中支付动态监控系统中做好相关记录。预算单位应及时整改，并向省财政厅提交电子整改结果和相关佐证材料。

（三）对预算单位违规事项经督促催办仍未纠正的，省财政厅制发书面整改意见，要求限期整改，并同时将违规情况上报其主管部门。

（四）对未在期限内落实书面整改意见的，省财政厅依据有关财政法律法规和制度规定，可作出暂停支付管理系统操作权限等处理措施，并视情节严重程度，在一定范围内予以通报。

第二十条 代理银行存在违规问题的，根据情节按下列方式进行处理：

（一）对违规支付资金的，应将违规资金按原渠道退回相关银行账户或重新办理有关业务；造成损失的，按代理服务协议承担赔偿责任。

（二）对未及时、准确、完整向省财政厅报告预算单位的违规支付行为的，应立即采取措施加以解决。

（三）对不及时整改、未按要求整改或虚报整改情况的，根据《浙江省省级财政国库集中支付银行代理业务综合考核办法》（浙财预执〔2014〕25号）相关规定处理。

第二十一条 省财政厅建立违规整改跟踪反馈机制，实时跟踪预算单位和代理银行的整改情况，按要求记录核实处理情况。

第二十二条 预算单位对省财政厅处理决定不服的，可依法申请行政复议或提起行政诉讼；代理银行对在履行代理协议过程中产生的争议，可依照代理服务协议的规定申请仲裁或提起民事诉讼。

第六章 动态监控结果运用

第二十三条 省财政厅分析整理动态监控过程中发现的共性问题、典型案例、潜在风险等，定期或不定期反馈给省级预算单位主管部门，督促各部门落实预算执行主体责任，开展自查自纠，加强预算执行和财政资金管理。

第二十四条 省财政厅加强动态监控结果运用，将动态监控结果作为部门预算编制或调剂预算、制定完善相关管理制度和开展绩效管理等工作的参考。预算单位、代理银行应充分运用动态监控结果，不断改进和加强预算和财务管理。

第七章 附 则

第二十五条 各市、县(市、区)财政部门可结合本地实际，制定本地区动态监控管理办法，或参照本办法实施。

第二十六条 本办法自2020年10月1日起施行。原《浙江省省级国库集中支付动态监控管理暂行办法》(浙财预执〔2014〕36号)同时废止。

浙江省引进高水平大学省级引导资金管理办法

浙财科教〔2020〕26号 2020年8月21日

第一条 为贯彻落实《中共浙江省委 浙江省人民政府关于全面实施高等教育强省战略的意见》精神，加快引进国内外优质高等教育资源，省财政设立浙江省引进高水平大学省级引导资金(以下简称引导资金)。为规范引导资金管理，提高资金使用效益，根据《中华人民共和国预算法》和有关法律法规，制定本办法。

第二条 引导资金由省财政预算安排，用于支持地方政府、省内高校主动对接国内外高水平大学来浙办学，推进我省高等教育跨越式发展。

第三条 基本原则

(一)瞄准目标，提高质量。引进国内外高水平大学来浙办学，是全面落实高等教育强省战略的重要部署，引进对象应在国际国内有较高影响，有助于优化浙江优质高等教育资源布局，助推浙江高校"双一流"建设，为浙江高质量发展提供智力支撑。

(二)明确主体，确保持续。为实现引进高校与地方政府、省内高校的良性互动，推进合作各方协同发展，合作办学以地方政府及省内高校为主体负责建设，各主体应充分论证合作办学的可行性、必要性，地方政府应确保财力可承受，省内高校应确保可持续发展。

(三)结合实际，分类支持。引导资金根据引进高校的水平、合作办学方式、投资额等因素进行分类支持。

第四条 省财政厅负责引导资金预算管理，审核资金分配方案，按规定报经批准后及时下达补助资金；省教育厅负责审核合作办学项目申请、提出资金分配建议，推动项目实施，加强项目资金管理；地方政府和省内高校负责引进协调、项目论证、条件建设、组织实施等工作。

第五条 引导资金的支持对象为：地方政府与国内外高水平大学合作办学的，支持对象是地方政府；省内高校与国内外高水平大学合作办学的，支持对象是省内高校；地方政府、省内高校共同与国内外高水平大学合作办学的，由地方政府和省内高校协商确定支持对象。

鼓励和支持社会力量参与高水平大学引进工作，符合引导资金支持范围的，可按引进合作法人、机构或项目等属地关系，通过所在地政府提交申请。

第六条 申请条件

(一)按规定批准的下列办学方式之一：

1.普通本科高校，及同层次中外(含港澳台地区)合作办学机构；

2.校区(分校)、二级学院、研究生院，及同层次中外(含港澳台地区)合作办学机构；

3.省委、省政府认可的其他办学方式。

(二)引入高水平大学应符合下列条件之一：

1.国内高水平大学应为国家"双一流"建设高校；

2.国(境)外高水平大学应为世界排名前100位的大学或拥有世界排名前50位学科的大学；

3.省委、省政府认可的其他高水平大学。

(三)签署规范的合作办学协议。各地方政府、省内高校与国内外高水平大学应签署合作办学协议，协议内容原则上应包括各方权利和义务、建设规划、资金筹措、阶段性预期目标、人才团队、优势学科(专业)、运营模式和前三年招生计划等人才培养目标、科研成果及转化目标等内容。中外合作办学应符合《外商投资准入特别管理措施(负面清单)》相关规定，并按要求办理外商投资相关事项。

(四)引入期间。在2018年1月至2022年12月期间引进的合作办学机构，合作办学机构招生时间不能晚于2023年12月。

第七条 对引进设立独立法人本科高校的，支持额度最高不超过5亿元；对引进设立校区(分校)的，支持额度最高不超过3亿元；对引进设立二级学院的，支持额度最高不超过1.5亿元；对引进设立研究生院的，支持额度最高不超过1亿元。省委、省政府确定的重大引进项目和认可的其他办学方式，采取一事一议方式确定补助额度。宁波市申请支持的合作办学项目，省财政减半补助。

第八条 申拨程序

（一）首次拨付。地方政府、省内高校（以下简称申请单位）向省教育厅提交申请报告，并附送下列材料：

1. 国内高校合作项目：审批文件、合作办学协议、建设方案或中长期发展规划、项目实质性进展情况说明及佐证材料。如有基本建设项目，需提供发展改革部门立项批复。

2. 国（境）外高校合作项目：审批文件、合作办学协议、国际综合排名或学科排名有关佐证材料、建设方案或中长期发展规划、项目实质性进展情况说明及佐证材料。如有基本建设项目，需提供发展改革部门立项批复。

3. 省委、省政府认可的其他高水平大学和合作方式：提供省委、省政府相关确认意见。

经省教育厅初审，省财政厅审核，按规定报批后，按批准支持总额度的20%给予第一次资金补助。

（二）第二次拨付。学校正常办学并完成第一年度招生工作之后，申请单位凭招生录取相关证明和资金使用绩效报告向省教育厅提出申请，经省教育厅初审，省财政厅审核通过后，按不超过支持总额度的40%给予第二次资金补助。

（三）第三次拨付。学校连续2年完成正常办学招生后，申请单位凭招生录取相关证明和资金使用绩效报告向省教育厅提出申请，经省财政厅审核通过后，按不超过支持总额度的40%给予第三次资金补助。

第九条 申请单位应将引导资金用于合作办学机构建设，在合作框架内编制引导资金预算，加强经费管理和专项核算，严格执行财经政策和财务制度，按照国库集中支付制度有关规定支付资金，确保财政补助资金专款专用。

第十条 省教育厅应加强对资金使用过程的绩效管理，将前期资金使用结果应用到后续资金补助额度的确定中，资金实施期满后，省教育厅牵头组织开展专项绩效评价。

各申请单位要按规定组织实施全过程绩效管理，强化绩效目标，开展绩效监控，实行绩效评价，于次年7月底前向省教育厅、省财政厅报送上年度绩效评价报告。省财政厅将视情开展抽评，评价结果作为后续资金补助的重要依据。

第十一条 引导资金管理使用接受审计、纪检监察、财政、教育等部门的监督检查，一旦发现截留、挤占、挪用、骗取资金等违法违纪行为，依照有关法律法规的规定追究相应责任。

各级财政、教育管理部门、高校及其工作人员存在违反规定审批、分配、拨付、使用资金，以及其他滥用职权、玩忽职守、徇私舞弊等违法违纪行为的，按照《中华人民共和国预算法》《中华人民共和国公务员法》《中华人民共和国监察法》《财政违法行为处罚处分条例》等国家有关规定追究相应责任；涉嫌犯罪的，移送司法机关处理。

第十二条 本办法自2020年10月1日开始生效。

浙江省项目支出绩效评价管理办法

浙财监督〔2020〕11号 2020年10月9日

第一章 总 则

第一条 为优化财政资源配置，提高财政资金使用绩效，建立科学合理的项目支出绩效评价体系，根据《中华人民共和国预算法》《中共中央 国务院关于全面实施预算绩效管理的意见》《中共浙江省委 浙江省人民政府关于全面落实预算绩效管理的实施意见》及《财政部关于印发〈项目支出绩效评价管理办法〉的通知》（财预〔2020〕10号）等有关法律、法规和规定，制定本办法。

第二条 本办法所称项目支出绩效评价，是指财政部门、主管部门和单位，依据设定的绩效目标，运用科学合理的评价方法，对项目支出的投入、使用过程、产出与效果等进行客观、公正的测量、分析和评判。

第三条 本办法适用于一般公共预算、政府性基金预算、国有资本经营预算项目支出的绩效评价。涉及预算资金及相关管理活动，如政府投资基金、政府和社会资本合作（PPP）、政府购买服务、政府债务项目等绩效评价可参照本办法执行。

第四条 项目支出绩效评价分为单位自评、部门评价和财政评价三种方式。单位自评是指主管部门组织本级和所属单位对预算批复的项目绩效目标完成情况进行自我评价。部门评价是指主管部门运用科学、合理的绩效评价指标、评价标准和方法，对本部门的项目组织开展的绩效评价。财政评价是指财政部门对部门的项目组织开展的绩效评价。

第五条 项目支出绩效评价应当遵循的基本原则。

（一）科学公正。绩效评价应当运用科学合理的方法，按照规范的程序，对项目绩效进行客观、公正的反映。

（二）统筹兼顾。单位自评、部门评价和财政评价应职责明确，各有侧重，相互衔接。

（三）激励约束。评价结果应与预算安排、政策调整、管理改进挂钩，体现奖优罚劣和激励相容导向。

（四）公开透明。评价结果应依法依规公开，自觉接受社会监督。

第六条 项目支出绩效评价的主要依据。

（一）国家相关法律、法规和规章制度；

（二）党中央、国务院重大决策部署，经济社会发展目标，地方各级党委和政府重点任务要求；

（三）部门职责相关规定；

（四）相关行业政策、行业标准及专业技术规范；

（五）预算管理制度及办法，项目及资金管理办法、财务和会计资料；

（六）项目设立的政策依据和目标，预算执行情况，年度决算报告、项目决算或验收报告等相关材料；

（七）本级人大审查结果报告、审计报告及决定，财政监督稽核报告等；

（八）其他相关材料。

第二章 项目支出绩效评价的职责分工

第七条 财政部门负责拟定项目支出绩效评价制度办法，指导本级各部门和下级财政部门开展评价工作；对单位自评和部门评价结果进行抽查复核，督促部门充分应用自评和评价结果；根据需要组织实施绩效评价，加强评价结果反馈和应用。

第八条 各部门负责制定本部门项目支出绩效评价办法，组织部门本级和所属单位开展自评工作，汇总自评结果，加强自评结果审核和应用；具体组织实施部门评价工作，加强评价结果反馈和应用；积极配合财政评价工作，落实评价整改意见。

第九条 部门本级和所属单位按照要求具体负责自评工作，对自评结果的真实性和准确性负责，自评中发现的问题要及时进行整改。

第三章 项目支出绩效评价标准、方法和方式

第十条 项目支出绩效评价标准通常包括计划标准、行业标准、历史标准等，用于对绩效指标完成情况进行比较。

（一）计划标准。指以预先制定的目标、计划、预算、定额等作为评价标准。

（二）行业标准。指参照国家公布的行业指标数据制定的评价标准。

（三）历史标准。指参照历史数据制定的评价标准，为体现绩效改进的原则，在可实现的条件下应当确定相对较高的评价标准。

（四）财政部门和主管部门确认或认可的其他标准。

第十一条 项目支出绩效评价的方法包括成本效益分析法、比较法、因素分析法、最低成本法、公众评判法、标杆管理法等，方法的选用应当坚持简便有效的原则，根据评价对象的具体情况，可采用一种或多种方法进行评价。

（一）成本效益分析法。是指将投入与产出、效益进行关联性分析的方法。

（二）比较法。是指将实施情况与绩效目标、历史情况、不同部门和地区同类支出情况进行比较的方法。

（三）因素分析法。是指综合分析影响绩效目标实现、实施效果的内外因素的方法。

（四）最低成本法。是指在绩效目标确定的前提下，成本最小者为优的方法。

（五）公众评判法。是指通过专家评估、公众问卷及抽样调查等方式进行评判的方法。

（六）标杆管理法。是指以国内外同行业中较高的绩效水平为标杆进行评判的方法。

（七）其他评价方法。

第十二条 项目支出绩效评价期限包括年度、中期、项目实施期结束后；对于实施期3年及以上的项目，应适时开展中期和实施期后绩效评价；对于项目绩效具有可持续影响的，在项目实施期结束后一定时期，可适时开展跟踪绩效评价。

第十三条 项目支出绩效评价根据需要可委托第三方机构或相关领域专家（以下简称第三方，指与资金使用单位没有直接利益关系的单位和个人）参与，委托方要加强对第三方的监督指导和质量管控，提高评价的客观性和公正性。

第四章 单位自评

第十四条 单位自评的范围包括纳入预算管理的所有项目支出。

第十五条 单位自评以年度预算绩效目标完成情况为主要内容，包括项目总体绩效目标、各项绩效指标完成情况以及预算执行情况。对未完成绩效目标或偏离绩效目标较大的项目要分析并说明原因，研究提出改进措施。

第十六条 单位自评绩效目标完成情况以年度预算批复时确定的项目绩效指标和权重为依据，项目绩效指标主要包括产出数量、质量、时效、成本，以及经济效益、社会效益、生态效益、可持续影响、服务对象满意度等。

第十七条 单位自评主要采用定量与定性评价相结合的比较法，总分由各项指标得分汇总形成。

定量指标得分按照以下方法评定：与年初指标值相比，完成指标值的，记该指标所赋全部分值；对完成值高于指标值较多的，要分析原因，如果是由于年初指标值设定明显偏低造成的，要按照偏离度适度调减分值；未完成指标值的，按照完成值与指标值的比例记分。

定性指标得分按照以下方法评定：根据指标完成情况分为达成年度指标、部分达成年度指标并具有一定效果、未达成年度指标且效果较差三档，分别按照该指标对应分值区间100%～80%（含）、80%～60%（含）、60%～0%合理确定分值。

第十八条 单位自评结果主要通过项目支出绩效自评表的形式反映，做到内容完整、权重合理、数据真实、结果客观。

第十九条 财政部门可在单位自评基础上抽取一定比例项目开展抽评，围绕项目的自评质量和实际绩效进行复核，分别形成自评质量抽评结论和实际绩效抽评结论。

第五章 部门评价与财政评价

第二十条 部门评价对象应根据工作需要，优先选择部门履职的主要项目，兼顾一般性项目。

第二十一条 部门评价要体现牵头组织与项目实施主体相分离的原则，一般由主管财务的机构组织，确保部门评价的独立、客观、公正。

第二十二条 财政评价对象应根据工作需要，优先选择贯彻落实党中央、国务院重大方针政策和地方各级党委政府重大决策部署的项目，以及覆盖面广、影响力大、社会关注度高、实施期长的项目。

第二十三条 财政和部门评价内容主要包括以下几个方面，具体可根据项目实际情况有选择地设置和细化。

（一）项目立项。包括立项依据的充分性、立项程序的合规性、目标设立的合理性和明确性等。

（二）组织实施。包括业务管理制度的健全性和执行的有效性等。

（三）产出完成。包括产出数量完成率、质量达标率、完成及时性和成本节约率等。

（四）项目效益。包括经济效益、社会效益、生态效益、可持续影响等。

（五）财务管理。包括财务管理制度健全性、财务管理有效性、资金分配合理性、资金到位及时性、预算执行情况和资金使用合规性等。

（六）满意度。主要指社会公众或服务对象的满意度。

第二十四条 财政和部门评价指标的确定应当符合以下要求：与评价对象密切相关，全面反映项目决策、项目和资金管理、产出和效益；应选取最具代表性、最能直接反映产出和效益的核心指标，精简实用；指标内涵应当明确、具体、可衡量，数据及佐证资料应当可采集、可获得；同类项目绩效评价指标和标准应具有一致性，便于评价结果相互比较。

财政和部门评价指标的权重根据各项指标在评价体系中的重要程度确定，应当突出结果导向，原则上产出、效益指标权重不低于60%，同一评价对象处于不同实施阶段时，指标权重应体现差异性，其中，实施期间的评价更加注重决策、过程和产出，实施期结束后的评价更加注重产出和效益。

第二十五条 财政和部门评价工作程序主要包括以下四个环节：

（一）评价准备阶段。确定项目支出绩效评价对象和范围后，财政部门或主管部门作为评价组织机构，应成立评价组，下达绩效评价通知。评价组由评价组织机构成员组成，若委托第三方，则由第三方组成。评价组充分搜集项目有关的基础资料开展文案研究，必要时进行实地调研，厘清评价思路，研究制定项目支出绩效评价工作方案。

（二）评价实施阶段。评价组围绕评价方案，全面收集项目支出绩效评价相关数据资料，并通过现场查勘、座谈、问卷调查等方式，核实有关情况，分析形成初步结论，与被评价部门（单位）交换意见，综合分析并形成最终结论。被评价部门（单位）应按要求如实提供评价所需资料，并对相关资料的真实性负责。

（三）评价报告阶段。实施评价后，评价组应当按照规定的文本格式和要求撰写评价报告初稿并报送评价组织机构，评价组织机构书面征求相关部门单位意见，针对所提的意见，进一步研究和核实，由评价组对评价报告作出必要的修改和完善，向评价组织机构出具项目支出绩效评价报告。

（四）档案管理阶段。评价工作结束后，评价组应将评价相关资料和数据进行整理形成评价档案，并将评价方案、正式评价报告及附件、指标结果、评分说明等报送评价组织机构备存。

第六章 评价结果应用与公开

第二十六条 项目支出绩效评价结果采取评分和评级相结合的方式，具体分值和等级根据不同评价内容设定。总分一般设置为100分，等级一般划分为四档：90（含）~100分为优、80（含）~90分为良、60（含）~80分为中、60分以下为差。

如出现预算执行率过低或在项目支出绩效评价中存在弄虚作假行为等违反预算管理规定情况，评价结果按实际调整。

第二十七条 各部门应当按照要求向本级财政部门报送单位自评结果。部门和单位应切实加强自评结果的整理、分析，将自评结果作为本部门、本单位完善政策和改进管理的重要依据。对预算执行率偏低、自评结果较差的项目，要单独说明原因，提出整改措施。

第二十八条 财政部门应将自评结果和财政抽评结果进行通报，将自评质量抽评结果纳入部门绩效管理工作考核。

第二十九条 财政部门和主管部门应在评价工作完成后，及时将评价结果反馈被评价部门（单位），并明确整改时限；被评价部门（单位）应当按要求向财政部门或主管部门报送整改落实情况。主管部门应按要求将部门评价结果报送同级财政部门。

第三十条 评价结果作为安排预算、完善政策和改进管理的重要依据，对绩效好的项目原则上优先保障，对绩效一般的项目要督促改进，对低效无效资金一律削减或取消。

第三十一条 各级财政部门、主管部门应当按照要求将绩效评价结果报送同级人民代表大会常务委员会，并依法予以公开。

第七章 附 则

第三十二条 各地区、各部门可结合实际制定具体的管理办法和实施细则。

第三十三条 本办法自2020年11月10日起施行。《关于印发浙江省财政支出绩效评价实施办法的通知》（浙财绩效字〔2009〕5号）同时废止。

（注：附件略）

浙江省水利建设与发展专项资金管理办法

浙财农〔2020〕51号 2020年10月12日

第一章 总 则

第一条 为加强和规范省级水利建设与发展专项资金（以下简称专项资金）管理，提高资金使用绩效，推动全省水利事业高质量发展，根据《中华人民共和国预算法》《中华人民共和国预算法实施条例》《浙江省人民政府关于建立健全涉农资金统筹整合长效机制的实施意见》（浙政发〔2019〕7号）和《中共浙江省委 浙江省人民政府关于全面落实预算绩效管理的实施意见》等有关规定，结合工作实际，制定本办法。

第二条 本办法所称专项资金是指省级财政预算安排用于支持全省水利建设与发展的专项转移支付资金。

第三条 专项资金政策实施期限原则上为三年，到期后省水利厅对实施总体情况开展绩效评价，省财政厅视情开展重点绩效评价，并根据评价结果确定专项资金支持政策保留或调整。在新的管理办法出台前，专项资金仍按本办法执行。

第四条 专项资金分配使用遵循科学规范、突出重点、注重绩效、公开透明的原则。

第五条 省财政厅负责专项资金预算安排，审核资金分配建议方案，下达资金预算，加强资金绩效管理，指导市、县（市、区）（以下简称市县）做好资金使用管理等。省水利厅负责组织相关规划（或方案）编制，审查汇总年度任务清单并组织申报专项资金预算，研究提出专项资金分配建议、绩效目标等，做好专项资金全过程预算绩效管理，指导检查市县做好项目实施和资金使用管理等。

各市县财政、水利部门根据本办法全面负责专项资金的项目储备、任务申报、分解下达、项目实施、资金使用、监督检查、绩效管理和信息公开等工作，建立健全相应的工作机制和管理制度，确保项目资金管理有章可循。

省、市县水利部门组织编制的有专项资金需求的相关规划、实施方案和年度任务计划，应充分征求同级财政部门意见。各级财政部门要主动参与，根据轻重缓急和财力状况提出审核安排意见。

第二章 支持对象和适用范围

第六条 专项资金重点支持水利重大专项行动、重大水利项目、一般水利项目和水利管理任务等。

水利重大专项行动是省委、省政府决定在一定时期内实施的事关经济社会可持续发展和人民群众安全的全省性专项水利建设行动。如海塘安澜建设工程等，另行制定管理支持政策。

重大水利项目是指对流域、区域的防洪排涝、水资源保障有较大影响的重大单体政府投资项目。主要包括骨干排涝工程、主要江河干堤加固、新（扩）建大中型水库工程；大中型水库水闸（泵站）加固改造、大型灌区加固改造和大中型区域引调水工程、重大水生态修复与治理工程；省委、省政府确定的其他重点水利建设项目。

一般水利项目是指中小型水利工程建设、加固改造等其他水利项目。主要包括小型水库水闸（泵站）建设和改造、中型灌区建设和改造、中小流域综合治理、农村河道整治、圩区整治、水土流失治理、重要山塘整治、水电生态治理、重点水文站网等。

水利管理任务主要包括水利工程标准化、水资源节约与保护、农业水价综合改革、幸福（美丽）河湖建设示范、水旱灾害防御体系、农村饮用水工程管护、水利科技推广、水土保持监管、水文业务、水利信息化、省级以上改革试点及跨区域流域的水利规划与重大项目前期经费等。

第三章 支持方式和补助标准

第七条 市县为重大、一般水利项目的实施主体和责任主体。专项资金主要采用项目补助、因素法分配和以奖代补等方式予以支持。其中：重大水利项目根据年度实施计划按核定投资（核定资本金）的一定比例补助；一般水利项目按定额标准采用因素法分配；水利管理任务按完成工作业绩考评，实行以奖代补。

中央补助项目，按中央有关规定执行。

第八条 骨干排涝重大项目按核定投资的30%补助；新（扩）建大中型水库、大中型引调水等重大项目按核定资本金的30%补助，其中加快发展县的新（扩）建大中型水库项目，按核定资本金的50%乘以省财政专项转移支付分类分档系数补助；其他重大项目按核定投资的50%乘以分类分档系数补助。

对获中央补助的重大项目，中央补助加省级补助一般不超过该类项目核定投资（核定资本金）的70%。

第九条 一般水利项目原则上按定额标准乘以任务量、分类分档系数和上年绩效等因素计算补助金额。

定额标准为：中小流域综合治理按河道长度每公里300万元；小型水库除险加固小1型、小2型分别按每座600万元、200万元；水土流失治理按每平方公里50万元；新建小水库、重点水文站点、水电生态治理按项目核定投资（或资本金）的50%；重要山塘整治按每座山塘50万元。

其他标准为：中型灌区续建配套与节水改造根据面积和中央标准按1:1安排省级补助；一、二、三类圩区整治根据面积分别按每亩1400元、700元、300元结合绩效因素补助；农村河道整治以乡镇为单元开展片区治理试点，对治理成效特别优秀的乡镇，按所在县财力状况分500万元、300万元两档安排奖补资金。

公益性骨干工程维护由省财政厅会同省水利厅核定年度运行经费。

第十条 对水利管理任务，通过按类别、工作业绩、绩效评价结果等，实行结构化赋分，根据综合分值和财力状况安排以奖代补资金。考评挂钩办法另行制定。

第四章 项目申报和审核管理

第十一条 专项资金实行项目库动态管理，省级负责建立项目库管理系统，市县负责做好项目储备和入库工作。市县应提前做好项目储备工作，其中重大水利项目要有省级及以上规划（或方案）依据，一般水利项目要完成初步设计或实施方案批复。未纳入储备库的项目,不得作为省级财政资金申报和分配的对象。

第十二条 申请专项资金支持的重大水利项目,市县在向省级及以上发展改革委报送可行性研究报告的同时,向省财政厅报送资金补助申请,说明项目概况、投资成本测算和资金筹集方案,涉及有关政策处理的事项需要详细说明理由。省财政厅应及时了解研判项目类别、投资成本收益和资金筹集方案的可行性,必要时组织专业人员审核论证,向省级及以上发展改革委出具财政意见。省水利厅根据发展改革委批复可行性研究报告或初步设计后核定项目投资(或资本金)。

对延续支持的重大水利项目,市县应根据项目进度提供资金到位、资金支付及项目投资完成情况,并提供下一年度投资安排计划和地方自筹资金落实情况。对于省级投资计划已下达80%以上的重大水利项目,市县应提供下一年度预计资金支付的证明材料。

第十三条 每年8月底前,市县水利部门会同财政部门从项目库中择优选定一般水利项目,报送一般水利项目建设任务和资金安排计划。市县级资金安排情况作为省级补助资金分配的重要因素。

县(市、区)上报计划应同时抄送设区市水利局、财政局,并对申报的各类指标任务的真实性、合规性负责。

第十四条 省水利厅负责以奖代补绩效考评事项的组织实施,依据对市县的绩效考评结果提出奖补资金分配建议报省财政厅审核。

第十五条 对延续支持的重大水利项目,省水利厅、省财政厅可组织开展抽查或中期检查,对预算执行进度或资金管理存在严重问题的项目暂停或减缓资金安排,对投资计划超一年以上未完成的重大水利项目暂停安排后续省级补助资金。市县整改完成后重新提出资金申请。

第五章 资金下达和支付使用

第十六条 省水利厅根据前述项目申报类型,审核汇总提出资金安排初步建议。省财政厅根据年度专项资金规模、重大项目年度投资计划、绩效考评情况等,会同省水利厅确定重大水利项目、一般水利项目和以奖代补项目年度预算资金。省水利厅会同省财政厅根据项目进展情况下达重大水利项目年度实施计划。每年10月底前,省财政厅、省水利厅按不低于专项资金规模的70%和相应的任务清单提前预告市县;在省人代会批准预算后60日内,将专项资金预算下达到市县,同时下达任务清单和绩效目标。

第十七条 市县在收到省级正式下达资金、任务清单和绩效目标60日内应将资金、任务分解落实到具体项目,并抄送省财政厅、省水利厅。

第十八条 重大水利项目的省级补助资金主要用于土建、材料、设备与安装、相关政策处理等项目批准概算内的内容。一般水利项目省级补助资金和以奖代补资金原则上用于省级下达的各项任务,在完成既定任务的前提下,市县可按照集中财力办大事的原则,在专项资金支持范围内自主分配使用,推进涉农资金统筹整合。

第十九条 省级补助资金不得用于与水利项目建设管理工作无关的支出,如城市景观、行政事业单位人员经费和公用经费、交通工具和办公设备购置租赁、楼堂馆所建设等,确保专款专用。

第二十条 市县应加强专项资金使用管理,资金支付按照国库集中支付制度有关规定执行。涉及政府采购的按政府采购有关规定执行。涉及省以上财政补助资金的建设项目,按批复的预算方案执行。专项结余结转资金按照中央和省有关规定安排使用。

第二十一条 市县要加强项目建设和财务管理,明确责任主体,严格建设程序,按照批准的建设内容、规模和标准组织项目实施,确保规范安全,加快项目推进和资金拨付进度。重大设计变更和概算调整应按规定履行报批手续。

第二十二条 专项资金分配政策和结果应按信息公开有关规定向社会公布。省财政厅、省水利厅在浙江省政务服务网等平台上公开专项资金分配政策、分配结果等情况;市县财政、水利部门要加强对项目的储备、资金安排和使用情况的公开公示。

第六章 绩效评价和监督检查

第二十三条 省水利厅加强专项资金预算绩效管理和绩效指标体系建设,完善绩效目标管理,做好绩效运行监控,组织开展专项资金绩效评价。省财政厅视情开展抽评,绩效评价结果作为完善政策、改进管理及下一年度预算安排的重要依据。市县组织绩效目标申报、绩效监控和绩效自评等,确保绩效目标完成,提高财政资金使用效益。

第二十四条 省财政厅、省水利厅应加强对专项资金使用监管。对重大水利项目,省水利厅加强项目稽察,省财政厅视情组织抽查;对一般水利项目和管理任务,省水利厅会同省财政厅组织开展核查;市县财政、水利部门应建立健全日常监管工作机制,加强对资金申报、使用和项目管理情况的监督检查,发现问题及时整改。

第二十五条 专项资金使用管理接受审计、纪检监察等部门的监督检查。各级财政、水利部门及其工作人员和项目主体、承建单位及相关责任人员,存在违反规定分配、拨付、使用资金或出现截留、挤占、挪用、骗取专项资金,以及其他滥用职权、玩忽职守、徇私舞弊等违法违纪行为的,按照《中华人民共和国预算法》《中华人民共和国公务员法》《中华人民共和国监察法》《财政违法行为处罚处分条例》等有关规定追究相应责任;涉嫌犯罪的,依法移送司法机关处理。

第二十六条 本办法自2020年11月15日起施行。《浙江省财政厅 浙江省水利厅关于印发浙江省水利建设与发展专项资金管理办法(试行)的通知》(浙财农〔2015〕37号)、《浙江

省财政厅　浙江省水利厅关于修订浙江省水利建设与发展专项资金管理办法（试行）若干条款的通知》（浙财农〔2017〕19号）、《浙江省财政厅　浙江省水利厅关于印发浙江省滩涂围垦专项资金管理办法的通知》（浙财农〔2010〕254号）、《浙江省财政厅　浙江省水利厅关于修改〈浙江省滩涂围垦专项资金管理办法〉有关条文的通知》（浙财农〔2012〕265号），以及《浙江省财政厅　浙江省国土资源厅　浙江省水利厅　浙江省农业厅关于印发浙江省省级造地改田专项资金管理办法（试行）的通知》（浙财农〔2015〕52号）中涉及滩涂围垦的内容同时废止。

规范第三方机构参与预算绩效管理工作办法

浙财监督〔2020〕17号　2020年12月18日

第一条　为全面推进预算绩效管理，规范各级政府部门单位委托第三方机构参与预算绩效管理工作行为，指导第三方机构合法合规、公平高效地参与预算绩效管理，提高客观性、公正性、专业性，根据《中华人民共和国预算法》《中华人民共和国预算法实施条例》《中共中央　国务院关于全面实施预算绩效管理的意见》《中共浙江省委　浙江省人民政府关于全面落实预算绩效管理的实施意见》以及政府采购管理、政府购买服务管理有关规定，制定本办法。

第二条　全省各级财政部门、主管部门、单位、团体等管理和使用财政预算资金主体（以下统称委托方）开展事前绩效评估、绩效指标设定、绩效目标论证评审和绩效评价等预算绩效管理相关工作时，对于工作量大、专业性强、确因管理需要须聘请第三方机构参与的，适用本办法。

第三条　本办法所称第三方机构，是指依法设立并向委托方提供预算绩效管理服务，独立于委托方和绩效管理对象的法人组织或非法人组织，主要包括会计师事务所、税务师事务所、资产评估机构、社会咨询机构、市场调查机构、政府研究机构、财务专业公司、高等院校、科研院所等有专业预算绩效管理服务能力的中介机构、事业单位及其他社会组织等。

第四条　第三方机构参与预算绩效管理工作，是指该机构与委托方依法签订合同，正式接受委托，按照预算绩效管理有关政策制度规定及合同约定内容实施预算绩效管理相关评估、评审、评价等技术性服务工作。

第五条　各级财政部门应当加强对第三方机构及其工作人员参与预算绩效管理工作的培训和指导，不断提高其专业化水平。参与预算绩效管理工作的第三方机构应主动加强对预算管理、预算绩效管理及其他相关知识、政策的把握和学习。鼓励社会力量开展培训，增强第三方机构及其工作人员业务能力。

第六条　参与预算绩效管理工作的第三方机构应当符合以下条件：

（一）依法设立，具有相关行业管理部门认可的专业资质，有独立承担民事责任的能力；

（二）治理结构健全，内部质量控制完善，具有规范健全的财务会计和资产管理制度；

（三）具有一定规模且结构合理的专家支持系统，具备开展预算绩效管理工作所必需的人员和专业技术能力；

（四）信誉状况良好，自成立以来或最近三年经营活动中无重大违法记录；

（五）法律法规以及预算绩效管理制度要求的其他条件。

第七条　委托方应根据政府采购和政府购买服务等相关规定择优确定第三方机构。双方根据有关规定签订委托协议，明确委托内容、质量要求、费用、付费方式、委托期限、权利义务及违约责任等，涉及保密事项的，应当签订保密协议。

第八条　委托方按照预算绩效管理有关规定，指导第三方机构开展相关工作，主要职责、权利和义务如下：

（一）规定工作目标、工作内容和工作规范；

（二）审定第三方机构提交的预算绩效管理工作实施方案；

（三）协调相关部门（单位）关系，确保委托的预算绩效管理相关工作正常开展；

（四）协调被评单位等有关方面向第三方机构提供必要的工作资料和工作条件，并要求对所提供资料的完整性、真实性、准确性、有效性负责；

（五）对第三方机构工作开展情况进行跟踪和监督，提出改进意见并督促落实；

（六）根据工作需要可以要求第三方机构聘请专家参与绩效评估、评审、评价等工作；

（七）对第三方机构提交的工作结果及相关资料进行审核、验收，并支付相应费用；

（八）对第三方机构的预算绩效管理工作结果按有关规定进行应用。

第九条　参与预算绩效管理相关工作的第三方机构，依据财政部门制定的有关规定开展预算绩效管理相关工作。主要职责、权利和义务如下：

（一）严格遵守相关法律法规和规章制度，按照预算绩效管理的有关规定和协议要求开展预算绩效管理相关工作，确保独立性、客观性、公正性、专业性；

（二）制定所参与预算绩效管理工作的实施方案，并报委托方审定；

（三）在协议约定的时间内完成相关工作，提交绩效评估、评审、评价报告等工作成果及相关资料，并对上述材料的公正性、完整性、客观性负责；

（四）根据工作需要，聘请相关领域或行业的专家参与本机构的受托业务；

（五）第三方机构不得将任何受托业务转包或未经委托方同意分包给其他单位或个人实施；

（六）严格遵守国家保密规定，有关绩效报告及相关资料未经委托方许可不得对外发布，也不得用于与受托业务无关的事项，聘请专家时应当签订保密协议；

（七）做好相关资料归档管理工作；

（八）不得在约定支付的委托服务费用之外，以任何名义和形式向委托方或被评单位索取其他报酬费用。也不得接受委托方或被评单位以任何名义和形式提供或承诺的可能影响绩效评估、评审、评价客观性、公正性、独立性的利益输送。

第十条 第三方机构在接受委托、安排人员时应实行回避制度。

（一）第三方机构与被评项目（单位）存在经济利益关系或其他利益关系的，应主动回避，不得接受委托。

（二）参与评估、评审、评价人员与被评项目（单位）有经济利益关系、与被评项目（单位）负责人或主管人员有亲属关系（含：夫妻关系、直系血亲关系、三代以内血亲关系以及近姻亲关系）的，应主动回避，不得接受第三方机构的工作委派。

（三）被评方提出第三方机构回避申请的，由委托方审定是否应当回避。

（四）应当回避而不回避的，委托方发现后有权终止委托。

第十一条 委托费的支付遵循“谁委托、谁付费”的原则，按照相应的计算方法，合理测算向第三方机构支付的委托服务费用。委托服务费用以工作量法为主，有条件的地方可以采用成本核算法。

（一）工作量法。根据第三方机构参与预算绩效管理工作的实施方案，确定工作时长和人数，按照有关标准核定，差旅费按政府机关出差标准据实计算，并按规定执行。外聘专家参照注册会计师标准执行。

（二）成本核算法。根据委托事项的工作量和发生的费用（如劳务费、印刷费、会议费、差旅费、专家咨询费等）加合理利润等核定。

第十二条 委托第三方机构参与预算绩效管理所需经费，由委托方按照部门预算管理的有关规定执行。

第十三条 第三方机构服务费用审批程序和支付办法按预算管理、财务管理等有关规定和委托协议约定执行。

第十四条 委托方应当对第三方机构依据委托协议出具的评估、评审、评价报告等工作成果进行质量审查。对报告中存在逻辑混乱、数据不实、结论避重就轻、刻意隐瞒问题等情况，委托方有权提出修改意见。

第十五条 委托方可对第三方机构提供的服务质量进行考评，质量考评结果作为付费调整的参考；并作为以后年度选聘第三方机构的参考依据，发现第三方机构有违反委托协议的，应当依据委托协议要求其承担违约责任。

第十六条 委托方要按照档案管理的有关规定，做好对委托协议、实施方案、绩效报告以及相关重要材料的档案管理，有关资料应当分类整理、登记造册、归档管理。

第三方机构应建立预算绩效管理委托事项的档案管理制度。按照完整、有序、规范的要求，及时对预算绩效管理委托业务资料分类收集、整理、造册，建档管理。各类预算绩效管理重要资料档案保存期限不少于10年。

各部门、单位和第三方机构应当主动接受并积极配合财政部门对其预算绩效管理档案的检查。

第十七条 第三方机构因合并、撤销、解散、破产或者其他原因终止的，应将受托开展预算绩效管理业务的相关档案资料移交存续方管理或移交委托方。

第十八条 委托方有权调阅、查询和复制第三方机构保存的受托预算绩效管理工作相关档案资料。

第十九条 第三方机构在受托开展预算绩效管理工作中，有下列情形之一的，委托方有权终止委托业务。涉嫌违法违规的，委托方应当向财政部门和行业协会报送违法违规情况，财政部门要依法依规及时处理。

（一）违反委托协议事项约定和职业道德要求的；

（二）在政府采购中有舞弊行为的；

（三）提供虚假数据和结论的；

（四）应当回避而未回避的；

（五）擅自泄露委托事项相关信息、结论等有关情况的；

（六）由于自身原因未在规定的时间内完成工作的；

（七）提供服务质量没有达到协议约定标准的；

（八）存在其他涉嫌违法违规违纪行为的。

第二十条 财政部门负责对第三方机构参与预算绩效管理工作进行监督检查，对在预算绩效管理工作中存在的违法违规行为，依照相关法律法规进行处理处罚或移送相关部门，并提请相关管理部门和行业协会将其列入行业失信黑名单。

第二十一条 各市、县（市、区）财政部门可结合实际，制定实施细则。

第二十二条 本办法自2021年2月1日起施行。

浙江省学生资助资金管理办法

浙财科教〔2020〕39号　2020年12月18日

第一章　总　则

第一条 为规范和加强学生资助资金管理，提高资金使用绩效，确保学生资助这一重大民生工作的顺利开展，根据《中华人民共和国预算法》《中华人民共和国预算法实施条例》《学生资助资金管理办法》（财科教〔2019〕19号）相关精神和要求，制定本办法。

第二条 本办法所称学生资助资金是指各级财政统筹安排

用于落实浙江省高等教育(含本专科和研究生教育)、中等职业教育、普通高中教育、义务教育、学前教育等各教育阶段国家及浙江省学生资助政策的资金,以及学校按规定计提的校内资助资金。

第三条 本办法所称普通高校是指根据国家有关规定批准设立、实施全日制高等学历教育的普通本科学校、高等职业学校、高等专科学校;中等职业学校是指根据国家有关规定批准设立、实施全日制中等学历教育的各类职业学校(含技工学校);普通高中学校是指根据国家有关规定批准设立、实施全日制学历教育的普通高中学校(含完全中学和十二年一贯制学校的高中部);义务教育学校是指根据国家有关规定批准设立的小学、初中学校(含完全中学和十二年一贯制学校的小学和初中部);学前教育机构是指根据国家有关规定批准设立的各级各类幼儿园。以上所称各类学校包括民办普通高校(含独立学院)、民办中等职业学校、民办普通高中学校、民办初中、民办小学和民办幼儿园。

第四条 学生资助资金由省财政厅、省教育厅、省人力社保厅按职责共同管理。省财政厅负责组织省教育厅、省人力社保厅等部门编制学生资助资金中期财政规划和年度预算,审核并下达学生资助资金预算,指导开展学生资助资金使用绩效管理工作,按规定实施资金绩效财政评价工作。省教育厅、省人力社保厅负责完善学生信息管理系统,加强学生学籍和资助信息管理,组织各地各校审核上报基础数据,提出预算分配建议方案,会同省财政厅等部门对资金使用和政策执行情况进行监督管理,具体实施全省学生资助资金绩效管理。学校是学生资助资金使用的责任主体,应当切实履行法人责任,健全内部管理机制,加强对相关资金包括计提校内学生资助资金的管理,具体组织预算执行,并按要求向有关部门提交资金使用情况报告和绩效分析报告。

第二章 资金范围和标准

第五条 浙江省高等教育阶段学生资助政策包括普通高校本专科生国家奖学金、国家励志奖学金、国家助学金、浙江省政府奖学金,研究生国家奖学金、国家助学金、学业奖学金,服兵役高等学校学生国家教育资助资金、国家助学贷款奖补资金;中等职业教育阶段包括中等职业教育国家奖学金、中职免学费补助资金和中职国家助学金;普通高中教育阶段包括普通高中免学费补助资金、普通高中国家助学金;义务教育阶段包括营养改善计划补助资金、学生生活补助资金;学前教育阶段包括保育费资助资金。

第六条 现阶段浙江省各项学生资助政策和标准详见附表。今后,将根据中央和省有关要求,结合浙江省经济发展水平、财力状况、物价水平、相关学校收费标准等因素实行动态调整;各市县已实施超出省定资助面和本通知所定省定资助标准的,本办法出台后不得降低,所需资金仍由同级财政承担。

第三章 资金分担和使用

第七条 高等教育国家奖学金、国家励志奖学金、服兵役高等学校学生国家教育资助、国家助学贷款奖补资金、浙江省政府奖学金由省财政统筹中央和省级资金安排。

普通高校研究生学业奖学金由同级财政按照博士研究生人数的70%和每生每年10000元的标准、硕士研究生人数的40%和每生每年8000元的标准给予补助,省市共建高校按照省市分担比例和分类分档补助比例由省、市财政分担。各普通高校扩大覆盖面、提高学业奖学金标准所需资金由学校提取的奖助资金、捐资助学资金等解决。

省属普通高校的国家助学金由省财政统筹中央和省级资金安排,市属普通高校的国家助学金由省财政统筹中央和省级资金安排根据分类分档补助比例分担,其余由同级财政予以补足,省市共建高校按照省市分担比例和分类分档补助比例计算。

第八条 中等职业教育国家奖学金由省财政统筹安排。中职免学费补助资金和国家助学金、普通高中免学费和国家助学金由省与市县分担,省财政根据分类分档补助比例分担,其余由同级财政予以补足。

第九条 义务教育学生营养改善计划所需资金由省与市县分担,省财政根据分类分档补助比例分担,其余由同级财政予以补足。各市县要根据当地经济发展状况和物价水平,合理确定当地供餐价格和资助标准。现有学校实际供餐价格高于当地补助标准的,各市县要及时调整并完善补助标准及相关管理措施,确保不增加受助学生经济负担,无特殊情况不得以非供餐方式替代。

义务教育学生生活补助所需资金由省与市县分担,省财政根据分类分档补助比例分担,其余由同级财政予以补足。

第十条 学前教育保育费资助所需资金由省与市县分担,省财政根据分类分档补助比例分担,其余由同级财政予以补足。

第十一条 省财政厅每年年底根据省教育厅提供的资助资金分配方案,清算上年省对市县学生资助补助并提前下达次年补助。除新增开支内容或中央和省委、省政府另有要求外,原则上年中不再多次下达。市县在收到省转移支付预算(包括提前下达预计数)后,应及时按照国家、省和当地政策要求分解资金。其中,市县在年初预算时已按人数和标准全额保障学生资助资金的,收到省转移支付资金后,可将同等额度的本级财政安排资金调剂收回,并按规定程序报批后使用。省属学校所需资金按照部门预算要求下达。

第十二条 学生资助资金由学校或同级教育部门根据实际情况采取打卡等方式,确保发放到学生或监护人。根据国家和省有关要求,实施绿色通道落实免学费(免保育费)等资助政策的,学校可统筹获得的免学费补助用于办学支出。

第四章 资金管理和监督

第十三条 本办法所列学生资助资金,应纳入各级政府预算管理，各级财政、教育、人力社保等部门和学校要按照预算管理有关规定加强学生资助资金预算编制、执行、决算等管理。

第十四条 各级财政、教育、人力社保部门和学校应加强对学生资助工作的监督检查，按照《浙江省关于建立中小学学生资助工作督促检查制度的通知》（浙学助〔2015〕3号）要求每年做好省、市、县分级督查工作；配合审计部门，做好学生资助资金专项审计，将学生资助工作作为各级财政、教育、人力社保部门和各级各类学校主要领导经济责任审计的重要内容。

各级教育、人力社保部门和各级各类学校应加强资金发放、执行管理，做好基础数据的审核工作，健全学生资助管理；组织学校做好学生资助对象认定工作，确保应助尽助。

各级各类学校要加强学生学籍、资助信息系统应用，规范档案管理，严格落实责任制，强化财务管理；要制定本校学生资助资金管理实施办法；要将学生资助申请表、认定结果、资金发放等有关凭证和工作情况分学期建档备查。

第十五条 各级财政、教育、人力社保等部门要按照全面实施预算绩效管理的要求，建立健全全过程预算绩效管理机制，按规定科学合理设定绩效目标，对照绩效目标做好绩效监控、绩效评价，强化绩效结果运用，做好信息公开，提高资金使用绩效。

第十六条 各级财政、教育、人力社保等部门及其工作人员在学生资助资金分配和使用过程中滥用职权、玩忽职守、徇私舞弊以及违反规定分配或挤占、挪用、虚列、套取学生资助资金的，按照《中华人民共和国预算法》《中华人民共和国公务员法》《中华人民共和国监察法》《财政违法行为处罚处分条例》等国家有关法律法规规定追究责任，涉嫌犯罪的，依法移送司法机关处理。

第五章 附 则

第十七条 各地各校要结合实际，通过勤工助学、“三助”岗位、“绿色通道”、校内资助、社会资助等方式完善学生资助体系。其中，校内资助资金的提取，公办普通高校要按事业收入的4%—6%，且不低于每生每年400元的标准提取，公办普通高中学校要按事业收入的3%—5%的比例提取，公办中等职业学校由各地各校结合实际按事业收入的一定比例提取；各阶段民办学校要按不少于学费收入的5%的比例提取。校内资助资金由各校结合实际用于学生资助工作经费以及所有纳入资助对象范围的学生的奖学金、助学金、勤工助学、发展性资助项目等，其中用于普通高校勤工助学的资金支出比例原则上不低于当年校内资助资金提取总额的30%，勤工助学小时计酬标准应不低于各地区确定的小时最低工资标准并适当提高。有条件的地方和学校可提高发展性资助资金使用比例。各校要加强相关资金的计提和使用管理，并自觉接受教育、财政、审计等部门的监督检查。

第十八条 各地要认真贯彻党中央、国务院和省委、省政府相关决策部署，在分配相关资金时，结合实际加强对困难学生支持，尤其对临时性突发因素导致的家庭经济困难情况，应及时予以认定，确保学生资助工作落到实处。

第十九条 各地各校应营造良好氛围，积极鼓励企业、社会团体、个人在各类学校设立奖学金、助学金。

第二十条 科研院所、党校（行政学院）等研究生培养单位学生资助资金管理可按照本办法执行，另有规定的除外。

第二十一条 本办法自2021年1月18日起施行。《浙江省财政厅 浙江省教育厅关于实施学前教育资助制度的通知》（浙财教〔2011〕152号）、《浙江省财政厅 浙江省教育厅关于印发浙江省义务教育学校家庭经济困难寄宿学生生活补助资金管理办法（暂行）的通知》（浙财教〔2016〕79号）、《浙江省教育厅 浙江省财政厅关于对经济困难家庭子女接受中小学教育实行免费入学的通知》（浙教计〔2003〕164号）、《浙江省财政厅 浙江省教育厅关于印发浙江省普通高中国家助学金管理暂行办法的通知》（浙财教〔2011〕123号）、《浙江省财政厅 浙江省教育厅 浙江省劳动和社会保障厅关于印发浙江省中等职业学校国家助学金实施细则的通知》（浙财教字〔2007〕219号）、《浙江省财政厅 浙江省发展和改革委员会 浙江省教育厅 浙江省人力资源和社会保障厅关于进一步完善中等职业教育学生资助政策的通知》（浙财教〔2013〕1号）、《浙江省财政厅 浙江省教育厅关于印发浙江省普通本科高校 高等职业学校国家奖学金实施细则的通知》（浙财教字〔2007〕174号）、《浙江省财政厅 浙江省教育厅关于印发浙江省普通本科高校 高等职业学校国家励志奖学金实施细则的通知》（浙财教字〔2007〕175号）、《浙江省财政厅 浙江省教育厅关于印发浙江省普通本科高校 高等职业学校国家助学金实施细则的通知》（浙财教字〔2007〕176号）、《浙江省财政厅 浙江省教育厅关于转发财政部 教育部〈研究生国家奖学金管理暂行办法〉的通知》（浙财教〔2012〕347号）、《浙江省财政厅 浙江省教育厅关于做好研究生奖助工作的通知》（浙财教〔2014〕3号）、《浙江省财政厅 浙江省教育厅 浙江省军区司令部转发财政部 教育部 总参谋部〈应征入伍服义务兵役高等学校毕业生学费补偿国家助学贷款代偿暂行办法〉的通知》（浙财教字〔2009〕138号）、《浙江省财政厅 浙江省教育厅 中国人民解放军浙江省军区司令部转发财政部 教育部 总参谋部〈应征入伍服义务兵役高等学校在校生学费补偿国家助学贷款代偿及退役复学后学费资助暂行办法〉的通知》（浙财教字〔2011〕323号）、《浙江省财政厅 浙江省教育厅 浙江省军区司令部转发财政部 教育部 总参谋部〈高等学校学生应征入伍服义务兵役国家资助办法〉的通知》（浙财教〔2013〕289号）、《浙江省财政厅 浙江省教育厅 浙江省军区司令部转发财政部教育部总参谋部关于对直接招收为士官的高等学校学生施行国家资助的通知》（浙财教〔2016〕4号）等同时废止。

（注：附件略）

2020年财政规章及相关政策文件目录（选编）

序号	文件名称	发文单位	文号	印发日期
1	关于做好2020年财政专项扶贫资金管理、贫困县涉农资金整合试点及资产收益扶贫等工作的通知	财政部　国务院扶贫办	财农〔2020〕4号	2020.3.18
2	关于印发自然资源领域中央与地方财政事权和支出责任划分改革方案的通知	国务院办公厅	国办发〔2020〕19号	2020.6.30
3	关于推进医疗保障基金监管制度体系改革的指导意见	国务院办公厅	国办发〔2020〕20号	2020.6.30
4	关于用好财政扶贫资金项目支持克服洪涝地质灾害影响的通知	国务院扶贫办　财政部	国开办发〔2020〕24号	2020.8.29
5	关于加强会计师事务所执业管理　切实提高审计质量的实施意见	财政部　国务院国资委 银保监会	财会〔2020〕14号	2020.9.25
6	关于印发《重大技术装备进口税收政策管理办法》的通知	财政部　工业信息化部 海关总署　税务总局　能源局	财关税〔2020〕2号	2020.1.8
7	关于印发《土壤污染防治基金管理办法》的通知	财政部　生态环境部 农业农村局　自然资源部 住房城乡建设部　林草局	财资环〔2020〕2号	2020.1.17
8	关于阶段性减免企业社会保险费的通知	人力资源社会保障部 财政部　国家税务总局	人社部发〔2020〕11号	2020.2.20
9	关于印发《项目支出绩效评价管理办法》的通知	财政部	财预〔2020〕10号	2020.2.25
10	关于印发《生态环境损害赔偿资金管理办法（试行）》的通知	财政部　自然资源部 生态环境部　住房城乡建设部 水利部　农业农村局 国家林业和草原局 最高人民法院　最高人民检察院	财资环〔2020〕6号	2020.3.11
11	关于印发《土壤污染防治专项资金绩效评价管理暂行办法》的通知	财政部　生态环境部	财资环〔2020〕11号	2020.3.23
12	关于印发《土壤污染防治专项资金管理办法》的通知	财政部	财资环〔2020〕10号	2020.3.23
13	关于修订印发农业相关转移支付资金管理办法的通知	财政部　农业农村部	财农〔2020〕10号	2020.3.24
14	关于进一步做好全国农业信贷担保工作的通知	财政部　农业农村部 银保监会　人民银行	财农〔2020〕15号	2020.4.7
15	关于印发《住宅专项维修资金会计核算办法》的通知	财政部	财会〔2020〕7号	2020.4.20
16	关于完善新能源汽车推广应用财政补贴政策的通知	财政部　工业和信息化部 科技部　发展改革委	财建〔2020〕86号	2020.4.23
17	关于印发《林业草原生态保护恢复资金管理办法》的通知	财政部　国家林业和草原局	财资环〔2020〕22号	2020.4.24
18	关于印发《海洋生态保护修复资金管理办法》的通知	财政部	财资环〔2020〕24号	2020.4.26
19	关于印发《林业改革发展资金管理办法》的通知	财政部　国家林业和草原局	财资环〔2020〕36号	2020.6.2

续表(一)

序号	文件名称	发文单位	文号	印发日期
20	关于印发《中央集中彩票公益金支持体育事业专项资金管理办法》的通知	财政部　体育总局	财教〔2020〕69号	2020.6.10
21	关于印发《清洁能源发展专项资金管理暂行办法》的通知	财政部	财建〔2020〕190号	2020.6.12
22	关于印发《城镇保障性安居工程财政资金绩效评价办法》的通知	财政部　住房城乡建设部	财综〔2020〕19号	2020.6.15
23	关于印发《新冠肺炎疫情相关租金减让会计处理规定》的通知	财政部	财会〔2020〕10号	2020.6.19
24	关于印发《中央自然灾害救灾资金管理暂行办法》的通知	财政部　应急部	财建〔2020〕245号	2020.6.28
25	关于印发《重大技术装备进口税收政策管理办法实施细则》的通知	工业和信息化部　财政部　海关总署　税务总局　能源局	工信部联财〔2020〕118号	2020.7.24
26	关于印发《2021年政府收支分类科目》的通知	财政部	财预〔2020〕101号	2020.8.13
27	关于印发《山水林田湖草生态保护修复工程指南(试行)》的通知	自然资源部办公厅　财政部办公厅　生态环境部办公厅	自然资办发〔2020〕38号	2020.8.26
28	关于印发《规范产权交易机构开展金融企业国有产权交易管理暂行规定》的通知	财政部	财金〔2020〕92号	2020.10.14
29	关于印发《政府会计准则制度解释第3号》的通知	财政部	财会〔2020〕15号	2020.10.20
30	关于印发《中央对地方公共图书馆　美术馆　文化馆(站)免费开放补助资金管理办法》的通知	人力资源社会保障部　财政部　国家税务总局	财教〔2020〕156号	2020.10.28
31	关于印发《海洋生态保护修复资金管理办法》的通知	财政部	财资环〔2020〕76号	2020.10.30
32	关于进一步做好地方政府债券发行工作的通知	财政部	财库〔2020〕36号	2020.11.4
33	公布施行《财政部关于修改〈财政票据管理办法〉的决定》	财政部	财政部令第104号	2020.12.3
34	关于印发《地方政府债券发行管理办法》的通知	财政部	财库〔2020〕43号	2020.12.9
35	关于印发《水污染防治资金绩效管理办法》的通知	财政部　生态环境部	财资环〔2020〕144号	2020.12.14
36	关于印发《商业银行绩效评价办法》的通知	财政部	财金〔2020〕124号	2020.12.15
37	关于印发《〈政府会计准则第10号——政府和社会资本合作项目合同〉应用指南》的通知	财政部	财会〔2020〕19号	2020.12.17
38	关于印发《政府采购促进中小企业发展管理办法》的通知	财政部　工信部	财库〔2020〕46号	2020.12.18
39	关于印发《中国特色高水平高职学校和专业建设计划绩效管理暂行办法》的通知	教育部　财政部	教职成〔2020〕8号	2020.12.21
40	关于加强国家文物保护资金管理的意见	财政部　国家文物局	财教〔2020〕244号	2020.12.31
41	关于进一步做好稳就业工作的实施意见	浙江省人民政府办公厅	浙政办发〔2020〕19号	2020.4.30

续表(二)

序号	文件名称	发文单位	文号	印发日期
42	关于做好稳外资工作的若干意见	浙江省人民政府	浙政发〔2020〕10号	2020.5.18
43	关于加强海域使用金,无居民海岛使用金征收管理意见的通知	浙江省人民政府办公厅	浙政办发〔2020〕33号	2020.7.10
44	关于促进消费扩容提质加快激发居民消费潜力的实施意见	浙江省人民政府办公厅	浙政办发〔2020〕38号	2020.8.14
45	关于推进乡村产业高质量发展的若干意见	浙江省人民政府	浙政发〔2020〕21号	2020.8.14
46	关于印发浙江省科技领域财政事权和支出责任划分改革实施方案的通知	浙江省人民政府办公厅	浙政办发〔2020〕69号	2020.12.11
47	关于规范企业职工基本养老保险省级统筹制度的实施意见	浙江省人民政府	浙政发〔2020〕31号	2020.12.15
48	关于印发浙江省自然资源领域财政事权和支出责任划分改革实施方案的通知	浙江省人民政府办公厅	浙政办发〔2020〕78号	2020.12.25
49	关于印发浙江省公共气象服务专项资金管理办法的通知	浙江省财政厅　浙江省气象局	浙财农〔2020〕1号	2020.1.15
50	关于印发浙江省生态环境保护专项资金管理办法的通知	浙江省财政厅 浙江省生态环境厅	浙财建〔2020〕4号	2020.1.17
51	关于修订印发浙江省安全生产及应急管理专项资金管理办法的通知	浙江省财政厅 浙江省应急管理厅	浙财建〔2020〕5号	2020.1.17
52	关于印发浙江省政府非税收入项目目录(2020版)的通知	浙江省财政厅	浙财综〔2020〕5号	2020.1.21
53	关于印发浙江省对口支援西藏那曲市和青海海西州资金管理办法的通知	浙江省财政厅	浙财建〔2020〕8号	2020.1.22
54	关于印发浙江省财政电子票据管理办法的通知	浙江省财政厅	浙财综〔2020〕6号	2020.1.22
55	关于印发浙江省基层宣传文化专项资金管理办法的通知	浙江省财政厅 中共浙江省委宣传部	浙财文〔2020〕4号	2020.2.6
56	关于落实应对疫情影响房产税、城镇土地使用税减免政策的通知	浙江省财政厅　国家税务总局 浙江省税务局	浙财税政〔2020〕6号	2020.3.13
57	关于印发浙江省自然资源专项资金管理办法的通知	浙江省财政厅 浙江省自然资源厅	浙财建〔2020〕20号	2020.3.20
58	关于印发浙江省残疾人事业专项资金管理办法的通知	浙江省财政厅 浙江省残疾人联合会	浙财社〔2020〕36号	2020.3.26
59	关于印发市场监管和知识产权专项资金管理办法的通知	浙江省财政厅 浙江省市场监督管理局	浙财行〔2020〕17号	2020.4.15
60	关于印发浙江省党史和文献资料征编保护利用专项资金使用管理办法的通知	浙江省财政厅　中共浙江省委 党史和文献研究室	浙财行〔2020〕18号	2020.4.24
61	关于印发浙江省农业农村高质量发展专项资金管理办法的通知	浙江省财政厅 浙江省农业农村厅	浙财农〔2020〕20号	2020.4.28
62	关于印发浙江省发展与改革专项资金管理办法的通知	浙江省财政厅 浙江省发展和改革委员会	浙财建〔2020〕31号	2020.4.30
63	关于印发浙江省财政票据印制管理办法的通知	浙江省财政厅	浙财综〔2020〕16号	2020.5.6

续表(三)

序号	文件名称	发文单位	文号	印发日期
64	关于印发浙江省预算绩效运行监控管理办法的通知	浙江省财政厅	浙财监督〔2020〕6号	2020.5.6
65	关于印发浙江省法律援助经费使用管理办法的通知	浙江省财政厅 浙江省司法厅	浙财行〔2020〕21号	2020.5.8
66	关于印发浙江省矿山地质环境治理恢复与土地复垦基金管理办法(试行)的通知	浙江省财政厅 浙江省自然资源厅 浙江省生态环境厅 中国人民银行杭州中心支行	浙财综〔2020〕14号	2020.5.11
67	关于印发浙江省中央财政城镇保障性安居工程专项资金管理实施办法的通知	浙江省财政厅 浙江省住房和城乡建设厅	浙财建〔2020〕29号	2020.5.22
68	关于进一步深化医疗收费电子票据管理改革的通知	浙江省财政厅 浙江省卫生健康委员会 浙江省医疗保障局	浙财综〔2020〕20号	2020.6.17
69	关于全面推进交通违法罚缴一体化改革的通知	浙江省财政厅 浙江省公安厅 中国人民银行杭州中心支行	浙财综〔2020〕21号	2020.6.29
70	关于印发浙江省财政支持深化民营和小微企业金融服务综合改革试点奖补办法的通知	浙江省财政厅	浙财金〔2020〕31号	2020.7.1
71	关于印发浙江省中央林业草原生态保护恢复资金管理实施办法和浙江省中央林业改革发展资金管理实施办法的通知	浙江省财政厅 浙江省林业局	浙财建〔2020〕61号	2020.7.8
72	关于调整明确部分应对疫情影响房产税、城镇土地使用税减免政策的通知	浙江省财政厅 国家税务总局浙江省税务局	浙财税政〔2020〕13号	2020.7.10
73	关于印发浙江省重点档案保护与开发专项资金管理办法的通知	浙江省财政厅 浙江省档案局	浙财行〔2020〕38号	2020.8.12
74	关于印发浙江省省级国库集中支付动态监控管理办法的通知	浙江省财政厅	浙财预执〔2020〕28号	2020.8.14
75	关于印发浙江省引进高水平大学省级引导资金管理办法的通知	浙江省财政厅 浙江省教育厅	浙财科教〔2020〕26号	2020.8.21
76	关于印发浙江省政府向社会力量购买服务指导性目录(2021年度)的通知	浙江省财政厅	浙财预〔2020〕24号	2020.9.28
77	关于印发浙江省项目支出绩效评价管理办法的通知	浙江省财政厅	浙财监督〔2020〕11号	2020.10.9
78	关于印发浙江省水利建设与发展专项资金管理办法的通知	浙江省财政厅 浙江省水利厅	浙财农〔2020〕51号	2020.10.12
79	关于印发浙江省中央财政水利发展资金管理办法实施细则的通知	浙江省财政厅 浙江省水利厅	浙财农〔2020〕50号	2020.10.12
80	关于印发规范第三方机构参与预算绩效管理工作办法的通知	浙江省财政厅	浙财监督〔2020〕17号	2020.12.18
81	关于印发浙江省学生资助资金管理办法的通知	浙江省财政厅 浙江省教育厅 浙江省人力资源和社会保障厅	浙财科教〔2020〕39号	2020.12.18
82	关于印发浙江省被征地农民养老保障资金管理办法的通知	浙江省财政厅 浙江省人力资源和社会保障厅 浙江省自然资源厅	浙财社〔2020〕138号	2020.12.25

财政文选

Zhejiang caizheng nianjian

省领导论财政

守牢"六保"底线　实现稳中求进

——在部分市县"六保"工作座谈会上的讲话(摘要)

浙江省人民政府省长　袁家军

要强化底线思维、风险意识,认真贯彻落实习近平总书记在中央政治局会议上的重要讲话和考察浙江重要讲话精神,准确识变、以变应变,在疫情防控常态化前提下,切实把精力集中到抓"六稳"促"六保"上来,更好统筹疫情防控和推进经济社会发展工作,确保"两手硬、两战赢"。

以习近平同志为核心的党中央在"六稳"基础上提出"六保",是针对当前特殊形势、更接近底线的新要求,是坚持稳中求进、抓实经济社会发展各项工作的重要着力点。抓好"六保"是应对极端条件的保底手段,是奋力实现全年经济社会发展目标任务的根本保证,也是危中见机、化危为机的一项最基础工作。抓"六保"的本质是以底线思维"点穴式"动态管控不确定性。各地各部门要深刻认识当前抓好"六保"的极端重要性,准确研判当前严峻复杂形势和经济运行的突出问题,强化底线思维、战略思维,以更长远目光,从最坏处着想,努力以工作的确定性应对形势的不确定性。

一要保居民就业。加大企业稳岗支持力度,突出抓好高校毕业生等重点群体就业工作,扎实做好就业困难人员兜底保障,坚决做好东西部扶贫协作,助推打赢精准脱贫攻坚战。二要保基本民生。抓好生猪等重要农产品保供稳价,确保"菜篮子"市长负责制刚性兑现落实到位、困难群众基本生活应保尽保执行到位,切实维护社会大局稳定。三要保市场主体。把稳企业防风险放在更加突出位置,以超常规力度抓好国家和浙江省"1+X"惠企政策落地,强化"五减"政策联动,全力支持外贸企业稳出口拓市场,全力推动市场主体升级,全力打造最佳营商环境。四要保粮食能源安全。科学制定粮食生产环节、储备环节、应急能力等方面工作目标、配套政策,确保刚性目标实现。五要保产业链供应链稳定。加快实施产业链协同创新工程,重点推动电子化学品、集成电路硅片、金属材料等领域的头部企业加快国产化替代步伐,着力抓好一批强链补链延链的大项目好项目,加快攻克关键核心技术。六要保基层运转。严格落实支出主体责任,大力调整优化支出结构,确保财政收支平稳运行。

各地各部门要强化问题导向、目标导向、效果导向,按照"四个体系"要求,以整体智治的现代政府理念抓紧完善抓"六保"工作机制,量化细化目标体系、工作体系、政策体系、考核评价体系。要强化对外部形势和政策执行情况的动态监测分析,做好应对最坏情况的压力测试和周全准备。

(《浙江日报》2020年4月22日)

杭州国际博览中心

厅领导谈财政

党建引领显担当强保障 争当助推省域治理现代化排头兵

浙江省财政厅党组书记、厅长 朱忠明

全面从严治党是以习近平同志为核心的党中央作出的重大部署。当前,全面从严治党已进入一个新阶段,面临着新形势新要求新任务,全省财政系统要紧紧围绕全面从严治党工作的总体要求,深入学习贯彻习近平新时代中国特色社会主义思想和党的十九大及十九届二中、三中、四中全会和省委十四届历次全会精神,紧扣高水平全面建成小康社会目标任务,提高政治站位,强化政治担当,提升政治能力,落实政治责任,涵养政治生态,为全面贯彻"财为政服务"理念、圆满完成财政各项工作任务、当好助推省域治理现代化排头兵、促进清廉浙江建设提供坚实保障。

一、加强政治建设,争当对党忠诚的排头兵

党的政治建设是党的根本性建设,旗帜鲜明讲政治是马克思主义政党的根本要求,必须将讲政治贯穿财政工作全过程。

1.把"两个维护"放在更加突出位置。"两个维护"要全面落实在行动上、处处体现在财政工作中。全省财政系统各级党组织和广大党员干部要深入学习贯彻习近平新时代中国特色社会主义思想,深刻领会习近平总书记关于财政工作的重要论述、指示批示精神,常态化传达学习重要会议、重要部署、重要文件精神,增强"两个维护"的思想自觉、政治自觉和行动自觉。要严明党的政治纪律和政治规矩,严格落实《中共中央关于加强党的政治建设的意见》《中国共产党重大事项请示报告条例》,重大问题、重要事项和重要情况按规定及时向上级党组织报告,以最鲜明的政治立场、最自觉的责任担当、最坚决的实际行动践行"两个维护"。

2.不断提升"财为政服务"能力。要牢固树立"财为政服务"理念,紧扣省委"两手硬、两战赢"和"两确保三争取"的要求,聚焦长三角一体化发展、三大攻坚战、富民强省十大行动计划等重大决策部署,优化制度供给、强化政策保障,做到"党委、政府决策部署推进到哪里,财政服务保障就跟进到哪里"。要强化"全省一盘棋",推动集中财力办大事财政政策体系落地见效,形成纵贯全省的政策合力、资金合力和工作合力。要强化金融股权管理和政府产业基金运作,更好发挥金控平台作用,促进财政金融政策协同。要坚持争取率先发展与为全国大局多作贡献相统一,加强财政收支管理,兜牢"三保"底线,确保完成全年目标任务。

3.积极构建"四责协同"机制。各级党委(党组)要牢牢扭住主体责任这个"牛鼻子",坚持党建工作与财政业务工作同谋划、同部署、同推进、同考核,扛起主责、抓好主业、当好主角;党委(党组)书记要履行全面从严治党第一责任人职责,做到重要工作亲自部署、重大问题亲自过问、重点环节亲自协调、重要案件亲自督办;班子成员要严格落实"一岗双责",抓好分管领域全面从严治党工作,着力构建具有财政特色的"四责协同"机制。

4.着力营造风清气正的政治生态。保持良好的政治生态,是实现财政事业健康发展的重要保障。各级财政部门要严格执行《关于新形势下党内政治生活的若干准则》,增强党内政治生活的政治性、时代性、原则性、战斗性。严格执行民主集中制,健全党委(党组)议事规则和重大事项决策程序,完善落实"三重一大"决策监督机制。严格落实党员领导干部讲党课制度和参加双重组织生活制度。要传承和弘扬财政部门积极健康的党内政治文化,涵养风清气正的政治生态。

二、加强思想建设,争当培根筑魂的排头兵

要以高度的思想自觉和行动自觉,学深悟透做实习近平新时代中国特色社会主义思想,筑牢信仰之基,补足精神之钙,把稳思想之舵。

1.始终抓紧创新理论武装。要完善以理论学习中心组为龙头、中层干部为重点、党支部为基础的理论武装格局,深化"新时代大学习·跟着总书记读好书""千名支书上党课、万名党员谈体会"等活动,继续常态化开展"读原著、强党性、促改革"读书活动,通过理论学习,强化理论武装。

2.持续加强思想政治工作。定期分析研判党员干部思想动态,严格落实谈心谈话制度,扎实开展"向组织说说心里话"活动,特别是班子成员,要经常与党员干部谈心交心、沟通思想,帮助解决实际问题,真正将思想政治工作做到干部职工心坎上。发挥浙江"三个地"的政治优势,高质量开展主题党日活动,加强对党忠诚教育。领导干部要以身作则、带头示范。

3.着力巩固主题教育成果。坚持把"不忘初心、牢记使命"作为加强党的建设的永恒课题和党员干部的终身课题,着力巩固深化主题教育成果。制订"不忘初心、牢记使命"长效机制实施办法,省财政厅要重点完善贯彻落实习近平总书记重要指示批示精神督查反馈机制;健全党支部组织生活会、直属单位领导班子民主生活会质量提升机制;巩固发展"党建引领、业务协同"研学机制等,形成长效机制,巩固并扩大主题教育成果。

4.严格落实意识形态责任。认真贯彻《中国共产党宣传工作条例》和省委《实施办法》,牢牢把握意识形态工作主动权。教育党员引导干部不造谣、不信谣、不传谣,对微信、短信传播的网络谣言、负面炒作、攻击渗透等信息,坚决抵制,主动亮剑。围绕中心工作,组织一系列有深度、有影响力的主题宣传,广泛宣传解读财政政策,稳定社会预期、提振市场信心。加强网军队伍建设,全时段监测、研判、报告和处置网上舆情态势,提升网络舆情自主应对能力。

三、加强组织建设,争当强基固本的排头兵

加强党的组织建设特别是基层组织建设,突出政治功能,层

层传导责任，推动全面从严治党工作延伸到基层、责任落实在基层。

1.深化党支部建设提升工程。要认真贯彻落实《党支部工作条例》、新修订的《党和国家机关基层组织工作条例》和省委《实施意见》，严格按照“增加先进支部、提升中间支部、整顿后进支部”的思路，着力推行星级管理，做到既要培育五星级支部、先锋支部，也要对后进支部实行底线管理、重点帮带，不断提升支部党建工作标准化规范化水平。

2.把党支部建设成坚强战斗堡垒。发挥支部围绕中心抓落实的职能作用，推动党建工作与业务工作“一起谋划、一起部署、一起检查、一起考核”，推动党的主张和上级决策部署转化为支部党员干部的实际行动。发挥支部建设队伍的职能作用，教育管理监督党员，把党员培养成骨干，把骨干培养成党员，充分调动党员干部积极性、创造性。发挥支部凝聚群众的职能作用，推动工、青、妇等群团组织依照章程开展工作；发挥党建指导员作用，加强对社团组织党建工作的指导；注重党外人士队伍建设，发挥好党外人士的优势和作用，引导党外群众听党话、跟党走、有作为。

3.完善系统联动的党建机制。落实机关党建系统联动机制，充分发挥全省财政系统机关党建联席会议制度作用，以“活动联抓”“实事联办”“难题联解”“队伍联建”为切入点，着力形成机关党组织纵向联结、机关党员合力服务的点面结合、上下联动、立体推进的机关党建工作格局。建立健全问题查找、问题整改的系统联动机制，发挥各业务条线、各级基层党组织的作用，不断发现问题、解决问题，持续提升财政管理和服务水平。

4.强化执业机构行业党建工作。夯实行业党建基础，进一步理顺规范执业机构党组织与市级行业党委的隶属关系。坚持党建引领作用，持续开展“红色引擎促发展”专题活动；举办全省支部书记专项培训，着力提升行业党务工作者政治理论素养和党建工作能力。探索和建立健全全行业党内监督制度机制。

四、加强作风建设，争当模范机关的排头兵

要以强烈的政治担当、钉钉子的精神抓作风建设，努力打造让党放心、群众满意的模范机关。

1.驰而不息纠治“四风”。深入贯彻中央八项规定及其实施细则精神、我省“36条办法”和全省纠治“四风”工作会议精神，认真开展自查自纠，特别要对礼品礼金处置、“烟票”专项整治、“会所中歪风回头看”等情况进行重点整治。针对“四风”问题易发高发重要时间节点，教育引导党员干部绷紧纪律之弦，不触红线、不越底线。大力整治党员干部不担当不作为问题，着力解决困扰基层的形式主义问题。继续落实“财政减负10条”，提升基层减负实效。

2.不断扎紧制度笼子。按照厉行节约反对浪费的原则，着力探索差旅费凭据和包干双轨报销机制。适时完善省级机关培训费和会议费管理规定，修订各项制度的具体实施细则和操作规程。深入贯彻“保、优、延、减、稳”五字原则，政府带头过“紧日子”，全省非刚性、非重点项目支出压减幅度不低于10%，日常公用经费支出压减幅度不低于5%，“三公”经费压减不低于5%，大幅压减办展办会经费支出，严格把关公共工程建设，将有限的财力用到服务疫情防控、“六稳”等工作大局上。

3.持续深化“三服务”活动。以“上门服务至少一次”活动为载体深化“三服务”活动，坚持问题导向、目标导向、效果导向，根据不同的服务对象，深化完善服务清单，创新服务方式，提升服务的精准性和实效性。比如，针对企业，要大力宣传解读财税政策特别是疫情期间出台的各项扶持政策，变“企业找政策”为“政策送上门”；针对预算单位，要大力宣传政府过“紧日子”、调整优化支出结构的各项举措，争取更大范围的理解和支持。

五、加强纪律建设，争当清廉浙江的排头兵

要按照全省清廉财政建设“一年搭框架、两年抓提高、三年上台阶”的要求，紧盯财政重点领域和关键环节久久为功，持续推进清廉财政建设落地生根，为清廉浙江建设提供财政样本。

1.健全清廉制度。十九届中央纪委四次全会首次将财会监督与审计监督、统计监督等一并作为党和国家监督体系的重要组成部分。要完善财会监督工作机制，严肃财经纪律，坚决查处和纠正各类财经违法违规问题，特别是扶贫等民生领域违法违规行为。加快推动内控工作从“立规矩”向“见成效”转变，建立健全有效管用的内控体系，突出“9＋2”风险点和审计发现问题的整改，推动相关制度建设。

2.常抓清廉教育。加大典型案例警示通报力度，善于用身边人身边事教育人，持续深入开展警示教育，以案明纪、引以为戒，确保干部干成事不出事。按照“科学精准、稳慎有效”的要求，紧盯关键人、关键事，管在关键处、关键时，在“治未病”上更加积极作为。加大系统典型案例的通报曝光力度，持续保持惩治腐败高压态势，一体推进不敢腐、不能腐、不想腐。

3.弘扬清廉文化。深入推进党员干部政德建设与家风建设，大力弘扬“实、稳、优”财政核心价值理念和“严谨、坚守、创新、奉献”的财政职业精神，广泛开展“传家训、立家规、扬家风”活动，教育引导财政干部陶冶道德情操，恪守社会公德、职业道德、家庭美德，注重家庭、家教、家风，自觉把严约束、强自律延伸到八小时以外，净化工作圈、生活圈、社交圈，夯实崇尚廉洁、遵纪守法的根基。

六、加强队伍建设，争当担当作为的排头兵

着力打好“选培管树”组合拳，努力建设一支高素质专业化的财政干部队伍。

1.选任更多的担当干部。进一步突出实干实绩导向，把敢不敢扛事、愿不愿做事、能不能成事作为重要标准，重用埋头干事、敢抓敢管、不怕得罪人的干部，重用各方面都过硬的改革派、实干家。注重在急难险重任务中发现干部，省财政厅正在开展防控新冠肺炎疫情专项考核，干部在疫情防控工作中的表现情况，将作为厅党组使用干部和向上级部门推荐干部的重要参考。发挥好职务与职级的正向激励作用，充分挖掘职务和职级职数，常态化开展职务提任和职级晋升。

2.培养更专的能力素质。对标高素质专业化，加强专业训

练,全面提升专业知识、专业能力、专业作风、专业精神,通过办好全省财政系统局长培训班等重点班次,着力培养更多财政专业性干部。大力培养优秀年轻干部,统筹安排年轻干部承接急难险重任务,有计划选派年轻干部到基层及艰苦地区挂职锻炼。认真贯彻全国财政系统人才工作会议精神,进一步建立健全人才选拔储备、培养使用机制,提升财政干部的政治素养和专业水平。

3. 落实更严的监督管理。好干部是选出来的,更是管出来的。要根据全面从严治党要求,落实"八二分"原则,把功夫下在平时,加强干部日常监督管理。严格执行"两项法规",认真做好领导干部报告个人有关事项工作,着力解决漏报、瞒报和执行处理规定不认真不严格等问题。加强平时考核,改进年度考核,切实发挥考核的激励约束作用。落实出国(境)管理各项规定,加强出国(境)任务审查和证件管理。严格兼职审批管理,实时更新干部兼职数据库,进一步加强对兼职行为的监管。

4. 树立更好的示范标杆。组织全国财政系统先进集体和先进工作者事迹宣传活动,开展全省财政系统先进集体和先进工作者评选表彰,进一步发挥典型引导示范作用,激励财政干部以先进为榜样,新时代有新担当新作为。

(刊于《浙江财税与会计》2020年第4期)

以当家的思维担当好管家的责任

浙江省财政厅党组书记、厅长　尹学群

2020年以来,财政工作面临疫情性减收、经济性减收、政策性减收"三叠加",防控性增支、逆周期调节性增支、基础保障性增支"三碰头",压力前所未有;中央提出"积极的财政政策更加积极有为",出台提高赤字率、扩大赤字规模、发行抗疫特别国债、增加专项债券等一揽子政策,力度前所未有;非常时期需要拿出非常之状态、非常之作为,着力稳收入、保支出、促发展、惠民生、防风险,责任前所未有。

面对三个"前所未有",浙江省各级财政部门认真学习贯彻习近平总书记考察浙江重要讲话精神以及对财政工作的一系列重要论述,切实找准建设"重要窗口"的财政定位,争先创优开新局,破难攻坚"三服务",以更加积极有为的责任担当落实更加积极有为的财政政策,奋力夺取财政高质量高分报表,服务"六稳""六保"工作大局,为决胜全面建成小康社会、决战脱贫攻坚贡献财政力量。

一、以当家的思维担当好管家的责任

财政部门首先是政治机关,其次是业务机关;首先是宏观管理部门,其次是微观操作部门;首先是参谋部,其次是保障部。因此,财政部门虽然管家不当家,但要有当家的责任和意识,以当家的思维担当好管家的责任。要有宏观的思维、务虚的能力,既要"跳出财政看财政",也要"站在今天看明天",主动将财政工作放到党和国家事业发展大局中去思考,把财政"小窗口"放到全省"大窗口"建设中去谋划,从全省大局的高度把准宏观方向,从专业工作的角度把握政策导向,对党委、政府的新部署、新要求,对事关战略性、全局性、长远性的重大问题,要谋划在先、思考在前,对领导关注、群众关心的重大事情,要紧跟紧贴、靠前服务。

(一)服务保障"重要窗口"建设。聚焦党中央、国务院和省委、省政府重大决策部署,特别是建设"重要窗口"的10方面内容和13项重大标志性成果,加强战略谋划,完善集中财力办大事财政政策体系,厘清大事要事,分清轻重缓急,编制好财政"十四五"规划,使资金流与决策流、业务流、信息流更好融合。

(二)着力打造财政重大标志性成果。对标"重要窗口"的新目标新定位,找准财政定位、体现担当作为、展示重大成果。按照面向全国、面向世界、面向未来的要求,从实践、制度、理论三个层面总结提炼财政重大标志性成果,并研究谋划下一步要重点打造的标志性成果。

二、以打持久战思想应对中长期挑战

经济是财政的基础,经济要打持久战,决定着财政工作也要打持久战。要做好较长时期应对困难局面的思想准备和工作准备,把困难风险挑战估计得更充分些,把应对措施制定得更周全些,凡事从最坏处打算,往最好处努力,牢牢把握财政工作主动权。

(一)服务全国大局。加强财税经济形势分析和收入研判,合理把握收入力度和节奏,实现平稳增长,避免大起大落;要平衡好完成2020年收入目标任务与2021年可持续增长的关系,为持续优质增长创造条件。

(二)落实"六稳""六保"任务。抓好"两直"资金落地,按照"稳中快进、能快则快"的原则,进一步加快资金拨付使用进度;对基础设施建设项目资金,要全力加快推进项目建设,尽快形成实物工作量;对惠企利民政策资金,要加快政策审核与资金兑付,尽快发挥政策作用。深入分析疫情带来的新情况新问题,精准施策、分类施策,助力完成低收入农户全面小康计划任务,支持打赢精准脱贫攻坚战。

三、以守底线思维防范化解财政风险

形势越严峻,财政越困难,越需要有风险意识和底线思维,既要有防范风险的先手,也要有应对和化解风险挑战的高招,将防火墙筑得更牢,将铁篱笆扎得更密,坚决守住不发生财政风险的底线,为经济社会发展营造良好的财政环境。

(一)稳妥有序化解地方政府债务风险。持续深入开展防范化解地方政府隐性债务风险专项行动,夯实融资平台公司实体化、市场化转型基础;进一步推进地方政府性债务风险预警与处置系统建设,切实防控新增隐性债务风险。

(二)积极防范社保基金风险。及时关注市县特别是困难市县的基金运行状况,加快全面推进划转国有资本充实社保基金,督促市县切实落实社保风险准备金多渠道筹资责任。

(三)切实防范"三保"风险。加强市县财政困难程度和财政保障能力综合评价及其结果运用，对县级的转移支付规模总体上只增不减；健全“定期报告＋重点关注”的县级“三保”预算执行动态监控机制；建立激励约束机制，对县级“三保”保障工作视情况进行奖惩。

四、以过“紧日子”思想管好政府钱袋子

政府过“紧日子”，目的是让人民群众过好日子，这是长期的方针政策，不是短期的应对措施。特别是在当前应对疫情冲击和经贸摩擦的特殊时期，财政收支形势严峻程度前所未有，过紧日子更加迫切、更加重要。要牢固树立铁心过紧日子的思想，强化零基预算理念，坚持以收定支原则，着力打破基数概念和支出固化格局。要有突破常规的政策储备和先手，以应对形势的突发变化和最新的工作要求。

按照“应减尽减、应压必压、可延尽延、该禁必禁”的原则，大力压减非急需非刚性支出。坚持尽力而为、量力而行，除落实党中央、国务院和省委、省政府决策部署外，原则上不再研究出台新的增支政策，必须出台的要充分考虑基层财政可承受能力，合理把握节奏和力度，确保地方财政可持续。

积极传导过“紧日子”的思想，把困难和风险讲够，把财政管理理念和原则讲透，争取理解和支持，凝聚全省上下、社会各界过紧日子的共识。

（一）以“全省一盘棋”思想凝聚系统合力

全省财政是一个整体，要加强协调配合、上下联动，在应对疫情冲击、落实财税改革部署、强化财政收支管理、加强系统建设、增强财政可持续性和经济社会发展后劲等方面形成强大合力。省财政要牢固树立“省财政是全省的财政”理念，既管好省本级，更要从全省层面抓统筹抓协调，做好制度、规划、改革、政策等的顶层设计，并加强对市县的指导和系统建设。市县财政要树立全局意识，局部服从全局、市县服从全省，做到与省财政步调一致、同频共振。

（二）以整体智治强效能。深化政采云平台，加快推广政采贷、履约保函等政府采购金融服务；完善统一公共支付平台，深入推进交通违法罚缴一体化改革；推进电子票据改革，纳入统一公共支付平台缴款的项目全部实现电子票据改革；加强“互联网+监管”，加快应用“互联网+监管”平台和“浙政钉·掌上执法系统”。

（三）以提升服务强效能。主动服务部门，深入了解部门在干什么、将要干什么、最需要什么，将其作为制定政策、安排预算的重要依据；精准服务项目，全面梳理项目预算，加大项目资金统筹力度，集中财力保障重点民生、重大项目和重大改革；高效服务基层，及时全面掌握基层单位动态，坚持以问题为导向，为基层提供高效管用的服务。

（四）以队伍建设强效能。将党的政治建设摆在首位，按照打造“五强”领导班子和“忠诚、清廉、为民、担当、清醒、忧患”的要求，把财政工作的政治标准牢固树立起来；通过人才库、培训研讨、联合攻关等形式，打造高素质专业化干部队伍；发挥系统联动机制作用，以“活动联抓”“实事联办”“难题联解”“队伍联建”为切入点，切实加强作风建设。压紧压实管党治党责任，完善“四责协同”机制，建立“责任共同体”；坚持上下联动，进一步完善廉政风险防控的长效机制。

（刊于《今日浙江》2020年第17期）

胸怀“两个大局” 在构建新发展格局中交出浙江财政高分报表

浙江省财政厅党组书记、厅长 尹学群

“十四五”时期是开启全面建设社会主义现代化国家新征程的第一个五年，也是浙江省打造“新时代全面展示中国特色社会主义制度优越性的重要窗口”的关键期。浙江省财政部门要深入学习贯彻习近平新时代中国特色社会主义思想和党的十九届五中全会精神，胸怀“两个大局”，立足新发展阶段，践行新发展理念，构建新发展格局，以创造性张力努力交出浙江财政“十四五”高分报表。

一、在战略目标上做到“四个坚持”

（一）坚持争先创优、示范引领。要聚焦聚力党中央、国务院和省委、省政府重大决策部署，以当家的思维担当管家的职责，主动把财政工作融入到全省经济社会发展大棋局中谋划推进，确保各项工作走在省级部门前列，走在全国财政系统前列，形成更多有分量高质量的重大标志性成果，在“重要窗口”建设中体现财政担当、彰显财政作为。要主动适应新发展格局，加强财税经济形势分析和收入研判，及时发现苗头性、倾向性问题，为持续优质增长创造条件，努力为全国大局多作贡献。要牢固树立过紧日子思想，强化“以收定支”和零基预算理念，合理安排各项支出，全面实施预算绩效管理，打造可持续发展的财政保障体系。

（二）坚持创新发展、整体智治。认真贯彻浙江省委十四届七次全会精神，把人才强省、创新强省作为首位战略抓实抓细。不断研究完善财政支持政策，抢抓人才机遇，深入实施“鲲鹏行动”计划等战略举措，着力构建引才、育才、用才的全方位支持机制，厚植全省人才优势，为高质量发展蓄能。按照浙江省建设“互联网+”、生命健康、新材料三大创新高地的部署，综合运用专项资金、税收政策、政府产业基金等政策工具，支持“卡脖子”技术、关键核心技术研发，引领带动全省创新发展。同时，更好运用云计算、大数据、物联网、人工智能等数字技术，推进财政数字化转型和预算管理一体化建设，着力打造整体智治财政，实现数据共享、流程再造和业务协同，推动决策更加科学、治理更加精准、服务更加高效。

（三）坚持利民为本、久久为功。深入贯彻以人民为中心的发展思想，将保障和改善民生作为做好财政工作的立足点和出发点，确保财政支出增量的三分之二以上用于民生，不断提升人民群众的幸福感、获得感、安全感。一方面，要尽力而为，聚焦难

点堵点痛点，紧扣短板弱项，统筹安排财力支持教育、医疗、社保、养老等民生事业发展，扎实办好垃圾分类、厕所革命、城市治堵和解决停车难等关键小事和民生实事。另一方面，要量力而行，统筹算好当前账和长远账、局部账和全局账、收益账和风险账，在经济发展可持续、财力可支撑的基础上，持续保障和改善民生，坚决不搞超越发展阶段的承诺，严格控制擅自出台提标、扩围政策，实现民生保障可持续。

（四）坚持筑牢防线、守住底线。要增强底线思维和忧患意识，做好较长时期应对困难局面的思想准备和工作准备，把困难风险挑战估计得更充分些，把应对措施制定得更周全些，凡事从最坏处打算，往最好处努力，牢牢把握财政工作主动权，坚决守住不发生财政风险的底线，为经济社会发展创造良好的财政环境。要防范债务风险，尤其是在疫情防控、促进经济发展的形势下，绝不可不重视债务风险，绝不能因为财政困难就违规举债制造新的风险，绝不能为了解决短期问题而留下后遗症。要防范社保基金风险，织密基金风险防控安全网，持续做大社保风险准备金“蓄水池”，全力守护好老百姓的养命钱。要防范“三保”风险，压实主体责任，强化财政困难地区“三保”保障能力。要防范乡镇财政风险，建立健全长效机制，强化和规范乡镇财政管理。

二、在战略举措上谋划“四个重大”

（一）谋划重大改革。一是深化预算管理改革。以贯彻预算法实施条例为契机，建立全面规范、公开透明的预算制度；深化部门整体绩效预算改革，完善支出标准体系建设；推进财政事权与支出责任划分改革，研究完善省对市县财政体制，打造“省管县”财政体制升级版；推动绩效与预算编制、执行、监督全过程深度融合，构建事前、事中、事后较为完善的预算绩效指标体系、评价体系、激励体系和工作体系。二是推进财政数字化转型。推进预算管理一体化系统建设，深化政采云平台，完善统一公共支付平台，推进电子票据改革，推进“乡镇公共财政服务平台+一卡通”建设，提升政府债务“鹰眼护航”监测系统功能等。三是推进乡镇财政管理改革。系统重构基层财政管理体系，深化农村综合改革政策集成，建成一批重点改革创新项目，推广一批先进典型经验模式。四是全面深化政府采购制度改革。加快建立采购主体职责清晰、交易规则科学高效、监管机制健全、政策功能完备、法律制度完善、技术支撑先进的现代政府采购制度。五是推进国有资产管理改革。加快形成以管资本为主的国有资产监管体制，推动省级党政机关和事业单位经营性国有资产集中统一监管改革，谋划推进重点领域省属国有资本重组整合实施。六是推进政府购买服务改革，推动政府购买服务更加侧重基本公共服务领域。

（二）谋划重大项目。一是服务保障长三角一体化发展的重大项目。通过推进长三角一体化示范区财税体制机制创新、推动跨区域基金组建、实施长三角一体化发展激励政策等途径，聚焦示范区建设、科技引领、公共服务一体化，支持实施一批重大项目，当好排头兵。二是服务保障绿色均衡发展的重大项目。完善绿色发展财政奖补机制，落实绿色转化财政专项激励政策，谋划第四轮新安江流域横向生态保护补偿试点，探索构建太湖流域生态补偿机制。聚焦巩固脱贫成效，保持财政扶贫政策总体稳定，落实新一轮区域协调财政专项激励政策，建立完善巩固脱贫成效的长效机制。高质量做好对口支援和东西部扶贫，建立健全浙江省援助资金筹措和使用机制。持续推进基本公共服务均等化。三是服务保障“四大”建设的重大项目。围绕浙江大湾区、大花园、大通道、大都市区建设，安排省海洋（湾区）经济发展资金，落实未来社区建设财政资金政策，创新铁路投融资体制机制，安排诗路文化带建设资金和省级山海协作产业园建设资金，支持建设一批打基础、利长远、牵一发动全身、乘数效应明显的项目。四是服务保障乡村振兴重大项目。坚持农业农村优先发展总方针，以实施乡村振兴战略为总抓手，深入推进财政支农改革，完善投入保障机制，着力构建和完善财政支持乡村振兴的体制机制和政策体系，推动各项强农惠农富农政策落实，实现农业产业、农村生态、农民素质全面提升，保障高水平推进农业农村现代化。

（三）谋划重大平台。一是支持建设重大产业平台。深入实施“数字经济五年倍增计划”，推动制造业高质量发展，建设全球先进制造业基地，加快培育“八大万亿产业”和“万亩千亿”新产业平台；完善推进制造业高质量发展政策体系，实施制造业高质量发展专项激励，实施产业链协同创新项目计划，完善首台套产品支持政策，推动重大短板装备等国产设备工程化应用；调整政府产业基金运作管理方式，加大对新发展格局、“三大科创高地”以及强链补链等重大战略类、技术类项目的投资力度。二是支持建设重大创新平台。推进杭州城西科创大走廊建设，集聚资源支持之江实验室、西湖大学等重大科创平台建设，打通基础研究、应用基础研究和产业应用全链，充分发挥平台的辐射带动作用和创新策源地的牵引作用。三是支持建设重大开放平台。瞄准打造“一带一路”重要枢纽，拓展开放广度。抓住国家自贸区扩权的契机，抢抓全球投资定向的新机，深入支持推进浙江自贸区建设和发展，加强跨境电商试验区、义乌国际贸易综合改革试验区等联动。支持“义新欧”班列常态化、市场化运行，开展省级现代供应链创新发展试点，新建一批省级公共海外仓，促进完善跨境电商物流体系，支持境外经贸合作园区尤其是“一带一路”沿线、新兴市场的合作园区建设。四是支持建设重大人才平台。完善引才、育才、用才的财政支持政策，优化人才投入结构，持续推进“新时代工匠培育工程”“千人计划”“万人计划”“高层次人才绩效奖励计划”“领军型创新创业团队”“鲲鹏行动”计划等重大人才工程的实施。发挥重大产业平台、创新平台、开放平台对优秀人才的集聚效应。

（四）谋划重大政策。一是动态调整完善集中财力办大事财政政策体系，根据新形势新任务，迭代优化，分清轻重缓急，集中财力保障好大事中的大事、要事中的要事。二是相机调整优化财政逆周期调节政策体系，优化减税降费、专项资金、政府产业基金、政府债券、政策性金融、政府采购等政策工具的组合搭配，强化财税政策与金融政策、产业政策、投资政策、区域政策等的协同配合，对冲经济下行压力，激发市场主体活力。三是健全民生保障制度体系，聚焦就业、教育、医疗、社保、住房等领域的短板，聚焦人民群众的需求，聚焦百姓的操心事、烦心事、揪心事，不断完善民生实事财政保障制度体系和财政投入机制，确保民生事业可持续健康发展，各项民生指标继续走在全国前列。

（刊于《中国财政》2020年第22期）

以系统观念系统方法为新时代财政事业发展赋能助力

浙江省财政厅党组书记、厅长　尹学群

系统观念是具有基础性的思想和工作方法，是辩证唯物主义和历史唯物主义的重要内容，是人类认识世界、改造世界的"金钥匙"。党的十八大以来，习近平总书记就坚持系统观念、系统方法作出一系列重要论述，深刻阐述当下与未来、全局与局部、战略与战术、重点论与两点论等重大关系，提供了坚持系统观念、系统方法的完整路径。省委深入贯彻习近平总书记关于系统观念的重要论述，提出一系列先进的省域治理新理念新观点新方法。全省各级财政部门要认真学习领会、深刻理解把握系统观念系统方法的丰富内涵和实践要求，将其贯穿财政工作全过程，为新时代财政事业发展赋能助力。

一、切实增强以系统观念系统方法谋划推进财政工作的思想自觉和行动自觉

财政是国家治理的基础和重要支柱，涉及"五位一体"总体布局和"四个全面"战略布局的方方面面，为经济社会发展提供支撑和保障，在工作中必须始终坚持系统观念、牢牢掌握系统方法。

（一）坚持系统观念系统方法是着眼"两个大局"、切实肩负财政历史使命的现实需要。党的十九届五中全会着眼"两个大局"，科学谋划了未来五年及今后一个时期我国经济社会发展的宏伟蓝图。省委十四届八次全会聚焦忠实践行"八八战略"、奋力打造"重要窗口"的主题主线，提出了争创社会主义现代化先行省的目标以及"五大历史使命"和"十三项战略抓手"。这些新目标新任务新使命新抓手需要财政政策和资金全方位、高水平地支撑和保障。财政部门要增强系统观念、运用系统方法，提升全局性谋划、前瞻性思考、战略性布局、协同性推进的能力，在经济社会发展大局中统筹好收入与支出、政策与资金、发展与安全等重大关系，使资金流与决策流、业务流、信息流更好地融合，努力筑牢高质量之基、激活竞争力之源、走好现代化之路。

（二）坚持系统观念系统方法是立足财政特点、更好发挥财政职能作用的迫切要求。财政是党委政府履职的物质基础、体制保障、政策工具和监管手段，承担着资源配置、收入分配、调控经济、监督管理等职能，具有整体性、结构性、开放性、运动性四大系统特征。从大系统的层面看，财政是社会系统的一个十分重要的子系统，与经济、政治、社会、文化、生态文明建设有着千丝万缕的联系；从小系统的层面看，财政自身就是一个系统，相当于一个综合的平衡体，是由若干个分系统构成的，比如收入与支出、促进经济发展与保障改善民生等等，每个分系统之间看似独立，实则有着密切的联系，一个系统发生变化或者失衡了，将对其他系统带来影响。因此，财政领域的问题更具综合性和复杂性，牵一发而动全身，必须全面提升财政工作的战略性、前瞻性、科学性、协同性、能动性，以全面、客观、辩证、发展的眼光看待并解决财政改革发展过程中的问题。

（三）坚持系统观念系统方法是应对机遇挑战、育先机开新局的重要保障。当前，浙江省财政发展进入重要战略机遇期和克难攻坚期，面临着收入增速放缓与支出刚性增长、政策空间收窄与政策需求增长、全面预算绩效管理高要求与绩效工作不够到位、防风险与促发展等矛盾，危中有机，危可转机，挑战前所未有，应对好了机遇也就前所未有。同时，财政处于各方利益的交汇点，各种矛盾、冲突都会集中反映到财政身上，"两难""多难"问题明显增多，政策、资金平衡的难度明显加大。应对复杂局面，破解多难问题，必须坚持系统观念和系统方法，既"埋头拉车"，又"抬头看路"，找准坐标系、明确新方位、开辟新局面，妥善处理好当前和长远、全局和局部、宏观和微观、省与市县等关系，在危机中育先机，于变局中开新局。

二、将系统观念系统方法贯彻到财政工作各领域各环节

财政工作是一个有机的整体，也是一项复杂的系统工程，环环相扣、互为因果，必须将系统观念系统方法融入财政管理全过程，体现到财政工作的各领域各环节。

（一）谋划财政工作要有系统观念。"谋先事则昌，事先谋则亡"。事前谋划至关重要。财政的系统性决定了谋划财政工作要坚持系统观念。要提高站位，从更宽视野、更长周期、更广领域谋划推动财政工作，以当家的思维担当好管家的责任。要跳出财政看财政，增强战略思维和宏观思维，提前介入、深度参与省委、省政府重大决策部署以及相关部门政策举措的研究和制定，从财力可持续、收支可平衡、风险可控制等方面当好参谋助手。要克服部门本位主义，不仅要算部分领域、个别环节、短周期的小账，做到局部平衡、静态平衡、短周期平衡，更要算全局、全流程、全周期的大账，做到全局平衡、动态平衡、全周期平衡。

（二）推进财政改革要有系统思维。财政改革在全局改革中具有基础性、支撑性作用。当前财政改革已进入深水区和攻坚期，中央和省委就财政改革作出具体部署，包括加强预算管理、完善财政体制、深化税制改革、强化债务管理等，不少改革要破除利益固化格局，难度很大。要加强顶层设计和整体谋划，加强各项改革关联性、系统性、可行性研究，综合集成、迭代优化、系统推进。同时，要强化与其他改革的协同，发挥好财政改革的牵动作用，通过财政改革的利益破冰，引领推动其他领域的改革。

（三）打造整体财政要用系统工具。要牢固树立整体财政理念，坚持"全省一盘棋"，强化数字赋能，从业务、资金、系统、技术等层面推进省市县一体化，全面提升整体智治水平。要推动预算管理一体化，以业务为龙头，覆盖预算、执行、监督各环节，打

造业务规范、技术一流、准金融级别的财政预算管理一体化系统,实现跨层级、跨地域、跨业务的协同管理和服务。要推动资金资产资源管理一体化,借鉴财政资金数字化监管的好经验好做法,将其扩展到资产和资源领域,提高财政统筹和服务保障重大战略部署的能力,集中财力办大事。要推动省市县一体化,省财政既要管好省本级,更要从全省层面抓统筹抓协调,做好制度、规划、改革、政策等方面的顶层设计,构建纵向联动、横向贯通的长效机制,加强对市县的业务指导,形成齐抓共管的系统合力。

(四)防范财政风险要用系统方法。财政风险既有输入性也有外溢性,经济社会风险会演变为财政风险,财政风险也会外溢导致其他领域的风险。公共财政的一个重要职能就是通过分配和平衡风险,避免风险集聚放大,从而化解公共风险。要统筹好发展和安全,跑在风险出现之前,出台政策、上马项目,不仅要算眼前账,看当前能否承受,更要算长远账,看未来支出、隐性支出,看长远财力能否承受。要在开放、动态的系统中防范化解风险,既要筑牢"防火墙",防范各类风险连锁联动,避免经济社会风险向财政蔓延传递,又要当好安全阀,建立健全"监测—预警—处置—反馈"财政风险闭环防控体系,下好先手棋、打好主动仗,稳妥有序地防范化解财政风险,为经济社会发展营造安全、稳定的财政环境。

三、以系统观念系统方法推动财政改革发展各项任务落地见效

当前,财政改革发展任务艰巨而繁重,每项改革创新、每项任务落实都不是等得来、喊得来的,而是要拼出来、干出来的。要强化实干导向,以系统观念系统方法狠抓工作落实,坚决做到省委、省政府重大决策部署推进到哪里,财政服务保障就跟进到哪里。

(一)协同联动抓落实。建立完善跨部门、跨层级的工作专班机制,横向强化与部门的联动,纵向强化与市县的联动,政策上强化与金融、产业、区域、投资等政策的协同,财力上强化与资金资产资源的协同,在平衡方方面面关系中推动破解"两难""多难"问题,实现多维目标的统一。

(二)综合集成抓落实。深入研究谋划具有牵动性、创新性、突破性的财政战略抓手,将其深化细化具体化到实际工作中。及时总结反馈,把每一次迭代的结果作为下一次迭代的初始值,由旧值递推出新值,不断逼近所需实现的目标和结果,形成层层放大的"滚雪球"效应。

(三)闭环管理抓落实。每一项工作都要清单化、表格化,突出闭环管理,完善全过程、高效率、可核实的工作落实机制,把工作各环节做实做精,形成并完善分析综合、放大细节、迭代深化、解决问题、整体优化、实现目标的完整闭环,确保说一件、干一件、成一件,绝不能"把说了当做了,把做了当做成了"。

(四)争先创优抓落实。牢固树立"没有走在前列也是一种风险"的忧患意识,始终保持奋进者姿态、激发创造性张力,对标建设"重要窗口"的新目标新定位,对照最高标准最严要求,建立健全争先创优的指标体系、工作体系、政策体系、评价体系,确保财政工作继续走在省直部门前列、走在全国财政系统前列。

(刊于《浙江日报》2020年12月28日)

唯实惟先、善作善成 奋力夺取财会监督和预算绩效管理高分报表

——在全省财政监督工作会议上的讲话(摘要)

浙江省财政厅副厅长、一级巡视员　陈焕昌

一、立足新目标新定位,深刻领会新阶段财会监督和绩效管理的新使命新担当

这是解决"为什么"的问题。当前,我国正面临中华民族伟大复兴战略全局和百年未有之大变局,全省正在奋力打造"重要窗口"建设,充分认识、深刻领会、积极应对当前财会监督和绩效管理工作面临的新形势,对于深入贯彻落实党中央、国务院和省委、省政府的决策部署以及厅党组工作要求,具有十分重要的意义。主要五个方面:

(一)进一步加强财会监督和全面推进绩效管理改革是推动党中央重大决策部署落实的重要抓手。

财会监督和绩效管理是财政重要职能,综合性强,监督内容和绩效管理广度涉及财政收支方方面面,一定要有宏观的思维、务虚的能力,既要"跳出监督看监督",也要"站在今天看明天",主动将工作放到党和国家事业发展大局中去思考。当前,全省各级财政部门首要的政治任务就是深刻领会党的十九届五中全会精神、学深悟透其精神实质和任务要求。五中全会重点研究关于制定"十四五"规划和2035年远景目标建议。浙江是习近平总书记工作过的地方,财会监督和绩效管理系统的财政干部们要更加自觉深入学习贯彻全会精神,更加增强"四个意识"、更加坚定"四个自信"、更加自觉做到"两个维护",更加主动把思想和行动统一到党中央决策部署上来。要准确把握进入新发展阶段、贯彻新发展理念、构建新发展格局对财会监督、预算绩效管理工作的新要求,站在政治的高度和全局的高度,把党中央决策部署与财会监督和绩效管理职能结合起来,将党的十九届五中全会精神深化细化具体化为财会监督和绩效管理的目标任务,充分发挥监督保障执行、促进完善发展作用。要适应现代化建设要求,更加发挥预算绩效管理效能,为落实财政"十四五"规划营造良好政治生态和发展环境。

(二)进一步加强财会监督和全面推进绩效管理改革是贯彻落实习近平总书记重要论述的政治担当。

贯彻落实习近平总书记的重要指示是财政部门的政治任务和政治责任。党的十九届四中全会,提出推进国家治理体系和治理能力现代化的总目标和总要求,提出要坚持和完善党和国家监督体系。习近平总书记在十九届中央纪委四次全会上提出

将财会监督纳入党和国家监督体系，从国家治理的高度对财会监督赋予新定位，赋予了财政部门财会监督新使命。在预算绩效管理方面，总书记在浙江期间就对绩效管理作出许多重要论述，如“绩效评价是非常必要的；”“财政资金、制度作出安排后要动态地监控”“重大资金投入要实行评估”“钱要花出声音来，花得漂亮”等等。党的十八大以来，从党和国家发展大局高度要求构建“全方位、全过程、全覆盖”预算绩效管理体系，强调全面实施预算绩效管理是政府治理方式的深刻变革。全省财政部门要带着使命抓财会监督和绩效管理，重点聚焦党的十八大以来，习近平总书记对财政重要论述和主政浙江期间系列指示要求一体化推进财会监督和预算绩效管理，为全面深化财税体制改革、加快建立现代财政制度保驾护航，推动党中央关于财政决策部署在浙江大地一贯到底、持续深化，结出累累硕果。

（三）进一步加强财会监督和全面推进绩效管理改革是奋力打造“重要窗口”建设的重要举措。

2020年习近平总书记赋予浙江省“努力成为新时代全面展示中国特色社会主义制度优越性的重要窗口”的新目标新定位。省委十四届七次全会明确提出重要窗口10个方面和13项重大标志性成果。财会监督和预算绩效管理是发挥积极财政政策、发挥财政在国家治理中基础和支柱作用的重要保障，一定要切实找准建设“重要窗口”中财政监督和绩效管理的定位，把监督和绩效的“微窗口”放到财政“小窗口”中去建设，把财政“小窗口”放到全省“大窗口”中去谋划，对标对表展现“窗口作风”，努力交出高质量的高分报表。特别是预算绩效管理工作，要严格对标《三年行动计划》。各项工作任务进度慢的市县要加快工作节奏，确保完成3年既定工作目标任务，要尽快形成有效的预算绩效管理财政标志性成果，从实践、制度、理论3个层面总结提炼，并研究谋划下一步要重点打造的标志性成果，将制度优势转化为治理效能，为“重要窗口”建设提供坚强的物质保障和制度供给，将践行“八八战略”的成效通过“重要窗口”建设全面立体地展示出来。

（四）进一步加强财会监督和全面推进绩效管理改革是应对财政收支前所未有困难的关键之举。

积极的财政政策更加积极有为是2020年财政政策的主旋律。2020年以来，财政工作面临疫情性减收、经济性减收、政策性减收“三叠加”，防控性增支、逆周期调节性增支、基础保障性增支“三碰头”，压力前所未有；中央出台了提高赤字率、扩大赤字规模、发行抗疫特别国债、增加专项债券等一揽子政策，力度前所未有。这种收支形势的“前所未有”在2020—2021年预计将在较长时间内延续。面对3个“前所未有”，各级财会监督和绩效管理系统的同志们要按照厅党组的要求，以更加积极有为的责任担当，把常态化疫情防控下服务助力“六稳”“六保”工作大局作为财会监督和预算绩效管理的重要内容，持续围绕“减税降费”、保障基本民生等重大决策部署，通过系统构建财会监督体系和预算绩效管理新机制来保障和落实更加积极有为的财政政策，为决胜全面建成小康社会、决战脱贫攻坚贡献财政监督力量。

（五）进一步加强财会监督和全面推进绩效管理改革是财政管理改革攻坚的内在要求。

一是中央有坚强部署。18年中央、省委先后出台全面实施预算绩效管理的意见，把全面实施预算绩效管理定位为“推进国家治理体系和治理能力现代化的内在要求，是深化财税体制改革、建立现代财政制度的重要内容，是优化财政资源配置、提升公共服务质量的关键举措”。希望以全面实施绩效管理为关键点和突破口，解决好绩效管理中存在的突出问题，推动财政资金聚力增效，提高政府公信力和执行力。二是法律法规有明文规定。预算法及其实施条例将预算绩效管理提高到前所未有的高度，预算法中涉及预算绩效要求的条款有5条，相应地预算法实施条例中对这5条要求进行细化，对绩效目标管理、绩效监控、绩效评价、评价结果应用等方面作出具体规定，将全过程预算绩效管理从法律层面进行了明确。三是现实有迫切需求。一些领域财政资金低效无效、闲置沉淀、损失浪费的问题较为突出，提升财政资金绩效有很大的潜力；在当前疫情防控常态化情况下，财政收入增长缓慢，刚性支出需求增大，通过预算绩效管理内挖潜力，外削低效无效支出，是有效缓解财政收支压力的重要手段。

二、以唯实惟先理念、争先创优之举奋力夺取财会监督和预算绩效管理高分报表。

争创高分报表，首先必须准确把握财会监督和预算绩效管理存在的问题，坚持问题导向，坚持目标导向（如预算绩效管理的目标就是“提高财政资源配置效率和财政资金使用效益，提高预算管理水平和政策实施效果”四大目标）和结果导向，切实解决“十三五”期间存在的短板和弱项，扬优势抻长板，要认真思考和回答新阶段对财政工作的新要求。

（一）着力解决七方面问题，构建更加适应现代财政制度的预算绩效管理新体系。

一是学习借鉴。联合专家研究借鉴西方国家好的预算安排和绩效管理制度，如美国的预算法案和项目审核要求。从预算管理的业务角度了解国外的预算安排，绩效管理等举措并加以借鉴；同时进一步梳理全国各地好的经验做法，结合浙江省实际在重构预算绩效管理改革上为财政所用，这是做预算绩效管理的同志们第一个要思考和研究的课题。

二是问题导向。改革肯定是从问题着手，要找准预算绩效管理在事前事中事后全过程管理中存在的问题，列出问题清单。如，事前存在哪些问题，是不是事前“钱”与“效”分离，或者预算安排时事前没有前置绩效条件，或者有些项目事前不适合做评估；事中评价指标有没有标准，部门是否随意填报绩效目标；事后评价结果是否得到应用等等……列出各个环节的问题，然后针对性提出具体举措。

三是智治赋能。省委书记袁家军提出整体智治，核心就是通过数字化手段为各方面工作赋能。厅党组书记、厅长尹学群强调，数字革命是当前和今后的社会、产业、政府的一场变革，财政要积极应用数字革命，在绩效管理上要探索用数字化赋能突破，重点要在标准化问题、模块问题、数字跟踪等方面下功夫，通过用数字化成果来评价资金绩效。

为实现智治赋能，首先要对预算项目进一步梳理，实施分类管理，并不是全部的项目都用绩效管理，不能“为绩效而绩效”，要紧紧围绕资源配置这个首要目标开展绩效。对于支出有标准的项目按标准化支出管理，重点要对基建、交通项目等专项支出探索用数字化方式实施绩效，从而提高资源配置效率和项目管理水平。

四是借助外力。统筹力量，可通过政府购买服务借助社会力量研究预算绩效管理问题。

重点要在资源配置环节上，研究传统预算模式与绩效预算模式下具体项目预算安排的依据、条件、标准、绩效目标等等，尽快重构形成用绩效标尺对项目“要不要上”“预算安排多少”予以衡量，全面、彻底实行以零为基点的预算编制方式，建立以绩效为核心的“零基预算”模式。

五是全面融合。对内，横向要注意与处室之间的全面融合，纵向要注重省、市、县上下的全面融合，对外，要加强财政与部门之间的融合。

各级财政部门内部要调配好预算绩效管理力量，对标对表全面实施预算绩效管理任务，统筹内部管理力量，要让绩效处(科)和业务处室都要动起来，跑起来，要全员用绩效理念、工具、方法来进行财政管理，提高资金配置效率和使用效益。同时要通过重构预算绩效管理体系，要用构建“硬约束”机制压实预算绩效管理主体责任，如加大绩效信息公开力度、建立项目绩效管理“负面清单”、用排名或绩效对比等方式，切实解决财政资金低效、无效和损失浪费情况，总之，要让部门“用钱的权利”和“管钱的责任”统一起来，权责对等。

六是试点先行。改革不一定要搞得非常全，但在顶层设计上要有整体部署，然后选择部分市县、一些部门、部分项目开展试点先行；在工作机制上，实施专人负责，通过试点先行进行有益探索，然后总结经验成果，形成示范，以点带面，全面打造形成预算绩效管理的标志性成果。

试点先行前提，要全面梳理项目预算，以省级预算为例，要对纳入集中财力办大事政策体系项目、专项公用类的项目、发展建设类项目、一般性项目以及财政专项转移支付资金进行梳理，要对部门的经常性项目和阶段性项目进行分析，不同类型的项目，绩效管理方式方法要有所区别。如发展类支出可采用案例法指导、业务类项目按基数法等等，最终目的是通过绩效管理实现财政资金的统筹力度，集中财力保障重点民生、重大项目和重大改革，保障落实“六稳”“六保”。

七是各具特色。目前，审计对预算执行和其他财政收支发挥审计监督作用，财政有预算、执行、监督，监督里面很大一块是绩效。审计属于事后的外部监督，绩效管理不仅仅是在事后绩效评价发挥监督作用，更为重要的是发挥在事前预算编制环节、事中预算执行环节的作用，用绩效的理念、工具、方法和机制对财政资源配置和资金使用进行管理，在实效上更加有利于推动财政资金聚力增效。

（二）加快建立健全多元共治的财会监督工作体系。

1.着力构建“不敢假、不能假、不想假”的财会监督新机制。作为党和国家监督体系中的其中一种监督方式，财会监督应当以党风廉政建设和反腐败斗争的重要目标要求“着力构建不敢腐、不能腐、不想腐的体制机制”为引领，着力构建“不敢假、不能假、不想假”的财会监督新机制，主要以构建各类会计主体“不做假账”的约束机制、“不出假报告”的行业约束机制、协同高效的政府监督机制为抓手，健全和完善财会监督体系作为一项基础性、综合性、系统性工程。具体思路或者设想：一是构建各类会计主体“不能作假报告”的约束机制。首先是建立健全行政事业单位、企业等各类主体内控制度规范，发挥内部监督基础性作用。其次，进一步强化明确行政事业单位“一把手”第一责任人职责，加强单位主要责任人和领导班子成员财务风险管理责任意识，避免基层财政资金小官大贪事件屡次发生。二是构建会计行业“不能出假报告”的行业约束机制。推进行业诚信平台建设。进一步加强行业监管，对违反行业诚信的行为予以严厉的行业惩戒。严格规范非审计业务，促进提高注册会计师的审计独立性。规范企业会计信息公开行为，加大对会计造假行为的处罚力度，加强对会计师事务所执业质量的监督，提高企业会计信息公开质量，将“不做假账”的要求落到实处。三是构建财会监督各部门协同高效的监督机制。财政内部，深化财政大监督工作格局。进一步完善业务机构和专业监督机构在财会监督方面的工作机制，将财会监督融入到财政日常管理之中，将日常监督和专项监督结合起来，实现财会监督的常态化和规范化；加强财政部门上下级之间工作协调，通过属地监督和联合监督等方式，统筹构建财政大监督格局，进一步加强对财政政策监督、纪律监督、预算监督、内部监督和会计监督。外部，加强财会监督工作共谋。按照“有机贯通、相互协调”的原则，与税务、审计、国资、纪检监察等部门密切协调，建立联席会议制度等机制，在监督、评价项目的选取上，听取审计、纪委监委相关意见，共同协商制定财会监督计划。探索完善联动监管、综合监管机制，增强监管实效，提升监管权威。深化财会监督成果共用。建立部门间监督结果通报机制。对日常监管、专项检查中发现的财政资金使用问题，按情节严重程度实施分类分级预警，并将相关线索移交纪委监委、审计等部门；同时对纪委监委、税务、审计等部门在日常监管中发现的问题及整改情况，作为财会监督的重点检查对象，同时将其他部门的监督检查结果纳入财政对部门的预算绩效管理工作考核内容，深化对财会监督的成果应用。四是构建财会监督主体的科学教育机制。主要解决“不想假”的思想认识问题。强化财会监督部门思想教育和执业水平培训，加强会计从业人员职业道德监督，完善政府招投标相关规则，避免低价竞争带来的审计独立性和服务质量下降的情况，提高注册会计师所的执业水平。

2.强化财会监督信息化建设，建立整体智治的财会信息共享平台。要按照省委书记袁家军关于"整体智治"和"数字赋能"的要求,着眼于"整体",力求"智治",加大财会监督方面的数字化转型。在完善现有财政监督管理的信息系统和监督检查工作软件基础上,探索组建财会监督数据库,搭建信息统一和共享的财会信息平台,增强监督联动效应,切实减少乃至杜绝财会信息的失真。一是牵头做好财会信息平台建设。财政部门作为财会监督主体,主动加强与税务、审计、证监等职能部门的协同。二是建立数据信息单一来源制度,整合现有税务、市场监管、统计等各类部门采集的相关财会业务数据,明确财会数据采集的对象和标准,构建统一的财会信息数据库。三是加强财会数据运用和分析。高效运用财会信息数据库中的数据信息,加强大数据分析、人工智能应用等,对平台数据进行智能化监控和预警,为分析财政收入趋势的判断提供参考,服务政府和各利益主体决策,推动决策更加科学、治理更加精准、服务更加高效。四是强化监管。各行政职能部门按照各自职责,对数据库信息根据各自监管情况录入补充信用及监管情况,进一步丰富和完善数据库信息,便于部门之间数据共享和管理协同。

三、着力推进系统建设,全面提升财会监督和绩效管理效能

(一)坚持以创新理念为监督和绩效赋能。坚持利民为本、法治为基、整体智治、高效协同。"利民为本",就是要自觉践行以人民为中心的发展思想,通过进一步加大对扶贫、污染防治等民生财政政策的监督,确保将更多可用财力向民生领域倾斜;"法治为基",严格贯彻落实《预算法》和《预算法实施条例》,强化预算刚性、严肃财经纪律,以法治思维和法治方式推进财政监督工作,实现监督检查的制度化、规范化、程序化。"整体智治",着眼于"财会监督信息平台"建设,通过打通财政内部预算编制、执行、监督信息孤岛,实现财政数据共享和业务协同,使财会监督方式从"手工查账"转变为"智慧监督";"高效协同",在财会监督方面,有效整合财政部门内部资源,建立财会监督各部门协同高效机制,实现工作共谋,成果共用,使省市县一体、部门间协作、从理念落地转为一套可运转的高效机制。

(二)坚持以数字财政建设为监督和绩效赋能。在预算绩效管理方面,首先建设完善3个平台。一是建设绩效管理信息化平台,通过财政核心业务一体化平台,解决绩效管理信息支撑瓶颈。二是建设绩效管理交流平台,进行绩效信息互动交流与学习指导,有效提升全省预算绩效管理业务水平。三是建设绩效评价在线监控平台,将绩效评价工作全过程从线下转为线上并对第三方评价过程进行在线管控,以规范评价工作和提高评价质量。同时,在此基础上大力推进预算绩效一体化信息建设,通过试点先行,全面推进模式,积极打通财政数据与部门业务数据的通道,通过标准化、数字化、程序化开展绩效跟踪、绩效评价,让数据多跑评绩效,缓解绩效管理事多人少的矛盾,全面提升财政管理的数字化、智能化、智慧化水平。

(三)坚持综合集成为监督和绩效赋能。重构预算绩效管理体系的"四梁八柱";坚持体系推进,进一步完善抓绩效管理改革任务落实的指标体系、工作体系、政策体系、考核体系,形成"有目标、有督查、有考核、有反馈、有整改"的全过程闭环管理。

1. 建立关键核心指标体系。指标体系主要解决预算绩效管理的自身绩效问题,要围绕绩效管理四大目标设置核心、关键的指标,指标要具有相关性、可比性、可衡量性,而且相关数据取得也相对容易,用这些指标来量化评价各地绩效管理工作的绩效。

2. 建设智治高效协同工作体系。

全面把握预算绩效管理四大原则。一是事前控制为主原则。事前的控制是最好的控制。抓好重大政策的出台或者重大政府投资项目的确定、设计方案审核、资金保障把关、项目库评价和滚动管理以及列入预算的项目绩效目标审核等5个环节的控制,源头提高财政资源配置效率。二是突出重点原则。重点关注重大政府投资项目、重大财政政策和专项转移支付,一般情况下对部门基本支出项目、绩效评价有争议的项目、评价成果很难利用的项目、不符合成本效益原则的项目可暂缓评价。三是合力推进原则。要厘清"政府、财政、部门、审计"四方职责,政府履行对本地区全面实施预算绩效管理的领导职责,财政履行组织协调进行顶层设计并组织协调推动落实的职责,部门履行预算绩效管理具体落实的职责,审计履行依法对绩效管理开展审计监督的职责。通过强化各方协同,共同推进绩效管理。四是公开原则。各级财政部门要推进绩效信息公开,搭建社会公众参与绩效管理的途径和平台,自觉接受人大和社会各界监督。

健全三大体系,即评价体系、指标体系和标准体系。完善评价体系,要健全项目、政策、部门整体和下级政府财政综合运行的多层次绩效评价体系;在实践中不断完善共性指标、专项转移支付绩效指标、部门整体绩效指标和下级政府财政综合运行绩效指标;针对各项指标逐步完善相应的绩效标准;绩效指标和标准体系要与基本公共服务标准、部门预算项目支出标准等衔接匹配。

完善五大机制。要完善事前绩效评估、目标管理、运行监控、绩效评价和结果应用五项机制。

全省体系化推进。以试点为基础,引导各地分工探索,条件成熟后,再推广到全省执行,力求每一项绩效管理、绩效评价的重要举措都能取得实实在在的成效,逐步在全省形成较为完善的预算绩效管理工作体系。

3. 建立健全绩效管理政策体系。落实中央和省委文件要求,将部门预算绩效管理结果纳入部门单位绩效考核的重要内容;将预算绩效管理结果纳入干部政绩考核体系,作为领导干部选拔任用、公务员考核的重要参考;建立绩效评价结果与预算安排和政策挂钩机制,将本级部门整体绩效与部门预算安排挂钩,将下级政府财政运行综合绩效与转移支付分配挂钩。

4. 健全和完善考核体系。主要四方面的考核机制:一是完善部门预算绩效管理考核机制。财政对部门预算管理考核中,应适当增强绩效管理的内容,并逐步提高绩效管理考核的权重比例。二是健全对市县财政部门预算绩效管理考核机制。对市县财政部门绩效管理的考核,应以绩效管理本身的绩效指标为导向,引导市县财政部门绩效管理做正确的事、做重要的事。三

是建立健全财政内部预算绩效管理考核机制。财政内控可增加对归口业务处科室的考核，树立"绩效管理不仅是绩效处的事、而是全体财政人的事"的理念，促使财政内部绩效管理责任落实。四是建立对第三方的考核机制。对参与绩效评价的第三方进行考核，以规范第三方行为，提升评价质量，增强财政绩效评价的公信力。

（四）要坚持以唯实惟先的文化为监督和绩效赋能。坚持唯实惟先、善作善成。浙江省的文化源头是习近平总书记提出的"干在实处、走在前列"，概括起来就是"唯实惟先、善作善成"。财政系统是大力弘扬"实、稳、优"财政核心价值理念和"严谨、坚守、创新、奉献"的财政职业精神，各级财政监督和预算绩效管理系统的同志们要发扬求真务实、实干苦干的精神，坚持问题导向、目标导向，善于结合实际创造性推动工作，要结合本地的实际情况，主动看一看与先进一流市县的差距在哪里，想一想创新突破的切口在哪里，变跟跑并跑为领跑，确保全省财政监督工作和预算绩效管理工作走在全国财政系统前列。

（五）要坚持以队伍建设为监督和绩效赋能。各级财政部门要加强对财会监督和绩效管理的组织领导，以加强财会监督和绩效管理队伍建设来强效能。将党的政治建设摆在首位，按照"忠诚、清廉、为民、担当、清醒、忧患"的要求，把财政工作的政治标准牢固树立起来；要增强绩效管理和财会监督力量，优化年龄结构，为监督和绩效工作顺利开展提供坚实的基础保障。财会监督是财政领域的监督铁军，"打铁必须自身硬"。各级财政干部更应该以扎实的工作作风、过硬的业务能力，展示财政干部清正、廉洁、务实的良好形象。

（2020年11月16日）

夯实基层财政管理工作 助力高质量乡村振兴

浙江省财政厅党组成员、副厅长　沈　磊

一、全省基层财政管理工作取得的重要成就

近年来，全省基层财政管理工作紧紧围绕省委、省政府工作重点和财政部、省财政厅工作部署，立足乡镇财政管理和农村综合改革两大核心业务，认真履职，积极作为，不断创新，在许多方面取得重大突破，为全省乡村经济社会发展、基层政权巩固和"三农"领域改革创新作出重要贡献，成绩值得充分肯定。

（一）乡镇财政工作取得突破性进展。经过短短几年的共同努力，全省乡镇财政管理工作实现了从无到有、从有到优的历史性转变。乡镇财政机构队伍基本健全，乡镇财政所规范化创建、乡镇公共财政服务平台建设、乡镇财政就地就近资金监管重点核查实现了三个全覆盖。县乡财政管理体制不断完善，目前，全省纳入乡镇财政管理的1008个乡镇（街道）中，实行"乡财乡管"的484个，基本支出县级保障、其他支出乡镇自主解决的381个，实行"乡财县管"的143个。1008个乡镇2018年度一般公共财政预算收入总计1247.08亿元，占全省一般公共财政预算收入的23.89%。乡镇一般公共财政预算支出635.97亿元，占全省公共财政预算支出的9.03%。乡均一般公共财政预算收入继续保持在亿元以上。其中，超过10亿元有17个。乡镇综合财力的稳步提升，为乡镇在推进乡村振兴、促进乡村各项事业发展发挥着重要作用。

（二）乡镇财政职能作用得到较好发挥。按照建设综合型、服务型、数字型和阳光型"四型乡财"建设目标，用4年时间，全省99.7%的乡镇财政机构达到省级规范化财政所建设标准。通过加强数字财政建设，推进乡镇公共财政服务平台全覆盖，基本实现了乡镇公共财政基础数据库、国库集中支付、涉农和民生补助资金"一卡通"发放、公开公示等功能要求。2019年全省乡镇公共财政服务平台共发放惠民惠农补助2695万人次，涉及受益对象718万人，发放金额165.2亿元。乡镇财政就地就近资金监管职能得到较好发挥，73个县（市、区）的就地就近资金监管工作重点核查实现全覆盖，通过建立监管制度框架，多形式地深入推进就地就近资金监管，有效提升财政资金使用安全和绩效，乡镇财政管理机构参与资金监管的工作机制已全面形成。

（三）农村基层政权运转保障机制全面确立。根据省委、省政府加强基层组织建设，大力推动人财物向基层倾斜的要求，近年来，省级财政先后出台村主职干部基本报酬、村级组织运转经费、社区工作经费、村级组织活动场所补助、扶持薄弱村发展等一系列财政支持保障政策。2019年，安排村干部基本报酬补助12.97亿元，村级组织运转2.59亿元、社区工作经费1.38亿元。积极助推"消薄"专项行动，2017-2019年每年安排省级扶持薄弱村发展专项资金1.29亿元，重点用于"26+3"加快发展县扶持集体经济薄弱村的发展。截至2019年年底，按照"年收入达到10万元且经营性收入达到5万元以上"标准，省定集体经济薄弱村已全部完成"消薄"任务。

（四）一事一议财政奖补工作持续推进。村级公益事业一事一议财政奖补机制建立以来，已连续9年在全省持续推进，省以上财政每年安排奖补资金逾10亿元，带动各级财政奖补支出总额在30亿元以上，引导社会力量及村级自筹投入达20亿元，每年实施村内公益事业项目5000余个，建成一大批村内小型水利设施、村内道路桥涵、村庄环卫设施、村容美化亮化绿化、村级公共活动场所以及便民服务设施等村级公益事业建设项目，基本覆盖全省所有村落，有效改善农村生产生活条件，健全农村议事办事新机制，紧密农村党群干群关系，千万农民从中受益。一事一议财政奖补已成为农村基层组织为民办实事和推动村内公益事业发展的重要平台，受到基层干部群众的广泛认可和欢迎。

（五）农村综合改革工作继续走在前列。近年来，全省认真贯彻习近平新时代中国特色社会主义思想，按照高质量实施乡村振兴战略总要求，聚焦涉农体制机制创新、推进城乡融合发展，巩固加强农村基层组织经济基础，建设美丽浙江等省委、省政府重点工作扎实开展，注重发挥好农村综改在政策协调、资源

配置和财力支持等方面的优势。在各级党委政府重视和支持下，财政部门认真组织实施，2016年以来，浙江省先后承担了财政部组织的一事一议财政奖补助推美丽乡村建设试点、扶持村级集体经济试点、田园综合体试点和农村综合性改革试点试验。累计有56个县（市、区）开展升级版美丽乡村试点、51个县（市、区）开展扶持村级集体经济发展试点，2017年“田园鲁家”“花香漓渚”2个田园综合体列入首批国家试点；2018年嘉善县大云镇、德清县下渚湖街道列入财政部第二批农村综合性改革试点试验。同时，省级同步开展省级田园综合体创建和农村综合改革集成区试点工作，省级财政（含中央财政补助）3年累计投入试点资金43.76亿元。

（六）各级财政对综改工作投入力度不断加大。中央财政逐年加大对综改工作投入力度，省级财政按中央财政对全省补助资金额1∶1安排综改资金，加上省级财政安排用于村干部报酬和村级组织运转的补助资金，每年省以上安排用于综改试点项目和一事一议财政奖补资金在30亿元以上。县级财政身体力行，大多数试点县在争取综改试点项目同时，积极安排县级试点资金，确保试点项目能够得到完整实施。

（七）取得了良好的综改工作绩效。一是财政资金使用效益显著。综改财政补助政策有力带动了社会资金和民间资本投入，充分发挥了财政资金四两拨千斤作用，构建“省级财政奖补、区县配套整合、集体经济补充、村民筹资筹劳、社会捐资赞助”的多元化投入格局。二是经济效益显现。建成一大批综改试点项目，探索城乡发展一体化体制机制创新举措，有效改善农村人居环境，解决部分农村群众生产生活需求，促进农民增收致富、村级集体经济壮大、农业农村快速发展。三是社会效益突出。试点项目的建设，有效提高农村综合改革工作的社会影响力，促进乡村治理新机制的形成和治理水平的提高，得到县乡村管理人员普遍欢迎和广大村民群众的一致好评。

（八）涌现了一批综改工作典型经验成果。探索宜居宜业宜游升级版美丽乡村建设规律，总结推广遂昌县发展农村电商助推美丽乡村的“遂昌模式”；农村生活垃圾“源头分类、减量处理、资源化利用”的龙游县“贺田经验”；出台全国第一个美丽乡村建设地方标准“安吉标准”。总结嘉善大云镇“飞地抱团”、桐乡服务创收、长兴民宿经济等十大村级集体经济发展模式；推广复制玉环市一事一议财政奖补机制创新、海盐县农村产权制度改革、新昌县联建物业发展村集体经济、常山县发展农村新业态助推美丽乡村建设、庆元县创新村级公共设施运行管护机制、临安区“政银村”合作推进农村综合改革项目实施办法等6大综改创新成果经验样本。国家级田园综合体“田园鲁家”的经营模式和经验成果得到上级领导的肯定和社会各界的广泛关注，许多经验成果在全国推广复制。

二、当前基层财政管理面临的新形势

当前国际国内形势正发生着深刻变化，基层财政管理工作面临新机遇，也经受新的考验，对基层财政管理工作提出更高要求。

（一）新一轮机构改革的考验。新一轮机构改革是针对新形势新任务党中央作出的重大战略决策，必须得到全面贯彻执行。但一些地方片面理解机构职能归并，加上对乡镇财政重视不够，撤销、归并相当一批乡镇财政管理机构，对全省乡镇财政机构队伍的稳定造成一定冲击。

（二）全面实施乡村振兴战略的考验。党的十九大提出全面实施乡村振兴战略，将乡村振兴提到前所未有的高度，基层财政作为直接面对乡村最前沿的财政管理机构，承担的职责、任务前所未有，基层财政干部面临着更大的工作压力。

（三）财政支农资金改革的考验。财政支农资金“大专项+任务清单”改革意味着财政支农资金分配管理权限下移，相应责任和压力也下移，乡镇财政面临着大量就地就近资金监管甚至是项目管理的任务。

综观近年来基层财政管理工作，在取得明显成绩的同时，也存在着不少短板：一是乡镇财政机构设置弱化。不少地方将原单独设置的乡镇财政机构调整为与其他部门合署办公，有的甚至撤销乡镇财政机构，削弱乡镇财政职能作用的有效发挥。二是乡镇公共财政服务平台与高标准和新形势的要求相比仍有差距。部分地区纳入平台管理的资金项目数量较少、资金覆盖面窄，制约了平台资金监管和服务功能的有效发挥；部分纳入平台资金项目没有通过平台发放，只是结果导入；部分地区由于业务主管部门各有规定等原因导致一人（户）多卡现象不同程度存在。三是乡镇财政就地就近资金监管不能适应新的形势。工作认识上有偏差、监管政策执行不够彻底、监管工作效率不高等问题不同程度存在。四是综改试点成效总结提炼不够。在试点推进过程中，一些地方主要专注于项目建设，而较为忽视项目运行过程中产生的体制机制创新做法与改革经验的提炼总结。

三、推动全省基层财政管理迈上新台阶

（一）着力抓好乡级财政体制，明确乡级事权与支出责任划分。按照“一级政府、一级财政”的要求，各县级要强化乡镇财政职能，结合乡镇经济发展水平、税源基础、财政收支等因素，合理确定县乡财政事权和收入分成办法，建立财政事权与支出责任相适应的差别化的乡镇财政管理体制。按照各地实际，制定乡镇级事权与支出责任清单，厘清乡镇事权与支出责任，减少目前事权与责任划分不清晰、不合理和不规范的问题。探索推广县级财政对乡镇的生态补偿机制。在县域内建立生态补偿机制，补偿资金由财力薄弱乡镇自主管理使用。

（二）坚持不懈推动乡镇财政职能作用发挥。市级除了做好本级乡镇财政管理机构设置和人员力量配备外，要积极发挥市级推动作用，认真做好对所辖各县（市、区）乡镇财政工作的指导和协调。县级要推动落实乡镇财政的管理职能。在目前乡镇财政机构设置相对弱化的情况下，县级要抓好乡镇财政职能作用发挥的落实，积极探索加强乡镇财政管理的有效方式，确保乡镇财政各项业务不弱化。各地要按照“分级负责、以县为主”原则，加大对乡镇财政干部培训工作的组织力度，落实好培训规划和经费保障机制，实现乡镇财政干部全员培训工作目标，全面提高

乡镇财政干部的政策、业务水平和依法理财能力。

（三）大力推进"乡镇公共财政服务平台+一卡通"建设。根据数字乡村建设规划，以"规范管理，便利群众"为原则，联合省级相关部门共同推进"乡镇公共财政服务平台+一卡通"建设。力争经过两年时间的努力，将所有发放到人（户）的涉农和民生财政补助性资金全部纳入乡镇公共财政服务平台，花大力气努力将发放到人（户）的各项财政性资金款项归并成一张卡发放，并根据群众自身意愿选择代理银行，确保一人（户）一卡发放相关涉农和民生财政性补贴。

（四）进一步深化乡镇财政就地就近资金监管工作。针对涉农资金整合和管理权限下放改革新形势，乡镇财政要更加牢固树立资金监管意识，配足配强监管力量，切实加强资金监管工作的组织推进。强化乡镇资金监管工作人员对相关政策文件的学习，确保乡镇财政资金监管工作依法、规范、有序开展。结合各地实际，合理制定资金监管计划，通过单独组织、联合业务主管部门、聘请社会中介机构等多种形式，切实加强乡镇财政资金监管工作力度。进一步提高资金监管工作效率，深化完善乡镇财政资金监管制度体系，大力加强与各部门间的合作协调，充分利用信息化建设成果，加强资金信息共享。

（五）进一步完善一事一议财政奖补机制。市县财政部门要认真学习省级新修订的一事一议财政奖补资金管理办法，领会精神实质。充分体现县级主导、村级主体地位，规范民主议事决策程序。发挥财政资金的杠杆作用，放大财政奖补政策效应，加大市县奖补资金投入份额、引导社会投入和村集体自筹投入。扩大一事一议奖补范围，探索一事一议奖补与薄弱村发展村级集体经济相结合。督促奖补资金规范运行，提高资金使用效益，做优做实一事一议这一深受欢迎的支农惠农项目。

（六）深化完善农村综改工作推进机制。紧紧把握高水平建设、高质量发展要求，紧扣"产业兴旺、生态宜居、乡风文明、治理有效、生活富裕"乡村振兴战略总要求，以农村综改试点为先行探索为载体，深入推进城乡融合发展和乡村特质发展，全面助力乡村振兴。重点抓好综改试点项目竞争立项机制。综改试点项目应坚持绩效导向，体现集中财力办大事的理念。所有试点项目要坚持竞争性立项，按照"公开、公平、择优"原则，将资金集中投向想干事、能干事、干成事的地方政府和农村基层组织，投向基础好、潜力大、前景好的乡村振兴项目，坚持以点带面，引领带动，助力我省农业全面升级、农村全面进步、农民全面发展。

（七）推动综改试点从单项试点向综合集成转变。完善现有综改政策措施，有效集成我省农村综合改革各项试点中的经验成果，破解城乡融合发展不平衡不充分问题，聚焦产权制度改革、做强农村产业、壮大村级集体经济、提升生态宜居环境、完善乡村治理机制、促进农民持续增收等方面体制机制创新，整体筹划，系统推进，协同发展。选择基础较好的市县乡镇，以试点项目为载体，在充分发挥其资源禀赋、特色优势的基础上，推进试点地的集成改革，助推试点区域乡村振兴；以县域为改革平台，融合、集成、提升已有农村综合改革创新成果，形成改革合力，发挥其系统助推县市乡村振兴的整体效应；在全省范围内，不断深化试点改革，增强成功试点地的示范引领和辐射效应，形成高标准、系统化、可复制的农村综合改革的政策制度，推进全省农村综改的整体性、系统性、协同性发展，助力全省乡村振兴战略的实施。

（八）巩固提升农村综改的成果加快典型经验推广复制。强化试点市县总结提炼农村综改经验意识和责任落实机制，试点市县政府不仅应对试点项目本身以及项目对促进当地农业农村的发展实效的经验进行总结，还应高度重视农村综改中体制机制创新的经验总结，深刻认识试点是为了更广泛地区的农村综改乃至全面的乡村振兴作先行探索和示范引领，强化总结提炼试点项目经验成果的示范、推广价值。还要建立规范化、制度化的农村综改试点体制机制创新成果的工作报告机制，加大对体制机制创新及经验总结提炼工作进行量化评估和考核的力度。

（刊于《浙江财政研究》2020年第1期）

发挥财政纪检监察作用
助力省域治理现代化建设

浙江省财政厅党组成员、驻厅纪检监察组组长
徐首红

2020年是全面建成小康社会、打赢脱贫攻坚战、实现第一个百年奋斗目标的收官之年，也是我省高水平推进省域治理现代化的开局之年。受新冠肺炎疫情影响，经济发展遇到一些困难，财政部门在支撑政府正常运转、经济平稳运行、社会稳定、民生改善中，肩负重大责任。做好今年的纪检监察工作，对财政系统圆满完成省委、省政府赋予的工作任务，推进财政更好发挥省域治理现代化的基础和支柱作用，意义格外重大。

一、以纪检监察为抓手，推进财政更好发挥省域治理基础和支柱作用

2020年纪检监察工作的总体要求是：以中央纪委和省纪委全会为指导，坚持稳中求进总基调、高质量发展总要求、走在前列高标准、一体推进方法论，遏增量，减存量，补短板，强弱项，努力在高水平推进省域治理现代化中发挥监督保障执行、促进完善发展作用，持续深化党风廉政建设，以清廉财政助力清廉浙江建设。

（一）围绕中心服务大局，持续强化政治监督

一是推动习近平总书记对财政事业的指示要求在我省落实落地。今年政治监督的首要任务，就是要监督党组贯彻落实习近平总书记对财政领域的重要指示批示精神和习近平总书记主政浙江期间对财政工作的指示要求。我们将以指示批示清单、贯彻落实成效清单、存在问题清单、整改落实清单为抓手，开展项目式管理，加强常态化监督，确保"两个维护"落实到位。

二是监督党中央、省委重大决策部署贯彻落实情况。党中央和省委决策部署到哪里，监督检查就要跟进到哪里。聚焦决

胜全面建成小康社会、决战脱贫攻坚的重点任务，今年将持续强化对财政部门贯彻落实党的十九届四中全会和省委六次全会精神的监督，重点监督财政部门履行省内扶贫开发、省外扶贫协作监管责任情况，以及落实减税降费、防范化解隐性债务风险、疫情防控和经济社会发展"两手抓"、集中财力办大事等重大决策部署情况，确保政令畅通、落地见效。

三是聚焦巡视巡察，推动管党治党到边到底。以省委巡视回访检查为契机，协助党组持续深化"财为政服务"理念，进一步补短板、强弱项，推动财政各项工作特别是脱贫攻坚工作更进一步。认真落实中央和省委关于建立巡察制度的工作部署，积极协助党组履行主体责任，建立巡察机制，有序有效推进符合财政特点的综合和专项巡察，精准发现问题，推动整改落实，确保巡察工作取得实效。

四是推动主题教育长效机制，涵养风清气正政治生态。根据全会部署，我们将切实督促党组建立"不忘初心、牢记使命"制度，推动财政系统广大党员干部坚守初心使命，持之以恒学懂弄通做实习近平新时代中国特色社会主义思想，跟进学习习近平总书记一系列重要论述和最新指示批示，坚决落实专项整治任务。同时，我们将进一步完善政治生态"体检"指标，提高分析研判的精准度，切实发挥以评促改、以评促建的作用，助力政治生态风清气正、山清水秀。

（二）精准开展日常监督，切实规范权力运行

一是突出监督重点。紧盯权力集中、资金密集、资源富集、廉洁风险多发易发的处室局和下属单位，紧盯关键少数、重要节假日等关键节点，通过联合调研、座谈交流、参加会议、查阅资料等方式开展靠前监督，全面掌握情况，精准预判风险，做到未雨绸缪、防患未然。

二是推动制度完善。落实四中全会部署，推动党组以清廉财政建设为重要抓手，以"最多跑一次"改革为牵引，紧扣财政工作特点和权力运行规律强化监督制约，进一步完善内控制度，加强财政廉政风险防控，形成决策科学、执行坚决、监督有力的权力运行机制，切实压减财政权力设租寻租的空间。

三是加强制度执行的刚性。把权力制度的执行特别是清廉财政制度的落实情况纳为监督重点，既追究乱用权力的渎职行为，也追究弃用权力的失职行为。加强对厅机关全面从严治党主体责任落实情况的监督检查，推动信息化廉政风险防控技术的运用，保障制度执行，维护制度权威，推动制度真正从"墙上"落到"地上"。

（三）深入落实中央八项规定精神，驰而不息纠治"四风"

一要严纠享乐主义和奢靡之风，深入推进违规收送礼品礼金、"烟票"等问题的专项治理工作，根据省纪委统一部署开展领导职务作品稿酬、以"学会协会"为名搞"四风"问题专项检查，针对违规公款吃喝、出入私人会所、违规公务用车、违规发放津补贴、不吃公款吃老板等"四风"问题加大查处力度，坚持高频次检查，高刚性执纪，高密度通报，以"零容忍"的态度巩固作风建设成果。全体财政干部务必守住底线。

二要深入整治形式主义、官僚主义问题。督促厅党组推动"三服务"走深落实做细，切实纠正文山会海、检查过滥、过度留痕、压力"甩锅"、政策打架等作风顽疾，把干部干事创业的手脚从"套路"中解脱出来。紧盯不担当不作为不负责、弄虚作假、漠视群众利益、服务态度差办事效率低等突出问题，加强监督，抓住典型，严肃问责，搬走政策部署落实的"绊脚石"。

三要发挥财政源头治理作用。推动党组强化工作研究，深入调研排查落实中央八项规定精神和省委"36条"办法不明确、不具体、不适应、不完善、难以操作等方面的问题，及时答疑解惑、补充细化、修订调整、出台规定，推动问题及时解决。

（四）坚持"三不"一体推进，突出减存量遏增量

一体推进不敢腐、不能腐、不想腐，不仅是反腐败斗争的基本方针，也是新时代全面从严治党的重要方略。

"不敢"是前提。重点查处党的十八大以来不收敛不收手，严重阻碍党的理论和路线方针政策贯彻执行、严重损害党的执政根基的腐败问题；严肃查处干扰和阻碍民营经济发展的违纪违法行为；从严问责在省内扶贫开发和东西部扶贫协作情况中搞数字脱贫、虚假脱贫的行为；坚决查处政府采购、国有资产管理、地方债务风险背后的腐败问题。通过严格的执纪执法，让广大党员干部自觉敬畏党和人民、敬畏党纪国法。

"不能"是关键。紧盯选人用人、评先评优、审批监管、政府采购、公共财政支出、公款竞争性存放、扶贫资金管理使用绩效、信息化建设、学会协会管理等重点领域，扎紧制度笼子，加强常态监督，确保权力在正轨上运行。

"不想"是根本。做好警示教育"后半篇文章"，深化以案释德、以案释纪、以案释法，细查廉政风险，补齐制度短板，以系统内案件教育系统人，做到查办一起案件、教育一批干部、解决一批问题、治理一方环境。

二、构建三大机制，落实纪检监察的监督职责

（一）构建"四责协同"、上下联动的责任落实机制

推进全面从严治党，以清廉财政助力清廉浙江建设，是党组、纪检监察组和全体财政党员干部共同的使命。大家目标相同，分工各有侧重。党组履行主体责任是根本，发挥总揽全局、协调各方的作用，通过约谈提醒、报告工作、考核检查、述职述责等方式，一级一级压实责任。党组书记第一责任是关键，必须以身作则、当好表率，做到重要工作亲自部署、重要环节亲自协调、重大问题亲自研究解决、重要案件亲自督办，及时把责任传导到班子成员和下级党组织负责人。班子成员"一岗双责"是支撑，要管好各自的"责任田"，推动业务工作与全面从严治党有机融合、协调发展，真正做到一切工作传导到支部。纪检监察监督责任是保障，既要协助党组推进全面从严治党，又要把主体责任落实情况作为监督重点，以有力的监督执纪问责，推动其他三个责任落实到位。各级党组织尤其是书记，要切实担负管党治党政治责任，各级纪检监察组、机关纪委、支部纪检委员要及时联动补台，上下齐心，合力推动全面从严治党向纵深发展。

（二）构建实事求是、严管厚爱并重的干部监督管理机制

当前我省财政事业任务重，难度大，风险倍增，每前进一小步都不容易。斩荆披棘的过程中，不可能步步胜利，次次成功。这就需要财政系统各级党组织和纪检监察机关，妥善把握实事求是、依规依纪依法原则，严格落实"三个区分开来"，对那些敢抓敢管、敢闯敢试但遭遇挫折失误、受到非议的干部，对埋头苦干、业绩突出却因外部原因受到冷落的干部，对因不实举报受委屈、被误解的干部，要为他们说话壮胆，该澄清的及时澄清，该正名的公开正名，严肃查处诬告陷害行为，使他们放下包袱、轻装上阵。对干部身上的苗头性、倾向性问题，要早提醒、早纠正，最大限度防止干部出问题。对违反党纪国法、不担当、不作为、乱作为的干部，我们要坚持铁面执纪、不枉不纵，发现一起、查处一起，绝不姑息。

（三）构建财会监督和纪检监察监督有机贯通的长效协作机制

习近平总书记在中央纪委四次全会上给我们布置了一道考题——如何完善党和国家监督体系，发挥财会监督的作用。对此，我们要在党内监督的主导下，推动财会监督与其他监督有机贯通、相互协调。一直以来，浙江财政干部敢为人先，给兄弟省份提供了丰富的浙江经验。面对新任务，我们一定要继续保持争先进位意识，结合决战决胜脱贫攻坚、有力推动基层治理等重点工作，加深对财会监督的职责、范围与路径等问题的思考，探索、创新、拓展财会监督和其他监督，尤其是党内纪检监察监督的协作机制，形成系统有效的经验做法。

一直以来，党组和纪检监察组在发挥监督合力方面，形成许多好的做法。比如，聚焦脱贫攻坚战，党组和纪检监察组组建联合督查组，到省内扶贫一线，走村入户调研督查财政扶贫专项资金管理使用情况，及时发现了项目虚报、资金趴窝等问题，并向省纪委移送了一批违纪违法线索，查处问责了有关党员干部，获得了省纪委的高度肯定，也有效发挥了纪检监察监督与财会监督的协同作用。下一步，我们要认真梳理总结，将过去好的做法予以固定，及时交流汇总经验成果，合力构建财会监督和纪检监察监督有机贯通的长效协作机制。

（刊于《浙江财政研究》2020年第2期）

以"七大导向"为引领 不断提升政府外债管理水平

——在全国财政国际财金合作工作会议上的发言

浙江省财政厅党组成员、副厅长　邢自霞

浙江省地处东南沿海，是全国经济最活跃的省份之一，也是中国革命红船起航地、改革开放先行地、习近平新时代中国特色社会主义思想重要萌发地。近年来，浙江省认真贯彻落实党中央、国务院、财政部的各项重要决策部署，积极探索、创新政府外债管理的新模式和新方法，并逐渐在项目申报、管理、实施、运营维护上形成"七大导向"，从各个方面不断提升全省政府外债的管理能力和服务水平。

一、浙江省政府外债的基本情况

浙江省利用政府外债工作始于1984年，目前共有世界银行贷款、亚洲开发银行贷款、新开发银行贷款、外国政府贷款、全球环境基金赠款5类，项目（含赠款项目）109个，截至2020年6月底，贷款总额约30亿美元，其中：世界银行贷款项目32个，贷款额18.01亿美元；亚洲开发银行贷款项目1个，贷款额4000万美元；新开发银行贷款项目1个，贷款额8.25亿元人民币；外国政府贷款项目73个，贷款额10.2亿美元。全球环境基金赠款项目2个，赠款额851万美元。目前已完成还本付息的项目79个，正在还本付息的项目28个，债务余额5.34亿美元，其中：国际金融组织贷款项目的债务余额3.25亿美元；外国政府贷款项目的债务余额2.09亿美元。

2015年以来，浙江省共实施多双边贷赠款项目6个，贷款额度约6.6亿美元，其中世界银行贷款项目3个、贷款额度共计4.5亿美元，新开发银行贷款项目1个、贷款额度8.25亿元人民币，法开署贷款项目1个、贷款额度7500万欧元，全球环境基金赠款项目1个、赠款额度300万美元，项目涉及小城镇环境综合治理、农村生活污水处理和饮用水工程建设、水资源保护、生物多样性保护和绿色物流体系建设等生态环保的多个领域。

二、"七大导向"促进政府外债管理水平不断提升

习近平总书记在浙江工作期间提出了"绿水青山就是金山银山"的绿色创新发展理念。近年来，浙江省政府外债工作紧密围绕着这一发展理念，积极探索外债管理的新模式和新方法，并逐渐形成从项目申报、实施、管理、运营维护等方面的"七大导向"。"七大导向"及其具体的措施和机制保障了浙江省政府外债工作顺利推进，从各个方面不断提升全省政府外债的管理能力和服务水平。

（一）以实际需求为导向，积极申报前瞻性强、战略性强的示范项目

浙江省政府外债项目的申报工作紧扣国家战略和全省的重大发展规划，结合实际情况申报前瞻性强、战略性强的示范项目。一方面，浙江省作为全国首个生态省，目前完成并正在实施的每个政府外债项目都围绕高质量绿色发展的主线申报，并按"大中型城市—小城镇—农村"的思路利用国际金融组织贷款，侧重改善城乡居民居住环境和生活质量，如世界银行贷款千岛湖和新安江上游水资源保护项目，法开署贷款仙居县域生物多样性保护和发展示范项目等，都集中体现了"既要金山银山，也要绿水青山"的绿色发展理念。另一方面，在推进长三角一体化发展上升为国家战略后，及时申报新开发银行贷款沪嘉城际铁路（浙江段）等项目，大力推动长三角交通基础设施一体化，加快浙江省融入长三角一体化的步伐。

（二）以建章立制为导向，坚持用制度规范项目管理

每个政府外债项目都根据项目特点和要求制定《提款报账管理办法》，以加强资金、财务管理。积极配合省项目办负责制

定《项目管理办法》和《财务管理手册》，使资金拨付和项目管理都有章可循，坚持用制度提升项目质量，用机制规范项目管理。2020年初，针对浙江省政府外债管理中部分项目资金拨付进度较慢，部分项目单位还款不及时等薄弱环节，及时制订下发《关于进一步加强我省政府外债管理工作的通知》，从完善基础数据、建立项目台账、开展债务核对、提高提款报账效率、推动项目执行、完善还款制度、维护全省债信等方面作出具体规定，进一步加强全省外债项目基础管理工作。

（三）以练好内功为导向，用高质量、高标准去严格要求每个项目

浙江省历来把高质量、高标准的发展理念和要求贯穿在政府外债项目建设的始终，积极借鉴世界银行等国际金融组织规范成熟的管理经验，不仅每个项目都要按“国际标准、中国特色和浙江水平”的要求实施，而且逐渐形成了一整套“事前重设计、事中重监测、事后重运维”的全过程管理模式。项目设计时，积极与世界银行团队加强沟通，反复讨论修改设计方案，做好方案比选，把国际金融组织对项目技术、经济、财务、环境影响和移民安置等全面评估与国内项目论证有机结合，做深做实项目设计和可研，充分考虑技术的可行性、方案的科学性、实施的可操作性和运维的可持续性，并形成项目实施框架。因此，浙江省多个政府外债项目获得全国城镇基础设施建设金奖、省市建设工程钱江杯、西湖杯、珍珠杯等奖项。钱塘江流域小城镇环境综合治理项目由于工程质量好、绩效目标明显，更是在2017年获得世界银行“高度满意”评级，2018年获世界银行可持续发展领域“副行长奖”。世界银行贷款浙江多城市开发项目绍兴子项实施的古城保护仓桥直街历史街区改造项目获联合国教科文组织颁发的“联合国文化遗产保护优秀奖”。这些都是浙江省自开展政府外债项目以来获得的最高荣誉，获省委、省政府主要领导的批示肯定。

（四）以创新引领为导向，坚持以项目创新推动省域体制机制创新

30多年的项目实践逐步推动从“要我创新”向“我要创新”的转变。目前实施的世界银行贷款农村生活污水处理及饮水工程项目在项目实施过程中建立全国第一个农村污水排放标准，运用低成本、用地少、能耗低的滴滤处理技术，采用简明的支付程序，引入参与式管理，形成可持续运营维护模式等5大领域的创新实践。以支付创新为例，该项目在浙江省首次采用二级专用账户的方式，即在县财政局开设二级专用账户，通过省财政组织培训，只要县财政局提款报账资料的审核能力达到世界银行、省项目办和省财政厅的评估后，每次由县财政局先审核提款报账资料并将贷款支付到项目单位，省项目办和省财政厅只负责事后审核，减少提款报账的审核程序，大大提高项目的支付效率，提高县级项目财务管理人员工作的主动性和积极性。世界银行贷款浙江农村生活污水处理和饮用水工程项目于2015年初生效时，与省委、省政府提出的以农村污水整治为主要内容的“五水共治”完全契合，世界银行项目点成了全省“五水共治”的样板工程，示范工程，成了各地学习的榜样。在项目实施中推进了城乡供排水体制机制的改革，获得项目县市党委、政府的高度肯定。如龙泉市委、市政府2020年7月专门给浙江省财政厅发来感谢信，表示世界银行项目的实施不仅很好地改善了当地的饮用水条件，让当地城乡居民喝上了优质、清洁的自来水，还建成了污水排放终端，从根本上解决水质隐患、改善当地环境，为美丽乡村建设作出表率。再如，世界银行贷款千岛湖和新安江上游流域水资源保护项目创新性地引入国际组织——大自然保护协会（TNC），利用它对环境保护的丰富经验来做水资源保护的示范，同时，利用多学科综合性流域治理等措施来保护千岛湖及新安江流域的水资源。法国开发署贷款仙居县域生物多样性保护及示范工程项目是浙江省首个利用法国开发署贷款项目，将利用法国生物多样性保护的国际经验探索并形成符合中国发展实际的生物多样性保护模式。2017年启动的全球环境基金赠款浙江绿色物流项目，完成《浙江省绿色物流发展指数研究报告》《浙江省绿色物流政策研究报告》等10多项研究报告，发布全国首个省级绿色物流发展指数，制定绿色物流行业的团体标准，并通过富阳口岸国际物流和传化物流两家物流企业的绿色化试点，建立全国首个节能低碳红酒仓库，形成海河联运、公水联运等多式联运模式，创建绿色仓配能耗和碳排放监测平台，形成一系列可复制、可推广、低成本、节能减排效果明显的绿色物流发展模式。

（五）以解决问题为导向，树立为项目单位服务的意识

政府外债项目在实施过程中，难免会遇到各种困难和问题，这需要树立良好的服务意识和服务精神。当项目遇到各种各样的问题、困难时，浙江省财政厅会同省项目办、省发改委、行业主管部门第一时间了解情况、研究解决方案，必要时聘请相关的专家组成调研和问题解决团队上门为项目单位排忧解难，有力地推进项目的实施。比如由于政府机构改革及部门职能整合和政策调整，法国开发署贷款仙居县域生物多样性保护及示范工程项目的总体规划迟迟没有审批，导致项目多个子项目无法实施，浙江省财政厅会同省项目办、省发改委、省林业局的相关人员赴项目实施地了解情况，为项目单位提供解决问题的方案，并积极协助项目单位做好审批前各项准备工作。2020年12月初，浙江省财政厅与省级相关部门会同仙居县人民政府一起赴北京国家林草局等部委和法国开发署驻北京代表处汇报、对接，服务项目单位，解决实际困难。世界银行贷款钱塘江流域小城镇环境综合治理项目建德子项，由于征地等土地指标问题影响移民安置，浙江省财政厅会同省项目办、发改、审计等部门及时上门服务，与建德市政府研究对策，顺利解决工程移民安置，保证项目顺利实施。

（六）以合作共赢为导向，加强部门配合协作，形成项目实施的多方合力

每个项目的成功实施都离不开“横向”和“纵向”的密切合作。“横向”的合作共赢即发改、财政、建设、环保、审计等相关部门的通力合作，还包括与外方专家的沟通协调和密切配合。“纵向”的合作共赢即每个项目都专门成立省县两级项目领导小组，在行业主管部门设立省项目办和市（县、区）项目办，负责项目总体协调和管理。通常即使在一个县里实施项目，若项目内容较

为复杂，为协助基层项目单位完成各项审批并有利于顺利实施项目，浙江省财政厅积极促进省级层面设立项目办，加强与省项目办以及省级部门之间的协调配合，形成合力，为基层提供更好的服务、为推进项目实施提供更有力的支持。如新开发银行贷款浙江绿色城镇——嵊州市城乡供排水一体化二期项目，为了使嵊州人民能尽快喝到清洁的饮用水，急群众所急，想群众所想，在新开发银行的支持下，会同省项目办、省发改委多次与省水利厅、绍兴市政府、嵊州市政府及项目实施单位研究协商，经不断努力，促成绍兴市政府协调新昌、嵊州两县市政府，解决嵊州市多年来想解决而未解决的从新昌县水库引水问题。

（七）以可持续发展为导向，确保实现项目和人的可持续发展

机构、人员、财务和整个项目的可持续性相辅相成、缺一不可。整个项目的可持续性依赖于机构、项目管理人员和财务的可持续发展。若任何一方存在不可持续的因素，该项目都可能存在失败的风险。比如，为保证钱塘江流域小城镇环境综合治理项目的可持续性，在项目设计之初就要求项目所在地政府积极配合世界银行落实项目运营维护的机构、人员、费用等，建立小城镇项目运营维护机制，在尚未征收污水处理费的小城镇引入收费制度，出台收费政策，以保证项目达到财务可持续性，推动小城镇建立市场化、规范有序的污水收费制度，有效建成项目可持续机制。又如，针对很多第一次实施政府外债项目的市县，在项目前期准备过程中就把提升市县项目管理人员的能力作为项目管理的重中之重，浙江省财政厅、省项目办多次举办培训班，聘请世界银行专家、高校老师、审计、财政专家讲解、分析项目管理、财务管理、审计注意事项、提款报账的知识、案例等，提升项目管理人员的知识水平和实际操作能力。除注重提升项目管理人员的业务能力以外，要求县项目办、项目单位都必须配备专职的管理人员，并保持人员的相对稳定，以确保项目的可持续发展。

三、再接再厉，争取政府外债工作再上新台阶

浙江省政府外债工作虽然取得了一定成绩，这是在浙江省财政厅党组在正确领导和财政部的指导下取得的，是在国际金融组织和省项目办及项目单位的共同努力下取得的，但是成绩来之不易，要认真总结并在今后的工作中充分利用这些好的经验，继续发扬改革创新、服务人民的精神。同时也存在一些不足，比如新上政府外债项目较少，利用国际金融组织的资金渠道有待进一步拓宽等。下一步，浙江省财政厅将继续认真贯彻落实习近平总书记对浙江工作“干在实处永无止境，走在前列要谋新篇，勇立潮头方显担当”和“浙江省要努力成为新时代全面展示中国特色社会主义制度优越性的重要窗口”的要求，坚持以“八八战略”为统领，对标对表，认真贯彻厅党组提出的“以当家的思维履行管家的职责”，增强为民服务意识，结合省政府的工作重点，积极向财政部和国家发展改革委申报新项目，学习兄弟省市政府外债管理经验，拓宽与国际金融组织合作渠道，加强政府外债管理，做出更多具有创新性、引领性、示范性的项目，为高质量建设美丽浙江作出贡献。

（2020年11月4日）

在全省财政企业工作会议上的讲话
（摘要）

浙江省财政厅党组成员、副厅长　林仁方

一、以更高的站位讲政治，在“重要窗口”建设中找准财政工作的定位

一要认清财政经济形势的严峻性。2020年是非同寻常的一年，面对疫情防控、复工复产、外贸环境复杂多变等一系列大事件，全省上下积极应对，克难攻坚，取得了较好的成绩，实现“二季红、半年正、三季进”，经济呈“V”型回升势头。但也要清醒地看到，国际经济形势依然复杂严峻，国外疫情仍在持续蔓延，对浙江省经济的冲击还在持续演变，企业面临的困难前所未有，产业链供应链存在断链风险。浙江省是制造业大省，2020年前三季度全省制造业税收同比下降13.5%，纺织、服装、鞋革和箱包等行业尤为严重。财政部门面临疫情性减收、经济性减收、政策性减收“三叠加”和防控性增支、逆周期调节性增支、基础保障性增支“三碰头”，财政压力前所未有。近期，根据我国发展阶段、环境、条件变化，中央作出构建“以国内大循环为主体、国内国际双循环相互促进的新发展格局”的战略决策，“持久战”“中长期”“双循环”“宏观调控跨周期设计和调节”的提法内涵丰富、信号强烈、指向明确。各地要深入分析、深刻领会、牢牢把握，进一步认识稳企业保市场主体的重要性，真正从思想上紧起来，做好打持久战的准备，以更加积极有为的责任担当落实更加积极有效的财政企业政策。

二要以当家的思维履行好管家的责任。厅党组书记、厅长尹学群多次强调财政部门首先是政治机关，其次是业务机关；首先是宏观管理部门，其次是微观操作部门；首先是参谋部，其次是保障部。财政企业工作涉及产业、内外贸、粮食安全、中小企业等领域，点多面广，既要与部门协同，更要与市场主体打交道，要在法律法规范围内落实好政策，把好事办好。各地要紧紧围绕省委书记袁家军提出的“十大新课题”，更加全面理解“财为政服务”的深刻内涵，立足财政职能，找准财政企业政策切口。首先要“跳出财政看财政”，站在党委政府工作大局角度思考问题、分析问题，主动把财政企业工作的“小窗口”放到全省经济发展“大窗口”中去谋划；其次要“站在今天看明天”，对事关战略性、全局性、长远性的重大问题，要谋划在先、思考在前；最后要立足财政职能，按照集中财力办大事要求，从专业的角度把握政策导向，制定并落实好相关政策，交出财政高分报表。

三要以全省一盘棋的理念加强协同配合。全省各级财政部门要协调配合、上下联动，心往一处想、劲往一处使，共绘“同心圆”，在推进复工复产、落实“两直”惠企利民资金、建设“重要窗口”财政成果、构建“双循环”新发展格局等方面形成强大合力。在政策叠加上，各地要认真落实国家和浙江省出台的各项政策措施，针对后疫情时期企业需求以及秋冬疫情重点防控节点需

要,及时修订完善本地惠企纾困政策,进一步提高惠企政策的精准性,与国家和省级层面的政策形成支持合力;在资金使用上,市县财政部门要加大整合力度,围绕省委、省政府的涉企决策部署,统筹好省级按照因素法下达的相关专项资金,进一步突出支持重点,并加快资金兑现进度,特别是中央防疫物资保障经费等;在沟通对接上,省财政厅总结了各地在复工复产中的好做法,并推广了"网上办""主动办""简化办""分类办"等经验,各地要及时反映"六稳""六保""两直"财政政策出现的新情况新问题,并认真总结推广好的经验做法,形成纵向联动贯通的好局面。

二、以更大的担当干实事,在贯彻落实省委、省政府重大决策部署中发挥好财政政策作用

一是强产业。省委、省政府高度重视产业发展,相继出台了推动产业基础高级化、十大产业链、"放水养鱼"等行动计划,并开展省级数字经济创新发展试验区创建,接下来的重点是落实好相关保障措施和支持政策,坚持以供给侧结构性改革为主线,积极推进智能制造、绿色制造、服务制造,加快实现制造方式转变;切实推进产业基础高级化、产业链现代化,加快推动制造业高质量发展,积极推进我省经济转型和产业升级。

二是扩内需。扩内需是构建"双循环"新发展格局的稳经济核心基点,也是今后促进浙江省经济发展的一项基本任务。各地要因地制宜采取有效措施,尽快把被抑制、被冻结的消费释放出来,把在疫情防控中催生的新型消费、升级消费培育壮大起来。同时,要重点落实好省委部署的数字生活新服务等重点工作,并积极推进省级夜间经济、小店经济试点、高品质步行街改造提升、汽车"以旧换新""出口转内销"馆建设等,更好发挥内需对全省经济的促进作用。

三是稳外贸。目前浙江省外贸形势总体向好,超出预期,但新冠肺炎疫情蔓延仍未得到有效控制,外贸环境仍将持续复杂多变,一些国家的单边主义、保护主义日益盛行,世界的不稳定不确定因素加大,外贸形势依然不容乐观;同时,医疗物质出口的拉动效应会逐步减弱。各地要进一步用足用好合规的外贸政策工具,积极支持开拓国际市场,尤其是"一带一路"沿线国家和地区,稳定国际市场份额,稳住外贸基本盘;要保障外贸产业链供应链畅通运转,并加大对海外仓、服务贸易、跨境电商等外贸新业态的支持力度,促进浙江省外贸转型升级。

四是保安全。2020年部分国家陆续宣布限制粮食出口,世界粮食贸易供应链受到冲击。浙江省口粮自给率只有25%,保障粮食安全尤显重要。各地要切实抓好粮食安全,全力做好地方粮油储备增总量调结构财力保障,尽快完成各地粮食增储、成品粮储备、晚稻储备、食用油储备等任务,确保全省粮食安全;认真落实好订单奖励政策,省内早稻应收尽收,实现浙江省早稻订单全覆盖,晚稻订单奖励标准原则上不低于上年水平。各地要按照订单余缺调剂要求,积极开展市域内、省域内余缺调剂工作,建立合理的费用承担机制,并及时进行结算。同时,针对新冠疫情可能出现的反复,抓紧建立省市县三级储备体系,加快中央应急物资保障体系建设资金执行,储备好一批疫情防控应急物资。

三、要以更实的标准强服务,切实提高财政工作能力

一要提升财政专业能力。当前,财政经济形势严峻复杂,对财政工作也提出了更高要求,财政工作要勇于破除"惯性"思维和"守摊"思想,善于在工作中提升能力,创新方法,从更长周期、更宽视野、更广范围谋划财政支持企业发展的政策措施。财政干部队伍要按照省委书记袁家军提出的"五大思维",锻造过硬本领,高质量坚持学习和调研,克服本领恐慌。

二要提升服务能力。要全面了解联系部门的人员情况、年度重点工作、工作流程,提前考量,研判工作情况,了解预算项目需求,提出财政建议,主动把"为什么行、为什么不行"的道理讲清楚,与主管部门多一些齐整合拍,同频共振。把服务重点企业作为"六稳""六保"财政工作的重要抓手,要增强服务的精准性,对标企业发展实际,精准施策,靶向服务,切实打通政策落地中的梗阻,帮助解决实际困难。

三要强化党风廉政建设。企业需要帮扶的时期,也是廉政风险的高发期。目前,各级财政惠企力度较大,大量的扶持资金都由基层兑现。各地要进一步加强廉政建设,强化底线意识,落实好清廉财政建设各项要求,细算"三笔账"、慎守"九道线",切实提高能干事、不出事的能力,不断加强队伍建设,以铁的纪律打造财政铁军。

(2020年10月22日)

忠实践行"八八战略"在"重要窗口"建设中展现金控新担当

浙江省财政厅党组成员,浙江省金融控股有限公司党委书记、董事长　章启诚

省委书记袁家军在省委党校2020年秋季学期开学典礼上的重要讲话,紧扣习近平新时代中国特色社会主义思想,通篇宣誓践行"忠"与"实"的主题,从理论和实际相结合、战略与战术相统筹、国际和国内相关联、当下与长远相贯通的宽广视角,回答了浙江经济社会发展中的一系列重大问题,提出了新阶段新形势下的新课题新任务,吹响了忠实践行"八八战略"、奋力打造"重要窗口"的时代号角,对做好当前及未来一个时期的财政工作、金控工作具有极其重要的指导意义。

一、重要讲话吹响了浙江省新时期建设"重要窗口"的"冲锋号"

省委书记袁家军的重要讲话,蕴含着对习近平新时代中国特色社会主义思想的深刻理解,对"三个地"和"重要窗口"政治担当的时代使命,对坚持和发展中国特色社会主义实践力量的必胜信心。面对世界百年未有之大变局和中华民族伟大复兴战略全局,省委书记袁家军吹响了新时期建设"重要窗口"的"冲锋号",表明了坚定不移地沿着"八八战略"指引的路子走下去的信念,宣示了建设"重要窗口"的坚强决心,号召汇集全省力量加快

形成一批“重要窗口”的硬核成果。

省金控将对标对表“忠实践行‘八八战略’、奋力打造‘重要窗口’”主题，着力开展“大学习”活动，深入贯彻落实省委书记袁家军讲话精神，坚持“财为政服务”“金为实服务”理念，牢记金融国企特殊使命，推动“大对标、大协同、大提升”三大工程再深化，着力构建金控“十大专项行动”标志性举措，以时不我待的紧迫感、只争朝夕的使命感、舍我其谁的责任感，在“重要窗口”建设中作出新贡献、新作为。

二、重要讲话绘制了浙江省新时期经济社会高质量发展的“导航图”

站在“十三五”和“十四五”的历史交汇点，省委书记袁家军进一步深化、细化、具体化省委十四届七次全会的部署要求，承前启后地提出了开启高水平建设现代化新征程等浙江省发展的10大新课题，为新时期全省扬帆起航绘制了精准的“导航图”，清晰指明了高质量发展的航行路线。只有解答好这10大新课题，才能打造出有说服力的“重要窗口”，才能有底气说我们是“八八战略”的忠实践行者。

省金控将对标对表10大新课题，着力开展“大调研”活动，成立由公司领导带队的调研专班，进一步丰富和深化“提质增效十大专项行动”，强化与财政、国资、金融等上级部门的“十四五”规划衔接，编制好公司“十四五”发展规划，推动财政金融政策工具协同创新、同向发力，结合公司实际明确10大重点研究课题，通过课题研究先导为公司“十四五”规划编制提供理论实践支撑。

三、重要讲话提供了浙江省推进新时期各项工作的“方法论”

省委书记袁家军要求全面创新“理念、手段、方法、机制、团队文化”五种思维，秉持“利民为本、法治为基、整体智治、高效协同”理念，发挥“数字赋能、改革破题、创新制胜”手段，把握“系统集成、迭代升级、久久为功”方法，健全“系统谋划、专报运作、比学赶超、政策激励”机制，打造“唯实惟先、善作善成”团队文化。这为做好新时期工作提供了方法遵循和强大武器。

省金控将对标对表推进工作“五种新思维”，着力开展“大创新”活动，进一步充实、完善、优化“大对标、大协同、大提升”三大工程，以“整体智治”理念推进公司治理体系建设，持续完善内控风控制度体系和财务筹划机制，营造“唯实惟先、善作善成、乐跑追梦、产融先锋”的文化氛围，进一步提升公司治理能力和治理体系现代化水平。

四、重要讲话明确了浙江省新时期勇夺十大高分报表的“任务书”

省委书记袁家军提出新时期要勇夺“防疫、经济、创新、改革、开放、平安、民生、生态、党建”10张高分报表，完善精密智控机制和争先创优机制，以“两战”高分报表实现建设“重要窗口”的良好开局。努力交出10张高分报表，明确了浙江在当前及未来一段时期“具体怎么干、怎么抓”，充分显示了省委书记袁家军带领下省委的使命和担当。

省金控将对标对表争先创优“10张高分报表”，着力开展“大抓落实”活动，围绕政府产业基金、金融股权管理和金融科技创新三大主业板块，进一步发挥金控产投融优势，创新基金管理体制机制，强化国家省市县基金四级联动，推进投贷保担协同机制创新，着力市县精准招引“大好高”“小精尖”项目；进一步运用法治思维和法治方式推动国有金融资本管理，优化国有金融资本布局，以“上门送‘1+3’服务”活动增强参控股金融企业粘性，形成省金控“1+3”服务体系企业强大合力；进一步提升数字金融平台建设能力，抓住政务数据开放使用契机，加快推进政府产业基金投资管理平台、天道区域供应链金融科技平台、政采云平台、产投融一体化大数据平台建设，数字化赋能经济高质量发展。

五、重要讲话下达了振奋精神的高素质队伍“集结令”

省委书记袁家军明确了新时期党员干部队伍建设方向，提出要学深悟透夯实忠诚根基，以党性修养擦亮忠诚本色，以履职尽责体现忠诚自觉，提升“保持政治定力、驾驭政治局面、抵御政治风险”的政治能力，锻造“调查研究、统筹协调、群众工作、聚光灯下工作”的过硬本领，弘扬奋斗精神、斗争精神、担当精神，保持“实干、团结、清廉”的优良作风。

省金控将对标对表高素质队伍建设要求，着力开展“大长本领”活动，进一步推动开展“双五强”高素质人才队伍建设专项行动，全力打造“维护力强、引领力强、担当力强、服务力强、廉洁力强”领导干部队伍和“忠诚力强、思考力强、担当力强、沟通力强、写作力强”员工队伍，着力提升公司内生发展动力，全面营造金控人才发展良好生态环境；进一步激发团队创造性张力，以高素质人才队伍和昂扬的振奋精神，推动公司高质量发展，更好服务全省高质量发展。

（刊于《浙江财税与会计》2020年第9期）

在忠实践行“八八战略”、奋力打造“重要窗口”中充分彰显财政使命担当

浙江省财政厅党组成员、副厅长　章忠良

省委书记袁家军在省委党校2020年秋季学期开学典礼上的讲话以“忠实践行‘八八战略’，奋力打造‘重要窗口’”为主题，通篇贯穿习近平新时代中国特色社会主义思想，通篇贯穿“忠”“实”之魂，既对新形势新阶段下浙江“怎么办”“干什么”“怎么干”进行了谋篇布局，提供了行动指南和工作遵循，奏响了奋斗的最强音，又是一场开诚布公、与广大党员干部交流思想的公开课，报告蕴含着辩证法、统筹观、方法论，高瞻远瞩、纲举目张，对指导当前和今后一个时期财政工作具有重大意义。

一、在忠实践行“八八战略”中保持财政定力

“八八战略”实施17年来，浙江坚持一张蓝图绘到底、一任接着一任干，全面推进经济、政治、文化、社会、生态文明各领域建设，取得了历史性成就。实践证明，“八八战略”是引领浙江发展的总纲领、推进浙江工作的总方略，必须一以贯之、一贯到底。当前，在全省上下深入谱写新时代中国特色社会主义在浙江生动实践崭新篇章的关键时刻，财政部门要追根溯源“八八战略”，充分挖掘“八八战略”对财政工作的指导意义，认真提炼“八八战略”蕴含着的实践方法，做到再学习再领悟再提升，努力使每一项重要

工作、每一件重要事情、每一个重要举措都符合"八八战略"的战略指引和战术要求。要保持政治定力，进一步提高政治站位，以对习近平总书记的忠诚之心、爱戴之心、拥护之心，忠实践行"八八战略"，用坚定的行动做到"两个维护"，做到省委、省政府重大决策部署推进到哪里，财政服务保障就跟进到哪里，为坚定不移沿着"八八战略"指引的路子走下去提供更加坚实的财力保障。

二、在奋力打造"重要窗口"中找准财政定位

2020年4月，习近平总书记在浙江考察时赋予浙江"努力成为新时代全面展示中国特色社会主义制度优越性的重要窗口"的新目标新定位。建设"重要窗口"本质上是践行"八八战略"的延续和深化，这是习近平总书记赋予浙江的重大政治任务，也是全体财政干部重大政治责任。财政部门首先是政治机关，必须自觉把思想和行动统一到建设"重要窗口"的重大政治使命上来，做到一切行动向"重要窗口"对标，一切举措为"重要窗口"服务，主动把财政工作放到省委、省政府决策部署中去思考、去谋划。要对照省委十四届七次全会提出的建设"重要窗口"的10方面内容和13项重大标志性成果，深入思考"重要窗口"建设中财政的定位、财政的担当和重大财政标志性成果，切实发挥好财政在省域治理现代化中的支撑引导保障作用，为浙江省建设"重要窗口"贡献财政力量。如社会矛盾纠纷调处化解中心作为信访"最多跑一地"、矛盾"解决于萌芽"的改革举措，是省域治理现代化中一项具有开创性意义的重大探索，要积极研究支持其成为全国创新项目。

三、在推进全面从严治党中体现财政担当

忠实践行"八八战略"，奋力打造"重要窗口"，需要全面从严治党提供政治保障和力量源泉。要牢固树立"一切工作到党支部"的鲜明导向，充分发挥党支部教育管理监督党员的职责。要教育引导党员干部深入学习贯彻习近平总书记关于财政工作的重要论述，在"集中财力办大事"实践中提高政治站位，践行"财为政服务"理念，以当家的思维履行好管家的责任；要认真落实清廉财政建设重点任务清单，持续深入开展警示教育，防范和化解"9+2"风险点，争当清廉财政建设的标兵。要教育引导党员干部深入开展"三服务""上门服务至少一次"等活动，以"服务部门、服务项目、服务市县"为抓手，深入了解部门、基层和群众的需求，将其作为制定政策、安排预算的重要依据。要特别注重运用"支委会会议研究中心工作"机制，支委会会议重点研究如何发挥支部政治优势，引导党员干部提高政治站位、强谋划强执行，圆满完成业务工作任务，把党建工作与业务工作、队伍建设紧密地结合起来。要开展好对厅属单位的巡察，着力发现问题、堵塞漏洞，更好地发挥厅属单位职能作用，推动财政中心工作落实。要深化机关党建省市县三级联动，以"活动联抓""实事联办""难题联解""队伍联建"为切入点，重点关注需要系统联动解决的"表现在基层、根子在厅局"的问题，通过不断发现问题、分析问题、解决问题，促进党员干部队伍作风和效能建设，持续提升财政管理水平。

四、在深化团队文化建设中展示财政成果

省委书记袁家军指出，浙江党政团队文化就是干在实处、走在前列，概括起来就是唯实惟先、善作善成，这和浙江财政一贯倡导的"实、稳、优"财政核心价值理念和"严谨、坚守、创新、奉献"财政职业精神，在内涵和外延上都是相通的。财政文化就是"干在实处、走在前列"和"唯实惟先、善作善成"的团队文化在财政部门的生动诠释。随着职责、使命和任务变化，对财政文化的认识也要与时俱进，不断深化、不断丰富。要继续以财政文化为引领，在"两手硬、两战赢"的大考中，以"狭路相逢勇者胜"的胆识和魄力，充分发挥改革智慧和创新能力，打破惯性思维，保持创造性张力，把"积极的财政政策要更加积极有为"的要求落实到位，将财政体制机制活力充分激发出来，为全国财政改革贡献越来越多的浙江素材、浙江实践和浙江经验。

五、在加强干部队伍建设中树立财政形象

习近平总书记指出，"贯彻新时代党的组织路线，建设忠诚干净担当的高素质队伍是关键"。财政干部从事的所有业务都是党领导下的具体工作，是贯彻落实党的路线方针政策的具体化，必须始终把政治建设摆在首位，把对党绝对忠诚作为第一条，确保干部政治上信得过、靠得住、能放心，确保财政工作始终沿着正确政治方向前进。要激励担当作为，进一步突出实干实绩，把"敢不敢打事、愿不愿做事、能不能成事"作为选人用人的重要标准，重用政治素质好、制度意识和治理能力强、敢于担当作为、工作实绩突出的干部，持续推动健全"干部为事业担当、组织为干部担当"的良性互动机制。要加强专业训练，积极探索培养专家人才和复合人才的有效办法，强化财政干部专业能力、专业精神，强化财政干部实践能力、实干作风，切实打造一支"忠实践行'八八战略'，奋力打造'重要窗口'"的超强财政干部队伍，在"重要窗口"建设中树立新形象、展现新担当、取得新成效。

（刊于《浙江财税与会计》2020年第9期）

在全省政府采购制度改革工作会议上的讲话（摘要）

浙江省财政厅党组成员、总会计师　倪学军

一、"十三五"时期浙江省政府采购制度改革创新取得积极成效

"十三五"时期，浙江省政府采购制度改革以习近平新时代中国特色社会主义思想为指引，坚持国产优先、绿色优先、创新优先，以物有所值为导向，以完善制度体系、推进数字化转型、创造性地贯彻落实采购政策、优化营商环境、规范和加强事中事后监管、构建行政监管和行业自律相结合的监管模式为主要任务，积极稳妥推进，基本建成公开公平、行业自律、监督有力、高效有序的政府采购新格局，为浙江省各级政府履行法定职责提供了有力保障，为促进全省经济社会高质量发展发挥了积极作用，为我国政府采购制度改革贡献了浙江经验和浙江智慧。

（一）以物有所值为导向的具有浙江特色的政府采购制度体系初步构建。研究制定《浙江省政府采购合同暂行办法》《浙江省政府采购电子卖场采购管理暂行办法》《浙江省政府采购项目

电子交易管理暂行办法》等一系列具有较强针对性、操作性的规范性文件，基本形成符合浙江实际的以物有所值为导向的政府采购制度体系。2020年全省采购规模预计突破1600亿元，“十三五”时期预计累计采购金额7650亿元，为“十二五”时期的1.6倍。2016—2019年，全省采购规模占一般预算支出、GDP的比重每年分别保持在15%、2.6%以上。

（二）政府采购数字化转型目标成功实现。充分运用云计算和大数据技术，建立集网上交易、网上监管、网上服务于一体的政采云平台，被列入省政府数字化转型“8+13”示范项目，得到省委、省政府和财政部的充分肯定。政采云平台省外推广应用取得实质性突破，服务上海、重庆、湖南、广西、云南、青海、吉林、新疆、江苏无锡市、河北雄安新区和内蒙古乌海市等8省3市区，以及全国税务系统、国家体育总局等中央单位，累计交易规模突破7800亿元。

（三）政府采购促进高质量发展的政策效应不断显现。国产优先全面实现，国产采购比例每年保持在95%以上。促进中小微企业发展政策成效显著，授予中小微企业政府采购合同份额每年保持在80%以上。2017—2019年，节能环保产品采购占同类产品采购比例每年保持在80%以上，政采云平台累计上架节能产品约180万件，环保产品约150万件。杭州、湖州、绍兴列入国家支持绿色建材促进建筑品质提升试点城市。促进创新发展、支持脱贫攻坚等政策效应加快显现，制造（精品）馆累计入驻首台（套）等创新产品超过9000件，累计成交额约2亿元；农业（扶贫）馆销售我省加快发展地区，对口帮扶、援建地区农副产品，累计成交额超过3亿元。

（四）政府采购营商环境持续优化。实行严格的涉企规范性文件公平竞争审查制度，全面清理整治政府采购领域妨碍公平竞争的规定和做法，并公开清理结果。在全国率先实行采购文件事先公开制度。推进网上超市“全省一张网”，供应商签署一份电子承诺书即可入网，实现在线申请、实时办理，一地注册、全网通用。涵盖所有法定采购方式的电子交易系统全省域覆盖，供应商“一次都不用跑”。率先全面取消政府采购领域投标（响应）保证金、免收采购文件工本费，建立履约保证金最高比例制度，推行履约保函，降低政府采购交易成本。建立政府采购资金预付最低比例制度，加快政府采购资金支付进度。实施政府采购支持融资畅通工程，推行“政采贷”，融资转化率由3%提升至20%，贷款成本降低至4%—6%。

（五）政府采购事中事后监管进一步加强和规范。严格落实无法律法规依据不得审批、不得变相审批的要求，简化优化审核审批环节，提高审核审批效率。调整完成公务用车管理体制，实现“放得下、管得住”。扩大评审专家库规模，优化评审专家专业结构，规范评审专家抽取和使用。加强网上超市、网上服务市场价格监测、履约监管，规范在线询价、反向竞价采购缔约、履约。严格依法处理供应商投诉举报，切实保护供应商合法权益。建立健全法律顾问制度，切实防范法律风险。“十三五”时期全省投诉案件受理数量总体稳定，未出现异常增长。

（六）行政监管和行业自律相结合的政府采购监管模式初步构建。推动成立浙江省政府采购联合会，加强与高校、政府采购媒体合作，组织开展多层次多形式的政府采购业务培训。充分发挥会员单位的专业特长、协调优势，调解政府采购争议，化解政府采购纠纷。联合相关行业协会、研究机构研究制订《政府采购家具项目需求标准》《政府采购家具项目验收规范》，迈出浙江省政府采购需求标准化和履约验收规范化的第一步。

（七）政府采购宣传工作积极开展。2017年7月举办政采云平台全面推广暨嘉兴市全域应用启动仪式，2019年7月举办浙江省“互联网+政府采购”创新促进大会暨政采云“农业（扶贫）馆”“制造（精品）馆”上线发布会，2020年8月举办浙江省“政府采购支持融资畅通工程”发布会暨“政采贷”合作签约仪式，引起社会广泛关注。据新华社满意度调查结果显示，政采云平台用户满意度接近90%，

在充分肯定成绩的同时，也应当清醒地认识到，当前浙江省政府采购制度改革与政府采购制度的理想目标仍存在较大差距。具体表现在：一是采购人履行主体责任不够到位。现行政府采购评审机制客观上分解了采购决策权，采购人、采购代理机构和评审专家都按照程序履职，“大家在负责，大家都不负责”，导致对最后的采购结果谁也不负责，责任追究机制难以落实。二是采购交易制度管理较为粗放。现行采购交易制度单纯以金额划线确定采购方式，在实践中过度强调公开招标，客观上造成采购活动中低价恶性竞争与高价采购并存，采购效率和满意度有待进一步提高。三是采购政策传导机制不畅。首购、订购、预留份额、需求标准等政策措施的实施方式与现行采购预算、方式、评审及合同管理制度不适应、不匹配，采购政策与采购制度“两张皮”问题突出，很大程度上限制了采购政策实施效果。四是采购代理机构和评审专家的履职水平有待提升。社会中介采购代理机构低水平同质化恶性竞争现象较为突出，集中采购机构无论在业务水平还是服务质量上均有待提升，引领和示范作用发挥不明显。部分评审专家缺乏独立的专业评审精神，有损政府采购的公正性。

二、当前和今后一个时期浙江省深化政府采购制度改革的主要思路、总体要求和主要任务

为贯彻落实国家深化政府采购制度改革方案，省财政厅结合浙江省实际，研究制定《浙江省深化政府采购制度改革工作方案》，对全省深化政府采购制度改革工作作出了具体安排。

（一）改革的目标

构建以优质优价采购结果和用户反馈为导向，采购主体职责清晰、交易规则科学高效、监管机制健全、政策功能完备、法律制度完善、技术支撑先进，与浙江省高水平推进省域治理现代化相适应的现代政府采购制度。

（二）改革的基本原则

一是理顺政府采购主体与各方职责。落实权责对等要求，以确立采购人的政府采购主体职责为重点，理顺采购人、评审专家、代理机构、监管部门等政府采购各方主体的权利、义务与责任，形成授权合理、责任明晰、监督有力、问责严格的政府采购管理机制。

二是强化问题导向与绩效管理。聚焦政府采购体制机制存在的突出问题，以提高政府采购运行效率和采购绩效为重点，健全全过程绩效管理机制，推动政府采购监管从过程控制为主转向绩效

管理为主,促进优质优价、落实采购政策、增强公共服务能力。

三是坚持系统规划与分步推进。处理好长期规划与短期目标的关系,加强政府采购制度顶层设计,充分考虑当前管理和技术等现实条件,结合政府采购法律、行政法规、部门规章以及财政部相关规范性文件修订情况,分步实施、稳步推进。

四是突出"最多跑一次"改革牵引。以"最多跑一次"改革牵引政府采购制度各方面改革突破、见效,推动政府采购制度改革走在前列,持续把改革成果转化为制度优势、把制度优势转化为治理效能,推进政府采购治理现代化。

五是统筹对内改革与对外开放。适应推进更深层次、更高水平对外开放的要求,借鉴国际通行做法和成熟经验,优化政府采购市场竞争环境,创造性地贯彻落实政府采购政策,推动政府采购制度与国际通行规则接轨。

(三)改革的主要任务

1.以强化采购人主体地位为核心,全面落实"谁采购、谁负责"的采购责任制。一是明确采购人主体责任的范围。二是强化采购人采购需求和履约验收管理。三是压实采购人落实采购政策的责任。四是加强采购人内控管理。

2.以推进采购代理机构和专家业务转型为突破,提升政府采购专业化服务水准。一是转变集中采购机构业务重点。二是转变社会中介采购代理机构业务重点。三是转变政府采购专家业务重点。政府采购专家业务重点从项目决策向提供专业建议转变。

3.以保障各类市场主体平等参与政府采购活动的权利为落脚点,营造最优营商环境。一是实行负面清单管理。二是参与营商环境评价。三是提升市场主体参与政府采购活动的便利度。四是深化采购资金支持企业发展。五是推进政府采购领域信用体系建设。

4.以优化政采云平台功能为抓手,深入实施"互联网+政府采购"行动。一是优化政采云平台功能。二是全面推行政府采购项目电子交易。三是深化电子卖场建设。四是推动政采云平台可持续发展。

5.以建立行政裁决工作机制为契机,完善政府采购监管体系。一是修订完善政府采购制度。二是优化政府采购审核审批。三是强化政府采购事中事后监管。四是完善政府采购行政裁决工作机制。五是加强行业自律管理。

三、2021年主要工作安排

2021年是"十四五"的开局之年,也是深化政府采购制度改革全面破题之年,做好2021年的工作十分重要,着重要抓好以下几个方面工作:

(一)分解落实2021年深化政府采购制度改革任务。各地、各部门要对标对表浙江省《改革工作方案》的工作要求、时间要求,分解落实2021年的改革任务。对于要求"持续推进"的不涉及修法的改革任务,要赶早赶紧,争取主动;对于明确要求2021年底前完成的改革任务,要不折不扣地按时完成。

(二)持续做大做强政采云平台。按照"整体智治、高效协同"的要求和"一次都不用跑"、用户至上的理念,进一步优化政采云平台功能,推进全省域、全流程、数字化、可视化的系统集成、迭代升级,大幅提升用户满意度、获得感,确保政府采购数字化转型继续走在前列。继续拓展政采云平台省外推广应用,输出浙江经验、贡献浙江智慧。积极探索政采云平台专业化运营、市场化发展路子,继续抓好企业购、非政府采购领域的市场化应用模式,推动政采云平台可持续发展。

(三)加快推进政府采购长三角一体化。对标对表《推进沪浙政府采购一体化发展三年行动计划》的要求,协同推进沪浙两地政府采购制度共建共治共享,着力构建统一开放、竞争有序的区域政府采购市场体系,优化长三角区域政府采购营商环境,力争在采购标准统一、采购结果共享、监管结果互认等方面取得新进展,努力打造区域政府采购一体化建设示范样板。

(四)发挥政府采购创造性张力促进高质量发展。按照"改革破题、创新制胜"的要求,坚持问题导向,统筹兼顾、突出重点,创造性地贯彻落实创新、绿色、中小企业发展、脱贫攻坚等政府采购政策。做大做强制造(精品)馆,促进首台(套)装备、首批次新材料和首版次软件等创新产品的推广运用。按照"唯实惟先、善作善成"的要求,切实抓好支持创新发展和绿色建材推广应用试点工作,适时总结经验,着力解决试点工作中的难点堵点,确保财政部试点工作在浙江试出成果、试出经验。继续推进农业(扶贫)馆功能升级,逐年提高政府采购消费扶贫交易总量,构建消费扶贫长效机制。

(五)着力打造最优政府采购营商环境。按照"利民为本、法治为基"的要求,营造最优政府采购营商环境。实施负面清单管理,为政府采购各方主体设立"高压线"。完善信用体系建设,深化信用结果应用。健全行政裁决机制,提升在线投诉处理能力。巩固政府采购领域降费减负,切实降低企业成本。优化升级"政采贷"功能,拓宽银行合作渠道,提升政府采购金融服务能力,深入推进政府采购支持融资畅通工程,持续缓解中小微企业融资难、融资贵。

(六)加强执法执勤用车和特种专业技术用车管理。巩固公务用车管理体制改革成果,加强指导,强化管理,杜绝车轮上的腐败和浪费。继续会同省机关事务管理局抓好全省公务用车配置管理,配合做好公务用车的监督检查、统计报告。继续加强执法执勤车辆日常配置监管,深入研究行业系统特种专业技术用车配备使用标准。

(七)大力推进政府采购行业自律。指导和监督浙江省政府采购联合会加强行业自律管理,积极主动投入深化政府采购制度改革。要积极探索开展社会中介采购代理机构社会评价工作,引导社会中介采购代理机构加快业务转型。深入推进政府采购需求标准化、履约验收规范化。创新培训形式,提升培训质量,切实提高政府采购相关主体参与政府采购的能力,努力成为管理规范、服务优良的样板社会团体组织。

(八)持续深化党建引领,着力打造一支想干事、能干事、干成事、不出事的政府采购铁军。按照"五个过硬"的要求,强化政治意识,加强廉政建设和作风建设,切实提升财政政府采购监管干部队伍的政治素养、理论水平、专业能力、实践本领。

(2020年12月8日)

市县领导议财政

实现预算支出精确执行的途径探析

永康市政协副主席、财政局局长　朱彭年

预算执行管理是预算实施的关键环节，加强预算执行管理，提高预算执行率，对于提升财政管理水平和政府公共服务水平，具有重要意义。本文以永康为例，通过实践调研，分析原因、总结经验，从优化预算编制、严格预算执行、落实预算绩效管理等视角，探讨实现预算支出精确执行的途径和方法。

一、预算执行存在的主要问题及原因分析

（一）主要问题。一是项目预算执行率偏低。随着财政和各部门积极落实部门预算和相关财政支出管理规定，预算执行率总体有所提升。2017年，永康市国库集中支付管理的205家单位的综合预算执行率为92%，但尚有267个项目的预算执行率低于80%。2018年，国库集中支付管理的212家单位的综合预算执行率为96%，仍有143个项目预算执行率低于80%。二是专款专用执行不规范。专项资金使用不规范，如将专项经费用于其他支出；项目资金不对应项目用途使用，存在打“擦边球”现象；专项资金的拨付与项目实际进展存在时间差等。三是结余资金统筹力度不够。结余资金每两年统筹一次，但国库集中支付结转结余、基本建设、镇街区专户每年均存在不同程度结余，折射出大部分结余资金从预算安排到最终财政统筹，至少经历了两年的闲置期，并且存在应收款挤占结余资金的可能。

（二）原因分析。一是预算编制部门年初预算编制缺乏科学性和完整性。预算单位对预算的概念仅停留在争取更多的财政资金上，前期调研不充分，编制超过实际需要的预算。部分单位故意少报预算，目的是先上项目，再想方设法追加预算。部分单位将预算编制仅视为是财务人员工作，而财务人员对项目信息掌握不全，影响了预算编制的精准性。临时性、突击性工作无法及时调整或者追加预算，也影响着预算执行进度。二是预算编制与预算执行相脱节。镇街区一部分项目资金由职能部门负责编制预算，镇街区负责具体执行。职能部门对财政资金拥有支配权但不了解项目进展，不能根据项目开展情况统筹安排资金，而镇街区缺乏资金调配权，不能根据项目执行情况开展预算调整。三是部门单位执行内部控制制度不到位。部门单位缺乏完善的内控制度，部分单位即便建立了部门内控制度，执行往往流于形式，没有严格按照预算安排财政资金的使用，支出管理制度不健全，资金支出较随意。

二、实践探索

2019年以来，永康实施预算绩效管理，前移关口，构建预算编制“1+5”市县标准模型，建立基本支出、项目支出、综合开支、资产配置、投资强度等五套标准，以精准预算编制和全面绩效管理推动预算支出精确执行。

（一）构建基本支出标准。一是划清基本支出和项目支出边界。明确基本支出为工资福利、商品和服务、对个人和家庭的补助等3类。项目支出为政府投资项目、政策性项目、经常性项目、一次性项目等4类。二是基本支出分类分档定额。基本支出按人均标准、物均标准、限额标准、比例标准，建立预算定额管理机制和定额分类分档体系。三是规范编外用工管理办法。出台行政事业单位编外用工管理办法，明确用工范围、经费保障、薪酬待遇等，定额定编、动态管理。

（二）建立项目支出标准。一是项目必入库。除基本支出外的所有项目支出均纳入项目库管理，部门单位分轻重缓急，按政府投资项目和一般项目分类入库管理。二是突出管理重点。将公益性政府投资项目分为义务教育、幼儿园、医院、办公用房、保障性住房、市政道路、给排水、园林景观9大类项目进行管理。三是细管一般项目。按政策性、经常性、一次性的标准对项目进行分类，其中，政策项目细分为涉农、涉企、社会保障等3大类，经常性项目细分为会议培训、宣传活动、调研规划、系统运维、设备购置等11大类、49个二级分类、76个三级科目。

（三）设立投资强度标准。一是项目估算概算指标控制。按费用构成分设指标，一级指标以总建筑面积为测算基数，强化前期评估论证，二级指标以单体建筑为资金合理性测算依据。二是细化投资强度指标。房屋建筑、市政工程等按建筑类别分别确定指导价格，园林景观、安装项目类按主体建筑面积分摊进二级指标。三是规范预算控制和建设管理。明确建设项目估算、概算和预算管理等投资控制工作，建设、监管、勘察、设计、监理等责任履行。

（四）完善综合开支标准。一是完善制度规范。先后出台会议、公务接待、教育培训、党建活动、差旅、夜餐等开支管理系列规定。明确会议费、培训费、差旅费、出国费等综合性开支标准，实现综合性开支标准全覆盖。二是分项核定总额控制。会议费按一类、二类、三类会议，分别确定住宿、伙食及其他费用；培训费按培训类别，市内市外、自有租用等分项确定人均每天的标准；差旅费实行定额包干，限额控制。三是控制行政成本。严肃财经纪律，规范部门经费开支，加强行政成本控制，从严控制和压缩一般性支出。

（五）明确资产配置标准。一是建立通用标准。制定定额标准42条，明确办公家具、空调、电脑、打印机、复印机、多媒体设备等六大类部门通用办公设备资产配置定额、配置标准和固定资产最低使用年限。二是建立行业标准。不断推进不同行业资产配置标准，重点在义务教育、公共卫生等行业建立资产配置标准，制定完善义务教育资产配置标准，将义务教育资产配置按教学设施设备、实验仪器设备、学科设施设备、信息化设施设备、图书设施设备、后勤设施设备等6大类分别制定标准。三是规范资产管理。增设行政事业单位资产管理科，加强对存量资产的

监管，打通资产管理信息系统和预算编制信息系统的通道，在采购预算编制环节，由资产管理业务科室参与汇审。

三、进一步提高预算支出执行率的建议

途径一：实施严格的预算管理。一是细化预算编制，提高年初预算到位率。恪守“预算法定”原则，提早启动预算编制，年初项目预算编制细化到“项”。对于需要据实结算的教育、卫生、社保等重点支出，全面实行预拨清算制度，较之以往年度，2019年专项预留项目规模压缩近10.8%，以后年度仍需尽力压缩。对于预算能安排至部门的，不作财政预留，能细化至乡镇的，不预留部门二次分配。二是加强项目预算管理。落实专项资金管理职责，各类专项资金须由主管部门牵头，将资金落实到具体项目。严格规定3年“生命期”，对已到期或无终止期限的专项资金，原则上不再安排预算。三是严格落实预算追加规定。年度预算经市人大批准以后，非上级及本级党委、政府确定的重点项目，原则上不予追加经费。年初上级及本级党委、政府已确定的重点项目不报或少报预算，故意留待预算执行过程中追加的，追究相关负责人责任。四是完善镇街区财政管理体制。配足配好财务专业人员，合理划分事权和财力，加强项目预算与项目实施的衔接。如镇街区结余资金管理，可以按“一级政府一级财政”的要求，自有结余资金由镇街区自行统筹拼盘使用，预算部门分配的结余资金由财政统一收回统筹安排。

途径二：实施严格的支出执行管理。一是加快资金拨付。坚持基本支出按照均衡性原则支付，项目资金按项目实施进展或合同约定拨付，项目单位按规定合理安排资金拨付时间，确保“保工资、保运转、保基本民生”各项资金及时拨付到位。二是强化预算执行刚性。建立健全预算执行监控预警机制，建立预算执行进度按月通报机制，加强预算执行率考核，执行率偏低的，下年度预算控制数按一定比例核减。三是加强预算执行跟踪管理。对执行进度较慢的项目资金，按规定采取收回资金、调整用途等方式加快预算执行进度；对已完工的建设项目，及时验收并办理竣工财务结算，加快工程项目支出进度；对完工项目建立项目后评价制度，通过项目全过程的回顾与绩效评价，为政府投资项目全过程管理总结经验，提出可行性对策和建议。

途径三：加大结余资金清理力度。一是全面摸清底数，清理压缩存量财政资金规模。对结余资金和结转多年的项目资金，采用预算统筹安排、上缴财政、资金合并等多种方式，大力压缩部门存量财政资金规模。二是全面整合专项资金，发挥政策培育与引领双重作用。对涉农、涉企等一些多头管理、资金分配“低小散”“撒胡椒面”现象的专项奖补资金实施全面整合、专项管理，对重点领域、重点行业进行重点支持。强化专项资金绩效评价和激励，绩效显著的，下一年度预算优先安排。三是集中清理行政事业单位其他应收款。开展行政事业单位往来款项专项检查，对应收款占用项目资金结余等情况，要求单位及时收回款项，上缴结余资金。四是建立结余资金清理考核通报机制。各部门、镇（街、区）按季上报结余资金清理情况，由财政局连同预算执行进度情况汇总报市政府，采取通报、约谈、督办等手段，将促支出降存量与年度预算安排、政府部门绩效考核相挂钩。

（刊于《浙江财政研究》2020年第2期）

2020年1月17日，永康市开出全省首张往来电子票据

财政工作大事记

Zhejiang caizheng nianjian

浙江省

一月

1月3日　财政部公布《政府购买服务管理办法》，自2020年3月1日起施行。

1月9日　全省财政工作会议在杭州召开，省委书记车俊、省长袁家军作出批示，省财政厅党组书记朱忠明作工作报告。

1月10日　省财政厅会同省民政厅印发《关于印发浙江省民政社会事务及福利专项资金管理办法的通知》。

是日　浙江省十三届人大常委会第十七次会议决定任命朱忠明为浙江省财政厅厅长，免去其浙江省审计厅厅长职务；免去徐宇宁的浙江省财政厅厅长职务。

1月15日　省财政厅会同省气象局印发《浙江省公共气象服务专项资金管理办法》。

1月16日　省十三届人大三次会议审议通过省政府提出的2020年省级政府预算，同意省财政厅受省政府委托所作的《关于2019年全省和省级预算执行情况及2020年全省和省级预算草案的报告》，赞成率99.02%。

1月17日　省财政厅会同省生态环境厅印发《浙江省生态环境保护专项资金管理办法》。

是日　省财政厅会同省应急管理厅印发《浙江省安全生产及应急管理专项资金管理办法》。

是日　省财政厅印发《关于调整省级行政事业单位资产管理权限和流程有关事项的通知》。

1月19日　省财政厅会同省林业局印发《省级林业专项资金管理办法》。

是日　省财政厅党组召开会议，传达学习全国、全省"不忘初心、牢记使命"主题教育总结大会精神。省财政厅党组书记、厅长朱忠明主持会议并讲话。

1月21日　省财政厅印发《关于切实做好新型冠状病毒感染的肺炎疫情防控工作的紧急通知》，成立省财政厅新型冠状病毒感染的肺炎疫情防控工作领导小组，省财政厅党组书记、厅长朱忠明任组长。

1月22日　省财政厅印发《浙江省财政电子票据管理办法》。

是日　省财政厅印发《浙江省对口支援西藏那曲市和青海海西州资金管理办法》。

是日　浙编办函〔2020〕27号文件批准省财政厅所属的浙江省省级财政国库支付中心等10家事业单位机构编制规定。

二月

2月3日　省财政厅会同省发展改革委印发《浙江省推进长三角一体化发展奖补资金管理办法》。

2月6日　省财政厅会同省发展改革委印发《浙江省海洋（湾区）经济发展资金管理办法》。

2月12日　省财政厅会同省医保局、省卫生健康委印发《关于新冠肺炎疫情防控集中硬隔离费用承担问题的通知》。

2月14日　省财政厅印发《关于新冠疫情防控期间减免企业房租措施有关事项的通知》。

是日　省财政厅印发《关于坚决打赢疫情防控阻击战强化财政金融支持稳企业稳经济稳发展的通知》。

2月21日　省委、省政府印发《关于表彰2019年全省实施乡村振兴战略优秀单位的通报》，省财政厅获得全省实施乡村振兴战略优秀单位通报表彰。

2月24日　省财政厅印发《关于全力支持打赢疫情防控阻击战　确保财政收支平稳运行的通知》。

2月25日　省财政厅会同省广播电视局印发《浙江省广播电视事业发展专项资金管理办法》。

2月26日　省财政厅印发《关于持续深化"服务企业服务群众服务基层"活动的实施方案》。

2月27日　省政府办公厅印发《关于2019年度省政府部门绩效考评情况的通报》，省财政厅获评2019年度省政府部门绩效考评优秀单位，连续17年获此殊荣。

2月28日　省委财经委审议通过《关于2020年省级财政预算及重点项目资金安排建议的汇报》。

三月

3月3日　省财政厅召开全省财政系统统筹推进新冠肺炎疫情防控和经济社会发展工作部署视频会议，省财政厅党组书记、厅长朱忠明讲话。

3月4日　省财政厅向省农业融资担保有限公司拨付1亿元，专项用于补充公司注册资本金。

3月10日　省财政厅会同省经信厅、省卫生健康委印发《省级防疫应急物资保障财政资金支持政策操作细则》。

3月13日　省财政厅会同浙江省税务局印发《关于落实应对疫情影响房产税、城镇土地使用税减免政策的通知》。

3月17日　省财政厅向省担保集团增资10亿元，专项用于补充省再担保公司注册资本金。

3月20日　省财政厅会同省自然资源厅印发《浙江省自然资源专项资金管理办法》。

3月23日　省财政厅印发《关于有效应对新冠肺炎影响切实加强县级“三保”工作的通知》。

3月25日　省委第九巡视组对省财政厅党组开展巡视整改情况回访检查。回访检查组组长施利民主持召开回访见面会，省财政厅党组书记、厅长朱忠明作表态发言。

是日　省财政厅印发《关于全面推进和落实“乡镇公共财政服务平台＋一卡通”建设的意见》。

3月26日　省财政厅会同省残联印发《关于印发浙江省残疾人事业专项资金管理办法的通知》。

四月

4月1日　全省财政系统全面从严治党工作视频会议召开，省财政厅党组书记、厅长朱忠明作工作报告，省纪委省监委驻省财政厅纪检监察组组长徐首红讲话。

4月2日　省财政厅会同省药监局印发《药品安全监管专项资金管理办法》。

4月3日　省财政厅会同省委政法委等五部门印发《财政支持政法工作现代化三年行动方案(2021—2023)》。

4月13日　根据浙组干任〔2020〕7号文件，倪学军同志任浙江省财政厅党组成员。

4月15日　省财政厅会同省市场监管局印发《市场监管和知识产权专项资金管理办法》。

4月16日　省财政厅印发《关于落实落细受疫情影响企业减租减息减支联动措施的通知》。

4月17日　省财政厅会同省委宣传部印发《浙江省基层宣传文化专项资金管理办法》。

是日　省财政厅印发《关于落实落细受疫情影响企业减租减息减支联动措施的通知》。

4月21日　省财政厅印发《关于成立“三保”工作专班的通知》。

4月24日　省财政厅会同省委党史和文献研究室印发《浙江省党史和文献资料征编保护利用专项资金使用管理办法》。

是日　根据浙政干〔2020〕7号文件，倪学军同志任浙江省财政厅总会计师(试用期1年)。

4月28日　省财政厅会同省农业农村厅印发《浙江省农业农村高质量发展专项资金管理办法》。

4月29日　省财政厅党组理论学习中心组召开学习会，深入学习贯彻习近平总书记在浙江考察时的重要讲话精神。省财政厅党组成员、副厅长沈磊主持会议并作中心发言。省委直属机关工委委员、办公室主任周瑞忠到会巡听旁听。

是日　根据浙编办函〔2020〕109号文件，撤销省财务开发公司，并收回单位所有事业编制38名。

4月30日　省财政厅会同省发展改革委印发《浙江省发展与改革专项资金管理办法》。

是日　省政府办公厅印发《关于实施新一轮绿色发展财政奖补机制的若干意见》。

五月

5月6日　浙江省财务开发有限责任公司正式登记注册。

是日　国务院办公厅印发《关于对2019年落实有关重大政策措施真抓实干成效明显地方予以督查激励的通报》，浙江省财政预算执行、盘活财政存量资金、国库库款管理、推进财政资金统筹使用、预算公开等财政管理工作完成情况较好，连续4年获得督查激励。

是日　省财政厅印发《浙江省预算绩效运行监控管理办法》。

5月7日　省财政厅印发《浙江省财政票据印制管理办法》。

5月8日　省财政厅会同省司法厅印发《浙江省法律援助经费使用管理办法》。

5月11日　省财政厅会同省自然资源厅等三部门印发《浙江省矿山地质环境治理恢复与土地复垦基金管理办法(试行)》。

5月12日　省财政厅会同省审计厅、省扶贫办印发《关于组织开展全省基层财政资金管理专项检查的通知》。

5月17日　根据浙组干通〔2020〕193号文件,章启诚同志兼任浙江省财务开发有限责任公司董事、董事长、党委委员、书记,兼职不兼薪。

5月18日　根据浙委干〔2020〕52号文件,尹学群同志任浙江省财政厅党组书记,免去其中共金华市委副书记、常委、委员职务;免去朱忠明同志的浙江省财政厅党组书记职务。

是日　省财政厅会同省退役军人事务厅印发《浙江省优抚安置服务管理能力建设专项资金管理办法》。

5月20日　省委全面依法治省委员会印发《关于表扬2019年度法治浙江(法治政府)建设先进单位的通报》,省财政厅获得考核先进单位通报。

六月

6月5日　财政部印发《地方财政管理工作考核奖励资金的通知》,浙江省获得2019年财政管理工作绩效考核奖励资金6000万元。

6月6日　长三角一体化发展重大合作事项签约仪式在湖州市举行。上海市人民政府和浙江省人民政府签署《推进沪浙政府采购一体化发展框架合作协议》。

6月10日　省财政厅会同省建设厅印发《浙江省中央财政城镇保障性安居工程专项资金管理实施办法》。

是日　省财政厅印发《浙江省财政厅"两直"政策落实专班工作方案》。

是日　省财政厅党组召开扩大会议,学习贯彻2004年7月8日时任浙江省委书记习近平在省财政厅调研效能建设工作时的重要讲话。省财政厅党组书记尹学群谈学习体会,并提出工作要求。

是日　省财政厅党组召开会议,研究部署"建设清廉机关、创建模范机关"工作。

6月11日　省财政厅会同省发展改革委、省文化和旅游厅印发《浙江省诗路文化带建设资金管理办法》。

6月16日　省财政厅印发《关于持续整治形式主义突出问题提升基层减负实效的通知》。

6月24日　省财政厅会同省卫生健康委、省医保局印发《关于进一步深化医疗收费电子票据管理改革的通知》。

6月29日　省委财经委审议通过《抗疫特别国债和特殊转移支付资金分配建议方案》。

是日　省财政厅召开全省财政系统落实"两直"政策工作视频会议。省财政厅党组书记尹学群作讲话。

七月

7月8日　习近平同志调研省财政厅16周年之际,省财政厅举办学习习近平总书记关于财政工作的重要论述系列活动。邀请浙江日报集团副总编辑周咏南同志作主题讲座。厅党组书记尹学群主持讲座并讲话。

是日　省财政厅会同省林业局印发《浙江省中央林业草原生态保护恢复资金管理实施办法》《浙江省中央林业改革发展资金管理实施办法》。

是日　省财政厅印发《抗疫特别国债资金管理实施办法》。

是日　省财政厅印发《特殊转移支付资金管理实施办法》。

7月9日　省财政厅会同省供销社印发《浙江省供销合作社财政扶持资金管理办法》。

7月10日　省财政厅会同浙江省税务局印发《关于调整明确部分应对疫情影响房产税、城镇土地使用税减免政策的通知》。

7月16日　省财政厅党组理论学习中心组召开学习会,学习《习近平谈治国理政》第三卷。省财政厅党组书记尹学群主持会议并作中心发言。

7月22日 省财政厅党组书记尹学群赴嘉善县调研长三角生态绿色一体化发展示范区建设情况，了解当地经济社会发展及财政收支运行和“两直”资金落实情况。

7月27日 省财政厅党组书记尹学群在省直单位厅局长工作交流会上以《以更加积极有为的责任担当落实更加积极有为的财政政策》为主题作交流发言。

7月27日 财政部印发财政简报第8期《浙江省建立“一池一码三减三清单”推动中央直达资金精准高效落地》，将我省经验向全国推广。

7月31日 浙江省十三届人大常委会第二十二次会议决定任命尹学群为浙江省财政厅厅长；免去朱忠明的浙江省财政厅厅长职务。

是日 浙江省第十三届人民代表大会常务委员会第二十三次会议审议通过《浙江省人民代表大会常务委员会关于资源税具体适用税率等事项的决定》。

是日 省十三届人大常委会第二十二次会议审议通过《关于浙江省2019年财政总决算和省级财政决算草案的报告》和《浙江省2020年1至6月财政预算执行情况的报告》。

是日 省十三届人大常委会第二十二次会议审议通过《关于2020年新增抗疫特别国债和地方政府债务省级预算调整方案（草案）的报告》。

八月

8月3日 省财政厅会同省建设厅印发《浙江省美丽城镇建设资金管理办法》。

8月4日 省财政厅会同省委政法委等三部门印发《浙江省省以下法院检察院财物统一管理改革实施方案（试行）》。

8月11日 省财政厅印发《浙江省财政厅“服务部门、服务项目、服务市县”工作方案》。

8月12日 省财政厅会同省档案局印发《浙江省重点档案保护与开发专项资金管理办法》。

8月13日 浙江省“政府采购支持融资畅通工程”发布会暨“政采贷”合作签约仪式在杭州举办。副省长朱从玖出席活动，省财政厅党组书记、厅长尹学群致辞。

8月14日 省财政厅印发《省级党政机关和事业单位所属企业分类处置实施办法》。

8月15日 省财政厅党组书记、厅长尹学群赴安吉县调研“田园鲁家”田园综合体建设和乡村振兴推进工作。

8月19日 省财政厅印发《关于在部分省级单位开展差旅费双轨制报销试点的通知》。

8月21日 省财政厅会同省教育厅印发《浙江省引进高水平大学省级引导资金管理办法》。

8月26日 省财政厅印发《区域协调财政专项激励资金竞争性分配工作方案》。

8月27日 省委组织部黄建发部长走访调研省财政厅，厅党组书记、厅长尹学群作工作汇报。

8月28日 省财政厅党组召开扩大会议，传达学习习近平总书记在扎实推进长三角一体化发展座谈会上的重要讲话精神和省委常委会会议精神。省财政厅党组书记、厅长尹学群主持会议并讲话。

8月4日—6日 全省财政局长培训班在杭州举办。省财政厅党组书记、厅长尹学群作财政业务主题报告，厅党组成员、副厅长章忠良参加开班式并作动员讲话。

九月

9月1日 是日起，浙江省实施《中华人民共和国资源税法》。

9月8日 省财政厅党组书记、厅长尹学群带队赴淳安县调研，实地察看千岛湖临湖综合整治项目，考察下姜村建设发展情况，听取杭州市财政“十四五”规划编制情况和淳安县财政工作情况汇报。

9月11日 省财政厅党组召开会议，传达学习习近平总书记在全国抗击新冠肺炎疫情表彰大会上的重要讲话精神以及习近平总书记对制止餐饮浪费行为的重要指示精神。省财政厅党组书记、厅长尹学群主持会议并讲话。

是日 省财政厅党组召开扩大会议，传达学习袁家军书记在省委党校秋季学期开学典礼上的重要讲话。省财政厅党组书记、厅长尹学群主持会议并讲话。

9月18日 省财政厅党组书记、厅长尹学群带队赴西湖大学开展大调研活动。

9月25日　省财政厅会同省发展改革委、省经信厅、省科技厅印发《关于进一步完善省级新能源汽车推广应用财政奖补政策的通知》。

是日　省财政厅会同省民宗委印发《浙江省宗教团体、宗教院校和宗教活动场所财务管理办法(试行)》。

十月

10月9日　省财政厅会同省人力社保厅印发《浙江省人力社保专项资金管理办法》。

是日　省财政厅印发《浙江省项目支出绩效评价管理办法》。

10月12日　省财政厅会同省水利厅印发《浙江省水利建设与发展专项资金管理办法》。

10月14日　省财政厅党组召开扩大会议,传达学习习近平总书记在中央党校(国家行政学院)中青年干部培训班开班式上的重要讲话精神。省财政厅党组书记、厅长尹学群主持会议并讲话。

10月15日　省财政厅党组书记、厅长尹学群带队赴之江实验室开展大调研和“三服务”活动。

10月20日　省财政厅会同省消防救援总队印发《浙江省消防救援资金管理办法》。

10月21日　财政部副部长许宏才在《践行新发展理念　防控地方债风险——浙江临海市促发展与防风险并举的创新经验》上批示“浙江省的做法,值得肯定。”

10月30日　省财政厅印发《关于进一步优化会计师事务所审批并对分所审批实行告知承诺改革的通知》。

是日　省财政厅党组理论学习中心组召开学习(扩大)会,学习党的十九届五中全会精神和习近平总书记重要讲话精神,厅党组书记、厅长尹学群主持会议并作中心发言。

是日　省财政厅会同省林业局印发《浙江省森林质量财政奖惩办法》。

10月21日—22日　财政部党组成员、副部长邹加怡带队赴浙江就农信联社改革开展专题调研。

10月15日—11月14日　省财政厅党组委派巡察组,对下属省农业融资担保有限公司开展巡察。

十一月

11月1日　省财政厅党组成员、副厅长邢自霞参加全国财政国际财金合作工作会议,作主旨发言,介绍浙江省外债管理的先进经验。

11月4日　省财政厅会同省农业农村厅等五部门印发《关于进一步推进全省农业信贷担保工作的实施意见》。

11月5日　省财政厅印发《浙江省预算绩效管理成果应用办法》。

11月6日　省财政厅印发《浙江省财政支出政策绩效评价管理办法》。

11月11日　省财政厅召开党的十九届五中全会精神专题学习会,深入学习习近平总书记在党的十九届五中全会上的重要讲话和全会文件精神。省财政厅党组书记、厅长尹学群主持会议并讲话。

11月18日　省财政厅印发《关于全省中介机构从事代理记账业务审批实行告知承诺改革的通知》。

11月19日　省财政厅党组召开扩大会议,第一时间传达学习省委十四届八次全会精神。省财政厅党组书记、厅长尹学群主持会议并讲话。

11月23日　省财政厅印发《关于加强省对市县转移支付绩效管理的指导意见》。

11月25日　省十三届人大常委会第二十五次会议审议通过《2019年度全省国有资产管理情况的综合报告》和《2019年度全省金融企业国有资产管理情况的专项报告》,首次专项报告我省金融企业国有资产管理情况。

11月30日　省政协副主席陈铁雄赴省财政厅调研指导工作。

十二月

12月1日　是日起,浙江省正式实施境外旅客购物离境退税政策。

12月2日　省政府办公厅印发《浙江省国有金融资本出资人职责实施规定》。

是日　省财政厅印发《浙江省深化政府采购制度改革工作方案》。

12月6日　省委、省政府印发《关于深化医疗保障制度改革的实施意见》。

12月8日　省财政厅印发《规范第三方机构参与预算绩效管理工作办法》。

12月9日　省政府办公厅印发《浙江省交通运输领域财政事权和支出责任划分改革实施方案》。

是日　财政部副部长廖岷在《浙江财政以数字化转型为基础探索地方债风险防范化解新途径》上批示："很好的探索！"

12月10日　省财政厅印发《关于建立淳安特别生态功能区财政体制政策的通知》。

12月11日　省政府办公厅印发《浙江省科技领域财政事权和支出责任划分改革实施方案》。

12月15日　省政府印发《关于规范企业职工基本养老保险省级统筹制度的实施意见》。

是日　省财政厅印发《2020年度省与市县财政年终结算办法》。

12月16日　省财政厅召开务虚会，进一步认真学习、深刻领会党的十九届五中全会和省委十四届八次全会精神。省财政厅党组书记、厅长尹学群主持会议并讲话。

是日　省财政厅会同省委宣传部印发《浙江省国有文化资产管理委员会工作规则》。

是日　根据浙财党〔2020〕72号文件，倪学军同志任中共浙江省注册会计师资产评估行业联合委员会书记，沈磊同志不再担任中共浙江省注册会计师资产评估行业联合委员会书记职务。

12月17日　浙江担保集团对全省三家市级政府性担保机构股权投资签约仪式在杭州市举行。

12月18日　省财政厅会同省应急管理厅印发《浙江省中央自然灾害救灾资金管理暂行办法实施细则》。

是日　省财政厅印发《中共浙江省财政厅党组关于印发浙江省财政厅学习贯彻党的十九届五中全会精神和省委十四届八次全会精神工作方案的通知》。

是日　省财政厅会同省教育厅、省人力社保厅印发《浙江省学生资助资金管理办法》。

是日　省财政厅印发《浙江省省级行政事业单位内部控制指引》。

12月19日　省政府办公厅印发《浙江省教育领域财政事权和支出责任划分改革实施方案》。

12月21日　根据浙直组〔2020〕123号文件，林仁方同志任省财政厅直属机关党委书记。

是日　省政府办公厅印发《浙江省应急救援领域财政事权和支出责任划分改革实施方案》。

12月22日　省政府办公厅印发《浙江省生态环境领域财政事权和支出责任划分改革实施方案》。

12月25日　省政府办公厅印发《浙江省自然资源领域财政事权和支出责任划分改革实施方案》。

是日　省财政厅会同省人力社保厅、省自然资源厅联合出台《浙江省被征地农民养老保障资金管理办法》。

是日　省财政厅印发《关于全面强化和规范乡镇财政管理的实施意见》。

12月28日　根据浙组批〔2020〕79号文件，浙江省省级财政国库支付中心、浙江省财政票据管理中心、浙江省财政项目预算审核中心、浙江省省级部门预算编制中心、浙江省财税政策研究室5家单位继续参照公务员法管理。

12月30日　省财政厅会同省人力社保厅印发《浙江省企业职工基本养老保险基金省级统筹责任分担办法》。

是日　省财政厅会同省卫生健康委、省医保局印发《浙江省医疗卫生领域转移支付资金管理办法》。

12月30日　省财政厅党组召开扩大会议，传达学习中央经济工作会议和省委经济工作会议精神。省财政厅党组书记、厅长尹学群主持会议并讲话。

12月31日　省财政厅印发《关于加强会计人员信用建设的指导意见》。

是日　省委办公厅会同省政府办公厅、省军区办公室印发《浙江省国防领域财政事权和支出责任划分改革实施方案》。

是日　省财政厅会同省人力社保厅、浙江省税务局印发《浙江省企业职工基本养老保险基金预算管理办法》。

是日　省财政厅印发《关于支持安吉县新时代县域践行“绿水青山就是金山银山”理念综合改革创新试验区建设的通知》。

（浙江省财政厅供稿　俞　薇执笔）

杭州市

1月1日　经杭州市政府常务会议审议通过，《杭州市市级国有资本经营预算管理办法》自2020年1月1日起施行。

1月17日　杭州市争取到2020年提前批新增其他项目收益专项债券21.80亿元，涉及铁路、轨道交通、供水工程等重点领域和民生项目。债券投入领域首次从棚改、土储拓展到经济社会发展各领域。

1月22日　杭州市财政局成立新型冠状病毒感染的肺炎疫情工作防控领导小组，局党组书记、局长谢建华任组长。

1月29日　杭州市财政局向市卫健委拨付首笔疫情防控资金3000万元。

1月30日　杭州市财政局召开全市财政系统疫情防控钉钉电视电话会议，履行财政职能、强化经费保障，助力打好疫情防控攻坚战。

2月3日　杭州市财政局启动“党员进社区、助力到一线”志愿服务行动，参与社区一线疫情防控工作。

2月5日　杭州市财政局局党组书记、局长谢建华及副局长许杭、总会计师汪生祥、党组成员毛慧敏一行赴市卫健委和红十字会上门服务，慰问疫情防控一线工作人员。

2月6日　杭州市财政局召开紧急会议，传达市委、市政府关于对区、县（市）、钱塘新区、风景名胜区疫情防控开展全面排查的通知精神，局党组书记、局长谢建华就市财政局排查钱塘新区疫情防控工作做具体部署。

2月6日—9日　杭州市财政局工作组累计排查钱塘新区下属的7个街道、50个社区、59个村的685户隔离点（计1903人），以及3个集中隔离点。

2月15日　杭州市财政局局领导带队分赴钱塘新区各片区、各平台开展复工复产服务指导。

2月19日　杭州市财政局上线区块链捐赠电子票据功能，市红十字会开出全省第1张区块链捐赠电子票据。

3月12日　浙江省财政厅副厅长、一级巡视员陈焕昌带队到杭州市财政局调研财会监督工作。

3月13日　杭州市财政局召开专题会议，部署“驻万企、帮万户”活动。

3月25日—27日　杭州市财政局首次将传统党员春训搬上“钉钉”直播平台，联动“助万企、帮万户”驻点服务街道乡镇，开展为期三天的党员“云春训”。

3月27日　杭州市财政局会同市商务局通过支付宝平台启动首期消费券200万份发放工作。

4月23日　杭州市委、市政府召开全市推进疫情防控补短板堵漏洞强弱项暨深化作风建设和综合考评大会，市财政局连续12年获综合考评优秀单位。

4月27日　经杭州市第十三届人民代表大会第五次会议审议，全票通过《杭州市及市本级2019年预算执行情况和2020年预算草案的报告》。

5月11日　杭州市财政局在杭州市政府采购网发布“星级榜”，加强政府采购代理机构监管。

5月18日　全省“学习强国”学习平台学习交流暨2019年度“学习之星”授奖大会举行，杭州市财政局机关十支部获2019年度“学习强国”浙江“学习之星”先进组织荣誉称号。

5月22日　中共杭州市委全面依法治市委员会办公室召开法治杭州建设推进会，市委副书记、政法委书记张仲灿，市委常委、常务副市长戴建平，市人大常委会副主任陈红英，市政协副主席冯仁强参加会议，市财政局党组副书记龚萍代表市财政局做交流发言。

6月5日　杭州市人大常委会副主任徐小林，财经工委主任骆寅，财经工委副主任毛文峰、王剑瑛等一行到市财政局调研指导工作。

6月15日　杭州市财政局党组书记、局长谢建华带队赴市地铁集团开展调研。局领导龚巍、汪生祥、毛慧敏及相关处室负责人参加。

6月18日　根据杭组干通〔2020〕36号文件，张海艳同志任中共杭州市财政局党组成员。

7月6日　根据杭政干〔2020〕16号文件，张海艳任杭州市财政局副局长（试用期一年）。

7月15日　杭州市财政局党组书记、局长谢建华一行赴蚂蚁金服集团调研，了解企业发展诉求，听取企业对财政工作的意见建议。

7月20日—21日　杭州市财政局副局长许杭、副局长龚巍及相关业务处室负责人做客FM89杭州之声《民情热线》，重点围绕疫情防控和复工复产，与听众直播热线互动，宣传财政政策，解决民生实事。

7月22日　杭州市财政局召开市局警示教育活动动员部署暨全市政府投资预算管理廉政风险警示教育大会。

7月23日　杭州市财政局申报的“公职律师普法团”项目获评杭州市第四批重点普法项目。

7月24日　根据杭组干通〔2020〕44号文件，免去朱党斐同志的中共杭州市财政局党组成员职务。

8月1日　根据杭政干〔2020〕18号文件，免去朱党斐的杭州市财政局副局长职务。

8月3日　杭州市十三届人大代表上城中心组视察市财政局。

8月9日　杭州市人民政府印发《关于进一步严格财政支出管理的通知》（杭政函〔2020〕77号）。

8月31日　受杭州市政府委托，市财政局党组书记、局长谢建华向市十三届人大常委会第二十九次会议作《杭州市本级2019年决算草案和2020年上半年预算执行情况》的报告，经市人大常委会审议，全票通过。

9月4日　杭州市财政局召开局党组理论学习中心组（扩大）会议集中学习民法典。

9月10日　杭州市财政局以线上直播的形式召开2021年市级部门预算编制布置暨培训会，启动2021年市级部门预算编制工作。

9月16日　杭州市财政局邀请财政部条法司司长贾荣鄂为全市财政系统干部宣讲预算法实施条例。

9月23日　杭州市财政局党组召开杭州市注会评估行业党建工作推进会，推进行业党组织层级化管理改革。市委组织部副部长、市委两新工委书记虞文娟，省注会评估行业联合党委副书记、省注协秘书长、省会服中心主任韩江南，市财政局党组书记、局长谢建华及班子成员出席会议。

是日　杭州市财政局印发《杭州市本级行政事业单位国有资产处置管理办法》（杭财资〔2020〕19号）。

9月29日　杭州市财政局组织开展岗位技能比武，240名干部职工参加比武考试。

10月19日　中国财政科学研究院“税费评估专题”调研组来杭州调研减税降费情况。市财政局副局长张海艳、相关处室负责人、市直有关单位负责人以及部分企业代表参加座谈。

10月21日　杭州市财政局党组书记、局长谢建华赴市卫健委调研公共医疗卫生服务工作，开展“走亲连心”三服务活动，副局长许杭、副局长张海艳及相关处室负责人参加。

11月4日　杭州市政府召开推进政府债务管理和防范化解隐性债务会议，分析总结2020年政府债券资金使用和隐性债务化解情况，研究部署下一阶段工作。

11月5日　杭州市财政局考评办召开行风与效能监督员座谈会。局党组副书记龚萍、驻局纪检组组长阮华兴和相关处室负责人参加。

11月16日—20日　杭州市财政局与市委组织部共同举办全市领导干部政府财政治理能力提升专题培训班。市委组织部常务副部长骆安全出席开班仪式并讲话。各区、县（市）政府分管领导、财政局局长，部分市直单位相关领导，市财政局有关领导及处室（单位）负责人等近60人参训。

11月19日　清华大学《2020年中国市级政府财政透明度研究报告》发布，杭州市在294个地级及以上城市中名列第二。

11月23日　浙江省人大常委会预算工委副主任王柏能带队对杭州市2019年度防范化解地方政府隐性债务风险专项行动实施情况和2020年新增债券资金使用情况开展第三次专项督导。

11月27日　杭州市财政局举办岗位技能比武"业务小课堂"现场展评活动。

11月30日　杭州市财政局开展以"深入学习宣传习近平法治思想　大力弘扬宪法精神"为主题的第三个宪法宣传周暨"12·4"国家宪法日"一二一"系列宣传活动。

12月29日　杭州市财政局妇委会召开第七次妇女代表大会，完成换届选举，成立新一届妇委会。大会审议并通过第六届妇委会工作报告，选举产生第七届妇委会委员，严晓红等5人当选。

12月31日　杭州市常务副市长戴建平一行莅临市财政局，走访慰问财政干部职工。

（杭州市财政局供稿　刘　淮执笔）

宁波市

1月27日　宁波市财政局召开党组扩大会议，传达学习中央、省、市有关会议精神，研究部署市财政系统下一步新型冠状病毒肺炎疫情防控工作。

2月6日　宁波市委副书记、市长裘东耀赴市财政局对口的海曙区西门街道实地调研疫情防控工作，充分肯定市财政局配合西门街道做好社区疫情防控工作，勉励财政干部们继续战斗、圆满完成疫情防控任务。

2月25日　宁波市财政局召开局党组(扩大)会议，学习传达中央和省市统筹推进疫情防控和经济社会发展会议精神，研究布置下步财政支持做好疫情防控和推进经济社会发展各项工作。

3月18日　宁波市财政局党组书记黄焕利实地调研市财政局对口帮扶的市重点物流企业和海曙区西门街道企业，了解企业复工复产和相关扶持政策贯彻落实情况。

3月24日　宁波市财政局会同人民银行宁波市中心支行、市金融办、市经信局联合召开"微担通"专项政策工作部署会议。

3月25日　宁波市财政局召开全市财政工作会议。

4月1日　宁波市财政局召开"智慧财政"建设工作推进会。

4月3日　宁波市财政局召开脱贫攻坚工作领导小组办公室成员单位会议。

4月8日　宁波市财政局被市委、市政府评选为2018—2019年度市级文明机关标兵单位。

4月24日　宁波市财政局召开全市法治财政建设工作培训研讨会。

5月7日　宁波市财政局党组召开巡察工作动员会，市纪委常务副书记、市监委副主任、市委巡察工作领导小组成员印黎晴，市委第七巡察组全体成员，市财政局班子成员，近三年退休的副局级以上干部和离退休党支部书记，局机关四级调研员以上干部，局直属事业单位副处职以上干部，市纪委市监委驻市财政局纪检监察组全体成员参加会议。

5月13日　宁波市财政局局长姚蓓军、副局长高国平赴象山县、宁海县走访调研基层运转保障情况。

5月15日　宁波市财政局会同市经信局组织举办2020年"创客中国"宁波市中小企业创新创业大赛。

6月12日　宁波市财政局主持召开房地产清理整顿推进工作座谈会。市机关事务局、市自然资源和规划局等48家市级主管部门及宁波文旅集团、市商贸集团、市粮食收储公司资产工作负责人参加了座谈。

6月15日　宁波市财政局党组理论学习中心组开展宁波当好浙江建设"重要窗口"模范生大讨论。

6月15日—16日　宁波市财政专题工作会议召开。

6月29日—30日　浙江省彩票监管工作组来宁波市开展彩票监管专项调研指导。

7月1日　宁波市财政局举行庆祝中国共产党成立99周年大会暨专题党课报告会。局党组书记黄焕利作《勇当"重要窗口"模范生》专题党课。

7月2日　宁波市财政局召开全市财政系统落实"两直"政策工作视频会议。

7月8日　宁波市财政局召开全市财政国库工作座谈暨"两直"资金预算执行业务培训会。

7月23日　浙江省财政厅来宁波市开展政府非税收入和财政

票据管理专项检查，各区县（市）财政局和国资委、司法局、资规局、农业农村局等13家单位参加部署会。

7月29日　宁波市财政局网站被市文明办、市委网信办评选为2018—2020年度宁波市文明网站。

8月17日　宁波市财政局召开财政专题业务工作会议。副局长高国平通报近年来审计发现的主要问题。局长姚蓓军就审计反映的问题进行全面分析，并提出整改要求。

8月10日—12日、19日—21日　宁波市会计学会分2期举办2020年度全市高级会计人员继续教育培训班。

8月31日　宁波市2021年预算编制工作布置会议召开。

9月3日—4日　财政部行政政法司司长王瑛携中央政法委等一行5人，来宁波市调研指导司法体制改革——财物统管改革工作。

9月16日—17日　财政部国际财金合作司调研组一行，来宁波市调研国际金融组织和外国政府贷款赠款创新示范成果。

9月25日　中共宁波市财政局机关委员会召开党员代表大会。会议选举产生新一届机关委员会和机关纪律检查委员会。

是日　广州市财政局局长陈雄桥带领调研组来宁波市财政局调研国有金融资本管理有关做法。

10月13日—14日　财政部专项工作督导组来宁波市财政局督导检查预算管理一体化系统建设工作进展情况。

10月24日—25日　宁波市财政局组织开展全市2020年度预算管理业务培训。

10月27日　世界银行项目管理团队来宁波市进行世行贷款宁波垃圾分类二期项目鉴别，世界银行中国局局长马丁·芮泽(Martin Raiser)先生、财政部国际财金合作司和国家发改委环资司领导一同参加项目鉴别总结会并考察宁波与世界银行合作的垃圾分类一期项目。

10月29日　宁波市政府召开国有金融资本管理专题会议。市委副书记、市长裘东耀主持会议并讲话。市财政局局长姚蓓军对《中共宁波市委　宁波市人民政府关于完善国有金融资本管理的实施意见》《宁波市国有金融资本出资人职责暂行规定》等市委、市政府关于完善国有金融资本管理的纲领性文件进行解读，并说明下步工作安排。

11月12日　宁波市直机关工委副书记郎客宾一行来市财政调研指导，并召开座谈会详细了解局党建工作情况。

11月17日　宁波市财政局召开区县（市）财政局长专题会议，部署全年组织收入和债务管理等工作。

11月20日　宁波市2019年政府采购信息统计工作获财政部通报表彰，此项工作连续7年受到财政部通报表彰。

12月4日　中国资产评估协会党委书记、秘书长张更华一行来宁波市财政局调研行业工作。

12月7日　宁波市财政局召开第九次妇女代表大会，大会选举产生第九届妇委会委员。

12月16日　宁波市财政局召开局工会第七次会员代表大会，进行局工会委员会换届选举。

12月18日　宁波市会计学会第九届会员代表大会暨第九届理事会第一次会议在宁波召开，会议选举产生新一届理事会。

12月23日　宁波市政协副主席、慈溪三塘横江市级河道河长张明华由宁波市财政局党组成员、副局长、慈溪三塘横江市级河道执行河长竺培楠陪同，赴慈溪三塘横江流域实地巡查坎墩街道河段和长河镇河段的河道治理和水质情况。

（宁波市财政局供稿　范　雯执笔）

温州市

1月20日　温州市财政局召开市级行政事业单位所属企业改革资产划转专题会议，贯彻落实市委、市政府《温州市深化市级国有企业改革实施意见》精神。

是日　温州市国有金融资本管理有限公司在市财政局正式揭牌成立。

3月20日　温州市财政局线上召开"'激扬奋战士气，决胜全年目标'暨'五好服务提升年'活动推进会"，表彰先进，部署下一步工作。

4月14日　温州市财政局召开国有存量资产盘活专题研讨会，重点研究安置房划拨土地转出让等相关问题。

4月17日 温州市财政局召开党组理论学习中心组扩大会暨专题学习会，深入学习习近平总书记在浙江考察时的重要讲话精神。

4月20日 温州市财政局联合市发改委召开温州市专项债券项目谋划工作培训会议。

4月21日 温州市财政局召开2020年度全市财政系统全面从严治党工作视频会议。

4月22日 温州市财政局党组书记、局长陈宣安受市人民政府委托，在市第十三届人民代表大会第三次会议上作《关于温州市2019年全市和市级预算执行情况及2020年全市和市级预算草案的报告》。该报告于4月24日通过审议。

4月30日 浙江省金融控股有限公司党委委员、浙江省经委、省监委派驻公司经检监察组组长王建国一行来温州市开展“上门送‘1+3’服务”活动。温州市人民政府副市长殷志军参加会见，市政府副秘书长陈栋主持召开座谈会，市财政局、市国有金融管理公司参与座谈。

5月11日 温州市财政局组织召开巡察整改报告典型案例解析暨“万人双评议”活动方案解读会。

6月4日 温州市财政局、市经信局联合举办首场“产融合作·动能迭变”企业与基金对接会活动。长三角产业升级股权投资基金温州办事处负责人就基金组成情况、主要投资方向、运作模式等为参会企业进行详细讲解。

6月5日 温州市财政局召开领导干部违规参与民间借贷和违规从事营利活动专项整治动员部署会。

6月24日 温州市财政局召开落实“两直”政策工作座谈会，各县(市、区、功能区)财政局相关人员参加。会议传达省财政厅落实“两直”政策专题会议相关精神，并就如何做好直达资金监控工作提出要求。

7月22日—24日 浙江省财政厅党组成员、副厅长沈磊一行来温开展“两直”政策资金落实督查工作。

8月7日 财政部办公厅调研处处长唐在富一行来温州市开展基层“三保”情况调研，调研组一行赴温州市瓯海区、瑞安市开展基层调研工作。

9月17日 温州市财政局在苍南县举办全市财政专项扶贫资金“折股量化”扶贫试点工作现场会。

9月22日—24日 浙江省财政厅二级巡视员尹红平一行来温州市开展大调研活动，谋划财政“十四五”规划和今后一个时期财政工作思路。

10月12日 温州市财政局召开全市“两直”工作推进会暨局长例会，会议就应急物资保障资金使用作下一步工作要求，并针对专项债支出情况和项目开工情况作相关部署动员。

10月14日 温州市委副书记、市长姚高员赴市财政局调研近期财政重点工作。市财政局分别就2021年部门预算安排、市区公共财政体制等相关情况作汇报说明。市委常委、常务副市长陈建明陪同调研。

10月16日 2020年度温州市政府产业基金第一次投资决策会议在市财政局召开。会议听取并审议通过市财务开发公司关于温州金控文化产业基金拟投资方案。

11月16日 全省财政监督工作会议在温州市平阳县召开。会议总结“十三五”以来全省财政监督工作取得的成效，分析当前财政监督和绩效管理等方面面临的新形势新任务新挑战，并就下阶段财政监督各方面工作进行部署。

12月23日 浙江省委直属机关工委常务副书记郑才法一行莅临温州市财政局调研机关党建工作。

(温州市财政局供稿　李　侠执笔)

嘉兴市

1月10日 嘉兴市人民政府任命陈海明同志为嘉兴市人民政府国有资产监督管理委员会总会计师。

1月22日 嘉兴市财政局建立新型冠状病毒感染疫情防控工作机制，成立新型冠状病毒感染肺炎疫情防控工作领导小组，制定防控疫情应急预案。

1月23日—3月2日 浙江省重大公共突发卫生事件一级响应期间，嘉兴市财政局进入疫情防控紧急状态，实行轮岗值班制度和防控情况零报告制度。组建财政政策落实专班和企业复工复产专班，出台疫情防控人员保障、设备物资保障、应急物资采购、库款资金拨付等制度。组织10名选派干部进驻10家规上企业指导监督企业疫情防控工作，全局124名党员组成党员先锋队，开展“党徽在胸前，人民在心中”活动，进行政策宣讲服务、高速出口执勤、村社区卡点执勤、口罩制作分装、群防群治、义务献血、党员募捐等志愿活动，支持疫情防控和复工复产。

2月19日　嘉兴市财政局建立领导干部联系县（市、区）财政局制度。

2月28日　经嘉兴市直机关党工委批复同意，沈建忠同志任中共嘉兴市财政局机关委员会委员、书记；免去吴贵敏同志中共嘉兴市财政局机关委员会书记、委员职务。

4月21日　嘉兴市财政局召开全市财政工作暨全面从严治党工作会议。会议表彰2019年先进集体和先进个人，局长王申峰与各分管局领导签订《党风廉政建设责任书》，并作工作报告。

4月26日　中共嘉兴市财政局委员会成立巡察整改工作领导小组，落实市委巡察领导小组要求，加强巡察反馈意见的整改工作。

5月12日　嘉兴市财政局印发《2020年度财政监督检查工作计划》，安排检查项目26个，涉及资金108.54亿元。

5月13日　嘉兴市人民政府办公室印发《嘉兴市级政府专项资金管理办法》。

5月19日—20日　浙江省财政厅副厅长、一级巡视员陈焕昌带队到嘉兴市本级、海宁市、平湖市调研预算绩效管理、政府购买服务、统一公共支付平台及财政电子票据等改革推进情况。

5月20日　嘉兴市财政局成立“百年百项”等政府投资项目督查领导小组，局党委书记、局长王申峰任组长。

5月27日　浙江省财政厅党组成员，省金融控股公司党委书记、董事长章启诚带队赴嘉善县调研“上门送‘1+3’服务”进展情况。嘉善县委副书记、县长徐鸣阳，嘉兴市财政局党委书记、局长王申峰等参加调研。

6月10日　嘉兴市财政局党委向嘉兴市委巡察工作领导小组办公室报送市委巡察反馈意见整改方案，针对巡察反馈的10个方面33类80个具体问题，制定整改措施121条。

6月23日　嘉兴市财政局、国家税务总局嘉兴市税务局开展第一次“财税协同、共促发展”活动，赴嘉善县调研长三角生态绿色一体化发展示范区建设情况。

7月16日　嘉兴市政府与省金融控股公司举行“上门送‘1+3’服务”合作协议签约仪式暨资源对接会。嘉兴市委书记张兵，浙江银保监局党委书记、局长包祖明，省金融控股公司党委书记、董事长章启诚等参加。

是日　嘉兴长三角创新投资集团有限公司揭牌成立。

7月21日　嘉兴市财政局召开妇委会换届选举会议，刘宏菁同志当选妇委会主任。

7月22日　浙江省财政厅党组书记、厅长尹学群到嘉善县调研长三角生态绿色一体化发展示范区嘉善片区建设，嘉兴市委常委、嘉善县委书记洪湖鹏，嘉兴市财政局党委书记、局长王申峰等参加调研。

8月13日　嘉兴市财政局印发《事业单位岗位管理及聘任实施方案》。

8月15日　中共嘉兴市财政局委员会召开党委理论学习中心组（扩大）学习会暨全市财政局长工作例会，学习习近平总书记考察浙江重要讲话精神，贯彻落实中共嘉兴市委八届九次全体（扩大）会议精神，交流半年度财政工作情况，研究讨论“十四五”期间重点财政工作。

9月13日　嘉兴市人民政府任命王亮同志为嘉兴市政务服务和数据资源管理办公室主任，兼任嘉兴市人民政府副秘书长、嘉兴市最多跑一次改革办公室主任，免去其嘉兴市财政局副局长职务。

是日　中共嘉兴市委办公室、嘉兴市人民政府办公室印发《嘉兴长三角创新投资集团有限公司主要职责、内设机构和员工总数的规定》。

9月18日　嘉兴市启动第一批市级行政事业单位房产划转工作。

9月22日—24日　浙江省财政厅党组成员、副厅长邢自霞带队到嘉兴市专题调研2020年财政工作思路和推进长三角一体化发展工作。

10月15日　嘉兴市举行政采云“嘉兴精品馆”开馆暨政府采购支持科技创新、人才发展、融资畅通推进会，嘉兴市副市长盛全生等参加。

11月2日　嘉兴市财政局、嘉兴市人民政府金融工作办公室、中国人民银行嘉兴市中心支行、中国银保监会嘉兴监管分局联合印发《嘉兴市市级财政部门和预算单位资金竞争性存放评分指标与评标规则》。

11月4日　嘉兴市财政局召开工会联合会代表大会，选举工会联合会委员会、经费审查委员会。沈建忠同志任工会联合会委员会主席。

11月6日　嘉兴市财政局印发《嘉兴市市级行政事业单位国有资产处置办法》。

11月24日　中共嘉兴市委组织部任命严加友同志为嘉兴市财政局党委委员，免去其嘉兴市经济和信息化局党组成员职务。

12月3日　嘉兴市财政局举办全市财政系统年轻干部素质提升培训班，党委书记、局长王申峰专题讲课。

是日　嘉兴市财政局党委任命俞顼斌同志共青团嘉兴市财政局委员会书记；免去詹碧赟同志的共青团嘉兴市财政局委员会书记职务。

12月10日　嘉兴市人民政府任命严加友同志为嘉兴市财政局副局长，免去其嘉兴市经济和信息化局副局长职务。

12月25日　嘉兴市财政局、国家税务总局嘉兴市税务局开展第二次“财税协同、共促发展”活动，到海宁市学习考察海宁泛半导体产业园、天通科技馆、鹃湖科技城。

（嘉兴市财政局供稿　徐力超执笔）

湖州市

1月16日　湖州市财政局参加2020年市级财政预算和政府投资项目计划专题询问会，市人大常委会副主任董立新出席会议并对财政工作表示肯定。

1月19日　湖州市财政局举行机关党委、机关纪委换届选举大会。

2月13日　湖州市开具第一张捐赠电子票据，标志湖州市已全面开启非税收入票据无纸化时代。

2月25日　湖州市财政局启用全流程采购项目电子化保障疫情期间湖州政府采购工作。

3月4日　湖州市政府金融工作办公室、市财政局、市人民银行、市银保监分局联合出台《金融支持实体经济恢复发展的十条举措》。

3月25日　湖州市人大常委会党组副书记、副主任董立新率市人大财经委来市财政局听取债务工作汇报，并提出“清家底、控总量、防增量、拓渠道、扩公开”5点工作要求。

4月28日　湖州市财政局账户审批系统上线。

4月29日　湖州市人代会通过《关于湖州市2019年全市和市级预算执行情况及2020年全市和市级预算草案的报告》。

5月5日　湖州市获批成为全国跨境电子商务综合试验区。

6月1日　经湖州市政府批准，成立湖州市第一支天使基金（湖州市人才发展基金），规模5.00亿元，重点投向全市人才早期创业项目，服务招商引才大局。

6月6日　第二届长三角一体化发展高层论坛在湖州市召开，签署推进沪浙政府采购一体化发展框架合作协议。

6月9日　经财政部批准，“金山·银山”即开型专题彩票面向全省发行。

6月15日　财政部浙江监督局党组成员、副局长辜东方一行5人来湖州市调研减税降费工作。

10月20日　全省会计师事务所执业质量联合检查汇审工作在湖州市开展。

10月23日　财政部税政司司长王建凡一行来湖州市调研。

11月11日　浙江省财政厅检查组在湖州市财政局召开进点会，对财政支持水污染防治政策落实情况进行专项检查。

11月23日—24日　2020年全省预算执行分析会在湖州市召开。

（湖州市财政局供稿　宋钰辰执笔）

绍兴市

1月10日　绍兴市财政局召开“不忘初心、牢记使命”主题教育总结大会。

1月13日—14日　绍兴市财政局党委书记、局长吕丙一行赴绍兴银行、金融控股公司(筹)、市融资担保公司和浙越资产管理公司开展调研。

1月23日　绍兴市财政局印发《关于建立新型冠状病毒感染疫情防控工作机制的通知》。

2月6日　绍兴市开具首张财政电子票据。

2月7日　绍兴市财政局成立青年党员疫情防控突击队,组建青年党员疫情防控突击队临时党支部。

是日　绍兴市财政局党委书记、局长吕丙带队向结对社区捐赠防疫物资。

2月13日　绍兴市财政局召开全市加速政策兑现专题视频会议。

2月18日　绍兴市财政局召开局领导分管线"改革夯实年"项目推进会。

是日　绍兴市财政局印发《关于进一步加强新冠肺炎疫情防控资金保障和使用管理的通知》。

2月19日　绍兴市财政局印发《关于要求贯彻落实疫情期间减免企业房租相关政策的函》,推进企业降本减负。

2月21日　绍兴市开具第一张捐赠电子票据。

是日　绍兴市财政局党委书记、局长吕丙赴杭州湾会计学苑项目建设工地实地调研。

3月3日　绍兴市财政局、中国人民银行绍兴市中心支行印发《关于采取财政贴息落实央行再贷款政策支持小微企业发展的通知》,在全省率先对运用普惠性再贷款资金发放的小微企业等贷款利息给予地方财政贴息。

3月4日　绍兴市财政局召开财政政策兑现落实会议。

3月9日　绍兴市财政局召开全市财政系统"管家式服务落实财政政策"活动动员会。

3月20日　绍兴市财政局党委书记、局长吕丙带队赴越城区、上虞区开展"管家式服务落实财政政策"走访调研。

3月25日　绍兴市财政局召开财政政策线上兑现培训会。

3月30日　绍兴市财政局召开全市财政系统干部会议暨"改革夯实年"大会。

是日　绍兴杭州湾会计学院一届理事会二次会议在市财政局召开。

5月18日　绍兴市财政局举办首场"云普法"课堂。

5月19日　绍兴市财政局直属机关党委荣获全省"学习强国"平台"学习之星"先进组织荣誉称号。

5月25日　绍兴市财政局组织召开市级加快政府投资项目结算决算管理工作会议。

5月26日　浙江省财政厅党组成员、副厅长林仁方带队赴绍兴开展"三服务"活动。

6月10日—14日　绍兴市财政局党委书记、局长吕丙带队赴湖南长沙、贵州贵阳两地开展考察。

6月24日　绍兴市财政局直属机关党委、机关纪委完成换届选举工作。

7月14日　绍兴市财政局印发《2020年度市属国有金融企业党建工作考核办法》。

7月16日　绍兴市财政局召开全市财政系统半年度工作会议。

8月5日　绍兴市财政局党委书记、局长吕丙在全省财政局长培训班"先进讲坛"上作交流发言,介绍绍兴财政以问题为导向,探索财政治理的实践经验。

8月17日　绍兴市财政局举办市属国有金融企业党务工作者业务培训会。

8月20日　绍兴市会计学会举办企业数字化转型智能财务专题研讨会。

8月24日　绍兴市财政局举办《习近平谈治国理政》第三卷学习讲座,邀请市委党校哲学与科社教研室副教授吕鸣章为全局干部作导读。

9月21日　浙江省财政厅副厅长、一级巡视员陈焕昌带队赴绍兴市财政局调研财政工作思路和财政绩效工作。

9月22日　绍兴市财政局召开市属国有金融企业党建工作会议。

10月19日—23日　绍兴市积极财政政策促高质量发展研修班在深圳市经理(经济)进修学院举办,绍兴市财政局党委书记、局长吕丙作开班讲话,深圳市经理(经济)进修学院副院长方世友致欢迎词,市级经济部门和各区、县(市)财政局领导等33人参加培训。

10月22日　2020年度全省企业财政管理工作会议在绍兴市上虞区召开。

11月19日　天津市副市长孙文魁带队赴绍兴市财政局考察指导土地储备预算管理工作。

11月28日　由《中国会计报》、绍兴市财政局联合举办的"'计'古开今——会计文化起源传承与创新"会计文化研讨活动在绍兴举行。绍兴市委书记马卫光,浙江省财政厅总会计师倪学军,中国财政报社副总编辑陈清清,财政部原部长助理、党组成员、中国注册会计师协会会长赵鸣骥参加开幕式。

12月16日　绍兴市财政局召开全市EPC模式发展研讨会。

（绍兴市财政局供稿　张　莹执笔）

金华市

1月13日　金华市财政局"不忘初心,牢记使命"主题教育总结大会在金华市文化活动中心召开。

2月20日　金华市财政局印发《金华市财政局关于印发金华市本级财政电子票据改革实施方案的通知》,启动财政电子票据改革。

2月25日　金华市财政局成立金华市首届会计专家库,共36人入选,其中行政事业类18人、企业类18人。

3月1日　金华市财政奖补资金信息管理系统正式上线。

3月9日　浙江省财政厅党组成员、副厅长林仁方赴金华对新冠肺炎疫情防控财税政策和资金落实情况开展督察调研。

4月26日　金华市人大七届人代会第五次会议审议并通过《关于全市和市本级2019年财政预算执行情况及2020年财政预算(草案)的报告》。

4月28日　金华市财政局完成下属事业单位改革工作,改革后有事业单位6家:金华市财政国库支付中心、金华市财政项目预算审核中心、金华市非税收入管理中心、金华市行政事业资产和政府债务管理中心、金华市数字财政管理中心、金华市道路交通事故社会救助基金管理中心。

5月11日　金华市财政局印发《金华市财政局关于2020年市直部门预算的批复》,完成对各部门2020年预算的批复。

6月23日　浙江省财政厅副厅长、一级巡视员陈焕昌一行赴金华对基层财政资金安全、扶贫资金及财会监督工作开展督导调研。

7月23日　浙江省财政厅党组成员、总会计师倪学军带队赴金华对直达资金落实情况开展督查。

8月12日—13日　金华市财政局举办市本级行政事业单位会计人员素质提升培训班。

8月18日—21日　金华市财政局举办2020年财政全员业务培训班,共147人参加。

8月20日　金华市七届人大常委会第三十次会议审议并通过《关于全市和市本级2019年财政决算(草案)和2020年1—6月财政预算执行情况的报告》。

8月25日　金华市财政局召开市直部门预算编制布置大会。

9月8日　金华市财政局印发《金华市财政局关于开展市本级行政事业单位在建工程转固定资产情况调查的通知》,开展2016—2020年在建工程转固定资产情况调查。

9月22日　金华市财政局参加全省农财大调研座谈会,并做先进典型发言。

9月27日—29日　浙江省财政厅党组成员、副厅长沈磊一行赴东阳、永康开展乡镇财政管理体制等课题及2021年工作思路调研。

10月16日　金华市财政局组织开展"金华市财政业务知识竞赛",6支代表队(以支部为单位)参加。

10月19日—24日　金华市第三批会计领军(后备)人才培养项目第四次集训在浙江大学西溪校区举行。

10月22日　金华市七届人大常委会第三十一次会议审议并通过《关于2020年金华市本级财政收支预算调整(草案)的报告》。

11月17日　金华市财政局印发《金华市财政局行政执法案卷评查办法》。

12月1日　浙江省财政厅党组成员、副厅长林仁方带队赴金华开展全省制造业高质量发展督查工作。

12月10日　金华市财政局召开全市农财专题座谈会。

12月18日　金华市财政局数字财政管理中心获“2020年度市级青年文明号”荣誉称号。

12月23日　金华市财政局获浙江省第二次全国污染源普查成绩突出集体荣誉称号。

12月24日　金华市财政局印发《关于进一步加强市级政府投资项目竣工财务决算管理的通知》,强化政府投资项目竣工财务决算管理。

12月29日　金华市财政局企业处获“全省财政系统先进集体”荣誉称号。

(金华市财政局供稿　曾东平执笔)

衢州市

1月6日　衢州市财政局党委书记、局长翁文斌赴高新园区开展“深化‘三服务’、助推开门红”活动。

1月14日　衢州市财政局召开“不忘初心、牢记使命”主题教育总结大会。

1月22日　衢州市财政局成立新型冠状病毒感染疫情防控工作领导小组,制发《衢州市财政局应对新型冠状病毒感染疫情应急预案》,建立疫情防控工作机制。

2月7日　衢州市财政局组织61名干部赴柯城区金河湾社区开展“包区清楼”防疫志愿服务。

2月18日　衢州市财政局党委书记、局长翁文斌带队赴浙江西亚特电子材料有限公司、衢州市诺尔化工有限公司,调研指导企业复工复产。

3月9日　衢州市财政局获全省财政管理绩效考评优秀单位。

3月9日—10日　浙江省财政厅党组成员、副厅长沈磊赴衢州开展新冠肺炎疫情防控财税政策和资金落实情况重点督查,实地走访衢州市、常山县等重点企业单位,并听取工作汇报。

3月17日　衢州市财政局召开全局干部职工大会。

4月26日　衢州市七届人大五次会议全票通过《关于衢州市2019年全市和市级预算执行情况及2020年全市和市级预算草案的报告》。

4月28日　衢州市财政局召开市委第四巡察组专项巡察市财政系统党组织工作动员会。

5月8日　衢州市作为“财政预算执行、盘活财政存量资金、国库库款管理、推进财政资金统筹使用、预算公开等财政管理工作完成情况好的地方”受国务院办公厅通报表彰。

5月9日　衢州市财政局召开2020年度全面从严治党工作会议。

是日　衢州市财政局召开第五次党员代表大会,选举产生新一届局机关党委和机关纪委。

7月1日　衢州市委常委、组织部长林晓峰及市级各部门党委(组)书记现场观摩市财政局支付中心和评审中心党建示范点工作。

7月27日　浙江省财政厅党组成员、总会计师、总预算局局长倪学军赴衢州市开展直达资金落实工作专项督查。

8月7日　衢州市七届人大常委会第二十七次会议审议通过《关于衢州全市和市级2019年财政决算草案以及2020年上半年财政预算执行情况的报告》。

8月20日　衢州市财政局召开信息化工作交流研讨会。

9月16日　衢州市财政系统举行“青年‘财’俊‘政’担当”8090青年干部素质提升工程启动仪式暨全市财政系统8090新时代理论宣讲比赛,市委宣传部常务副部长姜建勋出席活动并致辞。

10月22日—23日　衢州市财政局举办全市会计人才库成立大会暨管理会计推进会。

11月12日　浙江省直机关工委常务副书记郑才法到衢州市财政局考察“建设清廉机关、创建模范机关”工作。

11月17日　衢州市财政局党委书记、局长翁文斌赴衢江区后溪镇下棠村、衢江区高家镇湖仁村、龙游县财政局开展“三服务”活动。

11月25日　衢州市财政局联合市大财政金融办召开市本级重点项目融资对接会。市人民政府副秘书长兰国云，市大财政金融办主任、市金融办主任丁丽霞出席会议并讲话，市财政局党委副书记、副局长马伟民主持会议。

12月1日　衢州市纪委、监委第三监督检查室主任徐明永为市财政局干部职工作党风廉政建设主题教育讲座。

12月25日　衢州市财政局召开市级部门单位全面推进授权支付改革扩面工作部署会。

（衢州市财政局供稿　叶正宇执笔）

舟山市

1月13日　舟山市财政局召开“不忘初心、牢记使命”主题教育总结大会。

1月20日　舟山市财政局召开全市财政工作会议。

1月21日　舟山市财政局召开2019年度基层党组织书记述职评议会议。

1月22日　财政部等3部门印发《关于对国际航行船舶加注燃料油实行出口退税政策的公告》，明确对国际航行船舶在中国沿海港口加注的燃料油实行出口退（免）税政策，增值税出口退税率为13%，打通浙江自贸试验区开展低硫船用燃料油生产加工瓶颈。

1月22日　舟山市财政局成立局疫情防控工作领导小组，建立疫情防控工作机制。

1月27日　舟山市财政局、舟山市人力资源和社会保障局、舟山市卫生健康委员会转发《浙江省财政厅　浙江省人力资源和社会保障厅　浙江省卫生健康委员会关于做好新型冠状病毒感染的肺炎疫情防控有关人员工作和生活保障的通知》。

2月3日—3月21日　舟山市财政局每日组织8名干部参与抗击疫情志愿服务。

3月11日—12日　舟山市财政局派员慰问舟山市新冠肺炎防治一线医务人员和援鄂医疗队员家属。

4月22日　舟山市七届人大五次会议批准2020年市本级预算。

4月26日　舟山市财政局召开2020年全面从严治党工作会议。

5月21日—22日　浙江省财政厅党组成员、副厅长沈磊赴舟山国家远洋渔业基地考察调研。

6月22日　舟山市财政局、舟山市美丽城镇建设工作领导小组办公室联合印发《舟山市美丽城镇建设专项资金管理办法》。

6月30日　舟山市财政局提请中共舟山市委、舟山市人民政府印发《关于全面贯彻落实预算绩效管理的实施意见》。

7月8日　舟山市委副书记、市长何中伟一行赴市财政局开展工作调研。

7月28日　舟山市财政局印发《关于明确市区范围内重点企业迁移财政利益分配办法的通知》。

8月13日—14日　浙江省财政厅税政处调研中国（浙江）自贸试验区税收支持政策。

8月21日　舟山市财政局、舟山市教育局联合印发《舟山市本级教育发展专项资金管理办法》。

9月14日—16日　浙江省财政厅副厅长、一级巡视员陈焕昌赴舟山市调研财会监督和预算绩效管理工作。

9月25日　舟山市财政局、舟山市人力资源和社会保障局联合印发《舟山市就业补助资金管理办法》。

9月28日　浙江省财政厅党组成员、副厅长章忠良赴舟山市开展财政工作思路调研。

10月29日　舟山市七届人大常委会批准2020年市本级地方政府债务限额和预算调整方案。

11月23日　舟山市财政局、舟山市司法局联合印发《舟山市法律援助经费使用管理实施细则》。

12月17日　舟山市财政局、舟山市文化和广电旅游体育局联合印发《舟山市文化体育发展专项资金管理办法》，舟山市财政局、中共舟山市委组织部联合印发《舟山市基层党建专项资金管理办法》。

12月29日　舟山市财政局印发《中国(舟山)海洋科学城财政收支管理办法》。

（舟山市财政局供稿　厉豪杰执笔）

台州市

1月3日　台州市财政局党组书记、局长戴国富带队赴温岭市开展“深化‘三服务’、助推开门红”活动。

1月14日　台州市财政局召开“不忘初心、牢记使命”主题教育总结大会。

1月16日—17日　全省预算绩效管理研究工作专题研讨会在台州召开。浙江省财政厅副厅长、一级巡视员陈焕昌到会讲话。

1月21日　台州市召开新型冠状病毒感染肺炎联防联控领导小组工作会议。台州市财政局按照急事急办、特事特办的原则，当日上午拨付医疗卫生专项资金8500万元。

2月26日　台州市财政局党组书记、局长戴国富到埃飞灵卫浴科技集团有限公司调研，了解企业复工复产情况，并为企业送上《台州市财政局疫情防控涉企政策指引》。

3月9日—10日　浙江省财政厅副厅长、一级巡视员陈焕昌带队赴台州开展新冠肺炎疫情防控财税政策和资金落实情况专项督查，要求深化“三服务”活动，深化完善惠企政策的力度和广度，给企业更多的获得感。

3月27日　台州市财政税务工作第二次联席会议在市税务局召开。

4月16日　台州市财政系统全面从严治党工作会议召开。

4月27日　台州市财政局召开2020年全市财政扶贫工作会议。

5月19日　台州市财政局召开国有资产管理情况工作座谈会。台州市财政局党组书记、局长戴国富，及市财政局、市自然资源和规划局、市国资委、市机关事务管理局相关负责人参加会议。

5月21日　台州市财政局实现财政专项资金云“政企通”平台与企业码的初步对接。

6月28日　浙江省财政厅、浙江省税务局减税降费督查组到台州市督查调研减税降费政策落实情况。

7月2日—3日　浙江省财政厅党组成员、总会计师倪学军带队到台州开展政府采购支持创新发展专题调研。

7月3日　经国务院同意，财政部等五部委批准，台州市获批中央财政支持深化民营和小微企业金融服务综合改革试点城市。

7月9日　台州市道路交通事故社会救助基金管理中心与椒江区人民法院联合出台《建立联席会议制度及工作方案(试行)》。

7月30日　台州市财税协同打赢收入翻身仗工作推进会在椒江区召开。市财政局党组书记、局长戴国富参加会议并讲话。

8月28日　台州市财政局召开全局中层干部会议。市委常委、常务副市长蔡永波到会讲话。市委组织部常务副部长刘小兵宣读市委、市人大常委会有关人事决定：戴国富同志不再担任台州市财政局党组书记、局长职务；陈曦同志任台州市财政局党组书记、局长。

9月10日　台州市召开2021年市级部门预算布置会议，启动2021年预算编制工作。市财政局党组书记、局长陈曦通报财政运行总体情况。

9月11日　丽水市财政局党组书记、局长潘建青一行到台州交流工作经验。

9月22日—24日　浙江省财政厅党组成员、省金控公司党委书记、董事长章启诚一行来台州调研，要求各级财政部门全力做好“生财、聚财、用财、管财”四篇文章，在“三叠加”“三碰头”形势下，以“当家”思维履行“管家”职责。

11月3日　台州市财政局党组理论学习中心组召开学习会，专题学习党的十九届五中全会精神，研究部署下一步贯彻落实举措。

11月5日—6日　台州市财政局、市税务局首次联合举办机关党务干部专题培训。

11月9日　台州医院全面使用医疗电子票据，成为全省第一家实现患者就医全流程电子化的市级医院。

11月23日—27日　台州市财政系统干部素质提升班在浙江财经大学举行，市财政局和各县(市、区)局干部共60余人参加。

12月1日　台州市政府审计督查组到市财政局开展审计整改落实工作督查。

12月8日　全省政府采购改革工作会议在台州召开，浙江省财政厅党组成员、总会计师倪学军作主题报告。

12月9日　台州市政协副主席黄继满一行到台州市财政局开展政协民主监督活动。

(台州市财政局供稿　沈孔平执笔)

丽水市

1月14日　丽水市财政局召开"不忘初心、牢记使命"主题教育总结大会。

1月13日—14日　丽水市财政局召开2020年财政工作务虚会，会议传达全省财政工作会议精神，总结2019年财政工作，谋划2020年财政工作思路。

2月20日　丽水市财政局召开党组扩大会议，分析研判当前财政经济形势和"新冠肺炎"疫情影响。

4月15日　丽水市财政局成立5个督查组，先后赴莲都区、龙泉市、青田县、云和县、松阳县，对各地疫情防控和复工复产政策和资金落实情况开展重点督查。

4月27日　丽水市财政局召开全体干部职工大会暨"狠抓落实年"活动动员部署会和全面从严治党工作会议，学习习近平总书记在浙江考察时的重要讲话精神，贯彻中央、省、市系列会议精神，学习传达市"两会"精神，落实市委书记胡海峰对财政工作批示精神，总结2019年财政工作，研究2020年财政工作，并就开展"狠抓落实年"活动进行动员部署。

4月27日　丽水市财政局召开全面从严治党工作会议。

5月9日　湖州—丽水山海协作产业基金在丽水市签约成立。

5月18日　丽水市财政局召开市直单位财政监督专项检查动员部署暨查前培训会，部署2020年度市直单位财政监督专项检查工作，并开展专项检查业务培训辅导。

6月12日　丽水市财政局召开全局干部职工动员大会，学习传达市深化全国文明城市创建工作推进会暨高水平迎接国家卫生城市复审动员会精神，贯彻落实省、市生活垃圾治理攻坚大会相关要求，部署新一轮"两城创建"工作和市财政局全国文明单位复评迎检工作。

6月22日　丽水市财政局召开全市财政局长座谈会。市财政局领导班子出席会议。各县(市、区)财政局局长，市财政局各处室(单位)主要负责人参加会议。

6月30日　丽水市人大常委会党组副书记、副主任陈建波一行到丽水市财政局调研2019年财政决算及2020年上半年预算执行情况，并召开座谈会。局党组书记、局长潘建青作丽水市2019年度全市和市本级财政决算、丽水市2020年上半年预算执行情况以及新增政府债券预算调整方案(草案)汇报。

7月14日　丽水市财政局组织召开全市财政扶贫资金和项目管理重点检查工作会议，在前期对龙泉、遂昌、松阳3县(市)重点检查的基础上，研究、部署莲都、青田、云和、缙云、景宁、庆元6个县(区)交叉检查工作。

7月28日　丽水市财政局党组书记、局长潘建青带队赴丽水军分区开展"上门服务至少一次"活动，宣传财政政策、解答财务难题、做好服务保障，并向军分区官兵表达节日祝福。

9月30日　丽水市财政局举行宪法宣誓仪式。

10月20日　丽水市召开市直深化单位内控内审建设暨推进财务报销"一件事"改革部署会，部署深化单位内部控制建设、单位内部审计，推进市直单位财务报销"一件事"改革工作。市委常委、常务副市长杜兴林讲话，市政府副秘书长周瑞深主持，市直行政事业单位分管财务领导、下属单位主要负责人参加。

11月25日　丽水市财政电子票据改革情况新闻发布会在市行政中心举行，发布会通报，丽水市本级于11月底前基本实现"财政电子票据全覆盖"改革目标。

12月11日　丽水市财政会计学会召开七届一次会员代表大会。

12月22日　嘉兴—丽水山海协作产业基金《合作备忘录》签约仪式在浙江清华长三角研究院举行，嘉兴市委副书记、浙江清华长三角研究院党委书记、院长王涛，副院长杨向东，丽水市财政局党组书记、局长潘建青，嘉兴市财政局党委书记、局长王申峰等领导出席签约仪式。

(丽水市财政局供稿　应　佳执笔)

『十三五』时期财政工作

zhejiang caizheng nianjian

浙江省

【概况】 “十三五”（2016—2020年）期间，浙江省各级财政部门遵循“保基本、守底线、促均衡、提质量”理财观，聚焦聚力党中央、国务院和省委、省政府决策部署，发挥财政在推进政府治理体系和治理能力现代化中的基础性和支柱性作用，做好生财、聚财、用财三篇文章，增强财政综合实力，优化收支结构，保障民生事业，推进财税改革，规范财政管理，基本确立现代财政制度框架，完成“十三五”财政改革发展各项目标任务。2020年全省财政总收入、一般公共预算收入、一般公共预算支出分别为12421.49亿元、7248.24亿元、10082.01亿元，为2015年的1.45倍、1.51倍、1.52倍，年均增幅分别为7.8%、8.5%和8.7%。一般公共预算收入排名从全国第5提升至全国第3。一般公共预算收入占财政总收入的58.4%，较2015年提高2.1个百分点，税收收入占一般公共预算收入的86.4%，居全国第一。“十三五”期间，全省财政收支平衡。

【服务保障大局】 支持长三角一体化发展战略。建立长三角一体化发展财政政策体系，实施动态化管理。明确浙江、江苏、上海两省一市按比例共同出资设立长三角生态绿色一体化发展示范区先行启动区财政专项资金，用于先行启动区的建设发展及相关运行保障。推进沪浙政府采购一体化发展示范合作，签署框架合作协议；推进长三角区块链电子票据信息共享互通工作；推进国有资产管理和共享共用平台建设。

支持打赢三大攻坚战。保障脱贫攻坚工作，“十三五”时期累计安排省以上扶贫专项资金56.40亿元，支持实施低收入农户收入倍增计划、低收入农户高水平全面小康计划，推进精准扶贫。落实对口支援建设资金231.38亿元，加大对口支援和东西部扶贫协作支持力度。出台“两山（一类）”建设财政专项激励奖补政策，2017—2019年，省财政每年安排18.00亿元，支持12个县（市、区）补齐农民增收和公共服务有效供给短板。防范化解财政风险，从2018年开始，实施防范化解地方政府隐性债务风险专项行动，化解隐性债务风险。截至2020年年底，全省债务风险等级下降，债务风险总体可控。提出规范浙江省被征地农民参加养老保险具体意见，完善职工基本养老保险基金省级统收统支责任分担机制，防范社保基金运行风险。推进生态文明建设，“十三五”期间，省级财政安排各类生态环保类资金1073.93亿元，较2015年增长1.5倍。建立绿色发展财政奖补机制，推出主要污染物排放财政收费、单位生产总值能耗财政奖惩等8项政策，“十三五”期间，兑现奖补资金495.00亿元。出台“两山（二类）”财政专项激励政策，2017—2019年，省财政安排54.00亿元支持18个县（市、区）实施生态环境保护和绿色发展。实施涵盖全省八大水系干流的省内流域上下游横向生态补偿机制。

支持“四大建设”。“十三五”时期，争取中央海洋经济发展示范区建设财力资金20.00亿元，安排省海洋（湾区）经济发展资金84.00亿元，用于支持海洋经济和大湾区建设。浙江省钱塘江源头区域山水林田湖草生态保护修复工程入围全国山水林田湖草生态保护修复工程试点，获得中央财政专项补助18.30亿元，为全国提供浙江样本。“十三五”时期，省财政安排14.70亿元以及地方政府债券18.02亿元，支持小城镇环境综合整治，全省1191个小城镇完成整治任务。落实中央和省级资金2451.48亿元，完善万亿综合交通重大项目财政保障机制，支持交通基础设施等重大项目建设，构建省域、市域、城区“1小时”交通圈。落实中央和省级资金2384.40亿元，支持“4+1”重大项目和政府投资基础设施项目建设。落实中央和省级资金30.10亿元，支持海绵城市建设试点和地下综合管廊建设试点。

支持实体经济发展。按照“第一时间＋顶格优惠＋叠加享受”的原则，制定浙江版实施方案，落实小微企业普惠性减税、增值税大规模减税、个人所得税改革、行政事业性收费清理和社保降费等各项减税降费政策，2018—2020年，全省累计新增减税降费5138.00亿元。统筹安排专项资金72.00亿元，开展振兴实体经济（传统产业改造）、制造业高质量发展示范县（市、区）创建财政专项激励，促进传统产业与新兴产业“双引擎”高质量发展。支持之江实验室、西湖大学、杭州城西科创大走廊建设。2018—2020年，省财政累计安排22.98亿元，支持77个市县（含高新区）创建98个省级产业创新服务综合体。统筹安排省商务促进专项资金37.58亿元，加大对全省企业出口信用保险、应对贸易诉讼、关键产品和技术进口补助力度，应对复杂外贸环境。出台新能源汽车推广应用和充电设施建设财政奖补政策，“十三五”期间，省财政累计安排奖补资金17.00亿元，支持新能源汽车推广应用及其重大产业项目实施。创新财政支持经济发展方式，整合设立规模省产业基金351.00亿元，撬动社会资本投资浙江省八大万亿产业。截至2020年年底，全省各类政府产业基金总规模2023.02亿元，吸引社会资本出资15055.00亿元，投资实体企业项目10003个。

【保障改善民生】 按照“保基本、兜底线、建机制”的原则，建立健全与经济发展水平相匹配、可持续的民生保障长效机制，连续17年保持全省财政支出增量用于民生的比例在三分之二以上。补齐民生短板。

“十三五”期间，全省累计教育支出7948.44亿元，年均增长8.3%。完善教育投入机制，确保“两个只增不减”（即一般公共预算教育支出逐年只增不减、按在校学生人数平均的一般公共预算教育支出逐年只增不减），2020年省属高校正常经费生均拨款定额标准提高至12000元/生·年。制定学前教育生均公用经费标准，支持实施学前教育三年行动计划。落实义务教育教师基本工资保障政策，扩大困难学生补助范围，支持义务教育优质均衡发展。开展高职重点暨优质院校建设，“十三五”期间，15所高职院校入选国家“双高计划”。出台普通高中生均公用经费标准，支持浙江省新高考改革。

"十三五"期间,全省累计社会保障与就业支出4551.86亿元,年均增长15.8%。加大就业优先政策资金支持力度,统筹失业保险基金促进就业创业。提高各类养老待遇,2020年企业退休人员月人均养老金为2771元,比2015年增长20.7%。2020年城乡居民省定基础养老金水平月人均165元,比2015年增长37.5%。城乡居民基本医保财政补助标准从2015年的年人均400元提高至2020年的年人均570元。城乡居民大病保险筹资标准从2015年的年人均25元提高至2020年的年人均55元。全省最低生活保障标准从2015年的农村570元/人·月、城镇653元/人·月提高至2020年的886元/人·月。

"十三五"期间,全省累计卫生健康支出3327.6亿元,年均增长11.6%。强化公共卫生服务保障,基本公共卫生服务财政补助标准从2015年的40元/人·年提高至2020年的87元/人·年。落实中央和省级资金151.38亿元,支持公租房保障和城镇棚户区改造、城镇老旧小区改造以及住房租赁市场发展试点。落实中央和省级资金7.47亿元,支持农村困难家庭危房改造和其他农村危房治理改造。2020年农村困难家庭危房改造省级补助标准提高至户均15000元。"十三五"期间,连续5次调整部分退役军人和其他优抚对象抚恤补助标准,3次调整企业退休军转干部生活补贴标准。

推进乡村振兴战略。整合设立总规模100.00亿元的省乡村振兴投资基金,支持稳定重要农产品供给,打造引领性、标杆性乡村振兴项目。安排乡村振兴绩效提升奖补资金100.00亿元,建立以乡村振兴工作实效为导向的省对市县激励机制。安排水利建设与发展专项资金366.20亿元,支持百项千亿防洪排涝工程、中小流域综合治理和农村饮用水达标提标行动。安排美丽乡村建设专项资金64.80亿元,推进"千村示范、万村整治"工程,培育美丽庭院60万户、特色精品村4500个、A级景区村庄4876个、美丽乡村示范乡镇300个、美丽乡村风景线500条。安排省以上一事一议财政奖补资金50.21亿元,支持全省村级公益事业建设。安排省以上农村综合改革补助资金62.98亿元,支持村级集体经济发展、升级版美丽乡村建设、田园综合体等国家级和省级农村综合改革试点工作。安排村主职干部基本报酬、村级组织运转经费72.01亿元,保障村级组织正常运转。

发展文化事业。安排资金10.80亿元,支持意识形态阵地建设,新建或改建农村文化礼堂17804个。实施公共文化服务重点县和薄弱乡镇建设,提升20个重点县、107个重点乡镇和1228个重点村的公共文化设施建设和服务水平。落实博物馆纪念馆免费开放、中央公共体育场馆免费低收费开放补助政策,满足群众精神文化需求。提升省级文化设施质量,完成浙江小百花艺术中心、浙江自然博物院安吉馆区建设,推进之江文化中心、新时代文化艺术创研基地等重大文化设施建设。截至2020年年底,浙江省已实现基本公共文化服务标准(2015—2020年)。

【深化财政改革】 贯彻落实《预算法》《预算法实施条例》,深化财税体制改革,建立具有浙江特色的现代财政制度。按照"权责清晰、财力协调、区域均衡"的原则,制定生态环境、应急救援、教育、科技、交通运输、医疗卫生、自然资源、公共文化、基本公共服务等领域的财政事权和支出责任划分改革方案。构建2018—2022年集中财力办大事财政政策体系,安排重大财政支出政策129项,其中整合政策55项,涉及资金710.00亿元,涉及部门19个、市县22个。2019年,全省各市县均已建成集中财力办大事财政政策体系,实现"省市县三级全覆盖、大事要事全覆盖、本届政府施政周期全覆盖"。选择8个部门和1个专项转移支付资金试点零基预算,推进实施全面的零基预算改革,形成由"目标、指标、审核、评价"四个体系组成的全过程管理机制。推动省委、省政府出台《关于全面落实预算绩效管理的实施意见》,实施全省预算绩效管理三年行动计划,推进"全方位、全过程、全覆盖"预算绩效管理体系建设。强化顶层设计,制订事前绩效评估、绩效运行监控、绩效评价管理、第三方机构管理、绩效成果应用等11项制度办法,构建全过程预算绩效管理制度体系,实现预算与绩效管理一体化。推进部门整体绩效预算改革,建立与部门整体绩效挂钩的预算管理模式。完善指标库管理,构建含12类共性项目、覆盖114个省级部门全部预算项目和44个专项转移支付的绩效指标体系。完善项目支出标准,构建49类166项明细开支范围标准框架。深化政府购买服务改革,浙江省成为全国10个第三方绩效评价试点省份之一。

【加强财政管理】 推进财政法治建设,提高依法理财水平,推进财政治理体系和治理能力现代化。优化预算编审流程,将"二上二下"调整为"一上一下",提高预算编报和审核效率。推进预决算公开,全省政府预算、部门预算均实现法定时间内100%公开。推开划转部分国有资本充实社保基金工作,截至2020年年底,纳入全面划转企业157家,完成划转157家。健全省级财政资金竞争性存放机制,累计开展定期存款招标41期,存放规模6617.67亿元。上线"公款竞争性存放网上招标系统",在全国率先实现地方国库现金管理网上招标。建立国有资产管理情况报告制度,2018年,首次将综合报告和国有企业资产专项报告提交省人大常委会审议。开展省级党政机关房产集中统一管理,整合盘活存量资产。推进行政事业单位内部控制建设,完善省级单位内部控制建设评价指标体系,督促各地加强内部控制监督评价。推进数字财政建设。建立覆盖全流程、全领域、多用户,集网上交易、监管和服务于一体的政府采购云计算服务平台,建设农业(扶贫)馆、制造(精品)馆等主题馆行业馆,推进政府采购数字化转型,截至2020年年底,平台入驻采购单位3.65万家、供应商23.15万家、代理机构892家,交易数量354.72万笔。推进统一公共支付平台建设,开通政务服务网PC端、"浙里办"APP移动端、公共支付自助终端、公共支付窗口(银行柜面)端"四端"融合的线上线下支付渠道,截至2020年年底,平台累计接入执收单位1.97万家,交易数量2.43亿笔。推进财政电子票据改革,上线全国首个区块链电子票据平台,实现医疗收费电子票据网上报销和异地报销。建设地方政府性债务风险预警与处置系统，对全省7407家国有独资或控股企业融资情况进行监控。

（省财政厅供稿 陆海东 牟 峰执笔）

杭州市

【概况】 “十三五”时期，杭州市国内生产总值（GDP）从10495亿元提升至16106亿元，年均增长7.0%；全市财政总收入从2015年的2238.75亿元增长到2020年的3854.19亿元，年均增长11.5%；全市一般公共预算收入从2015年的1233.88亿元增长到2020年的2093.39亿元，年均增长11.2%；全市一般公共预算支出从2015年的1205.48亿元增长到2020年的2069.66亿元，年均增长11.4%。一般公共预算收入规模居全国副省级城市第2位。全市一般公共预算收入占财政总收入的比重5年平均53.9%，税收收入占一般公共预算收入的比重5年平均91.8%。

【服务经济发展】 支持科技创新。加强信息产业支持力度，助力打造数字经济第一城。数字经济核心产业增加值年均增长14.5%，2020年达4290亿元，占GDP的26.6%。实施新制造业计划，推动传统制造业改造提升和产业结构迭代升级。实施“鲲鹏计划”“雏鹰行动”，培育成长型中小企业、高新技术企业及龙头骨干企业。推动新零售、直播电商、文化创意、历史经典等产业发展，支持钱塘江金融港湾建设及城西科创产业园、未来科技城等重点园区、平台建设。第三产业增加值占GDP的比重由2015年的58.2%提高至2020年的68.1%。坚持惠企利民。推进营改增改革，以“顶格优惠+叠加享受”落实小微企业普惠性减税、个人所得税改革、社保费减负等政策。支持基础设施等重大项目建设，扩大有效投资。鼓励金融资金向实体经济倾斜，缓解企业融资难、融资贵。支持政府产业基金运作，发挥财政资金杠杆作用，吸引社会资本投入。推动实施“五水共治”“四换三名”“三改一拆”、创新驱动发展战略等，提升经济发展质效。加强人才引育。落实人才发展专项资金，加大人才工作经费投入，支持海外引才计划、大学生创业资助、高层次留学回国人员创业创新项目。完善人才政策顶层设计与扶持政策体系，加快人才生态最优城市建设。开展“凤凰行动”，提升上市培育企业财务管理水平和资本运作能力。保障重大活动。做好G20杭州峰会及财经副手会议保障任务，规范峰会资金管理，出台峰会项目专项资金、政府采购等管理办法，规范经费使用。支持2022年亚运会筹办工作，通过财政预算安排、银行融资、市场开发等渠道保障各筹备项目推进、相关体育设施和场馆的建设与改造。支持世游赛、全国学生运动会等大型赛事举办，成功申办2021年国际足联俱乐部世界杯赛（杭州赛区）。建设生态文明。保障钱塘江流域生态环境建设。推动燃煤锅炉清洁化改造、老旧柴油车淘汰等项目，改善环境质量。加快截污纳管、园林绿化、拥江绿道等建设，推进垃圾分类处理。落实生态公益林奖补，支持绿色生态屏障建设。推进千岛湖临湖地带综合整治，省市县三级联动推进淳安特别生态功能区建设，保障千岛湖保护与发展，推动西湖西溪一体化保护管理。

【保障民生事业】 确保每年一般公共预算新增财力三分之二以上用于民生，5年累计民生投入6750亿元，年均增长9.9%，连续14年入围“中国最具幸福感”城市。完善社保体系。“十三五”期间，累计社会保障和就业支出1009.26亿元，年均增长14.1%。实现萧山区、余杭区、富阳区与主城区社保一体化。优化养老服务体系，鼓励社会力量兴办养老服务机构，推进养老服务业综合改革试点。支持卫生健康事业，“十三五”期间，累计卫生健康支出599.15亿元，年均增长11.3%。助力医疗基础设施建设，优化医疗资源布局，推广智慧医疗健康服务和社区医生签约服务。发展文教事业。“十三五”期间，累计教育支出1615.58亿元，年均增长12.4%；累计文化旅游体育与传媒支出171.59亿元，年均增长9.0%。推进现代教育体系建设，优化学前教育公共服务体系，助力公办初中提质强校行动、公办民办小学同步招生。提高市属高校生均标准，改善学校办学条件和设施。保障“三名工程”实施，推进西湖大学、国科大杭州高等研究院、中法航空大学等院校建设、运行。推进农村文化礼堂、大运河文化带、之江文化产业带、历史文化名城建设，实施南宋皇城保护、西湖综保工程。支持城乡公共体育设施建设和全市学校体育场地设施向社会开放。保障图书馆、文化馆等公益性文化设施建设和免费对外开放，支持市属艺术院团改革、文艺精品创作和重大文化艺术活动。加强城乡统筹。加大转移支付力度，实施乡村振兴战略。运用财政补助、以奖代补等形式，引导社会资本投向“三农”领域。优化农村基础设施和生态环境，推进“风情小镇”、美丽乡村精品村、美丽宜居示范村等建设。加大产业帮扶力度，推动美丽产业发展，培育特色民宿业、农村电子商务产业等新型经济业态。支持完善城市基础设施建设和空间规划布局，推动城市快速路网、轨道交通建设，加强城市管理，推动主城区城中村改造五年行动收官。优化社会服务。支持基层社区工作，推进新型社区管理，探索“智慧社区”“未来社区”建设，重点扶持社区为老、幼、残服务。支持平安法治杭州建设，推进科技强警、法律援助、“互联网法院”建设等，增强公共安全和社会治安保障能力。加强食品安全检验检测，推进应急体系、信用体系建设等。支持保障性住房建设、既有住宅加装电梯、老旧小区改造等工作，推进中央财政支持住房租赁市场发展试点建设。

【深化财政改革】 优化预算管理。加快构建以“三化四量五有”为特征的杭州特色财政管理机制，对重大政策和重大项目开展全生命周期绩效管理。“十三五”期间，杭州财政综合管理绩效3次受到国务院通报表彰。推进重点领域改革。开展市区财政事权和支出责任划分改革，建立财政事权划分动态调整机制。加快萧山、余杭、临安、富阳融入主城区，支持钱塘新区高质量发展。规范政府债务管理，压实主体责任，加强动态监控，防控债务风险。争取新增债券额度重点支持亚运配套、之江实验室、钱塘新区基建等重大项目，服务经济社会发展。加强政府资产管理，完善国有资本经营预算，提高国有净利润上缴比例。推进资产云系统应用，规范完善资产处置流程，加强国有资产配置、使用、处置监管。提升财政法治水平。以新一轮机构改革为契机，完善预算、执行、监督三位一体机构设置和职能分工。构建人大预算联网监督平台数据实时共享机制，推进预算审查监督重点向支出预算和政策拓展，推进部门预算草案人大"三审"制试点建设。完善部门预决算公开考核制度，推进部门预算绩效目标和绩效评价结果公开。2017—2019年杭州市政府财政透明度连续3年在全国295个地级及以上城市中名列前三，2020年排名第二。加快推进政府会计制度改革，做好会计中介机构和会计从业人员管理工作。

【数字赋能改革】 建设公共支付平台。推动全省首家财政电子票据平台上线，实现全市公共支付、电子票据跨部门、跨层级、跨地域一站式24小时服务，形成公共支付"杭州模式"。创新政府采购改革。推动数字化政府采购交易管理，构建全市一体化政府采购监管服务体系，实现"一次也不跑"。推进电子化招投标改革，升级政采合同信用融资，完善履约验收机制，开展代理机构综合信用评价，连续9年获中国政府采购创新奖。惠企资金一键直达。再造财政资金兑付流程，推动"亲清在线"平台上线运行，实现财政补助资金秒兑，落实中央"两直"政策，实现资金直达基层、直接惠企利民。机关办事提质增效。打造财政管理"驾驶舱"，推出"杭州财政办事E平台"和"移动办公平台"，实现办事事项一站登录、一网办理、一次办成，推进办事提效、办文提速、办会提质和管理革新。机关内部办事事项从41项优化整合为23项，精简材料40%以上，压缩办理时限50%以上，基本实现100%网上可办。

（杭州市财政局供稿　金树鸿执笔）

注：

*三化四量五有：即基本支出定额化、项目支出标准化、专项资金绩效化，控制总量、盘活存量、优用增量、提高质量，决策有评估、编制有目标、执行有监控、结果有评价、评价有应用。

宁波市

【概况】 "十三五"期间，宁波市财政总收入从2016年的2145.76亿元增长至2020年的2835.60亿元，年均增长7.2%。一般公共预算收入以2016年的1114.54亿元增长至1510.84亿元，年均增长7.9%。2020年一般公共预算收入占财政总收入的53.3%，较2016年提高1.4个百分点；税收收入占一般公共预算收入的83.2%，较2016年提高0.3个百分点。一般公共预算支出从2016年的1289.26亿元增大至2020年的1742.09亿元，年均增长7.8%。

【组织财政收入】 培育壮大财源。会同税务部门加强财税经济形势分析和收入研判，按照"匹配性、均衡性、可持续性"原则，保障财政收入组织工作。加大对各地组织收入工作质量和收入结构的监督力度，建立收入质量情况通报机制，引导各地坚持财政收入可持续增长导向。发行政府债券。争取新增政府债务限额，依法发行地方政府债券，"十三五"期间，发行新增政府债券555亿元、置换债券1048.40亿元、再融资债券447.99亿元。强化非税收入征管。坚持依法征收，应收尽收，加强土地出让金、排污权出让收入、生态环境损害赔偿金等国有资源（资产）有偿使用收入的收缴管理。推进政府非税收入收缴电子化和财政电子票据管理改革，提升政府非税收入管理水平。"十三五"期间，全市政府非税收入从2016年的986.71亿元增长至2020年的2134.19亿元，增长2.2倍，年均增长21.3%；其中纳入一般公共预算管理的非税收入从2016年的190.32亿元增长至2020年的253.82亿元，增长1.3倍，年均增长7.5%。

【促进经济发展】 落实减税政策。深化增值税改革，增加小微企业税收优惠，加大研发费用加计扣除力度，落实疫情期间阶段性减税等政策措施。"十三五"期间，共计减免税收1739.8亿元。支持现代产业体系构建。"十三五"期间，加快制造强市建设，强化产业链、创新链、资源链协同，构建现代产业体系。全市规模以上工业增加值年均增速11.4%，8405家规上工业企业实施技术改造项目10764个。累计建成市级以上数字化车间/智能工厂项目74个，累计拥有工业总产值超百亿元的企业23家，营业收入超千亿元制造业集团2家。获评国家制造业单项冠军企业（产品）45家，占全国总量的比重近8%，数量居国内城市首位。获评国家级专精特新"小巨人"企业55家，省"雄鹰"行动培育企业21家，省级隐形冠军企业（培育企业）140家。支持科技创新。创建"中国制造2025"试点示范城市，"十三五"期间，市财政累计安排资金158.03亿元，支持企业技术改造、科技研发和市场拓展，促进产业转型升级。完善国有金融资本管理。摸清国有金融资本家底，确定由市财政局集中履行出资人职责。出台名录管理、负责人薪酬考核、国有股权董事选派及管理等国有金融资本管理制度。开发宁波市国有金融资本管理信息系统，建立国有金融资本联合监测监管机制，提高金融风险预见预判能力，推动国有出资金融机构发展。支持产业基金运作。推行政府购买服务、产业基金、政府与社会资本合作（PPP模式）等市场化运作方式，发挥财政的撬动引导作用，推动财政资金与金融资本、市场资本合作，引导社会资本进入公共服务、生态建设、基础设施等领域，提高公共产品和公共服务供给效率。截至2020年年底，市县两级产业基金总规模207.49亿元，投资项目1132个，总投资额374.20亿元。市县两级累计实现进入PPP库项目50个，PPP项目落地率96.0%，高于全国水平25.2个百分点。

【保障民生事业】 "十三五"期间，坚持财政支出增量的三分之二以上用于民生支出，民生支出从2016年的958.97亿元增长至2020年的1241.14亿元，年均增长6.6%。支持疫情防控。落实资金保障，2020年全市安排疫情防控经费17.11亿元，支持防控物资保障和重大疫情防控救治体系建设，及时拨付患者救治和疫情防控人员临时性工作补助等经费。建立“全覆盖、全流程、全封闭”的疫情防控资金闭环管理机制，规范资金管理。支持文化教育事业发展。“十三五”期间，教育支出从2016年的198.37亿元增长至2020年的269.57亿元，年均增长6.3%；文化旅游体育与传媒支出从2016年的32.72亿元增长至2020年的36.61亿元，年均增长2.3%。支持学前教育、基础教育、高等教育、职业教育等多层次教育发展，助力职业教育整体水平提升，推进普通高中特色化、多元化建设，提升教育质量。在全省率先建成现代公共文化服务体系，每万人拥有公共文化设施面积4100平方米，获得全国文明城市“六连冠”。支持社会保障事业发展。“十三五”期间，社会保障和就业支出由2016年的116.32亿元增长到2020年的181.91亿元，增长1.56倍，年均增长11.8%。全市累计安排促进就业经费66.77亿元，其中财政资金支出21.10亿元，失业保险基金支出45.67亿元，支持各项就业创业扶持政策落实。落实最低生活保障政策，建立与全市居民人均消费支出挂钩的联动增长机制，市区低保平均标准从2016年744元/人·月提高至2020年的990元/人·月。支持卫生健康事业发展。全市卫生健康支出由2016年的88.72亿元增长至2020年的124.04亿元，增长1.4倍，年均增长8.7%。提高公共卫生服务水平，“十三五”期间，基本公共卫生服务经费财政补助标准从60元/人·年提高至87元/人·年，增加45.0%。深化医药卫生体制综合改革，完善财政对公立医院的经济补偿政策，落实基层医疗机构补偿机制改革。支持调整规范医疗服务价格体系，深化医保支付方式改革，推进“双下沉、两提升”和县域医共体建设。完善医疗保障体系，“十三五”期间，全市城乡居民医保财政补助从26.44亿元增长至41.04亿元。支持打好“三大攻坚战”。防范化解地方政府债务风险，对照化债任务，通过安排预算资金、盘活财政存量资金等措施，化解存量隐性债务。支持打赢脱贫攻坚和污染防治攻坚，“十三五”时期累计安排资金61.73亿元用于脱贫扶贫合作，安排资金14.13亿元用于环保投入。支持乡村振兴。深化涉农资金整合改革，提升涉农资金使用效益。建立“大专项+任务清单”的预算管理方式，增强县级财政资金统筹使用能力。支持农房改造示范村工程、镇级污水处理设施及管网建设、棚户区改造、小城镇环境综合整治行动、农村“安居宜居美居”专项行动、农村生活污水设施运行维护、农村危房治理等工作，“十三五”期间，“三农”投入年均增幅6.3%。

【推动财政改革】 构建集中财力办大事财政政策体系，建立具有宁波特色的现代财政制度，推动财政体制改革，协调市与区县（市）政府间财政关系。推进预算管理改革。清理、整合市级财政专项资金，建成市级预算支出标准体系。推进预决算公开，除涉密部门外，已实现全市预算部门全覆盖。实施预算绩效管理改革。建立预算绩效“1+N+X”制度框架体系，扩大绩效管理覆盖范围，形成全方位、全过程、全覆盖的预算绩效管理框架格局。2018年起，连续4年要求部门将除涉密以外的所有预算项目纳入绩效目标管理范围；2019年起，每年选择1个市级部门开展部门整体支出绩效评价；2020年，选择3个市级部门开展部门整体支出绩效目标编报工作。推进政府购买服务改革，确立“1+X”制度框架体系和“一年探索试点、两年提升扩面、三年全面推广”的工作思路，完善制度建设，形成一批典型项目。其中，4个项目被财政部列为全国典型，2个项目被列为全省第一批示范项目，提高公共服务供给水平和效率。推进国库支付电子化管理。“十三五”期间，市本级400余家预算单位所有财政性资金，人民银行和6家国库集中支付代理银行实行国库支付电子化管理。13个区县（市）按计划实现国库支付电子化管理。完善国有资产管理制度。建立“财政—部门—单位”3个监督管理层次，搭建全链条、横向到边的资产制度管理体系。建立国有资产报告工作机制，在政府上下级、部门间和财政部门内部形成联动工作机制。

【推进财政数字化转型】 开展“互联网+政务服务”，提高财政公共服务水平。实现宁波市政府财政管理信息系统与政采云平台对接，提升采购效率。完成非税收入征缴系统全市集中部署，并实现与统一公共支付平台的对接，构建线上线下一体化收缴体系。启动宁波市“智慧财政”项目建设。2020年，系统主体功能在市本级完成上线，与财政部全国预算管理汇总系统实现对接。推进财政电子票据改革。创新财政票据保障和监管模式，建立“以票管费、电子控收”的新型财政票据监管体系，开启从“群众跑腿”到“数据跑腿”的服务管理新模式。推广医疗收费电子票据，乡镇卫生院以上公办医疗机构完成电子票据改革，公众通过“浙里办”App、短信、微信公众号、二维码等方式获取财政电子票据。2020年，开具电子票据8192万余份。

【强化财政监督】 落实政府过“紧日子”要求。控制、压减非刚性、非重点支出。2017年起，连续4年按一定比例压减一般性支出，压减的资金统筹用于保障民生和支持长三角区域一体化建设、打好三大攻坚战、实施“六争攻坚”专项行动等。2020年，宁波市“三公”经费支出3.27亿元，较2015年下降49.2%。强化内控体系建设，制定、完善内控基本制度、法律风险等专项内控管理办法10个。建立健全内控管理框架，成立内控委、内控办，推进内控执行体系建设，坚持内控管理常态化，试行内控考评，结合内巡、内审等工作，防范财政业务廉政风险。加强财会监管。加快财会监督长效机制构建，制定《宁波市财政监督管理暂行办法》，完善《宁波市财政检查工作规程》，建立财政监督检查案件集体审理机制，规范财政监督行为。加强会计评估监督，按照“双随机一公开”原则，对全市资产评估机构和会计师事务所开展执业质量检查，对市级重点行业领域开展会计信息质量执法检查，防范重大领域风险。加强行政事业单位资产管理。开展行政事业单位房地产清理整顿工作，推进盘活处置。截至2020年年底，累计处置土地2宗，面积1万平方米；处置房产431宗、码头2处，面积13.7万平方米。建成资产管理信息系统，实现资产管理"四个全覆盖"*。防范债务风险。强化地方政府性债务风险防控，压实主体责任和监管责任，建立健全政府举债融资机制、债务管理考核及激励约束机制，对地方政府债务实行限额管理和规模控制。强化债券资金使用管理，开展债券资金使用情况监督检查，提高债券资金使用效益。实行债务信息公开，向社会公开债务规模、债务限额、债券发行及其他相关信息，接受社会监督。

【加强队伍建设】 坚持党建引领。开展"两学一做"学习教育、"不忘初心、牢记使命"主题教育。党支部书记担起"一岗双责"，落实"三会一课"、组织生活会、谈心谈话等组织生活，建设"政治强、队伍强、业绩优、作风优"的模范党支部。在2020—2021年度宁波市"模范机关、清廉机关、文明机关"创建综合考评中，市财政局获评首批市级"模范机关"。强化人才队伍建设。"十三五"期间，市财政局完成多轮机构改革任务，做好所涉地税机构撤并、职能划转和人员调配等工作，研究制定职务与职级并行管理工作方案，完成公务员职级管理过渡。通过公务员招录、公开遴选、公开选调、事业单位人员考录等多种方式，充实干部队伍。开展干部选拔任用工作、职级晋升工作，优化中层干部配置。通过开设"财政学堂"、搭建财政专业人才库等，加强干部教育培训。丰富财政文化活动。打造"智慧财政"文化品牌，以"高明、精明、开明、严明"理念，培树"锋领财政·四明管家"机关党建品牌。深化"三服务"活动，开展"财政服务月"专项行动，对接预算单位和基层政府。组织260余名党员干部协助街道社区开展日常疫情防控；抽调30名干部，帮扶10家市重点物流企业和32家西门街道企业复工复产。组织党员干部开展扶贫帮困、环境整治、交通执勤、垃圾分类宣传和文明城市创建等志愿服务活动。宁波市财政局连续6年获评市级文明机关标兵单位，在第十一轮民主评议机关活动中获得经济与服务单位第3名，获评作风建设先进单位。

（宁波市财政局供稿　范　雯执笔）

注：

*资产管理"四个全覆盖"：即从资产预算、资产日常管理到资产处置、资产收益全过程覆盖；资产全过程动态监控全覆盖；对大型资产信息如土地、房屋、车辆、大型设备等资产实现重点监管全覆盖；多财政区划服务，资产审批事项逐步纳入网上审批，实现全市单位全覆盖。

温州市

【财政收入概况】 "十三五"期间，温州市财政总收入由2015年的677.92亿元提高至2020年的962.52亿元，年均增长7.3%。一般公共预算收入由2015年的403.07亿元提高至2020年的601.98亿元，年均增长8.4%，一般公共预算收入占财政总收入的比重由2015的59.5%提高至2020年的62.5%。税收收入由2015年的349.56亿元提高至2020年的510.10亿元，年均增长7.9%，占一般公共预算收入的比重由2015年的86.7%下降至2020年的84.7%；一般公共预算支出由2015年的569.43亿元提高至2020年的1027.17亿元，年均增长12.5%。全市非税收入由2015年的548.86亿元提高至2020年的1443.99亿元，年均增长26.6%，其中：一般公共预算非税收入由2015年的53.51亿元提高至2020年的91.88亿元，年均增长11.4%。"十三五"期间，各年度财政收支平衡。

【支持经济发展】 开展企业帮扶。清理、整合产业政策，将原来178个产业政策整合为5个新政策，强化惠企"直通车"产业政策兑现，2018—2020年，全市兑现政策奖补资金131.72亿元，惠企28万户次。助推产业升级。实施"科创融合"，建立财政科技投入稳定增长机制。投入科技专项资金2.70亿元，助力"一区一廊一会一室"建设。设立世界青年科学家创业基金，总规模20.00亿元。谋划瓯江实验室建设资金保障方案，整合市区财政资金18.00亿元支持科思研究院、国科大研究院等高能级创新平台建设。落实减税降费。落实减税降费政策，2019—2020年，累计减税降费287.00亿元，其中2020年新增各类减税降费246.80亿元。助推金融改革。深化财政金融改革，连续2年获批财政支持深化民营和小微企业金融服务综合改革国家级试点，组建温州市国有金融资本管理有限公司，设立政策性融资担保公司，创新政府采购信用融资模式，助力企业纾困解难。推动产业基金发展。"十三五"期间，创新财政支持经济发展方式，引导金融资本和社会资本支持实体经济发展，陆续参与组建浙江温州转型升级产业基金、市科技创新创业投资基金、长三角产业升级基金、国家制造业转型升级基金等，"十三五"期间，市本级设立政府产业母基金4支，总规模51.00亿元。

【保障重点支出】 加大民生投入。"十三五"期间，全市民生支出3422.00亿元，占一般公共预算支出的77.5%；完善重点民生投入机制，保障政府十大民生实事项目。完善社会保障体系建设。"十三五"期间，全市社会保障与就业支出463.20亿元，实施城乡统筹居民基本养老保险制度，落实企业职工基本养老保险省级统筹。做好工资制度和机关事业单位养老保险制度改革资金财政保障，推进综合医疗改革、开展居家和社区养老服务改革试点改革。支持民生项目实施。实施住房保障、"五水共治""交通治堵"等民生工程建设，加大对"平安温州""米袋子""菜篮子"等方面的投入，"城市书房"被评为全省公共文化服务体制机制创新项目。助推教育发展。"十三五"期间全市教育支出957.93亿元，支持多层次教育发展。支持民办学校政府购买服务，深化民办教育综合改革。健全中小学教师工资长效联动机制，提高教师待遇水平。累计投入35.20亿元，助力温州肯恩大学成为"中外合作办学创新示范区"，推动温州大学创建博士学位授予单位，助推温州职业技术学院创成全国"双高"前十。支持医疗卫生事业。"十三五"期间，全市卫生健康支出409.93亿元，健全公共卫生应急防控体系，提升公共卫生服务水平。保障抗灾救灾工作。统筹资金6.35亿元，支持“利奇马”台风灾后重建工作。筹措专项资金22.40亿元，保障新冠肺炎疫情防控政策落实。推进乡村振兴。建立涉农资金统筹整合长效机制，“十三五”期间，全市投入一般公共预算农林水支出364.51亿元，推进乡村振兴战略实施。“十三五”期间，全市建成乡村振兴示范带81条、西部生态休闲产业带项目231个，打造“山水雁楠”“红都绿野”乡村振兴跨区域精品带，打造“瓯越鲜风”品牌，培育省市级田园综合体10个，开展水利堤防设施灾害保险试点工作，支持“四好农村路”建设。支持扶贫工作。“十三五”期间，全市投入专项扶贫资金28.60亿元，重点保障低收入农户异地搬迁差异化补助、医疗再保险和财政资金折股量化帮扶。出台财政扶贫资金动态监控工作规程，实行精细化管理。

【助推城市建设】 “十三五”期间，市本级预算安排466.95亿元，保障重大项目落地。提升城市品质。打造瓯江沿线、塘河沿线、历史文化街区、三垟湿地和中央绿轴等“两线三片”五大城市名片；发展“温州小外滩”“塘河夜画”等“月光经济”；保障瓯江光影码头、体育休闲综合体一期等50个“大建大美”市民体验项目完成，“十三五”期间，争取棚户区改造专项债券额度110.40亿元，加大棚户区（城中村）改造力度。推进城市环境优化。以BOT+EPC模式推进污水处理厂迁建工程建设，基本解决污水直排瓯江问题。总投入资金5.99亿元，新建西向生态填埋场工程。助推交通发展。推进交通重点工程建设，加速构建“521”高铁圈，推进杭温高铁开工建设，完成温州市域铁路S1线投入使用，推进市域铁路S2线建设，推进温州市七都大桥北汊桥工程等进入国家PPP项目管理库，完成龙湾国际机场T2航站楼及配套工程建设，完成锦绣路下穿、民航路拓宽、城市快速公交路网等建设。

【深化财政改革】 建立现代财政制度。贯彻落实《预算法》和《预算法实施条例》，深化财政改革，推动财政自身发展方式转变。完善财政体制。落实省对市县财政体制，完善市区财政体制以及县乡财政体制，扩大市县乡三级财政收支规模，完成苍南县与龙港市的财权事权划分。构建集中财力办大事财政政策体系，建立跨年度平衡机制，统筹财力重点保障市委、市政府重大决策部署，建立中期规划方案。深化部门预算改革。将政府投资项目、专项资金及上级转移支付全部纳入部门预算，实现“全覆盖”。健全预算支出标准化体系，加强市级部门项目库建设，推进项目预算编制精细化。规范资金审批程序，推进预决算公开，打造“阳光财政”。

【强化财政监管】 完善财政监督机制。出台《关于进一步加强财政监督工作的实施意见》及8个配套办法，加快现代财政制度建立。完善内控机制。加强财政内部控制工作，推进行政事业单位内控制度建设。推进预算绩效管理，出台全面预算绩效管理实施意见并制定三年行动计划，建立健全全过程预算绩效管理机制。加强政府采购。推进政府采购“放管服”改革，打造“互联网+政府采购”。加强资产管理。落实政府国有资产报告工作，创新制订公物仓管理办法。推进数字化监管。开发应用数字财政应用平台和数字财政服务平台等多个信息平台，完善预算编制、预算执行和财政监督三大业务平台，应用预算云、政采云、资产云等信息系统，实现核心业务的全流程信息化管理。

【队伍建设】 推进机关党建工作。开展“两学一做”学习教育，落实全面从严治党主体责任，开展“不忘初心，牢记使命”主题教育。开展“五好”服务。2019—2020年，累计开展“五好”服务4050次，解决问题7185个。完成机构改革。推进财政和税务部门分设，于2018年7月5日和7月20日分别实现市、县（市）税务局集中挂牌。向上级争取财政人员专项编制96名，完成财政与税务部门之间人财物划转。加强作风建设。开展“强责任敢担当，治顽疾优环境”作风建设活动，开展作风巡察，按照巡察整改要求，完成整改措施79条。加强廉政建设。开展党风廉政建设巡察，召开党风廉政专题例会，出台“清廉财政”建设实施方案，把廉政建设各项要求融入财政业务全流程，开展廉政风险专项治理和正风肃纪专项检查，对“三公”经费、“三礼”问题、办公用房、作风效能等进行专项检查整改。

（温州市财政局供稿　李　侠执笔）

嘉兴市

【概况】 “十三五”时期，全市财政总收入由2015年的638.80亿元增长至2020年的1003.07亿元，一般公共预算收入由2015年的350.35亿元增长至2020年的598.80亿元，分别增长57.0%和70.9%，年均增长9.4%和11.3%。全市税收收入由2015年的317.83亿元增长至2020年的555.20亿元，增长74.7%，年均增长11.8%。2020年一般公共预算收入占财政总收入的59.7%，较2015年提高4.9个百分点，税收收入占一般公共预算收入的92.7%，较2015年提高2个百分点。全市非税收入从2015年的227.36亿元增长至2020年的859.36亿元，增长278.0%，年均增长30.5%，其中纳入一般公共预算管理的非税收入从2015年的32.51亿元增长至2020年的43.61亿元，增长34.1%，年均增长6.1%。全市一般公共预算支出由2015年的424.16亿元增长至2020年的712.18亿元，增长67.9%，年均增长10.9%。“十三五”时期，全市财政均实现年度财政收支平衡。

【服务经济发展】 落实减税降费政策。落实增值税改革，实施留底退税政策，扩大扶持小微企业的增值税、企业所得税等政策范围；降低职工基本养老保险单位缴费比例，阶段性降低事业保险、工伤保险费率，减轻企业社保缴费负担；通过取消、免征、停征和缓征等方式清理行政事业性收费和政府性基金项目27项。

"十三五"期间，全市累计为企业减免税费1159.02亿元。助力供给侧结构性改革。完善农业、工业、服务业等产业扶持政策，巩固"三去一降一补"成果，推动经济转型升级。落实创新驱动发展战略，加大对嘉兴科技城、秀洲国家高新区等创新平台的支持力度，出台促进科技创新、人才引进等财政政策。"十三五"期间，全市科技支出129.11亿元，年均增长17.3%，支持G60科创走廊嘉兴段建设，助推中国电科南湖研究院等一批高能级科研平台落户嘉兴；全市人才支出78.00亿元，引入培育国家级高端人才407人、省级高端人才316人。推动加大研发投入力度，全社会R&D经费支出占GDP的比重由2015年的2.7%上升至2020年的3.1%；全市国家高新技术企业1752家，省科技型中小企业6064家，分别为"十二五"期末的3.09倍和3.74倍。发挥财政资金引导撬动作用。推进政府产业基金由1.0版转型升级为2.0版，成立注册资本100.00亿元的嘉兴长三角创新投资集团有限公司，支持产业发展和项目招引机制，运用主题基金、定向基金等方式支持项目引进，带动社会资本投入信息经济等八大产业。截至2020年12月末，全市各级政府产业基金规模124.81亿元，实际到位72.12亿元，政府产业基金合作成立子基金82支，总规模420.13亿元，投资项目856个、项目总投资额1440.85亿元，撬动社会资本投资1502.11亿元，助力引入百亿元以上重大项目6个。支持设立嘉兴市小微企业信保基金融资担保有限公司，推进政策性融资担保体系建设，综合运用税收优惠、贴息等方式，鼓励金融机构加大对实体经济的支持力度，优化企业融资环境。

【保障民生事业发展】 "十三五"期间，全市民生支出2389.42亿元，年均增长11.0%，占一般公共预算支出的79.5%。支持教育事业发展。"十三五"期间，全市教育支出583.32亿元，年均增长11.8%，支持学前教育、基础教育、高等教育、职业教育等多层次教育发展，助力义务教育优质均衡发展成为全国样板，高等教育毛入学率从2015年的58.0%提高至2020年的62.3%。推进城乡融合发展。全市农林水事务支出255.04亿元，支持乡村振兴战略实施，2020年全市农村居民人均可支配收入39801元，连续17年居全省第1，嘉兴市成为浙江首个村级年经常性收入超百万元全覆盖的地市，被列为国家城乡融合发展试验区。支持"健康嘉兴"建设。全市医疗卫生支出183.29亿元，年均增长12.1%，支持重大公共卫生项目和公共卫生体系建设，推动医保制度全市统一，建立健全以基本医疗保险为基础、大病保险为延伸、医疗救助为托底、其他医疗保障为补充的多层次全民医疗保障体系，城乡居民基本医疗保险最低筹资标准由2015年的820元/人·年提高至2020年的1630元/人·年。在省内率先实现医疗保险、大病保险、医疗救助"一站式"结算，市域就医实现"一卡通"。推进医联体、医共体建设推进，助力实现"老有所养、病有所医"全覆盖。支持社会保障事业发展。全市社会保障和就业支出247.63亿元，年均增长15.9%。充实社保风险准备金，提高养老保险基金抗风险能力，筑牢社会保障底线，全市基本养老保险参保率达95.9%，提高企业退休人员基本养老保险金水平，2020年实现月人均2775元，较2015年增长24.7%。实施积极的就业政策，支持以创业带动就业，城镇就业人员累计新增68.69万人。支持文体事业发展。全市文化体育支出62.56亿元，年均增长13.0%。支持文化强市和文明城市建设，支持文化事业和文化产业全面协调发展，提升城市文化软实力。围绕"打造动感禾城、建设健康嘉兴"目标，推进群众体育、竞技体育和体育产业健康协同发展，营造全民健身环境氛围，提升竞技体育水平，发展体育产业，完善体育健身场地设施。支持生态环境改善。全市生态环保支出100.65亿元，践行"绿水青山就是金山银山"理念，完善生态环保补偿机制，支持打好污染防治攻坚战，推进"五水共治""五气共治""五废共治"，健全生态环境治理体系，水质和空气质量改善幅度居全省第一。

【深化财政改革】 构建集中财力办大事政策体系。推动嘉兴市委办、市府办出台《关于推进集中财力办大事的若干意见》，统筹资金、资产、资源、资本，支持市委、市政府重大决策部署推进和重点项目建设。推进财政数字化转型。推广政采云平台，开展"互联网＋政府采购"行动，政府采购实现全流程电子化运行全市贯通。推广统一公共支付平台，实施"互联网+公共支付"，推进财政电子票据管理改革，实现统一公共支付平台非税缴款取票"一次不用跑"。开发建设国有资产清查系统、建设项目天地图系统、土地资源与资金管理系统，实施财政资金、国有资产、建设项目、土地资源一张图、一体化管理。推进预算管理制度改革。健全零基预算管理，增强预算约束力和执行管理，提高预算的科学性、完整性和前瞻性。完善政府专项资金管理办法，加大市级政府专项资金整合力度，建立健全资金管理体系。优化预算支出结构，加大重大决策、重点领域、重点工程保障力度，强化项目库分级分类管理体系，改革预算项目库管理框架，压减项目数量，控制部门项目总量。实施全面预算绩效管理改革。市县两级均以党委、政府名义印发全面实施预算绩效管理的意见（方案），明确三年行动计划的时间表和路线图，构建管理机制，强化结果导向，硬化责任约束，提高财政资金使用效率。推进国库集中支付改革。实施国库集中支付电子化改革，建立、完善国库支付电子化运行管理制度体系，推进财政专户清算电子化。简化国库集中支付用款计划审批环节，优化国库集中支付审核管理。推进政府债务管理改革。开展项目建设源头管控改革，区分政府投资项目和企业投资项目，从项目源头上防止出现政企不分、新增政府隐性债务的风险。重构财政资金支持国有企业新路径，提升国资公司的资金实力和融资能力。指导县（市、区）分类推进国资公司市场化转型，划清政府和企业界限，提升企业市场化竞争能力。

【强化资金监管】 推进风险防控制度建设。完善财政资金运行全过程管理制度体系，实现重点检查与日常监督相结合、自查与抽查相结合，提升监管实效。完善财政管理制度与信息技术深度融合的管理机制，以信息化推动财政管理流程优化，提升财政监督管理水平。健全内控内审机制。聚焦财政系统风险，推动财政内控从“立规矩”向“见成效”转变。建立内部控制制度体系，推进业务全流程内控规程编制，创新内控内审自查和重点检查工作，强化考核评价，推动财政业务内控内审工作。构建财政监管闭环。开展横向沟通协作，强化与人大、审计、监察等机构的联系与合作，建立市县协同工作机制，发挥联合体监督机制作用。围绕重大政策、重要领域和重点项目，开展专项监督检查，实施财政资金运行全过程监控，提高财政资金运行的规范性、安全性。加强行政事业单位资产管理。开展市级行政事业单位房产集中统一管理，落实国有资产报告制度，建立房产数据库和三维地理信息系统，加强资产调度、共享，提升资产使用效率。

（嘉兴市财政局供稿　徐力超执笔）

湖州市

【概况】“十三五”期间，湖州市财政总收入从360.89亿元增至582.09亿元，年均增幅12.2%，比全省平均水平高4.4个百分点；一般公共预算收入从211.18亿元增至336.56亿元，年均增幅12.0%，比全省平均水平高3.5个百分点。全市税收收入从169.31亿元增长至312.93亿元，占一般公共预算的比重从88.5%提高至93.0%，提高4.5个百分点。全市一般公共预算支出从273.74亿元提升至484.42亿元，五年累计支出1962.46亿元，年均增长12.1%。“十三五”期间，全市财政收支平衡。

【服务经济发展】构建集中财力办大事财政政策体系，聚焦长三角一体化发展、三大攻坚战、“一四六十”工作体系等，谋划政策和预算安排。推进国家和省市各项重大战略部署落实，编制政府投资项目和城建交通水利医疗项目资金计划，推动重大功能性基础设施和产业型项目建设。运用财税政策工具，发挥逆周期调节作用，促进经济平稳健康发展。理顺市区间财政关系，推进财政事权和支出责任划分改革。原有13个市级政府性专项资金与21项财政政策，调整存量财力结构、优化资金配置。实施重大项目动态监控，根据受疫情影响情况，建设进度可以延后安排的项目以及预计年底前无法支出的项目，相应延后安排资金；对于不具备实施条件、进展缓慢的项目，按规定收回资金统筹使用。

【应对疫情助企纾困】疫情期间，开通防控资金拨付“紧急通道”、政府采购“绿色通道”，建立健全监管制度，确保防控资金及时拨付、规范使用，保障防控物资及时到位。通过地方安排、向上争取、社会捐赠等筹措疫情防控资金4.68亿元，用于医疗救治、核酸检测、防控设备及物资采购、疫情防控人员补助。落实疫情防控期间粮食、生猪等农产品稳产和春茶生产政策。开展“深化‘三服务’、助企开复工”专项行动，推动出台并落实“湖八条”，运用减租减息、延期缴税、技改投资、补助返工等措施，加大政策对冲，帮助企业渡过难关，兑现扶持资金198.10亿元。在全省率先实施“亿元招工令”，实现15.7万名外地员工返岗。强化阶段性政策与制度性安排相结合，实施“五减”专项行动，落实减税降费和规模性纾困政策，2020年为企业减负245.00亿元。争取中央“两直”资金48.15亿元，惠及小微企业和个体工商户11.4万户。加强“湖九条”等政策引导，围绕新能源汽车、数字经济、高端装备等产业，新增专项贷款300.00亿元，安排财政绿色专项差别化贴息资金1.00亿元，支持相关领域重大项目“双进双产”*。推动基金赋能产业发展，强化500.00亿元的绿色产业基金和天使基金实质化运作，投资项目177个，培育上市和拟上市企业。推出全国首个支付宝“数字生活城市”项目建设，通过发放消费券、支持交易会举办等方式，拉动餐饮、商贸、文化等行业复苏。

【保障民生事业发展】“十三五”期间，全市民生支出年均增长11.2%。把握财政支出优先顺序，将“六保”支出摆在突出位置。促进居民就业态势良好，发挥财政政策对稳就业的拉动作用，保障大学生、农民工和退役军人等重点群体就业。强化社会保障能力，“十三五”期间，社会保障和就业支出188.18亿元，落实低保救助、儿童关爱、扶贫助残等基本保障。应对减负降费产生的企业职工基本养老保险基金收支缺口，多渠道筹集社保风险准备金，争取省级调剂补助，确保基金收支中长期平衡。全市城乡居民最低生活保障标准提高至每人每月873元，城乡居民基础养老金提高至每人每月250元，企业职工基本养老金人均增长5%。落实“两个只增不减”的要求，保障学前教育、义务教育、职业教育和高等教育发展。“十三五”期间，投入352.72亿元保障学前教育、义务教育、职业教育和高等教育发展，推进湖州市教育现代化建设。改善卫生健康服务水平，加快公共卫生应急管理服务能力水平提升。“十三五”期间，投入167.63亿元用于卫生健康服务体系建设，深化公立医院改革，保障公共卫生安全，推进“健康湖州”创建。推动养老服务体系建设，加快幸福邻里中心、老年活动中心等资源均衡布局。助力湖州市获批全国首个文旅公共服务综合性试点，保障城市书房、文旅驿站、旅游厕所等设施建设，提升全民体育设施建设和健身氛围。

【深化财政改革】实施预算绩效管理三年行动，开展整体绩效预算改革，提升资金使用绩效。建立健全绿色发展财政奖补机制，推进市区财政事权和支出责任划分改革，实施财政资金竞争性存放，建立国有资产管理情况报告制度。推动财政数字化转型，实现财政对外办事事项100%网上办、掌上办、零次跑。发挥政府采购扶持小微企业发展的政策功能，打通“绿贷通”“政采贷”平台，入驻企业贷款办理时间平均缩短1/2以上，融资成本减少10%左右。截至2020年年底，入驻企业39387家，授信5.37亿元、放款4.75亿元。推进电子票据改革，实现全省统一公共支付平台缴款单位和主要公立医院电子票据改革全覆盖。

（湖州市财政局供稿　宋钰辰执笔）

注：

*"双进双产"："双进"即引进世界500强、国内制造业500强企业，推进项目落地；"双产"即提升投产率及加快达到预期产能。

绍兴市

【概况】 "十三五"期间，绍兴市财政总收入3825.80亿元，是"十二五"期间的1.5倍，年均增长7.3%。全市一般公共预算收入2394.90亿元，是"十二五"期间的1.6倍，年均增长8.3%，占财政总收入的62.6%。全市税收收入1973.56亿元，为"十二五"期间的1.4倍，年均增长7.1%，占一般公共预算收入的82.4%。全市非税收入3069.97亿元，为"十二五"期间的2.1倍，年均增长33.7%，其中纳入一般公共预算管理的非税收入421.32亿元，为"十二五"期间的4.1倍，年均增长16.1%。一般公共预算支出由2015年的421.40亿元增长至2020年的667.20亿元，年均增长9.6%。

【促进经济发展】 落实减税降费政策。"十三五"期间，全市为各类市场主体减税费约650亿元，释放政策红利。撬动社会资本投资。"十三五"期间，绍兴PPP项目总投资额达到1014.70亿元，PPP基金规模25.00亿元，争取省级基金11.70亿元，基金规模和省财政支持力度均列全省第一。加快政策兑现。启动资金直接预拨制度，开通政府采购绿色通道。开展"1+9"政策兑现提速工作，2019—2020年合计兑现"1+9"政策资金96亿元。支持小微企业。全市落实财政贴息资金5.70亿元，撬动人民银行再贷款资金520余亿元，为3.9万余家小微企业和"三农"对象提供资金支持。发放消费券3.60亿元，撬动餐饮、购物、旅游等行业直接消费和间接消费41.70亿元。

【优化支出结构】 "十三五"期间，加强重大决策部署财力保障，优化支出结构。落实中央八项规定精神，"三公"经费支出年均下降18.3%。资金重点投向民生领域，民生支出由2015年的320.56亿元增长至2020年的497.69亿元，年均增长9.2%。"十三五"期间，一般公共预算支出中，投入教育领域资金585.10亿元，占比21.0%；投入社会保障和就业领域资金347.30亿元，占比12.5%；投入卫生健康领域资金269.50亿元，占比9.7%；投入农林水领域资金251.50亿元，占比9.0%；投入公共安全领域资金214.80亿元，占比7.7%；投入科技领域资金158.10亿元，占比5.7%；投入城乡社区建设领域资金204.10亿元，占比7.3%；投入文化体育与传媒领域资金56.10亿元，占比2.0%；投入节能环保领域资金66.60亿元，占比2.4%。树立"全市一盘棋"理念，统筹全市资源。通过行政事业单位政府性资产大核查，盘活闲置国有资产1500余亿元，实现资产增值100亿元以上，统筹用于保障政府投资项目建设，支持杭绍台高铁、轨道交通、智慧快速路等重大基础设施项目和古城保护、绍兴大学创建等重大公共事项的建设。

【深化财政体制改革】 打造土地储备出让预算管理全国样板。2018年5月起，开展财政部土地储备出让预算管理试点，构建以"全生命周期"为核心的五大工作流程体系，实现全周期预算管理和全方位风险管控。"十三五"期间，全市争取土储债券额度71.10亿，保障地方经济建设。财政部在绍兴试点经验基础上，出台全国性文件，以绍兴土储预算管理操作指南为蓝本，形成全国统一标准。创新政府投资项目"封闭运行"保障机制。2018年，全面梳理市级政府性项目，以项目为单位进行资金、资源、资产匹配，对各平台实行封闭运行，封闭运行情况与国有企业负责人年薪挂钩，对总投资1300亿元的95个项目开展财务封闭式管理。2019年，编制政府性项目5年滚动预算，探索跨年度平衡的预算机制，做到国有企业项目建设资金总体平衡和年度财务支出"双平衡"。推动预算绩效"一体化"。在全省率先出台《全面实施预算绩效管理改革实施方案》，率先建立成体系的基本支出标准和项目支出标准，实现绩效目标与预算指标"同步申报、同步审核、同步批复"。对所有预算项目实施绩效评价，项目绩效评价实现100%全覆盖。开展十大民生项目全市联动评价、七大财政专项资金绩效评价、下级政府财政运行综合绩效评价。提高绩效信息公开力度，实现部门绩效信息公开全覆盖。深化"最多跑一次"改革。创新"一门通办·不见面服务"，整合金财系统、政务督查等多套系统。推行政府采购"绿色通道"，减少80%的审核事项。开展预算执行改革，在全省率先实现部门用款审批自动化机审，办理时长由2个工作日缩短至即时。

【推进财政自身建设】 实施党建统领项目化管理。以加强政治建设项目为指引，以实施项目化管理为抓手，建成党建文化标准化阵地，承办全市机关基层党支部标准化建设现场会。创设"党员志愿服务岗"，全体党员干部自行报名参加，共接受各类办事、咨询4000余件，群众满意度95%。开展"不忘初心，牢记使命"主题教育。推动工作任务螺旋式前进，实现"发现—整改—再发现—再整改"的良性循环。坚持以问题为导向提升理论学习质量，实现主题教育"往深里学、往心里学、往实里学"。编发《领改者》周刊，整合全局力量查摆、解决实际问题，主题教育期间共查摆问题200余项，全部整改落实。推进国地税改革。推进2018年国税地税征管体制改革，妥善处理财政地税的人员划分，做好财税体制改革"后半篇文章"。厘清全部工作岗位职责，形成《绍兴市财政局行政机构岗位职责说明书》《绍兴市财政局事业岗位职责说明书》，实施全员"双向选择"，实现高风险岗位全轮岗，全局风险防控轮岗率达96%。探索有分有合的团队协同作战机制，建立"团队化作战"模式，实现扁平化管理和按需调配人员。建立全方位、差别化、立体性履职综合评估体系，推行过程化、可量化的综合评估考核方式。

（绍兴市财政局供稿　张　莹执笔）

金华市

【组织财政收入】 “十三五”期间，金华市财政总收入3160.49亿元，其中市区财政总收入765.68亿元，分别是“十二五”期间的1.51倍、1.59倍，年均增长率分别为5.2%、3.9%。全市一般公共预算收入1923.02亿元，其中市区一般公共预算收入453.04亿元，分别是“十二五”期间的1.57倍和1.53倍，年均增长率分别为5.8%、3.9%。全市一般公共预算收入占财政总收入的比重从2015年的59.9%提高至2020年的62.2%。“十三五”期间，全市税收1684.54亿元，为“十二五”期间的1.49倍，年均增长6.9%，占一般公共预算收入比重由2015年的85.9%提高至2020年的89.9%。市区税收收入389.48亿元，为“十二五”期间的1.43倍，年均增长5.9%，占一般公共预算收入比重由2015年的83.6%提高至2020年的90.0%。“十三五”期间，全市非税收入3704.99亿元，年均增长36.4%，其中纳入一般公共预算管理的非税收入238.02亿元；市区非税收入706.33亿元，年均增长26.4%，其中纳入一般公共预算管理的非税收入62.72亿元。“十三五”期间，全市一般公共预算支出3020.79亿元，年均增长6.7%，市区一般公共预算支出758.40亿元，年均增长6.5%。“十三五”期间，全市各年度财政收支平衡。

【促进经济发展】 *保障重点项目建设。*保障市委、市政府决策的重大项目、民生类项目、续建及新建项目资金需求，推动社会经济发展。“十三五”期间，市直财政投入政府投资项目建设支出86.14亿元，重点支持金义东市域轨道工程、G235国道（金义中央大道）、金武快速路等重大项目建设。*向上争取资金和债券。*“十三五”期间全市向上争取上级补助资金247.12亿元，新增债券资金570.50亿元，其中市区争取债券资金114.10亿元。*落实减税降费政策。*加强财政扶持，落实各类产业扶持政策，实施传统制造业改造提升行动，开展制造业重点细分行业培育，保障国家级创新型城市建设，做好降本减负政策的落实、宣传等工作。“十三五”期间，全市为企业减轻负担794.20亿元。*保障疫情防控。*按照“特事特办、急事急办”的原则，调整支出结构，保障疫情防控需求，常态化实施防控资金拨付机制，保持资金拨付“快速通道”和政府采购“绿色通道”畅通。2020年，全市安排疫情防控资金7.96亿元。*助力乡村振兴。*落实农业农村优先发展总方针，推动农业农村高质量发展，推进农业现代化和美丽乡村建设。“十三五”期间，全市“三农”支出由“十二五”期间的216.69亿元增长至241.69亿元，年均增长2.2%。

【保障民生事业发展】 “十三五”期间，全市民生支出2288.09亿元，年均增长6.3%，占一般公共预算支出的75.7%。市区民生支出551.56亿元，年均增长2.9%，占市区一般公共预算支出的72.7%。*保障卫生健康事业发展。*推进医疗卫生体制综合改革，完善市级统筹基金制度，实施基层医疗机构财政补偿机制改革、住院疾病诊断相关分组（DRGs）付费改革和门诊APG付费改革，出台门诊慢性病保障、提高报销比例等惠民政策，构建以基本医疗保险制度为主体、大病保险为延伸、医疗救助为托底、商业保险和社会慈善为补充的多层次医疗保障体系。“十三五”期间，全市卫生健康支出272.77亿元，年均增长7.6%。*推进教育文化事业发展。*配合教育等主管部门完善学前教育、民办教育和普通高中生均公用经费标准等政策，推进普通高中重点项目建设和中职学校“三名工程”建设，落实高等教育国家奖助学金政策，组织实施名师名校长培养工程。“十三五”期间，全市教育支出583.28亿元，年均增长8.7%。围绕“提升短板、促进均衡”目标，推进基本公共文化服务标准化和均等化建设，加大文化产业发展支持力度，建设二十四小时自助书屋，出台《金华市区文旅发展专项资金管理办法》。“十三五”期间，全市文化投入55.40亿元，年均增长11.7%。*加大社会保障和就业扶持力度。*提升社会保障抗风险能力，将社会保障风险准备金从土地出让收入提取的比例由5%提高到12%。提高市区城乡居民基本养老保险基础养老金标准，推进被征地农民参加职工基本养老保险。完善社会福利和社会救助体系，开展老年人意外伤害保险扩面工作，推进居家养老示范点建设，调整孤儿基本生活费标准，提高孤儿生活待遇，完善市区困难群众临时救助制度。“十三五”期间，全市社会保障和就业支出336.33亿元，年均增长18.6%。健全以公共租赁住房为主的住房保障制度，提高中低收入群体住房保障水平。市区公共租赁房租金补贴经费由2015年的730万元提高至2020年的2253万元，年均增长16.8%。*助力污染防治攻坚战。*加大土壤污染综合防控、功能区生态建设、城市道路雨污分流改造及截污纳管等投入力度。“十三五”期间，全市节能环保支出76.21亿元，年均增长9.2%。*助力脱贫攻坚。*按月、按季度开展扶贫资金动态监控工作，加强财政扶贫资金事中监管与重点绩效评价，开展消除集体经济薄弱村三年行动，提高低保标准，支持教育扶贫、健康扶贫、就业扶贫、消费扶贫、东西部协作和对口援助。2018—2020年，全市扶贫支出58.26亿元。

【推进财政改革】 *实行全口径预算管理。*建立完善以一般公共预算为主体的财政统筹机制，试编反映国有企业全貌的国有资本经营预算，加强土地出让金管理，盘清市直土地家底。*开展零基预算改革。*坚持以依据为导向的预算编制方式，将“二上二下”分段式的预算审核模式调整为“上报、审核、批复”链条式预算审核流程。按照“省委、省政府考核的优先编，市委、市政府重大决策部署的优先编，依据充分的优先编”的“三个优先编”原则，安排各项大事支出。提请市政府出台《市级财政资金管理办法（试行）》，实行预算项目库管理，厘清财政管理职责。*优化市区财政体制。*厘清市区财政事权和支出责任，完善一般性转移支付制度，清理、规范专项转移支付，探索建立市区土地出让收入分成机制，2019年实施新一轮市区财政体制，完善市区财政体制。*构建集中财力办大事财政政策体系。*以“三大攻坚战”和

"富民强省十大行动计划"为大事框架，构建集中财力办大事财政政策，制定市本级2019—2022年各项大事支出规划，计62方面大事内容，涉及预算项目2637个。

【加强财政监管】 创新事中监管模式。2018年，探索推进财政资金"事中监管"，在全省率先出台《财政资金事中监管工作制度》，指导事中监管工作。2018—2020年，选取22个财政资金项目开展事中监管，涉及资金8.09亿元。2019年，建立纪委、审计、财政"三部门"动态监管机制，对财政性资金使用中出现的问题进行分级预警。2019—2020年，实施分级预警701次，涉及资金7911万元。落实预算绩效管理制度。出台《金华市全面贯彻落实预算绩效管理的实施意见》《金华市本级财政重大支出项目绩效管理办法》等文件，构建"1+1+X"*的绩效管理制度体系，以重点绩效评价为突破口，统一评价工作标准、扩大评价范围、规范评价工作流程，并将评价结果与部门年度预算安排、政策调整、年度考核相挂钩。"十三五"期间，选取115个项目开展重点绩效评价，涉及资金10.78亿元。防范化解政府债务风险。出台《金华市政府性债务风险应急处置预案》，建立隐性债务化解进展月报制度。2017年，完成政府债券置换存量债务；2018年，编制完成全市和市本级防范化解政府性债务风险专项行动实施方案；2019年，开始实施五年化债计划，推进融资平台公司市场化转型。防范化解社保基金风险。针对减税降费政策实施影响，开展社保基金运行压力测试，建立完善市区社保基金定期分析制度，与市医保局共同开发医保基金监管分析系统，出台《市区社会保障风险金计提办法》，优化市区社会保障风险金计提办法，充实社保风险准备金及社保风险金。

【深化"最多跑一次"改革】 公布30项"最多跑一次"改革清单，推进财政电子票据改革，"十三五"期间，全市累计开通电子票据3096家，开具财政电子票据519.36万笔，涉及金额394.86亿元。2020年，上线金华市财政奖补资金信息管理系统，全年申报金额21.16亿元，兑现资金15.79亿元。开发"金阳光"惠农平台。推进"无证明城市"创建，取消资产评估机构合伙人缴纳社保费证明等4项证明材料。开展"每月上门服务至少一次"，2018—2020年，全市共现场服务部门6073次。2019—2020年，编印《金华财政运行参阅》18期、《政策参阅》21期，供市委、市政府决策参考。

（金华市财政局供稿　曾东平执笔）

注：

*"1+1+X"：即一个纲领制度，指《中共金华市委金华市人民政府关于全面贯彻落实预算绩效管理的实施意见》；一份配套文件，指《金华市本级全面落实预算绩效管理三年行动计划》；若干个具体管理办法及操作规程，指预算绩效管理工作规程、事前绩效评估管理暂行办法、绩效运行监控管理暂行办法、重点绩效评价内部操作指引等。

衢州市

【概况】 "十三五"时期，衢州市实现财政总收入988.50亿元，一般公共预算收入619.96亿元，较"十二五"分别增长67.4%和68.4%，年均增幅分别为9.7%和8.4%。税收收入507.71亿元，较"十二五"增长54.1%，年均增幅8.1%。全市一般公共预算收入占财政总收入的62.7%，税收收入占一般公共预算收入的81.9%。全市一般公共预算支出为1833.59亿元，较"十二五"增长115.1%，年均增长14.8%。全市财政民生支出累计1386.31亿元，年均增长14.0%，保持财政支出增量的三分之二以上用于民生。"十三五"期间，各年财政收支平衡。

【强化收支管理】 培育壮大财源。强化财政税务联动，运用扶大做强、全力外引、征管堵漏等举措，做好收入分析预测，推进部门信息共享，壮大地方财力。向上对接争取。"十三五"时期，全市争取地方政府新增债券资金412.40亿元，其中新增一般债券资金160.44亿元、专项债券资金251.96亿元；争取抗疫特别国债资金13.76亿元，国开行授信404.81亿元。强化非税征管。规范非税收入征缴，建立部门信息共享交换机制，加强日常管理和重点监控。"十三五"时期全市实现非税收入1266.60亿元，其中纳入一般公共预算管理的非税收入112.27亿元。落实过"紧日子"要求。按照"保、优、延、减、稳"原则，压减一般性支出和非急需非刚性支出，严控"三公"经费、会议费和培训费。

【支持经济发展】 减轻企业负担。建立减税降费统筹协调机制，实行收费项目清单化管理，健全涉企收费定期公示和投诉机制，取消政府采购保证金和工本费，鼓励减免履约保证金。"十三五"期间，全市减免各类税费327.49亿元。畅通融资渠道。支持实施融资畅通工程，设立"优先用电营商环境综合责任险"，组建规模4.50亿元信用保证基金，提高绿色信贷占财政资金竞争性存放招投标体系指标权重至60.0%，增加政府转贷规模至3.60亿元，解决企业融资难题。构建大专项政策。梳理政府专项资金政策，整合形成"大科创、大三农、大文旅、大商贸"四大专项政策体系，2020年资金规模增至8.98亿元，疫情期间调整形成应急帮扶、配套保障、创新发展三类政策，助力复工复产。推动国企转型。推进两批行政事业单位经营性资产注入，深化市区土地储备管理改革，通过注资赋能、政策赋能、机制赋能等方式，支持组建市金融控股集团、市城市建设投资集团、市交通投资集团、市大花园建设投资发展集团4家国资公司。"十三五"期间，全市AA及以上评级国有企业增至18家。支持产业基金运作。市县协同组建规模50亿～100亿元的区域母基金。推进规模分别为15.00亿元、15.00亿元、20.00亿元的科创、幸福、智慧三大主题基金运作，提升市域产业链水平。省市合作设立规模15.00亿元衢州市基础设施投资基金，推广政府和社会资本合作（PPP）模式，实现市级5个

PPP项目100.0%落地，撬动社会资本287.64亿元。

【改善民生福祉】 支持文化教育事业。“十三五”期间，全市安排教育支出255.76亿元、文化体育旅游与传媒支出38.87亿元，年均增长率分别为7.2%、21.9%。统筹保障学前教育经费1400万元。安排各类小学项目建设资金2.30亿元。2019年起，每年安排2500万元以上，支持衢州学院高水平发展。支持“南孔圣地、衢州有礼”城市品牌打造和“全球免费游衢州”活动，新建“南孔书屋”37家、农村文化礼堂776家。完善社保体系。“十三五”期间，全市安排社会保障和就业支出228.63亿元，年均增长21.7%。落实医改财政补助政策，加大困难群众救助补助力度，扩大价格临时补贴发放范围，安排资金保障残疾人项目建设。出台退休返聘人员参加工伤保险管理办法，发放高校毕业生一次性求职补贴，构建从业人员保障制度。提升参保比例，养老和医疗保险参保率分别达99.8%、99.9%。助力乡村振兴。深化财政支农体制机制改革，支持农村产权制度改革，推进全市域农业补贴综合改革，实行村级公益事业“一事一议”财政奖补机制，支持乡村“大花园”和“衢州有礼”诗画风光带建设。“十三五”期间，全市累计投入农业农村相关财政资金253.21亿元。支持医药卫生事业。2020年全市累计安排财政资金5.07亿元，争取国家开发银行浙江省分行疫情防控专项应急贷款11.00亿元，支持新冠肺炎疫情防控。统筹资金推进四省中心医院建设，支持与温州医科大学合作，推进公立医院薪酬制度改革。“十三五”期间，全市卫生健康投入154.21亿元。

【保障“三大攻坚”】 防范化解地方政府债务风险。落实防范化解政府隐性债务五年行动计划，通过安排财政资金、盘活存量资产资源等举措，化解存量隐性债务，严控新增隐性债务。支持打赢脱贫攻坚。建立消除经济薄弱村财政兜底保障制度，“十三五”期间，实现全市775个省定经济薄弱村全部“脱帽”。实施扶贫健康保险，健全社会救助和福利体系，保障特困人员基本生活需要。建立财政扶贫资金动态监控机制，开展财政扶贫资金专项检查。助力完成污染防治攻坚。完成辖区内钱塘江干流横向生态补偿协议签订，“十三五”期间，累计投入各类生态环保财政资金62.72亿元，助力流域产业升级、综合整治和生态保护等工作，支持“海绵城市”和省级生态文明先行示范区建设。

【深化财政改革】 推进财政“大统筹”管理改革。建立“74332”财力保障体系*，实行预算、资产、项目、资金、产业政策、市域统筹和债务“七本账”管理。对标“三大攻坚战”和市委“八大任务”*，构建集中财力办大事财政政策体系，厘清2019—2022年财政收支政策和重大项目资金安排，涉及项目1080个、资金1532.00亿元。推动绩效管理。出台《衢州市全面推进预算绩效管理实施意见》《衢州市全面落实预算绩效管理三年行动计划(2019—2021年)》，明确改革时间表和路线图。实施“三个一”*“四大专项”全过程绩效评价，对下级政府实施财政运行和政府投资项目的综合绩效评价工作，将全省高质量发展指标和省财政厅绩效考核指标融入评价体系，推进部门整体预算绩效改革试点。深化数字财政建设。内嵌数字化人才至业务处室，自主搭建集中财力办大事数字平台。开展财政对外业务全流程全事项梳理，实现84.0%以上的事项“零跑”或“最多跑一次”。推广政采云、统一公共支付、财政电子票据、“预算云”“资产云”等应用系统。截至“十三五”期末，全市采购单位、供应商入驻政采云平台分别为1563家、3962家，统一公共支付平台上线支付项目73个，开通财政电子票据执收单位219家。“十三五”期间，政采云平台累计交易额406.86亿元；统一公共支付平台交易额598.61亿元，服务629万人次，电子化缴款率99.6%。

【强化财政监管】 加强内控管理。建立“1+9+21”内控制度体系*，开发政府投资项目评审流程管理系统，“十三五”期间，全市完成政府投资项目评审25159个，审减、节约资金142.65亿元，审减率9.5%。推进授权支付改革扩面，实施国库集中支付动态监控，“十三五”期间，累计筛选、拦截疑点资金53033笔，核查违规资金927笔，纠正金额2260万元。坚持依法行政。实施“双随机、一公开”机制，推行行政执法公示、执法全过程纪律、重大执法决定法制审核三项制度，做好巡视巡察、审计发现问题整改工作。全市政府预算、部门预算均实现法定时间内100.0%公开。加强财会管理。自主研发“衢州市会计人员执业信用档案管理系统”，健全从业人员实名登记、会计人员信息实时更新等会计信用体系。市级预算单位内部控制报告上报率100.0%。对市级预算单位常态化开展违规发放津补贴、福利和违反财经纪律专项检查。

【加强队伍建设】 坚持党建统领。开展“两学一做”学习教育、“不忘初心、牢记使命”主题教育，构建“党建统领+财政治理”工作机制，形成“局党委+一把手、驻局纪检监察组+机关纪委、处室单位+党支部、党员+干部”四位一体党风廉政建设工作体系，落实班子成员联系支部、“三会一课”、组织生活会、民主评议党员、主题党日等制度，打造清廉财政。营造干事创业氛围。健全岗位管理和人员聘用制度，完善干部分档考评激励约束机制，完成国地税征管体制改革和事业单位清理整合，每年开展基层执法和事业编制人员招录，实施“青年‘财’俊‘政’担当”“8090”青年干部素质提升工程，充实财政力量。“十三五”期间，提拔任用、交流调整干部105名。丰富财政文化。建立“联企业、联村(社)、联项目、联部门”四大组团，开展“上门服务至少一次”，实现预算部门单位和市级规模以上企业全覆盖。组织4500人次开展文明城市创建、社区服务、爱心献血等志愿公益服务。深化党团工妇等群团建设。“十三五”期间，市财政局在市级部门综合考核中均为“优秀”等次，获国务院办公厅督查激励2次、省政府办公厅督查激励1次，被授予“全国采购监管先进单位”“全国助残先进集体”等荣誉。

(衢州市财政局供稿　叶正宇执笔)

注：

*市委"八大任务"：即交通先导、城市赋能、产业创新、乡村振兴、队伍建设、基层治理、营商环境、城市文明八项任务。

*"三个一"：即一项重点政策、一个重点项目、一家重点部门。

*"74332"财力保障体系：即统筹管理预算、资产、项目、资金、产业政策、市域统筹、债务"七本账"，整合构建"大科创、大三农、大文旅、大商贸"四大政策，加快运作"科创、智慧、幸福"三大基金，实质转型"金控、城投、交投"三大平台，统筹优化"柯城、衢江"两区财力。

*"1+9+21"内控制度体系：即由1个内部控制基本制度、9个专项风险内部控制办法、21个内部控制操作规程组成的内控制度体系。

舟山市

【概况】 2020年，全市地区生产总值1512.11亿元，按可比价计算，比2015年增长38.1%，五年年均增长9.2%。2020年，全市人均地区生产总值约为12.7万元，比2015年提高约4.6万元。2020年，全市规模以上工业增加值同比增长60.2%，5年年均增长24.8%。城乡居民收入分别从2015年的44845元、25903元提高到2020年的63702元、39096元，城乡居民收入比从1.73缩小到1.63。全市固定资产投资"十三五"期末比"十二五"期末增长57.4%。2020年，全市集装箱吞吐量166.82万标箱，较2015年增长108%。2020年，全市外贸进出口总额1667.30亿元，5年年均增长18%。2020年，舟山市实现财政总收入254.50亿元，是2015年的1.59倍，年均增长9.7%。全市一般公共预算收入159.20亿元，是2015年的1.4倍，年均增大9.0%。全市税收收入112.84亿元，是2015年人1.2倍，年均增长6.0%。全市一般公共预算支出312.69亿元，是2015年的1.30倍，年均增长5.4%。市本级财政总收入117.66亿元，5年年均增长15.5%；市本级一般公共预算收入70.28亿元，年均增长13.3%，其中市本级税收收入45.65亿元，年均增长10.6%。"十三五"期间，各年财政收支平衡。

【组织财政收入】 加大组织收入力度。加强财源培育，挖掘增收潜力，落实组织收入各项举措。"十三五"期间，一般公共预算收入占财政总收入的66.4%，税收收入占一般公共预算收入的72.9%。2016—2019年一般公共预算占财政总收入的比重连续4年列全省第1；税收收入于2018年跨越百亿元大关。强化基金预算收入。"十三五"期间，全市政府性基金预算收入738.22亿元，较"十二五"时期增长93.2%。社会保险基金预算收入483.62亿元，较"十二五"时期增长90.3%。组织非税收入。规范非税收入执收行为，强化非税收入收缴管理。2020年，全市实现政府非税收入156.35亿元，是2015年的2.13倍，年均增长16.3%；一般公共预算非税收入46.36亿元，是2015年的2.52倍，年均增长20.3%。

【保障全域发展】 争取财税政策资金。"十三五"期间，全市争取新增地方政府债券额度160.50亿元，置换债券额度214.19亿元，再融资债券额度101.32亿元；争取中央海洋经济发展示范区建设补助资金16.67亿元和省海洋经济发展专项资金47.70亿元，争取中央及省级直达资金30.81亿元。围绕油气全产业链打造，争取低硫船用燃料油出口退税政策并落实。推进重点领域建设。市本级政府及重点国有企业实现投资802.46亿元，较"十二五"时期增长51.4%；筹措各类建设资金1185.68亿元，其中市本级重点国企业筹资1024.54亿元、市级财政投入161.14亿元，助推绿色石化基地、甬舟铁路等重大项目建设；运用PPP等模式推动政府与社会资本合作创新。支持海洋产业发展。创新建筑、工业、航运、港口物流等产业扶持方式，助推实体经济高质量发展，制定船用燃料油供应奖励办法，支持打造自贸试验区油品全产业链。实施减税降费，发放专项信用贷款，"十三五"期间，累计减免各项税费121.43亿元，累计为1925家企业发放中小企业专项信用贷款29.01亿元。发挥财金基金引导作用，合作设立子基金7支，总规模36.61亿元，撬动各类资本334.91亿元，放大倍数达14倍。

【优化支出结构】 加大民生投入。"十三五"期间，全市民生支出从2015年的150.10亿元增长至2020年的213.71亿元，年均增长7.4%；民生支出占一般公共预算支出比重从2015年的62.6%上升至2020年的68.3%，新增财力三分之二以上用于民生。保障各项社会事业发展。"十三五"期间，全市农林水支出271.17亿元，较"十二五"时期增长32.9%，支持乡村振兴战略实施。教育支出165.36亿元，较"十二五"时期增长48.3%，支持全域教育均衡发展。城乡社区支出129.17亿元，较"十二五"时期增长143.3%，支持城乡一体化发展。社会保障和就业支出124.04亿元，较"十二五"时期增长183.4%，支持"幸福舟山"建设。全市医疗卫生支出89.79亿元，较"十二五"时期增长46.5%，支持医共体等医疗体制改革。科学技术支出32.89亿元，较"十二五"时期增长65.8%，支持海洋科技创新高地建设。文化旅游体育与传媒支出30.79亿元，较"十二五"时期增长54.3%，支持现代公共文化体育服务体系建设。严控行政成本。树立政府过"紧日子"思想，压减一般性支出和非急需、非刚性项目支出，集中财力保障民生支出和重大项目实施，"十三五"期间，2020年"三公"经费较2015年下降38.3%。

【深化财政改革】 深化财政体制改革。厘清区域间财政事权和支出责任，建立新一轮市区财政管理体制，完善各功能区财政管理体制，完善市区土地出让金分配体制，完成市区社保一体化改革。推进预算管理改革。实施部门预算改革，建立"一个部门一本预算"的汇总预算编制模式，推进公用经费改革。推动专项资金管理改革，市级专项资金从97项整合为45项。规范国有资产监督管理，建立国有资产向市人大汇报制度。推进全面实施预算绩效管理，建立事前、事中、事后全过程绩效管理机制。强化财政风险防控。防范化解地方政府债务风险，舟山市政府债务实现从高风险地区向低风险地区的转变，近3年均超额完成年初隐性债务化解计划。加强社保基金风险管理，建立完善社保基金风险防范体系。完善公款竞争性存放管理，在全省率先推行网上公款竞争性存放，"十三五"期间，累计实施公款竞争性存放60期，招标金额598.93亿元。推进财政国资监督体制机制建设，实施重点监督检查追回和上缴财政资金2.76亿元。推进数字财政建设。深化"最多跑一次"改革，应用政采云、资产云、统一公共支付平台等系统，推进财政电子票据、国库集中支付电子化等改革。支持打造会计人才高地，实施舟山市财务与资本运作高端会计人才培养项目。

【壮大国有经济】 推动国企整合重组。推进4个集团重组整合，实现信用评级均达到"AA+"，提升投融资能力，4个平台5年累计融资588亿元。推进市属经营性资产统一监管，清算注销企业25家，划入市属重点国企55家，盘活资产67.53亿元。推动国企转型升级。推动舟山港股份、浙江盛达海洋股份上市工作，探索混合所有制改革，引入新奥集团增资市蓝焰公司，实现居民用气价格与宁波接轨。推动财金公司运作。组建市财金投资控股有限公司，完善制度体系，开展实质运作。2020年，公司实现营业收入4.35亿元，净利润6305万元，近3年年均增速分别为424.5%和165.1%。加强国资监管效能。规范企业人员身份管理，推进企业薪酬制度改革，建立差异化薪酬激励机制，制定完善企业用工编制化、资产交易、阳光决策、公务消费等监管制度，完成国企公务用车制度改革。

【加强党的建设】 开展"三严三实""两学一做""不忘初心、牢记使命"等系列主题教育，推动全面从严治党向纵深发展、向基层延伸。理顺国企党建管理体制，8家市属重点国有企业、11家省部属企业党建工作统一归口局党委管理，推动企业党建工作纳入公司章程，推进"红色引航"工程和"清廉国企"建设。完成国地税征管体制改革、市局机构改革及下属事业单位机构改革。做好干部培养和选拔，选派37人次到各个部门、单位、重点项目中挂职锻炼；合理配置人力资源结构，推进轮岗交流，激发干部工作潜能和工作活力。

（舟山市财政局供稿　郑舒悠执笔）

台州市

【概况】 "十三五"期间，台州市财政总收入由2015年的539.78亿元增长至2020年的682.83亿元，年均增长4.8%。全市一般公共预算收入由2015年的298.01亿元增长至2020年的401.24亿元，年均增长6.1%，5年收入总量1996.44亿元，是"十二五"时期的1.6倍，一般公共预算收入占财政总收入的比重由2015年的55.2%增长至2020年的58.8%。一般公共预算支出由2015年的457.21亿元增长至2020年的700.12亿元，年均增长8.9%，5年支出总量3201.70亿元，是"十二五"时期的1.9倍。全市税收收入由2015年的258.26亿元增长至2020年的336.15亿元，年均增长5.4%。税收收入占一般公共预算收入的比重由2015年的86.7%增长至2020年的83.8%。非税收入由2015年的188.92亿元，增长至2020年的661.37亿元，年均增长58.4%，其中纳入一般公共预算管理的非税收收入由2015年的39.76亿元增长至2020年的65.09亿元，年均增长10.4%。"十三五"期间，全市财政收支平衡。

【服务经济发展】 助推"两战两赢"。面对新冠肺炎疫情，全市财政系统第一时间落实政策和资金保障，启动疫情防控资金快捷拨付程序，落实疫情防控经费6.90亿元，保障医疗救治和疫情防控工作。出台《台州市财政局关于加快财政资金兑付全力促进复工复产推动我市经济平稳健康发展的实施意见》(即"财十条")，开发"政企通"平台，利用数字化技术，加快资金兑付，帮助企业战疫情、渡难关，累计兑付资金101.20亿元。争取中央"两直"资金41.76亿元、省级惠企利民补助资金1.62亿元，加快"两直"资金落地，惠及市场主体13万户。扶持实体经济发展。贯彻落实中央、省出台的减税降费政策，"十三五"期间，全市累计减免税费840.60亿元(含社保费111.40亿元)。打造台州"精品馆"，入驻企业203家，交易额累计突破7600万元，助推台州制造业发展。创新推出"政采贷"，着力破解小微企业融资难融资贵难题，累计帮助办理免抵押融资授信2.26亿元。保障重大产业(项目)建设。"十三五"期间，全市基金规模达290.40亿元，其中：母基金10支，总规模136.30亿元；子基金17支，总规模154.10亿元，撬动社会资本重点投向战略性新兴产业、传统产业转型升级和乡村振兴战略实施，促进台州市产业强链补链。向上争取各类债券资金640亿元，保障全市重大基础设施建设。在全国率先提出PPP"两个常态"，财政部入库项目总投资额1335.88亿元。

【增进民生福祉】 "十三五"期间，全市民生支出由2015年的343.26亿元增长至2020年的522.40亿元，年均增长8.8%，其中：卫生健康支出年均增长14.1%，主要用于支持完善疾病防控体系、建设疾控实验室、提升院前急救能力、提高重大传染病监测分析预警能力。社会保障和就业支出年均增长13.0%，重点支持完善居家和社区养老服务政策体系，优化社区养老服务设施有效供给，推进医共体、医联体建设，引导优质医疗卫生资源流向基层，方便人民群众看病就医；教育支出年均增长8.6%，重点支持强化义务教育均衡发展基础，促进学前教育优质普惠、职业教育协同推进和高等教育提速发展；农林水支出年均增长1.3%，重点用于支持打赢精准脱贫攻坚战和乡村振兴战略实施。2020年，创新安排"两个2000万元"用于"周转房"建设奖补和管理规范、运转良好的救助基金奖补,激发基层帮扶活力。

【深化财政改革】 "十三五"期间,全市财政坚持以问题为导向,坚持数字赋能,深化重点领域、关键环节改革,强化财政电子票据、公款竞争性存放、全面预算绩效管理等工作,改革成果领跑全国全省。全市各项工作获省市领导批示54次,在省级以上媒体刊出信息、报道325篇,其中:中央级85篇。深化电子票据改革。2017年,台州市开具全国第一张医疗收费电子票据。截至"十三五"期末,台州市已实现医疗电子票据全流程电子化,并在教育缴费、交警罚没、不动产登记等领域实现扩面,率先在全省实现全市域、全票种和全领域的"三个全覆盖",让群众缴费、取票"零次跑"。"十三五"期间,累计开票5728万张,开票金额447.00亿元。构建竞争性存放机制。探索公款存放管理新模式,上线运行市本级财政专户资金(行政事业单位公款)竞争性存放网上招标系统,成为全国首家实现网上招标的地级市,构建公开、透明和规范的财政资金存放管理择优机制,推动公款竞争性存放"减"上门次数、"提"科学精度、"降"运作成本和"阻"廉政风险,打通服务基层"最后一公里"。推进全面预算绩效管理。按照中央、省全面实施预算绩效管理要求,提请市委、市政府出台全面贯彻落实预算绩效管理实施意见,配套出台事前绩效评估、绩效运行监控、绩效评价、绩效成果应用等制度,构建"1+2+X"预算绩效管理体系,推动预算绩效管理常态化、制度化、规范化。2019年,对接市委考核办,将预算绩效管理纳入市级部门目标责任制考核,分值2分,强化部门预算绩效管理主体责任落实。

【防范财政风险】 防范化解地方政府性债务风险。平衡防风险和促发展的关系,执行省委、省政府"三个不得立项"政策,按照"四条标准"推进融资平台公司实体化市场化转型,实施防范化解地方政府隐性债务风险专项行动,守住不发生区域性、系统性风险的底线。"十三五"时期,全市风险为黄色等级,总体可控。防范化解社保基金运行风险。跟踪中央、省养老金统筹调剂政策走向,做好测算工作,多渠道筹措资金,强化资金保障,做大社保风险准备金"蓄水池",守住民生底线。防范化解"三保"支出风险。全市财政部门树立政府铁心过"紧日子"思想,压减一般性支出,仅2020年全市压减81.57亿元,压减的资金优先用于保障"三保"支出。

【提振干部精神】 坚持党管财政,加强政治机关建设,开展"两学一做""不忘初心、牢记使命"主题教育,增强"四个意识"、坚定"四个自信",做到"两个维护"。坚持党建引领,把党建工作同服务发展、脱贫攻坚、风险防范等中心工作结合。层层压实全面从严治党主体责任,构建"四责协同"机制,运用监督执纪"四种形态",推进清廉财政建设。做好巡察整改,开展多个专项整治,深化警示教育。完成财税分设工作,优化干部队伍结构。"十三五"期间,全市累计获得全国五一劳动奖状等国家级荣誉18个,获得省部级以上集体荣誉5个,个人荣誉12人次。

(台州市财政局供稿　沈孔平执笔)

丽水市

【概况】 "十三五"时期,丽水市财政总收入完成1024.79亿元,是"十二五"时期(623.59亿元)的1.6倍,年均增长9.6%。全市一般公共预算收入完成630.17亿元,是"十二五"时期(371.14亿元)的1.7倍,年均增长8.8%。2020年,全市财政总收入占GDP的15.4%,比2015年(占比14.6%)提高0.8个百分点;一般公共预算收入占财政总收入的59.9%,比2015年(62.3%)下降2.4个百分点。全市一般公共预算支出完成2205.92亿元,是"十二五"时期(933.47亿元)的2.4倍,年均增长13.5%,超过规划目标(年均增长6%)7.5个百分点。优化财政支出结构,降低行政运行成本,2020年全市一般公共预算口径"三公"经费1.99亿元,比2015年下降32.5%。坚持政府过"紧日子",2020年,全市财政压减支出20.87亿元。

【服务经济发展】 支持产业提升。开展精准帮扶企业行动,全市财政兑付涉企扶持资金87.24亿元,其中工业与信息化60.03亿元、外贸3.53亿元。支持科技创新。优化科技投入结构,确保每年科学技术经费的增长幅度高于本级财政经常性收入的增长幅度一个百分点以上,"十三五"时期,全市一般公共预算科技支出45.87亿元,是"十二五"时期的2.2倍。发挥政府产业基金的财政资金政策引导和杠杆作用,推动丽水市科技成果转化和产业转型升级。支持人才发展。支持实施"绿谷精英"引才计划、"百名博士入百家企业人才引领"计划等人才工程,围绕丽水绿色产业发展需求,培养丽水首席技师、养生(养老)技能大师、传统工艺技能大师等高技能人才。支持与长三角研究院建立首个海外孵化器。支持数字转型。"十三五"时期,市本级累计投入数字转型资金1.85亿元。支持"最多跑一次"改革,推进"掌上办事之市""掌上办公之市"建设。100%民生事项实现"一证通办";市级部门专网实现100%全整合;政务服务事项实现100%网上可办,非涉密事项实现全流程"一网通办",网上办结率50%以上。聚焦系统融合、综合集成,以"花园云"和"城市大脑"为龙头,建设丽水特色的场景化多业务协同应用。做强产业基金。截至2020年年底,丽水市本级政府产业基金总规模193.61亿元(含中核基金100亿元),带动全市数字经济、新材料、精密制造、旅游等重点产业快速发展。

【保障民生事业】 "十三五"期间,全市累计民生支出1721.42亿元,比"十二五"时期增加970.02亿元,年均增长13.6%。支持卫健惠民。"十三五"时期,全市一般公共预算医疗卫生事业支出208.89亿元,是"十二五"时期的2.1倍,年均增长13.7%。支持丽水市人民医院东城院区、市中心医院原址扩建工程、市中医院扩建项目等工程项目建设完工并投入使用。基本公共卫生人均补助标准由2016年的50元/人·年提高至2020年的87元/人·年。支持社保安民。"十三五"时期,全市一般公共预算社会保障和就业支出236.36亿元,是"十二五"时期的2.9倍,年均增长20.4%。支持教育提质。"十三五"时期,全市一般公共预算教育支出355.59亿元,是"十二五"时期的1.8倍,年均增长9.1%。支持精准扶贫。加大财政扶贫投入力度,支持打赢脱贫攻坚战。"十三五"时期,全市一般公共预算扶贫支出55.23亿元,是"十二五"时期的2.04倍,年均增长8.7%。支持乡村振兴。坚持公共财政更大力度向"三农"倾斜,"十三五"时期,全市一般公共预算"三农"累计支出896.42亿元,年均增长6.15%,其中"农林水"科目累计支出301.58亿元,年均增长6.0%,是"十二五"时期的1.7倍。全市农民收入增幅连续11年居全省首位。支持生态精品农业发展,打响丽水"山字经"。

【助力生态建设】 支持生态文明建设。支持打响蓝天、碧水、净土、清废"四场战役",提高绿色发展水平。加大生态环境保护投入力度,2016—2020年全市一般公共预算安排节能环保支出47.22亿元,是"十二五"时期的2.2倍,保障饮用水安全,出台《丽水市级饮用水水源地保护生态补偿办法》。建立瓯江流域上下游横向生态补偿机制。支持燃煤锅炉、黄标车、老旧车淘汰,实施清洁能源改造。丽水生态环境状况指数全省第一,生态环境公众满意度连续12年全省第一,城市地表水环境质量保持全省首位。支持大花园建设。构筑综合交通网,加快丽水机场、衢宁铁路、衢丽铁路、文景高速等重大交通项目建设。构筑环保设施网,推进生态屏障环境监测网络工程建设。构筑安全水利网,完善水利基础设施网络,保障大溪治理提升改造工程、瓯江航道治理等项目建设。"十三五"期间,建成瓯江绿道2552公里,推动城市面貌实现蝶变、城市实现有机更新,完成城中村改造222万平方米。

【深化管理改革】 加快涉企资金预算管理改革。将原有20余项专项资金分类整合形成生态工业等9大方向专项资金,完善涉企资金使用方法。深化"亩均论英雄"改革,优化资源要素差别化配置。推进"最多跑一次"改革。营造优良的营商环境。推进政府债务管理改革。在全省率先成立以市长为组长的丽水市政府性债务管理工作领导小组。推进预算单位授权支付电子化改革。推进国库集中支付改革,完成实拨业务电子化、清算业务电子化、预算单位的直接支付电子化。建立预算执行动态监控机制,形成事前事中有效控制、事后跟踪问效的资金监控模式。跟踪财政资金支付的申请、审核、支付及核算的操作流程。推进财政电子票据管理改革。推动医疗收费电子票据改革,建立全市统一的医疗收费电子票据管理平台,全市23家公立医院全部上线电子票据。推进会计管理改革。取消《会计从业资格证》,推广《政府会计准则制度》和《行政事业单位内部控制制度》。支持管理会计应用试点建设。推进国有资产管理改革。上线"资产云"资产管理系统,盘活国有资产,加强行政事业单位房产出租管理,2016—2019年共完成市直经营性房产拍租会49期,成交总金额1.39亿元。推进政府采购数字化转型。推广政采云平台运用,上线"丽水制造精品馆",建设网上超市"全省一张网",建设政采云平台农业(扶贫)馆。

【深化财政监管】 创新财政监督检查方式,坚持专项监督与日常监督相结合,形成专职监督机构与财政内部职能部门"信息共享、协调配合"的大监督模式。加强检查力量整合,针对检查项目特点,抽调财政内部业务骨干参与监督检查,创新实行抽调会计专家参与财政监督检查的工作机制。实施财政监督重点检查,先后开展行政事业单位内部控制建设、公款存放、政府采购、预决算信息公开、会计信息质量、资产管理、非税收入收缴、财政票据管理等专项检查,以及扶贫资金和项目管理专项检查、物业费和政务新媒体支出等绩效调查、国有企业内控和资金安全检查等专项检查。加强监督成果运用,采取检查报告、信息专报、调研报告及检查信息反馈函等形式,加强监督检查成果的共享,发挥监督检查以查促改、规范管理的作用。2016—2020年,市直部门单位绩效自评金额分别为7.57亿元、9.17亿元、14.97亿元、20.54亿元、15.92亿元,财政重点绩效评价金额分别为1.33亿元、3.21亿元、3.39亿元、1.76亿元、2.05亿元。完善财政审核制度,2016—2020年,市本级共完成各项审核1405项,审核额240.57亿元,审定额221.21亿元,节约财政性资金19.36亿元。

【队伍建设】 推进"两学一做"学习教育常态化制度化,开展"不忘初心、牢记使命"主题教育。深化财政机构改革,2018年7月,完成国地税机构合并,财政地税分设。2019年,市委、市政府印发《丽水市财政局职能配置、内设机构核人编制规定的通知》。2020年,完成局属事业单位改革。截至2020年年底,丽水市财政局设有职能处室19个(不含机关党委),下属事业单位7个(其中4个参公管理),1个企业单位,在编在职公务员(含参公)119人,事业干部9人。"十三五"期间,获全国工人先锋号、全国文明单位、全国巾帼文明岗等国家级荣誉,多次获评省财政管理绩效考评优秀、市委市政府综合考核先进单位。弘扬财政文化,先后建设图书室、丽水财税陈列馆等文化平台,强化"书香财政"建设,增强干部队伍凝聚力。按照"综合处室业务化""业务处室专业化""一线岗位年轻化"的干部队伍建设思路,推进干部轮岗交流,突出年轻干部培养。秉承"工匠精神",运用"财政讲坛"及各类培训班等形式,加大教育培训力度,截至2020年年底,市本级培训干部8854人次,全市支农政策培训15912人次,打造高素质专业化的干部队伍。壮大会计队伍,全市会计人员由2015年的28403人增长至46807人,培养会计领军人才147人(已毕业67人),3名会计专业人员纳入市委"138"人才工程的培养。

(丽水市财政局供稿　应　佳执笔)

财政机构人员

zhejiang caizheng nianjian

浙江省财政厅厅领导名单

（2020年12月31日）

党组书记、厅长	尹学群*
副厅长、一级巡视员	陈焕昌
党组成员、副厅长，省委两新工委委员	沈　磊
党组成员、驻厅纪检监察组组长	徐首红
党组成员、副厅长	邢自霞
党组成员、副厅长	林仁方
党组成员、省金融控股有限公司党委书记、董事长	章启诚
党组成员、副厅长	章忠良
党组成员、总会计师	倪学军*
二级巡视员	尹红平
二级巡视员	侯余兴*
二级巡视员	楼梅芳*

（注：有*标示者为当年职务有新变动）

浙江省财政厅机构设置及领导名单

（2020年12月31日）

一、厅机关

办公室

主任、一级调研员：叶光胜
副主任：徐小俊（兼）
副主任、二级调研员：高　翔
副主任：陈亚谊
副主任：赵春伟
副主任：王　琛（援疆工作）*
副主任：陆　阳
二级调研员：林圣才

人事处

副处长：叶茂乐（主持工作）
副处长：姜伟荣
副处长级干部：章荣忠（援青工作）*
二级调研员：费　萍
二级调研员：李亚东

直属机关党委

专职副书记、一级调研员：金洪根
机关纪委专职副书记：杨一斐

政策法规处

二级巡视员：陈建中
二级调研员：朱炳仁
二级调研员：董强波

总预算局

局长：张远东*
副局长：顾健耀

地方政府债务管理办公室

主任：周爱明
副主任：项　真

税政处

副处长：费国炎

预算执行局

局长：郭定方*
副局长、二级调研员：包尧兴
副局长：戴晔沸
二级调研员：蒋小聪
二级调研员：陈　珍

综合处

副处长、二级调研员：吴凤珍
副处长、二级调研员：肖艳菱
副处长、二级调研员：邬达贵
二级调研员：孙继霞

会计处

处长、一级调研员：江中亮
副处长：楼丽娜
副处长：朱卫品
一级调研员：汤　淮
一级调研员：李雪萍
二级调研员：杨树圣
二级调研员：郑肖亮

行政政法处

处长、一级调研员：陈百平*
副处长、二级调研员：管海燕
副处长、二级调研员：陈　达
副处长：赵巧丽
副处长：陈　琰
二级调研员：王柳霞

科教处

处长：童黛铭
副处长、二级调研员：虞劲松
二级调研员：戴祥波
二级调研员：王　静*

文化处(省文化企业国有资产监督管理办公室)

处长:杨慧芳

副处长:童　盈

副处长:李慧辉

二级调研员:金　涛

行政事业资产管理处

副处长:周克俭

副处长:潘朝晖

一级调研员:陈丽君

二级调研员:王雯琳*

农业处

处长、一级调研员:何新星

副处长、三级调研员:傅彩莲

副处长:王　姣

基层财政管理处

处长:徐来兴

副处长:孙建苗

副处长:鲁　明

二级调研员:许建全

企业处

处长:王林尧

副处长:沈燕萍

副处长:王朝辉

二级调研员:吴新芳

二级调研员:汤宿秀*

金融处

处长:罗亭林

副处长:康国梁

二级调研员:洪小然

社会保障处

处长:赵雅玲

副处长、二级调研员:陈志远

副处长:李　杰

副处长:黄　青(淳安挂职)*

二级调研员:李　鸣

经济建设处

处长:石琪琪*

副处长、二级调研员:马　勇

副处长:楼慧芬

副处长、二级调研员:马建胜

副处长、二级调研员:何喜平

财政监督局

局长、一级调研员:刘　臻*

副局长、三级调研员:汤建新

二级调研员:周学伟

绩效管理处

处长:赵利明

副处长:刘　虹

副处长:詹　飙

政府采购监管处

副处长、二级调研员:邵　健

副处长:张旭东

副处长:倪文良

二级调研员:徐剑锋

二级调研员:梁妙其

二、事业单位

省级财政国库支付中心

一级调研员:郑　耀

副主任:何玮富*

副主任:甘建辛*

副主任:朱小燕

副主任:孙柳媚

二级调研员:宋万生

省财政项目预算审核中心

主任:沈　湧

副主任:俞富桥

副主任:魏成勇

二级调研员:沈应庚

二级调研员:吴春桃

省财政票据管理中心(省非税收入中心)

主任:叶时宝

副主任:杨仕聪

省级部门预算编制中心(省地方政府债务管理中心)

副主任:范　愿

副主任:姜传鸽

二级调研员:陈志光

省财税政策研究室

主任:徐小俊

副主任:冯　健

副主任:陈优芳

二级调研员:王非文

省数字财政管理中心

主任:李　军

副主任:金永勤

副主任:陈健东

副主任:金国兴

管理五级职员:寿建钢

省国有金融资本运营评价中心

主任:陆龙泉*

副主任:林金松*

省社保基金和交通事故救助基金管理中心

主任:吴益民*

正处长级专员:许智敏*

省会计事务服务中心

主任:韩江南*

正处长级专员、注册会计师资产评估行业联合党委专职副书记:张光敏*

副主任:童联新*

省财政干部教育和后勤中心

主任:吴小明*

副主任:沈幼华*

管理六级职员:陈相良*

省农业融资担保有限公司

董事长:李建斌

总经理:赵　虹

董事、副总经理:王新江

(注:有*标示者为当年职务有新变动)

浙江省各市、县(市、区)财政局领导名单

(2020年12月31日)

杭州市财政局

党组书记、财政局局长、一级巡视员:谢建华

亚组委机关党组成员、财务部部长,局党组成员、财政局副局长:谢　永

党组副书记:龚　萍

党组成员、纪检监察组组长:阮华兴

党组成员、财政局副局长:许　杭

党组成员、财政局副局长:龚　巍

党组成员、财政局总会计师:汪生祥

党组成员、财政局副局长:张海艳

党组成员、杭州投资发展公司董事长:寿学军

党组成员、组织人事处主持工作、一级调研员:毛慧敏

二级巡视员:万　强

一级调研员:朱觉斐

一级调研员:卓安军

一级调研员:郭顺华

上城区财政局

党委书记、局长:石荣祥

党委委员、副局长:陈普照

党委委员、副局长:卢晓琴

副局长:沈　军

下城区财政局

党组书记、局长:蔡延平

党组成员、区纪委监委派驻第三纪检监察组组长:朱　杰

党组副书记、副局长:朱　捷

党组成员、副局长:娄　瑾

党组成员、副局长:胡国庆

江干区财政局

党委书记、局长:徐文明

党委委员、第五纪检监察组组长:张松贵

党委委员、副局长:赵大慧

党委委员、副局长:傅启贵

党委委员、副局长:吴国荣

党委委员、预算执行科科长:黄雪薇*

拱墅区财政局

党委书记、局长:周利光

党委委员、副局长、三级调研员:许　斌*

党委委员、副局长:陈贤方

党委委员、副局长:李亚鹏

党委委员、一级主任科员:童湘军*

西湖区财政局

党委书记、局长:罗　元

党委委员、副局长:陈岳毅

党委委员、副局长:赵水林

党委委员、副局长:王　瑛

二级调研员:仰红英

二级调研员:梁　进

四级调研员:兰兆军

高新区(滨江)财政局

党委书记、局长:顾华锋

党委委员、副局长:许　颖

党委委员、副局长:张　军

党委委员、副局长:李　颖

副局长:曾　阳*

党委委员、三级调研员:张志新*

党委委员、四级调研员:王慎红

纪检组组长:余凤珍

萧山区财政局

党委书记、局长:金国升

党委委员、副局长:徐成梁

党委委员:韩梓华*

党委委员、派驻第九纪检监察组组长:余华英

党委委员、副局长:钱建华

党委委员:陆　巍*

党委委员、副局长:应　鹏
党委委员、总经济师:沈国伟*

余杭区财政局

党委书记、局长:沈世杰
党委副书记、副局长:施成华
党委委员、副局长:姜根军
党委委员、副局长:楼志燕
党委委员、区纪委(监委)第五纪检组组长:孙放平
党委委员、副局长:朱　方
党委委员、副局长:于　俊
党委委员、总会计师:朱海波

富阳区财政局

党委书记、局长:刘学军
党委副书记、副局长:李向明
党委委员、区纪委派驻第九纪检监察组组长:王元新
党委委员、副局长:朱经国
党委委员、副局长:金卫泉

临安区财政局

党委书记、局长:张发平
党委副书记、副局长:戚峥嵘
临安区纪委派驻第六纪检组组长:赵海平
党委委员、副局长:周　佳
党委委员、副局长:胡　钧
党委委员、副局长:周海鹏

建德市财政局

党组书记、局长:陈　刚
党组成员、副局长:孟　洁
党组成员、派驻第六纪检监察组组长:季建平
党组成员、副局长:陈　善
党组成员、总会计师:方明明
副局长:张奕涛
党组成员、市国有资产管理服务中心主任:李　鹏*

桐庐县财政局

党委书记、局长:孙叶华
党委副书记(正局级)、副局长:俞　放
党委委员、副局长:何庆娟
党委委员、副局长:俞　斌
党委委员、总会计师:吴俊华
党委委员:童海鹏
党委委员:王　垚

淳安县财政局

党委书记、局长:陆建育
正局级组织员、党委副书记、副局长:万海卫*
党委委员、纪检组组长:王富设
党委委员、副局长:余德贵
党委委员、总会计师:吴苏琴
党委委员、副局长:徐建芳

宁波市财政局

党组书记:黄焕利
局长:姚蓓军
党组成员、副局长:王　晓
党组成员、副局长:华　平
党组成员、纪检监察组组长:沃世立
党组成员、副局长:高国平
党组成员、副局长:竺培楠
总会计师:林君伦*
一级调研员:包建华

海曙区财政局

党组书记、局长:曹　杰
党组副书记、区国有资产管理中心主任:金群辉*
党组副书记、副局长:朱裕高*
党组成员、副局长:童　霞
党组成员、总会计师:邱顺年

江北区财政局

局长:李　斌*
党组书记、副局长:邬文珍*
党组成员、副局长:姚正胜
党组成员、副局长:林　剑
党组成员、总经济师:陈燕平
党组成员、四级调研员、组织人事科科长:尹小炜

镇海区财政局

党组书记、局长:孙　灵*
党组副书记、副局长:汤文东
党组副书记、副局长:陈　晓
党组成员、二级调研员:王镇亮
副局长:陈　寅
党组成员、总会计师:汤宇瑾*

北仑区财政局

党组副书记、副局长:孙建荣
党组成员、副局长:何旭培
党组成员、总会计师:袁　波

鄞州区财政局

局长、党组副书记:李青萍
党组书记:涂更生
党组副书记:岑卢艳
党组成员、调研员:陈　黎

党组成员、副局长:程　洪
副局长:虞文萍
党组成员、副局长:赵海波
党组成员、总会计师:毛盈飞
党组成员、副调研员:汪未阳

奉化区财政局

党委书记、局长:周武军*
党委委员、区政府投资项目评审中心主任:江洪平*
党委委员、副局长:陈玲萍
党委委员、副局长:杨盛波
党委委员、纪检组长:王海洪
党委委员、副局长:张成方
党委委员、区政府投资项目评审中心副主任:徐　炯*
党委委员、区政府投资项目评审中心副主任:俞亚芬*
党委委员、四级调研员:陈礼军

余姚市财政局

党委书记、局长:王文辉
党委副书记、副局长:鲁永飞
党委委员、副局长:韩士其
副局长:周益忠
党委委员、总会计师:周能君
党委委员、预算局局长:吴久林

慈溪市财政局

党委书记、局长:周国爱
副局长:潘钊先
党委委员、总会计师:黄军岳
党委委员、副局长:陈军燎
党委委员:叶伟丰*

宁海县财政局

党委书记、局长:庞建宏
党委委员、副局长:杨贻稳
副局长:冯岳定
党委委员、副局长:戴　晟
党委委员、总会计师:俞丽英

象山县财政局

党组书记、局长:董连胜
党组成员、副局长:陈忠祥
党组成员、副局长:郑世敏
党组成员、副局长:胡　斌

温州市财政局

党组书记、局长、一级调研员:陈宣安
党组副书记、副局长、一级调研员(保留正县实职待遇):朱定钧
党组成员、温州市纪委市监委派驻市财政局纪检监察组组长、二级调研员:宋信友
党组成员、二级调研员、机关党委书记:陈胜利
党组成员、二级调研员:张国光
党组成员、副局长:沈显克
党组成员、副局长:叶晓东
党组成员、副局长:李　麟*
党组成员、总会计师:连莱菁
党组成员、副局长:金劲勇*

鹿城区财政局

党组书记、局长、国资办主任:周　岷
党组副书记、副局长:陈幼彦
党组成员、副局长:顾武军*
党组成员、副局长:孙丽娟
党组成员、副局长:徐　丹*
党组成员、区纪委、区监委驻区政府办公室纪检监察组副组长:薛永坚*
党组成员、总会计师:徐君远*

瓯海区财政局

党组书记、局长兼区国资办主任:李中方
党组副书记、副局长:杨海慧
副局长兼区国资办副主任、党组成员:徐　教
副局长、党组成员:欧胜武
总会计师、党组成员:吴建峰
副局长、党组成员:阮众贺*
预算执行局局长、党组成员:黄玉坚

龙湾区财政局

党组书记、局长兼国资办主任:周德望
党组成员、副局长:方崇敏
党组成员、副局长:施寒毅
党组成员、总会计师:朱爱忠
党组成员、副局长:陈银晔
党组成员、预算编制局局长:李晓青*

洞头区财政局

党组书记、局长、国资办主任:黄建敏
党组成员、副局长:朱海斌
党组成员、副局长:彭晓东
党组成员、副局长、国资办副主任(兼):邱蔡芬芬
党组成员:张海文
党组成员:朱建宇

乐清市财政局

党组书记、局长:周建海
党组成员、副局长:卢正文
党组成员、副局长:郑清华
党组成员、副局长、雁荡山管委会财政局局长:杨宏辉
党组成员、总会计师:包建信

党组成员:李　华

瑞安市财政局

市政协副主席、党委书记、局长、国资办主任:吴功宜

党委副书记、副局长:张筱珍

党委委员、市纪委市监委驻市财政局纪检监察组组长:郑圣学

党委委员、副局长:林孝昭

党委委员、副局长、国资办副主任:薛中卫

党委委员、副局长:叶剑凯

党委委员、总会计师:陈大青

永嘉县财政局

党委书记、局长:金绯宇*

党委委员、县纪委监委驻县财政局纪检监察组组长:谢选年

党委委员、副局长:叶显勇

党委委员、副局长:吕金满

党委委员、副局长:潘来毅

党委委员、副局长:叶强忠

总会计师:林文胜

党委委员、办公室主任:马永亮*

平阳县财政局

党组书记、局长、国资办主任:周　平*

党组成员、副局长:洪益平

党组成员、副局长、国资办副主任:温振睦

党组成员、副局长:谢秉煌

党组成员、副局长:陈日坚

党组成员、总会计师:许映月

国资办副主任:叶　青

苍南县财政局

党组书记、局长:陈国子

党组成员、副局长:王雪琴

党组成员、副局长:陈荣早

党组成员、副局长:陈志苍

党组成员、总会计师:杨梅芳*

文成县财政局

党委书记、局长:季建明

党委副书记、副局长:金宪树

党委成员、副局长:叶信钏

党委成员、副局长:王光远

党委成员、总会计师:胡国鑫

党委成员、中共文成县纪委监察委派驻第六纪检组组长:邢万方

泰顺县财政局

党委书记、局长:周仕姜

党委副书记、副局长:毛旭升

党委委员、副局长:周晓铭

党委委员、副局长:夏文伟

党委委员、总会计师:翁迪软

党委委员:吴明双

党委委员:曾瑞武*

龙港市财政局

市政协副主席,党组书记、局长:项延钢

党组成员、副局长,局机关支部书记:王　骏

党组成员、副局长,局机关支部纪检委员:林贤更

党组成员、副局长:陈先勤

党组成员、总会计师:项方伦*

嘉兴市财政局

党委书记、局长:王申峰

副局长:姜　东

党委委员、纪检监察组组长:周曙光

党委委员、副局长:蔡土贵

党委委员、副局长:严加友*

党委委员、总会计师:黄益良

党委委员、嘉兴长三角创新投资集团有限公司党委书记、董事长、总经理:周　峰*

党委委员、四级调研员:沈建忠

南湖区财政局

党组书记、局长:夏　峰

党组成员、副局长:王嘉红

党组成员、副局长:张　涛

党组成员、副局长:汪　军

副局长:饶志莲

秀洲区财政局

党委书记、局长:成海明

党委委员、副局长:姚颖娟

党委委员、副局长:陈宏义

党委委员:樊建生*

嘉善县财政局

党委书记、局长:沈　申

党委副书记、副局长:张红兵

党委委员、副科级领导干部:刘　春

党委委员、副局长:杨卫纲

党委委员、副局长:邬伟强

党委委员、副局长:林雅琪*

总会计师:蒋丽萍

党委委员、党委办公室主任、人事教育科科长:孟雪荣

党委委员:陆东利*

平湖市财政局

党委书记、局长:吴兰兰*

党委副书记、副局长:顾利鹤*

党委副书记、副局长:全　骏

党委委员、副局长：丁根林
党委委员、副局长：姚春元
党委委员、副局长：钱道明
党委委员、总会计师：宋丽梅

海盐县财政局

党组书记、局长：王晓军
党组成员、副局长：王建林
党组成员、副局长：陶照明
党组成员、副局长：戴海华
党组成员、总会计师：富钧毅

海宁市财政局

党委书记、局长：蒋雪标
党委委员：朱建忠
党委委员、副局长：曹智慧
党委委员、副局长：孙　伟
党委委员、副局长：高　迪
副局长：钱　薇
党委委员、组织人事科科长：柴云康

桐乡市财政局

党委书记、局长：陈　政
党委委员、市国资国企改革发展服务中心主任：吴伟东
党委委员、副局长：沈培荣
党委委员、副局长：朱振宇
党委委员、副局长：费　佳
党委委员、总会计师、预算执行局局长：王晓洁*
副科级领导干部、预算局局长：陈伟达
市国资国企改革发展服务中心副主任：倪为荣

党委副书记、副局长：崔正云
党委委员、副局长：孙　晖
党委委员、副局长：沈利明
党委委员、总会计师：李卫英
党委委员、兼办公室主任：顾新江

德清县财政局

党组书记、局长、县国资办主任：郭坤华*
党组成员、副局长：陈　强
党组成员、副局长、县国资办副主任：钱伟国
党组成员、副局长：沈漪萍
县国有企业监事会副监事长：姚连坤
党组成员、副局长：嵇月红
党组成员、总会计师：俞明耀

长兴县财政局

党委书记、局　长：葛铭松
党委委员、县国有企业联合监事会主席、正科级组织员：邵建峰
党委委员、副局长：刘志新
党委委员、副局长：夏　骏
党委委员、总会计师：沈　利*
党委委员：沈　菲*

安吉县财政局

党委书记、局长：陈志文*
党委副书记、副局长：华新平
党委委员、副局长：尚亿勇
党委委员、副局长：童升明
党委委员、总会计师：张　勇
党委委员、副局长：刘　清

湖州市财政局

党组书记、局长：钱洪文*
党组副书记、副局长：黄长泉
党组成员、总会计师：孙倩茹
党组成员、副局长：林　明
党组成员、副局长：徐　慧
党组成员、副局长：许　哲
党组成员、组宣人事处处长：徐　靖*

吴兴区财政局

党组书记、局长：杨卫华
党组成员、总会计师：施江红
党组成员、副局长：叶　青
党组成员、副局长：俞勤仕
党组成员、副局长：光　晨
党组成员：叶楚江*

南浔区财政局

党委书记、局长：何琪虎

绍兴市财政局

党委书记、局长：吕　丙
党委委员、金融控股公司董事长、总经理：孙永国
党委委员、市纪委派驻纪检组组长：陈雪军
党委委员、副局长：邢玉清
党委委员、副局长：孙国新
党委委员、总会计师：王霞辉
党委委员、人事处处长：盛文斌
二级调研员：蔡文良
二级调研员：杨成林
二级调研员：詹　超*
四级调研员：蒋杨英
四级调研员：周连进

越城区财政局

党组书记、局长、国资办主任：沈华清
党组副书记、副局长：李永伟*
党组成员、副局长：章力强

党组成员、副局长:谢晓芳
党组成员、副局长:王　强
党组成员、副局长:林先明
党组成员、国资办副主任:陈　红

柯桥区财政局

党工委书记:郁　伟*
局长:余建林
党工委副书记、副局长:徐利忠*
党工委委员、副局长:方　荣
党工委委员、副局长:陈　超
党工委委员、总会计师:倪永亮
党工委委员、区财政项目预算审核中心主任:来建祥

上虞区财政局

党委书记、局长:杜永刚
党委委员、副局长:陈志坚
党委委员、副局长:朱政荣
党委委员、副局长:张贤明*
总会计师:徐　俊
副局长:许永忠
预算监督局局长(副局长级):陈国华
党委委员、预算执行局局长:丁光兴
党委委员、办公室主任:姜志军*

诸暨市财政局

党组书记、局长:郭伟锋
副局长:戚俏新
党组成员、副局长:杨列伟
党组成员、总会计师:斯　巍
党组成员、副局长:朱向前
党组成员、党建室主任:骆洪涛

嵊州市财政局

党委书记、局长:商肖城
党委委员、副局长,国资办主任:叶　平
党委委员、驻财政局纪检监察组组长:朱建国
党委委员、副局长:王正浩
党委委员、副局长:王小燕
党委委员、总会计师:钱　莉
党委委员、财政监督局长:茹雪城
党委委员、人事科长:陈　伟

新昌县财政局

党委书记、县委国资工委书记、局长:李一峰*
党委副书记、副局长:俞坚钢*
党委委员、副局长:丁利平
党委委员、县委国资工委副书记:求伟清
党委委员、副局长:徐超青
总会计师:丁　文
党委委员、机关党委副书记(专职):梁晓富

金华市财政局

党组书记、局长:李　俊
党组副书记、副局长:倪小波
党组成员、副局长:胡金东
党组成员、总会计师:陈志坚
党组成员、机关党委书记:雷康盛

婺城区财政局

党组书记、局长:邵建平*
党组成员、副局长:陈伟达
党组成员、副局长:俞叶青
党组成员、总会计师:胡　伟
党组成员、监督评价局局长:张德建

金东区财政局

党组书记、局长:郭文洁
党组副书记、副局长:陈春华
党组成员、副局长、区国资运营发展中心主任:姜韶军
党组成员、副局长:张　波*
总会计师:叶晓咏
党组成员、区国资运营发展中心副主任:洪　俊*
党组成员:周用平

兰溪市财政局

市政府党组成员,市财政局党组书记、局长:陈志良
党组副书记、副局长、国资办主任:张海湘
党组成员、副局长:严师东
党组成员、副局长:陈　浩
党组成员、总会计师:盛时新
党组成员、预算局局长:张新跃
党组成员、财政监督局局长:包永平

义乌市财政局

党委书记、局长:洪信强
党委委员、副局长:吴小雁*
党委委员、副局长:胡文德
党委委员、副局长:金　珂
党委委员、副局长:虞一青
总经济师:傅晓平

东阳市财政局

党组书记、局长:徐育阳
党组成员、副局长:钟柏青
党组成员、副局长:金旭东
党组成员、财政监督局局长:严徽华
党组成员:韦向东

永康市财政局

政协副主席、党委书记、局长:朱彭年
副局长、总会计师:吕美红
党委委员、副局长:胡高峰
党委委员、总会计师:程凤飞

党委委员、副局长:胡俊杰

浦江县财政局

党委书记、局长:陈志平
党委委员、副局长:许尔清
党委委员、副局长:黄小莲
党委委员、副局长:于培东
总会计师:程晓月
党委委员:芮赢省

武义县财政局

党委书记、局长:徐宏亮
党委委员、副局长:徐飞云
党委委员、副局长:朱晓鹏
党委委员、副局长:陈　莉
总会计师:宋华华*
党委委员:谢智武*
党委委员:陶国伟*

磐安县财政局

政协副主席、党组书记、局长:卢志峰
党组副书记、副局长:李　兵*
党组成员、副局长:林永平　黄　强
党组成员、财政总会计师:陈　山
党组成员、预算执行局局长:陈爱方*
党组成员、人事科科长:王亚民*
县纪委派驻第六纪检组组长:朱根弟*

衢州市财政局

党委书记、局长:翁文斌
党委副书记、副局长:马伟民*
党委委员、三级调研员:张　庆
党委委员、驻局纪检监察组组长:姜增昌
党委委员、副局长:林　霄
党委委员、副局长:徐国富
党委委员、副局长:许建华*
党委委员、总会计师:程立新*
党委委员、人教处处长:张永祥*

柯城区财政局

党组书记、局长:董高法*
党组成员、副局长:吴　川
党组成员、驻局纪检监察组组长:杨　洁
党组成员、副局长:卢小红
党组成员、副局长:姜杨青
党组成员、总会计师:张　星

衢江区财政局

党组书记、局长:傅红庆
副局长:孔万定
党组成员、副局长:吴凌霞
党组成员、派驻纪检监察组组长:李旭武
党组成员、总会计师:夏庆丰*
党组成员、财政国库支付中心主任:夏　晶*

龙游县财政局

党委副书记、副局长:童筱俊*
党委委员、派驻纪检监察组组长:陈　芬
党委委员、副局长:琚柏华
党委委员、副局长:倪　斌
党委委员、副局长:徐林祥
党委委员、办公室主任:倪群英*

江山市财政局

党委书记、局长、国资办主任:郑水根*
副局长、国资中心主任:毛水芳
党委委员、纪检组长:郑晓岗
党委委员、副局长:董志成
党委委员、副局长:杨忠福
党委委员、总会计师:廖学军
党委委员、数字消防产业办专职副主任:陈　红*
党委委员、预算局局长:周新胜*
党委委员、办公室主任:毛传来*

常山县财政局

县财政局党委书记、局长:朱开明*
党委副书记、副局长:郑秀平
党委委员、副局长:李和平
党委委员、派驻纪检监察组组长:徐串联
党委委员、国有资产管理服务中心主任、金融服务中心主任:计华丁
党委委员、总会计师:吴　艳

开化县财政局

党委书记、局长:张月桥
党委副书记、副局长:汪福海
党委委员、国有资产管理服务中心主任:余成根*
党委委员、副局长:詹炳法　傅满鹏
党委委员、总会计师:余晓华
党委委员、驻县财政局纪检监察组组长:余桔红*

舟山市财政局

党委书记、局长:顾央军
党委副书记、副局长(正县处级):曹国英
党委委员、副局长:王海平、宁小军
党委委员、驻局纪检监察组组长:邓兆俊
党委委员、副局长:王醒飞、韩志波*

定海区财政局

党委书记、局长:何　红

党委副书记:张　局
党委委员、副局长:戴水婷
党委委员、副局长:李汉定
党委委员、总会计师:蒋科卫
党委委员、副局长:宣宏伟
党委委员、副局长:江慧成*

普陀区财政局

党委书记、局长:史海祥
党委副书记:张友夫
党委委员、驻局纪检监察组组长:张永迪
党委委员、副局长:杨琪恒
党委委员、副局长:刘科峰
党委委员、总会计师:陈嗣韦
副局长:张宇杰

岱山县财政局

党组书记、局长:张正道
党组副书记:吴常波*
党组成员、驻局纪检监察组组长:潘明明*
党组成员、副局长:王　挺
党组成员、副局长:张连郡*
党组成员、副局长:郑　辰*
党组成员、副局长:袁欣芝
党组成员、财政总会计师:马兆儿*

嵊泗县财政局

党委书记、局长:罗奇辉
党委专职副书记:刘白羽
党委委员、驻局纪检监察组组长:王忆海
党委委员、副局长:顾跃进
党委委员、副局长:孙　溪
党委委员、副局长:唐波军

台州市财政局

党组书记、局长:陈　曦*
党组成员、副局长:蒋天平
党组成员、副局长:卢修贤
党组成员、驻局纪检监察组组长:张兴平
党组成员、副局长:汪晶晶*
党组成员、总会计师:张贤鸣(兼)

椒江区财政局

党委书记、局长:章光辉*
党委副书记、副局长:陈忠贤
党委委员、副局长:叶剑德*
党委委员、总会计师:王海兵*

黄岩区财政局

党委书记、局长:苏忠阳
党委副书记、副局长:管志勇
党委委员、副局长:卢向炜
党委委员、副局长:韩　华
党委委员、总会计师:解卫敏
党委委员:苏先能
党委委员:尚　敏

路桥区财政局

党委书记、局长、国资办主任:陈海鸿
党委副书记、副局长:蔡金虎
党委副书记、国资工作中心主任:黄直诚
党委成员、副局长:牟晓燕
副局长:吴芳霞
党委成员、国资工作中心副主任:李　勇
总会计师:谢勇奇

临海市财政局

党委书记、局长、国资办主任:胡寿坚
党委副书记:沈国材
党委委员、副局长:蒋向阳
党委委员、副局长:徐　震
党委委员、副局长、国资办副主任:蒋修勤
党委委员、总会计师:刘子剑

温岭市财政局

党委书记、局长:顾雪荣
党委副书记:王爽剑
党委委员、副局长:周崇友
党委委员、副局长:潘建华
党委委员、总会计师:王贵平
党委委员、预算局局长:徐一平

玉环市财政局

党委书记、局长:詹江鹏*
党委副书记、副局长:曾子文
党委委员、副局长:姜仁武
副局长:张作民
党委委员、总会计师:袁必生
党委委员:马彩定
党委委员:吴敏华

天台县财政局

党组书记、局长:戴敏华
党组副书记、副局长:范永友
党组成员、副局长:丁伟生
党组成员、副局长:陈邦信
党组成员、副局长:叶士南
党组成员、总会计师:庞尉杨

仙居县财政局

党委书记、局长:吴勇卫
党委成员、纪委派驻纪检组组长:陈志伟

党委成员、副局长:吴丽萍
党委成员、副局长:张　健
党委成员、副局长:曹丽丽*
总会计师:应强华

三门县财政局

党组书记、局长:叶坚强
党组副书记、副局长:尤福跳
党组成员、副局长:陈小撑
党组成员、总会计师:章日胜
党组成员、副局长:奚圣伟

丽水市财政局

党组书记、局长:潘建青
党组成员、副局长:魏叶华
党组成员、副局长:叶芳儿
党组成员、副局长:张　栋
党组成员、市纪委市监委驻市财政局纪检监察组组长:季飞云
党组成员、总会计师:阮美莲
党组成员、副局长:易远明

莲都区财政局

党组书记、局长:徐屈霞
党组成员、副局长:林　伟
党组成员、区纪委区监委派驻第六纪检监察组组长:陈君佐
党组成员、总会计师:吕焕祺
党组成员、副局长:李张芬*

龙泉市财政局

党组书记、局长:叶伟林*
党组副书记、副局长:商越敏
党组成员、副局长:邵仲昕
党组成员、副局长:杨春花
党组成员、总会计师:张云英
党组成员、财政监督局局长:朱光泉
党组成员、办公室主任:叶春定

青田县财政局

党组书记、局长:周冠华
党组成员、副局长:王刘斌
党组成员、副局长:张红兵
党组成员、副局长:季耀武
党组成员、总会计师:徐松娥

云和县财政局

党组书记、局长:柳成东
党组副书记、副局长:黄育金
党组专职副书记:黄金娟
党组成员、副局长:吴林娟
党组成员、县纪委县监委派驻纪检监察组组长:官玉和
党组成员:叶晓华

庆元县财政局

党组书记、局长:项邦宝(兼)*
党组副书记、副局长:江旭奎
党组成员、副局长:杨进林*
总会计师:姚四荣*
党组成员:吴　英

缙云县财政局

党组书记、局长:张爱明
党组副书记、副局长:叶伟民
党组成员、副局长:赵德灿
党组成员、总会计师:俞根文
党组成员、副局长:潘少华
县纪委县监委派驻第六纪检监察组组长:陶国南

遂昌县财政局

党组书记、局长:张宗渭*
党组副书记、副局长:程昌文
党组成员、县纪委县监委派驻第六纪检监察组组长:余建飞
党组成员、副局长:方文初
党组成员、副局长:王金品
党组成员、总会计师:叶樟土

松阳县财政局

党组书记、局长,国资办主任:钟善德*
党组成员、副局长:冯汉饶
党组成员、副局长:占　友
党组成员、县纪委县监委派驻纪检监察组组长:王善明
党组成员、总会计师:吴振宏
党组成员:叶智强
党组成员:刘青华*
党组成员:应伟宏*

景宁县财政局

党组书记、局长:叶　峰
党组成员、县纪委第五派驻纪检组组长:周　枫
党组成员、副局长:夏　芬
党组成员、副局长:吴凌峰
党组成员、副局长:郑文南
党组成员、总会计师:梅忠敏
党组成员、副局长:虞　斌
党组成员、国资公司总经理:柳　风

(注:有*标示者为当年职务有新变动)

附 录

zhejiang caizheng nianjian

专题经验介绍

深化政府购买服务改革 推进社会治理能力现代化

浙江省财政厅综合处、政研室

推进政府购买服务是党中央、国务院从全面深化改革的战略高度做出的一项重大决策部署。近年来，浙江以“干在实处”的韧劲、“走在前列”的决心，不断探索，创新改革，推进省域社会治理体系和治理能力现代化。通过搭建政府购买服务制度体系，大力推动政府职能转变和公共服务水平提升，财政支出效率稳步提高，财政和社会治理能力不断增强，购买主体、承接主体、服务对象等获得感普遍提升，成效较为显著。

一、主要做法

浙江按照中央总体部署，结合实际，第一时间明确改革目标任务，强化前瞻性。首先是进一步转变政府职能。浙江及时梳理职能清单，加强和创新社会管理，在公共服务领域更多利用社会力量，政府变自己“划桨”提供服务为着力“掌舵”指导方向，切实提升社会治理能力。其次是进一步提高公共服务供给水平和效率。浙江优化政策和市场环境，通过公开择优确定社会力量承接并提供优质服务，满足人民群众日益增长的公共服务需求。再次是进一步提升财政资金使用绩效。浙江加快建立现代财政制度，把钱用在刀刃上，着力解决人民群众的难点、痛点，强化资金绩效。

（一）强化改革保障，注重建章立制

一是强化组织保障。2014年，浙江就建立了由政府分管领导担任总召集人的政府购买服务工作联席会议制度，省财政厅作为牵头部门，成立了由厅主要负责人担任组长的财政工作领导小组，各地按照有关规定，健全完善相关体制机制，形成了“全省一盘棋”的局面。二是强化制度保障。省政府确定了“一个意见、两个目录、若干个办法”的制度框架体系，省财政牵头制订政府购买服务指导性目录并每年常态化更新，研究制定政府购买服务预算、采购等具体管理办法，其他部门按照职责分工，完善了包括政府职能清单、社会组织推荐性目录等在内的制度规定。三是强化政策保障。结合省政府“服务企业、服务群众、服务基层”的要求，认真做好政府购买服务改革政策解读和舆论引导，主动回应群众关切。通过会议、培训、授课等多种形式，送政策上门。为各地各部门做好政策文件把关工作，2015年以来已为600多个征求意见文件提供政策建议。

（二）立足系统推进，着力重点突破

政府购买服务是一个系统工程，横向涉及各个部门，需要协调配合，共同推进；纵向涉及各个层级，需要上下一心，合力推进。为此，浙江省政府于2014年及时下发《关于政府向社会力量购买服务的实施意见》，在全省范围内对政府购买服务改革进行统一部署、系统推进，明确提出改革总体要求和目标任务，为全面启动政府购买服务工作确定了路线图、时间表、任务书。同时，注重试点先行、边破边立。2015年下发政府购买服务试点扩面通知，要求积极试点、重点突破；2016年下发进一步深化试点通知，明确5个设区市和11个省级部门的16个公共服务项目开展深化试点工作；2019年下发政府购买服务第三方绩效评价工作试点实施方案，选取两个县、三个设区市、四个省级部门深化试点，努力打造浙江模式。

（三）深化绩效评价，注重结果应用

浙江高度重视绩效评价工作，以绩效评价为手段，评价结果运用为目标，强化政府购买服务事前、事中、事后控制。省级层面，于2017年委托浙大公共政策研究院对全省政府购买服务制度建设和试点项目开展独立的第三方绩效评价，由其通过《公共政策参考》形式将评价报告直接报送省政府，提升评价公允性、专业性、权威性；同年，对5个设区市的政府购买服务深化试点项目开展绩效评价，促进重点民生项目全面铺开；2018年对11个省级部门开展的16个民生项目进行绩效评价，总结试点成效，分析存在问题。特别是2019年，浙江被财政部确定为全国10个政府购买服务改革第三方绩效评价工作试点省份之一后，在原有绩效评价工作较早起步的基础上，及时出台全省深化工作试点实施方案，从制度层面进一步明确有关规定，强化第三方绩效评价工作。同时，浙江高度重视绩效评价结果运用，将绩效评价结果作为以后政府购买服务项目预算安排、承接主体选择、政策调整等的依据，使事后评价的控制作用切实落到实处。

二、取得成效

政府购买服务改革推行以来，浙江在思想上紧跟中央要求，在行动上狠抓具体落实。经过努力，各项工作走在前列。政府购买服务金额大幅增长，2020年，全省政府购买服务决算金额279亿元，较2015年的84亿元增长2.32倍；实施项目数量快速增加，2020年，全省各地共实施政府购买公共服务项目31037个，较2015年的9699个增长2.2倍；购买服务内容不断扩展，2020年，全省政府购买服务指导性目录规定的购买服务范围达到6类47款156项，远高于2015年的2类16款65项。

2018年，财政部确定的12个全国政府购买服务改革联系点中，浙江平湖市和建德市名列其中；2019年，财政部确定了10个政府购买服务改革第三方绩效评价工作试点省份，浙江为其中之一；2021年，财政部新增龙港市为政府购买服务改革工作联系点，至此浙江省的全国联系点增至3个，总数位居全国第一。部门层面，2015年，浙江被农业部确定为政府向经营性服务组织购买农业公益性服务改革试点省份；2018年，被建设部确定为政府购买公租房运营管理服务改革试点省份。这些既是对浙江“走在前列、干在实处、勇立潮头”改革精神的鼓励，也是对浙江政府购买服务改革成效的认可。

（一）政府职能转变加快推进

全省政府职能得到精简，传统政府大包大揽的做法得到有效改变，政府管理水平和服务效率不断提高；事业单位改革加速推进，市场机制在公共服务领域的配置作用不断增强；政府部门间协调方式进一步增加，协调能力不断增强，行政能力和行政效率不断提高。截至2019年底，省属公益一类事业单位减少143家，编制减少40%，“养人”向“办事”转变有效深化。如武义县通过实施城区路面保洁购买服务项目，推动环保事项管干分离，改革后环卫事业单位编制数核减38.5%；海宁市统一购买视频监控服务，有效解决部门重复建设等难题，部门间职能协调整合水平大幅提升；丽水市通过购买政务热线服务，为市民提供全天候受理服务，深化服务型政府建设。

（二）公共服务水平稳步提高

全省政府购买公共服务的领域不断拓展，公共服务供给多元化的趋势不断增强，公共服务需求得到不断满足；公共服务力量逐步发展壮大，提供公共服务的专业化、多样化和个性化水平不断提高，民众对公共服务的获得感不断增强。2020年，全省政府购买服务项目中，基本公共服务项目占比45.9%，公共服务数量及水平有效提升。如杭州市通过政府购买服务方式打造“亲清在线”数字平台，让“数据多跑路、企业少跑路”，构建起“亲清”政商关系；舟山市通过政府购买服务完善公共服务提供模式，变群众被动接受为群众主动点单，城乡居民多样化的基本公共文化服务需求得到有效满足；温岭市实施政府购买社会化居家养老服务，从服务供给改革入手，积极引导培育本地社会组织进入养老服务市场，提升政府服务水平。

（三）社会治理能力不断增强

全省社会主体在社会治理中发挥的作用显著加强，解决民生问题、保障公共安全、化解社会矛盾等方面的能力显著提高，环保治理、社区治理、社会救济等方面的手段更加多样。截至目前，全省注册登记的社会组织共计71137家，占全国6.98%，每万人拥有社会组织约12.1个，高出全国平均水平（7.28个）。市场竞争有效提升，市场主体更加多元化，公开公平、竞争择优确定承接主体提供服务成为新常态。2019年，全省承接政府购买服务的主体中，企业及社会机构占比76.2%，市场化程度进一步提高。如长兴县通过向全县女性社会组织购买妇女儿童家庭公益创投服务，改革社会治理模式，进一步提升妇联组织参与社会治理能力；杭州市余杭区通过政府购买服务方式建立网络纠纷人民调解机制，创新网购维权方式，提升政府治理能力；衢州市通过政府购买服务打造农村住房和全域土地综合信息平台，农民建房审批所需天数大幅减少，深受群众好评。

（四）资金使用绩效大幅提升

全省专业化机构和团队提供公共服务领域的介入程度不断加深，同等规模的财政资金支出所能提供的公共服务质量和水平大幅提高；绩效目标在政府购买公共服务预算编制中的作用逐步加大，绩效评价体系逐步完善，财政资金使用绩效水平得到快速提高。如淳安县对千岛湖湖面垃圾打捞服务进行公开招投标，并严格绩效评价与监督考核，极大地节约了财政资金；青田县向社会力量购买白蚁防治服务，有效减少单位经费开支，提高资金使用效益。

打造全省乡镇内控体系建设独山港样板

浙江省财政厅会计处　平湖市财政局

2019年起，平湖市财政局会同平湖市独山港镇坚持以预算管理为龙头，以内控制度为基础，以内控信息化为手段，高起点谋划和实施独山港镇内控体系建设，提升内部管理效能，构建与镇域治理现代化相匹配的内控体系建设新机制，打造全省乡镇内控体系建设的“独山港样板”。

一、以制为基，推进经济活动内控制度全覆盖

（一）充分把握内控制度的全面性

以进一步贯彻落实《行政事业单位内部控制规范（试行）》为契机，从内控风险评估入手，对独山港镇现有制度进行全面梳理，排查以往管理模式下的各类风险，并据此制（修）订涵盖预算管理、收支管理、政府采购管理、国有资产管理、建设项目管理、合同管理等六大经济活动的管理制度，对风险进行分类管控，对审批流程进行优化提升，对审批权限进行调整完善，形成以六大经济活动内控制度为主体，既符合外部财经制度要求，又适应单位内部经济活动管理要求，还能防控经济活动风险的“6+X”“阳光内控”制度体系。后续独山港镇将继续通过开展内控评价等措施，根据外部环境的变化、单位经济活动的调整、管理要求的提高，形成长效机制，持续完善内控制度体系。

（二）始终坚持预算管理的引领性

独山港镇坚持从预算管理这个“龙头”抓起，将部门预算编制工作延伸到业务条线，将预算的编制、执行和控制有效统一，形成条线申报、部门审核、单位编制全过程横向到边、纵向到底的三级编制体系，全面覆盖镇政府及下属共18个单位各项经济业务活动，实现从决策到预算编制、预算执行、监督评价的全过程精细化管理控制。

（三）着力突出风险控制的重要性

独山港镇将高风险经济活动领域作为防控重点，对重要经济业务与事项、高风险领域与环节采取严格的控制措施，特别是加强了工程建设项目风险点的风险防控，通过以点控面，实现高风险经济活动从严从紧管控，低风险活动管控兼顾效率的目的。

（四）重点强化岗位职责的制衡性

在内控体系建设涉及的部门管理、职责分工、业务流程等方面，明确设置了风险控制关键岗位，实施相应的分离措施，并清晰划分职责权限，形成相互制约、相互监督的工作机制，确保不同部门、岗位之间权责分明。

二、"三化融合"，确保内控制度监管执行全过程

（一）实现制度流程化

紧紧围绕内控制度和内控流程两个基础，以资金管控为主线，以信息化建设为载体，把内控制度有效内嵌到工作流程中去，打通财务工作和业务工作之间的信息流转渠道，镇人民政府、事业综合服务中心、3个下属学校、6个社区全部实现经费申报、采购监管、合同审批、报销审核、项目申报、日常监管等流程之间的链式控制，将全预算、全账户、全业务纳入内控流程中，自动实现运行流程中对经济活动的全过程约束，杜绝以往部分环节存在的流程倒置、"先斩后奏"、跳过内部监管等现象，有效防止违规行为发生，减少人为因素对制度和流程执行的影响。

（二）实现流程标准化

在信息化系统固化各项业务标准流程基础上，针对流程管理中存在的风险防控难点，根据水电费、差旅费、项目工程合同等不同事项设置了低、中、高三类风险点，做到每一笔资金使用标准都通过平台自动匹配，发现问题自动提醒预警，实现流程管理的标准化控制。

（三）实现内控常态化

目前，独山港镇已实现所有经济业务全部通过信息系统平台流转，使每个岗位的责任和风险都落实到人，申报、审批、支出等环节全过程留痕监督，各环节审批用时和效率也逐条可见，有效防止不作为、慢作为、假作为等情况。每笔经济业务都能在事前控制、事中预警、事后检查，达到内部风险可控制可追溯的效果，从而实现内部控制对经济活动的常态化管理。

三、"三大转变"，实现内部风险管理控制全方位

（一）由人为控制转变为系统控制

将六大经济业务制度中涵盖的120余条流程规则、600余项提醒嵌入信息系统，由规则制度把控办事流程的全过程，变"人控"为"机控"，从源头上避免了因个人不重视制度，或者业务不熟悉、政策理解有误导致的违规问题。如将财政预算指标事先录入系统，用款申请时能自动对应预算指标，超预算、无预算单据无法提交，从根本上解决超预算、无预算支出等问题。

（二）由财务控制转变为全过程控制

通过内控信息化建设，以信息流贯穿资金流、业务流，打通两者的联系渠道，有效解决财务业务"两张皮"问题，实现风险控制由事后财务控制向全业务全过程控制转变。将政府采购、合同管理、资产管理和工程项目建设等业务信息与资金管理进行关联，避免因不同经济活动信息不对称造成的内控失效，实现以资金管理为主线的业务活动全过程控制。

（三）由个别控制转变为全员控制

明确每项经济活动的申报、审批、支付等环节的内部控制岗位职责与分工，实现制度建设到岗、责任落实到岗、风险防控到岗，确保不相容岗位相互分离、相互制约、相互监督。同时，通过对管理活动和环节流转实施痕迹化管理，实现岗位责任可追溯，接受全员监督。增加纪检审计查询权限，全部资金收支情况一目了然，对全镇各项经济行为进行实时监控，对潜在违规行为实时预警提醒，及时遏制风险。

助力低收入农户共享高水平全面小康

——"十三五"期间浙江财政扶贫工作回眸

浙江省财政厅农业处

浙江省始终把消除贫困、推进共同富裕作为"三农"工作的重中之重。历届省委、省政府沿着习近平总书记指引的道路，坚持"一张蓝图绘到底、一任接着一任干"。全省各级财政部门认真贯彻党委、政府关于扶贫工作的决策部署，聚焦"重要窗口"新目标新定位，持续加大财政扶贫和对口支援投入力度，完善政策措施，加强资金监管，为各项扶贫政策有效实施提供坚强保障。

一、强化脱贫攻坚财政投入保障

完善向加快发展地区倾斜的财政体制。深化财政专项资金管理改革，调整省对市县的财政转移支付系数。根据地区经济发展水平、财力状况等因素，科学规范设置省对市县转移支付系数，通过设置较高系数，各类实行因素法分配的财政转移支付资金对加快发展地区均给予重点支持。不断优化转移支付结构，加大对加快发展地区一般性转移支付力度，强化地区运转保障，稳步提高县级财力均衡水平。

建立健全优先财政资金保障机制。坚持"三位一体"大扶贫格局，着眼促进扶贫对象的全面发展，落实教育扶贫、健康扶贫政策，加大扶贫资金保障，重点支持解决"两不愁三保障"和低收入农户饮水安全等突出问题。"十三五"期间，累计安排省以上财政专项扶贫资金56.5亿元，年均增长13.57%，支持改善低收入农户和集体经济薄弱村基本生产生活条件，多方协同发力，确保扶贫开发投入与打赢脱贫攻坚战需求相匹配。

切实履行东西部扶贫协作政治责任。按照省委、省政府统一部署，选送优秀干部赴结对地区组成前方指挥部参与对口援助工作。严格落实党中央、国务院和省委、省政府决策部署，强化工作协同，健全督办机制，省市县分级落实，按规定比例递增筹集援助资金，确保对口援助工作任务落实到位。2016以来，全省累计投入对口支援和东西部扶贫协作财政援助资金231.38亿元，年均增长31.07%。我省对口支援和东西部扶贫协作的7

个省区19个地（市、州、区）100个县（市、区、行委、兵团）已全部达到脱贫摘帽标准，全面实现决胜脱贫攻坚战目标。

二、落实脱贫攻坚税费优惠政策

在国家授权范围内积极研究出台浙江版税费优惠政策，对税费减免事项按照“第一时间+顶格优惠+叠加享受”原则及时予以明确。利用门户网站、移动客户端等多种平台，广泛宣传财税扶贫政策，努力做到应享尽享，确保各项惠民惠企政策不折不扣落实到位。

对2016年1月1日起实施的扶贫异地搬迁项目，免征城市基础设施配套费、不动产登记费和人防工程易地建设费，已征缴入库的资金按照谁征收、谁退付原则办理退付手续。对符合村集体经济建保障性住房占用林地的，办理使用林地许可时免征森林植被恢复费。最高标准减免重点群体创业就业相关税费，对企业招用建档立卡贫困人员就业及其从事个体经营等自主就业的，给予最大幅度支持。2019年我省重点群体就业税收优惠标准提高后，相关重点群体当年享受税收优惠5000余万元，比上年增加近5倍，其中建档立卡低收入人口占优惠总额70%以上。

三、创新财政扶贫政策体系

（一）大力实施产业扶贫

把提升特色产业作为发挥资源优势的重点来抓，支持各地采取“菜单式”产业扶贫项目，开展光伏扶贫试点，推动特色种养业、乡村休闲旅游业、来料加工等产业加快发展，支持扶贫对象在产业结构调整、产业化进程中创业就业，把发展茶叶、高山蔬菜、笋竹、中药材、食用菌等特色产业作为增收重要来源。深入实施普惠金融工作，推进金融服务行政村全覆盖，低收入农户爱心卡全覆盖。落实扶贫小额信贷贴息政策，支持低收入农户发展生产经营性项目，对授信额度内小额信贷给予3%财政贴息，有效缓解发展资金难题。

积极探索巩固脱贫攻坚成果与实施乡村振兴有效衔接。2020年开始组织综合扶贫示范试点，通过发展特色种养业及相关加工流通项目、乡村休闲旅游项目、资产收益项目、产业平台类等，探索建立扶贫开发项目与低收入农户、重点帮扶村的利益联结机制，着力构建减缓相对贫困长效机制。

（二）支持实施创业就业扶贫

统筹失业保险基金用于促进就业，落实低保低边人员社保补贴、岗位补贴和培训补贴等就业创业扶持政策，对无法通过市场就业的人员，开发公益性岗位实现兜底帮扶。进一步强化东西部扶贫劳务协作，将贫困人员纳入我省就业创业政策扶持范围，同等享受省内就业困难人员各项政策，促进中西部地区建档立卡贫困劳动力在我省稳定就业。

深入实施职业技能提升行动、千万农村劳动力素质提升工程，开展农业实用技术、岗位技能、经营技能、转移就业技能培训，推动有劳动能力的扶贫对象增强创业就业能力。支持开展广泛创业，引导农民转变创业方式，鼓励能人创业带动，以政府扶持资金量化、农户产权和资产入股等形式，带动低收入农户参与创业。积极促进充分就业，推行就业政策、失业登记、劳动力市场、就业服务和劳动用工管理“五统一”的城乡统筹就业，促进扶贫对象向城镇二三产业转移就业，低收入农户工资性收入占总收入比重稳定在40%以上。

（三）全面保障低收入农户住房安全

落实扶贫异地搬迁政策，以重点库区、自然村整体搬迁为主要形式，引导低收入农户集聚，改善低收入农户生活条件。持续提高扶贫异地搬迁省补助标准，重点向低收入农户和集体经济薄弱村倾斜，省级扶贫异地搬迁补助标准从2013年的8400元/人逐步提高到2020年低收入农户人均补助3万元，集体经济薄弱村整村搬迁其他农户人均补助1.5万元。整合宅基地复垦、税费减免等政策，鼓励金融机构提供优惠利率的建房贷款和购房贷款，降低搬迁成本，解决搬迁资金难题。

推动农村困难家庭危房改造，对符合条件的农村困难家庭危房改造给予及时救助。农村困难家庭危房改造省补助标准从7500元/人提高到2020年1.5万元/人，基本建立农村困难家庭危房改造即时救助制度，实现对符合条件的农村困难家庭危房改造应保尽保。

（四）筑牢社会保障底线

加强最低生活保障与扶贫开发政策有效衔接，统一低收入农户和低保边缘家庭“两线合一”识别标准，提高困难群众基本生活保障精准度。降低社会保障参保费用支出，对符合条件的低收入农户参加城乡居民基本养老保险和城乡居民基本医疗保险的个人缴费部分，按规定予以补助。

不断健全社会救助体系，建立完善城乡一体最低生活保障制度，全面取消低保对象救助门槛，率先实施县域低保标准城乡同标，2020年全省所有市县年低保标准均达到8000元以上。健全特困人员救助供养制度，将农村无劳动能力、生活困难群众纳入保障体系，农村特困人员基本生活标准按照不低于城镇特困人员80%确定。统筹构建全省“1+8+X”大救助体系信息管理平台，建立以低保、特困、受灾、医疗、教育、住房、就业、临时救助等8项救助为重点，以多元化社会力量参与为补充的“1+8+X”大救助体系，形成精准施策和全面推进的兜底保障格局。

（五）不断提高基本公共服务水平

大力推进城乡教育均衡化。高标准普及9年制义务教育，乡村小规模学校和乡镇寄宿制学校全部达到基本办学条件。出台学生资助认定办法，统一全教育阶段困难学生认定类型、程序，加强信息共享，简化认定程序。实施大中专定向培养、教育券、培训券政策和雨露计划，对低收入农户子女学前教育和高中阶段教育学费予以减免，实行本省户籍学生就读涉农高等职业教育免学费制度，阻断贫困代际传递。

构建防止因病致贫返贫长效机制。完成农村合作医疗向城乡基本医疗保险制度并轨和设区市制度纵向统一，实现基本医保、大病保险低收入农户全覆盖。不断完善困难人员医疗救助兜底机制和大病保险制度，医疗救助对象大病保险起付线降低50%，大病保险合规医疗费用报销比例提高到80%

以上，提升对贫困人群的大病保障精准度。明确救助范围，对范围内医疗费用按照救助对象的困难程度，给予一定救助，年度封顶线均不低于8万元。探索开展医疗政策性补充保险，对建档立卡低收入农户住院费用在经基本医疗保障、大病保险报销和医疗救助后的自负部分进行商业性保险，有效减轻低收入农户医疗负担。

高水平推进农村饮用水达标提标行动。从2018年起，用三年时间完成农村803万人饮用水达标提标建设任务。省级财政对加快发展地区及海岛地区采取“建设期定额补助+以奖代补”的方式进行补助，对其他县(市、区)采取以奖代补的方式进行补助，支持建设形成以城市供水县域网为主、乡镇局域供水网为辅、单村水厂为补充的三级供水网，基本实现城乡居民同质饮水目标。

(六)扶持壮大村级集体经济

首创农村工作指导员制度，从全省各级机关和科研所等事业单位选派高素质党员干部下农村，省市县乡四级联动，基本实现每个行政村安排一位农村工作指导员，宣传党的扶贫工作方针政策，帮助加强基层组织建设，参与谋划实施扶贫项目，推动各项扶贫政策措施落实。

完善扶持集体经济薄弱村发展保障机制。2017年，建立扶持集体经济薄弱村转化经费保障机制，省财政每年安排专项资金支持加快发展县(市、区)扶持集体经济薄弱村发展，保障消除集体经济薄弱村行动顺利收官。到2019年，全省全面消除6920个年收入10万元以下、经营性收入5万元以下的集体经济薄弱村。

(七)大力推进消费扶贫

发挥数字经济先发省份优势，积极探索“互联网+政府采购+脱贫攻坚”的新路子。在政采云平台搭建农业(扶贫)馆，推介销售省内加快发展地区、对口帮扶地区以及其他贫困地区的农副产品，推动贫困地区产业和服务融入全国大市场，促进农民增收。先后上线吉林、广西、四川农业(扶贫)馆，为中西部省份消费扶贫工作输出浙江经验，贡献浙江智慧。2020年，浙江农业(扶贫)馆已覆盖对口帮扶124个国家级贫困县和120个援建帮扶区划，累计交易单数达到1.6万余单，交易额突破3.2亿元。

对接扶贫832平台，合力推进消费扶贫。在政采云农业(扶贫)馆内开设832产品专区，扩大馆内扶贫地区农产品的销售渠道，共同推进消费扶贫工作。

四、持续加强扶贫资金监管

健全扶贫资金和项目管理制度体系。会同相关部门制定出台《关于进一步健全扶贫领域问题发现机制和压实工作责任的方案》，健全扶贫领域问题发现机制，层层压实扶贫工作责任。2017年以来，先后制(修)订《浙江省财政专项扶贫资金管理办法》《浙江省东西部扶贫协作资金管理办法的通知》等11个扶贫资金和项目相关管理制度，不断规范扶贫资金管理。

加强扶贫资金日常监管。稳步推进财政扶贫信息公开，深入开展财政扶贫资金动态监控，建立动态监控定期报告制度，加快预算下达和执行，强化扶贫资金管理风险防控。不定期通报扶贫资金分配、支付、绩效管理等情况，及时核实处理监控预警信息，督促市县关注扶贫资金管理，推进阳光扶贫、廉洁扶贫。

组织财政扶贫资金专项检查。将财政扶贫资金作为财政监督的重点领域，每年组织财政扶贫资金专项检查，重点检查资金使用管理的规范性、精准性和有效性，建立问题台账，落实检查问题整改及线索移送等工作。2017年以来，各级财政累计追缴(停拨)扶贫资金2048万元，向纪检监察等部门移送问题线索7条。

开展决战决胜阶段政策落实再核实。2020年，组织开展低收入农户高水平全面小康财政保障工作落实情况核查，对照党中央、国务院和省委、省政府扶贫工作决策部署要求和“两不愁三保障”突出问题清零、年家庭人均收入8000元以下情况清零、集体经济薄弱村清零目标，开展财政扶贫保障再核实和政策效果再巩固，确保脱贫攻坚工作部署到位、资金投入到位、标准执行到位。

三项举措　五个着力
浙江财政深入推进长三角一体化发展

浙江省财政厅经建处

自2018年长三角一体化上升为国家战略以来，浙江省财政厅深入贯彻落实党中央、国务院和省委、省政府有关决策部署，将推进长三角一体化发展作为重中之重，树立“一盘棋”思想，进一步提高政治站位，坚定“三个地”的担当，紧扣“一体化”“高质量”，进一步强化体制机制建设，全力做好政策供给，积极打造支持长三角一体化发展财政政策体系，助力长三角一体化发展国家战略深入推进。

一、三项举措，打造长三角一体化发展财政政策体系

(一)提高站位，加强组织领导

省财政厅成立由厅主要负责人任组长、分管厅长任副组长的推进长三角一体化发展工作领导小组，建立厅主要负责人统一指挥，经建处牵头联络，各相关处室局分工负责、协同配合的工作机制。设立综合协调、财政体制、政府债务、税收政策、区块链电子票据标准化建设、政采云标准化建设、资产云等若干工作专班，在做好相关政策制定的同时，加强与财政部相关司局的沟通联系，争取国家层面政策支持。此外，加强与相关部门的沟通联系和对市县财政部门的工作指导，形成工作合力，切实推动政策落地。

(二)动态管理，强化政策集成

为充分发挥财政政策支撑、引导、保障作用，推动全省域全方位融入国家战略，省财政厅围绕"创新共建、协调共进、绿色共保、开放共赢、民生共享"理念，对标对表长三角一体化发展规划纲要、浙江省行动方案，以及浙江省推进长三角一体化发展标志性工程建设方案和重大事项、重大平台、重大改革举措、重大项目四张清单，认真梳理并细化落实现有支持长三角一体化发展的政策。同时，立足浙江实际，谋划相关储备政策。通过长三角一体化财政政策体系的系统构建集成，实施清单化、动态化管理，明确责任处室和完成时限，确保完成重点工作。截至目前，已建立支持长三角一体化发展5张清单，梳理财政现有政策清单46项，储备政策清单17项。

（三）突出重点，保障政策供给

加大财政支持力度，2020年安排省推进长三角一体化发展奖补资金1.8亿元，较上年增加0.8亿元，计划4年共安排资金6.4亿元，通过以奖代补方式，重点支持长三角一体化示范区、省际协同合作区、跨省产业合作区、省内一体化合作先行区等重点区域建设。按照"综合施策、统筹协同"的原则，研究提出加大对一体化示范区嘉善片区建设的支持力度，重点支持示范区嘉善片区先行启动区建设。同时加强与示范区执委会、上海市财政局、江苏省财政厅的交流磋商，研究提出对一体化示范区先行启动区的财政支持建议，由两省一市按一定比例分担。

二、五个着力，谋划高质量长三角一体化发展

（一）充分发挥财政保障作用，着力建设高质量一体化示范区

一是积极争取中央政策支持。会同上海市、江苏省共同争取中央财政体制和专项资金、地方政府债券等政策，抱团协作，形成合力，支持长三角一体化示范区建设。

二是探索跨区域投入共担、利益共享的财税分享机制。会同上海市、江苏省和示范区执委会共同研究一体化示范区财税支持政策，积极参与示范区基金组建，建立互利共赢的一体化发展体制机制。针对长三角生态绿色一体化发展示范区四张清单，进一步梳理和落实浙江省财政支持政策，更好更快地推动一体化示范区高质量发展。

三是推动三省一市长三角一体化发展投资基金组建。会同省发展改革委积极与国家部委对接，争取国家支持。同时与两省一市进一步商讨基金组建细化方案，视基金组建方案，研究制订浙江省出资部分资金筹措方案。

（二）充分发挥产业创新优势，着力支持"创新长三角"

一是推进科技成果转化。充分发挥省创新引领基金作用，引导沪苏皖好的科技成果到浙江转化应用。积极推进之江前沿技术研发基金，吸引沪苏皖企业和其他社会资本积极参与之江实验室前沿基础研究、关键技术攻关和科技成果转化。

二是支持组建长三角数字文化产业基金。配套落实省文化产业投资基金出资比例，促进长三角文化产业发展。

（三）充分发挥绿色经济优势，着力共建"美丽长三角"

一是开展第四轮新安江流域上下游生态补偿政策研究。加强与安徽省的协商沟通，进一步完善两省间上下游生态补偿机制，加大对新安江流域的保护力度。

二是探索建立太湖流域生态补偿机制。会同省级相关部门，积极对浙江省和江苏省相邻地区的交接断面的水流流向、水量大小、水质状况进行摸底排查，进一步加强与江苏省相关部门对接、沟通，探索开展太湖流域跨省生态补偿试点。

三是支持淳安特别生态功能区建设。谋划出台并实施淳安特别生态功能区财政体制政策，重点加大对淳安的绿色发展财政奖补力度，着力支持打造长三角重要饮用水源地和美丽大花园示范区。

四是支持海塘达标提标工程。研究出台海塘安澜千亿工程财政支持政策，加快补齐水利基础设施短板，进一步提高浙江省防台御潮能力。

（四）充分发挥综合交通优势，着力打造"畅通长三角"

一是争取中央车购税资金和港建费资金支持。争取中央提高车购税资金和港建费资金对长三角地区重要交通基础设施建设的补助标准，推进长三角高质量交通一体化发展。

二是争取政府外债支持。争取财政部支持，将新开发银行贷款沪嘉城际铁路项目（浙江段）列入2020年国际金融组织贷款项目规划清单，申请新开发银行贷款58.48亿元。同时，按浙江省项目单位的需求，向国际金融组织和外国政府申报相关项目。

三是建议国家完善启运港退税政策。争取增加宁波舟山港为政策适用的离境港，巩固提升宁波舟山港综合能级，促进长三角地区港口资源整合，推动舟山江海联运中心建设，共同打造长三角世界级港口群和航运中心。

（五）充分发挥数字财政优势，着力打造"数字长三角"

一是有序推进、分步实施长三角政府采购一体化工作。推进政采云平台在上海深入应用，推动两地政府采购制度规则、信息系统、基础数据等方面的互联互通和共建共享，重点做好统一标准体系、统一用户体系、统一平台三项工作，逐步形成浙沪一体化的体系。继续加强同江苏、安徽两省的沟通协调，以深化政府采购制度改革为契机，推动长三角政府采购主要规则逐步统一。

二是推进长三角区块链电子票据信息共享互通工作。与上海、江苏等省份探索实现基于区块链电子票据的跨省医保零星费用异地就医网、"掌"上报销，逐步完善长三角医保一体化机制。同时，深入推进各类财政电子票据的改革应用，积极探索保险理赔、公益事业捐赠、非税收入等方面的电子票据共享应用场景，加速推进长三角区块链电子票据信息共享互通工作。

三是积极推动形成长三角地区国有资产管理开放协同共建共享机制。推进国有资产管理相关标准、信息化工具和国有资产共享共用平台建设。开展战略合作，推进长三角地区国有资产互联网开放交易。研究出台行政事业性国有资产全面互联网公开交易的相关政策或指导性意见，为国有资产互联网交易提供政策支撑。

绿色发展财政奖补机制在丽水的生动实践及成效

丽水市财政局

多年来，丽水市委、市政府始终遵循习近平总书记“绿水青山就是金山银山，对丽水来说尤为如此”的重要嘱托，始终坚定生态优先、绿色发展的核心战略定力，坚定不移保护绿水青山。2017—2019年，丽水全市获省绿色发展财政奖补资金104.51亿元，全部统筹用于生态保护和绿色产业发展。在财政政策和资金的大力支持下，丽水生态环境状况指数连续16年实现浙江省第一、全国领先；经济实力不断提升，2018年、2019年GDP增幅分别位居全省第一、第二名，2019年全市人均GDP约9703美元，居民人均可支配收入35450元，增长9.9%，增速全省第一，发展水平指数和发展进程指数位居全省前列。

一、实践篇

丽水市在用好省级政府资源的基础上，不断创新体制机制，打好一系列支持绿色发展的组合拳。

(一)增强产业动能，促进绿色生态产业做大做强

坚持“生态经济化、经济生态化”，以“绿起来”带动“富起来”进而加快实现“强起来”，助力经济效益和生态效益协同提升。

1. 助力生态工业发展。充分发挥涉企政策、金融扶持等杠杆对企业发展的支持作用，积极培育优质生态财源。2017—2019年，全市共兑付涉企扶持资金54亿元。制订《关于加快市区生态工业发展的若干意见》等多项扶持政策，精准帮扶企业，减轻企业负担，促进企业转型升级。

2. 助力生态农业发展。坚持“咬定青山不放松”，积极落实乡村振兴战略，全力支持“丽水山耕”品牌的打造和推广，不断丰富优质生态农产品供给。2017—2019年，全市通过“农林水”科目支出的财政资金181亿元。建立健全财政投入保障机制，推动低收入百姓增收。全力消除薄弱，促进群众增收。农村居民收入增幅连续10年全省第一，低收入群众收入增幅持续高于居民收入增幅，完成集体经济薄弱村年度“消薄”任务。同时，依托省财政厅“政采云”平台，搭建农业扶贫馆，借助“互联网+政府采购”新模式，推动山区生产与跨域消费市场的有效对接。

3. 助力生态旅游业发展。围绕“秀山丽水、养生福地、长寿之乡”的区域定位，用好“浙西南革命精神”的特色资源，促进“红+绿”融合发展，积极助力打造全域旅游示范区建设品牌。积极为文化服务类生态产品价值实现转化寻求突破口，推动景宁东弄畲家、龙泉“耕读大观”、缙云仙都街道等田园综合体项目建设。

(二)创新奖补举措，着力探索生态补偿实现途径

作为全国首个生态产品价值实现机制试点市，丽水积极开展政策研究，全方位探索生态产品价值实现途径。

1. 提升“绿色指标”，积极争取绿色发展财政奖补资金。将省绿色发展财政奖补机制作为推动丽水全域生态产品价值实现的第一抓手，会同相关部门建立最顶格的生态标准，实行最严格的生态管控，着力做优林、水、气等生态指标质量，不断推动生态价值提升。2017—2019年全市获省绿色发展财政奖补资金104.51亿元。

2. 探索“绿色补偿”，建立资源与资金转换机制。建立生态公益林补偿机制，变生态公益林“绿色叶子”为农民手上的“金色票子”，推动生态资源价值转化。建立瓯江流域上下游横向生态保护补偿机制，推动莲都区、龙泉市、青田县等(市、区)分别签订了补偿协议，获得省财政厅奖励3500万元。建立饮用水源地保护资金补偿机制，生态补偿资金向供水区转移支付，2017—2019年，市财政安排黄村水库和玉溪水库饮用水源保护资金共2750万元。

3. 实施“绿色奖惩”，建立生态环境损害赔偿制度体系。出台《丽水市生态环境损害赔偿资金管理办法(试行)》，规范生态损害赔偿资金的使用和分配管理，有效推动因污染环境、破坏生态造成生态系统功能退化而需要进行生态修复的生态红线区、环境敏感区的生态修复与保护。制定出台《丽水市本级老旧营运车辆提前淘汰补助实施办法》，加快老旧货车营运车辆淘汰更新步伐，持续改善空气环境质量。

4. 设立“绿色基金”，发挥生态经济产业基金。浙江丽水生态经济产业基金投资全市生态产业4.98亿元，投资莲都古堰画乡、云和梯田、松阳大木山茶园和陈家铺等农旅融合项目，推动特色小镇建设、全域旅游发展、乡村振兴，扶持有邦新材料、繁盛新材料、浩腾科技等本地企业发展和环保改造，加速生态产业价值转化。

(三)细谋转换路径，探索建立生态价值保障机制

主动算好长远账、全局账、生态账、经济账、民生账，提供坚实的制度支撑和资金保障，为生态产品价值实现作出财政新贡献。

1. 积极探索，完善绿色发展财政奖补机制。推进瓯江流域上下游横向生态补偿机制的实施，组织各县(市、区)横向补偿资金结算，探索上下游地区政府购买生态产品机制。设立丽水市级生态产品价值实现专项资金，探索建立与生态系统生产总值(GEP)总量和增幅相挂钩的市级生态奖补机制，充分调动各县(市、区)的积极性，推动环境治理和绿色发展协调并进。

2. 加强引导，积极发挥生态保护基金的“四两拨千斤”作用。探索设立政府主导、生态产品利用型企业参与的生态保护基金，引导热心生态保护公益事业的生态产品利用(受益)型企业、组织和个人参与，积极推动生态环境修复及保护。依托省绿色生

态产业基金2.0版，积极推荐省乡村振兴基金定投项目，支持丽水生态产品价值实现。

3.引领带动，做好山水林田湖草生态保护与修复试点。用好山水林田湖草生态保护与修复工作试点补助资金，充分发挥试点工作的引领示范作用，有针对性地开展全域水生态环境质量提升、矿山生态环境修复、水土流失防治、森林质量改善、土地整治与土壤污染修复、生物多样性保护以及其他要素等综合治理。

二、成效篇

在财政支持下，丽水的生态环境红利不断凸显，一条绿水青山通向金山银山的转化之路也正在打开。

（一）生态绿色发展财力支撑更强

丽水市在“两山”理念的指引下，主要财政指标呈现出“高增长、高质量”的良好态势。一是“高增长”。2019年，全市一般公共预算收入139.8亿元，增长7.6%，提前完成了“十三五”规划135亿元的收入目标。全市一般公共预算支出突破500亿元，达526.5亿元，增长21.9%。二是“高质量”。一般公共预算收入与GDP之比为9.5%，比上年提高0.2个百分点；一般公共预算税收收入占一般公共预算收入的比重达到全省高质量发展指标体系评价标准。2019年全市财政收入继续平稳增长，为高质量生态绿色发展提供财力支撑。

（二）绿水青山生态底色更亮

生态环境质量领跑全国。生态环境状况指数连续16年实现全省第一、全国领先。跨行政区域河流交接断面水质、市控以上地表水断面水质、县级以上集中式饮用水水源地水质达标率均为100%。环境空气质量在全国168个城市中排名第7，AQI优良率98.1%，全省排名第一；PM2.5平均浓度降至25微克/立方米，全省排名第二。成为全国首个“天然氧吧城市”，获批“国家气象公园”试点。

（三）环境监管能力持续提升

以花园云平台为载体，推进生态环境智慧监管。全省首创车载移动空气监测系统，实现对空气质量全方位、实时性的监测管理，并绘制完成PM2.5和PM10实时热力图。利用“蓝天卫士”助力秸秆禁烧监控，部署60个秸秆焚烧智能预警监控点位。构建排污主体自查、第三方专家监理“体检”、环境执法部门“诊断”“治疗”的“1+1+1>3”新型执法体系。基本实现市区生活垃圾、餐厨废弃物、污泥、医疗固废集中收集和统一处置，全市新增城镇污水处理能力1.5万吨/日、生活垃圾处置能力800吨/日、固废（危废）处置能力5.7万吨/年。

（四）经济效益不断提升

生态工业发展实现“新进展”，通过财政资金的引导，企业加大技术升级，淘汰落后产能，实现生态化改造；生态农业发展呈现“新亮点”，创立了全国首个覆盖全区域、全品类、全产业的地级市农业区域公用品牌“丽水山耕”，使“养在深闺”的生态产品插上翅膀、飞出深山，推动低收入百姓增收，农民收入增幅多年位居全省第一；生态旅游业发展取得“新突破”，推进了旅游景区资本化、旅游公司实体化、旅游资产证券化改革，促进了旅游全区域、全要素、全产业链发展，形成全域旅游示范区。同时，打造了区域农家乐综合体和精品民宿示范品牌，景宁东弄畲家成为全省首家开园的田园综合体试点项目。

（五）生态文明制度不断完善

生态产品价值实现机制国家试点全面启动，写入国家长三角区域一体化发展规划纲要、省委十四届六次全会决定。丽水创新构建生态产品价值核算、质量标准、市场交易体系，完成全国首个乡级和村级GEP核算评估试点，成为全省唯一试行财政奖补挂钩生态产品质量和价值的地市。开展生态信用体系建设，逐步建立生态信用档案、正负面清单和信用评价机制。健全生态法治体系，在全国率先实行饮用水水源保护诚信评价。出台丽水市环境违法行为举报奖励暂行办法，强化生态环保社会监督。加快建设省级静脉产业示范城市试点，大力推进园区循环化改造，促进循环经济发展。

侨贸服务业“新业态”成为青田经济发展“新引擎”

调研报告精选

财政支持脱贫攻坚与乡村振兴有效衔接的政策研究

浙江省财政厅课题组

党的十九大明确把打赢脱贫攻坚战作为决胜全面建成小康社会的三大攻坚战之一。浙江省贯彻党中央、国务院打赢脱贫攻坚战和实施乡村振兴的战略部署，制定了《低收入农户高水平全面小康计划（2018—2022年）》，明确了扶贫目标、举措、机制的三大转变，从切实增强低收入农户的自我发展能力和逐步提高低收入农户的社会保障水平两个维度提出改革具体方向，为浙江省乡村振兴和"两个高水平"建设奠定坚实的基础。

一、浙江省财政支持扶贫的主要成效

近年来，浙江省财政按照省委、省政府的决策部署，围绕低收入农户高水平全面小康的总目标，建立健全财政支持脱贫攻坚的政策体系，优化完善财政支持的体制机制，充分发挥财政职能作用，推动浙江省高水平全面小康"三个不落""三个清零"取得显著成效。

（一）财政扶贫投入持续发力，多元投入格局取得成效

浙江省已基本建立财政优先保障、金融有效支持、社会积极参与扶贫攻坚的多元投入格局。全省财政始终坚持将"三农"领域作为支出的优先方向，财政扶贫投入规模持续增长。"十三五"期间，省财政累计安排专项扶贫资金56.51亿元，从2016年的8.81亿元增长到2020年的14.67亿元，年均增长13.58%。

（二）财政扶贫政策体系完备，保障与发展相得益彰

1.聚焦高水平全面小康，精心构筑顶层设计。以《低收入农户高水平全面小康计划（2018—2022年）》为统领总纲，坚持"小康路上一个不少"、农民为主体、政策"兜底"、精准扶贫、社会共建五项原则，对全省低收入农户、集体经济薄弱村进行扶持，按照"两个高水平"建设目标，实现低收入农户收入较快增长、社会保障水平显著提高、行业扶贫迈出坚实步伐、重点帮扶村发展落后状况得到根本性改变，低收入农户生活条件达到全面小康标准。

2.夯实民生保障基础，多措并举综合施策。全面建立起低收入农户"两不愁，三保障"和农村饮用水安全的政策体系：加强最低生活保障与扶贫开发政策有效衔接，统一低收入农户和低保边缘家庭"两线合一"识别标准，逐步提高困难群众基本生活保障精准度和保障标准；落实困难学生教育资助政策和"雨露计划"，增加低收入农户子女受教育机会，促进扶贫与扶智相结合；实施低收入农户医疗补充保险政策，有效防止因病致贫、返贫现象；实现农村困难家庭危房即时改造，推进农村困难家庭危房改造工作常态化；实施农村饮用水达标提标行动计划，推进县域城乡同质饮水。

3.切实巩固脱贫成果，创新长效激励政策。推动产业扶贫，出台"光伏小康"工程产业扶贫政策；缓解"三农"发展融资难融资贵问题，出台扶贫小额信贷政策；围绕低收入农户增收、集体经济巩固提升和区域协调发展目标，建立竞争性分配机制，实施"两山（一类）"财政专项激励政策，着力培育经济增长新动能，促进低收入农户增收和集体经济薄弱村发展。

（三）脱贫增收成效显著，内生发展动能不断增强

1.低收入农户收入持续增长。2015年浙江省全面消除家庭年人均收入4600元以下绝对贫困现象，在全国率先打赢脱贫攻坚战，淳安等26个欠发达县（市、区）实现整体"摘帽"。2017年，全省低收入农户人均可支配收入达到11775元，圆满完成低收入农户收入倍增计划的目标任务。2019年浙江省消除家庭人均收入7600元以下现象，低收入农户人均可支配收入达到12546元，同比增长13.1%，城乡居民收入比降至2.01∶1，农民人均可支配收入与低收入农户人均可支配收入之比缩小至2.38∶1。

2.兜底保障全面覆盖。推进大救助体系建设，统筹构建全省"1+8+X"大救助体系信息管理平台，建立以低保、特困、受灾、医疗、教育、住房、就业、临时救助等8项救助为重点，以多元化社会力量参与为补充的"1+8+X"大救助体系，形成精准施策和全面推进的兜底保障格局。稳步提高最低生活保障标准，全省农村月平均低保标准从2015年的人均570元提高到2019年的人均814元。2019年，率先在全国建立农村困难家庭危房改造即时救助制度，切实保障低收入人群基本住房条件。2020年，省级农村困难家庭危房改造补助标准从户均7500元提高到户均1.5万元，农村居民住房安全保障水平进一步提高。

3.消薄任务有序推进。以《中共浙江省委办公厅 浙江省人民政府办公厅关于实施消除集体经济薄弱村三年行动计划的意见》为行动指南，2019年底浙江省已全面消除集体经济薄弱村，实现全省所有行政村集体经济年收入达到10万元且经营性收入达到5万元以上。2020年，实施集体经济巩固提升三年计划，到2022年底，全省所有县（市、区）村级集体经济总收入基本达到20万元且经营性收入基本达到10万元，年经营性收入50万元以上的村占比达到40%以上。

4.区域发展动能明显增强。2017—2019年，实施"两山（一类）"财政专项激励政策成效显著。一是省级资金引导撬动作用明显，省级投入激励资金54亿元，带动12个"两山（一类）"政策实施县（市、区）财政投入65.84亿元，整合其他财政专项资金41.78亿元，社会其他资本投入76.46亿元，总计投入238.08亿元。二是农民增收短板加快补齐。12个政策实施县（市、区）全面完成消除集体经济年收入10万元以下薄弱村的任务，农村常住居民人均可支配收入和低收入农户人均可支配收入分别为

2.02万元和1.09万元，较2017年分别增长21.06%和32.1%。三是农村基本公共服务水平显著提升。12个“两山(一类)”政策实施县(市、区)平均义务教育学校标准化率97.07%，平均学前教育等级幼儿园覆盖率达到95.98%，乡镇标准化卫生院和农村无害化卫生厕所实现全覆盖。

(四)扶贫项目管理机制完善，资金使用监管督查有力

1.扶贫项目管理规范高效。建立了以县级为主的扶贫开发项目库，坚持竞争性项目申报，优选严审入库项目，项目库动态调整和数据及时维护；深入推进扶贫项目资金绩效管理，落实绩效运行监控。科学设置绩效目标，每年组织开展财政专项扶贫资金绩效评价，强化绩效评价结果运用。

2.扶贫资金使用长效监管。建立常态化扶贫资金监管机制，深入推进财政扶贫资金动态监控系统运用。将财政专项扶贫等重点民生政策资金作为财政监督检查的重点，组织开展专项检查，及时落实相关问题整改，促进扶贫资金安全高效使用。

二、财政支持脱贫攻坚与乡村振兴政策有效衔接应关注的三个关系

推进巩固脱贫攻坚成果同乡村振兴有效衔接，必须理清并妥善处理好三大关系。

(一)脱贫攻坚与乡村振兴的关系

脱贫攻坚是乡村振兴的重要组成部分，二者不是替代关系。脱贫攻坚与乡村振兴是当前“三农”工作的两大重要战略部署，具有理念相同性和阶段递进性。打赢脱贫攻坚战后，“三农”工作转向全面实施乡村振兴战略，现行扶贫政策需保持总体稳定，巩固拓展脱贫成果仍是乡村振兴的重要内容。研究财政支持政策有效衔接的问题，在政策体系的顶层设计上应将两者作为有机整体统一考虑。

(二)财政紧平衡状态与乡村振兴目标任务的关系

我国经济进入中低速增长的新常态，财政整体上面临减收增支压力，财政运行仍将处于“紧平衡”状态。乡村振兴包括产业振兴、人才振兴、文化振兴、生态振兴、组织振兴五个方面内容，涉及面广，投入需求大。必须解决好乡村振兴“钱从哪里来”的问题。具体而言，一是坚持将农业农村作为财政支出的优先保障领域，公共财政更大力度向“三农”倾斜，确保“三农”投入力度不断增强，总量持续增加。二是发挥财政资金的引导和撬动作用，更好地使用财政政策工具，拓宽支农投入渠道。三是建立健全集中财力办大事财政政策体系，集中支持乡村振兴重点任务、重大项目，确保乡村振兴目标任务完成。

(三)财政部门当家思维与管家责任的关系

财政部门首先是政治机关，必须以保障贯彻落实党委、政府决策为首要任务。其次是业务部门，是微观操作部门，要研究制订政策并思考政策如何落地问题。要站在服务党委政府的高度，以当家的思维履行好管家的责任。财政政策既要有宏观的思维，也要从专业角度把握政策导向。研究脱贫攻坚与乡村振兴战略有效衔接，必须谋划在先、思考在前，从“建设重要窗口”的高度把准政策有效衔接的宏观方向，主动作为，同时从业务角度推进政策的有效衔接，创新体制机制，协同参与政策体系顶层设计，为党委政府当好参谋。

三、财政支持脱贫攻坚与实施乡村振兴战略有效衔接的政策建议

以习近平新时代中国特色社会主义思想为指导，更好落实党中央、国务院关于扶贫工作和乡村振兴的决策部署，忠实践行“八八战略”、奋力打造“重要窗口”，做好脱贫攻坚与实施乡村振兴战略有效衔接，不断提高均等化水平，形成低收入农户同步发展、城乡融合发展、区域协调发展新格局，最终实现农业强、农村美、农民富，乡村全面振兴，为全国后脱贫阶段的财政支持实施乡村振兴战略工作提供浙江经验、浙江方案。

(一)树立“全省一盘棋”思想，凝聚财政投入系统合力

1.合力保障服务脱贫攻坚战与乡村振兴战略实施。逐步推进相关领域财政事权与支出责任划分改革，形成重点突出、上下联动、分级保障的财政投入格局。省财政要从全省层面抓统筹抓协调，加强对市、县的指导和系统建设；引导市、县财政树立全局意识，做到与省财政步调一致、同频共振。

2.发挥财政“主渠道”作用，加大投入保障力度。持续将农业农村作为优先保障领域，调整完善土地出让收入使用范围，增加用于农业农村的比例，有序扩大用于支持乡村振兴的专项债券规模，持续增加农业农村有效投资，推动建立“三农”财政投入稳定增长机制。

3.发挥财政资金“四两拨千斤”作用，撬动社会资本持续投入。坚持政策定位和目标导向，围绕农业产业转型升级、推进供给侧结构性改革等，综合运用财政政策措施，充分发挥政府产业基金引导带动作用，增强统筹利用“两个市场、两种资源”能力，撬动社会资本和金融资本更多投向乡村振兴。

(二)坚持“财为政服务”理念，完善集中财力办大事政策体系

1.坚持财为政服务思想，集中财力办大事。聚焦脱贫攻坚与乡村振兴政策体系有效衔接的顶层设计，结合“十四五”规划任务，进一步理清浙江省扶贫工作处于缓解相对贫困阶段重点需要解决的突出问题，进一步理清涉农资金政策，建立健全涉农资金统筹整合长效机制，完善浙江省实施乡村振兴战略的“大专项+任务清单”。

2.坚持“四个不摘”原则，促进扶贫政策与乡村振兴有效衔接。及时总结推广脱贫攻坚经验模式，评估现行扶贫政策措施实施情况。结合实施乡村振兴战略的实际，优化财政资金投入方向和重点，推动农业全面升级、农村全面进步、农民全面发展。

3.促进“三农”专项政策、任务、资金“三张清单”有机融合。综合考虑巩固脱贫成果、推进实施乡村振兴战略、财力状况等因素，统筹编制财政支持乡村振兴的中长期规划。贯彻落实过“紧日子”要求，继续下大力气规范资金和项目管理，深入推进全过程预算绩效管理。

(三)发扬“改革创新”优势，建立缓减相对贫困的长效机制

1.夯实保障机制。围绕“两不愁三保障”巩固提升，完善低

收入农户动态识别、精准管理、监测预警三项机制，开展动态管理，降低返贫致贫风险。不断夯实财政保障基础，提升低收入农户各项基本保障，稳步提升基本公共服务供给水平。围绕完善乡村治理体系和提升乡村治理能力建设，加强村级组织运转经费保障，扶持发展壮大村级集体经济，确保稳定实现“三个不落”“三个清零”。

2.完善激励机制。一是完善财政重点支持产业发展的激励机制。把发展产业作为巩固拓展脱贫成果、推进脱贫攻坚与乡村振兴有效衔接的重点领域，完善对现代农业产业、绿色生态农业、数字农业的激励机制，健全产业发展的利益联结机制。二是建立完善财政对新型经营主体联农带农的激励机制。引导龙头企业等新型经营主体引领低收入农户自主创业、合作创业；完善吸纳低收入农户就业激励政策，支持发展来料加工、做好低收入农户稳岗就业。

3.推进机制创新。一是规范扶贫资产管理。开展扶贫项目资产和股权确权，落实资产管护责任，规范扶贫资产收益分配使用，探索建立财政涉农资金折股量化收益扶贫机制。二是持续推进“飞地抱团”强村富民发展机制。复制推广以跨区域发展、造血扶贫、强村富民为特色的“飞地抱团”模式，有效实现农户增收和村集体经济发展壮大。三是实施区域协调财政专项激励政策。围绕保供给、促增收、补短板、增动能目标，强化扶持产业发展，高质量打通绿水青山就是金山银山的转化通道，着力培育新的经济增长点和发展支撑点，持续巩固拓展脱贫攻坚成果，高水平推进乡村振兴。

课题组组长：沈　磊

成员：何新星　王　姣（执笔）　傅小普

财政支持文化建设的实践与探索

浙江省财政厅文化处课题组

加快建设文化大省是“八八战略”的一项重要内容。浙江省委一直高度重视文化建设，自觉担负起社会主义文化建设先行先试的重大责任，实施了一系列推进浙江文化繁荣兴盛的重大举措。多年来，省财政积极落实省委、省政府战略部署，逐步加大投入力度，完善投入机制，突出投入重点，创新投入方式，积极推动文化事业和文化产业发展。

一、主要成效

（一）完善财政文化投入机制取得新成效

1.加大财政投入，持续优化结构

2016—2020年，全省一般公共预算文化旅游体育与传媒支出总规模978.69亿元，年均增长6.92%，其中省级208.09亿元，年均增长5.46%。在投入增加的同时，优化结构，突出重点，将财政支出进一步向基本公共文化服务领域倾斜，向发展的关键领域和薄弱环节倾斜。初步理顺了公共文化领域省级以下财政事权与支出责任，规范了文化事业和产业资金支持范围，瞄准各自定位，形成推动文化强省建设合力。

2.财政财务管理不断加强

鼓励探索，先行先试，推动公共文化服务领域管理体制机制改革创新，完善公共设施组织和运行体系；鼓励社会力量参与基层公共文化设施管理，提供和群众文化需求有效匹配的公共文化服务，逐步建立起政府、社会、市场共同参与的多元文化投入机制，满足人民日益增长的公共文化需求。

3.绩效导向进一步凸显

提高财政资金使用效益，探索新增财政补助与事业单位绩效挂钩政策，并先行在公共文化场馆试点，建立财政补助与单位绩效挂钩的资金分配方式，激发文化事业单位提供更多更优公共文化服务。

（二）支持文化体制改革取得新突破

1.国有文化资产管理体制创新完善

2015年，设立了浙江省国有文化资产管理委员会（以下简称省文资委），由省委宣传部、省财政厅共同履职，有效实现了“四管”相统一。省财政厅扎实落实推进文化繁荣发展和深化国有企业改革的政策和指导意见，切实履行出资人职责，规范省属文化企业国有资产管理和经营活动，实施绩效考核管理，积极完善经济指标，引导文化企业健康发展。根据中央文改办2019年《关于对十八大以来各省区市文化体制改革工作有关情况的通报》，浙江省改革综合成效位居全国第一。

2.国有文化企业等市场主体实力持续增强

推动省内大型国有文化企业加快股份制改造和上市融资步伐。指导浙江出版联合集团等重点国有文化企业公司制股份制改革成功上市；支持加大国有资本运作力度，浙报传媒控股集团有限公司回购浙报传媒新闻传媒类资产的及公开发行可交换公司债券；支持组建成立浙江省文化产业投资集团和浙江省演艺集团；指导省广电集团收购唐德影视、省文投集团收购鹿港文化；创新省属文化企业国资收益内部统筹机制，增强对省属文化企业的调控能力，促进省属文化企业协调发展。文化产业主体发展势头强劲，全省共有沪深两市上市文化企业40家，新三板挂牌文化企业100余家。浙江出版、浙报传媒等连续入选“全国文化企业30强”。

3.文化产业规模不断壮大

省财政加大文化改革发展资金投入，省文化产业发展专项转移支付资金从2016年的9000万元增加到2019年的2亿元。设立规模20亿元的省文化产业投资基金，支持深化文化领域供给侧结构性改革，构建现代文化市场体系和文化产业体系。近年来，全省文化及相关特色产业总产值连年突破万亿元，并保持两位数增长。文化产业增加值从2015年2490亿元增加到2019

年4600多亿元，占GDP的比重从5.81%提高到7.4%，成为浙江省国民经济重要支柱性产业。在2019年全国省市文化产业发展综合指数排名中，浙江省位居全国第二。

（三）支持文化事业发展迈上新台阶

1.推动基本建成覆盖城乡的公共文化服务体系

2016—2020年，共计投入35.48亿元专项资金（含争取中央资金15.18亿元）。围绕《浙江省基本公共文化服务标准（2015—2020年）》建设目标，推进公共文化设施体系建设，确保基本实现公共文化设施体系全覆盖，公共文化服务水平逐年提高。截至"十三五"末，全省共有公共图书馆101家，文化馆101家，乡镇文化站1316家。已基本做到市有五馆、县有四馆、区有三馆，实现了公共文化设施网络体系五级全覆盖。支持实施公共文化服务"十百千"工程，聚焦公共文化服务重点县和薄弱乡镇，重点提升20个重点县、107个重点乡镇和1228个重点村的公共文化设施建设和服务水平，促进公共服务均等化发展。2016—2020年，争取中央资金5.55亿元，支持浙江省博物馆、纪念馆等公共文化设施免费开放。截至2020年底，全省已登记备案博物馆总数达396家（位居全国第二），其中国家一、二、三级博物馆83家。同时，全省各级博物馆基础设施不断完善，办馆质量持续提升，参观人数节节攀升，每年举办展览超1200个、举办社会教育活动13000场次、接待观众量达7000万人次。

2.支持文化遗产保护和传统文化传承发展成效明显

2016—2020年，共计投入文化遗产保护专项资金14.01亿元（含争取中央资金7.90亿元），支持浙江省重点文物保护和非物质文化遗产保护。截至"十三五"末，全省国保、省保单位总数分别达281处（居全国第四）、869处。大遗址保护利用工作稳步推进，拥有国家考古遗址公园3处，国家考古遗址公园立项项目2项，省级考古遗址公园25处。保障浙江省考古与文物保护基地建设，传统村落和文物建筑保护利用成效显著，松阳县"拯救老屋"行动项目，成为具有全国影响力的品牌项目。支持世界级文化遗产培育申报，良渚古城遗址成功申遗，西湖、大运河世界文化遗产保护不断加强。全省世界文化遗产总数达3处，世界文化遗产预备名单项目达6处。支持省级以上非物质文化遗产名录项目保护和挖掘、昆曲古籍保护，推动传统工艺振兴，保持浙江省物质文化遗产和非物质文化遗产保护工作继续走在全国前列。支持实施文物平安工程（第一期），建立了重大文物法人违法案件约谈通报、严重消防安全隐患的单位挂牌督办等有效机制。支持实施浙江文化研究工程，浙东学派、和合文化、阳明文化、南孔文化等不断传承创新，浙江优秀传统文化标识日益彰显。

3.支持思想文化阵地建设扎实有效

支持开展抗日战争暨反法西斯战争胜利70周年、中国共产党成立95周年和红军长征胜利80周年等主题活动，培育社会主义核心价值观。支持打造"最美"浙江品牌，加强社会主义精神文明建设。加强农村宣传文化阵地建设，2016—2020年，省财政安排专项资金11亿元支持农村文化礼堂建设，截至2020年底，支持新建或改建农村文化礼堂累计17804个。支持融媒体建设，在全国率先提前一年实现县级融媒体中心全覆盖，浙报集团、浙江广电集团重大移动传播平台建设取得突破。安排专项资金加强网络舆情管理、强化网络意识形态管理、提高网络安全保障能力，着力打造清朗空间。2016—2019年，连续支持并保障了四届世界互联网大会成功举办。

4.支持文化精品创作和文艺人才培养有新成效

实施文化精品战略，整合设立浙江艺术发展基金1亿元，支持精品创作。"十三五"期间，共推出100余部新创剧目，202个项目入选国家艺术基金资助项目，获助资金1.23亿元。支持实施"杭州·中国画双年展""百年追梦·浙江省重大美术题材创作工程""网络文学引导工程""文学精品创作扶持引导工程"等浙江特色文艺文学项目，提升浙江文化影响力。

支持建设浙江音乐学院，以"高水平一流音乐学院"为目标，培养优秀艺术人才。持续开展人文社科领军人才培养，给予人文社科领军人才每人50万元支持，累计支持53人；持续实施浙江省宣传文化系统"五个一批"人才工程，对人选人才给予每人3万元的资助，累计已选拔培养336人。支持实施"新松""新鼎""新峰""新荷""新光"等人才培养计划，加大青年艺术人才培养。"十三五"期间，累计发现、培养和资助青年艺术人才600余人，其中37人入选国家艺术基金青年艺术创作人才资助项目。启动实施舞台艺术"1111"人才计划，选定36名中青年名编、名导、名角、艺术名匠培育对象。

5.加快推进重大文化标志性工程建设

筹措落实资金支持省之江文化中心、国家版本馆杭州分馆、省全民健身中心建设，高水平建成浙江小百花艺术中心、浙江省自然博物馆安吉馆区、浙江省美术馆等大型文化设施。完成中国丝绸博物馆改扩建项目。全力保障杭州亚运会顺利举办，筹措落实省级建设资金。

6.加快文旅融合向纵深发展

支持全域旅游创建，"诗画浙江"品牌影响力持续扩大，世界旅游联盟总部落户浙江。截至2020年底，全省共有5A景区19家、国家旅游度假区6家、星级饭店554家，均居全国前列。支持完善旅游公共服务，建成旅游厕所8694座。支持启动文化基因解码工程，充分挖掘诗路历史人文，打造现代版"富春山居图"。支持大运河国家文化公园、诗路黄金旅游带建设，有序推进"四条诗路"建设。支持大花园建设，重点扶持十大海岛公园建设，启动海岛公园建设三年行动计划，打造浙江海洋旅游金名片。

二、存在的困难和问题

对标省委提出的建设新时代文化高地新要求，目前，浙江省文化建设还存在以下主要问题：一是文化改革发展与建设"重要窗口"使命任务不相匹配，文化体制机制改革缺乏创新性突破；二是公共文化服务供给与群众文化需求匹配度不高，公共文化服务质量和水平有待提升；三是与浙江省经济发展阶段相适应、文化浙江建设要求相适应、财政保障能力相匹配的文化投入机制还不完善，吸引社会力量参与公共文化服务的激励机制不健全等问题。

三、下一步工作举措

忠实践行“八八战略”、奋力打造“重要窗口”，争创社会主义现代化现行省，赋予了财政文化管理工作新的使命和要求。下一步，财政文化工作将沿着“八八战略”的指引，继续以推进文化浙江建设为主旨，进一步完善财政支持政策，优化投入增长机制，创新文化投入方式，加速推进文化资源优势转化为高质量发展的“助推器”、文化创新转化为引领创新发展的“原动力”，化解文化发展不平衡不充分问题，不断满足人民群众对美好生活的向往。

一是建立完善新形势下财政文化投入保障机制。会同省级相关部门共同谋划文化改革发展“十四五”规划，研究新时代文化浙江工程重大行动、举措，研究制定新一轮基本公共文化服务标准。根据《浙江省公共文化领域财政事权和支出责任划分改革实施方案》，落实政府间事权和支出责任，完善与经济和社会发展相匹配、与公共文化服务发展需求相适应的财政投入增长机制，确保“十四五”末全省财政文化支出占一般公共预算支出比例高于“十三五”时期。压实支出责任，指导市县建立与文化发展需求相适应的财政投入增长机制，逐步增加对公共文化服务的投入。

二是优化财政支出结构。强化“财为政服务”意识，聚焦中心工作，研究新一轮集中财力办大事财政文化政策体系，重点支持党的创新理论引导、现代公共文化服务体系、传承弘扬中华优秀传统文化、繁荣文化产品创作生产、提高中华文化影响力、传播力等，切实保障人民群众基本文化需求。深入推进文化领域省以下财政事权与支出责任划分改革，研究公共文化领域相关支出分担比例和经费测算，完善财政保障政策体系。积极探索建立公共文化场馆运行支出标准，推进文化设施运维支出预算标准化建设，提高财政资金使用绩效。

三是创新公共文化服务供给机制。探索公建民营、民建公助等方式，协同推进公共文化场馆改革发展，促进文化服务多元化供给，建立健全公共文化服务体系建设和运行的长效机制。围绕长三角区域一体化战略，积极推进公共文化服务区域共享。支持浙江省竞技体育“省队联办”模式发展，吸引社会资本投资体育事业。通过政府引导、市场运作，支持培育以竞赛表演业和健身休闲业为引领的体育产业发展，丰富体育产品供给，促进体育消费。

四是完善财政绩效激励机制。以国有文艺院团为主体，探索建立省级文化单位的财政激励约束机制，建立与提供公共产品和服务数量、质量挂钩的财政拨款制度。完善绩效工资政策，形成有利于吸引人才、留住人才的薪酬体系，有效激发工作积极性和创造力，促进文化事业繁荣发展。

五是有效履行监管职责，完善国有文化资产管理制度体系，优化省属文化企业绩效考核机制，确保实现“双效统一”。贯彻“最多跑一次”改革理念，深化简政放权，推进国有文化资产监管职能转变，提高国有资本运营和配置效率。

课题组组长：杨慧芳

成员：童　盈（执笔）　李慧辉

“亲清在线”平台的高效性对创新国库集中支付模式的启发和思考

杭州市财政局国库支付中心课题组

2020年初，杭州市为把政府补助政策资金快速支付到企业和员工账户中，开发启用了“亲清在线”平台，该平台运作模式的高效性对于优化完善现有的国库集中支付模式既是一种启发，更是一种创新动力。本文通过对杭州市本级国库集中支付的现状分析，以及对目前“亲清在线”平台在支付过程中的亮点探讨，提出推动国库集中支付模式有效提升的设想。

一、杭州市国库集中支付工作的现状分析

（一）现状

国库集中支付制度改革是我国建立现代财政国库制度的核心内容。杭州市在财政部和浙江省财政厅指导下，积极开展国库集中支付制度改革工作。2007年杭州市财政局、国家金库杭州市中心支库联合制订《杭州市财政国库管理制度改革方案》，按照方案要求，杭州市国库集中支付改革工作开始全面实施。

随着国库集中支付模式的运行，杭州市积极探寻提高支付效率的方式，优化资金支付流程，取得了一定的成效。市本级逐步完善国库集中支付动态监控工作，推出“网上支付大厅”和“电子章”，预算单位通过凭证上传至一体化系统，在财政资金支出审核上实现“一次都不跑”。

（二）取得的成效

1.提高资金支付透明度，确保资金安全

国库集中支付模式的启用就如同建立了一个透明的通道，财政资金通过统一的支付系统，从预算分配、资金拨付、资金使用、账户开立、银行清算、资金到达收款方账户的整个过程都在通道内进行。同时与动态监控系统联动，预算单位的资金使用透明度高，财政部门可以监控和掌握预算资金使用情况，消除了过程中的腐败隐患，确保财政资金的安全性。

2.减少财政资金沉淀，强化资金管控

国库集中支付模式的开展，使得在原先分头存放于各个预算单位账户的财政资金统一存放于国库。通过单一账户体系进行清算，摈除了原先由各个预算单位分散存放带来的资金浪费、资金管控效率低下、资金使用不平衡等问题。资金沉淀问题的解决，助力“集中财力办大事”政策要求得到有效落实。

3.创新资金支付流程，精简支付环节

国库集中支付的核心内容就是建立国库单一账户体系，这种呈一体化的支付模式，对于财政资金的收支形式是一种创新。通过这个支付模式，预算单位经济活动中支付方式由单位自行

支付转变为财政部门统一支付，精简了资金管理结构和资金支付环节，大大减少了原有结构和环节中的消耗。

（三）存在的问题

1. 支付效率受到制约

通过国库集中支付模式，财政资金的支付效率较以往传统模式有很大程度的提高，但是对于目前需要快速落地的政策等，国库集中支付模式还是无法高效实现目标。一方面，符合相关政策要求进行补助资金申请的企业和个人需要提供较多资料，政策兑现部门经过资料收集、资料审核后提交审批，多层审核环节结束后才将相关信息提交到支付环节，耗时长，效率低。另一方面，预算单位进入支付环节后，需要经过单位用款计划请款批复和支付申请录入复核，财政部门对支出进行审核，代理银行根据指令进行付款等环节，款项到账过程受到较多情况制约，从而对支付效率产生了影响。

2. 到户需求难以满足

对于受众较多的补助政策，比如杭州市应届高学历毕业生生活补贴、商贸服务企业补贴、用人单位残疾人就业补贴等等，都需要支付到近万户企业或者个人手中。对于这些政策的实施，或者拉长支付过程，逐户审核支付，或者将资金拨付到企业，由企业进行发放。到人到户的需求难以满足，政策所要达到的拨付效应也无法实现。同时，目前的国库集中支付模式及其相应的动态监控系统对于这样一个拨付过程，无法实现财政资金的全过程管控，后期效用也较难进行跟踪和评价。

3. 人工审核存在弊端

国库集中支付模式施行后，杭州市本级所有预算单位都统一使用市级财政部门提供的支付管理系统，信息化程度不断提升。但是针对当前受众广、落地快的政策，人工审核依附度高的弊端非常明显。一是工作量大，从收集资料到审核、记账等，涉及到的多个岗位都需要占用大量的时间和精力，给工作人员也带来较重负担，影响了日常其他工作的开展。二是容易出错，由于人工审核的限制，在校对发放兑付过程中，准确性无法保证，差错难免会存在。三是存在风险，人工审核使“走后门”等不良社会风气有了可乘之机，影响公平公正，这不仅会造成财政资金的风险，也会带来较大社会负面影响。

二、“亲清在线”平台的创新运用

在原有的技术条件下，要彻底解决国库集中支付模式存在的问题，缺乏有效的途径。但是，随着5G时代的到来，信息技术手段的日新月异，通过信息化手段为国库集中支付助力，成为一种可能性。

（一）“亲清在线”平台运作模式

1. 平台功能

“亲清在线”作为杭州市亲清新型政商关系数字平台，是“一键通”的新型政商数字协同系统，于2020年3月2日正式上线。“亲清在线”平台是杭州“城市大脑”的重要组成部分。作为城市大脑的运用，“亲清在线”平台前端可以分别向企业、政府部门提供政策兑现和互动交流服务等操作功能；后端就是通过城市大脑中枢系统，与部门及区、县（市）业务系统进行数据协同，提供政策服务、在线互动和决策支持等功能。实现了政企交流从“上门收集”转变为“在线呼应”、政务服务从“坐店等客”转变为“互动平等”、政策制定从“大水漫灌”转变为“精准滴灌”、政策兑现从“层层拨付”转变为“瞬间兑付”、政策效果从“绩效后评”转变为“实时可测”五大政府服务的转变。

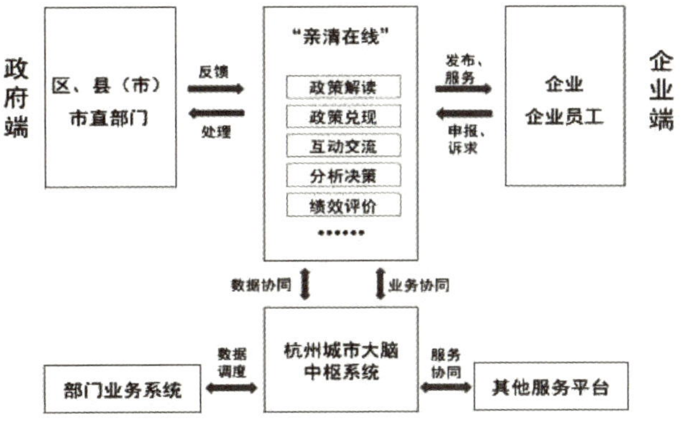

图1　“亲清在线”平台交互结构图

2. 支付流程

“亲清在线”平台从运行初始到现在，经过各方不断努力，平台系统逐渐成熟，支付流程也逐步优化。

“亲清在线”平台上线第1项政策，为“发放企业员工租房补贴”，通过“亲清在线”平台进行政策兑现，企业登录“亲清在线”平台填写员工的姓名、身份证、账号、租房地址等最基础的数据信息，无需上传员工的工资条和个人纳税凭单等材料和证明，平台利用“城市大脑”数据支撑自动进行审核，符合兑现政策的资金可以立即到账。政策兑现部门在商业银行开立一个内部账户，并且存储一定额度的资金在该账户内，“亲清在线”平台将审核后的指令发送到商业银行，银行根据指令将补贴支付到个人或企业的收款账户。

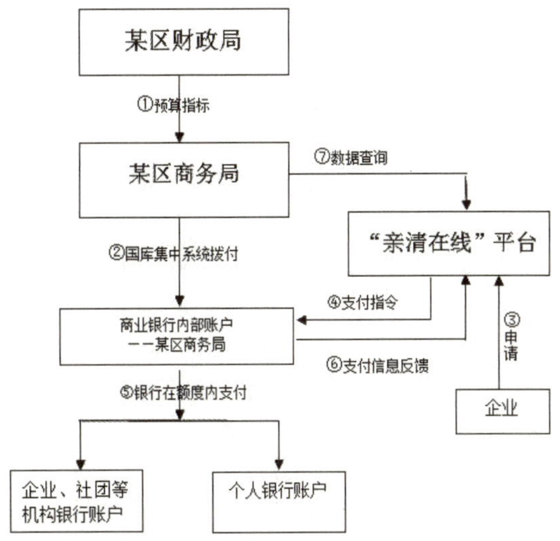

图2　亲清在线”平台支付流程图
（以某区商务局在商业银行开立内部账户为例）

（二）"亲清在线"平台亮点

1.资金兑现达成高效快捷

"亲清在线"平台的推出在最大程度上实现了政府补助资金兑现的高效快捷，受惠企业可以通过材料"零提交"，实现申请"秒兑现"，以"发放企业员工租房补贴"政策为例，该政策是对按规定缴纳社会保险费、2019年全年工资收入低于7.2万元，未承租公租房和未享受政府住房补贴且在外租住房屋的企业员工，政府给予每人500元租房补贴（夫妻双方限享受一次）。企业为符合条件的员工申请该补贴，在"亲清在线"平台申请填写员工的姓名、身份证、账号、租房地址等最基础的数据信息，无需上传员工的工资条和个人纳税凭单、社保缴纳证明、本人和配偶未享受保障房等政策的证明、无房证明、租房合同、结婚证、身份证等材料和证明。一旦提交申请，符合兑现政策的资金可以"秒到账"，如古田汽车销售公司3月16日9时26分35秒企业为员工申请杭州租房补贴，同日9时26分37秒兑现资金到达员工账户，只用了2秒钟就到账，真正实现了"秒到账"。

2.数据审核显示公平准确

"亲清在线"平台是杭州市"城市大脑"的一部分，政策补贴的发放审核完全依靠云计算和大数据，将政府部门的审批权由人工模式转变成高效的系统模式。一是准确性高。系统集结了市场管理局、国家税务总局、农业局、发改委等多个政府部门的系统和数据，在企业发起申请后，通过大数据和云计算，数据比对充分，系统能很快判断出是否符合条件，准确性高。二是审核标准统一。"亲清在线"平台不允许政府部门进行人工审批，减少由于人工审批造成的判断标准不一问题，实现公平公正，减少腐败隐患。三是审核时效高。通过系统自动审核，立刻出结果，大大减少了人力成本，能实现政策兑现24小时"不打烊"。

3.模式创新获得社会认可

"亲清在线"平台政策兑付版块实现材料"零提交"、政府"零审批"和申请"秒兑现"，在社会上受到了广大企业和群众的称赞和支持。一方面，受惠企业和群众切身感受到"秒兑现"的速度感，对于政府工作效率高度认同，切实增强了企业和群众的获得感、幸福感和安全感。另一方面，社会舆论对杭州市委市政府此项举措都高度认可，全国各类媒体竞相报道，认为杭州通过信息技术化手段的创新运用，为老百姓办实事，是政府工作创新的典范。

（三）"亲清在线"平台需完善之处

1.账户合规需提升

"亲清在线"平台是一个新兴事物，在技术革新的同时，风险问题也无法避免。人民银行杭州中心支行认为根据相关规定，该平台目前使用商业银行内部账户进行支付的模式，与国库集中支付管理、资金政策和现行制度等要求存在差距，具有政策监管风险，需对此问题进行调整完善。

2.资金效用需提升

政策兑现部门在商业银行开立内部账户并存入资金，商业银行按平台指令将补贴资金转入申请人银行账户，为避免符合条件的申请人无法及时收到兑现款项的情况发生，预算单位转入商业银行内部账户资金会有一定余量，这样易形成财政资金沉淀，影响财政资金使用效率。

3.数据准确需提升

"亲清在线"平台政策上线，离不开背后大数据赋能支持，这些数据都是通过各个数据交换平台与城市大脑中枢系统相连接的，来源于全市各个层级各个部门的多年数据积累。由于基础数据的积累过程牵涉到方方面面，数据准确性还有提升空间。

三、系统间结合应用场景："两直"资金拨付

国库集中支付系统资金支付安全合规，"亲清在线"平台资料收集高效快捷，借助"亲清在线"平台优势，解决现有国库集中支付模式中的不足之处，成为一种新尝试，为后续国库集中支付模式的创新提供支撑。

（一）"两直"资金拨付情况

今年国务院新增2万亿元财政资金用于保就业、保基本民生、保市场主体，包括支持减税降费、减租降息、扩大消费和投资等，要求"直达市县基层、直接惠企利民"。杭州市本级接到此项任务是在2020年7月14日，要求在7月28日前完成杭州市"两直"资金直补工作，此次政策补助的对象是小微企业与个体工商户。由于时间紧、任务重、要求高，杭州市财政局与政策兑现部门市场监管局商议决定使用"亲清在线"平台和财政一体化系统对接进行支付。

通过系统间对接，将在线申报信息、实时网上审核、自动生成请求、定期传递数据、财政复核支付、银行批量网银等一系列在线直达服务流程得以顺利衔接，既充分体现"直达"要求，又减少申请过程繁琐。经过平台对接系统连通，杭州市在一周时间内，拨付到15万家中小微企业和个体工商户账户，合计金额为11亿元，最终圆满完成任务。

（二）取得的成效

1.实现无缝对接

国库集中支付系统与"亲清在线"平台的对接，是两系统间首次尝试合作，通过无缝衔接，各环节间紧紧相扣，充分利用大数据运用，推动政府部门间资源整合，顺利完成"两直"资金快速直接到企业账户的支付。这种系统间的互补应用模式效率高，具有先进性，使得杭州"两直"资金拨付工作走在全省前列。

2.实现操作规范

双系统结合后，"两直"资金拨付虽距离"秒兑现"还有略微时间差距，但也是充分做到高效快捷，同时又能达到通过国库集中支付系统"到人到户"的要求，充分实现财政资金拨付的合规性，符合国库集中支付管理等制度的要求。

3.实现数据完整

直接通过"亲清在线"平台进行资金支付，各项数据信息

都保存在平台系统中，财政端国库集中支付系统无法获取支付明细，对于实现数据完整性不利。在双系统结合使用后，"两直"资金付款信息及时传送到国库集中支付系统，通过系统批量支付，支付信息等保存完整，预算、核算、支付等形成有序数据链。

四、启发和思考

在过去的二十多年中，杭州市财政资金支付模式跟随时代的变迁经历了多种方式，从最初的预算单位自行支付到财政统一核算支付到国库集中支付，再到2020年"亲清在线"平台的运用，是一个预算执行管理随着科技日新月异而不断进行理念和手段创新的过程。"两直"资金的拨付既是系统的结合，也是理念的碰撞，后续在创新国库集中支付模式方面，可以充分借鉴此类结合方式。

如前所述，目前杭州市财政资金投向于中小企业和普通百姓的项目日益增多，这些项目往往是受众广、时间紧、要求高，今后在国库支付范畴内会有越来越多类似需求。与其临阵忙乱，不如尽早谋划，打破目前国库集中支付模式的瓶颈，提升国库集中支付体系的全智能化水平。借鉴"亲清在线"平台等政府补助政策实施平台的设计理念，通过系统、制度等多方位的改进和创新，充分提升国库集中支付的支付效率，形成一种新型的全数字化的国库集中支付模式。具体设想如下：

（一）模式创新，系统智能，实现支付高效

1.财政端取消人工审核审批，加速"资金流"

目前国库集中支付体系中财政端人工审核环节还较多，如用款计划审批、直接支付审核等。要提升效率，财政方需按照原有人工审核要求设定规则，充分依靠数据，系统按规则设定自动校验审核，取消人工审批审核环节，对于特殊事情进行人工干预。在预算编制审定结束后，将每个单位预算按照审定结果设置到位，如同"资金流"充值完成，等待满足要求的"信息流"介入后，触发形成支付环节。

2.预算单位端借用平台等技术，形成"信息流"

一方面，目前"亲清在线"等政府补助政策实施平台在使用过程中，技术已趋于成熟，特别是惠企惠民政策的信息收集处理功能较为完善，前述"两直"资金拨付就是利用平台此项功能。在新型国库集中支付模式中需要充分借鉴和利用该理念和技术，将资金发放过程中涉及的资料人工收集审核模式转化成大数据收集判别审核形式，形成完善的"信息流"。另一方面，接入成熟的市场化APP作为信息来源，如携程、淘宝等，能迅速采集到差旅费用中的住宿费、机票、火车票，或者政府采购过程中的物品信息等，将这些信息流迅速反馈到国库集中支付系统中，由系统进行人员及费用的合理合法性判别，形成"信息流"的一个来源。

3.设定规则，触发"资金流"和"信息流"自动碰撞

数字赋能使得国库集中支付体系高度智能化，"资金流"和"信息流"如同体系中的两条血脉，在电子发票和电子章逐步完善的情况下，这两条"血脉"流动的合理合法性已经存在可能性。通过规则设置完善，支付模型建立完备情况下，"信息流"符合支付的规则，"资金流"开启自动支付的模式，达成高效的国库集中支付模式。

（二）理念创新，制度保障，实现合法合规

1.制度上做到保驾护航

国库集中支付模式的创新是符合目前社会整体智能化的主流方向，满足社会大众对于电子化政务高效性的期待。所以，需要建立相应的制度为此项创新改革保驾护航。这是一项涉及方方面面的工作，每一环节以及环环相扣过程中都需要进行不断的论证与设计，在此过程中，制定完善的制度是保障此项工作顺利进行的先决条件。如国库集中支付管理办法、公务卡管理办法、动态监控管理办法等规章制度需要做相应的修订，实现系统的智能化，满足效率、体验要求，从制度源头进行创新，兼顾安全性和合法合规性。

2.监控上增强过程管理

国库集中支付系统的高度智能化并不代表人员管控可以缺失，恰恰相反，需要设置一张紧密的监控网，才能保障国库支付高效运行。一方面，财政部门需加强动态监控管理，可将动态监控系统嵌入到国库集中支付环节，依据信息的数字化形式设定各种问题监控模型，在支付环节前予以拦截，减少事后发现问题进行纠正的繁琐和风险。另一方面，预算单位需加强内控管理，引入内控管理信息化，在"信息流"形成过程中将内部制度要求进行管控设定，如事前审批等环节完成后才能通过外部APP进行操作等，提升内控管理效率，保障过程管理。

（三）数据完善，各方协作，实现准确权威

1.基础数据完善

新型的国库集中支付模式的形成需要大量的基础数据作支撑，如税务信息、居民身份信息、工商登记信息、银行账户信息等。原先在数据利用不充分情况下，政府部门存在大量"沉睡"数据，这也导致各层级人员在进行数据录入和收集时相对比较粗放，严谨性相对欠缺，这对后期大数据运用产生影响，计算结果产生偏差。所以在数据进行采集时可借助技术手段对准确性进行校验，自动判别有疑义的情况，帮助工作人员及时进行校对和确认，也可通过数据联网的优势将疑义点关联到存量数据中，提高整体数据的准确性。

2.部门之间协作

要提升国库集中支付效率是一个系统工程，需要政府各层级和部门间的通力协作，通过数据治理方式，提高数据质量，打通各级数据交换平台相关数据与城市大脑中枢系统的服务接口，通过数据赋能形式支撑政策在线流转实施。各个数据平台可实现与国库集中支付系统的无缝衔接，通过协作完成财政资金的准确收支。

3.信用体系引入

现代市场经济是信用经济，当前政府部门较多改革是基于受众的自觉程度，所以提升国库集中支付效率，充分利用自助化形式是以了解申请人的信用情况为前提的。在首先认可申报信

息的准确性前提下，必须要引入人民银行的征信系统，商业银行的企业评级体系，以及支付宝蚂蚁信用等第三方平台的信用采集功能，对于信用良好的申请方可简化流程，而信用等级较低的则需要提交更多的材料或者拒绝。

课题组组长：孔雪平

成员：陈隽芝　许一峰　何调敏　王秋华　徐伟宏　黄　珏　杨莉萍(执笔)

财政压减支出、提高统筹能力的空间探索

湖州市财政局课题组

厉行节约、坚持政府过“紧日子”，既是党中央、国务院转变作风的必然要求，也是应对当前面临经济财政形势挑战的现实需求。政府要过“紧日子”，财政部门作为政府的参谋部门，需要我们提高站位，充分发挥财政作用，为政府出谋划策。本文以湖州市级财政为例，从压缩财政支出的角度，探索财政提高统筹能力的措施。

一、当前压缩财政支出的做法和成效

近年来，面对严峻复杂的形势，市财政部门坚决落实中央、省、市决策部署，坚持勤俭节约、精打细算，将“过紧日子”要求贯穿预算编制、执行、监督全过程，做到制度管理严、预算编制严、预算执行严、监督检查严，取得了积极成效。

(一)严制度，立好规矩

2019年，提请市委、市政府出台《关于全面落实预算绩效管理的实施意见》《湖州市财政局关于贯彻落实过“紧日子”进一步加强实际部门预算管理的通知》等文件，明确了“大力压减一般性支出”“从严控制‘三公’经费”“全面实施预算绩效管理”等相关政策，有力压减部门预算项目支出。2020年，提请市委、市政府出台《关于厉行节约　带头过“紧日子”的通知》，出台《关于压减政府支出统筹防疫资金的通知》《湖州市财政局关于进一步压减部门预算支出的通知》等文件，明确了压减原则、压减要求，将紧的基调、严的要求进一步落实到财政资金管理的各领域、各方面、各环节。

(二)严预算，把牢源头

一是大力压减非急需、非刚性的支出。2020年部门预算明确对非急需、非刚性项目，包括重点项目，执行进度较慢、绩效评价差、存在审计问题的项目作进一步压减。二是建立零基预算管理机制，坚持零基预算理念，打破基数概念和支出固化格局。三是强化绩效目标管理。以绩效为抓手，努力打破利益固化和专项资金能增不能减的格局，对无效、低效支出一律压减。

(三)严执行，着力管控

一是建立监控机制，积极开展事前绩效评估、事中绩效监控、事后绩效评价机制。二是硬化预算约束，秉持预算刚性原则，严把预算支出关口，除应急救灾和另有规定外，预算执行中原则上不再追加预算，不再出台增加当年支出的政策。三是加快预算执行进度，提升预算执行质量，切实提高财政资金使用效益。

(四)严监督，强化约束

一是建立和完善绩效评价结果与预算安排挂钩机制。推进部门预决算信息公开，依法依规主动公开预决算和政府采购信息；加大绩效信息公开力度，稳步推进重大项目绩效目标、绩效自评和绩效评价结果向市人大常委会报告并向社会公开。二是严格结余结转资金管理。加大对结余结转资金的清理力度，基本支出结余资金、项目支出净结余和超期两年以上的项目资金，由财政收回后统筹安排使用。三是严肃执行各项财经纪律。对相关违规违纪违法行为，严格按照《预算法》《财政违法行为处罚处分条例》等有关法律法规严肃处理。

二、财政支出进一步压减空间的探索

(一)政府投资项目的评审空间

政府投资项目是财政支出预算的重要组成部分。近年来，财政审核中心承担着政府投资项目造价审核的评审工作，取得了很好的效果。2017-2019年，市级政府投资项目审核322个，送审金额262.47亿元，审定金额239.11亿元，累计核减23.36亿元，2017-2019年分别核减4.51亿元、8.31亿元、10.54亿元。

表1　2017—2019年市财政审核机构项目审核情况统计

(单位：万元)

项目类别	审核数量	送审金额	审定金额	核减额	核减率(%)
概算	88	1185724.60	1079103.68	106620.92	6.77
控制价	106	1077218.80	999551.00	77667.79	7.21
结算	128	361749.41	312468.94	49280.48	13.62
合计	322	2624692.81	2391123.62	233569.19	8.90

表2　分年度财政基建投资项目审核情况统计表

(单位：万元)

	2017	2018	2019
审核数量	48	132	142
项目送审金额	403829.16	1000982.81	1219880.83
审定金额	358728.01	917890.32	1114505.28
核减额	45101.15	83092.49	105375.55
核减率(%)	11.17	8.3	8.64

从近几年审核情况来看，政府投资项目在立项阶段、设计阶段、施工阶段仍然存在一些"顽疾"问题，如建设项目超标准、设计方案不合理、施工变更不规范等。解决部门立项、设计、施工等环节存在的问题，是深挖节约项目投资空间的关键。

1.立项。很多部门在准备一个工程项目时，更多的是考虑把所有可能用到的功能建设都纳进去，把项目建设成"大而全"，而不是从项目的实用性和经济性出发。如交投集团公交枢纽建设项目，项目初期方案规划主楼12层，地上建筑面积2.7万平方米。项目审核时，根据《办公用房面积标准》要求和实际办公人数，综合考虑项目建设定位及功能要求，建议业主单位主楼7层，地上建筑面积2.1万平方米，节约财政资金1500万元。

2.设计。设计方案对工程造价具有直接影响。由于设计费按工程造价基础计算，出于自身经济考虑，设计方往往会选择造价高、博眼球的设计方案。如道路施工基本都是采用水泥搅拌桩的方式去处理软土路基，但是对市区内原有道路上的重建、改建项目来说，采用这种施工方案，不仅会对原有稳定的路基造成一定影响，而且造价高。经测算，如果采用堆载预压的方式处理，不仅施工质量保证，而且每公里可以节约财政资金约475万元。

3.施工。施工过程中的变更，在工程建设较为常见。施工方出于自身考虑，会选择利润大、成本高的变更方案。如市北分区白鱼潭路项目，由于地质情况有所变化，施工难度增加很多，业主为了加快施工进度，变更了原有方案。按规定，重大设计变更，需要经原项目审批机关重新审批，但实际上由施工单位、业主单位、设计单位、监理单位自行协商后就直接施工完成，工程造价由此增加了800余万元。督促建设单位加强完善内审、内控制度，规范施工变更审批流程，并加强施工环节的监管，可以有效堵住施工环节的一些漏洞。

（二）信息化项目的联审空间

信息化项目主要包括信息化基础设施，数据资源开发利用，业务应用系统的新建、续建、升级改造以及运维服务等相关项目。信息化项目呈现项目多、金额高、专业性强的特点。2019年项目送审数326个，其中建设类182个，运维类144个，送审总金额4.23亿元，核定金额1.59亿元，核减额2.64亿元；2020年项目送审数279个，其中建设类187个，运维类92个，送审金额4.75亿元，核定金额1.53亿元，核减额3.22亿元。

湖州市信息化项目审核从2018年（审核2019年预算）起采取联审机制。由市大数据局联合市发展改革委、市财政局等单位，组织专家对市级部门申报的信息化项目开展联合审查。联审机制运行两年来，取得了一定的成效，但还存在一些问题。一是在项目申报质量不高，依旧存在建设需求模糊、绩效目标不明确、重复建设、技术落后、非急需非重点建设的项目申报，增加了审核难度。二是在项目申报上，对跨年度项目金额，单位按总投资额申报预算，而不是按下一年度实际支付的金额申报，虚增了当年预算金额。三是联审机制中，审核的依据、标准不明确，财政在联审中发挥作用有待加强。

（三）专项工作经费的严审空间

经过2019、2020两年多轮"实打实"的压减后，多数部门单位工作经费的"水分"已被挤干，进一步压缩的空间已经非常有限。日常工作经费主要存在三个方面问题：一是预算申报时往高里报。部分部门"保基数"的思想根深蒂固，部门最大的顾虑就是项目"基数"保不住。二是预算执行中追加问题。文件明确规定，除应急救灾和另有规定外，预算执行中原则上不再追加预算。但有些部门还是保留着年中向财政伸手要钱的习惯，2017—2019年，年中追加数分别达到7338万元、6167万元、9842万元。三是年底突击花钱。部分部门领导"重钱轻管"，预算时看钱找项目，到年底为完成执行率，拼命突击花钱，甚至出现预支的现象。如何解决这三个"老大难"问题，彻底挤干工作经费的"水分"，是目前财政工作面临的一个难点。

（四）预算执行的约束空间

当前，在预算执行上，虽然有动态监控机制和定期通报制度，但依旧存在项目预算执行慢、执行率低的情况。部门对项目运行监控不到位，未及时调整绩效目标，造成部分资金执行率低、财政资金沉淀等问题。2019年，市级78个部门项目预算金额110.68亿元，执行96.88亿元，执行率87.5%。剔除建设、交通、国土的大基建工程类项目后，预算51.91亿元，执行39.1亿元，执行率75.3%。按具体项目统计，2019年有158个项目预算执行率低于50%，项目预算总额2.69亿元，当年执行0.69亿元，平均执行率25.66%。

（五）转移支付的统筹空间

一是从省对市的转移支付来看，市财政的统筹力度还有提升空间。2017-2019年，省财政分配给本市财政的专项转一般性转移支付资金分别为11.87亿元、16.57亿元、19.41亿元，从总的规模来看增幅较大，但真正被财政统筹的资金分别为4.90亿元、8.39亿元、5.84亿元，统筹的比例不到40%；其他超过60%的资金都被部门按专项转移支付的模式使用，未能发挥出"专项转一般性转移支付"的统筹作用。

二是市对区新增专项转移支付项目较多且零散，缺乏退出机制。2020年市对区新增项目8个，总增加金额7149万元。"计划生育进企服务"项目，原本是面向外来务工人员宣传计划生育政策，但随着国家开放"二胎"等政策调整，该项目已无执行必要，目前仍未退出。

（六）存量资金的盘活空间

从近年来市级财政结转资金的规模来看，结转资金总额居高不下：2017年结转4.27亿元，2018年结转4.24亿元，2019年结转3.9亿元，相当于每年有将近4个亿左右的资金未能有效利用。从结转资金第二年的使用情况来看，执行进度依然偏慢。譬如：市级财政2019年结转至2020年使用的项目支出金额为3.9亿元，截至2020年7月底，执行了2.67亿元，还剩余1.23亿元,消化率仅为66.3%。结转资金存在着消化进度慢、使用率不高的问题,还存在着进一步压减的空间。

三、对策和建议

（一）提前介入,深挖政府投资项目评审

政府投资项目作为财政投资的重点,财政在立项、设计、施工三个环节都要提前介入,根据财力提出解决方案,建立政府投资项目管理体系,发改、审计、建设、财政等多部门联动,探索建立健全立项阶段监管考核、设计阶段引入第三方专业评审、施工阶段严格管控变更的全闭环机制。

（二）突出重点,推动信息化项目联审

一是明确信息化项目的重点,围绕智慧城市建设主项目构建全市一体化的信息系统,其他信息化项目尽量节约。二是优化信息化项目联审质量,细化审核标准依据,突出财政作用。三是结合预算绩效结果应用,统筹资金安排,探索信息化项目总额控制的模式,提升联审机制水平。

（三）加强审核,从紧专项工作经费

坚持政府过“紧日子”,加强预算刚性约束,坚持先有预算后有支出,严控预算追加。年度执行中,除市委、市政府批准,不予追加部门预算,确需当年落实资金的,部门应优先通过调整部门当年支出结构、动用结余资金等方式解决。严格工作经费审核,结合预算云上线,抽调预算、绩效、各业务处室骨干组成专班,对2021年所有申报的工作经费项目全面梳理审核。

（四）严格执行,硬化预算刚性约束

一是科学安排,建立零基预算管理机制。打破基数概念,延续性项目统一清零,按照一年一定原则编制部门预算。强化约束,明确界定重点、刚性、必需支出边界,向市级部门公布项目分类清单。二是加强执行率考核奖惩。对无效项目,一般予以取消;对低效项目,一般采取惩戒措施。对上一年绩效评价结果为中以下的项目,如属于延续性项目,按一定比例扣减;如属于一次性项目,对部门实行一定比例的包干扣减。

（五）处室协作,提高转移支付统筹

一是提升转移支付统筹能力,财政相关处室需统一思想,加强协作,共同做好向上向下的转移资金统筹。二是做好新增市对区转移支付审核把关,完善原有项目调整退出机制。三是做好沟通,积极向上争取新的转移支付项目。

（六）盘活存量,提高资金使用效益

对部门预算结转资金,由市财政安排的部门预算资金不作结转,当年收回。由上级财政安排的,结转超过两年的,予以收回。市安排给县区的,使用率差的,次年不予安排。

课题组组长:徐　慧

成员:周卫荣　金建龙(执笔)　姚辰荣　王新蕾　周　阳　郑海宇

基于阿里拍卖平台下国有资产精准化管理模式探索

湖州市南浔区财政局课题组

随着经济发展,行政事业单位资产规模日益庞大,有效保障了行政事业单位履行职能和事业发展需要。然而,行政事业单位资产的管理精度与规模增长的速度不相匹配,资产管理存在管理制度不健全、管理意识不够强、管理方式较滞后、管理监督没有形成合力等问题。本文以南浔区公共资产网络竞价平台为范例,介绍了南浔区强化国有资产精准化管理的做法,以期能对国有资产管理具有启发意义。

一、南浔区公共资产网络竞价平台情况介绍

（一）平台建立背景

国有资产处置作为国有资产管理的重要环节,以往各地政府(包括南浔区)的公共资产、资源处置交易基本采用线下实地拍卖和协议转让的方式,受交易模式、交易场地等限制,存在审批和交易时间长、公开程度低、竞拍流程多等问题。如图1,从国有资产出售、出让、转让和置换审批办事流程图来看,从受理到审核完成,一般需要7个工作日,其中仅流程中的审批一项,就需5个工作日,如果因相关材料准备不足等被退回,整个流程处置时间还得延长1~2个工作日,资产处置的时效性不足。另外,现场竞拍还容易产生私下围标、串标等现象,导致资产处置的公平性有所欠缺。

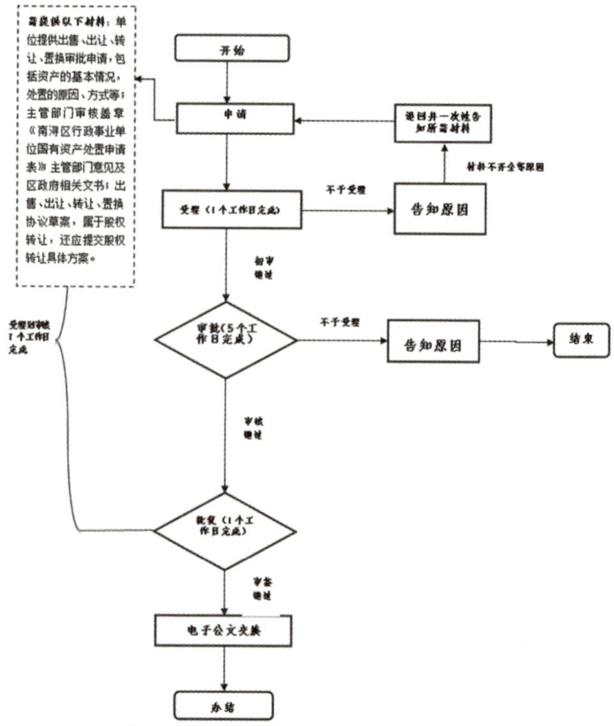

图1　国有资产出售、出让、转让和置换审批办事流程图

南浔区主要处置的资产种类有行政事业单位资产(包括经批准报废的办公设备、家具、车辆、医疗设备、学校仪器和设备等)、国有企业资产(包括机器设备、房产土地、股权划转等)、行政事业单位和企业的房屋出租。以交易最多的办公设备和家具、车辆、房屋出租为例:在公共资产网络竞价平台上线之前,办公设备、家具和医疗设备等达到报废年限经区财政局批准后因残值较低、没有集中存放,且每次批量不大,故由各单位自行处置;达到报废年限和车改取消的车辆集中停放后由区财政局委托评估公司进行评估,评估完成后在湖州市拍卖公司公开拍卖;国有企业相关资产之前均自行处置;房屋出租经区财政局审批后在区公共资源交易中心公开招租。

(二)平台的建立过程

为改变以往处置国有资产模式效率较慢、公平不足的弊端,推动国有资产处置领域的精细化管理,南浔区顺应数字化转型大趋势,借助阿里集团的技术优势,探索将国有资产处置方式由线下转移到线上。2012年7月,省高院与淘宝网合作开通"司法拍卖平台",2019年10月29日,区政府与阿里集团签署《公共资产网络竞价平台战略合作备忘录》,将南浔区公共资产处置交易入驻阿里拍卖,正式启动运行"南浔区公共资产网络竞价平台"。

二、取得的成绩与存在的问题

(一)竞价平台运行后取得的成效

1.审批所需时间大幅缩短。从审批所需时间方面来看,系统上线之前审批受理到审核完成,整个流程一般需要7个工作日,其中仅流程中的审批一项,就需5个工作日,可以看出,原审批系统所需时间长、效率低。系统上线之后,整个审核流程从7个工作日压缩至2个工作日,如图2,审批一项更是从5个工作日压缩至1个工作日,仅这一项,办理同一事项所需要的时间就缩短了80%,极大地提升了审批效率,提高了资产处置的时效性。

2.审批所需材料更精简规范。系统上线之前,出售、出让、转让和置换相关国有资产,进行资产处置的单位需提供以下材料:单位提供出售、出让、转让、置换审批申请,包括资产的基本情况,处置的原因、方式等;主管部门审核盖章"南浔区行政事业单位国有资产处置申请表";主管部门意见及区政府相关文书;出售、出让、转让、置换协议草案,属于股权转让,还应提交股权转让具体方案。从需要提供的相关材料明细来看,除申请表是可标准化规范的材料外,其余材料都不是可进行标准化规定的材料,这不仅对资产处置单位的准备工作能力提出了较高的要求,也增加了监管单位的工作量,整体上制约了审批效率的提高。系统上线之后,需进行资产处置的单位提供的材料大幅精简,以行政事业单位国有资产(房产)出租为例,申请对房产进行出租的单位,需向国有资产监管部门提供"南浔区区级行政事业单位国有资产出租、出借审批表"和《资产评估报告》,仅需提供两项材料并且所需准备材料都有标准化的模板,相关材料可直接在"最多跑一次"网站上下载,这样不仅对申报单位的准备工作做到了真正"减负",而且提高了房屋出租审批工作的效率,真正做到房产出租工作更高效便捷。

3.审批流程更直观。系统上线之前,从开始到办结,流程图中列出仅是在审批部门的办事流程,审批部门完成之后的相关流程如何进行以及之后的流程需要准备哪些材料,原流程图中并没有明确列出。系统上线之后,与原流程图相比,新的流程图中增加了区公共资源交易中心审核模块,在区公共资源交易中心审批完成之后,还增加了阿里网络平台上架竞拍模块,之后还分别列出了交易成功和交易失败两种情况的对应流程,交易成功之后生成报告书、保证金的划转情况以及交易失败之后生成流拍通知书等都在流程图中一一列示。与之前的流程图相比,新的流程图打通了审批部门和公共资源交易中心的渠道,让申请单位能更全面、更直观、更具体地了解资产处置的全流程,提高了申请单位资产处置的效率。

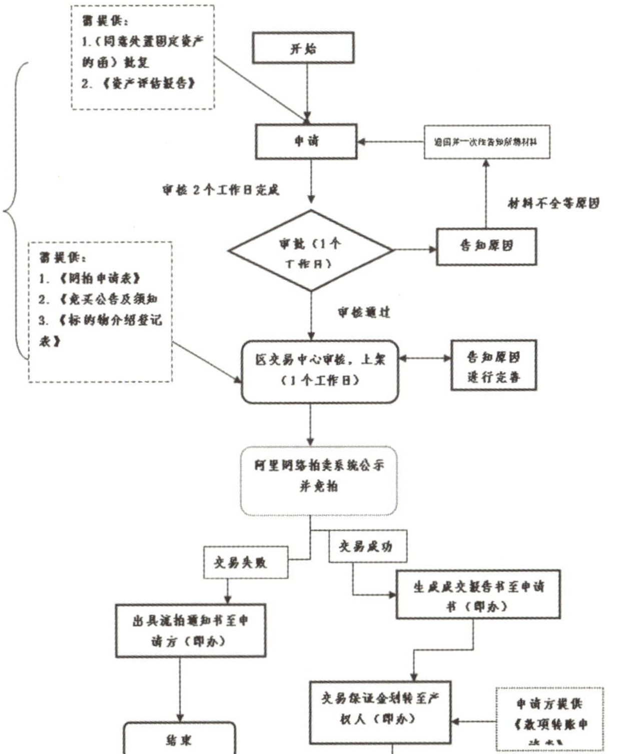

图2　南浔区事业单位国有资产处置(出租、出售、转让)办理流程图

4.受众面大幅拓宽。系统上线之前,以湖州南浔城市投资发展集团有限公司房屋租赁拍卖为例,城投进行房屋租赁公开拍卖,需要委托拍卖公司进行拍卖代理工作,由拍卖公司在《湖州日报》上刊登拍卖公告,《湖州日报》作为地方性报纸,发行范围一般局限于为湖州地区,所以之前的拍卖公告受众面一般局限于湖州当地。系统上线之后,所需拍卖或者招租的房屋等信息在阿里拍卖平台发布,2019年11月7日,首次进行公共资产

网上竞拍交易，首拍上架标的共19件，首拍成交8件，总围观人数39525人次，设置提醒总人数219人，设置提醒人群来自全国16个省份，覆盖36个城市，对比之下，作为淘宝平台中的一个板块，阿里拍卖平台依托淘宝平台拥有的流量资源来进行信息推送，受众面大幅拓宽，受众人群大幅增加，提高了南浔区拍卖商品的关注度。

5.溢价率大幅提高。系统上线之前，以湖州南浔城市投资发展集团有限公司房屋租赁拍卖为例，城投集团于2016年12月13日拍卖位于南浔浙商回归总部经济园C1号楼辅楼1-2层、3-4楼房产的使用权，本次拍卖参拍报名登记共三家（其中企业两家），最终只有一家企业参与竞买，以起拍价成交，溢价率为0%。系统上线之后，2019年11月7日，首次进行公共资产网上竞拍交易成交率42.1%，平均溢价率41.93%，单品最高溢价324.87%，2019年11月至2020年8月31日，共成交标的87件（涉及房产租赁、广告租赁、报废汽车、二手车辆），平均溢价率18.27%，单品最高溢价326.09%。

6.成本费率有效降低。系统上线之前，拍卖公司按照成交价款1%~5%收取买受佣金，平均买受佣金数额为成交价款2%左右，系统上线之后，阿里拍卖平台中介代理服务费按照单个标的系统成交价金额实行阶梯费率，单个标的系统成交价越高，则中介代理服务费越低，在大宗资产进行处置方面，阿里拍卖平台在成本费率方面具有显著的价格优势。另外，阿里拍卖平台拍卖规则中规定房屋租赁在三年及以下的按总额计算，三年以上的按前三年租金作为计费成交价，这样一来，需要进行较长期限租赁的资产处置时能有效地降低中介代理服务费等中间费用。

（二）存在的问题

1.资产交易范围仍须扩大。杭州市余杭区在平台上产权交易的范围包括但不限于国有独资、国有控股、国有参股企业整体转让或部分转让的产（股）权、事物资产；机关、事业单位、村镇集体、社会团体国有资产（包括各类房产租赁、经营权等财产权益）的转让；交通和公交线路的运营权、市政公共交通特许经营权、广告位使用权、资源经营权，如水利、矿产等，与杭州市余杭区相比，南浔公共资产网络竞价平台上线后，上架标的以国有企业所拥有的房屋进行出租为主，另有部分行政事业单位将报废车辆在平台上架出售，村镇集体国有资产以及权益类资产暂未上架，在交易范围和实际交易的资产种类上，与杭州市余杭区仍有一定差距。

2.资产数量、资产处置连续性待加强。2020年1月1日至8月31日，杭州市余杭区总上拍标的数753件（涉及：房产处置、房产租赁、机动车、废旧物资、其他资产、土地租赁、其他租赁，车位转让、储藏室转让），成交590件，总成交额为1.89亿元，总溢价额为3687.07万元，平均溢价率24.2%，成交率78.35%，单品最高溢价1184.21%，总围观人数135.12万人次，设置提醒总人数1.45万人，总报名人数2038人，总竞买人数1600人，总竞价次数13840次，每个成交标的平均竞价次数为23次。与杭州市余杭区相比，南浔区在平台上上架资产类别、资产数量和成交金额相对较少，且日均上线资产标的较少，导致南浔通过公共资产网络竞价平台处置资产的连续性相对不足，也会导致竞拍意向群体对南浔资产处置的关注连续性不足。

三、经验启示

（一）坚持理念创新，树立国有资产精准化管理理念

树立精细化管理的理念，本着精益求精和求真务实的工作态度，可以将常规管理引向纵深，最大限度降低管理成本并减少管理所占用的资源。对于监管机构而言，需要从思想上认识改变原有传统的监管模式，建立起适应新时代国有资产监管要求的创新型管理理念，在如今的互联网大数据时代，善于运用信息化、数字化思维来关注和精通国有资产管理的各个环节，有效利用场地、设备、物资、设施，减少浪费，提高管理效益。对于行政事业单位而言，要切实转变观念，改变以往陈旧的，经验型、粗放式的思维模式，管好、用好单位使用的各项资产；要注重资产使用集约化要求，改变以往“重购置、轻管理”的传统思维，强化资产管理意识，形成“共享思维”，合理地向相关单位或机构出租、出借本单位暂时闲置的资产，整体上促成达到资产使用效用的最大化，避免出现重复配置导致资源浪费的现象。

（二）坚持制度创新，完善国有资产精准化管理制度

当前，行政事业单位国有资产管理，实行国家统一所有，政府分级监管，单位占有、使用的管理体制。这种体制，在加强行政事业资产管理，维护国有资产的安全、完整方面起到了一定的积极作用。但是，这种管理体制下，产权管理分散，管理责任不明，公共产品占有不均，政府对行政事业资产的管理能力、调控能力不断下降，资产配置随意性大，行政运行成本、财政管理成本居高不下，资产管理效率低下。探索推行国有资产精准化管理模式，树立国有资产精准化管理理念，降低运行成本，减少国有资产的浪费，从而减少资源的消耗，是国有资产管理体制适应新形势改革的必然要求。

（三）坚持技术创新，实现资产全程信息化监管

更好运用“资产云”系统，做好行政事业单位资产全程信息化监管管理工作。一是基础监管，通过全面细致的清产核资，将行政事业单位经核实无误后的资产数据，及时准确地录入“资产云”系统中，并以此作为基准数据，建立定期对账制度，加强资产监管日常化，确保账账、账卡、账实相符。二是关键节点控制，探索行政事业单位国有资产增减变动的主要环节实行纸质和网络并行申报、审批，做到相互印证和对照，有利于财政部门及时掌握和分析资产状况，实时有效进行管理和监控。

课题组组长：崔正云

成员：孙　琦　许高峰　周晓辉（执笔）